W0273151

DER GROSSE
MEUTH NEUNER DUTTENHOFER

COLLECTION
ROLF HEYNE

Inhalt

Vorwort

Seit mehr als 30 Jahren arbeiten wir beide als Journalisten im Bereich Essen und Trinken.
1976 haben wir uns kennengelernt, seit mehr als 20 Jahren leben wir zusammen in einem als gastfreundlich bekannten Haushalt.
Seit 1983 sind wir verheiratet – trotz der unterschiedlichen Namen, weil ich, Martina, den eigenen, beim Publikum und in Fachkreisen bekannten Namen behalten wollte und nicht mit dem Namens-Ungetüm von Bernd – von mir und seinen Freunden allerdings stets mit dem viel besser zu ihm passenden Spitznamen Moritz genannt – eintauschen wollte.
Martina: Ich bin in einem Haushalt groß geworden, in dem das Essen keine Lust bereiten durfte, sondern der Erhaltung der Körperkräfte diente. Also »richtige«, »natürliche«, »wertvolle« Ernährung – mein Vater war ideologisch zwischen dem sendungsbewußten Dr. Bircher und heutigen Vollkorn-Grünen angesiedelt, wollte alles am liebsten roh essen, aus dem eigenen Garten oder dem Reformhaus. Die Mutter hatte ihre liebe Not, mit bescheidenen Mitteln die sechsköpfige Familie satt zu bekommen. Für Raffinesse war wenig Raum.
Moritz: Ich wuchs am Rande des Schwarzwalds auf, also ganz auf dem Lande. Gute Grundprodukte waren für mich immer etwas Selbstverständliches – Salate, Kräuter und Gemüse aus dem Garten, Milch, Eier und Geflügel von den benachbarten Bauern (denen ich bei der Ernte half, um mit köstlich duftendem Bauernbrot und kernigem Speck belohnt zu werden), das Fleisch vom örtlichen Metzger (der natürlich nur ihm – und mir! – persönlich bekannte Tiere schlachtete), das Wild aus den umliegenden Wäldern, Forellen frisch aus dem kühlen Bach … Meine Mutter kochte hervorragend, schon als Junge aß ich gern und gut (und gerne viel), half beim Vorbereiten in der Küche und naschte aus allen Töpfen, denen köstliche Gerüche entströmten. Gut zu essen war alltägliches Streben, bedeutete Lebensfreude.
Martina: Schon früh habe ich eine Liebe zu Italien entwickelt, habe mit meinem ersten Mann das Land bis nach Sizilien durchkämmt, habe die einfache, bodenständige Küche der italienischen Mamas lieben gelernt. Pasta und Risotti gehören seither zu meinen Lieblingsgerichten.

Moritz: Ich studierte in München Theatergeschichte, Soziologie und Kunstgeschichte – und erlitt einen Schock, als ich das erste Mal in der Mensa essen sollte: Was dort auf den Tisch kam, konnte ich nach bisherigen Erfahrungen nur als für den menschlichen Verzehr ungeeignet betrachten! So kaufte ich bald auf dem zu Recht berühmten Viktualienmarkt ein, kochte für mich und meine Freunde in einer winzigen Küche: Wir tafelten allabendlich gemeinsam und die Freunde bezahlten als Gegenleistung meinen Einkauf. Das schuf Routine und ein Repertoire, das bald über die bei der Mutter erworbenen Kenntnisse hinausging.
Martina: Ich absolvierte die Münchner Journalistenschule, ging dann als Textredakteurin zur Frauenzeitschrift »freundin«. Bald wechselte ich ins Kochressort, dessen Leitung ich schließlich übernahm – ich habe immer gerne gekocht und gut gegessen, konnte also einige Erfahrung einbringen. In Redaktion und Versuchsküche weiteten sich die Themen: Zwischen schnellen und preiswerten Gerichten spannte sich ein Bogen zu eher gewagten und exotischen kulinarischen Kreationen. Immer wurde saison- und marktbezogen gekocht. Mit meinen Kolleginnen erarbeitete ich Ideen zur Gästebewirtung, praktische und köstliche Menüs, von einfach und bescheiden für junge Frauen bis zu aufwendig und eindrucksvoll für gestandene Gastgeberinnen.
Moritz: Das Kochen wurde mir immer wichtiger. Ich begann eine Küchenbibliothek aufzubauen, die inzwischen, dank der Verschmelzung mit Martinas Sammlung, einen stattlichen Umfang hat. Damals entdeckte ich die bürgerliche deutsche Küchentradition von Davidis und Prato, die Rezepte von Clemens Wilmenrod, Arne Krüger und vor allem Ulrich Klever. Und die in Frankreich entwickelte und nach und nach über ganz Europa verbreitete großbürgerliche und höfische Küche. Das Weber'sche Universallexikon, das Lexikon der Speisen und Getränke von Blüher-Petermann, die klassischen Standardwerke von Escoffier und Pellaprat wurden studiert und erkocht, »Forelle blau und schwarze Trüffeln« von Joseph Wechsberg die Bibel für den beginnenden Feinschmecker. Als ich dann eine Französin heiratete und mich ganz nach Frankreich orientierte, ein Jahr in Paris lebte, wurde ich vollends zum Anhänger der französischen Küche und Kochkunst.
Martina: Neben meiner Arbeit bei »freundin« übersetzte und bearbeitete ich mehrere Kochbücher und schrieb eine Kochschule. Schon zu Beginn der siebziger Jahre entdeckte ich meine

Leidenschaft für die asiatischen Küchen, besonders für die chinesische und thailändische. Ein zweimonatiger Arbeitsaufenthalt in Singapur, wo sämtliche Küchen Asiens nebeneinander existieren und wo ich den Küchenchefs aller guten Restaurants zuschauen konnte, schuf die Basis meines Wissens um die Unterschiede und Gemeinsamkeiten, die charakteristischen Gewürze und die vielfältigen Zubereitungsarten der verschiedenen Landesküchen. Später reiste ich nach Taiwan, Hongkong, Japan, Indonesien, Indien und vor allem immer wieder nach Thailand, dessen kräuterwürzige, erfrischende und abwechslungsreiche Küche wir besonders lieben. Zu diesen Themen habe ich mehrere Bücher veröffentlicht, auch das grundlegende Kochbuch über die chinesische Küche von Kenneth Lo für den deutschen Markt bearbeitet.

Moritz: Mehr durch Zufall als durch eifriges Bemühen bot sich mir 1975 die Gelegenheit, bei drei Verlagen je ein Kochbuch herauszubringen. Ich brach das Studium ab und wurde Leiter des Kochressorts und später auch stellvertretender Chefredakteur der Zeitschrift »Meine Familie und Ich«. Im Mittelpunkt der Arbeit dort stand die alltägliche Küche für die Familie, einen durchschnittlichen Haushalt: Küchenpraxis für den Alltag und die alljährlich wiederkehrenden Familienfeste. 1976 besorgte ich die Übersetzung und Bearbeitung des bahnbrechenden Buches »La Cuisine du Marché« (deutsch »Die neue Küche«) von Paul Bocuse, es folgten die Werke von Paul und Jean-Pierre Haeberlin, Fredy Girardet und Gaston Lenôtre, schließlich betreute ich auch die wichtigsten Bücher von Eckart Witzigmann. Dabei erwarb ich ein umfassendes Wissen um Art und Wesen der Nouvelle Cuisine, die unterschiedlichen Bestrebungen, die klassische Küche zu reformieren, schwere Mahlzeiten leichter zu machen, die Qualität der Produkte und ihre korrekte Verarbeitung in den Mittelpunkt zu stellen, das Kochen als eine kreative und die Phantasie anregende Beschäftigung zu sehen.

1985 haben wir uns als Journalisten selbständig gemacht, zogen auf das Duttenhofer'sche Apfelgut, Moritz' Elternhaus, am Rande des Nordschwarzwaldes und schrieben für viele Zeitschriften.

Seit 1986 produzierten wir die Reihe »Kulinarische Landschaften« – 13 Bände sind inzwischen erschienen. Wir erarbeiteten sie gemeinsam auf intensiven Reisen in die entsprechenden Regionen, die wir regelrecht durchkämmen auf der Suche nach dem

Typischen, nach kulinarisch interessanten Stationen. Martina photographiert, Moritz macht das Licht.

1988 kam mit unserer eigenen Fernsehsendung ein neues Medium hinzu, erst als Ratgeber »Essen und Trinken« in der ARD, jetzt im Rahmen der Service-Zeit im Westdeutschen Fernsehen. Regelmäßige Wiederholungen laufen im SWR und anderen Sendern. Das Kochen vor der Kamera ist eine gute Erfahrung – Geruch und Geschmack können ja leider nicht übertragen werden, aber die Art des Kochens, das Brutzeln und Köcheln, das Werden und das Aussehen der Speisen müssen dem Zuschauer die sinnliche Lust am Essen vermitteln. Wir haben bei dieser Arbeit viel gelernt, Rezepte perfektioniert und Kochprozesse entwickelt.

Seit 1993 vermarkten wir neue Produkte unseres Apfelgutes – den Apfelschaumwein DUTTENHOFER *POMME-BRUT*, einen perlenden Apfelwein *POMME-SECCO*, einen hochfeinen klaren und einen holzfaßgereiften Apfelbrand *POMME-DE-VIE*, den Apfelbrand mit Eisenkraut *POMME-VERVEINE*, verschiedene Obstbrände und -liköre, einen Apfelessig *POMME-AIGRE* und den Apfel-Balsamico-Essig *POMME-BALSAM*, die frischen, nicht erhitzten Apfelsäfte mit Kohlensäure *POMME-PURE*, sortenreine Apfel-Gelees *POMME-GELEE* und eine ganze Menge anderer selbstgekochter Gelees und Konfitüren, vielerlei Eingelegtes, Essenzen und Pürees aus eigener Produktion – immer aus den Gemüsen und Früchten aus unserem Garten mit besonderer Vorliebe für die inzwischen rund zwanzig Sorten von großen und kleinen, milden und scharfen Chilis, die wir in Folienhäusern ziehen.

Seit 1994 geben wir auch Kochkurse bei uns zu Hause. Das hat uns enorme Erfahrungen eingebracht, weil wir im Kontakt mit unseren Schülern ganz direkt erfahren, welche Kenntnisse wir bei unseren Kursteilnehmern voraussetzen können, welche technischen Geräte sie beim Kochen einzusetzen gewohnt sind, welche Garmethoden ihnen geläufig sind, welchen Verfahren sie mißtrauisch gegenüberstehen – kurz: was sie wissen, was sie mögen, wie sie kochen und was sie können.

1997 veröffentlichten wir »Das Kochbuch«, mit dem wir Einblick in unser kulinarisches Schatzkästlein gegeben, unsere ganz persönlichen besten Rezepte verraten haben. Jetzt liegt es Ihnen hier als eine komplett überarbeitete, aktualisierte, durch die Fülle unserer Erfahrungen seither ergänzte und um eine

Vielzahl von unseren neu entwickelten, besten und liebsten Rezepten erweiterte Ausgabe vor, unser ganzer Stolz!
Was sind »beste Rezepte«? Solche, die mit Sicherheit gelingen, die wir und unsere Gäste lieben, die sich nach dem Angebot der Jahreszeiten richten und die einfach und gradlinig zu kochen sind. Wir können mit den umständlichen und exaltierten Rezepten vieler Sterne-Köche nichts anfangen. Komplizierten, oft unlogischen Kreationen hochgelobter oder im stillen Kämmerlein jenseits aller Praxis brütenden Küchenkünstler ziehen wir die traditionsreiche Arbeit kluger, bodenständiger und erfahrener Hausfrauen eindeutig vor. Wir meiden die Kopfgeburten jener Starköche, die die Zutaten vergewaltigen und eher ihre Kollegen beeindrucken als ein vernünftiges und wohlschmeckendes Gericht auf den Tisch bringen wollen. Wir lieben eine klare, eindeutige Küche, die den Duft der Landschaft in sich birgt, den Geschmack der Erde, die Seele der Menschen und ihre Geschichte. Eine Küche mit höchsten Ansprüchen an die Qualität der Zutaten und einer selbstverständlich präzisen und akkuraten, nie schlampigen Zubereitung. Wir verwenden am liebsten die Produkte unserer Heimat und unseres Gartens, in dem wir im Folien- und Gewächshaus freilich auch Kräuter und Gemüse ziehen, die bei uns nicht heimisch sind – vor allem weit über zwanzig verschiedene Basilikumsorten, die vielerlei Chilis, Paprika und Auberginen, Okra und Long Beans, wärmeliebende Tomatensorten, tropische Blattgemüse und bei uns eher ungewöhnliche Gewürze wie Anis, diverse Kümmel-Varietäten und Koriander. Natürlich ergänzen wir nicht nur in der kalten Jahreszeit diese Schätze auf dem Markt, denn nicht alle Gemüse können wir auf unseren Böden und in unserem Klima perfekt anbauen, und selbstverständlich auch mit dem Angebot von Asien-Läden, wo wir weitere exotische Gemüse, Kräuter, Gewürze, Pasten und Saucen finden.
Unsere besten Rezepte stammen aus unseren eigenen Familien und von Freunden, wurden auf Reisen in Restaurants, bei Winzern und Gärtnern, Bauern und Sammlern, Fischern und Käsern, Hirten und Sennen entdeckt. Wir haben längst unsere eigenen Rezepte aller Art entwickelt – angeregt von Produkten oder von Gerichten, die wir bei Freunden oder in Restaurants gegessen haben, von Büchern der Köche und Kollegen, von Zeitschriften und dem Fernsehen. Auf Basis der vielfältigsten Eindrücke haben wir drauflosgekocht und getestet, zusammengebastelt und

korrigiert, Kochabläufe verändert, vereinfacht und verbessert, an der modernen Küchentechnik ausgerichtet und vor allem unserem Ernährungsbewußtsein und den heutigen Lebensumständen angepaßt …

Das alles ist uns natürlich nicht in den Schoß gefallen, sondern wurde mit den Jahren erarbeitet – wobei wir uns, da wir zu zweit experimentieren und genießen, natürlich leichter tun als Einzelkämpfer. Und die verschiedenen Tätigkeiten haben in ihrer ganzen Bandbreite dazu beigetragen, daß wir Ihnen nicht nur Rezepte, sondern vielerlei Tips aus unserer Erfahrung mitzuteilen haben. Sie bekommen hier also sozusagen einen Bericht aus unserer Küchenwerkstatt!

Wir haben uns ausgerechnet, daß wir in unserem bisherigen Berufsleben weit über hunderttausend Rezepte gelesen, bearbeitet und ausprobiert haben. Einige haben wir immer wieder gekocht, verändert, im Laufe der Zeit perfektioniert. Andere haben wir vergessen, um sie später mit Verblüffung in neuer Form wiederzuentdecken. Manche Gerichte gehören zu unserem Küchenalltag, andere sind traditionelle Zubereitungen, die nur einmal im Jahr auf den Tisch kommen. Einige Speisen haben wir irgendwo gegessen, nachgekocht und sofort in unser Repertoire aufgenommen, andere haben sich uns anfänglich eher verschlossen, wollten regelrecht erobert werden. So hat sich allmählich ein solider Fundus angesammelt.

Unsere Auswahl von Rezepten ist niemals objektiv, sondern spiegelt unsere ganz persönlichen Vorlieben wider. Es finden sich stets asiatische oder asiatisch angehauchte Gerichte und Zubereitungen. Wir lieben Kartoffeln und (unsere eigenen) Äpfel – in vielen Rezepten erweisen wir ihnen unsere Reverenz! Vorspeisen, Gemüse und Salate kommen bei uns jeden Tag auf den Tisch, während die klassischen europäischen Hauptgerichte keine so große Rolle spielen.

Wir haben gerne Gäste, die wir natürlich einladen, um sie gut zu bewirten. Wir verweigern uns der Aufforderung »keine Umstände zu machen«. Nein, wir finden es selbstverständlich, daß man sich Umstände macht, wenn man einlädt: Gäste zu verwöhnen macht uns Freude, Gastfreundschaft gilt uns als edle Tugend (wie in den meisten Ländern der Welt). Natürlich muß man – es gibt ja kein Personal mehr … – sorgfältig planen, wenn man für zwölf Personen ein achtgängiges Menü kochen will. Da müssen vorzubereitende Speisen sich mit in letzter Minute

fertiggestellten Gerichten ergänzen, man muß seine Arbeitsweise perfektionieren. Die auf dem Lande notwendige Vorratshaltung – wo man nicht eben mal schnell in einen Laden laufen kann, um zu besorgen, was gerade fehlt –, die arbeitserleichternde Vorbereitung, ein sinnvolles Ineinandergreifen aller Arbeiten, damit man nicht völlig erschöpft seinen Gästen entgegentritt und trotzdem alles soweit fertig ist, all das ist uns längst selbstverständlich.
Wie wir das wann wie machen: All das teilen wir Ihnen in diesem Buch mit. Dazu verraten wir Tips, die Grundrezepte zu variieren, zu den von uns bevorzugten Beilagen und Getränken sowie zu einer sinnvollen und kreativen Resteverwertung. So gibt dieses Buch eigentlich ziemlich genaue Auskunft über unser kulinarisches Leben. Über vieles andere haben wir in einem weiteren Buch, »Unser Leben auf dem Apfelgut«, Auskunft gegeben.
Wir wünschen Ihnen viel Spaß beim Durchstöbern der Rezepte, fröhliches Finden, gutes Gelingen, Freude beim Kochen, Lust beim Essen und Vergnügen daran, Gäste zu bewirten!

Martina Meuth & Bernd Neuner-Duttenhofer
im März 2004

VORSPEISEN

Ach, was lieben wir die kleinen Snacks und Gabelbissen! Sie sind es, die den ersten großen Hunger stillen und gleichzeitig den Gaumen kitzeln. Die das Naschen zur Lust machen, die Sinne erwecken und auf die kommenden Genüsse vorbereiten. Die unsere Zunge nicht belasten, sondern in Zusammenklang mit dem Aperitif einen fröhlichen Reigen von Geschmackseindrücken eröffnen …
Normalerweise wird man sich ein oder zwei der folgenden Rezepte passend zum folgenden Menü aussuchen. Aber was für ein Erlebnis, wenn diese Dinge der Kernpunkt einer Einladung sind, wenn sie die alleinige, ständig wechselnde Hauptrolle spielen! Fingerfood, pikante Snacks und Vorspeisen, Pizza oder Flammekueche, Salate, Pasteten und Terrinen mögen alle Menschen gerne und so wird jeder eine solche Inszenierung, die natürlich auch von einer Auswahl an entsprechenden Getränken lebt, als ein großes Erlebnis im Gedächtnis behalten.
Freilich: Im Privathaushalt kann man nicht dieselbe Perfektion verlangen, die ein großes Hotel, ein Party-Service oder ein üppig besterntes Restaurant bieten können. Bei Régis Marcon zum Beispiel, in der Auberge et Clos des Cimes in St-Bonnet-le-Froid (wo es Mitte Mai noch schneit und wirklich kalt ist!) zwischen Rhône und Zentralmassiv südwestlich von Lyon gelegen, werden dem Gast in drei bis vier Folgen gleich eine ganze Kavalkade von zwölf bis 16 solcher Kleinigkeiten serviert, die in ihrer Vielfalt und Abwechslung keine Wünsche offenlassen. Und Dieter Müller serviert im Schloßhotel Lehrbach/Bergisch Gladbach mit großem Erfolg eine ganze Mahlzeit aus lauter Mini-Portionen seiner erfolgreichsten Hauptgerichte!
So etwas ist einfach herrlich und so manche(r) mag Lust haben, es selbst einmal zu versuchen. In den folgenden Kapiteln finden Sie eine vielfältige Mischung der unterschiedlichsten Häppchen und Leckerbissen. Manche Snacks kann man schon vollkommen fertig zubereiten, andere ziemlich weit vorbereiten und muß sie ganz zum Schluß nur noch etwa in den Backofen schieben oder anrichten, die Salatzutaten umwenden, oder im Sommer auch zum Empfang draußen schnell etwas auf den Grill legen … Treffen Sie die richtige Auswahl und Sie werden als Gastgeber(in) einen enormen Erfolg haben!

Fingerfood

Geröstete Weißbrotscheiben – crostini

Grundidee: Es werden Scheiben von italienischem Weißbrot, dem großporigen Landbrot, zunächst getoastet (größere Mengen werden auf dem Blech in den Ofen geschoben), dann mit etwas Knoblauch abgerieben und mit Olivenöl beträufelt. Man kann auch nach dem Knoblauch mit festfleischigen Tomaten über das geröstete Brot fahren oder Kirschtomaten darauf zerdrücken – das ist die klassische *bruschetta* (sprich: Brusketta). Oder man bestreicht die gerösteten Brotscheiben mit einer Creme. Zum Beispiel:

Gibt es bei uns fast immer zum Begrüßungsschluck, wenn wir Gäste haben! Weil jeder sie mag, sie wenig Arbeit machen und sie zu allen Aperitifs passen (auch zu unserem eigenen Apfelschaumwein, dem Duttenhofer Pomme-brut!).

Crostini …
– mit Lebercreme – con crema di fegato

4 Hühnerlebern mit 2 Knoblauchzehen, 1 gehackten Zwiebel und 12 frischen Salbeiblättern in 30 g Butter andünsten und steif werden lassen. Salzen, pfeffern und mit etwas frisch abgeriebener Zitronenschale aromatisieren. Alles im Mixer pürieren, nach Belieben durch ein feines Sieb streichen.

– mit Olivenpaste – con crema di olive

Gibt es fertig, auch unter dem Namen Tapenade, kann man aber auch selbst herstellen: Schwarze oder violette Oliven entkernen und im Mixer mit folgenden Zutaten pürieren. Nehmen

Sie auf je 20 Oliven: 1 eingelegte Sardelle, die Blätter von 1 Thymianzweig, 2 Salbeiblätter, 1 bis 2 Knoblauchzehen je nach Größe und Geschmack, 6 bis 8 Kapern, 1 kleine Chilischote, Pfeffer und (wenn nötig) etwas Salz. Schließlich mit so viel Olivenöl durchmixen, daß eine geschmeidige, nicht zu flüssige, streichfähige Paste entsteht.

– mit grüner Knoblauchcreme – con crema verde di aglio

2 Knollen jungen Knoblauch schälen und im Mixer mit Salz, Pfeffer und je 1 Bündchen glattblättriger Petersilie und Basilikum durchmixen. Mit 1 Eßlöffel Senf und 5 bis 6 Eßlöffel Olivenöl zur festen Creme aufschlagen.

– mit zitronenduftendem Lardo

Den in Salz mit Rosmarin und Knoblauch gereiften fetten Rückenspeck aus Italien kann man in gut sortierten italienischen Feinkostläden finden. Sonst mit einem anderen, luftgetrockneten (!) sehr fetten Speck ersetzen, auch *pancetta* (Bauchspeck) kann man nehmen.
Den Speck in hauchfeine Scheiben aufschneiden. Unbehandelte Zitronen (am liebsten die großen, duftenden aus Italien, Cedri aus Ligurien oder von der amalfitanischen Küste) mit einer guten Reibe abreiben oder mit einem Sparschäler dünn schälen. Die Schale mit der Petersilie und dem Knoblauch sehr fein hacken. Mit reichlich schwarzem Pfeffer würzen. Dieses Gemisch mit dem Speck locker mischen und die Scheiben lose auf den noch warmen Brotscheiben aufhäufen. Sofort, also noch warm, zum Aperitif servieren.

Tópinky

Darunter versteht man in Schmalz leicht angeröstete oder getoastete Schwarz-, Grau- oder Bauernbrotscheiben, die mit Knoblauch abgerieben und mit einer wunderbaren Creme aus Geflügelleber, Gänseschmalz, Äpfeln und Zwiebeln bestrichen sind. Liebt man in Ungarn zum Glas Wein oder zum Aperitif.
Das selbstgekochte Gänseschmalz der Weihnachtsgans ist dafür bestens geeignet – siehe Seite 600. Aber leider bald aufgegessen! Deshalb behelfen wir uns in der übrigen Zeit des Jahres einfach mit gekauftem. Es wird noch einmal mit Äpfeln, Zwiebeln und Majoran durchgekocht – zum Schluss läßt man ein paar Geflügellebern mitdünsten. (In gut sortierten Feinkostgeschäften kann man oft Gänselebern tiefgekühlt kaufen; sie werden aus Ungarn importiert.) Übrigens: Diese Fleischlebern bitte nicht verwechseln mit der fast weißen Fettleber von Stopfgänsen (siehe Seite 67) – die ist hier nicht gemeint!

Für 4 – 6 Personen:

150 g Gänseschmalz, 1 Apfel, 1 Knoblauchzehe, 1 Zwiebel, ½ TL getrockneter Majoran, 2–3 Geflügellebern (ca. 100 g), Salz, grob gemahlener Pfeffer

1. Das Gänseschmalz erhitzen, in feine Scheibchen geschnittenen Apfel (geschält, entkernt!), feingehackter Knoblauch, in Ringe gehobelte Zwiebel und Majoran zufügen und golden braten.
2. Die sorgfältig geputzten Lebern darin gerade eben steif werden lassen. Schließlich alles mit dem Pürierstab (oder im Mixer) nicht zu fein mixen. Mit Salz und Pfeffer würzen.
3. In ein Töpfchen oder Deckelglas füllen, abkühlen und fest werden lassen.
4. Dick auf geröstete Graubrotscheiben streichen, die mit Knoblauch abgerieben sind. In mundgerechte Häppchen teilen. Vor dem Verspeisen nach Gusto salzen.

Tip: Nach Belieben mit glattblättriger Petersilie garnieren.

Käse-Lauchbissen

Für 6 Personen:

1 Stange Lauch, 400 g alter geriebener Hartkäse, 200 ml Weißwein, Muskat, Pfeffer, Salz, altbackenes Baguette

Mal eine andere Art Crostini.

1. Lauch fein hacken. In 100 ml Wasser zu weichem Brei kochen, Käse und Wein unterrühren, köcheln, bis streichfest, aber cremig. Salzen, pfeffern, mit Muskat würzen.
2. Baguettescheiben mit dieser Paste bestreichen. Im heißen Ofen auf einem Blech 5 Minuten golden backen.

Matjes-Kartoffeltaler

Dafür braucht man Kartoffeln, die bereits vor einigen Stunden in ihrer Schale gekocht wurden und abgekühlt sind. Dann ist ihre Stärke abgebunden und die Kartoffeln behalten ihre Form, wenn man sie in Scheiben schneidet. Für die Matjes sollte man in einem guten Fischgeschäft nach echten holländischen Primtjes fragen. Sie sind nur halb so groß wie die üblichen Matjes (kosten leider auch mehr), schmecken dafür einfach umwerfend gut! Ideal als Getränk dazu: unser POMME-BRUT.

Für 6 Personen:

4–5 mittelgroße gekochte Kartoffeln, 2 EL Öl, Salz, Pfeffer, 50 g Frischkäse, 5 Matjes, 2–3 Frühlingszwiebeln

1. Die Kartoffeln pellen und in zentimeterdicke Scheiben schneiden. In einer großen Pfanne, die alle Scheiben nebeneinanderliegend aufnehmen kann, die Scheiben auf beiden Seiten langsam braun und knusprig braten – dabei salzen und pfeffern.
2. Jede Scheibe dick mit Frischkäse bestreichen und jeweils ein Stück Matjes darauf betten.
3. Dekorativ mit Ringen der Frühlingszwiebeln bestreuen und hübsch auf einer mit Tortenspitze belegten Platte anrichten. Sofort servieren, denn die Matjes vertragen es auf keinen Fall, zu lange mit den warmen Kartoffeln in Verbindung zu sein.

Tip: Die Kartoffeln kann man bereits früher braten. Sie werden dann unmittelbar vor dem Anrichten kurz erwärmt. Für eine größere Runde die Kartoffelscheiben auf einem Backblech ausgebreitet im Ofen backen und dort auch wieder erwärmen.

Salamibissen

Für 6 Personen:

100 g deutsche Salami in Scheiben, ca. 30 g Butter, 6 sehr dünne Scheiben Vollkornbrot

1. Die Salamischeiben dünn mit weicher Butter bestreichen und sehr akkurat aufeinanderstapeln. Die oberste Scheibe bleibt natürlich leer.
2. Den Stapel in Folie verpackt einige Stunden kalt stellen, damit die Butter wieder fest wird.
3. Mit einem sehr scharfen Messer oder, besser noch, mit der Aufschnittmaschine senkrecht 2 mm schmale Scheiben abschneiden und mit der Breitseite auf die Brotscheiben betten.
4. Die Ränder zurechtschneiden, damit sie schön gerade sind. In kleine Bissen teilen.

Ein verblüffender, sehr dekorativer Happen zum Aperitif!

Harzer Happen

Schmeckt garantiert auch denen, die sonst meinen, sie mögen diesen Käse nicht. Diese Happen lieben wir besonders zu unserem POMME-SECCO (prickelnder Apfelwein).

Für 6 Personen:

150 g Harzer Roller oder Olmützer Quargel, Kümmel, Chiliflocken, Butter, Vollkornbrot, Liebstöckelblätter

1. Die Käserollen bereits zwei, drei Tage vorher in ein passendes Gefäß schichten, dabei mit etwas Kümmel und Chiliflocken bestreuen. Warm stellen, damit der Käse reift.
2. Zum Servieren dann in Scheiben schneiden und auf gebutterten Vollkornbrotscheiben anrichten.
3. Mit in feine Streifen geschnittenem Liebstöckel bestreuen.

Gefüllte Pfefferschoten

Dafür brauchen Sie jene kleinen hellgrünen, dünnfleischigen Paprikaschoten aus Spanien, die wie Minilampions aussehen: *pimientos del padron.* Man kann sie mit ein, zwei Bissen verspeisen. Wenn Sie nur die helleren, fast gelblichen ungarischen Schoten bekommen können, die sich von ihrem Geschmack her ebenfalls für dieses Rezept eignen, müssen Sie allerdings einen Teller mit Messer und Gabel dazu servieren.

Für 4 – 6 Personen:

ca. 500 g kleine Paprikaschötchen, 2 Schalotten, 2 Knoblauchzehen, ca. 100 g Champignons, 2 EL Olivenöl, 1 Tasse Rundkornreis, 2 Stengel vom Bleichsellerie mitsamt Blättern, ½ TL Chilipulver, Salz, Pfeffer, 50 g Oliven, mit Paprika gefüllt, 4 EL Olivenöl zum Braten

1. Die Paprikaschoten waschen, den Stiel herausschneiden und durch die so entstandene Öffnung alle Kerne herausstreifen. Gut ausspülen und kopfüber abtropfen lassen.
2. Für die Füllung sehr fein gehackte Schalotten, Knoblauch sowie Champignons im heißen Öl andünsten. Den Reis zufügen und glasig werden lassen. Den millimeterfein in Streifen geschnittenen Bleichsellerie hinzurühren. Die Sellerieblätter feingehackt für später beiseite stellen.
3. Eineinhalb Tassen Wasser angießen, aufkochen, mit Chilipulver, Salz und Pfeffer würzen. Den Reis zugedeckt bei niedrigster Hitze ausquellen lassen. Zum Schluß die feingehackten Oliven und Sellerieblätter darunterrühren und abkühlen lassen.
4. Diese Farce in die vorbereiteten Paprikaschoten füllen und die Schoten im heißen Öl rundum anbraten – sie sollen dabei schöne goldene Punkte bekommen. Sie schmecken übrigens warm oder kalt, in jedem Fall muß man sie gut abtropfen lassen, deshalb auf einem mit einer Papierserviette ausgelegten Teller servieren.

Chilipulver darf man nicht mit reinem Cayennepfeffer (oft auch Chili genannt) verwechseln, der aus superfein zerriebenen Chilischoten hergestellt wird. Man versteht vielmehr darunter eine Gewürzmischung, die manchmal auch als »Chili con Carne« im Handel zu finden ist: pikant, aber nicht höllisch scharf. Falls Sie die fertige Mischung nicht bekommen, würzen Sie mit etwas Cayenne oder Rosenpaprika, Zucker, Piment und Kreuzkümmel.

Gefüllte Weinblätter – dolmades

Am schönsten sind *dolmades*, jene saftigen reisgefüllten Weinblattröllchen aus Griechenland, wenn sie gerade eben daumendick und -lang sind. So kann man sie bequem aus der Hand essen. Die Weinblätter dafür gibt es in Lake konserviert, im türkischen oder griechischen Lebensmittelgeschäft.
Wenn Sie selbst Weinreben an Ihrem Haus oder im Garten haben, nehmen Sie lieber diese frischen Blätter. Sie sollten vor dem Füllen blanchiert werden, weil sie so ihre grüne Farbe behalten und außerdem geschmeidig und biegsam werden.

Für 4 – 6 Personen:

2 Zwiebeln, 2 Knoblauchzehen, 4 EL Olivenöl, 1 Tasse Langkornreis, ½ TL Zimt, ½ TL gemahlener Kreuzkümmel, Salz und Pfeffer, 2 EL Korinthen, 50 g Pinienkerne, 1 Bund glattblättrige Petersilie, 1 Zitrone, ca. 200 g Weinblätter (ergeben etwa 30 Röllchen)

1. Die Zwiebeln und den Knoblauch sehr fein hacken. In zwei Eßlöffeln heißem Öl weich dünsten, ohne Farbe annehmen zu lassen. Den Reis zufügen, mitdünsten, dabei rühren, bis die Körner von einem Fettfilm umgeben sind.
2. Mit Zimt, Kreuzkümmel, Salz und Pfeffer würzen. Die Korinthen und Pinienkerne hinzufügen. Knapp 1 ½ Tassen Wasser angießen. Aufkochen, dann den Topf mit einem Deckel verschließen. Auf niedrigste Hitze schalten. Den Reis etwa 30 Minuten ausquellen lassen, bis er alle Flüssigkeit aufgesogen hat.
3. Die sehr fein gehackte Petersilie unter den Reis mischen, solange er noch warm ist.
4. In der Zwischenzeit die Weinblätter wässern (frische 1 Minute blanchieren, dann gleich eiskalt abschrecken). Mit 3 oder 4 Blättern einen breiten, flachen Topf auslegen.
5. Die übrigen Blätter je nach Größe halbieren oder dritteln. Auf jedes Stück 1 Eßlöffel Füllung setzen. Kleine Röllchen formen, die rundum geschlossen sind. Nebeneinander, höchstens in 2 Schichten übereinander, in den Topf setzen, und zwar mit der »Nahtstelle« nach unten, damit sich die Röllchen nicht öffnen können.
6. Die Oberfläche mit dünnen Zitronenscheiben abdecken. Das übrige Öl und so viel Wasser angießen, daß die Röllchen gerade eben bedeckt sind. Einen kleineren Teller umgedreht direkt auf die Röllchen legen, damit sie nicht nach oben steigen. Auf mittlerem Feuer zugedeckt etwa 20 Minuten leise köcheln. Im Sud abkühlen lassen.
7. Gut abtropfen und auf einem mit Papierspitze ausgelegten Teller servieren. Dazu Zahnstocher zum Aufspießen reichen.

Gefüllte Zwetschgen im Speckmantel

Damit man seinen Mund bei diesem Aperitifhappen nicht zu weit aufsperren muß, werden große Trockenpflaumen halbiert, bevor man sie füllt und in Speck einhüllt.

Für 6 Personen:

12 Trockenpflaumen, 2 EL grob gehackte Mandeln, 2 EL gehacktes Koriandergrün, 1 EL Orangenkonfitüre, 2 EL Frischkäse, hauchdünne Speckscheiben

1. Die Pflaumen entsteinen, große Früchte halbieren. Die Mandeln mit Kräutern, Orangenkonfitüre und Frischkäse mischen.
2. Eine kleine Portion davon in die Innenseite der Pflaumen betten und sie darüber zusammenfassen.
3. Jeweils in eine Speckscheibe wickeln. Mit der Nahtstelle nach unten nebeneinander auf ein Blech legen und im heißen Ofen backen, bis der Speck knusprig ist.

Goldene Mangoldklößchen

Schmecken gut aus der Hand, zusammen mit einem erfrischenden Joghurtdip, sind aber auch als originelle Gemüsebeilage geeignet, z. B. zu Zicklein oder Lamm.

Für 4 – 6 Personen:

600 g Mangold, Salz, Pfeffer, 4 Eier, 50 g frisch geriebener Parmesan, 2 EL Semmelbrösel, Olivenöl zum Ausbacken

1. Mangoldblätter und Stiele trennen, waschen, putzen, Faseriges entfernen. Stiele in Streifen schneiden, Blätter hacken. Die Stiele in kochendes Salzwasser geben, nach etwa 7 Minuten die Blätter zufügen. Nach 1 Minute abgießen und kalt abschrecken.
2. Gut abtropfen, sogar ausdrücken, alles mit einem großen Messer fein hacken. Mit den Gewürzen, Eiern, Käse und Bröseln mischen und etwas quellen lassen.
3. Bällchen formen und sie in heißem Olivenöl backen, etwa 10 Minuten, dabei wenden. Die Klößchen sind außen gebräunt, aber innen leuchtend grün und saftig. Heiß servieren.

Fritierte Reisbällchen – arancini siciliani

In Sizilien sind diese goldbraun ausgebackenen panierten Reisbällchen etwa faustgroß, eben wie eine Orange *(arancia)* – daher der Name. Für einen feinen Sektempfang, wo man sie aus der Hand ißt, formt man sie zierlicher: etwa wie eine Walnuß oder einen Tischtennisball.

1. Für die Füllung die Zwiebel und Knoblauchzehen sehr fein hacken und in heißem Olivenöl weich dünsten. Hackfleisch hinzufügen und krümelig braten. Die Möhre auf der feinen Reibe zerkleinern und unterrühren.
2. Lorbeer, Tomatenmark, Oregano zufügen, salzen und pfeffern. Im offenen Topf leise schmoren, dabei immer wieder eßlöffelweise etwas Wasser zufügen, damit eine sehr feste, pastenartige Sauce entsteht. Perlerbsen einrühren.
3. Inzwischen für den Reismantel einen festen Risotto kochen: Zuerst die feingehackte Zwiebel im heißen Öl anlaufen lassen, den Reis hinzuschütten und mitdünsten. Nach und nach die kochende Fleischbrühe angießen, leise kochen, bis der Reis gar ist, aber noch Biß hat. Er muss wie ein fester Brei wirken, darf aber nicht zu flüssig sein. Etwas auskühlen, dann den Käse und das verquirlte Ei unterrühren und schließlich endgültig abkühlen lassen.
4. Kleine Bällchen formen: Zuerst 1 Eßlöffel Risotto in die Handfläche geben und flachdrücken. Einen Löffel der Füllung darauf setzen. Mit einem weiteren Löffel Reis abdecken. Glatt und rund formen, dabei darauf achten, daß nirgendwo die Füllung herausquellen kann.
5. Die Bällchen in Mehl wälzen. Durch verquirltes Ei ziehen, nun in Paniermehl wenden, diese Panierung gut festdrücken. Die Bällchen in siedendem Fett goldbraun backen. Auf Küchenpapier rundum abtupfen. Vor dem Servieren einen kleinen Stiel (zum Beispiel aus Nelken, von Kräutern usw.) oder ein grünes Blatt anstecken (Basilikum, glatte Petersilie).

Für 8 – 10 Personen:

FÜLLUNG:
1 Zwiebel, 2 Knoblauchzehen, 2 EL Olivenöl, 300 g gemischtes Hackfleisch, 1 kleine Möhre, 1 Lorbeerblatt, 2 EL Tomatenmark, 1 TL Oregano, Salz, Pfeffer, 150 g tiefgekühlte Perlerbsen

REISMANTEL:
1 Zwiebel, 2 EL Öl, 250 g Rundkornreis, ca. ¾ l Fleischbrühe, 100 g frisch geriebener Parmesan oder Ricotta, 1 Ei

AUSSERDEM:
Mehl zum Wenden, 2 Eier, 100 g Paniermehl, Olivenöl oder Pflanzenfett zum Fritieren

Sehr wichtig ist hier, wie immer beim Fritieren, daß das Fett die richtige Temperatur hat. In zu kaltem Fett saugen sich die Bällchen voll, in zu heißem verbrennen sie außen, obwohl sie innen noch roh sind. Kontrollieren kann man die Hitze, wenn man kein Fett-Thermometer besitzt, mit einem hölzernen Kochlöffel – es müssen dicke Bläschen an ihm emporsteigen.

Knusprige Geflügelbällchen

Für 4 Personen:

400 g ausgelöstes Hühnerfleisch, 150 g altbackenes Weißbrot (ohne Rinde), ca. 1/8 l süße Sahne, 1 Eigelb, 1 Bund Petersilie, 100 g geriebener Käse, abgeriebene Zitronenschale, Salz, Pfeffer, reichlich Muskat, Paniermehl zum Binden und zum Wälzen

AUSSERDEM:
3 EL Butter, 1 EL Öl zum Braten

Sie schmecken aus der Hand zum Aperitif. Dazu gibt es verschiedene Dips, zum Beispiel aus roh pürierten Tomaten, eine mit Senf aufgeschlagene Knoblauchmayonnaise oder eine mit viel Kapern und Cornichons gewürzte Remoulade.

1. Das Fleisch durch den Fleischwolf drehen.
2. Das gewürfelte Brot mit der Sahne benetzen und einweichen, bevor es mit dem Fleisch, Eigelb, gehackter Petersilie, geriebenen Käse und allen Gewürzen gründlich vermengt wird.
3. Den Fleischteig, wenn nötig, mit etwas Paniermehl festigen. Sehr kräftig abschmecken. Tischtennisballgroße Klopse daraus formen, in Paniermehl wälzen, bis sie rundum wie von einem feinen Film überzogen sind.
4. Die Bällchen in reichlich Butter und Öl rundum knusprig braun ausbacken.

Knusprige Kartoffelhackfleischbällchen

Für 4 – 6 Personen:

1 große Zwiebel, 2 Knoblauchzehen, 2 EL Olivenöl, 200 g Hackfleisch, 1 Bund Petersilie, 500 g gekochte Kartoffeln, Salz, Pfeffer, Muskat, 1/2 TL Thaicurrypaste

AUSSERDEM:
1 Ei, Semmelbrösel, Öl zum Ausbacken

Höchstens walnußgroß werden die Bällchen geformt, dann in Ei und Bröseln gewendet und schließlich knusprig ausgebacken. Ein hübscher Bissen aus der Hand zum Aperitif.

1. Zwiebel und Knoblauch sehr fein würfeln und im heißen Öl andünsten. Das Hackfleisch zufügen und so lange braten, bis es ganz krümelig geworden ist. Die feingehackte Petersilie unterrühren, dann die gekochten, durch die Presse gedrückten beziehungsweise feingeriebenen Kartoffeln. Mit Salz, Pfeffer, Muskat und Currypaste kräftig und sehr würzig abschmecken.
2. Mit angefeuchteten Handflächen kleine Bällchen formen, sie zuerst in verquirltem Ei, dann in Semmelbröseln wälzen. In heißem Öl schwimmend goldbraun ausbacken.
3. Auf Küchenpapier gründlich abtropfen. Dazu einen oder mehrere würzige Dips servieren.

Auberginen-Fritters

Je 2 dünne Auberginenscheiben mit einer dünnen Mozzarellascheibe zusammensetzen. In verquirltem Ei wenden, mit Bröseln panieren. In Öl oder Butterschmalz golden fritieren.

Käse-Cracker

Für 4 Personen:

150 g frisch geriebener Käse, 2 Eiweiße

Den Käse mit dem halbsteif geschlagenen Eiweiß mischen. Ein Blech mit Backpapier auslegen. Vom Käse-Eiweiß-Teig Kreise aufstreichen und bei 180 Grad 4 bis 5 Minuten backen.

Speck-Hippen

Für 4 – 6 Personen:

100 g Mehl, 50 g Stärke, 1 Eigelb, 180 ml Milch, Salz, Pfeffer

AUSSERDEM: 100 g Speck, in hauchdünnen Scheiben

1. Die Zutaten für den Teig verquirlen und abschmecken.
2. Den Speck in feine Streifen schneiden und sanft ausbraten. Durch ein Sieb das ausgebratene Fett wegschütten, die Speckstreifen unter den Teig rühren.
3. Den Teig auf einem mit Backpapier belegten Blech dünn verteilen. Bei 200 Grad 2 bis 3 Minuten backen. Noch warm in Streifen oder Quadrate schneiden und auskühlen lassen.
4. Die Hippen in gut schließenden Blechdosen aufbewahren – so bleiben sie eine Woche frisch.

Tomaten-Häppchen

Sehen entzückend aus und machen bei jedem Empfang einen tollen Eindruck: kleine oder sogar Cocktailtomaten, die gehäutet und entkernt sind und schließlich gefüllt. Einmal mit einem sanften Gelee aus grünen Erbsen. Und einmal mit einer Creme aus Frischkäse mit gehackten Chilis und Kräutern.

Für 6 – 8 Personen:

24 Cocktail- oder kleine Strauchtomaten

ERBSENFÜLLUNG:
250 g frische Erbsen, 1 EL feingehackte Schalotten, 2 EL Butter, Salz, 2 EL Crème fraîche, Minzeblätter, 2 Blatt Gelatine

CHILIFÜLLUNG:
150 g Frischkäse, 1–2 EL saure Sahne, Salz, Pfeffer, je 1 TL feingehackte rote und grüne Chilis, Basilikum

1. Die Tomätchen mit kochendem Wasser überbrühen, eiskalt abschrecken und im kalten Wasser liegen lassen, bis sie wirklich kalt sind. Dann eine Kappe abschneiden und mit einem Löffel die Kerne herausschaben – wenn die Tomaten dabei aus der Haut fahren, macht das nichts. Ansonsten zieht man die Haut lieber erst nach dem Füllen ab.
2. Für die Erbsenfüllung die Erbsen mit der feingeschnittenen Schalotte in der heißen Butter einige Minuten dünsten, dabei salzen und etwas Crème fraîche sowie die grob gehackten Minzeblätter zufügen. Mit dem Pürierstab oder im Mixer pürieren, die eingeweichte Gelatine darin auflösen.
3. Diese Masse in die Tomaten füllen (bei dieser Gelegenheit die verbliebenen Tomatenhäute entfernen, die allerdings die Tomaten bis zu diesem Zeitpunkt in Form gehalten haben) und fest werden lassen.
4. Für die Chilifüllung den Frischkäse mit der sauren Sahne glatt rühren, dabei mit Salz und Pfeffer würzen. Chilis und feingeschnittenes Basilikum unterrühren. In die Tomaten füllen und kalt stellen.
5. Zum Servieren die gefüllten Tomaten je nach Größe ganz lassen, halbieren oder sogar vierteln und mit Zahnstochern zum Aufspießen servieren.

Saté – Spießchen von Hähnchen- und Rindfleisch mit Erdnusssauce

1. Die Hähnchenbrust mit der Faser, das Rindfleisch quer zur Faser in hauchdünne (3 mm) Streifen von etwa 2 bis 3 cm Breite schneiden.
2. Den Speck im Tiefkühlfach etwas anfrieren lassen, damit er sich auf dem elektrischen Allesschneider noch erheblich dünner aufschneiden läßt.
3. Zitronengras, Schalotten, Koriander, Ingwer, Soja- und Fischsauce sowie Kokossahne und Zucker im Mixer zur glatten Paste pürieren.
4. Beide Fleischsorten und das Fett getrennt in dieser Marinade mindestens 1 Stunde ziehen lassen. Schließlich die Streifen ziehharmonikaartig auf dünne Holzstäbchen fädeln, dabei jeweils einen Speckstreifen dazwischen packen, er soll das Fleisch beim Grillen saftig halten. (Man kann notfalls den Speck auch weglassen.)
5. Die Spießchen auf jeder Seite etwa 3 bis 4 Minuten auf den mit Sesamöl eingepinselten Grillstäben des Gartengrills oder unter der Grillschlange des Backofens knusprig werden lassen.
6. Für die Sauce die Erdnüsse oder Erdnußbutter mit allen oben aufgeführten Zutaten, bis auf die Kokosmilch, im Mixer zu einer dicken Creme zerkleinern. In einem Topf etwa 10 Minuten köcheln, bis die Sauce dicklich geworden ist und duftet, dabei soviel Kokosmilch zufügen, bis die gewünschte Konsistenz erreicht ist. Wenn nötig, mit Salz abschmecken.
7. Außerdem gibt's dazu einen Salat aus feingehobelten Schalotten, Gurkenscheibchen und Chilis, die in Ringe geschnitten sind, angemacht mit Zitronensaft, Fischsauce und einer Prise Zucker.

Für 6 – 8 Personen:

je 200 g Hähnchenbrust und Rinderlende, 50 g fetter Bauchspeck, 1 Stück Zitronengras, 1 Schalotte, 1 TL Koriandersamen, 1 cm Ingwerwurzel, 1 EL Sojasauce, 1 EL Fischsauce, 1/8 l Kokossahne, 1/2 TL Zucker

ERDNUSSSAUCE:
50 g geröstete Erdnüsse oder 1 EL Erdnußbutter, je 1/2 TL Koriander- und Kreuzkümmelsamen, 1 Schalotte, 2 Knoblauchzehen, 1 Stück Zitronengras, 1 cm Ingwerwurzel, 2–3 getrocknete Chilischoten, 1/2 TL Garnelenpaste, 1 TL Zucker, 2 EL Fischsauce, 1/4 l Kokosmilch, Salz

Im ganzen südostasiatischen Raum sind diese kleinen Spießchen beliebt. Überall kann man sie im Vorübergehen frisch gegrillt kaufen. Solche Saté Spießchen sind ein herrlicher Bissen zum Aperitif, der sich überdies wunderbar vorbereiten läßt. Die Holzspießchen kann man übrigens in der Asienabteilung kaufen. Damit sie auf dem Grill nicht verbrennen, werden sie zuvor in kaltem Wasser eingeweicht.

Würziges Schweinehack im Netz

Für 2 – 4 Personen:

NETZ:
4 Eier, 1 EL Sojasauce,
1 TL Sesamöl,
ca. 2 cm Ingwerwurzel

FÜLLUNG:
200 g mageres Schweinefleisch (Schulter oder Nuß),
je ½ TL Knoblauch und Ingwer, 1 TL Sesamöl,
2 Frühlingszwiebeln,
je ½ rote und gelbe Paprikaschote, 2 EL neutrales Öl,
1 EL Sojasauce,
1 EL Fischsauce,
½ TL Zucker, Salz, Pfeffer,
2 EL Sherry oder Reiswein,
Minze und/oder Koriandergrün zum Garnieren

Das »Netz« macht leider ein wenig Arbeit, dafür sieht es bildschön aus. Und wenn Sie dann das Lob Ihrer Gäste hören, sind Sie dafür entschädigt.

1. Für das Netz die Eier mit Sojasauce und Sesamöl verquirlen und durch ein Sieb streichen. Den Ingwer schälen, grob zerkleinern und durch eine Knoblauchpresse zu den Eiern drücken. Falls die Knolle recht faserig ist, bleiben die Fasern dabei zurück, es gelangt nur der Saft in die Eiermischung.
2. Eine beschichtete Pfanne auf mittlerem Feuer erhitzen und das Eiergemisch in dünnem Strahl so hineinfließen lassen, daß ein feines Netz entsteht – das geht am besten, indem man das Gemisch in einen kleinen Plastikbeutel füllt, von dem man eine Ecke kappt.
3. Das Eiernetz stocken lassen, bis es ganz fest geworden ist, vorsichtig aus der Pfanne heben und auf einem Teller beiseite stellen.
4. Für die Füllung das Fleisch mit dem Messer winzig feinhacken (oder einfach Schweinehack verwenden). Mit feingehacktem Knoblauch, Ingwer und Sesamöl mischen und marinieren.
5. Frühlingszwiebeln feinhacken, den Paprikaschoten mit dem Kartoffelschäler dünn die Haut abschneiden, ihr Fleisch winzig fein würfeln.
6. Das Öl im Wok erhitzen, zuerst das Fleisch darin auf starker Hitze pfannenrühren, dann nacheinander die Frühlingszwiebeln und die Paprikaschoten zufügen. Mit Soja- und Fischsauce, Zucker, Salz, Pfeffer und Sherry würzen.
7. Noch einmal eine halbe Minute pfannenrühren, dann in die vorbereiteten Eiernetze verteilen, diese zu Röllchen aufwickeln und auf einer Platte hübsch anrichten.
8. Mit Minze- oder Korianderblättern schmücken.

Tip: Man ißt die Schweinehack-Päckchen mit der Hand. Zum Stippen serviert man dazu einen *Soja-Ingwer-Dip:* Dafür je 3 Eßlöffel Sojasauce, Sherry und Hühnerbrühe verrühren, 1 Teelöffel durch die Knoblauchpresse gewonnenen Ingwersaft zufügen.

Gebratene marinierte Hühnerschenkel

Für 4 – 6 Personen:

4 Hähnchenschenkel, je 1 EL feingehackter Ingwer und Knoblauch, 2 EL Sojasauce, je ½ TL Salz, Pfeffer, Zucker, gemahlener Koriander, Kreuzkümmel und Gelbwurz, 3 EL Zitronensaft, 3 EL Öl zum Braten, 3–4 Frühlingszwiebeln

1. Die Hähnchenschenkel im Gelenk in Ober- und Unterschenkel teilen. Schließlich jedes Stück noch einmal quer durchschneiden.
2. Ingwer, Knoblauch, Sojasauce, alle Gewürze und Zitronensaft verrühren. Die Hähnchenstücke damit einreiben, in einen Gefrierbeutel füllen und einen halben Tag, ruhig sogar länger, marinieren.
3. Vor dem Servieren das Öl im Wok erhitzen, die Hähnchenstücke darin langsam etwa 15 bis 20 Minuten braten, dabei immer wieder umwenden, damit sie überall mit der Hitze in Kontakt geraten. Falls sie anzusetzen drohen, mit einem Schuß Wasser loskochen.
4. Zum Schluß, wenn die Stücke gar sind, die Frühlingszwiebeln in 2 cm langen Stücken zufügen und kurz mitbraten.

Tip: Größere Portionen kann man übrigens auch gut auf dem Backblech im Backofen braten!

Yakitori – gegrillte Hühnerspießchen

Als Partyhäppchen für 10 Personen:

YAKITORI-MARINADE:
4 EL Zucker, ⅛ l Mirin (süßer Kochwein), ¼ l Sojasauce, ⅛ l Sake (Reiswein)

AUSSERDEM:
600 g ausgelöste Hühnerbrust, je 1 rote und grüne Paprikaschote

1. Zucker, Mirin, Sojasauce und Sake rasch um ein Drittel einkochen und abkühlen lassen.
2. Das Fleisch in kleine Würfel von etwa 2 cm schneiden. In dieser Sauce marinieren.
3. Auf kleine Bambusstäbchen spießen, als obere und untere Begrenzung jeweils ein Quadrat von roter oder grüner Paprikaschote.
4. Die Spießchen auf dem eingeölten Grill, Rost unter den Grillschlangen des Backofens oder auch in der Pfanne braten. Währenddessen immer wieder mit Marinade einpinseln, damit das Fleisch davon dick überzogen wird.

Rindfleischröllchen

Als Partyhäppchen für 10 Personen:

Yakitori-Marinade (siehe Rezept S. 33), 250 g stricknadeldünne Böhnchen, 1 Möhre, 1 Lauchstange, Salz, 8–10 halbzentimeterdünne Scheiben Rinderlende (Roastbeef), 1 EL Öl, 1 TL Sesamöl, Salatblätter, Kräuter (z. B. Koriandergrün, Kerbel, Minze, Thai-Basilikum)

1. Die Marinade wie im Rezept für Hühnerspießchen angegeben zubereiten.
2. Bohnen abknipsen, Möhren und Lauch längs in streichholzfeine Streifen hobeln. Alle Gemüse in Salzwasser blanchieren, danach in Eiswasser rasch abkühlen, um Geschmack, Vitamine und die Farbe zu stabilisieren.
3. Das Fleisch parieren – es darf keinen Fett- oder Sehnenrand haben. Die Scheiben auf der Arbeitsfläche mit einem breitklingigen Messer flachstreichen, dabei sollen sie fast doppelt so groß werden.
4. Jeweils 2 Scheiben so übereinanderlappen lassen, daß noch einmal eine doppelt so große Fläche entsteht.
5. Jeweils ein Bündel der gemischten Gemüse quer auf eine Fleischscheibe betten und aufrollen – es soll nichts vom Gemüse herausschauen.
6. Die gefüllten Fleischrollen in der Marinade eine Stunde ziehen lassen, bevor sie im heißen Öl (beide Sorten mischen) oder auf dem Grill rundum gebraten werden, dabei immer wieder mit etwas Marinade einpinseln.
7. Die Rinderöllchen werden lauwarm oder kalt gegessen: Dafür in zentimeterstarke Scheiben schneiden und auf Salatblättern anrichten und mit abgezupften Kräutern überstreuen.

Sushi-Häppchen

Viele unserer Freunde lieben inzwischen diese japanischen Mundbissen, die man normalerweise nur beim Japaner ißt. Freilich: Ein perfektes Sushi ist eine Kunst, die der Sushimeister in jahrelanger Arbeit lernen mußte – die traditionelle Schneidetechnik, die allein das wundervolle Schmelzen des Fischfleischs auf der Zunge gewährleistet, beherrschen die jungen Sushi-Köche an unseren europäischen Bars kaum mehr – also dürfen auch Sie den Mut haben, es uns nachzutun!

Einzige Voraussetzung: Absolut frischer Fisch! Wir haben uns schon oft mit frischen Forellen beholfen: Immer mit Erfolg! Regenbogenforellen haben übrigens ein zarteres Fleisch als Bachforellen und sind in diesem Falle ausnahmsweise vorzuziehen.
Zu Sushi trinkt man eigentlich Reiswein, japanisch: Sake. Im Winter heiß, im Sommer kalt – aus einem Kiefernholzkästchen, dessen Rand an einer Ecke mit Salz bestreut wird. Es geht aber auch aus dem Glas! Wir servieren allerdings meist einen jungen, frischen, aromatischen Weißwein, am liebsten einen ganz trockenen, säurereichen Muskateller vom Kaiserstuhl.

Für ca. 30 Stück:

SUSHI-REIS:
3 Tassen Rundkornreis,
3 1/2 Tassen Wasser,
4 EL Reisessig, 4 EL Zucker,
2 TL Salz

AUSSERDEM:
2 TL Wasabi (japanischer Meerrettich – siehe Tip),
insgesamt ca. 500 g erstklassiges, taufrisches Fischfilet – zum Beispiel: roher Lachs, Forelle, Thunfisch, Seezunge, Seebarsch – oder auch dünne Scheiben Rinderfilet

ZUM SERVIEREN:
Wasabi, Sojasauce, eventuell frische Shisoblättchen

1. Den Reis mit Wasser in einem Topf aufkochen, nach 2 Minuten sprudelndem Kochen auf ganz kleine Flamme setzen, zugedeckt 20 Minuten ausquellen lassen. Schließlich noch weitere 10 Minuten neben dem Herd nachziehen lassen.
2. Inzwischen Essig, Zucker und Salz aufkochen und wieder abkühlen lassen.
3. Den fertigen Reis in eine weite Schüssel umfüllen, dabei ausbreiten und mit möglichst viel Luft in Kontakt bringen, damit der Reis rasch abkühlt, Die Essiglösung hineinträufeln, dabei den Reis umwenden und mischen, damit alle Körner von der Essiglösung getränkt werden. Bis zum Gebrauch immer zugedeckt halten, damit er nicht austrocknet.
4. Mit Sushi-Reis lassen sich die unterschiedlichsten Häppchen herstellen: Zunächst jeweils ein eßlöffelgroßes Reisbällchen in längliche Form drücken, auf die Oberseite etwas Wasabi streichen, darauf jeweils ein Stück exakt zugeschnittenes rohes Fischfilet betten, das so groß sein muß, daß das Reisbällchen darunter völlig verschwindet.
5. Leicht andrücken und mit Wasabi und Sojasauce, wenn vorhanden auch mit Shisoblättern, servieren.

Tip: Wasabi – ein grüner Meerrettich aus Japan, der sich frisch nur ganz kurz hält und der sehr schwierig zu kultivieren ist. Es gibt ihn in Dosen als Pulver, das man mit wenig Wasser zu einer festen Paste anrührt (am besten vor Gebrauch noch 2 Stunden ziehen lassen, damit sich Farbe, Aroma und Schärfe entwickeln), oder als Paste in Tuben. Er beißt noch viel kräftiger als unser heimischer Meerrettich, ist mit Vorsicht zu genießen!
Frische *Shisoblätter* gibt es bei uns leider nur sehr selten zu kaufen – überdies kosten sie, wenn sie aus Japan eingeflogen wurden,

ein Vermögen. Man kann sich jedoch behelfen: Aus Holland kommen Shisosprossen, die wie etwas dunklere bzw. violette Kresse aussehen, in kleinen Kästchen für die Ayurveda-Küche. Man kann sie vereinzeln, auspflanzen und so auf der Fensterbank oder im Gewächshaus seine eigenen Shisoblätter ziehen. Ihr Geschmack ist intensiv und paßt ausgezeichnet zu rohem Fisch. Das Kraut wird auch in der vietnamesischen Küche viel verwendet!

Sushi-Röllchen

Zu diesen Sushi-Häppchen serviert man eingelegten rosa gefärbten Ingwer (Shoga), japanischen Meerrettich (Wasabi) und, natürlich, japanische Sojasauce, die lichter ist, zarter und leichter, als chinesische.

Dafür braucht man neben dem Sushi-Reis noch Algenblätter *(nori)*, die zuerst in der trockenen Pfanne angeröstet werden. Dann auf einem Tuch (stilecht ist eine kleine Bambusmatte) ausbreiten, mit einer zentimeterhohen Lage Sushi-Reis bedecken (ein Drittel der Nori-Fläche muß frei bleiben!). Darauf kommen nun schmale Streifen von Gurke oder dünnem Omelett, Avocadowürfel, auch zur Abwechslung mal rasch gebratenes Hackfleisch, das mit Yakitori-Marinade gewürzt ist. Das Algenblatt mit Hilfe des Tuches (Bambusmatte) aufrollen, dabei fest wickeln. Die leere Seite hilft, die Rolle zusammenzuhalten. Die Rolle quer in Stücke schneiden, mit der Schnittfläche nach oben anrichten.

Marinierte Wachtelbissen

Man kann sie zum Aus-der-Hand-Essen, sozusagen als »Fleisch am Stiel«, servieren, zusammen mit der aufgekochten Marinade zum Stippen. Hübsch sind sie auch auf einem kleinen Salat als Vorspeise. Nehmen Sie dafür eine möglichst bunte Mischung, von Feldsalat über Frisée, Radicchio bis zu Chicorée.

Die Marinade in einem Schälchen, mit ganz fein geschnittenem Zitronenblatt geschmückt, dazu reichen.

1. Die Wachtelschenkel ablösen: Das geht ganz einfach, wenn man sie vom Körper wegspreizt und im Gelenk durchtrennt.
2. Auch die Brüste vom Knochen schneiden, dabei den Flügel jedoch dranlassen, damit auch dieses Stück einen »Stiel« zum Anfassen hat.
3. Sojasauce, Sherry, Honig, Brühe und Ingwerwurzel aufkochen – 1 Minute auf dem Herd oder in der Mikrowelle. Abkühlen lassen und die Wachtelstücke darin marinieren.
4. Die Wachtelteile in der Pfanne im heißen Öl goldbraun braten. Auf Küchenkrepp sorgfältig entfetten, bevor sie serviert werden.

Für 4 Personen:

4 Wachteln, 2 EL neutrales Öl, 1 TL Sesamöl

MARINADE:
1 EL Sojasauce, 2 EL Sherry, 1 TL Honig, 2 EL Brühe, ½ TL durch die Knoblauchpresse gedrückte Ingwerwurzel, 1 Würzzitronenblatt

Glücksrollen

Frühlingsrolle auf vietnamesisch: zarter, delikater und leichter, als man sie sonst in Asien liebt. Denn sie bleibt roh, wird nicht in heißem Öl gebacken. Gemüse, Kräuter und Garnelen sind in ein weißes Reispapierblatt eingewickelt – es soll den seligmachenden Himmel symbolisieren. Der Inhalt steht für Harmonie zwischen Natur und Mensch – eben für Glück! Bevor man die Röllchen in die Sauce stippt und mit Genuss verspeist, hüllt man sie jeweils in ein Salatblatt. So bleiben die Finger sauber!

Glücksrollen machen leider etwas Arbeit, dafür geben sie ein wirklich bemerkenswertes Aperitifhäppchen ab, von dem Ihre Gäste noch lange sprechen werden.

Glücksrollen mit Garnelenfüllung

Für sechs Stück – genug als Vorspeise für sechs Personen, als Aperitifhäppchen für acht bis zehn (in diesem Fall kleinere Reispapierblätter nehmen oder große vierteln, um handliche Mini-Röllchen herzustellen) und als kleiner Imbiß für zwei bis drei Gäste:

12 Reispapierblätter (ca. 20 – 25 cm Durchmesser), 1 fester Salatkopf, reichlich frische Kräuterzweige, zum Beispiel: Minze, Koriandergrün, Thai-Basilikum

FÜLLUNG:
200 g rohe, ausgelöste Garnelenschwänze, 2 EL Sojasauce, 1 EL Sesamöl, 1 EL Sherry, eine Prise Zucker, 1 Möhre, 1 kleiner Zucchino, 1 Knoblauchzehe, 1 Scheibe Ingwerwurzel (ca. 2 cm dick), 1 Schalotte, 1 Frühlingszwiebel, 1 EL Öl, Salz, Pfeffer

SAUCE:
Hoisin-Orangensauce (Rezept auf Seite 722)

1. Die Reispapierblätter in Wasser tauchen und eine gute Viertelstunde lang einweichen – um die Sache zu beschleunigen, kann man sie anschließend zusätzlich mit einem feuchten, keinem nassen (!) Tuch bedecken, aber viel schneller geht es nun mal nicht. Die Blätter müssen wirklich weich und formbar sein, sonst brechen oder reißen sie.
2. Den Salat in Blätter teilen, nur die schönen, kräftigen verwenden. Wie auch die Kräuter waschen und trocken schütteln.
3. Die Garnelen rücklings aufschlitzen. Wenn der dunkle Darm, der dadurch freigelegt wird, entfernt ist, sie waschen, in Stücke schneiden und mit Sojasauce, Sesamöl, Sherry und etwas Zucker marinieren.
4. Inzwischen Möhre und Zucchino längs in streichholzfeine Streifen hobeln. Knoblauch, Ingwer und Schalotte sehr fein würfeln. Die Frühlingszwiebel in schmale Ringe schneiden.
5. Im heißen Öl das Gemüse rasch unter stetem Rühren und Wirbeln in der Pfanne anbraten, dabei Knoblauch, Ingwer und Schalotte hinzustreuen. Salzen, pfeffern.
6. Die Garnelen und Frühlingszwiebeln zufügen und 1 Minute braten. Erst dann die Marinade zufügen. Salzen und pfeffern, mit Zucker abschmecken, vom Herd ziehen und abkühlen lassen.
7. Von den eingeweichten Reispapierblättern immer gleich zwei Blätter aufeinander verarbeiten, damit sie beim Wickeln nicht reißen. Bereitstellen: die Füllung, Salatblätter und genügend frische Kräuter.
8. Jeweils ein Salatblatt als Unterlage auf das Reispapier betten, darauf einige abgezupfte Kräuter verteilen und etwas von der Füllung obenauf setzen.
9. Zum Aufwickeln zuerst die Seiten rechts und links einschlagen, so daß nichts von der Füllung herausfallen kann, und die Röllchen nachher rundum geschlossen sind. Dann

aufwickeln, dabei die eingeschlagenen Seiten festhalten und möglichst eng wickeln, damit die Glücksrolle stramm wird und Form behält.

10. Eingeweichte Blätter oder fertige Röllchen stets mit einem feuchten Tuch bedecken, damit sie nicht austrocknen.
11. Mit den übrigen Salatblättern und Kräutern auf einer Platte hübsch anrichten. Zusammen mit der Hoisin-Orangensauce anbieten.

Dazu paßt als *Getränk:* auf vietnamesische Art grüner, also unfermentierter Tee, natürlich ohne Zucker. Oder, eher europäisch, ein kräftiger, natürlich trockener Weißwein, zum Beispiel ein badischer Grauburgunder, auch ein Pils. Zu der mit Orangenschale parfümierten Sauce allerdings schmeckt ein Champagne brut besonders gut. Und schließlich ist der zum Aperitif ohnehin immer richtig.

Reispapierblätter: Man kauft die weiß-transparenten Bögen nicht im Papiergeschäft, sondern im Asien-Shop. Sie sind aus Reismehl hergestellt, daher ganz neutral im Geschmack. Die runden Blätter gibt es in verschiedenen Größen mit einem Durchmesser von 15 bis 30 cm, manchmal auch als Viertelsegmente. Nach dem Einweichen, mit Wasser oder Bier (gibt Geschmack!) werden sie undurchsichtig-glasig und dienen als Hülle für vielerlei, nicht nur für Glücksrollen. Man kann auch rohe Füllung darin einpacken, die Röllchen oder Täschchen dann dämpfen, braten oder besser noch fritieren. Praktisch, weil sie getrocknet und deshalb – anders als Nudelteigblätter – immer verfügbar sind. Sie können übrigens auch durchaus als Ersatz für *Pâte à brick* (Brickteig siehe Seite 597) dienen. Kleine Reispapierblätter sind nötig, wenn man Mini-Röllchen wickeln möchte, um sie als mundgerechten Bissen beim Stehempfang zu reichen. Röllchen aus großen Papierblättern werden schräg halbiert, bevor man sie serviert.

Fleischfüllung für Glücksrollen

Zutaten für
6 Glücksrollen:

200 g Hähnchen- oder Schweinefleisch, ½ TL Speisestärke, 1 EL Sojasauce, 1 TL Sesamöl, 1 EL Sherry, je 1 TL feingehackter Knoblauch und Ingwer, 1 Möhre, ¼ Sellerieknolle, 1 dünne Lauchstange, 1 EL Öl, Salz, Pfeffer, Zucker, chinesischer Schnittlauch (sogenannter Knoblauch)

1. Das Fleisch schnetzeln, mit Stärke einmassieren. Sojasauce, Sesamöl, Sherry, Knoblauch und Ingwer untermischen. Eine halbe Stunde marinieren lassen.
2. Inzwischen Möhre, Sellerie und Lauch in streichholzfeine Julienne hobeln.
3. Zuerst das Fleisch im rauchend heißen Öl anbraten. Das Gemüse zufügen, salzen, pfeffern und mit Zucker würzen. 2 bis 3 Minuten unter Rühren braten.
4. Zum Schluß den schräg in schmale Stücke geschnittenen Schnittlauch unterrühren und alles abkühlen lassen.
5. Genau wie im vorstehenden Rezept beschrieben die Füllung in das Reispapier wickeln und mit Salatblättern und Kräutern anrichten.
6. Auch hierzu die Hoisin-Orangensauce reichen.

Lumpia – indonesische Frühlingsrollen

Die Frühlingsrollen, die man bei uns im Chinarestaurant serviert bekommt, sind keine chinesische, sondern eine Spezialität aus Singapore; sie gehört nach Malaysia, nach Indonesien, man kennt sie auch auf den Philippinen.

Lumpia sind größer als die original nur daumengroßen chinesischen Frühlingsrollen, und es steckt mehr Gemüse drin. Manchmal sind sie sogar völlig ohne Fleisch, ganz mit Gemüse gefüllt.

Die Hülle kann man in Asienshops und gut sortierten Feinkostgeschäften tiefgekühlt fertig kaufen. Wer sie selber machen möchte, kann dies nach folgendem Rezept tun:

1. Zunächst für den Teig die Eier mit dem kalten Wasser verquirlen, dabei aber nicht schaumig schlagen.
2. Salz, Öl und schließlich Mehl zufügen und so lange mit dem Rührbesen schlagen, bis sich alles zu einem homogenen, glatten Teig verbunden hat. Eine halbe Stunde quellen lassen, bevor damit in einer möglichst beschichteten Pfanne von 18 bis 20 cm Durchmesser hauchdünne Crêpes gebacken werden. Die Pfanne dafür mit Öl auspinseln, die Crêpes blaß halten.
3. Dies kann bereits am Vortag geschehen. Die Teighüllen aufeinandergestapelt in Folie verpackt vor dem Austrocknen schützen.
4. Für die Füllung die Pilze mit kochendem Wasser überbrühen und einweichen. Ingwer und Knoblauch mit der feingehackten Zwiebel im heißen Öl andünsten. Das Fleisch zufügen und nunmehr auf starkem Feuer krümelig braten, dabei ständig rühren, damit nichts ansetzt oder zu braun wird.
5. Die grob gehackten Pilze, den in feine Streifen geschnittenen Kohl und die Bambussprossen zufügen. Eine Minute unter Rühren braten, bevor die Keime und in zentimeterbreite Ringe geschnittenen Frühlingszwiebeln zugefügt werden. Schließlich mit Sojasauce, Sherry, Salz, Pfeffer und Zucker würzen. Nochmals auf starkem Feuer alles unter Rühren mischen und beiseite stellen.
6. Bevor serviert werden soll, jeweils zwei gut bemessene Eßlöffel Füllung in die Hüllen packen, dabei zunächst rechts und links hochschlagen, bevor die Hülle über die Fülle geklappt und der Crêpe aufgerollt wird.
7. Die Frühlingsrolle sollte jetzt etwa 12 cm lang und 5 bis 6 cm breit und überall gut geschlossen sein. Am besten mit etwas Eiweiß zukleben.
8. Die Frühlingsrollen schwimmend in heißem Öl goldbraun backen.

Für 25 Stück:

HÜLLE:
5 Eier, 375 ml kaltes Wasser, ½ TL Salz, 2 EL Öl zum Einpinseln, 250g Mehl

FÜLLUNG:
3 EL getrocknete Wolkenohrpilze, je 1 gehäufter EL gehackte Ingwerwurzel und Knoblauch, 1 große Zwiebel, 2 EL neutrales Öl, 1 EL Sesamöl, 250 g Hackfleisch, 250 g China- oder Weißkohl, 100 g Bambussprossen, 150 g Sojakeime, 3 Frühlingszwiebeln, 1 EL Sojasauce, 1 EL Sherry, Salz, Pfeffer, Zucker

AUSSERDEM:
Öl zum Fritieren

Chinesische Frühlingsrollen

Sie sind etwa männerdaumenlang und -dick. Pro Portion rechnet man mindestens drei – wenn man sie zum Aperitif serviert, dürfen es ruhig ein paar mehr sein. Als Hülle dienen entweder Crêpes aus einem Teig, wie im vorigen Rezept beschrieben, jetzt allerdings mit einem Durchmesser von nur etwa 11 cm, oder fertig gekaufte Hüllen aus der Tiefkühltruhe im Asien-Shop. Für die Füllung gibt es eine Menge verschiedener Rezepte. Man kann auch nach eigener Laune und nach dem jeweiligen Vorrat experimentieren. Zum Beispiel so:

Für ca. 25 Stück:

Hüllen aus der Hälfte der oben angegebenen Teigmenge oder 25 fertig gekaufte Hüllen

FÜLLUNG:
6 Tonku-Pilze, 250 g Schweinehackfleisch, ½ TL Stärke, 1 Zwiebel, 1 Knoblauchzehe, 1 Scheibe Ingwerwurzel, 2 EL Öl, 1 TL Sesamöl, 1 Möhre, 1 dünne Lauchstange, 100 g Bambussprossen, 3 Frühlingszwiebeln, 2 EL Sojasauce, 2 EL Sherry, Salz, Pfeffer, Zucker, 1 Eiweiß

1. Die Pilze mit kochendem Wasser überbrühen und einweichen. Das Fleisch mit der Stärke vermengen. Zwiebel, Knoblauch und Ingwer feingehackt im heißen Öl anbraten.
2. Bevor sich die Würfel braun färben, das Fleisch zufügen und krümelig braten. Die in streichholzfeine Streifen geschnittene Möhre und Lauch zufügen und mitbraten.
3. Bambus ebenso zuschneiden und mitbraten, schließlich die in Ringe geschnittenen Frühlingszwiebeln unterrühren und mitschwenken.
4. Alles mit Sojasauce, Sherry, Salz, Pfeffer und Zucker würzen, noch einmal durcheinanderwirbeln und abkühlen lassen.
5. Die etwas abgekühlte Füllung in die Hüllen wickeln und rundum geschlossene Röllchen formen. Mit Eiweiß zukleben, damit nichts herausquellen kann. Gerade bei diesen kleinen Röllchen darauf achten, daß sie nicht zu stramm gewickelt werden. Die Füllung dehnt sich beim Braten aus und dann reißt die Hülle leicht.

Thailändische Frühlingsröllchen

Sie unterscheiden sich äußerlich kaum von chinesischen. Als Teighülle nimmt man Reispapier wie für Glücksrollen oder spezielle Frühlingsrollenhüllen, die man in Asien-Shops oder gut sortierten Feinkostgeschäften tiefgekühlt kaufen kann. Im Geschmack allerdings sind die Thai-Röllchen jedoch deutlich anders: Statt mit Sojasauce sind sie mit Fischsauce gewürzt, dazu kommen Zitronengras, Zitronenblatt und vor allem reichlich frische Kräuter.

Für ca. 30 daumenkurze Röllchen:

30 Blatt Reispapier (18 cm), 4 Tonku-Pilze, 100 g Glasnudeln, 200 g Schweinehackfleisch, 1 TL Stärke, 4 EL Sherry, je 1 TL gehackter Ingwer und Knoblauch, 2 EL Öl, 1 EL Sesamöl, 2 Frühlingszwiebeln (mit Grün quer in dünne Scheiben geschnitten), 2 Chilischoten (entkernt und gehackt), 1 Zitronengraskolben, eine Handvoll Spinatblätter (in Streifen), ½ TL Zucker, Salz, Pfeffer, 2 EL Fischsauce, 3 EL Sherry

1. Die Reispapierblätter nebeneinander auf der Arbeitsfläche auslegen, in Wasser tauchen oder gründlich damit einsprühen und einweichen, bis sie nicht mehr transparent, sondern weiß-opak wirken.
2. Die Tonku-Pilze und Glasnudeln mit kochendem Wasser überbrühen und ebenfalls einweichen.
3. Das Schweinehack mit Stärke durchkneten und mit Sherry tränken.
4. Knoblauch und Ingwer im heißen Öl anbraten, das Fleisch zufügen und rasch 1 Minute braten. Pilze, Glasnudeln, Frühlingszwiebeln, Chilis, haarfein geschnittenes Zitronengras und Spinat zufügen. Auf starkem Feuer mischen, mit den übrigen Zutaten würzen. Abkühlen lassen.
5. Jeweils einen guten Eßlöffel davon auf eine Hälfte der Reisblätter setzen, sie darüber zusammenschlagen und nicht zu fest aufrollen, trotzdem darauf achten, daß nichts herausquellen kann.
6. Die Röllchen schwimmend in heißem Öl goldbraun fritieren. Auf Salatblättern servieren. Dazu gehört unbedingt:

Fischsaucen-Dip (Prik Nam Plaa)

Für 4 – 6 Personen:

je 3 EL Fischsauce, Zitronensaft und Wasser, je 1 TL winzig fein gewürfelter Ingwer, Knoblauch, Möhre und grüne sowie rote Chilischote, ½ TL Zucker

Alle Zutaten verrühren und kurz ziehen lassen.

Krupuk

Auch Krabbenbrot genannt, eine Art chinesische Kartoffelchips, die man mühelos selbermachen kann:

Für 4 Personen:

1 Packung getrocknete Plättchen aus Krabbenmehl (erhältlich in den Asienabteilungen der Supermärkte oder Kaufhäuser), Öl zum Fritieren

1. Den Topf zum Fritieren nicht zu klein wählen, denn die Plättchen vergrößern ihr Volumen um mindestens das Vierfache.
2. Das Fett darin stark erhitzen: An einem Holzstiel, den man hineintaucht, müssen dicke Bläschen emporsteigen.
3. Die Plättchen nacheinander hineingeben und 3 bis 4 Minuten lang ausbacken. Mit einer Schaumkelle herausheben, sobald sie sich aufgeplustert haben, nicht dunkel werden lassen! Auf Küchenpapier gut abtropfen. Möglichst heiß essen.

Süß-würzige Cashewnüsse

Schnell gemacht und unwiderstehlich. Eine schöne Abwechslung zum gekauften Knabberzeug.

Für 4 Personen:

250 g Cashewnüsse, 2 EL Zucker oder Honig, Öl zum Fritieren

1. Die Nüsse in einem kleinen Topf mit ¼ Liter Wasser bedecken. Zucker oder Honig hinzufügen und bei milder Hitze 8 bis 10 Minuten köcheln, dann abgießen, gut abtropfen und auf Küchenpapier sorgfältig trocken tupfen.
2. Anschließend in heißem Öl goldbraun fritieren. Das Öl darf nicht zu heiß sein, weil die Nüsse sonst verbrennen. Sobald sie abgekühlt sind, werden sie herrlich knusprig.

Tip: Größere Mengen kann man gut auch auf dem Backblech im Ofen rösten und nach Belieben mit Chilipulver und Kreuzkümmel würzen. Die gerösteten Cashewnüsse schmecken übrigens auch köstlich, wenn man sie noch warm mit sehr fein geschnittenem Zitronengras und Zitronenblatt sowie nach Gusto mit Koriandergrün vermischt – exotisch duftender Snack zum Aperitif!

Garnelen in Reispapier

Die Päckchen möglichst klein halten, damit man sie mühelos auf einen Biß verspeisen kann – dann sind sie ein wunderbarer Happen zum Aperitif!

Für 4 Personen:

250 g ausgelöstes Garnelenfleisch, 50 g fetter Speck, 2 Eiweiße, einige Tropfen Sesamöl, Salz, 1 TL Speisestärke, 1 TL Sojasauce, 1 TL trockener, schwarzer Sherry, schwarzer Pfeffer aus der Mühle, 3 Frühlingszwiebeln, 2 rote Chilischoten, 16 Blätter Reispapier, 4 Stengel frisches Koriandergrün (ersatzweise glatte Petersilie), Fett zum Fritieren

1. Garnelenfleisch mit dem gewürfelten Speck im elektrischen Zerhacker oder im Mixer zerkleinern, dabei 1 Eiweiß, Sesamöl, etwas Salz, Stärke, Sojasauce, Sherry und eine Prise Pfeffer einarbeiten.
2. Frühlingszwiebeln waschen, putzen und schräg in feine Ringe schneiden. Chilischoten winzig klein würfeln.
3. Die Reispapierblätter jeweils paarweise aufeinanderlegen (weil sie sonst leicht reißen). Mit Wasser besprühen und weichen lassen, bis sie weiß wirken und nicht mehr transparent sind.
4. Auf jedes Reispapier 1 Eßlöffel Garnelenfarce, etwas Koriander, gehackte Frühlingszwiebeln und Chilischoten in die Mitte setzen. Zum Aufrollen zuerst die beiden Längsseiten über die Füllung klappen, dann die Querseiten darüberschlagen und mit verquirltem Eiweiß festkleben, damit nichts herausquellen kann.
5. Fett zum Fritieren erhitzen. Die Päckchen schwimmend ausbacken. Auf Küchenpapier kurz abtropfen lassen und heiß servieren.

Antipasti

Marinierte Paprika mit Thunfisch-Mayonnaise

Eine sommerliche Vorspeise, die man im Piemont, bekannt für besonders fleischige und wohlschmeckende Paprika, bestens zuzubereiten versteht. In größerer Menge hervorragend für das Party-Buffet geeignet!

Für 6 – 8 Personen:

---

2 rote und gelbe Paprika,
2–3 Knoblauchzehen,
Salz, Pfeffer, 3–4 EL Olivenöl zum Marinieren

Marinierte Paprika kann man wunderbar im voraus zubereiten. Sie bleiben, immer mit Öl bedeckt, im Kühlschrank eine Woche frisch, schmecken als Vorspeise, als Beilage zu Fleisch oder zum Abendbrot und lassen sich vielseitig weiterverwenden.

1. Die Paprikaschoten auf einem Stück Alufolie in den auf 200 Grad vorgeheizten Backofen legen und etwa 20 Minuten bräunen. Dabei ab und zu drehen, damit die Haut rundum Blasen werfen kann.
2. Die Paprikaschoten in einen großen Gefrierbeutel packen und abkühlen. Dann lassen sie sich ganz leicht häuten. Dabei den Saft, der sich im Inneren gesammelt hat, auffangen und die Kerne entfernen.
3. Die Paprikaschoten in dreifingerbreite Streifen schneiden und in einer flachen Schüssel anordnen. Knoblauch in Scheibchen schneiden.
4. Paprika salzen, pfeffern, mit Knoblauchscheibchen bestreuen, den aufgefangenen Saft darübergießen und alles mit Öl beträufeln.

Dazu gibt's würziges Weißbrot und einen leichten, frischen, trockenen Weißwein – etwa Soave oder Orvieto. Wie bei normaler Mayonnaise ist auch hier wichtig, daß alle Zutaten gleiche, möglichst Zimmertemperatur haben, sonst setzt sich das Öl ab, und es gibt keine schöne, cremige Bindung.

Thunfisch-Mayonnaise ist mit der Universalküchenmaschine oder im Mixer im Handumdrehen fertig – die Zutaten sollten die gleiche Temperatur haben, dann kann nichts passieren. Sie hält sich ein paar Tage im Kühlschrank und schmeckt auch köstlich auf gekochtem Kalbfleisch in dünnen Scheiben. So entsteht im Handumdrehen der berühmte italienische *vitello tonnato.* Ganz wichtig in diesem Fall: das Kalbfleisch (Nuß oder auch ein zartes Filet) sanft pochieren und bis zum nächsten Tag abkühlen. Dann läßt es sich auf der Aufschnittmaschine in wunderbar dünne Scheiben schneiden. Diese auf einer großen Platte locker ausbreiten und mit der Thunfischmayonnaise überziehen – sie darf in diesem Fall etwas dünner sein, als im folgenden Rezept angegeben. Dafür rührt man einfach etwas vom Kochsud unter.

Für 6 – 8 Personen:

100 g Thunfisch in Olivenöl (Dose), ½ Bund glatte Petersilie, 2 EL Kapern, 2 Eigelbe, 1 TL scharfer Senf (Dijon), ca. ¼ l mildes Olivenöl, ½ Zitrone, Salz, Pfeffer

1. Thunfisch, Petersilie (ein paar Blättchen zurückbehalten) und Kapern im Mixer oder elektrischen Zerhacker pürieren.
2. Eigelbe und Senf zugeben und dick und cremig schlagen. Dabei das Öl zugießen und mit geringer Geschwindigkeit untermixen.
3. Mit Zitronensaft, Salz und Pfeffer würzig abschmecken.
4. Auf jeden Streifen Paprika einen Klecks von der Mayonnaise setzen und aufrollen. Mit Petersilienblättchen garnieren.

Lauchsalat mit Anchovisfilets

Eingesalzener Anchovis gehört von alters her zu den beliebtesten Antipasti. Auf Mallorca liebt man ihn auf Salatherzen *(cogollos)*, in Ligurien auf Tomatenscheiben (möglichst von noch etwas grünen Fleischtomaten), in der Provence auf gerösteten Weißbrotscheiben mit Olivenöl. Dieses Rezept schmeckt am besten mit zartem Sommerlauch.

Für 4 Personen:

500 g Lauch (Porree), Salz, 2 EL Zitronensaft, 1 TL Dijon-Senf, 4 EL Olivenöl, je 1 gehäufter TL Piment-, schwarze und weiße Pfefferkörner, 8 Kirschtomaten, 12 Anchovisfilets

1. Den Lauch waschen, von allen welken oder hart erscheinenden Blättern befreien, in etwa 3 cm lange Stücke schneiden und diese in kräftig gesalzenem Wasser in knapp 10 Minuten sprudelnd kochen, bis sie weich, aber dennoch bissfest sind.
2. Aus Zitronensaft, Senf, etwas Salz und Öl eine cremige Sauce aufschlagen. Die Körner im Mörser recht fein zerstoßen und untermischen.
3. Den gerade fertig gekochten, nur abgetropften, aber noch heißen Lauch damit umwenden und in einer Schüssel anrichten.
4. Die Kirschtomaten nach Belieben häuten, dann vierteln oder sechsteln. Die Anchovisfilets gitterartig auf den Lauchsalat legen und mit den Kirschtomaten garnieren.

Dazu gibt's Weißbrot, Baguette oder Grissini (Brotstangen) und einen herzhaften Weißwein – etwa einen piemontesischen Sauvignon, Chardonnay oder Gavi.

Leider gibt es die besten aller *Anchovis* bei uns nur selten zu kaufen: die ganzen Fische in Meersalz eingelegt. Es macht ein wenig Arbeit, sie vorzubereiten, denn man muß die Fische zunächst wässern, dann die Filets von den Gräten lösen und von Flossen, Schuppenresten und Innereien befreien. Doch ihr Geschmack ist dann viel reiner, leichter, freier und klarer als der von den üblichen in Öl eingelegten, bereits sauber gemachten Filets.

Alici marinati – marinierte Sardellen

Die kleinen, wunderschön silbrig glänzenden Fischchen müssen absolut frisch sein, wenn man sie so zubereiten will: Sie werden behutsam entgrätet, das dekorative Schwanzende bleibt dran, der Kopf wird entfernt. Mit der Hautseite nach unten nebeneinander auf eine Platte breiten, salzen, pfeffern und großzügig mit Zitronensaft beträufeln. 3 bis 4 Stunden durchziehen lassen, dann frisches Olivenöl darübergießen – fertig! Ein Gedicht!

Alici marinati mit Möhrensalat

Für 6 Personen:

300 g frische Sardellen, 6 große Knoblauchzehen, 2 Frühlingszwiebeln mit Grün, 1 getrocknete Chilischote, Pfeffer, 6 EL Olivenöl extra, 250 g junge Möhren, 1 Zitrone, 4 gekochte Kartoffeln (vom Vortag), je 1 Bund Petersilie und Basilikum, Salz, 100 g schwarze Oliven

Alici marinati kann man auch fertig im Glas kaufen oder lose in der Fischabteilung. In Spanien heißen sie *boquerones.* Es handelt sich um in Essig oder Zitronensaft marinierte, rohe Filets von Sardellen. Sie kommen aus Italien oder Spanien, wo sie eine beliebte Vorspeise sind.

1. Sardellen entgräten, die Filets waschen, auf Küchenpapier abtrocknen, auf einer Platte auslegen.
2. Knoblauch und geputzte Frühlingszwiebeln hacken, Chilischote entkernen und zerbröseln, alles darüber streuen. Reichlich aus der Mühle pfeffern und mit der Hälfte des Olivenöls beträufeln. Dabei das Öl ein wenig verteilen, so daß die Fischfilets vollkommen damit überzogen sind und nicht mit Luft in Berührung kommen.

3. Möhren auf der Rohkostreibe raffeln, mit Zitronensaft umwenden.
4. Kartoffeln schälen und würfeln. Kräuter waschen und in Streifen schneiden.
5. Möhren mit Brokkoli, Kartoffeln und Kräutern vermischen, salzen und pfeffern und mit dem restlichen Olivenöl umwenden. Mit den Sardellen belegen, diese mit ihren Zutaten bedecken. Mit den Oliven garnieren.

Dazu gibt's knuspriges Weißbrot und einen frischen, neutralen, trockenen Weißwein, etwa aus Spanien (Penedés oder Rioja).

Moscardini in escabeche – eingelegte Tintenfischchen

Eine amüsante und köstliche Vorspeise mit einer italienischen Spezialität nach einer Idee aus der spanischen Küche.

Für 4 – 6 Personen:

500 g kleine Oktopusse oder Kraken (meist als *moscardini* aus Italien in guten Fischgeschäften angeboten), je 1 Möhre und Zwiebel, 4 Knoblauchzehen, 1 Stange Staudensellerie, 2 Tomaten, 4 EL Olivenöl, 4 Lorbeerblätter, 1 EL schwarze Pfefferkörner, 1 Prise Thymian, 1 frische oder getrocknete Chilischote, nach Geschmack 1 gestrichener TL Fenchelsamen oder Kreuzkümmel, 1 Zitrone, 1 Glas trockener Sherry (Fino), Salz, 1 Bund Petersilie, ein paar schöne Salatblätter

1. Die kleinen Kraken, falls das nicht schon geschehen ist, putzen, Knorpel unter dem Kopf auslösen, leeren und auswaschen.
2. Möhre schälen und fein raspeln; Zwiebel, Knoblauch und Sellerie ganz fein hacken; Tomaten brühen, pellen, entkernen und das Fruchtfleisch würfeln.
3. 2 Eßlöffel Olivenöl in einem Topf erhitzen und die kleingeschnittenen Gemüse darin andünsten. Die Gewürze zufügen und alles so lange dünsten, bis es anzubrennen droht. Nun den Zitronensaft, Sherry und ein kleines Glas Wasser angießen, salzen, einmal aufwallen lassen und die Kräkelchen einlegen. Untermischen, noch einmal aufkochen lassen, dann vom Herd nehmen, zudecken und abkühlen lassen. Die Gewürze, so gut es geht, herausfischen.
4. Die Petersilie hacken und untermischen, abschmecken. Auf Salatblättern servieren.

Dazu gibt's Weißbrot und kräftigen, trockenen Weißwein aus südlichen Gefilden.

Tsatsiki

Jeder kennt diese wunderbar erfrischende griechische Joghurtspeise. Zahllose Rezepte gibt es – und doch will es so mancher deutschen Hausfrau nicht gelingen. Und Hobbyköche diskutieren sich den Mund fusselig, woran das liegen könnte. Das Geheimnis: ein sehr viel fetterer Joghurt als der, den wir bei uns üblicherweise bekommen – daher entweder den original griechischen Joghurt mit 10 Prozent Fett suchen (man findet ihn in griechischen oder türkischen Geschäften sowie in Kaufhäusern) oder normalen Vollmilchjoghurt in einem mit einem Tuch ausgelegten Sieb ca. 10 Stunden abtropfen lassen und mit etwas Sahne verrühren.
Wenn man das Tsatsiki als Vorspeise reicht, gehört natürlich Pita, das griechische Fladenbrot mit Sesam, dazu. Man kann es aber auch als Kaltschale im Suppenteller servieren oder als Sauce zu gegrilltem Fleisch oder Fisch, zu gekochtem Gemüse und Hackfleischbällchen. Tip für ein herrliches Sommerdessert: Tsatsiki mit Honig und Nüssen

Für 4 Personen:

1 Salatgurke, 2 Knoblauchzehen, 2 Tassen Joghurt (250 g), 1 EL Olivenöl, 2 EL Zitronensaft, Salz, Pfeffer

1. Gurke schälen, längs aufschneiden, ihre Kerne sauber herauskratzen. Die Gurke fein raspeln oder reiben; mit den zerdrückten Knoblauchzehen und den übrigen Zutaten vermischen, recht kräftig abschmecken.
2. Als grüne Farbtupfen und Würze kann man übrigens noch Dill, Petersilie, Fenchelgrün oder Basilikum hinzufügen.

Tip: Treibhausgurken sind selten bitter, Freilandgurken ab und zu. Das liegt weniger an der Anbauweise selbst als an den jeweils dafür geeigneten Sorten. Leicht bittere Gurken salzt man ein – nach einigen Minuten ist die Bitterkeit herausgesogen. Stark bittere Gurken sollte man nur zum Einmachen verwenden. Von welcher Seite her Sie eine Bittergurke schälen, ist übrigens egal!

Vor allem Gemüsegurken sollte man stets entkernen: dafür längs halbieren und mit einem scharfkantigen Teelöffel oder einem Kartoffelausstecher die Kerne mit den weichen Teilen herausheben und schließlich ausschaben

Gurken-Raita

Im Prinzip eine Variante aus Indien zum griechischen Tsatsiki. Wird oft auch als Teil einer großen Gemüseplatte (zum Besänftigen der meist ausgeprägten Schärfe) oder einfach zum Biriani-Reis (Rezept Seite 267) serviert.

Für 4 Personen:

1 Salatgurke, 1 kleine Zwiebel, 2 Tassen Joghurt (250 g), ca. 1 EL Öl (vorzugsweise Distelöl), 1 TL gemahlener Kreuzkümmel, 1 gute Prise Chilipulver oder Cayennepfeffer, 1 Bund frischer Koriander), Salz

1. Die Salatgurke schälen, entkernen und fein raspeln. Mit der winzig fein gehackten oder geriebenen Zwiebel, Joghurt und Öl gut vermischen.
2. Mit Kreuzkümmel, Chili, Koriandergrün und Salz würzen und recht scharf abschmecken.

Lassi – das ist Raita mit eiskaltem Wasser auf Trinkstärke verdünnt. Liebt man in Indien als Getränk zu scharfen Currygerichten und als Erfrischung zwischendurch.

Frühlingsgemüse mit Garnelen

Eine bunte, frische und leichte Vorspeise. Hübsch auch auf dem Antipasti-Buffet!

Für 4 Personen:

250 g junge weiße Zwiebeln, 1 Tütchen Morcheln (ca. 15 g), 2 junge Möhren, 2 EL Zitronensaft, 4 kleine Artischocken, ca. 250 g rohe, ausgelöste Garnelenschwänze (tiefgekühlt), 2–3 EL Olivenöl, Salz, Pfeffer

1. Große, zarte Zwiebeln auswählen! In dünne Halbringe schneiden.
2. Die Morcheln in warmem Wasser einweichen, gründlich waschen.
3. Die Möhren in Scheiben hobeln und in Zitronensaft umwenden. Artischocken von allen harten Blatteilen und Heu befreien, in Scheibchen schneiden und unter die Möhren mischen.
4. Die Garnelenschwänze, falls nötig, antauen lassen, waschen, trockentupfen.
5. Das Öl erhitzen, die Zwiebeln, Möhren und Artischocken dazugeben, Deckel drauf, bei milder Hitze 15 Minuten lang dünsten. Die abgetropften Morcheln hinzufügen, salzen und pfeffern.

Die Römer aromatisieren das Gericht mit frischer Minze.

6. Wieder zudecken, nach 5 Minuten die Garnelen einlegen. Schütteln und nochmals 5 Minuten auf milder Hitze ziehen lassen. Abschmecken, eventuell etwas Säure zufügen.

Russisches Knoblauchbrot

Eine exquisite Vorspeise oder ein originelles Häppchen zum Aperitif. Dazu passen Bier, Wodka oder ein junger säurebetonter Rotwein.

Für 4 – 6 Personen:

3 schöne Kalbsmarkknochen, ein wenig Fleischbrühe oder Salzwasser, 6–8 Knoblauchzehen, 1 EL gehackte Petersilie, Salz, Pfeffer, 12 kleine Scheiben Sauerteigbrot

1. Knochen in eine Schale mit kaltem Wasser legen, darin über Nacht im Kühlschrank wässern – so wird das Mark schön hell. Das Mark aus den Knochen drücken und in Scheiben schneiden. In Brühe oder Salzwasser kurz ziehen lassen – 2 Minuten bei 80 Grad reichen aus! Wird das Mark zu stark erhitzt, tritt das Fett aus, und es bleibt nur noch faseriges Gewebe übrig.
2. Knoblauchzehen schälen, durch die Presse oder einfach mit der Klinge eines schweren Messers flachdrücken. Mit der Petersilie, reichlich Salz und sehr viel grobgemahlenem Pfeffer zu den abgetropften Markscheiben geben, alles mit der Gabel vermischen.
3. Auf die frisch gerösteten, heißen Brotscheiben streichen und sofort genießen!

Gambas al ajillo – Garnelen in Knoblauch

Unter den spanischen Tapas ein absoluter Klassiker. Was in Spanien leicht zu haben ist – wenn auch zu teurem Geld! –, erstklassige, taufrische Gambas, also Garnelen, das muß man hierzulande fast immer tiefgekühlt kaufen. Wir haben die besten Erfahrungen mit Süßwassergarnelen aus Thailand gemacht – wir kaufen sie am liebsten im Asien-Shop oder im guten Fischgeschäft. Dort ist die Qualität oft besser als im Supermarkt!

In Spanien serviert man diese Gambas in dem Tonpfännchen, in dem sie zubereitet wurden. Sie kommen brodelnd auf den Tisch. Man ißt sie mit Holzgabeln, mit einer Metallgabel würde man sich den Mund verbrennen.

Für 4 Personen:

400 g rohe Garnelen (frisch oder tiefgekühlt),
6 EL Olivenöl,
2–3 Knoblauchzehen,
1–2 Chilischoten (frisch oder getrocknet),
Salz, evtl. etwas Petersilie und Zitronensaft

1. Gambas gründlich waschen (auftauen lassen) und abtrocknen – und zwar sehr sorgfältig, sonst spritzt es beim Braten.
2. Das Öl in einer Pfanne oder einem weitem Topf erhitzen, zugleich den Knoblauch in Scheibchen, entkernte Chilischoten in Stücke schneiden.
3. Mit den Garnelen in das sehr heiße Öl geben und alles unter häufigem Wenden 2 bis 3 Minuten braten. Dabei sollte sich der austretende Saft der Garnelen mit dem Öl vollkommen verbinden.
4. Salzen, eventuell mit gehackter Petersilie umwenden und einige Tropfen Zitronensaft darangeben.

Tip: Genießer stippen das würzige Öl mit Weißbrot restlos auf!

Champignons à la grècque

Für 4 Personen:

500 g frische Champignons, ½ Bund glattblättrige Petersilie, 1 TL Fenchelsamen, ca. 1 TL Koriandersamen, 10 schwarze Pfefferkörner und 1 Zweiglein Thymian, 1 TL Salz, 2–5 Knoblauchzehen, 100 g flache, kleine Zwiebeln (oder Schalotten), ¼ l trockener Weißwein, Saft von 2 Zitronen, ⅛ l Olivenöl

1. Die sorgfältig geputzten (falls es nötig war, sie zu waschen, gut abgetrockneten) Pilze halbieren oder vierteln (je nach der Größe, kleine Exemplare ganz lassen). Die Petersilienblättchen von den Stengeln zupfen.
2. Sämtliche Gewürze zusammen mit den Petersilienstengeln, geschälten Knoblauchzehen und Zwiebeln, dem Wein und Zitronensaft in einen breiten, flachen Topf füllen. 2 bis 3 Eßlöffel Olivenöl zugeben und aufkochen.
3. Erst nach ein paar Minuten die Pilze zufügen. Zugedeckt etwa 5 bis 8 Minuten köcheln, bis genügend Saft ausgetreten ist und die Pilze bedeckt sind.
4. Weitere 3 bis 4 Minuten ohne Deckel köcheln, bis die Pilze gar sind. Im Sud abkühlen lassen.
5. Erst dann das restliche Olivenöl, also roh, darüberträufeln und gehackte Petersilie unterrühren.

Variante: Statt Weißwein einen trockenen Sherry (Fino) oder Marsala (Virgin dry) nehmen – so wird der Sud kräftiger. Wer Schärfe liebt, fügt noch einige Chilischoten hinzu. Auch Zitronen- oder Orangenschale und schwarze Oliven sind eine beliebte Abwechslung.

Man reicht Baguette dazu und trinkt einen frischen Rosé oder Weißwein aus südlichen Gefilden.

Der Sud gibt dem Gemüse nicht nur Frische und Pep, sondern macht es auch haltbar: Bis zu 2 Tage dürfen die Speisen so durchziehen – sie werden dadurch nur noch würziger. Probieren Sie auf diese Weise auch: Blumenkohlröschen, Spargel, Artischocken, Möhren, das Weiße vom Lauch. Alles Grüne aber – Spinat, grüne Bohnen, Mangold, Brokkoli – sollte stets lieber frisch mariniert werden: blanchieren, sogleich in heißem Olivenöl wenden, das auch mit Knoblauch gewürzt sein kann. So bekommt das Gemüse einen schützenden Überzug aus Öl. Erst unmittelbar vor dem Servieren das Gemüse mit Salz, Pfeffer, frischem Knoblauch und Zitronensaft würzen.

***A la grècque*, also auf griechische Art, kann man fast alle Gemüsesorten zubereiten, wobei man die Würze je nach Art und Charakter des Gemüses verändert. Freilich stand griechische Tradition als Vorbild, aber diese Zubereitungsart ist in der französischen Küche ein feststehender Begriff geworden.**

Vorspeisensalate

Carpaccio mit Apfelsalat und Parmesan

Das Fleisch für Carpaccio kann man stets im Gefrierfach auf Vorrat haben. Man muß es nur rechtzeitig herausnehmen, denn zum festen Block gefroren läßt es sich nicht gut aufschneiden. Etwa 2 Stunden bei Zimmertemperatur antauen lassen, das genügt. Die auf dem Teller angerichteten Scheiben müssen vor dem Servieren natürlich vollständig aufgetaut sein!

Für 4 Personen:

ca. 400 g zarte Rinderlende (Rinderfilet), etwas Olivenöl, 2 Thymianzweige, 3 – 4 Äpfel (zum Beispiel Glockenäpfel oder Elstar), Zitronensaft, ca. 2 EL Apfelessig, einige Tropfen Balsamico-Essig, Salz, Pfeffer, 2–3 EL Olivenöl extra vergine, 50 g frischer Parmesan zum Hobeln, 1 Bund Schnittlauch

Längst hat sich dieser Begriff Carpaccio für alles, was in dünnen Scheiben auf Tellern ausgebreitet ist, eingebürgert. Dabei wurde er ja einmal entwickelt für eine Anrichtung von hauchdünnen Rindfleischscheiben, weil diese die Farbe hatten, die auf den Bildern des Renaissance-Malers Carpaccio vorherrschte. Inzwischen nennen phantasiebegabte Köche nahezu alles so, was dünn aufgeschnitten und fächerförmig auf einem Teller ausgebreitet ist.

1. Das Rinderfilet sorgfältig parieren, das heißt: von allen Häutchen und Sehnen befreien. Dick mit Olivenöl einstreichen und in eine möglichst passende Form setzen. Die beiden Thymianzweige noch obenauf packen, alles mit Folie abdecken. Das Fleisch so einen Tag im Kühlschrank marinieren, dabei ab und zu wenden.
2. Jetzt das Fleisch dicht in Alufolie packen. So fest wickeln, daß das Fleischstück einen fast runden Durchmesser bekommt. Die Thymianzweige wegwerfen. Das Fleisch für mindestens 2 bis 3 Stunden ins Gefrierfach legen, damit es fest wird – so läßt es sich besser in hauchdünne Scheiben aufschneiden. Die Scheiben möglichst akkurat, einander etwas überlappend, auf Tellern im Kreis anrichten und mit Olivenöl einpinseln, damit die Scheiben luftdicht versiegelt sind.
3. Für den Apfelsalat die Äpfel schälen, vierteln und die Kerngehäuse ausschneiden. Quer in sehr dünne Schnitze schneiden.
4. Sofort in einer Marinade aus Zitronensaft, Apfelessig, Balsamico, Salz, Pfeffer und Öl wenden und ebenfalls kreisförmig und dachziegelartig auf dem Carpaccio anordnen.
5. Zum Schluß mit dem Gurkenhobel (feinste Einstellung) noch einige Parmesanscheibchen darüberstreuen. Dann alles mit Schnittlauchröllchen besprenkeln.

Perfekte Scheiben liefert eine elektrische Aufschnittmaschine. Wenn Sie keine haben, nehmen Sie ein scharfes Messer. Sollten die Scheiben nicht dünn genug geraten, legen Sie sie zwischen zwei Blatt Klarsichtfolie und drücken sie mit einem Fleischklopfer (glatte Seite!) oder der Klinge eines breiten, schweren Messers flach.

Oktopus mit Bohnenpüree

Dieses Rezept von Ali, unserem libanesischen Kameramann, gehört längst zu unseren Standardvorspeisen.

Für 6 Personen:

500 g getrocknete weiße Bohnen, Salz, 4 Salbeiblätter, 6 Knoblauchzehen, 500 g *polipi* (Oktopus), 4 EL Olivenöl extra vergine, Pfeffer, Cayennepfeffer, 2 Zitronen, 2 Frühlingszwiebeln, 1 Bund Petersilie (möglichst glatte)

1. Bohnen über Nacht einweichen, dann aufsetzen und mit Salz, Salbeiblättern und 2 Knoblauchzehen gar kochen – das kann, je nach Frische, bis zu 2 Stunden dauern.
2. *Polipi* kochen, wie im Rezept auf Seite 153 angegeben.
3. Die fertigen Bohnen abgießen – etwas von dem Kochwasser auffangen. Bohnen mit 2 Eßlöffel Olivenöl, Salz, Pfeffer, Cayenne und den restlichen Knoblauchzehen im Mixer pürieren. Dabei den Saft einer Zitrone und nötigenfalls so viel vom Kochwasser zufügen, daß ein geschmeidiges Püree entsteht.
4. Die fertigen *polipi* abtropfen, kleinschneiden und noch warm mit dem Saft der zweiten Zitrone, Salz, Pfeffer und dem restlichen Olivenöl anmachen. Frühlingszwiebeln und Petersilie kleinschneiden und untermischen.
5. Das Bohnenpüree in einer Schüssel anrichten, in die Mitte eine Mulde drücken. Dort hinein den Oktopussalat geben.

Dazu passen Weißbrot (Baguette) und ein erfrischender, säurereicher Weißwein (zum Beispiel ein Riesling von der Nahe).

Matjessalat mit Apfelschnitzen und grünen Bohnen

Für 4 Personen:

250 g frische grüne Bohnen (Prinzeß- oder junge breite Bohnen), Salz, 2 – 3 Stengel Bohnenkraut, 2 rote Zwiebeln, 3 – 4 säuerliche Äpfel (zum Beispiel James Grieve), 4 – 5 EL Olivenöl, 4 zarte Matjesfilets

1. Die geputzten Prinzeßbohnen nur an den Enden abknipsen, ansonsten sollten sie so dünn sein, daß man sie ganz lassen kann. (Breite Bohnen schräg in schmale Streifen schneiden.) In gut gesalzenem Wasser ca. 1 Minute blanchieren, sofort in eiskaltem Wasser abschrecken, damit sie schön grün bleiben.
2. Mit abgezupften Bohnenkrautblättchen und den in feine Ringe gehobelten Zwiebeln mischen. Die geschälten, geviertelten und in hauchdünne Scheibchen geschnittenen Äpfel rasch in Zitronensaft schwenken, damit sie hell bleiben.
3. Aus dem restlichen Zitronensaft, Salz, Pfeffer und Öl eine Marinade anrühren. Die sorgfältig entgräteten Matjesfilets

schräg in Stücke schneiden und mit den übrigen Salatzutaten mischen und mit der Marinade anmachen.

4. Gleich servieren, auf keinen Fall lange ziehen lassen, damit die Aromen deutlich bleiben und die Bohnen nicht durch die Säure unschön grau werden.

Matjes auf Champagnerlinsen mit Kartoffelkrusteln

Natürlich braucht man hierfür erstklassige Matjes, die holländischen Primtjes sind die besten. Man muß sie bei der Nordsee (Deutsche See) bestellen, dann kann man sie dort für Sie besorgen. Leider nicht billig, aber ein unübertroffener Genuß! Bei den Champagnerlinsen handelt es sich um eine Sorte, die ursprünglich tatsächlich aus der Champagne stammen. Inzwischen werden sie aber auch bei uns angebaut, zum Beispiel auf der Schwäbischen Alb. Statt ihnen kann man natürlich auch die kleinen grünen Linsen aus Le Puy oder eine andere kleine Sorte verwenden.

Zum Servieren jeweils ein Häufchen Linsensalat in der Mitte eines Vorspeisentellers anrichten. Die Matjesfilets quer obenauf betten. Die Kartoffelwürfel drumherum auf dem Teller verteilen. Die freie Fläche des Tellers mit feingeschnittenen Schnittlauchröllchen bestreuen.

Für 6 Personen:

200 g kleine Linsen, Salz, 2 junge Zwiebeln oder Schalotten, 1–2 rote oder grüne Chilischote, Petersilie, Schnittlauch, 2 EL Apfelessig, 2 EL Apfelbalsam, ½ TL scharfer Senf, 3 EL Walnußöl, Pfeffer, 3 Kartoffeln, Olivenöl zum Braten, 6 zarte Matjes

1. Die kleinen Linsen braucht man nicht einzuweichen (wenn man es doch tut, verkürzt das die Garzeit), es genügt, sie mit Wasser großzügig bedeckt in etwa 20 Minuten weich zu kochen. Das Wasser unbedingt salzen, salzlos gekochte Hülsenfrüchte werden immer fad schmecken!
2. Die Linsen noch warm anmachen: mit fein gewürfelten Zwiebeln, winzig gehackten Chilis und Kräutern sowie einer Vinaigrette aus Apfelessig, Apfelbalsam, Senf, Walnußöl, Salz und Pfeffer. Ziehen lassen, bis alles weitere erledigt ist.
3. Inzwischen die Kartoffeln schälen, zentimeterklein würfeln und in Olivenöl langsam rundum goldbraun braten, gegen Ende der Bratzeit salzen und pfeffern.

Scampi auf buntem Salat

Eine elegante, nicht ganz billige, aber einfach zu bereitende Vorspeise. Statt der Scampi können Sie natürlich auch Garnelen jedweder Art nehmen – frisch oder (und das ist wichtig!) roh eingefroren. In jedem Fall die Schwänze aus den Schalen brechen, entlang des Rückens einschneiden und den dort verlaufenden Darm abziehen.

Für 4 Personen:

12 ausgelöste Scampischwänze (Kaisergranat, Langoustines, norwegische Tiefseehummer, notfalls auch Garnelenschwänze), ½ bis 1 Knoblauchzehe, 2 EL Olivenöl, 1 Spritzer trockener Weißwein, Salz (möglichst ein hocharomatisches, grobes, ungereinigtes Meersalz – gibt es in guten Reformhäusern)

SALAT:
Je eine Handvoll Feldsalat, Chicorée, Frisée, Radicchio, Spinat und Rucola – wird manchmal als provenzalische Salatmischung, *mesclun* genannt, angeboten; kann man sich aber auch selbst zusammenstellen

VINAIGRETTE:
1 EL Balsamico-Essig, 1 EL Zitronensaft, Salz, Pfeffer, 1 EL Kernöl (aus Kürbiskernen, gibt's in Feinkost- und Reformabteilungen), 2 EL geschmacksneutrales Pflanzenöl, 1 Frühlingszwiebel

1. Scampi waschen, mit Küchenpapier gut abtrocknen – sonst spritzt es beim Braten. Knoblauchzehe schälen und ganz fein würfeln.
2. Salatblätter waschen und vollkommen trocken schleudern. Auf vier Vorspeisentellern verteilen und hübsch anrichten.
3. Die Zutaten für die Salatsauce zusammenrühren. Erst ganz zum Schluß, wenn die Scampi braten, die Frühlingszwiebel hacken und untermischen.
4. Unmittelbar vor dem Servieren das Olivenöl in einer Pfanne erhitzen und die Scampi darin bei guter Hitze 3 Minuten rundum kräftig braten. Dann die Pfanne vom Feuer nehmen und den Knoblauch zufügen – es zischt, ständig wenden, nichts darf anbrennen: Der Knoblauch soll nur sein Parfum geben! Würde er jedoch bräunen, bekäme er einen bitteren Geschmack. Sollte dies drohen, mit einem Spritzer Wein ablöschen. Ganz zum Schluß mit dem Salz bestreuen und nur noch 2 bis 3 Minuten ziehen lassen.
5. Die Teller fertigmachen: die noch gut warmen Scampi auf dem Salat anrichten, mit der Vinaigrette übergießen und sofort servieren.

Dazu paßt eine gebutterte Scheibe Pumpernickel und ein nicht zu leichter, ganz trockener, säurearmer Weißwein – aus Spanien (Rioja, Penedés) oder aus der Toskana (Vernaccia di San Gimignano), den Marken (Verdicchio dei Castelli di Jesi), Umbrien (Orvieto) oder dem Latium (Frascati).

Salat aus grünem Spargel, Hühnerbrust und Omelettstreifen

Für 4 Personen:

2 ausgelöste Hühnerbrüste, 3 EL Sojasauce, 3 EL Sake (Reiswein) oder Sherry, $\frac{1}{4}$ l Hühnerbrühe, 200 g grüner Spargel, Salz, 2 Eier, 1 TL Sesamöl, 3 EL Erdnußöl, 1 TL helles Miso (japanische Würzpaste), $\frac{1}{2}$ TL Wasabipulver, 1 TL Reisessig, Salatblätter

1. Das Fleisch mit je 1 Eßlöffel Sojasauce und Sake einreiben und eine halbe Stunde ziehen lassen. Schließlich in einem Topf in die eben aufkochende Brühe legen, darin auf allerkleinster Flamme 5 bis 8 Minuten pochieren. Im Sud abkühlen lassen.
2. Den am unteren Ende sorgfältig geschälten Spargel schräg in 5 cm lange Stücke schneiden. In kochendem Salzwasser etwa 5 Minuten knackig kochen, die Spitzen jedoch nur 2 Minuten garen.
3. Die Eier mit je 1 Eßlöffel Sojasauce und Sake sowie dem Sesamöl verquirlen, aber nicht schaumig rühren. In einer mit Öl ausgepinselten Pfanne fast durchscheinend dünne Omeletts backen, sie abwechselnd mit Salatblättern aufeinanderstapeln und aufrollen, quer in schmale Streifen schneiden.
4. Für die Marinade 2 Eßlöffel Öl, 1 Eßlöffel Sojasauce, 1 Eßlöffel Sake, Miso und Wasabipulver verrühren, dabei einige Tropfen Brühe zufügen, bis eine cremige Salatsauce entstanden ist. Mit Essig und Zucker abschmecken.
5. Das Hühnerfleisch schräg in dünne Scheiben schneiden, mit dem Spargel, den Omelettstreifen auf Vorspeisentellern hübsch anrichten und mit der Marinade beträufeln.

Bunter Salat mit geräuchertem Forellenfilet

Die Zutaten zu dem Salat richten sich natürlich nach der Jahreszeit – im Prinzip ist alles erlaubt: Blattsalate, rohe und gekochte Gemüse. Achten Sie darauf, daß immer ein paar leicht bitter schmeckende Blätter (Chicorée, Radicchio, Endivie) darin sind, denn das hebt den Geschmack der geräucherten Forelle und macht zudem Appetit.
Die rohen Gemüsesorten sollten nicht zu fest sein, denn dann würden sie nicht zu der zarten Konsistenz des Forellenfleisches passen – Möhren, Sellerie etc. also stets gekocht verwenden. Roh vor allem Fruchtgemüse nehmen: Paprika, Tomaten, Gurken, kleine Zucchini. Auch Zwiebel darf nicht fehlen, aber es sollten milde, unaufdringliche Sorten sein – etwa Frühlingszwiebeln, die ganz milden weißen oder junge violette Zwiebeln. Und was ebenfalls immer in einen solchen Salat gehört: Kartoffeln. Vorzugsweise am Vortag gekocht, damit sie ihre Form bewahren.
Und schließlich Kräuter: Was Sie auf dem Markt oder im Garten an zarten, aromatischen Blättern finden. Im Herbst Petersilie und Kerbel, vielleicht noch Basilikum oder Dill; im Frühjahr Brunnen- oder Gartenkresse, Pimpinelle, Liebstöckel, Schnittlauch und Kerbel, im Sommer eher Estragon, Borretsch, Dill und Portulak. Geben Sie die Blätter ganz oder nur grob zerschnitten hinzu – es macht mehr Spaß, ab und zu auf ein Blatt zu beißen und dann den Geschmack ganz rein und stark zu genießen, sozusagen als einen herausragenden geschmacklichen Akzent, als die Kräuter feingehackt zusammen mit den anderen auf einer geschmacklichen Ebene zu erleben.

Tip: Nehmen Sie für die Salatsauce lieber Zitronensaft als Essig, denn der paßt ausgezeichnet zum Fisch. Das Öl darf geschmacksneutral sein, aber es ist natürlich gegen Walnuß- oder Olivenöl auch nichts einzuwenden.

1. Forelle(n) häuten und das Fleisch von den Gräten lösen, dabei an der seitlich erkennbaren Linie zerteilen und den Rückenteil nach oben, die Bauchseite nach unten hin wegschieben. Darauf achten, daß die kurzen Gräten an der Flossen entfernt werden. Die großen Gräten vom Bauchfleisch absammeln, falls welche am Filet hängen geblieben sind. Aus dem Rückenteil bei größeren Forellen die Y-Gräten mit der Pinzette oder zwischen Messerschneide und Daumen geklemmt herausziehen. Bis zum Anrichten mit Klarsichtfolie abdecken und kühl, aber nicht etwa richtig kalt stellen, im Kühlschrank geht das Aroma verloren. Ganz frisch geräucherte, noch warme Fische möglichst erst im letzten Moment vor dem Servieren filetieren, damit sie ihren Saft nicht verlieren.
2. Die Kartoffeln schälen und in Scheiben schneiden. Tomaten pellen, entkernen und in breite Streifen teilen. Grüne Bohnen entspitzen, kochen und halbieren oder dritteln. Rote Bete schälen und recht klein würfeln. Gurke schälen, eventuell entkernen und in Streifen hobeln. Salatblätter waschen und in mundgerechte Stücke zerteilen. Frühlingszwiebeln schälen bzw. putzen und in Ringe schneiden. Die Blätter der Kräuter waschen und abzupfen. Alles in einer Schüssel zugedeckt bis zum Gebrauch kühl stellen.
3. Aus den angegebenen Zutaten eine Sauce rühren. Salat mit der Sauce umwenden und gleich auf vier Teller verteilen.
4. Die Forellenfilets in nicht zu große Stücke brechen und so auf den Salaten verteilen, daß jeder etwa gleich viel Rücken- und Bauchfilets bekommt.

Als Beilage frisch aufgebackenes Weißbrot (Baguette) oder geröstetes Mischbrot. Als Getränk Mineralwasser und ein frischer, trockener, säurebetonter, spritziger Weißwein – Grüner Veltliner aus Österreich, Weißer oder Grauer Burgunder oder Silvaner aus Franken, ein Riesling von Mosel-Saar-Ruwer.

Für 4 Personen:

1 große oder 2 kleine geräucherte Forellen (Einkaufsgewicht ca. 650 g), 3 am Vortag gekochte Salatkartoffeln, 2 Fleischtomaten, 1 Handvoll grüne Bohnen, 1 kleine Rote Bete (gekocht), 1/4 Salatgurke, ein paar Radicchio- und Endivienblätter, 2 Frühlingszwiebeln mit ihrem Grün, 1 kleine Handvoll frischer Kräuter – etwas Petersilie und Basilikum

SALATSAUCE:
2 EL frisch gepreßter Zitronensaft, Salz, Pfeffer, 1 Prise Cayennepfeffer, 4 El Sonnenblumenöl

Kalbsnierchen auf Salat von grünen Bohnen

Beim Einkaufen der Nierchen darauf achten, daß sie von einem jungen Kalb stammen. Sie sollen frisch sein – man erkennt das daran, daß sie feucht glänzen, nirgends eingetrocknet wirken. Die dünne Haut, die sie umspannt, wird vor dem Verarbeiten abgezogen, die inneren weißen Sehnen und Stränge herausgeschnitten. Die Nieren schließlich in halbzentimeterdünne Scheiben schneiden. So vorbereitet können sie bis zum Essen ein paar Stunden mit Folie zugedeckt im Kühlschrank warten. Kurz vor dem Servieren, sind sie dann im Handumdrehen gebraten. Sie werden warm zusammen mit dem Bohnensalat angerichtet.

Für 4 Personen:

BOHNENSALAT:
300 g feine grüne Bohnen, Salz, einige Stengel Bohnenkraut, 1 Schalotte, 2 EL Zitronensaft, 1 TL Dijon-Senf, Pfeffer, 4 EL Olivenöl

KALBSNIEREN:
2 Kalbsnieren, 2 EL Olivenöl, 2–4 Knoblauchzehen, 1 Bund Petersilie, Salz, Pfeffer, 1 Schuß Balsamico-Essig

1. Die Bohnen putzen – meist wird es nur nötig sein, die Spitze und den Stielansatz abzuknipsen – und in reichlich kochendem, stark gesalzenem Wasser nur so lange garen, daß sie noch ziemlich bißfest sind (je nach Art und Alter dauert das zwischen 3 und 6 Minuten). Dabei ein, zwei Bohnenkrautstengel mitkochen lassen, die den Bohnen ihren Duft mitteilen – Bohnen schmecken so einfach noch bohniger!
2. Die Bohnen abgießen, *nicht* abschrecken, wenn sofort serviert werden kann, weil der Salat lauwarm einfach am besten schmeckt. Allerdings: Wenn die Bohnen noch eine Weile warten müssen, sollte man sie mit eiskaltem Wasser abschrecken, um Farbe und Vitamine zu stabilisieren. Außerdem färben sich die Bohnen schnell grau, wenn man sie warm in der Salatmarinade vermischt stehen läßt.
3. Von den restlichen Bohnenkrautstengeln die Blättchen abzupfen. Die Schalotte ganz fein würfeln.
4. Zitronensaft, Senf, Salz, Pfeffer und Öl verquirlen, Bohnenkraut und Schalotten zufügen und die vollkommen abgetropften Bohnen darin wenden.
5. Die sorgfältig geputzten Nieren portionsweise in einer großen Pfanne im heißen Öl rasch anbraten – dabei darauf achten, daß die Scheiben nebeneinander und nicht übereinanderliegen und überall Kontakt mit dem Pfannenboden haben, der sehr heiß sein muß – nur so braten die Scheiben und ziehen kein Wasser, was sie unweigerlich ledrig werden ließe.

Deswegen auch erst nach dem Braten salzen!
6. Sobald alle Scheiben gebräunt sind, herausheben und beiseite stellen. Salzen und pfeffern.
7. Die Hitze unter der Pfanne reduzieren, die feingehackten oder durch die Presse gedrückten Knoblauchzehen darin andünsten, die feingehackte Petersilie untermischen.
8. Die Nieren wieder zufügen, alles mischen, eventuell noch einmal salzen und pfeffern und schließlich mit Balsamico-Essig (oder einem anderen aromatischen Essig) abschmecken.
9. Zum Servieren jeweils Salat und Nieren hübsch auf Vorspeisentellern anrichten.

Zusammen mit frischem Weißbrot und einem herzhaften Grauburgunder aus deutschen Landen zu Tisch bringen.

Gourmetsalat mit Roastbeef

Für 4 – 6 Personen:

200 g Rucola, 2 Handvoll gemischte Kräuter- und Salatblätter (glatte Petersilie, Kerbel, Kopfsalat, Feldsalat, Frisée usw.), 400 g hauchdünn aufgeschnittene Scheiben Roastbeef)

MARINADE:
1 Schalotte, 1 TL Senf, 1 TL Meerrettich (notfalls aus dem Glas), 2 EL Balsamico-Essig, 2 EL Weißweinessig, Salz, Pfeffer, 4 EL erstklassiges Olivenöl

1. Die Kräuter- und Salatblätter sorgsam verlesen, wenn nötig entstielen und waschen. Gut trockenschleudern und auf Salattellern dekorativ verteilen.
2. Die wirklich hauchdünnen Scheiben Fleisch hübsch auf diesem Salatbett anrichten. Es sieht besonders gut aus, wenn der Salat als Häufchen in der Tellermitte sitzt, man die Scheiben dann lose rundum drapiert.
3. Für die Marinade die Schalotten fein würfeln, mit den übrigen Zutaten gründlich verquirlen – unbedingt einen Schneebesen zu Hilfe nehmen, damit eine stabile Emulsion entsteht.
4. Mit dieser Marinade die Fleischscheiben aber auch die Salatblätter betröpfeln. Dabei vorsichtig und gleichmäßig verteilen, damit der Salat nicht in Sauce ertrinkt. Alles soll nur mit einer Spur davon betupft sein.
5. Sofort servieren – nicht mehr warten lassen, damit die Salatblätter schön frisch bleiben. Dazu schmeckt geröstetes Fladenbrot aus dem Türkenladen.

Statt Roastbeef passt auch gepökelte Kalbszunge – wir schneiden sie längs auf, das ergibt hübschere Scheiben. Variieren Sie mit Kalbsbraten, Schweinebraten oder gegarter Hähnchenbrust. Man rechnet im Schnitt etwa 100 Gramm pro Person.

Bunter Salat mit Speck, Knoblauchcroûtons und pochiertem Ei

Man kann sämtliche Bestandteile für diesen Salat schon am Nachmittag vorbereiten, dann braucht man am Abend, wenn die Gäste da sind, sie nur noch dekorativ auf dem Teller zusammenbauen und kann sofort servieren.

Für 4 – 6 Personen:

2 Handvoll bunt gemischter Salatblätter: Rucola, Frisée, Kopfsalatherzen, Radicchio – ganz nach Angebot und Vorliebe, 100 g durchwachsener, luftgetrockneter Bauchspeck in 2 mm dünnen Scheiben, 2–3 Scheiben Weißbrot, 2 EL Butter, 1–2 Knoblauchzehe

AUSSERDEM:
Pro Person 1 pochiertes Ei (Rezept Seite 347)

MARINADE:
3 EL Apfelessig, Salz, Pfeffer, 3–4 EL bestes Olivenöl, 1 Bund Schnittlauch

1. Die Salatblätter putzen, verlesen, waschen und gut trocken schleudern. Bunt gemischt auf Vorspeisentellern anrichten.
2. Den Speck in feine Streifen schneiden. In einer Pfanne sanft, aber nachdrücklich ausbraten, auf Küchenpapier abtrocknen.
3. Im verbliebenen Bratfett die in halbzentimeterwinzige Würfel geschnittenen Brotscheiben anrösten, sobald sie das Fett aufgenommen haben, die Butter zufügen. Die Croûtons goldbraun rösten, erst ganz zum Schluß den Knoblauch durch die Presse hinzudrücken. Er darf nicht zu lange mitgebraten werden, weil er leicht verbrennt und dann bitter schmeckt.
4. Die Eier nach den Rezeptangaben etwa 4 bis 5 Minuten pochieren, dann vorsichtig herausheben und ebenfalls gut abtrocknen.
5. Zum Servieren in die Mitte des Salatbetts setzen, mit Speck und Croutons bestreuen. Alles schließlich mit der Marinade beträufeln:
6. Dafür alle Zutaten mit dem Schneebesen oder im Mixbecher aufschlagen.

Zum Schluß Schnittlauchröllchen darüberstreuen, vor allem über das Ei – es sieht besonders hübsch aus, wenn man zum Servieren die Eier vorsichtig mit einer Gabel öffnet. Dann quillt langsam das eben noch dickflüssige Eigelb hervor und wirkt als leuchtender und appetitlicher Farbklecks.

Gourmetsalat mit Cocktailtomaten und Mozzarella

Sofort servieren, damit die schwarze Marinade kein optisches Unheil anrichten kann. Dazu schmeckt krumiges Fladen- oder Italienerbrot.

Eine Abwandlung der beliebten und klassischen Zusammenstellung in den italienischen Landesfarben – aber diesmal sowohl optisch wie vor allem geschmacklich eben doch ganz anders!

Für 4 – 6 Personen:

200 g Rucola, ca. 12–15 Minikügelchen vom Büffelmozzarella (oder 3 größere Kugeln, insgesamt ca. 300 g), 2–3 reife, duftende Fleischtomaten, 3 EL Olivenpaste (Tapenade), 2 EL Rotweinessig, Salz, Pfeffer, 4 EL Olivenöl extra vergine

1. Rucola putzen, verlesen, waschen, wenn nötig, auch entstielen. Die Blätter jeweils auf Salattellern dekorativ verteilen.
2. Die kleinen Käsekügelchen nur halbieren, die großen in Scheiben schneiden und auf dem Rucolabett hübsch anrichten.
3. Die Tomaten mit kochendem Wasser überbrühen, eiskalt abkühlen, um die Farbe zu stabilisieren und vor allem den Garprozeß unter der Haut sofort zu stoppen – so bleibt das Tomatenfleisch appetitlich rot und schön fest! Die Tomaten entkernen, das Fleisch sehr exakt in kleine Würfel schneiden. Lose über den Tellern verteilen, so daß sie gerecht auf alle Teller zu liegen kommen.
4. Die Tapenade mit Essig verquirlen, salzen, pfeffern und das Öl unterschlagen. Diese Marinade so auf dem Teller verträufeln, daß die schwarzen Flecken dekorativ wirken.

Rucola mit weißen Bohnen und Garnelen

Wieder ein Gericht, das sich ideal für Gäste eignet: weil es sich vorbereiten läßt, weil es enorm Eindruck macht, denn jeder hält einen für einen genialen Kochkünstler, dabei macht es aber im Grunde absolut keine Mühe:

Für 4 – 6 Personen:

150 g weiße Bohnen, 5 Knoblauchzehen, 5–6 Salbeiblätter, Salz, 200 g Rucolablätter, 250 g Garnelen (roh, ohne Schale), 1 EL Speisestärke, 3 EL neutrales Öl, Salz, Pfeffer, 1 EL Sojasauce, 1 Gläschen Sherry, Portwein oder Vin Santo

1. Die Bohnen bereits am Vortag mit reichlich Wasser bedeckt einweichen. Schließlich mit frischem Wasser handbreit bedeckt aufsetzen. 3 Knoblauchzehen und die Salbeiblätter zufügen, salzen. Die Bohnen auf mildem Feuer sanft garziehen lassen – auf keinen Fall sprudelnd kochen, weil sie sonst hart bleiben.

2. Rucola verlesen, putzen, mehrmals waschen, wenn nötig entstielen. Schließlich ein Bett jeweils auf Tellern drapieren.
3. Zum Servieren die Bohnen gut abgetropft dazwischen verteilen.
4. Die Garnelen waschen, am Rücken entlang aufschlitzen (dicke Exemplare ruhig halbieren) und den dann sichtbaren schwarzen (manchmal auch weißen, weil bereits gereinigten) Darm entfernen. Die Garnelen mit Speisestärke einreiben.
5. Kurz vor dem Servieren im Wok oder in einer weiten Pfanne das Öl erhitzen, die Garnelen darin rasch auf starkem Feuer anbraten, dabei ständig mit einer Bratschaufel umherwirbeln. Mit Salz, Pfeffer, feingehacktem Knoblauch und Sojasauce würzen. Schließlich – bereits nach einer Minute! – mit einem Schuß Sherry oder Vin Santo ablöschen. Einmal aufkochen und noch einmal umeinanderwirbeln.
6. Die Garnelen auf dem Salatteller verteilen und sogleich auftragen. Sie sehen hinreißend aus und werden jedem schmecken!

Variante: Bohnensalat mit Thaikräutern und Garnelen

Die Bohnen mit Knoblauch und einem Stück Ingwer weichkochen, dann mit Thaibasilikum, asiatischer Minze und Koriandergrün, in Ringe geschnittener Frühlingszwiebel und winzig feingewürfelter Chilischote (grün oder rot) mischen. Die Marinade aus thailändischer Fischsauce, Zitronensaft und Sesamöl anrühren. Und die Garnelenschwänze in der Pfanne ebenfalls mit chinesischem Sesamöl würzen. Außerdem mit einer Prise Zucker, einem Schuß Sojasauce und Sherry ablöschen.

Pasteten & Terrinen

Terrine de Foie gras mit chilisiertem Apfelgelee

Wer das Stopfen von Gänsen für Tierquälerei hält, möge bitte über dieses und das folgende Rezept hinweglesen. Man mag dazu stehen, wie man will – feststeht, daß die Leber von Stopfgänsen eine Delikatesse ist. Für all jene, die mal probieren wollen, wie man mit dem teuren Produkt umgeht, hier die entsprechende Anleitung.

Für 12 – 14 Personen:

1 frische Gänsestopfleber à ca. 800 g, 2 EL Gewürzmischung (siehe unten), je 2 EL Portwein oder Madeira und Cognac

GEWÜRZMISCHUNG:
50 g Meersalz, je 40 weiße und schwarze Pfefferkörner, 40 Korianderbeeren, 10 Pimentkörner, 1 Msp. Zimt, je ½ TL gemahlener Kreuzkümmel und Nelke, ½ Lorbeerblatt, 10 Rosmarinnadeln, ½ TL Thymianblättchen

CHILISIERTES APFELGELEE:
1–2 frische, grüne Chilischoten (nach Gusto scharf oder eher mild), 1 weiße junge Zwiebel, 1 Apfel (Elstar, Gravensteiner, Rubinette), Salz, 1 Prise Zucker, 2 Blatt Gelatine

1. Die Gänsestopfleber aus ihrer Vakuumverpackung nehmen und bei Zimmertemperatur ruhen lassen, bis ein Fingerdruck sichtbar bleibt. Die beiden Hälften vorsichtig auseinandernehmen, die Sehnen, die jetzt sichtbar werden, behutsam herausziehen. Macht nichts, wenn dabei die Leber einreißt oder in Stücke geteilt wird. Anschließend gründlich mit 2 Eßlöffel der Gewürzmischung einreiben und mit Cognac und Portwein oder Madeira beträufeln.
2. Die Leberstücke sehr dicht in eine Porzellan- oder Steingutterrine packen, dabei behutsam aber fest andrücken, damit keine Luftlöcher bleiben. Mit Alufolie gut verschließen.
3. Die Terrine in eine feuerfeste Form stellen, diese bis unter ihren Rand mit heißem Wasser füllen. Bei 130 Grad im Ofen 40 Minuten pochieren. Herausnehmen und abkühlen lassen. Vor dem Anschneiden unbedingt 24 Stunden kalt stellen!
4. Für das Gelee Chilis und junge Zwiebel mit den Äpfeln (entkernt, aber nicht geschält!) glattmixen, dabei mit Salz und Zucker würzen. Durch ein Tuch filtern, von der aufgefangenen Flüssigkeit einen Viertelliter abmessen. Die eingeweichte Gelatine auflösen und untermischen.
5. Die Flüssigkeit nochmals sehr kräftig und würzig abschmecken. Auf eine mit Folie ausgelegte flache Platte gießen. Im Kühlschrank fest werden lassen.

6. Zum Servieren gekühlte Vorspeisenteller nehmen. Das Gelee fein würfeln. Jeweils ein Häufchen auf eine Seite jedes Tellers häufen. Von der Gänseleber mit einem immer wieder in heißes Wasser getauchten Löffel Locken abstechen und in die Tellermitte betten.
7. Mit einem schönen Kräuterzweig (Pimpinelle) oder einer Blüte (Kapuzinerkresse) dekorieren.
8. Dazu schmeckt Brioche oder Feigenbrot (Rezepte Seite 829 und 848). Und natürlich ein großer Süßwein, eine Beerenauslese oder ein Sauternes.

Foie gras cru

Wir finden, dies ist nicht nur die einfachste, sondern vielleicht sogar auch die beste Art, Gänsestopfleber zu servieren!

Für 12 – 14 Personen:

1 frische Gänsestopfleber,
fleur de sel,
grob geschroteter Pfeffer

1. Die Gänsestopfleber aus ihrer Vakuumverpackung nehmen und bei Zimmertemperatur ruhen lassen, bis ein Fingerdruck sichtbar bleibt. Die beiden Hälften vorsichtig auseinandernehmen, die Sehnen, die jetzt sichtbar werden, behutsam herausziehen. Macht nichts, wenn dabei die Leber einreißt. Sie anschließend wieder sorgsam zusammensetzen, mit den warmen Händen länglich formen.
2. Die Leber dann fest in Klarsichtfolie wickeln, sie soll jetzt wie eine Rolle geformt sein, und kalt stellen.
3. Zum Servieren auch hier gekühlte Vorspeisenteller nehmen. Jeweils ein Häufchen fleur de sel und geschroteten Pfeffer auf eine Seite jedes Teller setzen.
4. Die Gänseleber auswickeln, mit einem immer wieder in heißes Wasser getauchten Messer in gut zentimeterdicke Scheiben schneiden. In die Tellermitte betten.
5. Auch hierzu paßt das chilisierte Apfelgelee (siehe voriges Rezept).

Bunte Gemüseterrine mit Krebsschwänzen

Als Vorspeise reicht die Terrine – je nachdem, wie dick man die Scheiben schneidet – für 12 bis 16 Personen; als leichtes, elegantes Hauptgericht an einem heißen Sommerabend für 6 bis 8 Personen. Sie ist als Gästeessen besonders praktisch, weil sie bereits am Vortag gefertigt wird und gut bis zu 3 Tage lang im Kühlschrank aufbewahrt werden kann.

Für eine Kastenform von 1,5 l Inhalt:

500 g weißer Spargel, 500 g grüner Spargel, Salz, 2 dicke Möhren, 1 EL Butter, 150 g Palerbsen (tiefgekühlt), 2 Bund Schnittlauch, 1/4 l Milch, 200 g Crème fraîche, 2 Eier, 3 Eigelb, weißer Pfeffer, Muskatnuss, Worcestershire Sauce, Prise Cayennepfeffer, 6 bis 8 Flußkrebse oder Langustenschwänze (Scampi), 1 schöner Kopf römischer Salat (Romana), Fett für die Form

1. Beide Spargelsorten sorgfältigst schälen und in wenig Salzwasser bißfest garen. Die Möhren in streichholzfeine Streifen schneiden (Julienne), in ein wenig Butter andünsten – dabei sofort salzen, damit ihre Farbe leuchtend bleibt. Erbsen bei Zimmertemperatur antauen lassen. Schnittlauch in Röllchen schneiden. Milch, Crème fraîche, Eier und Eigelb verquirlen, kräftig würzen.
2. Krebsschwänze aus ihrer Schale lösen, salzen und pfeffern und kurz ziehen lassen. Den Salatkopf entblättern und die schönen, festen Außenblätter einmal durch heißes Wasser ziehen, dann sofort in eiskaltem Wasser abkühlen (das Herz anderweitig verwenden).
3. Eine Kastenform zuerst mit Alufolie auskleiden, diese mit Öl einpinseln. Die Form mit Salatblättern auslegen, dann zuerst weiße Spargelstangen, dazwischen grüne Spargelstangen und die übrigen Zutaten, auch die gewürzten Krebs- oder Langoustinenschwänze, sehr akkurat und dekorativ einschichten. Die Schnittlauchröllchen möglichst gleichmäßig dazwischenstreuen.
4. Die Milch, Crème fraîche, Eier und Eigelb miteinander glattquirlen. Mit Salz, Pfeffer, Cayenne und Worcestershire Sauce würzen und gleichmäßig in die Form gießen. Immer wieder rütteln, damit die Flüssigkeit überall hingelangt.
5. Die Form schließlich mit Alufolie gut zudecken. In eine Bratform stellen, die mit heißem Wasser gefüllt ist. In den auf 150 Grad vorgeheizten Ofen schieben. Nach 1 Stunde den Ofen ausschalten und die Terrine im Ofen abkühlen lassen. Sie schließlich über Nacht im Kühlschrank vollständig erkalten lassen.

6. Zum Anschneiden aus der Form stürzen und in fingerdicke Scheiben aufschneiden und auf Teller legen.

Dazu passen eine Kräutervinaigrette und knuspriges Baguette. Außerdem ein kräftiger, aber eleganter Weißwein (Elsässer Riesling, weißer Burgunder).

Aufschneiden und servieren: Am leichtesten schneiden Sie die Terrine mit einem elektrischen Messer auf. Stützen Sie dabei die Scheibe jeweils mit einem Teigkärtchen, auf dem die Scheibe dann glatt zu liegen kommt und mit dessen Hilfe man sie ganz leicht auf den Teller transportieren kann.

Hühnerleber-Terrine mit gedünsteten Äpfeln

Für 6 Personen:

ca. 500 g schöne, große, möglichst helle Hühnerlebern, 5–6 EL Butter, 5 feste säuerliche Äpfel (zum Beispiel Golden Delicious, gut auch Boskoop), Zitronensaft, Salz und Pfeffer, Muskat, 2 EL milder Sherry (Amontillado, eventuell sogar Cream), 1 Bund glatte Petersilie, 6 schöne, große, aber feste Kopfsalat- oder Romanasalatblätter, 1 kleinerer roter Radicchio, 1 Handvoll gelbe Friséeblätter, 1 Kästchen voll Kresse, 1 TL scharfer Senf, 2 EL Sherryessig, 2 EL Traubenkernöl

1. Die Leber putzen und alle Sehnen entfernen, Häute abziehen, die Lebern selbst in ihre zwei natürlich gewachsenen Hälften teilen. In 4 Eßlöffel aufschäumender Butter auf mittlerem Feuer steif werden lassen. Zugedeckt beiseite stellen.
2. In derselben Butter vier der geschälten, geviertelten und von Kerngehäusen befreiten Äpfel andünsten. Die Butter darf dabei aber nicht bräunen. Den restlichen Apfel in streichholzfeine Streifen hobeln und in Zitronensaft aufbewahren. Die Äpfel und Lebern in der Pfanne mischen, salzen, pfeffern, mit Muskat würzen und mit dem Sherry beträufeln. Neben dem Feuer ein wenig abkühlen lassen, dann gut die Hälfte der Petersilie fein gehackt unter die Mischung rühren.
3. Eine kleine Kastenform (ca. ¾ Liter Inhalt) zuerst mit einem großen Stück Alufolie, dann mit den Kopf- und Romanasalatblättern auskleiden.
   Tip: Die Blätter zuvor kurz in heißes Wasser legen. Nicht in kochendes, das macht sie braun! Dann eiskalt abschrecken!
4. Die Hühnerlebern und Apfelstücke dicht und in hübscher Anordnung hineinschichten. Saft aus der Pfanne mit restlicher Butter (nur eben weich werden lassen) mischen. Gleichmäßig in der Terrine verteilen. Salatblätter darüber zusammenschlagen und schließlich die Alufolie darüber zukniffen.

5. Die Terrine in eine mit heißem Wasser gefüllte Bratenform setzen. Im 125 Grad heißen Ofen 45 Minuten ziehen lassen. Im Ofen auskühlen.
6. Über Nacht im Kühlschrank fest werden lassen, dafür sanft beschweren (z. B. mit einem Holzbrettchen und einer Konservendose).
7. Zum Servieren auf ein Brett stürzen und in knapp zentimeterstarke Scheiben schneiden und auf Tellern anrichten. Daneben einen Salat aus in Streifen geschnittenem Radicchio, zerzupften Friséeblättern, Kresse und dem letzten, in Stifte gehobelten Apfel setzen, der mit einer Marinade aus Senf, Sherryessig, Öl und der restlichen Petersilie angemacht ist.

Zum Aufschneiden ein elektrisches Messer nehmen, damit bleiben die fragilen Scheiben besser intakt!

Pasteten und Terrinen

Sie zählen zu den Renommierstücken der Küche. Mit einer gelungenen Pastete oder einer feinen Terrine kann man immer Ehre einlegen. Natürlich muß man sich eine gewisse Zeit dafür nehmen – das Fleisch will mariniert sein und ausreichend lange in dem Würzsud baden, damit die Pastete nachher schmeckt. Man muß sie auch rechtzeitig zubereiten. Schließlich sollte sie mindestens einen Tag durchziehen, besser sogar zwei oder drei im Kühlschrank fest werden, damit sie sich in gleichmäßige Scheiben schneiden läßt. Eine solche Terrine hält sich eine Zeitlang frisch, deshalb ist sie nicht nur für die Gästebewirtung praktisch, sondern auch – zu Weihnachten etwa – ein wunderbares Geschenk. Gleich doppelte Freude machen Sie übrigens, wenn Sie die Pastete oder Terrine in ihrer Form verschenken – dann ist sozusagen die Verpackung (nämlich die Pasteten- oder Terrinenform) das eigentliche Geschenk. Und wenn Sie auch gleich das Rezept mitliefern, kann der Beschenkte sich später auch mal selbst im Pastetenbacken versuchen.
Pastete und Terrine: Eine Pastete, das Wort leitet sich ab vom französischen *pâte*, für Teig, steckt immer in einem Teigmantel. Der Begriff Terrine hingegen stammt vom lateinischen *terra* für Erde ab und deutet auf die Form hin, in der die Terrine gegart wird, die nämlich meist irden, also aus Ton gemacht, ist. Im all-

gemeinen Sprachgebrauch nimmt man es indes nicht so genau und spricht einfach von Pastete, selbst wenn kein Teigmantel sie umhüllt.

Welche Formen sind geeignet? Natürlich wird sich niemand gleich die perfekte Ausrüstung an Formen zulegen, nur weil er einmal ausprobieren will, ob ihm das Pastetenbacken gelingt. Eine praktische Form für eine Terrine findet sich jedoch sicher in fast jedem Haushalt: Ideal ist eine ovale oder längliche Form aus feuerfestem Material – Glas, Ton, Keramik, Porzellan; natürlich kann man auch Metallformen verwenden. Allerdings sollte die Form absolut dicht sein, was eine Kastenform zum Backen im allgemeinen nicht ist. Notfalls allerdings läßt sich auch eine solche Form abdichten, indem man sie mit Alufolie auskleidet oder mit mehrmals gefalteter Alufolie umhüllt.

Für Pasteten kann man im Profibedarf oder in Küchenshops perfekte Metallformen kaufen. Sie sind besonders stabil und vor allem deshalb praktisch, weil man sie komplett auseinandernehmen kann, das heißt, die Pastete läßt sich mühelos aus der Form nehmen, kann also niemals festkleben. Eine solche Form hat natürlich ihren Preis. Sie lohnt sich daher für einen Nichtprofi nur, wenn er öfter vorhat, Pasteten zu backen – denn zu etwas anderem sind sie leider nicht zu nutzen.

Hausmacher Pastete

Blätterteig, wie man ihn kaufen kann, ist als Pastetenhülle nicht gut geeignet, weil er sich zu stark aufplustert. Aber wenn gerade nichts anderes zur Hand ist, kann man ihn dennoch verwenden. Eine schöne rosa Farbe bekommt das Fleisch, wenn man es mit Pökelsalz würzt, das man beim Metzger erbitten muß – es ist kein handelsüblicher Artikel. Fast genauso gut wirkt übrigens statt dessen auch eine gute Prise Rohrzucker – also aus Zuckerrohr gewonnen, nicht aus Rüben, wie unser üblicher Haushaltszucker. Rohrzucker gibt's im Feinkostladen oder im Reformhaus. Je länger man die Fleischwürfel übrigens mariniert, desto schöner wird die rosa Pökelfarbe.

1. Für den Teig zunächst das Mehl auf die Arbeitsfläche häufen, in die Mitte eine Vertiefung drücken, dort das Ei hineingleiten lassen, salzen und mit der Gabel verrühren. Eßlöffelweise das Wasser zufügen, alles nunmehr mit den Händen rasch zu einem festen, aber geschmeidigen Teig kneten. Eine halbe Stunde kalt stellen, damit sich der Kleber entwickeln kann.
2. Den Teig zu einem länglichen Viereck ausrollen, die eiskalte Butter in Stückchen schneiden und gleichmäßig darauf verteilen. Den Teig dritteln und so zusammenklappen, daß die Drittel genau übereinanderzuliegen kommen. Ausrollen, erneut zusammenklappen und wieder ausrollen. Den Teig kalt stellen, bis er benötigt wird.
   Tip: Man nennt dies »dem Teig Touren geben« – dabei wird die Butter immer wieder gleichmäßig zwischen Teigschichten verteilt; beim Backen verdunstet die in der Butter enthaltene Feuchtigkeit, dadurch werden die einzelnen Teigschichten voneinander getrennt und machen schließlich einen »blättrigen« Eindruck. Je öfter man also dem Teig Touren gibt, desto blättriger wird er. Für Pastetenteig genügen 2 bis 3 Touren – richtiger Blätterteig braucht mindestens 5 bis 6 oder sogar mehr Touren, außerdem nimmt man für ihn etwa doppelt soviel Butter, um den Effekt zu verstärken.
3. Das Fleisch für die Füllung von Hand in etwa 2 cm große Würfel schneiden, dabei die Sehnen entfernen. Den Speck in kleine Würfel schneiden. Alles in einen Gefrierbeutel füllen, mit den Gewürzen gut mischen und mit dem Wein beträufeln. Den Beutel gut verschließen, alle Luft daraus entfernen – das Fleisch so einen, besser sogar zwei Tage marinieren.
4. Am nächsten Tag Zwiebeln schälen, sehr fein würfeln und in heißer Butter andünsten, die Knoblauchzehen schälen, durch die Presse hinzudrücken. Petersilie feinhacken und ebenfalls unter die weichgedünsteten Zwiebeln rühren. Kalt stellen.
5. Den Teig messerrückendünn ausrollen, mit zwei Dritteln eine mit Butter ausgestrichene Kastenform auskleiden.
6. Die Zwiebelmischung mit dem Brät innig vermengen. Dabei noch einmal gut und kräftig abschmecken. Jetzt die marinierten Fleisch- und Speckwürfel untermischen, in die Kastenform füllen und verteilen.
7. Den restlichen Teig als Deckel auflegen und an den Rändern festdrücken – dabei mit Daumen und Zeigefinger

Für eine Kastenform von 1,5 l Inhalt:

PASTETENTEIG I:
200 g Mehl, 1 Ei, ca. 4–5 EL Wasser, ½ TL Salz, 60 g Butter

Natürlich kann man auch alle diese Zutaten in die Küchenmaschine füllen – das Wasser allerdings erst bei laufendem Motor langsam zugießen, wieviel man genau benötigt, läßt sich niemals präzise sagen.

FÜLLUNG:
500 g Schweineschulter, 500 g Kalbsschulter, 50 g durchwachsener, geräucherter Speck, 50 g grüner, ungeräucherter, fetter Rückenspeck – jeweils in 3 mm dicken Scheiben, je 1 TL getrockneter Thymian, Majoran und Pastetengewürz, je ½ TL Salz, Pfeffer, Muskat, Macis (Muskatblüte), 1 Prise Cayennepfeffer, ½ TL Rohrzucker oder Pökelsalz, 0,1 l trockener, kräftiger Weißwein, 2 Zwiebeln, 2 EL Butter, 2 Knoblauchzehen, 1 dicker Strauß Petersilie, 200 g Kalbsbrät

AUSSERDEM:
Butter für die Form, 1 Eigelb, 3 EL Milch zum Bestreichen der Teighülle

ein Muster einkerben. Mit einem kleinen Ausstecher zwei Löcher in die Oberfläche schneiden – durch die Dampf, der in der Teighülle entsteht, entweichen kann.

Aus Teigresten Blätter oder Ornamente schneiden und damit die Teigoberfläche dekorieren. Sie haften am besten, wenn man sie mit Eiweiß festklebt.

8. Die Teigoberfläche mit Eigelb einpinseln, das mit Milch glattgerührt wurde.
9. Die Pastete im auf 200 Grad vorgeheizten Backofen (mittlere Schiene, nur Ober- und Unterhitze; auf keinen Fall Umluft!) etwa 55 bis 60 Minuten backen. Ein Fleischthermometer, das man hineinsteckt, muß 65 Grad zeigen, dann ist die Pastete gar.
10. Aus dem Ofen nehmen und abkühlen lassen. Wichtig: Solange die Pastete noch warm ist, mit Gelee ausgießen, damit sich alles gut verbindet.

GELEE:
1/8 l konzentrierte Brühe oder Fond, 1/8 l Weißwein, 3–4 Blatt Gelatine, Salz, Pfeffer

11. Dafür Fleischbrühe mit dem Wein aufkochen und kräftig abschmecken. Die eingeweichten Gelatineblätter darin auflösen und vorsichtig in die beiden Löcher in der Teigoberfläche gießen – soviel, wie sie aufnehmen können. Das restliche Gelee in eine flache Schale füllen und im Kühlschrank fest werden lassen. Es schmeckt feingewürfelt wunderbar zur Pastete.
12. Die Pastete endgültig auskühlen, im Kühlschrank fest werden und durchziehen lassen.

Zur Hausmacher Pastete paßt eine Cumberlandsauce (Rezept Seite 727). Noch besser eignet sich eine Remouladensauce aus selbstgerührter Mayonnaise, mit Gürkchen, Kapern und Kräutern. Außerdem schmecken dazu kleine Gürkchen oder Cornichons, Oliven, Silberzwiebeln oder Radieschen. Besonders köstlich sind dazu süßsauer eingelegte Früchte, z. B. Zwetschgen, Feigen, Mirabellen, Kirschen, süßsaure Zwiebelchen – fertig im Delikatessengeschäft gekauft oder lieber noch selbstgemacht.

Feine Rehterrine

Das Wichtigste und beim Einkauf vielleicht ein wenig schwierig zu bekommen sind die großen Speckscheiben, mit denen die Terrinenform ausgekleidet wird. Sie sollten so groß wie nur irgend möglich sein, damit die Schutzhülle nicht zu viele Nahtstellen bekommt. Man muß dafür den Metzger bitten, ein Stück vom Rückenspeck quer, also mit seiner Breitseite, auf der Aufschnittmaschine in dünne Scheiben zu schneiden. Sie sollten nicht stärker als eine normale Wurstscheibe, also höchstens 1 bis 2 mm dünn, sein, sonst wirkt die Terrine plump und unschön. Die Reststücke, die keine schöne Scheibe mehr ergeben, lassen Sie sich für die Farce einpacken.

Für eine Terrinenform von 1,5 l Inhalt:

750 g schieres, also sehnenfreies Rehfleisch (z. B. von der Schulter), 250 g durchwachsener Schweinebauch, 150 g geräucherter Speck, 300 g grüner (also ungeräucherter), fetter Speck (in hauchdünnen Scheiben), je 3 EL Cognac und Marsala (oder Portwein, Madeira), je 2 Thymian- und Rosmarinzweige, 1 Stück Orangenschale, 1 Knoblauchzehe, 2 Lorbeerblätter, 10 Wacholderbeeren, Pfeffer aus der Mühle, 1 TL Salz, ½ TL Zucker, 1 EL Pastetengewürz, Macis (Muskatblüte), Cayennepfeffer, 50 g Pistazien, 150 g gepökelte Rinderzunge (fertig beim Metzger gekauft)

1. Das Rehfleisch, falls noch nötig, von jeglichen Sehnen säubern. Ein besonders schönes Stück von etwa 250 g abschneiden und beiseite legen. Das restliche Fleisch in drei Zentimeter große Würfel schneiden. Auch Schweinebauch und beide Specksorten in solche Würfel schneiden. Soviele Scheiben vom grünen Speck beiseite legen, wie zum Auskleiden und Zudecken der Form nötig sind.
2. Fleisch und Speck in einen Gefrierbeutel füllen, Cognac und Portwein, die Kräuter, Orangenschale, den zerdrückten Knoblauch, die Lorbeerblätter und zerquetschte Wacholderbeeren zufügen.
3. Den Beutel gut verschließen, dabei alle Luft herausdrücken. So bleibt das Fleisch vom Sauerstoff geschützt und frisch. Mindestens einen, ruhig sogar zwei Tage im Kühlschrank marinieren; immer wieder den Beutel drehen und wenden, damit sich die Gewürze und Aromen gut verteilen.
4. Die Fleischwürfel schließlich herausholen, gut abtropfen lassen, dabei die Marinade auffangen. Die Fleischwürfel mit Küchenpapier abtrocknen.
5. Das besonders schöne Fleischstück in knapp zwei Zentimeter große, möglichst exakte Würfel schneiden, zurück in den Marinadenbeutel mit den Gewürzen legen und erneut kalt stellen.
6. Die Speckwürfel (beide Sorten) in einer großen Pfanne kurz rundum anbraten. Sobald etwas Fett ausgetreten ist, den Speck herausheben, die übrigen Fleischwürfel darin anbraten.

Am besten portionsweise arbeiten, damit die Würfel Bodenkontakt haben und richtig braten, auf keinen Fall dürfen sie Saft ziehen.

Auf starker Hitze rasch auf allen Seiten anbraten, innen sollen die Fleischwürfel noch roh bleiben. Während des Bratens mit Salz und Pfeffer würzen.

7. Fleisch und Speck richtig durchkühlen lassen. Ruhig im Tiefkühler – falls nicht viel Zeit ist. Die Fleischwürfel sollen eiskalt werden, dürfen sogar etwas anfrieren. Das ist wichtig, damit sich das Eiweiß später beim Pürieren nicht erwärmt und seine Bindungsfähigkeit verliert – sonst wird die Terrine grob und trocken.
8. Die eiskalten Fleischwürfel und den Speck schließlich im elektrischen Zerhacker oder Mixer zu einer feinen, cremigen Paste pürieren, dabei Salz, Pfeffer, Pastetengewürz, Macis und Cayennepfeffer zufügen.
9. Die aufbewahrten Rehfleischwürfel und die in zentimeterkleine Würfel geschnittene Rinderzunge zusammen mit den Pistazienkernen unter diese Fleischfarce rühren.
10. Eine Terrinenform sorgfältig mit Speckscheiben auskleiden – sie sollen an einer Längsseite so weit überstehen, daß sie die Farce nachher gut bedecken kann. Die Farce einfüllen, dabei gut festdrücken, damit keine Luftlöcher bleiben, und glattstreichen.
11. Die überstehende Speckscheibe über die Füllung klappen und festdrücken. Die Oberfläche mit Lorbeerblättern und Thymianzweigen verzieren.
12. Die Form mit Alufolie verschließen. In einen Bräter setzen, der mit heißem Wasser gefüllt ist. Im 175 Grad heißen Backofen etwa 1 knappe Stunde garen. Ein Fleischthermometer, das man in die Mitte einsteckt, sollte knapp 65 Grad anzeigen, dann ist die Terrine gar.
13. Aus dem Wasserbad nehmen und langsam abkühlen lassen. Solange die Terrine noch warm ist, ein exakt passendes Brettchen auf die Oberfläche legen und mit einem Gewicht beschweren, damit die Terrine guten Zusammenhalt bekommt. Es darf allerdings nur so schwer sein (im allgemeinen genügt eine Kilokonservendose), daß das flüssige Fett bis zum Rand steigt, aber nicht überläuft – sonst wird die Terrine trocken.
14. Die Rehterrine gut verschlossen (mit Alufolie oder dem Terrinendeckel) mindestens einen, besser zwei oder drei Tage im Kühlschrank durchziehen lassen, bevor sie serviert wird.

AUSSERDEM:
Große, dünne Scheiben grünen Specks, Lorbeerblätter und Thymianzweige zum Dekorieren

15. Zum Servieren mit einem großen, langschneidigen Messer zunächst eine Scheibe aus der Form schneiden, dann stürzen und in fingerstarke Scheiben schneiden oder gleich aus der Form heraus in Scheiben schneiden und anrichten.

Zur Terrine wird gewürfeltes Wildgelee gereicht, das man bereits am Vortag zubereitet: Dafür Fond und Marsala aufkochen, die eingeweichte Gelatine darin auflösen, die Flüssigkeit kräftig abschmecken und fest werden lassen. Zum Servieren in feine Würfel schneiden und als essbare Dekoration daneben anrichten. Außerdem schmeckt zur Rehterrine eine kräftig gewürzte, fruchtig-süß-scharfe Sauce, wie sie die Engländer lieben, die Cumberlandsauce (Rezept auf Seite 000). Wir haben das klassische Grundrezept ein wenig abgewandelt und zusätzlich mit einem Hauch frisch geriebenem Meerrettich pikant gemacht.

Wichtig ist, daß die Masse nicht zu heiß wird, weil sonst das Fett austritt. Lieber zu wenig als zu viel Hitze geben, wenn Sie nicht genau wissen, wie Ihr Backofen heizt … Bei modernen und die Hitze gut speichernden Öfen die Temperatur niedriger, bei nur 150 Grad, halten – Profis garen im Schamotte-Brotbackofen sogar bei nur 100 Grad!

GELEE:
Knapp 1/4 l kräftiger Rehfond (selbstgemacht oder aus dem Glas), 4 cl Marsala (Portwein oder Madeira) Salz, Pfeffer, 3–4 Blatt Gelatine

Provenzalische Bauernterrine

Wichtig für Konsistenz und Geschmack dieser Terrine ist, daß ein gutes Drittel des Fleisches nicht durch den Wolf gedreht, sondern mit der Hand in nicht zu kleine, fast zentimetergroße Würfel geschnitten wird.

Für eine Terrinenform von 1,5 l Inhalt:

250 g Zwiebeln, 6 Knoblauchzehen, 2 EL Butter, Salz, je 1 Bund Petersilie, Basilikum und Thymian, 400 g Schweineschulter, 300 g Kalbsschulter, 250 g Hühnerleber, 350 g frischer Bauchspeck (davon die Hälfte in großen, hauchdünnen Scheiben zum Auslegen der Form), 1 EL Piment, 1 TL Pfeffer, 1 EL Pastetengewürz, Worcestershire Sauce, Cayennepfeffer, 1 EL Crème fraîche, 1 Ei, 1 Eigelb

1. Gehackte Zwiebeln und Knoblauch in der Butter weichdünsten, dabei salzen. Vollständig abgekühlt mit den Kräutern und dem Fleisch durch die mittlere Scheibe des Wolfs drehen, jeweils ein Drittel des Fleischs jedoch mit der Hand würfeln.
2. Piment und Pfeffer im Mörser zerreiben, mit den übrigen Gewürzen zum Fleisch geben. Crème fraîche, Ei und Eigelb gründlich untermischen und sehr kräftig abschmecken.
3. Eine Terrinenform mit den Speckscheiben auslegen. Die Farce einfüllen, dabei mehrmals die Form auf der Arbeitsfläche aufstoßen, damit sich die Farce gut setzt.
4. Mit Speckscheiben verschließen, mit Folie abdecken und möglichst noch einen Deckel auflegen.
5. Im heißen Wasserbad bei 160 Grad im Backofen etwa 90 Mi-

nuten garen. Im Ofen abkühlen lassen, noch lauwarm mit einem Brettchen beschweren, jedoch erst, wenn das flüssig gewordene Fett erstarrt ist, ein Gewicht auflegen, damit die Terrine gepreßt wird (sonst tritt alles Fett, das die Terrine ja geschmeidig halten soll, aus, und sie wird trocken).

6. Mindestens einen, besser zwei Tage kalt stellen, bevor die Terrine angeschnitten wird. Dazu Oliven, eingelegte Chilischoten und frisch aufgebackenes Baguette reichen.

Kalbsbriesterrine

Für eine Kastenform von 1 l Inhalt:

1 Kalbsbries (ca. 300 g), Salz, 200 g gekochter Vorderschinken in zentimeterdicken Scheiben, 2 EL Butter, 200 g Champignons, Salz, Pfeffer, Muskat, 300 g Hühnerfleisch, 300 g süße Sahne, hauchdünne Scheiben fetten Specks zum Auslegen der Form

Eine elegante Vorspeise für ein aufwendiges Gästeessen

1. Das Bries in Salzwasser einmal aufwallen lassen, im Sud abkühlen, dann in Röschen zerpflücken und sehr sorgfältig von Häuten und Sehnen säubern.
2. Die Briesröschen und den in zentimetergroße Würfel geschnittenen Schinken in der heißen Butter anbraten, die in Scheiben geschnittenen Pilze zufügen und mitbraten. Mit Salz, Pfeffer und Muskat würzen.
3. Für die Farce das gut gekühlte Hühnerfleisch mit der ebenfalls eiskalten Sahne fein pürieren. Mit Salz, Pfeffer und Muskat würzen.
4. Die abgekühlten Bries- und Schinkenwürfel unterziehen. In die mit Speckscheiben ausgekleidete Form füllen. Mit Alufolie zudecken. Im Wasserbad im 150 Grad heißen Ofen 50 Minuten garen.
5. Im Ofen auskühlen und einen Tag im Kühlschrank fest werden lassen, bevor die Terrine gestürzt und in Scheiben geschnitten wird. Mit einem kleinen bunten Salat anrichten.

Kaninchenpastete

Läßt sich prima vorbereiten und auch wunderbar kalt servieren – ein hübscher Glanzpunkt auf einem kalten Buffet. Die Teighülle ist mächtiger und saftiger als die von der Hausmacher Pastete von Seite 72 und schneller gemacht.

Für eine Kastenform von 1,5 l Inhalt:

PASTETENTEIG II:
je 125 g glattes und griffiges Mehl, 4–5 EL Wasser, ½ TL Salz, 100 g Schmalz

FÜLLUNG:
1 küchenfertiges Kaninchen, 300 g Schweineschulter, 100 g grüner, ungeräucherter, fetter Rückenspeck – außerdem eine hauchdünne Scheibe vom grünen Speck zum Einwickeln der Filets, 2 EL Cognac, 200 g Sahne, je 1 TL getrockneter Thymian, Majoran und Pastetengewürz, Salz, Pfeffer, Muskat, Macis (Muskatblüte), Cayennepfeffer, ½ TL Rohrzucker oder Pökelsalz

AUSSERDEM:
Butter für die Form, 1 Eigelb, 3 EL Milch zum Bestreichen der Teighülle

1. Die Teigzutaten rasch zusammenkneten. Zur Kugel formen und eine Stunde kalt stellen, damit sich der Kleber entwickeln kann und der Teig elastisch wird.
2. Das Kaninchenfleisch auslösen. Die Rücken- und die echten Filets beiseite legen. Für die Pastete brauchen wir gut 300 Gramm schieres Kaninchenfleisch und ebensoviel Schweinefleisch.
3. Für die Farce je 200 Gramm Schweine- und Kaninchenfleisch zusammen mit dem frischen Speck – alles sehr gut gekühlt! – im Mixer fein pürieren, dabei Cognac und Sahne zufügen, außerdem die Gewürze. Diese am besten bereits vorher mischen, damit man sie besser dosieren kann. Die Farce auch mit Salz und Pfeffer kräftig abschmecken.
4. Das restliche Fleisch von Hand in zentimetergroße Stücke schneiden und unter die Farce mischen. Die Filets gut würzen und in eine dünne Speckscheibe einhüllen.
5. Den Teig ausrollen. Eine gut gefettete Pastetenform damit auskleiden – praktisch ist eine Form, die sich später aufklappen läßt. Allerdings kann man auch aus jeder anderen Form die Pastete auslösen, vorausgesetzt, man hat sie gut eingefettet! Eine Schicht Farce als Boden auf dem Teigboden verteilen. In die Mitte das eingepackte Filet setzen. Mit der restlichen Farce abdecken.
6. Die Pastete mit ihrem Teigdeckel verschließen, ihn vorsichtig auflegen und rundum an den Rändern gut mit den Seitenstücken zusammenkniffen. In die Mitte zwei centgroße Löcher schneiden. Aus Alufolie zwei Schornsteine formen und diese hineinstecken. Sonst schnurren die Löcher beim Backen wieder zusammen und schließen sich womöglich. Die Oberfläche mit verquirltem Eigelb einpinseln.
7. Die Pastete bei 250 Grad zunächst 15 Minuten »an-« backen, dann die Temperatur auf 180 Grad reduzieren. Die Pastete ca. 50 Minuten fertigbacken. Auskühlen lassen.

GELEE:
1/8 l konzentrierte Brühe oder Fond, 1/8 l Weißwein, 3–4 Blatt Gelatine, Salz, Pfeffer

8. Inzwischen ein Gelee aus Brühe und Weißwein kochen, sehr kräftig würzen und mit Gelatine binden. Soweit fest werden lassen, daß man es eben noch gießen kann. Durch die Schornsteine in die Terrine gießen. Über Nacht kalt stellen und endgültig fest werden lassen.
9. Zum Servieren die Pastete aus der Form stürzen. In zentimeterstarke Scheiben schneiden und anrichten. Dazu Gürkchen, Kapern oder eingelegte Pilze servieren.

Sülzen

Gurkengelee

Eine Vorspeise, die zwar etwas Arbeit macht, jedoch gut schon am Vortage fertiggestellt werden kann und deshalb hervorragend für ein sommerliches Gästeessen geeignet ist.

Für 6 Personen:

1 feste Gemüsegurke von etwa 400 g, Salz, 2 Möhren, etwas Zitronensaft, 1 Bund Dill

GELEE:
0,4 l Wasser, 5 Blatt Gelatine, Salz, 4 EL Zitronen- oder Limettensaft, 1 durchgepreßte Knoblauchzehe

VINAIGRETTE:
4 EL Zitronen- oder Limettensaft, 1 TL Senf, 1 durchgepreßte Knoblauchzehe, 1 sehr fein gehackte Schalotte (oder 1 EL Zwiebelwürfelchen), 1 TL rosa Pfefferbeeren (in Salzlake oder Essig), 3 EL Weizenkeimöl, etwas gehackter Dill, wenn möglich ein wenig Dillsamen, Salz

1. Gurke schälen, entkernen und fein raspeln. Mit Salz bestreuen und Wasser ziehen lassen. Möhren schaben oder schälen und ebenfalls raspeln, salzen und mit Zitronensaft umwenden, damit sie nicht braun werden. Nach 15 Minuten beide Gemüsesorten auspressen, die Flüssigkeit abgießen.
2. Aus den angegebenen Zutaten nach den Angaben auf der Gelatinepackung ein Aspik bereiten und ein wenig abkühlen lassen.
3. Sechs Soufflé- oder Puddingförmchen mit einer dünnen Schicht Gelee ausgießen, kalt stellen und erstarren lassen.
4. Auf diesen »Spiegel« jeweils einen hübschen Dillzweig legen. Dann die Hälfte der Gurken, danach die Möhren und schließlich den Rest der Gurken gleichmäßig in den Förmchen verteilen. Mit Aspik zugießen, erstarren lassen.
5. Zum Servieren auf kalte Teller stürzen und mit der Vinaigrette übergossen servieren.

Zum Gurkengelee gibt's warmes Weißbrot (Baguette) mit Butter und einen rassigen, trockenen Weißwein (deutscher Riesling, norditalienischer Chardonnay, Macon aus Frankreich).

Pilzsülze

Pilze hat man früher nur heiß gegessen – man meinte, sie würden abgekühlt giftig, was natürlich nicht stimmt. Zumal wir heute alles in den Kühlschrank stellen können.
Diese Sülze am besten mit einem Elektromesser aufschneiden und die Scheiben mit einem Teigkärtchen auf die Teller transportieren.

Für 4 Personen:

500 g geputzte Pilze (gemischte Waldpilze oder Austernseitlinge mit Champignons – in diesem Fall vorzugsweise die braunen Egerlinge nehmen), Salz, 1 – 2 Zitronen, Pfeffer, Muskatnuß, ¾ l gute, kräftige Kalbs- oder Geflügelbrühe, 9 Blatt weiße Gelatine, 1 Zwiebel, 1 Bund Petersilie, 1 Büschelchen Kerbel

1. Die Pilze putzen, gegebenenfalls rasch waschen und gut abtropfen lassen.
2. In Scheiben schneiden und ohne jegliche Fettzugabe in einer heißen Pfanne so lange schwitzen lassen, bis sie kein Wasser mehr abgeben.
3. Salzen, mit Zitronensaft beträufeln, würzen und abkühlen lassen.
4. Die Brühe erhitzen, die in kaltem Wasser eingeweichte Gelatine darin auflösen. Abkühlen lassen, bis der Aspik fast stockt.
5. Eine kleine Kastenform oder ein anderes passendes Gefäß (Portionsförmchen oder Tassen) mit Klarsichtfolie auslegen und den Boden mit etwas Aspik ausgießen. Im Kühlschrank stocken lassen.
6. Zwiebel und Kräuter fein hacken, die Pilzscheiben und die mit den Kräutern vermischte Zwiebel abwechselnd einfüllen und mit der restlichen Geleebrühe übergießen.
7. Die überstehenden Folienenden darüber zusammenschlagen und die Terrine im Kühlschrank fest werden lassen.

Die Brühe sollte klar sein, damit der Aspik richtig leuchtet – eventuell klären, wie auf Seite 87 beschrieben.
Sie können zu dieser Sülze auch eine leichte Kräutervinaigrette mit Schalotten oder Frühlingszwiebeln reichen. Dazu paßt Bier oder ein frischer und trockener Weißwein – zum Beispiel ein Gutedel aus dem Markgräfler Land.

Lachsmousse im Brotmantel

Sieht nicht nur hübsch, sondern viel aufwendiger aus als sie ist: Vor allem läßt sich die Mousse fabelhaft vorbereiten und braucht dann nur noch dekorativ auf Teller plaziert zu werden.

Für 6 – 8 Personen:

¼ l Fischfond, 200 g Pumpernickel, 300 g mild geräucherter Lachs, ¼ l Fischvelouté (je zur Hälfte Fischfond und Rahm, etwas eingekocht), Salz, Pfeffer, Cayennepfeffer, Zitronensaft, Sherry, ¼ l Schlagrahm

1. Den Fond etwas erwärmen, mit dem zerbröselten Brot mischen. Mit zwei Dritteln davon eine kleine Kasten- oder Dreiecksform ausgießen und fest werden lassen.
2. Den eisgekühlten Lachs mit der ebenso kalten Velouté mixen, durch ein Sieb passieren und mit dem restlichen Fischfond mischen. Mit Salz, Pfeffer, Cayennepfeffer, Zitrone und Sherry kräftig abschmecken.
3. Kurz bevor die Farce fest zu werden beginnt, den nicht zu steif geschlagenen Rahm gleichmäßig unterziehen. In die vorbereitete Form füllen, mit den Bröseln zudecken. Bis zum nächsten Tag kalt stellen.
4. Zum Servieren aus der Form stürzen, in Scheiben schneiden und mit Zitronenfilets dekoriert anrichten.

Tafelspitzsülze

Für 4 – 6 Personen:

6 Blatt Gelatine, 300–400 g gekochtes Rindfleisch, jeweils ca. 100 g Möhre, Lauch, Sellerie und Zwiebel, 4–5 Cornichons oder Gewürzgürkchen, 2 EL Kapern, 1 EL eingelegte rosa Pfefferbeeren (Feinkostgeschäft), ca. ½ l kräftige Fleischbrühe, Salz, Pfeffer, 3–4 EL Essig

1. Die Gelatine in kaltem Wasser einweichen. Das Fleisch in knapp zentimeterkleine Würfel schneiden.
2. Die Gemüse in winzige, höchstens stecknadelkopfgroße Würfel schneiden: Möhre und Sellerie längs auf dem Gemüsehobel zuerst in dünne Scheiben schneiden, dann aufeinanderstapeln und wieder längs in feine Streifen und schließlich quer in winzige Würfel schneiden.
3. Lauch längs in Streifen, dann quer in Würfel schneiden. Und die Zwiebel, wie gewohnt, fein schneiden. Alle diese Gemüse für ein, zwei Minuten in kochendes Salzwasser geben, abgießen, abschrecken, damit sie ihre leuchtende Farbe behalten.
4. Auch die Cornichons fein würfeln und die Kapern, falls es sich nicht um winzig kleine handelt, hacken. Alles in einer großen Schüssel vorsichtig mischen.

5. Die Brühe aufkochen, mit Salz, Pfeffer und Essig sehr kräftig abschmecken – sie sollte sogar ruhig etwas überwürzt schmecken, weil diese Intensität sich nach dem Abkühlen verliert. Auch schluckt die Gelatine Würze.
6. Die gut ausgedrückte Gelatine in der heißen Brühe auflösen und über die vorbereiteten Zutaten gießen. Kurz stehen lassen und noch einmal abschmecken.
7. Von der Brühe eine kleine Schöpfkelle voll abnehmen, den Boden einer kleinen, mit Klarsichtfolie ausgeschlagenen Kastenform damit ausgießen. Kurz in den Kühlschrank stellen und fest werden lassen.
8. Erst auf diesen »Spiegel« behutsam die restliche Sülzenmasse in die Form füllen. Mit Folie zudecken und zum endgültigen Erstarren in den Kühlschrank stellen.
9. Die Sülze erst am nächsten Tag aus der Form stürzen, diese dazu kurz in heißes Wasser tauchen. Zum Servieren in fingerdicke Scheiben schneiden.

Als Vorspeise servieren, zum Beispiel mit einer Kräutervinaigrette, in der winzige Radieschenwürfel als Farbtupfer wirken, oder als ganzes Essen – dazu schmecken hervorragend Bratkartoffeln und eine grüne Sauce.

Sommersülze mit Paprika-Vinaigrette

Entweder eine Vorspeise – dann bekommt jeder Gast eine Scheibe, hübsch mit Kräutern und auf einem Salatbett angerichtet, oder ein ganzes Essen – dann gibt's dazu Bratkartoffeln und einen Salat! Die Sülze hält sich im Kühlschrank eine Woche. Man kann sich davon immer mal wieder eine Scheibe abschneiden.

1. Das Fleisch mit dem Kalbsfuß, einer halbierten, auf der Herdplatte fast schwarz gerösteten Zwiebel, den unzerteilten Möhren, dem Weißen der Lauchstange, dem Sellerie, den Kräutern und Gewürzen in einen ausreichend großen Topf geben. Mit Wasser knapp bedecken. Langsam zum Kochen bringen, dann unter dem Siedepunkt ungefähr 3 Stunden ziehen lassen.
2. Möhren und das Stück vom Sellerie bereits nach einer halben Stunde, das Fleisch nach 2 Stunden herausholen. Sehnen und Fett vom Fleisch trennen, zurück in den Topf geben und

mit dem Kalbsfuß noch eine weitere Stunde in der Brühe ziehen lassen.

3. Das Fleisch mit etwas Brühe bedeckt abkühlen lassen. Möhren und Sellerie winzig klein würfeln und zugedeckt kalt stellen. Auch das Fleisch vom ausgekochten Kalbsfuß von den Knochen lösen und feingewürfelt zu den Sülzenzutaten geben. Die fertige Brühe durch ein feines Sieb filtern und gleichfalls in den Kühlschrank stellen.
4. Anderntags die Fettschicht abheben. Das inzwischen fest gewordene Gelee wieder erwärmen, damit man es würzen kann: kräftig salzen, aus der Mühle pfeffern und mit Essig abschmecken.
5. Die restliche Zwiebel winzig fein hacken, in einem Sieb kurz in kochendes Wasser tauchen. Mit dem gewürfelten Fleisch sowie Gemüse, den winzigen Kapern und den ebenso kleingehackten Cornichons und feingehackten Petersilienblättchen vermischen und in eine Kastenform füllen. Mit Brühe bedecken.
6. Die Form über Nacht in den Kühlschrank stellen, bis die Sülze durch und durch schön fest geworden ist.
7. Zum Stürzen die Sülze rundum am Rand mit einem spitzen Messer lösen. Auf eine Platte oder ein Brett stürzen. Mit einem scharfen Messer, am besten mit einem Elektromesser, in Scheiben schneiden und mit der Paprika-Vinaigrette servieren, die Sie folgendermaßen zubereiten:
8. Das Paprikapulver in einem Eßlöffel Öl in einem kleinen Töpfchen anschwitzen, die Hälfte der Paprikaschote kleingehackt zufügen und mitdünsten.
9. Damit nichts ansetzt, mit einem Eßlöffel Brühe verdünnen. Die weichgedünstete Paprikaschote mit den übrigen Zutaten im Mixer sehr fein pürieren. Die frische Schotenhälfte in winzigen Würfelchen – etwa wie Stecknadelköpfe- unterrühren. Nach Belieben mit etwas feingehackter Petersilie grüne Farbtupfer setzen.

Für 6 – 8 Personen bzw. für eine Kastenform von 1,5 l Inhalt:

1 kg Rindfleisch zum Kochen, zum Beispiel Brustkern (weil sie eine gute Portion schieres Fleisch gibt, das man für die Sülze braucht, und trotzdem die Brühe kräftig macht), Schulternaht oder Wadenfleisch, Ochsenschwanz und ½ Kalbsfuß, 2 Zwiebeln, 2 Möhren, 2 dünne Lauchstangen, 1 Stück Sellerie (Knolle), 1 Kräuterstrauß (Thymian, Petersilienstengel, 1 Lorbeerblatt), 1 EL Pfefferkörner, 1 TL Salz, 2–4 EL winzig kleine Kapern, 3–5 Cornichons, 4 EL bester Essig (z. B.: Sherry-Essig)

FÜR DIE VINAIGRETTE: 1 TL Delikatess-Paprika, 5 EL Olivenöl, 1 rote Paprikaschote, 1 EL Brühe, ca. 4 EL Sherry-Essig, Salz, Pfeffer

Wenn die Sülze sich im Geschmack als zu fad herausstellen sollte, läßt sie sich ganz leicht nachwürzen: Alles in einen Topf schütten und auf mildem Feuer verflüssigen. Mutig abschmecken und erneut fest werden lassen.

Sülze von gepökelter Hühnerbrust

Sieht bildschön aus und schmeckt herrlich – es lohnt also durchaus die Mühe. Man muß nämlich mindestens vier Tage, bevor man die Sülze essen will, das Fleisch zum Pökeln ansetzen. Das Pökelsalz muß man sich beim Metzger erbitten, damit bekommt das Fleisch in der Sülze seine hübsche Farbe.

Für 10 Portionen:

PÖKELMARINADE:
1,5 l Wasser, 2 EL Pökelsalz, je 1 TL Pfefferkörner und Senfsaat, ½ TL Wacholderbeeren, 2 Lorbeerblätter, 2 Thymianzweige, 1 Zwiebel, 2 Knoblauchzehen, ¼ Sellerieknolle, 1 Möhre, 1 Lauchstange

AUSSERDEM:
1 kg Hühnerbrust, 100 g Rucola oder glatte Petersilie, 5 kleine Cornichons, 1 rote Paprikaschote, 4 EL winzig kleine Kapern, 1 Päckchen Gelatinepulver (weiß)

1. Das Wasser aufkochen, das Pökelsalz sowie alle Gewürze und Kräuter zufügen.
2. Das Wurzelwerk putzen, kleinschneiden und ebenfalls in den Sud geben. Alles 15 Minuten köcheln und schließlich abkühlen lassen.
3. Die Hühnerbrüste entsehnen, längs in zwei oder drei Teile schneiden – je nach Größe des Stücks. In den kalten Pökelsud legen, der das Fleisch vollständig bedecken muss, und drei Tage im Kühlschrank marinieren lassen.
4. Rucola oder Petersilie fein hacken, die Cornichons würfeln. Die Paprikaschote mit einem Sparschäler ganz dünn schälen, entkernen, das Fleisch ebenso winzig würfeln wie die Cornichons.
5. Eine Kastenform (knapp 1 Liter Inhalt) mit einer Schicht Hühnerfleisch auslegen, gehackte Rucola, einige Cornichons, Paprikawürfel und Kapern darauf verteilen, und schließlich alles gleichmäßig mit etwa einem Drittel des Gelatinepulvers bestreuen.
6. Mit den restlichen Zutaten ebenso verfahren, bis alles verbraucht ist, oberste Schicht ist Hühnerfleisch, das nur noch ganz sparsam mit Rucola und den übrigen Zutaten garniert wird, aber unbedingt noch mit Gelatinepulver bestreut werden muß.
7. Die Form mit Klarsichtfolie abdecken, ein exakt passendes Brett auflegen und mit einem Gewicht beschweren – zum Beispiel mit einer Kilo-Konservendose.
8. Die Terrine in einen Bräter setzen, so viel heißes Wasser angießen, daß sie bis knapp unter den Rand davon umspült ist, bei 175 Grad 75 Minuten garen. Im Ofen auskühlen lassen.
9. Die Sülze im Kühlschrank über Nacht endgültig fest werden lassen, erst dann das Gewicht entfernen und erst dann, möglichst mit einem elektrischen Messer, aufschneiden.

10. Die Scheiben auf einem Bett von Rucola, bunt gemischt mit anderen Salatblättern, anrichten. Dazu gibt's krumiges Bauernbrot und eine Vinaigrette aus Apfelessig und Walnußöl, mit gehackter Zwiebel, Würfeln von roter und gelber Paprika sowie gehackter glatter Petersilie.

Kaninchensülze

Für 6 – 8 Personen:

ca. 800 g Kaninchenteile (mit Knochen!), 1 Tomate, 10 Pfefferkörner, 2 Lorbeerblätter, 2–3 Kalbsknochen (am besten wäre ein Kalbsfuß!), 1/2 l Weißwein, Wasser, 2 Möhren, 1 Zwiebel, 2 Knoblauchzehen Kohlrabi, Zucchini, Blumenkohlröschen, je 1 EL Basilikum, Schnittlauch, Petersilie, Bohnenkraut (alles fein gehackt), 2 Eiweiß, 2 EL Sherry

1. Das Kaninchen zerlegen – wenn dies der Händler nicht getan hat. Bauchlappen, Hals, Unterschenkel in kleine Stücke hacken. Keulen und Rückenstücke unzerkleinert lassen.
2. Mit der gehackten Tomate, den Pfefferkörnern und den Lorbeerblättern sowie den Kalbsknochen in einen Topf füllen, mit Wein auffüllen und mit Wasser bedecken. Langsam ohne Deckel zum Kochen bringen.
3. Unterdessen die Möhren schälen, eine halbe Tasse akkurater kleiner Würfel schneiden, den Rest zum Kaninchen geben, ebenso die grob gewürfelte Zwiebel und den geschälten Knoblauch. Auf mildem Feuer mehr sanft ziehen als köcheln lassen.
4. Nach einer halben Stunde den Rücken auslösen, die Knochen weiter auskochen.
5. Nach einer weiteren halben Stunde das Keulenfleisch auslösen. Die Knochen noch weitere 2 Stunden auskochen.
6. Die Brühe durch ein Sieb filtern und vollkommen abkühlen lassen. Unter die kalte Brühe die verquirlten Eiweiß quirlen. Langsam erhitzen, bis das Eiweiß gerinnt, stehen lassen, bis es alle Trübstoffe an sich gebunden hat. Erneut filtern, diesmal durch ein Tuch.
7. Die jetzt hoffentlich klare Brühe mit Salz, Pfeffer und Sherry sehr kräftig abschmecken. Das Fleisch in kleine Würfel schneiden, Die übrigen Gemüse ebenfalls in kleine Würfel schneiden und bißfest blanchieren.
8. Mit den Kräutern und Fleischwürfeln mischen, in kleine Portionsförmchen oder in eine Terrinenform hübsch verteilen. Mit dem Fond auffüllen. Mindestens einen Tag kalt stellen. Zum Anrichten stürzen, mit einer Vinaigrette servieren.

Läßt sich auch wunderbar mit Hähnchenteilen zubereiten. Und wer keine Kalbsknochen bekommt, muß mehr Gelatine nehmen, um der Sülze Halt zu geben.

Petersilienschinken (jambon persillé) mit Senfschaum

Die klassische Sülze aus Burgund, die auf kaum einer Speisenkarte fehlt, ist, in kleine Portionsförmchen abgefüllt, eine hübsche Vorspeise in einem großen Menü. In der großen Form wird sie nach dem Erstarren gestürzt und kommt als herzhafte Mahlzeit auf den Tisch.

Für 12–16 Personen (Terrinenform 30 x 11 x 10 cm):

9–10 Blatt Gelatine, ca. 1,5 kg gepökelte Schinkennuß, 1 dickes Bund glattblättrige Petersilie, Pfeffer, Salz, 100 g Cornichons oder Gewürzgürkchen, 4 EL Kapern, 1 EL eingelegte rosa Pfefferbeeren (Feinkostgeschäft), ca. ½ l kräftige Fleischbrühe, ½ l Weißwein (z. B. Aligoté), 3–4 EL Essig

SENFSCHAUM:
200 g Crème fraîche, 2 gehäufte EL körniger Senf, Zitronensaft, Salz, Pfeffer

Als Vorspeise servieren, zum Beispiel mit einer Kräutervinaigrette, in der winzige Radieschenwürfel als Farbtupfer wirken, oder als ganzes Essen – dazu schmecken hervorragend Bratkartoffeln und eine grüne Sauce.

1. Die Gelatine in kaltem Wasser einweichen.
2. Den Schinken in zentimeterkleine, möglichst akkurate Würfel schneiden. Petersilienblätter und Knoblauch feinhacken.
3. Die Gürkchen in winzige Würfel schneiden. Die Kapern, falls sie groß sind, ebenfalls feinhacken. Alles in einer großen Schüssel vorsichtig mischen.
4. Brühe und Wein aufkochen, mit Salz, Pfeffer und Essig sehr kräftig abschmecken – der Sud sollte sogar ruhig etwas überwürzt schmecken, weil diese Intensität sich nach dem Abkühlen verliert. Auch schluckt die Gelatine Würze.
5. Die gut ausgedrückte Gelatine in der heißen Brühe auflösen und über die vorbereiteten Zutaten gießen. Kurz stehen lassen und noch einmal abschmecken.
6. Von der Brühe eine kleine Schöpfkelle voll abnehmen, den Boden einer kleinen, mit Klarsichtfolie ausgeschlagenen Kastenform damit ausgießen. Kurz in den Kühlschrank stellen und fest werden lassen. (In kleinen Förmchen den Boden ebenfalls millimeterhoch ausgießen und erstarren lassen.)
7. Erst jetzt behutsam die restliche Sülzenmasse in die Form füllen. Mit Folie zudecken und zum endgültigen Erstarren in den Kühlschrank stellen.
8. Zum Servieren die Sülze aus der Form stürzen, diese dazu kurz in heißes Wasser tauchen.
9. Für den Senfschaum die Zutaten mit einem Schneebesen dick schaumig aufschlagen.

Snacks

Geräucherter Lachs, einst rare und dementsprechend teure Delikatesse von wild gefangenen Fischen, ist für uns zum Inbegriff festlichen Schlemmertums geworden – heute, aus Zuchtfisch bereitet, ein erschwingliches kulinarisches Vergnügen. Allerdings sollte man sehr genau nachschauen, was man kauft. Am sichersten ist man mit Lachs aus sorgfältig überprüfter Zucht, die mit einem Biosiegel nachgewiesen wird.
Guter Räucherlachs muß fest im Fleisch sein, nicht zu mager, aber auch nicht zu fett: magerer ist von vornherein trocken, fetter trocknet während des Räucherns aus, weil er das Fett verliert. Das richtige Mittelmaß kann der Laie am fertigen Produkt jedoch leider kaum erkennen. Auch die Farbe gibt keinen Hinweis auf die Qualität. Man ist also gut beraten, bei einem Händler einzukaufen, den man kennt und dem man vertraut.
Kaufen Sie lieber Lachs vom Stück, nicht vorgeschnitten. Und im allgemeinen sind Lachse europäischer Herkunft besser als die aus den USA und aus Kanada, die eventuell eingefroren importiert, dann aufgetaut und geräuchert wurden. Bevorzugen Sie stets frisch geräucherten Lachs vor vakuumverpacktem.

Räucherlachs auf Kartoffeltalern

Für etwa 24 Taler:

KARTOFFELTALER:
250 g mehligkochende Kartoffeln, 70–100 g Mehl, 1 Eigelb, Salz, 30 g Butter

1. Kartoffeln waschen, bürsten, in der Schale in wenig Wasser oder in einem Sieb über dem Wasser aufsetzen und vollkommen gar kochen bzw. dämpfen.
2. Kartoffeln noch heiß schälen, durch eine Presse drücken und mit möglichst wenig Mehl, Eigelb und Salz rasch zu einem nicht klebrigen Teig verkneten.
3. Aus dem Teig eine Rolle formen und Scheiben davon abschneiden. Scheiben zwischen den Handflächen vorsichtig zu Talern von etwa 4 cm Durchmesser formen.
4. Butter in beschichteter Pfanne zerlassen und bei nicht zu großer Hitze die Taler golden braten. Ein wenig abkühlen lassen.

LACHS:
250 g Räucherlachs in dünnen Scheiben, 6 EL saure Sahne, Salz, Pfeffer, einige Tropfen Zitronensaft, 1 Spritzer Tabasco, ein paar Dillblättchen

5. Unterdessen die Lachsscheiben in etwa 4 cm große Quadrate schneiden, dünnere Partien und Ecken oder Spitzen jedoch nicht abschneiden, sondern einfach einschlagen.
6. Sahne mit Salz, Pfeffer, Zitronensaft und Tabasco verrühren. In die Mitte eines jeden Lachs-Fleckchens einen kleinen Klacks davon setzen und die Lachsscheiben zu einer kleinen Tüte zusammenrollen oder wie einen Brief einschlagen.
7. Die Lachstütchen oder -briefchen auf die inzwischen lauwarm gewordenen Taler setzen. Auf Tellern oder einem Servierblatt anrichten und mit Dillblättchen verzieren.

Lachspralinen

Ein prachtvoller, aufwendiger Vorspeisenhappen.

Für 12 Stück:

FÜLLUNG:
150 g Räucherlachs, 1 stark gehäufter EL Crème fraîche, einige Tropfen Limetten- oder Zitronensaft, 1 ordentliche Msp. frisch gestoßener Koriander, ebensoviel frisch geriebener Ingwer, wenn vorhanden: 1 Stück Zitronengras, 1 kleines Büschel Kerbelblätter, Salz, 1 Eiswürfel, 2 EL konzentrierter Fischfond, 2 Blatt Gelatine

ÜBERZUG:
12 entkernte schwarze Oliven, 1 TL Dijon-Senf, 2 TL Balsam-Essig (Aceto balsamico), 1 Knoblauchzehe, 1 gehäufter EL Kapern, 2 Sardellen, 1 EL Olivenöl, Salz, Cayennepfeffer, 1 Blatt weiße Gelatine, 3 EL konzentrierter Fischfond

1. Den sorgfältig entgräteten Lachs und die Crème fraîche, die beide frisch aus dem Kühlschrank kommen sollten, in den Mixer geben. Mit Limettensaft, Gewürzen und dem Eiswürfel durchmixen, bis eine glatte Creme entstanden ist. Falls in der Creme Stückchen sein sollten, alles durch ein feines Sieb passieren. Wieder kalt stellen.
2. Den Fischfond erwärmen, so daß er schmilzt. Die Gelatine in kaltem Wasser einweichen, ausdrücken und im Fischfond auflösen. In die Farce für die Füllung mischen und für kurze Zeit kalt stellen – sie soll dabei vollkommen abkühlen, darf aber noch nicht fest werden!
3. Gurkenscheiben zuschneiden und auf einer Platte auslegen. Wichtig: Die Gurkenscheiben dürfen nicht glatt geschnitten werden, sonst rutscht die Füllung auf dem durch das Salz herausgezogenen Gurkenwasser ab! Die Füllung in kleinen Halbkugeln auf den Gurkenscheiben anrichten oder aus dem Spritzbeutel darauf setzen. Wieder in den Kühlschrank stellen und nun vollkommen fest werden lassen.
4. Die für den Überzug angegebenen Zutaten bis einschließlich Cayennepfeffer im Mixer oder mit dem Pürierstab zu einer glatten Sauce pürieren. Durch feines Sieb passieren. Die Gelatine im erwärmten Fischfond auflösen und abkühlen lassen.
5. Für den Überzug die gemixte Sauce mit dem gelatinierten Fond vermischen und im Kühlschrank fast fest werden lassen. Dann

vorsichtig und langsam, löffelchenweise, über die eiskalte, inzwischen fester gewordene Lachscreme geben. Darauf achten, daß die Lachscreme ganz, die Gurkenscheiben aber nur teilweise überzogen werden. Erneut in den Kühlschrank stellen.

Zu den hübschen, eiskalt angerichteten Lachspralinen legen Sie am besten ein zierliches Vorspeisen- oder Fischbesteck bereit.

AUSSERDEM:
12 Scheiben einer gleichmäßig gewachsenen Salatgurke, jeweils 1 cm dick mit dem Buntmesser kreuzweise geschnitten

Dazu paßt ein kräftiger, nicht zu säurebetonter Weißwein wie Weißburgunder oder Chardonnay.

Lachs-Stör-Röllchen auf Rösti

Geräucherter Stör ist leider recht selten, schmeckt aber ausgezeichnet. Er paßt mit seiner weißen Farbe, seinem Aroma und seiner festen Struktur herrlich zu dem zarten Lachs. Sie können ihn aber auch durch geräucherten Heilbutt ersetzen.

Für 18 Stück:

250 g Räucherlachs in etwa ½ cm dicken Scheiben,
250 g geräucherter Stör (Heilbutt) in ebenfalls ½ cm dicken Scheiben,
1 Bund Dill

RÖSTI:
3 mittelgroße, am Vortag gekochte Kartoffeln,
1 EL Butterschmalz

1. Lachs und Stör möglichst gleichmäßig schneiden lassen, eventuell erst zu Hause mit dem elektrischen Messer in dünne Scheiben schneiden. Dillspitzen abzupfen.
2. Die fast rechteckigen Störscheiben dicht an dicht oder sich eben überlappend auf Pergamentpapier oder Alufolie auslegen, mit Dill bestreuen und mit Lachsscheiben abdecken. Mit Hilfe des Papiers oder der Folie zusammenrollen und in gut 1 cm breite Scheiben schneiden. In den Kühlschrank stellen.
3. Kartoffeln schälen und auf der Rösti-Raffel in grobe Späne reiben. Portionsweise ganz kleine Häufchen ins heiße Butterschmalz geben und plattdrücken. Daraus unter mehrmaligem Wenden kleine Rösti braten, die nur wenig größer als die Fischröllchen sein sollen und die erst ganz zum Schluß vorsichtig (je nach Salzgehalt der Räucherfische) gesalzen werden.

So wird's noch feiner: Man kann auf die Röllchen auch ein wenig saure Sahne und ein Häufchen Kaviar geben.

Hierzu paßt gut ein Wodka oder ein kräftiger, etwas »rauchiger« Weißwein, etwa eine trockene Riesling-Spätlese aus der Pfalz oder ein Pouilly Fumé von der Loire/Frankreich.

Blätterteig-Pastetchen (Grundrezept)

Wem, wie uns, die gekauften Pastetenhäuschen nicht schmecken, der bäckt sie selbst. Ein Trick, wie man mit gekauftem Blätterteig ein akzeptables, wohlschmeckendes Ergebnis erzielt:

Für 4 – 6 Personen:

1 Paket tiefgekühlter Blätterteig, 50 g Butter, Mehl, 1 Eigelb

1. Fünf Teigplatten aus der Packung nehmen, nebeneinanderlegen und antauen lassen. Noch ehe sie weich werden, vier davon dünn mit zimmerwarmer Butter bestreichen oder dick mit weicher Butter einpinseln – das hebt den Geschmack wirklich noch ganz beträchtlich.
2. Die Platten aufeinanderlegen, die unbestrichene obenauf. Dünn mit Mehl bestäuben und auf bemehlter Fläche sehr dünn ausrollen.
3. Mit zwei passenden Ausstechformen Ringe ausstechen – die größere sollte etwa 7, die kleinere 4 cm Durchmesser haben. Das geht auch hervorragend mit entsprechend großen Tassen oder Gläsern.
4. Die Ringe mit Eigelb bestreichen, das mit etwas Wasser verquirlt wurde. Jeweils 4 Ringe übereinandersetzen, so daß 4 Pastetchen entstehen. 4 Mittelteile beiseite legen und sie ebenfalls bestreichen.
5. Die Teigringe und Mittelteile auf ein mit Backpapier belegtes Blech setzen und in den 200 Grad vorgeheizten Ofen schieben.
6. Backen, bis sie schön aufgegangen sind und golden glänzen: Es sind die perfekten Hüllen für Königin-Pastetchen. Sehr wichtig: Pastetchen möglichst weit unten einschieben – so gehen sie besser auf!

Ragouts zum Füllen: Ragout fin

Nicht umsonst galt ein Ragout fin (nomen est omen!) einst als erlesene Delikatesse. Leider ist es inzwischen zum Dosengericht heruntergekommen. Vielleicht probieren Sie mal die richtige Version:

Für 4 – 6 Personen:

400 g ausgelöstes Hähnchenbrustfleisch, 1 TL Speisestärke, 1 Schalotte, 2 EL Butter, ¼ l Hühnerfond, 1 Glas trockener Weißwein, 200 g Crème fraîche, Salz, Pfeffer, Worcestershire Sauce, Zitronensaft, eine Spur Cayennepfeffer, Muskatnuss, 150 g Perlerbsen, 1 Eigelb, Kerbel und Frühlingszwiebel, 4 Blätterteigpastetchen

1. Das Hähnchenfleisch in Würfelchen schneiden. In einer Schüssel mit Stärke überpudern, mit der Hand gut in die Fleischwürfel einmassieren.
2. Für das Ragout die sehr fein geschnittene Schalotte in der heißen Butter weich dünsten. Dann das Fleisch zufügen und rasch überall anbraten. Mit einem Schaumlöffel herausheben und beiseite stellen.
3. Den Hühnerfond und den Weißwein angießen. Um etwa die Hälfte einkochen. Zwei Drittel der Crème fraîche zufügen und köcheln, bis die Sauce angenehm dicklich ist. Salzen, pfeffern, mit Worcestershire Sauce, Zitrone, Cayennepfeffer und Muskat kräftig würzen.
4. Die Hühnerfleischwürfel wieder zufügen, die Erbsen einstreuen. Schließlich das mit der restlichen Sahne verquirlte Eigelb einrühren. Noch einmal erhitzen, ohne zu kochen, abschmecken und die feingeschnittenen Kräuter zufügen.
5. Die im Backofen angewärmten Pastetenhäuschen (bei 200 Grad etwa 5 Minuten) auf vier Teller verteilen. Das Ragout einfüllen, dabei darf ruhig etwas Sauce auf den Teller fließen. Mit Kräutern dekorieren und unverzüglich servieren.

Eigentlich gehören noch Briesröschen, Hahnenkämme und Würfel von gekochter, gepökelter Kalbszunge in das Ragout – wahrlich ein großer Aufwand, wenn man alles eigens zubereitet.

Hühnerragout mit Fenchel

Für 4 Personen:

ca. 150 g schieres ausgelöstes Hühnerfleisch, 1 große oder 2 mittlere Fenchelknollen, 2 EL Butter, 1 Glas trockener Weißwein, ⅛ l Hühnerfond, Salz, Pfeffer, je 1 Stückchen ungespritzte Orangen- und Zitronenschale, ¼ l süße Sahne, 2 Eigelbe, 1 Spritzer Pernod, 4 Blätterteighäuschen

1. Das Hühnerfleisch in zentimeterkleine Würfel schneiden. Die Fenchelknolle(n) putzen, das zarte Grün abschneiden und beiseite legen. Den Fenchel ebenfalls zentimeterklein würfeln.
2. Die Butter zerlassen und den Fenchel darin andünsten. Weißwein und Hühnerfond angießen. Sanft ohne Deckel einkochen – dabei den Garungsgrad des Fenchels überwachen – er soll noch knackig bleiben!
3. Während des Einkochens auch salzen, aus der Mühle pfeffern und die Schalenstückchen der Zitrusfrüchte, eventuell auch ein wenig Orangen- und Zitronensaft, zufügen. Auf jeden Fall zum Schluß den Sud abseihen, die Schalenstücke herausfischen und wegwerfen.
4. Die Sahne mit Eigelb verquirlen und unter ständigem Rühren auf mildem Feuer in den Fenchelsud arbeiten; dieser soll dabei dicklich werden, darf aber nicht mehr kochen, weil er sonst gerinnt.
5. Die Sauce mit Pernod abschmecken, Hühnerfleisch und Fenchelstücke einlegen, gehacktes Fenchelgrün zufügen und alles wieder erwärmen. In die Teighäuschen füllen und sofort servieren.

Hasenpfeffer-Ragout

Für 4 Personen:

400 g ausgelöstes Hasenfleisch (aus der Keule, vom Rücken, auch Reste), 1 EL Öl, 1 EL Butter, 2 Schalotten, 1 guter Schuß Whisky, 2 gehäufte EL Röstgemüse (gemischt aus feingewürfelter Möhre, Lauch und Sellerie), ⅛ l gute Fleischbrühe oder Wildfond, ⅛ l Crème fraîche, Salz, Pfeffer, zerstoßene Wacholderbeeren, 1 EL geriebener Parmesan, ein Schuß Aceto balsamico, Worcestershire Sauce, 2 Eigelbe

Dies ist übrigens auch ohne Blätterteighäuschen ein Genuß, zum Beispiel mit hausgemachten Spätzle ein richtiges Sonntagsessen.

1. Das Fleisch in höchstens 1 cm große Stücke schneiden und in einem Gemisch aus Butter und Öl anrösten. Wenn es schön braun ist, herausheben. Nun die feingehackten Schalotten in den Topf geben und ebenfalls anrösten. Mit Whisky ablöschen, den Bratensatz lösen – flambieren, also anzünden, ist nicht notwendig.
2. Das Röstgemüse zum Fleisch geben und nur eben angehen lassen (leicht andünsten) – entgegen seiner Bezeichnung wird es dieses Mal nicht geröstet.

3. Fleischbrühe und Crème fraîche zugießen, ein wenig einkochen, würzen und dabei recht kräftig abschmecken. Zum Schluß vom Feuer ziehen und zum Binden die Eigelbe einrühren.
4. In zuvor gebackene Pastetenhäuschen füllen und für ein paar Minuten in den heißen Ofen schieben.

Dazu trinken wir natürlich einen kräftigen Rotwein – am liebsten von der Rhône oder aus dem Piemont.

Tip: Haben Sie Wildreste vom Braten übrig, so verfahren Sie ebenso, fügen noch den Saucenrest hinzu. Das gare Fleisch jedoch nicht schon vor den Zwiebeln anbraten, sondern erst nach ihnen zufügen und vorsichtig erhitzen.

Gefüllte Zucchiniblüten mit roher Tomatensauce

Leider findet man bei uns nur selten die kleinen, ganz frischen Zucchini mit Blüten, wie es sie überall in Italien gibt. Wer einen eigenen Garten hat oder einen Gärtner kennt, kommt jedoch leicht an dieses ungewöhnliche Vergnügen, das auch großen optischen Genuß bereitet.
Man kann natürlich auch nur die männlichen Blüten zu Füllen verwenden, die keine Frucht, sondern nur einen langen Stiel haben.

Snack für 4, Vorspeise für 6 Personen:

8–12 junge Zucchini mit Blüten, 250 g mageres Kalbfleisch, 200 g süße Sahne, 1 Ei, gut 2 EL in Butter gedünstete Zwiebelwürfelchen, Salz, Pfeffer, je 1 Prise Muskatnuß und Cayennepfeffer

1. Zucchini sorgfältig, aber vorsichtig waschen – die Blüten brechen leicht ab!
2. Kalbfleisch und Sahne, beides sollte eiskalt sein, im Mixer zu feinem Mus pürieren. Dabei das ebenfalls kalte Ei und die abgekühlten Zwiebeln zufügen und sogleich mit Salz, Pfeffer, Muskat und Cayenne kräftig würzen.
3. Diese Farce in die Zucchiniblüten füllen (das geht am besten mit einem Spritzbeutel, weniger gut mit einem Löffel).
4. Die Zucchini selbst längs in dünne Scheiben aufschneiden, aber am Blütenansatz zusammenhängend lassen. Fächerartig auseinanderdrücken, dann auf einen Dämpfeinsatz legen.

5. Über sprudelnd kochendem Wasser im zugedeckten Topf in 10 Minuten gar werden lassen.

SAUCE:
400 g vollreife Fleisch- bzw. Eiertomaten, 1 Knoblauchzehe, Salz, 1 Prise Zucker, Cayennepfeffer, ein paar Tropfen Olivenöl

6. Unterdessen die Sauce bereiten: Tomaten brühen, abschrecken und abziehen. Entkernen, alles Fruchtfleisch mit einem großen Messer feinhacken. Kräftig abschmecken. Auf vorgewärmten Tellern anrichten und die fertigen Zucchini mit Blüten darauflegen.
7. Dazu knuspriges Weißbrot reichen und einen trockenen, vollmundigen Weißwein aus Italien oder der Provence.

Asiengefüllte Zucchiniblüten

Die Blüten müssen natürlich ganz frisch sein. Sehr behutsam ein wenig öffnen und den wattigen Stempel herauszupfen.

Für 6 Personen:

6 makellose Zucchiniblüten, 1 mittelgroßer Zucchino für die Füllung, je 1 TL feingewürfelter Knoblauch, Ingwer, Chili, ca. 200 g rohe Garnelen, Koriandergrün und Thaibasilikum, 2 Frühlingszwiebeln, Salz, Pfeffer, Zucker, 1 TL Sesamöl

AUSBACKTEIG:
1 Ei, 2 EL Maisstärke, 50 g Mehl, Salz, 1/4 l Bier

1. Die Blüten ausschütteln, damit wirklich keine Käfer mehr drin herumkrabbeln.
2. Für die Füllung den Zucchino winzig würfeln (am besten geht das mit dem Julienneschneider: zuerst längs Streifen hobeln, diese quer in Würfel schneiden). Mit Ingwer, Knoblauch und Chili unter das von Hand feingehackte Garnelenfleisch mischen, reichlich gehacktes Koriandergrün sowie Thaibasilikum und Frühlingszwiebeln untermischen. Mit Salz, Pfeffer, Zucker und Sesamöl würzen.
3. Diese Farce in die Blüten füllen, diese über der Füllung vorsichtig verschließen. Die gefüllten Blüten entweder über Dampf garen oder in einen Ausbackteig tauchen und fritieren:
4. Für den Teig die Zutaten verquirlen und eine halbe Stunde kalt stellen. Dann die Blüten nacheinander in den Teig tauchen, gut abtropfen, so daß er sie nur sehr dünn überzieht. In heißem Fett schwimmend golden ausbacken. Gründlich auf mehreren Lagen Küchenpapier abtropfen lassen. Noch warm servieren.

Schnecken

Wir mögen Schnecken sehr gerne – am liebsten natürlich frisch. Da die Vorbereitung der Tiere aber viel Arbeit macht, greifen auch wir auf Konserven zurück. Was wir aber verschmähen, sind die tiefgekühlten Schnecken im Häuschen, die stets mit einer schlechten Kräuterbutter (wenn es denn wirklich Butter sein sollte!) zugeschmiert sind.

Es gibt verschiedene Arten, alle in Dosen, von verschiedenen Herstellern in einer allgemein guten, nur in Nuancen sich unterscheidenden Qualität. Für die klassische Zubereitung im Haus eignen sich am besten die großen Weinbergschnecken; als Ragout schmecken die kleineren grauen, die *petit gris* aus Frankreich oder Piemont, aber besser.

Verwenden Sie auf jeden Fall den wohlschmeckenden Fond aus der Dose für die Zubereitung.

Die Häuschen, die mit manchen Dosen mitgeliefert werden, kann man mehrmals verwenden: Nach Gebrauch in Wasser einweichen und mit Soda (Drogerie) ausspülen, auf keinen Fall mit einem schaumbildenden Spülmittel!

Im Frühsommer, wenn es viel und warm geregnet hat, und wir doch mal die Zeit dazu haben, dann sammeln wir die Schnecken in unserem Garten und bereiten sie selber zu – wie wir es bei Renzo in der Antica Posta Reale in Cervere (Piemont) gelernt haben.

Schnecken – Grundrezept

Nach den Frühjahrs- und Sommerregen werden die Weinbergschnecken gesammelt und in einem verschließbaren Korb mit Salz bestreut; einige Tage später haben sie sich verkapselt und sind nicht mehr schleimig. Sie werden in Essigwasser gewaschen und in Salzwasser 2 Stunden gekocht. Die Schnecken lassen sich dann mit einer Nadel aus dem Gehäuse ziehen. Das gekringelte Endstück wird abgeschnitten – so sind die Schnecken küchenfertig und können zubereitet werden.

Schnecken in Tomatensauce

Für 4 Personen:

1 Zwiebel, 2 Knoblauchzehen, 2 Stengel Bleichsellerie, 2 EL Olivenöl, 3 Fleischtomaten, glatte Petersilie, 24 küchenfertige Schnecken, Salz, Pfeffer

1. Für die Tomatensauce Zwiebel, Knoblauch und Sellerie sehr fein würfeln und in heißem Öl andünsten.
2. Tomaten häuten, entkernen, würfeln und zufügen. Ebenso die zerzupfte Petersilie und die Schnecken. Salzen und pfeffern und einige Minuten miteinander schmurgeln.

Zu diesem Piemonteser Rezept paßt Weißbrot und ein herzhafter Rotwein – etwa ein dichter Barbera, im Barrique ausgebaut, eventuell auch mit etwas Nebbiolo »verstärkt« – wie der Pin von Giorgio Rivetti (La Spinetta, Castagnole Lanze).

Schnecken mit Barolo

Für 4 Personen:

3 Zwiebeln, 2 EL Butter, ½ l Barolo, 1 Lorbeerblatt, 24 küchenfertige Schnecken, 50 g Castelmagno (oder ein anderer sehr alter Bergkäse)

1. Zwiebeln in Halbringe hobeln und in der Butter andünsten. Wein angießen und mit dem Lorbeerblatt etwas einkochen.
2. Die Schnecken zufügen und 20 Minuten schmoren, zum Schluß mit Käse würzen.

Natürlich trinkt man hierzu denselben köstlichen Wein, mit dem das Ragout zubereitet wurde!

Schnecken mit Aprikosen

Für 4 Personen:

500 g Aprikosen, 2 EL Butter, Salz, Pfeffer, 24 küchenfertige Schnecken

Klingt verrückt, schmeckt wunderbar!

1. Die Aprikosen entsteinen und in Butter schmelzen.
2. Salzen, pfeffern und die Schnecken einige Minuten mitdunsten.

Dazu Weißbrot reichen und einen fruchtigen Rotwein trinken, zum Beispiel einen Dolcetto aus dem Piemont.

Provenzalische Weinbergschnecken

Als kleine Vorspeise für 4 Personen, als Zwischengericht oder kleines Abendessen für 2 Personen:

2 Dutzend Weinbergschnecken (aus der Dose) mit Häuschen, 4 Knoblauchzehen, 1 kleine Zwiebel, 2 EL Olivenöl (vorzugsweise kräftig schmeckendes aus der Provence: »vierge extra«), 1 getrocknete rote Chilischote, ½ TL Fenchelsamen, 1 Schuß (je nach Geschmack 1 – 4 EL!) Pastis (Anislikör), Salz

1. Schnecken aus der Dose nehmen und abtropfen lassen, die Flüssigkeit aber zur weiteren Verwendung auffangen. Die Schnecken tief in ihre Häuschen drücken, so daß bis zum oberen Rand ein ordentlicher Raum entsteht.
2. In Schneckenpfännchen setzen oder auf ein mit Salz bestreutes Blech, damit die Häuschen aufrecht und sicher stehen und später kein Saft herausläuft.
3. Knoblauch und Zwiebel sehr fein hacken. Olivenöl erhitzen und das Gehäcksel darin andünsten, ohne es zu rösten. Die Chilischote hineinbröseln (wer es scharf liebt, gibt die Kerne dazu. Wer es milder mag, entfernt zunächst den Stiel und zwirbelt die Schote mit der Öffnung nach unten zwischen den Fingern, so daß die Kerne herausfallen). Auch den Fenchelsamen zugeben und beides etwas mitbraten, so daß die Geschmacksstoffe frei werden und beißend und aromatisch in die Nase steigen. Dann den Schneckenfond angießen und alles einkochen, bis kaum mehr Flüssigkeit vorhanden ist.
4. Den Pastis angießen und einkochen lassen, bis eine dickliche Sauce entstanden ist. Mit Salz abschmecken und gleichmäßig in den Häuschen verteilen.
5. Schnecken im vorgeheizten Ofen bei 225 Grad (Gas: Stufe 4) gut 5 Minuten backen.

Dazu gibt es krachendes, heißes, frisch aufgebackenes Weißbrot (Baguette). Köstlich schmeckt auch ein geröstetes Graubrot aus Sauerteig. Als Wein paßt ein frischer, fruchtiger Rosé oder ein leichter, junger, kühl zu trinkender Rotwein wie der Beaujolais primeur.

Schnecken in Paprikamayonnaise auf Kohlrabi

Für 4 Personen:

1 große oder 2 kleinere rote Paprikaschoten, Salz, ½ Zitrone (Saft), 1 kleine Knoblauchzehe, 6 EL Olivenöl, 1 nicht zu kleiner, aber zarter Kohlrabi, schwarzer Pfeffer, 2 Dutzend Weinbergschnecken (aus der Dose), einige Petersilienblättchen

1. Die Paprikaschoten in den auf höchste Temperatur vorgeheizten Ofen legen – am besten auf den Rost, darunter ein Blatt Alufolie, um eventuell herauslaufenden Saft aufzufangen. Wenn die Haut Blasen wirft und zu verbrennen beginnt, sind sie gar. Schoten herausnehmen, in einen großen Gefrierbeutel packen und darin abkühlen lassen, bis man sie anfassen kann. Jetzt lässt sich die Haut leicht abziehen. Dabei die Kerne herauslösen und den austretenden Saft auffangen.
2. Saft und Fruchtfleisch der Paprika mit Salz, Zitronensaft, Knoblauchzehe und 4 Eßlöffel Olivenöl in den Mixer oder in die Küchenmaschine geben und zu einem glatten, schaumigen und stabilen Püree aufschlagen. Das geht auch mit dem Pürierstab, man braucht aber länger und muß die Sauce vor dem Servieren noch einmal aufmixen, weil sie nicht so stabil wird.
3. In der Zwischenzeit den Kohlrabi schälen und in etwa 3 mm dicke Scheiben schneiden. Diese in dem restlichen Olivenöl bei guter Hitze anbraten, so daß sie teilweise knusprigbraune Stellen bekommen. Salzen und mit schwarzem Pfeffer grob übermahlen.
4. Gleichzeitig die Schnecken in ihrem Fond vorsichtig erhitzen.
5. Die Teller vorwärmen – dazu die Restwärme des Backofens nutzen.
6. Kohlrabischeiben auf die vorgewärmten Teller verteilen und hübsch anordnen. In die Mitte einen großen Klecks Paprikamayonnaise geben, dahinein das Schneckenragout häufen – es entsteht so eine Art Wall von Paprikamayonnaise.
7. Mit Petersilienblättchen verzieren, gleich servieren: Die Kohlrabischeiben sind heiß, die Mayonnaise ist lauwarm und das Schneckenragout warm.

Dazu paßt natürlich Baguette, aber auch ein Kartoffelsalat, Kartoffel- oder Reis-Croquetten. Und ein kräftiger, aromatischer Rotwein aus Spanien zum Beispiel Valdepeñas, Penedès oder Rioja.

Schneckenragout mit Hörnchennudeln

Ein sättigendes Zwischengericht auf italienische Art für 2 oder eine leichte Vorspeise für 4 Personen:

1 Zwiebel, 1 große Knoblauchzehe, 1/4 Lauchstange, 1 schöne Möhre, 2 Stangen Stauden- oder Bleichsellerie, 1 Bund möglichst glattblättrige Petersilie (im Idealfall mit ein paar Wurzeln), 30 g Butter, je 1 Zweiglein Thymian und Rosmarin, 2 Lorbeerblätter, 2 Dutzend Weinbergschnecken (aus der Dose), 1/4 l gute Fleischbrühe oder 1/8 l Kalbsfond (selbstgemacht oder fertig gekauft), 1/8 l kräftiger Rotwein, Salz, Pfeffer, Cayennepfeffer oder Paprikapulver, 250 g Hörnchennudeln

1. Die Gemüse waschen und putzen. Entweder feinhacken (was zeitaufwendig ist, aber ein schön anzusehendes und angenehm zu beißendes Ergebnis zur Folge hat) oder im Mixer zerkleinern (was sehr schnell geht, aber ungleichmäßige und teilweise weich verkochende Stücke nach sich zieht) oder durch den Fleischwolf drehen (der Mittelweg). Nur einige Petersilienblätter zurückbehalten.
2. Butter in einer Pfanne zerlassen und das zerkleinerte Gemüse darin andünsten, ohne es Farbe annehmen zu lassen. Zweige und Blätter hinzufügen.
3. In die Schneckendose zwei Löcher machen und den Fond an das Gemüse gießen, auch Brühe oder Kalbsfond und den Rotwein in die Pfanne gießen. Alles kochen, bis eine dickliche Sauce entstanden ist. Mit den Gewürzen abschmecken.
4. Die Schnecken hacken, halbieren oder überhaupt nicht zerkleinern – ganz nach Geschmack. In die Sauce geben und nur gerade erwärmen.
5. Hörnchennudeln nach Packungsaufschrift in reichlich Salzwasser kochen. Abgießen, aber nicht abtropfen lassen und, am besten im Kochtopf selbst, mit der Sauce und den zurückbehaltenen Petersilienblättchen vermischen. In eine vorgewärmte Schüssel füllen und unverzüglich servieren.

Zu dem Schneckenragout muß man nichts weiter reichen, man könnte aber einen mit einer einfachen Vinaigrette (Essig, Öl, Salz, Pfeffer) und viel Zwiebel angemachten Feldsalat dazu probieren. Die kalte Salatsauce gibt den Nudeln Pfiff!

Der begleitende Rotwein, der auch zum Kochen verwendet wird, sollte sehr kräftig sein. Barolo oder Barbaresco, Valtellina, Côtes-du-Rhône oder Bordeaux.

Schnecken in Bärlauchrahm

In Mini-Terrinchen serviert ist das eine entzückende Vorspeise!

Für 4 – 6 Personen:

KRÄUTERBUTTER:
150 g Butter, 1 dicker Strauß Bärlauch, Salz, Pfeffer

AUSSERDEM:
24 Schnecken in ihrem Sud
4–6 Eigelb, Salz, Pfeffer, 300 g Sahne

1. Die Kräuterbutter schon am Vortag herstellen: Butter und Bärlauch im Mixer pürieren, dabei salzen und pfeffern. Kalt stellen.
2. Die Schnecken in Portionsterrinen (ersatzweise Tassen) verteilen und mit etwas Schneckensud benetzen. 9 Minuten im 130 Grad vorgeheizten Backofen erwärmen.
3. Die Eigelbe einzeln mit einem Löffel jeweils zwischen die Schnecken setzen, wo es in der heißen Terrine sofort zu garen beginnt.
4. Salzen und pfeffern, mit der heißen Sauce übergießen, für die die Sahne aufgekocht und mit der Kräuterbutter aufgemixt wurde. Eventuell für einen weiteren Moment in den heißen Ofen stellen.

Mit Kräutern dekoriert, aber glühend heiß, direkt aus dem Ofen servieren.

Tip: Den Bärlauch kann man wunderbar konservieren, indem man ihn mit Butter mixt (etwa zu gleichen Teilen) und dann zur Rolle geformt einfriert. Und wenn der Vorrat aufgebraucht ist, kann man diese Schnecken auch mit Kerbel oder mit Petersilie und Knoblauchbutter zubereiten.

Avocadopüree auf Vollkorntalern

Das ist eine angenehm vorzubereitende Begleitung zum Aperitif, wenn die Gäste kommen – als Amuse-gueule oder Amuse-bouche, also als »Amüsement für Schnauze oder Mund«, reicht die Menge für 10 bis 12 Personen.

1. Die Avocados, die sehr reif und ganz weich sein müssen, halbieren. Die Kerne herauslösen und das Fruchtfleisch mit einem scharfkantigen Löffel aus der Schale schaben – das ist einfacher als das so häufig angegebene Schälen der Früchte.

2. Sofort mit dem frisch ausgepreßten Limettensaft beträufeln, damit das Fruchtfleisch schön grün bleibt. Zwiebel feinhacken und alles vermischen, dabei mit einer Gabel das Fruchtfleisch der Avocados zermusen.
3. Piment, Pfeffer, Chilischote (entkernt, wenn es nicht sehr scharf sein soll) und Salz zusammen im Mörser zu einem feinen Puder zerreiben und unter die Avocadomasse mischen.
4. Die Creme nicht zu dünn auf die Vollkorntaler streichen – Butter als Unterlage ist natürlich nicht nötig, denn die Avocados sind fett genug!

Nach Belieben mit frischen Kräutern würzen oder wenigstens verzieren – zum Beispiel mit grünen Korianderblättern. Basilikum, Estragon, Kerbel oder einfach Petersilie passen auch. Hübsch und wohlschmeckend: Auf jeden Taler eine halbe Kirschtomate legen!
Als Getränk dazu eignet sich ein säurebetonter, kräftiger und trockener Riesling aus Deutschland.

Kleine Vorspeise für 4 – 6 Personen:

2 mittelgroße Avocados, 1–2 Limetten je nach Saftigkeit (ersatzweise Zitronen), 1 rote Zwiebel, 1 stark gehäufter TL Pimentkörner, 1 schwach gehäufter TL schwarzer Pfeffer, 1 getrocknete rote Chilischote, Salz, 20–24 Vollkorn- oder Pumpernickeltaler

Piment nennt man auch All- oder Neugewürz, manchmal auch Nelkenpfeffer

Dim Sum

Unter diesem Oberbegriff liebt die chinesische Küche eine unglaubliche Vielfalt der unterschiedlichsten Täschchen, Bällchen und Häppchen. Kleine Leckerbissen, die unbedingt zum chinesischen Tee und zum zweiten Frühstück gehören. Sie sind auch ein beliebter Imbiß zwischendurch oder ein kleines Mittagessen.

Nudelteig für chinesische Täschchen – Grundrezept

Die Teighüllen kann man bereits fertig zugeschnitten und tiefgekühlt in Asienläden kaufen. Es ist aber auch kein Problem, sie aus Nudelteig selber zu machen:

Für etwa 50 Stück:

250 g Mehl, 2 Eier, Salz, ein guter Schuß lauwarmes Wasser, Mehl zum Ausrollen

1. Das Mehl auf die Arbeitsfläche häufen, in die Mitte eine Vertiefung drücken, dort hinein die Eier und das Salz geben. Alles mit den Händen von der Mitte her zu einem festen Teig kneten, wenn nötig, mit einigen Tropfen Wasser anfeuchten.
2. Den Teig in zwei oder drei Portionen teilen, jeweils auf der mit Mehl bestäubten Arbeitsfläche wie einen Strudel hauchdünn ausrollen. In Quadrate von 8 cm schneiden.
3. Die Teigflecken vor dem Stapeln beidseitig gut mit Mehl bestäuben, damit sie nicht zusammenkleben.

Tip: Lassen Sie die Teigflecken nie offen liegen, sondern decken Sie sie mit einem angefeuchteten Küchentuch oder einer Klarsichtfolie fest zu, damit sie nicht austrocknen.

Ganz leicht lassen sich die Teighüllen nach italienischem Vorbild mit einer Nudelmaschine herstellen: Die Teigzutaten lose vermengen, dann so oft zwischen den auf weitesten Abstand gestellten Walzen laufen lassen, bis ein glattes Teigband entstanden ist. Jetzt die Walzen enger stellen, um den Teig hauchdünn auszurollen. Zuschneiden und stapeln, wie im Rezept oben beschrieben. So macht es keine Mühe, eine größere Menge auf Vorrat zu produzieren. In Folie verpackt, halten sie sich im Gefrierfach über Monate.

Kantonesische Wan-Tan – Siew Mai

Für ca. 50 Stück:

6 Tonku-Pilze, 250 g ausgelöste rohe Garnelen, 250 g Schweinefleisch aus der Schulter, 100 g fetter Speck (grüner Speck), 1 EL Speisestärke, 1 EL Sojasauce, 1 TL Sesamöl, Salz, 1 TL Zucker, schwarzer Pfeffer aus der Mühle, 50 Teighüllen von 8 x 8 cm (fertig gekauft oder selbstgemacht nach dem Grundrezept, siehe Seite 104)

1. Die Pilze mit kochendem Wasser übergießen und 30 Minuten einweichen.
2. Inzwischen die Garnelen vom Darm befreien. 10 Stück beiseite legen. Schweinefleisch und Speck würfeln und im elektrischen Zerhacker zerkleinern, die restlichen Garnelen hinzufügen und nochmals nicht zu fein pürieren – es müssen noch kleine Stücke erkennbar sein.
3. Die Stiele der Tonku-Pilze herausschneiden, die Hüte feinhacken und zur Farce geben. Alles mit Stärke, Sojasauce, Sesamöl, Salz, Zucker und Pfeffer gründlich vermengen. Kräftig abschmecken.
4. Jeweils 1 gehäuften Teelöffel der Farce in die Mitte eines Teigquadrates setzen, die Seiten mit den Fingern so hochdrücken, daß ein Säckchen entsteht, das oben offen bleibt. Die beiseite gelegten Garnelen in Stücke schneiden, anschließend jeweils ein Stückchen Garnelenfleisch in diese Öffnung legen.
5. Die Teigtäschchen im Dämpfkörbchen oder auf einem Siebeinsatz über einer Handbreit Wasser zugedeckt 8 bis 10 Minuten dämpfen. Sie können sie mit fertig gekaufter Chilisauce servieren.

Tonku(-Pilze), auf japanisch *Shiitake(-Pilze)*, werden in China nur getrocknet angeboten, weil sie intensiver im Geschmack sind als frische. Wenn Sie keine zur Hand haben, können Sie sie jedoch durch frische Shiitake-Pilze oder Champignons ersetzen.

Hähnchen-Wan-Tan

Für ca. 50 Stück:

4 Tonku-Pilze, 1 Frühlingszwiebel, 1 Stück Ingwer (ca. 1 cm), 200 g Hähnchenbrustfilet (auch Putenfleisch oder Schweinefilet), 1 EL Sojasauce, 1 TL Sesamöl, Salz, ½ TL Zucker, Pfeffer, Teighüllen von 8 x 8 cm (fertig gekauft oder selbstgemacht nach dem Grundrezept)

1. Die Pilze mit kochendem Wasser übergießen, 30 Minuten einweichen.
2. Inzwischen die Frühlingszwiebel putzen, Ingwer schälen, beides mit dem Fleisch fein hacken und mischen.
3. Die Stiele der Tonku-Pilze herausschneiden, die Hüte ebenfalls winzig klein schneiden und zur Füllung geben. Mit Sojasauce, Sesamöl, Salz, Zucker und Pfeffer würzen.
4. Jeweils 1 Teelöffel der Füllung auf die Teigquadrate setzen, den Teig darüber lose zuklappen, die Ränder gut andrücken.
5. Die Wan-Tan zugedeckt in einem Dampfkörbchen oder auf einem Siebeinsatz, der in einem ausreichend großen Topf steht, 8 bis 10 Minuten dämpfen. Mit Hoisin-Dip (Rezept auf Seite 722) oder mit fertig gekaufter Chilisauce servieren.

Tip: Wan-Tan können Sie auch in sanft köchelnder Hühnerbrühe gar ziehen lassen und als Suppe servieren. Oder in heißem Öl schwimmend knusprig aufbacken. Dann sehr gründlich auf Küchenpapier abtropfen und mit einem scharfen Dip auftischen.

Garnelen-Wan-Tan (Han kan)

Für ca. 40 Stück:

TEIG:
200 g Mehl, 50 g Speisestärke, 2 EL Schweineschmalz

1. Mehl und Stärke mischen, mit etwa 125 Milliliter kochendem Wasser begießen und sofort gründlich vermengen. Den Teig etwas abkühlen lassen, das Schmalz zufügen und alles mit den Händen zu einem geschmeidigen, aber festen Teig kneten.
2. In zwei Portionen teilen, beide zu einer 3 cm dicken Rolle formen und mit feuchtem Tuch bedecken. Völlig erkalten lassen.
3. Inzwischen für die Füllung die Garnelen, Bambussprossen und Speck im elektrischen Zerhacker nur so fein zerkleinern, daß noch Stückchen zu erkennen sind. Mit Salz, Zucker, Speisestärke, Pfeffer, Sesamöl vermengen.
4. Von den Teigrollen je eine 1 cm dünne Scheibe schneiden, diese auf der bemehlten Arbeitsfläche zu einem Kreis von etwa 8 cm ausrollen oder mit dem Handballen flach drücken.

5. Je 1 Eßlöffel Farce in die Mitte setzen, den Teig zusammenschlagen und mit den Fingerspitzen so zusammendrücken, daß eine wellige Naht entsteht.
6. Die Täschchen in ein Dämpfkörbchen oder auf einen Teller setzen, mit Sesamöl beträufeln und in einem passenden Topf zugedeckt über einer Handbreit kochendem Wasser 5 bis 8 Minuten dämpfen.

FÜLLUNG:
400 rohe ausgelöste Garnelen, 250 g Bambussprossen, 100 g fetter Speck (grüner Speck) oder Flomen, 1 TL Salz, 1 EL Zucker, 1 TL Speisestärke, schwarzer Pfeffer aus der Mühle, 1 TL Sesamöl, Mehl zum Bestäuben, Sesamöl zum Beträufeln

Gedämpfte Ingwerbällchen

Für 4 Personen:

500 g Rinderhackfleisch, ½ TL Salz, ½ TL Backpulver, 2 gehäufte EL Speisestärke, 1 EL Zucker, 100 g fetter Speck oder Flomen, 2 Frühlingszwiebeln, 1 Stück Ingwer (etwa 2 cm), ½ Bund Koriandergrün, 1–2 EL Sojasauce, 1 TL Sesamöl, schwarzer Pfeffer

1. Das Fleisch noch mal durch die feinste Scheibe des Fleischwolfs drehen oder im elektrischen Zerhacker fein pürieren. Dann mit Salz, Backpulver, Stärke, Zucker und 6 Eßlöffel Wasser gründlich vermengen – es muß ein glatter Teig entstehen.
2. Den Speck sehr fein würfeln. Frühlingszwiebeln waschen und putzen, Ingwer schälen, Korianderblättchen (einige zum Bestreuen beiseite legen!) abzupfen. Alles feinhacken und mit Speck, Sojasauce, Sesamöl und Pfeffer unter den Fleischteig mischen. Am besten alles nochmal im elektrischen Zerhacker durchmixen, damit eine gute Bindung entsteht.
3. Mit angefeuchteten Händen walnußgroße Klößchen formen. Im Dämpfkörbchen, auf einem Siebeinsatz oder Teller im geschlossenen Topf über einer Handbreit kochendem Wasser zugedeckt 10 Minuten dämpfen.
4. Mit gehacktem Koriandergrün bestreut servieren.

Hefebrötchen mit Schweinefleisch

Für 12 Stück:

TEIG:
400 g Mehl,
½ Würfel frische Hefe (20 g),
2 EL Sesamöl, 1 EL Zucker

FÜLLUNG:
1 Frühlingszwiebel,
150 g gegrilltes Schweinefilet, 1 Knoblauchzehe,
1 EL Öl, 2 EL Sojasauce,
2 EL Austernsauce,
2 EL Hoisinsauce,
1 TL Sesamöl, 1 EL Zucker,
Salz, Pfeffer

1. Das Mehl auf die Arbeitsfläche häufen, in die Mitte eine Mulde drücken. Da hinein die Hefe bröckeln und mit 6 Eßlöffel lauwarmem Wasser verrühren. Mit etwas Mehl bestäuben und zugedeckt an einem warmen Ort gehen lassen, bis der Hefeansatz sein Volumen verdoppelt hat.
2. Dann gut ein Achtelliter lauwarmes Wasser, das Öl und den Zucker zufügen. Alles zu einem geschmeidigen Teig verarbeiten. Zur Kugel formen und zugedeckt an einem warmen Ort 1 Stunde gehen lassen, bis er sein Volumen verdoppelt.
3. Den Teig erneut durchkneten und nochmals zugedeckt 1 Stunde gehen lassen.
4. Inzwischen für die Füllung die Frühlingszwiebel putzen und mit dem Fleisch sehr fein hacken.
5. Knoblauchzehe schälen, durch die Presse ins heiße Öl drücken und kurz andünsten. Soja-, Austern- und Hoisinsauce sowie das Sesamöl angießen und alles aufkochen. Die Frühlingszwiebel, Zucker, Salz und Pfeffer zufügen. Zum Schluß das Fleisch untermischen. Auskühlen lassen.
6. Den Teig zu einer Rolle formen, quer in dicke Scheiben schneiden, diese mit der Handfläche zu etwa 8 cm großen Kreisen auseinanderdrücken. Jeweils 1 Eßlöffel Füllung in die Mitte setzen, den Teig darüber gut zusammendrücken und wie einen Knödel zur Kugel formen.
7. Die Brötchen zugedeckt auf einem Dämpfkörbchen oder Siebeinsatz in einem passenden Topf über 2 bis 3 cm kochendem Wasser 15 bis 20 Minuten dämpfen – bis die Hefebrötchen schön aufgegangen und gar sind.

Tip: Damit die Hefebrötchen nicht festkleben, legen Sie den Dämpfeinsatz mit einem feuchten Tuch aus. Die Brötchen schmecken am besten frisch. Sie können sie aber auch gut einfrieren und angetaut im heißen Dampf wieder aufwärmen.

Gegrillte chinesische Rippchen

Für 4 Personen:

800 g Schweinerippchen (von der Brust), 1 Zwiebel, 2 Knoblauchzehen, 1 Stück Ingwer (etwa 2 cm), 3 EL Sojasauce, 3 EL trockener Sherry, 1 EL Hoisinsauce, 1 TL Sesamöl, 1 EL Zucker, Salz, ½ TL Fünf-Gewürz-Pulver, 2 Frühlingszwiebeln

1. Brustrippchen längs in einzelne Knochen teilen und jeden Knochen quer in 3 cm lange Stücke hacken (beim Metzger so bestellen).
2. Zwiebel, Knoblauchzehen und Ingwer schälen und sehr fein hacken. Mit den übrigen Zutaten bis auf die Frühlingszwiebeln zu einer Marinade verquirlen. Die Rippchen in einer Schüssel damit übergießen, mehrmals wenden, mindestens 30 Minuten ziehen lassen.
3. Unter dem heißen Grill etwa 15 Minuten kroß braten, dann wenden und weitere 10 Minuten grillen. Dabei immer wieder mit der Marinade bepinseln.
4. Frühlingszwiebeln putzen und hacken, kurz vor dem Servieren aufstreuen.

Variation: Die Rippchen mariniert und gut abgetropft in heißem Fett 4 Minuten ausbacken, herausnehmen und durchziehen lassen. Vor dem Servieren erneut für wenige Minuten ins heiße Fett geben. Die Marinade aufkochen und anschließend über die fritierten Rippchen gießen.

Pizzen und herzhafte Bäckereien

Herzhaftes vom Backstein oder Kuchenblech

Ob Pizza, Zwiebelkuchen oder Quiche – all diese herzhaften Kuchen lassen sich mühelos selber machen, und es geht auch ziemlich schnell, wenn man den Teig im Kühlschrank hat. Dort hält er sich nämlich in einer geräumigen Schüssel oder Plastiktüte gut verschlossen mehrere Tage; man kann ihn also auf Vorrat parat haben, jederzeit herausholen, belegen, backen und verspeisen. Zum Beispiel als schnellen Imbiß, wenn plötzlich Gäste vor der Tür stehen. Die heiße Pizza oder der Zwiebelkuchen wird in kleine Stücke geschnitten – am besten übrigens mit dem speziellen Pizzaschneider, einem Gerät, das aussieht, wie ein überdimensioniertes Teigrädchen, das sich mühelos nicht nur durch den knusprigen Teig, sondern auch durch den saftigsten Belag arbeitet – und auf dem Blech herumgereicht. Die Gäste nehmen sich die Häppchen mit der Hand – Serviette nicht vergessen! Und während ein Blech Stück für Stück geleert wird, bäckt der Nachschub bereits im Ofen. So bleibt jeder Bissen heiß, knusprig und appetitlich.

Focaccia

Das ist, wenn man so will, die Pizza ohne Belag – die simpelste Form, einen flachen Blechkuchen zu backen. Aber es ist wie immer: Gerade das Einfache hat seinen Reiz und seine klare Charakteristik. Natürlich hängt alles ganz besonders von der Qualität der verwendeten Zutaten und der Präzision der Arbeit und des

Backens ab. Am besten gelingt die Focaccia natürlich in einem steinernen Brotbackofen mit seinem Schamotteboden, aber auch in einem normalen Küchenherd kann sie ausgezeichnet gelingen, vor allem, wenn man einen sogenannten Pizzastein hat. Den bieten manche Hersteller für ihre Öfen an – das sind Schamotteplatten, die man in den Ofen schieben oder stellen kann, wo sie durch eine eigene Heizspirale erhitzt werden. Das bedarf zwar einer geraumen Vorheizzeit, aber dann ist die Pizza auch innerhalb von 2 Minuten gar und hat den speziellen »Pizza«-Geschmack, der eben nur durch die intensive, von Schamottesteinen ausgestrahlte Hitze erreicht werden kann. Ist Ihr Ofen für diese Einrichtung nicht vorgesehen, können Sie sich behelfen: Kaufen Sie beim Ofensetzer einen möglichst genau auf die Größe Ihres Backofens zugeschnittenen Stein, heizen Sie ihn auf dem Ofenboden 1 Stunde lang auf voller Pulle auf, und schon bekommen Sie ein Ergebnis, das Sie entzücken wird!

Der Pizzastein macht das Backblech überflüssig: Der belegte Teigfladen wird mit Hilfe einer Holzschaufel direkt auf den Schamottestein geschubst und nach ein, zwei Minuten mit einem Metallheber herausgeholt. Gibt's beides im Baumarkt!

Für ca. 3 Backbleche:

1 kg Mehl, ½ Würfel Hefe (20 g), knapp ¾ l lauwarmes Wasser, 1 Prise Zucker, 1 gestrichener EL Salz, 2–3 EL Olivenöl

1. Das Mehl in die Rührschüssel der Küchenmaschine füllen.
2. Die Hefe zerbröckeln, in einer Tasse lauwarmem Wasser auflösen. Den Zucker unterrühren. Zum Mehl gießen und mit etwas Mehl vermischen. Zudecken und etwa eine halbe Stunde gehen lassen.
3. Erst jetzt das Salz und das Olivenöl zufügen, die Maschine einschalten und bei laufendem Knetarm langsam, in stetem, aber dünnem Strahl das Wasser angießen. Auf keinen Fall alles auf einmal, denn wieviel genau nötig ist, hängt von den unterschiedlichsten Dingen ab: von der Mehlbeschaffenheit, vom Klima, von der Luftfeuchtigkeit etc.
4. Der Teig ist fertig, wenn er sich glatt vom Schüsselrand löst und weich, nicht mehr klebrig wirkt. Zugedeckt bei Zimmertemperatur mindestens 1 Stunde, besser aber einen ganzen Nachmittag oder über Nacht in der kühlen Speisekammer gehen lassen.
5. Den Teig dann von Hand auf der Arbeitsfläche noch einmal durchwalken, in Portionen teilen, auf bemehlter Fläche halbzentimeterdünn ausrollen und auf Backbleche breiten, die mit Backpapier ausgelegt sind.
6. Mit den Fingerspitzen Dellen in die Oberfläche drücken. Großzügig mit Öl begießen, mit grobem Salz bestreuen und im 250, besser noch 300 Grad heißen Ofen 8 bis 10 Minuten backen.

Übrigens: In Italien begnügt man sich mit erheblich weniger Hefe, als unsere Rezepte im allgemeinen angeben. Auf ein Kilo Teig genügt dort ein halber Würfel. Und wenn man einen Brotbäcker fragt, dann bestätigt der sogar hierzulande gern: je weniger Hefe, desto geschmackvoller der Teig, denn Hefe frißt Aroma, nimmt dem Mehl also seinen typischen Geschmack. Und zum Gehen bringen kann auch eine kleine Menge Hefe den Teig – er ist ja nicht schwer, die Hefepilze müssen sich nicht durch Fett und andere mächtigen Dinge durcharbeiten. Wir haben festgestellt, daß frische Bierhefe nicht nur immer besser schmeckt, sondern auch besser wirkt, also kraftvolleren Schub gibt als Trockenhefe: Der Teig wird lockerer, das Brot (oder welches Backwerk auch immer) krumiger, bekommt schönere Poren.

Focaccia-Varianten

In Camogli bei Genua haben wir die Focacceria par excellence entdeckt, die der Gebrüder Revello. In ihrer Backstube werden von früh bis spät ganze Wagenladungen von Blechen gebacken – für die Einheimischen wie die Touristen. Die ofenheiße, verführerisch duftende Köstlichkeit in der Hand, verlassen alle den Laden mit Heißhunger! Die einen naschen gleich, setzen sich einfach aufs Mäuerchen gegenüber, der Standhafte trägt das Päckchen ungeöffnet nach Hause. Es gibt hier *focaccia con olive* (mit schwarzen Oliven), *con cipolle* (mit Zwiebeln), *primavera* (mit Zucchini- und Paprikawürfeln), *con formaggio* (mit Käse), *camogliese* (nur mit Olivenöl), *con polpa di oliva e cipolle* (mit Olivencreme und Zwiebeln), *con salvia* (mit feingehacktem Salbei), *con polpa di oliva* (mit Olivencreme im Teig), *mediterranea* (mit grünen und schwarzen Oliven und Oregano) und die *saracena* (aus Buchweizenmehl). Und dann backen sie auch noch alle Sorten von Pizzen …

Pizzaiola

Das Wichtigste für eine Pizza ist die sogenannte Pizzaiola, die aromatische, duftende, dick eingekochte Tomatensauce. Sie bildet die Basis für praktisch jeden Pizzabelag: Zuerst wird die Teigfläche mit Tomatensauce bestrichen, dann erst mit den verschiedenen Zutaten belegt und schließlich gebacken.
Pizzaiola kann man übrigens ebenfalls gut auf Vorrat zubereiten. Sie hält sich in einem verschlossenen Vorratsglas im Kühlschrank gut eine Woche, tiefgekühlt sogar monatelang. Es ist ein Grundzutat, die man in der italienischen Küche für viele Zubereitungen braucht, deshalb gibt es dafür auch kein einziges, präzises, allgemeingültiges Rezept, sondern vielmehr so viele Abwandlungen und Zubereitungsarten wie Hausfrauen. Hier unser Rezeptvorschlag (siehe auch Seite 739 ff – Tomatenessenz und Tomatenpüree):

Für 6 Personen:

1 Zwiebel, 2–4 Knoblauchzehen, 2–3 EL Olivenöl, 1 große Dose geschälte Tomaten oder 2 Pakete Tomatenfleisch, 1–2 EL Tomatenkonzentrat, 1 Glas Rotwein, 1 Rosmarinzweig, 3–4 Petersilienstengel, 1 kleine Chilischote (nach Geschmack), 1 TL getrockneter Oregano, Salz, Pfeffer

1. Zwiebel und Knoblauch schälen, fein würfeln und im heißen Öl in einem flachen, weiten Topf andünsten, jedoch keine Farbe annehmen lassen.
2. Die Tomaten mitsamt ihrem Saft hinzufügen, das Tomatenmark unterrühren, mit Rotwein auffüllen.
3. Rosmarin, Petersilienzweige, Chili und Oregano zufügen. Salzen und pfeffern. Diese Sauce nunmehr ohne Deckel auf ganz kleinem Feuer leise eine halbe Stunde mindestens, ruhig auch 1 Stunde und länger köcheln lassen. Falls dabei zuviel Flüssigkeit verdampft, immer wieder einen Schuß Wasser angießen und umrühren.
4. Die Sauce sollte zum Schluß sehr dick, fast wie eine weiche, streichfähige Paste sein und aromatisch duften.

Pizza

Ganz wichtig für eine gute Pizza: Sie muß saftig wirken. Sie sollte zwar dunkel gebacken sein, aber auch der empfindlichste Belag darf nicht verbrennen. Deshalb wird ganz zum Schluß, bevor die Pizza in den Ofen kommt, die Oberfläche gleichmäßig mit Öl beträufelt. Natürlich mit einem aromatischen Olivenöl, das zugleich als Gewürz wirkt.

1. Den Teig wie beschrieben vorbereiten, schließlich mit den Händen noch einmal durchwalken. Dann in Portionen teilen, halbzentimeterdünn ausrollen und auf Backbleche breiten, die mit Backpapier ausgelegt sind.
2. Nach Gusto belegen: Zuerst mit Pizzaiola bestreichen, dann mit Scheiben von gekochtem Schinken oder Salami, schwarzen Oliven und Mozzarella belegen.
3. Nach Belieben würzen, zum Beispiel mit Oregano, Salz, Pfeffer und Olivenöl.
4. Im 250 bis 300 Grad heißen Backofen 7 bis 15 Minuten (je nach Backofentyp, mit Pizza- oder Schamottestein, siehe S. 111, braucht die Pizza nur 1 bis 3 Minuten) backen, bis der Boden knusprig geworden ist und der Belag brodelt.

Tip: Die Tomatensauce muß möglichst dünn, aber gleichmäßig aufgetragen werden. Verteilt man sie zu dünn, schmeckt die Pizza langweilig, ist sie zu dick, ertrinkt der Boden unter der Menge und wird matschig. Außerdem stets rundum einen halbfingerschmalen Rand lassen – dort, wo der Teig unbestrichen bleibt, geht er in der Ofenhitze hoch und bildet einen appetitlichen Rand, der den Belag vor dem Herunterlaufen bewahrt und außerdem schön knusprig wird. Deshalb ist es wichtig, daß dieser Rand immer sehr schmal gehalten wird, denn ein zu breiter Rand ist kein Vergnügen!

Pizzavariationen

Es passen alle Zutaten auf eine Pizza, die in ihrem Charakter in die Region gehören – also nach Italien, genauer nach Neapel, woher die Urpizza eigentlich stammt. Und was die starke Ofenhitze verträgt.
Man kann also von A wie Anchovis bis Z wie Zucchini die Palette der italienischen Zutaten ausnutzen. Zutaten wie Lachs oder Kaviar oder Ananasscheiben haben darauf nichts zu suchen, sind

nicht einmal originell, weil sie in der Hitze des Pizzaofens kaputtgehen. Und wer frische Kräuter drauf haben will, muß sie zum Schluß, das heißt nachdem die Pizza den Ofen verlassen hat, darauf streuen. So einfach ist das!

Pizza Margherita

Am berühmtesten ist der Klassiker unter den Pizzen, die Pizza Margherita! Sie wurde Ende des letzten Jahrhunderts von Raffaele Esposito für Königin Margherita aus der Taufe gehoben, die damals im Schloss Capodimonte in Neapel Ferien machte. Ganz viel grünes Basilikum, weißer Mozzarellakäse und rote Tomaten lassen die Pizza in den Landesfarben leuchten, wobei das Basilikum entweder erst auf dem Teller darüber verteilt wird oder vor dem Backen unter dem Mozzarella versteckt und so vor zuviel Hitze geschützt wird.

Unbedingt Mozzarella aus Büffelmilch *(mozzarella di bufala)* nehmen, er ist sahniger und würziger als der aus Kuhmilch.

Für 6 – 8 Personen:

1 Portion Pizzateig,
1 Portion Pizzaiola,
200 g Mozzarella,
Salz, Pfeffer, Oregano,
Olivenöl, Basilikum

1. Den Teig in Portionen teilen und jeweils dünn ausrollen.
2. Mit Tomatensauce (Pizzaiola) bestreichen.
3. Mozzarella würfeln und auf der Oberfläche verteilen, alles salzen, pfeffern, mit Oregano bestreuen.
4. Zum Schluß mit Olivenöl beträufeln. In den Ofen schieben und je nach Hitze in 1 bis 10 Minuten backen, der Boden muß knusprig sein und schön gebräunt, der Belag brodeln. Die heiße Pizza mit zerzupftem Basilikum bestreuen.

Vier-Jahreszeiten-Pizza – quattro stagioni

Das ist die verrückteste Pizza! Jedes Viertel der Pizza wird verschieden belegt, und zwar farblich aufeinander abgestimmt: ein Viertel mit Champignons, die in Butter mit Zwiebeln angedünstet wurden. Das zweite mit *salsicce*, den typischen kleinen luftgetrockneten Würsten. Das dritte Viertel mit Mozzarella und frisch gekochten oder in Öl eingelegten Artischockenherzen. Das letzte Viertel schließlich mit einer Mischung aus Tintenfischen, Garnelen- oder Scampischwänzen und Muscheln, die aber erst 5 Minuten vor Ende der Garzeit aufgelegt werden, damit sie zart bleiben. Mit Parmesan bestreuen. Backen.
Es ist, wie man gleich bemerkt, eine Variante, die sich nur im Restaurant machen läßt, denn zu Hause hat man wohl kaum eine Handvoll gedünsteter Champignons, sowie zwei, drei eingelegte Artischockenherzen parat. Aber man kann natürlich seine Phantasie spielen lassen und auflegen, was der Kühlschrank gerade bietet: grüne oder schwarze Oliven, Kleckse von Olivenpaste, Schinkenfleckerl, Salamischeiben, Würfel von getrockneten (und natürlich eingeweichten) Tomaten etc.

Pizza Marinara

Das ist die würzigste und zugleich authentischste Pizza! Auch eines der klassischen, supereinfachen Rezepte: Die Pizzen formen, mit Pizzaiola bestreichen, mit Knoblauchscheibchen bedecken, dazwischen reichlich Sardellenfilets verteilen, viel grober schwarzer Pfeffer, kein Salz (Anchovis sind salzig genug), aber reichlich Olivenöl – knusprig backen!

Hier ein paar Varianten, jeweils für 6 – 8 Personen:

Pizza – mit dreierlei Paprika

Die marinierten Paprika, die hier für Farbe sorgen, kann man wunderbar vorher zubereiten. Sie bleiben, mit Öl bedeckt, im Kühlschrank eine Woche frisch. Sie schmecken übrigens auch allein als Vorspeise, als Beilage zu Fleisch oder zum Abendbrot.

je 1 rote, gelbe und grüne Paprikaschote, Salz, Pfeffer, 2–3 Knoblauchzehen, ca. 4–5 EL Olivenöl, 1 Portion Pizzateig, 1 Portion Pizzaiola, 200 g Blauschimmelkäse (z. B. Bleu de Bresse oder Gorgonzola), 3–4 Stengel glatte Petersilie

1. Die Paprikaschoten auf Alufolie in den auf 200 Grad vorgeheizten Backofen legen und etwa 20 Minuten bräunen. Dabei ab und zu drehen, damit die Haut rundum Blasen werfen kann.
2. Die Paprikaschoten häuten, dabei den Saft, der sich im Inneren gesammelt hat, auffangen und unter die Tomatensauce rühren. Die Kerne entfernen. Die Paprikaschoten in schmale Streifen schneiden und in einer flachen Schüssel anordnen. Salzen, pfeffern, mit Knoblauchscheibchen bestreuen und mit Öl bedecken.
3. Den Pizzateig wie beschrieben zubereiten, dünn ausrollen und auf Bleche breiten. Mit Tomatensauce dick bestreichen.
4. Käse würfeln und darauf verteilen. Die Paprikastreifen mit den Knoblauchscheibchen sowie zerzupften Petersilienblättchen bestreuen. Mit Öl beträufeln und sehr heiß backen.

– mit Cocktailtomaten

1 Portion Pizzateig, 4 EL Olivenöl, 500 g Cocktailtomaten, 4–5 Stengel Bleichsellerie, 1 Bund Frühlingszwiebeln, 100 g luftgetrockneter Speck oder Schinken, 150 g Gorgonzola, Salz, Pfeffer

1. Den Teig wie beschrieben zubereiten, ausrollen und auf Bleche breiten. Die Oberfläche dünn mit Öl einpinseln.
2. Tomaten häuten, halbieren und auf der Teigfläche verteilen. Selleriestangen quer in dünne Scheiben, Frühlingszwiebeln in schmale Ringe schneiden und auf die Pizzen streuen.
3. Speck oder Schinken in Streifen zupfen und ebenfalls auf der Oberfläche anordnen. Den Käse grob würfeln und in größeren Abständen dazwischensetzen.
4. Salzen, pfeffern und mit Olivenöl beträufeln. Wie im Grundrezept beschrieben backen.

– mit Thunfisch

1 Portion Pizzateig,
1 Portion Pizzaiola,
1 Aubergine, 4 EL Olivenöl,
Salz, Pfeffer, 3 Knoblauchzehen, 1 Dose Thunfisch
(in Olivenöl – siehe
Seite 155 ff!),
200 g Mozzarella,
1 Bund glatte Petersilie

1. Teig wie beschrieben zubereiten, ausrollen und auf Bleche breiten. Jeweils mit Pizzaiola bestreichen.
2. Die Aubergine längs vierteln, quer in dünne Scheiben schneiden. In 2 Eßlöffeln Öl in einer beschichteten Pfanne langsam kroß und braun braten. Erst wenn sie fast gar und schön dunkel sind, die gewürfelten Knoblauchzehen dazwischenstreuen, salzen und pfeffern.
3. Auf den Pizzaböden verteilen, ebenso den zerpflückten Thunfisch, die gewürfelten Mozzarella und die in Streifen geschnittene Petersilie.
4. Salzen, pfeffern und mit restlichem Öl beträufeln. Backen.

– mit Schinken

1 Portion Pizzateig,
1 Portion Pizzaiola,
150 g gekochter Schinken
(in dünnen Scheiben),
100 g schwarze Oliven,
250 g Mozzarella, Salz,
Pfeffer, Oregano, Olivenöl
zum Beträufeln

1. Den Teig zubereiten, ausrollen und auf Bleche breiten, wie beschrieben. Jeweils dick mit Pizzaiola bestreichen.
2. Den Schinken in Stücke reißen, Oliven entsteinen, Mozzarella würfeln. Gleichmäßig auf den Pizzaböden verteilen.
3. Mit Salz, Pfeffer, zwischen den Fingerspitzen zerriebenem Oregano würzen und mit Olivenöl beträufeln. Backen.

– mit Artischocken

1 Portion Pizzateig,
4–6 Artischocken (je nach
Größe), 4 EL Olivenöl,
4 Knoblauchzehen, Salz,
Pfeffer, 1 Bund Petersilie,
800 g festfleischige,
aber vollreife Tomaten (am
besten Strauchtomaten),
200 g Mozzarella

1. Den Teig wie beschrieben zubereiten, ausrollen und auf Bleche breiten.
2. Die Artischocken bis auf ihr Herz schälen, das Heu entfernen, die Herzen in dünne Scheiben schneiden. In zwei Löffeln Olivenöl einige Minuten braten. Den Knoblauch in Scheiben schneiden und dazustreuen. Salzen und pfeffern. Die gehackte Petersilie zufügen.

3. Tomaten häuten, entkernen, vierteln und auf den Teigböden verteilen, dazwischen die Artischockenscheiben streuen sowie den gewürfelten Mozzarella.
4. Salzen, pfeffern und mit Öl beträufeln. Wie beschrieben backen.

– mit Meeresfrüchten

1. Den Teig wie beschrieben zubereiten, ausrollen und auf Bleche breiten. Dick mit Pizzaiola bestreichen.
2. Oliven entsteinen, Schafskäse würfeln und jeweils auf den Teigböden verteilen.
3. Meeresfrüchtesalat abtropfen lassen und ebenfalls auf den Pizzen anordnen. Alles mit Salz und Pfeffer würzen.
4. Oreganoblätter auf der Oberfläche verteilen und gleichmäßig mit Öl beträufeln. Backen.

1 Portion Pizzateig, 1 Portion Pizzaiola, 100 g grüne Oliven, 150 g Schafskäse, 250–300 g gemischte Meeresfrüchte (frisch oder tiefgekühlt), Salz, Pfeffer, frischer Oregano, 4 EL Olivenöl

– mit Champignons

1. Den Teig wie beschrieben zubereiten, ausrollen und auf Bleche breiten. Dick mit Pizzaiola bestreichen. Die Salami zerzupfen und darauf verteilen.
2. Champignons waschen, in dünne Scheiben hobeln, in Zitronensaft wenden und auf den Teigböden anordnen. Salzen und pfeffern.
3. Die Peperoncini je nach Größe ganz lassen oder längs halbieren. Frühlingszwiebeln in feine Ringe schneiden. Gouda würfeln. Alles auf den Pizzen verteilen, zum Schluß Olivenöl darüber träufeln. Backen.

1 Portion Pizzateig, 1 Portion Pizzaiola, 100 g Salami in dünnen Scheiben, 250 g Champignons, Zitronensaft, Salz, Pfeffer, 1 Handvoll eingelegte Peperoncini, 2 Frühlingszwiebeln, 150 g Gouda in 3 mm dicken Scheiben, 3 EL Olivenöl

Pizza Calzone

Angeblich soll diese Pizza durch das Ungeschick eines *pizzaiolo*, eines Pizzabäckers, entstanden sein, dem die Pizza beim Einschießen in den Ofen aus Versehen zusammengeklappt ist. Pizza »Hose« heißt die Variante, weil die Füllung »angezogen« ist. Sie wird nur auf einer Hälfte der Pizza verteilt, diese dann zusammengeklappt und damit alles auch wirklich drinbleibt, wird der Saum rundum zugeknifft. Während man die Pizza eigentlich aus der Hand ißt, verspeist man den Calzone besser mit Messer und Gabel vom Teller, sonst tropft die Füllung heraus. Füllen läßt sich der Calzone mit allem, was man auch sonst als Belag verwendet. Originell und appetitlich ist eine Füllung aus Endiensalat und Frischkäse:

Für 4 – 6 Personen:

1 Portion Pizzateig, ½ Kopf Endiviensalat, Salz, 1 Zwiebel, 2 EL Olivenöl, 5 Anchovis (nach Belieben), 2 EL Pinienkerne, Pfeffer, Chilipulver oder Cayennepfeffer, 125 g Frischkäse, Olivenöl

1. Den Teig in Portionen teilen und dünn ausrollen, nur zur Hälfte mit der Füllung belegen: dafür den Endiviensalat putzen, in kochendes Salzwasser tauchen und eiskalt abschrecken.
2. Quer in feine Streifen schneiden, ebenso die Zwiebeln in feine Ringe schneiden. Im Olivenöl andünsten, den Knoblauch durch die Presse zufügen, ebenso die Anchovis mitdünsten, dabei mit dem Kochlöffel zerdrücken.
3. Die Salatstreifen und die Pinienkerne fünf Minuten mitdünsten. Mit Salz (sparsam), Pfeffer (mutig!) und Chilipulver oder Cayennepfeffer würzen. Etwas abkühlen lassen und schließlich den Frischkäse untermischen.
4. Auf jeweils einer Hälfte der Teigfladen verteilen, mit Olivenöl beträufeln, die leere Hälfte darüberklappen und rundum gut zusammenkniffen. Im heißen Ofen backen, bis der Teig schön aufgebläht und gebräunt ist und knusprig aussieht.

Tip: Gut passen in die Füllung auch Kapern und/oder Oliven.

Schwäbischer Zwiebelkuchen

Das ist ein eher sparsamer (schwäbisch!) Kuchen, möglichst dünn und knusprig, den man im Herbst zum jungen, noch gärenden Wein oder Apfelmost, dem Federweißen oder Sauser, ißt.

Für 6 – 8 Personen:

1 Portion Pizzateig

BELAG:
500 g Zwiebeln, 150 g durchwachsener Speck in sehr dünnen Scheiben, 50 g Butter, Salz, Pfeffer, 300 g Sauerrahm, 3 Eier, Muskat, Kümmel

1. Den Teig wie beschrieben vor- und zubereiten.
2. Für den Belag die Zwiebeln in dünne Ringe hobeln und ein Drittel des Specks in Würfelchen schneiden.
3. In einer großen Pfanne die Butter erhitzen und den Speck darin sanft anbraten. Die Zwiebeln zufügen, salzen, pfeffern und die Zwiebeln so lange dünsten, bis sie weich sind, ohne dabei zu bräunen.
4. Den Teig dünn ausrollen, drei eingefettete oder mit Backpapier belegte Bleche damit auskleiden.
5. Den Sauerrahm mit den Eiern verquirlen, salzen, pfeffern, mit Muskat würzen und auf den Teigböden verstreichen. Die Zwiebeln darauf verteilen.
6. Restlichen Speck in Streifen schneiden und lose auf der Oberfläche verstreuen. Zum Schluß alles mit Kümmel würzen.
7. Den Zwiebelkuchen im 220 Grad heißen Ofen in etwa 35 Minuten knusprig backen.

Natürlich läßt sich auch der Zwiebelkuchen ohne Blech direkt auf dem Backstein zubereiten. Dann den Teigboden wie eine Pizza rund formen und einen kleinen Rand nachkniffen, damit der Belag nicht herunterläuft.

Elsässer Flammekueche

Im holzbefeuerten Steinbackofen – wie er zum Beispiel in der Auberge St Martin in Kientzheim, einem hübschen Winzerort an der elsässischen Weinstraße, steht – ist ein solcher hauchdünner Flammenkuchen in zwei Minuten gar. Im Haushaltsbackofen, der im allgemeinen nur bis 250, höchstens 300 Grad heiß wird, dauert es eben ein ganzes Stück länger – es sei denn, Sie verfügen über den bereits erwähnten Pizzastein.

In der Küchenmaschine gelingt dieser Teig am einfachsten: Alle Zutaten bis auf das Wasser einfüllen, auf hoher Geschwindigkeit laufen lassen und dabei das Wasser angießen, bis ein geschmeidiger Teig entstanden ist.

Für 6 – 8 Personen:

SPEZIALTEIG FÜR FLAMMEKUECHE:
450 g Mehl, Salz,
4 EL Öl oder Schmalz,
ca. 1/4 l Wasser

BELAG:
400 g Crème fraîche,
400 g Zwiebeln,
200 g durchwachsener Speck in dünnen Scheiben

Dazu trinkt man einen Elsässer Weißwein – Pinot Blanc, Sylvaner oder auch Riesling

1. Das Mehl auf die Arbeitsfläche häufen, in die Mitte eine Vertiefung drücken, dorthin das Salz geben, das Öl und schließlich das Wasser.
2. Gleichzeitig mit einer Gabel rührend das Wasser sofort mit dem Mehl vermischen. Schließlich zu einem weichen Teig kneten, der sich allerdings nicht klebrig anfühlen darf. Den Teig in acht Portionen teilen und jeweils sehr dünn ausrollen, dabei zum Rund formen.
3. Die Teigplatten dick mit Crème fraîche bestreichen, die in dünne Ringe gehobelten Zwiebeln darauf verteilen, den in schmale Streifen geschnittenen Speck dazwischenstreuen.
4. Im möglichst heißen Ofen 5 bis 10 Minuten backen, bis der Boden knusprig geworden ist und der Belag brodelt.

Hackfleisch-Torte

Für 4 – 6 Personen bzw. eine Springform von 26 cm Durchmesser:

1 Paket tiefgekühlter Blätterteig,
Mehl zum Ausrollen, Butter zum Einfetten,
1 Eigelb, verquirlt mit 2–3 EL Sahne, zum Bestreichen des Teigdeckels, 1 Eiweiß zum Festkleben der Teigornamente und des Deckels

FÜLLUNG:
2 Zwiebeln, 2 EL Butter,
250 g frische Champignons,
500 g gemischtes Hackfleisch, Salz, Pfeffer,
1 EL Pastetengewürz,
1/8 l Rotwein,
100 g geriebener Käse,
2 Eier, 2 EL Crème fraîche

Sieht prächtig aus und schmeckt immer wieder gut. Das Prinzip ist ganz einfach: Den Blätterteig entnimmt man der Tiefkühltruhe, als Füllung eignet sich jede beliebige Hackfleischfüllung, ganz nach Gusto und Vorräten. Zum Beispiel so:

1. Die Teigplatten aus der Packung nehmen, nebeneinander auf der bemehlten Arbeitsfläche ausbreiten und etwas antauen lassen. Dann aufeinandergestapelt messerrückendünn ausrollen.
2. Eine mit Butter ausgestrichene Springform mit zwei Dritteln des Teiges ausschlagen.
3. Für die Füllung die gehackten Zwiebeln in der heißen Butter andünsten, die ebenfalls gehackten Pilze (im elektrischen Zerhacker darauf achten, daß sie nicht zu fein zerkleinert werden) zufügen. So lange braten, bis ihr Saft völlig verkocht ist.
4. Erst jetzt das Fleisch zufügen und braten, bis es seine rote Farbe verloren hat. Salzen, pfeffern, mit Thymian und Pastetengewürz abschmecken. Schlückchenweise nun den Wein angießen, er soll jeweils völlig verkochen, darf nicht als Flüssigkeit im Topf sichtbar bleiben. Abkühlen lassen.

5. Käse, Eier und Crème fraîche verquirlen und unter die Füllung mischen. In die ausgeschlagene Form verteilen und glattstreichen.
6. Den restlichen Teig als Deckel über die Füllung breiten, rundum an den Rändern gut festdrücken – wenn man sie zuvor mit Eiweiß einpinselt, wird die Naht garantiert dicht. Ein markstückgroßes Loch in die Mitte stechen, damit Dampf entweichen kann.
7. Aus Teigresten Ornamente ausstechen oder formen und mit Eiweiß auf der Oberfläche festkleben.
8. Alles mit Eigelb einpinseln, das mit etwas Sahne glattgerührt wurde.
9. Bei 200 Grad im vorgeheizten Ofen 1 gute Stunde backen, bis die Oberfläche goldbraun leuchtet.

Die Torte vor dem Anschneiden unbedingt etwa eine Viertelstunde ruhen lassen, bevor man sie anschneidet – sie schmeckt aber auch sehr gut kalt. Mit einem knackigen, aber vollen Riesling!

Piroggen

Sie sind wunderbar vielseitig: Man kann sie als Häppchen zum Aperitif servieren, als kleinen Imbiß, sie passen zum Tee und sind, zusammen mit einem Salat, eine ganze Mahlzeit, die sich bequem auch für viele Gäste leicht vorbereiten läßt. Die Piroggen schmecken warm ebenso gut wie kalt.

Für 6 – 8 Personen:

TEIG:
25 g Hefe,
200 ml lauwarmes Wasser,
450 g Mehl, ½ TL Salz,
1 kleines Ei,
1 EL flüssige Butter

FÜLLUNG:
1 große Zwiebel, 2 Knoblauchzehen, 2 EL Butter,
500 g Schweinehack,
500 g Sauerkraut,
20 g getrocknete Steinpilze,
ca. ¼ l Brühe, Salz, Pfeffer,
2 Eier, 2 Bund Schnittlauch

1. Zunächst den Teig ansetzen: Die Hefe im lauwarmen Wasser auflösen, die Hälfte des Mehls unterquirlen, in der warmen Küche eine halbe Stunde gehen lassen.
2. Das restliche Mehl in die Küchenmaschine füllen, den Knetarm langsam laufen lassen, den Hefeansatz langsam zufügen. Rühren, bis ein weicher Teig entstanden ist. Erst jetzt Salz, Butter und Ei unterrühren. Zugedeckt erneut eine halbe Stunde gehen lassen.
3. Den Teig auf der bemehlten Arbeitsfläche durchwalken und jetzt zugedeckt ruhen lassen, bis die Füllung zubereitet ist:
4. Feingehackte Zwiebel und Knoblauch in der heißen Butter andünsten. Das Fleisch zufügen und braten, bis es krümelig geworden ist.
5. Das zerzupfte Sauerkraut und die zerkrümelten Pilze zu-

Man kann statt vieler kleiner Portions-Piroggen auch auf einem tiefen Backblech einen großen gedeckten Kuchen backen. Er wird dann zum Servieren wie ein Blechkuchen in Quadrate geschnitten und aus der Hand gegessen.

fügen, gründlich mischen. Salzen und pfeffern. Nur so viel Brühe angießen, daß nichts anbrennen kann. Zugedeckt 20 Minuten köcheln und schließlich abkühlen lassen. Ein Ei unter die feste Masse mischen.

6. Den Teig halbzentimeterdick ausrollen, Quadrate von etwa 12 cm schneiden. Jeweils etwas Füllung in die Mitte setzen, den Teig darüber zusammenschlagen und an den Seiten nach unten klappen, damit nirgends Füllung hervorschaut. Die Teigtaschen mit der Nahtstelle nach unten auf ein mit Backpapier ausgelegtes Blech setzen.
7. Die Täschchen mit verquirltem Ei einpinseln, nach Belieben zusätzlich mit Teigornamenten schmücken, die man aus Resten ausstechen oder radeln kann.
8. Bei 200 Grad im vorgeheizten Ofen etwa 20 bis 25 Minuten goldbraun backen.

Paprikastangen

Für etwa 80 Stück:

3 Platten tiefgekühlter Blätterteig, 2 EL Schmalz, 1 EL Delikateßpaprika, 2 EL geriebener Käse

Ein schneller Happen für viele Gäste!

1. Die angetauten Teigplatten aufeinanderstapeln und halbzentimeterdünn ausrollen.
2. Schmalz, Paprika und Käse gut miteinander verkneten. Die Teigfläche damit einstreichen.
3. Teigstreifen von 3 x 8 cm ausradeln. Zweimal um die eigene Achse gedreht auf Backpapier setzen. Im 225 Grad heißen Ofen etwa 10 Minuten backen.

Schinkenkipferl

Für etwa 40 Stück:

1 Paket tiefgekühlter Blätterteig,
Mehl für die Arbeitsfläche,
1 Ei zum Einpinseln

FÜLLUNG:
200 g gekochter Schinken,
50 g Pinienkerne,
1 Handvoll Kräuter, 1 Eigelb,
2 gehäufte El Crème fraîche,
Salz, Pfeffer, Muskat

1. Die Teigplatten nebeneinanderliegend antauen lassen. Dann aufeinandergestapelt auf bemehlter Arbeitsfläche messerrückendünn ausrollen und gleichschenklige Dreiecke von etwa 10 cm Kantenlänge ausschneiden.
2. Für die Füllung Zutaten im elektrischen Zerhacker mixen. Allerdings nur kurz mischen, es dürfen ruhig noch kleine Stückchen spürbar sein. Kräftig abschmecken.
3. Jeweils 1 guten Eßlöffel Füllung auf die Mitte der Breitseite des Dreiecks setzen. So aufrollen, daß das Eck den Abschluß bildet. Mit verquirltem Ei festkleben und bepinseln und zu Hörnchen geformt auf das mit Backpapier belegte Blech setzen.
4. Im 225 Grad heißen Ofen 15 bis 20 Minuten goldbraun backen.

Tip: Noch buttriger schmecken die Kipferl, wenn man die Blätterteigplatten mit Butter bestreicht, aufeinanderstapelt (die oberste Platte unbestrichen lassen) und nochmals dünn ausrollt.

Käsebeutel

Für etwa 40 Stück:

1 Paket Blätterteig,
Mehl für die Arbeitsfläche,
4 EL Sahne zum Einpinseln

FÜLLUNG:
250 g geriebener Käse,
3 Eier, 1 Schuß Bier,
2 Bund Schnittlauch,
½ TL Paprikapulver, Muskat

1. Die Teigplatten antauen und dünn ausrollen. Quadrate von etwa 10 cm Kantenlänge ausschneiden.
2. Für die Füllung den Käse mit 2 ganzen Eiern und 1 Eigelb verrühren. Das übrige Eiweiß zum Bestreichen beiseite stellen. Mit einem Schuß Bier zu einem streichfähigen Brei verdünnen. Vom Schnittlauch Röllchen unterrühren. Mit Paprika und Muskat kräftig würzen.
3. Jeweils einen guten Klecks Füllung in die Mitte der Teigquadrate setzen. Den Teig rundum mit Eiweiß einpinseln, hochnehmen und wie zu einem Beutel zusammenfassen. Sehr gut zusammendrücken.

Pilztorte

Für eine Springform von 26 cm Durchmesser:

TEIG:
300 g Mehl, 100 g Butter, ½ TL Salz, 1 Ei

FÜLLUNG:
1,5 kg Pilze (Waldpilze gemischt oder Zuchtchampignons), 2 EL Butter, 2 EL Olivenöl, 1 Zwiebel, 4 Knoblauchzehen, Salz, Pfeffer, 1 Bund Petersilie, 2 Eier

Am liebsten mögen wir sie natürlich mit Waldpilzen. Übrigens: Die fertige Torte läßt sich wunderbar einfrieren – nur noch im warmen Backofen auftauen und kurz bei stärkerer Hitze dann knusprig backen. Sie schmeckt wie frisch zubereitet und kann der Retter in der Not sein, wenn plötzlich Besuch kommt.

1. Aus den Zutaten rasch einen Mürbeteig kneten, in Folie gepackt eine halbe Stunde kalt stellen.
2. Die Pilze sorgfältig putzen. Butter und Öl in großer Pfanne erhitzen, feingehackte Zwiebel und Knoblauchzehen darin andünsten. Pilze zufügen, salzen und pfeffern. So lange dünsten, bis ausgetretener Saft fast verkocht ist. Abkühlen lassen.
3. Mit den Eiern vermischen, mit Salz, Pfeffer und reichlich Muskat würzig abschmecken. Diese Masse in eine mit dem Mürbteig ausgeschlagene Form füllen. Nach Belieben aus Teigresten Streifen schneiden und gitterförmig auflegen. Mit verquirltem Ei einpinseln.
4. Im 180 Grad heißen Ofen etwa 1 Stunde backen.

Kräutertörtchen

Für 8 – 10 Personen:

SALZIGER MÜRBTEIG:
200 g Mehl, 75 g Butter, ½ TL Salz, 1 Eigelb, ein paar Tropfen Wasser, Butter für die Form

BELAG:
2 Eier, ¼ l Sahne, Salz, Pfeffer, Muskat, Cayennepfeffer, reichlich gehackte Kräuter oder auch nur Schnittlauch

Ein fabelhafter Happen zum Aperitif, schnell und einfach gemacht! Sie schmecken am besten noch lauwarm! Praktisch dafür ist ein Muffinblech – gibt es in verschiedenen Größen, sogar für Törtchen, die dann auf einen Biß verspeist werden können.

1. Mehl, Butter, Salz Eigelb rasch zu einem festen Mürbteig verarbeiten, dabei einige Tropfen Wasser einarbeiten, damit der Teig geschmeidig wird. In Folie gehüllt eine halbe Stunde kalt stellen, damit sich der Kleber ausbilden kann.
2. Ein Blech für Minitörtchen gut ausbuttern. Den Teig dünn auswellen, mit einer Tasse oder einem entsprechenden Förmchen Kreise ausstechen, die groß genug sind, um die

Vertiefungen der Form auszukleiden. In jede Vertiefung einen Teigkreis betten.

3. Für den Belag Eier und Sahne verquirlen, mit Salz, Pfeffer und Muskat kräftig würzen. Schnittlauch in Röllchen schneiden und untermischen. Mit Cayenne angenehm schärfen.
4. In die ausgekleideten Förmchen füllen, mit der Eiersahne bedecken. Bei 200 Grad etwa 20 Minuten golden backen.

Tip: Man kann auch gewürfelten Schinken in die Eiermischung rühren oder blanchierte Blumenkohl- und Brokkoliröschen!

Gefüllte Blätterteigtaler

Selbst aus gekauftem Blätterteig läßt sich noch etwas Gutes machen: Wir bestreichen ihn mit Butter und geben ihm noch einmal einige »Touren« – so schmeckt er buttriger und bekommt noch mehr Blätter:

Für 6 Personen:

2 Blätterteigplatten,
20 g Butter

FÜLLUNG:
Tomatenpüree, Olivenpaste, Mozzarellawürfel, Salz, Pfeffer, Olivenöl, Basilikum

1. Die Blätterteigplatten nebeneinanderliegend auf der Arbeitsplatte auftauen. Die Scheiben mit weicher Butter einstreichen, aufeinandersetzen, über die gebutterte Seite zusammenklappen und wieder auf ursprüngliche Größe ausrollen. Dies zwei, drei Mal wiederholen. Den Teig schließlich noch einmal kalt stellen.
2. Aus der dann halbzentimeterstark ausgerollten Teigplatte mit einem kleinen Ausstecher Taler ausstechen. Nebeneinandersitzend auf einem mit Backpapier belegten Blech im 200 Grad heißen Backofen 10 bis 15 Minuten backen, bis die Taler goldbraun geworden sind. Quer in zwei Hälften teilen.
3. Die untere Hälfte jeweils mit einem Klecks Tomatenpüree bedecken, etwas Olivenpaste daraufgeben, einen Mozzarellawürfel obenauf setzen. Mit Salz, Pfeffer und Olivenöl würzen.
4. Zum Servieren das Oberteil jeweils aufsetzen. Die gefüllten Taler kurz im Ofen nochmals erwärmen und sofort servieren.

Bratwürste im Briocheteig

Ein Briocheteig ist ein mit viel Butter und Eiern angereicherter Hefeteig (siehe auch Seite 829), den man süß verarbeiten, aber auch wunderbar zu salzigen Gerichten nehmen kann. Sollte er in der Küchenwärme zu weich werden, ihn eine Weile kalt stellen, auf keinen Fall mit zusätzlichem Mehl ihm mehr Halt zu geben versuchen, sonst entsteht ein Steinklotz, kein krumiger Briocheteig. Zum Einwickeln eignen sich jegliche herzhaften Würste, etwa Bauernbratwürste, Lyoner, Debrecziner oder knoblauchwürzige Bratwürste, auch Thüringer oder Nürnberger Würste.

Für 6 – 8 Personen:

BRIOCHETEIG:
500 g Mehl, ½ Würfel Hefe, 1 EL Zucker, 4 EL Milch, 5 Eier, 1 knapper TL Salz, 250 g Butter

AUSSERDEM:
6–8 Würste, 1 Eigelb, 2 EL Sahne zum Einpinseln

1. Das Mehl in eine Schüssel häufen, in die Mitte eine Vertiefung drücken. Die Hefe mit Zucker und lauwarmer Milch verrühren, in die Kuhle gießen und mit etwas Mehl vom Rand verrühren. Zugedeckt eine halbe Stunde gehen lassen, bis dieser Vorteig Blasen entwickelt und »brodelt«.
2. Nacheinander die Eier und das Salz zufügen, dabei mit den Knethaken des Handrührers oder in der Küchenmaschine rühren. Die weiche Butter in Stückchen erst zum Schluß zufügen, und zwar jeweils das nächste Stück, wenn das vorherige vom Teig vollkommen verschluckt wurde.
   Der fertige Teig ist weich und glänzend.
3. Den Teig zu einer Kugel formen, in einer Schüssel mit Mehl bestäuben und mit einem Tuch zugedeckt zwei Stunden bei Zimmertemperatur oder über Nacht im Kühlschrank gehen lassen.
4. Knapp eine Viertelstunde bevor man ihn benötigt, aus dem Kühlschrank nehmen, damit er Zimmertemperatur annimmt und sich gut formen läßt.
5. Portionsweise auf der bemehlten Arbeitsfläche halbzentimeterdick ausrollen. Jeweils eine aus ihrer Haut gepellte Wurst hineinwickeln und mit der Nahtstelle nach unten auf ein mit Backpapier belegtes Blech setzen.
6. Unter einem Küchentuch erneut eine halbe Stunde gehen lassen. Erst dann die Teigrollen mit Eigelb einpinseln, das mit etwas Sahne verquirlt wurde.
7. Schließlich bei 200 Grad in etwa 12 bis 15 Minuten goldbraun backen.

8. Die Bratwürste im Briocheteig zum Aus-der-Hand-Essen quer in mundgerechte Häppchen schneiden – sie sind ein hübscher, handfester Bissen zum Aperitif – oder im ganzen auf Tellern mit Messer und Gabel servieren – dann schmeckt dazu natürlich ein grüner Salat.

Gougère (Burgunder Käsekranz)

Vor Brandteig, wie man ihn für diese Spezialität braucht, haben viele großen Respekt. Dabei ist er ganz einfach zu machen, wenn man – das allerdings ist wichtig! – sich ganz genau an die Mengen und Zeitangaben hält. Außerdem darf man bei Backen keine Ungeduld zeigen: Die Ofentür darf erst geöffnet werden, wenn der Käsekranz durchgebacken ist, sonst fällt die luftige Pracht zusammen.

Für 6 – 8 Personen:

325 g Wasser, ½ TL Salz, 125 g Butter, 250 g Mehl, 5 Eier, 250 g Käse (Gruyère) in dünnen Scheiben, Butter für das Blech, Eigelb zum Bestreichen

1. Das Wasser mit Salz und Butter in einem Topf aufkochen. Sobald die Butter völlig geschmolzen ist, den Topf vom Feuer ziehen.
2. Das gesamte Mehl in einem Schwung hineinschütten, dabei sofort mit einem Kochlöffel rühren. Zurück aufs Feuer setzen. Unter ständigem Rühren so lange erhitzen, bis sich am Topfboden ein dünner Film bildet. Den Topf wieder vom Herd nehmen, den Teig nur so wenig abkühlen lassen, daß die Eier nicht gerinnen, wenn man sie unterrührt.
3. Die Eier nunmehr nacheinander mit einem Kochlöffel einarbeiten. Immer erst dann das nächste Ei zufügen, wenn das vorherige aufgenommen ist. Zum Schluß ist der Teig weich und glänzend und steht in steifen Spitzen vom Kochlöffel ab.
4. Inzwischen den Käse winzig würfeln – nicht reiben, sonst klebt nachher die Gougère zusammen und wird nicht so herrlich duftig, wie sie soll. 2 Eßlöffel dieser Würfel beiseite stellen. Den Rest rasch unter den Teig heben.
5. Mit 1 Eßlöffel Häufchen vom Teig abstechen, sie im Kreis nebeneinander auf ein mit Backpapier belegtes Blech setzen, so daß sie einen Kranz bilden. Die Oberfläche mit

verquirltem Eigelb bestreichen, den zurückbehaltenen Käse daraufstreuen.

6. Den Käsekranz bei 200 Grad in etwa 40 bis 45 Minuten golden backen.

Tip: Die Gougère ist warm, zusammen mit einem Salat, ein angenehmer kleiner Imbiß, eine »Brotzeit«, ein schnelles Lunch oder Abendessen. Sie paßt warm, lauwarm oder sogar kalt wunderbar zu einem Glas Wein.
Man kann den Teig natürlich auch häufchenweise mit Abstand voneinander aufs Blech setzen und so kleine Windbeutel beziehungsweise Krapfen backen, die sich prima als Häppchen zum Aperitif eignen.

SALATE

Im Stamm des Wortes Salat steckt *sal*, das lateinische Wort für Salz. Salat ist also Gesalzenes – und genau das scheint man in den letzten Jahrzehnten immer mehr vergessen zu haben. Salate werden oft viel zu langweilig angemacht, in den meisten Gasthäusern und Restaurants schmecken sie fade; es fehlt ihnen dann an allem, was sie brauchen, um Begeisterung zu wecken – gleichgültig, ob es sich um einen Blatt-, Gemüse-, Fleisch- oder Eiersalat handelt: der klare, zupackende Charakter durch ausreichend viel Salz; eine herzhafte und geschmackvolle Säure, die nur ein guter Essig bringt; Kraft und Fülle, die das erstklassige Öl liefert; die heiteren, das Hauptthema umspielenden Elemente der Gewürze, Kräuter oder anderen aromaspendenden Zutaten. Was man dagegen leider häufig bekommt, was aber absolut desolat ist, was einfach entsetzlich schmeckt, das sind die fertigen Dressings und Salatkrönungen!

»Man braucht vier Personen für einen guten Salat«, zitiert Carl Brinitzer (rororo: »Zwei Löffel Goethe – eine Prise Shaw«, Reinbek 1969) ein spanisches Sprichwort: »Einen Verschwender für das Öl, einen Geizkragen für den Essig, einen Weisen für das Salz und einen Tollhäusler, um alles zu verrühren.« Auf diese Weise wurde jahrhundertelang Salat angemacht, in Frankreich und Spanien hält man sich heute noch daran. Wir finden, das ist teilweise korrekturbedürftig: Moderne Salate kommen mit eher wenig Öl (dafür um so besserem, geschmackvollem) aus, am Essig sollte nicht gespart werden – früher nahm man allerdings meist sehr hochprozentigen Weinessig, den man wirklich sparsam dosieren mußte –, und das Verrühren der Zutaten kann man, erleichtert durch ein wenig Senf als Beigabe, der für eine stabile Verbindung sorgt, dem Mixstab überlassen. Umwenden darf man dann alle Zutaten mit Behutsamkeit und Ruhe … Die Weisheit beim Salzen wollen wir dagegen durchaus unterstreichen.

Was viel zu kurz kommt, ist die Verwendung von frischen Kräutern. Wir haben einen großen Garten mit Folientunneln und einem kleinen Gewächshaus und können daher vom frühen Frühjahr bis in den späten Herbst aus dem vollen schöpfen, und auch im Winter gibt es immer noch ein wenig Petersilie, Kerbel und Brunnenkresse. Wir sind also verwöhnt! Aber inzwischen kann man das ganze Jahr über auf Märkten, in guten Supermärkten, Gemüsegeschäften, asiatischen und türkischen Läden eine ausreichend große Auswahl an Kräutern finden, so daß auch anderswo kein Grund mehr zur Klage besteht.

Mit ein paar Kräutern kann man in Salaten eine großartige Resteverwertung betreiben und darin alles unterbringen, was von einem Hauptgericht übriggeblieben ist. Die kluge Hausfrau hat es früher darauf angelegt, stets so viel zu kochen oder braten, daß für einen folgenden Salat schon die geeignete Grundlage geschaffen wurde. Was unerfahrenen Köch(inn)en wie Zauberei erscheint, ist in Wahrheit Umsicht und Erfahrung. An ihren (ja eigentlich ganz einfachen) Salaten kann man die Könner erkennen …

Vegetarische Salate

Blattsalat

Für uns gehört zu jedem vernünftigen Essen ein frischer Salat. Auch wenn wir mit einem Fleischsalat das Essen begonnen haben – zum Hauptgericht oder hinterher brauchen wir noch einen erfrischenden Salat aus Blättern! Der belebt und fördert die Verdauung. Im Sommer, wenn im Garten die Kräuter sprießen, gibt es Variationsmöglichkeiten ohne Ende – je nachdem, zu welchem Gericht wir den Salat servieren, ändern wir die Zusammenstellung der Kräuter. Kombinieren läßt sich ja fast alles – nur auf das Mengenverhältnis kommt es an. Wobei natürlich auch hier die persönlichen Vorlieben eine große Rolle spielen: Was wir beispielsweise noch vor einigen Jahren gar nicht mochten, war die Mischung von Dill und Basilikum – heute würzen wir durchaus gern auch mal mit den beiden so gegensätzlichen Kräutern. Und es ist klar, daß man von den geschmacksintensiven Sorten wie Bohnenkraut oder Liebstöckel weniger nehmen muß als von den sanfteren wie Borretsch oder Schnittlauch.
Im Winter wird man mehr mit den Essigsorten spielen, Zitronensaft mit Balsamico mischen, Kräuteressige (selbst angesetzt im Sommer!) verwenden, ein und denselben Essig mit verschiedenen Ölen kombinieren – wir verwenden meistens Olivenöl, lieben aber in besonderen Fällen auch aromatische Walnuß-, Haselnuß-, Sesam- oder Kürbiskernöle.

Manchmal lassen wir die Sauce schlicht und klar, dann wieder lieben wir es, sie aufzuschlagen zu einer dichten, haltbaren Emulsion, wobei wir entweder Senf (vorzugsweise der klare, betont scharfe französische Senf, auch Dijon-Senf genannt) oder durch die Presse gedrückten Knoblauch als Stabilisatoren nehmen.
Was wir gar nicht mögen, sind sehr ölige Saucen, unter deren Last die Salatblätter zusammenfallen – wir verwenden selten mehr als drei Eßlöffel Öl für eine Portion für vier Personen. Lieber sind wir mit dem Essig etwas großzügig, der durch ein wenig an den Blättern haftendes Wasser ohnehin verdünnt wird. Wendet man den Salat in einer Emulsion, sollte er aber vollkommen abgetropft bzw. trocken geschleudert sein.
Weil wir Blattsalate als eine erfrischende Begleitung sehen, machen wir sie auch nie mit Mayonnaise (schon gar nicht mit der unsäglichen Salatmayonnaise), Joghurt, Sahne oder Milch an. Und Zucker kommt allenfalls einmal in einen Spezialsalat – zum Beispiel einen Kopfsalat, der zum chinesischen Essen gereicht wird, dem eine Prise Zucker in der Marinade aus Fischsauce mit Zitronensaft zu vollkommener Rundung verhilft.
Wir stellen meistens – es sei denn, die Gäste wünschen dies – keinen Salatteller bereit, sondern essen den Salat vom selben Teller wie das Hauptgericht: Nach schwäbischem Brauch gießen wir uns auch gerne etwas von der Salatsauce über das heiße Gericht – was, zum Beispiel, wären Kässpätzle ohne Salatsauce? Nichts!
Kopfsalat bekommt als Basisbegleitung stets Schnittlauch, in Endivie oder Feldsalat gehört für uns unbedingt Zwiebel. Rohkostsalate verlangen, meinen wir, nach einer Senf-Knoblauch-Vinaigrette, einen festblättrigen, wunderbar bitteren Radicchiosalat machen wir auch schon mal nur mit Salz, viel durchgepreßtem Knoblauch und Olivenöl an, also ganz ohne Essig oder Zitronensaft. Aceto Balsamico, den würzigen, edlen Balsam-Essig aus Modena, verwenden wir am liebsten zu Tomaten, zu denen er vollendet paßt, zu Salaten mit Mozzarella oder mit weißen Bohnen.

Tomaten mit Mozzarella

Für 4 Personen:

2 schöne, größere, möglichst stark gerippte und an einer Seite noch etwas grüne Fleischtomaten, 2 Kugeln Büffel-Mozzarella, Pfeffer, 1–2 EL erstklassiger Weinessig, 1–2 EL Balsamico-Essig, 4–5 EL kaltgepreßtes Olivenöl (extra vergine), einige Basilikumblättchen

Die klassische Zusammenstellung, nach seiner Herkunft auch Caprese genannt, steht und fällt mit der Qualität der Zutaten. Nimmt man statt originaler Büffelmozzarella den gummiartigen aus Kuhmilch, statt aromatischer, sonnengereifter Tomaten solche aus nördlichen Treibhäusern, kommt eine belanglose Sache heraus …

1. Tomaten und Mozzarella in etwa 1 cm dicke Scheiben schneiden und abwechselnd auf eine Platte legen. Mit Pfeffer aus der Mühle grob übermahlen.
2. Käse und Tomaten mit beiden Essigsorten beträufeln, alles mit Öl übergießen, den Salat dann mit dem Basilikum schmücken und aromatisieren.

Mozzarella ist jene Käsespezialität aus Kampanien, die weltweit so beliebt geworden ist, daß man genau darauf achten sollte, was auf der Packung steht: Das Siegel des Consorzio der Büffelzüchter allein ist Garantie, daß es sich wirklich um Büffelmilch handelt, aus dem der weiße kugelförmige Käse hergestellt wurde. Mozzarella aus Kuhmilch ist kein Ersatz.

Tomaten mit Knoblauch-Senf-Sauce

Für 2 Personen:

2–3 große Fleischtomaten, 4 große Knoblauchzehen, 1 EL Dijon-Senf, 3 EL Olivenöl (vorzugsweise extra vergine), ein kleines Sträußchen frische Kräuter: Kerbel, Estragon oder Basilikum

1. Tomaten mit kochendem Wasser übergießen und sofort eiskalt abschrecken. Häuten, in Scheiben schneiden und auf einer Platte ausbreiten.
2. Die Knoblauchzehen durch die Presse drücken, mit Senf vermischen und mit dem Öl aufschlagen (am besten mit dem Pürierstab).
3. Diese dickcremige Sauce über die Tomatenscheiben streichen und mit den abgezupften Blättchen der ausgewählten Kräutersorte bestreuen. Sofort servieren, zum Beispiel zu Fleisch, Fisch oder als Vorspeise.

Nehmen Sie stets nur eine Kräuterart, denn Mischungen stören das klare Aroma der Tomaten – weniger ist hier eindeutig mehr!

Einfacher Tomatensalat mit Zwiebel

Für 4 Personen:

**500 g reife, aber feste Tomaten,
1 mittlere Zwiebel,
1 großes Bund Petersilie (kraus oder glatt),
Salz, Pfeffer, Essig, Öl, Fleischbrühe,
eventuell 1 Prise Zucker**

1. Tomaten nach Belieben häuten oder mit ihrer Schale in Scheiben schneiden und dachziegelartig auf einer Platte mit hohem Rand auslegen – jede Tomate nach dem Aufschneiden einfach schräg drücken und auf die Platte heben.
2. Mit sehr fein gewürfelter Zwiebel und gehackter Petersilie bestreuen. Relativ schwach salzen, aber reichlich aus der Mühle pfeffern.
3. Sodann nach persönlichem Empfinden Essig und Öl zufügen: Wer es sauer mag, nimmt 3 Eßlöffel Essig, wer es milder mag, nur 2 Eßlöffel und 4 Eßlöffel Öl.
4. Man kann im Essig auch ein wenig Zucker auflösen, wenn die Tomaten aus dem Treibhaus kommen und nicht unter südlicher Sonne fruchtige Süße entwickeln konnten.
5. Zum Schluß mit so viel frisch gekochter Fleischbrühe übergießen, bis alles zur Hälfte bedeckt ist. Sind die Tomaten fest, sollte die Brühe heiß sein – bei weicheren Früchten nur lauwarm. Mindestens eine, höchstens drei Stunden durchziehen lassen und dabei immer wieder die Tomaten mit der Marinade beschöpfen, damit sich alle Aromen vermischen. Paßt zu allen Fleischgerichten und gebratenem Fisch.

Sollten die Tomaten nicht sehr ausgeprägt schmecken, hilft ein Griff in die Trickkiste: Eine kleine Prise Zucker wirkt bei rohen Früchten Wunder.

Sommerlicher Tomatensalat

Wie immer bei gemischten Salaten: Warum genaue Angaben, wo doch die Phantasie spielen soll? Nehmen Sie also alles, von dem Sie normalerweise erwarten können, daß es zusammenpaßt oder mit Tomaten schmeckt. Begrenzen Sie sich jedoch in der Zahl der Zutaten: Ein gemischter Salat darf niemals ein undefinierbarer Mischmasch werden, sondern soll immer die Absicht erkennen lassen!
Besonders hübsch sehen Salate aus, wenn sie farblich und formal aufeinander abgestimmt werden – eine Binsenweisheit, aber täglich neu zu entdecken. So kann es reizvoll sein, einmal ganz verschiedene Formen und Farben, das nächste Mal aber ein und

dieselbe Form zu wählen – etwa Kirschtomaten und ebenso große Kartöffelchen und gedünstete Zwiebelchen.

Für 4 Personen:

**250 g Kirschtomaten,
250 g Frühlingszwiebeln mit Grün,
250 g kleine, frisch gekochte Kartoffeln,
250 g ausgestochene Gurkenkugeln (aus 1 mittelgroßen Salatgurke),
1 kleines Bund glattblättrige Petersilie,
2 Knoblauchzehen,
2 EL Weißweinessig,
3 EL Olivenöl,
3 EL Crème fraîche, Salz,
reichlich »bunte Pfeffermischung« (siehe unten)**

1. Tomaten mit kochendem Wasser überbrühen, kalt abschrecken, häuten, aber ganz lassen. Zwiebelgrün schräg in Abschnitte schneiden, das Weiße fein würfeln, Kartoffeln schälen.
2. Mit einem Kugelausstecher die Gurkenkugeln ausstechen; was übrigbleibt, anderweitig verwenden (z. B. raspeln für Tsatsiki, siehe Rezept auf Seite 50).
3. Petersilienblätter abzupfen, Knoblauch schälen und halbieren – er dient nur zum Aromatisieren. Alles mit einer aus den übrigen Zutaten angerührten Sauce umwenden, die einen silbrigen Glanz über die bunten Gemüse legt.

Rezeptvarianten:
- Tomaten, Nudeln, grüne Paprikastreifen
- Tomaten, Reis, Erbsen, Mais
- Tomaten, grüne Bohnen und Zwiebeln
- Tomaten, Kartoffeln, grüner Salat und alle möglichen Fleisch- und Fischsorten

Tomaten häuten: So läßt sich die Schale ganz leicht abziehen. Die Schale stört beim Essen und ist unverdaulich – also weg damit! Dazu die Früchte auf keinen Fall, wie man immer wieder hört, einschneiden! Die Haut ist ein natürlicher Schutz vor dem kochend heißen Wasser, mit dem die Tomaten überbrüht werden müssen. Das Fruchtfleisch soll nicht mit Wasser in Berührung kommen! Die Tomaten 30 Sekunden im heißen Wasser ziehen lassen, dann abgießen und in eiskaltem Wasser abkühlen. Das ist wichtig, damit der Garprozeß gestoppt wird und das Fruchtfleisch roh bleibt. Außerdem wird so die Farbe des Fruchtfleisches gekräftigt – es leuchtet dann tomatenrot.

Eine bunte Pfeffermischung für Salate, Saucen und Fleisch: zu gleichen Teilen weißer, schwarzer und grüner (gefriergetrockneter, also lyophilisierter) Pfeffer, ebenfalls getrocknete rosa Pfefferbeeren, Piment und Senfkörner. Alles einfach in eine Mühle füllen, die nicht allzu fein mahlen sollte.

Panzanella – toskanischer Brotsalat

Was in anderen Regionen Italiens die Pasta oder der Reis bedeutet, nämlich Grundnahrungsmittel, ist in der Toskana das Brot. Helles, grobporiges, wunderbar knuspriges, übrigens ungesalzenes Brot. Daß es ungesalzen ist, verblüfft anfangs; man gewöhnt sich allerdings rasch daran, wenn man die stark gewürzten Ragouts oder Pasten dazu genießt. Natürlich wird das Brot vom Vortag nicht weggeworfen, sondern sinnvoll in den Speiseplan eingebaut. Zum Beispiel als Salat.
Jeder unserer Gäste schauderte zunächst, als er das Wort Brotsalat hörte – aber nach dem Essen sind alle immer wieder begeistert: Die Panzanella ist eines unserer sommerlichen Standardgerichte. Manchmal als Vorspeise, manchmal als erfrischendes und den Magen nicht belastendes Hauptgericht.

Für 2 – 4 Personen:

6–8 Scheiben altbackenes italienisches Weißbrot,
2 rote Zwiebeln,
2–3 nur halbreife, noch grüne Stellen zeigende italienische Salattomaten,
3–4 junge Knoblauchzehen,
je 1 Strauß glattblättrige Petersilie und Basilikum,
Salz, Pfeffer,
3–4 EL reiner Rotweinessig,
4 EL aromatisches Olivenöl extra vergine aus der Toskana

1. Die Brotscheiben in einer Schüssel mit Wasser beträufeln und einweichen.
2. Inzwischen die Zwiebeln schälen, halbieren und in hauchfeine Ringe hobeln. Die Tomaten in kleine unregelmäßige Stücke schneiden (häuten ist bei dieser Sorte nicht notwendig!), den Knoblauch feinhacken. Die Kräuterblätter von den Stielen zupfen.
3. Aus Salz, Pfeffer, Rotweinessig und Olivenöl mit dem Schneebesen eine cremige Marinade rühren.
4. Das Weißbrot gut ausdrücken und in einer Salatschüssel zerzupfen. Mit der Marinade gründlich mischen.
5. Die vorbereiteten Zutaten zufügen, alles sorgsam vermengen und einige Minuten durchziehen lassen, bevor serviert wird.

Den Salat unbedingt mit einem guten Rotweinessig anmachen – es ist erstaunlich, wie sehr gerade Rotweinessig sich mit dem Brot entfaltet. Wir haben natürlich auch andere Essige ausprobiert, aber nie ein so klares und harmonisches Ergebnis erzielen können!
Dazu paßt Mineralwasser und ein milder Weißwein, zum Beispiel ein Malvasia oder ein Trebbiano aus der Toskana.

Radieschensalat

Ein richtiger Frühlingssalat mit den ersten zarten Radieschen und dem jetzt herrlich kraftvollen Schnittlauch!

Für 4 Personen:

4–5 Bund Radieschen,
2 Bund Schnittlauch,
Salz und Pfeffer,
2 EL Weißweinessig,
2 EL Olivenöl

1. Die geputzten Radieschen auf dem Gemüsehobel in Stifte, den Schnittlauch in Röllchen schneiden.
2. In einer Schüssel mischen, salzen, pfeffern, mit Essig und Öl anmachen. Sofort servieren.

Möhrensalat mit Aioli

Wichtig für diesen wie auch für alle anderen Wurzelsalate, die als Rohkost serviert werden sollen, ist der richtige Gemüsehobel bzw. die richtige Raffel oder der entsprechende Schnitzeleinsatz für die Küchenmaschine. Wurzelgemüse sollen in schmale Streifen geschnitten (nicht gerissen!) werden, die ihre Konsistenz im Salat behalten.

Für 4 Personen:

600 g Möhren (möglichst große Exemplare nehmen),
1 gute Handvoll Kerbel

AIOLI:
3 Knoblauchzehen,
2 Eigelbe, Salz,
ca. 1/8 l Öl, 100 g Joghurt,
Pfeffer und Cayenne,
Worcestershire Sauce,
Zitronensaft, 1 Prise Zucker

1. Die Möhren mit einem Gurkenschäler dünn schälen, in feine Streifen raffeln. Die Kerbelblätter von den Stielen zupfen.
2. Für die Sauce den zerdrückten Knoblauch mit den Eigelben verrühren (Mixer, Handrührer oder Schneebesen), bis die Eigelbe hell und dick werden, dann nach und nach das Öl zufügen, dabei ständig schlagen. Zum Schluß den Joghurt untermischen, die Sauce salzen, pfeffern. Mit Cayennepfeffer, Worcestershire Sauce, Zitronensaft und Zucker abschmecken.
3. Die Möhren mit dieser Sauce anmachen. Die Kerbelblättchen nur grob gehackt unterrühren. Den Möhrensalat etwas durchziehen lassen.

Tip: Mit Hilfe der Küchenmaschine geht's natürlich noch einfacher. Sie sind im Handumdrehen fertig – man muß dabei nur ein bißchen umdenken: Man beginnt in diesem Fall mit der Sauce. Deren Zutaten werden zunächst mit dem Schlagmesser dick und cremig gerührt. Erst dann tauscht man das Messer gegen den Schnitzelaufsatz aus. Das Gemüse wird nunmehr direkt in die Salatmarinade hineingeschnitzelt oder -geraspelt.

Salat aus roher Roter Bete mit Meerrettich

Schmeckt am besten, wenn er einen Tag hat durchziehen dürfen, dann verliert der Meerrettich, seine aufdringliche Schärfe und hinterläßt nur noch sein angenehm würziges Aroma. Paßt zu Lammbraten, zum kaltem Schweinebraten oder auch zum Kaßler.

Für 4 – 6 Personen:

2–3 große Rote-Bete-Knollen (ca. 600 g insgesamt), 1 Meerrettichwurzel (ca. 300 g), 2 EL Honig, ca. ⅛ l Weißweinessig, Salz, Pfeffer, 1 Nelke, 1 EL Wacholderbeeren, ⅛ l Wasser, 3 EL Öl, 1 Handvoll Minzeblätter oder Schnittlauchröllchen

1. Die Rote Bete schälen, auf der feinen Gemüsereibe raffeln. Den geschälten Meerrettich ebenso fein reiben. (Vorsicht, das treibt einem die Tränen in die Augen; am besten vor dem geöffneten Fenster arbeiten, wo der Geruch eher weggetragen wird.)
2. Für die Marinade den Honig mit Essig, Gewürzen und Wasser in einem kleinen Topf aufkochen. Etwa um ein Drittel einkochen, dann den Sud durch ein Sieb filtern, zusammen mit dem Öl über Rote Bete und Meerrettich gießen.
3. Sofort mischen und zugedeckt über Nacht ziehen lassen. Erst vor dem Servieren die in Streifchen geschnittenen Minzeblätter oder die Schnittlauchröllchen unterheben.

Roher Selleriesalat

Für 4 Personen:

1 dicke Sellerieknolle, Saft einer großen Zitrone, fein geriebene Schale einer halben unbehandelten Zitrone, 1 kleiner Apfel (am schönsten: ein frischer Gravensteiner oder ein Jakob-Klar-Apfel!), 2 EL Mayonnaise, 2 EL saure Sahne, 1 TL Currypulver oder Currypaste, 1 EL Erdnußöl, gut eine Handvoll Blätter von Zitronenmelisse

1. Die Sellerieknolle schälen, sofort auf der Rohkostreibe in feinste Streifen raffeln. Mit Zitronensaft beträufeln, damit sie schön weiß bleiben. Zugleich die Zitronenschale untermischen.
2. Den Apfel, möglichst ungeschält, ebenfalls in feine Streifen hobeln und untermischen. Aus den restlichen Zutaten eine Marinade mixen und darüber geben. Erst kurz vorm Servieren die zerzupften Melissenblätter untermischen.

Tip: Solche Rohkostsalate möglichst immer gemeinsam mit anderen servieren, als Vorspeise oder auch als kleinen Imbiss. Die verschiedenen Gemüse setzen nicht nur farblich hübsche Kontraste, sondern ebenso in Geschmack und Konsistenz. Dazu knuspriges Bauernbrot servieren und frische, gesalzene Butter.

Eiersalate

Ein sonntägliches spätes Frühstück ohne Eiersalat ist bei uns nicht denkbar – unsere Freunde wissen das und freuen sich stets auf unsere Eier*schmotzen*, wie wir sie nennen. Es versteht sich, daß sie jedesmal anders aussehen – ganz nach Vorräten, Jahreszeit und Vorlieben.

Eiersalat mit Schnittlauch

Man könnte ihn übrigens mit demselben Recht Schnittlauchsalat mit Eiern nennen – denn Schnittlauch dient hier nicht nur als kräuterwürziger Farbklecks, sondern ist vielmehr Hauptzutat. Im Frühjahr schmeckt er übrigens am besten. Er ist kräftig und stark, intensiv und würzig. Wer ihn aus dem eigenen Garten holt, braucht nicht im mindesten zu sparen – es ist im Gegenteil besser, den Schnittlauchstock gleich zu einem guten Teil zu kappen, damit er gleichmäßig nachwachsen kann. Für alle, die den Schnittlauch kaufen müssen, als Trost: Jetzt ist er so billig wie sonst nie im Jahr!

Gewürfelt wird mit dem *Eierschneider:* Das Ei zuerst mit der Schneidharfe in Scheiben schneiden, dann um 90 Grad drehen und erneut zusammendrücken – schon zerfallen die Scheiben in exakte kleine Würfel

Für 4 Personen:

7 Eier, 6 Bund Schnittlauch, ½ TL Senf, knapp ⅛ l Öl, Saft einer halben Zitrone, Salz, Pfeffer, 1 Spritzer Worcestershire Sauce, 100 g gekochter Schinken

1. Sechs Eier in 9 bis 10 Minuten hart kochen und den Schnittlauch in kleine Röllchen schneiden. Mit den gewürfelten Eiern in eine Schüssel füllen.
2. Das restliche Ei im Mixer mit dem Senf aufschlagen, das Öl hinzufließen lassen, auf langsamer Stufe mixen, bis eine cremige Mayonnaise entstanden ist. Mit Zitronensaft, Salz, Pfeffer und Worcestershire Sauce würzen.
3. Den Schinken (ohne Fettrand) winzig klein würfeln und in die Salatschüssel geben. Alles mit der Mayonnaise anmachen. Möglichst nicht mehr stehen lassen, weil der Schnittlauch an der Luft oxydiert und einen unangenehm metallischen Geschmack entwickelt.

4. Dazu schmeckt am besten gebuttertes Bauernbrot oder ein herzhaftes Vollkornbrot.

Kunterbunter Eiersalat

Eine hübsche Vorspeise oder auch eine kleine Mahlzeit, wenn Sie nicht so viel Hunger haben und nur was Leichtes essen möchten.

Für 4 Personen:

1 Bund Radieschen, 1 gelbe und 1 rote Paprikaschote, 1 Handvoll Friséesalat, 1 Handvoll Feldsalatrosetten, 1 Bund glattblättrige Petersilie, 3 Frühlingszwiebeln, 1 TL Senf, 2 EL Essig, Salz, Pfeffer, 3 EL Öl, 4 Eier

1. Die Radieschen in Stifte hobeln. Paprikaschoten mit dem Kartoffelschäler schälen, entkernen und in winzig kleine Würfel schneiden. Blattsalate putzen. Petersilienblätter von den Stielen zupfen. Auch die Frühlingszwiebeln in Ringe schneiden.
2. Aus den übrigen Zutaten eine Marinade mixen (oder mit dem Schneebesen cremig rühren).
3. Die Eier hart kochen, abschrecken und vierteln. Den Salat mit der Marinade anmachen und auf Tellern mit den Eiervierteln hübsch anrichten. Dazu frisches Baguette oder getoastetes Kastenweißbrot.

Eiersalat mit Spargel

Das ist bereits die Vorspeise für ein anspruchsvolles Menü. Erfreulicherweise macht dieser Salat wesentlich mehr Eindruck als Mühe. Besonders hübsch sieht es aus, wenn man verschiedene Sorten von Spargel verwendet: grünen, lilaköpfigen und dazwischen den vornehm weißen.

1. Den sehr sorgfältig geschälten Spargel in wenig Salzwasser knapp gar kochen – er sollte noch Biß haben, darf auf keinen Fall schlaff werden.

2. Inzwischen die Eier hart kochen. Danach den Speck in winzige Würfel schneiden und in einer Pfanne ohne weiteres Fett sanft ausbraten. Das Fett wegkippen, die Würfelchen mit Essig ablöschen. Mit Senf, sehr wenig Salz (wegen des Specks, der ohnehin schon gesalzen ist), reichlich frisch gemahlenem Pfeffer und Öl verrühren.
3. Die mit dem Eierschneider gewürfelten, noch warmen Eier zufügen. Über dem abgetropften, möglichst sogar zusätzlich mit einer Serviette abgetrockneten Spargel verteilen.
4. Falls die Sauce nicht flüssig genug wirkt, mit einem Schuß Spargelkochwasser verdünnen. Sofort servieren, solange alles noch warm ist.
5. Dazu knuspriges Baguette reichen oder getoastetes Kastenweißbrot, das dick genug geschnitten ist, um zum Auftunken der Sauce dienen zu können.

Für 4 Personen:

Insgesamt 800 g Spargel, Salz, 4 Eier, 100 g durchwachsener Bauchspeck (vom Metzger in 3 mm dünne Scheiben schneiden lassen), 4 EL Weißweinessig, 1 TL Senf, Salz, Pfeffer, 2 EL Olivenöl, 1 Prise Cayennepfeffer

Kräutersalat mit Eiern und Radieschen

Mal ganz anders: Hauptbestandteil dieses Salates sind Kräuter. Die Blätter von den Stielen gezupft, aber nur ganz grob zerkleinert. Mit knusprigem Bauernbrot ein sommerliches Hauptgericht.

Für 4 Personen:

8 Eier, 1 Bund Radieschen, ein dicker Strauß gemischter Kräuter (z. B. Kresse, Dill, Petersilie, Schnittlauch, Borretsch, Pimpinelle, Kerbel und Basilikum), 4 EL milder Weinessig (5 % Säure, schärferen Essig mit etwas Wasser oder Wein verdünnen), 4 EL gutes Öl nach Geschmack (z. B. Olivenöl, Nußöl, Distelöl), Salz, Pfeffer

1. Eier hartkochen, abschrecken, pellen und vierteln.
2. Radieschen waschen, Schwänze ganz und Stiele bis auf 1 cm abschneiden. Durch die Stiele vierteln.
3. Die Kräuter waschen und grob hacken. Mit Essig, Öl, Salz und Pfeffer anmachen. Auf einer Platte anrichten, mit Eiern und Radieschen umlegt servieren.

Eiersalat im Tomatenversteck

Für 4 Personen:

4 gleich große, reife Fleischtomaten, Salz, 8 Eier, Basilikum

SALATSAUCE:
Salz, Pfeffer, 1 Eigelb, 1 Knoblauchzehe, 3 EL Öl, 2 EL süße Sahne, 1 EL Balsam-Essig, 1 EL Sherry-Essig

Eine erfrischende Vorspeise oder ein kleiner leichter Imbiß.

1. Den Tomaten quer zum Stielansatz ein Käppchen abschneiden, durch diese Öffnung aushöhlen, den Saft dabei auffangen. Die Tomaten innen salzen, mit Höhlung nach unten auf einem Sieb zunächst zum Abtropfen beiseite stellen.
2. Inzwischen die Eier hart kochen. Abschrecken, pellen, mit dem Eierschneider würfen. Zusammen mit dem in feine Streifen geschnittenen Basilikum – es sollte gut eine Handvoll sein – in eine Schüssel füllen.
3. Die Zutaten für die Marinade mit dem aufgegangenen Tomatensaft im Schüttelbecher, besser noch im Mixer oder mit dem Mixstab, cremig aufschlagen. Über die gehackten Eier gießen, alles behutsam mischen, als Füllung in die hohlen Tomaten verteilen. Die Tomatendeckel wieder aufsetzen. Anstelle des Blütenkelchs eine Basilikumblatt ansetzen.

Feinschmeckers Eiersalat

Für 4 Personen:

8 Eier, 50 g Portulak, 1 rote und 1 gelbe Paprikaschote, 3 Frühlingszwiebeln

SALATSAUCE:
Salz, Pfeffer, ½ TL scharfer Senf (Dijon), ½ TL Meerrettich aus dem Glas, ½ TL süßer Senf, 1 TL Chilisauce, 1 EL Estragonessig, 2 EL Olivenöl, je ein Spritzer Soja- und Worcestershire Sauce

1. Die Eier in 8 bis 10 Minuten hartkochen. Portulak putzen, dicke Stiele entfernen.
2. Beide Paprikaschoten auf einem Stück Alufolie so lange im heißen Ofen unter gelegentlichem Wenden rösten, bis sie rundum gebräunt sind und die Haut Blasen wirft. Das dauert etwa 20 Minuten. Die Paprikaschoten etwas abkühlen lassen, den Saft, der sich in ihrem Inneren gesammelt hat, in einem Schüsselchen auffangen. Die Kerne entfernen. Das Paprikafleisch in hübsche gleichmäßige Würfel von nicht mehr als 1 cm Kantenlänge zuschneiden.
3. Die Frühlingszwiebeln schräg in Scheibchen (ca. halbzentimeterbreit). Die abgeschreckten Eier schälen, mit dem Eierschneider würfeln. Mit den Paprikawürfeln, den Frühlingszwiebeln und den abgezupften Portulakblättern in einer Schüssel sammeln.
4. Die Zutaten für die Marinade zum Paprikasalat geben, mit dem Mixstab aufschlagen und über den Eiersalat gießen.

Vorsichtig vermischen. Dann unverzüglich zu Tisch bringen.

5. Mit herzhaftem Bauernbrot servieren, nach Wunsch auch geröstet. Und dazu gibt ein Glas staubtrockenen Sekt – wir trinken dazu unseren Apfelschaumwein Pomme brut.

Gedämpftes Ei auf Thaisalat mit Schweinehack

Unglaublich, wie zart ein ganz nomales Hühnerei wird, wenn man es nicht brät oder kocht, sondern über Dampf gart. Hübsch ist die Zubereitung auch mit Wachteleiern.

Für 6 Personen:

Salat- und Kräuterblätter (vor allem auch Thaikräuter wie Thaibasilikum, Minze und Koriandergrün)

THAIMARINADE:
je 1 walnußgroßes Stück Ingwer und Galgant,
2–3 Knoblauchzehen,
3–4 Chilischoten,
1 gehäufter TL Zucker,
4 EL Zitronensaft,
4 EL Fischsauce,
2 Frühlingszwiebeln

AUSSERDEM:
150 g Schweinehack,
Salz, 6 kleine Eier,
2 EL Sesamöl

1. Die Blätter waschen und von den Stielen zupfen. Ein Bett aus Salatblättern auf einer Platte ausbreiten. Mit einem Teil der Kräuterblätter (zerzupft!) bestreuen.
2. Für die Thaimarinade Ingwer, Galgant, Knoblauch und Chilis fein würfeln oder im Mixer oder Mörser zerkleinern, dabei Zucker und die Flüssigkeiten zufügen.
3. Schließlich die Frühlingszwiebeln in feine Ringe schneiden. Einen Teil auf das Salatbett streuen, etwas vom Grün in die Marinade rühren.
4. Das Schweinehack in einem Sieb in kochendes Salzwasser tauchen, dabei mit einer Gabel mischen, bis es seine rosa, rohe Farbe verloren hat. Abtropfen und in einem Schälchen mit zwei Löffeln Marinade mischen und marinieren. Auf dem Salatblätterbett anrichten.
5. Die Eier aufschlagen und auf einen mit Sesamöl bedeckten Teller gleiten lassen. Mit zwei Eßlöffeln Marinade beträufeln, dabei auch gehackte Kräuter darauf verteilen. Im Wok über Wasserdampf 2 bis 3 Minuten gar dämpfen.
6. Die gedämpften Eier auseinanderschneiden, auf dem Schweinehack verteilen. Alles mit der restlichen Marinade beträufeln und rasch servieren. Dazu: gedämpfter Reis.

Gemüsesalate

Verschiedene gekochte Gemüse als Salat

Ganze Buffets können die Italiener damit zusammenstellen. Gemüse jeglicher Farbe und Herkunft, lediglich kurz gargekocht und dann noch heiß, lauwarm oder auch kalt mit Zitronensaft und Olivenöl angemacht. Das schmeckt jedem, sieht bildschön aus und läßt sich wunderbar vorbereiten. Bleibt etwas übrig, sieht es am nächsten Tag zwar nicht mehr so schön aus, schmeckt aber immer noch gut.
Wir lieben dies als einfache, kalorienarme, frische, sommerliche Vorspeise, aber auch als volle Mahlzeit (ohne Brot!): Vor allem wenn wir gerade mal wieder von einer kulinarischen Entdeckungsreise zurückgekommen sind und ein paar Kilo abspecken müssen …

Für 6 – 8 Personen:

250 g weiße Bohnenkerne, 5 Knoblauchzehen, 5 Salbeiblätter, Salz, 1 großes Bund junge Möhren, 2 Stauden Stangensellerie, 3 Fenchelknollen, 6 junge Lauchstangen, 500 g neue Kartoffeln, 500 g breite grüne Bohnen, Bohnenkraut, 1 Bund glattblättrige Petersilie

AUSSERDEM:
bestes Olivenöl, grobes Meersalz, Zitronen

1. Die Bohnenkerne sollte man schon am Vortag aufsetzen: zusammen mit den geschälten Knoblauchzehen und Salbeiblättern mit Wasser bedecken, salzen und zugedeckt auf mildem Feuer sanft etwa 45 Minuten garziehen lassen. Sie müssen ganz weich sein, dürfen jedoch nicht zerfallen. Im Kochsud aufbewahren.
2. Die Möhren schaben oder schälen, von ihrem grünen Schopf ein Stückchen stehen lassen, weil das so hübsch aussieht. In wenig Salzwasser einige Minuten lang garen.
3. Von den Selleriestauden die äußeren faserigen Stangen abbrechen und zum Würzen anderer Gerichte verwenden. Das zarte Innere vierteln und ebenfalls in Salzwasser gar kochen – das dauert nur etwa 10 Minuten.
4. Fenchelknollen putzen, das zarte Grün beiseite legen. Von den äußeren, eventuell faserigen Fenchelschalen von oben her die Fasern abziehen. Knollen vierteln und in Salzwasser gar kochen.

5. Die Lauchstangen putzen, gründlich auswaschen, schräg in fingerlange Stücke schneiden. Ebenfalls in Salzwasser gar kochen.
6. Die Kartoffeln ungeschält in Salzwasser gar kochen, erst dann pellen.
7. Die grünen Bohnen schräg in schmale Streifen schneiden, in mit Salz und Bohnenkraut gewürztem Wasser knackig garkochen.
8. Alle Gemüse, auch die abgetropften weißen Bohnen auf einer großen Platte dekorativ anrichten. Mit gehacktem Fenchelgrün und Petersilie bestreuen, mit Zitronenachteln dekorieren, grobes Salz und ein Olivenölkännchen dazustellen.

Dazu paßt, neben Wasser, ein mildwürziger Weißwein, zum Beispiel ein Albana oder Trebbiano di Romagna – ein, zwei Gläschen Weißwein sind nicht nur kalorienmäßig neutral, weil sie die Verbrennung anregen, sondern auch gut für Herz und Kreislauf …

Blumenkohlsalat

Am besten schmeckt er warm, also aus frisch gekochtem Blumenkohl zubereitet und unverzüglich serviert.

Für 4 Personen:

1 schöner Blumenkohlkopf, Salz, 100 g reifer Gorgonzola, 100 g süße Sahne (ein halber Becher), der Saft einer großen Zitrone, Pfeffer aus der Mühle, ½ TL Chilipulver oder eine Prise Cayenne und etwas gemahlener Kreuzkümmel, 1 TL Worcestershire Sauce, 1 Handvoll Kerbelblättchen

1. Den Blumenkohl in Röschen teilen, dabei die Stiele abschneiden und in schmale Streifen oder kleine Würfel schneiden. Beides in sehr wenig Salzwasser zugedeckt knapp gar dünsten.
2. Den Blumenkohl in einer Schüssel zugedeckt warm halten. Im Topf sollte jetzt nur noch ein Rest von $\frac{1}{16}$ l Blumenkohlwasser sein. Da hinein den Gorgonzola und die Sahne geben. Auf mildem Feuer alles zu einer cremigen Sauce schmelzen.
3. Mit Zitronensaft würzen, alles salzen, pfeffern, mit Chilipulver und Worcestershire Sauce vorsichtig abschmecken.
4. Die Sauce über den Blumenkohl gießen, sorgsam mischen. Die Kerbelblättchen drüberstreuen.
5. Den Salat zu hellem Fleisch oder zu Geflügel ohne eigene Sauce servieren.

Bohnensalat

Wenn Sie keine ganz jungen, feinen Böhnchen bekommen können, die höchstens stricknadelstark sein dürfen, nehmen Sie lieber die flache breite Bohnensorte aus Spanien oder Deutschland als die beinahe fingerdicken Bobbybohnen Italiens – denn sie schmecken im Salat einfach besser!

Für 4 Personen:

500 g Prinzeßböhnchen oder breite Bohnen, Salz, 1 Bund Bohnenkraut, 2 rote Zwiebeln oder 4 Schalotten, Pfeffer aus der Mühle, 1 Prise Cayennepfeffer, 3 EL Sherry-Essig, ca. 3 EL erstklassiges Olivenöl, ½ TL Dijon-Senf, 1 EL rosa Pfefferbeeren

Rosa Pfefferbeeren stammen von einem dem Holunder ähnlichen Strauch, sind also mit dem Pfeffer gar nicht verwandt. Sie geben eine fruchtige Würze. Man kauft sie entweder in Lake eingelegt oder gefriergetrocknet.

1. Die Prinzeßböhnchen nur wenn nötig fädeln, am Stiel- und Blütenende abknipsen. Die breiten Bohnen genauso putzen, diese dann aber schräg in knapp 2 cm breite Stücke schneiden.
2. Die Bohnen in stark gesalzenem Wasser zusammen mit den Bohnenkrautstengeln (die Blättchen abzupfen und derweil beiseite legen) so lange blanchieren, bis sie zwar gar sind, aber den Zähnen noch gut Widerstand bieten. Das dauert mindestens 1 Minute (bei sehr frischen Böhnchen) und bis zu 10 Minuten (bei dickeren oder älteren Exemplaren – aber die sollten Sie nicht mehr zum Salat verarbeiten!). Abgießen und in Eiswasser abkühlen.
3. Die Hälfte der Zwiebeln bzw. Schalotten sehr fein hacken. Die andere Hälfte auf dem Gurkenhobel in hauchdünne Halbringe schneiden.
4. Aus den restlichen Zutaten mit dem Schneebesen oder im Mixbecher eine cremige Marinade rühren, salzen und über die Bohnen, Zwiebeln und das Bohnenkraut gießen. Sorgsam mischen, sofort servieren.
5. Als Beilage paßt der Salat gut zu Steaks und anderem kurzgebratenen Fleisch, aber auch zu gekochtem Rindfleisch oder zu einer herzhaften Sülze. Und wenn's mal vegetarisch sein darf: Diesen Bohnensalat über frisch gekochte, dampfend heiße, sehr dünne Spaghetti geben, sofort vermischen und servieren. Eine unbedingt reizvolle Mahlzeit im Kontrast heiß/kalt!

Spinatsalat mit Champignons

Für 4 Personen:

500 g Spinat, Salz, 250 g feste, frische Champignons, 1 Zitrone, 2 EL Olivenöl, 1 Schalotte, 1 Knoblauchzehe, 1 Orange, 2 EL extra aromatisches Olivenöl, 1 EL Balsam-Essig, Pfeffer aus der Mühle, 1 TL Senfpulver

1. Die Spinatblätter sorgfältig verlesen, dabei alle Stiele abknipsen. Die Blätter waschen und gut abtropfen. In Salzwasser sekundenlang zusammenfallen lassen, eiskalt abschrecken, dann gut abtropfen und die Blätter locker auseinanderzupfen.
2. Die Pilze putzen, auf dem Gurkenhobel in gleichmäßig feine Scheibchen schneiden. Sofort in Zitronensaft wenden, damit sie makellos weiß bleiben. In etwas Olivenöl rasch, auf starkem Feuer anrösten, dabei die Pfanne immer wieder rütteln, damit die Pilze braten und keinen Saft ziehen.
3. Schalotte und Knoblauch sehr fein schneiden. Von der Orange mit einem sogenannten Zestenschneider hauchdünne Streifen schneiden. Oder mit einem Messer die Schale so fein abschälen, daß nichts vom Weißen daran haftet. Diese Orangenschale danach in millimeterfeine Streifchen schneiden. Zusammen mit der Schalotte und dem Knoblauch zu den Pilzen geben und anrösten. Über dem Spinat verteilen.
4. Den Bratensatz mit Orangensaft und einigen Tropfen Balsam-Essig ablöschen und etwas einköcheln.
5. Restlichen Zitronensaft, Olivenöl, Balsam-Essig zufügen, salzen, pfeffern und das Senfpulver unterrühren. Besonders cremig wird die Marinade, wenn man sie im Schüttelbecher mixt. Diese cremige Marinade über Spinat und die Champignons gießen und alles behutsam mischen.

Ein Zestenschneider sieht aus wie ein kleines Küchenmesser mit abgebrochener Klinge, an deren »Bruch«-kante kleine ringförmige Ösen sitzen. Mit ihnen lassen sich haarfeine Streifen zum Beispiel von der Orangenschale abschneiden, sogenannte Zesten.

Wirsingsalat

Dafür den zarten jungen Sommerwirsing nehmen, nach Belieben auch Spitzkohl oder Butterkohl – also recht zarte Kohlsorten, die nicht allzu streng schmecken.

1. Den Kohlkopf entblättern, dicke Blattrippen entfernen. Die Blätter in breite Streifen schneiden. In Salzwasser kurz brühen, dann in Eiswasser abkühlen.

Für 4 Personen:

1 mittelgroßer Kopf Sommerwirsing, Salz, 2 Möhren und 2 große Gemüsezwiebeln, Mehl, Öl zum Fritieren, 50 g grüne Kürbiskerne

MARINADE:
Ca. 1 TL Senf, Salz, Pfeffer aus der Mühle, frisch geriebene Muskatnuß, 1 EL Sojasauce, 3 EL Estragonessig, 2 EL Olivenöl, 2 EL Kürbiskernöl, Schnittlauch

2. Die Möhren in Julienne schneiden, ebenfalls kurz in Salzwasser brühen, dann abkühlen. Die Zwiebeln in dünne Scheiben hobeln, in Mehl wenden, bis sie rundum davon überzogen sind. In heißem Öl, am besten portionsweise, schwimmend ausbacken. Sie sollen golden und knusprig sein. Auf Küchenpapier abtropfen. Die Kürbiskerne nun ebenfalls kurz ins heiße Öl geben, bis sie aufgeplustert und glänzend sind.
3. Die Zutaten für die Marinade (ohne Schnittlauch) mixen. Wirsingblätter, Möhrenstreifen damit anmachen und mischen. In einer passenden Schüssel anrichten. Zwiebelringe, Kürbiskerne und Schnittlauchröllchen unmittelbar vor dem Servieren vorsichtig untermischen.

Schwarzwurzelsalat mit Kapern

Dieser Salat schmeckt köstlich zu gekochter Kalbs- oder gepökelter Rinderzunge.

Schwarzwurzeln kommen bei uns nur selten auf den Tisch – Martina verschmäht sie, Moritz liebt sie, besonders als Salat. Nur wenn wir Gäste haben, lohnt sich also die Zubereitung.

Für 4 Personen:

500 g Schwarzwurzeln, Salz und Essig fürs Kochwasser, 2 EL Zitronensaft, 2 EL Balsamico-Essig, Salz, 1 hochgehäufter EL Dijon-Senf, 3 EL Olivenöl extra vergine, 2 TL grüne Pfefferbeeren, 3 TL Kapern (Nonpareilles), 3 Schalotten oder 1 kleine Zwiebel, 1 EL gehackte Petersilie

1. Schwarzwurzeln eine knappe halbe Stunde kochen. Noch heiß schälen, in etwa drei Zentimeter lange Stücke schneiden und sofort mit der inzwischen fertiggestellten Sauce anmachen.
2. Für die Sauce Zitronensaft und Balsamico mit Salz und Senf verrühren, dann langsam das Öl zugeben und unterschlagen, damit eine cremige Bindung entsteht.
3. Pfefferbeeren und Kapern hacken, ebenso die Schalotten oder die Zwiebel. An die Sauce geben, heiße Schwarzwurzeln damit umwenden und abkühlen lassen, dabei immer wieder durchmischen.
4. Vor dem Servieren mit der gehackten Petersilie mischen.

Fischsalate

Bismarckhering mit Rote-Bete-Salat

Ein klassisches Rezept für den Brunch oder ein spätes Frühstück nach einem Fest. Kocht man Rote Bete und Kartoffeln am Vortag, behalten sie im Salat ihre Form, kocht man sie erst kurz vor der Zubereitung des Salats, werden sie breiig – was weniger schön aussieht, aber besser schmeckt.

Für 8 Personen:

750 g Rote Bete, Salz, 750 g festkochende Kartoffeln, 2 Zwiebeln, 8 kleine Gewürzgurken, 2 Becher saure Sahne (300 g mit 10 % Fettgehalt – nach Belieben die Hälfte davon durch Crème fraîche ersetzen), 1 gehäufter TL Pfefferkörner (vorzugsweise halb schwarz, halb weiß), 1 TL Pimentkörner, 1 Bund Dill, 1 Zitrone, 8 Bismarckheringe

1. Rote Bete in Salzwasser oder über Dampf gar kochen, ebenso die Kartoffeln.
2. Rote Bete und Kartoffeln schälen und in Scheiben schneiden. Zwiebeln in Ringe hobeln, Gewürzgurken ebenfalls in Scheiben schneiden.
3. Alles in einer Schüssel mit der sauren Sahne vermischen.
4. Gewürze im Mörser fein zerstoßen oder in einer Mühle mahlen. Dillblättchen abzupfen und hacken. Zitronensaft auspressen. Salat mit Gewürzmischung, Dill und Zitronensaft umwenden und abschmecken.
5. Bismarckheringe filetieren und den Salat damit umlegen.

Tip: Nach Belieben auch mit Essig oder Gewürzgurkensaft abschmecken und mit Tabasco oder Cayennepfeffer schärfen. Dazu paßt dunkles Sauerteig- oder Vollkornbrot, Sekt, Champagner, Bier und Korn.

Garnelen-Cocktail

Wer stets einen Vorrat an Garnelen in seinem Tiefkühler hat, wird mit diesem Rezept immer bestens auf überraschenden Besuch gerüstet sein. Die spezielle Behandlung der Garnelen macht diese knackig und läßt sie schmecken wie frisch!

Für 4 bis 6 Personen:

500 g tiefgekühlte Garnelen (Nordmeer- oder Tiefseegarnelen, bereits vorgekocht), Salz, 1 Eigelb, 1 EL Senf, 1/10 l Oliven- oder neutrales Öl, 3 EL griechischer Joghurt (10 % Fett) oder saure Sahne, 1 EL Tomatenketchup, 2 EL Cognac oder Weinbrand, 1 EL Zitronensaft, Pfeffer, nach Belieben etwas gemahlener Piment und Cayennepfeffer, frische Kräuter zum Garnieren (Petersilie, Estragon, Kerbel oder Basilikum)

1. Die gefrorenen Garnelen in eine Schüssel geben und mit sprudelnd kochendem Salzwasser übergießen. Eine halbe Minute ziehen lassen, dann in ein Sieb abgießen, die Garnelen mit kaltem Wasser durchspülen, abtropfen lassen und für 1 Stunde in den Kühlschrank stellen.
2. Eigelb und Senf im Mixer oder mit dem Pürierstab aufschlagen, das Öl zugießen und weiter durchmixen. Die übrigen Zutaten zufügen, würzen und abschmecken.
3. Die Garnelen in der Sauce umwenden und in Sektschalen verteilen. Mit Kräuterblättchen dekorieren oder mit gehackten Kräutern bestreuen.

Dazu reicht man am besten ein würziges Weißbrot (eventuell auch mit Sesam, etwa türkische Pitta) und einen kräftigen Weißwein – zum Beispiel eine deutsche trockene Weißburgunder Spätlese, Chardonnay aus Kalifornien, Neuseeland oder Australien.

Tip: Den Cocktail in Avocadohälften anrichten, die auf einem Salatbett standhaft gemacht werden und zuvor mit Zitronensaft benetzt wurden, damit sie nicht dunkel anlaufen. Natürlich müssen diese absolut reif sein, also wie zimmerwarme Butter auf sanften Fingerdruck nachgeben.

Oktopus-Salat

Ein Salat, der durch eine Vielzahl frischer Kräuter seinen Reiz gewinnt.

Für 4 Personen:

500 g *polipi*, beziehungsweise Oktopus, Salz, ½ Salatgurke, 2 Tomaten, 1 Stengel Staudensellerie, 1 gelbe Paprikaschote, ½ Kopfsalat, 1 Limette (Limone, ersatzweise Zitrone), 2 EL Fischsauce (Nam Plaa oder Nuoc Mam), 2 EL Wasser, 1 TL Zucker, 1 TL Sesamöl, 2 EL geschmacksneutrales Öl, 1 kleine Chilischote, 1 daumengroßes Stück frischer Ingwer, 2 Knoblauchzehen, 2 Schalotten, 2 Hände voll frische Kräuter: Basilikum, Thai-Basilikum, Koriandergrün (Cilantro), Minze, Petersilie

1. *Polipi* waschen und in kochendes Salzwasser werfen, einmal aufwallen, dann auf mildem Feuer ohne zu kochen in einer halben Stunde gar ziehen lassen.
2. Unterdessen Gurke, Tomaten, Sellerie in Scheibchen, die Paprika in Streifen, den Salat in mundgerechte Stücke schneiden.
3. Limette auspressen, den Saft mit Fischsauce, Wasser und Zucker verrühren. Mit beiden Ölsorten zu Marinade rühren.
4. Chilischote entkernen und fein hacken, ebenso Ingwer und Knoblauch, Schalotten in Scheibchen schneiden, Kräuter abzupfen und hacken.
5. *Polipi* aus dem Wasser heben und in Stücke schneiden. Alle Zutaten miteinander vermischen und sofort servieren.

Dazu kann man Brot servieren und als Getränk einen aromatischen, trockenen Weißwein (Muskateller) oder Sekt (Riesling).

Tip: Zum Auspressen von den Limetten rundum drei Abschnitte abschneiden und diese zusammendrücken – so geben sie viel Saft und keine Kerne. Halbiert man sie hingegen wie eine Zitrone, geben sie kaum Saft und alles ist voller Kerne.

Salade Niçoise

1. Die unbedingt bereits am Vortag gekochten Kartoffeln – damit sie abbinden können und im Salat nicht zerfallen! – pellen und in Scheiben schneiden.
2. Eier picken und 10 Minuten im sprudelnden Wasser hart kochen. Zum Abschrecken in eiskaltes Wasser legen, schälen und vierteln.

Für 4 Personen:

4 mittelgroße, bereits am Vortag gekochte Kartoffeln, 4 Eier, 200 g frische grüne Bohnen, Salz, 100 g frisch ausgebrochene oder tiefgekühlte Erbsen, 3 nicht ganz vollreife Fleischtomaten, 2 große weiße oder 3 violette Zwiebeln, 2 gelbe Paprikaschoten, das feste, hellgrün-gelbe Herz eines schönen Kopfsalates, 1 großes Bund Basilikum, 1 kleine Dose Anchovisfilets in Olivenöl, 2 EL Kapern, 4 EL kleine schwarze Oliven (aus Nizza oder Taggiasca aus Ligurien), 1 Dose Thunfisch

VINAIGRETTE:
3–6 Knoblauchzehen nach Geschmack, 1 EL Zitronensaft, 1 EL Rotweinessig, 1 EL Dijon-Senf, Salz, Pfeffer, 5 EL Olivenöl extra vergine

3. Bohnen spitzeln, längere durchbrechen. In sprudelnd kochendem Salzwasser 4 bis 6 Minuten – je nach Stärke und Zartheit – blanchieren, sofort in eiskaltem Wasser abschrecken, damit sie Biß, Vitamine und Farbe behalten. Ebenso mit den Erbsen verfahren – bei zarten Frühlingserbsen genügen 3 Minuten. Tiefgekühlte Erbsen nur auftauen lassen.
4. Tomaten und Zwiebeln in Scheiben schneiden. Paprikaschoten entkernen und in Streifen schneiden. Kopfsalatblätter ablösen, waschen und trocken schleudern, aber alle Blätter ganz lassen. Basilikum waschen und die Blätter abzupfen.
5. Anchovisfilets aus der Dose nehmen, auf Küchenpapier entölen und längs einmal durchteilen, so daß schmale Streifen entstehen. Kapern und Oliven in einem Sieb abtropfen lassen. Thunfisch aus der Dose nehmen und in etwa 2 cm große Stücke zerteilen – es macht nichts, wenn er zerfällt.
6. Aus den durchgepreßten Knoblauchzehen und den angegebenen Zutaten eine cremige Vinaigrette schlagen.
7. Mit den größten der Salatblätter eine Schüssel auslegen. Bunt gemischt die Kartoffelscheiben, Bohnen, Erbsen, Tomatenscheiben und Zwiebelringe, Paprikastreifen, restlichen Salat- und Basilikumblätter sowie die Thunfischstücke daraufschichten. Außen herum die Eiviertel anrichten. Mit den Kapern bestreuen, gitterartig mit den Anchovisstreifen belegen und in jedes Karo eine Olive setzen.
8. Alles mit der Vinaigrette übergießen und sofort servieren.

Dazu gibt's warmes Baguette (Stangenweißbrot) und einen leichten, kühl servierten roten Landwein. Es paßt – vor allem, wenn man den Salat zu einem Brunch reicht – auch Bier (Pils, Kölsch oder Weißbier).

Variationen: Ganz nach Geschmack weitere rohe (Fenchel, Gurke, Möhre) oder gekochte (Zucchini, Sellerie, Möhre) Gemüse zugeben oder mit verschiedenen Salatblättern (Eichblatt, Frisée, Batavia, Feldsalat, Löwenzahn, Chicorée, Radicchio, Rauke oder einer Mischung aus allen möglichen jungen Salatblättern, in der Provence *mesclun* genannt) abwandeln.

Thunfisch in der Dose

Er ist ein eigenständiges Produkt; man darf ihn nicht mit dem frischen Fisch vergleichen oder gar ersetzen wollen. Es gibt ihn in verwirrend vielen, sehr unterschiedlichen Qualitäten. Deshalb muß man sich umsehen beim Einkauf – Spitzenqualität ist in unserem deutschen, vom Preis diktierten Angebot leider nur selten und schwer zu finden.

Star der Konservenfische ist der bis zu drei Meter lange *Gewöhnliche* oder *Nördliche Rote Thunfisch*. Er kommt in allen Weltmeeren nördlich des Äquators vor, sein Fleisch ist von hervorragender Qualität. In Öl konserviert kann er sein volles Aroma und eine angenehme Geschmeidigkeit entwickeln. Das dunkelrote Fleisch wird dabei hellbraun. Die besten Produkte kommen hauptsächlich aus Frankreich, Spanien und Italien. Achten Sie jedoch immer genau darauf, wie der Inhalt der Dose beschrieben ist:

Stücke bedeutet immer Schnipsel. *Filet* ist im allgemeinen ein Stück, ergänzt je nach Dosen- oder Glasform mit einem, maximal zwei weiteren Stücken. *Rückenfilet* wird aus der besonders fettarmen, kompakten Rückenpartie geschnitten (die Japaner essen diesen tiefroten Teil roh als *maguro*). *Ventresca oder tarantello:* vom fetten Bauchstück bzw. unter der Seitenflosse geschnitten, fett und saftig – das beste Stück vom Thun und drei- bis viermal so teuer wie eine normale Konserve (die Japaner lieben diese rosafarbenen Partien roh: *toro*, als Sushi oder Sashimi).

Spitzenqualität ist stets *in Olivenöl* eingelegt – es bietet beste Haltbarkeit und die ideale geschmackliche Ergänzung. Das Öl aus der Dose sollten Sie aber nicht verwenden – es schmeckt oft ein klein wenig tranig und ist ohnehin durch das Erhitzen nicht so wertvoll wie roh zugefügtes Olivenöl extra mit seinem charakteristisch frischen Geschmack. Für alle, die den Geschmack von Olivenöl nicht mögen, gibt es auch Konserven *in Öl* oder *in Pflanzenöl* – da dieses Öl jedoch weniger kostet als Olivenöl, sind sie im billigeren Segment der Angebotspalette zu finden (was gleichzeitig aber auch geringere Qualität bedeutet).

Übrigens: Alle Konserven in Öl sollte man erst gegen Ende des angegebenen Mindesthaltbarkeitsdatums verspeisen – das Öl hatte dann genügend Zeit, den Fisch zu durchdringen, ihn zart und mürbe zu machen!

Konserven *mit Gemüse* sind ohne großen geschmacklichen Wert; denn mit Gemüse und Gewürzen lassen sich die Mängel des Fischprodukts selbst überdecken.
Schließlich findet man immer häufiger Thunfisch *au naturel* oder *in eigenem Saft*, oft noch mit dem Zusatz *ohne Öl*: Klingt verlockend, weil natürlich und »schlank«; tatsächlich verbirgt sich darunter zu stark erhitztes und krümeliges Zeug, unter der verschleiernden Bezeichnung *Solid pack* sogar nur zusammengepreßte Schnipsel, die erst beim Sterilisieren zu einem festen Block mit unangenehm bröseligem Eiweiß-Gekruschel zusammenbacken. Nur für Kalorienzähler, die der Schlankheit jeglichen Wohlgeschmack opfern.
Letzteres Produkt fällt an bei der Verarbeitung von *Weißem Thunfisch*, der in allen Weltmeeren beheimatet ist, dessen Fleisch sich beim Garen zartrosa färbt. Als Filet hervorragend!
Weiterhin verarbeitet man den *Gelbflossen-Thunfisch (Yellowtail)*, den *Südlichen Roten Thunfisch*, den *Echten Bonito* sowie den sehr häufigen dunkelfleischigen *Skipjack* (*Unechter Bonito*), der nun allerdings doch deutlich weniger fein schmeckt – längst natürlich nicht mehr nur in Europa, sondern gleich an allen wichtigen Fangplätzen der Welt: in Japan und den USA, in Westafrika (Elfenbeinküste!), in Thailand, Südafrika oder auf Mauritius. Diese Produkte können, müssen aber nicht gut sein. Die Qualität läßt sich am besten am Preis ablesen – der reicht von etwa 0,40 EUR für das billigste (Skipjack) bis über 8,50 EUR für das teuerste Produkt *(ventresca, tarantello)*, jeweils für 150 Gramm Einwaage. Außerordentliche Qualität aus Sizilien, auch offen aus der großen Dose, gibt es z. B. in München bei GARIBALDI, Schellingstraße 60 oder Nymphenburger Straße 188; zu bestellen bei GARIBALDI, Frohschammerstraße 14, 80807 München, Fax 089/359 29 29; sehr gut auch die Ventresca von G. Gallipo, zu bestellen bei VINCENT BECKER, Gewerbestraße 11, 79285 Ebringen, Fax 07664 / 97 98 99).

Fleisch- und Wurstsalate

Wurstsalat

Hierfür nimmt man eine Fleischwurst, Stadtwurst, Jagdwurst oder Lyoner oder welchen Namen sie auch immer regional haben mag – es sollte eine glatte, rosafarbene Wurst sein, nicht zu fett und so fest, daß man sie auf der Maschine dünn aufschneiden kann (oder sich vom Metzger schon aufschneiden läßt).
Beim Wurstsalat ist nicht nur die Wurst für den Geschmack ausschlaggebend, sondern mindestens ebensosehr der Essig und das Öl. Vor allem: Nicht zu viel Öl nehmen, das macht den Salat schnell fett und schwer. Und auch keinen zu sauren Essig – gegebenenfalls mit Wasser verdünnen! –, denn sonst ergibt sich keine Harmonie. Kenner wissen: Einen guten Wurstsalat anzumachen ist eine Kunst!

Für 4 Personen:

500 g Fleischwurst, 2 weiße Zwiebeln, 3 EL Essig, 2 EL Öl, Salz, Pfeffer, 1 EL Wasser, Petersilie

1. Die Wurst häuten, auf der Aufschnittmaschine in dünne Scheiben schneiden und auf einer Platte anrichten.
2. Die geschälten Zwiebeln ebenfalls auf der Maschine dünn aufschneiden und als Ringe über der Wurst verteilen.
3. Essig, Öl, Salz, Pfeffer und Wasser verquirlen und darüberträufeln. Mit gehackter Petersilie bestreuen.

Ein paar *Essig-Öl-Kombinationen*, die gut zu Wurstsalaten passen: Estragonessig mit Rapsöl, Kräuteressig mit Sonnenblumenöl, Rot- oder Weißweinessig mit Olivenöl, Apfelessig mit Kürbiskernöl, Balsamico-Essig mit Oliven- oder Kürbiskernol, Zitronensaft mit Olivenöl, Limonensaft mit Fischsauce, Ingwer und Erdnußöl sowie einigen Tropfen Sesamöl.

Dazu gibt's Brot und Bier oder einen trockenen Weißwein.

Fleischwurstsalat mit Linsen und Frühlingszwiebeln

Dabei die Fleischwurst als Ring kaufen, deren Scheiben nicht mehr als 4 cm Durchmesser haben. In München heißt sie »Leoni« – nach dem gleichnamigen Ort am Starnberger See, denn man konnte sich unter dem eigentlichen Namen »Lyoner« nichts Rechtes vorstellen.

Für 4 Personen:

500 g Fleischwurst (oder Jagdwurst), 6 Frühlingszwiebeln mit ihrem Grün, 1 Tasse gekochte Linsen, 1 EL winzige Kapern, 1 gehäufter TL grüne Pfefferbeeren, 1 rote Chilischote, 2 gehäufte EL gehackte Basilikumblätter, Salz, 3 EL Rotweinessig (7 % Säure), 3–4 EL Wasser, 2 EL Olivenöl

1. Wurst pellen, in gleichmäßige und ganz dünne Scheiben schneiden. Frühlingszwiebeln putzen, welke Spitzen entfernen, dann weiße und grüne Teile in feine Ringe schneiden.
2. Wurst, Zwiebeln, Linsen, Kapern, abgetropfte Pfefferbeeren, die längs aufgeschlitzte, entkernte und dann in Ringe geschnittene Chilischote sowie die Kräuter in eine Schüssel geben und vermischen.
3. Vorsichtig salzen; mit Essig und Wasser umwenden. Schließlich das Öl darüber träufeln und noch einmal umwenden.
4. Dazu paßt saftiges Sauerteigbrot, Bier oder auch ein einfacher, trockener Riesling aus der Pfalz.

Weißwurstsalat

Die Bayern meinen, Weißwurst dürfe man nur so essen, wie sie es tun: heiß, mit süßem Senf und vor dem Mittagsläuten. Das war einmal – seit jedoch der Verkauf von roher Weißwurst verboten ist (seit 1935) und die Würste direkt nach der Herstellung ohnehin erst einmal gebrüht werden, kann man sie ohne Bedenken wie jede andere Brühwurst einige Tage im Kühlschrank aufbewahren. Das Mittagsläuten durften sie früher nur deshalb nicht erleben, weil das rohe Wurstbrät sich rot färbte und nach dem Brühen dann eine graue Farbe bekam: Echte Weißwürste mußten frisch aus dem Kessel kommen! Weil das nun nicht mehr so ist, kann man heute unbedenklich mit der Weißwurst experimentieren. Und auch mal einen Salat daraus machen – wir haben mit diesem Vorschlag bei eingefleischten Bayern nicht nur Entrüstung über dieses Sakrileg, sondern auch Begeisterung erlebt.

1. Weißwürste pellen und in Scheiben schneiden. Schalotten oder Zwiebel so fein wie möglich würfeln oder reiben. Petersilie ganz fein hacken oder wiegen. Von ½ Zitrone die Schale abreiben, ansonsten aus beiden Zitronen den Saft auspressen.
2. Alle Zutaten in eine Schüssel geben und recht kräftig mit den genannten Würzen anmachen.
3. Dazu gibt es Brezeln oder Roggenwecken (in München Riemische genannt) mit Kümmel und natürlich Bier, dunkles oder helles, auch Weißbier.

Tip: Unbedingt eine original asiatische Chilisauce aus dem Chinaladen nehmen, die nicht süß schmeckt oder auf Basis von Tomatenketchup hergestellt wurde. Die Würze des Salates können Sie jedoch vielfältig abwandeln. In diesem Rezept wurden die bei der Weißwurstherstellung üblichen Grundgewürze (Zitronenschale, Petersilie, Pfeffer sowie Muskatnuß) berücksichtigt. Es schmecken aber auch Kapern, Zitronenblätter, Orangenschale, chinesische Pflaumensauce, japanische Sojasauce, frisch geriebener Ingwer, frische Kräuter (Basilikum, Estragon, Kerbel, Zitronenmelisse, Liebstöckel sowie Schnittlauch).

Für 4 – 6 Personen:

8 Weißwürste, 3 Schalotten oder ½ mittelgroße Zwiebel, 1 großes Bund Petersilie, 2 Zitronen (Schale unbehandelt), 1 EL Chilisauce, 1 guter Spritzer Worcestershire Sauce, je 1 Messerspitze frisch geriebene Muskatnuß und gemahlener Koriander, weißer Pfeffer aus der Mühle, 1–2 EL Wasser, 2 EL geschmacksneutrales Salatöl

Würstel-Durcheinander

Ob frisch mit warmen Wiener oder Frankfurter Würstchen zubereitet oder mit übriggebliebenen, die abgekühlt sind – dieser Salat begeistert unsere Gäste immer wieder!

1. Zwiebeln mit Grün schräg in Scheibchen schneiden, ebenso die Würstel.
2. Mit den abgetropften Kapern, Zitronensaft und Olivenöl umwenden. Würzen und mit reichlich Petersilie servieren.

Dazu gibt's natürlich Brot oder neue, in der Schale gekochte Kartoffeln, einen erfrischenden Wein oder ein Bier.

Für 6 Personen:

6 Frühlingszwiebeln mit ihrem Grün, 6 Paar Wiener oder Frankfurter Würstchen, 3 gehäufte EL kleine Kapern (50 g), 4 EL Zitronensaft, 2 EL Olivenöl, ein wenig Salz, reichlich Pfeffer, 4 EL gehackte oder nur abgezupfte glattblättrige Petersilie

Zungensalat mit Stangensellerie und Äpfeln

Für 4 Personen:

1 Grapefruit,
4 Stengel Stangensellerie samt Grün,
2 säuerliche aromatische Äpfel (z. B. Gravensteiner),
Zitronensaft,
200 g in feine Scheiben geschnittene gepökelte Rinderzunge (Aufschnitt),
1 El scharfer Senf,
3 EL Weißweinessig,
Salz, Pfeffer,
3 EL aromatisches Olivenöl

1. Die Grapefruit wie einen Apfel mit dem Messer schälen, dabei gleichzeitig die weiße Haut entfernen, die das Fruchtfleisch umhüllt. Die Fruchtfilets aus den einzelnen Kammern auslösen. Über einer Schüssel arbeiten, die den heruntertropfenden Saft auffängt. Geleerte Fruchthülle gut ausdrücken, bevor man sie wegwirft.
2. Die Selleriestangen fädeln, schräg in schmale Streifen schneiden. Das schöne Grün in Stücke zupfen. Die Äpfel schälen, vierteln und in Scheibchen hobeln. Mit Zitronensaft hell halten! Dann Zungenscheiben in Streifen schneiden.
3. Für die Marinade den aufgefangenen Grapefruitsaft, Senf, Essig, Salz, Pfeffer und Öl mit dem Schneebesen cremig schlagen. Die Salatzutaten mischen. Den Salat damit anmachen.

Wie man Zitrusfrüchte filetiert: Zunächst oben und unten quer eine Kappe wegschneiden. Dann die Frucht fest auf eine gerade Fläche stellen und mit einem scharfen Messer die Schale von oben nach unten wegschneiden, so tief, daß die innenliegende weiße Haut dabei ebenfalls entfernt wird. Schließlich die Frucht in die Hand nehmen und keilförmig die Filets aus den Häutchen schneiden. Dabei arbeitet man am besten über einer Schüssel, damit der herabtropfende Saft aufgefangen wird

Frühlingsbunter Rindfleischsalat

Übriggebliebener Tafelspitz bleibt mit durchgesiebter Brühe bedeckt im Kühlschrank noch einige Tage lang frisch. Das Fleisch läßt sich in kaltem Zustand wunderbar auf der Aufschnittmaschine in feine Scheiben schneiden und wird so Basis für einen Salat, den man übrigens je nach Vorräten und Marktangebot immer wieder anders zusammenstellen kann. Einen solchen Salat kann man als Vorspeise servieren, dann gibt es dazu krumiges Brot, oder als ganze Mahlzeit – in diesem Fall passen am besten knusprige Bratkartoffeln dazu.

Für 4 – 6 Personen:

300 – 400 g gekochtes Rindfleisch,
2–3 Frühlingszwiebeln,
2 Bund Radieschen,
3 Stengel Bleichsellerie,
250 g grüner Spargel,
Schnittlauch, Liebstöckel und Estragon

MARINADE:
4 EL Weinessig, Salz, Pfeffer,
½ TL scharfer Senf,
3 EL Sonnenblumenöl,
1 EL Kürbiskernöl (aus dem Feinkostladen oder dem Reformhaus), 1–2 EL Brühe

1. Das Fleisch mit der Aufschnittmaschine in sehr dünne Scheiben, diese in breite Streifen schneiden.
2. Das Gemüse putzen und waschen. Die Frühlingszwiebeln quer in halbzentimeterschmale Ringe schneiden, die Radieschen in dünne Scheibchen hobeln (makellos schöne Blätter beiseite legen) und den Stangensellerie ebenfalls in Scheiben schneiden, die Blätter grob zerzupfen.
3. Den Spargel schälen, die Stiele schräg in zentimeterbreite Stücke schneiden, die Köpfe unzerteilt lassen. In kochendes Salzwasser geben und in zwei bis drei Minuten knackig gar kochen.
4. Die Kräuter abzupfen und feinschneiden. Alle Salatzutaten (auch beiseite gelegte Radieschenblätter) in eine Schüssel füllen.
5. Die Marinade aus den angegebenen Zutaten in einer Tasse mit dem Schneebesen cremig aufschlagen und darübergießen. Behutsam mischen und sofort servieren.

Tip: Sehr gut paßt auch Garten- oder Brunnenkresse zu diesem Salat!

Saurer Preßkopf mit Kürbiskernöl

In allen Gegenden Deutschlands kennt man ihn, überall heißt er anders: Preßkopf, weißer Preßsack, Schweinskopfsülze. Als Salat sauer angemacht ist in jedem Fall ein Gedicht für Liebhaber. Aber warum immer so langweilig nur mit Zwiebel, Essig und Öl? Hier eine Variante, die gewiß nicht fade ist:

Für 4 Personen:

500 g Preßkopf am Stück,
1 rote Zwiebel,
1 Gewürzgurke,
2 hartgekochte Eier

1. Preßkopf häuten und in Würfel oder Streifen schneiden – wer mag, kann ihn auch ganz dünn in Scheiben aufschneiden.
2. Zwiebel fein hacken, Gewürzgurke und Eier würfeln. Aus den angegebenen Zutaten eine Marinade bereiten und alle Zutaten darin wenden.

MARINADE:
1 EL Balsam-Essig aus Modena (Aceto balsamico), 2 EL Zitronensaft, 1 EL Estragonessig, 2 EL Kürbiskernöl (Reformabteilung oder -haus), 2 EL geschmacksneutrales Öl (Salatöl), Salz, Pfeffer, nach Belieben 1–4 gehackte Chilischoten (entkernt), 4 EL frische Kräuter (z. B. Petersilie, Schnittlauch, Estragon, Basilikum und Zitronenmelisse gemischt)

3. Sofort servieren, nicht durchziehen lassen, was ohnehin eine Unsitte bei dieser Art von Salaten ist. Dazu gibt's herzhaftes Brot und einen säurebetonten Rosé, trockenen Weißwein oder auch ein frisches Pilsener.

Tip: Schmeckt auch in einer Mischung aus rotem und weißem Preßsack.

Probieren Sie auch die asiatische Variante: statt des Kernöls 1 Eßlöffel chinesisches Sesamöl und statt Salz Soja- oder Fischsauce. Sie werden sehen: Es ist erstaunlich, wie sehr unsere guten, deutschen Würste mit asiatischen Gewürzen harmonieren!

Ochsenmaulsalat mit rosa Pfeffer

Für 4 – 6 Personen:

400 g frisch aufgeschnittenes Ochsenmaul in wirklich ganz hauchdünnen Scheiben, 1 junge weiße Zwiebel, 3 Knoblauchzehen, 3 Cornichons (essigscharfe Estragongürkchen aus Frankreich)

VINAIGRETTE:
ca. 1 TL Dijon-Senf, 3 EL Rotwein- oder Sherry-Essig, Salz, 4 EL Olivenöl, 1 TL rosa Pfefferbeeren (Poivrose, siehe auch Seite 148), 2 große Bund krause Petersilie, 1 Zweig Estragon

Ein frisch angemachter Ochsenmaulsalat gehört zu den schönsten Gerichten in den einfachen französischen Bistros, vor allem in den Fernfahrerkneipen (Relais Routiers). Bei uns wird seine Zubereitung leider nicht mehr kultiviert. In Essigessenz konserviert, kaum gewürzt und mit altersschlaffen, oxydierten, daher schwefelig schmeckenden Zwiebeln fristet er ein trauriges Dasein in großen Kübeln oder vakuumverpackt im Plastiksack. Wenn Sie das Glück haben, bei Ihrem Metzger einmal frisch aufgeschnittenes, noch unverfälschtes Ochsenmaul zu bekommen, so sollten Sie diesen Salat hier ausprobieren, selbst wenn Sie zunächst keinen inneren Drang dazu verspüren.

1. Das Ochsenmaul in kleine Flecken oder Streifen schneiden. Zwiebel, Knoblauch und Cornichons sehr fein würfeln.
2. Für die Vinaigrette Senf mit Essig verdünnen, das Salz darin auflösen. Das Öl einschlagen. Pfefferbeeren und die sehr fein gehackten Kräuter zufügen. Alles miteinander umwenden. Gleich servieren.
3. Dazu frisches Baguette oder Sauerteigbrot reichen, Vollkornbrot und Pumpernickel passen ebenfalls. Und als Getränk: Bier oder ein herzhafter Weißwein.

Tip: Köstlich schmeckt es, wenn Sie unmittelbar vor dem Servieren drei, vier frisch gekochte, heiße Kartoffeln mit hineinschneiden – die oft ein wenig feste Gallerte des Ochsenmauls wird dadurch weich, beginnt zu schmelzen. Sie benötigen in diesem Falle etwas mehr Vinaigrette, weil die Kartoffeln viel davon für sich in Anspruch nehmen.

Münsterkäsesalat mit Schwarzwurst

Leider bekommt man Münsterkäse nicht immer im perfekten Reifegrad – für diesen Salat darf er ruhig noch einen festen Kern haben.

Für 4 Personen:

400 g Schwarzwurst (gut angetrocknet, sehr schnittfest), 150 g Münsterkäse, 2 Gewürzgurken, 1 Zwiebel, Salz, Pfeffer, 2–3 EL Estragonessig, 2–3 EL Öl, 1 Schuß Wasser, 1 Bund gehackte Petersilie

1. Schwarzwurst schälen und in dünne Rädle (Scheiben) schneiden. Den Münsterkäse ebenfalls klein aufschneiden. Gurken und Zwiebel würfeln.
2. Alles in einer Schüssel mischen und mit den übrigen Zutaten anmachen, die Petersilie gehackt untermischen. Wieviel Essig und Öl Sie nehmen, hängt von Ihrem persönlichen Geschmack ab. Der Salat sollte nicht zu sauer sein, darf aber auf keinen Fall ölig werden.
3. Wir essen dazu nicht nur gern krustiges Bauernbrot sondern auch junge Pellkartoffeln. Und als Getränk paßt Bier oder unser trockener Apfelmost.

Tip: Sie können statt des Münsterkäses auch Harzer Roller oder Mainzer Handkäs in den Salat mischen – das schmeckt zugleich anders und ähnlich. Die Schwarzwurst (Blutwurst) sollte leicht geräuchert und auf keinen Fall zu frisch sein – bei uns in Baden-Württemberg kauft man sie als verschrumpelten Ring.

Kartoffelsalate

»Ein Tag ohne Kartoffelsalat ist, in kulinarischer Hinsicht, ein vertaner Tag!« Sagen wir immer – vor allem »Moritz«. Damit meinen wir nicht solche einfallslosen Salate, wie sie in den doofen Wirtshäusern und Schnellrestaurants serviert werden. Auch nicht Fertigsalate, die vorzugsweise in Seniorenheimen mehrere Tage herumstehen, um eine schöne Salmonellenvergiftung hervorzurufen. Nein, wir lieben den jeden Tag anders zubereiteten Kartoffelsalat, mit vielerlei Kräutern und allen nur erdenklichen Zutaten. Unserer guten alten Kartoffel sei kulinarischer Dank, daß sie sich eigentlich mit allem verträgt, wenn man nur richtig dosiert und kombiniert: mit Fleisch, Wurst, Geflügel, Wild und Innereien, mit Fisch, Garnelen und anderen Meeresfrüchten, mit rohem und gekochtem Gemüse, natürlich Kräutern und Gewürzen, verschiedenen Essigsorten und Ölen … Wer immer den gleichen Kartoffelsalat ißt, ist selber schuld: 36 500 verschiedene Rezepte könnten wir uns schon vorstellen, ausreichend für hundert Jahre. Doch wo wäre der Platz für solch ein epochales Werk?

Kartoffeln für den Salat sollten möglichst am selben Tag gekocht sein, abgekühlt, aber noch nicht vollständig abgebunden. Sonst können sie die Marinade nicht schön aufsaugen. Ein Trick, wie man trotzdem noch mit Kartoffeln vom Vortag einen richtig saftigen Kartoffelsalat hinkriegt: Die in Scheiben geschnittenen Kartoffeln mit ein wenig heißer Brühe benetzen, gründlich durchmischen und eine Weile einziehen lassen. Ganz schnell funktioniert das übrigens in der Mikrowelle: Die Kartoffelschüssel für eine Minute hineinstellen, auf stärkster Stufe einwirken lassen. Das ist für alte Kartoffeln ein wahrer Jungbrunnen.

Jede festkochende oder vorwiegend festkochende Kartoffelsorte ist für Salat geeignet, denn nach dem vollständigen Auskühlen hat die Stärke abgebunden und die Kartoffelscheiben behalten ihre Form. Manchmal sollte man aber dennoch nur festkochende Salatkartoffeln nehmen, wenn der Salat nämlich warm oder lauwarm serviert wird und man keinen Brei haben will.

Ganz klar, daß ein Kartoffelsalat jeweils völlig anders schmeckt, je nachdem, ob man sie ganz läßt, in dünne oder dicke Scheiben schneidet, würfelt oder zerdrückt …

Wenn Sie den Salat heiß anmachen, brauchen Sie viel mehr Flüssigkeit als mit kalten Kartoffeln. Die Kartoffeln sind, frisch gekocht, geradezu notorische Säufer. Damit Ihr Salat nicht zu sauer oder zu ölig-schwer wird, empfehlen wir Ihnen, einen Schuß Weißwein, trockenen Sherry oder die typisch schwäbische Fleischbrühe zuzufügen.

Kartoffelsalat – Grundrezept

Für 4 Personen:

500 g gekochte Kartoffeln vom Vortag, Salz, Pfeffer, 4 EL kochendheiße Fleischbrühe, 1 Zwiebel, 1 Bündchen Petersilie, 3 EL Essig, 3 EL Öl

1. Kartoffeln pellen und in etwa 2 mm dicke Scheiben schneiden. In der Schüssel mit Salz und Pfeffer bestreuen, mit der Fleischbrühe begießen und vorsichtig umwenden. Die Kartoffeln sollen jetzt etwas von der Brühe aufsaugen.
2. Zwiebel und Petersilie feinhacken, zufügen. Essig und Öl angießen und alles miteinander vermischen. Ein wenig von den Kartoffeln, nur von der Oberfläche der Scheiben, löst sich jetzt, weil von der Brühe aufgeweicht, in der Salatsauce und gibt dieser eine leichte Bindung – der Kartoffelsalat wird so herrlich saftig, »schlunzig«, wie die Schwaben dazu sagen.

Dieses Grundrezept läßt sich in vielerlei Hinsicht zu ganz anders schmeckenden Salaten abwandeln. Hier ein paar Beispiele:

- Nehmen Sie die doppelte Menge ganz milder (vorzugsweise weißer) Zwiebeln, Estragon, Estragonessig und Olivenöl – köstlich zum Schnitzel.
- Mit Frühlingszwiebeln, bunten, feingewürfelten Paprikaschoten, Liebstöckel und Walnußöl – zum Rinderbraten.
- Ohne Zwiebel, dafür reichlich Knoblauch, auch etwas französischen Senf, Basilikum, Kapern und Anchovis – zu gebratenem oder gebackenem Fischfilet.
- Sherry (vorzugsweise Fino oder Amontillado dry) statt Brühe angießen, Schalotten, Knoblauch, gehackte Haselnüsse und Kerbel zugeben, dann noch 100 Gramm luftgetrockneten, in kleine Würfel geschnittenen und ganz kurz in Haselnußöl (oder gutem Olivenöl) angerösteten Schinken. Anmachen mit dem entsprechenden Öl und Sherry-Essig – zu Schweinemedaillons oder -koteletts.
- Mit gekochtem Schinken, viel Zwiebel, grobem Meersalz, reichlich frisch gemahlenem Pfeffer, gehackter Petersilie, viel Zitronensaft und wenig Olivenöl extra vergine – zu Spiegel- oder Rühreiern.

Kartoffel-Gurken-Salat

Für 4 Personen:

750 g festkochende Kartoffeln, Salz,1 Zwiebel, 4 EL Essig oder Zitronensaft, frisch gemahlener Pfeffer, 4 EL erstklassiges Salatöl, 2–4 EL heiße Fleischbrühe, ½ Salatgurke, 1 Bund Schnittlauch

Der Klassiker zum Wiener Schnitzel (Seite 625 ff)

1. Kartoffeln in der Schale gar kochen, dem Kochwasser 1 Teelöffel Salz zufügen. Die Kartoffeln nur ein wenig auskühlen lassen.
2. Inzwischen die feingeschnittene Zwiebel mit Essig, Öl, Salz und Pfeffer in der Salatschüssel verrühren.
3. Die Kartoffeln pellen, in Scheiben schneiden und zufügen. Mit der Brühe beträufeln und sorgsam mischen.
4. Die Gurke schälen – wenn sie sehr dicke Kerne haben sollte, auch entkernen, sonst einfach auf dem Hobel in Scheiben schneiden und zusammen mit dem in Röllchen geschnittenen Schnittlauch unter die Kartoffeln mischen. Etwas durchziehen lassen, bevor er serviert wird.

Kanarischer Kartöffelchensalat mit Chili-Mayonnaise

Für 4 Personen:

250 g höchstens daumengroße Salatkartöffelchen

CHILI-MAYONNAISE:
2 Knoblauchzehen, 4 kleine rote Chilischoten, 3 Stengel Koriandergrün (ersatzweise Kerbel, Minze oder glatte Petersilie), 1 Eigelb, 2 TL Dijon-Senf, Salz, Pfeffer, 5 EL geschmacksneutrales Pflanzenöl oder ein erstklassiges Olivenöl oder eine Mischung aus beidem

Nehmen Sie am besten Bamberger Hörndl, deutsche »Mäuserl«, kleine Nicola, Sieglinde oder französische »la ratte«. Der Salat paßt hervorragend zu gekochtem Fleisch – Rind, Zunge oder der ausgelösten Brust eines Suppenhuhns.

1. Die Kartoffeln in Salzwasser gar kochen, abgießen, 10 Minuten ausdampfen lassen.
2. Inzwischen die geschälte Knoblauchzehe, die entkernten Chilischoten, die abgezupften Kräuterblättchen, Eigelb, Senf, Gewürze und Öl in den Mixer geben und dick und schaumig aufschlagen.
3. Die noch warmen Kartoffeln pellen und unzerteilt mit der Mayonnaise umwenden, ein paar Minuten ziehen lassen. Nochmals umwenden und lauwarm servieren.

Kartoffelsalat mit Wasabi-Dressing

Unbedingt kleinere, festkochende Kartoffeln nehmen, zum Beispiel Sieglinde, Selma, Nicola oder Cilena. Wasabi ist der scharfe grüne Meerrettich, mit dem die Japaner ihre Sushi würzen. Die frische Wurzel, die extrem leicht verdirbt, bekommt man auch in Japan nur selten. Sie wird daher zu einem grünen Pulver verarbeitet, das mit ein wenig Wasser (oder einer anderen Flüssigkeit) zu einer Paste angerührt wird (siehe auch Seite 35).

1. Kartoffeln kochen, lauwarm schälen und zentimetergroß würfeln.
2. Wasabi mit Weißwein anrühren, Ponzu oder Zitronensaft zufügen, salzen und mit Öl aufschlagen. Samt Schalotten und kleingeschnittenem Basilikum unter die Kartoffelwürfel mischen.

Paßt besonders gut zu gekochtem, gebackenem oder gebratenem Fisch.

Für 4 Personen:

300 g Salatkartoffeln

WASABI-DRESSING:
1 gehäufter TL Wasabi, 4 EL trockener Weißwein, 1 EL Ponzu oder Zitronensaft, Salz, 2–3 EL Öl, 1 gehackte Schalotte, einige Basilikumblättchen oder Koriandergrün

Ponzu **ist ein japanisches Produkt, wird aus Zitrussäften mit verschiedenen Gewürzen zubereitet und dient zum Würzen von Fleischgerichten und zum Anmachen von Salaten. Man bekommt es in den meisten Asia-Läden.**

Kartoffelsalat mit Ingwer

Hierzu kann man Salatkartoffeln, aber ebensogut auch vorwiegend festkochende Sorten nehmen, wie Grata, Quarta, Hela, Grandifolia oder Granola. Der Salat paßt zu gut gewürztem Siedfleisch, gesottenem Fisch, Würstchen oder Gegrilltem.

1. Kartoffeln pellen und in möglichst dünne Scheibchen schneiden.
2. Knoblauch, Ingwer und Chilischote fein würfeln, Schalotten in Scheiben, Zitronenblatt in feinste Streifchen schneiden, Korianderblätter abzupfen.
3. Alle Zutaten vermischen, den Salat sofort servieren.

Für 4 Personen:

500 g schon am Vortag gekochte Kartoffeln

SALATSAUCE:
2 Knoblauchzehen, ebensoviel frischer, geschälter Ingwer, 1 Chilischote, 3 Schalotten, ½ Zitronenblatt, 1 TL Koriandergrün, 2 TL Fischsauce, 2 TL Sojasauce, 2 EL Limonensaft, 2 TL asiatisches Sesamöl, 2 EL geschmacksneutrales Öl

Warmer, zerdrückter Kartoffelsalat mit Sülze

Für 2 Personen:

250 g vorwiegend festkochende Kartoffeln, 100 g Rindfleischsülze

SALATSAUCE:
2 EL Zitronensaft, 4 Frühlingszwiebeln mit Grün, Salz, 2 EL Chili-Sauce, 1 Msp. Szechuanpfeffer

Nehmen Sie hierfür vorwiegend festkochende Kartoffeln, wie im vorherigen Rezept angegeben, die sich besser zerdrücken lassen als Salatkartoffeln.

1. Kartoffeln kochen, pellen und sofort mit Zitronensaft, kleingeschnittener Zwiebel, Salz, Chili-Sauce und im Mörser zerstoßenem Szechuanpfeffer anmachen. Dabei die Kartoffeln zerdrücken.
2. Die Sülze würfeln, rasch untermischen, damit der warme Salat die Sülze sanft anschmelzen kann, und sofort servieren.

Szechuanpfeffer gibt's im Asienladen. Er muß vor Gebrauch in der trockenen Pfanne geröstet werden, damit er seine Würzkraft entwickelt.

Paßt als kleines Abendbrot oder als Vorspeise. Und schmeckt ebensogut mit Ochsenmaul, das in unserer schwäbischen Heimat überall zu bekommen ist. Allerdings ist es leider stets bereits mit schlechtem Essig als Salat angemacht. Deshalb waschen wir das Ochsenmaul unter fließendem, kaltem Wasser ab und machen es dann selbst auf diese Art zum Salat an.

Kartoffel-Avocado-Salat

Für 4 Personen (als Beilage):

500 g Salatkartoffeln, Salz, 1 TL schwarze Pfefferkörner, 1 gehäufter TL Pimentkörner, 2 saftige Zitronen (besser: Cedratfrüchte, die größeren und milderen Schwestern), 2 normale Avocados (Hass, Ettinger) oder eine ganz große (Nabal), 3–4 violette Schalotten, 1 rote Chilischote, 1 Zweig Estragon

1. Die Kartoffeln schrubben, kochen und 3 bis 4 Stunden langsam fast vollständig abkühlen und abbinden lassen.
2. Salz mit Pfeffer und Pimentkörnern im Mörser grob zerstampfen.
3. Die Zitronen auspressen und die Avocado(s) auslösen: halbieren und das zarte Fleisch mit einem Teelöffel in Flöckchen aus der Schale schaben. Sofort mit dem Zitronensaft vermischen, damit das Fruchtfleisch nicht anläuft.
4. Kartoffeln schälen, in Scheiben schneiden, mit den im letzten Moment gehackten Schalotten, der entkernten und gewürfelten Chilischote, den abgezupften Estragonblättchen und der

gemörserten Gewürzmischung zu den Avocados geben. Alles heftig vermischen, bis eine saftige Masse entstanden ist

Avocados: Fast alle unsere Avocados kommen aus Israel, manche aus Spanien, aber dort erreicht man noch nicht beste Qualitäten. Die aus Brasilien, Südafrika und Kenia importierten Früchte werden für den deutschen Markt – ebenso wie leider auch der größte Teil der israelischen – sehr unreif geerntet, damit sie lange halten. Solche Früchte werden nie schmelzend zart und aromatisch, auch wenn man sie in Zeitungspapier wickelt und an einen warmen Ort legt. Der Handel wünscht das so, weil er dann angeblich weniger Verluste hat – in Frankreich jedoch bekommt man ohne weiteres vollreife Früchte. Beste Sorten sind die bereits im September reife, glattschalige, kräftig-grüne, glänzende *Ettinger*, bis Weihnachten folgt die matte, rauhere *Fuerte*. Im Winter und Frühjahr dann die großen, runderen, elegant-aromatischen *Nabal* und zum Schluß die besten, die würzigen, aber hartschaligen, braunvioletten, eher unansehnlichen *Hass*.

Öl ist wegen des Fettgehalts der Avocado an diesem Salat absolut überflüssig. Statt Estragon paßt auch Pimpinelle oder Kerbel.

Kartoffelsalat mit Blutwurst und Äpfeln

Für 4 Personen:

250 g festkochende Kartoffeln, ½ kleiner Rotkohlkopf (200 g), 1 junge Zwiebel, 100 g Feldsalat, 2 saftige Äpfel (zum Beispiel Schweizer Glockenapfel oder Gravensteiner), Zitronensaft, Salz, Pfeffer, 3 EL Apfelessig, 4 EL Fleischbrühe, 3 EL Sonnenblumenöl, 250 g Blutwurst in dünnen Scheiben, einige Blätter Zitronenthymian oder frischer Majoran

1. Die Kartoffeln in der Schale gar kochen. Den Rotkohl auf dem Kraut- oder Gurkenhobel in feinste Streifen, die Zwiebel in Ringe schneiden. Den Feldsalat putzen und gründlich waschen. Die Äpfel vierteln, vom Kerngehäuse befreien, schälen und quer in Scheibchen hobeln, nun in Zitronensaft wenden, damit sie hell bleiben.
2. Aus Salz, Pfeffer, Essig, warmer Brühe (in der Mikrowelle 10 Sekunden) und Öl eine cremige Marinade schlagen.
3. Blutwurst, Rotkohl, Zwiebeln, Feldsalat und Äpfel mit den etwas abgekühlten, in Scheiben geschnittenen Kartoffeln gut vermischen und mit der Marinade anmachen. Zum Schluß noch die Kräuterblättchen unter den Salat streuen.
4. Wer den Salat schon ein paar Stunden vor dem Essen zubereiten will, fügt die Feldsalatrosetten erst unmittelbar vor dem Auftragen hinzu. Sie bleiben sonst nicht knackig, sondern werden lasch und fallen zusammen.

Rotkohl ist roh äußerst gesund und voller Vitamine, für manche aber nicht ganz leicht zu verdauen. Er wird geschmeidiger und behält dennoch seine frische Knackigkeit, wenn man ihn nach dem Hobeln mit etwas Salz bestreut, einige Minuten ziehen läßt und dann mit den Händen durchknetet. Dadurch werden die Zellen geschlossen, und die Kohlstreifen sind nicht mehr so sperrig in ihrer Konsistenz. Kurz abspülen, um überschüssiges Salz zu entfernen, und unter den Salat mischen.

Kartoffelsalat mit grünen Bohnen und Garnelen

Für 4 Personen:

300 g festkochende Kartoffeln, Salz, 8 größere Garnelenschwänze, 1 TL Speisestärke, 2 EL Olivenöl, Pfeffer, 4 junge Knoblauchzehen, ca. 250 g breite Bohnen (Schwertbohnen), 2 Bund Bohnenkraut, 1 kleiner Zucchino, 2 Frühlingszwiebeln, die gelben Herzblätter eines Kopfsalates

SALATSAUCE:
1 EL Sherry-Essig, 1 EL Dijon-Senf, wenig Salz, viel frisch gemahlener schwarzer Pfeffer, 4 EL Walnußöl

Ein eleganter Vorspeisensalat, der in einem anspruchsvollen Menü den verheißungsvollen Auftakt bildet.

1. Die Kartoffeln in Salzwasser kochen, lauwarm werden lassen, pellen und in Würfel schneiden.
2. Die Garnelenschwänze schälen, entdärmen (den schwarzen Faden entlang des Rückens auslösen, dabei längs halbieren. Mit Stärke einpudern und rundum einmassieren.
3. Im heißen Olivenöl unter stetem Rühren 2 Minuten braten, dabei mit feingewürfeltem Knoblauch bestreuen, mit Salz und Pfeffer würzen. Beiseite stellen und nachziehen lassen.
4. Aus den angegebenen Zutaten die Salatmarinade anrühren. Kartoffeln und Garnelenschwänze sofort darin umwenden und durchziehen lassen.
5. Bohnen putzen und schräg in 3 cm breite Stücke schneiden, dann in Salzwasser mit 2 Zweigen Bohnenkraut und 1 zerdrückten Knoblauchzehe 2 bis 3 Minuten kochen, eiskalt abschrecken. Die restlichen Bohnenkrautblätter abzupfen, Knoblauchzehen schälen und in feinste Blättchen schneiden.
6. Zucchino in Streifen hobeln, Frühlingszwiebeln mit dem festen Grün in Scheibchen schneiden.
7. Alle Zutaten mit den Kartoffeln und Garnelen mischen und auf Salatblättern hübsch anrichten und noch lauwarm servieren.

Dazu gibt's Brot und einen trockenen Roséwein aus der Provence.

Kartoffelsalat mit Artischocken und Kaninchenfilet

Ein ausgefallener, sehr edler Salat, der als Vorspeise am besten zur Geltung kommt.

Für 6 Personen:

300 g Salatkartoffeln, Salz, 2 große bretonische Artischocken (oder 6–8 kleine italienische), 1 Zitrone, 4 EL Olivenöl, Pfeffer aus der Mühle, ein Bund Petersilie,feingehackt, 250 g Kaninchenrückenfilet in einem Stück (ersatzweise Rinderfilet oder Hühnerbrust), wenn verfügbar 1 Döschen oder Glas schwarze Trüffeln (12,5 oder 25 g), 2 EL leichte Mayonnaise (Rezept zum Beispiel Seite 166)

VINAIGRETTE:
Saft von 2 Zitronen, 5–6 EL kaltgepreßtes Olivenöl extra vergine, 1 durchgepreßte Knoblauchzehe, von 3 Frühlingszwiebeln nur das Weiße

1. Kartoffeln in der Schale in leicht gesalzenem Wasser aufsetzen, garen, abgießen und so weit abkühlen lassen, daß man sie gut anfassen kann. Pellen und in Scheiben schneiden. Mit einer aus den angegebenen Zutaten gerührten Vinaigrette (Zwiebeln gehackt) übergießen und zugedeckt abkühlen lassen. Nicht umwenden, damit die Scheiben erhalten bleiben.
2. Artischocken bis auf ihr Herz sehr großzügig putzen, also rundum alles Harte und nicht Genießbare wegschneiden. Sofort in Zitronensaft wenden. Die Herzen in Scheiben aufschneiden und wieder mit Zitronensaft beträufeln, wenden.
3. In einer beschichteten Bratpfanne 2 Eßlöffel Öl erhitzen und die Artischockenscheibchen bei starker Hitzezufuhr rasch darin rösten. Salzen, pfeffern, mit der Hälfte der gehackten Petersilie mischen und abkühlen lassen.
4. Das Filet ebenfalls in 2 Eßlöffel Öl in einem kleinen beschichteten Pfännchen rosa braten – auf beiden Seiten je 1 Minute kräftig anbraten, dann neben der Herdplatte zugedeckt nachziehen und langsam weitergaren lassen. Insgesamt etwa 20 Minuten ruhen lassen.
5. Wenn vorhanden, die Trüffel in dünne Scheiben aufschneiden, den Saft an die Kartoffeln geben. Kartoffeln und Artischocken vermischen und hübsch anrichten.
6. Das Fleisch in sehr dünne (höchstens 2 mm starke!) Scheiben aufschneiden und auf den Salat legen. Mit leichter Mayonnaise beklecksen und mit der restlichen Petersilie bestreuen.
7. Sofort servieren, frisches Baguette dazu reichen und einen kräftigen, trockenen Weißwein (Burgund, Provence, Soave, Sardinien).

Tip: Statt der teuren und raren Trüffeln kann man auch rohe Champignons nehmen. Dann zusätzlich noch mit Estragon würzen. Außerdem kann man kleingeschnittenes Tomatenfleisch und grüne Böhnchen in winzigen Stückchen oder 4 cm langen Abschnitten dazumengen.

Kartoffelsalat mit Thunfisch

Nicht jeder Salat, in dem Thunfisch eine Rolle spielt, ist gleich die berühmte »Salade niçoise« (siehe Seite 153).

Für 4 – 6 Personen:

500 g frisch gekochte, noch warme Salatkartoffeln, 1 große milde Zwiebel (weiß), 1 Dose Thunfisch (in Olivenöl), 1 Tasse gekochte Erbsen (tiefgekühlte nur auftauen), 1 große Knoblauchzehe, 1 Anchovisfilet in Öl, 2 EL Weinessig, 6 EL Olivenöl, Salz, Pfeffer, Schnittlauch

1. Kartoffeln pellen und in etwa 3 mm dicke Scheiben schneiden. Zwiebel schälen und in feinste Ringe hobeln. Thunfisch abtropfen und zerpflücken. Erbsen und die bisher genannten Zutaten in einer Schüssel mischen.
2. Für die Sauce die Knoblauchzehe durch die Presse drücken und das Anchovisfilet schaben (es ist viel feiner und intensiver als Sardellenpaste). Mit Essig und Öl aufschlagen und abschmecken. Vorsicht mit Salz, denn Sardellen sind ja salzig.
3. Alles umwenden und mit feinen Schnittlauchröllchen bestreuen. Sofort servieren.

Tip: Wenn Sie den Salat als handfesten Imbiß servieren wollen, dann richten Sie ihn doch auf einer großen Platte an und umgeben Sie ihn mit einem doppelten Kranz aus Tomaten- und Eischeiben.

Salat aus blauen Kartoffeln mit Gurke und Kalbszunge

Diesen Salat sollte man natürlich möglichst kurz bevor die Gäste kommen anmachen und auf keinen Fall im Kühlschrank aufbewahren! Idealerweise sollte er noch lauwarm sein.

Blaue Kartoffeln findet man selten auf unseren Märkten, aber immer öfter, seit die Bauern bereit sind, auch mal neue Wege zu gehen. In Feinkostläden gibt es sie häufiger, für stolzes Geld aus Frankreich importiert. Sie sehen wild aus, mit ihrer dunkellila Schale und dem leuchtendvioletten Fleisch. Aber sie schmecken wunderbar kartoffelig. Sie sind manchmal mehr, manchmal weniger mehlig, aber immer für Salate bestens geeignet. Die Kalbszunge unbedingt unmittelbar vor dem Servieren ganz frisch aufschneiden.

Für 4 – 6 Personen:

1 gepökelte Kalbszunge, 1–2 Bund Suppengrün, Salz, 1 TL Pfefferkörner, 1 Lorbeerblatt, 1 Chilischote

KARTOFFEL-GURKEN-SALAT: 750 g blaue Kartoffeln, Salz, Pfeffer, 1 große Zwiebel, ½ Salatgurke, 3–4 EL Fleisch- oder Gemüsebrühe, 3–4 EL Weinessig, 3 EL Öl (vorzugsweise Olivenöl), Schnittlauch, Kerbel oder Dill

1. Die Zunge am Vortag kochen. Mit Suppengrün und Gewürzen in einen Topf geben, mit Wasser bedecken und auf mittlerem Feuer knapp 2 Stunden leise ziehen lassen, bis eine Nadel, mit der Sie hineinstechen, widerstandslos durchgleitet. Die Zunge im Sud abkühlen lassen, dann die ledrige Haut abziehen, unschöne Fett- und Knorpelstücke wegschneiden. Die Zunge in Klarsichtfolie wickeln und bis zum nächsten Tag kalt stellen.
2. Für den Salat die Kartoffeln in gesalzenem Wasser gar kochen, nur ein wenig abkühlen und abbinden lassen. Unbedingt noch lauwarm pellen, in Scheiben schneiden und sofort anmachen: Salzen und aus der Mühle pfeffern. Die Zwiebel hacken, die Gurke schälen und in dünne Scheibchen hobeln. Beides zufügen.
3. Den Salat mischen, mit etwas heißer Fleisch- oder Gemüsebrühe befeuchten; mit Essig würzen und gründlich umwenden. Kurz ziehen lassen, dann erst das Öl zugießen, wieder umwenden und abschmecken. Eventuell noch mehr Fleischbrühe zufügen – der Salat muß jetzt schön saftig sein. Salz und Säure aufeinander abstimmen!
4. Zum Servieren ein Häufchen Kartoffelsalat in die Tellermitte setzen. Die Kalbszunge auf der Aufschnittmaschine in millimeterdünne Scheiben schneiden und auf dem Kartoffelsalat locker anrichten. Alles dekorativ mit Kräuteröl (Seite 711) beträufeln.

Basilikumduftender Kartoffelsalat mit knusprigem Schweinehals

Hier muß man wirklich verschwenderisch mit Basilikum umgehen und dann konzentriert sich in diesem Salat der Duft von Sommer!

1. Zuerst das Fleisch vorbereiten: Dafür das Stück mit einer Marinade einreiben, für die Knoblauch, Ingwer, Koriander, Salz, Pfeffer und Öl im Mörser oder Mixer zu einer Paste

Für 6 Personen:

800 g festkochende Kartoffeln, 2 Tassen Basilikumblätter, 4–6 Knoblauchzehen, ½ TL Salz, 5 EL milder Apfelessig, 5 EL Olivenöl, 5 EL Gemüse- oder Hühnerbrühe

SCHWEINEHALS:
1 kg Schweinehals, 4 Knoblauchzehen, 1 walnußgroßes Stück Ingwer, 1 TL zermörserter Koriander, Salz, Pfeffer, 2 EL Öl

zerkleinert werden. Ein paar Stunden, ruhig auch bis zum nächsten Tag in einer Plastiktüte beizen.

2. Schließlich auf einem Rost über der Fettpfanne in den auf allerheißeste Stufe vorgeheizten Ofen schieben. Sobald das Stück rundum knusprig angebraten wirkt – nach ca. 25 bis 30 Minuten –, die Hitze auf 80 Grad herunterschalten und das Bratenstück mindestens 1 bis 1,5 Stunden ziehen lassen. Bis zum Servieren in Folie hüllen und abkühlen sowie weiter durchziehen lassen.
3. Inzwischen den Salat vorbereiten: Die Kartoffeln in der Schale weich kochen. Für die Sauce die Basilikumblätter, Knoblauch, Salz, Essig und Öl im Mixer pürieren, dabei die Brühe nach und nach zufügen.
4. Die Kartoffeln noch warm pellen und in dünne Scheiben schneiden. Mit der Sauce mischen, eventuell 2 Eßlöffel davon zurückbehalten. Jeweils einen Klecks Salat auf einen Teller setzen. Den in dünne Scheiben aufgeschnittenen Schweinehals darauf hübsch anrichten und mit Klecksen vom Saucenrest dekorieren.

Kartoffelsalat mit Edelpilzkäse

Für 4 – 6 Personen:

500 g Kartoffeln, Salz, 250 g Edelpilzkäse, 2 Schalotten (ersatzweise ½ kleine Zwiebel), 50 g Walnußkerne, 1 Bund glatte Petersilie

VINAIGRETTE:
3 EL Estragonessig, 4 EL Fleischbrühe, 3 EL Nußöl (aus Reformhaus oder Feinkostabteilung), Salz, Pfeffer aus der Mühle

Für dieses Rezept einen milden Blauschimmelkäse verwenden. Besonders eignen sich Bavaria blu, Danablu, Bleu de Bresse.

1. Kartoffeln in der Schale aufsetzen und in Salzwasser garen. Noch heiß pellen, in Scheiben schneiden und mit der aus den aufgeführten Zutaten gerührten Vinaigrette übergießen. Abkühlen lassen, dabei ab und zu umwenden – die Scheiben dürfen dabei ruhig ein wenig zerfallen.
2. Edelpilzkäse in kleine Würfel schneiden. Schalotten (Zwiebel) fein hacken. Walnußkerne ein wenig zerkleinern. Petersilie waschen, Blättchen von den Stielen zupfen.
3. Die Kartoffeln mit Schalotten, Nüssen und Petersilienblättern wenden. Salat in eine saubere Schüssel oder Portionsschalen füllen und mit den Käsewürfeln überstreuen. Sofort servieren, bevor der Käse schmierig wird.

4. Dazu paßt herzhaftes Landbrot oder Zwiebelbaguette und ein leichter, junger, kühl zu trinkender Rotwein (Beaujolais primeur, Valpolicella oder Bardolino). Aber selbstverständlich geht dazu auch ein Glas Bier.

Tip: Sehr gut paßt in den Salat auch in Scheibchen geschnittener Stangensellerie. Nach Belieben auf Radicchio- oder Chicorée-blättern anrichten, weil deren zartbittere Note ebenfalls gut mit dem Salat harmoniert.

Tips & Variationen

Jeder kann einen guten Kartoffelsalat machen – vor allem, weil es »den« Kartoffelsalat nicht gibt. Wohl aber kennt jeder »seinen«! Und weil man Kartoffelsalat, wie kein anderes Gericht, nach der eigentlichen Zubereitung nicht nur abschmecken kann, sondern mit ein paar Zutaten vollkommen verändern. So gibt es immer Raum für Improvisation. Das liegt schon in der Natur der Kartoffel – mehlig bis festkochend, vom Vortag oder noch heiß in der Schale oder als Salzkartoffeln gekocht, in dünnen oder dicken Scheiben, klein und rund oder in Stücke geschnitten: Die Essig- und Ölaufnahme, der Salzbedarf, Durst nach zusätzlicher Flüssigkeit (Fleischbrühe, Gemüsesud, sogar Wein) – alles muß bei jeder Zubereitung neu bedacht, angewendet und überprüft werden.
Das übrigens ist Kreativ Kochen; dabei bedeutet das »muß« die geschmackliche Freiheit des ganz persönlichen Gaumens!
Neben den grundlegend geschmacksbestimmenden Zutaten Essig und Öl können vielerlei Ingredienzien, interessante Bereicherung oder Gegensätze liefern. Hier ein paar Tips:

- Kräuter: Welche, bestimmen Sie anhand anderer Zutaten im Kartoffelsalat, denn die Kartoffeln selbst harmonieren mit allen Kräutern. Gibt's Gurke im Salat, nehmen Sie Dill und Borretsch; gibt's Tomaten, passen Basilikum, Kerbel oder Estragon. Mit Ei fügen Sie Weinraute oder Petersilie zu, mit Avocado Schnittlauch, mit Bohnen Bohnenkraut. In jedem Falle beachtenswert: Kräuter enthalten wertvolle Mineralien und Vitamine!

- Fisch und Kartoffeln passen gut in einen Salat, wie der Heringssalat altbekannter Bauart beweist. Es darf aber auch mal etwas frisch Gebratenes sein – etwa Rochenflügel, Seezunge, Schollenfilet und Kabeljau. Und zwar stets mit etwas Zitronensaft beträufelt.
- Pilze passen prima: Champignons, Egerlinge und Austernpilze. Jeweils nur ganz kurz gebraten, denn sonst werden sie hart.
- Geröstete Kürbiskerne, Mandeln oder Nüsse können einen Salat nicht nur geschmacklich, sondern vor allem in der Konsistenz bereichern: Es ist höchst überraschend, im weichen Salat solche knusprig-knackigen Teilchen zu finden. Vor allem in den Kartoffelsalaten mit Gemüse und Fleisch.
- Apropos: Fleisch im Kartoffelsalat ist zwar nichts Besonders, das gibt's in vielen Varianten. Doch wird das Fleisch (Reste!) vor allem kalt beigemischt. Warum nicht mal warm? Den Salat anrichten und darauf in dünne Scheiben geschnittenes Fleisch legen, z.B. Entenbrust oder Schweine-, Rinder-, Kalbsfilet, Hühnerbrust, Wild, ebenso jede Art Innereien junger Tiere.
- Schnecken im Salat sind der Albtraum aller Gärtner, nicht aber in Butter und Knoblauch gebratene Weinbergschnecken im Kartoffelsalat! Man kann sie im Häuschen, einfacher aber in einem Pfännchen zubereiten und gibt sie heiß an den kalten Salat. Unbedingt mit viel Petersilie und Zitronensaft abschmecken! Damit haben Sie auch bei ausgebufften Kartoffelsalat-Freunden noch Erfolg.
- Ein Häufchen Kaviar auf der Kartoffel ist gut. Ein Haufen Kaviar auf einem ganz mild mit Zitronensaft und Crème fraîche angemachten, noch warmen Kartoffelsalat ist besser. Ideal für ein ausgiebiges zweites Frühstück oder zum Brunch. Je nach Geldbeutel mit echtem Kaviar vom Stör, Lachs- oder Forellenkaviar.
- Paprika ist ein wahrer Tausendsassa! In Ringen oder Streifen, am besten aber fein gewürfelt macht er die meisten Kartoffelsalate nicht nur einladend bunt und pikant, er steigert durch seine angenehm frische Knackigkeit auch das Eßvergnügen. Außerdem ist sein Vitamin-C-Gehalt immer erwünscht!
- Stangen-, Bleich- oder englischer Sellerie wird leider noch viel zu wenig bei uns verwendet. Dabei schmecken die Stengel viel zarter, haben herrlich knackigen Biss und sind inzwischen auch weitgehend fadenfrei. Ihr Aroma und ihre Konsistenz bringen

eine wirklich ideale Ergänzung zur Kartoffel. Das weiß man in Frankreich und England schon lange, weshalb in den meisten Kartoffelsalaten der internationalen Küche dieser Sellerie in Würfelchen oder Scheibchen zu finden ist.

- Würstchen im Kartoffelsalat? Sicher, mit viel Zwiebeln, Petersilie, Kapern ein Gedicht! Es müssen nicht immer Frankfurter (oder Wiener!) sein, gut eignen sich auch Leberkäs, Lyoner, Jagd- oder Fleischwurst, Bierschinken, Gelbwurst: Und zwar aufgeschnitten, in Scheibchen oder Streifen, dazu Gewürzgurke, Kräuter und Zwiebeln. Das Dressing kann eine einfache Vinaigrette aus Essig und Öl oder eine Joghurtsauce, Sahnesauce, selbst eine Mayonnaise sein.
- Auch Eier im Kartoffelsalat sind nichts umwerfend Neues. Aber, nicht immer nur die alltäglichen Scheiben oder Viertel! Versuchen Sie einmal einen Salat aus kleinen Kartöffelchen und Wachteleiern, jeweils nur halbiert und angemacht mit Senf-Vinaigrette, die alles dick überzieht. Angerichtet auf Salatblättern, Knoblauchbrot und mit einem frischen Weißwein dazu.

Nudelsalate

Nudelsalat mit Kräutern

Dazu gibt's heiße Würstchen oder kalten Schinken. Der Salat macht natürlich eine fabelhafte Figur auf dem sommerlichen Partybuffet.

Für 4 – 6 Personen:

400 g Bandnudeln (Tagliatelle), Salz, 2–3 EL Olivenöl, gemischte Kräuter (z. B. Petersilie, Basilikum, Frühlingszwiebel mit Lauch, Brunnenkresse), 2 Knoblauchzehen, 6 EL Mayonnaise (natürlich selbstgemacht – Rezept Seite 166 oder 717), 1–2 EL kleine Kapern, 2 zerdrückte Anchovisfilets, Pfeffer und Senf je nach Geschmack, eventuell etwas Zitronensaft

1. Nudeln in sprudelndem Salzwasser al dente – also bißfest – gar kochen. Blitzschnell unter fließendem Wasser abschrecken und mit einem Löffel Olivenöl durchschwenken, das gibt Geschmack und verhindert garantiert, daß sie zusammenkleben.
2. Kräuter putzen, von den Stielen zupfen, ein paar Blättchen für die Dekoration zurückbehalten. Die übrigen ganz fein hacken oder besser im Universalzerkleinerer pürieren. Dabei unbedingt ein wenig Öl zugeben, damit die Kräuter nicht oxydieren und bitter werden (ist auch empfehlenswert, wenn die Kräuter nach dem Hacken noch ein wenig herumstehen).
3. Knoblauchzehen mitpürieren oder durch die Presse drücken. Mit den übrigen Zutaten zu einer grünen Sauce mischen und würzig abschmecken. Sollte die Mayonnaise nicht ausreichend gesäuert sein, mit etwas Zitronensaft nachhelfen.
4. Die Nudeln mit dieser Sauce umwenden und als sommerliches Hauptgericht reichen.

Taboulé

Für dieses aus Arabien stammende, erfrischende Sommergericht brauchen Sie Couscousgrieß, ein Hartweizengrieß, auch Taboulé genannt. Man kann ihn in gutsortierten Supermärkten und in Kaufhäusern oder in Türkenläden finden. Außerdem gehören unbedingt aromatische Minze (am besten arabische oder vietnamesische, die so herrlich aromatisch ist) und Koriandergrün hinein. Harissa, die mit Kreuzkümmel gewürzte arabische Chilipaste, gibt das typische Aroma! Auch sie ist in guten Geschäften problemlos zu finden.

1. Den Grieß mit dem Saft von 3 Zitronen vermischen und über Nacht im Kühlschrank zugedeckt durchziehen lassen.
2. Die Tomaten überbrühen und häuten, über der Schüssel mit dem Couscous kleinschneiden, so daß Saft und Kerne nicht verlorengehen.
3. Die Gurke schälen (zarte Schale braucht nicht entfernt zu werden) und mit den Kernen in Scheiben hobeln oder fein würfeln.
4. Die Zwiebeln in dünne Ringe zerteilen, Knoblauchzehen hacken, Chili entkernen, in Ringe schneiden. Blätter von den Kräutern nur abzupfen, eventuell grob hacken. Alles vermischen. Kräftig salzen und aus der Mühle pfeffern.
5. Oliven, Öl und den Saft der vierten Zitrone zufügen. Den Salat für eine weitere Stunde kühl stellen, dabei ab und zu umwenden. Eine halbe Stunde vor dem Servieren aus dem Kühlschrank nehmen.

Ein herrlich erfrischender Sommersalat, der eine ganze Mahlzeit sein kann. Wunderbar auch für Parties, denn der Salat wirkt auch noch nach Stunden auf dem Buffet appetitlich frisch.

Für 4 – 6 Personen:

250g Couscousgrieß, 4 große, saftige Zitronen, 500 g Tomaten, 1 Salatgurke, 2 rote Zwiebeln, 6–10 Knoblauchzehen, ca. 1–3 Chilischoten oder 1 TL Harissa, 12 Stiele frischer Koriander und 3 Stiele frische Minze (ersatzweise 1 Bund glattblättrige Petersilie), Salz, Pfeffer, 3–5 EL Olivenöl, 100–200 g schwarze Oliven

Türkischer Reissalat mit Lauch und Möhren

Für 6 Personen:

3 dicke Möhren, 2 große Zwiebeln, 2 Zehen Knoblauch, 5 Lauchstangen, 1/4 l Olivenöl, 500 g Langkornreis, 1 l Gemüse- oder Hühnerbrühe, Salz, 1 TL Zucker, 1 TL gemahlener Kreuzkümmel, je 1 Prise gemahlener Piment (Nelkenpfeffer) und Cayenne, 3–4 EL Weißweinessig, der Saft von 1 Zitrone, 3–4 Frühlingszwiebeln, 1 Bund glatte Petersilie

1. Möhren in dünne Scheiben hobeln, Zwiebeln und Knoblauch fein hacken, Lauch schräg in 2 cm breite Ringe schneiden. Alles Gemüse in der Hälfte des Öls in einem großen Topf andünsten, sofort salzen, damit seine Farbe leuchtend bleibt Die Hälfte des Gemüses herausheben, beiseite stellen.
2. Den Reis in den Topf streuen und so lange rühren, bis er überall von Fett gut benetzt ist. Wenn nötig, noch 1 – 2 Eßlöffel Olivenöl zufügen. Mit Brühe auffüllen, aufkochen und salzen, mit Zucker, Kreuzkümmel, Piment und Cayennepfeffer würzen. Etwas Essig hinzuträufeln. Zugedeckt auf kleinem Feuer ausquellen lassen.

3. Zum Schluß das restliche Gemüse wieder untermischen. Restliches Öl, Essig und Zitronensaft zufügen. Alles gut mischen und abkühlen lassen.
4. Vor dem Servieren nochmals abschmecken, großzügig feingeschnittene Frühlingszwiebeln und feingeschnittene glatte Petersilie untermengen.

Arabischer Reissalat mit Minze und Hühnerfleisch

Für 6 Personen:

1 Poularde,
1–2 Bund Suppengrün (je nach Größe),
500 g Langkornreis,
50 g Rosinen, Salz,
1 dicker Kopf Eissalat,
500 g Bleichsellerie,
1 möglichst blonder Endiviensalat,
3 Bund frische Minze,
50 g Pinienkerne,
2 Becher Sahnejoghurt,
4 EL Mayonnaise,
Saft von 4–5 Zitronen,
1 TL Harissa (scharfe arabische Chilipaste) oder eine andere Chilisauce,
½ TL gemahlener Kreuzkümmel,
1 EL Worcestershire Sauce

1. Die Poularde mit dem zerkleinerten Suppengemüse mit Wasser bedeckt auf kleinem Feuer etwa eine Stunde gar ziehen lassen. Das Fleisch von den Knochen lösen. Knochen und Haut wieder zurück in den Topf geben und nochmals zwei Stunden auskochen, damit eine kräftige Brühe entsteht. (Das möglichst bereits am Vortag erledigen: Die Brühe durchgesiebt kalt stellen, dann läßt sich vor ihrer Weiterverwendung das Fett leicht abheben).
2. In 2 Eßlöffeln von diesem abgehobenen Fett den Reis andünsten, mit ca. 1 Liter Hühnerbrühe angießen, salzen, Rosinen zufügen, dann aufkochen. Auf kleinem Feuer zugedeckt ausquellen lassen.
3. In den noch warmen Reis das in mundgerechte Häppchen geschnittene Hühnerfleisch mischen, damit es sich ein wenig erwärmt.
4. In Streifen geschnittenen Eissalat, in schmale Scheibchen geschnittenen Bleichsellerie, in sehr feine Streifchen geschnittene Endivie und zerzupfte Minzeblätter jedoch erst unter den abgekühlten Reis mischen.
5. Den Salat mit den übrigen Zutaten anmachen. Nicht zu lange ziehen lassen, sondern gleich servieren!

Japanischer Reissalat

Für 6 Personen:

5 Tassen Rundkornreis, gut 8 Tassen Hühnerbrühe, Salz, 2 EL Sojasauce, 2 EL Sake oder trockener Sherry, 1 EL Sesamöl, 500 g frische Okraschoten, (ersatzweise grüne Bohnen), 10 getrocknete Tonku- (beziehungsweise Shiitake-) Pilze, 2 Tassen Hühnerbrühe, 5–6 EL Sojasauce, 4 EL medium dry Sherry, 3 EL Sesamöl, 1 EL Zucker, 1 TL Wasabi (japanisches grünes Meerrettichpulver), 1 Salatgurke, 3 EL Sesamsamen, 3 EL Reisessig, 300 g gekochte Tiefseegarnelen (rosa Krabben)

1. Den Reis in der Hühnerbrühe mit einem Teelöffel Salz, Sojasauce, Sake oder Sherry auf dem Sesamöl aufkochen, dann zugedeckt ausquellen lasen.
2. Inzwischen die Okraschoten für 2 Minuten in kochendes Salzwasser geben, abgießen und eiskalt abschrecken. Schräg in zentimeterlange Stücke schneiden.
3. Die Pilze mit kochendem Wasser überbrüht eine halbe Stunde einweichen. Die Hüte in schmale Streifen schneiden, die Stiele wegwerfen. In einem Sud aus jeweils der halben Menge Brühe, Sojasauce, Sherry und Sesamöl, zusammen mit 1 Teelöffel Zucker auf kleiner Flamme simmern, bis die meiste Flüssigkeit verdampft ist.
4. Die andere Hälfte dieser Zutaten sowie das Wasabipulver hinzufügen und abkühlen lassen. Die geschälte und entkernte Gurke in dünne Scheibchen schneiden, mit Salz bestreuen und Wasser ziehen lassen. Die Gurkenscheiben gut ausdrücken und mit Reis, Okrastücken, Pilzstreifen samt ihrem Sud, Sesamsamen und Essig mischen. Zum Schluß Tiefseekrabben unterheben.

Tip: Der Salat muß deutlich die Schärfe des Wasabi haben – er gibt ihm erst den Charakter!

Vietnamesischer Reisnudelsalat

Für 6 Personen:

400 g feinste Reisnudeln (Vermicelli bzw. Fadennudeln), 1 TL Sesamöl, 800 g Schweinehals – ein möglichst mageres Stück ohne Knochen, 2 große Zwiebeln, 1 fester Salatkopf, 100 g frische Sojakeime, 1 Bund Pfefferminze, 1 Salatgurke, 2 Möhren

Läßt sich gut in größeren Mengen für viele Gäste machen, ist aber trotzdem ein ganz leichter Salat und wirkt elegant. Tip zum Servieren: Sie können alle Salatzutaten schon getrennt im voraus bereitstellen und fertigmachen. Gemischt werden sie erst, wenn die Gäste da sind, oder dies jeden Gast selber tun lassen!

1. Die Reisnudeln mit kochendem Wasser überbrühen und eine Stunde einweichen. Dann in frischem Wasser etwa 10 Minuten köcheln, bis die Nudeln weich sind. Abgießen, abtropfen

FLEISCHMARINADE:
2 Knoblauchzehen, 2 EL Erdnußöl, 3 EL Sojasauce, 5 EL Nuoc Mam (vietnamesische Fischsauce), 2 TL sehr fein geschnittenes frisches Zitronengras, 1 TL Fünf-Gewürz-Pulver, 1 TL Zucker, je ½ TL Salz und Pfeffer, 2 EL Speisestärke, 4 TL Sesamöl

SALATSAUCE:
2 Knoblauchzehen, 6 EL Zitronensaft, 2 EL Wasser, 2 EL Nuoc Mam, ½ TL Zucker, 1 EL Erdnußöl, 1 zentimetergroßes Stück Ingwerwurzel

und in etwas Sesamöl schwenken, damit sie nicht zusammenkleben.

2. Das Fleisch in exakte Würfel von etwa 2 cm Kantenlänge schneiden. Die Zutaten für die Fleischmarinade (nur 2 Teelöffel vom Sesamöl nehmen) im Mixer mischen (Knoblauch fein hacken oder zerdrücken). Die Fleischwürfel darin wenden und ebenfalls eine Stunde (aber auch gern länger!) ziehen lassen.
3. Inzwischen die Zwiebeln achteln oder sie sogar in 16 Segmente schneiden; sie sollen in der Größe den Fleischwürfeln gleichen.
4. Den Salatkopf entblättern, dann waschen. Sojakeime waschen, abtropfen. Pfefferminzblättchen abzupfen. Salatgurke längs halbieren und mit der Schale quer in dünne Scheiben schneiden. (Wer mag, kann die Gurke streifen, also immer wieder einen Streifen stehen lassen usw.) Möhren mit dem Gurkenschäler schälen, längs rundherum einkerben und danach quer in dünne Scheiben schneiden; sie sehen jetzt wie kleine Blütensterne aus.
5. Die Fleischwürfel in dem restlichen Sesamöl wenden. Auf einem Stück Alufolie unter dem heißen Grill rundum knusprig rösten oder in der Pfanne rundum knusprig braten.
6. Die Zutaten für die Salatsauce mischen, dafür Knoblauch und Ingwer sehr fein hacken oder zerdrücken. Die Reisnudeln in der Mikrowelle oder über Dampf erwärmen.
7. Anrichten: Die großen Salatblätter als Bett auf einer großen, runden Platte anordnen. In die Mitte die erwärmten Reisnudeln häufen. Die Gurkenscheibchen und Möhrenblüten als Kranz darum herum setzen. Dazwischen die Sojakeime streuen. Auf die Reisnudeln die kroß gegrillten Fleischwürfelchen setzen.
8. Zum Schluß alles vorsichtig mit der Salatmarinade tränken. Mit den Minzeblättern dekoriert sofort zu Tisch bringen.

Dazu kann man grünen Tee trinken oder ein kühles Bier

Der Salat schmeckt natürlich am besten, wenn man ihn stilecht mit Stäbchen ißt. Wer Schärfe liebt, kann die Salatsauce mit entkernten, grob zerkrümelten getrockneten Chilischoten nachwürzen.

Chinesischer Nudelsalat

Dafür kann man ruhig ganz normale europäische Eierbandnudeln nehmen, die aber nicht zu breit sein sollten. Am besten eignen sich Fettuccine, die etwa einen halben Zentimeter breit sind.

Für 6 Personen:

500 g grüne oder helle Bandnudeln, Salz, 1 EL Sesamöl, 2 Knoblauchzehen, 1 Stück Ingwerwurzel von ca. 2 cm Stärke, 1 große Zwiebel, 1 rote Paprikaschote, nach Belieben auch 1 –2 frische Chilischoten (rot oder grün), 1 Möhre, 2 EL Erdnussöl, 1 EL Sesamöl, 600 g Hackfleisch, 2 EL Sojasauce, 2 EL Sherry, 2 EL Hühnerbrühe (oder Wasser), 1 TL Zucker, Salz, Pfeffer, ½ TL Fünf-Gewürz-Pulver, 2 Frühlingszwiebeln, Saft von 2–3 Zitronen, Koriandergrün

1. Die Nudeln in reichlich Salzwasser knapp gar kochen, abtropfen, im Sesamöl schwenken, so kleben sie nicht zusammen.
2. Inzwischen die anderen Vorbereitungen erledigen: Knoblauch, Ingwer und Zwiebel fein hacken. Die Paprika halbzentimetergroß würfeln, die Chilischoten winzig klein hacken. Die Möhre ebenfalls in ca. halbzentimetergroße Würfel schneiden.
3. Beide Ölsorten im Wok erhitzen, zuerst Knoblauch, Ingwer und Zwiebel darin rasch unter Rühren anbraten, dann Möhre und zum Schluß Paprika zufügen. Wenn alles von einem Ölfilm überzogen ist, das Fleisch in die Pfanne geben und so lange unter Rühren braten, bis es krümelig geworden ist.
4. Mit Sojasauce, Sherry, Brühe und den Gewürzen versehen. Einmal aufkochen, dann vom Feuer ziehen. Zum Schluß die feingeschnittenen Frühlingszwiebeln und Zitronensaft unterrühren.
5. Alles mit den fertigen Nudeln mischen. Verschwenderisch mit Korianderblättern bestreut, noch lauwarm zu Tisch bringen.

Griechischer Reiskorn-Nudelsalat mit Hähnchenfleisch

In Griechenland liebt man diese Nudelsorte. Witzig daran, daß man auf den ersten Blick meint, Reis zu essen, und erst im Mund merkt, daß es sich um Nudeln handelt. *Orzo* heißen diese Nudelkörner. Man findet sie außer in Griechenläden auch in gutsortierten Supermärkten. Wenn nicht, können sie durch Suppensternchen oder Riebele ersetzt werden – aber bitte nicht durch Bandnudeln oder andere normale Sorten.

Für 6 Personen:

**1 Poularde,
1 größeres Bund Suppengrün,
Salz, ¼ l trockener Weißwein.
1 Lorbeerblatt, 1 EL weiße
Pfefferkörner (ungemahlen),
500 g Orzo-Reiskornnudeln,
1 Kopf Eissalat, 1 Salatgurke,
250 g Zuckerschoten
(Mangetouts), 1 Bund frische
Minze oder Zitronenmelisse,
3 bis 4 Frühlingszwiebeln**

**SALATSAUCE:
3 Eigelbe, ⅛ l Öl,
2–3 Zitronen, Salz, Pfeffer,
Cayenne, 1 TL scharfer Senf,
1 EL Worcestershire Sauce,
50 g ausgelöste Pistazien-
kerne**

---

1. Die Poularde mit dem geputzten Suppengrün, Salz, Wein sowie den angegebenen Gewürzen in einen passenden Topf füllen, mit Wasser knapp bedecken. Etwa 30 Minuten leise köcheln, dann herausheben, die Bruststücke auslösen.
2. Den Rest weitere 30 Minuten ziehen lassen, dann die Keulen abtrennen. Knochen und Haut wieder zurück in den Topf geben und leise köcheln lassen, bis die Brühe sehr intensiv und stark (um die Hälfte) eingekocht ist. Durch ein Sieb filtern und kalt stellen, damit sie geliert. Etwa ein Achtelliter aber zuvor abnehmen und warm halten. Das Hühnerfleisch von allen Seiten säubern und in akkurate Würfel schneiden.
3. Die Reiskornnudeln in Salzwasser gar kochen. Den Eissalat putzen, in 2 cm dicke Streifen schneiden. Die Gurken längs halbieren, Kerne entfernen, jede Hälfte noch mal längs halbieren oder sogar vierteln, wenn es sich um besonders große Exemplare handelt. Die Gurkenstreifen quer in 1 cm breite Stückchen schneiden.
4. Die Zuckerschoten in 2 cm breite Stücke schneiden, für eine Sekunde in kochendes Salzwasser werfen und dann eiskalt abschrecken. Die Minzeblätter von den Stielen zupfen. Die Frühlingszwiebeln schräg in schmale Streifen schneiden.
5. Für die Salatsauce die Eigelbe mit dem Handrührer oder in der Küchenmaschine dick und hell rühren, dabei langsam das Öl zufügen. Wenn die Mayonnaise dick ist, nach und nach so viel von der heißen, beiseite gestellten Hühnerbrühe unterschlagen, bis die Sauce die richtige Konsistenz hat.
6. Zum Schluß den Zitronensaft und die Gewürze zufügen. Die Salatmarinade schön säuerlich und gut scharf halten.
7. All die Salatzutaten miteinander mischen. Die empfindlichen Minzeblätter aber erst zum Schluß zufügen. Bis zum Servieren kalt stellen. Der Salat sollte wirklich gut gekühlt auf den Tisch kommen, nur dann wirkt er so erfrischend, wie er soll.
8. Anrichten: Den Salat in einer möglichst flachen, schön weiten Schüssel anrichten. Die inzwischen gelierte Hühnerbrühe in winzig feine Würfel schneiden und darüberstreuen. Dabei sehr grob gehackte Pistazien dazwischen verteilen.

Es ist ein überaus delikater Salat – eine wunderbare Mahlzeit an einem heißen Sommertag. Oder eine feine Vorspeise in einem sommerlich leichten Menü. Natürlich kann man sich die Arbeit leichter machen und ein fertig gebratenes Hühnchen dafür verwenden. Aber – es wird nicht dasselbe sein!

SUPPEN & EINTÖPFE

Noch vor zwei, drei Generationen war es kaum vorstellbar, die Mahlzeit nicht mit einer Suppe zu beginnen – vorausgesetzt, daß das Hauptgericht nicht selbst Suppe oder Eintopf war.
Die Suppe entstand in grauer Vorzeit – ein bäuerliches Essen, die einfachste und billigste Nahrung: Mehl- oder Brot-, Hafer-, Gries-, Gersten-, Grünkern-, Roggen- oder Emmersuppe (letzteres Getreide ist übrigens als der berühmte *farro* in der Toskana lebendig geblieben) stand in ganz Europa auf dem Speiseplan, je karger die Region, desto weniger reich die möglichen geschmacksgebenden Zutaten wie Speck, Wurst, Fleisch, Röstgemüse, Käse, Sahne oder Öl. Auf dem Lande hielten sich diese Suppen bis in die Mitte des letzten Jahrhunderts, als regionale Spezialität hat die Gastronomie sie vielerorts wiederbelebt, allerdings meist in ziemlich verfeinerter und reicherer Form.
Mit der allgemeinen Verbreitung der Fleischbrühe im Mittelalter (sie war freilich auch den Römern schon bekannt) begann ein neuer Abschnitt der Suppengeschichte: Der Pot-au-feu (Rindfleischtopf) und die Poule-au-pot (das Huhn im Topf, das Frankreichs König Henri IV. allen seinen Untertanen versprach), wurde Zeugnis erst bäuerlichen, dann auch bürgerlichen Wohlstands, Kernstück des sonntäglichen Wohlbefindens und gleichzeitig Basis für vielerlei Gerichte des darauf folgenden wöchentlichen Speiseplans. Es waren diese Suppentöpfe sowie einige aus regionalen Zutaten und Gegebenheiten entwickelte Eintöpfe – etwa die elsässische *choucroute garnie* (Sauerkraut mit Schweinefleisch und Würsten), die südwestfranzösische *garbure* (Gemüsetopf mit eingemachtem Gänsefleisch), der *cassoulet* aus dem Languedoc (Bohnentopf mit Schweinefleisch), die provenzalische *bouillabaisse* (Fischtopf) –, aus denen schließlich die große französische Küche entstand …
Unterdessen widmeten sich in der Epoche der bürgerlichen Hochkultur ganze Brigaden von Köchen dem Erfinden neuer Suppen und exquisiter Einlagen, welche gerne hochgestellten Persönlichkeiten zugeeignet wurden. Sie hatte den Höhepunkt ihrer Popularität erreicht, galt als gesund: »Die Suppe öffnet den Magen«, hieß es, und man servierte sie brüllendheiß. Nur der wohlerzogene Bürger wußte sie mit Manieren zu sich zu nehmen, durfte bestenfalls ein wenig auf den gefüllten Löffel pusten, um sie schneller abzukühlen. Die bäuerliche, samt Mägden und Knechten um den Tisch versammelte Familie schlürfte sie hingegen geräuschvoll.

Mit dem Beginn des letzten Jahrhunderts brach, aus Amerika kommend, ein neues Zeitalter an: Die Medizin verkündete, daß eine Mahlzeit mit einem Salat zu beginnen habe, der mit seiner anregenden Säure viel gesünder sei als eine sanfte Suppe. Die Chinesen hatten dies übrigens immer behauptet und die Suppe am Ende gereicht, sozusagen »um die Räume zwischen den festen Stücken vorangegangener Speisen aufzufüllen«.
Die Suppe war plötzlich als Dickmacher verfemt, fiel wieder auf ihre bäuerliche Herkunft zurück. In den Menüs der Spitzenrestaurants findet man ein oder zwei Varianten für die Unverbesserlichen, während die Liste der Vorspeisen immer länger wird. Nur Kraftbrühe und Consommé, leichte Cremesuppen und einige regionale Spezialitäten genießen weiterhin einen gewissen Ruf.
Eintöpfe und Schmorsuppen (etwa Gulasch) überläßt man dem Gasthaus und der Hausfrau. Denn wir Europäer haben ja nicht aufgehört, die Suppen zu lieben, verbinden mit ihnen Festtage (zum Beispiel die traditionelle Kartoffelsuppe an Heiligabend oder die Linsensuppe an Silvester), und vielerorts werden manche Suppen bestimmten Wochentagen zugerechnet. Unsere Suppen sind vielleicht sogar das Symbol eines gut geführten Familientisches.

Klare Brühen und Einlagen

Klare Fleischbrühe – Goldaugenbouillon

Wenn es beim Metzger gerade ein schönes Stück Brustkern gibt oder – noch besser! – von der Wade, wenn er Ihnen obendrein noch ein paar schöne Knochen einpackt, dann wäre es ja eine Schande, wenn man nicht rasch einen Topf Brühe ansetzte! Sie hält sich im Kühlschrank ein paar Tage frisch und ist so stets zur Hand. Noch besser hält sie, wenn man sie alle zwei Tage aufkocht. Und im Gefrierer ist sie ein eiserner Vorrat.

Für einen
4 – 5-Liter-Topf:

Je 1 gutes Pfund Rindfleisch und Knochen, 1 Möhre, 1 Zwiebel, 1 Stück Sellerie, 1 Lauchstange, 2 Lorbeerblätter, 1 EL Salz, 1 TL Pfefferkörner, ½ TL Pimentkörner, ½ TL Senfkörner, Eiweiß zum Klären, 1 Eigelb pro Person und Teller, Schnittlauchröllchen

1. Fleisch und Knochen auf dem Topfboden so verteilen, daß die Knochen die Fläche bedecken, auf die das Fleisch gebettet wird. Auf die heiße Herdplatte stellen, die Knochen einige Minuten anrösten – das gibt der Brühe einen kräftigen Geschmack.
2. Inzwischen das Gemüse putzen: Möhre, Zwiebel, Sellerie schälen. Die Zwiebel halbieren, mit ihrer Schnittfläche auf ein Stück Alufolie setzen und auf der heißen Herdplatte dunkel rösten – das dient der Farbe und dem Geschmack!
3. Den Lauch aufschlitzen und gründlich ausspülen. Alles Gemüse in Stücke schneiden und in den Suppentopf geben. Mit Wasser knapp bedecken. Die Gewürze hinzufügen. Langsam und ohne Deckel zum Kochen bringen. Wenn sich Schaum an der Oberfläche bildet und das Wasser zu wallen beginnt, die Temperatur auf kleinste Stufe schalten.
4. Die Brühe nunmehr zugedeckt bei kleiner Hitze etwa 2 Stunden ziehen lassen. Dann das Fleisch herausfischen, die guten Teile auslösen und für den Salat, eine Suppe oder ein anderes Gericht beiseite stellen. Fett, Sehnen und Gallertartiges zurück in den Suppentopf geben und mindestens eine weitere Stunde auskochen.
5. Die fertige Suppe schließlich durch ein Sieb gießen und gegebenenfalls mit Eiweiß klären.

Fleischbrühe klären: Suppen, Brühen, Fonds – sogar Weine – werden mit Eiweiß »blank«, glasklar und transparent. Das hat mit der Bindungsfähigkeit des Eiweißes zu tun. Wenn die Brühe zu stark gekocht hat, haben sich winzige Partikel gelöst, die als Trubstoffe darin herumschwimmen und nicht besonders schön aussehen. Um eine glasklare Brühe zu bekommen, gehen Sie folgendermaßen vor: Geben Sie ein verquirltes Eiweiß in die kalte Brühe, erhitzen Sie sie sehr langsam bis zu dem Punkt, an dem das Eiweiß gerinnt – koaguliert, wie der Fachmann sagt. Lassen Sie den Topf schließlich einige Minuten stehen, dann können Sie zusehen, wie das langsam gerinnende Eiweiß sämtliche Trubstoffe an sich zieht. Sie lassen sich anschließend herausfiltern, indem man die Brühe durch ein Tuch gießt. Dabei werden allerdings auch Geschmacksstoffe mit herausgefiltert, ein erwünschter Effekt, wenn die Brühe mal versalzen ist. Deshalb ist es besser, man beherzige den wichtigsten Grundsatz, der fürs Suppenkochen gilt: Nie den Schaum, der sich anfangs an der

Oberfläche absetzt, abschöpfen! Auch wenn viele Kochbücher und sogar Köche wider besseren Wissens es immer wieder anraten. Es handelt sich nämlich bei diesem Schaum um genau das Eiweiß, das die Brühe klar hält! Vorausgesetzt allerdings, man läßt sie nie wirklich ins Kochen geraten, sondern stets nur leise unter dem Siedepunkt ziehen. Dann wird nichts umhergewirbelt, und das Eiweiß kann in aller Ruhe seine klärende Arbeit verrichten.

Eierschneesuppe

Sie ist sanft und sahnig, zugleich aber duftig und schaumig aufgelockert. Ein überraschender Kontrast.

Für 4 Personen:

1 Schalotte, 1 Handvoll gemischte Kräuter (Kerbel, Petersilie, Estragon, Liebstöckel), 2 EL Butter oder Margarine, 3/4 l Fleischbrühe, 1 Scheibe Weißbrot, Salz, Pfeffer, Muskat, Zitronenschale, 2 Eier

1. Die geschälte Schalotte fein würfeln und mit den gehackten Kräutern in der heißen Butter andünsten. Mit der Brühe auffüllen, nur langsam aufkochen. Die entrindete und gewürfelte Weißbrotscheibe zufügen. Den Topf vom Feuer nehmen, die Suppe eine halbe Stunde lang ziehen lassen, bis das Weißbrot nahezu aufgelöst ist.
2. Kurz vor dem Servieren die Suppe mit dem Mixstab aufschlagen oder im Mixer fein zerkleinern. Erneut aufkochen. Mit Salz, Pfeffer, Muskat und etwas Zitronenschale würzen. Das Eigelb mit ein paar Löffeln Suppe glatt quirlen und hineinrühren. Erhitzen, bis das Eigelb bindet. Zum Schluß erst das steifgeschlagene Eiweiß unterziehen. Mit dem Mixstab noch einmal aufschlagen und, in Suppentassen oder -teller verteilt, sofort auftragen.

Besonders gut schmeckt diese Suppe, wenn man dafür das herzhafte aus Hartweizen gebackene Italienerbrot nimmt!

Schwemmklößchen in klarer Brühe

Für 4 Personen:

**2 Eier, Milch,
1 Tasse Mehl, 40 g Butter,
2 Eier, Salz, Pfeffer, Muskat,
1 Bund glattblättrige Petersilie,
etwa 1 l Fleischbrühe**

1. Die Eier in eine Tasse gleiten lassen. Mit Milch bis zum Rand auffüllen. In einen Topf schütten, eine Tasse Mehl und die Butter zufügen. Unter ständigem Rühren mit einem Kochlöffel erhitzen, bis ein fester Teigkloß entstanden ist, der sich vom Topfboden löst und dort einen weißen Film hinterläßt. Etwas auskühlen lassen.
2. Nacheinander weitere 2 Eier einarbeiten. Dabei mit dem Kochlöffel oder, bequemer, mit dem elektrischen Handmixer, rühren, bis ein glatter, glänzender Teig entstanden ist. Salzen, pfeffern und sehr mutig mit Muskat würzen. Zum Schluß die feingehackte Petersilie unterrühren.
3. Ein Töpfchen mit heißem Wasser bereit stellen, in dem Sie den Teelöffel immer wieder mal abspülen und anfeuchten können. Mit dem Löffel jeweils ein kirschgroßes Stück Klößchenteig abstechen und in der ebenfalls angefeuchteten Handkuhle rund und glatt formen.
4. In der heißen Brühe gar ziehen lassen. Sie sind fertig, wenn sie 5 Minuten lang an der Oberfläche schwimmen.

Eierriebele

Der Retter in letzter Not, wenn Sie einmal vergessen haben, rechtzeitig für eine Suppeneinlage zu sorgen. Die Riebele sind wirklich im Handumdrehn jederzeit gemacht.

Für 4 Personen:

**2 Eier, Mehl,
Salz, Pfeffer, Muskat**

1. Eier in einer Schüssel mit so viel Mehl verrühren, daß kleine Brösel entstehen (je nach Eiergröße 100 bis 120 Gramm).
2. Unbedingt gleich zu Beginn Salz, Pfeffer und Muskat einarbeiten – die fertigen Riebele sind kaum mehr zu würzen.
3. In die Brühe streuen und leise köcheln, bis alle Riebele oben schwimmen. Mit Schnittlauchröllchen bestreut in Suppentellern servieren.

Eierstich

Die klassische Suppeneinlage, die Sie so vielfältig abwandeln können. Zunächst einmal hier das Grundrezept.

Für 4 Personen:

2 Eier, 2 EL Sahne, 1 EL flüssige Butter, Salz, Pfeffer, Muskat

1. Die Eier mit Sahne und Butter verquirlen, keinesfalls schaumig rühren, sonst bekommt der Eierstich häßliche Bläschen. Die Masse durch ein Sieb streichen, damit auch die Hagelschnüre entfernt werden. Salzen, pfeffern und mit Muskat würzen.
2. In ein flaches Schälchen füllen. Den Eierstich im Wasserbad oder über Dampf 15 Minuten, in der Mikrowelle 5 Minuten, stocken lassen.
3. Abgekühlt in Würfel, Rhomben oder Streifen schneiden. Ganz besonders hübsch: Scheiben schneiden und daraus mit winzigen Ausstechern verschiedene Formen ausstechen.

Mit gemischten, feingehackten Kräutern, geriebenem Käse, Currypulver, Delikateßpaprika oder scharfem Senf können Sie der Eiermasse immer wieder neuen Geschmack geben und auch farbliche Akzente setzen

Markklößchen

Für 4 – 6 Personen:

40–50 g Rindermark (2–3 Knochenabschnitte), ½ Semmel (Brötchen) vom Vortag, 1 EL feingehackte Zwiebeln, 1 EL Butter, 1 EL gehackte Petersilie, 1 Ei, Salz, Pfeffer, etwas frisch geriebene Muskatnuß, geriebene Zitronenschale, 1 Prise Cayennepfeffer, 40–50 g Semmelbrösel

1. Das Rindermark am Vortag aus den Knochen drücken und in Eiswasser legen. So über Nacht im Kühlschrank stehen lassen. Das Mark wird dadurch ganz weiß – wird es verarbeitet, solange es noch rötlich ist, dann färben sich die Klöße grau. Am folgenden Tag das Mark herausholen und zimmerwarm werden lassen. Das halbe Brötchen in lauwarmem Wasser einweichen, dann gut ausdrücken.
2. Die gehackte Zwiebel in der Butter in einem kleinen Töpfchen andünsten, schließlich auch die Petersilie zufügen. Noch einfacher geht das im Mikrowellengerät: Butter und Zwiebeln in ein Schälchen geben, zudecken und kurz (1 Minute) bei starker Stufe dünsten.
3. Mark, ausgedrücktes Brötchen, Zwiebeln und Petersilie in die Küchenmaschine geben und geschmeidig mixen. Das Ei und die Gewürze hinzufügen. Zum Schluß nach und nach, dabei nur die kurz laufende Intervallschaltung benutzen,

Markklößchen lassen sich gut auf Vorrat herstellen, wenn der Metzger gerade viele Markknochen hat, und dann einfrieren: roh, nebeneinanderliegend, auf einem mit Folie belegten Tablett vorfrieren, dann in Folienbeutel verpacken. Wichtig: Vor dem Gebrauch im Kühlschrank oder bei Zimmertemperatur auftauen, dann wie gewohnt in Salzwasser gar ziehen lassen.

so viel Semmelbrösel untermischen, bis die Masse gut formbar ist. Zehn Minuten quellen lassen, dann kräftig abschmecken.

4. Zuerst ein Probeklößchen, etwa haselnußgroß, formen, in Salzwasser oder Brühe in ungefähr 6 Minuten gar ziehen lassen – nicht kochen, denn sonst fällt es unweigerlich auseinander. Die Klößchen sollen weich und sanft werden. Falls der Probeknödel zerfällt, mischen Sie noch mehr Semmelbrösel unter.
5. Alle Knödel formen, in Salzwasser gar ziehen lassen und in der Brühe, bestreut mit Schnittlauch oder Petersilie, servieren.

Schlickkrapferln

Auch die Schlickkrapferl lassen sich wunderbar einfrieren. Variieren Sie mit der Füllung: Statt des Schinkens kann man einen Bratenrest nehmen, auch frisches Hackfleisch ist geeignet.

Hierzu nehmen Sie fertigen frischen Nudelteig oder bereiten ihn selbst zu: aus 125 Gramm Mehl, einem großen Ei und eventuell einigen Tropfen Wasser. Es soll ein sehr fester Teig entstehen, den Sie ganz dünn ausrollen. Entweder Kreise ausstechen oder Quadrate ausradeln bzw. ausschneiden, die etwa 6 cm Durchmesser bzw. Kantenlänge haben sollten, letzteres ergibt weniger »Abfall« an Nudelteig. So entstehen entweder Kreise für Halbmonde oder Quadrate für die Dreiecks-Krapferln, die diagonal gefaltet werden.

Für 4 Personen:

FÜLLUNG:
100 g Schinken (gekocht oder roh), 30 g Speck, ½ Zwiebel, 1 Eigelb, 1 EL gehackte Petersilie, Salz, Pfeffer, 1 Eiweiß

1. Schinken sowie Speck, Zwiebel und Petersilie entweder von Hand sehr fein hacken oder im Mixer pürieren, dabei jedoch unbedingt das Eigelb und die Gewürze sofort zufügen, damit die Zwiebel nicht an der Luft oxydiert.
2. Alles gut mischen und abschmecken. Diese Füllung in die Mitte der Teigflecken setzen, die Ränder mit Eiweiß bestreichen, Krapferl zusammenklappen und Ränder fest andrücken.
3. In Salzwasser oder leise siedender Brühe in 8 bis 10 Minuten gar ziehen lassen.

Käseschöberl

Eine Suppeneinlage aus Österreich, dem Land der vielfältigen Rindssuppen: eine Art Käsebiskuit. Weil sich die Arbeit erst ab einer gewissen Menge lohnt, für den Vorrat backen und einfrieren!

Gefrorene Schöberl auftauen und im Backofen kurz aufbacken. Nicht lange in der heißen Brühe ziehen lassen, sondern sofort servieren!

Für etwa 10 Personen:

40 g Butter, 2 Eier, 40 g Mehl, 20 g frisch geriebener Parmesan (Parmigiano Reggiano oder Grana Padano), 1 Prise Salz, etwas Muskatnuß, nach Belieben einige Tropfen Aceto balsamico (Balsam-Essig aus Modena) oder Sojasauce, für die Form Butter und Mehl

1. Butter zimmerwarm werden lassen, Eier trennen.
2. Die Butter schaumig rühren, abwechselnd nach und nach die Eigelb, Mehl, Käse und Gewürze zufügen und einarbeiten. Zum Schluß die Eiweiße zu Schaum schlagen und unterheben.
3. Eine flache Form buttern und mit Mehl bestäuben oder mit Backpapier auslegen. Die Teigmasse einfüllen, so daß sie gut zentimeterhoch drin steht, und glatt streichen.
4. Bei 180 Grad etwa 15 Minuten goldgelb backen. Erst nach dem Erkalten aus der Form nehmen, in Rauten schneiden und mit der heißen Brühe übergießen.

Pilzbiskuit

Für etwa 10 Personen:

50 g frische Champignons, 1 Schalotte (¼ kleine Zwiebel), 1 EL gehackte Petersilie. 15 g Butter, 2 Eier, Salz, Pfeffer, 40 g Mehl, Butter und Fett für die Form

1. Die Champignons putzen, in dünne Blättchen aufschneiden. Schalotte sehr fein hacken, die Petersilie ebenso. Mit der Butter in einem Töpfchen andünsten (oder im Mikrowellengerät garen). Im Mixer pürieren.
2. Die Eier trennen. Eiweiß in einer großen Schüssel zu Schaum schlagen. In einer zweiten Schüssel Eigelb dick schlagen. Die abgekühlte Pilzmasse, Gewürze und Mehl unter das Eigelb rühren.
3. Zum Schluß den Eischnee vorsichtig unterheben. Masse ungefähr 1 Zentimeter dick in eine mit Backpapier oder Folie ausgekleidete, gebutterte und mit Mehl bestäubte Form füllen und bei 180 Grad 15 Minuten backen. Form noch heiß stürzen, Folie oder Papier abziehen und abkühlen lassen. In Würfel schneiden und in heißer Brühe servieren.

Schmeckt natürlich auch besonders lecker mit Pfifferlingen oder Steinpilzen!

Fleischbrühe mit Apfelduft und Basilikum

Für 4 Personen:

4 Äpfel (zum Beispiel Jakob Klar), Zitronensaft, 1 l kräftige Fleischbrühe, 1 Bund Basilikum, Salz, Pfeffer, einige Tropfen Sojasauce

1. Die Äpfel vierteln. Mit einem kleinen Kugelformer Perlen ausstechen, sofort in Zitronensaft wenden, so daß sie nicht bräunlich verfärben. Die Reste, auch Kerngehäuse und Schalen der Äpfel, aber ohne Blüten- und Stielansatz in der Brühe etwa 10 Minuten auskochen. Dabei die abgezupften Basilikumstiele mitziehen lassen, damit sie ebenfalls ihr Aroma der Brühe mitteilen. Die Brühe mit Salz, Pfeffer und Sojasauce abschmecken. Durch ein Sieb filtern.
2. Die Apfelperlen salzen und pfeffern, dann 5 Minuten auf leisem Feuer ziehen lassen. Zum Schluß noch die in feine Streifen geschnittenen Basilikumblätter in die Suppe einrühren.

Tip: In dem Basilikumstielchen steckt eine Menge Aroma, vor allem, wenn sie noch jung, also noch nicht verholzt sind; es wäre deshalb schade, sie ungenutzt wegzuwerfen. Für die Blätter gilt: erst unmittelbar vor dem Anrichten in feine Streifen schneiden oder zerzupfen. Niemals hacken. Dabei werden die Zellwände zerquetscht, die ätherischen Öle, die für den Geschmack verantwortlich sind, verfliegen, die Blätter oxydieren an der Luft und färben sich unappetitlich schwarz.

Gemüseperlen oder -oliven schnitzen: Eine dekorative Suppeneinlage sind bunte Gemüse- oder Fruchtperlen – sie lassen sich mit einem speziellen Werkzeug ganz einfach aus fleischigen Früchten herausstechen: Zucchini, Möhren, Sellerie, aus Melonen oder auch aus Äpfeln (für die Suppe mit Apfelduft). Einen Kugelbohrer gibt es in mehreren Größen. Von der winzigen Perle bis zur haselnußgroßen Murmel. Mit einem länglichen Bohrinstrument lassen sich ovale Oliven ausstechen, ganz glatt oder auch quer gerippt. Die »Abfälle« werden natürlich nicht weggeworfen, sondern werden in der Suppe ausgekocht.

Chinesische Hühnerbrühe (Grundrezept)

In einer chinesischen Küche steht immer ein großer Topf davon auf dem Herd. Alle Parüren (also Sehnen und Fett), die beim Vorbereiten anfallen, auch Gemüseabschnitte wandern hinein und werden ausgekocht. Wir haben immer genügend chinesische Hühnerbrühe in unserem Tiefkühlvorrat – in Viertelliterdosen – so daß man stets die nötige Menge entnehmen kann.

Zutaten:

Knochen, Haut, Flügel, Herz, Magen von 2 Hühnern (oder 800 g Hühnerklein), 2–3 Frühlingszwiebeln, 1 Stück Ingwer (etwa 3 cm), 2 EL Sherry, 3 EL Sojasauce

1. Die Hühnerteile in einen großen Topf geben.
2. Frühlingszwiebeln putzen und in Stücke hacken, Ingwer schälen und mit der Messerschneide zerquetschen.
3. In den Topf füllen, mit Sherry, Sojasauce und knapp 2 Liter Wasser auffüllen.
4. Offen langsam aufkochen, dann den Deckel auflegen und die Brühe etwa 2 Stunden ganz leise köcheln lassen.

In chinesischen Rezepten (übrigens leider auch manchmal in hiesigen) wird geraten, man solle Fleisch für die Brühe erst einmal mit kochendem Wasser überbrühen, das dann weggeschüttet wird. In Asien, wo auch heute noch das Fleisch auf den Märkten (und vielerorts auch in den Küchen) nicht gekühlt angeboten wird, ist dies eine notwendige Maßnahme: Eventuelle Bakterien werden so getötet und das Fleisch gereinigt. Bei uns, wo es ja ziemlich sauber hergeht, ist dies überflüssig, es schadet vielmehr, denn auf diese Weise schüttet man Eiweiß weg, das zum Klären der Brühe nötig (siehe auch Seite 188).

Chinesischer Eierstich

Er ist keine flüssige Suppe, sondern vielmehr eine herrlich würzige, stichfeste Creme, von sanfter Konsistenz. Ideal für Gäste, weil Sie alles fix und fertig vorbereiten und, kurz bevor die Gäste sich zu Tisch setzen, nur noch den Herd einschalten.
Der Eierstich wird in kleinen Portionsschälchen gedämpft. Wer keine chinesischen Suppenschälchen hat, nimmt Suppentassen oder auch normale Tee- oder Kaffeetassen. Es sieht sogar

hübsch aus, wenn sie zusammen mit den Untertassen zu Tisch getragen werden.

Für 4 Personen:

1 Handvoll Spinatblätter (oder Blätter vom Kopfsalat), 4 rohe, ausgelöste Garnelenschwänze, Salz, Pfeffer, 4 EL Perlerbsen (tiefgekühlt), 1/4 l Hühnerbrühe, 4 EL Sojasauce, 2 EL Sherry, 4 frische Eier

1. Die Blätter putzen, in Streifen schneiden und in vier Suppenschälchen verteilen.
2. Die Garnelen waschen, längs des Rückens einen Schnitt ziehen, den dort sitzenden Darm entfernen. Die Garnelen längs halbieren und quer in Stücke schneiden. Salzen und pfeffern. Ebenfalls in die Schälchen verteilen. Die Erbsen nun darüberstreuen.
3. Die restlichen Zutaten verquirlen, durch ein Sieb passieren und in die Schälchen gießen.
4. Die Schälchen nebeneinander auf den Siebeinsatz eines Dämpftopfs (das kann auch ein Schnellkochtopf sein, dessen Druckventil außer Kraft gesetzt wird) stellen. Zwei fingerbreit Wasser darunter einfüllen, aufkochen, den Topf verschließen.
5. Den chinesischen Eierstich auf sanfter Hitze über leise kochendem Wasser etwa 12 bis 15 Minuten sanft gar dämpfen. Dabei stets darauf achten, daß das Wasser niemals sprudelnd wallt, sonst wird der Eierstich zu heiß und bekommt häßliche Bläschen.

Der chinesische Eierstich schmeckt auch kalt. Als Getränk zu den intensiven asiatischen Gewürzen paßt besonders gut ein trockener Traminer, zum Beispiel vom Schlossgut Diel, Burg Layen an der Nahe!

Eierblumensuppe mit Schinken

Für 4 Personen:

2 Eier, 1 TL Sojasauce, 1 TL Sesamöl, schwarzer Pfeffer aus der Mühle, 50 g magerer gekochter, Schinken (in dünne Scheiben geschnitten), 1 Frühlingszwiebel, 3/4 l Hühnerbrühe

1. Die Eier mit Sojasauce und Sesamöl verquirlen, dabei kräftig pfeffern.
2. Den Schinken in feine Streifchen, Frühlingszwiebel schräg in feine Ringe schneiden.
3. Die Brühe aufkochen, die verquirlten Eier durch ein Sieb unter ständigem Rühren in die leise wallende Brühe gießen. Schinken und Frühlingszwiebel hinzufügen. Suppe in vier vorgewärmte Portionsschälchen füllen und sehr heiß servieren.

Klare Brühe mit Garnelenbällchen

Für 4 Personen:

400 g ausgelöstes Garnelenfleisch (frisch oder tiefgekühlt), 100 g Schweinebauch (ohne Schwarte und Sehnen), 3 Wasserkastanien aus der Dose (oder 1 Stück Bambussprosse), 1 EL Speisestärke, 1 EL Sojasauce, 1 EL trockener Sherry, ½ TL Sesamöl, Salz, ½ TL Zucker, Pfeffer aus der Mühle, 1 l Hühnerbrühe, 100 g Spinat oder Salatblätter

1. Garnelen- und Schweinefleisch im Kühlschrank gut durchkühlen lassen.
2. Schweinefleisch würfeln und mit dem Garnelenfleisch im elektrischen Zerhacker so durcharbeiten, daß eine Paste mit nur winzig kleinen Stücken entsteht. Zum Schluß die Wasserkastanien (oder Bambussprosse) ebenfalls im Zerhacker mit zerkleinern.
3. Die Masse mit Stärke, Sojasauce, Sherry, Sesamöl, Salz, Zucker und Pfeffer verkneten. Aus der Masse mit angefeuchteten Händen walnußgroße Bällchen formen.
4. Brühe aufkochen, die Bällchen darin bei milder Hitze 10 Minuten gar ziehen lassen.
5. Inzwischen den Spinat waschen, verlesen und von den Stielen befreien. (Salatblätter mundgerecht zerpflücken.) In die Suppe geben und zusammenfallen lassen.
6. Heiß auftragen. Dazu eine Mischung aus Salz und Pfeffer auf den Tisch stellen, die in einer trockenen Pfanne geröstet wurde, bis es duftet. Da hinein stippt man die Garnelenbällchen.

Variation: Die Bällchen im heißen Öl goldbraun fritieren und in der Brühe servieren.

Klare Spinatsuppe mit Eierstich und Tomaten

Für 6 Personen:

500 g frischer Spinat, Salz, 2 festfleischige Tomaten, ¾ l Brühe (Hühner-, Rinder- oder Gemüsebrühe), Muskat

ITALIENISCHER EIERSTICH: 3 Eier, Salz, Pfeffer, Muskat, Rosmarin, 3 EL frisch geriebener Parmesan

Alle Bestandteile lassen sich gut vorbereiten. Sobald die Gäste da sind, braucht man nur noch die Brühe mit dem Spinat erhitzen und anrichten.

1. Den Spinat verlesen, von Stielen säubern und in mehrmals gewechseltem Wasser gründlich waschen. In kochendes Salzwasser werfen, nach einer Minute wieder herausheben und eiskalt abschrecken – wegen der schönen Farbe – und abtropfen.

2. Die Tomaten sekundenkurz in das kochende Spinatwasser tauchen, abschrecken, häuten und entkernen. Das Fleisch in halbzentimeterkleine Würfelchen schneiden und zugedeckt beiseite stellen.
3. Für den Eierstich die Eier verquirlen, durch ein Sieb streichen, erst dann würzen und den sehr fein geschnittenen Rosmarin unterrühren. In ein (möglichst eckiges) Gefäß füllen und im Wasserbad im ganz leise siedenden Wasser in einer halben Stunde stocken lassen – dabei nicht zu heiß werden lassen, weil sich sonst scheußliche Bläschen bilden. Schließlich abkühlen lassen.
4. Zum Servieren die Brühe aufkochen, den Spinat darin erwärmen.
5. Zuerst den heißen Spinat in Suppenteller sowie obenauf die Tomatenwürfel (mit Salz, Pfeffer und Olivenöl würzen!) und den ebenso klein gewürfelten Eierstich verteilen, dann alles mit der kochendheißen Brühe – vorher nochmals kräftig abschmecken! – auffüllen. Sofort, am besten mit frisch geriebenem Parmesan servieren

Reissuppe mit Rindfleischstreifen

Für 4 Personen:

200 g Rinderlende, 1 EL Sojasauce, 1 EL trockener Sherry, 1 Stück Ingwer (etwa 1 cm), 2 Frühlingszwiebeln, 1 kleine Möhre, 2 EL Öl, Salz, 200 g gekochter Reis vom Vortag, 1 l Fleischbrühe, etwas Koriandergrün oder glatte Petersilie

***Variation:* Statt der Rinderlende können Sie jedes andere Fleisch verwenden. Probieren Sie die Suppe mal mit Putenfleisch.**

1. Das Fleisch in schmale Streifen schneiden. Mit Sojasauce, Sherry und Stärke vermischen und 30 Minuten ziehen lassen.
2. Knoblauch, Ingwer und Frühlingszwiebeln schälen oder putzen und fein hacken. Möhre schälen und in feine Stifte schneiden.
3. Das Öl im Wok erhitzen, zuerst Knoblauch, Ingwer und Frühlingszwiebeln darin schwenken, dann die Möhren hinzufügen, unter Rühren mitbraten. Dabei sofort salzen, damit sie die Farbe behalten.
4. Das Fleisch zugeben und braten, bis es rundum seine rote Farbe verloren hat. Reis zerkrümelt zufügen.
Mit der Brühe auffüllen und alles zum Kochen bringen.
Eine Minute köcheln, mit Koriandergrün bestreut servieren.

Klare Suppe mit Schweinefilet und Gurke

Für 4 Personen:

150 g Schweinefilet,
1 EL trockener Sherry,
1 EL Sojasauce,
1 Gärtnergurke,
1 Frühlingszwiebel,
¾ l Hühnerbrühe,
1 TL Sesamöl,
½ TL Zucker,
Salz, schwarzer Pfeffer

1. Fleisch quer zur Faser in feine Scheiben schneiden, in Schälchen mit Sherry und Sojasauce vermengen und ziehen lassen.
2. In der Zwischenzeit die Gurke schälen, längs halbieren und mit einem Löffel die Kerne herausschaben. Die Hälften quer in feine Scheiben schneiden. Die Frühlingszwiebel waschen, putzen und fein hacken.
3. Das marinierte Fleisch in einen Topf geben, mit der kalten Brühe auffüllen und langsam zum Kochen bringen.
4. Die Gurke und Frühlingszwiebel nach dem ersten Aufwallen zufügen. Mit Sesamöl, Zucker, Salz und Pfeffer abschmecken. Die Suppe sofort in vier Schälchen füllen und heiß servieren.

Vietnamesische Pho-Suppe oder 24-Stunden-Suppe

Für 6 Personen:

BRÜHE:
500 g Suppenfleisch vom Rind (Brustkern, Wade),
2 Markknochen,
2 Bund Suppengemüse (Möhre, Lauch, Sellerie, Petersilienwurzel mit Grün),
1 Zwiebel, 2 Schalotten,
1 Stückchen frischer Ingwer (2 cm lange Wurzel),
1 Zimtstange, 1 große Prise frisch geriebene Muskatnuß,
1 Stückchen Muskatblüte (Macis), 6 Stück Sternanis, 1 TL Koriandersamen, 5 Knoblauchzehen, ein paar Stengel Koriandergrün, 1 Stengel Zitronengras

Die wichtigste Suppe der vietnamischen Küche. Sie wird in zwei völlig voneinander getrennten Arbeitsgängen zubereitet: Zuerst wird die würzige Brühe gekocht – sie muß zwar nicht wirklich, wie ihr Name behauptet, einen ganzen Tag und eine Nacht kochen, aber doch viele, am besten ungezählte Stunden, damit die Gewürze auch richtig ausgezogen werden. Die eigentliche Suppe wird dann erst unmittelbar vor dem Servieren fertiggestellt.

1. Alle Zutaten für die Brühe in einen größeren Topf geben, mit Wasser bedecken und zum Kochen bringen. Die Hitze zurückschalten, den Deckel auf den Topf legen und das ganze 24 Stunden, ohne zu kochen, leise ziehen lassen. Die Brühe wird nicht gesalzen. Dann abseihen, abkühlen lassen, sorgfältig entfetten und wieder zum Kochen bringen.
2. Reisnudeln mit kochendem Wasser überbrühen und eine halbe Stunde ziehen lassen. Abtropfen.
3. Filet in hauchdünne Scheiben schneiden (wie für Carpaccio). Die Frühlingszwiebel in schräge Scheibchen schneiden,

AUSSERDEM:
50 g weiße Reisnudeln oder Glasnudeln, Salz, 200 g Rinderfilet, 2 kleine oder 1 größere Frühlingszwiebel, ½ Limone (ersatzweise Zitrone), 1 große Schalotte, 1 EL Sesamöl, Thaibasilikumblätter, Koriandergrün, 2–3 EL vietnamesische oder thailändische Fischsauce (Nuoc Mam), Zucker

Limone (Zitrone) in hauchdünne Räder, Schalotte in Ringe schneiden und diese in Öl knusprig braten.

4. Diese vorbereiteten Zutaten in chinesischen Suppenschalen verteilen: zuunterst Reisnudeln, darauf Frühlingszwiebeln, Kräuter und obenauf schließlich die rohen Rinderfiletscheiben. Die Brühe noch einmal mit Fischsauce und Zucker abschmecken. Am besten erst bei Tisch kochendheiß in die Schälchen über die Zutaten gießen.

Tip: Jeder Gast würzt sich seine Suppe nach Belieben mit ein paar Tropfen Limonensaft. Dafür die Limonen nicht einfach halbieren, sondern schräge Segmente abschneiden – so läßt sich ihr Saft mühelos herausdrücken.

Tom Yam Gung
Thailändische Garnelensuppe

Die Nationalsuppe Thailands ist ein genial einfaches Rezept. Mit ihrer doppelten Hitze – Schärfe und Temperatur – wirkt sie belebend und aufmunternd, durch ihre Säure erfrischend und bekömmlich.

Für 4 – 6 Personen:

500 g rohe Garnelen (tiefgekühlt oder frisch, am besten in der Schale), 1 EL Erdnußöl, 1 l Wasser, 2 Stengel frisches Zitronengras, ca. 3 cm frischer Galgant (auch Laoswurzel genannt), 3 – 4 kleine grüne oder rote Chilischoten (unbedingt die sehr scharfen, thailändischen Vogelaugenchilis), 2–3 EL Fischsauce (Nuoc Mam), 2–3 EL Limonen- oder Zitronensaft, 1 Stückchen Kaffirzitrone, 5 frische Kaffirzitronenblätter, Thaibasilikum

1. Die Garnelen aus der Schale lösen (das macht zwar Arbeit, aber in der Schale verkaufte Garnelen sind von besserer Qualität als geschälte). Den Rücken entlang halbieren und den dort verlaufenden Darm abziehen.
2. Die Schalen gründlich waschen, abtropfen, trocken schleudern und im heißen Erdnußöl rösten, bis sie rot werden und kräftigen Duft verströmen.
3. Das Wasser angießen, alles kräftig durchkochen, dabei die harten Stücke vom Zitronengras und die Schalen der Galgantwurzel mitkochen.
4. Das zarte Stück vom Zitronengras in feine Scheiben schneiden, den Galgant in Streifen. Die Chilischoten mit der flachen Seite des Küchenbeils zerklopfen.
5. Den Sud durch ein Sieb filtern, jetzt die fein zugeschnittenen Gewürze, Zitronengras, Galgant und Chilis hineingeben.

6. Zwei Minuten durchkochen. Fischsauce und Limonensaft sowie die Kaffirzitronenschale einlegen und die Garnelenschwänze in den Sud legen. Ohne sie zu kochen! – 2 bis 3 Minuten ziehen und rosa werden lassen.
7. Schließlich die in Stücke gezupften Zitronen- und Basilikumblätter, in Ringe geschnittene Chilischote, in Scheibchen geschnittene Frühlingszwiebel (samt Grün!) und zerzupfte Korianderblätter in die Suppe rühren. Dann sofort servieren.

ZUM GARNIEREN:
1 frische Chilischote (rot), 2 – 3 Frühlingszwiebeln, etwas frisches Koriandergrün oder Basilikum

Eine hübsche Idee, die Tom Yam Gung, wie oft in Thailand, in einem chinesischen Feuertopf zu servieren. Jeder Gast kann die Garnelen wie beim Fondue mit Stäbchen herausfischen. Dann kann man als Beilage feine Eier- oder Reisnudeln vorsehen, die auch im Sud gegart werden. Die Suppe selbst wird anschließend aus kleinen Teeschälchen getrunken.

Pappa di pomodoro

Die berühmte toskanische Tomatensuppe steht und fällt mit der Qualität der verwenden Tomaten! Ursprünglich ein sogenanntes Arme-Leute-Rezept, für das man nicht viel braucht: die Tomaten, die vor dem Haus im Garten wachsen, ein bißchen Olivenöl, altbackenes Brot, vielleicht noch etwas Basilikum ... Heute ist eine gute *pappa* selten geworden, in Restaurants traut man sich kaum mehr, etwas so Einfaches auf den Tisch zu bringen ...

Für 4 – 6 Personen:

1 kg reife Tomaten, 3 EL Olivenöl, 3–4 Knoblauchzehen, Salz, Pfeffer, einige Petersilienstengel, 1 Händchen voll Basilikumblätter, 6–8 altbackene Weißbrotscheiben

1. Die Tomaten halbieren. In einem Suppentopf im heißen Öl schmelzen, dabei den grob gehackten Knoblauch zufügen, salzen und pfeffern.
2. Die Kräuterstiele (die Hälfte der Blätter abzupfen und beiseite legen) zusammen mit dem Brot zu den Tomaten geben. So viel Wasser angießen, daß alles eben bedeckt ist. Etwa 20 Minuten leise köcheln.
3. Abschmecken, die Kräuterstiele und die Tomatenhäute herausfischen, stattdessen die restlichen Kräuter grob gehackt einrühren. Mit einem großzügigen Schuß frischem Olivenöl beträufelt servieren.

Cremesuppen

Grüne Spargelcremesuppe

Für 4 – 6 Personen:

1 kg grüner Spargel, 1 l Wasser, Salz, 1 Prise Zucker, 100 g Butter, Cayennepfeffer, Zitronenschale, Muskat, 1 Handvoll Kerbel

1. Den Spargel waschen, putzen, sorgsam schälen, die Spitzen abschneiden. Die Schalen mit den Spargelstangen in einem Topf mit Wasser bedecken, salzen, eine Prise Zucker zufügen sowie ein kleines Stück Butter. Zugedeckt 20 Minuten kochen, bis die Spargelstangen absolut weich sind.
2. Die Spargelstangen herausfischen, die Brühe durch ein Sieb filtern und zurück in den Topf geben. In diesem Sud die Spargelspitzen bißfest kochen – das dauert höchstens 4 bis 6 Minuten.
3. Spargelspitzen herausfischen, beiseite legen. Die Spargelstangen durch ein Sieb in die Brühe streichen oder durch die Gemüsemühle passieren.
4. Die Suppe mit dem Handmixer oder im Mixaufsatz der Küchenmaschine durchmixen, dabei die restliche Butter in kleinen Stücken zugeben und die Suppe damit binden.
5. Mit Salz, Zucker, Cayennepfeffer, Zitronenschale und Muskatnuß (oder Macis) abschmecken.
6. Die Spargelspitzen in die cremige Suppe geben.
7. Kerbel waschen, Blättchen von den Stielen zupfen und die Suppe damit bestreuen. Heiß zu Tisch bringen.

Hierzu gibt es frisch aufgeröstetes Weißbrot und – ausnahmsweise schon zur Suppe! – einen kräftigen, nicht säurebetonten, sondern runden Grauburgunder (Ruländer aus Baden) oder Tokai d'Alsace.

Radieschenblättersuppe

Das klingt ein bißchen verrückt. Aber es gibt keinen Grund, warum man die Blätter von Radieschen, wenn sie schön und frisch sind, wegwerfen sollte. Vorausgesetzt, sie stammen aus verläßlichem Anbau, wo mit Dünger, Pestiziden und Insektiziden so sparsam wie nötig umgegangen wird. Wer keine Radieschenblätter zur Verfügung hat, bereitet nach demselben Rezept eine Suppe aus Kräutern, Spinat oder auch Brennesseln zu.

1. Die Blätter verlesen, waschen und abtropfen; dickere Stiele entfernen. Die geschälten Kartoffeln klein würfeln, ebenso die Zwiebel.
2. In zwei Löffeln Butter andünsten, mit einer Tasse Brühe auffüllen, salzen, pfeffern und zugedeckt absolut weich kochen.
3. Die Blätter (oder Kräuter) zufügen, nur eben zusammenfallen lassen und schließlich alles im Mixer oder mit dem Mixstab fein pürieren. Dabei die restliche Brühe und die restliche Butter zufügen. Mit Salz, Pfeffer und Muskat abschmecken.
3. In Tellern anrichten und mit in Stifte gehobelten Radieschen bestreuen.

Für 4 Personen:

2 großzügig bemessene Handvoll frische Radieschenblätter, 2 mittelgroße Kartoffeln, 1 Zwiebel,100 g Butter, 3/4 l Brühe, Salz, Pfeffer, Muskat, 4 Radieschen

Miesmuscheln in Fenchelsuppe

Muscheln vorbereiten, wie im Rezept Miesmuscheln in Portwein (Seite 587) angegeben.

1. Miesmuscheln zubereiten, wie im erwähnten Rezept angegeben – nur die Hälfte des Olivenöls nehmen und auch jeweils die Hälfte der Zwiebel und des Knoblauchs zurückbehalten. Die fertiggekochten Muscheln etwas abkühlen lassen (nicht geöffnete Muscheln wegwerfen!), aus den Schalen lösen und beiseite stellen. Den Sud abseihen – wenn er sandig sein sollte, durch einen Kaffeefilter gießen – und bereitstellen.
2. Unterdessen den Fenchel waschen, putzen, harte Teile abschneiden, das zarte Grün beiseite legen. Fenchel grob hacken.
3. Das restliche Öl in einem Topf erhitzen, Safran zufügen. Zwiebel und Knoblauch darin andünsten, den Fenchel zugeben und ebenfalls etwas andünsten und den Zitronensaft zufügen. Dann mit gut 1/2 Liter Wasser aufgießen, salzen und pfeffern, den Deckel auflegen und den Fenchel in 15 Minuten weich kochen. Pürieren und durch ein Sieb passieren.
4. Die Muscheln in der Fenchelsuppe wieder erwärmen, das zurückgelegte Grün hacken und darüberstreuen.

Für 4 Personen:

1 Zwiebel, 1 Bund Suppengrün (Lauch, Möhre, Sellerie, Petersilie), 4 Knoblauchzehen, 2 Tomaten, 4 EL Olivenöl extra, 1,5 kg Miesmuscheln, Salz, Pfeffer, 1 kleine getrocknete Chilischote, 1/4 l trockener Weißwein, 2 schöne Fenchelknollen (ca. 400 g), 1 Msp. Safran, 1 EL Zitronensaft

Dazu gibt es Weißbrot (Baguette), eventuell auch trockenen Weißwein. Wer mag, dünstet den Fenchel in Butter und reichert die Suppe mit etwas Sahne an.

Muschelsuppe mit Ingwer und Safran

Für 4 Personen:

1 kg Miesmuscheln, 2 große Zwiebeln, 250 g frische Champignons oder Egerlinge, 2 Knoblauchzehen, 1 daumenkuppengroßes Stück frische Ingwerwurzel, 4 EL Olivenöl, 1 Döschen oder Tütchen Safran, Salz, Pfeffer, 1 Glas trockener Weißwein, ½ l Wasser, 150 g frische süße Sahne (auf keinen Fall »wärmebehandelt«), 1 kleines Bund frisches Basilikum (ersatzweise ein anderes würziges Kraut)

1. Muscheln waschen und vorbereiten wie oben angegeben. Zwiebeln pellen und fein würfeln, Champignons putzen und in feine Scheibchen schneiden. Knoblauch und Ingwer ebenfalls schälen und fein hacken.
2. 2 Eßlöffel Olivenöl erhitzen, Knoblauch und Ingwer zugeben und etwas anrösten. Dann den Safran zufügen und unterrühren, schließlich die vom Waschen noch ganz nassen Muscheln hineinwerfen. Deckel auflegen und die Muscheln sich öffnen und in etwa 2 Minuten vollkommen gar ziehen lassen. Mit dem Schaumlöffel herausheben und zum Abkühlen beiseite stellen. Muschelwasser mit Gewürzen aufbewahren.
3. Gleichzeitig in dem restlichen Öl die Zwiebeln und die Champignons andünsten. Salzen, reichlich pfeffern und den Wein angießen. Kurz aufwallen lassen, dann bei milder Hitze durchkochen, bis die Pilze weich sind.
4. Vier Suppenteller oder -tassen vorwärmen. Die Muscheln aus ihren Schalen lösen. Basilikumblättchen von den Stengeln zupfen, besonders große Blätter zerreißen.
5. Die Pilze in den Mixer geben, das Muschelwasser zugießen und alles pürieren. Bei laufender Maschine mit kochendheißem Wasser und der Sahne aufgießen, abschmecken.
6. Muscheln in den vorgewärmten Tassen oder Tellern verteilen und mit der Champignoncreme übergießen. Mit Basilikum bestreut servieren.

Dazu paßt gut ein Sherry, vorzugsweise ein mittelschwerer, also ein trockener (dry) Amontillado.

Exotische Apfelcremesuppe mit Curry

1. Die Äpfel vierteln, schälen, vom Kerngehäuse befreien, in Stücke schneiden. Mit den feingehackten Schalotten und der durch die Presse gedrückten Knoblauchzehe sowie der fein gewürfelten Ingwerwurzel in der heißen Butter gründlich anschwitzen. Mit dem Currypulver bestäuben und unter

Rühren so lange andünsten, bis alles von einer leuchtendgelben Schicht überzogen ist.

2. Die Hühnerbrühe angießen. Zugedeckt auf milder Hitze etwa 15 Minuten köcheln, bis die Äpfel völlig zerfallen sind. Die Suppe durch ein Sieb streichen oder mit dem Mixer fein pürieren. Mit Salz, Pfeffer, Muskat und einigen Tropfen Zitronensaft würzig abschmecken.
3. Zum Servieren einige feingeschnittene Chilistreifen obenauf verteilen. Wem das zu feurig ist, der kann auch Schnittlauch in Röllchen darüberstreuen.

Für 4 Personen:

4 Äpfel (zum Beispiel Gravensteiner), 2 Schalotten, 1 Knoblauchzehe, 1 Stück Ingwerwurzel von 2 cm Stärke, 2 EL Butter, 2–3 EL Currypulver, Cayennepfeffer, ca. 1 l Hühnerbrühe, Salz, Pfeffer, Muskatnuß und Zitronensaft, 1 grüne Chilischote oder Schnittlauchröllchen zum Anrichten

Blitzschnelle, kalte Tomatensuppe

Vorbild für diese Suppe ist der spanische *gazpacho*, die berühmte, knoblauchduftende kalte Suppe aus pürierten Gemüsen. Sie besteht hauptsächlich aus Tomate, aber auch viel Gurken, Paprika und Zwiebeln gehören hinein. Sie wird angedickt mit Brot – als Einlage wird dazu reichlich winzig klein gewürfeltes Gemüse gereicht, das man sich nach Belieben in die Suppe streut. Unsere Variante kommt mit Tomaten alleine aus, erspart die Mühe, Gemüse klein zu würfeln, schmeckt aber ungeachtet dessen mindestens ebenso gut, vorausgesetzt man hat die richtigen Tomaten: Reife, duftende Freilandtomaten muß man hierfür verwenden!

Für 4 Personen:

Etwa 750 g Tomaten, 3–4 Knoblauchzehen, 2 Schalotten, 2 Estragonstengel, 1 guter Schuß erstklassiges Olivenöl (extra vergine oder vierge extra), Salz, etwas frisch gemahlener Pfeffer oder eine Chilischote

1. Die Tomaten ungeschält halbieren und, ohne sie zu entkernen, in den Mixer füllen.
2. Grob zerkleinerte Knoblauchzehen und Schalotten zufügen, ebenso einige Estragonblättchen, einen guten Schuß aromatisches Olivenöl, Salz und Pfeffer. Mit Kompakt-Küchenmaschine, Mixer oder auch Pürierstab kräftig durchmixen, durch ein Sieb streichen oder drücken (am besten eignet sich ein Lochsieb aus Edelstahl, das es in guten Küchengeschäften gibt) und, wenn nötig, noch einmal nachwürzen.
3. In Suppenteller verteilen und mit Estragon garnieren.

Will man die Suppe warm essen, so stellt man sie kurz – jede Tasse etwa anderthalb Minuten – auf höchster Stufe in die Mikrowelle. Nicht richtig kochen, sonst geht der herrliche Geschmack der rohen Tomaten verloren.

Wer mag, streut vor dem Servieren noch Knoblauchcroûtons darüber: Dafür Weißbrotscheiben halbzentimetergroß würfeln, in heißem Olivenöl langsam golden rösten. Erst dann durch die Presse Knoblauch hinzudrücken und gründlich untermischen. Die Croûtons kann man ruhig bereits am Morgen vorbereiten – weil sie in Öl und nicht in Butter geröstet wurden, schmecken sie auch, wenn sie längst abgekühlt sind.

Tomatensuppe mit Reistürmchen

Für 4 – 6 Personen:

SUPPE:
1 große Zwiebel und 1 Knoblauchzehe, 2 EL Butter, 1 große Dose mit geschälten Tomaten, ½ l Fleisch- oder Hühnerbrühe, 1 Bund frisches Basilikum, Salz, Pfeffer, eine Prise Zucker

EINLAGE:
ca. 200 g frisch gekochter Reis, Öl zum Auspinseln der Förmchen, 3 EL Sahne

1. Die feingehackte Zwiebel und Knoblauchzehe in der Butter weich dünsten. Die Tomaten mitsamt ihrem Saft sowie die Brühe hineinrühren. Die Basilikumstiele zufügen (die Blätter beiseite legen). Mit Salz, Pfeffer und Zucker würzen. Etwa 20 Minuten leise köcheln. Dann die Stiele herausfischen, die Suppe im Mixer (oder mit dem Pürierstab) glatt mixen und zusätzlich durch ein Sieb streichen.
2. Für die Einlage den Reis fest in mit Öl ausgepinselte schmale, hohe Timbal-Förmchen (notfalls schmale Gläser oder hohe Täßchen) drücken und stürzen.
3. Die heiße Suppe in tiefe Teller füllen, in die Mitte jeweils ein Reistürmchen setzen, daneben einen Klecks Sahne geben und mit der Gabel verziehen, so daß hübsche Schlieren entstehen. Das Reistürmchen mit einem Basilikumblatt schmücken. Das verbliebene Basilikum fein schneiden und in die Sahneschlieren streuen. Achtung: Die Reistürmchen zerfallen leicht.

Griechische Zitronensuppe mit Kalbfleischklößchen

1. Für die Klößchen das durchgedrehte Fleisch mit allen anderen Zutaten zu einer geschmeidigen Farce vermengen. Mit einem Teelöffel kleine Nocken abstechen, diese in der

angefeuchteten Handfläche schön rund formen, in sanft wallendem Salzwasser etwa 8 Minuten gar ziehen lassen. Herausheben und zur Seite stellen. (Diese Arbeit kann man gut im voraus erledigen.)

2. Für die Suppe die Brühe aufkochen, den Reis hineinstreuen und in 5 Minuten gar ziehen lassen. Eigelb, Zitronensaft und Crème fraîche verquirlen, dann unter Rühren in die Brühe gießen, doch nur so lange erhitzen (dabei mit dem Schneebesen gründlichst durchschlagen), bis die Suppe zwar heiß und dicklich wird, aber nicht ins Kochen gerät; sonst gerinnt das Eigelb.
3. Zum Schluß die Kalbfleischklößchen in dieser Suppe behutsam erwärmen und den feingeschnittenen Estragon hineinrühren.

Tip: Die Suppe muß deutlich nach Zitrone schmecken, das macht sie so erfrischend!

Für 4 – 6 Personen:

KLÖSSCHEN:
ca. 350 g Kalbfleisch (Keule oder Schulter, vom Metzger bereits durch den Wolf drehen lassen), ½ TL Speisestärke, ca. 3 EL Kurzzeitreis, Salz, Pfeffer, eine Prise Cayennepfeffer und frisch geriebene Muskatnuß, 2 EL Crème fraîche und etwas zwischen den Fingern zerriebener Thymian, 2 EL feingehackte Petersilie

SUPPE:
1 l kräftige Fleisch- oder Hühnerbrühe, 4 EL Kurzzeitreis, 2 Eigelb, Saft von 2 Zitronen, 2 EL Crème fraîche, 2–3 Stengel Estragon

Kerbelcremesuppe mit Reisklößchen

1. Für die Suppe die feingehackte Schalotte und die gewürfelten Kartoffeln in der heißen Butter andünsten. Mit Brühe auffüllen. Zugedeckt leise etwa 20 Minuten köcheln, bis die Kartoffeln gar sind. Mit Pfeffer, Salz und Muskat würzen. Alles mit dem Pürierstab fein zerkleinern. Anschließend zusätzlich durch ein Sieb streichen.
2. Den verlesenen, gewaschenen, von den Stielen gezupften Kerbel mit der Butter im Mixer oder elektrischen Zerhacker zu einer Kräuterbutter mixen. Ins Gefrierfach geben.
3. Für die Klößchen das Fleisch mit dem Eiweiß im Zerhacker pürieren, dann den Reis zufügen und mitmixen. Mit Salz, Pfeffer, Worcestershire Sauce, Paprika und Muskat kräftig würzen. Kleine Klößchen abstechen und mit der Hand rund formen. In Salzwasser gar ziehen lassen.

Für 4 – 6 Personen:

1 Schalotte und 2 mittelgroße mehlige Kartoffeln, 2 EL Butter zum Dünsten, gut 1 l Hühnerbrühe, Salz, Pfeffer, etwas Muskat, 100 g Kerbel, 150 g Butter zum Mixen

KLÖSSCHEN:
150 g ausgelöstes Hähnchen- oder Putenfleisch, 1 EL Eiweiß, 1 Tasse gekochter Reis, Salz, Pfeffer, 1 TL Worcestershire Sauce, 1 Prise Delikateßpaprika, etwas Muskat zum Würzen

Wieder eine ideale Gästesuppe! Man kann ihre einzelnen Bestandteile bereits am Vortag zubereiten. So hat man Zeit für anderes, bevor die Gäste kommen. Die Suppe mit der Butter aufzuschlagen, sie zu erwärmen und mit den Klößchen zu versehen – das ist schnell geschehen.

4. Zum Servieren die Suppe nochmals erhitzen. Die mittlerweile eiskalt gewordene Kräuterbutter stückchenweise zufügen, dabei mit dem Pürierstab mixen, damit sie sich gut verteilt. Jetzt wird die Suppe leuchtend grün. Auf keinen Fall kochen, sonst setzt sich die Butter ab. Die Reisklößchen in der Suppe behutsam erwärmen. In tiefen Tellern servieren.

Feine Kartoffelcremesuppe

Je mehliger die Kartoffeln, desto sämiger und sanfter die Suppe! Bei uns gehört diese Suppe übrigens am Heiligabend auf den Mittagstisch, dazu gibt's Würstchen, die der Hausherr auf einem Brett am Tisch in ganz feine Scheibchen schneidet und jedem direkt in den Teller streut.

Für 4 – 6 Personen:

1 Zwiebel, 3 EL Butter, 5 mittelgroße Kartoffeln (300–350 g), 1 Lauchstange, 1 Möhre, ¼ Sellerieknolle, 1 l Fleischbrühe, 1 Lorbeerblatt, einige Petersilienstengel, Salz, Pfeffer, Muskat, ⅛ l süße Sahne

1. Die Zwiebel häuten und feinhacken. Die Kartoffeln schälen, in Würfel schneiden. Den Lauch putzen und waschen; das Weiße in grobe Ringe schneiden, den hellgrünen Teil fein würfeln und beiseite legen.
2. Möhre und Sellerieknolle schälen, zunächst jeweils auf dem Gurken- oder Gemüsehobel einige feine Scheiben abschneiden, die man erst längs in schmale Streifen, dann quer in winzige Würfel schneidet – es sollten jeweils etwa 2 Eßlöffel Gemüsewürfel ergeben.
3. Den Rest nur grob zerkleinert zusammen mit den Zwiebeln, Kartoffelstücken und weißen Lauchringen in 2 Eßlöffeln heißer Butter andünsten.
4. Mit Brühe auffüllen, das Lorbeerblatt zufügen, die von den Blättern befreiten Petersilienstiele zufügen, schließlich salzen und pfeffern. Zudeckt etwa 20 Minuten weichkochen.
5. Inzwischen die feinen Gemüsewürfel in einem Löffel Butter andünsten, dabei salzen, damit sie ihre leuchtende Farbe behalten.
6. Die weichgekochten Kartoffeln mit dem Pürierstab fein zerkleinern, dabei die Sahne zufügen. Wenn nötig, die Konsistenz mit einem zusätzlichen Schuß Brühe korrigieren.

7. Die Suppe mit Salz, Pfeffer und Muskat abschmecken. Die bunten Gemüsewürfel und die feingehackten Petersilienblätter in die Suppe rühren. In tiefen Tellern anrichten und dampfend heiß zu Tisch bringen.

Falls man die Suppe als feine Vorspeisensuppe reicht, passen dazu geröstete, winzig kleine Brotwürfelchen oder kroß gebratene Speckwürfel, die man ganz zum Schluß über die Suppe streut.

Italienische Kürbiscremesuppe

Für 4 – 6 Personen:

ca. 1 kg Kürbisfleisch (am besten schmeckt Hokkaido- oder Muskatkürbis), 1 Zwiebel, 3 Knoblauchzehen, 2–3 EL Olivenöl, Salz, Pfeffer, ¾ l Brühe, 3 Basilikumzweige, je 1 Rosmarin- und Thymianzweig, Balsamico-Essig

GARNITUR:
4 Scheiben Baguette, 3 EL Olivenöl, 2 Knoblauchzehen, Salbeiblätter, frischer Parmesan, Olivenöl zum Beträufeln

1. Das Kürbisfleisch würfeln, mit der gehackten Zwiebel und dem kleingewürfelten Knoblauch im heißen Olivenöl andünsten. Salzen und pfeffern, mit Brühe bedecken. Die Kräuterzweige zufügen – vom Basilikum allerdings zuvor die Blätter abzupfen und beiseite legen.
2. Einen Schuß Balsamico-Essig zufügen. Die Suppe eine halbe Stunde köcheln, bis der Kürbis sich fast völlig aufgelöst hat. Die Kräuterstiele herausfischen, die Suppe glatt mixen und noch einmal abschmecken.
3. Zum Servieren Knoblauchcroutons rösten: dafür die Baguettescheiben zentimeterklein würfeln und im heißen Öl langsam goldbraun werden lassen. Erst zum Schluß den Knoblauch durch die Presse hinzufügen – weil er sonst verbrennt und bitter schmeckt – und die grob geschnittenen Salbeiblätter.
4. Den Parmesan in kleine Bröckchen krümeln und zusammen mit den Croutons über die Suppe streuen. Zum Schluß dekorative Kleckse von Balsamico und Tropfen von aromatischem Olivenöl auf der Oberfläche verteilen.

Yin & Yang zweier Cremesuppen

Die beiden Cremesuppen von Roter Bete und vom gelben Kürbis werden getrennt zubereitet und dann aus zwei Kannen gleichzeitig in den Teller gegossen, so daß zunächst beide Hälften getrennt sind. Dann werden sie mit einem raschen Dreh am Teller nur soweit miteinander vermischt, daß sich das berühmte chinesische Yin & Yang-Zeichen zeigt, das Symbol für absolute Harmonie … Oder man zieht mit einer Gabel zwischen den beiden Suppen mit Schwung zwei, drei Linien. Übrigens kann man diese Suppen auf Vorrat zubereiten, sie lassen sich fabelhaft einfrieren!

Für 6 – 8 Personen:

ROTE-BETE-CREMESUPPE:
500 g Rote Beten, 1 Zwiebel, ½ l Rinderbrühe, 1 kleine Kartoffel zum Binden, Salz, 6 Pfeffer- und 2 Pimentkörner, Essig zum Abschmecken

KÜRBISCREMESUPPE:
800 g Kürbisfleisch (ohne Schale und Kerne gewogen), 1 Zwiebel, 2 Knoblauchzehen, 2 EL Butter, ½ l Brühe, ½ TL Kümmel, 1 TL getrockneter Majoran, Salz, Pfeffer, ca. 100 g flüssige Sahne

1. Die Roten Beten schälen, würfeln, mit der gehackten Zwiebel, der zerkleinerten Kartoffel sowie den Gewürzen in der Brühe weich kochen. Mit dem Pürierstab glatt mixen, abschmecken.
2. Das Kürbisfleisch würfeln, mit gehackter Zwiebel und durchgepreßtem Knoblauch in der heißen Butter andünsten. Mit Brühe auffüllen, Kümmel, Majoran, Salz und Pfeffer zufügen. Zugedeckt eine halbe Stunde weich köcheln.
3. Den Rahm angießen, alles mit dem Mixstab pürieren, noch 2 Minuten leise köcheln und noch einmal abschmecken.
4. Vor dem Servieren beide Suppen noch einmal aufmixen, damit sie schön luftig werden.
5. Jeweils in eine Kanne füllen, gleichzeitig in Suppenteller gießen, bis beide jeweils eine Hälfte davon ausfüllen. Jede Hälfte mit Klecksen der anderen Suppe garnieren.

Tip: Zur Abwechslung kann man die Suppen auch mit Ingwer und Chili asiatisch würzen und mit Koriandergrün schmücken.

Für 6 Personen:

Piemontesische Erbsencreme mit Thymian

1 Zwiebel, 2 Stengel Sellerie, 2 Kartoffeln, 2 EL Butter, 300 g ausgelöste frische Erbsen (notfalls auch tiefgekühlt), ca. 1 l Fleischbrühe, Salz, Pfeffer, 3 Thymianzweige, Olivenöl zum Beträufeln

Variante: Probieren Sie dieses Rezept mal mit frischer Minze statt mit Thymian!

1. Zwiebel, Sellerie und Kartoffeln fein würfeln und in Butter weichdünsten. Die Erbsen zufügen und mit Brühe auffüllen. Salzen, pfeffern, zwei Thymianzweige in die Suppe geben.
2. Zugedeckt in etwa 20 Minuten alles weich kochen. Die Thymianzweige herausfischen und wegwerfen.
3. Die Suppe mit dem Mixstab pürieren. Den restlichen Thymian feingehackt hineinrühren, noch einmal abschmecken. Olivenöl auf den Tisch stellen, damit sich jeder Gast seine Suppe nach Belieben damit würzen kann.

Eintöpfe

Minestrone – die große Gemüsesuppe

In Sestri Levante behauptet man, hier wäre sie erfunden worden. Doch ist sie in allen Regionen Italiens zu Hause, wird nur überall und zu jeder Jahreszeit anders zubereitet. Wollte man behaupten, es gäbe dafür ein einziges Rezept, so grenzte das an Überheblichkeit: Den Minestrone (dieser Eintopf ist männlich) bereitet die Hausfrau nach Marktangebot und aus dem Gefühl. Und niemals für vier Personen, sondern in großen Mengen, wie es sich für eine italienische Großfamilie gehört – was nicht aufgegessen wird, kann man wieder aufwärmen. Dabei entdeckt man sofort, daß es zwei grundsätzlich verschiedene Arten von Minestrone gibt: den frisch bereiteten mit knackigen Gemüsen in allen Farben – und den wieder aufgewärmten, zu dem der Italiener ein ähnlich intimes Verhältnis hat wie der Deutsche zum Kohl, Sie wissen schon: »wovon er besonders schwärmt, wenn er wieder aufgewärmt« (Wilhelm Busch). Das Gemüse sieht dann allerdings grau aus, alles ist zusammengekocht – nicht so schön, aber gut.
Klassischerweise setzt man den Minestrone mit Wasser an – Fleischbrühe verändert den Geschmack stark und uniformiert die Gemüse, wie schon Carl Friedrich von Rumohr 1822 treffend bemerkte. Auch das Andünsten der Würzgemüse in luftgetrocknetem Speck ist nicht jedermanns Sache – wir selbst nehmen ausschließlich erstklassiges Olivenöl.
Bitte beachten Sie: Die Kochzeit verkürzt sich sehr, wenn Sie die unbedingt erforderlichen weißen Bohnen bereits am Vortag einweichen!

Für 10 – 12 Personen:

Etwa 100 g luftgetrockneter Speck (nach Belieben), 6 Zwiebeln, 2 große Knoblauchknollen, 3 bzw. 5 EL Olivenöl extra vergine, 400 g weiße Bohnen (am Vortag eingeweicht), Salz, Pfeffer, 500 g Möhren, 500 g Kartoffeln, 2 schöne Stangen Lauch, 1 kleiner Wirsingkopf, 500 g grüne Bohnen, 200 g ausgelöste frische oder 1 Paket tiefgekühlte Dicke Bohnen, 1 kg Tomaten, 1 Zweig Rosmarin, 1 großes Bund glattblättrige Petersilie, Parmigiano Reggiano (Parmesan) zum Drüberreiben

1. Speck würfeln und mit einer gehackten Zwiebel sowie drei in Scheibchen geschnittenen Knoblauchzehen in Olivenöl in einem großen Topf andünsten und auslassen – verzichten Sie auf den Speck, brauchen Sie natürlich mehr Öl.
2. Wenn die Knoblauchzehen zu rösten drohen, mit etwa 5 Litern Wasser auffüllen und die Bohnen zugeben.

Parmesan zum Bestreuen mit einer Käsereibe auf den Tisch stellen. Ebenso frisch aufgebackenes Weißbrot oder Focaccia (Rezept siehe Seite 110). Im Sommer trinkt man dazu eher einen trockenen Weißwein, im Winter darf's dagegen ein kräftig-rustikaler Roter sein. Bleiben Reste, können Sie daraus eine köstliche kalte Vorspeise machen: Die Suppe mixen, durch ein Sieb streichen, mit frischem Olivenöl würzen. Auf geröstetes Weißbrot streichen.

Diese fast gar kochen – das dauert zwischen einer halben Stunde und 2 Stunden, je nach Herkunft und Alter der Bohnen. Salzen und pfeffern.

3. Die geputzten und zerkleinerten Gemüse nacheinander zugeben: Mit den Möhren beginnen, dann gleich die Kartoffeln zugeben. Immer kochen lassen.
4. Dann die übrigen Zwiebeln und den Lauch zugeben, natürlich geputzt, Zwiebeln in Ringe, Lauch schräg in Streifen geschnitten.
5. Gewaschene Wirsingblätter in Streifen schneiden und wie die nur abgespitzten und einmal durchgebrochenen Bohnen hinzufügen.
6. Die ausgelösten oder aufgetauten Bohnenkerne aus ihrer ledrigen Hülle schnipsen, restliche Knoblauchzehen schälen und halbieren. Tomaten überbrühen, häuten, halbieren und entkernen. Rosmarinnadeln und Petersilienblättchen von den Stielen zupfen. Gemüse und Kräuter in der angegebenen Reihenfolge in die Suppe geben.
7. Schließlich, wenn alle Zutaten drin sind, nur noch 10 Minuten köcheln lassen, abschmecken und servieren.

Reistopf mit Schweinebauch und bunten Bohnen

Dies ist ein ziemlich eleganter Eintopf, einer, den man getrost auch heiklen Gästen servieren kann. Die einzelnen Zutaten werden – schon der Optik zuliebe – getrennt zubereitet. Das bedeutet, daß man sie bereits lange, bevor die Gäste eintreffen, fix und fertig vorbereiten kann. Zum Schluß läßt man alles miteinander noch eine gute Viertelstunde auf sanftem Feuer durchziehen.

1. Die Bohnen bereits am Vortag mit reichlich Wasser bedecken, einweichen. Tags darauf in frischem Wasser weich kochen. (Wie lange das dauert, hängt davon ab, wie lange die Bohnen bereits gelagert wurden: zwischen 1 und 2 Stunden.)

2. Den Schweinebauch in Würfel von etwa 3 cm Kantenlänge schneiden. In einem ausreichend großen Topf im heißen Schmalz auf allen Seiten schön knusprig anbraten. Sie sollten dann fast gar sein, das heißt, wenn man mit einem spitzen Messer hineinsticht, muß der austretende Saft nahezu farblos sein. Herausnehmen und beiseite stellen.
3. Die feingehackte Zwiebel und Knoblauchzehen im verbliebenen Fett andünsten, die ganzen Chilischoten dazugeben, mit den Tomaten samt ihrem Saft ablöschen. Die geviertelten Pilze und das Weiße der Frühlingszwiebeln feingehackt in den Topf geben, alles andünsten.
4. Sodann den Reis einstreuen und unterrühren. Mit so viel Brühe auffüllen, daß die Oberfläche gerade eben bedeckt ist. Die Fleischwürfel mitsamt dem mittlerweile ausgetretenen Saft obendrauf packen. Salzen, pfeffern und mit Oregano würzen. Den Eintopf zugedeckt auf kleiner Flamme insgesamt 30 Minuten gar ziehen lassen. Nach etwa 15 Minuten überprüfen, falls er zu trocken scheint, etwas Brühe angießen, damit nichts ansetzt.
5. Inzwischen die Paprikaschoten im 250 Grad heißen Ofen auf einem Stück Alufolie rösten, bis die Haut Blasen wirft. Unter einem feuchten Tuch abkühlen lassen. Jetzt läßt sie sich kinderleicht abziehen. Die Kerne herausstreifen, aber den Saft auffangen und in den Eintopf rühren. Das Paprikafleisch in gleichmäßige Rhomben schneiden. Die Schinkenscheiben auf die gleiche Art zuschneiden.
6. Sobald der Reis fast gar ist, die abgetropften Bohnen, die Paprika- und Schinkenfleckerl vorsichtig unter den Eintopf mischen. Zum Schluß in feine Ringe geschnittenes Frühlingszwiebelgrün darüberstreuen. Wenn man mag, kann man geraspelten Käse zum Reistopf servieren. In jedem Fall gehört dazu ein grüner Salat.

Tip: Hübsch ist auch eine Mischung aus schwarzen, roten und weißen Bohnen.

Für 6 Personen:

250 g schwarze oder rote Bohnen, 600 bis 800 g magerer Schweinebauch (also schön gleichmäßig durchwachsen), 3–4 EL Schweine- oder Butterschmalz, 1 große Zwiebel, 2 Knoblauchzehen, 3–6 rote Chilischoten (je nach Größe und Vorliebe für Schärfe), 1 kleine Dose geschälte Tomaten, 300 g frische Champignons, 3 Frühlingszwiebeln, 400 g Langkornreis, Brühe zum Auffüllen, Salz, Pfeffer, 1 EL Oregano, je 1 große rote und gelbe Paprikaschote, 100 g in dünne Scheibchen geschnittener gekochter Schinken

Frühlingstopf mit Reis und Hühnerfleisch

Für 4 Personen:

25 g getrocknete Morcheln, 1/4 l Milch, 400 g ausgelöste Hühnerbrust, 1 Eiweiß, 1/2 EL Speisestärke, 2 Schalotten, 4 EL Butter, je 200 g grüner und weißer Spargel, 100 g junge Erbsenschoten (Mangetouts), 250 g Langkornreis, Hühnerbrühe, Salz, frisch gemahlener Pfeffer, Kerbel zum Bestreuen

Die Morcheln gibt's natürlich nur zu einer besonderen Gelegenheit. Schließlich sind sie ganz schön teuer. Sie können ebensogut getrocknete Steinpilze nehmen – oder auch frische Champignons.

1. Die Trockenpilze mit kochender Milch überbrühen und ungefähr 1/2 Stunde darin quellen lassen. Dann unter Wasser gründlichst ausspülen, weil häufig Sand zwischen ihren Lamellen sitzt. Die Füße wegschneiden und wegwerfen. Die Morchelhüte längs halbieren oder, je nach Größe, vierteln. Einweichmilch durch ein Haarsieb filtern.
2. Das Hühnerfleisch in ca. 2 cm schmale Streifen schneiden. Im leicht aufgeschlagenen, mit der Stärke verquirlten Eiweiß wenden und ziehen lassen.
3. Die Schalotten fein schneiden. In 2 Eßlöffel heißer Butter andünsten. Die Hühnerwürfel im Topf verteilen, bei mittlerer Hitze weiß und fest werden lassen, dabei aber nicht bräunen. Rausheben und beiseite stellen. Nun den Reis in den Topf schütten.
4. So viel Einweichmilch und so viel Brühe angießen, daß die Flüssigkeit zweifingerhoch über der Reisoberfläche steht, zugedeckt auf kleinem Feuer 15 Minuten garen.
5. Inzwischen vom Spargel die Spitzen abtrennen, die Stangen in zentimeterkurze Stücke schneiden. Diese Spargelstücke unter den gekochten Reis rühren und 10 Minuten mitköcheln. Salzen und pfeffern.
6. Danach die Morcheln, Spargelspitzen, Hühnerbrust in Streifen und die geputzten Erbsenschoten zufügen. Behutsam untermischen. Nochmals zugedeckt etwa 10 Minuten ziehen lassen. Die restliche Butter unter den Reistopf mischen und mit Kerbelblättchen bestreut sofort servieren.

Hauptsache: Akkuratesse!

Nicht nur weil es schöner aussieht, sollte man das Gemüse für einen solchen Eintopf absolut sauber zuschneiden, sondern auch, weil es so gleichmäßig garen kann und deshalb einfach besser schmeckt. Wurzelwerk wie Sellerie, Karotten, Petersilienwurzel, Lauch zunächst in millimeterfeine Scheiben schneiden, diese Scheiben dann exakt in Würfel, Quadrate oder in Rhomben schneiden.

Reistopf mit Safran und Knoblauchwurst

Für 4 – 6 Personen:

1 Zwiebel, 2 Knoblauchzehen, 100 g durchwachsener Speck in Scheiben, 2 EL Öl, 4 Stengel Bleichsellerie, 1 Bund glattblättrige Petersilie, 1 Döschen Safran, 500 g Langkornreis, Salz, Pfeffer, gut 1 l Fleischbrühe, 1 kleine Dose Maiskörner, ca. 300 g Knoblauchwurst (zum Beispiel Debrecziner oder eine ähnliche gut gewürzte Wurst aus Ihrer Region)

1. Die feingehackte Zwiebel und beide Knoblauchzehen mit dem in winzige Würfel geschnittenen Speck im heißen Öl andünsten, bis der Speck ausgelassen ist. Bevor er knusprig wird, den in Scheiben geschnittenen Bleichsellerie (die Blätter beiseite legen) und die winzig kleingehackten Petersilienstiele (die Blätter ebenfalls beiseite legen) zufügen und mitdünsten.
2. Den Safran hineinstreuen – falls es Safranfädchen sind, diese in heißem Wasser auflösen und erst nach dem Reis zufügen. Wenn alles gefärbt ist, den Reis hineinschütten und ebenfalls andünsten, so lange, bis auch er gelb geworden ist. Salzen und pfeffern, mit der heißen Brühe auffüllen. Aufkochen, zugedeckt etwa 20 Minuten quellen lassen.
3. Die gut abgetropften Maiskörner und die in kleine Würfel geschnittene Wurst unterrühren. Weitere 10 bis 15 Minuten ziehen lassen. Das Sellerie- und Petersiliengrün fein gehackt in den Safrantopf rühren und servieren.

Ungarisches Reisfleisch

Für 4 – 6 Personen:

1 große Zwiebel, 1 Mohrrübe, 1 Petersilienwurzel, 1 Lauchstange, 1 kg Schweinefleisch aus der Schulter, 2 EL Schweineschmalz, 1–2 EL Delikateßpaprika, 350 g Langkornreis, Salz, Pfeffer, 2 große Tomaten (oder ½ Dose geschälte Tomaten), ca. ½ bis ¾ l Brühe, 100 g tiefgekühlte Perlerbsen, etwas Petersilie zum Bestreuen

1. Die Zwiebel, Möhre und Petersilienwurzel in winzige Würfelchen schneiden (so klein etwa wie die Erbsen!). Den Lauch in feine Ringe zerteilen, das Schulterfleisch in 2 cm große Würfel.
2. In einem großen Schmortopf im heißen Schmalz zuerst die Fleischwürfel kroß anbraten, sodann das gewürfelte Gemüse zufügen und auf nunmehr kleinerer Flamme sanft weich dünsten.
3. Das Ganze mit Paprika überpudern, gut rühren, damit alles vom Schmalz durchtränkt wird. Dabei den Topf vom Feuer ziehen, das Paprikapulver ist hitzeempfindlich und wird leicht bitter. Salzen und pfeffern.

4. Die geschälten und entkernten Tomaten zufüllen. Mit so viel Brühe auffüllen, daß alles bedeckt ist. Auf leisem Feuer, mit einem Deckel verschlossen, etwa eine halbe Stunde köcheln, bis das Fleisch gar ist.
5. Dann erst den Reis hineinrieseln lassen. Notfalls noch etwas Brühe angießen. Weitere 20 bis 30 Minuten bei milder Hitze ausquellen lassen.
6. Kurz vor dem Servieren die Perlerbsen unterrühren – sie sind innerhalb weniger Minuten aufgetaut und gar. Das Gericht mit fein gehackter Petersilie bestreuen.

Portugiesischer Reistopf mit Huhn

Dies ist eine Fortentwicklung der berühmten *canja*, einer kräftigen Hühnerbrühe mit zartem Hühnerfleisch, Innereien sowie Reis, gewürzt mit Zitronensaft und viel aromatischer Minze, dem Nationalgericht Portugals. Normalerweise ißt man sie als Vorsuppe, hält sie deshalb weniger gehaltvoll. Hier aber ist es ein reichhaltiger, kräftiger Eintopf, der als eine ganze Mahlzeit gilt. Erfrischend durch die Säure des Zitronensaftes, sättigend durch Reis und Hühnerfleisch, aber dennoch leicht: ein ideales Sommeressen!

Für 4 Personen:

1 schöne Poularde von etwa 1500 g, wenn möglich, mitsamt ihren Innereien, 1 Möhre, 3–4 Stengel Sellerie, 1 Lauchstange, 1 Bund Petersilie, 1 Bund frische Minze, Pfefferkörner, 1 Lorbeerblatt, 2 Tassen Rundkornreis, Salz, Saft von 2 Zitronen, 2 EL Olivenöl Extra

1. Die Poularde unzerteilt und mitsamt ihren Innereien, bis auf die Leber, in einen ausreichend großen Topf geben. Das kleingehackte Gemüse zufügen. Die Kräuterblättchen, von ihren Stielen gezupft, beiseite legen, die Stengel in den Topf geben. Alles mit Wasser bedecken, auch Pfefferkörner und Lorbeer zufügen.
2. Auf mildem Feuer zunächst etwa 30 Minuten köcheln. Dann die Brüste der Poularde auslösen, auf einem Teller zugedeckt beiseite stellen.
3. Den Rest der Poularde noch weitere 30 Minuten köcheln. Dann das übrige Fleisch von den Knochen lösen, Knochen und Haut jedoch zurück in die Brühe geben. Bis zu 4 Stunden leise köcheln, damit eine kräftige Brühe entsteht.
4. Das Poulardenfleisch unterdessen in mundgerechte Stücke teilen und zugedeckt beiseite stellen.

5. Zum Servieren die Brühe durch ein feines Sieb filtern und aufkochen. Den Reis einrieseln lassen, salzen und in gut 20 Minuten gar köcheln.
6. Hühnerfleisch und Leber zugeben, behutsam erwärmen. Mit Zitronensaft schön säuerlich würzen, reichlich feingeschnittene Minze und einen guten Schuß Olivenöl einrühren. Die Suppe heiß auf den Tisch bringen.

Man kann zusätzlich Weißbrot reichen, sollte aber auf jeden Fall einen jungen, frischen, leicht moussierenden Weißwein, nämlich *vinho verde*, dazu trinken.

Olla podrida – der große spanische Fleischtopf

Jahrhundertelang war dies ein spanisches Nationalgericht, das auch die Franzosen hoch schätzten. Mit der Entwicklung moderner Eßgewohnheiten verloren solch gargantueske Rezepte ihre Attraktivität. Leider, sagen manche Schlemmer und laden sich eine größere Zahl Gäste an ihren Refektoriumstisch, um mal so richtig zu schmausen. Tatsächlich – es lohnt sich mit diesem Eintopf! Man braucht natürlich einen gewaltigen Topf dafür: 10 bis 12 Liter sollte er schon fassen.

Für 12 Personen:

1 kg Ochsenbrust, 500 g Lamm (Schulter), 250 g roher luftgetrockneter Schinken, 250 g gepökelte Schweinebrust, 1 Schweinsohr, 1 Schweinsfuß, 1 Schweineschwanz, 200 g Möhren, 4 Lauchstangen, 1 große Zwiebel, 1 kleiner Weißkohlkopf, 1 Kopfsalat, 4 Kartoffeln, 250 g Kichererbsen, 6 Knoblauchzehen, Salz, Pfeffer, 1 großer Kräuterstrauß, 1 Poularde, 1 Rebhuhn (wenn vorhanden), 3 Chorizos (ersatzweise Debrecziner), Weißbrot und Olivenöl extra vergine

1. Die vorgesehenen Fleischsorten vorbereiten, dabei größere Fettpartien entfernen. Ochsenbrust, Lammschulter und Schweinefleisch in einem großen Topf mit fünf Litern Wasser aufsetzen.
2. Gemüse putzen und in kleine Stücke schneiden, Kichererbsen einweichen.
3. Nach zwei Stunden Kochzeit das Geflügel, Gemüse und Kichererbsen zufügen, auch zerdrückte Knoblauchzehen Gewürze und das Kräutersträußchen. Weitere zwei Stunden bei mittlerer Hitze mehr simmern als kochen.
4. Eine Viertelstunde vor Ende der Garzeit die Würste einlegen.
5. Weißbrot in Scheiben schneiden und trocken rösten. Mit Olivenöl beträufeln und in Suppenteller legen, aufdecken.
6. Das Fleisch auf einer Platte anrichten, die Brühe mit den Gemüsen in einer Terrine reichen.

Tip: Nicht jeder mag das Lamm in der Suppe. Statt dessen passen gut Kalbskopf, -zunge und -fuß, durchaus auch Rinderwade, Ochsenzunge und -schwanz, selbst Kalbsinnereien (Herz und Bries), auch Kaninchen. Und zu den Gemüsen wird man Sellerie (Knolle oder Stange), Zucchini, Tomaten, Fenchel etc. geben können. Im Kräuterstrauß geben sich Lorbeerblatt. Chilischote, Thymian, Petersilie ein eher traditionelles Stelldichein, man kann durch Rosmarin, Myrte, Bergbohnenkraut, Basilikum sowie Oregano bereichern und zum Schluß auch ein wenig Estragon hinzufügen!

Dazu gibt es Brot und einen kraftvollen Rotwein (Rioja reserva oder Ribera del Duero). Und wenigstens eine, besser beide der folgenden Saucen.

Grüne Sauce

Ein altbackenes Brötchen abreiben, nur das weiche Innere mit Weinessig befeuchten und zerdrücken. 50 Gramm abgezupfte Petersilienblätter fein hacken und mit 2 Knoblauchzehen und 2 Anchovisfilets in einem Mörser zu Brei stampfen. Je nach Geschmack 1 Eßlöffel Kapern, 1 gehackte Frühlingszwiebel und 1 frische Chilischote zufügen. Salzen und pfeffern, mit so viel Olivenöl durcharbeiten, daß eine glatte, gut geschmeidige Sauce entsteht. Mit Essig oder Zitronensaft abschmecken.

Rote Sauce

500 Gramm vollkommen reife Tomaten und 2 Zwiebeln grob zerschneiden. Mit einer geraspelten Möhre und 3 bis 4 zerdrückten Knoblauchzehen in einen Topf geben, einen ordentlichen Schuß guten Rotweinessig dazu, eine Prise Zucker, etwas Salz, eine frische oder getrocknete (scharfe) Chilischote und eine Tasse Olivenöl. Auf mildes Feuer setzen und in 4 bis 5 Stunden so weit einköcheln lassen, daß eine dickliche Masse entsteht. Durch ein Sieb passieren, salzen, mit dem Mixstab zwei, drei Eßlöffel neues Olivenöl einschlagen und abschmecken.

Grüne Bohnensuppe mit Kartoffeln

Martinas allerliebstes Bohnengericht, von dem sie nie genug kriegen kann. Das gab es immer bei der Tante in den Sommerferien, wenn man freitags vom Markt heimgekommen war.

Für 4 Personen:

500 g Kartoffeln, 500 g Schwert- oder Schnittbohnen, Salz, 2 große Zwiebeln, 40 g Butter, 1 gehäufter EL Mehl, ½ l Fleischbrühe ¼ l süße Sahne, 4 Zweige Bohnenkraut, Pfeffer, Zitronensaft, Worcestershire Sauce, Cayennepfeffer, ½ Bund Petersilie

1. Kartoffeln schälen, in etwa 2 cm große Würfel schneiden, Bohnen putzen, wenn nötig fädeln und schräg in 2 bis 3 cm breite Stücke schneiden. Kartoffelwürfel und Bohnen in wenig Salzwasser garen, dabei die Hälfte des Bohnenkrauts mitkochen – das ist unbedingt wichtig, damit die Bohnen richtig »bohnig« schmecken!
2. Inzwischen die Zwiebeln fein würfeln, in der Butter weich und leicht gelb dünsten, dann mit Mehl bestäuben, dieses ebenfalls andünsten.
3. Mit Fleischbrühe ablöschen und glatt rühren, etwa 10 Minuten durchkochen. Erst dann die Sahne zufügen.
4. Das restliche Bohnenkraut von den Stielen zupfen, hacken und zusammen mit den Kartoffelwürfeln und Bohnen einige Minuten mitköcheln. Die Suppe mit Zitrone, Worcestershire Sauce und Cayennepfeffer säuerlich und schön scharf abschmecken.
5. Zum Schluß gehackte Petersilie untermischen.

Berliner Gänsekleinsuppe

Für 4 Personen:

1–2 Gänseklein, 1 großes Bund Suppengemüse (Wurzelwerk), 3 EL Gänseschmalz, ½ l trockener Weißwein (Mosel, aber ein für Diabetiker geeigneter), Salz, Pfeffer, Piment (Nelkenpfeffer), 30 g Butter, 1 EL Mehl, ¼ l Crème fraîche, 2 EL Kapern, 2 EL gehackte Petersilie, etwas Zitronensaft

Das Gänseklein oder Gansjung besteht aus Flügeln, Herz, Magen, Kopf, Hals und den abgezogenen Füßen der Gans. Leider kann man es nicht mehr überall kaufen – so wird man höchstens noch mit der Weihnachtsgans das Vergnügen dieses wunderbaren Gerichts haben.

1. Gänseklein putzen, abwaschen und vorbereiten: eventuell vorhandene Kiele ziehen und die Füße in warmes Wasser legen und abrubbeln, wenn das noch nicht geschehen ist.
2. Wurzelwerk klein schneiden und es mit dem Gänseklein im Schmalz leise andünsten, aber keine Farbe annehmen

lassen. Mit dem Wein ablöschen und auf die Hälfte einkochen. Mit Wasser aufgießen, bis alles gerade bedeckt ist. Würzen und eineinhalb Stunden leise vor sich hin köcheln lassen.

3. Alles Fleisch von den Knochen lösen und in mundgerechte Würfel schneiden. Magen und Herz putzen, auch von Sehnen säubern und klein schneiden.
4. Butter und Mehl miteinander verkneten und mit der Sahne in den Sud rühren. Etwa 5 Minuten köcheln, bis die Suppe eine schöne Bindung bekommen hat. Kapern und Petersilie zufügen, abschmecken und mit etwas Zitronensaft auffrischen.
5. Das Fleisch wieder zufügen und erwärmen. Das Gänseklein in tiefen Tellern servieren, dazu passen als Beilage Salzkartoffeln, die man sich in der Suppe zerdrückt.

Borschtsch mit Rindfleisch

Für 6 Personen als Hauptgericht, als Vorsuppe für 8 – 10 Personen:

1 kg nicht zu mageres, gutes Rindfleisch zum Kochen, zum Beispiel Brustkern, Suppengrün (Wurzelwerk), Salz, Pfeffer, Lorbeerblatt, 2 Zwiebeln, 1 kleiner Weißkohl, 3 mittelgroße Knollen Rote Bete (ca. 600 g), 1 Bund Frühlingszwiebeln oder 2 weiße Zwiebeln, 2 Wacholderbeeren, 6 Pimentkörner, 1 Gewürznelke, ¼ l saure Sahne
3 Bund Dill zum Bestreuen

Für die rote Nationalsuppe der Russen (auch der Polen und Ukrainer) gibt es natürlich unzählige Rezepte. Das Grundmuster aber ist stets dasselbe: Fleischbrühe (oft von Gans oder Ente) als Basis, Weißkohl oder Sauerkraut, Zwiebel und auf jeden Fall Rote Bete als Gemüsegarnitur, bei Tisch schließlich saure Sahne als Abrundung und viel duftender Dill als das charakteristische Gewürz.

1. Am besten bereits am Vortag aus Suppenfleisch, Gemüsen und Gewürzen eine kräftige Brühe kochen. Abseihen und über Nacht abkühlen lassen. Anderntags läßt sich das Fett mühelos abheben. Danach Fleisch von Fett und Sehnen befreien und in Scheiben schneiden.
2. Das abgehobene Fett der Brühe im Suppentopf auslassen, darin den in feine Streifen gehobelten Weißkohl, die ebenfalls in Streifen geschnittenen Roten Bete und das in Ringe geschnittene Weiße der Frühlingszwiebeln andünsten.
3. Piment und Wacholder im Mörser zerreiben, zusammen mit der Nelke zugeben. Mit der Brühe auffüllen, knapp eine

halbe Stunde sanft durchkochen, bis die Gemüse gar sind. Die Suppe kräftig abschmecken.

4. Das Rindfleisch in der Suppe erwärmen, alles auf Teller verteilen. Jeweils einen Klacks Sahne in die Mitte geben und mit dem Löffel durchfahren, damit hübsche Schlieren entstehen. Mit reichlich abgezupften oder kleingehackten Dillblättchen bestreuen.

Tip: Nach Belieben das angedünstete Gemüse mit etwas Essig oder Zitronensaft ablöschen und diese Säure zur Entfaltung des Aromas einsetzen. Oder statt Weißkraut Sauerkraut nehmen. Prima auch: Die Brühe mit Saure-Gurken-Saft (von milchsauer vergorenen Gurken!) anreichern!

Weiße Bohnensuppe

Für 6 – 8 Personen:

500 g kleine weiße Bohnen, 2 Bund Suppengemüse (Lauch, Sellerie, Möhre, Petersilienwurzeln mit Grün), 2 Zwiebeln, Kräutersträußchen aus 1 Lorbeerblatt, 2 Zweiglein Thymian und 2 Zweiglein Bergbohnen- oder normales Bohnenkraut, Salz, Pfeffer, 200 g Bruststeck am Stück

GARNITUR:
2 rote Zwiebeln, 1/4 Sellerieknolle, 1 kleine Lauchstange, 50 g Speck in Scheiben, 40 g Butter oder Olivenöl, 2–3 Stengel oder 1 große Prise Bohnenkraut 2–3 gehäufte EL gehackte Petersilie

Der klassische Eintopf, den jeder mag, wenn er nur richtig, also sorgfältig zubereitet ist. Und besonders begehrt, wenn wir im Winter vom Spaziergang durchgefroren heimkehren.

1. Weiße Bohnen reichlich mit Wasser bedecken und über Nacht einweichen. Am anderen Tag abgießen, mit frischem Wasser bedecken, das Suppengrün möglichst unzerteilt, die Gewürze und das Speckstück zufügen und langsam gar kochen – das kann 30 Minuten dauern, wenn die Bohnen frisch sind, bei älteren jedoch auch bis zu 2 Stunden.
2. In der Zwischenzeit die Garnitur zubereiten: alle Gemüse sowie den Speck sehr fein und möglichst akkurat würfeln und in Butter oder Öl knackig gar dünsten. Eventuell auch ein paar gehackte Knoblauchzehen mitdünsten. Die Kräuter abzupfen und sehr fein hacken.
3. Aus der Suppe das Suppengrün, den Kräuterstrauß und den Speck nehmen, dafür die Garnitur einrühren. Den Speck in Würfel schneiden und wieder einrühren. Die Suppe kräftig abschmecken und heiß servieren.

Richtig fein wird dieser Bohnentopf mit den Cannelinibohnen aus der Toskana.

Weitere Würzideen:

- Gehackte Knoblauchzehen mit Würzgemüse dünsten, Salbei in Butter knusprig rösten und zum Schluß untermischen.
- Rote Paprikaschoten feinhacken oder im Mixer pürieren, mit gehacktem Knoblauch, Anchovis und schwarzen Oliven in kleinen Stücken unterrühren.
- Die Bohnen mit viel Majoran und Rosmarin kochen.
- Gehackte Chilischoten, etwas Zitronenschale und -saft an die Bohnen geben.
- Einige Kartoffeln mitkochen, so wird die Suppe sämiger. Außerdem dann noch Basilikum und Knoblauch hinzufügen.
- Statt weißer Bohnen schwarze, rote oder sogar die hübschen Augenbohnen nehmen.

Dicke Bohnenkerne mit Kasseler

Wer frische Dicke Bohnen nimmt – die von Goethe so geliebten Puffbohnen – muß sie natürlich zuerst aus ihrer dicken Schale brechen, sollte sie aber dann auch noch aus der die eigentlichen Kerne umschließenden ledrigen Haut lösen – das geht am besten, wenn man die Kerne mit kochendem Wasser überbrüht und anschließend kalt abschreckt.

Für 4 Personen:

1,5 kg frische Dicke Bohnen oder 2 Pakete tiefgekühlte Dicke Bohnen, 1 große Zwiebel, 2 EL Olivenöl, 4 große vollreife Fleischtomaten, Salz, Pfeffer, 2 bis 4 Knoblauchzehen, ca. 500 g frisches Kasseler (ausgelöst), 1 Bund frisches Basilikum

1. Frische Bohnen wie oben beschrieben auslösen. Bei tiefgekühlten Bohnen ist das Brühen nicht nötig: Nach dem Auftauen lassen sich die Kerne leicht aus der Haut schnipsen.
2. Die Zwiebel hacken und im Olivenöl andünsten. Bohnenkerne zufügen.
3. Tomaten mit kochendem Wasser überbrühen, häuten, entkernen, das Fruchtfleisch hacken. Zu den Bohnen geben, würzen und einige Minuten dünsten. Kasseler in Streifen schneiden, untermischen und das abgezupfte, nach Belieben in Streifen geschnittene Basilikum zufügen. Abschmecken und sogleich zu Tisch bringen.

Bohnen mit Birnen und Speck

Es handelt sich hier nicht um das altbekannte norddeutsche Rezept »Bohnen und Birnen mit Speck«, in dem grüne oder breite Bohnen verwendet werden, sondern um eine südländische Variante. Ursprünglich mit eingetrockneten Birnen im Alpenraum ein Winteressen. Mit kleinen, festen Birnen (Gaisshirtle, Gute Luise) im Herbst genossen aber ein viel größerer kulinarischer Reiz!

Für 4 – 6 Personen:

250 g weiße Bohnen, 250 g rote Bohnen, 400 g Speck (Rauchfleisch), 2 Lorbeerblätter, frisch gemahlener Pfeffer, 1 Zwiebel, je 1 Stück Zitronenschale und Muskatblüte, Salz, 4 feste, aber reife Birnen, frische Kräuter (Estragon, Zitronenmelisse, Basilikum oder Kerbel), Essig und frisches, erstklassiges Olivenöl

1. Bohnen über Nacht einweichen. Mit Speck und Gewürzen zusammen aufsetzen und gar kochen – die Kochzeit richtet sich nach der Qualität und Frische der Bohnen. Sie sollen nicht verkochen, zwar weich werden, aber in Form bleiben.
2. Während des Kochens den Speck ab und zu nach seiner Beschaffenheit überprüfen: Er soll gar kochen, aber kernig bleiben. Eventuell herausnehmen und zum Schluß wieder einlegen.
3. Inzwischen Birnen schälen, vierteln und vom Kerngehäuse befreien. Wenn der Eintopf fast fertig ist, die Birnen zu den Bohnen geben und bei milder Hitze noch einige Minuten mitkochen. Abschmecken und mit frischen Kräutern bestreut servieren.
4. Dazu Weißbrot servieren oder auch Polenta, auch Grießklöße passen prima.
5. Außerdem ein Fläschchen mit gutem Essig (Rotweinessig oder Aceto balsamico aus Modena) bereit stellen, damit sich jeder bei Tisch nach Belieben bedienen kann. Dann kommt noch ein Schuß Olivenöl darüber, und es kann endlich gegessen werden.
   Als Getränk natürlich ein kräftiger Rotwein.

Nach Belieben kurz vor Ende der Garzeit einen kräftigen Schuß Rotwein an die Bohnen geben!

Persischer Bohnentopf mit Garnelen

Geheimnisvoll und exotisch gewürzt, mit dem Duft nach Zimt und Dillsaat – mal eine Abwechslung im Suppentopf!

Für 6 – 8 Personen:

250 g rote Bohnen,
250 g schwarze Bohnen,
2 ½ l Hühnerbrühe,
1 Zimtstange, 1 EL Dillsamen (ersatzweise reife Dilldolden),
Salz, 1–2 Chilischoten (getrocknet), je 1 grüne und rote Paprikaschote,
2 Zwiebeln,
4 Knoblauchzehen,
2 Bund Dill,
18 Riesengarnelenschwänze (King-Prawns),
1 EL Speisestärke,
6 EL geschmacksneutrales Pflanzenöl, Pfeffer,
Cayennepfeffer,
Zitronensaft, Zimt

1. Die Bohnen nach Farben getrennt über Nacht einweichen und dann auch wegen ihrer unterschiedlichen Garzeit getrennt in Hühnerbrühe weich kochen. Dabei jeweils die Hälfte des Zimts und der Dillsamen sowie ausreichend Salz und die Chilischoten zufügen.
2. Paprika, Zwiebeln und Knoblauchzehen fein würfeln. Dillblättchen abzupfen.
3. Die Garnelen sorgfältig waschen, aus ihrer Schale lösen, längs des Rückens halbieren, den schwarzen Darm, der dort frei wird, entfernen. Die Garnelen mit Speisestärke einpudern, dann in 4 Eßlöffeln Öl auf starkem Feuer unter raschem Rühren 1 Minute braten. Dabei salzen, pfeffern, schließlich Paprika, Zwiebeln, Knoblauch und Dill zufügen.
4. Weiterhin auf starker Hitze 2 Minuten unter Rühren braten, dann alles in den Bohnentopf geben und miteinander mischen. Mit Cayennepfeffer, Pfeffer, viel Zitronensaft, eventuell Salz und einer ordentlichen Prise Zimt abschmecken.

Feine Graupensuppe

Eine Lieblingssuppe von Martina, die sie leider nur ganz selten machen kann, weil Moritz immer noch am Graupenhorror aus Nachkriegszeiten leidet. Dabei ist diese Suppe überaus elegant und schmeckt einfach wunderbar!

Für 4 (Hauptgericht) – 6 Personen (Vorsuppe):

125 g Graupen,
100 g durchwachsener Speck mit einem schönen Stück Schwarte,
je 100 g feinst gewürfelte Zwiebeln, Möhre, Lauch und Sellerieknolle (Brunoise),
4 EL Butter, 2 l kräftige Fleischbrühe, ½ l süße Sahne, Salz, Pfeffer, 2 EL sehr fein gehackte Petersilie oder Schnittlauch

1. Die Graupen einige Stunden in kaltem Wasser einweichen. Den Speck von der Schwarte trennen und in kleine Würfel schneiden. Auch die verschiedenen Gemüse gleich vorbereiten – die Würfel sollen wirklich winzig klein sein, also etwa in der Größe den Graupen entsprechen!
2. Die Speckwürfelchen in 30 Gramm Butter anschwitzen, bis sie ganz leicht kroß (aber auf keinen Fall hart) werden. Nun die Zwiebel- und Lauchwürfel zufügen, ebenfalls leicht glasig werden lassen. Anschließend die Möhren- und Selleriewürfel dazu, auch diese andünsten.
3. Die Graupen zufügen, Bouillon angießen und die Speckschwarte einlegen. Leise köcheln lassen, bis die Graupen

mit ein wenig Biß gar sind – das kann 20 bis 40 Minuten dauern.

4. Die Sahne halbsteif schlagen und unter die Suppe schlagen, sie damit leichter machen und verfeinern. Die Suppe in tiefen Tellern oder in einer großen Terrine mit Petersilie oder Schnittlauch bestreut servieren.

Dazu schmeckt warmes Knoblauchbrot.

Pichelsteiner

Der Eintopf par excellence – leider ein bißchen aus der Mode gekommen, dabei einfach zu machen und vor allem für Gäste geeignet, wenn man zum Beispiel erst zusammen mit ihnen nach Hause kommt – etwa von einem Bummel.

Für 4 – 6 Personen:

4 Markknochen, 1 kg mageres Rindfleisch, z. B. Schulternaht oder Wade, 3 EL geschmacksneutrales Öl, 300 g Zwiebeln, je 500 g geputztes Gemüse: Möhren, Lauch, Wirsing, Sellerie, 2 Petersilienwurzeln mit Grün, 1 kg Kartoffeln, Salz, Pfeffer, Majoran, 3/4 l gute Fleischbrühe, 1 Bund feingehackte Petersilie

1. Das Rindermark aus den Knochen drücken und in eiskaltes Wasser legen, damit es schön hell wird.
2. Das Fleisch in 2 cm große Würfel schneiden und in 2 Eßlöffel Öl nacheinander rundum schön braun braten – es müssen immer alle Fleischwürfel auf dem Boden des Topfes liegen können, damit sie wirklich braten und kein Wasser ziehen; sonst werden sie nämlich hart. Danach mit dem Schaumlöffel herausheben, das restliche Öl zugießen. Darin schließlich die in Ringe geschnittenen Zwiebeln anrösten.
3. Möhren in 2 mm dicke Scheiben, Lauch in 1 cm starke, schräge Ringe; Wirsing in Streifen, Sellerie und Petersilienwurzel in 5 mm kleine Würfel schneiden. Kartoffeln schälen und in Scheiben hobeln.
4. Alle Gemüse – außer den Kartoffeln – in sprudelnd kochendem Salzwasser einmal aufwallen lassen, herausheben, in eiskaltem Wasser abschrecken und gut abtropfen. So behalten sie ihre leuchtende Farbe!
5. Den Boden eines geräumigen, breiten, aber nicht zu hohen Topfs mit gut schließendem Deckel (dies ist sehr wichtig!) mit in Scheiben geschnittenem Rindermark auslegen.
6. Darauf schichtweise vorbereitetes Gemüse, dann Kartoffeln, schließlich Fleischwürfel breiten und diese mit Zwiebeln abdecken. Jede Schicht jeweils salzen, aus der Mühle pfeffern

und mit einer guten Portion Majoran bestreuen. Mit einer Lage Kartoffeln abschließen, das restliche Mark darauf verteilen und würzen.

7. Die Fleischbrühe seitlich angießen, damit die Würze nicht weggeschwemmt wird. Noch ein wenig Paprikapulver obenauf stäuben. Den Deckel aufsetzen – sollte er nicht absolut dicht schließen, ein Blatt Alufolie über den Topf legen, an den Rändern gut befestigen und mit dem Deckel beschweren. Aufkochen lassen, dann die Hitze herunterschalten, 30 bis 45 Minuten leise köcheln – es muß aber wirklich köcheln!
8. Vor dem Servieren reichlich gehackte Petersilie unterrühren

Man kann den Pichelsteiner bequem auch im Backofen garziehen lassen – bei 180 Grad etwa eine Dreiviertelstunde.

Chili con Carne

Das ideale Partyessen, weil es sich wunderbar vorkochen läßt – z. B. in Etappen, wenn ein wirklich großer Topf fehlt – und bis zum Fest einfrieren. Außerdem schmeckt es, wie alle guten Eintöpfe, aufgewärmt noch mal so gut. Am Festabend hält man das Gericht im Topf in der Küche auf der warmen Herdplatte bereit, die Gäste können sich dann nach Belieben selbst bedienen. Frisches Weißbrot dazu genügt. Gut schmecken auch körniger Reis (den man im Backofen warm halten kann) oder Pellkartoffel dazu.

Für 8 – 10 Personen:

500 g rote Bohnenkerne, 1 Kräuterstrauß aus Thymian, Petersilie, Lorbeerblatt und Lauch, 1 Zwiebel, gespickt mit 2 Gewürznelken, Salz, 3 große Zwiebeln, 5 Knoblauchzehen, 4 EL Öl, 1 kg Rinderhackfleisch, Pfeffer, 2 EL Chilipulver (Gewürzmischung, die neben gemahlenen Chilipulver unter anderem auch Kreuzkümmel und Piment enthält), 1 große Dose geschälte Tomaten, knapp 2 l Brühe

1. Bohnen bereits am Vortag mit reichlich Wasser bedeckt einweichen. Zum Garen mit frischem Wasser bedecken, den Kräuterstrauß, die gespickte Zwiebel und einen guten Teelöffel Salz zufügen. Zugedeckt 1 bis 2 Stunden weichkochen – wie lange dies dauert, hängt von der Frische und Art der Bohnen ab.
2. Feingehackte Zwiebeln und Knoblauch im heißen Öl in einem ausreichend großen Topf (der alle Zutaten später fassen sollte) andünsten.
3. Das Hackfleisch zerpflücken und zufügen. So lange unter Rühren braten, bis es richtig krümelig geworden ist. Salzen, pfeffern, das Chilipulver zufügen. Gründlich mischen, bis alles davon wie überzogen wirkt.

4. Die Tomaten samt Saft zufügen. Einige Minuten köcheln, bevor nach und nach die Brühe angegossen wird. Mit nur halb aufgelegtem Deckel eine halbe Stunde schmurgeln lassen.
5. Sobald die Bohnen weich sind, abgießen und unter das Hackfleisch mischen. Wer das Chili lieber gebunden und sämig haben will, streicht ein Drittel der Bohnen durch ein Sieb oder püriert sie im Mixer.

Das Chili con Carne kräftig abschmecken, vor allem zum Schluß einen guten Spritzer Zitronensaft zufügen!

Schwäbische Linsen mit Spätzle und Würschtle

Meistens bekommt man die Linsen nach Omas Rezept serviert – fast breiig gekocht, mit Mehl gebunden, nur mit gedünsteten Zwiebeln oder allenfalls noch mit etwas Petersilie angereichert und mit Salz kärglich abgeschmeckt. Wir lieben Linsen eher mit leichtem Biß und reichlich aromagebendem Gemüse, binden mit der Sämigkeit verkochter Kartoffeln statt mit Mehl und würzen herzhaft!

Für 4 Personen:

LINSEN:
250 g braune Linsen, ca. 1 l kräftige Fleischbrühe, 1 Lorbeerblatt, 2 große Kartoffeln, je eine Möhre und Lauchstange, ½ Sellerieknolle, 1–2 Knoblauchzehen, 1 Zwiebel, 2 EL Butter, je 1 Schuß Essig und Rotwein, Salz, Pfeffer aus der Mühle, 1 Bund Petersilie

SPÄTZLE:
3 Eier, ca. 200 g Mehl, Salz

AUSSERDEM:
4 bis 5 Paar Saiten-, Frankfurter oder Wiener Würstchen, Senf, Essig zum Nachwürzen

1. Linsen mit Brühe bedecken, das Lorbeerblatt und die rohen, geschälten, kleingewürfelten Kartoffeln zufügen. Zugedeckt etwa 25 bis 30 Minuten fast weich kochen.
2. In der Zwischenzeit das Wurzelgemüse putzen und in linsengroße Würfel schneiden. In einer Pfanne andünsten, dabei salzen – sie dürfen auf keinen Fall bräunen, aber natürlich ihren Biß verlieren. Zu den Linsen geben, Wein und Essig angießen. Noch etwa 10 Minuten leise köcheln lassen.
3. Mit Salz und Pfeffer abschmecken und reichlich feingehackte Petersilie unterrühren.
4. Für den Spätzleteig Eier und Mehl mit einem Holzlöffel glattrühren, sofort salzen. So lange schlagen, bis der Teig seidig wirkt und Blasen wirft. Von einem nassen Holzbrettchen in dünnen Streifen in kochendes Salzwasser schaben oder durch ein spezielles Spätzlesieb drücken.
5. Oben schwimmende Spätzle mit einer Schaumkelle herausheben. In heißem Wasser aufbewahren, damit sie nicht

zusammenkleben. Schließlich gut abgetrocknet auf einer Platte im Ofen warm stellen.

6. Unterdessen die Würstchen in leise siedendem Wasser erhitzen.
7. Auf den Tisch gehört Senf (für die Würstchen), außerdem ein guter, möglichst aromatischer Essig, mit dem man sich seinen Eintopf nachwürzen kann: Der Essig hilft mit seiner Säure der Verdauung. Besonders gut und nicht zu sauer ist ein aromatischer Balsamico-Essig aus Italien.

Linsen-Reis-Eintopf

Ein Rezept aus Ägypten, wo Linsen in der Küche eine Hauptrolle spielen. Kann für sich allein aus dem Suppenteller gegessen werden, begleitet von Tee aus frischer Minze, Bier oder einem jungen Weißwein; schmeckt aber ebenso als Beilage zu Fleisch.

Für 4 Personen:

**200 g Linsen,
Salz, 2 große Zwiebeln,
4 EL Olivenöl extra,
200 g Reis, Pfeffer,
4 große Fleischtomaten,
1 TL Kreuzkümmel,
Cayennepfeffer,
1 Bund frischer Koriander
oder glattblättrige Petersilie**

1. Die Linsen von reichlich leicht gesalzenem Wasser bedeckt gar kochen.
2. Unterdessen die Zwiebeln in Scheiben hobeln und in 2 Eßlöffel Öl glasig dünsten. Den Reis zufügen und mit gut der doppelten Menge Wasser auffüllen. Ebenfalls salzen und mit nicht zu wenig Pfeffer würzen. Zugedeckt langsam ausquellen lassen – wie einen Pilaw-Reis.
3. Die Tomaten überbrühen, häuten, entkernen und grob würfeln. In den übrigen 2 Eßlöffel Öl erhitzen und anschmelzen, aber nicht verkochen lassen. Dabei mit Kreuzkümmel, Cayennepfeffer und der Hälfte der abgezupften Korianderblätter, ersatzweise Petersilie, würzen. Ebenfalls salzen.
4. Die Linsen, eventuell mit etwas Kochsud, zu dem Zwiebelreis geben, vermischen, abschmecken und in eine Schüssel füllen. Die Tomaten darauf verteilen und mit den restlichen Blättern bestreuen.

NUDELN

Hier lebt die Geborgenheit der häuslichen Küche! Ob Spätzle oder Pasta: Unmittelbar entsteht das Bild der tüchtig-geschäftigen Hausfrau, der liebevoll sorgenden *mamma.* »Nudeln machen glücklich!« lautet der Werbespruch und scheint damit vollkommen ins Schwarze zu treffen. Keine andere Gruppe von Gerichten kann eine solche Zunahme an Beliebtheit und an Variationen von Grundzutaten verzeichnen. »Pasta« ist geradezu zum Synonym für mediterrane Lebensart geworden, der überdimensionierte Pasta-Teller darf in keinem jungen Haushalt fehlen …

Ist die Pasta frisch gekocht, glaubt der berufstätige Mensch dann zur fertigen Sauce greifen zu sollen. In den Regalen der Supermärkte und Feinkostgeschäfte reihen sich die traditionellen an die abenteuerlichsten Zusammenstellungen, alle mit Anrichtevorschlägen in leuchtenden, Frische vorgaukelnden Farben. Der Inhalt ist zwar manchmal nicht schlecht, aber mit einer selbst zubereiteten Sauce dann doch nicht zu vergleichen: Hier liegt der Schwerpunkt der häuslichen Arbeit, das Nudelkochen geht ja schnell. Die Saucen also, die sind das Problem!

Kein Problem! Denn es gibt Pastasaucen, die zwar erst so richtig gut schmecken, wenn sie Stunden geköchelt haben. Aber sie sind leicht auf Vorrat zu machen und im Bedarfsfall schnell zur Hand – sei es aus dem Glas (eingeweckt) oder dem Tiefkühlvorrat. Und es gibt andere, die sind (fast) so schnell fertig, wie das Nudelwasser zum Kochen und die Nudeln selbst brauchen, um *al dente* zu sein. Gerade diese Saucen bringen eine Frische und Fröhlichkeit, die Fertigprodukte niemals liefern können, und benötigen doch nicht viel mehr als ein einigermaßen geschicktes und flinkes Händchen. Mit beiden Arten von Saucen kann man sehr einfach kulinarisches Glück verbreiten …

Maultaschen und Spätzle

Nudelteig (Grundrezept)

Für 4 Personen:

ca. 250 g Mehl, 1 ganzes Ei, 3 Eigelbe, ½ TL Salz

1. Das Mehl in eine Schüssel geben oder einfach auf die Arbeitsfläche häufen. Eine Kuhle hineindrücken. Ei und Eigelbe in diese Kuhle gleiten lassen. Eigelb salzen. Mit einem Tuch zugedeckt ein paar Stunden stehen lassen. Das Eigelb wird dadurch dunkelgelb und gibt den Nudeln später eine schöne Farbe.
2. Zuerst mit einer Gabel alles mischen, dann mit den Händen einen festen, aber elastischen Teig kneten. Wieviel Mehl man dafür braucht, hängt von der Eiergröße ab.
3. Den Teig zu einer Kugel formen, in Folie hüllen, eine halbe Stunde bei Zimmertemperatur ruhen lassen, damit sich der Kleber im Mehl besser entwickeln kann.
4. Anschließend portionsweise dünn ausrollen – das geht am bequemsten zwischen den Walzen der Nudelmaschine – und in Streifen schneiden. Entweder sofort verwenden oder für späteren Gebrauch trocknen lassen.

Eiernudeln mit Olivenöl und Lachs

Für 4 Personen:

1 Portion frisch gekochte Eiernudeln, 4 EL erstklassiges Olivenöl erster Pressung, 2 Knoblauchzehen, 1 Bund Dill, schwarzer Pfeffer aus der Mühle, etwa 200 g schieres (entgrätetes und gehäutetes) Lachsfleisch (das sind rund 250 g brutto), Zitronensaft, Salz

Ein wunderbares Essen, das allerdings steht oder fällt mit der Qualität des verwendeten Lachses: frischer, kein geräucherter. Man braucht nicht sehr viel davon, das Stück aber muß erstklassig sein. Bitten Sie den Fischhändler um ein Stück vom Schwanzteil – da gibt's keine Y-Gräten, die ins Fleisch hineinragen.

1. Die Eiernudeln abgießen, dabei 2 bis 3 Eßlöffel Kochwasser zurückbehalten und die Nudeln darin schwenken, damit sie feucht bleiben und nicht zusammenkleben können.
2. In einer großen Pfanne das Öl erhitzen und die feingehackten

Knoblauchzehen darin kurz andünsten, bevor Sie den feingeschnittenen Dill hinzufügen.

3. Die Nudeln darin schwenken bis sie vom Dill hübsch grün gesprenkelt wirken, gründlich pfeffern. Erst jetzt den in schmale Streifen geschnittenen Lachs mit Zitronensaft und Salz würzen und unter die heißen Nudeln mischen.
4. Sofort anrichten, auf keinen Fall mehr ziehen lassen, sonst wird der Lachs zu gar und trocken. Unverzüglich zu Tisch bringen.

Die Nudelmaschine: Die einfache Nudelmaschine mit der Handkurbel – gibt's in allen guten Haushaltsgeschäften – übernimmt die lästige Arbeit des Ausrollens. Formen Sie den Teig, bevor Sie ihn zum Ruhen kalt stellen, zu einer Rolle anstatt wie gewohnt zur Kugel. Dann kann man sich zweizentimeterdicke Scheiben abschneiden, die Sie mit der Hand etwas flach drücken und die dann bequem zwischen die Teigwalzen passen. Zunächst einige Male zwischen den beiden glatten Walzen durchdrehen. Diese dann jedesmal etwas enger stellen, bis das Teigband papierdünn geworden ist. Wichtig: Jedesmal großzügig mit Mehl einpudern, damit ja nichts festkleben kann. Dann das Teigband zwischen den Schneidwalzen in Nudeln von der Breite teilen lassen, die Sie brauchen.

Eierspätzle (Grundrezept)

Für 4 Personen:

200 g Mehl, 9 Eigelbe, ½ TL Salz

1. Das Mehl in eine Schüssel schütten, eine Kuhle hineindrücken, dort hinein die Eigelbe setzen und salzen. Sie werden dadurch dunkelgelb und geben den Spätzle später eine leuchtendgelbe Farbe. Mit einem Rührlöffel schlagend einen fast dickflüssigen, zähen Teig herstellen. So lange schlagen, bis er Blasen wirft und seidig glatt geworden ist.
2. Den Teig löffelweise dünn auf ein angefeuchtetes Holzbrett streichen.
3. Mit einem langklingigen Messer (oder einem Spätzleschaber) millimeterschmale Streifen in leise siedendes Wasser

schaben. Sobald die Teigstreifen wieder an der Oberfläche schwimmen, sind sie gar.

4. Mit einer Schaumkelle herausheben, kurz in einer mit heißem Wasser gefüllten Schüssel, die neben dem Herd bereit steht, abspülen, gründlich abtropfen.

Es sind dies Eierspätzle, die herrlich aufgehen und goldgelb auf den Teller kommen. Für eine etwas sparsamere Variante nimmt man auf »ein Ei soviel Mehl, wie nimmt«. und für arme Version doppelt soviel Mehl und einen gehörigen »Schucker« Wasser. (Siehe auch das Spätzlerezept Seite 235).

Mit dem richtigen Handwerkszeug ist *Spätzlesschaben* ganz einfach. Sie brauchen ein Holzbrett, das an einer Seite abgeflacht ist, damit die Spätzle besser rutschen. Dazu einen Schaber, eine Art Teigkarte aus Metall, die bequem in der Hand liegt. Und so wird's dann gemacht: Streichen Sie den Teig dünn auf das Brett. Stützen Sie das Holzbrett auf dem Rand des Topfes auf, in dem bereits das Wasser leise kocht. Mit dem Schaber nun sehr feine Teigstreifen direkt ins Wasser schubsen. Den Schaber immer wieder kurz ins heiße Wasser tauchen. Arbeiten Sie in Portionen. Sobald die Spätzle oben schwimmen, sind sie gar. Man hebt sie mit einer Schaumkelle heraus und spült sie kurz in heißem Wasser durch – so kleben die Spätzle nicht zusammen. Im Backofen warm halten (mit einer Schüssel zugedeckt).

Eierspätzle mit Champignons und Hühnerlebern

Für 4 Personen:

500 g Hühnerlebern, 2 EL Butterschmalz, Salz, Pfeffer, 4 EL Sherry, 250 g frische Champignons, 1/8 l Sahne, 1 Prise Delikateßpaprika, eventuell Chilipulver, 1 Bund Kerbel, 1 Portion Eierspätzle (siehe Grundrezept Seite 232)

1. Die Lebern gründlich säubern, dabei alle Häutchen, Sehnen und Blutreste entfernen. Die Lebern entlang der Mittelnaht in ihre natürlichen Hälften teilen. Wenn sie sehr groß sind, auch diese halbieren. Im heißen Butterschmalz auf starkem Feuer anbraten, dabei salzen und pfeffern. Mit 1 bis 2 Eßlöffel Sherry beträufeln und neben dem Herd noch knapp 5 Minuten ziehen lassen. Aus der Pfanne heben und warm stellen.
2. In demselben Fett nunmehr die blättrig geschnittenen Champignons stark anbraten – es soll möglichst kein Saft austreten, damit sie schön braun werden. Schließlich mit dem restlichen Sherry beträufeln und auch die Sahne angießen. Aufkochen, salzen und pfeffern. Nach Gusto mit

Paprika würzen – wer mag, schärft sogar mit Rosenpaprika oder Chilipulver nach.

3. Die Lebern mitsamt dem Saft, der inzwischen ausgetreten ist, hinzufügen und in der Sauce erwärmen. Verschwenderisch mit Kerbelblättchen bestreuen. Zu den Eierspätzle servieren.

Eierspätzle mit Bratensauce

Ursprünglich ein Reste-Essen, wenn vom Braten am Sonntag Sauce und vielleicht sogar ein Stückchen Fleisch übrigblieb: Das Fleisch wurde in hübsche Würfel geschnitten, die Sauce vielleicht sogar mit Saucenpulver gestreckt, damit's auch reicht, und zusammen mit handgeschabten Spätzle war bereits das nächste Festessen fertig. Wer keine Reste verfügbar hat, muß sich rasch an den Kochtopf stellen.

Für 4 Personen:

100 g gekochter Schinken in dünnen Scheiben, 200 g Hackfleisch, 1 Zwiebel, 2 Knoblauchzehen, 2 EL Öl, 1 TL Tomatenmark (Tube) 1 Glas Rotwein, Salz, Pfeffer, Thymian, je 1 kleine gelbe und rote Paprikaschote, 1 Bund Petersilie, 1 Portion Eierspätzle

1. Den Schinken winzig klein würfeln und zusammen mit dem Hackfleisch, der feingehackten Zwiebel und dem durchgepreßten Knoblauch im heißen Öl kräftig anbraten.
2. Sobald alles seine rohe Farbe verloren hat, das Tomatenmark unterrühren und kurz mitrösten. Schließlich mit Wein auffüllen, salzen, pfeffern und mit Thymian würzen. Ungefähr 20 Minuten leise köcheln. Falls zuviel Flüssigkeit verdampft, mit etwas Wasser loskochen.
3. Inzwischen die Paprikaschoten halbieren, vom Kerngehäuse befreien. Die Schoten mit einem Kartoffelschälmesser nur hauchdünn abschälen und in linsengroße Würfel schneiden.
4. Für die letzten 5 Minuten zur Hackfleischsauce geben. Gehackte Petersilie unterrühren. Nochmals abschmecken. Zu den Eierspätzle servieren.

Allgäuer Käs'spätzle

Ein Gericht aus den Allgäuer Bergen, wo die Bauern auf der Alm eben nicht viel mehr hatten, als das, was ihr Land lieferte: Milch und Käse, Eier und Mehl. Und wenn der Hof nicht allzu unwirtlich hoch gelegen war, wurden auch die Zwiebeln reif. Heute oft ein heruntergekommenes Wirtshausgericht, das man im ganzen Schwabenlande findet.
Die Käs'spätzle hängen natürlich von der Qualität der verwendeten Spätzle ab. Und da läßt sich nun einmal nicht leugnen: Selbstgemacht sind sie immer noch am besten – für die Kässpätzle brauchen sie aber nicht so viel Ei zu enthalten wie in den vorstehenden Rezepten.

Für 6 Personen:

SPÄTZLE:
350 g Mehl, 1 TL Salz, 7 Eier, ein paar Tropfen Wasser

AUSSERDEM:
350 g frisch geriebener Allgäuer Emmentaler, 5 EL Butter, Pfeffer aus der Mühle, ca. $\frac{1}{8}$ l Fleischbrühe, 400 g Zwiebeln, Schnittlauch

1. Die Spätzle kann man in diesem Fall bereits im voraus, sogar am Vortag zubereiten: Mehl, Salz und Eier mit dem Handrührer oder mit einem hölzernen Rührlöffel zu einem fließenden Teig schlagen. Er muß Blasen werfen, erst dann ist er richtig! Spätzle schaben und kochen wie im Rezept Eierspätzle angegeben.
2. Emmentaler frisch reiben. Eine feuerfeste Auflaufform mit Butter einpinseln. Schichtweise Spätzle einfüllen, dabei jede Schicht mit Käse bestreuen, pfeffern und mit ein klein wenig Brühe anfeuchten. Die Spätzle dürfen nicht in Brühe liegen, sondern sollen nur davon benetzt sein! Die oberste Schicht besteht aus Käse.
3. Die Form in den 200 Grad heißen Ofen (Gas Stufe 3) schieben und die Käs'spätzle etwa 10 bis 15 Minuten backen, bis der gesamte Käse geschmolzen ist.
4. Unterdessen die Zwiebeln in feine Ringe hobeln. In einer großen Pfanne die restliche Butter aufschäumen lassen und die Zwiebeln darin »schmälzen«, wie man das im Schwabenland nennt. Die Zwiebelringe werden dabei nicht knusprig gebraten, aber auch nicht so langsam gedünstet, daß sie hell bleiben. Goldbraun sollten sie aussehen und schon deutlich Röstgeschmack entwickelt haben.
5. Mitsamt der Butter über die Käs'spätzle verteilen. Schließlich den Schnittlauch in Röllchen schneiden und darüber streuen.

Am besten schmeckt dazu Feld- oder Endiviensalat, der mit viel Zwiebel angemacht ist und reichlich Salatsauce mit sich bringt. Davon träufelt man sich über seine Spätzleportion. Das macht sie frischer und noch besser bekömmlich. Dazu trinken wir im Winter einen Rotwein, im Sommer einen Weißwein oder Bier.

Maultaschen

Man sollte immer gleich auf Vorrat eine doppelte Portion davon zubereiten, die Arbeit ist praktisch die gleiche und man hat schon fürs nächste Mal, wenn Gäste kommen, ein herrliches Essen für sie parat – die Maultaschen werden roh eingefroren und ehe sie ins kochende Wasser kommen, zwischen zwei bemehlten Küchentüchern aufgetaut.

Für 4 – 6 Personen:

NUDELTEIG:
ca. 400 g Mehl, 2 Eier, 2 Eigelb, ½ TL Salz

FÜLLUNG:
1–2 altbackene Brötchen, 1–2 Zwiebeln je nach Größe, 3–4 Knoblauchzehen nach Geschmack, 2 EL Butter, 500 g Spinat, 300 g schieres Rindfleisch (aus der Hochrippe), 1–2 Landjäger (luftgetrocknete Bauernhartwurst), 1 Ei, Salz, Pfeffer, Muskat, Sojasauce, Worcestershire Sauce, Cayennepfeffer

1. Zunächst wird der Teig gemacht. Wieviel Mehl man genau dafür braucht, läßt sich nicht präzise sagen. Es hängt von der Größe der Eier ab, von der Mehlbeschaffenheit, auch von Luftfeuchtigkeit. Wir machen es immer so: Einfach eine ordentliche Portion Mehl auf die Arbeitsfläche oder in einer Rührschüssel häufen, in die Mitte eine Vertiefung machen, dorthinein die Eier und Eigelbe schlagen, das Salz zufügen. Nun von der Mitte her die Eier verquirlen und mit soviel Mehl vermengen, wie sie aufzunehmen imstande sind.
2. Schließlich das überschüssige Mehl entfernen, den Teig mit der Hand kneten, bis er elastisch ist. Unter einem Tuch eine halbe Stunde ruhen lassen, dann portionsweise so lange zwischen den glatten Walzen der Nudelmaschine durchdrehen, dabei den Abstand jedesmal ein wenig enger stellen, bis ein hauchdünnes, ebenmäßiges Teigband entstanden ist. Wer keine Nudelmaschine hat, muß leider mit Muskelkraft und Nudelholz arbeiten. Wichtig: Durchscheinend dünn sollte das Teigband sein! Und: immer unter einem Küchentuch vor dem Austrocknen schützen.
3. Für die Füllung die Brötchen in warmem Wasser einweichen. Feingehackte Zwiebel und durchgedrückten Knoblauch in der heißen Butter andünsten (Mikrowelle 3 Minuten/stärkste Stufe), den sorgfältig verlesenen, mehrmals gewaschenen und von seinen Stielen befreiten Spinat in Salzwasser blanchieren, kalt abschrecken und gründlich ausdrücken.
4. Alle Zutaten durch die feine Scheibe des Fleischwolfs drehen: Zuerst die Zwiebeln, dann nacheinander den Spinat (den man deshalb nicht zu entstielen braucht), das Rindfleisch, die Landjäger und zum Schluß die sehr gründlich ausgedrückten Brötchen, die den Fleischwolf gleich wieder reinigen.

5. Alles innig mischen, dabei das Ei zufügen und mit Salz, Pfeffer, reichlich Muskat, Sojasauce, Worcestershire Sauce und Cayennepfeffer kräftig abschmecken.
6. Jetzt die Maultaschen herstellen: Die Teigbänder auf der Arbeitsfläche ausbreiten und mit Eiweiß einpinseln.
7. Die Füllung in regelmäßigen Abständen als Häufchen darauf setzen – je kleiner die Häufchen, desto geringer die Abstände, desto mehr und kleinere Maultaschen gibt es. Nimmt man als Füllungsmaß einen Eßlöffel, sollten die Häufchen etwa 5 cm auseinander sein; wenn die Füllung dann etwas flachgedrückt wird, bleibt zwischen den Häufchen nur noch ein Rand von knapp 2 cm … Mit einem zweiten Teigband abdecken. Überall rund um die einzelnen Füllungen festdrücken und mit einem Teigrädchen oder Messer Taschen ausschneiden.
8. Die fertigen Taschen auf einem mit Mehl bestäubten Tuch, mit einem ebenfalls eingemehlten Tuch zugedeckt, ruhen lassen, bis alle Teigtäschchen fertig sind.
9. Kurz vor dem Servieren in reichlich siedendes Salzwasser legen und etwa 5 Minuten köcheln. Wenn die Täschchen oben schwimmen, sind sie gar. Mit einer Schaumkelle herausheben, abtropfen lassen.

Wer keinen Fleischwolf hat, kauft fertig durchgedrehtes Hackfleisch, kann gedünstete Zwiebeln und blanchierten Spinat im Zerhacker zerkleinern, den Landjäger schließlich von Hand winzig fein würfeln. Auf keinen Fall das Fleisch im Zerhacker mixen, dort wird es zu fein und nachher zäh wie Gummi.

Zum Servieren gibt es viele verschiedene Möglichkeiten und Ideen – hier eine kleine Auswahl:

Die klassisch-schwäbische Art:
Mit dampfendheißer Fleischbrühe bedeckt in einer Terrine zu Tisch bringen. Dazu saftigen Kartoffelsalat servieren, der aus frisch gekochten, nur eben abgekühlten Kartoffeln zubereitet und mit gehackter Zwiebel, Schnittlauch sowie Essig und Öl angemacht ist.
Was für Schwaben ein Muß ist, mag Norddeutsche seltsam berühren: Man nimmt sich die Maultaschen in einen Suppenteller, gießt ordentlich Brühe darüber, und dahinein kommt nun der Kartoffelsalat – ein Gedicht!

Geschmälzt, mit Zwiebelringen:
Pro Person eine große Zwiebel in Ringe hobeln, in reichlich Butter, der nach Belieben etwas Schmalz zugefügt wurde, in einer großen Pfanne schön braun braten. Über die auf einer Platte an-

gerichteten, mit nur wenig Brühe eben angefeuchteten, ganz heißen Maultaschen verteilen. Dazu ebenfalls Kartoffelsalat, wie oben beschrieben, und unbedingt zusätzlich ein grüner Salat!

Mit südlicher Tomatensauce:
Eine feingehackte Zwiebel mit 2 bis 3 durchgedrückten Knoblauchzehen in etwas Olivenöl weich dünsten. 500 Gramm frische, grob zerschnittene Tomaten oder 1 Dose geschälte Tomaten zufügen. Salzen, pfeffern, Thymianzweige, Petersilienstengel oder Basilikum zugeben. Zugedeckt eine halbe Stunde köcheln, durch ein Sieb streichen und nochmals abschmecken.

Gebratene Maultaschen:
Sollten welche übriggeblieben sein, schmecken Maultaschen am nächsten Tag wieder köstlich, wenn man sie in Butter und Schmalz aufbrät, und zwar in Scheiben geschnitten, eventuell sogar noch einige gebackene Zwiebelringe dazu.

Pasta und ihre Saucen

Die klassische Nudelsauce für Spaghetti und alle anderen Nudeltypen. Sie muß unbedingt lange köcheln, damit die verschiedenen Aromen sich einander mitteilen können! Es lohnt sich deshalb, einmal eine große Portion zu kochen und sie dann portionsweise einzufrieren. So hat man immer was im Haus, wenn unverhofft hungrige Gäste kommen.

Dazu trinkt man einen kräftigen Rotwein, der nicht unbedingt sehr hochwertig sein muß – z. B. einen Sangiovese di Romagna.

Sugo bolognese – Fleischsauce Bologneser Art

1. Die feingeschnittenen Zwiebeln und Knoblauchzehen im heißen Öl in einer tiefen Pfanne oder in einem flachen, weiten Topf auf mildem Feuer weich dünsten, dabei auf keinen Fall bräunen.
2. Die fein geraspelte Möhre sowie die in dünne Scheibchen geschnittenen Selleriestangen zufügen, ebenso die Petersilienstengel (Blätter beiseite stellen), mit dem Lorbeerblatt und Thymianzweig zu einem Gewürzstrauß zusammengeschnürt.
3. Das Hackfleisch und den winzig fein gewürfelten Speck in die Pfanne geben, die Hitze verstärken. Das Fleisch unter

Rühren krümelig braten, bis alles grau geworden ist.

4. Das Tomatenmark zufügen und etwas anrösten.
5. Jetzt die Tomaten aus der Dose mitsamt ihrem Saft darangießen. Oregano einstreuen. Leise köcheln lassen, dabei gelegentlich umrühren. Und immer wieder einen Schuß Rotwein angießen. Sobald der verbraucht ist, Wasser angießen, damit nichts ansetzt.
6. Mindestens 2, besser noch 3 Stunden leise köcheln, dabei den Deckel so auflegen, daß ein kleiner Spalt offenbleibt, durch den der Dampf entweichen kann.
7. Zum Schluß erst die Sauce mit Salz und Pfeffer abschmecken. Den Kräuterstrauß rausfischen und wegwerfen. Statt dessen die gewiegte Petersilie einrühren.
8. Nach Belieben die gekochten Nudeln mit dieser Sauce bereits mischen. Oder aber portionsweise in tiefen Tellern anrichten, einen großzügigen Klecks Sauce obenauf setzen. Und – trotz Öls in diesem Fall unerläßlich! – einen Stich Butter zufügen. Frisch geriebenen Parmesankäse dazu reichen, von dem sich jeder bei Tisch selbst bedienen kann.

Für 4 – 6 Personen (je nachdem, ob die Nudeln als italienisches erstes Hauptgericht – *primo piatto* – oder nach deutscher Art als alleinige Hauptmahlzeit serviert werden):

2 große Zwiebeln, 2–5 Knoblauchzehen, 4 EL Olivenöl, 1 Möhre, 2–3 Selleriestengel, 1 Bund glatte Petersilie, 1 Lorbeerblatt, 1 Zweig Thymian, 400 g Hackfleisch, 1 Döschen Tomatenmark, 1 kleine Dose geschälte Tomaten, 1 EL Oregano, 1 Glas trockener Rotwein, Salz, Pfeffer

AUSSERDEM:
etwas Butter und frisch geriebener Parmesan

Kalbsleber-Ragout auf geschmolzenen Zwiebeln

Grundlage für dieses Leber-Ragout, das bestens zu schmalen Bandnudeln schmeckt (Tagliatelle, wenn möglich natürlich selbstgemachten), ist eine Spezialität aus dem Veneto: *fegato alla veneziana*.

Für 4 Personen:

400 g Zwiebeln, 1–2 frische Knoblauchzehen, 5 EL Olivenöl Extra, ca. 1/4 l trockener Weißwein, Salz, Pfeffer aus der Mühle, Kerbelblättchen, 400 g Kalbsleber

1. Die Zwiebeln auf dem Gemüsehobel in hauchfeine Scheiben schneiden. In einen flachen, weiten Topf geben, die ebenfalls in feine Scheibchen geschnittenen Knoblauchzehen dazu, alles mit der Hälfte des Olivenöls beträufeln. Den Topf fest verschließen und auf mildes Feuer stellen. Die Zwiebeln so langsam schmelzen lassen, dabei ab und zu einen Schuß

Wein zufügen, daß sie auf keinen Fall ansetzen oder gar braun werden.

2. Bis sie richtig, das heißt, cremig zart geworden sind, vergehen mindestens 30, wahrscheinlich 40 Minuten, dabei soll nahezu aller Wein verkochen. Erst ganz zum Schluß salzen und pfeffern.
3. Die Kalbsleber in hauchdünne Scheibchen, etwa von der Größe (nicht Stärke!) einer Streichholzschachtel schneiden.
4. Im verbliebenen Öl in einer zweiten Pfanne auf sehr starkem Feuer rasch kroß anbraten. Das darf höchstens 1 Minute dauern, dabei muß ständig gerührt werden.
5. Die Leberscheibchen salzen und je nach Geschmack aus der Mühle pfeffern.
6. Die nur rasch und daher unvollkommen abgetropften Nudeln portionsweise als Tellergericht anrichten, jeweils einen guten Klecks geschmolzener Zwiebeln in die Mitte setzen, mit den Leberscheibchen krönen, mit abgezupften Kerbelblättchen dekorieren.
7. Sofort zu Tisch bringen, damit sich jeder seine Portion umwenden kann, bevor die Nudeln zusammenkleben..

Trinken Sie dazu denselben trockenen Weißwein aus Venetien, mit dem die Zwiebeln zubereitet wurden – Soave, Pinot bianco del Piave.

Sugo di lepre – Ragout vom Hasen

Eine toskanisch-umbrische Spezialität, für die jede Hausfrau, jeder Koch sein spezielles, sein eigenes Rezept hat. Aber jedes Rezept beginnt damit: »Man nehme einen jungen Hasen, achte darauf, daß das Blut wohl konserviert ist ...«
Hierzulande wird das allenfalls den Ehefrauen von Jägern gelingen. Kaufen jedenfalls läßt sich so etwas nicht. Zumal bei uns die Innereien des Wildbrets dem Jäger vorbehalten bleiben. Wir müssen uns also für dieses überaus köstliche Hasenragout anders behelfen. Auf jeden Fall müssen wir rechtzeitig anfangen, denn zunächst muß das Fleisch etwa zwei Tage marinieren!
Dieser Sugo di lepre gehört klassischerweise auf sehr breite Bandnudeln (Papardelle). Falls das Hasenklein genug Fleisch bringt, löst man es in großen Stücken aus und serviert es als zweiten Gang, nach dem Nudelgericht.

1. Das Hasenklein oder die Hasenkeulen rundum mit Salz einreiben. Zusammen mit den Rosmarinzweigen, grob geschnittenen Zwiebeln und Selleriestangen, Wacholderbeeren und Lorbeerblättern in eine Schüssel füllen. Die halbierte Möhre und die geschälten Knoblauchzehen zufügen. Alles mit Wein bedecken. Das Hasenklein mindestens einen, besser zwei Tage lang marinieren.
2. Das Fleisch gut abtrocknen. Das Würzgemüse sehr fein hacken. Rosmarinzweige, Lorbeerblätter und die Wacholderbeeren in ein Stück Mull binden, damit man sie nachher bequem wieder herausfischen kann.
3. In einem breiten Topf das Öl erhitzen, zunächst die Fleischstücke darin rundum anbraten, dann das gehackte Würzgemüse zufügen und mitdünsten.
4. Nach und nach so viel von der Marinade zufügen, daß die Fleischstücke zur Hälfte darin liegend köcheln.
5. Die Hasenstücke auf mittlerem Feuer etwa 2 Stunden köcheln, dabei den Beutel mit den Gewürzen mitziehen lassen und nur behutsam salzen. Danach das Fleisch herausheben, von den Knochen lösen und klein schneiden.
6. Die Putenlebern grob zerschneiden und durch ein Sieb streichen oder im Mixer pürieren. Das Püree mit dem Tomatenmark sowie den zerdrückten Tomaten und ihrem Saft verrühren.
7. Das Leber-Tomaten-Püree in die Sauce geben und vorsichtig erwärmen. Auf mildem Feuer eher ziehen als kochen lassen, dabei das Fleisch wieder zufügen.
8. Zum Schluß die Sauce mit Pfeffer abschmecken. Nach Belieben noch feingeschnittene Petersilie unterrühren.

Für 6 Personen:

ca. 500 – 600 g Hasenklein oder Hasenkeulen, Salz, 2 – 3 Rosmarinzweige, 2 Zwiebeln, 2 – 3 Stangen Bleichsellerie, 6 Lorbeerblätter, 6 Wacholderbeeren, 1 Möhre, 3 Knoblauchzehen, ¼ – ½ l kräftiger Rotwein (Chianti classico), ⅛ l Olivenöl Extra, 2 schöne große Putenlebern, 1 EL Tomatenmark, ½ Dose geschälte Tomaten, Petersilie

Damit man nicht zuviel Wein für das Einlegen benötigt, muß die Schüssel genau passend gewählt werden. Oder: Man steckt alles in eine extrastarke Plastiktüte (Gefrierbeutel), die man verknotet, nachdem man alle Luft herausgedrückt hat. Trinken Sie dazu einen fruchtigen Chianti – derselbe, mit dem auch bereits gekocht wurde.

Pasta mit Kaninchensugo

1. Die Pasta wie im Rezept beschrieben herstellen.
2. Für den Sugo die Kaninchenteile im heißen Öl rundum kräftig anbraten. Zwiebel und Knoblauch fein würfeln und zufügen. Auch die getrockneten, sehr kleingeschnittenen Tomaten, die feingewürfelte Möhre und Selleriestengel hinzustreuen.

Für 4 – 6 Personen:

½ Rezept Nudelteig (Seite 231)

SUGO:
Keulen und Läufe eines Kaninchens, 2 EL Olivenöl, 1 Zwiebel, 3–4 Knoblauchzehen, 6 getrocknete Tomaten, 1 Möhre, 2 Selleriestengel, 1/4 l Weißwein, 2 Rosmarin- und Thymianzweige, 2 Lorbeerblätter, reife Fleischtomaten oder Tomaten aus der Dose, Salz, Pfeffer, Basilikumblätter, 70 g alter Parmesan oder Pecorino, 2–3 EL Butter

3. Den Wein angießen, die Kräuter und Tomaten mitsamt ihrem Saft zufügen, salzen und pfeffern. Das Kaninchen zugedeckt etwa eine halbe Stunde schmurgeln lassen.
4. Etwas auskühlen lassen. Das Fleisch von den Knochen lösen und in kleine Würfel schneiden. Das feingeschnittene Basilikum unterrühren, die Sauce mit Salz, Pfeffer, Muskat und einer Spur Cayennepfeffer kräftig abschmecken.
5. Die Pasta in reichlich Salzwasser etwa 2 bis 3 Minuten bißfest kochen. Abgießen und tropfnaß im Topf mit dem Kaninchensugo mischen. Dabei Parmesan und Butter einarbeiten.
6. Sofort in tiefen, vorgewärmten Tellern anrichten und mit einem Basilikumblatt schmücken – außerdem frisch geriebenen Parmesan oder Pecorino dazu reichen.

Eiernudeln Carbonara

»Nach Köhlerart« heißt diese Zubereitung, genau übersetzt. Ob sie allerdings wirklich etwas mit Köhlern zu tun hat, ist umstritten. Manche schreiben das Rezept den »Carbonari« zu, einer politischen Gruppe gegen Napoleon. Andere wieder behaupten, es stamme aus einer römischen Trattoria »Carbonara«. In Italien verwendet man dazu meist Spaghetti. Aber mit selbstgemachten Bandnudeln schmeckt's einfach noch mal so gut! Probieren Sie's.

Für 2 Personen:

100 g durchwachsener Bauchspeck in 3 mm dünnen Scheiben, 1 EL Butter, 4 Eigelbe, 4 EL Sahne, 50 g frisch geriebener Parmesan, Salz, Pfeffer, Muskat, 1 Portion Eiernudeln (nach dem Grundrezept) oder 250 g Spaghetti

1. Bauchspeck in feine Streifen schneiden. In großer Pfanne in der heißen Butter sanft ausbraten. Inzwischen die Eigelbe mit dem Parmesan und der Sahne gründlich verquirlen. Sparsam salzen, großzügig pfeffern und mutig mit Muskat würzen.
2. Die Nudeln in reichlich Salzwasser *al dente* kochen. Abgießen und in die Pfanne mit den Speckstreifen füllen. Die Ei-Käse-Sahne zufügen. Alles auf leisem Feuer behutsam mischen und erwärmen.
3. Vorsicht: Nicht zu stark erhitzen – die Eier sollen cremig bleiben und auf keinen Fall zu Flocken stocken. Allerdings sollten sie auch nicht mehr völlig roh wirken. Sofort auf vorgewärmten Tellern servieren.

Pikanter Schinken-Sugo

Stand einst als *Sugo della Rosa* auf der Speisekarte der Trattoria Montagliari, eines gemütlichen und ebenso vorzüglichen Landgasthofs mitten im Herzen des Chianti-Gebiets zwischen Panzano und Greve. Giovanni Cappelli, der frühere Inhaber, führte nicht nur das Gasthaus mit Herzlichkeit sowie Qualitätsbewußtsein – er machte im zugehörigen Weingut Weine, die zum Besten gehören, was die Region hervorbringt. Und ein ausgezeichnetes, sehr fruchtig-würziges Olivenöl. Inzwischen hat er Gasthaus und Weingut in jüngere Hände übergeben.

Für 6 Personen:

250 g gekochter Vorderschinken mitsamt Fettrand, 2 Knoblauchzehen, 4 EL Olivenöl extra vergine, 1 dickes Bund glattblättrige Petersilie, 2 getrocknete Chilischoten, 1 große Dose geschälte Tomaten, Pfeffer, Salz

1. Den Schinken durch die grobe Scheibe des Fleischwolfs drehen.
2. Den feingehackten Knoblauch im heißen Olivenöl andünsten, die feingehackte Petersilie, den durchgedrehten Schinken sowie die Chilischoten zufügen. Kurz durchschwenken, dann mit den Tomaten ablöschen. Etwa 15 Minuten kräftig kochen. Mit Salz und Pfeffer abschmecken.
3. Die parallel gekochten Nudeln – in der Trattoria Montagliari nimmt man noch immer dafür Penne, also kurze, gerippte Makkaroni – in diesem Sugo einige Minuten ziehen lassen, damit sie den Geschmack gut aufnehmen können. Heiß zu Tisch bringen!

Stilecht dazu ist frisch geriebener Pecorino, Hartkäse aus Schafsmilch. Es passt aber auch geriebener Parmesan oder Grana zum Bestreuen. Natürlich wird das Gericht begleitet von einem eleganten, fruchtigen Chiantiwein.

Spaghetti mit Spargelsauce

Für 4 Personen:

500 g grüner Spargel, Salz, ½ l Wasser, 1 Zwiebel, 1 Bund Petersilie, 2 EL Olivenöl, ½ Dose geschälte Tomaten, Pfeffer, 2 EL Butter, 250 g Spaghetti, geriebener Käse (Nehmen Sie ganz nach Geschmack Grana Padano, Parmigiano Reggiano oder einen alten, kernigen Asiago.)

1. Den Spargel schälen, in Stücke schneiden, in reichlich Salzwasser blanchieren. Das Kochwasser reservieren.
2. Zwiebel und Petersilie sehr fein hacken und im heißen Öl andünsten. Die Tomaten aus der Dose durch eine Gemüsemühle passieren und zufügen. Leise eine halbe Stunde köcheln, dabei salzen und pfeffern.
3. Für die letzten 10 Minuten den Spargel zufügen. Zum Schluß die Butter einrühren.
4. Die Spaghetti im Spargelwasser mit Biß garkochen.

Abgießen, in tiefen Tellern anrichten und jeweils einen großzügigen Klecks Spargelsauce in die Mitte setzen.

5. Mit geriebenem Käse servieren, den sich jeder Gast selbst am Tisch darüberstreut.

Tip: Wir verwenden in Deutschland Petersilie meist roh, das heißt, wir hacken sie und streuen sie im letzten Moment über das Gericht. In Italien wird Petersilie jedoch mitgekocht, damit sie ihr volles, durch Hitze nicht zu zerstörendes Aroma an das Gericht abgibt. Deshalb zieht man die geschmacksintensivere glattblättrige Petersilie unserer krausen vor, die freilich zum Dekorieren genommen wird.

Schwarze Spaghetti

Die schwarzen Spaghetti wirken vielleicht zunächst einmal ein wenig unheimlich: Was einst kaum ein Deutscher versuchen mochte, gehört inzwischen zum allgemeinen Küchenrepertoire der Yuppie-Kneipen. Hierzu brauchen Sie, was man jetzt ab und zu findet, ganze Tintenfische, und zwar die echten Sepia mit ihrem Tintenbeutel. Es gibt sie frisch oder gefroren. Man kann auch geputzte Sepie und Tinte getrennt gefroren kaufen, das spart Zeit und Mühe. Und es gibt die Tinte im Vakuumpäckchen. Sobald die weißen Spaghetti mit der schwarzen Sauce obenauf vermischt sind, sind sie tatsächlich schwarz, wie mit Tinte eingefärbt. Sie duften verführerisch nach Meer und schmecken einfach umwerfend köstlich.

Für 4 Personen:

500 g Sepie mit Tinte, 4 Knoblauchzehen, 1 kleine Zwiebel, 2 EL Olivenöl, 1 Fleischtomate, 1 EL Essig, Salz, Pfeffer, 400 g Spaghetti

1. Die Sepie vorsichtig ausnehmen: die Tiere am Rücken hinter dem Kopf einschneiden und die feste Kalkschale herausschieben – das ist der bekannte Schnabelwetzstein für Vögel. Nun den Kopf mit den Fangarmen packen und die Innereien samt Farbbeutel aus dem Inneren ziehen. Farbbeutel vorsichtig beiseite tun, später die Tinte in ein Schälchen auspressen. Innereien wegwerfen. Die Fangarme ohne Kopf und die Beutel sorgfältig auswaschen und in Streifen schneiden.
2. Die Knoblauchzehen und die Zwiebel hacken. Im heißen

Öl andünsten, die Sepiastücke zufügen und einige Minuten mitbraten. Die Tinte zufügen.
3. Die Tomate häuten, entkernen und würfeln. Zu den Sepie fügen. Mit Essig, Salz und Pfeffer würzen, ein paar Minuten ziehen lassen.
4. Inzwischen die Spaghetti in viel Salzwasser sprudelnd bißfest kochen, rasch und gar nicht gründlich abtropfen und noch naß in dieser Sauce wenden.

Dazu paßt ein gehaltvoller trockener Weißwein – zum Beispiel Pinot Grigio oder Tocai aus dem Friaul.

Basilikumsauce – Pesto alla genovese

Für 10 Portionen:

50 g Basilikumblätter, 50 g Parmesan (Parmigiano Reggiano oder Grana Padano, 50 g Knoblauch, 50 g Pinienkerne, ca. 1/8 l Olivenöl

1. Blätter, den zerbröckelten oder in Stücke geschnittenen Käse, die geschälten Knoblauchzehen und Pinienkerne im Mixer pürieren, dabei soviel Öl hinzufließen lassen, bis eine dicke, streichfähige Paste entstanden ist.
2. Zum Servieren pro Person einen großzügig bemessenen Eßlöffel Basilikumpaste in etwas heißem Nudelwasser auflösen. Wer mag, rundet die Sauce mit einem Schuß Sahne ab.

Tip: Diese Paste kann man im Kühlschrank ein bis zwei Wochen, im Gefrierer bis zu einem Jahr aufbewahren. In letzterem Fall empfiehlt es sich, die Paste in Eiswürfelbehältern zu portionieren, damit man stets die benötigte Menge entnehmen kann.

Spaghetti mit grünen Bohnen, Kartoffeln und Basilikumsauce

Dies ist das klassische Rezept für Pesto, das wir in Ligurien lieben gelernt haben: Ein Gedicht, das im Sommer bei uns häufig auf den Tisch kommt, auf das man im Winter, dank der Tiefkühltechnik, Gott sei Dank nicht verzichten muß! Die Sahne ist vielleicht nicht ganz original, rundet aber das Gericht vorteilhaft ab.

Für 4 Personen:

250 g feine grüne Bohnen, 250 g mehlige neue Kartoffeln, 250 g dünne Spaghetti (besser Spaghettini), Salz, ca. 3–4 EL Sahne, 4 EL Pesto (siehe Rezept Seite 245)

Wichtig: **Bohnen, Kartoffeln und Spaghetti müssen dieselbe Garzeit haben. Dickere Bohnen daher notfalls längs halbieren und zusätzlich zuvor blanchieren; Kartoffelscheiben sehr dünn schneiden und feine Spaghetti verwenden.**

1. Bohnen putzen, Kartoffeln in Scheiben schneiden, schälen und in sprudelnd kochendes Salzwasser werfen.
2. Die Spaghetti zufügen – alles miteinander in 9 bis 10 Minuten gar kochen.
3. Abgießen, nicht abtropfen lassen, sondern mitsamt etwas anhaftendem Kochwasser zurück in den Topf geben.
4. Pesto zufügen und gut durchschwenken, dabei die Sahne zufügen und alles gut mischen.

Pasta mit Kartoffeln und grüner Mandelsauce

Pasta e fagioli ist ein Klassiker in vielen Regionen Italiens. Im Mairatal, einem abseits gelegenen Bergtal, ganz im Westen des Piemont, nimmt man statt Bohnenkernen die ebenfalls kohlenhydratreichen Kartoffeln und mischt alles mit einer leuchtend grünen Sauce, ganz ähnlich dem typisch ligurischen basilikumduftenden Pesto, allerdings ohne Knoblauch; und statt mit Pinienkernen wird die Sauce mit Mandeln gebunden.

Für 6 Personen:

600 g mehlige Kartoffeln, (möglichst gut abgelagert), 300 g kleine dicke Nudeln

GRÜNE MANDELSAUCE: 100 g Mandeln, 2 dicke Bund Basilikum oder Petersilie, ca. 1/8 l Olivenöl, Salz, Pfeffer, Nudelkochwasser

1. Die Kartoffeln schälen und in knapp zwei Zentimeter große Würfel schneiden. Zusammen mit den Nudeln in reichlich Salzwasser gar kochen. (Falls man nur neue Kartoffeln zur Verfügung hat, die schneller gar sind, muß man sie extra kochen.)
2. Für die Sauce die Mandeln mit kochendem Wasser übergießen, nach einer Viertelstunde abschütten, abschrecken, häuten und im Mixer zusammen mit Basilikum und Öl mixen, dabei so viel Nudelkochwasser zufugen, daß die Sauce schön cremig wird. Abschmecken, die Nudeln und Kartoffeln darin wenden und sofort servieren.

Spaghetti mit Pfifferlingen

Wenn das Pilzsammlerglück mal nicht so hold war und nur eine kleine Menge der begehrten Waldpilze beschert hat: So kommen sie schön zur Geltung!

Für 4 Personen als Vorspeise, für 2 als Hauptgericht:

1 Zwiebel, 2 EL Butter, Salz, Pfeffer, 1 Knoblauchzehe, 250 g frische Pfifferlinge, 3 reife Fleischtomaten, frischer Majoran, 2 EL Balsamico-Essig, 250 g Spaghetti

1. Die Zwiebel fein würfeln und in der heißen Butter andünsten, dabei salzen und pfeffern. Den Knoblauch durch die Presse hinzudrücken.
2. Die Pfifferlinge putzen und zufügen, etwa 5 Minuten dünsten.
3. Inzwischen Tomaten häuten, entkernen und längs in Streifen schneiden. Zu den Pilzen geben und einige Minuten mitschmoren.
4. Majoranblättchen zufügen, mit Balsamico würzen und noch einmal abschmecken.
5. Die Spaghetti in reichlich Salzwasser gar kochen. Unter die Pilze mischen und sofort servieren.

Penne mit Peperonata

Das gibt's, wenn es schnell gehen muß und zufällig – was bei uns oft der Fall ist – geröstete, marinierte Paprika im Kühlschrank stehen. Dann ist im Handumdrehen das Essen auf dem Tisch!

Für 4 Personen ein Hauptgericht, für 6 – 8 eine Vorspeise:

½ Portion marinierter Paprika (Seite 46), 500 g Tomaten, 3–6 Knoblauchzehen, 3 EL Olivenöl, 3–4 Petersilienstengel, Salz, Pfeffer, 2 EL Balsamico-Essig, 500 g Penne (kurze, dicke, gerippte Röhrennudeln), frisch geriebener Parmesan

1. Den Paprika wie beschrieben zubereiten – vielleicht ist ja ein Rest übriggeblieben. Die Tomaten häuten, entkernen und in Streifen oder große Würfel schneiden.
2. Den Knoblauch in Scheiben schneiden, im heißen Öl andünsten, sofort die Tomaten zufügen und kurz schmelzen. Paprikastreifen mitschwenken sowie grob gehackte Petersilie. Mit Salz, Pfeffer und Balsamico-Essig abschmecken.
3. Penne in Salzwasser gar kochen und 2 bis 5 Minuten zusammen mit den Paprika und Tomaten schmoren.
   Gut mischen, dazu frisch geriebenen Parmesan servieren.

Bandnudeln mit Spinat und Tomaten

Für 4 Personen ein Hauptgericht, für 6 – 8 eine Vorspeise:

250 g fester Blattspinat, Salz, 1 weiße Zwiebel, 3 Knoblauchzehen, 3 EL Olivenöl, 1 Tasse passiertes Tomatenfleisch (notfalls fertig gekauft), 4 Tomaten, 200 g Mozzarella, Pfeffer, 400 g Bandnudeln

1. Den Spinat verlesen, Stiele entfernen, mehrmals gründlich waschen, in kochendem Salzwasser 1 Minute blanchieren und eiskalt abschrecken. Gut abtropfen. Zugleich auch die Tomaten ins kochende Wasser halten und anschließend abkühlen.
2. Zwiebel fein würfeln, Knoblauch hacken und im heißen Öl andünsten. Die passierten Tomaten zufügen. Etwa 10 Minuten leise köcheln.
3. Frische Tomaten inzwischen häuten, entkernen und in Streifen schneiden. Mozzarella würfeln. Beides zusammen mit dem Spinat zur Tomatensauce geben und behutsam untermischen. Salzen und mit Pfeffer würzen.
4. Bandnudeln bißfest kochen und tropfnaß unter den Spinat mischen. Sofort in tiefe Teller verteilen und zu Tisch bringen.

Spaghetti mit Rauke

Ganz einfach, aber verblüffend gut: rohe Tomaten und Rucola verleihen Frische, Chili sorgt für Feuer, und grob gehackte Mandeln geben Biß.

Für 4 Personen:

350 g dünne Spaghetti, Salz, 3 Fleischtomaten, 100 g Rucola, 4 EL bestes Olivenöl, Pfeffer, 2–3 EL gehackte Mandeln, 2–4 Knoblauchzehen, 1–2 getrocknete rote Chilis

1. Die Spaghetti in reichlich Salzwasser bißfest kochen.
2. Inzwischen die Tomaten häuten, entkernen und in Würfel schneiden. Rucola hacken. Beides mischen, mit 2 Eßlöffeln Öl, Salz und Pfeffer anmachen.
3. Das restliche Öl erhitzen, Mandeln, gehackten Knoblauch und zerbröselte Chilis darin kurz dünsten, die abgetropften Nudeln darin schwenken.
4. Schließlich neben dem Feuer Tomaten und Rucola untermischen und sofort servieren.
5. In tiefen, vorgewärmten Tellern servieren. Wer mag, reibt sich bei Tisch frischen Parmesan über seine Portion.

Zitronen-Spaghetti

Erfrischend, belebend, voller Duft – ein federleichtes Sommeressen, das es allerdings dank reichlicher Verwendung von Knoblauch in sich hat! Bitte nur den jungen, saftigen Knoblauch nehmen, dann braucht man sich vor üblem Geruch nicht zu fürchten.

Für 4 – 6 Personen:

3 schöne große Sommerzitronen (möglichst ungespritzt), 6–8 junge Knoblauchzehen, 1 Bund glattblättrige Petersilie, Salz, Pfeffer, 4–5 EL duftendes, aromatisches Olivenöl (natürlich Extra vergine), 400 g dünne Spaghetti

1. Eine der Zitronen unter heißem Wasser abbürsten, um sicherzugehen, daß keinerlei Spritzmittel mehr daran haften. Mit einem Zestenreißer hauchdünne Streifen abschneiden.
2. Schließlich alle Zitronen mit einem scharfen Messer so energisch schälen, daß auch die weiße Haut, die das Fruchtfleisch umhüllt, abgeschnitten wird.
3. Das so freigelegte Fruchtfleisch aus seinen Kammern schneiden. Über einer Schüssel arbeiten, damit der Saft, der dabei herabtropft, aufgefangen wird.
4. Knoblauch schälen, durch die Presse drücken. Petersilie mit einem scharfen Messer sehr fein schneiden. Mit den Zitronenfilets und den Zesten mischen, dabei mit Salz und Pfeffer sowie Olivenöl würzen.
5. Inzwischen Spaghetti in reichlich Salzwasser al dente kochen. Abgießen, nicht abtropfen, auf keinen Fall abschrecken, sondern sofort mit dem Zitronensalat vermischen und unverzüglich servieren.

Tip: Wer mag, reibt sich am Tisch Pecorino (sardischen oder toskanischen Schafskäse) darüber.

Cannelloni mit Spinat-Topfen-Füllung und Mohnbutter

Sie machen, zugegeben, Arbeit! Aber das Ergebnis lohnt sich in jedem Fall – selbst im besten Nudelgeschäft kann man Cannelloni so fein und zart nicht kaufen, wie sie nach diesem Rezept gelingen!

Für 6 – 8 Personen:

NUDELTEIG:
500 g Mehl, Salz, 4 Eigelbe, 2 ganze Eier, 2 EL Olivenöl

FÜLLUNG:
300 g Magerquark, 500 g Spinat, Salz, 100 g frisch geriebener Parmesan, Salz, Pfeffer, Cayennepfeffer, Zitronenschale, außerdem Butter (für die Form), ca. ½ l Brühe

MOHNBUTTER:
100 g Butter, 50 g frisch gemahlener Mohn, glatte Petersilie

1. Mehl, Eigelbe, ganze Eier, Salz und Öl zu einem weichen (!) Teig verarbeiten. Der Teig darf natürlich nicht kleben, soll aber auf keinen Fall zu fest sein, sonst werden die Nudeln zu dick und bleiben hart! Eventuell einige Tropfen lauwarmes Wasser zufügen!
2. Den Teig zu einer Kugel formen und, in einen Plastikbeutel verpackt, damit er nicht austrocknet, eine halbe Stunde ruhen lassen. Das ist wichtig, damit der Kleber im Mehl sich mit der Flüssigkeit verbinden kann, nur so wird der Teig elastisch.
3. Den Quark für die Füllung in einem Sieb einen Tag oder sogar länger abtropfen lassen. Spinat verlesen und gründlich waschen, dabei Blattstiele entfernen. In Salzwasser blanchieren, eiskalt abschrecken – wegen der schönen Farbe. Im Mixer pürieren, dabei Quark und Käse zufügen. Mit Salz, Pfeffer, Cayennepfeffer und Zitronenschale würzen.
4. Den Teig in zwei oder drei Portionen teilen und hauchdünn ausrollen. Am besten gelingt das in der Nudelmaschine, zwischen deren immer enger gestellten Walzen man den Teig portionsweise durchdreht, so lange, bis zum Schluß ein hauchdünnes Teigband entstanden ist. Dabei das Band mit Mehl bestäuben, damit es nicht klebt.
5. Die Teigbänder in Stücke von ca. 10 cm Länge schneiden und mit Mehl bestäubt aufeinanderstapeln, bis alle Teigflecken fertig sind. Das Bemehlen ist sehr wichtig, sonst kleben die Flecken zusammen, und alle Mühe war umsonst.
6. Die Teigflecken werden gefüllt: jeweils zwei Eßlöffel Füllung in der Mitte längs verteilen, dann den Teigflecken aufrollen. Nebeneinander in eine gebutterte, feuerfeste Form setzen. Schließlich alles mit kochender Brühe begießen und bei 200 Grad im vorgeheizten Ofen 15 bis 20 Minuten backen, bis alles brodelt.
7. Die Butter in einer Pfanne aufschäumen lassen, den frisch gemahlenen Mohn und die fein gehackte Petersilie darin schwenken und mit der Brühe aus der Backform ablöschen und einmal aufbrausen lassen, damit sich beides verbindet.
8. Entweder die Form direkt aus dem Ofen auf den Tisch bringen, dann die Mohnbutter sofort über die Cannelloni gießen. Oder die Röllchen auf Tellern anrichten und jeweils Mohnbutter darüber träufeln, mit Parmesan bestreuen und eventuell auch mit Tomatenwürfeln – sie sorgen für Frische und Farbe.

Variante:
Rote-Bete-Ravioli mit Mohnbutter

1. Den Nudelteig, wie im Grundrezept beschrieben, herstellen und ausrollen.
2. Für die Füllung die Rote Bete schälen, würfeln und in der heißen Butter auf mildem Feuer zudeckt sanft etwa 20 Minuten weich dünsten.
3. Abkühlen lassen, gut abtropfen und mit der Ricotta oder dem Quark mixen. Eier und so viel Semmelbrösel untermischen, daß die die Farce streichfähig ist. Mit Salz und Pfeffer abschmecken.
4. Wie für die anderen Ravioli oder Maultaschen beschrieben kleine Täschchen formen (man kann natürlich auch mit einem runden Ausstecher runde oder halbrunde Täschchen herstellen) und in Salzwasser kochen.
5. Die Butter erhitzen, den Mohn darin schwenken, sofort über die in tiefen Tellern angerichteten Ravioli gießen.

Für 6 Personen:

1 Portion Nudelteig (Grundrezept S. 250), 75 g Mohn, 100 g Butter

FÜLLUNG:
500 g Rote Bete, 2 EL Butter, 100 g gut abgetropfte Ricotta (ersatzweise Schichtkäse), 2 Eier, ca. 100 g Semmelbrösel, Salz, Pfeffer

Ravioli mit Auberginen

Je dünner man den Teig dafür auswalzt, desto delikater geraten die Teigtäschchen!

1. Aus Mehl, Eigelben und ganzen Eiern rasch einen geschmeidigen Nudelteig kneten und eine halbe Stunde ruhen lassen.
2. Zwischen den glatten Walzen der Nudelmaschine hauchdünne Platten auswalzen.
3. Die Aubergine im Ofen eine halbe Stunde bei 200 Grad backen. Das Fleisch herausschaben, etwas abkühlen, dann mit Mozzarella und einer kleinen Handvoll Basilikumblätter mixen, mit Salz, Pfeffer und Zitronensaft abschmecken.
4. Die Teigbänder an den Kanten mit Eiweiß einpinseln, in regelmäßigen Abständen an der unteren Kante einen Teelöffel Füllung aufsetzen, den Teig darüberklappen und rund um die Füllung jeweils gut festdrücken. Mit einem Teigrädchen

Für 6 Personen:

NUDELTEIG:
500 g Mehl, 6 Eigelbe, 2 ganze Eier, 1TL Salz

FÜLLUNG:
1 Aubergine (ca. 300 g), 200 g Mozzarella, Basilikumblätter, Salz, Pfeffer, Zitronensaft.

AUSSERDEM:
50 g Butter, 2 gehäufte EL Parmesan

Besonders hübsch, aber auch wohlschmeckend ist eine Dekoration von Tropfen aus eingekochtem Balsamico: dicklich einkochen und dann sparsam und nur tropfenweise über den angerichteten Ravioli verteilen. Auch Kleckse von grünlichem Olivenöl oder sogar richtig grün eingefärbtem Kräuteröl setzen farbliche und geschmackliche Akzente!

ausschneiden. Die Ravioli in siedendem Salzwasser in zwei Minuten gar ziehen lassen.

5. Eine kleine Kelle Sud abmessen und in einem Töpfchen mit Butter und Parmesan brausend aufkochen, bis sich alles innig verbunden hat.
6. Mit einer Schaumkelle die Ravioli herausheben und in tiefen Tellern anrichten. Mit etwas Buttersauce beträufeln.

Ravioli mit Borretschfüllung

Für 6 Personen:

400 g Mehl, 4 Eigelbe, 2 Eier, ½ TL Salz

BORRETSCHFÜLLUNG:
250 g Magerquark, ca. 300 g Borretschblätter, 1 weiße Zwiebel, 1–2 Knoblauchzehen, Salz, Pfeffer, Muskatnuss

AUSSERDEM:
2 Eiweiß zum Einstreichen

1. Für den Teig das Mehl auf die Arbeitsfläche häufen, in eine Vertiefung in der Mitte die Eigelbe und ganzen Eier setzen. Mit Öl beträufeln und salzen. Mit einer Gabel zuerst die Eier verquirlen und mit Mehl vom Rand mischen, dabei so viel Mehl einarbeiten, wie die Eier aufzunehmen imstande sind. Dann mit den Händen zu einem weichen, geschmeidigen Teig verarbeiten.
2. Den Teig zu einer Rolle formen und eine halbe Stunde bei Zimmertemperatur ruhen lassen, damit er seine Elastizität verliert, dabei gut zudecken, besser noch, in eine Plastiktüte packen. Der Teig darf auf keinen Fall trocken werden.
3. Teig in Portionen teilen und zu hauchdünnen Bändern auswellen. Das kann am besten die Nudelmaschine. Damit bekommen die Bänder auch gleich die richtige Breite von ca. 12 cm.
4. Die Teigbänder mit Eiweiß einpinseln, die Längskante entlang kleine Häufchen von Füllung setzen.
5. Ebenso die zweite Längsseite entlang, genauso regelmäßig und exakt, Häufchen von Füllung auf das Teigband setzen
6. Von beiden Längsseiten her die Teigbänder jeweils bis zur Mitte umklappen, so dass die Füllung zugedeckt ist
7. Mit den Fingern überall um die Füllung die Teigflächen zusammendrücken und mit einem Teigrädchen oder einem Messer ausschneiden.

8. Für die Füllung – *al magro*, wie man in Italien dazu sagt, weil kein Fleisch darin Verwendung findet – den Quark in einem Sieb einen halben Tag lang abtropfen lassen. Den Borretsch gründlich waschen, den dicken Stiel jeweils herausschneiden. Sollten die hübschen blauen Blüten dabei sein, abknipsen und in einem Schälchen mit Wasser frisch halten.
9. Die Blätter in Salzwasser blanchieren, eiskalt abschrecken – wegen der schönen Farbe. Im Mixer pürieren, dabei den Quark sowie die in etwas Butter weich gedünstete Zwiebel und Knoblauch zufügen. Die grüne Paste mit Salz, Pfeffer und Muskat würzen.
10. Die Ravioli wie oben beschrieben damit füllen, mit Salbeibutter oder mit einem Sugo aus frischen Tomaten servieren.

Statt Borretsch kann man für diese Füllung auch Brennesseln, Spinat oder anderes würziges Grünzeug nehmen.

Tip: Borretsch wächst bei uns im Garten an allen möglichen und unmöglichen Stellen in aberwitziger Fülle. Wir kennen ihn ja üblicherweise allenfalls im Gurkensalat. Dabei läßt sich eine Menge damit machen. Er schmeckt zum Beispiel, blanchiert und püriert, im Gurkenragout, würzt auf diese Weise auch Hackfleischfüllungen für die diversen Gemüse, kann Bestandteil einer ansonsten aus rohen Kräutern bestehenden Kräutersauce sein. Wichtig ist nur: Sobald man ihn zerkleinern möchte, muß man ihn zuvor blanchieren, sonst wird er unverzüglich braun und verfärbt damit alles.

Sugo aus frischen Tomaten

Aus sonnenreifen, duftenden Tomaten ist diese Sauce der Inbegriff, geradezu das Konzentrat des Sommers.

Für 4 – 6 Personen:

4 sonnenreife, feste Fleischtomaten, 1 weiße Zwiebel, 2–3 Knoblauchzehen, 2–3 EL Olivenöl, Salz, Pfeffer, 1 Bund Basilikum, 2 EL Butter

1. Die Tomaten überbrühen, häuten, entkernen, das Fleisch mit dem Messer (nicht mit dem Mixer!) fein würfeln. Zwiebel und Knoblauch fein hacken und im heißen Öl weich dünsten, ohne sie Farbe annehmen zu lassen.
2. Das Tomatenfleisch zufügen, alles salzen und pfeffern. Das Basilikum mit den Fingern zerzupfen, die Hälfte kurz mitköcheln, die andere Hälfte kurz vor dem Anrichten einrühren. Vor dem Servieren die Butter in der Sauce schmelzen lassen.

Kürbisravioli

Eine Spezialität aus der Emilia – ein unwiderstehlicher Genuss. Man braucht dafür einen möglichst festfleischigen Kürbis, den kleinen Hokkaidokürbis oder ein Stück vom Muskatkürbis.

Für 4 Personen:

1/2 Portion Nudelteig (siehe Seite 250)

FÜLLUNG:
750 g Kürbisfleisch (geputzt gewogen), 1 Eigelb, Salz, Pfeffer, Cayennepfeffer, Majoran und Muskat

AUSSERDEM:
125 g Butter, 1 Handvoll Salbeiblätter, Parmesan

1. Zuerst die Füllung vorbereiten: Das Kürbisfleisch in einem verschlossenen Topf in der Mikrowelle 12 bis 13 Minuten garen oder in Alufolie gewickelt im Backofen eine gute halbe Stunde lang backen, bis das Fleisch zerfällt. Diese Methoden ergeben ein viel trockeneres Püree als wenn man den Kürbis in Wasser kochte. Das weiche Kürbisfleisch mit den übrigen Zutaten vermischen, dabei zerfällt das Fleisch zu Mus – falls nicht, hat man es nicht ausreichend lange gegart. Kleine Stückchen jedoch sind erlaubt. Die Masse gut abschmecken.
2. Schließlich die Hülle vorbereiten: Den Nudelteig entweder von Hand auf der bemehlten Arbeitsfläche oder mit Hilfe der Nudelmaschine zu einem hauchdünnen Band ausrollen.
3. Die Teigfläche mit Eiweiß einpinseln, das von der Füllung übriggeblieben ist. Jeweils in regelmäßigen Abständen den Rand entlang teelöffelweise Häufchen darauf setzen. Die freie Teigfläche darüberklappen und rund um die Füllung gut festdrücken. Mit einem Teigrädchen Taschen ausradeln.
4. Die Ravioli auf einem mit Mehl bestäubten Tuch ruhen lassen, bis man sie kochen möchte: In kochendem Salzwasser 2 bis 3 Minuten ziehen lassen, bis sie oben schwimmen.
5. Dazu schmeckt Salbeibutter: Dafür die Butter erhitzen, in Streifen geschnittene Salbeiblätter darin sanft anrösten. Die Ravioli auf tiefen Tellern anrichten, mit etwas Salbeibutter begießen und frisch geriebenen Parmesan darüberstreuen. Sofort servieren!

Asiatische Nudeln

Chinesische Nudeln mit Sojakeimen

Nudelpfannen sind ideale Verstecke für Reste: Ob ein Stück Braten, Gemüse oder auch Fisch übriggeblieben ist – zusammen mit ein paar gekochten Nudeln aufgebraten, kräftig gewürzt und mit ein paar frischen Kräutern versehen, wird rasch ein wohlschmeckendes Gericht daraus.

Für 2 Personen:

100 g feine Eiernudeln (aus dem Asien-Shop), 300 g Sojakeime, 1 weiße Zwiebel, 1 rote Paprikaschote, je 1 TL feingehackter Ingwer und Knoblauch, 1 EL Öl, 1 TL Sesamöl, Salz, 1 TL grüne Currypaste, 1 EL Fischsauce, 2 EL Wasser oder Brühe, chinesischer Schnittlauch oder Koriandergrün

1. Die Nudeln in kochendes Salzwasser werfen – chinesische Nudeln sind bereits nach 2 Minuten gar, also unbedingt probieren, abgießen, mit heißem Wasser abbrausen.
2. Die Sojakeime waschen. Zwiebel in schmale Segmente schneiden, die Paprikaschote mit dem Kartoffelschälmesser schälen, dann in feine Streifen schneiden.
3. Im heißen Öl zuerst Ingwer und Knoblauch, dann Sojakeime, Zwiebel und Paprikastreifen anbraten.
4. Mit Zucker, Pfeffer und Salz würzen. Die restlichen Zutaten verquirlen und angießen. Aufkochen, die Nudeln zufügen und alles noch einmal gründlich durcheinanderwirbeln.

Glasnudeln mit Schweinefleisch

Für 2 – 3 Personen:

100 g Glasnudeln, 4 EL Wolkenohrpilze, 200 g Schweinefilet, Salz, 2 TL Speisestärke, 3 EL Sojasauce, 1 dicke Lauchstange, 100 g Sojasprossen, 1 kleine rote Chilischote, 1 Zwiebel,

1. Die Glasnudeln und die Pilze getrennt überbrühen und 30 Minuten einweichen.
2. Inzwischen das Filet in feine Scheibchen schneiden, mit ½ Teelöffel Salz und 1 Teelöffel Stärke gut einreiben, mit 1 Eßlöffel Sojasauce beträufeln und 30 Minuten im Kühlschrank ziehen lassen.
3. Den Lauch waschen, putzen und schräg in zentimeterschmale Scheiben schneiden. In kochendem Salzwasser 1 Minute blanchieren, eiskalt abschrecken und abtropfen.

1 Knoblauchzehe, 1 Stück Ingwer (etwa 2 cm), 6 EL Öl, 2 EL trockener Sherry, 6 EL Brühe, 1 TL Sesamöl, Salz, Pfeffer, Koriandergrün

Die Sojasprossen waschen und ebenfalls abtropfen.

4. Chilischote in feine Ringe schneiden, Zwiebel, Knoblauch und Ingwer schälen und fein hacken, alles in 2 Eßlöffel heißem Öl in einer Pfanne anbraten. Den Lauch und die abgetropften Pilze darin kurz schwenken, danach die Sprossen zufügen und 2 Minuten mitbraten. Das Gemüse auf einer Platte warm stellen.
5. Das restliche Öl in der Pfanne erhitzen, das Fleisch scharf anbraten, die abgetropften Nudeln zufügen und 1 Minute mitbraten.
6. Die übrige Sojasauce, Sherry, 1 Teelöffel Stärke, Brühe und Sesamöl verquirlen, angießen, aufkochen. Das beiseite gestellte Gemüse zufügen. Alles bei starker Hitze mischen, salzen, pfeffern, mit abgezupften Korianderblättern bestreuen und sofort servieren.

Koriandergrün: Was für uns die Petersilie, ist in Asien das grüne Korianderkraut. *Chinese parsley* wird es deshalb auch genannt. In der arabischen Küche, wo es ebenfalls eine wichtige Rolle spielt, kennt man es als *Cilantro*. Das frisch-grüne Kraut sieht glattblättriger Petersilie oder ganz jungem Selleriegrün ähnlich, ist aber mit seinem typischen, überaus intensiven Duft absolut unverwechselbar. Es ist aus der asiatischen Küche nicht wegzudenken, gibt den Gerichten erst das richtige Parfum. Allerdings ist er nicht jedermanns Sache – nicht umsonst spricht man vom *Wanzenkraut* – es erinnert nämlich tatsächlich an den Geruch, den Blattwanzen hinterlassen, jene bildschönen, goldgrünen Insekten, die in einem intakten Garten vorkommen. Es ist übrigens ein völlig anderer Geschmack, als die braunen Samenkapseln liefern, die man bei uns als Brotgewürz schätzt. Diese sind also kein Ersatz. Allerdings kann man leicht aus ihnen das grüne Kraut züchten, sogar im Blumentopf und auf der Fensterbank: Die Samenkörner nur mit wenig Erde bedecken, sie brauchen Licht zum Keimen. Nach vier Wochen kann man die ersten Blättchen ernten. Es lohnt, auch wenn man Koriandergrün inzwischen immer öfter auf dem Markt findet und in Asien-Shops kaufen kann. Konservieren läßt sich das Kraut leider nicht. Weder Einfrieren noch Trocknen bewahrt den Duft. Einzige Möglichkeit: die noch grünen, also unreifen Samenkörner einfrieren. Später einfach über die heißen Speisen streuen – sie sind sofort aufgetaut.

Chinesische Weizennudeln mit Rindfleisch, wohlriechenden Pilzen und Brokkoli

Für 2 – 3 Personen:

250 g chinesische Weizennudeln (oder dünne Spaghetti), Salz, 1½ EL Sesamöl, 200 g Rinderlende, 2 EL Speisestärke, 1 Eiweiß, 6 Tongku-Pilze, 250 g Brokkoli, 2 EL Sojasauce, 2 EL Sherry, 6 EL Hühnerbrühe, 1 EL Hoisinsauce, 1 Zwiebel, 1 Knoblauchzehe, 1 Stück Ingwer (etwa 3 cm), 6 EL Öl

1. Nudeln in Salzwasser eben gar kochen, abgießen und in 1 Eßlöffel Sesamöl wenden.
2. Fleisch in feine Scheibchen schneiden, mit 1 Eßlöffel Stärke, Salz und Eiweiß vermengen. 30 Minuten ziehen lassen.
3. Die Pilze überbrühen, eine halbe Stunde einweichen, dann den Stiel entfernen, die Hüte in Streifen schneiden.
4. Brokkoli putzen, die Röschen von den Stielen trennen. Die Stiele schräg in Scheiben schneiden.
5. Sojasauce, Sherry, 1 Eßlöffel Stärke, Brühe, Hoisinsauce und das übrige Sesamöl in einem Schälchen verquirlen.
6. Zwiebel, Knoblauch und Ingwer schälen und sehr fein hacken, in einer Pfanne in 2 Eßlöffel heißem Öl unter Rühren anbraten. Pilze und Brokkoli hinzufügen und kurz mitbraten, herausnehmen und warm stellen.
7. Fleisch im übrigen heißen Öl unter Rühren scharf anbraten. Überschüssiges Öl wegkippen. Nudeln in die Pfanne geben, die Würzsauce, Pilze und Brokkoli zufügen, mischen und erhitzen.

Tonku-Pilze nennt man in Asien auch »wohlriechende« Pilze

Gebratene Nudeln mit Hähnchen und Pilzen

Für 4 Personen:

4 Tonku-Pilze, 1 EL Wolkenohrpilze, 4 Lilienknospen, 300 g chinesische Weizennudeln, Salz, 1 EL Sesamöl, 250 g ausgelöstes Hähnchenbrustfilet, 1 TL Speise-

1. Pilze und Lilienknospen getrennt überbrühen und 30 Minuten einweichen.
2. Die Nudeln in reichlich gesalzenem Wasser knapp gar kochen, abgießen, mit Sesamöl beträufeln und warm stellen.
3. Das Hähnchenfilet in Streifchen schneiden, mit Stärke einreiben und ziehen lassen.
4. Knoblauch und Ingwer schälen, sehr fein hacken. Zwiebel, Möhre und Lauch schälen oder putzen und waschen. Die

stärke, 1 Knoblauchzehe, 1 Stück Ingwer (etwa 2 cm), 1 Zwiebel, 1 Möhre, 1 Stange Lauch, 100 g Sojasprossen, 6 EL Öl, 3 EL Sojasauce, 2 EL trockener Sherry, 5 EL Hühnerbrühe, 1 TL Zucker, Pfeffer

Zwiebel in feine Halbringe, die Möhre in streichholzdünne Stifte und den Lauch in schmale Ringe schneiden. Sojasprossen waschen und sauber verlesen. Pilze und Lilienknospen abtropfen lassen und in feine Streifen schneiden.

5. In einer Pfanne 2 Eßlöffel Öl erhitzen, Knoblauch, Ingwer und Zwiebelringe anbraten, danach das Fleisch zufügen und rasch unter Rühren braten. Ein paar Tropfen Öl darüber träufeln, nacheinander alle restlichen Gemüse sowie die Pilze und Lilienknospen in die Pfanne geben und pfannenrühren.
6. Mit Sojasauce, Sherry und Brühe auffüllen, zuckern und pfeffern. Einmal aufkochen und auf einer Platte warm stellen.
7. Das restliche Öl in der Pfanne erhitzen, die Nudeln darin unter vorsichtigem Wenden knusprig braten. Das warmgestellte Pfannengerührte obenauf geben. Alles nochmals stark erhitzen, mischen und sofort servieren.

Pikante Rindfleisch-Nudeln mit Spinat

Für 2 Personen:

100 g chinesische Weizennudeln (oder dünne Spaghetti), Salz, 200 g Rinderlende, 3 EL Sojasauce, 1 EL trockener Sherry, ½ TL Zucker, 1 TL Speisestärke, 5 EL Öl, 200 g Spinat, 1 rote Chilischote, 1 Stück Ingwer (etwa 1 cm), 1 Knoblauchzehe, 2 EL Hoisinsauce, 6 EL Brühe, schwarzer Pfeffer

1. Die Nudeln in Salzwasser knapp gar kochen, abgießen und gut abtropfen lassen.
2. Das Fleisch in feine Streifen schneiden, mit 1 Eßlöffel Sojasauce, Sherry, Zucker, Stärke und 1 Eßlöffel Öl gut vermengen, 30 Minuten ziehen lassen.
3. Spinat waschen, verlesen und abtropfen. Die Chilischote putzen und in feine Ringe schneiden.
4. Ingwer und Knoblauch schälen und feinhacken und in 4 Eßlöffel heißem Öl in einer Pfanne unter Rühren anbraten. Das Fleisch zufügen und braten, bis es seine rote Farbe verloren hat.
5. Die Hoisinsauce in die Pfanne geben, die Spinatblätter zufügen und so lange wenden, bis sie zusammengefallen sind.
6. Mit der übrigen Sojasauce und der Brühe auffüllen, salzen und pfeffern. Zum Schluß die Nudeln unter die Zutaten mischen. Sofort heiß servieren.

Glasnudelsalat

Für 4 Personen:

50 g Glasnudeln, 1 Zwiebel, 1 cm Ingwer, 2 Knoblauchzehen, 3 EL Öl, 150 g Hackfleisch, 2–3 Chilischoten (rot und grün), 3 Frühlingszwiebeln, 2 EL Fischsauce, Saft von 1 Zitrone, Salz, Pfeffer, Zucker, Koriandergrün, Basilikum, Kopfsalatblätter

1. Die Glasnudeln mit kochendem Wasser überbrühen und eine halbe Stunde einweichen. Mit einer Schere in Stücke schneiden.
2. Zwiebel, Ingwer und Knoblauch fein hacken. Im heißen Öl andünsten, das Hackfleisch zufügen und krümelig braten.
3. Die entkernten Chilischoten würfeln und zufügen. Das Weiße der Frühlingszwiebeln fein schneiden und sofort untermischen. Das Grün zentimeterbreit schneiden und erst zum Schluß unterrühren.
4. Die abgetropften Glasnudeln unters Hackfleisch mischen. Mit Fischsauce, Zitronensaft, Salz, Pfeffer und Zucker würzen.
5. Zerzupfte Koriander- und Basilikumblätter sowie Frühlingszwiebelgrün ganz zum Schluß untermischen. Den Salat auf einem Bett von Blättern anrichten.

Tip: Diese Blätter sind übrigens keineswegs nur als Dekoration, sondern zum Essen gedacht, sie sind Bestandteil des Salats! In Thailand reicht man sogar eine ganze Platte mit unterschiedlichsten Salatblättern und Kräutern dazu. Jeder Gast wickelt sich den Salat bissenweise in einzelne Blätter, fügt nach Gusto Kräuter hinzu und packt sich kleine Päckchen, die man genießerisch in den Mund schiebt.

REIS

Seit der Erfindung des Parboiled Reis, der die Zubereitung vereinfachen soll und dem außerdem durch ein technisches Verfahren die Vitamine aus dem Silberhäutchen inkorporiert werden, ehe dieses abgeschliffen wird – der dadurch also gesünder ist als der normale weiße Reis –, ging es mit Reis in kulinarischer Hinsicht bergab: Die locker fallenden Körner vom Parboiled Reis können keine Sauce mehr aufnehmen, sich nicht mit dem Gericht verbinden, das sie begleiten. Warum Amerikaner wie Deutsche solchen zwar lockeren, aber total langweiligen Reis lieben, ist uns unbegreiflich. Wir jedenfalls verwenden ihn nicht (ebensowenig wie Kochbeutelreis), sondern versorgen uns entweder aus Asia-Läden mit feinem Langkornreis – Basmati aus Pakistan, noch lieber Duftreis aus Thailand –, oder wir nehmen für Risotto eine der für diese Zubereitung am besten geeigneten Reissorten – am liebsten *Carnaroli* – aus Italien oder *Bomba* aus Spanien.

Das Risotto-Kochen auf klassische Art ist ja stets ein wenig langwierig, weil ständig umgerührt werden soll. Ein Zuschauer hat uns eine einfachere, schnellere Methode verraten: im Schnellkochtopf! Das liefert gute Ergebnisse, wenn die Garzeiten der Zutaten einigermaßen gleich sind; wenn nicht, müßte man zu oft den Dampf ablassen und den Deckel abnehmen. Das Prinzip ist verblüffend einfach: Der Risotto wird angesetzt wie üblich – Zwiebel fein gewürfelt andünsten, 300 Gramm Reis zufügen, Wein angießen, verkochen lassen, mit der entsprechenden Brühe auffüllen, Gemüse oder andere Zutaten zufügen. Im Schnellkochtopf garen – ohne weitere Aufsicht – innerhalb von nur 7 Minuten!

Reisgerichte aus Amerika und Asien

Grundrezept für gedämpften Reis auf asiatische Art

Für 4 Personen 2 Tassen Reis in einem Sieb unter laufendes Wasser halten und so lange durchspülen, bis das Wasser klar herausläuft. In einem dickwandigen Topf (zum Beispiel aus Gußeisen, das die Hitze gut hält) mit gut 3 Tassen Wasser auffüllen; der Topf sollte so bemessen sein, daß es jetzt zweifingerhoch über dem Reis steht. Salzen, ohne Deckel so lange kochen, bis nur noch eine dünne Wasserschicht über der Reisoberfläche sichtbar ist. Auf kleinster Hitze (auf Gas eine Dämmplatte dazwischenlegen) nunmehr zugedeckt etwa 20 Minuten ausquellen lassen. Erst kurz vor dem Servieren mit einer Gabel auflockern.

Tip: Wir kochen unseren Reis schon seit Jahren mit einem elektrischen Reiskocher. Der ist unerhört praktisch und eine Ausgabe, die sich immer dann lohnt, wenn man gerne und häufig asiatisch kocht und Reis liebt. Man füllt dort den Reis mit seiner genau bemessenen Flüssigkeit ein, schaltet ein und kann ihn vergessen, bis man ihn braucht. Nach 20 Minuten ist der Reis perfekt, und er bleibt so auch noch nach Stunden: duftig, locker – wie er eben sein soll. Und: Man hat die Herdplatte, auf der sonst der Reis gegart wurde, für eine andere Zubereitung frei!
Es ist ein höchst simples Gerät, das man am besten in Asienshops kauft, wo man eine große Auswahl findet und zu günstigem Preis.

Gebratener Reis mit grüner Currypaste

Für 2 Personen:

je 1 TL feingehackter Ingwer und Knoblauch, 1 Schalotte, 2 EL Öl, 100 g gekochter Schinken, 1 grüne Paprikaschote, 2 EL Rosinen, 1 Tasse Erbsen, Salz, Pfeffer, 200 g gekochter Langkornreis, 4 EL Brühe, 1 EL Fischsauce, 1 TL grüne Currypaste (siehe Seite 710), 1 Ei

1. Ingwer, Knoblauch und gehackte Schalotte im heißen Öl anrösten, dabei den zentimetergroß gewürfelten Schinken, Paprika (zuvor mit dem Sparschäler die Haut abschneiden), Rosinen und Erbsen zufügen.
2. Alles in der Pfanne oder im Wok herumwirbeln lassen, sofort salzen und pfeffern, damit das Gemüse seine schöne Farbe behält.
3. Schließlich den aufgelockerten Reis zufügen und unter Rühren braten, dabei mit den anderen Zutaten gründlich mischen. Brühe, Currypaste und Fischsauce glattrühren und angießen, dabei rasch und auf großer Hitze arbeiten, bis alles vermischt ist.
4. In der Pfannenmitte Platz freischieben, dort hinein das Ei schlagen, das sofort zu stocken beginnt. Unverzüglich rühren und nicht zu fest werden lassen, bevor alles miteinander vermischt wird.

Garnelenreis mit Schinken und Gemüse

Für 3 – 4 Personen:

200 g rohe, ausgelöste Garnelen (oder Krabben), ½ TL Salz, 1 TL Reiswein oder trockener Sherry, 1 gehäufter TL Speisestärke, 100 g tiefgekühlte Erbsen, 50 g gekochter Schinken, 2 Frühlingszwiebeln, 1 Stück Ingwer (etwa 2 cm), 4 EL Öl, 2 Eier, 400 g gekochter, kalter Reis, Pfeffer, etwas Koriandergrün

1. Garnelen abspülen, trockentupfen, rundum mit ½ Teelöffel Salz und der mit Reiswein angerührten Speisestärke einreiben. 10 Minuten ruhen lassen.
2. Die Erbsen auftauen lassen. Den Schinken in knapp zentimetergroße Würfel schneiden. Frühlingszwiebeln waschen und putzen, Ingwer schälen, beides fein hacken.
3. Das Öl in einer großen Pfanne erhitzen, die Garnelen darin schnell braten. Die Eier verquirlen und zufügen, bei mittlerer Hitze unter ständigem Rühren wie zu einem Rührei stocken lassen. Wenn die Eiermasse eben fest zu werden beginnt, Schinken, Erbsen, Frühlingszwiebeln und Ingwer sorgfältig untermischen.
4. Zum Schluß den aufgelockerten Reis in die Pfanne geben, salzen und pfeffern. Das Ganze noch 2 bis 3 Minuten unter Rühren braten, bis alle Zutaten heiß geworden sind. Großzügig mit Koriandergrün bestreut servieren.

Gebratener Reis mit Hähnchenfleisch

Für 3 – 4 Personen:

4 Tonku-Pilze, 1 EL Wolkenohrpilze, 150 g ausgelöstes Hähnchenbrustfilet, 1 TL Speisestärke, 200 g frische Champignons, 1 Gärtnergurke, 1 Zwiebel, 1 Stück Ingwer (etwa 1 cm), 3 EL Öl, 2 Eier, 2 EL Sojasauce, 2 EL trockener Sherry, Salz, schwarzer Pfeffer, 400 g gekochter Reis, 2 Frühlingszwiebeln

1. Die Tonku-Pilze und Wolkenohrpilze getrennt überbrühen und 30 Minuten einweichen.
2. Fleisch in schmale Streifen schneiden, mit der Stärke einmassieren und ruhen lassen.
3. Die Tonku-Pilze von den Stielen befreien, nur die Hüte in Streifen schneiden. Wolkenohrpilze grob zerteilen. Champignons kurz abspülen, putzen und feinblättrig schneiden. Die Gurke schälen, längs halbieren und die Kerne mit einem Teelöffel herausschaben. Die Hälften in Scheibchen schneiden.
4. Zwiebel und Ingwer schälen, beides fein hacken. Im heißen Öl bei starker Hitze anrösten, anschließend noch die eingeweichten Pilze, 2 Minuten später die Champignons und die Gurke zufügen. Alles bei starker Hitze 1 Minute braten, dann das Fleisch zugeben und so lange mitbraten, bis es sich weiß gefärbt hat.
5. Die Pfanne vom Herd nehmen, die Hitze herunterschalten. Die Eier mit Sojasauce und Sherry verquirlen, salzen, pfeffern und in die beiseite genommene Pfanne gießen. Jetzt bei milder Hitze unter stetem Rühren stocken, aber auf keinen Fall zu fest werden lassen.
6. Den Reis auflockern und hinzufügen, dann alles erhitzen. Zum Schluß die Frühlingszwiebeln waschen, putzen in feine Scheibchen schneiden und untermischen.

Gebratener Reis mit Rinderfilet und Austernsauce

Für 3 – 4 Personen:

200 g Rinderfilet, 2 EL Austernsauce, 1 EL trockener Sherry, 1 EL Sojasauce, 1 TL Zucker, 3 EL Rinderfond,

1. Filet quer zur Faser in dünne Scheiben und diese in schmale Streifen schneiden. Mit Eiweiß in einer Schüssel gut vermischen. Austernsauce, Sherry, Sojasauce, Zucker und Fond verrühren und hinzufügen, das Fleisch eine halbe Stunde marinieren.
2. Inzwischen den Brokkoli in Röschen schneiden, die Stiele in feine Scheibchen. Die Paprikaschote halbieren, putzen

100 g Brokkoli, 1 große rote Paprikaschote, 100 g Bambussprossen, 3 EL Öl, 2 Schalotten, 1 Knoblauchzehe, 1 haselnußgroßes Stück Ingwer, Salz, Pfeffer aus der Mühle, 400 g gekochter Reis, 2 Eier

Empfindliche, bereits gegarte Reste, wie Fisch, erst nach dem Reis in die Pfanne geben, wenn Sie das Fleisch zur Abwechslung mal ersetzen wollen.

und längs in schmale Streifen schneiden (nach Belieben mit einem Sparschäler häuten). Die Bambussprossen in ebenso feine Stifte teilen.

3. Das Öl in einer Pfanne oder im Wok erhitzen. Schalotten, Knoblauch und Ingwer schälen, alles fein hacken und bei starker Hitze anrösten.
   Dann die Paprikastreifen unter Rühren braten, 1 Minute später Brokkoli und Bambussprossen hinzufügen und alles 1 weitere Minute braten.
4. Filetstreifen abtropfen lassen und die Marinade beiseite stellen. Fleisch unter Rühren kurz mitbraten, salzen und pfeffern. Den aufgelockerten Reis dazugeben und unter Rühren braten, dabei mit den anderen Zutaten vermischen.
5. Die Marinade vom Fleisch angießen. Bei starker Hitze unterrühren, anschließend die Temperatur herunterschalten.
6. Die Eier verquirlen. In die Pfanne gießen und unter Rühren langsam stocken lassen – sie dürfen nicht zu fest werden. Salzen und pfeffern. Sofort servieren.

Gebratener Reis mit Garnelen und Gemüse

Für 4 Personen:

4 Tonku-Pilze, 1 Zwiebel, 2 Knoblauchzehen, 1 Stück Ingwer (ca. 1 cm), 75 g durchwachsener Speck (in dünnen Scheiben), 3 EL Keim- oder Erdnußöl, 1 EL Sesamöl, 200 g Garnelenschwänze, ausgelöst, Salz, 1 Stengel Bleichsellerie, 1 kleine Möhre, 100 g Champignons, 50 g Bambussprossen, 3 Frühlingszwiebeln, 100 g Perlerbsen, 3 Eier, 300–400 g gekochter Reis, Pfeffer, 1 EL Sojasauce

1. Die getrockneten Pilze mit kochendem Wasser überbrühen, 30 Minuten einweichen. Dann die Stiele entfernen, die Hüte in gleichmäßige Würfel schneiden.
2. Zwiebel, Knoblauch und Ingwer fein hacken. Ebenso den Speck in winzige Würfel schneiden. Alles miteinander im Wok unter stetem Rühren rasch anbraten.
3. Die geputzten, entdärmten und in gut zentimetergroße Stückchen zerteilten Garnelen zufügen, kurz mitbraten, bis sie sich rosa gefärbt haben, dabei salzen. Dann mit der Schaumkelle herausfischen und warm stellen.
4. Nunmehr Bleichsellerie, Möhre, Champignons und Bambus, alles in feine Scheibchen oder Würfel geschnitten, nacheinander in die Pfanne geben und auf starkem Feuer unter Rühren braten. Sofort salzen, damit das Gemüse seine leuchtende Farbe behält.

5. Die feingehackten Frühlingszwiebeln sowie die Erbsen daruntermischen. Die mit etwas Salz verquirlten Eier angießen. Auf reduzierter Hitze unter Rühren stocken lassen.
6. Erst jetzt den Reis zerpflücken und untermischen. Alles miteinander noch etwa ein, zwei Minuten auf mittlerer Hitze unter Rühren braten, dabei die Garnelenstücke hinzufügen. Mit Sojasauce beträufeln und unverzüglich servieren.

Auf keinen Fall darf dieses Gericht breiig oder gar matschig wirken. Alle Zutaten müssen klar getrennt sein und ganz trocken erscheinen. In China serviert man diesen Reis als kleines Mittag- oder Abendessen.

Biriani-Reis mit gebeiztem Huhn (Indischer Hochzeitsreis)

Zu Hochzeiten und anderen hohen Festtagen wird in Indien ein besonders üppiges und reichhaltiges Reisgericht an Stelle von normalem, meistens mit etwas Butterschmalz zubereitetem weißen Reis serviert. Man leistet sich dann auch den teuren Basmati, jene schlanke, langkörnige Reissorte von unnachahmlich herrlichem Eigengeschmack. Bei einem echt indischen Festmahl ist der Biriani-Reis nur ein (allerdings krönender) Gang unter vielen. Nach folgendem Rezept ist er natürlich durchaus eine eigenständige Mahlzeit .

Für 6 Personen:

DAS GEBEIZTE HUHN:
1 Poularde (ca. 1500 g), 1 Döschen Safran, 4 Knoblauchzehen, 1 große Zwiebel, 1 Stück Ingwer (ca. 2 cm), 2 EL Zitronensaft, ½ TL Chilipulver, 2 TL Salz, 1 TL Paprikapulver, 1 TL Currypulver, ca. 2 EL Butterschmalz zum Braten

REIS:
2 EL Butterschmalz, 1 große Zwiebel, 2 Knoblauchzehen, 1 Stück Ingwer von ca. 2 cm, 1 Döschen Safran, 2 Tassen Reis, 75 g Rosinen, 75 g geschälte Mandeln, ½ TL Currypulver, ½ TL Kardamom, 3 EL Rosenwasser (Apotheke), Salz, knapp 3 Tassen kräftig gewürzte Fleisch- oder Hühnerbrühe

ZUM GARNIEREN:
Pistazienkerne und Blattgold

1. Das Hühnerfleisch bereits am Vortag einlegen und marinieren lassen. Dafür das Huhn häuten, halbieren, die Schenkel abtrennen und im Gelenk in Ober- und Unterschenkel teilen. Die Brust vom Knochen lösen. (Aus dem Gerippe und der Haut kann man zusammen mit Wurzelwerk sowie Zwiebeln, Knoblauch, Ingwer und Chili eine kräftige Brühe kochen.)
2. Für die Marinade zuerst den Safran mit 2 Eßlöffel heißem Wasser verruhren, dann mit den ubrigen Zutaten, also mit Knoblauch, Zwiebel, Ingwer, Zitronensaft und Gewürzen im Mixer zu einer feinen Paste zerkleinern.
3. Die Hühnerteile auf der Fleischseite schräg mit tiefen Einschnitten versehen, etwa in einem Abstand von 2 cm, alle Fleischstücke mit der Marinade gründlich einreiben. Über Nacht im Kühlschrank, mit Folie abgedeckt, ziehen lassen.
4. Anderntags die Hühnerteile im heißen Butterschmalz in einer großen Pfanne rundum kräftig braun braten.

Die Bruststücke jedoch nur kurz anbraten, gleich wieder herausnehmen, damit sie nicht zu trocken werden. Die anderen Stücke sanft gar schmoren.

5. Für den Reis in einem großen Topf das Butterschmalz erhitzen, die fein gehackte Zwiebel, Knoblauch und Ingwer darin andünsten. Zum Schluß den Safran darin auflösen.
6. Den gründlich gewaschenen und abgetropften Reis unterrühren, genauso Rosinen, Mandeln und alle Gewürze. Die heiße Fleischbrühe angießen und aufkochen. Dann den Reis auf kleinem Feuer im fest verschlossenen Topf 20 bis 25 Minuten ausquellen lassen.
7. Den Reis behutsam mit einer Gabel auflockern, zwei Drittel davon in eine flache Schale breiten. Die Hühnerteile dekorativ darauflegen, mit dem restlichen Reis so abdecken, daß Stücke von den Hühnerteilen noch sichtbar sind. Mit Alufolie zudecken und im 120 Grad heißen Ofen 20 Minuten ruhen lassen, damit alle Aromen sich einander mitteilen können.
8. Vor dem Servieren mit halbierten Pistazienkernen bestreuen und eventuell ein paar Tupfer Blattgold auflegen.

Blattgold gilt in Asien als etwas unerhört Festliches, das Reichtum und Frömmigkeit symbolisiert. Man kann es dort vor allem in Tempeln kaufen, um damit die Buddhastatuen zu schmücken, die deshalb über und über goldbetupft sind. Für ganz große Festessen (die ja dort immer einen religiösen Hintergrund besitzen) schmückt man auch besondere Speisen damit. Man kann es natürlich auch mitessen. Tips zum Einkauf siehe Seite 274).

Lammpilaw

Für 4 Personen:

500 g ausgelöste Lammschulter, 2 EL Butter, 1 EL Olivenöl, 2 große Zwiebeln, 2 Knoblauchzehen, 3 große Fleischtomaten, 250 g Langkornreis, Salz, Pfeffer, 1 EL Delikateßpaprika, ca. ½ TL gemahlener Kreuzkümmel, 50 g ausgelöste Pistazienkerne, 1 Becher Joghurt, Saft einer Zitrone und 1 Bund Dill

Reis, der mit einer genau abgemessenen Flüssigkeitsmenge gegart wird, nennt man Pilaw – so liebt man den Reis im ganzen Orient. Wenn Fleisch darin verarbeitet ist, handelt es sich natürlich um ein ganzes Essen – nur mit Gewürzen und Gemüsen versehen, kann er auch eine Beilage sein.

1. Lammschulter in mundgerechte Würfel schneiden. In der heißen Butter und dem Öl auf allen Seiten knusprig braun anrösten (am besten portionsweise, damit das Fleisch wirklich brät und nicht im austretenden Saft schmort).
2. Die kleingehackten Zwiebeln und Knoblauchzehen dazugeben und bei nunmehr kleiner Hitze mitdünsten. Auch die gehäuteten, entkernten, grob gehackten Tomaten zufügen.
3. Reis hineinstreuen, alles mischen und würzen. Etwa ½ Liter heißes Wasser angießen, halbierte Pistazien unterrühren.

4. Aufkochen, danach zugedeckt auf kleinem Feuer etwa 20 bis 25 Minuten ausquellen lassen. Dann den Herd ausschalten, zwischen Topf und Deckel eine zusammengefaltete Serviette klemmen. Den Pilaw noch ungefähr 10 Minuten ausdämpfen lassen.
5. Joghurt, Zitronensaft, Salz und Pfeffer sowie fein geschnittenen Dill verrühren. Etwas davon unter den Pilaw rühren. Den Rest getrennt dazu reichen.

Risotto

Seit ein paar Jahren ist Risotto bei uns Mode geworden. Plötzlich steht er auf der Speisekarte eines jeden Bistros, beim Nobel-Italiener sowieso, und im Drei-Sterne-Restaurant mit der fashionablen, mediterran inspirierten Küche erst recht: Risotto allerorten, auf die unterschiedlichste Weise, mit jeglichen Zutaten von A wie Artischocken bis Z wie Zucchini. Und dabei ist es noch gar nicht lange her, da bekam man einen anständigen Risotto selbst in Italien nur in den kleinen, klar abgegrenzten Reisanbauregionen: im Veneto, in der Lombardei und in Piemont. Italien ist übrigens der größte Reisproduzent Europas!
Und trotzdem hat ein wirklich guter Risotto, der seinen Namen auch verdient, immer noch Seltenheitswert: im Suppenteller serviert, cremig und sanft, parmesanduftend, butterstrotzend, die schmelzend zarten Körner mit einem eben noch auf der Zunge spürbaren Kern in der Mitte als Rückgrat, doch miteinander ebenso innig wie aromatisch verbunden. *All'onda* sagt man zu diesem für einen Risotto perfekten Zustand auf italienisch. Man spürt sie dabei direkt, die Welle, beziehungsweise den Purzelbaum, den der Risotto auf der Zunge schlagen soll!
Hierzulande hat man sich lange Zeit mit dem Risotto sehr schwer getan: Weil eben ein Risotto nichts mit jenem stets körnigen Reisprodukt zu tun hat, das als Hausfrauenglück gepriesen wird. Sie wissen schon, jener Reis, der im Werbefernsehen immer so munter Korn für Korn von der Gabel purzelt und den angeblich Drei-Sterne-Köche so gern verwenden. Aber mit Reiskörnern, die absolut nicht aneinanderhaften, läßt sich nun

mal kein Risotto kochen, der eine sämige Bindung haben muß. Ein Risotto ist eben kein Pilaw, die eher orientalische Version eines Reisgerichts, für die Langkornreis verwendet wird. Er wird zwar auch in aromatisierter und aromatisierender Flüssigkeit gegart, muß im Ergebnis jedoch duftig und trocken wirken, schon weil man Pilaw – nur einer von vielen Gründen, aber einer, der überzeugt – mit den Fingern ißt.

Risotto ißt man mit dem Löffel! Er ist keine Beilage, vielmehr ein eigenständiges Gericht. Die Sättigungsbeilage wird in Italien ja bereits vor dem eigentlichen Hauptgang verspeist. Ausnahmen bestätigen die Regel: Zum *ossobuco milanese*, dem herrlich würzigen Ochsenschwanzragout, gehört der *risotto milanese* unbedingt dazu! Wohl ein Relikt aus der österreichischen Vergangenheit dieser Region.

Kein guter Risotto also ohne den richtigen Reis: *Arborio* ist die bekannteste Sorte des Piemont, im Veneto liebt man besonders den mittelkörnigen *Vialone nano (semifino)*, am preiswertesten ist der *Roma*. Wir bevorzugen den eher kleinkörnigen *Carnaroli* aus der Lombardei oder dem Piemont, den man inzwischen auch hierzulande findet. Die besten Qualitäten findet man nicht als Handelsmarke, sondern mit dem Erzeugeretikett als *riso d'autore*. In jedem Fall handelt es sich um Rund- bis Mittelkornreis. Sorten, die jeweils über einen höheren Gluten-(Kleber-)Anteil verfügen als die Langkornsorten. Ganz ähnlich übrigens wie der Reis, den die Japaner lieben. Bei den prestigebewußten japanischen Feinschmeckern soll der teure *Rosa Marchetti*, der leider nur in kleinsten Mengen im Piemont angebaut wird, besonders begehrt sein. Ausgezeichnet für Risotto geeignet ist außerdem der *Bomba* aus Valencia, den man dort für die Paella – eigentlich nichts anderes als eine spanische Variante des Risotto – kultiviert.

Der wahre Risottofan wählt für seinen Lieblingsrisotto den Reis ganz gezielt aus. Denn nicht nur auf die Sorte kommt es an, sondern auch auf das Anbaugebiet, die Art des Anbaus: klassisch bedeutet hemmungslos mit Chemie (wird heute Gott sei Dank immer seltener), kontrolliert integriert (hauptsächlichste Anbauform mit etwas zurückhaltenderem Einsatz von Unkrautvernichtern und Insektiziden) oder vollkommen ökologisch (von den Spitzenanbauern praktiziert – man sieht es den Feldern gleich an, weil in ihnen Tausende von Fröschen hüpfen).

Ganz wichtig ist auch die Reismühle: Viele dieser Mühlen in Italien arbeiten noch auf die handwerkliche, althergebrachte

Weise: Die Reiskörner werden in exakt abgemessener Portion in einer marmornen Mörserschale durch einen (meist noch mit Wasserkraft betriebenen) Eisenstößel so lange und zugleich so behutsam gestampft, daß sie sich allein durch das Herumwirbeln aneinander abschleifen und polieren. Dabei wird die Spelzen- und Schalenschicht entfernt das wertvolle sogenannte Silberhäutchen, jene Hülle des Reiskorns, in dem die meisten Vitamine und Mineralstoffe stecken, bleibt jedoch weitgehend erhalten. Es versteht sich, daß ein solcher Spitzenreis seinen Preis hat.
Übrigens findet man in gutsortierten Feinkostgeschäften, vor allem bei »Italienern«, auch hierzulande eine interessante Auswahl verschiedener Sorten. Probieren Sie sie alle aus!

Risotto – Grundrezept

Für 4 Personen:

100 g Butter, 1 Zwiebel, 250 g Risottoreis, ¼ l trockener Weißwein, ca. 1–1,3 l kräftige Hühnerbrühe, Salz, Pfeffer, 50 g frisch geriebener Parmigiano Reggiano

1. Zwei Eßlöffel Butter in einem Topf langsam schmelzen. Die Zwiebel fein hacken und darin andünsten, ohne Farbe annehmen zu lassen.
2. Den Reis hinzuschütten und sorgsam unterrühren, bis alle Reiskörner von Fett glänzen. Erst dann den Wein angießen, und zwar nicht alles auf einmal, sondern immer nur soviel, wie sofort zum Kochen gebracht wird.
3. Die Brühe in einem zweiten Topf zum Kochen bringen, jeweils eine Schöpfkelle heißer Brühe an den Reis gießen, der ständig leise brodeln soll. Es ist wichtig, daß die Temperatur im Topf sich nicht zu sehr abkühlt. Deshalb immer mit kochendheißer Brühe aufgießen! Und: Erst die nächste Kelle hinzuschütten, wenn die Flüssigkeit vom Reis aufgenommen wurde. Dabei unermüdlich rühren oder am Topf rütteln und schütteln, damit die Reiskörner in Bewegung bleiben.
4. Insgesamt dauert es etwa 20 Minuten bis die Reiskörner gar sind. Wieviel Flüssigkeit sie dabei aufnehmen, hängt davon ab, wie ausgetrocknet sie waren. Daher der große Spielraum in der Mengenangabe.
5. Den Reis mit wenig Salz (der Käse bringt noch Salz genug) und reichlich Pfeffer würzen.

Diesen relativ neutralen Risotto kann man mit dem Duft von weißen Trüffeln adeln: Einfach die teure Knolle, so großzügig man es sich leisten kann, darüberhobeln.

6. Sobald die richtige Konsistenz erreicht ist, den Topf vom Feuer ziehen, die restliche Butter und den Parmesan untermischen. Kräftig und ausdauernd etwa 2 Minuten rühren, beziehungsweise den Topf schwenken, bis der Risotto cremig und sanft geworden ist. Falls der Risotto zu trocken wirkt, mit heißer Brühe verdünnen.
7. Den fertigen Risotto sofort in vorgewärmten tiefen Tellern servieren.
   Wichtig ist: Es müssen stets die Gäste auf den Risotto warten, niemals umgekehrt!

Risotto milanese – Safranrisotto

Safran: Gern erschreckt man die Menschen mit einer abenteuerlichen Summe: tausende von Euro kostet ein Kilogramm! Aber im Grunde ist das Sensationsmacherei – denn ein Kilogramm Safran ist zum Beispiel die gesamte Erntemenge des kleinen Anbaugebiets für Safran in der Schweiz, bei Mundt im Wallis. Safran wiegt nämlich fast nichts – und mit einem Kilo könnte man eine ganze Stadt auslöschen, denn auch bei Safran macht es die Dosis, ob er gut oder Gift ist.
Wie sein lateinischer Name *Crocus sativus* bereits sagt, ist Safran eine Krokuspflanze, botanisch aus der Familie der Rohrkolbenbeziehungsweise Schwertliliengewächse; die Zwiebelpflanze soll ursprünglich aus Persien über Arabien und Spanien nach Mitteleuropa gekommen sein. Er wurde einst in Niederösterreich, auch in Kärnten angebaut, deshalb gehört dort heute noch in die traditionelle Hochzeitssuppe Safran, in der Schweiz gibt es bis heute das winzige Walliser Anbaugebiet.
Den Safran, den wir heute kaufen, bekommen wir hauptsächlich aus Spanien. 80 bis 90 Prozent der Weltproduktion stammt von dort. Die Hauptanbaugebiete befinden sich im Herzen des Landes, die beste Qualität wird in der Region La Mancha erzeugt.
Der Anbau ist mühsam, weil die Pflanzen alle drei Jahre einen neuen Boden benötigen, dann ist die vorherige Fläche erschöpft. Die blaßlila Blüte ähnelt der Herbstzeitlosen, tatsächlich blüht sie auch nicht wie andere Krokusse im Frühjahr, sondern im Herbst. Der beste Safran wird aus den samtenen roten Staub-

fäden der weiblichen Blüte gewonnen. Sind unter die roten Fäden ebenso feine gelbe Fäden gemischt, wurden die Stempel mitverarbeitet, die jedoch kaum Duft liefern. Um an die kostbaren Staubfäden heranzukommen, müssen die Blüten morgens, wenn sie sich eben öffnen, abgeschnitten werden. Die drei Narbenfäden jeder Blüte werden dann behutsam von Hand abgenommen und getrocknet. Pro Kilo Safran braucht man mehr als hunderttausend Blüten – klar, daß Safran teuer ist.

Zum weitaus größten Teil wird Safran als Faden angeboten, nur ein kleiner Teil (etwa 12 Prozent) bereits zu Pulver vermahlen. Hauptgrund: Das Aroma bleibt im Faden besser erhalten. Außerdem sollte man nur Fäden kaufen: Weil Safran so teuer ist, hat man ihn immer schon gern verfälscht – auch heute noch wird auf exotischen Märkten ahnungslosen Touristen oftmals gelbes Kurkumapulver als Safran angeboten. Der aber ist selber schuld, wenn er sich täuschen läßt: Safranpulver ist nie gelb, sondern dunkelrot. Auch Fäden werden gefälscht. Aber Safran ist viel zarter, feiner und dunkelrot, niemals so grob und so hell wie die orangefarbenen, getrockneten Blätter der Ringelblume oder der gelberen Färberdistel. Man kann diesem Betrug leicht entgehen: Wenn Safran billig angeboten wird, ist es garantiert keiner.

Safran ist zwar rot, färbt aber goldgelb: Schon in der Antike nutzte man seine Farbkraft. Im alten Griechenland trugen die Götter und Helden safrangefärbte Togen, im dekadenten Rom brauchte man Unmengen von Safran, um mit der edlen Farbe Macht und Ansehen zu demonstrieren.

Safran spielt in allen orientalischen Küchen eine Rolle, in Persien, in Indien bis in den Fernen Osten, nach Indonesien, Malaysia usw. Rund ums Mittelmeer liebt und braucht man ihn unbedingt: Die drei klassischen Safran-Gerichte Europas sind die Paella aus Südspanien, die Bouillabaisse aus Südfrankreich und eben der Risotto aus Mailand.

Für 4 Personen:

1 walnußgroßes Stück Rindermark, 125 g Butter, 1 Zwiebel, 250 g Risottoreis, ¼ l trockener Weißwein, ca. 1–1,3 l kräftige Hühnerbrühe, 1 Tütchen oder eine Prise Safranfäden, Salz, Pfeffer, 50 g frisch geriebener Parmigiano Reggiano, 1 Zitrone, 4 Blatt Gold

1. Das Mark feinhacken und mit 2 Eßlöffeln Butter in einem Topf langsam schmelzen. Die Zwiebel feinhacken und darin andünsten.
2. Den Reis hinzuschütten und unterrühren. Wein angießen und rasch einkochen.
3. Schöpfkellenweise heiße Brühe an den Reis gießen, der leise brodeln soll. Den Reis dabei ständig in Bewegung halten.

Diese leuchtendgelbe, safranduftende Spezialität Mailands ist sicher die berühmteste Variation des Grundrezepts. Gualtiero Marchesi hat sie weltberühmt gemacht, indem er ein Blatt Gold darauf plazierte. Das kann man natürlich nicht schmecken, aber es sieht hinreißend aus.

4. Den Safran im Mörser zu feinem Pulver zerstoßen.
5. Nach gut zehn Minuten den Safran mit etwas heißer Brühe auflösen und unter den Reis rühren, der sich sofort leuchtendgelb färbt und einen unwiderstehlichen Duft entwickelt. Mit Salz und reichlich Pfeffer würzen.
6. Sobald die richtige Konsistenz erreicht ist, Topf vom Feuer ziehen, die restliche Butter und den Parmesan unterrühren. Kräftig und ausdauernd etwa zwei Minuten rühren und schwenken, bis der Risotto cremig und sanft geworden ist.
7. Mit Zitronensaft abschmecken: Das ist sehr wichtig, denn der Saft neutralisiert die viele Butter, macht den Risotto leicht, elegant, ja spritzig!
8. In Suppenteller füllen, jeweils mit einem Blatt Gold belegen und sofort zu Tisch bringen.

Tip: Blattgold gibt es beim Juwelier, beim Bilderrahmenvergolder (Rahmengeschäft) oder im Bastelgeschäft. (Achtung: Man lasse sich dort nicht das billige Schlaggold andrehen, das ist beileibe kein Genuß, sondern sogar giftig!) Man muß damit sehr behutsam umgehen, weil die hauchfeinen Blätter sehr leicht – bereits von einem Wind- oder Atemhauch – aufgewirbelt und zerstört werden können. Die Goldblätter sind zwischen Seidenpapierschichten gebettet. Mit Hilfe eines solchen Papiers legt man das Blatt unmittelbar vor dem Servieren in die Mitte des dampfend heißen Risotto – das Gold bläht sich durch die Hitze auf und wabert wie ein seltsames Ding aus einer Märchenwelt … Reines Blattgold ist natürlich absolut unschädlich, im Gegenteil, es macht uns ja wertvoller …

Spargelrisotto

Kann man mit weißem und grünem Spargel zubereiten, hübsch (und wohlschmeckend) ist es mit beiden Sorten zugleich.

1. Den Spargel schälen, in Stücke schneiden und im Salzwasser etwa fünf Minuten blanchieren. Mit einer Schöpfkelle herausheben und beiseite stellen.

2. Zwiebel und Petersilie feinhacken.
3. Das Öl in einem breiten Topf erhitzen, Zwiebeln und Petersilie darin andünsten. Den Reis zufügen und gründlich untermischen, bis er glänzt.
4. Nach und nach das Spargelwasser angießen, wobei der Reis ständig leise köcheln soll.
5. Kurz bevor er den richtigen Biß hat, also nach etwa 20 Minuten, den Spargel zufügen. Weitere 5 Minuten unter Rühren köcheln.
6. Erst dann die Butter und den geriebenen Käse unterrühren und den Risotto neben dem Feuer noch 5 Minuten ruhen lassen.

Für 4 Personen:

500 g grüner Spargel, Salz, ca. 1 l Wasser, 1 große Zwiebel, 1 Bund Petersilie, 2 EL Olivenöl, 250 g Reis, 50 g Butter, 50 g frisch geriebener Parmesan (den kräftigeren Parmigiano Reggiano oder den weicheren, süßeren Grana Padano), Saft von 1/2 Zitrone nach Belieben

Dieser Risotto wird, anders als alle anderen, nicht mit Wein angegossen, weil dessen Säure die schöne grüne Farbe des Spargels zerstören und zu einem häßlichen Grau werden ließe. Die Italiener stören sich daran nicht, aber wir finden es besser, wenn man den Risotto, will man doch noch Säure haben, erst unmittelbar vor dem Servieren mit etwas Zitronensaft säuert.

Wir trinken zum Spargelrisotto gerne einen Soave classico von Anselmi, einen Breganze (vorzugsweise den blütenduftigen Vespaiolo) oder sogar einen Prosecco.

Artischockenrisotto

Dafür nimmt man die kleinen Artischocken mit lila Spitzen, die im Frühjahr aus Italien bei uns auf den Markt kommen. Sie werden großzügig bis auf ihr Herz geschält und bis zum Gebrauch in Zitronenwasser aufbewahrt, damit sie schön hell bleiben.

Für 4 Personen:

4–6 Artischocken, 2 EL Olivenöl, 1 Zwiebel, 1 Knoblauchzehe, 200 g Risottoreis, 1/4 l Weißwein, Salz, Pfeffer, ca. 1 l Hühner- oder Gemüsebrühe, 60 g Butter, 60 g frisch geriebener Parmesan, Zitronensaft

1. Die Artischockenherzen in Würfel oder Scheiben schneiden und im heißen Öl andünsten.
2. Zwiebel und Knoblauch feinhacken und zufügen, schließlich auch den Reis. Umrühren.
3. Erst wenn er rundum glänzt, mit Wein ablöschen, salzen und pfeffern. Leise köchelnd und unter geduldigem Rühren immer wieder einen Schuß heiße Brühe angießen, bis die Reiskörner gar sind. Butter und Käse einarbeiten. Den Risotto mit Zitronensaft abschmecken.

Parmesan sollten Sie nie gerieben kaufen, denn die Bezeichnung »Parmesan« ist nicht geschützt: Als geriebener Parmesan können alle alten Käsereste, zermahlene Rinden oder eingetrockneter Schmelzkäse verkauft werden – und infolgedessen tut man es auch. Kaufen Sie deshalb Ihren Reibkäse stets am Stück – entweder den in der ganzen Poebene produzierten Grana Padano oder den aus eng umgrenzten Teilen der Provinzen Parma, Reggio, Bologna, Modena und Mantua stammenden Parmigiano Reggiano – die entsprechenden Bezeichnungen stehen zwingend auf der Rinde der gewaltigen Käselaibe. Die Milch für die 24 bis 40 Kilo schweren Käse muß aus dem Anbaugebiet kommen – was die vielen Lastwagen mit der Aufschrift *Trasporto Latte* aus Bayern über den Brenner nach Italien karren, findet in ihnen also keine Verwendung.

Morchelrisotto

Wer im Frühjahr Glück hat und sie an Wegrändern und Waldhainen findet, nimmt natürlich frische Morcheln dafür. Getrocknete sind tröstlicherweise das ganze Jahr über verfügbar und schmecken zwar anders, aber ebenfalls köstlich.

Für 4 Personen:

100 g Sahne, 1/4 l Wasser, 250 g frische oder 25 g getrocknete Morcheln, 2 Schalotten, 2 EL Butter, 200 g Risottoreis, 1/4 l Weißwein, Salz, Pfeffer, 3/4 – 1 1/4 l Hühnerbrühe, 60 g Butter, 60 g frisch geriebener Parmigiano Reggiano, Petersilie

1. Wenn man getrocknete Morcheln hat, Sahne und Wasser aufkochen, über die Morcheln gießen und sie darin eine Viertelstunde einweichen. Das Sahnefett gibt den Pilzen etwas von ihrer natürlichen Geschmeidigkeit zurück.
   Die Flüssigkeit durch einen Kaffeefilter gießen. Die Pilze unter fließendem Wasser auswaschen, damit keine Sandkörnchen ins Essen geraten, und grob hacken.
2. Frische Morcheln nur gründlich waschen, dann in Ringe oder Stücke schneiden, ganz kleine Exemplare ganz lassen.
3. Die Schalotten fein hacken und in der Butter andünsten, die Morcheln zufügen und auch den Reis. Wenn alles zu rösten beginnt und aus den Morcheln jeglicher Saft ausgeschwitzt ist, mit Wein ablöschen, salzen und pfeffern.
4. Nach und nach die inzwischen wieder aufgekochte Einweichflüssigkeit beziehungsweise kochendheiße Brühe angießen und leise köcheln, bis der Reis gar ist – der Reis darf nie aufhören zu brodeln.

5. Am Ende Butter, Parmesan und feingehackte Petersilie unterrühren, alles innig vermischen und recht flüssig halten.
6. In tiefen Tellern servieren und weiteren Käse zum Darüberreiben bereitstellen.

Risotto mit Hopfenspitzen

In vielen Hecken und an Waldrändern findet man wilde Hopfenpflanzen, die ihre wuchernden Ranken korkenziehergleich um alles drehen, was sie erreichen können, um nach oben zu streben. Die ersten zwanzig Zentimeter der jungen Triebe sind zart und so angenehm bitter, daß man sie unbedingt abknipsen und in die Küche mitnehmen sollte, wenn man sie auf einem Spaziergang findet. In Hopfengegenden kann man den Bauern fragen, ob er es erlaubt, ein paar Hopfenspitzen zu ernten. Falls nicht: Nach demselben Grundrezept läßt sich auch wunderbar ein Risotto mit jungen Brennesselspitzen zubereiten.

Für 4 Personen:

1 weiße Zwiebel oder 2 Schalotten, 2 EL Butter, 200 g Risottoreis, ¼ l Weißwein, Salz, Pfeffer, ca. 1 l Hühner- oder Gemüsebrühe, eine Handvoll Hopfenspitzen (oder ein dicker Strauß junge Brennesseltriebe), 60 g Butter, 60 g frisch geriebener Parmesan

Hierzu paßt am besten ein fruchtiger, aber nicht zu schwerer Rotwein aus dem Piemont, etwa Dolcetto oder Barbera.

1. Zwiebel oder Schalotten fein würfeln und in der Butter andünsten. Den Reis zufügen und mitdünsten, bis er von Butter überzogen glänzt.
2. Mit Wein ablöschen und köcheln, bis er fast verdampft ist. Salzen und pfeffern.
3. Nach und nach heiße Brühe angießen – und zwar immer so viel, daß der Reis gerade eben davon bedeckt ist.
   Die Brühe muß heiß sein, damit der Reis wirklich ständig köchelt, und man sollte immer wieder rühren, damit nichts am Topfboden ansetzt.
4. Zum Schluß die Hopfen- oder Brennesseltriebe mit einem Messer fein hacken und zusammen mit der Butter und dem Parmesan in den Risotto einarbeiten. Dieser sollte so flüssig wirken, daß er regelrecht in den Teller fließt – notfalls ruhig mit einem guten Schuß Brühe verdünnen.

Hopfenspitzen sind nicht zu verwechseln mit Hopfensprossen, die man in den Hopfengegenden inzwischen wieder häufiger erntet und in guten Restaurants anbietet – nur sehr selten bekommt man sie auf dem Markt oder in ausgesuchten Feinkostgeschäften: Das sind die frischen, wie winzige Spargel aussehenden, unterirdisch gewachsenen und daher noch nicht grünen Triebe der mehrjährigen Hopfenpflanze. Diese treibt stets eine Vielzahl von Sprossen, von denen aber nur wenige zum Hochranken benötigt werden – die anderen muß man entfernen. Nur: Früher wurden sie mit dem Messer abgeschnitten und verkauft, heute mit der Maschine zertrümmert und unter die Erde gemischt …

Paprikareis

Für 4 Personen:

**1–2 Zwiebeln,
1 EL Schweineschmalz,
1 bis 2 EL Delikatesspaprika,
250 g Langkornreis,
ca. ½ l Brühe, Petersilie**

1. Die feingeschnittene Zwiebel im Schmalz weichdünsten, ohne Farbe annehmen zu lassen. Das Paprikapulver darüberstäuben und gründlich anschwitzen.
2. Reis zufügen, darin wenden, bis alle Reiskörner von einem roten Film überzogen sind. Die Brühe angießen und aufkochen. Zugedeckt auf nunmehr kleinem Feuer ausquellen lassen. Erst zum Schluß feingehackte Petersilie untermischen.

Tip: Paprikareis schmeckt besonders gut statt mit Schweineschmalz mit Gänseschmalz zubereitet. Dazu passen kurz gebratene Geflügellebern – mit knusprigen Zwiebelringen wunderbar!

Krebsreis

Für 4 Personen:

**1 Würfel Krebspaste,
1 Schalotte, 2 EL Butter,
250 g Reis, Dill oder
Kerbel zum Garnieren**

In Fischgeschäften gibt es oft kleine Würfel mit Paste für eine Krebssuppe. Sie braucht man für diese ebenso köstliche wie wohlschmeckende Beilage.

1. Den Krebspasten-Würfel nach Vorschrift auflösen und die Flüssigkeitsmenge auf etwa ½ Liter auffüllen.
2. Inzwischen die feingeschnittene Schalotte in 1 Eßlöffel Butter andünsten, den Reis zufügen und mitrösten. Mit der

Krebsflüssigkeit angießen, aufkochen. Zugedeckt ausquellen lassen.
3. Zum Schluß die restliche Butter mit feingeschnittenem Dill oder Kerbel unterrühren.

Würziger Reisring

Die üblichen Reisringe mit einem Durchmesser von 24 bis 28 cm reichen als Beilage für 4 bis 6 Personen. Hübsch ist es, wenn man in die Mitte das Ragout oder Frikassee füllt, das die Beilage begleiten soll. Wer lieber das Essen gleich auf dem Teller anrichtet, kann kleine Portionsförmchen kaufen. Sie werden unter dem Namen Savarin-Förmchen in Fachgeschäften angeboten.

Für 4 Personen:

250 g Reis, ½ l Brühe, 4 EL Madeira (nur erstklassigen nehmen, sonst lieber darauf verzichten!), ⅛ l Sahne, 2 Eigelbe, 75 g frisch geriebener Parmesan, Kerbel

Im Grunde ist das die einfachste Sache der Welt: Der heiße, frisch gekochte Reis wird fest in eine gut ausgebutterte Ringform gedrückt und nach kurzer Zeit wieder gestürzt. Fertig! Auf diese Weise kann man mit jeder Art von Reis vorgehen. Hier aber die besonders feine Art, einen Reisring zuzubereiten. Als Beilage zum Beispiel für ein elegantes Ragout, ein zartes Frikassee oder eine Supersauce.

1. Den Reis in der Brühe aufkochen und zugedeckt auf mildem Feuer ausquellen lassen.
2. Unter den fertigen, heißen Reis den Madeira rühren, die Sahne und die mit dem Parmesan verquirlten Eigelb. Zum Schluß die feingehackten Kerbelblättchen untermischen.
3. Diese Reismasse in eine großzügig ausgebutterte Form drücken. Für etwa 5 bis 10 Minuten in den auf 150 Grad vorgeheizten Ofen stellen und fest werden lassen. Stürzen und mit Kerbel bestreut servieren.

Risi e pisi

Der Lieblingsrisotto der Venezianer, natürlich keineswegs eine Beilage, wie man das bei uns gern sieht. »Risibisi« (wie dieses Gericht inzwischen bei uns auf gut deutsch heißt) gehört schon so lang wie selbstverständlich auf unseren Speisezettel, daß man sich keine Gedanken mehr darüber macht, woher das Grundrezept eigentlich stammt. Aus Venetien nämlich, wo beides in hervorragender Qualität wächst: Reis und Erbsen.

In Italien zieht man die dicken, festfleischigen Markerbsen den zarten Palerbsen, wie wir sie schätzen, vor. Deshalb beginnt dort ein Risi-e-pisi-Rezept damit, daß man erst die Erbsen mit den Zwiebeln andünstet, bevor der Reis hinzugefügt wird. Und beides braucht dann etwa dieselbe Garzeit. Hierzulande, wo es ohnehin nur selten frische Erbsen gibt, verwenden wir gern Perlerbsen (kleine Palerbsen) aus der Tiefkühltruhe. Sie sind so zart, daß man sie erst ganz zum Schluß vorsichtig untermischen darf. Damit die Erbsen schön grün bleiben verzichtet man hier übrigens auf den Wein, dessen Säure sie grau färben würde.

Für 4 Personen:

100 g durchwachsener Speck, (dünne Scheiben), 1 Zwiebel, 1 Bund glattblättrige Petersilie, 2 EL Butter, 300 g Mittelkornreis, 1 – 1,2 l Hühnerbrühe, Salz, Pfeffer, 1 Paket tiefgekühlte Perlerbsen (zu 300 g), etwa 100 g frisch geriebener Parmesankäse

1. Den in feine Streifen geschnittenen Speck, die sehr feingehackte Zwiebel und die feingeschnittene Petersilie in einem Topf angehen lassen. Etwas Butter hinzufügen, so daß nichts ansetzt. Der Speck soll glasig werden, die Zwiebel weich. Die restliche Butter zufügen, die Hitze erhöhen, den Reis in den Topf schütten und unter Rühren mit dem Fett tränken.
2. Nur nach und nach, nicht auf einmal (!) die kochende Brühe angießen, dabei ständig rühren. Der Reis soll dabei kräftig kochen. Salzen und pfeffern. Sobald er gar ist, die Erbsen unterrühren und erwärmen. Vor dem Servieren dann den Parmesan unterheben.

Tomaten-Risotto mit Scampi

Für 4 Personen:

350 g rohe Scampi oder Garnelen, möglichst mit Schale, 4 EL Olivenöl, 1 Zwiebel, 2 Knoblauchzehen, 400 g Rund- oder Mittelkornreis, Salz, 1 TL Oregano, 500 g reife Fleischtomaten, 75 g Butter, 50 g frisch geriebener Parmesan, Pfeffer, frische Basilikumblätter

1. Die Scampi aus ihren Schalen lösen, entdärmen, gut waschen. Ebenso die Schalen gründlich waschen. Letztere in einem großen Topf in 2 Eßlöffel Öl kräftig anrösten, dann mit gut 1 Liter Wasser auffüllen. Etwa 15 Minuten köcheln, salzen. Durch ein feines Sieb filtern.
2. Die Scampi im restlichen Öl 2 Minuten lang durchschwenken, dann salzen und beiseite stellen.
3. Die feingeschnittene Zwiebel und die durchgepreßten Knoblauchzehen in dem verbliebenen Bratfett weich dünsten, den Reis mitschwitzen, salzen und mit Oregano bestreuen.

4. Die gehäuteten, entkernten, feingehackten Tomaten zufügen. Nach und nach mit dem kochendheißen Garnelensud auffüllen und den Risotto wie im Grundrezept beschrieben garen.
5. Zum Schluß Butter und Parmesan unter den Risotto rühren, ihn großzügig pfeffern und dann die Scampi behutsam untermischen. Das Gericht noch mit Basilikumblättern schmücken.

Schwarzer Risotto mit Tintenfisch

Dafür braucht man sehr frische Tintenfische (Sepie). Die in der inneren Blase enthaltene Tinte muß noch vorhanden sein. Man kann die Tinte inzwischen auch vakuumverpackt kaufen. Fragen Sie in guten Fischgeschäften (zum Beispiel auch dort, wo Gastarbeiter einkaufen) oder in der Fischabteilung großer Warenhäuser danach.

Für 4 Personen:

4 kleine Tintenfische (oder 2 größere), 1 Schalotte, 1 Knoblauchzehe, 2 EL Olivenöl, 100 g Butter, 350 g Rund- oder Mittelkornreis, 1 Glas trockener Weißwein, Zitronensaft, 1–2 kleine getrocknete Chilischoten, Salz, ca. 1 l Hühnerbrühe, etwas glatte Petersilie, 50 g frisch geriebener Parmesan

1. Den Kopf der Tintenfische entfernen, den Tintenbeutel vorsichtig entnehmen. Die Tintenfische putzen: den Knochen und die Augen entfernen, Fangarme und Beutel gründlich waschen, die dünne Haut abziehen. Die Tintenfische in Stücke schneiden.
2. Eine feingeschnittene Schalotte und zerdrückte Knoblauchzehe im heißen Öl plus 2 Eßlöffel Butter andünsten, die Tintenfischstücke zufügen und einige Minuten andünsten, dabei salzen und pfeffern. Erst wenn sie zu braten beginnen, weil keine Flüssigkeit mehr im Topf ist, die Tintenfische herausheben und beiseite stellen.
3. Statt dessen den Reis in den Topf füllen und mitdünsten. Mit Wein ablöschen, eventuell mit Zitronensaft und Chilischote, auf jeden Fall mit Salz würzen.
4. Nach und nach die kochende Brühe angießen, köcheln bis der Reis gar ist, aber noch Biß hat. Schließlich die Tintenfischstücke wieder zufügen, die Tinte aus ihrem Beutelchen lösen und in den Risotto rühren.

Den besten schwarzen Risotto unseres Lebens haben wir im Ristorante Da Fiore in Venedig gegessen. Er war cremig, duftete nach Meer und die Tintenschwärze war durch die gerade richtige Menge von Butter gemildert. Außerdem kitzelte eine gewisse Schärfe und der Duft von geriebener Zitronenschale.

5. Die restliche Butter, die aufgefangene Tinte und den Parmesan rühren. Durchziehen lassen, dann in tiefen Tellern anrichten. Mit zerzupften Petersilienblättern dekorieren.

Ratatouille-Risotto mit Kaninchenrücken

Für 4 – 6 Personen:

1 Kaninchenrücken (ca. 800 g), 1 Bund Suppengrün, 1 Lorbeerblatt, 1 TL Pfefferkörner, 5 EL Olivenöl, Salz, Pfeffer aus der Mühle, 1 kleine Aubergine, 1–2 Zucchini (etwa dem Gewicht der Aubergine entsprechend), 1 gelbe Paprikaschote, 1 Zwiebel, 2 Knoblauchzehen, 400 g Rund- oder Mittelkornreis, 50 g Butter, 50 g Parmesan, Basilikumblätter

1. Das Fleisch mit einem scharfen Messer vom Knochen ablösen. Den Knochen, zusammen mit dem feingeschnittenen Wurzelwerk, Lorbeerblatt und Pfeffer zu einer kräftigen Brühe auskochen (kann bereits am Vortag passieren).
2. Am anderen Tag die Rückenfilets sowie die (unter dem Rücken befindlichen) echten Filets in 2 Eßlöffel Öl rasch auf allen Seiten anbraten, salzen, pfeffern, in Alufolie packen und zwischen zwei vorgewärmten Tellern ohne weitere Hitzezufuhr gar ziehen lassen.
3. Aubergine, Zucchini und gehäutete Paprika (im Ofen so lange rösten, bis die Haut Blasen wirft – dann läßt sie sich leicht abziehen), in etwa zentimetergroße, sehr exakte Würfel schneiden. Diese Gemüse im Bratfett des Kaninchens und zusätzlichen2 Eßlöffel Öl auf starkem Feuer rundum schön braun braten, dabei salzen und pfeffern. Herausheben, beiseite stellen.
4. Den letzten Eßlöffel Öl zufügen, die feingewürfelte Zwiebel und die blättrig geschnittenen Knoblauchzehen dann anrösten, den Reis mitschwitzen.
5. Nach und nach die kochendheiße Kaninchenbrühe angießen. Den Risotto leise brodelnd garen. Zum Schluß Butter und Parmesan, die Gemüsewürfel und das in dünne Scheiben geschnittene Kaninchenfleisch daruntermischen.
Mit Basilikumblättern garnieren.

Paella

Die Paella, also ein ganz bestimmtes, einziges Rezept, gibt es nicht. Vielmehr kennt man in Spanien so viele Paella-Gerichte wie es Hausfrauen gibt. Der Name leitet sich von der flachen, runden Pfanne, der *paellera*, ab, in der das Reisgericht zubereitet wird. Wichtigste Zutat ist natürlich Reis. Immer ein Mittelkorn- oder ein Rundkornreis, wie er in Spanien wächst (aber gut durch italienischen Reis zu ersetzen), niemals ein Langkorn- oder gar Parboiled Reis, dessen Struktur ein völlig anderes Gericht ergeben würde. Der beste Reis dafür ist der Bomba aus der Region von Valencia, der eigentlichen Heimat der Paella.

In eine Paella gehört alles, was der Markt, Vorrat oder Garten gerade bietet: von Fischfleisch, Krustentieren, Muscheln über Geflügel, Kaninchen, Innereien zu den verschiedensten Fleisch-, Wurst- oder Schinkensorten. Natürlich Gemüse jede Menge. Und – ganz wichtig – Safran, der in Spanien kultiviert wird und nicht ganz so teuer ist wie bei uns. Er gibt nicht nur die charakteristische leuchtendgelbe Farbe, sondern auch den typischen Geschmack. Aber aufpassen, wer dort im Urlaub sich eindecken will: Man findet dort, hübsch verpackt, eine gelbe Speisefarbe – die zwar das Essen gelb zu färben imstande ist, aber leider nicht auch das Parfum mitbringt. Also die Packungsaufschrift gut lesen!

Unser Paellarezept ist nicht so üppig, wie man es normalerweise kennt. Dafür kann man aber die Zutaten auch bei uns überall bekommen – und es läßt sich problemlos für einen kleinen Personenkreis zubereiten, in einer haushaltsüblichen Pfanne.

Für 4 – 6 Personen:

Je 1 rote, gelbe und grüne Paprikaschote, 1 Poularde, 2 EL Olivenöl, 100 g durchwachsener Speck in dünnen Scheiben und 100 g roher Schinken (ebenfalls in dünnen Scheiben), 2 feste Knoblauchwürste, 3–4 Knoblauchzehen, 1 Zwiebel, 350 g Rund- oder Mittelkornreis, Salz, Pfeffer, 1 EL Delikateßpaprika, 1 Döschen Safran, ¾ l Wasser oder Hühnerbrühe

1. Die Paprikaschoten auf einem Stück Alufolie im 250 Grad heißen Ofen rösten, bis die Haut Blasen wirft. Die Schoten unter einem feuchten Tuch kurz abkühlen, dann läßt sich die Haut ganz leicht abziehen.
2. Die Kerne entfernen, dabei den Saft auffangen, das Fleisch in gleichmäßige Rhomben oder Würfel von ca. 1 cm schneiden.
3. Die Poularde in acht Portionsstücke teilen, im heißen Öl in einer großen, tiefen Pfanne rundherum schön kroß anbraten, herausnehmen, vorläufig warm stellen.
4. Im Bratfett den feingehackten Speck ausbraten. Gewürfelten Schinken und die in Scheiben geschnittenen Würste zufügen. Den Knoblauch durch die Presse dazudrücken.

Feingehackte Zwiebel unter ständigem Rühren dünsten, bis sie weich ist. Den Reis untermischen, salzen, pfeffern und mit dem Paprikapulver bestreuen.

5. Zum Schluß das Safranpulver kurz mitdünsten, rühren, bis alles von einem gelben Film überzogen ist. Mit Wasser oder der Hühnerbrühe auffüllen. Auf mittlerem Feuer 20 Minuten unbedeckt leise köcheln. Poulardenteile und Paprikawürfelchen mitsamt dem aufgefangenen Saft vorsichtig untermischen.
6. Alles weitere 10 Minuten ziehen lassen. Dann die Herdplatte ausschalten und die Paella danach noch etwa 10 Minuten nachquellen lassen.

MEHLSPEISEN

Früher spielte diese Gruppe von Gerichten eine unvergleichlich größere Rolle als heute, denn das früher unerschwinglich teure Fleisch beherrscht seit einem halben Jahrhundert unsere Speisepläne ziemlich ausschließlich. Es waren einst die oft süßen, manchmal salzigen Hauptgerichte, die in vielen Familien zwei, drei, vielleicht sogar fünf Mal in der Woche auf den Tisch kamen, weil sie wenig Geld kosteten. Sie hatten allerdings den Nachteil, der Köchin relativ viel Arbeit zu machen, und die meisten gelingen erst dann perfekt, wenn man ein wenig Routine entwickelt hat. So verschwanden immer mehr die süßen Hauptgerichte von unseren Tischen – manche wurden durch Fertiggerichte ersetzt (Milchreis!), andere gelten als Spezialitäten von bürgerlichen Restaurants (Salzburger Nockerln). Und so etwas Köstliches wie Dampfnudeln kennen die meisten Kinder nur noch als bleiche Jahrmarktsgeschöpfe, Strudel kauft man tiefgekühlt, Omelett und Soufflé gelten als schwierig (in Frankreich gehören sie zum mindesten Standard einer angehenden Hausfrau!) und selbst Pfannkuchen oder gar Waffeln bäckt kaum mehr jemand selbst …

In unserem glücklichen Nachbarland Österreich pflegt man die Mehlspeisen noch – sowohl im Haushalt, besonders aber in vielen guten Beisln, den traditionell ausgerichteten Wirtshäusern: Als regionale Spezialitäten genießen die Nudeln und Strudeln, Knöderl, Kochs und Krapfen, Tascherl und Schnitten höchsten Ruf und werden als traditionsreiches Kulturgut sorgfältig gepflegt.

Allerdings ist in den letzten Jahren auch bei uns ein Wandel eingetreten, denn seit die durchrationalisierte Fleischproduktion immer häufiger für handfeste Skandale sorgt, entdecken immer mehr junge Mütter die Vorzüge von Mehlspeisen (ältere, gestandene Hausfrauen haben sie nie vergessen). Dabei stellen sie plötzlich erfreut fest, daß Mehlspeisen auf die Gesichter von Kindern wie Erwachsenen ein fröhliches Strahlen zu zaubern vermögen und angenehmerweise den Geldbeutel schonen.

Pfannkuchen und Omeletts

Omelett (Grundrezept)

Ein perfektes Omelett ist ein Kunstwerk! Und es ist durchaus nicht einfach. Zum Trost: Übung macht auch hier den wahren Meister. Wichtiger als für jedes andere Gericht ist dabei das richtige Handwerkzeug: Am besten gelingt ein Omelett immer noch in der guten alten Eisenpfanne aus Großmutters Bestand. Weil sie sich besser erhitzen läßt als alles andere, was wir heutzutage benutzen. Ideal ist auch eine Kupferpfanne, die natürlich immer verchromt sein muß. Glühendheiß muß die Pfanne sein, wenn das Omelett gelingen soll. Dann allerdings sind größte Vorsicht und Geschwindigkeit vonnöten, denn es ist in Sekunden fertig.

Für 2 Personen:

4 Eier, Salz, Pfeffer, 2 EL Sahne, 1–2 EL Butter

1. Die Eier verquirlen und würzen, Sahne nur, wenn Sie wollen, unterrühren. Sekundenbruchteile bevor Sie die Masse in die Pfanne gießen, ein nußgroßes Stück Butter darin verzischen lassen. Die Eimasse sofort hinterher gießen; sobald sie mit dem Pfannenboden in Berührung kommt, ist schon alles passiert.
2. Die Pfanne dann sogleich vom Herd nehmen, kräftig rütteln, damit das Omelett nicht festbäckt – es schwebt jetzt geradezu auf dem Fettfilm, der die Pfanne überzieht.
3. Das Omelett ist bereits fertig, wenn seine Oberseite noch feucht glänzt, und dann muß es die Pfanne unverzüglich verlassen:
4. Die Pfanne am Stiel hochheben, ihm einen kurzen Schlag versetzen, der bewirkt, daß das Omelett an die andere Seite rutscht. Bevor es jedoch über den Rand hinausfliegt, wird es mit dem Rührlöffel aufgefangen und zusammengeklappt.

Ein solches Omelett können Sie durch vielerlei Zutaten verändern und abwandeln: Mit Kräutern schmeckt es nach Frühling, mit asiatischen Gewürzen, wie etwa Sojasauce und Sesamöl, vielleicht sogar Koriandergrün, bekommt es etwas Exotisches. Geriebener Käse in der Eiermasse macht das Omelett pikant.

Omelettfüllungen

Man kann im Omelett wunderbar Reste elegant unterbringen, zum Beispiel von der Ratatouille, (Seite 452); Linsengemüse paßt vorzüglich (Seite 389). Gedünstete Spargelspitzen, geschmolzene Tomaten oder gebratene Zwiebelringe. Gut schmeckt auch in zentimetergroße Würfel geschnittener Lachs, großzügig mit Dill bestreut. Man kann abwechseln: mal Räucherlachs nehmen, ein anderes Mal Würfel von frischem rohem Lachs, der durch die Hitze des Omeletts sanft gar zieht, bis er den Tisch erreicht. Überhaupt paßt Fisch besonders gut zum zarten Omelett: zum Beispiel Bücklingsfilet, natürlich sorgfältig entgrätet, kleine Sprotten oder in Olivenöl eingelegter Thunfisch.
Gefüllt werden Omeletts bereits in der Pfanne: Sie betten die Füllung auf die feuchte Oberfläche und klappen das Omelett darüber. Versteht sich, daß die Füllung fix und fertig ist, damit keine Verzögerungen dem perfekten Zustand des Omeletts schaden. Zum Beispiel:

Gedünstete Champignons

Für 2 Personen:

200 g Champignons, 2 EL Butter, 1 Schalotte oder 2 Frühlingszwiebeln, Salz, Pfeffer, glatte Petersilie

1. Pilze putzen, blättrig schneiden und in Butter andünsten.
2. Die Schalotte oder Frühlingszwiebeln sehr fein schneiden, in die Pfanne geben, mitschwenken, salzen, pfeffern und mit feingehackter Petersilie würzen.

Bauernomelett

Das typische Single-Essen, weil man dafür auch im nicht regelmäßig geführten Haushalt alle Zutaten vorrätig hat, und weil es wirklich im Handumdrehen fertig ist. Das Bauernomelett darf man dann sogar direkt aus der Pfanne verspeisen, am besten mit einem frischen Salat.

1. Die Kartoffel in Scheiben schneiden. Den Speck fein würfeln.
2. Zunächst in der Pfanne die Butter erhitzen, den Speck darin ausbraten, dann die Kartoffeln darin schwenken sowie eine in feine Ringe gehobelte Zwiebel.
3. Alles salzen und pfeffern. Langsam braten, bis die Kartoffeln und Zwiebelringe goldbraun geröstet sind – immer wieder die Pfanne schwenken, um alles zu wenden.
4. Schließlich die Eiermasse hineingießen und auf der Unterseite bräunen.

Pro Person:

1 mittelgroße gekochte Kartoffel, 1 Speckscheibe, 1 EL Butter, 1 Zwiebel, 2 Eier, Salz, Pfeffer

Kartoffeltortilla

Der Klassiker aus Spanien gehört auf jedes Tapa-Buffet. Es ist im Prinzip ein dickes Omelett, in das Kartoffeln eingebacken sind. Man liebt es in Würfel oder Tortenstücke geschnitten, lauwarm oder sogar kalt zum Glas Sherry oder zur Sangria. Es ist ein ideales Häppchen zum Aperitif: Man ißt die in bissengroße Rauten geschnittenen Stücke einfach mit der Hand oder spießt sie mit Zahnstochern von der Platte. Natürlich kann eine Tortilla auch eine ganze kleine Mahlzeit sein – dann unbedingt einen frischen Salat dazu servieren!

Die Tortilla bitte niemals in den Kühlschrank stellen – weil Kartoffeln darin eine Hauptrolle spielen, die Kühlschrankkälte übel nehmen, lieber gleich aufessen!

1. Die Zwiebel fein würfeln, Knoblauch hacken und in einer beschichteten Pfanne (22 cm Durchmesser) in 2 Eßlöffeln heißen Öls andünsten.
2. Kartoffeln schälen, in Scheiben schneiden und zufügen. Alles gut durcheinandermischen, dann mit Salz und Pfeffer würzen.
3. Die Eier in einer Schüssel verquirlen, den Pfanneninhalt zufügen und alles gut mischen.
4. Das restliche Öl in der Pfanne erhitzen, den gesamten Pfanneninhalt zufügen. Auf mildem Feuer sanft etwa 20 Minuten braten, bis die Eiermasse fast gestockt ist.
5. Die Tortilla dann wenden: dafür entweder einen flachen Tortenwender nehmen oder einen möglichst glatten Teller. Die Tortilla noch etwa 5 Minuten auch auf der zweiten Seite sanft bräunen – innen sollte sie jetzt noch einen feuchten Kern haben.

Für 4 – 6 Personen:

1 Zwiebel, 2–3 Knoblauchzehen, 3 EL Olivenöl, 500 g frisch gekochte Kartoffeln, Salz, Pfeffer, 5 Eier

Kräuterfrittata

Zusammen mit Salat ist sie eine ganze kleine Mahlzeit, pur und in mundgerechte Bissen geschnitten ein Häppchen zum Aperitif.

Für 6 Personen:

2 großzügige Handvoll Kräuter, 3–4 Knoblauchzehen, 8 Eier, Salz, Pfeffer, 3 gehäufte EL frisch geriebener Parmesan, Butter für die Pfanne

1. Kräuter und Knoblauch im Mixer pürieren, dabei nach und nach zwei Eier zufügen. Die restlichen Eier von Hand mit dem Schneebesen einarbeiten. Schließlich mit Salz, Pfeffer und Käse würzen.
2. In einer beschichteten Pfanne (Durchmesser 20 cm) etwas Butter erhitzen, die Eiermasse hinzugießen und zunächst auf milder Hitze auf der einen Seite stocken lassen, bis kaum mehr Flüssiges an der Oberseite sichtbar ist, dann wenden und auch auf der anderen Seite bräunen.

Pfannkuchen (Grundrezept)

Von Pfannkuchen können manche Menschen geradezu Unmengen verdrücken – daher liefert das Rezept gleich eine entsprechend großzügig bemessene Portion. Wenn was übrigbleibt, ist das kein Malheur: Pfannkuchen lassen sich wunderbar im Dampf wieder erwärmen (auf einem Teller in einen Topf setzen, in dem zweifingerhoch das Wasser kocht), ohne daß man es ihnen groß anmerkt. Zudem schmecken sie, in feine Streifen geschnitten, als »Flädle« oder »Frittaten«, vorzüglich als Einlage in einer klaren Bouillon. Damit sich die Pfannkuchen in so feine Streifen schneiden lassen, wie sich das für richtige Flädle gehört, müssen sie übrigens immer schon am Vortag gebacken sein.

Für 4 – 6 Personen:

6 Eier, 1 Eigelb, 375 g Mehl, knapp ¼ l Mineralwasser, ½ l Milch, Salz, Butterschmalz oder eine Speckschwarte zum Backen

1. Die Eier gründlich verquirlen, dann Mehl, Wasser und Milch zufügen und energisch mit dem Schneebesen zu einem schön glatten und sehr flüssigen Teig schlagen, dabei salzen.
2. Es tut dem Teig gut, mindestens eine halbe Stunde zu ruhen. So quillt das Mehl besser auf und entwickelt seinen Kleber – die Pfannkuchen werden dadurch duftiger und zarter.

3. Gebacken werden Pfannkuchen am besten nach guter Großmutter-Methode in einer Eisenpfanne, die ausschließlich zu diesem Gebrauch benutzt wird (allenfalls ein paar Spiegeleier oder Rühreier dürfen Sie noch darin braten): entweder in etwas Butterschmalz oder – das ist die klassische Methode – nur in dem bißchen Fett, das am Pfannenboden haften bleibt, wenn Sie ihn mit einer Speckschwarte ausreiben. Das gibt den Pfannkuchen herzhafteren Geschmack. Gut geeignet ist natürlich auch eine beschichtete Pfanne. Sie sollte in jedem Fall keinen zu hohen Rand haben, dann tut man sich leichter mit dem Wenden.
4. Jeweils eine kleine Schöpfkelle Teig in die sehr heiße Pfanne gießen; Pfanne sofort drehen und schwenken, damit sich der Teig rasch von selbst überallhin verteilt. (Wenn Sie mit einem Löffelrücken nachhelfen müssen, ist der Teig zu dick! In diesem Fall mit einem Schuß Mineralwasser verdünnen.)
5. Sobald der Pfannkuchen sich an den Außenkanten kräuselt, ist er genügend gebräunt (überprüfen Sie das dennoch!) und kann gewendet werden.
6. Die Pfannkuchen aufeinandergestapelt im 80 Grad heißen Ofen warm halten, bis alle fertig sind.

Wer es schafft, mit kühnem Schwung einen Pfannkuchen in die Luft zu befördern, wo er die Volte schlägt, um mit der blassen Seite brav zurückzukehren, gilt als Held – dabei ist es wirklich nicht schwer. Man muß der Pfanne nur einen kräftigen Schubs aus dem Handgelenk versetzen. Natürlich können Sie sich auch der guten alten Palette bedienen, um den Pfannkuchen zu wenden. Erstlings-Pfannkuchenbäcker bedienen sich vorsichtshalber des eleganten Tricks mit dem Topfdeckel: Auflegen, die Pfanne mitsamt Deckel stürzen, den nunmehr auf dem Deckel liegenden Pfannkuchen wieder in die Pfanne gleiten lassen

Pfannkuchen mit chinesischer Gemüsefüllung

Für 4 – 6 Personen:

1 Grundrezept Pfannkuchen, 400 g Schweinefilet, 1 EL Eiweiß, 1 EL Speisestärke, 4 EL Sojasauce, 3 EL Sherry, 3 TL Sesamöl, je 150 g geputzte Möhre, Sellerie, Lauch, Champignons, Sojakeime und Chinakohl, 2 Knoblauchzehen, 1 Stück frische Ingwerwurzel (1 cm lang), 1 Schalotte, 4 EL Öl, Salz, ½ TL Zucker, 4 EL Fleischbrühe

1. Die Pfannkuchen wie beschrieben backen und warm stellen.
2. Das Fleisch quer zur Faser in hauchdünne Scheiben schneiden. In einer Schüssel mit dem kurz verquirlten Eiweiß, der Stärke, je 1 Eßlöffel Sojasauce und Sherry sowie 1 Teelöffel Sesamöl wenden. Marinieren lassen, bis alle weiteren Vorbereitungen erledigt sind.
3. Möhre, Sellerie, Lauch und Champignons auf einem Gemüsehobel in streichholzfeine Streifen hobeln, wo nötig auf etwa 5 cm kürzen. Die Sojakeime waschen. Den Chinakohl quer in ebenso schmale Streifen schneiden. Knoblauch, Ingwer und Schalotte fein hacken.

4. In einer großen Pfanne, besser noch in einem Wok das Bratöl erhitzen. Erst wenn es raucht, etwas Knoblauch und Ingwer hineinstreuen und sofort das Fleisch zufügen. Dabei nötigenfalls in Portionen arbeiten, damit die Temperatur des Öls nicht zu rasch abkühlt.
5. Unter stetem Rühren mit einem großen Kochlöffel tüchtig durcheinanderwirbeln. Wenn das Fleisch appetitlich braun gebraten ist, salzen und pfeffern, die Streifen mit einer Schaumkelle herausheben.
6. Im verbliebenen Öl die restlichen 2 Eßlöffel Sesamöl erhitzen. Die Gemüse nacheinander zufügen, in der Reihenfolge wie oben genannt. Unermüdlich rühren und wirbeln, dabei die Gemüse sofort salzen – so behalten sie ihre leuchtende Farbe.
7. Die restlichen Knoblauch-, Ingwer- und Schalottenwürfel ebenfalls mitbraten. Schließlich die Gemüse, wenn sie von einem glänzenden Ölfilm überzogen sind, mit Zucker würzen. Sojasauce, Sherry und Fleischbrühe zufügen.
8. Einmal aufkochen, nochmals alles mischen. Eine gute Portion davon jeweils auf eine Hälfte eines Pfannkuchens setzen, die andere Hälfte darüberklappen und sofort servieren.

Pfannkuchen mit Creme aus Pilzen und Kasseler

Für 4 – 6 Personen:

400 g Kasseler, ausgelöst und gekocht, 100 g grüner Speck (ungeräuchert!), 200 g frische Champignons, 2 mittelgroße frisch gekochte Kartoffeln, 1 große Zwiebel, 1 EL Öl, 1 EL Tomatenmark (Tube), Salz, Pfeffer, Muskat, Cayennepfeffer, Delikateßpaprika, ¼ l Fleischbrühe, ⅛ l Sahne, 1 Bund Petersilie, 1 Grundrezept Pfannkuchen

Klingt verrückt, schmeckt aber einfach unwiderstehlich gut!

1. Das Kasseler, den Speck. die geputzten Pilze und gepellten Kartoffeln durch den Fleischwolf drehen.
2. Inzwischen die Zwiebel fein würfeln, in einem Topf im heißen Öl andünsten und die Fleisch-Pilz-Mischung hinzufügen. Nun mit Tomatenmark, Salz (sparsam wegen des Kasselers), Pfeffer (großzügig), Cayenne (mutig) und Delikateßpaprika (nach Geschmack) sehr kräftig abschmecken. Mit Fleischbrühe und Sahne auffüllen, etwas einkochen, damit eine cremige Sauce entsteht. Die feingehackte Petersilie einrühren.

3. Die Pfannkuchen nach dem Grundrezept (Seite 290/291) backen.
4. Jeweils einen großzügigen Klecks dieser Kasseler-Füllung auf einem Pfannkuchen verstreichen, den Pfannkuchen aufrollen und sofort servieren. Dazu schmeckt ein säuerlich angemachter Salat.

Pfannkuchenbeutel mit Kabeljau-Ragout

Das Gericht macht ein bißchen Mühe, hat aber auch eine praktische Seite: Sie können die Beutel im voraus fix und fertig vorbereiten und brauchen sie dann nur noch kurz im Dampf zu erwärmen, sobald Ihre Gäste eintreffen. Dazu eine Sauce mit kunterbunten Gemüsewürfeln reichen – das sieht hübsch aus und gibt Biß.

Für 4 – 6 Personen, (je nachdem ob Vorspeise oder Hauptgericht)

1 Grundrezept Pfannkuchen (Seite 290/291), 400 g Kabeljaufilet, ½ Eiweiß, 1 TL Stärke, 1 EL Worcestershire Sauce, 1 EL Öl, etwas Zitronenschale, Salz, Pfeffer, 1 Bund Petersilie

SAUCE:
Je 75 g geputzte Möhre, Sellerie und Lauch, ⅛ l konzentrierte Hühnerbrühe, 1 EL Öl, Salz Muskat, Pfeffer, 1 Bund Schnittlauch

1. Die Pfannkuchen nach dem Grundrezept backen und warm stellen.
2. Das Fischfilet in zentimeterschmale Streifen schneiden. In einer Schüssel mit dem verklepperten Eiweiß, der Stärke, Worcestershire Sauce, Öl und etwas Zitronenschale mischen. Salzen, pfeffern, die Hälfte der gehackten Petersilie unterrühren.
3. Das Gemüse für die Sauce in millimeterkleine Würfel schneiden: Zuerst auf dem Gemüsehobel in feine Streifen hobeln und dann quer würfeln. In der Hühnerbrühe 1 Minute kochen, durch ein Sieb schütten, dabei die Brühe auffangen. Die Gemüsewürfel eiskalt abbrausen, damit sie ihre leuchtende Farbe behalten. Im erhitzten Öl schwenken, salzen, pfeffern und mit Muskat würzen. Die Hühnerbrühe angießen.
4. Die marinierten Fischstreifen gerecht auf die Pfannkuchen verteilen: Jeweils 1 Löffel davon in die Mitte setzen. Den Pfannkuchen rundum hochnehmen und wie einen Beutel zusammenfassen. Mit einem Schnittlauchhalm verschnüren.

Wenn die Schnittlauchhalme noch zu zart sind und leicht zerreißen, ein Trick, damit der Beutel nach dem Garen trotzdem zusammenhält: Die Fläche rund um die Füllung mit Eiweiß einpinseln. Durch das Dämpfen wirkt das Eiweiß dann wie Klebstoff. Nach Belieben kann man zum Verschnüren natürlich auch Küchenzwirn nehmen.

5. Die gefüllten Beutel schließlich zum Dämpfen nebeneinander in den Siebeinsatz des Dampftopfs oder auf ein anderes Dämpfsieb setzen. Über Wasserdampf etwa 3 Minuten dämpfen, dann ist der Fisch im Inneren des Beutels zart und saftig.
6. Die Beutel auf vorgewärmte Teller setzen, jeweils einen Löffel Wurzelsauce darum herumgießen, gleich auftragen.

Pfannkuchen mit geschmolzenen Tomaten und Béchamel

Das duftet nach Ferien am Mittelmeer und läßt selbst eingefleischte Nichtvegetarier das Fleisch vergessen.

Für 4 – 6 Personen:

BECHAMELSAUCE:
2 EL Butter, 50 g Fett vom gekochten Schinken, 1 kleine Zwiebel, 1 Knoblauchzehe, 2 EL Mehl, ½ l Milch, 1 Bund Petersilie, 1 TL schwarze Pfefferkörner, 1 Stück Zitronenschale, Salz, 1 Eigelb, 2 gehäufte EL Crème fraîche, Muskatnuß, Zitronensaft und Worcestershire Sauce

GESCHMOLZENE TOMATEN:
750 g reife Tomaten (zum Beispiel von den Kanaren), 2 Schalotten, 2 Knoblauchzehen, 2 EL Olivenöl, einige Tropfen Balsamessig, 1 Bund Basilikum, 1 Grundrezept Pfannkuchen

1. Zuerst die Béchamelsauce ansetzen: In der heißen Butter das Schinkenfett auslassen. Feingewürfelte Zwiebel und die Knoblauchzehe andünsten. Mit Mehl überstäuben und gründlich durchschwitzen. Milch angießen.
2. Die Petersilienstengel (Blätter beiseite tun), Pfefferkörner und Zitronenschale zufügen. Etwa eine halbe Stunde zugedeckt köcheln. Nur sparsam salzen. Die Sauce schließlich durch ein Sieb passieren. Das Eigelb mit der Sahne verquirlen, die Sauce damit binden. Mit Muskat, Zitrone und Worcestershire Sauce kräftig abschmecken. Die Sauce sollte angenehm dickflüssig sein. Bis zum Anrichten warm stellen.
3. Für die geschmolzenen Tomaten die Früchte zunächst überbrühen, eiskalt abschrecken, dann häuten und entkernen. Das Fleisch mit einem Messer fein hacken – auf keinen Fall mit dem Mixer, der arbeitet zuviel Luft unter, und das Tomatenpüree wird weißlich. In einem Sieb abtropfen lassen.
4. Inzwischen die feingewürfelten Schalotten und Knoblauchzehen in der Hälfte des Olivenöls andünsten. Erst dann das Tomatenpüree ganz kurz darin schwenken. Salzen, pfeffern, zum Schluß mit Balsamessig und etwas rohem Olivenöl würzen. Feingeschnittenes Basilikum unterrühren.

5. Die Pfannkuchen nach dem Grundrezept zubereiten. Jeweils einen Klecks Béchamelsauce auf eine Hälfte geben, einen Klecks Tomatenpüree dazusetzen. Den Pfannkuchen übereinanderklappen. Jetzt auf ein Viertel je einen kleinen Klecks weiße und rote Sauce setzen. Dabei großzügig sein, so daß die weiß-rote Füllung herausquillt, wenn der Pfannkuchen nunmehr zu einem Viertel zusammengeklappt wird. Mit Basilikum schmücken und sofort servieren.

Pfannkuchen mit Apfelratatouille und Leber

Für 4 Personen (als Hauptgericht) oder 6 Personen (als Vorspeise):

300 g makellos geputzte Leber (von Kalb, Huhn, Kaninchen, Schwein, eventuell Reh), 2 EL Butter oder Butterschmalz, Salz, Pfeffer, 1 kleine Aubergine, 1 Zwiebel, 1 Knoblauchzehe, 1 rote Paprikaschote, 2–3 feste Äpfel (zum Beispiel Boskoop, Gravensteiner oder Golden Delicious), 4 EL Weißwein, 4 EL Sahne, 3 Frühlingszwiebeln mit Grün, 1 Portion Pfannkuchen

1. Die sorgfältigst geputzten Lebern in Streifen schneiden. In heißer Butter oder Butterschmalz rasch anbraten, dabei salzen und pfeffern. Schnell wieder aus der Pfanne nehmen und auf einem Teller beiseite stellen.
2. Im verbliebenen Bratfett die mit ihrer Schale in zentimeterkleine Würfelchen geschnittene Aubergine braten, bis sie krosse Stellen zeigt. Dann erst die feingehackte Zwiebel, den durch die Presse gedrückten Knoblauch und die ebenfalls in kleine Würfel geschnittene Paprika hinzufügen. (Sie ist übrigens besser verdaulich, wenn man sie zuvor schält: Fleischigen Früchten kann man die Haut einfach mit einem Sparschäler abschneiden.)
3. Die gleichermaßen gewürfelten Äpfel ganz zum Schluß zufügen (sie sollen unbedingt noch Biß behalten) und nur einmal durchschwenken. Wein und Sahne angießen, aufkochen, salzen und pfeffern. Die beiseite gestellten Leberwürfel samt dem mittlerweile ausgetretenen Saft und die in feine Ringe geschnittenen Frühlingszwiebeln unterrühren.
4. In die Pfannkuchen verteilen. Sie jeweils zur Hälfte zusammenklappen und rasch zu Tisch bringen.

Lasagne aus Spinatpfannkuchen mit Schinken und Blumenkohl

Für 4 – 6 Personen:

SPINATPFANNKUCHEN:
4 Eier, 200 g Mehl, Salz, 500 g frischer Spinat (oder 1 Paket pürierter Tiefkühlspinat), ½ l Milch, Muskat, Butter zum Backen

FÜLLUNG:
400 g gekochter Hinterschinken in dünnen Scheiben, Salz, 1 EL Butter, 1 EL Mehl, ¼ l Sahne, 1 großer Blumenkohlkopf, Pfeffer, Muskatnuß und Muskatblüte, Cayennepfeffer, Worcestershire Sauce, Zitronensaft

1. Für den Pfannkuchenteig Eier und Mehl miteinander glattquirlen, dabei salzen.
2. Den Spinat gründlich verlesen, verletzte, welke, faule, gelbe oder beschädigte Blätter und dicke Stiele entfernen. Den Spinat mehrmals waschen und schließlich in kochendem Salzwasser zusammenfallen lassen.
3. Abgießen und sofort in Eiswasser abkühlen, damit die schöne Farbe erhalten bleibt. Den Spinat abtropfen lassen und mit 3 bis 4 Eßlöffeln Milch im Mixer pürieren.
4. Spinatpüree und restliche Milch unter den Teigansatz rühren. Aus diesem grünen Teig wie gewohnt dünne Pfannkuchen backen.
5. Für die Füllung vom Schinken den Fettrand entfernen. Dieses Fett fein hacken und mit der Butter in einem Topf erhitzen. Das Mehl darin andünsten und mit Sahne auffüllen und glattrühren, damit keine Klümpchen entstehen. Die weiße Sauce leise köcheln lassen.
6. Den Blumenkohl in kleine Röschen schneiden und waschen. In ca. ½ Liter Salzwasser gar kochen, aber so, daß die Röschen noch Biß haben.
7. Das Kochwasser abgießen, nach und nach in die weiße Sauce gießen, bis sie die gewünschte Konsistenz hat. Sie sollte cremig und angenehm dick wirken.
8. Die Sauce mit Pfeffer, Muskat, Muskatblüte, Cayennepfeffer, Worcestershire Sauce und Zitronensaft würzig und frisch abschmecken.
9. Unter zwei Drittel der Sauce die Blumenkohlröschen rühren.
10. Jetzt wird die Lasagne zusammengeschichtet: Jeden Pfannkuchen mit einer Schinkenscheibe belegen, etwas Füllung obenauf setzen, den Pfannkuchen aufrollen und dicht an dicht nebeneinander in eine flache, feuerfeste Form setzen.
11. Alles mit der restlichen Sauce übergießen, mit geriebenem Käse bestreuen und im 200 Grad heißen Backofen etwa 20 Minuten überbacken, bis alles brodelnd heiß ist und die Oberfläche sanft gebräunt.

Wer mag, fügt der Füllung feingewürfeltes Tomatenfleisch hinzu – auch zum Schluß kann man diese über die Röllchen streuen – sie sorgen für Farbe und geben außerdem fruchtige Frische. In jedem Fall paßt zu diesem Auflauf eine große Schüssel Salat – zum Beispiel Feldsalat!

Crêpes mit Blut- & Leberwurst

Für 6 Personen:

FÜR DIE CRÊPES:
200 g Mehl, 3 Eier, 1 Eigelb, ca ½ l Milch, Salz, 2 EL Butter, Butterschmalz oder eine Speckschwarte zum Backen, je 200 g Blut- & Leberwurst

FRISCHES KRAUT:
800 g Spitzkohl, 1 EL Salz, 1 Zwiebel, 2 Knoblauchzehen, 2 El Gänse- oder Schweineschmalz, 2–3 Wacholderbeeren, ½ TL Pfefferkörner, Salz, Brühe

Haben das Zeug zum Lieblingsgericht, das allerdings steht und fällt mit der richtigen Blut- und Leberwurst. Beides muß von einem erstklassigen Metzger stammen!

1. Mehl mit Eiern und Eigelb glattquirlen. Erst dann unter stetem Rühren mit dem Schneebesen die Milch einrühren, den Teig salzen und die sanft gebräunte Butter unterrühren. Eine halbe Stunde quellen lassen. Hauchdünne Crêpes daraus backen.
2. Den Kohl putzen, welke Blätter entfernen, dicke Strunkstücke herausschneiden. Den Kohl auf dem Hobel oder mit der Aufschnittmaschine sehr fein schneiden. Mit dem Salz vermischen und mit den Händen kräftig durchkneten. Das Kraut in ein Sieb füllen und unter fließendem Wasser gründlich ausspülen. Gut abtropfen. Dann mit der feingeschnittenen Zwiebel und zerdrücktem Knoblauch im heißen Schmalz andünsten. Wacholder und zerdrückte Pfefferkörner zufügen. Mit Muskat würzen. Zugedeckt auf kleinem Feuer einige Minuten dünsten, falls dabei zuviel Flüssigkeit verkocht, ein Schüßchen Brühe angießen. Das Kraut sollte möglichst im eigenen Saft dünsten.
3. Zum Servieren den Inhalt der Blut- und Leberwürste jeweils auf jeder Crêpehälfte verstreichen und mit Majoran würzen. Dazwischen etwas Kraut betten. Die Crêpes dann aufrollen. Das restliche Kraut in eine feuerfeste Form breiten, die Rollen obenauf betten, mit etwas Brühe tränken. Bei 200 Grad im Ofen eine gute Viertelstunde erwärmen und sofort servieren.

Statt des frischen Krauts paßt auch wunderbar Sauerkraut, vor allem, wenn es das junge, noch ganz mild gesäuerte Kraut gibt! Es wird im Prinzip ganz genauso wie das frische Kraut zubereitet.

Crêpes mit Spinat und Taleggiosauce

Läßt sich prima vorbereiten: die gefüllten Crêpes nebeneinander in eine Auflaufform setzen. Bevor serviert wird, gießt man die Sauce darüber und läßt alles im Ofen noch einmal richtig heiß werden.

Crêpes sind die feinen französischen Cousinen unserer vertrauten Pfannkuchen, ein Schuß haselnußbraune im Teig gibt ihnen einen verführerischen Duft.

Für 4 – 6 Personen:

1 Grundrezept Crêpes, Butterschmalz oder eine Speckschwarte zum Backen

SPINATFÜLLUNG:
500 g Blattspinat, Salz, 3 EL Olivenöl, 3 Knoblauchzehen, 3–4 El Pinienkerne, 1–2 rote Chilischoten, Salz, Pfeffer

TALEGGIOSAUCE
200 g reifer Taleggio, 100 g Sahne, Salz, Pfeffer, Cayennepfeffer

1. Wie unten beschrieben hauchdünne Crêpes backen. Für die Füllung den Spinat verlesen, in Salzwasser blanchieren, in Eiswasser abschrecken, dann gut abtropfen.
2. Im heißen Öl den durch die Presse gedrückten Knoblauch, Pinienkerne und feingehackten Chili andünsten. Den aufgelockerten Spinat zufügen und darin schwenken, dabei mit Salz und Pfeffer würzen.
3. Für die Sauce den Käse würfeln, in der Sahne behutsam aufkochen und mit dem Mixstab glattrühren. Mit Salz, Pfeffer und Cayennepfeffer sowie mit etwas Muskat und Zitronenschale würzen.
4. Die Crêpes mit je 1 guten Eßlöffel Spinat füllen und mit der heißen Sauce servieren

Gefüllte Zwiebelcrêpes

Ein fabelhafter Imbiß für heiße Tage oder eine hübsche Vorspeise in einem sommerlichen Menü.

Für 4 – 6 Personen:

3 junge Zwiebeln, 2 EL Butter, 200 g Mehl, 3 Eier, Salz, ½ l Milch, Öl zum Ausbacken

AUSSERDEM:
1 Gurke, 250 g gekochter Schinken in hauchdünnen Scheiben , 250 g junger Pecorino in dünnen Scheiben, Kräuter (z. B. Dill)

BASILIKUMVINAIGRETTE:
2 Tassen Basilikumblätter, Salz, 2 Knoblauchzehen, 2 EL Essig, Pfeffer, 4 EL Olivenöl, ½ Tasse kalte Brühe

1. Die Zwiebeln schälen, sehr fein hacken und in Butter weich dünsten. Unter den Pfannkuchenteig rühren, der aus Mehl, Eiern, Salz und Milch angesetzt wurde. Der Teig sollte ziemlich dünnflüssig sein. In einer beschichteten Pfanne in wenig heißem Öl dünne Pfannkuchen backen.
2. Die Gurke schälen und in Scheiben hobeln. Gurkenscheiben, Schinken und Pecorino und viel Kräuter jeweils auf den Pfannkuchen verteilen und zusammenfalten oder aufrollen. Entweder sofort verspeisen oder in einer tiefen Platte anrichten und kurz vor dem Servieren in der Mikrowelle oder bei 200 Grad im Ofen erwärmen.
3. Als Vorspeisenportion die Pfannkuchenröllchen auf einen Teller plazieren und mit einer Vinaigrette dekorativ beträufeln. Dafür die Zutaten im Mixer glattpürieren und abschmecken.

Crapiaux (Speckpfannkuchen)

Ein Rezept aus Burgund, wo man diese Speckpfannkuchen als Beilage zu geschmorten Fleischgerichten liebt, aber natürlich auch mit einem Salat als Imbiß schätzt. Eine sehr bäuerliche Spezialität, die man in Restaurants kaum mehr vorgesetzt bekommt. Es wird hier unter das übliche Weizenmehl etwas Buchweizenmehl gemischt, was den Pfannkuchen etwas dunkler macht als Eierkuchen sonst, ihm aber auch den charakteristischen Geschmack verleiht. Außerdem geraten sie dadurch umwerfend knusprig und saftig. Und mit entsprechend gutem Speck entsteht so eine Delikatesse von grandiosem Geschmack!

Die Crapiaux schmecken frisch aus der Pfanne am besten!

Für 4 Personen:

150 g Weizenmehl, 50 g Buchweizenmehl, 3 Eier, Salz, Pfeffer, knapp ½ l Milch, 1 guter Schuß Bier, 150 g möglichst fetter, gepökelter Speck in nicht zu dünnen Scheiben

1. Die beiden Mehlsorten mischen, die Eier unterrühren, dabei salzen und pfeffern. Langsam, unter ständigem Rühren – damit keine Klümpchen entstehen – die Milch einarbeiten, zum Schluß das Bier einrühren. Mindestens eine Stunde, besser noch über Nacht, im Kühlschrank ausquellen lassen.
2. Dann den Speck in Streifen schneiden, portionsweise in der Pfanne auslassen, eine Schöpfkelle Teig darüber geben und langsam auf beiden Seiten zum goldenen, knusprigen Pfannkuchen braten.

Salzige Waffeln (Grundrezept)

Süße Waffeln kennt jeder von uns aus seligen Kindertagen. Warm, direkt aus dem heißen Waffeleisen, am liebsten in der Küche im Stehen verspeist, höchstens mit Zimtzucker bestreut, mehr brauchte man damals nicht dazu. Leider sind Waffeln ein bißchen aus der Mode geraten. Und trotzdem steht immer noch in vielen Haushalten das nötige Gerät dazu. Verstaubt, vergessen. Wir meinen: Es ist an der Zeit, es wieder zu beschäftigen. Diesmal mit salzigen Waffeln als Beilage zu Gemüsegerichten, als Imbißhäppchen zum Glas Wein oder Apéritif. Auch hübsch: Wenn man das Waffeleisen nach draußen, auf die Terrasse oder in den Garten, mitnimmt und direkt daraus die noch heißen, knusprigen Waffeln mit den zuvor bereitgestellten Dips und Pasten verspeist.

Für 12 große Waffeln (jeweils in 5 Waffelherzen teilbar):

250 g weiche Butter, 250 g Mehl, 8 Eigelbe, ¼ l Sahne, ½ TL Salz, frisch geriebene Muskatnuß, 8 Eiweiße

1. Butter mit dem Rührbesen des Handrührers schaumig schlagen, dabei das Mehl zufügen, zu guter Letzt die Eigelbe und die Sahne unterrühren. Teig salzen und mit Muskat würzen.
2. Erst unmittelbar vor dem Ausbacken den sehr steif geschlagenen Eischnee unterziehen. In rascher Folge im heißen, mit Butter ausgepinselten Eisen Waffeln backen.
3. Noch warm verspeisen!

Waffelvariationen: Gelbe Waffeln

1 bis 2 gehäufte Esslöffel Currypulver unter die Buttercreme rühren.

Rote Waffeln

Die Butter mit 2 gehäuften Eßlöffeln Delikateßpaprika würzen und färben.

Braune Waffeln

Die halbe Mehlmenge durch Linsenmehl ersetzen (dafür getrocknete Linsen im Mixer zu feinem Pulver zerkleinern). Den Waffelteig mit gemahlenem Kreuzkümmel kräftig abschmecken.

Tomatenwaffeln

Die halbe Sahnemenge durch Tomatenmark aus der Tube ersetzen. Den Teig mit einer Prise Zucker zusätzlich würzen.

Kräuterwaffeln

2 Handvoll feingewiegte Kräuter unter den Teig rühren, zum Beispiel Petersilie, Dill, Liebstöckel, Schnittlauch, Borretsch, Sauerampfer, Kerbel.

Spinatwaffeln

Etwa 2 Eßlöffel Sahne bei der Grundmasse sparen, statt dessen sogenannte Spinatmatte in den Waffelteig rühren. Dafür 250 Gramm frische Spinatblätter fein pürieren. In einem Tuch kräftig ausdrücken. Diesen Saft in einem kleinen Töpfchen auffangen. Nun behutsam erhitzen, dabei trennt sich ein gelblich klares Wasser von leuchtend grünen Flocken. Diese in einem Sieb auffangen – voilà: die sogenannte Spinatmatte, der beste grüne Lebensmittelfarbstoff, den man sich denken kann.

Spinatmatte: Übrigens auch die Farbe, die Nudelteig leuchtendgrün färbt!

Möhrenwaffeln

Nur 200 Gramm Butter verwenden und statt dessen Möhrensaft in den Teig rühren: 200 Gramm geputzte Möhren im Entsafter zu Saft pressen. Oder sehr fein reiben und in einem Tuch auspressen.

Safranwaffeln

Die schaumige Butter mit einer Prise gemahlenem Safran verrühren, bis sie duftet und leuchtendgelb ist.

Rote-Bete-Waffeln

Die halbe Sahnemenge durch Rote-Bete-Saft ersetzen.

Kartoffelwaffeln

Für 6 Personen:

500 g Kartoffeln, 1 Zwiebel, 100 ml Öl, 100 g Mehl, 4 Eier, ½ TL Salz, ½ TL Majoran

1. Kartoffeln roh schälen und feinreiben. In einem Tuch die Flüssigkeit etwas ausdrücken. Mit der feingeriebenen Zwiebel mischen. Öl, Mehl, Eier und Gewürze unterrühren und einen glatten Teig rühren.
2. Im gut gefetteten Waffeleisen backen.
   Die Waffeln entweder mit einem Salat als Mittagessen servieren. Oder auch mit Dips und Saucen zum Glas Wein oder Aperitif.

Salzige Mehlspeisen

Strudel

Hauchdünn muß ein Strudelteig sein, das weiß jedes Kind. Aber wie man das schafft, ohne daß er reißt und Löcher kriegt, wissen nicht alle, die sich damit versuchen. Es ist durchaus nicht einfach. Man sollte zu zweit sein beim Ausziehen, denn vier Hände können besser zugreifen als zwei. Wichtig ist aber vor allem zunächst die Beschaffenheit des Teiges. Elastisch muß er sein, lieber eine Idee zu weich als zu fest. Er darf auf keinen Fall kleben. Spezielles Strudelmehl ist besonders griffig ausgemahlen, das hilft.
Man kann Strudel süß und salzig füllen, der Teig ist jeweils gleich. Es ist Geschmackssache, ob man einen Strudel auf dem Blech, mehrfach mit Butter bestrichen, knusprig bäckt, wie es sich für einen anständigen Wiener Strudel gehört, oder ob man es lieber so wie die Bayern macht: Sie backen ihren Strudel im »Reindl«, also in der Bratenpfanne, und übergießen ihn immer wieder mit Milch, damit er so richtig saftig wird.

Strudelteig-Grundrezept

Für 2 Strudel:

375 g Mehl, 1 TL Salz, 3 EL Öl oder weiche Butter, knapp 1/4 l lauwarmes Wasser

1. Mehl in eine Schüssel füllen. Vertiefung in die Mitte drücken, dorthinein Salz und Öl geben. Das lauwarme Wasser langsam hinzugießen. Dabei mit dem Holzlöffel rühren. Erst wenn alles lose vermischt ist, mit den Händen gründlich kneten.
2. In Folie gehüllt an einem warmen Ort mindestens eine halbe Stunde ruhen lassen. Danach nochmals kräftig durcharbeiten. Je nach Größe der Form macht man einen sehr großen oder zwei bis drei kleinere Strudel. Die Teigmenge also ganz lassen, halbieren oder sogar dritteln und dann getrennt ausziehen.
3. Die Teigmenge jeweils zu einer Kugel formen und in die Mitte eines großen, mit Mehl bestäubten Tuches legen, das auf der Arbeitsfläche ausgebreitet ist. Den Teig nur wenig mit Mehl bestreuen, mit dem Nudelholz etwas flachrollen.
4. Jetzt kann das Ausziehen beginnen: Zunächst das Teigstück freihändig in der Luft nach allen Seiten dehnen und ziehen, dann auf die Tuchfläche legen und mit dem Handrücken darunterfahren. Vorsichtig dehnen, darauf achten, daß der Teig nirgendwo reißt. Die gesamte Teigfläche muß jetzt so dünn sein, daß das Muster des Küchentuchs darunter klar und mit allen Farben deutlich zu sehen ist. Dickere Ränder rundum einfach abschneiden.

Wer den Strudel saftig und knusprig zugleich liebt, gießt vor dem Backen 1/4 l Brühe (bei salzigem) oder Milch (bei süßem Strudel) darüber. Während des Backens verkocht die Milch bzw. wird aufgesogen, die Oberfläche wird besonders braun und das Füßchen rösch.

Krautstrudel mit Grammeln und Paprikasauce

In Österreich ist es völlig selbstverständlich, daß ein Strudel – wie überhaupt eine Mehlspeise – nicht unbedingt süß sein muß; für uns ist das eher ungewohnt. Trotzdem schmeckt ein solcher salziger Strudel herrlich und ist vor allem ein fabelhaftes Essen für Gäste – er schmeckt nicht nur auch kalt, er läßt sich unbeschadet auch wieder aufwärmen.

Für 6 Personen:

1 Grundrezept Strudelteig, von Seite 303, etwa ½ l Fleischbrühe zum Begießen

FÜLLUNG:
1 kg Weißkraut, Salz, 120 g frischer »grüner« Rückenspeck, 1 große Zwiebel, 1 TL Zucker, 1 TL Delikateß-paprika, Pfeffer und Muskat, 200 g saure Sahne

PAPRIKASAUCE:
2–3 rote Paprikaschoten, 1 Knoblauchzehe, 1 kleine weiße Zwiebel, 120 g Butter, ¼ l Fleischbrühe oder Fond, 1Salz, Pfeffer, einige Tropfen Balsam-Essig (Aceto balsamico)

»Grünen«, also ungeräucherten, frischen Speck eventuell beim Metzger bestellen! Er hat ihn nicht immer vorrätig.

1. Für die Füllung das Kraut auf dem Gemüsehobel oder mit der Hand in sehr feine Streifen schneiden, den dicken Strunk vorher entfernen. Kräftig salzen, mit der Hand tüchtig durchkneten und 2 Stunden ziehen lassen.
2. Inzwischen die Grammeln zubereiten: Dafür den Speck in winzig kleine Würfel schneiden, sanft bei mittlerer Hitze auslassen, bis sie kräftig golden geworden sind. Absieben, das Fett dabei auffangen.
3. 3 bis 4 Eßlöffel von dem Fett in einem Topf erhitzen, die feingehackte Zwiebel darin andünsten, die Grammeln zufügen, alles zuckern und mit Paprika überpudern, unter Rühren karamelisieren. Das gut ausgedrückte Kraut zufügen und in 20 Minuten weichdünsten, dabei rühren und wenden, damit es überall vom Fett benetzt wird. Mit Pfeffer und Muskat würzen, auskühlen lassen.
4. Den Teig ausziehen und mit Speckfett einpinseln. Die Füllung darauf verteilen, an einer Längsseite einen Rand lassen. Die saure Sahne auf dem Kraut verstreichen. Strudel mit dem Tuch anheben und aufrollen.
5. In einen mit Speckfett gut ausgepinselten Bräter setzen, Naht nach unten und die Seiten eingeschlagen. Mit etwas Fleischbrühe begießen und im vorgeheizten Backofen bei 200 Grad knapp 40 Minuten garen, dabei immer wieder mit Brühe oder mit dem inzwischen ausgetretenen Saft begießen.
6. Für die Sauce die Paprikaschoten entkernen, grob in Stücke schneiden. Mit der durch die Presse gedrückten Knoblauchzehe und der gehackten Zwiebel in 30 Gramm Butter eine halbe Stunde lang weichdünsten, dabei nach und nach Fleischbrühe oder Fond zufügen.
7. Dann alles mit dem Pürierstab oder im Mixer fein zerkleinern. Die restliche kalte Butter in Stückchen zufügen, mit dem Schneebesen, besser noch mit dem Pürierstab, cremig aufschlagen, mit Salz, Pfeffer und einem Schuß süßlichem Balsamico-Essig abschmecken.

Fleischstrudel mit Petersiliensauce

Für 4 – 6 Personen:

1 Grundrezept Strudelteig (von Seite 303), 100 g Butter zum Bestreichen

FÜLLUNG:
2 altbackene Brötchen, 1/8 l Milch, 1 dicke Zwiebel, 2 Knoblauchzehen, 2 EL Butter, 1 Bund Petersilie, 500 g gemischtes Hackfleisch, Salz, Pfeffer, Paprika, 2 EL Majoranblättchen

PETERSILIENSAUCE:
1 Schalotte, 1 Knoblauchzehe, 2 Bund Petersilie, 2 EL Butter, 1/8 l Kalbsfond, 200 g Sahne, Salz, Pfeffer, 1 Schuß Worcestershire Sauce, 1 Prise Cayennepfeffer, Zitronensaft

1. Für die Füllung die Brötchen in kleine Würfel schneiden, mit der kochendheißen Milch benetzen und einweichen. Die Zwiebel und Knoblauchzehen inzwischen fein hacken und in dem heißen Fett weichdünsten. Die feingehackte Petersilie untermischen, auskühlen lassen.
2. Brötchen und Zwiebel mit dem Hackfleisch mischen. Mit Salz, Pfeffer, Paprika und gehackten Majoranblättchen würzen.
3. Den ausgezogenen Strudelteig mit Butter einpinseln. Die Hackfleischfüllung darauf verstreichen, an einer Längsseite einen Streifen frei lassen. Den Strudel aufrollen, auf ein tiefes Backblech setzen, Naht nach unten und die Seiten umgeschlagen. Den Strudel dick mit Butter einpinseln, im vorgeheizten Ofen bei 200 Grad 45 Minuten backen, dabei immer wieder einpinseln.
4. Für die Sauce Schalotte, Knoblauchzehe und Petersilie samt Stielen grob hacken; in der Butter langsam weichdünsten. Mit Fond auffüllen. 20 Minuten köcheln.
5. Im Mixer ganz fein pürieren, eventuell sogar zusätzlich durch ein Haarsieb streichen und mit der Sahne nochmal einige Minuten einkochen. Mit Salz, Pfeffer, Worcestershire Sauce und Cayennepfeffer, vor allem aber mit ein paar Tropfen Zitronensaft abschmecken.

Dazu gibt es noch einen kleinen Salat aus verschiedenen bunten Salatblättern, nur kurz in einer Olivenöl-Vinaigrette geschwenkt.

Spinatstrudel

Für 4 – 6 Personen:

FÜLLUNG:
1,2 kg Blattspinat, Salz, 1 Zwiebel, 3 Knoblauchzehen, 2 EL Butter, 200 g gekochter Schinken, in 3 mm dicken Scheiben, 1 Ei, 200 g Crème fraîche, 100 g frisch geriebener Käse, Salz, Pfeffer, reichlich frisch geriebene Muskatnuß

1. Den Spinat sorgsam verlesen, waschen und in Salzwasser blanchieren. Mit einem scharfen, großen Messer in feine Streifen schneiden. Zwiebel und Knoblauch sehr fein hacken und in der heißen Butter weichdünsten, den Spinat zufügen, kurz mitdünsten.
2. Den in kleine Würfel geschnittenen Schinken, das Ei, die Sahne und den Käse untermischen. Mit Salz, Pfeffer und Muskat kräftig würzen. Abkühlen lassen.

1 Grundrezept Strudelteig (Seite 303), 100 g Butter zum Bestreichen

Dazu paßt am besten eine Sauce Hollandaise – Rezept auf Seite 711.

3. Inzwischen den Teig dünn ausziehen und mit Butter einpinseln. Spinatmasse auf dem Teig verteilen, dabei längs einen Rand lassen. Den Strudel aufrollen, auf ein tiefes Blech befördern, Nahtstelle nach unten. Den Strudel dick mit Butter einpinseln.
4. Bei 200 Grad im vorgeheizten Ofen etwa 35 bis 40 Minuten backen, immer wieder mit Fett und eigenem Saft einpinseln.

Servietten- oder Semmelknödel

Die Serviette ist heutzutage ein Stück Alufolie – das macht weniger Mühe als die früher übliche Serviette. Von diesem Rezept sollte man unbedingt immer mehr machen, als man als Beilage braucht, was übrigbleibt, wird anderntags als Salat serviert.

Für 4 Personen:

350 g Knödelbrot (oder altbackene Semmeln in dünnen Scheiben), ca. 150 g Milch, Salz, Pfeffer, Majoran, 1 Zwiebel, 2 EL Butter, 3 Eier, 1 Bund Petersilie

Aus der Masse kann man natürlich auch runde Knödel formen und in Salzwasser sanft garziehen lassen. Wenn sie fünf Minuten an der Oberfläche schwimmen, sind sie gar.

1. Das Knödelbrot in einer Schüssel mit kochender Milch benetzen und einweichen. Nicht alles auf einmal hineinschütten – wieviel man braucht, hängt von der Beschaffenheit, vor allem der Trockenheit des Knödelbrots ab!
2. Mit Salz, Pfeffer und zwischen den Händen zerriebenem Majoran würzen. Die in Butter gedünstete, feingewürfelte Zwiebel zufügen, die Eier und die feingehackte Petersilie. Mit den Händen gründlich mischen und eine halbe Stunde durchziehen lassen.
3. Einen oder zwei Laibe formen. Jeweils in ein Stück mit Butter bestrichene Alufolie wickeln. In leise siedendem Wasser 20 Minuten garziehen lassen.
4. Die Knödel zum Servieren in zweifingerdicke Scheiben schneiden und zum Braten oder Schmorgerichten mit viel Sauce servieren.

Was übrigbleibt, schmeckt als Salat: Die kalten Knödel in sehr feine Scheiben schneiden und auf einer Platte oder auf Tellern dachziegelartig hübsch anrichten. 1 oder 2 Zwiebeln in Ringe hobeln und darüber verteilen. Mit einer Marinade aus Essig, Öl, Salz, Pfeffer und reichlich Schnittlauch großzügig beträufeln.

Böhmische Hefeklöße

Passen besonders gut zu gekochtem Rindfleisch mit Dillsauce oder einfach nur zu Pilzsauce.

Für 4 Personen:

½ Würfel Hefe,
3 EL lauwarme Milch,
250 g Mehl, 2 Eier, Salz

1. Hefe zerbröckeln, mit der Milch auflösen, gehen lassen, bis die Mischung brodelt. Mehl, Eier, Salz zufügen und zu einem festen, glatten Teig kneten. Sollte er kleben, etwas mehr Mehl einarbeiten. Eine Stunde zugedeckt gehen lassen.
2. In einem großen Topf Salzwasser zum Kochen bringen. Den Teig in zwei Portionen teilen und zu Rollen formen. Ins kochende Wasser heben und im offenen Topf 15 Minuten ziehen lassen.
3. Die Knödel vorsichtig herausnehmen. Sofort mit einem Bindfaden in jeweils 2 – 3 cm dicke Scheiben schneiden.

Unbedingt mit dem Faden schneiden, so wird die Oberfläche der Scheibe schön krumig und der Knödel nimmt gut Sauce auf.

Polenta

Leider haben vor diese Nationalspeise Norditaliens die Götter erst einmal den Schweiß gesetzt. Eine richtige Polenta muss etwa eine Dreiviertelstunde auf sanftem Feuer geköchelt und dabei ununterbrochen gerührt werden. Das stärkt die Muskeln in Oberarm und Brust, aber es ist ziemlich mühsam. So hat man allerlei Rührgerät ersonnen, das einem die Arbeit abnimmt – aber eine solche Apparatur lohnt sich nur für ausgepichte Polenta-Fans. Und mit dem Instant-Polentapulver, das kaum gekocht und nur wenig gerührt werden muß, erzielt man leider geschmacklich wenig Ähnlichkeit mit jenem sanft-cremigen Brei, zu dem eine ehrlich gerührte Polenta verschmilzt.
Es gibt weiße und gelbe Polenta – aus weißem oder gelbem Mais. In italienischen Feinkostläden, aber auch in Reformhäusern findet man gute Qualitäten. Man kann Polenta heiß, frisch aus dem Topf, als weichen Brei servieren, aber auch abgekühlt, in Schnitten geteilt und auf dem Grill oder in der Pfanne geröstet.

Wer Polentaschnitten zubereiten will, gibt den Brei auf ein Tablett, auf dem er etwa zweifingerhoch verstrichen werden kann. Mit einer Palette oder einem Spatel glatt verteilen und mindestens einen halben, besser einen ganzen Tag fest werden lassen. Zum Servieren in Rauten oder Rechtecke schneiden und in heißem Olivenöl rundum schön golden braten.

Für 4 Personen:

1,5 l Wasser, 1 TL Salz, 160 g Maisgrieß

1. Das Wasser aufkochen und salzen. Den Grieß sehr langsam, in feinem Strahl hineinrieseln lassen – auf keinen Fall alles auf einmal hineinschütten!
2. Währenddessen bereits mit einem Holzlöffel – gut ist, wenn er ein Loch hat! – gleichmäßig rühren.
3. Die Hitze so regulieren, daß der Brei leise köchelt und blubbert – Vorsicht: spritzt! –, aber nicht am Topfboden ansetzt.
4. Immer wieder rühren, die Grießkörner verbinden sich tatsächlich erst nach einer geraumen Weile zur sanften Creme.

Cremige Polenta

Sie wird frisch serviert, denn sie ist noch weich wie ein Kartoffelpüree. Eine wundervoll duftige, cremige Beilage.

Für 4 Personen:

½ l kräftige Hühnerbrühe, 1 EL Olivenöl, 65 g Polenta (Maisgrieß), Salz, Pfeffer, Muskat, Zitronenschale

Die Brühe aufkochen, das Öl zufügen und schließlich langsam, unter stetem Rühren mit einem Holzlöffel die Polenta hineinrieseln lassen. Etwa 10 Minuten köcheln, dabei immer wieder rühren. Die Polenta mit Salz, Pfeffer, einem Hauch Muskat und etwas abgeriebener Zitronenschale würzen.

Grießschnitten

Das Wasser kann man mit Lorbeerblatt, mit Rosmarin oder Thymian, auch mit Pfeffer oder Muskatblüte würzen. Sehr pfiffig: mit Chilipulver (Cayennepfeffer und gemahlenem Kreuzkümmel) würzen und zu luftgetrocknetem Schinken oder Speck als Vorspeise reichen.

Weniger langwierig und kraftheischend ist ein Brei aus Hartweizengrieß. Schon nach ein paar Minuten Köcheln kann man den Brei auf einem Tablett verstreichen. Fest geworden, in Rhomben oder Schnitten geteilt und in Olivenöl aufgebraten, schmeckt das als Beilage zu Braten und Ragouts.

Für 4 – 6 Personen:

½ l Wasser, ½ TL Salz, 75 g Hartweizengrieß

1. Das Wasser aufkochen, salzen und langsam den Grieß hineinrieseln lassen.
2. Unter stetem Rühren 2 bis 3 Minuten köcheln, dann auf ein Tablett verstreichen und wie oben beschrieben servieren.

Soufflés

Soufflés gelten als Meisterstück, weil diffizil und delikat in jeder Beziehung. Dabei ist es wahrlich keine Hexerei, so ein luftiges, duftiges Soufflé auf den Tisch zu bringen. Und es macht immer wieder Eindruck, wenn die Form, von einem hocherhobenen schaumigen Haupt gekrönt, zu Tisch gebracht wird. Damit dies gelingt, ein paar grundsätzliche Tips:

• Soufflèformen mit den typisch graden Wänden kann man in verschiedenen Größen in guten Haushaltsgeschäften oder in Läden für Gastronomiebedarf kaufen. Sie sind im allgemeinen aus Porzellan oder Steinzeug, es gibt sie aber auch in Edelstahl. Gut geeignet auch Flammeriförmchen und feuerfeste Tassen.

• Die Form muß jeweils absolut gleichmäßig eingefettet sein, sonst bleibt das Soufflé hängen. Das gelingt am besten mit sehr weicher, aber noch nicht ganz flüssiger Butter, die man mit einem Pinsel in der kalten Form verstreicht.

• Ob auch wirklich alle Partien genügend gefettet sind, läßt sich kontrollieren: Stellen Sie die Form kurz in den Tiefkühler – wo keine weiße Butterschicht die Oberfläche überzieht, wird nachgefettet.

• Besonders fix geht es so: Ein Stück Butter in die Form legen, diese kurz in den heißen Ofen schieben, bis das Fett schmilzt. Dann die Form mit Topflappen herausnehmen und das flüssige Fett durch Schwenken überall verteilen.

• Für deftige, rustikale Soufflés, die einen einen kräftigen Geschmack vertragen, kann man, das ist besonders sparsam, die warme Form (dafür kurz in bereits vorgeheizten Ofen stellen) mit einer Speckschwarte ausreiben.

• Wenn die Masse sehr empfindlich ist und man trotzdem das Soufflé stürzen will, sollte man sie nach dem Einfetten zusätzlich ausbröseln: Semmelbrösel in die gefettete Form streuen, diese dann drehen und wenden und so die Brösel auf dem Boden und an den Wänden gleichmäßig verteilen. Daß man ein Soufflé stürzt, ist ungewöhnlich, aber möglich, wenn die Masse ein bißchen fester gehalten wird als normalerweise üblich.

So kommt die Luft ins Soufflé:
Soufflés gehen nur dann schön auf, wenn der **Eischnee** richtig geschlagen ist: Er muß luftig sein und dennoch geschmeidig,

eher wie eine cremige Salbe, keinesfalls, wie es häufig in Rezepten steht, schnittfest! Richtig gelingt der Schnee nur, wenn man ihn in einer sehr weiten Schüssel schlägt und zwar sehr langsam. Das bedeutet für den elektrischen Schneebesen oder die Küchenmaschine: kleinste Geschwindigkeit! Und noch eins ist eminent wichtig: Gleich zu Beginn eine Prise Salz oder Zucker zufügen, das läßt das Eiweiß schneller schaumig werden. Die Eier müssen Zimmertemperatur haben, mit kühlschrankkalten Eiern will gar nichts gelingen. Und schließlich: Den Schnee sofort nach dem Schlagen verwenden, ihn niemals stehen lassen – aber das versteht sich eigentlich von selbst!

Möhrensoufflé

Eine hübsche Beilage zu allem hellen Fleisch, besonders aber zu Kalbsschnitzeln oder -medaillons.

Für 4 – 6 Personen:

500 g Möhren, 80 g Butter, 1 Prise Zucker, etwas Wasser, 30 g Mehl, 1/8 l Milch, Salz, Pfeffer, gemahlener Kreuzkümmel, 1 Zitrone, 4 Eier und 1 Eiweiß, Butter für die Form sowie Kerbelblätter zum Garnieren

1. Die Möhren mit dem Sparschäler putzen und in Scheiben schneiden (bzw. hobeln). In reichlich Butter (ca. 50 Gramm) bei milder Hitze andünsten, Zucker zufügen und schmelzen lassen. Nach etwa 5 Minuten einen guten Schuß Wasser zufügen, Deckel auflegen und die Möhren nun bei schwacher Hitze ungefähr 30 bis 45 Minuten lang weichdünsten (Möhren aus der Vorjahresernte können ziemlich lange brauchen!).
2. Unterdessen in einem kleinen Topf die restliche Butter zerlassen, das Mehl darin zart anschwitzen, mit Milch aufgießen, glattrühren und einkochen, bis die Sauce sehr dick wird.
3. Die Möhren mit dieser Sauce im Mixer fein pürieren. Mit frisch gemahlenem Pfeffer und Kreuzkümmel kräftig würzen. Mit Zitronensaft frisch-säuerlich abschmecken.
4. Die Eier trennen. Zunächst die Eigelbe nacheinander in das Möhrenpüree arbeiten, dann die Eiweiße zu Schnee schlagen und vorsichtig unterheben. Diese Masse in eine gefettete Souffléform füllen, dabei einen Kreis in die Oberfläche ziehen, damit das Soufflé später hübsch aufbrechen kann.
5. In den auf 200 Grad vorgeheizten Ofen schieben, und zwar am besten auf den Boden des Backraums, dort in

ca. 30 Minuten aufgehen lassen und gar backen. Vorsichtig eine Garprobe machen: Mit einem Metallstäbchen hineinstechen; kommt es blank heraus, ist alles in Ordnung, klebt noch etwas Masse daran, noch einige Minuten weiterbacken.
6. Das fertige Soufflé sofort servieren – das heißt, die Speisen, zu denen das Soufflé gereicht werden soll, müssen bereits fix und fertig auf dem Tisch stehen.
7. Die Souffléform auf einem mit einer Serviette belegten Teller auftragen. Die Oberfläche mit Kerbel garnieren – man ißt die Blätter mit, Kerbel schmeckt ganz vorzüglich zu Möhren.

Käsesoufflé

Als Portionssoufflé eine hübsche Vorspeise – in diesem Fall wird es gestürzt und auf einem Kräuterbett hübsch angerichtet. In einer großen runden Form gebacken ist das Käsesoufflé zusammen mit einem Salat eine ganze, leichte Mahlzeit.

Für 4 – 6 Personen:

30 g Butter, 30 g Mehl, 1/4 l Milch, Salz, weißer Pfeffer aus der Mühle, Cayennepfeffer, 3 Eier, 100 g Bergkäse (Emmentaler oder Gruyère), Butter für die Form

1. Butter in einem Topf schmelzen, das Mehl einrühren und auf sanfter Hitze miteinander verschmurgeln, ohne zu bräunen. Milch angießen und alles zu einer dicklichen Sauce verkochen. Mit Salz (sparsam – der Käse wird nachher genügend salzig sein), Pfeffer (mutig!) und einem Hauch Cayennepfeffer (nach Gusto) würzen.
2. Die Eier trennen. Die Eigelbe mit einem Rührlöffel zusammen mit dem geriebenen Käse in die Sauce arbeiten. Eiweiß mit einer Prise Salz steif schlagen, behutsam unter die Soufflémasse heben.
3. Eine große Souffléform oder kleine Portionsförmchen mit Butter ausstreichen, die Masse einfüllen und auf den Boden des 180 Grad heißen Backofens schieben. Etwa 25 bis 30 Minuten (große Form) backen. Die Soufflés in den Portionsförmchen sind bereits nach knapp 20 Minuten schön aufgegangen und gar.

Krabbensoufflé

Für 4 – 6 Personen:

150 g ausgelöstes Krabbenfleisch, ½ Zitrone (Saft), Pfeffer, Salz, etwas gemahlener oder im Mörser zerstoßener Koriander (Körner), ein Hauch Cayennepfeffer oder Chilipulver, 30 g Butter, 1 EL Mehl, ½ Glas trockener, säurebetonter Weißwein (Riesling oder Silvaner), 0,2 l Milch, 3 Eier, frischer Dill, Butter für die Form

Sehr hübsch, wenn man die Portionssoufflés auf vorgewärmte Teller stürzt und mit bunten Salatblättern dekoriert.

Eine kleine, raffinierte Vorspeise. Wenn Sie die rosa Tiefseekrabben verwenden, sieht das Soufflé schöner aus, mit den grauen Nordseekrabben schmeckt es allerdings intensiver.

1. Das Krabbenfleisch mit Zitronensaft im Mixer oder Universal-Zerkleinerer pürieren und würzig abschmecken.
2. Für die Béchamelsauce Butter in einem kleinen Topf schmelzen, das Mehl darin anschwitzen, mit Wein und Milch ablöschen und zu einer dicklichen Sauce köcheln. Die Koriandersamen zerdrücken und mitköcheln, mit Salz und Pfeffer kräftig würzen.
3. Das Krabbenfleisch unter die abgekühlte Sauce ziehen. Die Eigelbe sowie feingeschnittenen Dill einrühren. Schließlich den steifgeschlagenen Eischnee in mehreren Partien zugeben und vorsichtig unterheben.
4. Die Masse in eine dick gefettete große Form oder in Portionsförmchen füllen und etwa 25 Minuten (Portionsförmchen ca. 15 Minuten) bei 200 Grad auf dem Backofenboden backen.

Spinatsoufflé

Eine Beilage oder auch Vorspeise. Statt Spinat kann man ebensogut Mangold, Borretsch, Kohlrabi- oder Radieschenblätter verwenden. Im Frühjahr bieten sich sogar Bachkresse, Löwenzahn (herrlich bitter!), Kerbel oder eine Mischung aus verschiedensten wilden Kräutern an (neben den bereits aufgezählten: Pimpinelle, Dost, Taubnessel, Schafgarbe, Wasserminze, Ackersenf, auch Rauke, Hirtentäschel etc.)
Ohne die Unterstützung einer Béchamelsauce, nur gehalten von Eiern, ist dies ein Mittelding zwischen einem echten, im Ofen gebackenen Soufflé und einem Pudding, der ja nur im milderen Wasserbad gart. Die hohe Temperatur aber sorgt dafür, daß die Oberfläche nicht nur abbindet, sondern bräunt.

1. Den Spinat oder die Kräuter sehr sorgfältig putzen, verlesen, mehrmals waschen und schließlich in sprudelnd kochendem Salzwasser zusammenfallen lassen. Sogleich in eiskaltem Wasser abschrecken, gründlich abtropfen und behutsam ausdrücken. Im Mixer fein pürieren, dabei sofort mit Salz, Muskat, Pfeffer und Piment würzen.
2. In einem kleinen Topf die Butter schmelzen, das Spinatpüree darin unter stetem Rühren fast trocken dünsten – Vorsicht, brennt leicht an! Dieser Vorgang ist wichtig, denn zu feuchter Spinat ergibt keine glatte Auflaufmasse, es setzt sich Wasser ab, und das Soufflé fällt in sich zusammen.
3. Die Spinatmasse vom Herd ziehen und ein wenig abkühlen lassen. Nach und nach die 3 Eigelbe einarbeiten, dann in mehreren Partien das zu geschmeidigem Schnee geschlagene Eiweiß.
4. Die Masse bis zu Dreiviertel der Höhe in Portionsförmchen füllen. In einen Bräter setzen, der mit einer Schicht Zeitungspapier ausgelegt wurde. Kochendheißes Wasser bis zu halber Höhe der Förmchen angießen, im auf 200 Grad vorgeheizten Ofen schieben und 15 bis 20 Minuten backen.

Für 4 – 6 Personen:

750 g Spinat oder ca. 1 kg Wildkräuter – geputzt abgewogen: 500 g, Salz, Muskatnuss, Pfeffer, Piment, 30 g Butter, 3 Eier, Butter für die Förmchen

Es ist eine sehr empfindliche Masse, weil nicht durch Mehl oder Stärke unterstützend gebunden – dafür aber um so zarter und um so feiner im Geschmack.

Linsensoufflé mit Salat aus Wiener Würstchen

Vorspeise für 4 Personen:

SOUFFLÉ:
150 g gekochte Linsen, 1 EL Crème fraîche, 2 Eigelbe, Salz, Pfeffer, Cayennepfeffer, Worcestershire Sauce, Balsam-Essig, 1 dünne Scheibe Bauchspeck, 1 Bund Schnittlauch, 2 Eiweiße, Öl und Semmelbrösel für die Förmchen

1. Für das Soufflé die Linsen mit der Crème fraîche pürieren, das Eigelb einarbeiten. Die Masse mit Salz, Pfeffer, Cayennepfeffer, Worcestershire Sauce und ein wenig Balsam-Essig abschmecken.
2. Den Speck winzig fein würfeln. Nur sanft ausbraten, das Fett wegkippen. Schnittlauch fein schneiden und mit den Speckwürfeln unter die Linsenmasse rühren. Zum Schluß den steifgeschlagenen Eischnee unterziehen.
3. Souffléförmchen mit Öl auspinseln, mit Bröseln ausstreuen und die Masse hineinfüllen. Natürlich kann man auch Tassen oder Becherförmchen verwenden.

SALAT:
3 Wiener Würstchen,
1 Bund glatte Petersilie,
1 rote Zwiebel, 1 Knoblauchzehe, 2 EL Öl, 1 EL Sherryessig, 1 EL Apfelessig,
1 EL Brühe oder Wasser,
Salz, Pfeffer

4. Die Förmchen ins Wasserbad setzen, im 160 Grad heißen Ofen etwa 15 Minuten backen. Herausnehmen, auf die bereits vorbereiteten Teller stürzen und sofort servieren.
5. Auf den Tellern sollte der Salat aus Wiener Würstchen bereits angerichtet sein, damit alles schnell geht und das Soufflé in seiner ganzen Pracht den Tisch erreicht.
6. Die Würstchen für den Salat schräg in sehr dünne Scheiben schneiden. Mit den abgezupften Petersilienblättchen und Zwiebelringen in einer Schüssel mischen. Mit der Marinade aus feingehacktem Knoblauch, Öl, Apfelessig, Brühe, Salz und Pfeffer anmachen.

Kabeljausoufflé mit Paprikasauce

Für 4 Personen:

SOUFFLÉ:
250 g Kabeljaufilet, Salz, Pfeffer, Zitronensaft,
3 EL Crème fraîche, Muskat,
1 Scheibe Kastenweißbrot,
2 Eier, Cayennepfeffer, Butter und Semmelbrösel für die Förmchen

SAUCE:
1 Schalotte, 1 rote Paprikaschote, 1 EL Butter,
1/8 l Weißwein, 1/8 l Brühe,
1/8 l Sahne, Salz, Pfeffer,
1 Prise Zucker

ZUM GARNIEREN:
Kerbel- oder Petersilienblättchen

1. Das Fischfilet in Würfel schneiden, mit Salz, Pfeffer und Zitronensaft würzen. Für mindestens 1 Stunde in den Kühlschrank, besser noch ins Eisfach, legen.
2. Im elektrischen Zerhacker mit Crème fraîche, Muskat und dem entrindeten Weißbrot zu einem glatten Mus hacken.
3. Die Eier trennen, Eigelb untermischen. Die Farce nochmals abschmecken, auch Cayennepfeffer zufügen, bevor der steifgeschlagene Eischnee untergezogen wird.
4. In gebutterte und mit Bröseln ausgestreute Förmchen füllen. Im Wasserbad bei 160 Grad etwa 20 Minuten backen.
5. Für die Sauce die gehackte Schalotte mit der ebenfalls zerkleinerten (und entkernten) Paprikaschote in der heißen Butter andünsten. Mit Wein und Brühe ablöschen und um die Hälfte einkochen. Sahne angießen.
6. Alles mit dem Pürierstab fein zerkleinern. Sauce durch ein Sieb passieren, mit Salz, Pfeffer und Zucker abschmecken.
7. Soufflés auf vorgewärmte Teller stürzen und Sauce darum herumgießen. Mit Kerbel oder Petersilie garnieren.

Selleriesoufflé mit kalter Kressesauce

Für 4 Personen:

SOUFFLÉ:
300 g Knollensellerie, Salz, 1 Prise Zucker, 2 EL Crème fraîche, 2 Eier, Pfeffer, Muskat, Butter und Semmelbrösel für die Form

SAUCE:
100 g Brunnenkresse, 1 Ei, ½ TL Senf, ca. ⅛ l erstklassiges Öl, Salz, Pfeffer, Zitronensaft

1. Den geputzten Sellerie in Stücke schneiden, mit Salz, einer Prise Zucker und ganz wenig Wasser im geschlossenen Topf sehr weich dünsten. Je nach Größe der Würfel und Alter des Selleries dauert das zwischen 20 und 60 Minuten. Zum Schluß sollte gar kein Wasser mehr im Topf sein.
2. Den Sellerie im Mixer pürieren, dabei die Crème fraîche zufügen. Die Eier trennen, Eigelb einarbeiten. Das steifgeschlagene Eiweiß unterziehen.
3. Die Masse in gebutterte und mit Bröseln ausgestreute Förmchen füllen. Im Wasserbad bei 170 Grad etwa 30 Minuten backen.
4. Für die Sauce die geputzte Brunnenkresse mit kochendem Wasser überbrühen und eiskalt abschrecken. Im Mixer oder elektrischen Zerhacker zusammen mit dem ganzen Ei und dem Senf fein pürieren.
5. Langsam das Öl hinzufließen lassen, dabei weitermixen, bis sich eine dickliche, leuchtendgrüne Sauce gebildet hat. Mit Salz, Pfeffer und Zitronensaft abschmecken.
6. Die Soufflés auf Teller stürzen und die Sauce hübsch darum herumgießen.

Brezelsoufflé mit Petersiliensauce

Für 4 – 6 Personen:

SOUFFLÉ:
2 Brezeln, 5 cl Milch, 2 Eigelbe, 2 EL Butter, 1 dünne Scheibe Speck, 1 Zwiebel, 1 Bund Petersilie, 2 Eiweiße, Salz, Pfeffer, Muskat, Butter und Semmelbrösel für die Förmchen

Natürlich kann man auch jede andere Form von Laugengebäck dafür verwenden: Laugenbrötchen oder -stangen. In jedem Fall. Wer hätte gedacht, daß in altbackenen Brezeln noch soviel kulinarische Energie steckt?

1. Die Brezeln in kleine Würfel schneiden. Vorsichtig mit der heißen Milch beträufeln und ziehen lassen, bis sie schön weich sind. Mit den Eigelben gründlich mischen.
2. In der erhitzten Butter den winzig klein gewürfelten Speck sowie die ebenso klein gehackte Zwiebel andünsten. Die gehackte Petersilie untermischen. Mit den Brezelwürfeln

PETERSILIENSAUCE:
2 Schalotten, 2 Bund Petersilie, 2 EL Butter, 1/8 l Kalbsfond oder kräftige Hühnerbrühe, 1 Glas Weißwein, 3 EL Crème double, Salz, Pfeffer, etwas Zitronensaft

gründlich vermengen. Den steifgeschlagenen Eischnee unterziehen, mit Salz, Pfeffer und Muskat abschmecken.

3. Diese Masse in gebutterte, mit Semmelbröseln ausgestreute Förmchen füllen – darauf achten, daß zum Rand hin noch etwas Platz bleibt, damit das Soufflé schön aufgehen kann.
4. Im Wasserbad im 160 Grad heißen Ofen etwa 15 bis 20 Minuten backen.
5. Für die Sauce die feingehackten Schalotten und Petersilienblätter in der heißen Butter andünsten. Mit Fond oder Brühe auffüllen. Leise etwa 15 Minuten köcheln, bis nahezu alle Flüssigkeit verdampft ist. Wein und Crème double zufügen, aufkochen.
6. Mit dem Pürierstab, besser sogar noch im Mixer, ganz glatt pürieren. Mit Salz, Pfeffer und Zitronensaft abschmecken.

Soufflés – da kann die Mikrowelle helfen! Weil die Hitze in der Mikrowelle so behutsam das Gargut durchdringt und gleichmäßig einwirkt, können Sie sich das Wasserbad sparen. Außerdem geht's in der Mikrowelle einfach schneller: Zunächst läßt sich das Gemüse, aus dem die Soufflémasse hergestellt werden soll, zum Beispiel die Möhren oder die Linsen, bequem und rasch in der Mikrowelle garen. (Möhren, gesalzen, tropfnaß und mit einem Stückchen Butter zugedeckt bei stärkster Stufe (600 oder 700 Watt) etwa 6 Minuten; die Linsen, mit wenig Wasser bedeckt, erst 5 Minuten bei 600 oder 700 Watt, dann 30 Minuten bei 180 Watt.) Die fertige Soufflémasse in Porzellanförmchen 4 bis 6 Minuten bei stärkster Stufe garen. Eine ganz exakte Zeit läßt sich nicht angeben. Es kommt darauf an, wie viele Förmchen zur selben Zeit in der Mikrowelle stehen, wieviel Masse jeweils eingefüllt wurde und an welcher Stelle im Ofenraum die Förmchen stehen. Man muß den Garprozeß verfolgen: Sobald die Masse aufgegangen ist, sich über den Rand hinauswölbt, gleich die Förmchen herausnehmen. Wichtig: Förmchen vorm Garen lose mit Klarsichtfolie abdecken, die nicht straff gespannt wird, sondern mit so viel Spielraum aufgelegt, daß das Soufflé Platz hat, die Masse aber trotzdem gut geschützt ist, also nicht austrocknet. Sie bekommt sonst harte Ränder. Übrigens: Wenn Sie keine speziellen Souffléförmchen haben, nehmen Sie einfach Tassen!

Wurzelpudding

Für 4 – 6 Personen (je nachdem, ob als ganze Mahlzeit oder als Menügang):

4 Brötchen vom Vortag, knapp 1/8 l Milch, 1 große Zwiebel, 1 Knoblauchzehe, je 150 g Möhre, Sellerie, Lauch und frische Champignons, 1 Bund Petersilie, 5 Eier, Salz, Pfeffer, Muskat, 1 Prise Currypulver, 1 Spur Chilipulver, je 1 EL Worcestershire Sauce und Sojasauce, Butter für die Form

1. Für den Pudding die Brötchen rundum auf einer Reibe von ihrer Rinde befreien, die abgeriebenen Brösel auffangen.
2. Die Brötchen selbst mit einem scharfen Messer in ½ cm dünne Scheiben, diese in ebenso kleine Würfel schneiden. In eine Schüssel füllen. Behutsam mit der heißen Milch beträufeln, so daß alles Brot gut benetzt wird. Möglicherweise brauchen Sie nicht die ganze Milch – es hängt davon ab, wie altbacken und trocken die Brötchen sind. Also nicht alles auf einmal hineingießen!
3. Zwiebel, Knoblauch, Möhre, Sellerie und Lauch in winzig kleine Würfel schneiden. In kochendem Salzwasser 2 Minuten blanchieren, dann abgießen und in Eiswasser abkühlen. Gut abtropfen.
4. Die Champignons ebenfalls fein würfeln. Die Gemüse zusammen mit der feingehackten Petersilie und dem Eigelb unter die Weißbrotwürfel mischen. Diesen Teig kräftig würzen. Zum Schluß das mit einer Prise Salz zu steifem Schnee geschlagene Eiweiß unterziehen.
5. In eine sorgfältig und dick ausgebutterte, mit Bröseln ausgestreute Form füllen, darauf achten, daß oben noch fast ein Drittel Raum bleibt, weil der Pudding beim Garen in die Höhe geht.
6. Die Form mit einem Deckel oder mit Folie verschließen. Im Wasserbad (in einem großen Topf, der die Form ganz aufnimmt), das die Form zu zwei Dritteln umspült, bei milder Hitze etwa 1 Stunde gar ziehen lassen (das Wasser sollte nur leise wallen, nicht sprudelnd kochen, sonst kriegt der Pudding Bläschen).
7. Zum Servieren den Pudding auf einen großen Teller stürzen. Entweder nur eine große Schüssel Salat dazu reichen – oder auch den Pudding als Beilage servieren, zum Beispiel zu einem Kalbfleischragout (Rezept Seite 628).

Besonders hübsch sieht der Pudding aus, wenn ein sternförmig zugeschnitzter Champignon obenauf sitzt: Dafür einen besonders schönen Champignonhut aussuchen, die Haut abziehen, mit einem spitzen kleinen Messer sternförmig Riefen in den Deckel schneiden. Sofort in Zitronensaft baden, damit der Pilz schön weiß bleibt. In etwas Butter gar dünsten, dabei salzen.

Ziegenkäsknödel mit Brennesselspinat

Ein richtiges Frühlingsessen!

Für 4 Personen:

40 g Butter, 1 Ei, 1 Eigelb, 300 g Ziegenfrischkäse, 40 g Mehl, 60 g Brösel von frischem entrindetem Weißbrot, Salz, Pfeffer, 4 EL Butter, 1 Handvoll Bärlauchblätter

BRENNESSELSPINAT: 500 g junge Brennesselblätter, Salz, 1 Zwiebel, 2 EL Butter, 4 EL Sahne, Pfeffer, Muskat

1. Die zimmerwarme Butter mit dem Schneebesen schaumig rühren, nach und nach das ganze Ei und Eigelb zufügen. Schließlich den durch ein Sieb gestrichenen Frischkäse, Mehl und Brösel einarbeiten. Mit Salz und Pfeffer abschmecken. Eine halbe Stunde ruhen und quellen lassen. Dann kleine Knödel formen und 15 Minuten in sanft wallendem Salzwasser garziehen lassen. (Vorher den Probeknödel nicht vergessen!)
2. Für den Spinat die Brennesseln in Salzwasser sekundenlang blanchieren, eiskalt abschrecken und gut ausdrücken. Eine feingewürfelte Zwiebel in Butter weich dünsten, die zerzupften Blätter zufügen und mischen. Die Sahne angießen und kräftig würzen.
3. Die Knödel auf Tellern anrichten, mit hellbrauner Butter übergießen, in der die in Streifen geschnittenen Bärlauchblätter geschwenkt wurden, und zusammen mit dem Brennesselspinat servieren.

Spinatnocken

Für 4 – 6 Personen:

500 g Spinat, Salz, Pfeffer, 3 Eier, 400 g Mehl, ca. 1/4 l Milch, 1 Zwiebel, 50 g Butter, 1/8 l Sahne, Pfeffer, frisch geriebener Käse

1. Den Spinat in Salzwasser blanchieren, gut ausdrücken, im Mixer fein pürieren, dabei salzen, pfeffern, die Eier zufügen, das Mehl und so viel Milch, daß eine Art Spätzleteig entsteht.
2. Diesen zähen, nicht zu flüssigen Teig mit Hilfe einer Spätzlepresse oder einem Spätzlesieb in kochendes Wasser geben.
3. An der Oberfläche schwimmende Nocken sind gar. In einer großen Schüssel mit heißem Wasser sammeln, bis alle Spätzle fertig sind. Dann durch ein Sieb abgießen – so bleibt gesichert, daß die Spätzle nicht zusammenkleben.
4. Zum Servieren eine fein gewürfelte Zwiebel in heißer Butter dünsten, mit Sahne etwas einkochen, die Spinatnocken darin schwenken und mit reichlich Pfeffer und geriebenem Käse würzen.

Tip: Dazu gehört natürlich ein knackiger, erfrischend säuerlich angemachter Salat.

Spinatknödel

Ein Rezept, das beweist, wie sehr Österreich von seinen Nachbarländern beeinflusst ist – die locker-duftigen Knödel könnten ebensogut aus Südtirol stammen, mit der südländischen Salbeibutter dazu allemal!

Für 4 – 6 Personen:

150 g altbackenes, entrindetes Toastbrot, 1/16 l Milch, 1 kg Spinat, 2–3 Schalotten, 3 EL Butter, 1 Knoblauchzehe, 1 Ei, 2 EL griffiges Mehl, 3–4 EL Semmelbrösel, Salz, Pfeffer, Muskat

AUSSERDEM:
Butter, Salbeiblätter, frisch geriebener Parmesan

1. Das Brot zentimetergroß würfeln – wenn man es kurz anfriert, krümelt es sich nicht so sehr. Mit der warmen Milch vorsichtig befeuchten und ziehen lassen.
2. Inzwischen den Spinat putzen, verlesen, Stiele entfernen. Die Blätter sorgfältig mehrmals waschen. Schließlich in einem großen Topf mit Salzwasser einmal aufwallen lassen (blanchieren), in Eiswasser abkühlen, gut abtropfen und durch den Wolf drehen (faschieren) oder mit einem großen Messer sehr fein hacken.
3. Die Schalotten fein würfen, in Butter andünsten, dabei die durchgepreßte Knoblauchzehe zufügen. Schließlich den Spinat untermischen.
4. Das Ei sowie das Mehl mit den eingeweichten Semmeln und Spinat mischen und so viel Bröseln, daß der Teig schön formbar ist. Salzen, pfeffern, mit Muskat abschmecken.
5. Den Spinatknödelteig jetzt unbedingt eine halbe Stunde gut durchziehen lassen. Erst dann tischtennisballgroße Knödel daraus formen und in Salzwasser etwa 10 bis 15 Minuten ziehen lassen. Achtung: unbedingt einen Probeknödel kochen, um zu prüfen, ob der Knödel auch zusammenhält, oder sich womöglich im Wasser auflöst. Tut er das, müssen noch mehr Semmelbrösel in den Teig gearbeitet werden.
6. Zum Servieren die Butter in einer Pfanne sanft bräunen. Die zerzupften oder, wenn sie sehr groß sind, auch in Streifen geschnittenen Salbeiblätter darin kurz anrösten.
7. Die Knödel auf tiefen Tellern anrichten, jeweils einen Löffel braune Butter darüber träufeln, dabei den Salbei dabei hübsch verteilen und mit frisch geriebenem Parmesan bestreuen.

Man kann für Gäste die Knödel bereits fix und fertig formen und auf einem Tablett bereitstellen. Kurz bevor sie serviert werden sollen, im Salzwasser garziehen lassen und so absolut frisch servieren. Den Probeknödel natürlich auch in diesem Fall nicht vergessen!

Schlipfkrapfen

Für 4 – 6 Personen:

NUDELTEIG:
150 g Weizenmehl,
150 g Roggenmehl, Salz,
¼ l Wasser, Butter und geriebener Käse zum Bestreuen

KARTOFFELFÜLLUNG:
200 g gekochte Kartoffeln,
150 g Topfen (Magerquark),
100 g Graukäse, 1 Zwiebel,
2 EL Butter, Majoran

Graukäse, der hier für die Füllung verwendet wird, ist ein Käse aus Magermilch, so wie Harzer Roller. Ihn kann man als Ersatz nehmen, denn Graukäse ist sogar in Österreich selten geworden und fast nur noch bei den Bauern zu bekommen, die ihn herstellen.

1. Aus Mehl, Salz und so viel Wasser wie nötig einen festen Teig kneten. Zur Rolle formen und eine halbe Stunde ruhen lassen.
2. Scheiben davon abschneiden, mit dem Nudelholz dünn ausrollen, jeweils einen Löffel Füllung darauf setzen, zusammenklappen und halbmondförmige Krapfen ausstechen. Die Ränder gut zusammendrücken. In Salzwasser sanft ziehen lassen, bis die Krapfen oben schwimmen. Mit brauner Butter und geriebenem Käse servieren.
3. Für die Füllung die Kartoffeln heiß durch die Presse drücken, mit Topfen, zerbröseltem Käse und gehackter, in Butter gedünsteter Zwiebel mischen. Mit Majoran würzen.

Süße Mehlspeisen

Der Super-Clafouti

Als süßes Hauptgericht für 2 – 3 Personen oder als köstliches Dessert für 6 Personen:

**200 g Zucker, 4 große Eier,
175 g Mehl, ⅓ l Milch,
1 Gläschen Kirschwasser,
etwas Fett für die Form,
750 g gemischtes Obst:
entsteinte Schwarzkirschen,
Himbeeren, Aprikosenhälften, Erdbeeren (nur
Senga Sengana, die ihre**

1. 150 Gramm Zucker mit den Eiern schaumig rühren. Nach und nach Mehl und Milch zufügen – Teig soll etwas dicker als normaler Pfannkuchenteig werden. Mit Kirschwasser parfümieren.
2. Eine Form von 24 oder 26 cm Durchmesser mit Fett ausstreichen. Den Teig einfüllen und die Früchte darauf verteilen – sie versinken langsam in den Teig.
3. Bei 200 Grad etwa 40 Minuten backen, dann mit dem restlichen Zucker bestreuen. Hier bei uns nimmt man

normalerweise Puderzucker, doch in der Heimat des Clafouti, in Südwestfrankreich, ist Kristallzucker üblich.
4. Lauwarm werden lassen und mit Kaffee – und einem guten Obstwässerchen, einem Cognac oder Armagnac – servieren.

Farbe behalten und beim Backen nicht zu stark ausbleichen; sind diese nicht zu bekommen, auf Erdbeeren verzichten), rote und schwarze Johannisbeeren, Stachelbeeren, Kiwischeiben

Blutorangen-Soufflé

Für 4 – 6 Personen:

60 g Zucker, 60 g Butter, Saft und Schale 1 großen Blutorange, 5 Eier, Butter und Zucker für die Förmchen

1. 40 Gramm Zucker mit der gesamten, zimmerwarmen Butter mit dem Schneebesen weißschaumig rühren, dabei die abgeriebene Orangenschale zufügen.
2. Die Eier trennen, Eigelb unter die Buttercreme rühren, die Schüssel in ein heißes Wasserbad setzen und so lange aufschlagen, bis die Eier gebunden haben. Dann die Creme auf Eiswürfeln kalt rühren. Erst jetzt den Orangensaft zumischen.
3. Das Eiweiß mit dem restlichen Zucker steifschlagen und unter die kalte Masse heben.
4. Souffléförmchen sorgfältig ausbuttern und mit Zucker ausstreuen. Die Orangenmasse einfüllen. Die Formen in einen Bräter stellen. So viel heißes Wasser angießen, daß die Förmchen zu zwei Dritteln darin stehen. Bei 180 Grad in etwa 20 Minuten pochieren.
5. Die Soufflés vorsichtig auf vorgewärmte Teller stürzen und zusammen mit einer oder zwei Fruchtsaucen servieren. Zum Beispiel:

Ananassauce: Eine kleine, frische Ananas sauber auslösen – alles Fruchtfleisch fein hacken oder pürieren. Die Hälfte mit etwas Puderzucker 3 Minuten kochen, abkühlen lassen. Mit Himbeergeist parfümieren und den ungekochten Rest untermischen.
Kirschsauce: 300 Gramm Schwarzkirschen entsteinen, mit 5 cl Portwein, 1 Messerspitze Zimt und etwas Pfeffer bei milder Hitze weich ziehen lassen, nicht kochen. Durch Sieb streichen, abkühlen lassen und mit Kirschwasser parfümieren. Will man die Sauce warm servieren, mit etwas Pfeilwurzmehl (engl. *arrowroot*) binden.

Nuß-Soufflé mit Zimtsabayon

Für 4 – 6 Personen:

4 Eier, 4 gehäufte EL Zucker, 1 TL Vanillezucker, ein Hauch frisch abgeriebene Zitronenschale, 80 g geriebene Nüsse (Wal-, Hasel- oder Pecannüsse, auch Mandeln), 2 gehäufte EL Semmelbrösel, 2 gehäufte EL Mehl, etwas Butter für die Förmchen

1. Eier trennen, Eigelb mit der Hälfte des Zuckers, Vanillezucker und Zitronenschale zu einer dicken, weißen Creme schlagen.
2. Eiweiß mit restlichem Zucker zu steifem Schnee schlagen. Zuerst ein Drittel unter die Eigelbcreme ziehen, um sie aufzulockern. Dann Nüsse, Semmelbrösel und Mehl locker unterrühren und schließlich den Rest Eischnee unterheben.
3. Souffléförmchen sorgfältig buttern, Masse einfüllen, im Wasserbad im 200 Grad vorgeheizten Backofen etwa 15 bis 20 Minuten garen.
4. Die Nuß-Soufflés auf vorgewärmte Teller stürzen und mit dem Sabayon überziehen.

Zimt-Sabayon: 3 Eigelbe mit 45 Gramm Zucker schaumig schlagen, sodann ein kleines Weinglas Moscato d'Asti (oder Asti Spumante), 1 Mokkalöffel gemahlenen Zimt und, wenn vorhanden, 1 Eßlöffel Pfirsichsirup oder Pfirsichlikör einrühren. Im Wasserbad oder über Dampf dick und schaumig abschlagen.

Apfelkoch mit Marillensauce

In der österreichischen Mehlspeisenküche ist ein Koch das, was wir früher Pudding genannt haben – also etwas in einer Form und im Wasserbad Gegartes. Nachdem sich bei uns ohnehin die Begriffe verwirrt haben: Bleiben wir doch bei dem hübschen Wort.

Für 4 – 6 Personen:

2–3 Äpfel (Boskoop), 4 EL Schweineschmalz, 50 g Makronen, 2 Eier, 40 g Zucker, 2 EL Zimtzucker

1. Äpfel schälen, entkernen und in dünne Spalten schneiden. Nacheinander in einer großen Pfanne in viel Schweineschmalz braten und karamelisieren lassen.
2. Portionsförmchen mit Schweineschmalz ausfetten. Karamelisierte Apfelschnitze lagenweise in die Förmchen füllen, immer wieder zerbröselte Makronen und dazu den sogenannten Abrieb einfüllen: Dazu die Eigelbe und die Eiweiße getrennt mit der Hälfte Zucker steifschlagen und sie

vorsichtig mischen. Förmchen kurz leicht aufstoßen, damit keine Luftlöcher eingeschlossen werden.

3. In einen Bräter stellen, mit so viel heißem Wasser auffüllen, daß die Förmchen bis zu zwei Dritteln darin stehen, und ca. 20 Minuten bei 180 Grad im Ofen backen.
4. Auf vorgewärmte Teller stürzen und mit Zimtzucker überstäuben. Sauce angießen, jeweils mit einem Melissenblättchen dekorieren und dieses mit Puderzucker überschneien.

Marillensauce: 6 vollreife Aprikosen mit etwas Zucker verkochen, ganz zart mit Anis parfümieren und durchpassieren.
So werden Soufflés und Puddinge gegart: Die Masse nur bis Dreiviertel Höhe in die Förmchen füllen – sie muß ja noch Platz zum Aufgehen haben. Die Förmchen in einen Bräter stellen, auf dessen Boden eine Lage Zeitungspapier gelegt wurde – sie verhindert den gefürchteten Hitzestau, der ein Soufflé geradezu explodieren lassen kann. Es fällt dann beim Herausnehmen garantiert zusammen. Stets mit kochendem Wasser das Wasserbad angießen! Sonst stimmen unsere Garzeiten nicht – weniger heißes Wasser muß zu lange aufgeheizt werden. Und immer bis zu der Höhe angießen, welche die Soufflespeise in den Förmchen erreicht. Schließlich sofort in den vorgeheizten Backofen schieben, nicht mehr stehen lassen, weil sonst die ganze Pracht zusammenfällt.

Apfelsoufflé

Für 4–6 Personen:

ca. 600 g Äpfel (zum Beispiel Boskoop, Berlepsch oder Ontario), 150 g Zucker, 2–3 EL Calvados, 50 g Mehl, 50 g Butter, 0,2 l Milch, 8 Eier, Butter und Zucker für die Form

1. Aus den ungeschälten, nur grob zerstückelten, lediglich von dem Blütenkranz und Stiel befreiten Äpfeln mit 130 Gramm Zucker ein Mus kochen, durch ein Sieb passieren oder durch die Gemüsemühle drehen. Dieses Apfelmus mit Calvados parfümieren.
2. Das Mehl in der Butter anschwitzen, mit Milch auffüllen. Kräftig durchkochen, bis ein dicker, glatter Brei entstanden ist. Mit dem Apfelmus mischen. Die Eigelbe unterrühren. Zum Schluß die mit 20 Gramm Zucker steifgeschlagenen Eiweiße behutsam unterziehen.

3. In eine ausgebutterte, mit Zucker ausgestreute Form füllen. Bei 200 Grad (Gas: Stufe 3) im vorgeheizten Ofen 25 bis 30 Minuten backen, bis das Soufflé schön aufgegangen und gar ist. Unverzüglich servieren, damit das zarte Gebilde nicht in sich zusammensinkt.

Aprikosensoufflé

Im Frühsommer bereitet man dieses Soufflé mit frischen Aprikosen zu – wenn sie ein wenig mehlig sind und zum Rohessen nicht so angenehm, eignen sie sich hierzu bestens. Im Winter dagegen nimmt man getrocknete Aprikosen.

Herstellung des Pürees aus frischen Früchten: Ca. 750 Gramm Aprikosen entsteinen, kleinschneiden und mit etwas Zucker und Zitronensaft weichkochen. Die Zuckermenge richtet sich nach der Reife der Früchte, der Zitronensaft nach Säure und persönlichem Geschmack. Wenn die Aprikosenstücke sich aufzulösen beginnen, einen guten Schuß Aprikosenschnaps zufügen und alles durch ein feines Sieb streichen. Noch mal aufkochen und unter ständigem Rühren recht trocken einkochen – Vorsicht, brennt leicht an!

Herstellung des Pürees aus getrockneten Früchten: 300 Gramm getrocknete Aprikosen über Nacht in einem Sirup aus 100 Gramm Zucker und ⅛ Liter Wasser einweichen, auch einen Schuss Aprikosenschnaps dazugeben. Köcheln, bis die Früchte weich sind. Durchpassieren und einkochen, wie oben angegeben.

Für 4 – 6 Personen:

400 g Aprikosenpüree, 4 Eiweiße, 1 EL Zucker, 1 Schuß Aprikosenschnaps, Butter und Zucker für die Form, Puderzucker zum Bestäuben

1. Die Eiweiße in einer recht weiten Schüssel erst mit dem Zucker geschmeidig-fest schlagen. Vorsichtig unter das Aprikosenpüree heben.
2. Eine große Souffléform (oder Portionsförmchen) mit Butter ausstreichen und mit Zucker ausstreuen, allen nicht haftenden Zucker abschütten.
3. Die Masse bis zu Dreiviertel der Höhe einfüllen, auf den Boden des auf 200 Grad vorgeheizten Ofens stellen. In großer

Form etwa 25 Minuten, in den kleinen Förmchen etwa 12 Minuten backen. Herausnehmen und sofort mit Puderzucker überstäuben. Mit einem Minzeblatt garnieren.

Dazu eine *Sauce aus pürierten Himbeeren* servieren: 400 Gramm Himbeeren aufkochen mit etwas Zucker, einem Schuß Himbeergeist würzen und durch ein Sieb passieren.

Süße Pfannkuchen

Wer Süßes liebt, dem öffnen sich mit Pfannkuchen ganze Welten. Im Handumdrehen ist ein Leckerbissen bereit, wenn man den noch warmen Pfannkuchen, direkt aus der Pfanne mit einem Löffel Marmelade füllt, aufrollt und mit Puderzucker bestäubt aus der Hand verspeist. Oder man hält sich an folgende Rezeptideen:

Apfelpfannkuchen

Für 4 Personen:

TEIG:
90 g Mehl, 2 Eier, 75 g geschmolzene Butter, 1 Prise Salz, 2 EL Zucker, $\frac{1}{8}$ l Milch

BELAG:
3 Äpfel (zum Beispiel Boskoop oder Golden Delicious, die die schönste Farbe abgeben), Zitronensaft, 3 EL Puderzucker, 3 EL Butter

1. Zutaten für den Teig mit dem Schneebesen gründlich verrühren. Eine halbe Stunde quellen lassen, damit der Kleber sich entwickeln kann – so werden die Pfannkuchen duftiger.
2. Für den Belag geschälte Äpfel vierteln, von den Kerngehäusen befreien und in Längsschnitze schneiden. Sofort in Zitronensaft baden, damit sie hell bleiben.
3. Eine kleine Schöpfkelle Teig in eine mit Butter ausgestrichene, wenn möglich eiserne Pfanne (Durchmesser ca. 18 bis 20 cm) gießen und golden backen. Währenddessen auf die Oberfläche gleichmäßig Apfelschnitze kreisförmig auflegen und dick mit Puderzucker überstäuben.
4. Sobald die Unterseite golden, der Teig auch an der Oberseite gestockt ist, den Apfelpfannkuchen wenden und ebenso auf dieser Seite goldbraun backen.
5. Heiß, direkt aus der Pfanne, mit Puderzucker bestäubt, servieren.

Mohnpfannkuchen

Für 4 – 6 Personen:

1 Portion Pfannkuchen nach dem Grundrezept, 150 g Mohn, 75 g Rosinen, 75 g Mandelstifte, ⅛ l Milch, ⅛ l Sahne, 3 EL Zucker, 1 Ei, 1 Tütchen Vanillezucker, Puderzucker zum Bestäuben

1. Die Pfannkuchen sollten frischgebacken, aber brauchen nicht mehr warm zu sein.
2. Den Mohn in der Küchenmaschine mahlen, dann zusammen mit Rosinen, Mandeln, Milch, Sahne und Zucker in einen Topf füllen, aufkochen. Das Eigelb einrühren, den Topf dann vom Herd ziehen und die Masse lauwarm werden lassen.
3. Das Eiweiß mit dem Vanillezucker steifschlagen und unter die Mohnmasse ziehen.
4. Die Pfannkuchen mit dieser luftigen Mohncreme füllen, die Pfannkuchen aufrollen und auf Desserttellern anrichten. Mit Puderzucker bestäubt servieren.

Crêpes Suzettes

Für 4 – 6 Personen:

1 Grundrezept Pfannkuchen (Seite 290), 2 EL Grand Marnier (Orangenlikör), die abgeriebene Schale ½ Orange, 60 g Butter, Butter zum Backen

AUSSERDEM:
100 g Butter, 100 g Zucker, 2 Orangen, ⅛ l Grand Marnier, 3 EL Cognac zum Flambieren

1. Den Pfannkuchenteig wie angeben anrühren. Zum Schluß außerdem den Likör, die Orangenschale und die haselnußbraun geröstete Butter unterrühren.
2. Aus diesem Teig hauchdünne Pfannkuchen backen und auf einer Platte zugedeckt bis zum Servieren aufbewahren.
3. Für die Sauce die Butter, den Zucker, die abgeriebene Schale einer Orange sowie den Saft beider Orangen und den Orangenlikör aufkochen.
4. Die Crêpes zuerst halb, dann geviertelt zusammenklappen und in dieser Sauce erwärmen. Zum Schluß mit dem Cognac übergießen und anzünden. Sofort servieren

Das Flambieren ist eine spannende Sache und für Ihre Gäste als besonderes Spektakel hübsch zu beobachten. Deshalb sollten Sie die Pfannkuchen vor ihren Augen fertig zubereiten. Dafür brauchen Sie ein Rechaud und eine große, leichte Pfanne – sie sollte mindestens 28 cm im Durchmesser haben, besser sogar mehr, damit die geviertelten Crêpes alle miteinander darin Platz finden. Stellen Sie die gebackenen Pfannkuchen bereit, außerdem alle Zutaten, die Sie für die Sauce benötigen, und dann kann's losgehen. Aber bitte: Niemals in der Nähe von Vorhängen oder unter einer Lampe flambieren! Auf keinen Fall unter einer

Dunstabzugshaube; sie könnte besonders leicht Feuer fangen, weil das in ihr oder an ihr abgelagerte Fett sich entzünden kann. Und: Verwenden Sie immer nur wenig Alkohol, damit keine hohe Stichflamme entsteht. Die Sauce ist auf dem Rechaud im Handumdrehen gekocht, die Crêpes darin sofort erwärmt und zum Schluß wird mit Cognac flambiert. Vergessen Sie nicht, das Licht zu löschen und womöglich für dramatische Musikuntermalung zu sorgen!

Topfen-Palatschinken

Für 4 – 5 Personen:

FÜLLUNG:
50 g Rosinen, 3 EL Rum, 2 Eigelbe, 2–3 EL Zucker, 250 g Quark, Zitronensaft und Zitronenschale

AUSSERDEM:
1 Grundrezept Pfannkuchen (Seite 290), 2 EL Zucker, 1 Tütchen Vanillezucker, ca. 1/8 l Sahne, Puderzucker zum Bestäuben

1. Die Rosinen im Rum einweichen.
2. Eigelbe mit dem Zucker dick und schaumig rühren, den Quark, Zitronensaft und Zitronenschale sowie die Rosinen mitsamt dem Rum untermischen.
3. Den Pfannkuchenteig nach dem Grundrezept herstellen, mit dem Zucker und einer Salzprise würzen. Hauchdünne Pfannkuchen backen.
4. Die Pfannkuchen mit dieser Quarkmasse füllen und aufrollen. Nebeneinander in eine feuerfeste, flache Form schichten. Mit der Sahne übergießen und im 250 Grad heißen Ofen 10 Minuten überbacken.

Mit Puderzucker bestäuben und heiß servieren.

Weinschaumsauce

Für 6 – 8 Personen:

140 g Zucker, Saft und abgeriebene Schale 1 Zitrone, 1/4 l Weißwein, 6 Eigelbe

1. Zucker, Zitronensaft und die Schale am Stück so lange im Weißwein köcheln, bis der Zucker völlig aufgelöst ist.
2. Nacheinander die Eigelbe zufügen, dabei unermüdlich mit dem Schneebesen schlagen, damit das Eigelb nicht gerinnt, sondern bindet.
3. Die schaumige Sauce heiß servieren oder gut gekühlt. Dafür den Topf zuerst in eine Schüssel mit Eiswasser stellen, damit die Weinschaumsauce rasch abkühlt, und immer wieder durchrühren, damit sie schön cremig bleibt.

Apfelkücherl

Für 4 – 6 Personen:

2 Eigelbe, 5 EL Mehl, ¼ l Bier, 1 Prise Salz, 2 Eiweiße, 3 EL Zucker, 4 säuerlicher Äpfel (zum Beispiel Boskoop oder Glockenapfel), Zitronensaft, 3 EL Zucker, 2 TL Zimt, Butterschmalz zum Fritieren

Dazu schmeckt Preiselbeerkompott, Apfelmus (Seite 787) oder eine Weinschaum- oder Vanillesauce (siehe oben und Seite 328). Man kann die Kücherl aber auch nur mit einem Klecks Crème fraîche oder einfach pur essen!

1. Eigelbe, Mehl, Bier und Salz mit dem Schneebesen zu einem glatten, dünnflüssigen Teig rühren. Eine halbe Stunde quellen lassen. Erst dann die mit dem Zucker steifgeschlagenen Eiweiß ganz vorsichtig unterziehen.
2. In der Zwischenzeit die Äpfel schälen, das Kerngehäuse mit einem Ausstecher entfernen. Die Äpfel quer in ½ cm dicke Scheiben schneiden. Unverzüglich in Zitronensaft legen, damit sie schön hell bleiben.
3. Das Butterschmalz erhitzen, bis an einem Holzlöffel, den Sie hineinhalten, heftig dicke Bläschen emporsteigen. Apfelringe nacheinander durch den Teig ziehen. Etwas abtropfen lassen, sie sollen nur von einem dünnen Teigfilm umhüllt sein. Dann schwimmend im heißen Schmalz goldbraun ausbacken. Auf einer dicken Lage Küchenpapier gut abtropfen lassen. Mit Zucker und Zimt dick überpudert servieren.

Apfel im Nachthemd mit Vanillesauce

Für 4 – 6 Personen:

1 Paket fertig gekaufter oder 1 Portion nach unserem Rezept (auf Seite 303) selbstgemachter Strudelteig, Mehl für die Arbeitsfläche, 6 gleich große säuerliche Äpfel (wie zum Beispiel Golden Delicious oder Glockenapfel), Zitronensaft, 4 EL gemahlene Haselnüsse, 4 EL Himbeergelee, 2 EL Honig, 1 Eiweiß, Salz, 75 g Butter

1. Den Strudelteig in 6 Quadrate von etwa 20 cm Kantenlänge schneiden. Die Äpfel wie für den Schlafrock (nächste Seite) vorbereiten. Jedoch mit einer Mischung aus Nüssen, Gelee und Honig füllen. Bereits zum Füllen auf die Teigstücke setzen, damit nichts herauslaufen kann. Die freien Teigflächen mit einem verquirlten Eiweiß einpinseln. Den Teig über dem Apfel jeweils hochschlagen und zusammenfassen wie ein Bündel. Mit Küchenzwirn verschnüren.
2. Die Säckchen vorsichtig in leise siedendes Salzwasser setzen. Etwa 30 Minuten sanft ziehen lassen. Mit der Schaumkelle herausheben, abtropfen lassen und auf Tellern anrichten. Mit haselnußbrauner Butter einpinseln und mit Vanillesauce servieren.

3. Für die Sauce Milch und Sahne aufkochen, dabei die Vanilleschote mitziehen lassen. Nach dem ersten Aufwallen vom Herd nehmen und 10 Minuten stehen lassen. Die Schote aufschlitzen, das Mark herauskratzen und in die Milch rühren.
4. Inzwischen die Eigelbe mit dem Zucker dick und cremig schlagen. Die abermals aufgekochte Vanillemilch zufügen. Wenn alles gut vermischt ist, wieder zurück in den Topf schütten. Unter ständigem Rühren mit dem Schneebesen langsam erhitzen, einmal aufwallen, aber nicht richtig ins Kochen geraten lassen, weil das Eigelb sonst gerinnt.
5. Wenn die Creme heiß und dicklich ist, vom Herd nehmen und wieder in die Rührschüssel umfüllen, damit sie rascher abkühlt. Am besten zusätzlich ins kalte Wasserbad stellen. Gelegentlich aber rühren, damit sich keine Haut bildet.

VANILLESAUCE:
¼ l Milch, ⅛ l Sahne, 1 Vanilleschote, 3 Eigelbe, 3 EL Zucker

Einfach mit brauner Butter und mit reichlich Zimtzucker bestreut schmecken die Äpfel im Nachthemd ebenfalls sehr delikat.

Apfel im Schlafrock

1. Die Blätterteigplatten nebeneinanderliegend auftauen, danach aufeinandergestapelt auf einer mit Mehl bestäubten Arbeitsfläche dünn ausrollen. 4 Quadrate von ca. 20 cm Kantenlänge ausschneiden.
2. Äpfel schälen, mit einem Kernausstecher durchbohren. Rundum und innen mit Zitronensaft einpinseln, damit die Äpfel schön hell bleiben.
3. Für die Füllung Marzipan, Crème fraîche, Mandeln und Rumrosinen verrühren. Gleichmäßig in die Äpfel verteilen. Damit beim Transport nichts auslaufen kann, die Äpfel zuvor bereits in die Mitte des Teigfleckens setzen. Die freie Teigfläche mit Eiweiß einpinseln. Den Teig über dem Apfel zusammenschlagen und gut festdrücken.
4. Aus dem restlichen Teig Verzierungen ausschneiden, zum Beispiel Blätter, Stiel oder auch nur Zackenleisten und mit Eiweiß auf die eingepackten Äpfel kleben.
5. Alles mit Eigelb einpinseln, das mit etwas Sahne glattgerührt wurde. Die Äpfel im Schlafrock auf ein mit Wasser abgespültes Blech setzen. Bei 200 Grad (Gas: Stufe 3) im vorgeheizten Ofen 35 bis 40 Minuten backen, bis der Schlafrock appetitlich braun geworden ist und glänzt.

Für 4 Personen:

1 Paket Blätterteig (tiefgekühlt), Mehl für die Arbeitsfläche, 4 gleichgroße Äpfel (zum Beispiel Goldparmäne oder Jonagold), Zitronensaft, etwa 50 g Marzipanrohmasse, 2 EL Crème fraîche, 2 EL grobgehackte Mandeln, 2 EL Rosinen in 2 EL Rum eingeweicht, 1 Eiweiß, 1 Eigelb, 2 EL Sahne

Dazu gehört klassischerweise eine Vanillesauce. Ein hübscher Kontrast ist aber auch eine fruchtige Himbeersauce.

Apfel-Ofenschlupfer

Für 4 Personen als süßes Hauptgericht, für 6 Personen ein üppiges Dessert:

2 altbackene Brötchen oder 4 frische, 3/8 l Milch, 1 Päckchen Vanillezucker, 500 g Äpfel (wie zum Beispiel Bohnäpfel oder Brettacher), 2 EL Butter, 3 EL Zucker, 3 EL Rosinen, in Rum eingeweicht, 2 EL Mandelstifte, 1/8 l Sahne, 2 Eier, abgeriebene Schale 1/2 Zitrone

1. Die Brötchen in sehr dünne Scheiben schneiden. Die Scheiben in ca. 1 Viertelliter mit Vanillezucker gewürzte Milch tauchen. Abwechselnd mit Apfelscheiben in eine flache, ausgebutterte Auflaufform schichten.
2. Die Apfelscheiben sollten zuvor in etwas Butter angebraten und dabei mit einem Hauch Zucker überstäubt werden, damit sie sanft karamelisieren. Darauf achten, daß sich ein hübsches Muster ergibt.
3. Die abgetropften Rosinen und Mandelstifte auf der Oberfläche verteilen. Restliche Milch mit Sahne, Eiern, Zucker, Zitronenschale und dem vom Einweichen übriggebliebenen Rum verquirlen und gleichmäßig darüber gießen.
4. Den Ofenschlupfer bei 225 Grad (Gas: Stufe 4) 30 bis 35 Minuten backen, bis seine Oberfläche knusprig geworden ist.

Mohnklöße

Das Rezept stammt aus Schlesien – aber es handelt sich mitnichten um Klöße, sondern vielmehr um eine Schichtspeise! Es durfte in der Familie Meuth an Silvester niemals fehlen!

Für 4 Personen:

200 g Rosinen, 1 Tasse Rum, 4 Brötchen oder 1/2 Kastenweißbrot (möglichst vom Vortag), 200 g Mohnsamen, 1/2 l süße Sahne, 1/2 l Milch, 3 EL Zucker, 1 Prise Salz, die abgeriebene Schale von 1/2 bis 1 unbehandelter Zitrone, 1 Vanilleschote

1. Die Rosinen waschen, abtropfen lassen und in eine Schüssel geben. Den Rum erwärmen (nicht kochen!), darübergießen und die Rosinen darin einige Stunden quellen lassen.
2. Brötchen oder Weißbrot in Scheiben schneiden – je dünner, desto feiner wird die Speise sein. Wenn die Krume noch zu weich ist, das Ganze kurz in den warmen Ofen schieben, um das Brot ein wenig anzutrocknen.
3. Inzwischen den Mohn zerkleinern: entweder in einer Mohnmühle oder im Zerhacker (Universalzerkleinerer). Sollten Sie beides nicht besitzen, versuchen Sie den Mohn bereits im Geschäft mahlen zu lassen (Reformhaus); dann aber nicht stehenlassen, sondern noch am selben Tag verwenden.
4. Den gemahlenen Mohn mit Sahne und Milch aufsetzen, Zucker, Salz, Zitronenschale sowie das ausgeschabte Mark

und die leeren Schalen der Vanilleschote hineingeben. Alles langsam unter ständigem Rühren zum Kochen bringen und nur einmal kurz aufwallen lassen. Vom Herd nehmen und nur ein wenig abkühlen lassen. Die Vanilleschote herausnehmen.

5. Den Boden einer Schüssel (Auflaufform, Glasschale) mit einem Viertel der Brotscheiben bedecken. Nun jeweils ein Viertel der Mohnmasse, der abgetropften Rosinen und der Mandelsplitter darüber verteilen. Mit dem Rest so fortfahren, bis alles in vier Schichten aufgebraucht ist.
6. Abkühlen lassen, im Kühlschrank gut durchkühlen.

Tip: Zu dem mächtigen Dessert passen schwere, nicht süße Weiß- und Rotweine ganz ausgezeichnet, vor allem, wenn die Klöße so wenig süß gehalten werden wie in diesem Rezept. Es harmonieren aber auch trockener Sekt oder Champagner. Macht man das Gericht wesentlich süßer, so müssen auch die Weine süß werden: Auslesen oder Beerenauslesen, Tokayer, Sekt oder Champagner demi-sec wären dann angesagt.

Zwetschgenknödel

Eine so gehaltvolle Sache, daß man sie als ganze Mahlzeit servieren sollte. Vielleicht höchstens eine leichte Suppe zuvor – einen Nachtisch kann man sich jedenfalls sparen! Übrigens: Im Sommer nimmt man statt der Zwetschgen (oder Zwetschken, wie die Österreicher sagen) Aprikosen beziehungsweise Marillen.

Für 4 – 6 Personen:

1 kg Kartoffeln (eine mehlige Sorte!), 1 kg Zwetschgen, so viele Stücke (brauner) Würfelzucker wie Zwetschgen, ca. 100 g Mehl, Salz, 1 ganzes Ei, 1 Eigelb, 75 g Zucker, ½ TL Zimt,

ZUM ANRICHTEN:
100 g Butter, 100 g Semmelbrösel, 100 g zerlassene Butter, 250 g Sahnequark

1. Die Kartoffeln in der Schale kochen, pellen, sofort durch die Presse drücken, ausdampfen und ein wenig abkühlen lassen.
2. Die Zwetschgen entsteinen und statt dessen mit einem Stück Würfelzucker füllen.
3. Sobald man den Kartoffelschnee berühren kann, einen Teil des Mehls darüberstäuben. Wieviel man insgesamt benötigt, hängt vom Stärkegehalt der Kartoffeln und ihrer Feuchtigkeit ab. Je weniger Mehl man braucht, desto besser natürlich. Deshalb sollte man den Teig auch nur sehr leicht und rasch vermengen – zu vieles und zu langes Kneten macht eine größere Mehlmenge nötig, und dann wird der Teig später zu fest.

Außerdem reicht man dazu in Butter geröstete Semmelbrösel, von denen man sich bei Tisch nach Belieben über seine Portion streut, haselnußbraune zerlassene Butter und kühlen Sahnequark. Auf die gleiche Weise werden die berühmten *Marillenknödel* zubereitet!

4. Das Mehl am besten mit einer Gabel lose untermischen, damit der Teig nicht klebrig wird, das Ei, Eigelb und die Salzprise zufügen.
5. Den fertigen Kartoffelteig sofort verarbeiten, nicht mehr ruhen lassen: eine Rolle daraus formen, davon dünne Scheiben abschneiden, in die man jeweils eine Zwetschge einwickelt. Die Kartoffelhülle muß so dünn wie nur möglich sein, dennoch die Frucht vollkommen umschließen.
6. Die Zwetschgenknödel in leise siedendem Salzwasser etwa fünf Minuten sanft ziehen lassen. Gut abgetropft auf einer Platte anrichten und mit Zimtzucker bestreuen.

Millirahmstrudel

Für 6 Personen:

1 Grundrezept Strudelteig Seite 303), 100 g Butter zum Bepinseln

FÜR DIE FÜLLUNG:
100 g Butter, 80 g Puderzucker, 5 Eigelbe, 60 g Mehl, 1 Prise Salz, ausgekratztes Mark einer Vanilleschote, abgeriebene Schale und Saft 1 Zitrone (unbehandelt), 500 g Schichtkäse oder Topfen, 300 g saure Sahne, 100 g in Rum eingeweichte Rosinen, 5 Eiweiße, 120 g Zucker

GUSS:
½ l Milch, 3 Eigelb, 50 g Zucker, 1 Tütchen Vanillezucker, abgeriebene Schale 1 unbehandelten Zitrone

1. Butter, Zucker und Eigelbe dick und hell rühren, das Mehl und die Gewürze zufügen. Den zuvor gründlich abgetropften Schichtkäse und die saure Sahne unterschlagen. Erst wenn eine glatte Creme entstanden ist, auch den Rum der Rosinen mitverwenden und die Rosinen ebenfalls einarbeiten. Ganz zum Schluß die mit dem Zucker steifgeschlagenen Eiweiße unterziehen.
2. Diese Füllung auf die eine Hälfte der mit Butter eingepinselten, hauchdünn ausgezogenen Teigfläche betten. Von dieser Längsseite her den Strudel mit Hilfe des Tuchs aufrollen und in die Reine befördern. Die Seiten umschlagen und darauf achten, daß die Nahtstellen nach unten gelangen.
3. Den Ofen auf 200 Grad vorheizen. Die Zutaten für den Guß verquirlen, etwa ein Drittel davon über den Millirahmstrudel gießen. Im vorgeheizten Backofen (Gas: Stufe 3) insgesamt etwa 45 Minuten backen. Nach und nach auch den restlichen Guß darüber verteilen.

Apfelstrudel

Für 6 – 8 Personen:

1 Grundrezept Strudelteig **(Seite 303)**

FÜLLUNG:
100 g flüssige Butter, 2 kg Äpfel, 1 TL Zimt, 150 g Zucker, 100 g in Rum eingeweichte Rosinen, etwa ¼ l Milch zum Begießen

1. Die hauchdünn ausgezogene Teigfläche mit Butter einpinseln.
2. Äpfel schälen, in feine Blättchen schneiden und auf der Teigfläche gerecht verteilen, dabei am Rand einen Streifen von gut 5 cm frei lassen. Zimt mit Zucker mischen, mit den Rumrosinen darüberstreuen.
3. Mit Hilfe des Tuchs den Strudel aufrollen: Einfach das Tuch an der mit Füllung belegten Längsseite hochheben, dann rollt sich der Strudel fast von selbst zusammen. So in die ausgefettete Bratenform transportieren. Die Seiten rechts und links nach unten umschlagen und darauf achten, daß die Nahtstelle nach unten gelangt.
4. Den Strudel mit Milch begießen und im 200 Grad heißen Backofen etwa 40 Minuten backen, bis alles brodelt und die Oberfläche appetitlich braun geworden ist.

Vanillesauce mit viel Eigelb

Für 4 – 6 Personen:

6 Eigelbe, 100 g Zucker, ½ l Milch, 1 Vanillestange

Zum Apfelstrudel wie zum Milchrahmstrudel schmeckt am allerbesten eine selbstgemachte Vanillesauce mit viel Eigelb.

1. Die Eigelbe im Wasserbad mit dem Zucker dick und heiß schlagen.
2. Inzwischen in einem Topf die Milch mit der Vanillestange aufkochen, die Stange darin 10 Minuten neben dem Feuer ziehen lassen, längs aufschlitzen, das Mark herausschaben und in die Milch rühren. Diese erneut aufkochen und nach und nach unter stetem Schlagen in die Eiercreme gießen.
3. Alles zurück in den Topf schütten, auf mittlerem Feuer unter kräftigem Schlagen mit dem Schneebesen (auch Handrührer) einmal aufwallen lassen, dann den Topf vom Herd ziehen und noch so lange weiterschlagen, bis die Sauce zwar noch gut warm, aber nicht mehr heiß ist. Richtig zum Kochen kommen darf sie auf keinen Fall, weil die Eigelbe sonst gerinnen und ihre Bindungsfähigkeit verlieren.
   Die Vanillesauce schmeckt sowohl heiß als auch kalt.

Es bildet sich nach dem Abkühlen auf der Oberfläche garantiert keine Haut, wenn man die Vanillesauce noch warm mit Zucker bestreut.

Die ausgeschabte Vanilleschote kann man übrigens immer noch verwenden: trocknen lassen und in ein luftdicht verschließbares Glas mit Zucker stecken. Dem teilt sich der Vanilleduft mit; so hat man stets mit Vanille parfümierten Zucker im Haus.

Zwetschgenstrudel

Für 4 – 6 Personen:

1 Grundrezept Strudelteig, hauchdünn ausgezogen, von Seite 303, 150 g Butter zum Einpinseln, Puderzucker zum Bestäuben

FÜLLUNG:
1 kg Zwetschgen, 2 Eigelbe, 2 EL Puderzucker, ½ TL Zimt, abgeriebene Schale ½ Zitrone (unbehandelt), 4 EL gemahlene Haselnüsse, 1 gehäufter EL Mehl, 2 EL Kristallzucker, 2 Eiweiße

1. Die Zwetschgen entsteinen, in Spalten schneiden.
2. Die Eigelbe mit dem Puderzucker dick und schaumig rühren. Mit Zimt und Zitronenschale würzen. Haselnüsse und Mehl unterrühren und das mit dem Kristallzucker steifgeschlagene Eiweiß unterziehen.
3. Diese Masse auf der mit Butter eingepinselten Teigfläche verstreichen. Dabei wieder einen Längsstreifen frei lassen. Die Zwetschgenspalten darauf verteilen. Den Strudel aufrollen und auf ein tiefes Blech setzen. Dick mit Butter einpinseln.
4. Im 200 Grad heißen Backofen etwa 35 Minuten backen. Währenddessen immer wieder großzügig mit Butter einpinseln. Den Strudel mit Puderzucker bestäubt servieren.

Dampfnudeln

Man kann sie süß oder salzig zubereiten. Zu süßen Dampfnudeln essen wir gern frisches Kompott, Vanille- oder Weinschaumsauce. Salzige Dampfnudeln sind eine wunderbare Beilage zu Gerichten mit viel Sauce, sie passen zum Glas Wein oder (statt Brioche und Stangenweißbrot) zu Salaten.

Wer sich nicht entscheiden kann, bereitet aus einer Teigportion gleich beide Varianten zu. Allerdings sollte man dann über zwei gleichermaßen geeignete Pfannen verfügen. Sie sind tauglich, wenn sie ausreichend groß sind (mindestens 28 cm Durchmesser) und ordentlich schwer, also am besten aus Edelstahl mit dickem, sogenanntem Sandwichboden aus Gußeisen oder Stahl. In beschichteten Pfannen kann das »Füßchen« nicht entstehen, jene goldene Kruste, die für viele der wichtigste Grund ist, Dampfnudeln zu lieben. Und: Die Pfanne muß über einen dicht schließenden Deckel verfügen, damit der nötige Dampf auch tatsächlich in der Pfanne bleibt und nicht entweichen kann.

Wenn die Dampfnudeln fertig sind, kann man es hören: Es knistert und knackt in der Pfanne, wenn das Wasser verdampft ist, und es zischt, wenn das Kondenswasser vom Pfannendeckel auf den heißen Pfannenboden tropft. Man kann es auch riechen: Der Dampf, der der Pfanne entströmt, duftet nicht mehr nach rohem, sondern nach gebackenem Teig.

Wer nur eine solche Pfanne hat, bereitet die Dampfnudeln in zwei Partien zu. Zuerst die salzigen, weil die süßen auf dem Pfannenboden einen dicken Karamel hinterlassen.

Für insgesamt 20–30 Stück (je nach Größe):

1 Portion Hefeteig nach dem Grundrezept (Seite 826), Mehl für Arbeitsfläche

SÜSSE DAMPFNUDELN:
2 EL Butter, 2 EL Zucker für die Pfanne

SALZIGE DAMPFNUDELN:
2 EL Schmalz und 1 gute Prise Salz

1. Den fertigen Teig auf der bemehlten Arbeitsfläche 3 cm dick ausrollen. Mit einem Glas Kreise von etwa 5 cm Durchmesser ausstechen (das Glas jedesmal zuvor in Mehl drehen, damit der Teig nicht daran festklebt). Die Teigküchlein auf dem Arbeitsbrett noch einmal zugedeckt eine halbe Stunde gehen lassen.
2. In der Pfanne die Butter (oder das Schmalz) erhitzen, zuckern (oder salzen), die Teigküchlein so dicht nebeneinander hineinsetzen, daß sie sich eben berühren. Eine Tasse Wasser angießen, das in der heißen Pfanne sogleich Wolken von Dampf entwickeln soll. Den Deckel auflegen. Auf mittlerem Feuer 5 bis 8 Minuten garen.

Schlosserbuben

Für 4 – 6 Personen:

AUSBACKTEIG:
120 g Mehl, 1/8 l Bier, 2 Eier, 50 g zerlassene Butter, 1 EL Zucker, Zimt

AUSSERDEM:
24 schöne reife Zwetschgen, 24 geschälte Mandeln, Butterschmalz zum Ausbacken, Puderzucker zum Bestäuben

Ein hübsches und originelles Dessert. Zu anderen Jahreszeiten kann man mit dem Obst variieren, zum Beispiel Aprikosen verwenden oder sogar Kirschen.

1. Mehl, Bier, Eier, Butter, Zucker und Zimt gründlich miteinander verquirlen. Den Teig eine halbe Stunde quellen und ruhen lassen.
2. Inzwischen die Zwetschgen entsteinen, dafür jeweils einen Mandelkern hineinstecken.
3. Die Zwetschgen einzeln durch den Teig ziehen und im erhitzten Butterschmalz schwimmend golden ausbacken.
4. Sofort mit Puderzucker bestäubt servieren.

Dazu paßt Vanillesauce wie im Rezept auf Seite 328 beschrieben.

Dazu paßt sehr gut eine Fruchtsauce, zum Beispiel aus pürierten Aprikosen (auch aus eingeweichten Trockenfrüchten) oder aus pürierten und durchpassierten Himbeeren.

Salbeimäuschen

Sie sehen schön aus und schmecken einfach toll. Die knusprigen, goldenen Mäuschen – der lange Salbeiblattstiel wirkt tatsächlich wie ein Mäuseschwanz – sind eine hübsche Knabberei zum Tee, zu jeglichem Dessert, sie passen aber auch gut zum Glas Wein!

Für 4 Personen:

1 Portion Ausbackteig wie für die Schlosserbuben, statt mit Bier mit Weißwein angerührt, gut 1 Handvoll frischer, makelloser Salbeiblätter, Butterschmalz zum Ausbacken

1. Den Teig anrühren und quellen lassen. Die Salbeiblätter nacheinander durch den Teig ziehen, dann gut abstreifen, damit die Hülle nicht zu dick wird.
2. Schwimmend im heißen Fett goldbraun ausbacken.

Holunder- und Akazienküchle

Man kann die Blüten als Dessert reichen, allein oder mit Eiscreme, Kompott oder Fruchtsaucen, aber auch als kleines Häppchen zum Aperitif oder zum Glas Sekt.

Wenn Blüten schon so herrlich duften, wie gut müssen sie dann erst schmecken? Tatsächlich kann man die zarten Blüten von Holunder und die duftigen Rispen der Akazienblüten essen. Sie sind sogar eine besondere Delikatesse, die man sich nur kurze Zeit im Jahr gönnen kann.

Man muß allerdings aufpassen, daß keine kleinen schwarzen Käferchen in den Blüten sitzen. Das tun sie nämlich gerne – dann bleibt nichts anderes übrig, als die Blüten zu wässern, was ihnen allerdings einen Teil ihres Duftes raubt

Für 4 – 6 Personen:

AUSBACKTEIG:
110 g Mehl, 2 Eier, 75 g geschmolzene Butter, 1 Prise Salz, 2 EL Zucker, ¼ l Bier, 12–15 Blütendolden, Butterschmalz zum Ausbacken, Puderzucker

1. Alle Teigzutaten mit dem Schneebesen zu einem dünnflüssigen Teig verquirlen. 20 Minuten ruhen lassen, damit sich der Kleber entwickeln kann.
2. Erneut aufschlagen, die Blüten (gut ausschütteln, nicht waschen!) einzeln hineintauchen, abtropfen und schwimmend in heißem Fett golden ausbacken.
3. Mit Puderzucker bestäubt am besten noch lauwarm verspeisen.

Preiselbeerschmarrn

Ein wundervolles Dessert, der duftige, luftige Kaiserschmarrn! Jener zarte Pfannkuchen, der bei hoher Hitze im Ofen oder unter dem Grill in der Pfanne gebacken wird und dabei mit Zucker bestäubt karamelisiert, bevor man ihn schließlich in Stücke reißt, er ist ja schon allein ein unwiderstehlicher Genuß. Die Früchte, die hier eingearbeitet werden, geben ihm Frische, und das Eis macht ihn erst richtig opulent!

Für 4 – 6 Personen:

200 g Mehl, ½ l Milch, Schale und Saft von je 1 Zitrone und Orange, 8 Eier, 1 Prise Salz, 2–3 EL Zucker, 2–4 El Butter, 4–6 EL eingemachte Preiselbeeren (siehe Tip), 4–6 EL Puderzucker

VANILLEEIS:
½ l Milch, 1 Vanilleschote, ⅛ l Sahne, 4 Eigelb, 1 ganzes Ei, 125 g Zucker

1. Mehl und Milch glattquirlen, dabei mit Zitronen- und Orangensaft und -schale würzen. Eier, Salzprise und Zucker nach Geschmack mit dem Löffel unterrühren, nicht mit dem Schneebesen arbeiten, sonst wird die Masse zu schaumig.
2. In einer eisernen, ausreichend großen Pfanne – sie sollte nicht mehr als zentimeterhoch mit Schmarrnteig gefüllt werden, sonst lieber portionsweise arbeiten! – etwas Butter haselnußbraun werden lassen. Schmarrnteig einfüllen, im 200 Grad heißen Ofen aufgehen lassen. Erst dann pro Portion einen Löffel Beeren darauf verteilen, mit Puderzucker bestäuben und noch einmal im Ofen kurz karamelisieren, bevor der Schmarrn mit zwei Gabeln zerrissen wird.
3. Für das Vanilleeis die Milch aufkochen, die Vanilleschote darin ziehen lassen, das Mark herauskratzen und in die Milch rühren. Die Sahne zufügen und erneut aufkochen. Eigelb und ganzes Ei mit dem Zucker im Wasserbad heiß und dick schlagen, die kochende Vanillemilch unterrühren. Kalt schlagen und in der Eismaschine gefrieren.

Tip: Die Preiselbeeren macht man natürlich am allerbesten selber ein. Rohe Beeren mit der gleichen Menge Zucker in der Küchenmaschine rühren, bis der Zucker völlig aufgelöst ist. In peinlich saubere Schraubgläser füllen, nach 14 Tagen erst verwenden. Stets kühl aufbewahren – so bleiben die Beeren frisch!

Grießknödel

Duftig und leicht müssen sie sein, schwerelos auf der Zunge zergehen. Dazu passen frische Fruchtsaucen oder Kompotte.

Für 4 – 6 Personen:

½ l Milch, 125 g Butter, Zesten (Schalenstreifen) von je 1 Orange und Zitrone, 1 Vanilleschote, ¼ Zimtstange, Salz, 140 g feiner Weizengrieß, 2 Eigelbe, 1 ganzes Ei, 125 g Semmelbrösel, 100 g Butter, 100 g geriebene Haselnüsse, ¼ TL Zimt, 3 EL Zucker

1. Milch mit der Butter aufkochen, dabei die Zesten, Vanille und Zimt sowie die Salzprise zufügen.
2. Nach zehn Minuten die Gewürze entfernen, die Milch erneut aufkochen, jetzt den Grieß einrieseln lassen. Einmal aufwallen, dann bei 100 Grad im Backofen behutsam ausquellen. Diese Masse schließlich abkühlen, nach und nach Eigelbe und das ganze Ei einarbeiten.
3. Tischtennisballgroße Knödel aus dem Grießteig formen, sie in Salz- oder nach Belieben auch Zuckerwasser garziehen lassen.
4. Die Knödel jetzt jedoch auf keinen Fall mehr stehenlassen, sofort in gerösteten Butterbröseln wenden, die mit Haselnüssen vermischt und mit Zimt und Zucker gewürzt sind.

Topfenknödel mit Birnensauce

Für 4 – 6 Personen:

400 g Topfen (beziehungsweise Schichtkäse, 20%), 30 g Butter, 30 g Zucker, 2 Eier, 1 Eigelb, das Mark ½ Vanillestange, 1 Prise Salz, etwas abgeriebene Zitronenschale, 70 g Weißbrotbrösel

AUSSERDEM:
70 g Butter, 1 EL Zucker, 70 g gemahlene Haselnüsse

BIRNENSAUCE:
4 reife, aromatische Birnen, Saft 1 Zitrone, 3–4 EL Zucker, 2 EL Birnengeist

Natürlich kann man auch jede andere frische Fruchtsauce dazu servieren, Apfelmus oder ein lauwarmes Kompott.

1. Topfen oder Schichtkäse über Nacht in einem Tuch über dem Spülbecken oder über einer Schüssel hängend abtropfen lassen. Schichtkäse, der sehr bröckelig ist, muß dann im Mixer aufgeschlagen werden, bis alle Klümpchen zerkleinert sind.
2. Die zimmerwarme Butter und Zucker in einer vorgewärmten Rührschüssel mit dem Schneebesen schaumig rühren, nach und nach die Eier, das Eigelb sowie die Gewürze zufügen.
3. Unter die Butter-Eier-Creme den glatt gerührten Topfen (Schichtkäse) und Weißbrotbrösel untermischen. Diese Masse 20 Minuten ruhen und quellen lassen.
4. Schließlich tischtennisballgroße Knödel daraus formen, in leicht wallendem Salzwasser 10 Minuten pochieren.

Die Knödel mit einer Schaumkelle herausheben und gut abtropfen.

5. Zum Servieren die Butter in einer Pfanne erhitzen, ein wenig Zucker zufügen und karamelisieren, schließlich die Weißbrotbrösel und die geriebenen Haselnüsse zufügen und mitrösten.
6. Die Topfenknödel darin wälzen und sofort mit Birnensauce servieren.
7. Für die Birnensauce die Früchte in Stücke schneiden, mit Zitronensaft, Zucker und Birnengeist zugedeckt weich kochen. Durch ein Sieb passieren, abschmecken. Gekühlt zu den warmen Topfenknödeln servieren.

Elegante Dekoration des Tellers: Die Birnensauce als Spiegel auf den Teller gießen. Mit Himbeersauce rundherum Tupfen setzen und mit einem Zahnstocher Schlieren ziehen. Die Knödel in die Mitte setzen, mit Melisse- oder Minzeblättchen schmücken

EIER

In Mehlspeisen, Kuchen und Desserts, in Salaten und Saucen kommen Eier vor – sie sind nicht nur eine perfekt verpackte Speise, sondern auch eine fundamentale, für viele Zubereitungen absolut unverzichtbare Zutat: hier als ein bindendes und andickendes, dort als verstärkendes oder auflockerndes, Volumen gebendes oder cremig machendes, mal eher gebieterisches, mal ganz unbeschwertes Element der Kochkunst.
In diesem Kapitel aber geht es um das Ei als Hauptsache, nicht dienend, sondern die Szenerie beherrschend – das Ei im Mittelpunkt, das allerdings die Ergänzung durch allerlei Zutaten geradezu herausfordert.
Ist das reine Ei bereits eine ideale Speise, so gewinnt es durch in verschiedenster Form zugefügte Würze doch ungemein. Um seine kulinarische Variationsfähigkeit zu skizzieren, soll es genügen, uns beispielsweise die Zubereitung eines simplen Spiegeleis vor Augen zu führen: Nehmen wir Margarine statt guter Butter, wird die Speise ordinär – und wenn wir die Butter hell lassen und nicht leicht bräunen, fehlt deren wunderbares Nußaroma; nehmen wir luftgetrockneten Speck aus Italien oder geräucherten aus dem Schwarzwald – das Ergebnis ist vollkommen unterschiedlich! Nehmen wir geschmacksneutrales Öl, gerät das Gericht fad und langweilig – mit einem geschmacksreichen Öl hingegen wird es geradezu aufregend: fruchtiges Olivenöl, aromatisches Kürbiskernöl, edles Walnuß- oder kräftiges Haselnußöl, würziges Sesam-, Lein- oder fast schon aufdringliches Hanföl vermögen ohne jegliche Mühe bereits einzigartige Akzente zu setzen …
Das Ei war einst ein ziemlich teures, saisonales Produkt – es stand uns nur vom Frühjahr (zu Ostern gab es die ersten frischen Eier, ein Symbol für die wiedererwachende Natur!) bis in den Herbst hinein zur Verfügung. Im Winter gab es keine frischen Eier, sondern nur in Wasserglas eingelegte – kaum mehr vorstellbar! Heute können wir Eier rund ums Jahr für billiges Geld kaufen. Erst Zucht und weniger naturnahe Haltungsmethoden – mit künstlichem, die kurzen Tage verlängerndem Licht und Kraftfutter – haben das möglich gemacht. Die Überlistung der Natur hat freilich ihren Preis, den die Legehennen bezahlen müssen …
Eier eignen sich wie kaum eine andere Zutat, genau die Ansprüche zu erfüllen, die wir an den saisonalen Charakter eines Gerichtes stellen: Im Sommer lieben wir sie mit frischen Kräutern aromatisiert, leicht verdaulich und zart, im Winter sättigen sie uns, gepaart mit der intensiven Würze kräftiger Saucen.

Gekochte Eier

Gekochte Eier in Sauce

Ob Ihre Familie ein solches Essen für Resteverwertung hält oder im Gegenteil für ein begehrenswertes Gericht, hängt von den Saucen ab. Mit ihnen sollten Sie sich ruhig ein wenig Mühe machen – Sie werden sehen: Plötzlich verlangen Ihre Lieben, daß es mitten im Sommer Ostereier gibt. Trösten Sie sie: Es können durchaus auch ganz normale, eigens zu diesem Zweck gekochte Eier sein. Pro Person rechnen Sie 2 Eier. Dazu schmecken übrigens am allerbesten Kartoffeln, auch als Püree zubereitet, weil sie die Sauce gut aufnehmen.

Senfsauce

Diese Sauce eignet sich übrigens auch wunderbar als Begleitung zu gekochten oder gedämpften Fisch.

Für 4 Personen:

2 gehäufte EL englisches Senfpulver (Colmans), 1 TL helle Senfkörner, 2 EL Butter, ¼ l Fleischbrühe oder Kalbsfond, 100 g Crème fraîche, 2 Eigelbe, Salz, Pfeffer, je 1 Spritzer Worcestershire Sauce und Zitronensaft, Schnittlauch

1. Das Senfpulver mit den Senfkörnern in der aufschäumenden Butter andünsten. Es darf dabei jedoch nicht bräunen. Mit Brühe auffüllen und leise um knapp ein Drittel einköcheln.
2. Die Crème fraîche zufügen. Einmal aufkochen. 2 Eßlöffel der Sauce mit dem Eigelb verquirlen, hineinrühren und unter ständigem Rühren erhitzen, bis die Sauce cremig wird.
3. Salzen, pfeffern, mit Worcestershire Sauce und Zitronensaft abschmecken. Zum Schluß reichlich Schnittlauchröllchen in die Sauce rühren.

Kräutersauce

Eine Variante zur bekannten Frankfurter oder »Grie Soß«, die angeblich Goethes Lieblingssauce gewesen sein soll. Sie brauchen dafür jede Menge frische Kräuter. Sieben verschiedene sollen es sein: zum Beispiel Kerbel, Petersilie, Dill, Schnittlauch, Borretsch, Liebstöckel und Sauerampfer, Mutige nehmen auch ein bißchen Estragon. In Frankfurt und Umgebung kann man diese Mischung, fix und fertig zusammengestellt, als Paket kaufen. Anderswo muß man schauen, was der Markt oder Gärtner so an Kräutern bietet:

Für 4 Personen:

2 große Handvoll geputzter Kräuter (das heißt: bereits von den harten Stielen gezupfte Blätter), 1 Ei, knapp ¼ l Öl, Zitronensaft, Salz, Pfeffer, ½ TL Senf, 1 Spritzer Worcestershire Sauce, 200 g saure Sahne

1. Die Kräuter im Mixer fein zerkleinern, das ganze Ei zufügen und aufmixen. Langsam das Öl hinzufließen lassen.
2. Kräftig würzen, vor allem mit Zitrone und Senf, erst ganz zum Schluß die saure Sahne mit einem Löffel unterrühren.

Tip: Damit sich eine innige Emulsion bildet, müssen alle Zutaten die gleiche, am besten Zimmertemperatur haben.

Zwiebelsauce

Für 4 Personen:

250 g Zwiebeln, 3 Knoblauchzehen, 2 EL Butter, 1 gestrichener EL Mehl, ½ l Rotwein, Salz, Pfeffer, 50 g eiskalte Butter in Flöckchen, Kerbelblättchen

1. Die Zwiebeln in Ringe hobeln, in der heißen Butter sehr langsam weich dünsten, ohne daß sie bräunen. Schließlich mit Mehl überstäuben und gründlich durchrühren, damit das Mehl sich mit der heißen Butter innig verbindet.
2. Jetzt mit ein wenig Rotwein ablöschen. 15 Minuten leise durchkochen, dabei immer wieder einen Schuß Rotwein angießen, bis aller Wein verarbeitet ist.
3. Die Sauce im Mixer glattpürieren, am besten zusätzlich noch durch ein Sieb streichen. Salzen, pfeffern und mit der kalten Butter aufschlagen. Zuerst mit einem Löffel einrühren oder auch nur einschwenken. Dann mit dem Mixstab aufschlagen, damit die Sauce schön bindet und schaumig wird.

Tomatensauce

Eine Sauce, die um so besser wird, je länger man sie köcheln läßt. Falls sie dabei zu stark einzudicken droht, mit einem Schuß Wein, Brühe oder auch einfach mit Wasser verdünnen. Diese Sauce läßt sich im übrigen auch wunderbar einfrieren: in Joghurtbechern oder entsprechenden Gefrierdosen, so haben Sie rasch eine Mahlzeit zur Hand.

Gut für die Gesundheit wie für den Geschmack ist ein Schuß frisches Olivenöl, das Sie immer zum Schluß in die Sauce einrühren.

Für 4 Personen:

1 große Zwiebel, 3 Knoblauchzehen, 3 EL Olivenöl, 1 Dose geschälte Tomaten (etwa 450 g), 1 Glas Rotwein oder Brühe (auch halb und halb), 1 Lorbeerblatt, 1 TL Oregano, Salz, Pfeffer, 1 getrocknete Chilischote

1. Die feingehackte Zwiebel und den durch die Presse gedrückten Knoblauch in dem heißen Olivenöl weich dünsten. Möglichst einen flachen, weiten Topf, besser sogar eine tiefe Pfanne dafür nehmen – darin kann die Sauce besser einkochen.
2. Die Tomaten mitsamt ihrem Saft hinzufügen, mit Wein oder Brühe auffüllen. Die Gewürze zur Sauce geben. Auf kleinem Feuer mindestens eine halbe Stunde leise köcheln lassen.
3. Wer mag, mixt die Sauce vor dem Servieren glatt. Vorher jedoch sollten Sie das Lorbeerblatt und die Chilischote erst herausfischen.

Vom Eierkochen

Sogar Gelehrte streiten sich gern: Setzt man ein Ei besser im kochenden Wasser oder lieber kalt auf? Und wie immer, wenn man sich nicht einigen kann, gibt es keine eindeutige Antwort. Man kann es eben halten, wie man will. Aber: Setzt man es kalt auf, ist es schwierig, eine präzise Garzeit einzuhalten – vor allem, wenn das Ei aus dem Kühlschrank kommt. Vorteil: Die Schale springt weniger leicht. Wer das Ei lieber ins kochende Wasser setzt, sticht es deshalb am stumpfen Ende mit einer Nadel an. So kann sich die dort befindliche Luft, sobald es ihr durch die Hitze zu eng wird, einen Weg nach draußen verschaffen, ohne die Schale zu sprengen. Für kalt aufgesetzte Eier gelten folgende Kochzeiten (in Klammer jeweils die Zeiten für ins kochende Wasser eingelegte Eier):

weich, Eiweiß fest, Eigelb flüssig: nach dem Aufkochen noch 1 Minute (3 bis 4 Minuten);

wachsweich, Eigelb gerade eben cremig: nach dem Aufkochen 2–3 Minuten (5 bis 6 Minuten);

hart, Eigelb ist schnittfest: nach dem Aufkochen 5 Minuten (9 bis 12 Minuten, je nach Verwendungszweck).

Exotische Soleier

Es ist ein bißchen in Vergessenheit geraten, das gute alte Solei. Früher stand es in jeder anständigen Berliner Kneipe im großen Glas auf dem Tresen, wo sich jeder selbst bedienen konnte. Handelte es sich um ein Haus mit Sinn für Qualität, so befand sich daneben ein kleines Tablett mit den nötigen Zutaten, die aus einem gewöhnlichen Solei eine kleine Delikatesse machen: Senf, Essig, Öl, Tabasco und natürlich Salz und Pfeffer. Liebhaber halbieren das gepellte Ei, füllen die leere Eiweißhälfte mit den bereitgestellten Würzen, legen den zuvor ausgelösten Dotter wieder oben auf und verspeisen dieses Kunstwerk mit einem Biß.
Auf Parties sind Soleier eine wunderbare Sache. Sie sehen in ihrer Lake in einem Glas dekorativ aus, jeder mag sie, und sie sind die ideale Stärkung beim Feiern! Um dem Solei wieder zur verdienten Popularität zu verhelfen, haben wir ihm neue Gewürze beigesellt. Und siehe da: Ein bißchen Exotik tut ihm erstaunlich gut! Die Soleier bleiben übrigens bis zu vierzehn Tagen (und auch länger) in ihrer Lake haltbar. Sie nehmen in dieser Zeit durch die poröse Schale die Aromen auf. Sie werden schärfer (durch die Chilis) und salziger. Und sie schmecken vorzüglich!
Am besten dazu kerniges Vollkornbrot oder Bauernbrot servieren. Und ein kühles Bier.

Für ein 5-Liter-Glas:

20 Eier, 5 frische Chilischoten (rot und grün), 2 EL Koriandersamen, 1 EL gefriergetrockneter rosa Pfeffer, 2 EL Senfsamen, je 1 EL weiße und schwarze Pfefferkörner, je 1 TL Wacholderbeeren und Pimentkörner, 5–8 Lorbeerblätter, Dilldolden, 1,5 l Wasser, 150 g Salz

1. Die Eier hart kochen, abschrecken, rundum vorsichtig die Schale etwas einknicken, damit die Gewürze noch besser eindringen können. Mit Gewürzen in ein hohes Glas schichten.
2. Wasser aufkochen, das Salz darin auflösen. Abgekühlt über die Eier gießen – sie müssen von der Sole vollkommen bedeckt sein. Mindestens drei Tage, besser länger darin ziehen lassen.

Sojaeier

Keine Angst, es handelt sich nicht um die berühmt-berüchtigten hundert-, manchmal sogar tausendjährig genannten chinesischen Eier. (Die sind übrigens keineswegs auch nur annähernd so alt, sondern werden nur wenige Wochen in Asche und Lehm luftdicht eingepackt. Dabei findet ein Fermentierungsprozeß statt, der ihr Eiweiß schwarz färbt, den Dotter giftig grün macht. Das sieht so ungewohnt aus, daß man beim ersten Mal schon ein bißchen erschrecken kann. Aber wenn man an dem eigentümlichen Geschmack Gefallen gefunden hat, kann man geradezu versessen darauf werden.)

Unsere Sojaeier sind in kurzer Frist genießbar und auch lange nicht so fremdartig. Sie können als kleines Abendessen, aber auch als hübsche Vorspeise serviert werden.

Für 4 – 6 Personen:

SUD:
6 Eier, ⅛ l Sojasauce, ⅛ l Hühnerbrühe, 4 EL Sherry, 2 EL Zucker, 1 Zwiebel, 2 Knoblauchzehen, 1 Stück Ingwerwurzel (etwa 2 cm)

ZUM ANRICHTEN:
Kopfsalatblätter, glatte Petersilie oder Koriandergrün

1. Die Eier hart kochen, kurz abschrecken. Inzwischen Sojasauce, Hühnerbrühe und den Sherry zusammen aufkochen. Zucker, feingehackte Zwiebel, Knoblauch und Ingwer zufügen und 10 Minuten leise köcheln.
2. Eier pellen und in den heißen Sud legen. Etwa einen Tag ziehen lassen.
3. Zum Servieren Eier in Viertel schneiden, auf mit Salatblättern ausgelegtem Teller hübsch anrichten. Mit etwas Sud beträufeln. Und mit Petersilie oder Korianderblättchen schmücken.

Pochierte Eier

Sie kommen eigentlich nie allein vor, immer in Begleitung, sozusagen als Krönung einer kleinen Mahlzeit: um diese gehaltvoller, interessanter und bunter zu machen. Deshalb hier ein paar Ideen, worauf Sie ein solches Ei betten können.

Pochieren ist wirklich ganz einfach – allerdings müssen die Eier frisch sein. Denn nur dann umschließt das Eiweiß das Gelb fest genug und fludert nicht flockig aus.

Für 4 Personen:

1 l Wasser, 2–3 EL Essig, 4 absolut frische Eier

1. Das Wasser in einem passenden Topf aufkochen – es darf mit Essig oder Weißwein gewürzt sein, aber auf keinen Fall mit Salz. Das macht das Eiweiß hart.
2. Zunächst jedes Ei aufschlagen und einzeln in eine Suppenkelle gleiten lassen. Mit ihrer Hilfe läßt sich das Ei, ohne daß

Für mehr als zwei Personen pochierte Eier à la minute zu machen, ist schwierig, aber möglich. Die Eier nacheinander pochieren, wie oben beschrieben, jedoch nur gute zwei Minuten ziehen lassen. Dann sehr behutsam herausheben und auf eine mit Küchenpapier ausgelegten Platte betten. Kurz vor dem Servieren noch einmal für eine Minute in heißem Wasser erwärmen.

Sie sich die Finger dabei verbrühen – bequem ins siedende Wasser befördern.

3. Das Wasser sollte leise wallen, bevor das Ei hineinkommt, unmittelbar vorher mit einem Kochlöffel heftig in der Topfmitte rühren, bis das Wasser tatsächlich wie ein Strudel kreiselt. In die Mitte dieses Strudels das Ei hineinbefördern, wo die Bewegung das Eiweiß eng um das Eigelb schmiegt. Unter Umständen muss man mit dem Kochlöffel ein wenig nachhelfen.
4. Nach etwa 3 Minuten können Sie das fertige Ei mit der Schaumkelle herausheben. Auf Küchenpapier abtropfen lassen, mit einer Schere schließlich flusig abstehende Eiweißfäden wegschneiden, damit das Ei schön glatt und abgerundet wirkt.

Avocado mit roher Tomatensauce und pochiertem Ei

Eine leichte, bekömmliche und bildschöne Vorspeise. Die Avocados rechtzeitig besorgen. Sie sollten butterweich sein. Zum Nachreifen locker in Zeitungspapier wickeln.

Für 4 Personen:

4 Eier, 4 EL Essig, 2 reife Fleischtomaten, 2 Schalotten, Salz, Pfeffer, 2 EL Olivenöl, 2 reife Avocados, Saft 1 Zitrone

1. Die Eier in Essigwasser pochieren.
2. Die Tomaten kurz in dasselbe kochende Wasser tauchen, häuten, entkernen und mit einem großen Messer auf einem Arbeitsbrett sehr fein hacken, geradezu pürieren. Dies nicht mit dem Mixer tun, weil darin das Tomatenfleisch schaumig und weißlich wird.
3. Das Tomatenmus mit einer sehr fein geschnittenen Schalotte mischen, salzen, pfeffern, mit Essig und Öl würzen.
   Als Klecks auf 4 Teller verteilen. Je 1 pochiertes Ei darauf betten.
4. Die geschälten und halbierten Avocados quer in dünne Scheiben schneiden, mit der Hand etwas flachdrücken, damit sie sich fächerartig ausbreiten. Neben das Ei auf jeden Teller setzen. Die zweite, sehr fein geschnittene Schalotte daraufstreuen, salzen, pfeffern, mit Zitronensaft beträufeln.

Verlorenes Ei zum frühlingshaften Salat

Für 4 Personen:

3 Handvoll gemischte Salatblätter, 100 g roher Schinken, hauchdünn geschnitten, 4 pochierte Eier

MARINADE:
1 TL Senf, 1 EL Crème fraîche, 3 EL Essig, 3 EL Öl, Salz, Pfeffer

Hierfür können Sie alle Arten von Blattsalat verwenden, die Sie gerade auf dem Markt finden.

1. Die Salatblätter putzen und zerzupfen.
2. Den Schinken von jeglichem Fett befreien und in feine Streifen schneiden. Alles hübsch auf einer großen Platte oder auf 4 Tellern verteilen. Die Eier daraufbetten.
3. Für die Marinade die Zutaten mit dem Schneebesen aufschlagen, bis sie sich cremig verbunden haben. Über die Salatzutaten träufeln.

Verlorenes Ei auf Löwenzahnsalat mit Speckstreifen

Sobald die ersten wärmeren Sonnenstrahlen vom nahen Ende des Winters künden und die ersten Löwenzähne dazu bringen, ihre Blätter aus der Erde zu treiben, sollte man, mit einem spitzen Messer bewaffnet, zum Löwenzahnstechen gehen – denn die blutreinigende Bitterkeit des Löwenzahns ist genau das, was der Körper jetzt im Frühjahr braucht! Natürlich sollte man nicht gerade neben einer vielbefahrenen Straße suchen, und auch nicht unbedingt dort, wo Hunde bevorzugt spazierengeführt werden.

Für 4 Personen:

4 gute Handvoll Löwenzahnblätter, 200 g durchwachsener, geräucherter Speck in 3 mm starken Scheiben, 3 EL Sonnenblumenöl, 6 EL Essig, Pfeffer, 2 Tomaten, 4 pochierte Eier, Salz

1. Die Löwenzahnblätter gründlich waschen und gut trocken schleudern. Das Wurzelende knapp abschneiden, große Blätter quer halbieren, die winzigen Knospen kann man jedoch mitessen! In eine Schüssel geben.
2. Den Speck in schmale Streifen schneiden. In einem Eßlöffel Öl in einer Pfanne kroß ausbraten. Mit einer Schaumkelle herausheben und über die Löwenzahnblätter streuen. Das Fett aus der Pfanne weggießen, den Bratensatz jedoch mit drei Löffeln Essig ablöschen und sofort über den Löwenzahn

gießen. Das restliche Öl hinzufügen, aus der Mühle pfeffern und alles gründlich mischen.

3. Den Salat auf Tellern hübsch anrichten, mit Tomatenachteln garnieren – nach Belieben die Tomaten zuvor häuten –, pochierte Eier obenauf setzen und jetzt unverzüglich servieren.

Gebackene Eier

Für 4 Personen:

Öl zum Fritieren (am besten Olivenöl), 4 frische Eier

Besonders gut schmecken die gebackenen Eier mit Rahmspinat. Geben Sie einen Klecks sahniges Kartoffelpüree auf einen Teller, richten Sie darauf einen Kreis Spinatcreme an, setzen Sie ein gebackenes Ei obenauf – das schmeckt umwerfend gut. Und wenn Sie im Winter einen weißen Trüffel ergattern, dann hobeln Sie soviel Sie können frisch darüber – das ist der Himmel auf Erden!

Diese Zubereitungsmethode hat sich geradewegs aus dem Pochieren entwickelt: Wenn Sie statt Wasser siedendes Öl nehmen, die Eier auf die gleiche Weise garen – nur jetzt bei ungleich höheren Temperaturen –, entsteht etwas Köstliches: nämlich Eier mit einer appetitlich braunen Kruste und einem flüssig bis cremigen Dotter, je nach Garzeit.

1. In einem kleinen Töpfchen dreifingerhoch Öl erhitzen. Sobald an einem Holzlöffel dicke Bläschen heftig emporsteigen, ist es ausreichend heiß, sodann das Ei mit Hilfe der Suppenkelle hineinbefördern, darauf achten, daß das Eiweiß sich ganz um den Dotter schließt
2. Das Ei etwa 2 bis 3 Minuten backen. Auf Küchenpapier abtropfen, um alles überschüssige Fett zu entfernen.
3. Als Vorspeise auf einer bunten Salatmischung anrichten.

Fritiertes Ei à la thai

Für 1 Person:

Öl zum Fritieren, 1 Hühnerei, Salat- und Kräuterblätter, Thaimarinade (Seite 145)

Ein phantastisches Spektakel, wenn das Ei ohne seine Schale ins kochend heiße Öl gleitet, es rauscht und zischt enorm und sofort bauscht sich das Eiweiß zu einer bizarren Wolke auf. Die Kunst ist, das Ei so gleichmäßig im heißen Öl zu drehen, daß das Eiweiß rundum fest wird und eine schöne Kruste bildet, das Eigelb innen jedoch noch wachsweich bleibt.

1. Das Öl im Wok erhitzen, bis an einem Stäbchen, daß man hineintaucht, heftig Bläschen emporsteigen.

2. Damit man es besser steuern kann, das Ei zuerst in eine Tasse oder Kelle aufschlagen und von dort aus ins dann sofort heftig aufrauschende Öl gleiten lassen.
3. Mit der Bratschaufel das Ei ständig drehen, damit es rundum eine gleichmäßige Kruste bekommt.
4. Das Ei ist fertig, wenn die Kruste geschlossen ist.
5. Auf einem Brett mit dem Küchenbeil vierteln, die Stücke auf einem Bett von Salat- und Kräuterblättern anrichten und mit der Thaimarinade besträufeln.

Rühr- und Spiegeleier

Wie frisch sind unsere Eier?

Inzwischen kann man ja ziemlich viel auf den Eierkartons ablesen. Es sagen sogar Stempel auf den einzelnen Eiern, woher sie kommen, in welcher Art von Tierhaltung sie produziert wurden. Leider nur, wann sie verpackt, und nicht, wann sie gelegt wurden. Auch ein Mindesthaltbarkeitsdatum ist vermerkt. Von diesem soll man 28 Tage zurück rechnen, um den Legetag zu erfahren. Aber warum überhaupt diese Geheimnistuerei?
Es ist natürlich Ansichtssache, ob man lieber Öko-Eier (Kennzeichen 0), Eier aus Freilandhaltung (Kennziffer 1), aus Bodenhaltung (Nr. 2) oder aus Käfighaltung (Nr. 3) kauft. Manche behaupten, das sei egal – wir sind anderer Meinung: Erstens ist eine Schande, den Tieren ihre Würde zu nehmen und gegen ihre Natur zu halten, und zweitens sind wir sicher, daß Produkte aus artgerechter Haltung nicht nur besser schmecken, sondern auch bekömmlicher sind. Man denke nur an die Medikamente, die in der Massentierhaltung nötig sind, und die man mit den daher kommenden Produkten zu sich nimmt. Artgerecht und mit der Natur im Einklang produzierte Lebensmittel sind etwas teurer, aber das sollten einem der eigene Körper und unsere Umwelt wert sein.

Wir haben das Glück selber Hühner halten zu können. Wir schreiben auf die Eier jeden Tag mit Bleistift das Datum, wann sie gelegt wurden, man vertut sich schnell, wenn sie eine Weile im Kühlschrank liegen.
Legefrische Eier brauchen übrigens ein paar Tage zum Reifen. Die ersten vier, fünf Tage sind sie noch gar kein richtiger Genuß: Das Eiweiß ist dann noch völlig unharmonisch, es wirkt grießelig, läßt sich auch gar nicht gut aufschlagen. Erst danach entwickelt ein Ei seinen Geschmack. Und dann kann man ziemlich sicher sein, daß es gut zehn bis vierzehn Tage makellos frisch bleibt. Zum Kochen und Backen kann man Eier auch noch gut weitere zwei Wochen verwenden. Vorausgesetzt, sie werden kühl und trocken und in einer neutralen Umgebung aufbewahrt. 12° C und 80 % Luftfeuchtigkeit sind ideal. Temperaturschwankungen sollte man meiden, da sonst die Eier schwitzen und zu schimmeln beginnen können. Starke Gerüche in der Umgebung sind zu meiden. Über seine poröse Schale nimmt ein Ei sie nämlich leicht auf. Ein Effekt, den man übrigens nutzen kann, wenn man ihm ein besonderes Parfum vermitteln will: Eier zusammen mit intensiven Gewürzen gelagert schmecken anschließend danach!

Spiegeleier

Ein Spiegelei verlangt nach Begleitung. Meist kommt es auf dem Schinkenbrot als Strammer Max daher. Dabei ließe sich damit durchaus origineller variieren. Zum Beispiel nach folgenden Rezepten:

– auf Kalbsnieren mit Erbsen

Das macht nicht viel Mühe und kostet nicht viel Zeit. Denn die Nieren sind in kürzester Zeit fertig.

1. Die Niere sorgfältig säubern, die weißen Harnstränge herausschneiden, Häutchen und Fettreste entfernen.

Die Nieren in 1 cm Scheiben schneiden.

2. In einer Pfanne das Butterschmalz sehr stark erhitzen, die Nierenscheiben nebeneinander hineinlegen, sofort an der Pfanne rütteln, damit sie nicht festkleben und sich gleich eine schöne Kruste bildet.
3. Die Scheiben rasch wenden, auch auf der anderen Seite kroß braten, salzen und pfeffern. Auf einem Teller beiseite stellen.
4. Im verbliebenen Bratfett die feingeschnittenen Schalotten weich dünsten. Die Erbsen gefroren zufügen. Mit Sherry und Fond ablöschen. Etwas einkochen. Die Nierenscheiben in dieser Sauce wieder behutsam erwärmen. Mit Salz und Pfeffer abschmecken. Noch reichlich gehackte Kräuter einstreuen.
5. Die Eier in heißer Butter braten, auf dem Nierenragout anrichten und mit der Bratbutter beträufeln. Am besten auf einer dicken, getoasteten Scheibe Bauernbrot servieren.

Für 2 – 4 Personen:

1 Kalbsniere (um 400 g), 2 EL Butterschmalz, Salz, Pfeffer, 2 Schalotten, 150 g Perlerbsen (tiefgekühlt), 1/8 l Sherry, 4 EL Fond oder Brühe, Kerbel, Petersilie und Sauerampfer, 4 Eier, 2 EL Butter

– auf Blattspinat im Kartoffelnest

Eine ganz klassische Zusammenstellung, aber man bekommt sie selten. Früher, als man noch glaubte, daß Spinat besonders gesund sei, weil so viel Eisen in ihm steckt, mußte man ihn essen – ob man wollte oder nicht. Als Kinder wollten wir meistens nicht. Heute weiß man, daß Spinat der Gesundheit nicht mehr förderlich ist als anderes Gemüse, endlich dürfen wir ihn essen, weil er so gut schmeckt.

1. Die Kartoffeln in ihrer Schale weich kochen. Pellen, durch die Kartoffelpresse in einen Topf drücken, in dem bereits die Milch soeben aufkocht. Sofort Salz und Butter zufügen. Mit einem Schneebesen rasch aufschlagen, nicht zu lange rühren, weil sonst das Püree schmierig wird. Sehr mutig mit reichlich Muskatnuß würzen.
2. Wer keine Kartoffelpresse hat, bereitet Stampfkartoffeln zu: Dafür Salzkartoffeln kochen, nach dem Abgießen Milch zufügen und mit dem Kartoffelstampfer zum möglichst

Für 4 Personen:

KARTOFFELPÜREE:
1 kg mehligkochende Kartoffeln, etwa 1/4 l Milch, 2 EL Butter, Salz, Muskatnuß

SPINAT:
1 Zwiebel, 1 Knoblauchzehe, 2 EL Butter, Salz, Pfeffer, 1 kg Spinat, Muskat

AUSSERDEM:
4 Spiegeleier

Den Spinat mit etwas Sahne fein pürieren. Diesen Cremespinat im Kartoffelnest anrichten und mit weißem Trüffel überhobeln – ein erlesenes Feinschmeckeressen! Ein genauso großes Vergnügen: wenn man ganz junge und feste Steinpilze roh darüberhobelt!

glatten Mus zerkleinern. Dabei von oben nach unten drücken, niemals kreisend, auch das macht das Püree schmierig.

3. Für den Spinat die Zwiebel und den Knoblauch sehr fein hacken oder reiben und in einer großen Pfanne in heißer Butter andünsten. Die Pilze blättrig hobeln, ebenfalls zufügen und einige Minuten mitschwenken. Salzen und pfeffern. Herausnehmen und warm stellen. Schließlich den sorgfältig verlesenen, von seinen Stielen befreiten Spinat zufügen. Salzen, pfeffern und mit Muskat würzen. Zugedeckt einige Minuten lang zusammenfallen lassen.
4. Das Kartoffelpüree auf einer großen Pfanne als Ring anrichten. In die Mitte den Spinat betten. Die Spiegeleier dekorativ daraufsetzen.

Tip: Muskatnuß: immer frisch! Niemals sollten Sie im voraus gemahlene Muskatnuß verwenden. Denn sie hat ihre Wirkkraft schnell verloren. Die ganze Nuß ist auch nicht teurer, sie hält sich viele Jahre lang, sofern Sie sie in einem Schraubglas gut geschützt aufbewahren. Ein Tip: Stecken Sie die Muskatreibe gleich dazu, dann brauchen Sie nicht erst lange danach zu suchen, wenn sie rasch zur Hand sein soll.

Rühreier

Sie sind nun mal die Lieblingskinder aller großen Köche, weil sie so vielseitig und wandlungsfähig sind. An ihnen mißt sich ein guter Koch! Das Grundprinzip ist kinderleicht: Die Eier werden klassisch mit Salz und Pfeffer gewürzt und nach Belieben mit einem Schuß Sahne verquirlt. Aber schon in diesem Stadium läßt sich eine Menge Abwechslung schaffen. Würzen Sie Ihr Rührei einmal ganz anders: mit einem Schuß Worcestershire Sauce, Sojasauce oder auch Tabasco. Mit gemahlenem Kreuzkümmel bekommt es einen exotischen Einschlag, mit Curry oder Paprika einen Hauch Schärfe. Abgeriebene Zitronenschale verleiht ihm Frische. Muskatblüte – mit Piment im Mörser zerrieben – macht es ungewohnt pikant.

– mit Hühnerlebern

Für 2 Personen:

200 g Hühnerlebern, 2 EL Butter, Salz, Pfeffer, 1 Schalotte, einige Thymianblättchen, 3 EL Portwein, 1 EL Aceto balsamico (Balsam-Essig aus Modena), 6 Eier, 4 EL Sahne, 1 EL Butter

1. Die Lebern sorgfältig häuten, von Sehnen säubern, in ihre natürlichen Hälften teilen; falls diese noch zu groß sind, ebenfalls halbieren.
2. In einer Pfanne die Butter erhitzen, die Lebern rasch darin rundum anbraten, dabei salzen und pfeffern. Die sehr fein gehackte Schalotte und Thymian zufügen.
3. Bei milder Hitze etwas ziehen lassen, dann mit Portwein und Balsamico ablöschen. Neben dem Herd zugedeckt ziehen lassen, bis das Rührei fertig ist.
4. Die Eier mit der Sahne verquirlen, durch ein Sieb streichen, um die Hagelstränge aufzufangen. Salzen, pfeffern und in der leise zerschmelzenden Butter langsam stocken lassen. Auf zwei Tellern anrichten. Die Lebern obenauf betten. Dazu geröstetes italienisches Weißbrot!

– mit Tomaten und Auberginen

Für 2 Personen:

1 Fleischtomate, 1 kleine Aubergine, 2 Knoblauchzehen, 2 EL Olivenöl, Salz, Pfeffer, Basilikum, 2 Portionen Rührei

1. Die Tomate brühen, häuten, entkernen, das Fruchtfleisch zentimetergroß würfeln und in einem Sieb abtropfen lassen.
2. Die Aubergine in ebenso große Würfel schneiden. Im heißen Öl kroß anbraten, die gehackten Knoblauchzehen erst zufügen, wenn die Auberginen fast gar sind. Mit den Tomatenwürfeln mischen, salzen und pfeffern und mit dem feingeschnittenen Basilikum würzen.
3. Zum Schluß das fertige Rührei vorsichtig unter das Gemüse mischen.

– mit Krabben und Gurke

Für 2 Personen:

½ Salatgurke, Salz, Pfeffer, 1 EL Zitronensaft, 1 EL Öl, 1 Bund Dill, 200 g Nordseekrabben, 2 Portionen Rührei

1. Gurke schälen, entkernen, in ½ cm große Würfel schneiden. Mit einer Marinade aus Salz, Pfeffer, Zitrone, Öl und fein geschnittenem Dill würzen.
2. Zusammen mit den abgetropften Krabben unter das frisch zubereitete Rührei mischen.
3. Auf gebutterten Scheiben von Vollkornbrot anrichten.

– mit Kräutern

Das richtige Frühlingsessen: leicht, bekömmlich, voller Vitamine und wichtiger Nährstoffe und trotzdem gut für die Linie. Mit den ersten Kräutern der Saison schmeckt es einfach noch mal so gut!

Für 2 Personen:

6 Eier, 2 EL Sahne, Salz, Pfeffer, 2 Handvoll gemischte Kräuter: ganz zarte Liebstöckelblattspitzen, Schnittlauch, Petersilie, Kerbel, Sauerampfer und Löwenzahn, 2 EL Butter

1. Die mit der Sahne verquirlten Eier durch ein Sieb streichen und würzen. Die Kräuter verlesen, fein hacken und unter die Eiermasse rühren.
2. In einer beschichteten Pfanne die Butter eben zergehen lassen, die Eiermasse hineingießen. Sehr langsam stocken lassen, dabei mit dem Holzspatel schieben, bis das gerade eben gestockte Ei große Flocken bildet, die feucht glänzen.

Tip: In ausgehöhlten Tomaten anrichten.

– mit Morcheln

Für 2 Personen:

1 kleine Handvoll Morcheln, Milch, 1 Schalotte, 2 EL Butter, Salz, Pfeffer, 2 Stengel Petersilie, 2 Portionen Rührei

Ein besonderes Vergnügen natürlich mit frischen Morcheln!

1. Die Morcheln in heißer Milch einweichen.
2. Die sehr fein gehackte Schalotte in der heißen Butter weich dünsten, aber nicht bräunen. Morcheln (je nach Größe im ganzen, halbiert oder auch geviertelt) hinzufügen und leise

einige Minuten in der Butter dünsten. Salzen, pfeffern und die feingeschnittene Petersilie hinzufügen. Eine Minute durchschwenken und dann unter das fertige Rührei mischen.

Verwenden Sie für die Zubereitung des Rühreis statt Sahne einfach etwas von der Einweichmilch, in welcher die Morcheln gezogen haben.

Tip: Ein Schönheitsbad für Morcheln: Getrocknete Morcheln sind verhutzelt und verschrumpelt. Das ändert sich rasch, wenn sie mit kochender Milch übergossen werden und eine halbe Stunde darin ziehen dürfen. Bevor Sie die Morcheln nach Rezept weiterverwenden, schneiden Sie die ausgefransten Füßchen ab. Natürlich wirft man sie nicht weg, sondern läßt sie als Gewürz in Fonds, Saucen oder Brühen mitkochen, wo sie noch ein bißchen ihres guten Geschmacks abgeben.

– mit Paprika und Schinken

Am besten schmeckt Paprika ganz kurz in Olivenöl gebraten – dann öffnet sich sein Aroma und geht mit dem Geschmack des Olivenöls eine wunderbare Verbindung ein. Aber: Sobald der Paprika erhitzt wird, kann seine hauchdünne Haut, die im Salat überhaupt nicht stört, unangenehm werden. Ein ganz leichter Trick, sie ohne Mühe loszuwerden: mit dem Kartoffel- oder Gurkenschälmesser einfach dünn abschneiden. Es funktioniert wunderbar!

Für 2 Personen:

1 rote Paprikaschote, 2 EL Olivenöl, 100 g gekochter Schinken in zwei Scheiben, Pfeffer, 2 Portionen Rührei, 1 Bund Schnittlauch

1. Die geschälte und entkernte Paprikaschote würfeln. Im heißen Öl rasch unter Schwenken und Rütteln der Pfanne anbraten.
2. Den ebenso groß gewürfelten Schinken dann zufügen. Sparsam pfeffern. Salzen wird wahrscheinlich nicht nötig sein: Der Schinken bringt schon Salz genug mit.
3. Kurz, bevor es fertig ist, unter das fertige Rührei mischen. Alles hübsch mit Schnittlauchröllchen überstreuen.

Kernöl-Eierspeis'

Eierspeis' nennt man in Österreich jedes Rührei – das klingt hübsch, irgendwie nach Hofrat und Küß' die Hand. Und mit dem Kernöl vermischt sieht ein Rührei sehr ungewöhnlich aus! Wir lieben dieses phantastische Rezept aus Österreich. Es kommt, genauer, aus der Steiermark, wo man aus den Kernen einer speziellen Kürbissorte ein wundervolles Öl preßt: dick, dicht, hocharomatisch und dunkelgrün, mit einem unnachahmlichen Duft nach jungen Nüssen. Bei uns gibt es Kürbiskernöl in guten Feinkostläden, manchmal auch im Reformhaus. Es muß unbedingt frisch sein, nur dann ist sein nussiger Geschmack rein. Es sollte kühl und dunkel aufbewahrt werden, sobald die Flasche angebrochen ist. Wenn man nicht alsbald alles verbrauchen kann, das Öl portionsweise einfrieren, dann behält es sein frisches Aroma!

Für 2 Personen:

4–5 Eier, Salz, Pfeffer, ½ TL Delikateßpaprika, 2 EL Butter, 2–3 EL Kürbiskernöl, Schnittlauch, eventuell Kürbiskerne

1. Auch hier beginnt es mit Butter – denn das Kernöl ist ja nur ein Gewürz und sollte so wenig wie nur möglich erhitzt werden. Sobald sie in der Pfanne zerschlichen ist, die verquirlten, gewürzten Eier zufügen, vorsichtig stocken lassen und erst dann nach und nach löffelweise das Kernöl unterrühren.
2. Nur ein wenig Schnittlauchröllchen obenauf streuen und auf einem gebutterten Vollkorn- oder Bauernbrot anrichten

Wer hat, streut zum Schluß noch geröstete, ganz grob mit einem Messer gehackte Kürbiskerne darüber. In diesem Fall kann man die Kerne, bevor alles beginnt, in der trockenen Pfanne anrösten. Sie sollte dafür heiß sein, dann schwitzen die Kerne etwas von ihrem Fett aus. Danach allerdings muß man mit der Hitze vorsichtig sein, die Pfanne kurz ein wenig auskühlen, denn eigentlich ist sie jetzt für ein perfektes Rührei zu heiß!

Beilage: Warum nicht ein Kartoffelsalat, allerdings nicht ebenfalls mit Kernöl angemacht, das wäre des Guten zuviel, sondern mit einem würzigen Olivenöl und einem Löffelchen Senf. Die gerösteten Kürbiskerne schmecken übrigens auch gut im Kartoffelsalat – sie geben ihm einen willkommenen Biss.

Getränk: Dazu einen grünen Veltliner trinken und an den Donauwalzer denken. Gut paßt auch ein gelber Muskateller aus der Steiermark. Etwa vom Weingut Neumeister in Straden.

WOKGERICHTE & CURRIES

Asiatische Küche ist weiterhin auf dem Vormarsch – ob Sushi oder Tempura aus Japan, Curries aus Thailand, Indien oder Ceylon, Nudelsuppen und Pfannengerührtes aus China, Frühlingsrollen aus Vietnam und Sambals aus Indonesien: All dies gehört längst zum festen Repertoire der zeitgenössischen kulinarischen Szenerie unserer Großstädte und vielerlei Spezialitäten-Restaurants sind flächendeckend in der ganzen Republik vertreten. Auf Reisen lieb gewordene Speisen können wir zu Hause ohne große Schwierigkeiten in originalen Versionen nachkochen, weil in den Asia-Läden die meisten Zutaten erhältlich sind, die wir noch vor wenigen Jahren kunstvoll und raffinessenreich ersetzen mußten. Die Welt ist fast zu einem einzigen großen Markt geworden …

Viele Gerichte der asiatischen Küchen, vor allem in der thailändischen und der chinesischen, zeichnen sich durch eine ungeheure Intelligenz aus – die Zubereitung folgt einem schnell zu begreifenden, sehr einfachen Schema und alles geht ungeheuer schnell, wenn die Zutaten einmal richtig vorbereitet sind. Sicher kann das Putzen und Zuschneiden manchmal eine erkleckliche Zeit kosten – aber das alles kann man erledigen, wenn die Zeit dazu da ist.

Im entscheidenden Augenblick aber hat man wenig zu tun, stehen im Nu eine ganze Reihe von köstlich duftenden Schüsseln auf dem Tisch: wahre Schnellgerichte, wie man sie besser nicht zubereiten kann, Instant-Küche, wie sie sein soll, Fastfood, wie man es sich wünscht!

Kalmar mit schwarzen Bohnen

Kalmare, einst eine eher zweifelhafte Delikatesse aus der Tiefkühltruhe, sind den Besuchern griechischer Tavernen als zähe Gummiringe oder bröselige Fahrradreifen bekannt. Inzwischen bekommt man die nicht zu großen Tiere auch bei uns frisch – und kann sie also so sorgfältig behandeln, wie es ihnen zukommt, vor allem nur kurz garen!

1. Die Pilze mit heißem Wasser überbrühen und einweichen.
2. Kalmare waschen, trocknen und in Ringe schneiden. Mit Stärke, Sesamöl und Sojasauce gründlich mischen und marinieren.
3. Das Weiße der Frühlingszwiebeln in schmale Ringe schneiden, das Grün in dreizentimeterlange Stücke. Möhren in Streifen, Lauch in Ringe, Paprikaschoten ebenfalls in Streifen schneiden. Gewürze fein würfeln.
4. Einen Eßlöffel Öl im Wok sehr heiß werden lassen, die Kalmare darin unter ständigem Wirbeln braten. Herausheben.
5. Den zweiten Löffel Öl in den Wok geben, das Gemüse zufügen. Dabei in rascher Folge Knoblauch, Ingwer, Schalotte, die eingeweichten und abgetropften Pilze, die entkernte und zerbröselte Chilischote sowie die schwarzen Bohnen zufügen. Sojasauce, Sherry oder Reiswein und Hühnerbrühe angießen.
6. Die Kalmare untermischen, zum Schluß auch den in schräge Streifen geschnittenen Knoblauch. Alles noch einmal auf starkem Feuer mischen und mit Zitronensaft, Salz, Zucker und Pfeffer abschmecken.

Für 4 Personen:

2 EL Wolkenohrpilze (chinesische Morcheln, Mu-err), 350 g kleine Kalmare (Tintenfische), 1 TL Speisestärke, 1 TL Sesamöl, 1 EL Sojasauce, 2 Frühlingszwiebeln, 2 Möhren, 1 Lauchstange, je 1 grüne und rote Paprikaschote, je 1 EL gehackter Knoblauch, Ingwer und Schalotte, 2 EL Öl, 2 getrocknete Chilischoten, 1 EL schwarze fermentierte Bohnen (siehe Seite 363), 2 EL Sojasauce, 2 EL Sherry oder Reiswein, ⅛ l Hühnerbrühe, chinesischer Schnittlauch (Knoblauch), Zitronensaft, Salz, Zucker und Pfeffer zum Abschmecken

Dazu isst man Reis und trinkt grünen oder Jasmintee.

Grünes Kokoscurry

Wieder ein Grundrezept, das sich nach Lust, Laune und Vorrat immer wieder abwandeln läßt. Man kann es mit Hühnerfleisch zubereiten, aber auch jedes andere zarte, kurzzubratende Fleisch ist möglich, natürlich auch Fisch oder Meeresfrüchte, und als Gemüse paßt alles, was Garten oder Markt gerade bieten. Das Grundprinzip verläuft in jedem Fall so:

1. Das Fleisch in 1 cm große Würfel schneiden, mit Stärke einreiben.
2. Im heißen Öl die Currypaste anrösten, bis sie duftet. Mit Kokossahne auffüllen und köcheln, bis sich alles zu einer grünen Sauce verbunden hat. Mit Fischsauce, Sojasauce, Zucker und Zitronensaft abschmecken.

Für 4 Personen:

400 g Hühnerbrustfleisch, 1 TL Speisestärke, 1 EL neutrales Öl, 1–2 TL grüne Thai-Currypaste, ca. ¼ l Kokossahne, 2 EL Fischsauce, 1 EL Sojasauce, 1 TL Zucker, Zitronensaft, 1 Zwiebel, 2–3 Knoblauchzehen, 250 g Zucchini, Salz, Pfeffer, einige Stengel Thai-Basilikum, 3–4 Zitronenblätter, Koriandergrün

3. Zwiebel und Knoblauch fein hacken, die Zucchini ungeschält in ½ cm dicke Scheiben hobeln – dicke Zuchini zuvor längs halbieren oder sogar vierteln, damit die Stücke in ihrer Größe zu den Hühnerfleischwürfeln passen. In der Sauce 5 Minuten mitdünsten.
4. Erst jetzt die Fleischwürfel mit Salz und Pfeffer würzen, und in die Sauce geben. Alles im offenen Topf etwa 5 Minuten sanft köcheln. Nach 2 Minuten die Basilikumblätter unterrühren.
5. Die Zitronenblätter in feine Streifen schneiden, mit Zitronensaft in das Curry rühren. Noch einmal abschmecken und erst kurz vor dem Servieren zerzupfte Korianderblätter einrühren.
6. Dazu duftigen Reis servieren.

Variante: für ein rotes Kokoscurry statt grüner eine rote Currypaste nehmen.

Rotes Garnelen-Curry

Für 4 Personen:

je 1 gehäufter TL feingehackter Ingwer und Knoblauch, 1 Schalotte, 1 EL Öl, 10 kleine Maiskölbchen, 3 Frühlingszwiebeln, Salz, Pfeffer, 1 EL rote Currypaste, 2 EL Fischsauce, 1 TL Zucker, 1 EL Austernsauce, ⅛ l Wasser, 300 ausgelöste rohe Garnelen, Zitronensaft, asiatisches Basilikum

1. Ingwer, Knoblauch und ebenfalls feingehackte Schalotte im heißen Öl anbraten. Die Maiskölbchen zufügen sowie das in zentimeterbreite Ringe geschnittene Weiß der Frühlingszwiebeln. 2 Minuten unter Rühren braten, dabei salzen und pfeffern. Die Currypaste zufügen und mitrösten.
2. Fischsauce, Zucker, Austernsauce und Wasser verquirlen und angießen. Nach etwa 5 Minuten, wenn sich alles zu einer roten Sauce verbunden hat, die entdärmten und eventuell sogar (wenn sie recht dick sind) längs halbierten Garnelen zufügen.
3. Alles sanft 5 Minuten ziehen lassen. Mit Zitronensaft abschmecken und großzügig Basilikumblätter einrühren.

Rotes Rindercurry mit Auberginen

Auch hier kann man mit grüner Currypaste variieren und ein ganz eigenständiges Gericht erzielen.

Für 4 Personen:

400 g Rinderlende, 1 TL Sesamöl, 1 EL Sojasauce, je 1 gehäufter TL feingehackter Ingwer und Knoblauch, 2–3 Schalotten, 2 EL Öl, 1 mittelgroße Aubergine, Salz, Pfeffer, Zucker, 1 EL rote Currypaste, 2 EL Fischsauce, ca. 1/10 l Wasser, Zitronensaft, reichlich asiatisches Basilikum und Zitronenblatt

1. Das Fleisch in 1 cm schmale Scheiben, diese in Streifen schneiden. Mit Sesamöl und Sojasauce marinieren.
2. Ingwer, Knoblauch und gehackte Schalotten im heißen Öl anbraten, portionsweise das Fleisch zufügen und rasch, auf starkem Feuer rundum kroß anbraten. Herausheben und beiseite stellen.
3. Die 2 cm groß gewürfelte Aubergine im verbliebenen Bratfett mit Geduld braten, die Stücke sollten überall schöne Bratstellen zeigen. Dabei salzen und pfeffern. Mit Zucker würzen. Currypaste unterrühren und mitrösten.
4. Fischsauce und Wasser in die Pfanne gießen. 2 bis 3 Minuten köcheln, bis die Auberginen gar sind und sich eine dicke Sauce gebildet hat, das Fleisch wieder zufügen, mitsamt dem ausgetretenen Saft. Nur noch wenige Minuten auf ganz kleinem Feuer ziehen lassen.

Hähnchenfleisch mit schwarzen Bohnen und roter Currypaste

Für 4 Personen:

1 EL schwarze Bohnen, 4 Tongku-Pilze, 350 g Hähnchenfleisch, 1 TL Stärke, je 1 gehäufter TL gehackter Ingwer und Knoblauch, 2 EL Öl, 1 TL Sesamöl, 1 gelbe Paprikaschote, 2 rote Chilis, 1 TL Zucker, Salz, Pfeffer, 1 EL Fischsauce, 1 TL rote Currypaste, 2 El Sherry, Zitronensaft, Zitronenblätter

Die fermentierten schwarzen Sojabohnen, die sehr salzig sind und einen ausgeprägten Geschmack haben, liebt man in der chinesischen Küche als Gewürz zu Meeresfrüchten und hellem Fleisch. Schwarze Bohnen gibt es in den Asienabteilungen der Supermärkte und Kaufhäuser entweder in Dose oder Glas (eingelegt, in Lake) oder getrocknet im Beutel. Die getrockneten muß man vor Gebrauch einweichen.

1. Die Bohnen in 2 Eßlöffeln kochendem Wasser einweichen. Das Fleisch in 1 cm kleine Würfel schneiden, mit Stärke überpudern und gut damit einreiben.

2. Knoblauch, Ingwer und Schalotte im heißen Öl anbraten. Das Hühnerfleisch zufügen und rasch sehr kräftig anbraten, dabei unermüdlich rühren und wenden. Die 1 cm groß gewürfelte Paprikaschote zufügen, ebenso die winzig klein gewürfelten Chilis, alles salzen und pfeffern, mit Zucker würzen.
3. Schwarze Bohnen samt Einweichwasser, Fischsauce, Currypaste und Sherry angießen. Alles gründlich mischen und aufkochen. Mit Zitronensaft abschmecken und mit reichlich millimeterfein geschnittenem Zitronenblatt bestreuen.

Szechuan-Huhn

Eines unserer Lieblingsgerichte. Wir nehmen natürlich viel mehr Chilis als im folgenden angegeben – wir sind Schärfe nicht nur gewohnt, wir lieben sie! Wichtig: für diese Zubereitung im Asienladen die fingerlangen dunklen Chilis nehmen. Sie sind milder, geradezu süß. Manchmal findet man sie auch in den Tex-Mex-Läden – denn auch in Südamerika schätzt man diese Chilies sehr.

Für 4 Personen:

2 EL Wolkenohrpilze, 400 g Hähnchenbrustfleisch, 1 TL Speisestärke, 1 EL Eiweiß, 1 Stück Ingwer (3–4 cm), 4 Knoblauchzehen, 4–6 getrocknete Chilischoten (die großen, milderen nehmen!), 4 Frühlingszwiebeln, 2 EL Öl, 1 TL Sesamöl, Salz, Pfeffer, ½ TL Zucker, ½ TL Szechuanpfeffer, 2 EL Sherry, 2 EL Sojasauce, 2 EL Brühe

1. Die Pilze mit kochendem Wasser überbrühen und einweichen.
2. Das Fleisch in Würfel von 2 cm schneiden, mit Stärke und Eiweiß einreiben und marinieren lassen. Ingwer und Knoblauch in hauchfeine Scheibchen schneiden.
3. Die Chilis entkernen, dabei in grobe Stücke teilen. Das Weiß der Frühlingszwiebeln in feine Ringe, das Grün in zentimeterbreite Stücke schneiden.
4. Das Öl im Wok erhitzen, zuerst das Fleisch darin anbraten, dabei Ingwer, Knoblauch, das Weiße der Frühlingszwiebeln und Chilis zufügen, salzen, pfeffern, mit Zucker und Szechuanpfeffer würzen.
5. Unter raschem Rühren 1 Minute braten. Schließlich auch die Pilze und das Grün der Frühlingszwiebeln zufügen. Mit Sherry, Sojasauce und Brühe auffüllen. Kurz aufkochen, abschmecken und sofort servieren.

Hähnchenfleisch mit Brokkoli und Mandeln

1. Das Fleisch in 1 cm große Stücke schneiden, mit Stärke und Eiweiß gründlich einreiben und marinieren lassen.
2. Ingwer, Knoblauch und Schalotte ins heiße Öl geben, sofort, am besten portionsweise, das Fleisch zufügen und unter Rühren rundum anbraten. Herausheben und warm stellen.
3. Im verbliebenen Fett die Mandeln anrösten – Vorsicht: Sie verbrennen leicht! Den in Röschen zerpflückten Brokkoli zufügen und unter Rühren mitbraten. Solange die Röschen klein sind und die Stiele in dünnen Scheibchen, muß man den Brokkoli nicht zuvor blanchieren. Sofort salzen, damit er seine Farbe behält, pfeffern und mit Zucker würzen.
4. Schließlich Austernsauce, Sojasauce, Sherry und Brühe angießen. Aufkochen, das Fleisch wieder zufügen. Alles auf starkem Feuer mischen, abschmecken und sofort servieren.

Für 4 Personen:

400 g ausgelöstes Hähnchenfleisch (Brust oder Keule), 1 TL Stärke, 1 EL Eiweiß, je 1 TL gehackter Ingwer, Knoblauch und Schalotte, 2 EL Öl, 1 EL Sesamöl, 75 g geschälte Mandeln, 250 g Brokkoli, Salz, Pfeffer, Zucker, 1 EL Austernsauce, 1 EL Sojasauce, 2 EL Sherry, 2 EL Brühe

Hähnchenbrust süß-sauer

1. Das Fleisch in feine Scheiben schneiden, diese längs in Streifen. Mit einer Marinade aus Sherry, Stärke und Eiweiß gründlich mischen und ½ Stunde ziehen lassen.
2. Schließlich im rauchend heißen Öl knusprig ausbacken, mit einer Schaumkelle herausheben, bis auf zwei Löffel das Fett aus der Pfanne wegkippen.
3. Darin Ingwer und Knoblauch, die in Ringe geschnittenen Frühlingszwiebeln, in Streifen zerkleinerte Bambussprossen, die ebenfalls in feine Streifen geschnittenen Paprika, die Erbsen und Maiskölbchen unzerteilt unter Rühren braten, dabei salzen und pfeffern.
4. Ebenfalls aus der Pfanne heben und beiseite stellen, die restlichen Zutaten schließlich darin aufkochen, Fleisch und Gemüse wieder zufügen. Auf höchstem Feuer miteinander mischen und süß-sauer abschmecken.

Für 4 Personen:

400 g ausgelöste Hähnchenbrust, 1 EL Sherry, 1 TL Stärke, 1 EL Eiweiß, Salz, 5 EL Öl, 2 EL Sesamöl, je 1 TL Ingwer und Knoblauch (gehackt), 3 Frühlingszwiebeln, 50 g Bambussprossen, je ½ grüne und rote Paprikaschote, je 1 Handvoll Zuckererbsen und winzige Maiskölbchen, 2 EL Essig, 1 EL Zucker, 1 EL Sojasauce, 2 EL Brühe

Garnelen mit buntem Gemüse

Für 2 Personen:

250 g rohe ausgelöste Garnelenschwänze, 2 TL Speisestärke, Salz, gut 1 EL trockener Sherry, 75 g Bambussprossen, 1 kleine Möhre, 4 EL tiefgekühlte Erbsen oder 50 g Zuckerschoten, 4 große Champignons, 3 Frühlingszwiebeln, 1 Stück Ingwer (etwa 4 cm), 1 Schalotte, 3 EL Öl, 6 EL Hühnerbrühe (Instant), 1 TL Sesamöl, schwarzer Pfeffer aus der Mühle, Korianderblätter zum Garnieren

1. Die Garnelen waschen und entdärmen. Dazu das Fleisch am Schwanzrücken etwas aufschlitzen und den Darm herausziehen.
2. Einen gehäuften Teelöffel Stärke, Salz und einige Tropfen Sherry verrühren, die Garnelen damit einreiben und 20 Minuten im Kühlschrank marinieren.
3. Bambussprossen in feine Scheiben, diese in Quadrate oder Rhomben schneiden, die etwas kleiner sind als die Garnelenstücke. Die Möhre schälen und genauso zuschneiden. Zusammen mit den Erbsen für 1 Minute in kochendes Salzwasser geben, abschrecken und abtropfen lassen.
4. Champignons, Frühlingszwiebeln, Ingwer und Schalotte waschen und putzen oder schälen. Die Pilze blättrig, die Zwiebeln in Ringe schneiden. Ingwer und Schalotte hacken.
5. In einer Pfanne oder im Wok zwei Eßlöffel Öl erhitzen, Schalotte und Ingwer darin anbraten. Bambussprossen, Möhre, Erbsen, Champignons und Frühlingszwiebeln nacheinander hinzufügen und unter stetem Rühren insgesamt etwa 4 Minuten braten. Warm stellen.
6. Das restliche Öl in der Pfanne erhitzen, die Garnelen darin braten, bis sie ihre blasse Farbe verlieren.
7. Inzwischen Brühe, einen Eßlöffel Sherry, Sesamöl, einen halben Teelöffel Stärke, Salz und Pfeffer verquirlen und angießen, aufkochen.
   Die warmgehaltenen Gemüse zufügen und alles bei starker Hitze miteinander mischen. Üppig mit Korianderblättern garniert servieren.

Garnelen mit schwarzen Bohnen

Schwarze Bohnen sind nicht etwa Hülsenfrüchte, sondern Sojabohnen, die durch einen Fermentationsprozeß schwarz geworden sind und eine charakteristische Würze abgeben. Siehe auch Seite 363.

1. Getrocknete schwarze Bohnen 2 Stunden einweichen. Eingelegte Bohnen gut abspülen.
2. Die Garnelen gründlich waschen, dabei die Beinchen entfernen, ohne die Schale zu verletzen. Knoblauch, Ingwer und Frühlingszwiebeln schälen oder putzen, fein hacken und in eine Schüssel füllen. Garnelen darin wenden, im Kühlschrank 2 Stunden ziehen lassen.
3. Salz, Sojasauce, Sherry, Brühe, Zucker und Pfeffer verquirlen.
4. Das Öl in einer Pfanne oder im Wok erhitzen, die Bohnen darin schwenken. Sofort die Garnelen zufügen und unter Rühren 2 Minuten braten, gleich salzen.
5. Würzsauce angießen. Einmal aufkochen, sofort servieren.

Für 2 Personen:

1 EL schwarze Bohnen aus Dose oder Glas (oder 2 TL getrocknete), 400 g ungeschälte Garnelen, 2 Knoblauchzehen, 1 Stück Ingwer (etwa 2 cm), 2 Frühlingszwiebeln, Salz, 1 EL Sojasauce, 2 EL trockener Sherry, 4 EL Hühnerbrühe, 1 TL Zucker, schwarzer Pfeffer aus der Mühle, 3 EL Öl

Superscharfe Wok-Garnelen

Bei diesem Gericht kommt eine erstaunlich große Menge Zucker ins Spiel. Das ist kein Druckfehler. Er bildet das Gegengewicht zur ausgeprägten Schärfe und wirkt durchaus nicht zu süß! Wer es eilig hat, kann statt der selbstgemachten Currypaste auch ruhig fertige King-Currypaste oder einfach rote Currypaste nehmen.

Für 6 Personen:

KING-CURRYPASTE:
40 kleine getrocknete Chilis (20 g), Schale einer halben Kaffirzitrone, 5–6 Knoblauchzehen, 2 Zitronengraskolben (nur der zarte Teil), 4–6 Thai-Schalotten, 1 kleinfingerlanges Stück Galgant, 2–3 Korianderwurzeln, 1 TL Salz, 2 TL Zucker

AUSSERDEM:
300 g grüne Bohnen, Salz, 300 g ausgelöste Garnelenschwänze, 2 EL Öl, 3 Kaffirblätter, 2 gehäufte EL Zucker

1. Zuerst die Paste herstellen: alle Zutaten im Mörser zu einer glatten Paste zerstampfen. Die Paste bekommt eine glattere Konsistenz, wenn man die Chilikerne zuvor entfernt.
2. Die Bohnen putzen, in Salzwasser bißfest kochen, eiskalt abschrecken, wegen der Farbe.
3. Die Garnelen entdärmen, wenn sie sehr groß sind, auch längs halbieren oder sogar zusätzlich in Stücke schneiden, sie werden dann gleichmäßiger gar. In einem Sieb kurz ins kochende Bohnenwasser halten, bis sie rosa sind.
4. Im Wok das Öl erhitzen, die Currypaste darin anrösten. Die Bohnen zufügen, schließlich auch die Garnelen.
5. Alles gleichmäßig mit Zucker bestreuen und auf starkem Feuer kurz, aber gründlich mischen.

Urwaldgericht

Ein Thaicurry ohne mildernde Kokossauce nennt man Urwaldgericht, es gilt als rustikal, während die sanfte Kokossauce elegant wirkt. Man kann es mit dunklem Fleisch zubereiten, wie Lamm oder Rinderlende, aber auch mit Garnelen oder mit hellem Hähnchenfleisch.

Für 4 Personen:

1–2 EL rote Currypaste, 2 EL Öl, ½ l Wasser, 2 EL Fischsauce, 1 gehäufter EL brauner Zucker, 2–3 Zitronenblätter, 3–4 frische scharfe Chilis, 4 weiße Thai-Auberginen und 100 g kleine Kugelauberginen (beide Sorten aus dem Asienladen), 1 Tasse blanchierte grüne Bohnen, 2–3 Rispen mit frischem grünen Pfeffer, 200 g Rinderfilet in feinen Scheibchen, 1 TL Speisestärke, 1 Händchen voll Thaibasilikum

1. Currypaste im Öl anrösten, bis sie duftet. Wasser angießen, köcheln, bis sich alles verbunden hat. Mit Fischsauce und Zucker würzen. Zitronenblätter zerzupft oder fein geschnitten einrühren.
2. Die Chilis zerklopfen oder fein hacken. Thai-Auberginen vierteln oder achteln, je nach Größe, die Kugelauberginen (Kirschauberginen genannt) von den Stielen zupfen und ansonsten ganz lassen. Die Pfefferrispen in 1 cm lange Stücke schneiden. All diese Würzzutaten und Gemüse in den Sud geben.
3. Die Rinderfiletscheibchen mit Stärke einreiben und zum Schluß in die heiße Sauce legen. Ziehen lassen, bis sie ihre rohe Farbe verloren haben.
4. Nochmals abschmecken, die Basilikumblätter unterrühren und servieren.
5. Dazu gedämpfter Duftreis, der die Schärfe besänftigt.

Tintenfisch im Teigmantel

Für 2 Personen:

4 EL Mehl, 2 EL Speisestärke, ½ TL Backpulver, 1 Ei, ½ TL Salz, 1 EL Sesamöl, 500 g frische oder tiefgekühlte Tintenfischringe, Fett zum Fritieren

1. Mehl, Stärke, Backpulver, Ei, ein Achtelliter Wasser, Salz und Sesamöl in einer Schüssel so lange verquirlen, bis ein glatter Teig entstanden ist. Mindestens 30 Minuten kalt stellen und ruhen lassen.
2. Inzwischen die Tintenfischringe (tiefgekühlte vorher auftauen) abspulen und gründlich trocken tupfen.
3. Das Fritierfett stark erhitzen. Die Ringe einzeln durch den Teig ziehen und in siedendem Fett schwimmend goldbraun ausbacken. Auf Küchenpapier abtropfen lassen. Gut heiß mit scharfer Chilisauce (einer fertig gekauften) servieren oder mit einem Dip, zum Beispiel von Seite 724.

Tintenfisch mit Bambus und Möhren

Damit die Tintenfischchen wirklich zart werden, schneiden chinesische Köche sie auf besondere Weise ein: Sie teilen den Körperbeutel in streichholzgroße Quadrate und ritzen sie auf der Innenseite mit eng nebeneinandergesetzten Schnitten kreuzweise ein. Das löst die Spannung und das Fleisch ist garantiert nicht zäh!

Hier wird nur sparsam mit Sojasauce gewürzt, damit die Sauce hell bleibt. Deshalb eventuell noch salzen und pfeffern.

Für 2 Personen:

500 g Tintenfisch, 75 g Bambussprossen, 1 Möhre, 1 kleine grüne Paprikaschote, 1 Knoblauchzehe, 2 cm frischer Ingwer, 2 Frühlingszwiebeln, 5 EL Hühnerbrühe, 3 EL trockener Sherry 1 TL Sojasauce, 1 TL Sesamöl, ½ TL Speisestärke, 1 TL Zucker, Salz, ⅛ l Öl, Koriandergrün

1. Tiefgekühlten Tintenfisch langsam auftauen lassen. Den Beutel in Quadrate schneiden und wie oben beschrieben einkerben.
2. Bambussprossen abtropfen lassen. Möhre schälen, Paprikaschote waschen und putzen. Alles zuerst in dünne Scheiben, dann in Streifen schneiden. Knoblauch und Ingwer und Frühlingszwiebeln schälen oder putzen und fein hacken.
3. Hühnerbrühe, Sherry, Sojasauce, Sesamöl, Stärke, Zucker und etwas Salz verquirlen.
4. Das Öl in einer Pfanne oder im Wok erhitzen, erst die Tintenfischstücke, dann die verschiedenen Gemüse in die Pfanne geben und bei starker Hitze unter stetem Rühren knapp 1 Minute braten. Alles herausheben und beiseite stellen.
5. Das Öl bis auf 2 Eßlöffel abgießen. Darin Knoblauch, Ingwer und Frühlingszwiebeln anrösten, sofort mit der verquirlten Würzsauce auffüllen.
6. Tintenfisch und Gemüse wieder zufügen, alles einmal aufkochen und mit Koriandergrün bestreut auf den Tisch bringen.

Tintenfisch mit Brokkoli und Garnelen

Für 2 Personen:

200 g frische oder tiefgekühlte kleine Kraken (Oktopusse) oder junge Sepie (küchenfertig), 100 g ausgelöste rohe Garnelenschwänze,

1. Die Tintenfische gründlich waschen, je nach Größe noch klein schneiden und wie oben beschrieben einritzen.
2. Die Garnelen entdärmen, salzen, dann mit 1 Teelöffel Stärke vermengen.
3. Die Brokkoliröschen von den Stielen trennen und längs halbieren, die Stiele schälen und schräg in 2 cm schmale Scheiben schneiden.

Salz, 2 TL Speisestärke, 150 g Brokkoli, 1 Knoblauchzehe, 1 Stück Ingwer (etwa 2 cm), 2 Frühlingszwiebeln, 2 rote Chilischoten, 2 EL helle Sojasauce, 2 EL trockener Sherry, schwarzer Pfeffer aus der Mühle, 4 EL Öl

4. Knoblauch, Ingwer und Frühlingszwiebeln schälen oder waschen und putzen, fein hacken. Chilischoten putzen, in feine Ringe schneiden, dabei entkernen.
5. Sojasauce, Sherry, 1 Teelöffel Stärke, Salz und Pfeffer verquirlen.
6. Das Öl in einer Pfanne oder im Wok erhitzen, die Tintenfische zusammen mit Knoblauch, Ingwer, Chilischoten und Frühlingszwiebeln 1 Minute unter Rühren braten, jetzt die Garnelen zufügen und alles weitere 2 Minuten braten. Zum Schluß Brokkoliröschen und -stiele in die Pfanne geben und noch 2 Minuten pfannenrühren.
7. Würzsauce in die Pfanne gießen, alles zusammen einmal aufkochen. Gut heiß auf einer vorgewärmten Platte servieren.

Scharfes Rindfleisch mit Austernsauce

Wenn dunkles Fleisch fest und gar zäh ist, wissen die Chinesen einen großartigen Trick, wie es trotzdem zart und mürbe wird: sie reiben es mit etwas *Backpulver* ein. Das löst feste Fasern auf und gibt ihnen eine angenehmere Konsistenz. Allerdings: Zuviel schadet auch hier (wie so oft) – dann wird das Fleisch seifig.

Für 2 Personen:

300 g Rinderlende, 2 EL Sojasauce, 1 EL trockener Sherry, ½ TL Backpulver, gut 1 EL Speisestärke, 4 Frühlingszwiebeln, 1 Stück Ingwer (etwa 2 cm), 2 rote Chilischoten, 1 EL Austernsauce, 4 EL Hühnerbrühe, 1 ½ EL Sesamöl, 1 TL Zucker, schwarzer Pfeffer, 6 EL Öl zum Braten, etwas Koriandergrün zum Bestreuen

1. Das Fleisch quer zur Faser in feine Scheiben schneiden. Mit 1 Eßlöffel Sojasauce, Sherry, dem Backpulver, 1 Eßlöffel Speisestärke und 2 Eßlöffel Wasser in einer Schüssel gründlich vermengen und für 1 Stunde in den Kühlschrank stellen.
2. Inzwischen die Frühlingszwiebeln waschen und putzen, 5 cm lange Stücke daraus schneiden, jedes längs halbieren. Ingwer schälen und fein hacken. Eine Chilischote sorgfältig von den Kernen befreien und fein würfeln, die andere ganz lassen.
3. Die restliche Sojasauce, die Austernsauce, Brühe, 1 Teelöffel Sesamöl, ½ Teelöffel Stärke, Zucker und Pfeffer verquirlen.
4. Vor dem Braten 1 Eßlöffel Sesamöl unter das Fleisch rühren. Das Öl in einer Pfanne oder im Wok erhitzen. Chiliwürfel und Schote darin schwenken. In diesem Öl das Fleisch pfannenrühren. Sobald es seine rote Farbe verloren hat, herausheben und beiseite stellen.

5. Das verbliebene Fett bis auf 1 Eßlöffel abgießen. Darin Frühlingszwiebeln und Ingwer rösten.
6. Die Würzsauce angießen und einmal aufkochen. Das Fleisch wieder zurück in die Pfanne geben, nochmals erhitzen. Mit etwas frischem Koriandergrün bestreut heiß servieren.

Soll das Fleisch nicht am Pfannenboden festkleben, darf man nicht mit Öl sparen. Außerdem sollten Sie sofort an der Pfanne rütteln und mit dem Pfannenwender unter die Fleischscheiben fahren, damit sie auf einem Ölpolster schwimmen und sich die Poren unverzüglich schließen.

Rindfleisch mit Lotuswurzeln und grünen Bohnen

Lotuswurzeln gibt es frisch oder in Dosen im Asien-Laden.

Für 2 Personen:

300 g Rinderlende, gut 1 EL Speisestärke, 3 EL Sojasauce, ½ TL Backpulver, 1 ½ EL Sesamöl, 150 g frische grüne Bohnen, Salz, 1 Frühlingszwiebel, 1 Knoblauchzehe, 1 Stück Ingwer (etwa 2 cm), 1 Stück Lotuswurzel aus der Dose (etwa 4 cm), 1 EL Hoisinsauce, 2 EL trockener Sherry, 5 EL Hühnerbrühe, ½ TL Fünf-Gewürz-Pulver, schwarzer Pfeffer, 6 EL Öl

1. Das Fleisch quer zur Faser in feine Streifen schneiden. Mit 1 Eßlöffel Stärke, 1 Eßlöffel Sojasauce, Backpulver und 1 Eßlöffel Sesamöl vermengen und für 1 Stunde zugedeckt in den Kühlschrank stellen.
2. Inzwischen die Bohnen waschen, putzen und auf etwa 5 cm kürzen. Wenn sie nicht stricknadeldünn sind, längs halbieren oder vierteln. In reichlich kochendem Salzwasser 1 Minute blanchieren, eiskalt abschrecken und abtropfen lassen – so bleibt die schöne Farbe erhalten.
3. Frühlingszwiebel waschen, putzen und schräg in feine Ringe schneiden. Knoblauch und Ingwer schälen, fein hacken. Die Lotuswurzel quer in feine Scheiben schneiden.
4. Die übrige Sojasauce, die Hoisinsauce, Sherry, Brühe, 1 Teelöffel Sesamöl, ½ Teelöffel Stärke, Fünf-Gewürz-Pulver und Pfeffer verquirlen.
5. Frühlingszwiebel, Knoblauch und Ingwer im heißen Öl in einer Pfanne oder im Wok kurz schwenken, dann sofort das Fleisch zufügen und rasch pfannenrühren. Herausheben und beiseite stellen. Im verbliebenen Bratfett die Bohnen und Lotuswurzel 1 bis 2 Minuten braten.
6. Würzsauce angießen und einmal aufkochen, das Fleisch dazugeben. Alles noch einmal auf starker Hitze sorgsam mischen.

Wie alle Gerichte mit Rindfleisch können Sie auch dieses zusätzlich mit frischer oder getrockneter Chilischote schärfen.

Rinderfilet mit Paprika und Zwiebeln

Für 2 Personen:

250 g Rinderfilet oder -lende, 1 EL Cognac, 3 EL Sojasauce, ½ TL Backpulver, 2 TL Speisestärke, 1 große rote Paprikaschote, 1 Gemüsezwiebel, 5 rote Chilischoten, 1 Frühlingszwiebel, 1 Knoblauchzehe, 1 Stück Ingwer (etwa 2 cm), 2 EL trockener Sherry, 4 EL Hühnerbrühe, Salz, schwarzer Pfeffer aus der Mühle, 4 EL Öl

1. Das Fleisch quer zur Faser in etwa 3 mm dünne Scheiben, diese in Streifen aufschneiden. Cognac, 1 Eßlöffel Sojasauce, Backpulver und 1 Teelöffel Stärke verrühren. Das Fleisch damit einreiben und 20 Minuten im Kühlschrank marinieren.
2. Die Paprikaschote waschen, putzen, entkernen und in feine Streifen schneiden.
3. Gemüsezwiebel schälen, vierteln und in einzelne Häute teilen – je nach Größe die äußeren Hautstücke noch einmal halbieren.
4. Zwei Chilischoten putzen, entkernen und winzig klein hacken, die übrigen ganz lassen. Frühlingszwiebel, Knoblauch und Ingwer putzen oder schälen, ebenfalls fein hacken.
5. Die übrige Sojasauce, Sherry, 1 Teelöffel Stärke und die Brühe verrühren, salzen und pfeffern.
6. Das Öl in einer Pfanne oder im Wok erhitzen, das Fleisch unter Rühren darin braten, bis es seine rote Farbe verloren hat. In ein Sieb schütten, das Öl dabei auffangen.
   2 Eßlöffel zurück in die Pfanne geben, die Stücke der Gemüsezwiebel bei starker Hitze rasch braten, bis sie überall braune Stellen bekommen haben. Dann Frühlingszwiebel, Knoblauch, Chilischoten und Ingwer zufügen. Nach 1 Minute die Paprikastreifen in die Pfanne geben.
7. Die Würzsauce in die Pfanne gießen, aufkochen, dann das Fleisch zufügen. Alles nochmals aufkochen und heiß servieren.

Schweinefilet mit Pilzen und Glasnudeln

1. Die Glasnudeln in einem Schüsselchen, alle getrockneten Zutaten in einem weiteren Schälchen überbrühen und 30 Minuten einweichen.
2. Das Fleisch quer zur Faser in hauchfeine Scheibchen, diese wiederum in schmale Streifen schneiden. Mit 1 Teelöffel Stärke, Salz und Eiweiß gut einmassieren und für 20 Minuten in den Kühlschrank stellen.

3. Frühlingszwiebeln putzen, schräg in feine Ringe schneiden. Knoblauch und Ingwer schälen und fein hacken. Die eingeweichten Nudeln mit einer Schere auf etwa 8 cm kürzen. Die Lilienknospen halbieren. Den Tongku-Pilzen die Stiele herauslösen, die Hüte in Streifen schneiden.
4. Die Morcheln abspülen und grob hacken. Die Pilzflüssigkeit durchsieben. Eine Chilischote entkernen und winzig klein würfeln, die andere ganz lassen.
5. Sojasauce, Sherry, Brühe, 1 Teelöffel Stärke, Sesamöl, Zucker und Pfeffer verquirlen.
6. Das Fleisch im heißen Öl in einer schweren Pfanne oder im Wok pfannenrühren, gleichzeitig die Hälfte der Frühlingszwiebeln, den Knoblauch und Ingwer hinzufügen. Sobald das Fleisch knusprig braun ist, herausheben und zur Seite stellen.
7. Im verbliebenen Bratfett die Pilze und Lilienknospen anbraten, in rascher Folge auch die restlichen Frühlingszwiebeln und die gewürfelte und ganze Chilischote. Die Glasnudeln ebenfalls zufügen und in der Pfanne schwenken.
8. Würzsauce angießen, sobald die Nudeln mit Öl überzogen sind, ebenso die Einweichflüssigkeit zugeben. Aufkochen, alles sorgsam mischen. Zum Schluß das Fleisch zufügen und noch einmal erhitzen.

Für 2 Personen:

100 g Glasnudeln, 10 Lilienknospen, 5 Tonku-Pilze, 1 EL chinesische Morcheln, 250 g Schweinefilet, 2 TL Speisestärke, Salz, 1 EL Eiweiß, 3 Frühlingszwiebeln, 1 Knoblauchzehe, 1 Stück Ingwer (etwa 1 cm), 2 frische rote Chilischoten, 2 EL Sojasauce, 3 EL trockener Sherry, 4 EL Hühnerbrühe, 1 TL Sesamöl, 1 TL Zucker, schwarzer Pfeffer aus der Mühle, 4 EL Öl

Schweinefleisch mit Brokkoli

1. Das Fleisch quer zur Faser in hauchdünne Scheibchen von etwa 3 x 4 cm Größe schneiden, mit 1 ½ Teelöffel Stärke überpudern, salzen und pfeffern. Alles in das Fleisch einmassieren.
2. Brokkoli waschen und putzen, dabei die Röschen von den Stielen schneiden. Die Stiele schälen und in 1 cm schmale Abschnitte teilen. Chinakohl putzen und in breite Streifen schneiden.
3. Sojasauce, Brühe, Zucker, ½ Teelöffel Stärke und Sesamöl verquirlen.
4. Knoblauch und Ingwer schälen und fein hacken. Im heißen Öl in einer Pfanne oder im Wok andünsten. Bevor sie Farbe

Für 2 Personen:

250 g Schweinefilet (oder mageres Schnitzelfleisch), 2 TL Speisestärke, Salz, schwarzer Pfeffer aus der Mühle, 250 g Brokkoli, 100 g Chinakohl, 2 EL Sojasauce, 6 EL Hühnerbrühe, 2 TL Zucker, 1 TL Sesamöl, 1 Knoblauchzehe, 1 Stück Ingwer (etwa 1 cm lang), 5–6 EL Öl

Nach diesem Grundrezept können Sie alle möglichen Gemüse- und Fleischsorten zubereiten. Gemüse vorher blanchieren ist nicht nötig, wenn es zart und jung ist. Es behält übrigens seine Farbe, wenn Sie es sofort salzen, sobald es ins heiße Fett kommt!

anzunehmen beginnen, die Fleischscheiben zufügen. Unter schnellem Rühren bei starker Hitze rundum knusprig braten, dann mit einer Schaumkelle herausheben und beiseite stellen.

5. Brokkoli und Chinakohl im verbliebenen Fett ebenfalls bei starker Hitze schnell pfannenrühren, dabei salzen. Sobald das Gemüse von einem zarten Ölfilm überzogen ist, die Würzsauce angießen. Einmal aufkochen. Die Fleischscheiben wieder zufügen und ebenfalls erhitzen.

Thaihähnchen mit Paprika und Cashewnüssen

Für 4 Personen:

300 g Hühnerbrustfleisch, 1 TL Speisestärke, 1 walnußgroßes Stück Ingwer, 2 Knoblauchzehen, 1 Schalotte, 2 Frühlingszwiebeln, 1 rote Paprikaschote, 3 EL Öl, 1 EL Sesamöl, 50 g Cashewnüsse, Salz, Pfeffer, 1 TL Zucker, nach Belieben 1 getrocknete Chilischote, 1 EL Fischsauce, 1 EL Austernsauce, 1 EL Zitronensaft, 1 Tasse Wasser oder Hühnerbrühe, Koriandergrün

1. Das Fleisch in zentimeterkleine Würfel schneiden, mit Stärke überpudern und gut einreiben.
2. Ingwer, Knoblauch und Schalotte fein würfeln, das Weiße der Frühlingszwiebeln in feine Ringe schneiden, das Grüne in 1 cm breite Stücke. Paprika entkernen und knapp 1 cm klein würfeln.
3. Öl im Wok erhitzen, die Nüsse zunächst darin anrösten, herausheben und beiseite stellen.
4. Das Fleisch danach anbraten, nacheinander die würzenden und Gemüsezutaten zufügen, dabei unermüdlich rühren. Sofort salzen, wenn das Gemüse in den Wok kommt, weil es so seine leuchtende Farbe behält.
5. Auch mit Pfeffer und Zucker würzen, die zerkrümelte Chilischote zufügen. Fisch- und Austernsauce angießen. Mit Zitronensaft würzen, die Brühe angießen. Mit Koriandergrün bestreut servieren.

GEMÜSE

Langsam, aber sicher gewinnt das Gemüse auch bei uns den Stellenwert, der ihm zukommt und den ihm die mediterrane Küche schon lange eingeräumt hat: Ihm gebührt die Krone unter den Nahrungsmitteln! Es ist geradezu das Symbol einer gesunden Küche, voller Geschmack, Vitamine, Mineral- und Ballaststoffe.
Das Wort »Gemüse« geht zurück auf »muos«, Getreidebrei – die alten Germanen kannten ja keine Gemüse in unserem Sinne, sondern bauten auf den wenigen urbar gemachten Landstücken nur Getreide an, das bei der Zubereitung eben vollkommen zerkocht und zu Mus wurde. Dasselbe machte man dann mit den von den Römern nach Germanien gebrachten Gemüsen, Zwiebeln, Kraut und Rüben. *Verdure*, Grünzeug, heißt es im Italienischen, das französische *légumes* und das spanische *legumbre* leitet sich ab von den Leguminosen, den Hülsenfrüchten. In Spanien nennt man es auch *potajeria*, also für die Suppe, in Frankreich heißt der Gemüsegarten *potager*, wo man die Zutaten für die Gemüsesuppe anbaut. Man kann also schon daran erkennen, welchen Gemüsen der Vorzug gegeben wurde beziehungsweise welche zur Verfügung standen.
Die Natur hat Deutschland nicht mit einem Klima ausgestattet, in dem die vielen Gemüsesorten des Mittelmeerraumes ohne weiteres gedeihen. Erst durch intensive Zuchtbemühungen ist es gelungen, die Eigenschaften verschiedener Gemüsesorten so zu verändern, daß sie auch hier gedeihen. Gleichzeitig erreichte man weniger faserige Texturen, vor allem zartere Kohlsorten und Rüben. Tomaten, vor hundert Jahren eine Rarität, sind zum beliebtesten Gemüse avanciert, Paprika, Auberginen und Chili werden in unseren Breiten heute problemlos reif.
Hinzu kommen die besseren Transportmöglichkeiten, so daß wir nicht nur aus Holland, sondern auch aus Spanien, Italien, der Türkei, Israel und Ägypten sowie aus Übersee ganzjährig mit frischem Gemüse versorgt werden.
Den Gastarbeitern, die nicht auf ihre heimische Kost verzichten, haben wir viel zu verdanken. Erst waren es Italiener, dann Spanier, schließlich Türken und Flüchtlinge aus Afrika und Asien, die für eine nachhaltige Bereicherung unserer Märkte sorgten. Und wenn wir von unseren Reisen zurückkehrten, griffen wir immer häufiger zu den neu kennengelernten Gemüse- und Obstsorten.
Trotzdem hat es lange gedauert, bis wir unsere Koch- und Eßgewohnheiten änderten und Gemüse nicht mehr nur als langweiliges, von allen Vitaminen befreites Mus, sondern knackig gekocht und so aromatisch und gesund wie am Mittelmeer genießen.

Asiengemüse

Indische Auberginen mit Joghurt

Der kühle, samtene Joghurt soll das Feuer der scharfen Gewürze besänftigen. Indischer Joghurt wird aus Büffelmilch gemacht und ist stets fetter als unser Vollmilchjoghurt. Man sollte deshalb unter unseren üblichen Vollmilchjoghurt immer ein Drittel Crème fraîche rühren oder gleich den mit 10 Prozent erheblich fetteren griechischen oder türkischen Joghurt verwenden, den man inzwischen in allen großen Supermärkten kaufen kann.

Für 4 Personen:

2 mittelgroße Auberginen, 3 EL Butterschmalz, 2 Zwiebeln, 4 Knoblauchzehen, 1 Scheibe Ingwerwurzel (ca. 2 cm dick), 2–5 getrocknete Chilis, 2 TL Koriandersamen, 1 TL Kreuzkümmel, ½ TL Pfefferkörner, ½ TL Currypulver, Salz, ½ TL Zucker, 150 g Joghurt, Koriandergrün

1. Die Auberginen auf einem Stück Alufolie im 220 Grad heißen Ofen etwa eine halbe Stunde backen, bis sie innen schön weich sind. Etwas abkühlen lassen, bis man sie berühren kann, dann die Haut abziehen. Das Fruchtfleisch grob hacken.
2. In einer Pfanne oder dem Wok das Butterschmalz erhitzen. Feingehackte Zwiebel, Knoblauch und Ingwer darin anbraten. Die im Mörser zerstoßenen Gewürze zufügen und kurz anrösten, bevor das Auberginenfleisch zugefügt wird. Salzen, mit Zucker würzen und 5 Minuten leise köcheln.
3. Zum Schluß den Joghurt einrühren und reichlich Koriandergrün darüberstreuen.

Spinat mit indischen Gewürzen und Joghurt

Für 4 Personen:

500 g fester Freilandspinat, 2 EL Butterschmalz, 1 Zwiebel, 2 Knoblauchzehen, 1 Scheibe Ingwerwurzel (ca. 2 cm), 1 TL Koriandersamen, 1 TL Kreuzkümmel, 2 getrocknete Chilischoten, Salz, ½ TL Currypulver, ½ TL Zucker, 150 g Joghurt, 2 EL Sesamsamen

1. Den Spinat putzen, dabei die Stiele abknipsen, die Blätter gründlich mehrmals waschen.
2. In einer Pfanne oder im Wok feingehackte Zwiebel, Knoblauch und Ingwer andünsten, die im Mörser zerstoßenen Gewürze zufügen, auch Salz, Curry und Zucker.
3. Wenn sich alles gut vermischt hat und intensiv duftet, die abgetropften Spinatblätter zufügen und unter vorsichtigem

Wenden zusammenfallen lassen. Dabei sollen sich die Blätter mit den Gewürzen innig verbinden.

4. Zum Schluß den Joghurt einrühren, das Gemüse auf einer Platte anrichten.
5. Die Sesamsamen in der trockenen Pfanne golden rösten und über den Spinat streuen.

Geschmorter Lauch mit Joghurt

Das gleiche Rezept eignet sich auch gut für Zwiebeln!

Für 4 Personen:

4 gleich dicke Lauchstangen, 2 EL Butterschmalz, je 2 TL feingehackter Ingwer und Knoblauch, 1 TL Kreuzkümmel, 6 Pfefferkörner, Salz, 2–4 getrocknete Chilis, 150 g Joghurt, Schnittlauch oder Frühlingszwiebel

1. Die Lauchstangen putzen, aufschlitzen, gründlich waschen. Quer in fünf Zentimeter lange Stücke schneiden.
2. Im heißen Butterschmalz zuerst Ingwer, Knoblauch und die im Mörser zerkleinerten Gewürze anrösten, bevor der Lauch tropfnaß zugefügt wird. Im Bratfett wenden, bis es davon überzogen ist. Zwei bis drei Löffel Joghurt zufügen. Auf mildem Feuer ohne Deckel leise 10 Minuten schmoren.
3. Wenn der Lauch schmelzend zart ist, auf einer Platte anrichten. Den restlichen Joghurt in die Sauce quirlen, abschmecken, feingehackten Schnittlauch oder Frühlingszwiebelgrün darüberstreuen und über den Lauch gießen.

Indischer Blumenkohl mit Joghurt

Für 4 Personen:

1 kleiner Blumenkohlkopf, 3 EL Butterschmalz, 1 Zwiebel, 2 Knoblauchzehen, 1 Scheibe Ingwerwurzel (ca. 2 cm), 1–3 frische rote oder grüne Chilis, 1 TL Currypulver, ½ TL gemahlener Kreuzkümmel, Salz, Zucker, 150 g Joghurt, glatte Petersilie oder Minzeblätter

Natürlich kann man so auch Brokkoli zubereiten oder Romescu. Hübsch ist eine Mischung aus den verschiedenfarbigen Kohlsorten.

1. Den Blumenkohl in Röschen teilen, dicke Strunkstücke in Scheiben schneiden.
2. Im heißen Butterschmalz feingehackte Zwiebel, Knoblauch, Ingwer und Chilis anrösten. Den Blumenkohl zufügen und mitbraten, dabei mit den Gewürzen bestreuen und dafür sorgen, daß sie alles Gemüse einhüllen.

3. Drei Löffel Joghurt einrühren, sobald er anzusetzen droht, mit einem Schuß Wasser auffüllen. Sofort den Deckel aufsetzen. Den Blumenkohl etwa 6 bis 8 Minuten dünsten, bis er zwar gar ist, aber noch Biß hat.
4. Zum Schluß den restlichen Joghurt mit der würzigen Sauce verquirlen und über den Blumenkohl gießen. Mit Petersilie oder Minzeblättchen schmücken.

Gefüllte Gurken auf chinesische Art

Für 4 – 6 Personen:

2–3 größere, schlanke Gemüsegurken (je etwa 400 g), 500 g Schweinefleisch (zur Hälfte mager, zur Hälfte fett), 250 g gekochter Reis, 2 Eier, 200 g rohe ausgelöste Garnelenschwänze (tiefgekühlt), 2 EL Sesamöl

WÜRZMISCHUNG:
2 gehäufte EL gehackte Wasserkastanien (aus der Dose), 3 gehäufte EL gewürfelte Bambussprossen (Dose), 2–3 große, sehr fein gehackte Knoblauchzehen, dazu 2 Schalotten oder Frühlingszwiebeln mit Grün, ebenfalls feingewiegt, 2 bis 2 TL feinstgewürfelter frischer Ingwer, ½ in winzige Würfelchen geschnittene, vorher entkernte Chilischote, 1 guter Schuß Sojasauce

DÄMPFSUD:
¼ l Wasser, 2 EL Sojasauce, 1 TL Sesamöl

Ein leichtes Sommeressen, das Sie weitgehend fertigstellen und so im Kühlschrank bereithalten können. Wenn die Gäste da sind, wird es in kurzer Zeit gedämpft, und Sie können als perfekte Gastgeberin (oder Gastgeber) gar nicht schnell genug ein zweites Körbchen mit den Gurkentalern herzaubern – was Sie natürlich, um den Erfolg wissend, schon bereithalten …

1. Gurken so schälen, daß abwechselnd ein Streifen stehen bleibt. In etwa 5 cm dicke Scheiben schneiden und jeweils aushöhlen (Kernfleisch mit dem Messer herausbohren).
2. Schweinefleisch im Zerhacker oder im Mixer pürieren, dabei Reis, Eier und die Würzmischung sofort mitmixen; Sie können auch einfach Schweinehack verwenden und diese Zutaten dann gründlich hineinkneten. Masse in die Gurkenscheiben füllen, diese auf zwei Dämpfeinsätze verteilen, die mit Sesamöl eingepinselt sind.
3. Auf jede Scheibe nun eine geschälte Garnele legen, alles mit Sesamöl bestreichen. Entweder gleich gar dämpfen oder bis zum Gebrauch in den Kühlschrank stellen (hochstens einen halben Tag).
4. In einem passenden Topf die Zutaten für den Dämpfsud erhitzen. Den Dämpfeinsatz hineinstellen, Deckel auflegen und die gefüllten Gurken in 10 bis 12 Minuten gar dämpfen.
5. Nach Belieben vor dem Servieren mit frischen Saisonkräutern (Petersilie, Schnittlauch, Koriandergrün, Minze oder Estragon) bestreuen.

Eine chinesische Dip-Sauce (zum Beispiel Seite 724) dazu reichen. Asiatische Chilisauce und Sojasauce bereitstellen.

Buddha-Gemüse

Ein Paradegericht der vegetarischen Kochkunst in China. Sie hat dort Tradition. Fast immer werden die Gemüse roh verarbeitet, nur rasch im rauchend heißen Öl pfannengerührt. Allenfalls Sorten mit fester Struktur wie grüne Bohnen, Blumenkohl und Brokkoli blanchiert man vorher, sofern sie nicht fein in Streifen oder Scheibchen geschnitten wurden.

Für 2 – 4 Personen:

6 Tonku-Pilze, 3 EL getrocknete Lilienknospen, 2 EL Wolkenohrpilze, 50 g Glasnudeln, Öl zum Fritieren, 250 g Tofu, 4 EL Sojasauce, 3 TL Sesamöl, 100 g Bambussprossen aus Glas oder Dose, ½ Dose Strohpilze (etwa 100 g), 100 g Zuckerschoten, 100 g Chinakohl oder Wirsing, 50 g junge Maiskölbchen aus der Dose, 100 g frische Sojasprossen, 3 Frühlingszwiebeln, Salz 1 walnußgroßes Stück Ingwer, 2 Knoblauchzehen, 4 EL Öl

1. Tonku-Pilze, Lilienknospen und Wolkenohrpilze zusammen in einer Schale, die Glasnudeln separat mit kochendem Wasser überbrühen und 30 Minuten einweichen.
2. Die Tonku-Pilzstiele herausschneiden. Von den Lilienknospen harte Endstücke abtrennen. Die Wolkenohrpilze gründlich ausspülen und grob hacken. Glasnudeln mit einer Schere kürzen.
3. Das Öl zum Fritieren erhitzen. Tofu in 3 cm große Würfel schneiden und im heißen Öl etwa 2 Minuten ausbacken. Auf Küchenpapier abtropfen lassen, auf eine Platte legen und mit 2 Eßlöffel Sojasauce und 1 Teelöffel Sesamöl beträufeln.
4. Bambussprossen in dünne Scheiben teilen, Strohpilze halbieren. Zuckerschoten und Kohl waschen und putzen. Zuckerschoten ganz lassen, Chinakohl oder Wirsing in 3 cm schmale Stücke schneiden. Maiskölbchen abtropfen lassen, Sojasprossen waschen. Frühlingszwiebeln abspülen, putzen und längs halbieren, in 3 cm lange Stücke hacken.
5. Zuckerschoten, Chinakohl und Sojasprossen nacheinander 1 Minute in kochendem Salzwasser blanchieren, jeweils eiskalt abschrecken und abtropfen lassen.
6. Ingwer und Knoblauch schälen und fein hacken. Im heißen Öl in einer Pfanne anbraten. Zunächst Tonku- und Wolkenohrpilze hinzufügen, dann Lilienknospen und Bambussprossen und nach und nach alle übrigen Gemüsezutaten.
7. Unter ständigem Rühren insgesamt 5 Minuten braten. Dann den Tofu dazugeben. Alles mit 2 Eßlöffel Sojasauce und 2 Teelöffel Sesamöl beträufeln. Nochmals auf stärkster Hitze durchmischen und sehr heiß auftragen.

Hier ist die Hitze zum Schluß sehr wichtig. Das Gericht bekommt dadurch ein ganz spezielles Aroma. Es hat kaum Sauce, wirkt aber saftig und mild durch die diversen Gemüse.

Gebratene Sojasprossen

Im Nu fertig: Die Sprossen werden in rauchend heißem Öl geschwenkt, wobei die Hitze des Öls als Gewürz wirkt.

Für 2 – 4 Personen:

500 g frische Sojasprossen, 1 Knoblauchzehe, 1 Stück Ingwer (etwa 2 cm), 2 Frühlingszwiebeln, 1 EL helle Sojasauce, 1 EL trockener Sherry, 1 EL Brühe, 3 EL Öl, ½ TL Salz

1. Die Sojasprossen verlesen, gut abspülen und gründlich abtropfen lassen. Knoblauch und Ingwer schälen und sehr fein hacken. Die Frühlingszwiebeln waschen, putzen und in 1 cm lange Stücke schneiden.
2. Sojasauce, Sherry und Brühe verquirlen.
3. Das Öl in einer großen, schweren Pfanne erhitzen. Sobald es raucht, das Salz hineinstreuen. Sofort Knoblauch und Ingwer, dann die Sojasprossen dazugeben. Schnell einige Sekunden lang pfannenrühren, dabei müssen alle Sprossen von einem Ölfilm überzogen werden. Die Frühlingszwiebelstücke hinzufügen und gleich danach die vorbereitete Sauce angießen. Aufkochen lassen, sofort auf vorgewärmten Tellern anrichten.

Tip: Auf dieselbe Art können Sie verschiedenste andere Gemüse zubereiten. Besonders gut: Spinat, Chinakohl, Paksoi, Mangold und Zuckerschoten, Sommerwirsing oder Sommerkohl, auch Blätter von Brokkoli und ihre in Scheibchen geschnittenen Stiele. Mehr Würze bekommt es, wenn man noch zwei Eßlöffel Austernsauce und eventuell sogar eine zerkrümelte Chilischote oder einen Löffel Chilisauce zufügt

Süß-scharfer Weißkohl

Für 2 – 4 Personen:

300 g junger Weiß- oder Spitzkohl, 100 g Mangold, 5 getrocknete rote Chilischoten, 1 Stück Ingwer (etwa 2 cm), 2 Frühlingszwiebeln, 4 EL Öl, ½ TL Szechuanpfeffer, 1 EL helle Sojasauce, 1 EL trockener Sherry, ½ TL Zucker, 1 EL Essig, 1 TL Sesamöl, ½ TL Speisestärke

1. Den Kohl längs halbieren, nur das unterste harte Stück des Strunks wegschneiden. Die Hälften quer in 3 cm breite Streifen teilen, Mangold putzen, die Blätter ebenfalls streifig schneiden, die Stiele in sehr feine Streifen schneiden. Chilischoten entkernen, grob zerbröseln. Ingwer und Frühlingszwiebeln putzen und fein hacken.
2. Das Öl in einer Pfanne oder im Wok erhitzen, Kohl und Mangoldstiele darin etwa 1 Minute pfannenrühren, heraus-

heben und warm stellen. Im restlichen Fett die Mangoldblätter, Chilischoten, Pfefferkörner, Ingwer und Frühlingszwiebeln andünsten.

3. Sojasauce, Sherry, Zucker, Essig, Sesamöl und Stärke verquirlen und angießen. Aufkochen lassen. Kohl und Mangoldstiele untermischen.

Blumenkohl mit schwarzen Pilzen

Für 2 – 4 Personen:

12 Tonku-Pilze, 3 EL Austernsauce, Salz, 1 EL trockener Sherry, 1 TL Speisestärke, 1 TL Zucker, ⅛ l Hühnerbrühe, 1 kleiner Blumenkohl, 1 EL Hühnerfett, 1 EL Sesamöl, 2 EL Pflanzenöl, 1 Stück Ingwer von etwa 2 cm

Hühnerfett gibt diesem Gericht sein spezielles Aroma. Sie bekommen es, indem Sie von selbstgekochter Brühe die oben angesetzte Fettschicht abschöpfen und aufbewahren. Das Fett hält sich im Kühlschrank nur wenige Tage. Deshalb sollten Sie es lieber einfrieren, am besten in Eiswürfelschalen. Die gefrorenen Würfel können Sie dann einzeln entnehmen.

Wichtig: Das Fett, tiefgefroren, nicht länger als 3 Monate aufbewahren, sonst verändert sich nämlich der Geschmack.

1. Die Pilze mit kochendem Wasser überbrühen, etwa 30 Minuten einweichen. Dann die Stiele herausschneiden, die Hüte je nach Größe ganz lassen, halbieren oder vierteln.
2. Austernsauce, ½ Teelöffel Salz, Sherry, Stärke, Zucker und Brühe verquirlen, in einer Pfanne aufkochen. Die Pilze darin bei milder Hitze 10 Minuten köcheln, bis die Sauce dicklich wird (falls sie zu stark einkocht, wieder mit Hühnerbrühe verdünnen).
3. Unterdessen den Blumenkohl waschen und putzen, dabei die Röschen von den Stielen schneiden. Die Stiele schälen und schräg in dünne Scheibchen teilen. Die Stiele 2 Minuten, die Röschen nur 1 Minute in kochendes Salzwasser tauchen, eiskalt abschrecken und gut abtropfen lassen.
4. Die Pilze auf einen Teller geben, mit dem Hühnerfett überträufeln und warm stellen.
5. In derselben Pfanne Sesam- und Pflanzenöl erhitzen. Ingwer schälen, fein hacken und in die Pfanne geben.
6. Blumenkohl darin unter Rühren 2 Minuten braten.
7. Dann die Tonku-Pilze mit der Sauce untermischen. Sehr heiß auf den Tisch bringen.

Gemischtes chinesisches Gemüse

Die Auswahl der Gemüse ist natürlich eine Frage des Marktes, der Jahreszeit, der Vorlieben – Sie können im Grunde alles nehmen, worauf Sie Lust haben!

Für 2 – 4 Personen:

1 Möhre, 1 Zwiebel, 1 Lauchstange, 2 Stangen Staudensellerie, 100 g Bambussprossen, 100 g Champignons, 1 kleine grüne Paprikaschote, 100 g frische Sojasprossen, 1 Knoblauchzehe, 1 Stück Ingwer (etwa 2 cm), Salz 3 EL Öl, 1 EL Sojasauce, ½ TL Zucker, 4 EL Brühe, 1 TL Sesamöl

1. Alle Gemüse waschen und putzen oder schälen. Die Möhre in dünne Scheibchen schneiden. Die Zwiebel vierteln, in einzelne Schichten teilen. Lauch, Sellerie, Bambussprossen und Champignons in Scheibchen, die Paprikaschote in schmale Streifen schneiden. Die Sojasprossen verlesen.
2. Knoblauch und Ingwer schälen, fein hacken und zusammen mit etwas Salz ins heiße Öl in einer Pfanne geben. In der Reihenfolge wie oben aufgeführt alle Gemüse nacheinander hinzugeben und rasch pfannenrühren.
3. Sojasauce, Zucker, Brühe und Sesamöl verquirlen, angießen und einmal aufkochen.

Geschmorte Auberginen

Dieses Gemüse schmeckt sogar kalt!

Für 2 – 4 Personen:

2 große Auberginen, reichlich Öl zum Fritieren, 1 Frühlingszwiebel, 1 Knoblauchzehe, 1 Stück Ingwer (etwa 2 cm), 3 EL Öl, 1 EL Sojasauce, 1 gehäufter TL Zucker, ½ TL Salz, Koriandergrün zum Garnieren

1. Die Auberginen waschen, putzen und längs in sechs Scheiben schneiden, diese dann quer in 5 cm lange Stücke teilen.
2. Öl zum Fritieren erhitzen, die Auberginen darin 3 Minuten ausbacken, dann auf Küchenpapier abtropfen lassen und beiseite stellen.
3. Frühlingszwiebel waschen und putzen, Knoblauch und Ingwer schälen. Alles fein hacken und in einer Pfanne im heißen Öl kurz unter Rühren anbraten.
4. Die abgetropften Auberginenstücke nebeneinander in die Pfanne legen. Bei milder Hitze 4 bis 5 Minuten dünsten.
5. Sojasauce, Zucker und Salz gründlich verrühren und über die Auberginen gießen. Die Pfanne schwenken, damit sich alles gut verteilt. So lange dünsten, bis kaum mehr Sauce in der Pfanne ist. Mit Korianderblättchen bestreut auftragen.

Auberginen in gelbem Kokos-Curry

Als Beilage zu gebratenem oder gegrilltem Fleisch, vorzugsweise Lamm oder Rind, aber auch mit zwei weiteren Curries als Hauptgang mit Reis.

Manchen Zeitgenossen wird schon schlecht, wenn sie nur das Wort »Curry« hören – daran sind die bekanntlich kulinarisch so begabten Engländer schuld: In Indien haben sie Gerichte mit köstlichen Saucen kennengelernt, »cari« genannt, was auf Hindi »Sauce« heißt. Jeden Tag werden dafür Gewürze frisch gemörsert. Das war den Briten zu mühsam – sie simplifizierten, mischten ein Würzpulver, das sie »Curry« nannten und wahllos an jedes Gericht streuten. Schluß damit: Würzen wir wieder individuell!

Für 4 Personen:

4–6 Schalotten, 4–6 Knoblauchzehen, ebensoviel frische Ingwerwurzel, je 1/4 rote und gelbe Paprikaschote, 500 g Auberginen, 2 EL Erdnußöl, 1 TL Sesamöl, 1 EL gelbe Curry-Paste (Seite 710), 1/8 l Kokos-Sahne (siehe Seite 709), 1 EL Zucker, 1 EL Fischsauce, 1 TL Salz, 1/2 Limone, chinesischer Schnittlauch, Basilikumblätter und Koriandergrün

1. Schalotten, Knoblauch und Ingwer winzig würfeln, ebenso die mit dem Sparschäler dünn abgeschälten Paprikaviertel. Erst unmittelbar vor dem zubereiten die Auberginen mit der Schale in grobe Würfel schneiden.
2. Erdnuß- und Sesamöl in einem gußeisernen oder, wenn man mit Gas kocht, irdenen Topf erhitzen und die Auberginenwürfel darin bei stärkster Hitze kräftig anbraten – sie müssen rundum goldbraune Stellen bekommen.
3. Herausheben und die gewürfelten Gemüse rasch andünsten. Die Curry-Paste zufügen und die Kokos-Sahne angießen. Mit Zucker, Fischsauce, Salz und Limonensaft abschmecken.
4. Die Auberginenwürfel darin aufkochen, die Paprikawürfel und den in schräge Stückchen geschnittenen chinesischen Schnittlauch unterrühren. Vom Feuer nehmen und, mit Basilikum- und Korianderblättchen bestreut, unverzüglich servieren.

Auberginen mit Hackfleisch

Für 4 Personen:

2 EL Wolkenohrpilze, 250 g Schweinehackfleisch, 1 TL Speisestärke, 1 TL Sesamöl, 1 EL Soja-

1. Die Pilze mit Wasser überbrühen und einweichen.
2. Das Hackfleisch mit Stärke, Sesamöl und Sojasauce gründlich mischen und marinieren.
3. Das Weiße der Frühlingszwiebeln in schmale Ringe schneiden, das Grün in 3 cm lange Stücke.
4. Auberginen ungeschält längs in fingerdicke Streifen schnei-

den, diese auf etwa 5 Zentimeter kürzen. Im heißen Öl 2 Minuten lang fritieren. Mit einer Schaumkelle herausheben, beiseite stellen, salzen und pfeffern.
5. Nur einen Löffel Öl in der Pfanne lassen, darin das Hackfleisch anbraten, dabei in rascher Folge Knoblauch, Ingwer, Schalotte, das Weiße der Frühlingszwiebeln, eingeweichte Pilze, entkernte Chilis und schwarze Bohnen zufügen. Sojasauce, Sherry oder Reiswein und Hühnerbrühe angießen.
6. Die Auberginen zufügen, alles noch einmal auf starkem Feuer mischen. Zum Schluß großzügig Korianderblätter darüber streuen.

Das Gericht kann man übrigens auch wunderbar kalt servieren!

sauce, 2 Frühlingszwiebeln, 2 mittelgroße Auberginen, Öl zum Fritieren, Salz, Pfeffer, je 1 EL gehackter Knoblauch, Ingwer und Schalotte, 2 getrocknete Chilischoten, 1 EL schwarze Bohnen, 2 EL Sojasauce, 2 EL Sherry oder Reiswein, 1/8 l Hühnerbrühe, Koriandergrün

Bohnen und Erbsen

Provenzalische Bohnen

1. Die Bohnen putzen, je nach Sorte ganz lassen, in Rauten schneiden oder in Stücke brechen. In gut gesalzenem Wasser zusammen mit den Bohnenkrautstielen bißfest kochen. Eiskalt abschrecken, damit die schöne Farbe bleibt.
2. Im Olivenöl die feingehackten oder durch die Presse gedrückten Knoblauchzehen andünsten, die Sardellenfilets zufügen und darin schmelzen lassen.
3. Schließlich die Kapern und die Bohnen in den Topf füllen, alles rasch und gleichmäßig mischen. Mit Pfeffer würzen und reichlich feingehacktes Bohnenkraut darüberstreuen.

Für 4 Personen:

500 g grüne Bohnen (ganz nach Belieben zarte, dünne Bohnen, flache Schnittbohnen oder Brechbohnen), Salz, 3 El Olivenöl, 3–6 Knoblauchzehen, 3–4 Sardellenfilets, 1–2 EL kleine Kapern, Pfeffer aus der Mühle, Bohnenkraut

Das provenzalische Bohnengemüse paßt zu Lammkoteletts oder Grillwürstchen.

Knoblauchbohnen

Lieben wir zu allem Fleisch, besonders im Sommer, wenn der junge Knoblauch gleichzeitig mit den Bohnen reif wird.

Für 4 Personen:

500 g Bohnen (siehe vorstehendes Rezept), Salz, Bohnenkraut, 4 Knollen junger Knoblauch, 40 g Butter, Petersilie

1. Bohnen putzen, zuschneiden und kochen, wie oben angegeben, alles Bohnenkraut ins Kochwasser geben.
2. Knoblauchzehen aus den Schalen lösen, Petersilie hacken.
3. Butter in einer Pfanne zerlassen, Knoblauch und Bohnen zugeben und bei nicht zu starker Hitze andünsten, bis alle Flüssigkeit verdampft ist. Leise anbräteln lassen, aber nicht bräunen oder gar rösten, sonst wird der Knofel bitter. Salzen – es ist erstaunlich wieviel Salz Bohnen brauchen! – und reichlich fein gehackte Petersilie zufügen.

Österreichische Zwiebelbohnen

Für 4 Personen:

500 g Bohnen, Salz, 1 große Zwiebel, 2–3 EL Butter, 2–3 EL Crème fraîche oder Crème double, 1 Bund Dill

Dazu paßt gekochtes Rindfleisch oder gesottenes Kassler. Wer die Bohnen als ganzes Hauptgericht essen will, streut frisch hartgekochtes, gewürfeltes Ei darüber und serviert dazu geröstete, kleine Pellkartöffelchen.

Dille, wie die Österreicher sagen, mit Bohnen ist ungewöhnlich, aber paßt prima!

1. Die Bohnen putzen, je nach Größe und Sorte ganz lassen oder in Stücke schneiden, in Salzwasser bißfest kochen. Dann eiskalt abschrecken.
2. Die Zwiebel sehr fein würfeln. In der heißen Butter sanft weichdünsten. Die Crème fraîche zufügen und den feingeschnittenen Dill.
3. Die Bohnen etwa 5 Minuten darin schwenken und sogleich servieren.

Grüne Bohnen mit Pinienkernen

Für 6 Personen:

1 kg grüne Bohnen (nach Marktlage: feine Stangenbohnen, breite Bohnen, Wachsbohnen), Salz, 3 EL Olivenöl, 3–4 Knoblauchzehen, 3 EL Pinienkerne, Pfeffer, Bohnenkraut

1. Die Bohnen putzen, wenn nötig klein schneiden und in stark gesalzenem Wasser (Bohnen brauchen viel Salz!) bißfest kochen. Eiskalt abschrecken, damit sie ihre schöne grüne Farbe behalten.
2. Zum Servieren das Öl in einem breiten Topf erhitzen, den Knoblauch durch die Presse zufügen, auch die Pinienkerne hineinstreuen.
3. Ganz kurz schmurgeln, bis der Knoblauch nicht mehr roh ist, die Bohnen zufügen und gründlich durchschwenken. Dabei mit Pfeffer aus der Mühle und reichlich fein geschnittenem Bohnenkraut würzen.

Erbsen

Das empfinden wir als herrlichen Luxus, den wir uns gönnen: frische Erbsen. Natürlich haben wir sie im Garten – meist viererlei Sorten:
Die zarten *Mangetouts* oder *Kaiserschoten*, die man als *Schoten* ißt, also bevor sich die Erbsen selbst herausbilden. Wir bereiten sie aber niemals so zu, wie es in Europa empfohlen wird, nämlich sie zu blanchieren. Dadurch werden die Schoten immer ein wenig weich und seifig. Wesentlich besser schmecken sie, wenn man sie in heißem Öl im Wok pfannenrührt! Dazu nur gehackten Knoblauch und Ingwer, etwas Chili und Sesamöl als Würze, mit Fischsauce und/oder Sojasauce angießen und eventuell mit etwas Sherry oder Reiswein ablöschen. Noch häufiger allerdings verwenden wir sie in kleinerer Menge in Mischgerichten aber immer *à la chinoise*, also aus dem Wok.
Natürlich haben wir *Mark*- oder *Palerbsen* im Garten, die blanchiert auch eingefroren werden, so daß wir im Winter einen schnellen Vorrat haben. Dafür sortieren wir in drei Größen, trennen in feinste Erbsen, die es zum Beispiel zum Filetsteak oder zum Kalbsschnitzelchen gibt, feine Erbsen zu Suppen, Eintöpfen und derberen Gerichten und schließlich fast reife Erbsen, die zu Püree verarbeitet werden können.

Erbsen zu palen ist eine mühsame Arbeit. Am leichtesten geht sie von der Hand, wenn man zu mehreren in der Sonne sitzt, dabei vielleicht sogar ein Gläschen Wein schlürft und über alles Mögliche schwatzen kann. Und dann die zarten Erbsen genießen dürfen! Wir bereiten sie so einfach und pur wie nur möglich zu.

Etwas später reifen jene mehligen Erbsen mit der hübschen lilafarbenen Schale, die *Kapuzinererbsen*, die die Holländer Capujiziners nennen. Die gerade eben noch nicht ganz ausgereiften Erbsen ergeben ein wunderbares Erbsenpüree! Dafür einfach die Erbsen mit Zwiebel in Butter andünsten, mit so viel Wasser oder Brühe auffüllen wie nötig und durchmixen; nach Belieben mit Sahne anreichern.

Schließlich ziehen wir uns im Herbst und im sehr zeitigen Frühjahr *Snow Peas* – eine Idee, die wir aus Hongkong mitgebracht haben: Samen für Pal-, Mark- oder Schotenerbsen einen Tag in warmem Wasser einweichen, dann einen Zentimeter tief dicht an dicht in nur zehn Zentimeter voneinander entfernte Rillen legen, zudecken und keimen lassen. Wenn die Triebe ihre dritten Blattpaare bilden, kann man sie abschneiden und bereitet sie im Wok zu wie die Schoten – dieses für China unentbehrliche Wintergemüse kann man bei uns leider noch nicht kaufen. Es wäre wahrscheinlich auch unbezahlbar. Aber es schmeckt einfach irre gut!

Gedünstete Erbsen

Für 4 Personen:

400 g frische, ausgepalte junge Erbsen, 2 EL Butter, Salz, Pfeffer, 1 Prise Cayennepfeffer, Kerbel oder Petersilie

1. Die Erbsen in einem Topf mit gut schließendem Deckel in der heißen Butter andünsten. Sogleich salzen, pfeffern und mit einem auch Cayennepfeffer würzen.
2. Die fein gehackten Kräuter erst ganz zum Schluß unterrühren.
3. Wie lange die Erbsen – gut zugedeckt und auf kleinster Flamme, damit sie im eigenen Saft dünsten können – brauchen, bis sie gar sind, hängt vom Reifegrad und davon ab, wie frisch sie sind.

Gut paßt zu Erbsen Kerbel, was die Franzosen besonders lieben, und Minze – die exotisch duftende arabische Minze eher als die medizinisch schmeckende Pfefferminze!

Hülsenfrüchte

Linsengemüse mit Spiegelei

Schade, daß man Linsen bei uns noch immer unterschätzt. Sie können so unglaublich gut schmecken, wenn Sie ihnen die Sorgfalt angedeihen lassen, die sie verdienen. Und wenn Sie schon beim Einkauf darauf achten, Qualität zu bekommen. Die Auswahl reicht von den großen Tellerlinsen (etwa 5 mm Durchmesser) bis zu den winzigen, fast stecknadelkopfkleinen Linsen aus Puy, einer Gegend in Zentralfrankreich, wo die besten Linsen wachsen. Inzwischen werden Linsen auch bei uns wieder angebaut, vor allem auf der Schwäbischen Alb, und als Spezialität angeboten.
Linsen einweichen oder nicht – das ist eine Frage der Zeitersparnis: Das Einweichen über Nacht unter mindestens einer Handbreit Wasser (die Linsen nehmen das Wasser auf und sollen auch dann noch davon bedeckt sein) verkürzt die Garzeit um fast die Hälfte. Eine präzise Kochzeit läßt sich übrigens nicht angeben. Wie lange Linsen brauchen, bis sie weich sind, hängt von ihrem Alter ab. Je älter sie sind, desto länger müssen sie garen.

Je feiner das Würzgemüse, in der französischen Küchensprache *Brunoise* genannt, zerkleinert wird, desto besser würzt es – das leuchtet ein. Und außerdem sieht es dekorativer aus, wenn die Zutaten gleichmäßig zugeschnitten sind. Das muß nicht viel Mühe machen: Sie brauchen dazu nämlich nur einen Gemüsehobel, der feine Streifen (Julienne) schneiden kann. Diese schneiden Sie dann mit dem Messer quer in winzig kleine Würfel.

Für 4 Personen:

250 g Linsen, Salz, 1 Zwiebel, 1 Möhre, ¼ Sellerieknolle, 1 Lauchstange, 25 g Butter, ⅛ l Fleischbrühe, Pfeffer, 3 EL Aceto balsamico (Balsamessig aus Modena), 100 g durchwachsener Bauchspeck, 1 EL Öl, 4 Eier, 1 Bund Schnittlauch

1. Die Linsen mit Salzwasser bedeckt (falls Sie sie eingeweicht haben: im Einweichwasser) zugedeckt weich kochen.
2. Inzwischen Zwiebel, Möhre und Sellerie schälen und in winzigkleine Würfelchen schneiden – sie sollten nicht größer als die Linsen selbst sein. Auch den Lauch (wegen der Farbe mit einem Stück vom Grünen) so fein würfeln
3. Zwiebel, Möhre und Sellerie in der Butter zwei Minuten dünsten, dann den Lauch zufügen und auch weich dünsten.
4. Mit der Brühe auffüllen. Die vollkommen abgetropften Linsen behutsam untermischen. Mit Salz, Pfeffer und Balsamico abschmecken.
5. Die Speckscheiben in wenig Öl in einer Eisenpfanne knusprig braten, mit Küchenkrepp abtupfen.

Linsen lassen sich bequem auf Vorrat kochen und im Kühlschrank für ein paar Tage oder im Gefrierer monatelang aufbewahren. Es lassen sich dann schnell die schönsten Gerichte daraus zaubern: ein Salat, eine Gemüsebeilage, eine leichte Suppe. Oder sie dienen eben als sättigende Unterlage für ein schnell gebratenes Spiegelei.

6. Im verbliebenen Fett die Spiegeleier so sanft braten, daß sie keine harte, braune Kruste bekommen.
7. Das Linsengemüse auf einer Platte oder in einer flachen Schüssel anrichten, die Spiegeleier daraufsetzen und die Speckscheiben hübsch darauf verteilen. Alles mit dem Speckfett sparsam beträufeln, damit es glänzt, und mit Schnittlauchröllchen bestreuen.

Würzige Linsen auf indische Art

Für 4 Personen:

500 g rote Linsen, 1 TL Kurkuma, ½ TL Salz, 1 l Wasser, 1 Zwiebel, 2 Knoblauchzehen, 1 EL Butterschmalz, 2–4 grüne Chilischoten, ½ TL Kreuzkümmel, 100 g Joghurt

Es gibt in Indien ganz verschiedene Linsensorten, von kleinen hellen über die auch bei uns bekannten orangefarbenen oder roten, aber auch braune, grüne, große und kleine Linsen. Die roten, aus ihrer braunen Haut geschälten Linsen sind im Nu gar, verkochen leicht zu Brei. Geschälte Linsen nicht einweichen, sondern nur in einem Sieb abspülen.

Die indische Küche kennt eine Unzahl der herrlichsten Rezepte für Hülsenfrüchte – verständlich, denn sie liefern leicht verdauliches, für den Körper wertvolles Eiweiß, aber kosten nicht viel. Die Schärfe, die man überall findet, wird gern mit Joghurt gelindert – er kühlt und erfrischt.

1. Die Linsen mit Kurkuma, Salz und Wasser in einen Topf füllen. Auf mildem Feuer etwa 20 bis 30 Minuten köcheln, bis die Linsen weich sind.
2. In einem zweiten Topf feingehackte Zwiebel, Knoblauch und Ingwer andünsten. Erst wenn die Zwiebel weich ist, die winzig klein gewürfelten Chilis zufügen sowie den Kreuzkümmel.
3. Die Linsen abgießen und zufügen. Erhitzen, abschmecken und gründlich umrühren. In einer Schüssel anrichten, den Joghurt darübergießen.

Linsensalat mit Wachtelbohnen

Möglichst die kleinen hübschen Berglinsen dafür nehmen, die mit ihrer dunkelgrünen Farbe einen appetitlichen Kontrast mit dem Hellbraun der Wachtelbohnen bilden – und zur Abwechslung dann einfach auch mal andere Hülsenfrüchte nehmen.

1. Linsen und Bohnen getrennt gar kochen, dabei dem Kochwasser jeweils die Hälfte der Kräuter und des Knoblauch zufügen und ausreichend Salz.
2. Für die Marinade Joghurt, Senf, Öl und beide Essigsorten mixen. Die sehr feingehackten Kräuter und Frühlingszwiebeln zufügen und mit Salz und Pfeffer würzen.
3. Linsen und Bohnen mit dieser Marinade mischen und auf Salatblättern anrichten.
4. Gut schmeckt dazu kaltes Fleisch, zum Beispiel dünn aufgeschnittener Kalbs- oder Schweinebraten, auch gepökelte Zunge.

Für 4 – 6 Personen:

200 g kleine Linsen, 200 g braune Bohnenkerne, 6 Knoblauchzehen, 1 Händchen voll Salbeiblätter, 2 Rosmarinzweige, 2 Lorbeerblätter, Salz

JOGHURTMARINADE:
½ Becher Joghurt, 1 TL scharfer Senf, 2 EL Olivenöl, 2 EL Essig, 1 EL Balsamico, 2 Tassen voll gemischter Kräuter: Borretsch, Dill, Petersilie, Basilikum, 3 Frühlingszwiebeln, Salz, Pfeffer

Gelber Linsentopf mit Tomaten und Spinat

Es handelt sich einfach um geschälte grüne oder braune Linsen. Weil ihnen die Schale fehlt, sind sie auch ohne Einweichen viel schneller gar – je nach Alter und Sorte sind sie schon nach 10 bis 30 Minuten weich.

1. Die Linsen mit reichlich gesalzenem Wasser bedeckt weich kochen – wie immer unterhalb des Siedepunkts, nicht sprudelnd!
2. Zwiebel, Knoblauch und entkernte Chilis im heißen Öl anrösten, die Nüsse zufügen. Schließlich alles im Mixer pürieren – falls das Püree zu trocken wirkt, einen Schuß Linsenkochwasser zufügen.
3. Spinat verlesen, dicke Stiele abknipsen, sobald die Linsen weich sind, zufügen und zusammenfallen lassen.
4. Tomaten überbrühen, häuten, entkernen, grob würfeln und ebenfalls in den Topf geben. Schließlich das Chili-Zwiebel-Püree unterrühren, den Eintopf damit würzen und binden.

Für 4 – 6 Personen:

250 g gelbe Linsen, Salz, 1 große Zwiebel, 3 Knoblauchzehen, 3–4 frische grüne Chilis, 2 EL Öl, 1 Tasse Cashewnüsse, 1 kg frischer Spinat, 1 l Brühe, 500 g Tomaten, Salz, Pfeffer

Weiße Bohnen: Wer zählt die Sorten?

Es handelt sich ja bei den Bohnenkernen um den Samen der Pflanze, die zunächst einmal jene grünen Bohnen hervorbringt, die wir so gerne als frisches Gemüse essen. Und genauso wie diese »grünen« Bohnen unterschiedliche Farben tragen können – je nach Sorte gibt es eine ganze Farbpalette von den gelben Wachsbohnen bis zur violetten »Blauen Hilde« –, sind auch ihre Samenkerne durchaus nicht immer weiß.

Unter den *weißen Bohnen* mögen wir am liebsten die schlanken, länglichen Cannellini-Bohnen aus der Toskana, die kleinen, fast runden Perlbohnen, die großen Butter- oder Schmalzbohnen (die nicht wegen eines etwaigen hohen Fettgehalts so heißen, sondern weil sie nach dem Kochen besonders schmelzend zart sind) und die frischen, noch nicht ganz ausgereiften, deshalb grünlichen Bohnenkerne, die man in Frankreich Flageolets nennt. Natürlich mögen wir auch *bunte Bohnen*, zum Beispiel die schwarzen Bohnen aus Brasilien (nicht zu verwechseln mit den fermentierten Sojabohnen, die man als Gewürz in der chinesischen Küche liebt); fürs Chili con carne braucht man rote oder Kidney-Bohnen aus Amerika; die gesprenkelten Wachtelbohnen oder Borlotti aus Italien. Glücklich sind wir, wenn wir die braunen Bohnen aus Holland bekommen; für manche indischen Rezepte nehmen wir die kleinen weißen Augenbohnen mit dem winzigen schwarzen »Augen«punkt – aber sie gehören botanisch eigentlich eher zu den Erbsen.

Wenn es nur irgend geht, lassen wir unsere Stangenbohnen im späten Herbst so weit wie möglich ausreifen, damit wir viele Bohnenkerne ernten können. Droht Nachtfrost, müssen wir natürlich auch unreife Bohnenkerne heimholen. Sie schmecken frisch gekocht umwerfend gut. Und: Längst haben wir entdeckt, daß sie sich prima einfrieren lassen. Die noch weichen, aus den Hülsen gelösten Kerne wandern in Gefrierbeuteln in die Kühltruhe. Vor dem Kochen darf man sie nicht auftauen, dann werden sie matschig. Wenn man sie gefroren aufsetzt und sehr behutsam garziehen läßt, schmecken sie wie frisch geerntet!

Tips für die Küche:

Einweichen ist vielleicht nicht zwingend nötig, aber es spart natürlich Energie. Zum Kochen gönnt man jedoch den Bohnen besser frisches Wasser. Die Garzeit: Wie lange es dauert, bis Bohnen gar sind, läßt sich nicht vorhersagen. Faustregel: ein bis zwei Stunden – je nach Größe und Alter. Jahrelang gelagerte Bohnenkerne können auch schon mal vier und noch mehr Stunden brauchen. Irgendwann aber werden sie garantiert weich. Ein Teelöffel Natron und Backpulver im Kochwasser, so ein altes Hausrezept, hilft, auch die ältesten Bohnen noch weich zu kriegen. Das stimmt vor allem dann, wenn man sehr kalkhaltiges Wasser hat. Dass, wie die zweite Hausfrauenregel behauptet, Salz im Kochwasser das Weichwerden verzögert, haben wir das noch nie feststellen können; wir fanden aber die salzlosen Bohnen scheußlich fad – denn später hinzugefügt kann Salz sie nicht mehr durchdringen, die Bohnen bleiben »hohl« im Geschmack.

Weiße Bohnenkerne (Grundrezept)

Für 4 Personen:

250 g Bohnenkerne, ½ TL Salz, 2–5 Knoblauchzehen, 2–3 Kräuterstiele (Thymian, Petersilie oder Salbei)

1. Die Bohnen über Nacht in reichlich Wasser einweichen, es sollte sie eine Handbreit hoch bedecken. Am nächsten Tag haben sich die Bohnen damit vollgesogen und reichen fast bis zur Oberfläche.
2. Die Bohnen abgießen und mit frischem Wasser nur 2 cm hoch bedecken. Salz, geschälte Knoblauchzehen und Kräuter zufügen.
3. Jetzt den Topf auf mittleres Feuer setzen, das Wasser langsam zum Kochen bringen – das ist deshalb so wichtig, weil sich jetzt eine unglaubliche Menge von Schaum bildet, die leicht überzukochen droht. Deshalb unbedingt danebenstehen, um genau das zu verhindern.
4. Wenn das Wasser ein paar Minuten lang köchelt, fällt dieser Schaum von selbst wieder zusammen, man braucht ihn also nicht abzuschöpfen.
5. Wenn er schließlich völlig verschwunden ist, Hitze herunterschalten. Die Bohnen nunmehr auf kleinster Flamme garziehen lassen. Das Kochwasser sollte sich nur leise bewegen.

6. Ob die Bohnen weich sind, muß man überprüfen: Sie dürfen keinesfalls noch einen festen Kern haben, sondern sollten sich leicht am Gaumen zerdrücken lassen.
7. Die Bohnen nach Rezept weiterverarbeiten. Man kann sie übrigens gut einige Tage im Kochwasser aufbewahren. Natürlich im Kühlschrank oder kühlen Vorratsraum.

Toskanischer Bohnensalat

Für 4 – 6 Personen:

250 g weiße Bohnen, ½ TL Salz, 4–5 Knoblauchzehen, 6 Salbeiblätter

AUSSERDEM: 2 reife Fleischtomaten, 3–4 Knoblauchzehen, 1 rote Zwiebel, 2 Frühlingszwiebeln, 3–4 EL bestes Olivenöl, Salz, Pfeffer, Basilikum oder glatte Petersilie

1. Die Bohnen mit Salz, geschälten Knoblauchzehen und Salbeiblättern mit Wasser bedeckt aufsetzen und wie im Grundrezept beschrieben garen.
2. Für den Salat die Tomaten häuten, entkernen und fein würfeln. Knoblauchzehen und Zwiebel schälen und sehr fein würfeln, Frühlingszwiebel in hauchdünne Ringe schneiden.
3. Die Bohnen am besten lauwarm anmachen: mit den vorbereiteten Zutaten und mit dem Olivenöl mischen. Mit Salz und Pfeffer abschmecken – kein Essig!
4. Zum Schluß die Kräuter zerzupfen und darüberstreuen.

Spanischer Bohnentopf

Ein herzhafter Eintopf, der alle Lebensgeister weckt, zum Beispiel wenn man von einem längeren Winterspaziergang heimkehrt.

Für 6 – 8 Personen:

500 g weiße oder rote Bohnen, 1 große (spanische) Gemüsezwiebel, 4–5 Knoblauchzehen, 3–4 EL Olivenöl, 2 große Fleischtomaten, 2 EL Tomatenmark, ca. 1,5 l Fleisch- oder Gemüsebrühe, ca. 200 g luft-

1. Die Bohnen über Nacht einweichen.
2. Zwiebeln und Knoblauch fein würfeln. In einem großen Suppentopf – der alle Zutaten später aufnehmen kann – im heißen Olivenöl andünsten, ohne Farbe annehmen zu lassen.
3. Die Tomaten häuten, grob zerschneiden und zusammen mit dem Tomatenmark kurz mitdünsten.
4. Die Bohnen abtropfen lassen und zufügen, mit der Brühe bedecken. Speck zwischen die Bohnen betten, ebenso

Lorbeerblätter, Chilis und Thymianzweige. Alles salzen und pfeffern.

5. Im offenen Topf zunächst langsam zum Kochen bringen. Den Deckel erst aufsetzen, wenn sich der Schaum gelegt hat, und den Eintopf knapp 2 Stunden garen.
6. Einen Teil der Bohnen mit dem Mixstab pürieren, damit der Eintopf eine schöne sämige Bindung bekommt.
7. Inzwischen die Kartoffeln und Möhren schälen, in bohnengroße Würfel schneiden. Den Lauch putzen und in feine Ringe schneiden. Zusammen mit den Würsten etwa eine Viertelstunde vor Ablauf der Garzeit zu den Bohnen geben.
8. Jetzt Speck und Würste herausfischen.
9. Speck und Würste in Würfel schneiden, mit den Erbsen und der gehackten Petersilie kurz vor dem Servieren in den Topf rühren. Den Bohnentopf noch einmal mit Salz und Pfeffer und nach Belieben mit einem Hauch Cayennepfeffer abschmecken.

getrockneter Speck am Stück, 2 Lorbeerblätter, 2 getrocknete Chilischoten, 2 Thymianzweige, Salz, Pfeffer, 500 g Kartoffeln, 2 dicke Möhren, 2 Lauchstangen, 3–4 paprikascharfe, luftgetrocknete Würste (spanische Chorizo), 250 g feine Erbsen (Tiefkühlware), Petersilie

Brasilianischer Bohnentopf (Feijoada)

Für 6 – 8 Personen:

500 g schwarze Bohnen, 100 g geräucherter Speck, 2 große Zwiebel, 8 Knoblauchzehen, 3–4 Chilischoten, 1 walnussgroßes Stück Ingwer, 2 Lorbeerblätter, 1 Nelke, 1 Stück Zimt, ½ TL Piment, ca. 1000 g durchwachsener, gepökelter Schweinebauch, 1 Paket gewürfeltes Tomatenfleisch, Salz, Pfeffer, 1 grüne Paprikaschote, 1 Limone, Koriandergrün

1. Die Bohnen mit reichlich Wasser bedeckt einweichen.
2. Den Speck sehr klein würfeln, in einem großen Suppentopf sanft auslassen. Die gehackte Zwiebel, den durch die Presse gedrückten Knoblauch, Chili und Ingwer – beides fein gewürfelt – im ausgelassenen Fett andünsten. Wenn die Zwiebeln hellblond geworden sind, die Hälfte dieses sogenannten Sofrito herausheben und in eine Kasserolle füllen.
3. Die abgetropften Bohnen in den Suppentopf geben, mit Wasser bedecken, die Gewürze und den Schweinebauch zwischen die Bohnen packen. Alles 2 Stunden auf kleinem Feuer garen.
4. Inzwischen den Sofrito in der Kasserolle mit dem Tomatenfleisch aufkochen. Salzen und pfeffern und schließlich auf mittlerem Feuer etwa 20 Minuten leise köcheln.
5. Sobald die Bohnen weich sind, ein Viertel davon mit einer Schaumkelle herausheben und im Mixer pürieren und mit der Tomatensauce vermischen. Mit dieser würzigen Sauce

den Bohnentopf binden. Damit der Eintopf nicht zu dünnflüssig wird, sollte man das Kochwasser zuvor größtenteils abschöpfen – oder einfach die Bohnen abgießen. Das Wasser jedoch auffangen, damit man einen womöglich zu dicken Eintopf wieder verflüssigen kann.

6. Die Paprikaschote entkernen, in winzig kleine Würfel schneiden und ganz zum Schluß, kurz vor dem Servieren, unterrühren.
7. Das schwarze Bohnengemüse mit Limonensaft abschmecken und mit zerzupften Korianderblättern bestreuen.
8. Es wird in einer Terrine serviert, das Fleisch in Scheiben geschnitten auf einer Platte extra angerichtet; und als Beilage gibt's dampfenden Reis.

Bohnenpüree

Besonders gut eignen sich hierfür die zarten grünen Flageolets.

Für 4 Personen:

200 g grüne oder weiße Bohnenkerne, Salz, 10 Salbeiblätter, 2 Knoblauchzehen, 2–3 EL Olivenöl, Pfeffer aus der Mühle

1. Die Bohnenkerne einweichen und gar kochen. Dabei mit Salz, fünf Salbeiblättern und den Knoblauchzehen würzen.
2. Das Kochwasser abgießen, aber auffangen. Die Bohnen mit den Blättern und Knoblauch fein pürieren, dabei zwei Eßlöffel Öl mitmixen und so viel Kochwasser zugießen, wie nötig ist, um ein sämiges Püree zu erhalten. Mit Salz und Pfeffer abschmecken.
3. Die restlichen Salbeiblätter in Streifen schneiden, im übrigen Olivenöl knusprig rösten. Vor dem Servieren über das Püree streuen.
4. Zu Lamm- oder Schweinekoteletts servieren.

Tip: Versuchen Sie bitte niemals, ein zu dünn gewordenes Bohnenpüree einzukochen – Sie können dann hinterher Ihre Küche renovieren. Das Püree blubbert und protzt im Topf und spritzt bis an die Decke hoch. Das ist überdies nicht ganz ungefährlich, weil man sich gehörig verbrennen kann, wenn man einen Spritzer abbekommt. Also stets umgekehrt arbeiten: zuerst die Bohnen pürieren und dann soviel Flüssigkeit zufügen, wie nötig

Bohnensauce

Für 2 Personen:

2 Tassen gekochte Bohnen (Farbe nach Gusto oder Vorrat), ca. 1/4 l Geflügel- oder Gemüsebrühe, Salz, Pfeffer, Cayennepfeffer, 1 Spritzer Worcestershire Sauce, frischer Majoran oder Petersilie

Sie ist duftig und erstaunlich zart – sie paßt besonders gut zu Fisch, zum Beispiel zu gegrillten Lachskoteletts.

1. Die Bohnen im Mixer pürieren, dabei etwa die Hälfte der Brühe zufügen. In einen kleinen Topf füllen, aufkochen und so viel Brühe angießen, bis die Sauce die richtige Konsistenz hat.
2. Mit Salz, Pfeffer, Cayennepfeffer und Worcestershire Sauce abschmecken. Feingehackten Majoran oder Petersilie unterrühren.

Tip: Glanz bekommt die Sauce wenn man zum Schluß einen Löffel Butter oder Olivenöl untermixt.

Andalusischer Kichererbsen-Salat

Für 6 Personen:

250 g Kichererbsen, 1 großes Lorbeerblatt, 1 Zwiebel, 2 Knoblauchzehen, Salz, 2 große Kartoffeln, 2–3 Kohlrabi, 2–3 Rote-Bete-Knollen, 1 Salatgurke, je eine rote und grüne Paprikaschote, 2 reife Fleischtomaten, 200 g roher Schinken in 3 mm dicken Scheiben, 1 Bund glatte Petersilie, 4 EL Sherry-Essig, Salz, Pfeffer, 1 TL Chilipulver, 5 EL Olivenöl

Kichererbsen sind bei uns noch ziemlich unbekannt – nur im Urlaub ißt man sie, in Italien, Griechenland, Spanien, der Türkei. Man findet sie bei uns überall, wo Hülsenfrüchte verkauft werden. Auch bereits gekocht, in der Dose. So sollte man sie aber für diesen Salat nur im Notfall kaufen. Frisch gekocht haben sie noch ihren wunderbar nussigen Geschmack und Biß!

1. Die Kichererbsen über Nacht mit reichlich Wasser bedeckt einweichen. Am nächsten Tag zusammen mit dem Lorbeerblatt und der geschälten, geviertelten Zwiebel, den geschälten Knoblauchzehen und Salz auf mildem Feuer langsam weich kochen. Das kann unter Umständen sehr lange dauern.
2. Inzwischen aus den Gemüsen, Kartoffeln, Kohlrabi, Roter Bete und Gurke, mit einem kleinen Perlausstecher Kügelchen ausstechen, die etwa die Größe der Kichererbsen haben. Jeweils getrennt (vor allem die Rote Bete, die alles rot färbt) in wenig Salzwasser weich kochen. Die Gurke natürlich roh lassen.

Ein besonders eindrucksvoller Vorspeisensalat wird daraus, wenn man ihn entweder in einem hübsch gebogenen Salatblatt oder auch in einer Schale aus Paprika dekorativ anrichtet. In jedem Fall beim Mischen aufpassen: Die Rote-Bete-Kugeln am besten getrennt in der Marinade umwenden und ganz zum Schluß behutsam zufügen, damit sie nicht alles rot färben.Dazu gibt's Brot – etwa Pitta – und einen herzhaften Rosé.

3. Die Paprikaschoten winzig fein würfeln. Die entkernten und gehäuteten Fleischtomaten in 1 cm große Quadrate schneiden. Den Schinken winzig fein würfeln. Die Petersilie nur grob hacken.
4. Aus Sherry-Essig, Salz, Pfeffer, Chilipulver und Olivenöl eine cremig-dicke Marinade schlagen, mit einigen Tropfen Kochwasser verdünnen.
5. Alle Zutaten nun in einer großen Schüssel vermischen. Nur kurz durchziehen lassen. Vor dem Servieren nochmals abschmecken, nachsäuern und -schärfen, denn die Kichererbsen nehmen viel davon in sich auf.

Kartoffeln

Pommes frites

Es kann sich heute, im Zeitalter der stets verfügbaren tiefgekühlten, nur noch im Ofen aufzubackenden Fritten, niemand mehr vorstellen, daß Pommes frites einst eine Delikatesse waren. Etwa die Spezialität eines Restaurants, für die man lange Anfahrtswege in Kauf nahm.
Wie ist das zu erklären? War man früher anspruchsloser, schon mit so etwas Simplem wie Fritten zu begeistern?
Gewiß nicht! Gute, wirklich gute Pommes frites sind – und werden immer bleiben! – eine der großen Erfindungen der französischen Kochkunst. Sie verlangen allerdings höchste Ansprüche an die Zutaten und aufmerksame, präzise Küchenarbeit, eben Könnerschaft. Wer glaubt, es genüge, ein paar Kartoffeln in Stäbchen zu schneiden und diese in ein heißes Fettbad zu tauchen (und das glauben leider die meisten), der irrt gründlich.

Die Kartoffel: Man braucht eine mehlige, dennoch festkochende Sorte. Ideal sind *Bintje*, doch wird diese Sorte heute größtenteils nicht mehr auf Qualität, sondern auf Masse angebaut. Sie wächst

auf überdüngten Böden und wird zu früh geerntet. Grundsätzlich empfehlenswert sind *Désirée*, *Irmgard* und *Aula*, doch findet man sie nur regional. Auch *Hansa* bringt, vor allem von leichten Böden (Heide), gute Knollen. In jedem Fall ist Voraussetzung, daß die Kartoffeln sorgfältig angebaut wurden.
Wer, wie wir, eigene Kartoffeln im Garten hat, kann sich glücklich schätzen. Und muß staunen, was im Handel unter »bester Qualität« angeboten wird: Das meiste davon taugt gerade noch als Schweinefutter! Es ist deshalb nur zu verständlich, daß die Deutschen nicht mal mehr ein Viertel der Kartoffelmenge essen, die in den Nachkriegsjahren im Durchschnitt auf den Tisch kamen. Es ist allerhöchste Zeit, daß die Bauern umdenken, nicht mehr nur enorme Mengen erzeugen, sondern endlich wieder Qualität! Wie gute Kartoffeln schmecken, kann jeder in der Bretagne, auf Mallorca oder Ibiza, in Ligurien und auf Sizilien erfahren …
Nur aus besten, freilich auch gelagerten Kartoffeln kann man gute Pommes frites bereiten! Das bedeutet: Fritten sind eine Winter- und Frühjahrsspeise, wenn die Kartoffeln alt und mehlig geworden sind. Nur dann wird das Innere der Stäbchen innen weich und locker, ein wenig aufgeplustert, zart; während das Äußere mit dem Fett eine knusprige Verbindung eingeht …

Das Schneiden: Man braucht die Kartoffeln nicht mehr mit der Hand zu schneiden – im Gegenteil, die Maschinen zum Drücken erledigen das viel besser, weil gleichmäßiger. Das ist wichtig, damit nicht ein Teil verbrennt, ehe der andere gar ist. Aber viele Frites-Schneider haben oft einen Fehler, vor allem, wenn sie billig sind: Sie reißen die Oberfläche der Stäbchen auf, statt sie sauber zu schneiden. Und dann nehmen die Kartoffeln beim Fritieren zu viel Fett auf, werden schwer und unverdaulich. Scharf also müssen die Messer sein!
Rechnen Sie etwa 250 Gramm ungeschälte Kartoffeln pro Person – gute Frites gehen schneller weg als warme Semmeln!

Das Waschen: Das ist eine der wichtigsten Arbeitsgänge für gute Fritten! Man muß die ausgesuchten Stäbchen (die kleinen Eckschnitzel wirft man weg, denn sie verbrennen im heißen Fett zu schnell) in ein Sieb geben und spült sie unter fließendem kaltem Wasser so lange, bis das Wasser ganz klar unten herausläuft. Bleibt nämlich an den Schnitzen Stärke haften, wird die Haut

Pommes frites kann man zu allen gebratenen Gerichten servieren, Fisch oder Fleisch. Nur darf man sie nicht mit Sauce begießen. Doch essen wir sie am liebsten aus der Hand, nur mit einem Dip oder einer Sauce. Zum Beispiel mit Pesto (Seite 245) oder mit Sesamsauce (Seite 723).

beim Fritieren nur hart statt knusprig. Nach dem Waschen werden die Schnitzelchen natürlich sorgfältig abgetrocknet, damit sie beim Eintauchen ins heiße Fett nicht spritzen.

Das Fett: Im Normalfall nimmt man ein geschmacksneutrales Öl, das sich möglichst hoch erhitzen läßt, oder ein Plattenfett mit eben dieser Eigenschaft. Also Erdnuß- oder Traubenkernöl, Biskin oder Palmin. Aromatisch-köstlich schmecken in Olivenöl fritierte Kartoffeln, sehr gut in Rindernierenfett ausgebackene. Schweine- und Butterschmalz gehen auch, doch wir empfinden den Geschmack dann als zu dominierend.

Das heiße Bad: Ob im einfachen Topf oder in einer tiefen Pfanne auf dem Herd oder in der elektrischen Friteuse, die niemals so geruchsfrei arbeitet, wie die Hersteller immer behaupten – heiß muß das Fett sein! Stets einen Schnitz zur Probe hineinwerfen – wenn das Fett drumherum sofort aufrauscht, ist es heiß genug. Oder den Thermostaten auf 175 Grad stellen. Nach den Angaben des Herstellers fritieren bzw. die Kartoffeln im Fettbad lassen, bis sie hellgolden sind. Dann herausheben, wenigstens 10 Minuten sich beruhigen lassen, danach nochmals eintauchen – jetzt dauert es nur noch 2, 3 Minuten, bis die Fritten fertig sind. Unbedingt die beiden Bäder durchführen, denn nur wenn im ersten Bad eine dampfundurchlässige Schicht sich bilden und anschließend sich das Innere beruhigen konnte, entstehen pralle, außen knusprige und innen lockere Fritten.
Aber es gibt einen Trick: Wirft man ein paar Knoblauchzehen am Ende des ersten Fritierganges zu den Fritten, kann man sich den zweiten sparen: Die Stäbchen werden herrlich knusprig. Warum das so ist, können wir uns nicht erklären – aber Nanou, eine provenzalische Fischersfrau, die uns diesen Trick verraten hat, hat recht: Besser können Pommes frites nicht schmecken.

Das perfekte Anrichten und Servieren: Die fertigen Pommes frites kommen auf Küchenpapier, wo sie durch Hin-und-her-Schütteln von überflüssigem Fett befreit werden. Mit Salz bestreuen und unverzüglich, wiederum auf Papier, servieren – läßt man sie warten, weichen sie auf.

Vom schädlichen Acrylamid: Pommes frites, Bratkartoffeln oder Puffer sind gehörig ins Gerede gekommen, weil man dank verfeinerter Meßmethoden einen krebserregenden oder gar erbgutschädigenden Stoff darin entdeckte, Acrylamid. Acrylamid entsteht vor allem dann, wenn stärkehaltige Lebensmittel mit Fettkontakt erhitzt und gebräunt werden. Im Brennpunkt des Interesses stehen vor allem Pommes frites, Kartoffelchips, Bratkartoffeln, aber auch Gebäck, dunkle Brotkruste und Toast- oder geröstetes Brot. Die Wissenschaft weiß zwar noch immer nichts so richtig Genaues, geht aber davon aus, daß das Acrylamid bei der Maillard-Reaktion entsteht, die für die Geschmacksbildung beim Braten, Rösten, Backen, Grillen und Fritieren verantwortlich ist. Nach einer einigermaßen hysterisch geführten Diskussion ist das Interesse wieder abgeflaut. Es hat sich jedoch herausgestellt, daß sich als besonders schädlich erwies, wenn man, um Zeit zu sparen, die Bräunung oder den Röstgrad durch höhere Temperaturen erreichen wollte. Lassen wir uns nicht verrückt machen! Genießen Sie Ihre Bratkartoffeln und Kartoffelstäbchen. Achten Sie jedoch auf ein gutes Fett (Öl), verwenden Sie es nur drei oder vier Mal, filtern Sie es nach jedem Gebrauch und achten Sie darauf, daß die Temperatur 175 Grad nicht übersteigt – sollten Sie Ihrem Thermostat mißtrauen, so richten Sie sich nach dem Augenschein: Das Fett soll an einem hineingetauchten Kochlöffelstiel kleine Bläschen aufsteigen lassen, beim Einsenken der Fritten mäßig und nicht gewaltig aufrauschen. Lassen wir uns unsere Leibgerichte doch nicht vermiesen, sondern kochen wir vernünftig, sorgfältig und mit guten Zutaten!

Kartoffel-Bohnen-Topf mit Äpfeln

Wir nennen dieses Gericht »Kartoffeldurcheinander« und es muß im Spätsommer unbedingt öfter auf den Tisch! Wenn die ersten Gravensteiner reif sind, und man fast jeden Tag durch die Bohnen gehen muß, weil sie so üppig produzieren. Am besten schmeckt es uns mit den herzhaften Feuerbohnen.

Für 6 Personen:

1 kg festkochende Kartoffeln, 500 g grüne Bohnen, 500 g säuerliche Äpfel (zum Beispiel Berlepsch oder Jonathan), Zitronensaft, 1 l Gemüse- oder Fleischbrühe, Salz und Pfeffer, frischer Majoran, 1 EL Butter

1. Die Kartoffeln schälen, in kleine Würfel schneiden, die geputzten Bohnen in Stücke. Nacheinander zuerst die Kartoffeln, dann die Bohnen, jeweils 3 Minuten in kochendem Wasser blanchieren und eiskalt abschrecken.
2. So vorbereitet in einen Topf füllen. Mit Brühe knapp bedecken, salzen und pfeffern, die abgezupften Majoranstengel als Bündel obenauf legen. Zugedeckt etwa 10 Minuten köcheln. Inzwischen die ungeschälten Äpfel vierteln und vom Kerngehäuse befreien, quer in ½ cm dicke Stücke schneiden und in den Bohnentopf füllen, mit Zitronensaft beträufeln, salzen und pfeffern.
3. Zugedeckt weitere 10 Minuten köcheln, bis die Kartoffeln gar sind. Alles behutsam mischen, dabei die Majoranblättchen und die Butter unterrühren. Noch einmal abschrecken und zu Bratwürsten oder gekochtem Fleisch servieren.

Kartoffelgratin klassisch

Ursprünglich ein bäuerliches Gericht aus Savoyen, hat dieses Rezept einen grandiosen Siegeszug um die Welt angetreten – kein Restaurant, das auf sich hält, wo man nicht zum Fleisch jedweder Art einen solch sahnigen Kartoffelgratin serviert. Leider bekommt man ihn trotzdem nicht immer in perfekter Weise. Häufigster Fehler: Es wurden die falschen Kartoffeln verwendet, nämlich festkochende, die sich nicht gut mit der Sahne und dem Käse verbinden, dann sind häufig die Kartoffeln nicht ganz gar, deshalb zu fest. Beide Fehler sind leicht zu vermeiden:

Für 4 – 6 Personen:

1,2 kg mehlige Kartoffeln, Salz, Pfeffer, Muskat, ca. ⅜ l Sahne,Butter für Flöckchen, 100 g frisch geriebener Käse nach Geschmack: Bergkäse, z. B. Gruyère, Emmentaler oder junger Parmesan

1. Die Kartoffeln schälen, in dünne Scheiben hobeln, in eine flache Form schichten, dabei salzen, pfeffern und mit Muskat würzen.
2. Mit Sahne eben bedecken, mit Butterflöckchen besetzen. Das Gratin zunächst eine Stunde im 180 Grad heißen Ofen backen.
3. Dann erst dick Käse darüberstreuen und eine weitere halbe Stunde backen, bis die Oberfläche schön braun geworden ist.

Tip: Das Gratin kann auch ein ganzes Essen sein, dann ruhig mehr Käse verwenden und gleich zu Beginn zwischen die Kartoffelschichten verteilen.

Kartoffelgratin mit Zwiebeln

Gleiche Menge Kartoffeln wie Zwiebeln in eine flache Form schichten, kräftig mit im Mörser zerdrücktem Pfeffer, Piment, Salz und Chilipulver würzen. Mit Sahne auffüllen und bei 180 Grad eineinhalb Stunden backen.

Kartoffel-Zucchini-Gratin

Kartoffeln und Zucchini zu gleichen Teilen in die Form schichten, dazwischen feingeschnittenes Basilikum und zerdrückten Knoblauch verteilen. Mit Salz, Pfeffer und Muskatblüte würzen. Mit Sahne auffüllen, bei 180 Grad eineinhalb Stunden backen.

Kartoffel-Apfel-Gratin

Kartoffeln und Äpfel passen ja einfach herrlich zusammen: Die säuerlichen Apfel geben den sanften, mehligen Kartoffeln Frische und Fruchtigkeit. Als Variante zum beliebten und allseits bekannten Kartoffelgratin versuchen Sie doch einmal diese Mischung. Das Gratin schmeckt wunderbar als Beilage zu Wildgerichten, vor allem zu Kurzgebratenem, das keine eigene Sauce bringt. Es ist aber auch, zusammen mit einem grünen oder kunterbunten Salat, ein eigenständiges, völlig fleischloses Hauptgericht.

Für 4 Personen:

500 g mehligkochende Kartoffeln, etwa 500 g säuerliche Äpfel (zum Beispiel Golden Delicious, weil sie ihre Form gut behalten), Zitronensaft, Salz, Pfeffer aus der Mühle, gerebelter Oregano, ca. ½ l süße Sahne

1. Kartoffeln und Äpfel schälen. Die Kartoffeln sofort in eine Schüssel mit kaltem Wasser legen, damit sie sich nicht ver-

Hübsch sieht es aus, wenn man jede Portion einzeln in einem kleinen flachen Pfännchen zubereitet. Dabei ist es besonders wichtig, daß sich die Scheiben sehr exakt dachziegelartig überlappen. Die Oberfläche des Gratins wirkt nämlich dann wie eine strahlende Sonne.

färben. Den Äpfeln mit einem Apfelausstecher das Kerngehäuse herausbohren, sie innen und außen mit Zitronensaft einreiben, damit sie schön hell bleiben.

2. Die Kartoffeln und Äpfel auf dem Gurkenhobel in dünne Scheiben schneiden. Abwechselnd, möglichst akkurat, dachziegelartig in eine flache Gratin- oder Auflaufform schichten, dabei salzen, pfeffern und mit Oregano würzen. Mit so viel Sahne auffüllen, daß sie gerade eben um die Oberfläche spielt, sie aber noch nicht bedeckt.
3. Die Form in den 180 Grad heißen Backofen stellen, das Gratin auf der mittleren Schiene insgesamt rund 60 bis 80 Minuten garen, bis die Kartoffeln weich sind. Wie lange das genau dauert, hängt von der Größe der Gratinform ab: Je kleiner ihre Grundfläche, desto höher muß geschichtet werden und um so länger dauert es auch, bis alles durch und durch gar ist.

Tip: Kalorienbewußte ersetzen die Hälfte der Sahne durch Milch.

Kartoffel-Lasagne mit Rote-Bete-Schaum

Für 6 Personen:

1 Knoblauchzehe, 4 EL Butter, 800 g Kartoffeln, mehlige Sorte, Salz, Pfeffer, Muskat, 150 g Comté in dünnen Scheiben, 300 ml Milch, 2 Eier

ROTE-BETE-SCHAUM: 250 g Rote Bete, 0,1 l Gemüsebrühe, 2 Pimentbeeren, Pfeffer, Salz, 150 g Crème fraîche. 1 EL Balsamessig

1. Eine große Gratinform mit der Knoblauchzehe ausreiben und mit 1 Eßlöffel Butter einfetten. Backofen auf 180° vorheizen.
2. Kartoffeln schälen und in sehr dünne Scheiben hobeln. Den Boden der Form mit einer Schicht Kartoffeln auslegen, mit Salz, Pfeffer und Muskat würzen. Mit einer Schicht Käse bedecken. So fortfahren, bis alle Zutaten aufgebraucht sind, letzte Schicht Kartoffeln.
3. Milch und Eier verquirlen und gleichmäßig über alles gießen. Die restliche Butter in Flöckchen auf der Oberfläche verteilen. Eine Stunde backen, bis eine schöne Kruste entstanden ist.
4. Für die Sauce die Rote Bete grob würfeln und mit der Gemüsebrühe und der Crème fraîche 20 Minuten köcheln,

bis sie weich sind. Dabei zerdrückte Pimentkörner, Salz und Pfeffer mitkochen. Alles im Mixer fein pürieren und mit Balsamessig abschmecken.

5. Aus dem Kartoffelgratin quadratische Stücke ausstechen und auf einem Klecks von Roter-Bete-Sauce anrichten. Mit Tupfen von Crème fraîche dekorieren.

Butterkartoffeln

Diese Kartoffeln servieren wir zu Forelle blau: Es wird zwar eine Menge Butter benötigt, aber bedenken Sie, daß wir zur Forelle nur wenig nehmen und daß es keine zerlassene Butter oder mächtige Sauce dazu gibt!

Für 4 Personen:

1,2 bis 1,3 kg mehlig- oder vorwiegend festkochende Kartoffeln, Salz, 250 g Butter, weißer Pfeffer, 2 Stengel krause Petersilie

1. Kartoffeln schrubben, schälen und noch einmal waschen. Mit Wasser bedecken, ordentlich salzen und in 20 bis 25 Minuten, je nach Größe, vollkommen gar kochen.
2. Das Wasser abgießen und sofort die zimmerwarme Butter in Stücken zufügen und untermischen. Dabei dürfen die Kartoffeln ruhig zerfallen, damit sie die Butter geradezu aufsaugen können, doch sollen andererseits auch einzelne Stücke übrig bleiben.
3. Mit Salz und frisch gemahlenem Pfeffer abschmecken und mit der gehackten Petersilie bestreut servieren.

Hierzu eignen sich am besten halbmehlige, dennoch festfleischige Kartoffeln wie Selma, Grata oder Hansa.

Rohe Kartoffelklöße

Für 4 Personen – 12 Klöße:

1,5 kg rohe Kartoffeln (eine stärkereiche Sorte nehmen, zum Beispiel Bintje,

1. Die Kartoffeln fein zerkleinern. Das geschieht auf der Gemüsereibe, einfacher natürlich mit der Küchenmaschine oder in der elektrischen Saftpresse – diese ist besonders praktisch, weil darin die Kartoffeln sofort durch Zentrifugalkraft auch richtig trocken werden, als ob sie ganz fest ausgedrückt würden.

Grata oder Desirée), 2–3 EL Kartoffelstärke, ca. 1/4 bis 3/8 l kochendheiße Milch, 1/2 kg frisch gekochte, heiße, ebenfalls stärkereiche Kartoffeln, Salz, 2 Scheiben Graubrot oder 1 große bzw. 2 kleine altbackene Semmeln, 2 EL Butter

2. Wer mit Handbetrieb arbeitet, sollte die Kartoffeln direkt in eine Schüssel mit Essigwasser reiben, damit sie sich nicht verfärben. In der Küchenmaschine geht alles ein wenig schneller, deshalb kann man sich diese Prozedur sparen. Allerdings muß man tatsächlich fix sein: Die Kartoffelmasse muß unverzüglich in einem Tuch ausgepreßt werden – vorzugsweise mit Manneskraft!
3. Erst wenn absolut keine Flüssigkeit mehr herauskommt, die Masse in eine Schüssel geben und mit 2 Eßlöffeln Kartoffelstärke verkneten, bis sie bröselt. Eventuell noch etwas mehr Stärke zugeben, bis der Teig absolut trocken wirkt.
4. Sofort mit kochendheißer Milch benetzen – aber noch nicht alles zugießen! Das vermindert die Oxidation, die schuld an der unschönen Braunfärbung ist.
5. Die ebenfalls heißen, gerade eben gekochten und geschälten Kartoffeln durch die Kartoffelpresse hinzudrücken. Alles rasch mit dem Rührlöffel zu einem weichen Teig rühren, eventuell noch etwas Milch nachgießen. Dabei auch salzen.
6. Für die Füllung das Brot (Brötchen) in 1 cm große Würfel schneiden und in der heißen Butter anrösten.
7. Aus dem Kartoffelteig mit feuchten Händen nicht zu große Knödel formen, dabei jeweils ein paar Croûtons in die Mitte stecken.
8. Die Klöße in leise siedendem Salzwasser etwa 20 bis 25 Minuten garziehen lassen. Nicht länger, sonst werden sie schwammig. Auch nicht mehr stehenlassen, bis sie serviert werden, weil sie sonst eine harte, ebenfalls dunkel gefärbte Haut bekommen.

Eine unangenehme Zähigkeit erlangen die Klöße, wenn man die Masse zu stark durcharbeitet oder sie aufwärmt. Zu fest werden sie, wenn man zu viel Stärke hineinknetet, weil man überhaupt zu lange knetet … Gute Knödel erfordern halt ein wenig Übung!

Tip: Übriggeblieben Knödel deshalb mit Folie schützen. In Scheiben geschnitten und aufgebraten schmecken sie am nächsten Tag wunderbar.

Gekochte Klöße

Für 4 – 5 Personen:

1 kg mehlige Kartoffeln,
50 g Hartweizengrieß,
50–100 g Mehl, Salz,
Muskatnuß, 3 Eier,
20 g Butter, ½ Zwiebel,
4 EL Semmelbrösel, Pfeffer,
1 gehäufter EL gehackter Estragon

1. Die Kartoffeln dämpfen, schälen und noch heiß durch die Presse drücken. Den Brei ein wenig verteilen, gut ausdampfen und ein wenig abkühlen lassen.
2. Den Grieß und 50 Gramm Mehl darüber streuen, salzen und mit Muskatnuß kräftig überreiben – wenn Sie denken, jetzt sei es genug, noch einmal so lange reiben! Denn Kartoffelteig verträgt kräftige Würze.
3. Die Eier leicht verquirlen, in die Mitte geben und rasch, ohne zu kneten, nur mit den Fingerspitzen arbeitend, einen Teig zusammendrücken. Je weniger feucht die Kartoffeln sind, desto weniger Mehl brauchen sie, was der Lockerheit der Klöße zugute kommt. Sollte der Teig aber zu weich und naß sein, noch etwas Mehl, aber stets in kleiner Menge, hinzufügen. Nicht zu lange kneten, denn je länger man arbeitet, desto mehr Mehl nimmt der Teig auf!
4. Den Teig nicht lange stehenlassen, sondern gleich einen kleinen Probekloß formen und diesen in sprudelnd kochendes Salzwasser legen. Bleibt er nicht schön rund oder löst er sich gar auf, noch etwas Grieß oder Mehl in den Teig arbeiten.
5. Als Füllung eine Masse zubereiten aus in Butter gedünsteter Zwiebel, aufgefüllt und gebunden mit Semmelbröseln, gewürzt mit Salz, Pfeffer und Estragon.
6. Mit leicht bemehlten Händen die Klöße formen und füllen. In sanft siedendes Wasser geben und dieses zugedeckt wieder zum Kochen bringen – die Klöße brauchen ungefähr 15 Minuten.
7. Herausheben und gut abtropfen lassen, stets auf einer gut vorgewärmten Platte servieren, eventuell mit einer Serviette abdecken, um sie schön warm zu halten.

Besonders schönen, glatten Glanz erhalten die Klöße, wenn man sie mit in Kartoffelmehl getauchten Händen noch formt, bevor man sie in ihr Kochwasser legt.

Variation: Gekräuterte Kartoffelknödel

Für 4 – 5 Personen:

2 Eigelbe, 2 EL Grieß und 2 geschälte Knoblauchzehen, 1 Strauß Petersilie, 1 Bund Basilikum, 1 Büschel Kerbel, einige Blättchen Minze

Sie sind eine hübsche und wohlschmeckende Beilage zu Lammbraten oder zu gebratener Poulade.

1. Für den Grundteig Kartoffelklöße (siehe Seite 407) nur 2 Eier nehmen, dafür zusätzlich 2 Eigelbe.
2. Dann Grieß, Knoblauch und Kräuter im Mixer pürieren und mit einem Rührlöffel unter den Kartoffelteig mischen.
3. Weiter wie im Grundrezept Gekochte Klöße beschrieben verfahren.

Pellkartoffeln mit Quark und Leinöl

Das Leinöl hat einen eigentümlichen, stark ausgeprägten Geschmack, den man lieben kann oder nicht mag – eine gleichgültige Haltung gegenüber dieser typisch schlesischen Spezialität wird man nur selten antreffen. Wir mögen das Gericht aber ab und zu gerne, fügen meist noch Schnittlauch hinzu, der nicht traditionell ist.

Kleine Kartoffeln werden mit Salz und Kümmel gekocht. Währenddessen rührt man Magerquark mit frischer Sahne, Salz und Pfeffer (nach Belieben auch ein paar Tropfen Zitronensaft) an – das schmeckt viel besser als fertig gekaufter Sahnequark. Man gibt ihn in eine Schüssel und macht nun in die Mitte eine weite Mulde. Dorthinein werden gehackte Zwiebeln gestreut. Nun gießt man einen schönen Schuß Leinöl (Reformhaus oder -abteilung) darüber und übermahlt das Ganze mit frischem Pfeffer. Jetzt sind auch die Kartoffeln fertig, die gleich nach dem Kochen gepellt und nach Belieben noch in mehr oder weniger reichlich zerlassener Butter geschwenkt werden.

Dazu gibt es einen frischen Salat. Und Bier!

Kartoffelpüree

Eigentlich ist es kinderleicht, ein gutes Kartoffelpüree zuzubereiten. Eigentlich!
Aber es fängt ja schon beim Einkauf an: Wo bekommt man denn die richtigen, wirklich mehligen, zerfallenden, nicht festkochenden Kartoffeln her, die dazu nötig sind? In den Gegenden mit sandigem Boden (Heide, Pfalz, Franken, Mark Brandenburg) schon, aber in Mittelgebirgen sieht es schlecht aus, und nach mehreren enttäuschenden Erfahrungen sind wir allesamt geneigt, zur Tüte zu greifen und uns der Sicherheit industrieller Produkte zu überlassen. Aber, nehmen wir an, die richtigen Kartoffeln sind da: Immer noch gibt es genug zu beachten, um ein wirklich perfektes Püree herzustellen.

Das Garen der Kartoffeln – da gibt es vier Möglichkeiten:
- Kartoffeln ungeschält in Salzwasser kochen; direkt danach pellen und verarbeiten.
- Kartoffeln schälen und in Salzwasser kochen; abgießen, 3 Minuten ausdampfen lassen und erst dann weiterverarbeiten – eher für Stampfkartoffeln geeignet (siehe dort).
- Kartoffeln in Glut oder im Ofen backen: noch heiß halbieren und weiches, besonders flockiges Fleisch herauslösen. Es bringt dies zwar die besten Ergebnisse, doch wird man, weil es am praktischsten ist, die erste oder dritte Methode vorziehen.

Das Zerkleinern – hier gibt es drei Verfahren:
- die spezielle Kartoffelpresse, durch die man die gepellten Kartoffeln noch heiß direkt in die kochende Milch drückt: Sie produziert ohne Mühe im Handumdrehen den lockersten Schnee. Besser macht's keine Maschine! Eine solche Kartoffelpresse gehört in eines jeden Kartoffelpüreeliebhabers Haushalt!
- die Gemüsemühle, durch die man die gekochten Kartoffeln dreht. Gut geeignet, wenn noch andere Gemüse mitpassiert werden sollen, wie beim Möhren-Kartoffel-Püree oder zusammen mit Sellerie.
- Durch ein normales Sieb darf man Kartoffeln nur mit einem Holzstampfer oder einem Stampfpilz von oben drücken! Mit kreisenden Bewegungen, oder streicht man die Kartoffeln gar

mit einem Schaber durchs Sieb, entsteht ein zäher, schmieriger Brei. Nur beim Drücken gibt es den begehrten lockeren und weißen Kartoffelschnee – wie sich's gehört.

Das Lockern: Man gibt etwas Butter hinzu und kochendheiße, schaumige Milch und darf nun nur mit einem Kochlöffel umrühren und das Püree aufschlagen.
Was man auf keinen Fall tun darf: mit dem Schneebesen oder gar dem Handmixer durchrühren, so entsteht eine pappige, plumpe Masse. Wieviel Butter? Wieviel Milch? So viel, daß das Püree geschmeidig, locker und wohlschmeckend wird. Über die exakte Menge entscheidet die Beschaffenheit der Kartoffeln.
Nur, wenn zur Lockerung – und geschmacklichen Abrundung – ganz zum Schluß noch eine Tasse voll Schlagsahne ins Püree gezogen (nicht geschlagen!) wird, darf man auch den Schneebesen zu Hilfe nehmen!

Das Würzen: Der pure Kartoffelgenuß entfaltet sich am besten, wenn man eher sparsam mit starken Düften wie Majoran, Käse oder Knoblauch umgeht. Mit Muskatnuß allerdings darf reichlich gewürzt werden, natürlich frisch gerieben! Kartoffeln schlucken eine Menge Salz – wenn Kartoffelpüree fad wirkt, fehlt meist nicht mehr als ein paar Gramm davon!

Kartoffelpüree-Salat

Das ist überhaupt das allerbeste. Frisch gekochte, mehlige Kartoffeln schälen und sehr gar dämpfen. Heiß zerdrücken mit einem aromatischen Essig, zum Beispiel Himbeeressig, reichlich Olivenöl, genügend Salz sowie frisch gemahlenem weißem Pfeffer würzen. Auf einer Platte kuppelförmig anrichten, mit einer Gabel ein Rillenmuster eindrücken. Mit sehr fein gehacktem Estragon und winzigen Schalottenwürfelchen überstreuen. Sofort essen!

Schmeckt köstlich zu gekochtem Schinken oder Schinkensülze.

Kartoffelpüree mit Tomaten

Die italienische Variante zum obigen Rezept. Wir haben die Idee aus Rom mitgebracht, aus einer Trattoria im Trastevere.

Für 4 – 6 Personen:

2 Zwiebeln, 3–4 Knoblauchzehen, 2–3 EL Olivenöl, 1 kg Tomaten, je 1 Rosmarin- und Thymianzweig, Salz, Pfeffer, 1 Glas Weißwein, 1, 3 kg Kartoffeln (eine mehlige Sorte)

1. Zwiebeln und Knoblauch fein würfeln und im heißen Öl andünsten.
2. Grob zerschnittene Tomaten zufügen, die Stielansätze herausschneiden. Kräuter zufügen, salzen, pfeffern und mit einem Glas Wein ablöschen. Zugedeckt etwa eine dreiviertel Stunde kochen. Dann durch ein Sieb passieren und noch einmal abschmecken.
3. Inzwischen die Kartoffeln als Pellkartoffeln gar kochen, noch heiß pellen. Entweder durch die Kartoffelpresse in das Tomatenpüree drücken oder sie darin mit einem Kartoffelstampfer zu einem feinen Püree zerkleinern.
4. Das Püree noch einmal mit Olivenöl, nach Gusto auch mit Zitronensaft, abschmecken. Entweder heiß als Beilage servieren, zum Beispiel zum Schnitzel, zu gebratenen Hähnchen oder zum panierten Kotelett. Oder kalt als Vorspeise reichen. In diesem Fall mit frischem Basilikum garnieren.

Sellerie-Kartoffel-Püree:

je 500 g Sellerie und Kartoffeln (geputzt gewogen), ⅛ l Sahne, Salz, Pfeffer, Muskat

1. Sellerie und Kartoffeln würfeln, im Siebeinsatz des Dampfdrucktopfs weich dämpfen – auf keinen Fall in Wasser kochen, sonst wird das Püree zu naß!
2. Zusammen im Mixer mit Sahne, Salz, Pfeffer und Muskat pürieren – normalerweise eine Todsünde, weil Kartoffeln im Mixer schmierig werden, in diesem Fall jedoch möglich, weil der Sellerie für eine schöne Konsistenz sorgt. Trotzdem: so kurz wie nur irgend möglich mixen!

Kartoffelstampf

Hierfür braucht man den guten alten Kartoffelstampfer, der früher in keinem Haushalt fehlte: Wir haben uns einen aus Holland mitgebracht, wo man ihn für die Nationalspeise, den *Hotchpotch* braucht, einen Brei aus zerstampften Kartoffeln, Möhren, Rindfleisch, der vielleicht besser schmeckt, als er aussieht … Jedenfalls sind die holländischen Stampfer erheblich stabiler und robuster als das, was man in unseren Haushaltsgeschäften findet.

Für 4 Personen:

ca. 1 kg mehligkochende Kartoffeln, Salz, 1 Lorbeerblatt, ca. 3/8 l Milch, 2–3 EL Butter, Muskat

1. Die Kartoffeln wie für Salzkartoffeln schälen, in Salzwasser kochen oder im Dampf garen.
2. Das Kochwasser abgießen, statt dessen schluckweise so viel kochendheiße Milch angießen, wie die Kartoffeln brauchen. Schließlich mit dem Stampfer tüchtig durcharbeiten, dabei Butter zufügen und würzen.

Stampfkartoffeln mit –
– brauner Salbeibutter:

100 Gramm Butter erhitzen und zehn bis zwölf frische Salbeiblättchen zufügen. Richtig braun werden lassen, die Salbeiblätter dürfen natürlich nicht verbrennen. Die Butter durch ein Sieb über die Kartoffeln gießen und druntermischen. Nach Belieben mit Balsamessig (Aceto balsamico aus Modena), gutem Weinessig und auf jeden Fall Pfeffer aus der Mühle und etwas Salz abschmecken. Die gerösteten Salbeiblätter zum Schluß obenauf streuen.

– Knoblauch:

Eine Knolle jungen Knoblauch schälen und die Zehen in Milch weich köcheln. Beim Stampfen unter die Kartoffeln mischen. Natürlich auch salzen und pfeffern.

– Liebstöckel (Maggikraut):

Das hat vor allem im beginnenden Frühjahr seinen Reiz, wenn die Kartoffeln vom Vorjahr (bei richtiger Lagerung im kühlen Keller) ihren geschmacklichen Höhepunkt erreicht haben und gleichzeitig die ersten Triebe des empfindlichen und im Sommer leicht plump und bitter schmeckenden Krautes so köstlich und zart ihr Aroma entfalten. Ein kleines Händchen voll zarter Blätter einfach in Streifchen schneiden und unter die Stampfkartoffeln mischen.

– Basilikum:

Die italienische Variante, dafür statt Butter reichlich duftendes Olivenöl unter den Kartoffelstampf rühren, außerdem eine Handvoll in feine Streifen geschnittene Basilikumblättchen und eventuell sogar eine zerdrückte Knoblauchzehe. Nach Belieben auch etwas Parmesan untermischen und im heißen Brei zergehen lassen.

– Sardellen:

Ganz nach Geschmack drei bis sechs Sardellenfilets (immer nur solche kaufen, die in Olivenöl eingelegt sind – das ist die bessere Qualität!) schaben und mit etwas Majoran unter die nur sparsam gesalzenen Kartoffeln stampfen – schmeckt ganz toll zu gekochter Ochsenbrust.

Kartoffelpüree mit weißen Bohnen

Kartoffeln und Hülsenfrüchte gehen eine wunderbar harmonische Verbindung ein – außerdem liefern sie beide dem Körper, was er braucht: Kohlenhydrate und bekömmliches, weil pflanzliches Eiweiß. Gesundes kann so gut sein!

Probieren Sie dieses Rezept auch mit Sellerie, Kürbis oder Wirsing – es ergibt jedesmal eine neue Struktur und einen reizvollen Geschmack.

1. Bohnen über Nacht in reichlich Wasser einweichen und sie am nächsten Tag in neuem Wasser mit den ungeschälten (!) Knoblauchzehen und dem Schinken (bzw. Speck) weich kochen.

Für 4 Personen:

250 g weiße Bohnen, Wasser, 12 Knoblauchzehen, 1 Stück luftgetrockneter Schinken von etwa 50 g oder Speck (keinen geräucherten Speck nehmen, das schmeckt dann »falsch« durch! – gut eignen sich Reste von Parma oder San Daniele Schinken, auch die Schwarte), 1 Dose geschälte Tomaten (Pelati, 850 g), 750 g gekochte mehlige Kartoffeln, Salz, Pfeffer, Cayennepfeffer, frische grüne Korianderblätter

2. Abgießen und etwas ausdampfen lassen, dann durchs Sieb treiben oder durch die Gemüsemühle passieren. Auch die Tomaten mit der Flüssigkeit durch das Sieb drücken.
3. Beides mit den frisch gekochten, noch heißen gestampften oder durch die Presse gedrückten Kartoffeln vermischen.
4. Kräftig abschmecken. Reichlich gehacktes Koriandergrün unterrühren und sofort zu Lammbraten oder geschmorter Lammschulter servieren.

Lauchkartoffeln

Für 4 Personen:

500 g Kartoffeln, mehligfestkochend, 500 g Lauch (Porree) – geputzt gewogen, Salz, ein wenig gemahlener weißer Pfeffer, 1/4 l Crème fraîche oder Crème double oder 1/4 l süße Sahne, 20–40 g Butter oder 2 TL Walnuß- oder Haselnußöl

Schmeckt besonders gut zu gebratenem Schweinebauch, dessen Schwarte krachend knusprig ist. Ein bißchen vom Bratensaft beim Essen untermischen – das ist unwiderstehlich!

1. Kartoffeln schälen und mit dem gewaschenen, kleingeschnittenen Lauch in einen Topf geben. Mit Wasser bedecken, salzen und eine gute halbe Stunde kochen, wobei das Wasser fast vollständig verdampfen soll.
2. Mit dem Stampfer zu Püree verarbeiten oder durch die Gemüsemühle drehen, kräftig pfeffern und mit Sahne mild oder säuerlich (Crème fraîche) sowie Butter oder Öl abrunden. Mit Nußöl erreichen Sie ein kräftigeres Aroma.

Möhren-Kartoffel-Püree

Kennengelernt haben wir dieses wundervoll gemüsige Püree während unserer Recherchen für unser Elsaßbuch: Während der Weinlese trafen wir auf eine Gruppe von Lesehelfern, die mitten im Weinberg saßen und gerade im Begriff waren, einen Riesentopf davon zu leeren. Bei ihnen gab es dazu Burgunderfleisch, eine Art Rahmgulasch mit Weißburgunder. Wir mögen dazu besonders gern zartes Lammfleisch, zum Beispiel von der Keule (wie auf Seite 659 beschrieben).

Für 6 Personen:

1 große Zwiebel, 2 EL Butter, je 750 g Kartoffeln und Möhren, ½ l Wasser oder Brühe, Salz, ¼ l Milch, ⅛ l Sahne, Pfeffer und Muskat, frischer Majoran

1. Die Zwiebel fein hacken, in einem großen Topf in der heißen Butter sanft andünsten, aber nicht bräunen.
2. Kartoffeln und Möhren schälen, würfeln und kurz mitdünsten. Wasser oder Brühe angießen, salzen. Das Gemüse zugedeckt etwa 25 Minuten gar kochen.
3. In einem zweiten Topf Milch und Sahne aufkochen, Kartoffeln und Möhren durch die Gemüsemühle hinzupassieren. Mit einem Schneebesen aufschlagen, dabei jedoch nur so viel vom Kochsud zufügen, bis die gewünschte Püreekonsistenz erreicht ist.
4. Das Püree mit Pfeffer und Muskat kräftig abschmecken. Zum Schluß reichlich gehackten Majoran unterrühren. Falls Sie nur getrockneten Majoran haben, fügen Sie ihn bereits zu Beginn zu, gleich in den Kochsud. Außerdem ganz zum Schluß noch reichlich frische, gehackte Petersilie unterrühren.

Béchamel-Kartoffeln

Leider ist dieses geniale Rezept im Laufe der Zeit ziemlich verhunzt worden. Mit einer weißen Sauce aus der Tüte macht man die besten Kartoffeln kaputt. Dabei ist eine richtige, liebevoll und nach den Regeln der Kunst gekochte Béchamel-Sauce eine große Delikatesse. Die damit gebundenen, frisch gekochten Kartoffeln sind eine Leibspeise – besonders köstlich schmecken sie übrigens zu sehr mild geräuchertem oder, besser noch zu Gravad, also gebeiztem Lachs!

Für 4 Personen:

1 große Zwiebel, 125 g Reste von gekochtem Schinken (mit Fett und möglichst auch mit Schwarte), 1 Knoblauchzehe, 2 gestrichene EL Mehl, ⅛ l süße Sahne, ¼ l Milch (pasteurisierte oder Vorzugsmilch, nur keine H-Milch), Salz, Cayennepfeffer, weißer Pfeffer, ein wenig abgeriebene Zitronenschale, Muskatnuß, 500 g gekochte Kartoffeln vom Vortag, ½ Bund Dill, Zitronensaft, Butter

1. Zwiebel hacken, dann mit dem kleingeschnittenen Schinkenfett unter ständigem Rühren dünsten. Das Magere vom Schinken beiseite legen. Wenn alles glasig ist, die zuvor klein gewürfelte Knoblauchzehe zufügen. Kurz darauf das Mehl dazusieben und im Schinkenfett anschwitzen, aber keine Farbe annehmen lassen.
2. Mit Sahne und Milch glattrühren und 20 Minuten köcheln lassen. Durch ein feines Sieb passieren, die Rückstände gut ausdrücken. Würzen, alle Kartoffeln in Scheiben einlegen und ein paar Minuten durchkochen. Zum Schluß feingeschnittenen Dill unterrühren und mit Zitronensaft abschmecken.
3. Nach Belieben zum Schluß mit einem Löffel frischer Butter abrunden, auf jeden Fall noch einmal abschmecken und den mageren Schinken in kleinen Würfelchen zufügen.

Schnippelkartoffeln

Für 4 Personen:

750 g Kartoffeln, festkochende Sorte, 60 g Butter, 1 kleinere Zwiebel, 2 EL Salzgemüse (Rezept Seite 739), Pfeffer, Muskatnuss

1. Kartoffeln schälen und in 3 bis 4 mm dicke Scheiben, diese wiederum in 3 bis 4 mm breite Streifen schneiden. In das sprudelnd kochende Salzwasser schütten, wobei es stark schäumt (also großen Topf nehmen!).
2. Nur einmal aufwallen lassen, dann unter fließendem kaltem Wasser abschrecken, gut abtropfen lassen.
3. In der Butter die gehackte Zwiebel erhitzen, bis sie glasig ist. Dann die Kartoffelstreifen hineinschütten und mit dem Salzgemüse würzen. Mit Muskat und Pfeffer abschmecken und alles in wenigen Minuten fertig dünsten. Gleich servieren.

Lorbeerkartoffeln

Für 4 Personen:

ca. 200 g fester, geräucherter Bauchspeck, 2 Zwiebeln, Salz, Pfeffer, etwas Wasser oder Fleischbrühe, 500 g festkochende Kartoffeln, 5–6 möglichst frische Lorbeerblätter, 1 Schuß Essig (z. B. alter italienischer Weinessig oder Aceto balsamico)

Äußerst delikat zu gekochtem Rindfleisch oder zu Rinderbraten.

1. Speck fein würfeln und auslassen. Gehackte Zwiebeln darin andünsten, jedoch nicht rösten. Würzen und etwas Wasser oder Fleischbrühe angießen.
2. Die Kartoffeln in Scheiben schneiden, einlegen und sie sollten von der Flüssigkeit gerade eben bedeckt sein. Die Lorbeerblätter auf der Oberfläche verteilen.
3. Die Kartoffeln bei milder Hitze sanft garziehen lassen. Mit einem Schuß Essig abschmecken.

Statt Lorbeerblättern frischen Liebstöckel oder eine Handvoll junger Knoblauchzehen als Würze nehmen.

Klostererdäpfel

Ein handfestes Essen für Leute mit großem Appetit.

Für 4 Personen:

1 kg kleine, mehligfestkochende Kartoffeln, 2 EL Kümmel, Wasser, Salz, 9–12 Eier, etwa 1 Bund Petersilie

1. Zuerst die Kartoffeln schälen, sodann den Kümmel gut in einem Teebeutel oder Kaffeefilter verschließen, Kartoffeln mit Wasser aufsetzen, salzen und den Kümmelbeutel einlegen.
2. Kartoffeln weich kochen, bis sie kurz vor dem Zerfallen sind. Wasser vorsichtig abgießen und die Kartoffeln auf eine feuerfeste Platte, in einen Bräter oder eine Pfanne stürzen – sie sind jetzt fast wie ein Brei, aber eben noch nicht ganz: Zwischen den einzelnen Knollen gibt es immer noch Vertiefungen, in die nun die Eier geschlagen werden, bis die Kartoffeln fast vollkommen von ihnen bedeckt sind. Wie viele Eier Sie nehmen, hängt natürlich auch vom Appetit Ihrer Tischgenossen ab.
3. Kartoffeln und Eier müssen nun noch so lange auf der milde geheizten Herdplatte stehen, bis die Eier so gar geworden sind, wie Sie es wünschen – wachsweich oder sogar steif.
4. Die Kartoffeln, von denen man natürlich das Kümmelbeutelchen entfernt hat, können dabei ein wenig ausdampfen

und abbinden, so daß sie nun viel weniger breiig sind, als man nach dem Kochen vermuten mußte.

5. Mit gehackter Petersilie bestreut servieren – dazu gibt es zur Fastenzeit als Beilage sauer eingelegten Sellerie und Rote Bete. Oder man serviert die Klostererdäpfel als Beilage zu Braten, gebratenen Speckscheiben oder gekochtem Rindfleisch an »freien« kalten Tagen.

Getränk: Hierzu paßt vorzüglich ein leichter Rotwein, etwa ein Südtiroler – oder auch Bier.

Baked Potatoes – gebackene Kartoffeln

Im Ofen gebackene Kartoffeln sind eigentlich nur ein Ersatz für die wahren, in Asche gebackenen Kartoffeln. Haben Sie einen Kamin, geht es ganz leicht: In Folie gewickelte oder »nackte« Knollen einfach in die Glut legen. Im Sommer macht man das im Grill: Sobald die Kohle zerfällt, die in möglichst dicke Folie eingeschlagenen Kartoffeln in der Asche vergraben. Garzeit: eine gute halbe Stunde

Das Prinzip ist einfach: Große, mehligkochende Kartoffeln ganz in Alufolie wickeln und im Ofen backen, bis sie durch und durch weich und flockig sind. Dabei ist die Sorte entscheidend: Manche bleiben immer ein wenig glasig. Die besten Erfolge hat man mit den amerikanischen Idaho-potatoes, die pro Knolle oft ein ganzes Pfund wiegen und ein lockeres, weißes Fleisch besitzen. Allerdings bekommt man sie nur selten und nur in Feinkostgeschäften – manchmal gleich in Folie gehüllt. Von den hiesigen Sorten geeignet: die süddeutsche Irmgard, die mehr im Norden angebaute Aula und die rosafarbene Désirée. Ebenfalls sehr empfehlenswert sind dafür die holländischen Bintje.

Klar: Je größer die Kartoffel, desto länger die Garzeit. Genau läßt sie sich nicht angeben, denn zu sehr kommt es auf Größe, Form und Beschaffenheit der Kartoffeln an. Sie sollten jedoch eher zu viel als zu wenig Zeit veranschlagen – bis zu zwei Stunden bei 200 Grad für sehr große Exemplare.

Die Amerikaner mögen solche Energievergeudung nicht. Und da bei ihnen Baked Potatoes nahezu die tägliche Beilage für fast alles sind, hat man sich dazu etwas ebenso Simples wie Effektives einfallen lassen: den Kartoffelnagel. Mit ihm durchsticht

man die in Folie eingewickelten Knollen. Sie nehmen die Hitze des Ofens auf und leiten sie unverzüglich ins Innere, so daß die Backzeit auf eine halbe Stunde, auch bei größeren Exemplaren, reduziert werden kann.
Solche Kartoffelnägel gibt es bei uns nicht überall zu kaufen. Und ersetzen lassen sie sich nicht; sie müssen aus Aluminium sein, weil dieses Metall die Wärme gut leitet und im Kontakt mit dem Kartoffelfleisch neutral bleibt, nicht färbt und keinen Geschmack mitteilt. Eisennägel leiten schlecht, färben das Fleisch schwarz und lassen es metallisch schmecken.

Folie immer mit der glänzenden Seite nach innen um die Kartoffeln wickeln – die matte Seite reflektiert die Hitzestrahlen weniger – so daß sie besser ins Innere dringen können.

Bubespitzle oder Fingernudeln

Die höchstens kleinfingerlangen Kartoffelnudeln, die zwischen den Handflächen gerubbelt ihre typische Form – nämlich, pardon!, dem Spitzle von kleinen Buben ähnlich – bekommen, sind im Schwabenland wie in Baden gleichermaßen beliebt. Als Beilage zu feinen Braten oder auch einfach so, mit einem Salat, als fleischloses Mittagessen. Man kann die Bubespitzle schon fix und fertig vorbereiten, in Salzwasser gar kochen und kurz vor dem Servieren in der Pfanne schön golden aufbraten. Das Kochen kann man indes sich sparen, wenn man sie sofort zu Tisch bringen will – die Bubespitzle sind dann zarter und feiner.

Bubespitzle schmecken auch auf Sauerkraut, das in Schweineschmalz – mit Lorbeerblatt, Nelke und Wacholder – gedünstet wurde und in dem eine ansehnliche Portion Schweinefleisch garen konnte.

Für 4 Personen:

Ca. 750 g gekochte, mehlige Kartoffeln vom Vortag, Salz, Muskatnuss, weißer Pfeffer, ein wenig abgeriebene Zitronenschale, 2 Eier, 100 g Mehl, zum Ausbacken 250 g Schweineschmalz

1. Kartoffeln schälen und durch die Presse drücken oder fein reiben. Mit Salz, frisch geriebener Muskatnuß, etwas weißem Pfeffer, einem Hauch Zitronenschale und zwei Eiern zu einem Teig kneten.
2. Zum Schluß ganz schnell das Mehl einarbeiten, aber nur noch wenig kneten – sonst wird der Teig klebrig.
3. Auf bemehltem Backbrett zu einer Rolle formen und dünne Scheiben davon abschneiden; diese nun zu kleinen fingerlangen Würstchen drehen, die am einen Ende rund sind, am anderen spitz zulaufen.
4. In einer Pfanne in viel Schmalz rundum golden herausbacken – die Bubespitzle müssen dabei fast schwimmen.

Steirische Wickelklöße

Eine ebenso hübsche wie wohlschmeckende Beilage, die sich im übrigen wunderbar vorbereiten läßt. Besonders gut zu Blattspinat und gekochtem Rindfleisch.

Für 4 Personen:

ca. 750 g mehlig-festkochende Kartoffeln (noch heiß!), 2 Eier, 125 g Mehl, Salz, Pfeffer, 50 g Semmelbrösel, 30 g Butter, Öl

1. Die ganz frisch gekochten Kartoffeln pellen und reiben. Mit einem Ei, einem Eigelb und Mehl zu einem Teig verarbeiten und mit Salz und Pfeffer würzen – nach Belieben auch mit Muskat, Muskatblüte, fein abgeriebener Zitronenschale und einem Hauch Zimt zusätzlich.
2. Den Kartoffelteig auf mit Öl bestrichener Alufolie zu einer zentimeterdicken Platte ausrollen, die möglichst rechteckig sein sollte. Mit dem übrigen Eiweiß bestreichen.
3. Die Semmelbrösel in der Butter braun rösten und abkühlen lassen. Auf der Teigplatte verteilen, dabei aber einen Rand frei lassen. Den Teig mit Hilfe der Folie zusammenrollen, so daß er schließlich von der Folie umhüllt ist, zu einer gleichmäßigen Rolle recht fest zusammendrücken.
4. Die Rolle wieder vorsichtig auspacken und ca. 3 cm dicke Scheiben hiervon abschneiden. Diese in ganz leise siedendem Salzwasser in ungefähr 10 Minuten gar ziehen lassen.

Auch diese Scheiben kann man gut in heißer Butter oder in Butterschmalz wieder aufbraten!

Kartoffel-Gnocchi

Nur mit der richtigen Kartoffelsorte geraten Gnocchi duftig und locker: Sie müssen mehlig sein und ihre Ernte möglichst bereits einige Monate zurückliegen. Junge Kartoffeln sind noch zu wasserhaltig, ihre Stärke ist nicht genügend ausgeprägt.
Gnocchi müssen duftig und locker sein, das werden sie jedoch nur, wenn man den Teig so rasch wie möglich verarbeitet und dabei so wenig wie nur irgend nötig überhaupt berührt. Deshalb nur mit den Fingerspitzen zusammenmischen, auf keinen Fall mit den ganzen Händen kneten. Auch darf man nicht zuviel Mehl einarbeiten, sonst werden die Gnocchi zu Beton. Die charakteristischen Riefen an ihrer Oberseite, die man mit dem Gabelrücken

eindrückt, helfen der Sauce, sich an den Gnocchi festzuhalten. Welche Sauce? Kaum eine Nudelsauce, die nicht auch zu Gnocchi paßt! Rezepte von Seite 238 bis 254.

Für 6 Personen:

1 kg Kartoffeln, ca. 200 g Mehl, 2 Eigelbe, Salz

1. Die Kartoffeln kochen, heiß pellen und durch eine Presse auf die Arbeitsfläche drücken., dabei etwas auseinanderbreiten, damit der Kartoffelschnee rasch abkühlt.
2. Abkühlen lassen, bis man den Kartoffelschnee gut berühren kann. Mit einem Teil des Mehls bestäuben, die Eigelbe in die Mitte setzen und salzen. Alles rasch mit den Fingerspitzen zu einem Teig kneten, falls er klebt, etwas mehr Mehl einarbeiten. Nicht zu viel kneten, weil der Teig sonst immer wieder klebrig wird und die Gnocchi zu fest werden.
3. Vom Gnocchi-Teig 1 cm dicke Stücke abschneiden, diese zu Röllchen formen und mit einer Gabel Streifen hineindrücken. Die Gnocchi in reichlich Salzwasser 5 Minuten kochen, bis sie oben schwimmen. Mit einer Sauce mischen und zusammen mit frisch geriebenem Parmesan servieren.

Brühkartoffeln mit Tomaten

Der Klassiker zum gekochten Rindfleisch!

Für 4 Personen:

1 kg festkochende Kartoffeln, ½ l kräftige Fleischbrühe (vom gekochten Rindfleisch), ¼ Sellerieknolle, 1 Möhre, ½ Stange Lauch, 1 Bund glattblättrige Petersilie, 2 Fleischtomaten, Salz, Pfeffer, etwa 1 EL gehackter Estragon

1. Die Kartoffeln schälen und würfeln, in etwa 2 cm große, unregelmäßige Stücke schneiden. Mit der Brühe aufsetzen. Sellerie, Möhre, Lauch und Petersilienblätter durch den Fleischwolf drehen und zu den Kartoffeln geben. Dann alles weichkochen.
2. Inzwischen die Tomaten häuten, entkernen und würfeln. Zum Schluß zum Gemüse geben und nur noch eben warm werden lassen, dann abschmecken und mit gehacktem Estragon bestreut gleich servieren. Statt des frischen Wurzelgemüses kann man einen Löffel vom Salzgemüse (Seite 739) zufügen, das wir immer im Vorrat haben!

Petersilienkartoffeln

Wenn man wenig Zeit zum Kochen hat, aber trotzdem nicht einfach zu Pellkartoffeln greifen will: So entsteht im Handumdrehen ein herrliches Kartoffelgericht!

Für 4 Personen:

1 kg festkochende Kartoffeln, ¾ l Milch, 4–5 Bund Petersilie, 30 g Butter, 1 Zwiebel, ⅛ l süße Sahne, Salz, Pfeffer aus der Mühle

1. Kartoffeln schälen und klein würfeln. Mit Milch bedeckt aufsetzen und fast weichkochen.
2. Inzwischen 4 Bund Petersilie (125 Gramm Blätter auf 500 Gramm Kartoffeln) waschen, fein hacken und in etwas Butter mit einer kleineren, feingehackten Zwiebel weich dünsten. Noch ein wenig Rahm angießen, dann wieder einkochen.
3. Den Petersilienrahm zu den fast fertigen Kartoffeln geben, salzen und pfeffern, ganz gar kochen und ein wenig verrühren, aber nur so, daß die Kartoffelstückchen nicht zerfallen. Sofort servieren, entweder als Beilage zum Schnitzel oder einer gebratenen Kalbsleberschnitte. Oder einfach solo, vielleicht zu einem Salat.

Toskana-Kartoffeln

Man schiebt das Blech mit den Kartoffeln unter den Braten ins Backrohr – so hat man auf einen Schlag beides fertig: das Fleisch mit seiner Beilage.

Für 6 Personen:

1,2 kg große, festkochende Kartoffeln, 12 Knoblauchzehen, 4–5 Rosmarinzweige, 4 Thymianzweiglein, etwa 12 Salbeiblätter, 6 EL Olivenöl, Salz, Pfeffer aus der Mühle

1. Die Kartoffeln schälen und in etwa 3 cm große Stücke schneiden – möglichst gleichmäßig, nicht zu klein und nirgendwo spitz zulaufend, damit die Enden nicht verbrennen.
2. In einem Bräter flach verteilen – am besten ist es, wenn alle Kartoffelstücke auf dem Boden der Form nebeneinander liegen können. Geschälte Knoblauchzehen (große halbieren oder vierteln), die Rosmarin- und Thymianzweige sowie die Salbeiblätter dazwischenlegen.
3. Alles großzügig mit Olivenöl beträufeln, so daß alles gut von einem Ölfilm überzogen ist.

4. Salzen und pfeffern und für etwa 1 ½ Stunden in den auf 175 Grad vorgeheizten Ofen (Gas: Stufe 2) schieben. Die Kartoffeln müssen am Ende herrlich golden sein. Sie lassen sich jetzt mühelos vom Boden des Bräters lösen, weil sie rundum kroß und knusprig sind.

Spanisch Fricco

In unserem Küchenrepertoire ein ganz wichtiges Rezept, das wir gern immer dann auftischen, wenn man die Vorbereitungen für ein Gästeessen schon früh am Nachmittag erledigt haben will. Sobald nämlich alle Zutaten in die Form geschichtet sind und im Wasserbad stehen, hat man mindestens vier Stunden Zeit für anderes. Das Rezept stammt eigentlich von der berühmten Henriette Davidis, einer der erfolgreichsten Kochbuchautorinnen des letzten Jahrhunderts. Was das »Spanische« an diesem Gericht ist, verrät sie leider nicht – vielleicht, weil mutig mit reichlich Pfeffer gewürzt wird …
Wichtig für das Gelingen ist eine Puddingform aus Porzellan, aus feuerfestem Glas, aus Steinzeug oder aus Edelstahl. Die üblichen Formen aus Weißmetall sind ungeeignet, weil darin die vielen Zwiebeln, die hineinkommen, oxidieren, schwarz anlaufen und einen scheußlich metallischen Geschmack annehmen. Steingutformen sind heutzutage schwer im Haushaltshandel zu finden. Wir suchen immer auf Flohmärkten danach und haben inzwischen eine stattliche Sammlung der unterschiedlichsten Größen, Formen und Materialien.

Für 4 – 6 Personen:

1 kg Kartoffeln (möglichst eine mehlige Sorte), 750 g Zwiebeln, 750 g Rinderlende, 50 g Butter, 2 EL Pfefferkörner, 1 knapper EL Pimentkörner, 1 guter TL Wacholderbeeren, ½ TL Muskatblüte (Macis), Salz, 1 Becher (200 g) süße Sahne, 1 Becher (200 g) Crème fraîche

1. Die Kartoffeln und Zwiebeln schälen, auf dem Gemüse- beziehungsweise Gurkenhobel in dünne Scheiben schneiden.
2. Das Fleisch sorgfältig häuten, wenn nötig, dann in 2 cm große Würfel schneiden.
3. Eine Puddingform dick ausbuttern. Kartoffelscheiben und Zwiebelringe abwechselnd einschichten, jeweils sehr großzügig mit einer Mischung aus dem im Mörser zerriebenen Pfeffer, Piment, Wacholder, Muskatblüte und etwa einem gehäuften Eßlöffel Salz (ganz nach Geschmack) würzen.

Wer keine Puddingform hat, füllt alles in eine hohe Auflaufform, stellt diese in die tiefe Fettpfanne des 220 Grad heißen Ofens und füllt mit heißem Wasser bis zum Rand auf. Ab und zu während der Garzeit prüfen, ob sich noch genügend Wasser in der Fettpfanne befindet. Dieses Wasserbad ist nötig, damit die Ofenhitze gleichmäßig verteilt wird und der Auflauf vor allem am Boden der Form nicht zu heiß wird.

4. Die Fleischwürfel gerecht zwischen die Schichten verteilen. Oberste Schicht möglichst akkurat dachziegelartig übereinandergelegt: Kartoffelscheiben.
5. Sahne und Crème fraîche verquirlen und so darübergießen, daß sie sogleich bis zum Boden der Form herabsickert. An der Form rütteln und vielleicht sogar ein wenig mit einer Gabel Löcher hineinforkelnd nachhelfen.
6. Die restliche Butter als Flöckchen auf der Oberfläche verteilen. Ein Blatt gebuttertes Backpapier (die Butterseite selbstverständlich zu den Kartoffeln gerichtet) obenauf legen, damit die Kartoffeln nicht direkt mit dem (meist metallenen) Deckel der Form in Kontakt geraten.
7. Die Form mit ihrem Deckel oder mit Alufolie gut verschließen und in einen passenden Topf stellen, der sie bequem aufnehmen kann. So viel heißes Wasser angießen, daß die Form bis zur Höhe ihrer Füllinie davon erreicht wird.
8. 3 bis 4 Stunden garen – dabei soll das Wasser sich eben am Siedepunkt bewegen, aber nicht sprudelnd kochen.
9. Den Spanisch Fricco in der Form zu Tisch bringen, erst dort den Deckel abnehmen, damit alle Gäste den herrlichen Duft mitkriegen.

Unbedingt gehört dazu ein Endiviensalat, der in feine Streifen geschnitten wurde und mit Estragon (oder wenigstens mit Estragonessig) und gewürfelter Zwiebel angemacht wurde. Oder gut gezwiebelter Feldsalat. Und natürlich ein spanischer Rotwein der besten Kategorie!

Tip: Statt Rinderlende nehmen wir auch gern Hasenfleisch (von der Keule) oder auch, ganz vegetarisch, Pilze.

Schnelle Kartoffelpuffer

Für 4 Personen:

600 g Kartoffeln, Salz, Pfeffer, Olivenöl zum Braten

Schmecken traumhaft gut und sind wirklich im Handumdrehen gemacht.

1. Die Kartoffeln schälen, in feine Streifen hobeln – fein raus ist, wer ein Schnitzelwerk mit einer entsprechenden Scheibe hat!

2. Die Kartoffelstreifchen mit Salz und Pfeffer würzen. Sofort weiterverarbeiten und nicht mehr stehenlassen, weil sich sonst die Kartoffeln dunkel färben.
3. In einer beschichteten Pfanne etwas Öl erhitzen, einen Löffel Kartoffelschnitzel hineinsetzen, dabei schön flach zu einem Küchlein formen.
4. Auf mittlerer Hitze langsam knusprig braten, dabei immer wieder etwas zusammenschieben, damit die Kartoffelstreifen zusammenhalten.
5. Die Küchlein auch auf der anderen Seite braten, auf Küchenkrepp abtropfen und möglichst sofort servieren

Eine fabelhafte Beilage zu jeglichem kurzgebratenen Fleisch, aber auch, zusammen mit einem Salat, ein ganzes schnelles, kleines Essen.

Kartoffelpuffer (Grundrezept)

Für 4 – 6 Personen:

1 kg Kartoffeln, 2 große Zwiebeln, 1 Ei, Salz, Pfeffer, eventuell 1–2 EL Crème fraîche, Öl zum Backen

1. Die Kartoffeln schälen, fein reiben. Die Zwiebeln auf der Sternscheibe völlig zermusen und sofort unter die Kartoffeln mischen.
2. Falls die Kartoffeln sehr viel Wasser abgeben, dieses abgießen. Das Ei unter die geriebenen Kartoffeln mischen, salzen und pfeffern. Den Teig möglichst sofort weiter verarbeiten:
3. Jeweils einen Klecks Teig im heißen Öl verstreichen und auf beiden Seiten knusprig backen. Überschüssiges Fett vor dem Servieren auf Küchenpapier sorgfältig abtupfen.

Tip: Unter den Teig feingehackte Kräuter rühren, durchgepreßten Knoblauch, hauchfein geschnittene Lauchringe, winzige Zucchini- oder Möhrenwürfel, nach Belieben sogar kleine Speck-, Schinken- oder Käsewürfel.
Oder ersetzen Sie zur Abwechslung ungefähr ein Drittel der Kartoffelmenge durch Gemüse, zum Beispiel Möhren, Rote Bete, Zucchini, Kürbis, Pilze, gesalzene und abgetropfte Tomaten, Artischockenherzen, Kohlrabi, Gemüsegurke, Lauch, Sellerie oder Petersilienwurzel.

Reibekuchen

Sie enthalten im Unterschied zu den Puffern mehr Ei und werden zusätzlich mit etwas Mehl gebunden.

Für 4 – 6 Personen:

1 kg Kartoffeln, 2 Zwiebeln, 1 Knoblauchzehe, 1 Bund gemischte Kräuter, 3 Eier, 3 EL Mehl, Salz, Pfeffer, 1 Spur Cayennepfeffer, Öl zum Backen

1. Die Kartoffeln schälen und fein raspeln. Die Zwiebeln zermusen, den Knoblauch durch die Presse drücken. Die Kräuter fein hacken.
2. Alles miteinander mischen, Eier und das Mehl einarbeiten. Kartoffelteig mit Salz, Pfeffer und Cayennepfeffer würzen.
3. In einer beschichteten Pfanne Reibekuchen backen und möglichst frisch verspeisen.

Was zu Kartoffelpuffern oder Reibekuchen gut schmeckt:

Kräuterquark: Dafür Sahnequark mit reichlich gehackten Kräutern und Zitronensaft glatt rühren, mit Salz, Pfeffer und Delikateßpaprika würzen.
Forellenkaviar: Das Töpfchen mit Kaviar auf zerstoßenem Eis anrichten. Dazu eine *Joghurtsauce* reichen: Dafür Joghurt einen Tag lang in einem mit einem Tuch oder Küchenpapier ausgelegten Sieb abtropfen lassen. Dann mit Zitronensaft, einem kleinen Schuß aromatischem Olivenöl, Salz und Pfeffer glatt rühren.
Roastbeef: In hauchdünne Scheiben geschnitten, dazu eine Remoulade aus Mayonnaise, feingehackten Gürkchen, Schalotten und Kräutern.
Blut- und Leberwurst: Die Blutwurst in dicke Scheiben schneiden und rasch in einer beschichteten Pfanne braten, nach Belieben noch Zwiebelringe und Apfelscheiben zufügen und mitbraten. Die Leberwurst frisch auf den heißen Puffern anrichten – so daß sie durch deren Wärme ein wenig schmilzt. Am besten ist Hausmacher Leberwurst dafür geeignet.
Apfelmus: Geradezu ein Klassiker zu Kartoffelpuffer. Am besten schmeckt es frisch gekocht (Rezept Seite 787) und noch lauwarm.
Preiselbeeren: Am besten schmecken die Beeren als Kompott, als Konfitüre sind sie oft zu süß. Jeweils einen Klecks auf die Puffer setzen und einen Klecks gut gekühlte Crème fraîche daneben.

Rösti

Die Schweizer lieben ihre Rösti (ja, sie ist weiblich!) und es ist ja auch wirklich eine wunderbare Sache. Sie werden im Unterschied zu Puffern stets aus gekochten Kartoffeln hergestellt, die unbedingt schon am Vortag gekocht sein sollten, damit ihre Stärke gut abgebunden hat und sie schön trocken sind. Schweizer Hausfrauen empfehlen sogar, die Kartoffeln, wenn sie geraffelt sind, einen weiteren Tag stehen zu lassen, erst dann sind die Kartoffelflocken garantiert gut ausgetrocknet.

Für 2 Personen:

5 mittelgroße, gekochte Kartoffeln, 2 EL Röstischmalz oder Butterschmalz (siehe unten), Salz

1. Die Kartoffeln grob raffeln – die Schweizer haben dafür eine spezielle Röstiraffel, bei uns auch als Bircher-Benner-Raffel bekannt.
2. Einen Löffel Schmalz in einer eisernen Pfanne erhitzen, die Kartoffelraspel zufügen, dabei sofort mit einem Spatel schön rund, zu einem Fladen formen. Die Kartoffeln salzen.
3. Jetzt langsam auf mittlerem Feuer, ohne den Fladen zu bewegen, auf der einen Seite goldbraun werden lassen.
   Erst dann wenden – das gelingt Profis mit einem gehörigen Schwung, unsereins nimmt dafür lieber einen flachen Deckel zu Hilfe, auf den man die Rösti stürzt und dann schließlich behutsam zurück in die Pfanne gleiten läßt – nicht ohne das restliche Schmalz zuvor darin zu erhitzen!

Variationen:

Käserösti mit Zwiebeln: Zuerst eine feingehackte Zwiebel in der Pfanne andünsten, dann die Kartoffelraspel zufügen. Gut mischen, mit Salz, Pfeffer und Majoran würzen. 50 Gramm geriebenen Bergkäse untermischen und ganz normal wie eine Rösti backen. Sobald die zweite Seite gebacken wird weitere 50 Gramm auf der Oberseite verteilen und schmelzen lassen.

Sauerkrautrösti: Gehackte Zwiebel und gewürfelten Speck anrösten, Sauerkraut und geraffelte Kartoffeln zufügen. Alles gut mischen, mit Salz, Pfeffer und Paprikapulver würzen. Wie eine Rösti braten und zusammen mit gebratener Blutwurst servieren.

Röstischmalz – aber hausgemacht: 100 Gramm Schweineschmalz, 50 Gramm Butter, ½ Zwiebel, ½ Apfel und ein Stück Brot, das einen guten Teil des möglicherweise zu starken »schweinernen« Geschmacks wegnimmt, aufsetzen und eine halbe Stunde leise köcheln lassen, dann abseihen und bis zum Gebrauch kalt stellen. Röstischmalz hält im Kühlschrank mehrere Wochen.

Bayerischer Riesenreibekuchen

Auch Riesendatschi oder Kartoffelbackes genannt.

Für 4 Personen:

1,5 kg Kartoffeln, 2 Eier, Salz, Pfeffer, Muskat, Petersilie, 3 EL dicker Rahm, Öl, 150 g hauchdünne Scheiben durchwachsenen Specks

Dazu schmeckt eine große Schüssel Feldsalat!

1. Die Kartoffeln fein reiben, mit Eiern, Salz, Pfeffer, Muskat und feingehackter Petersilie mischen. Zum Schluß die Sahne unterrühren.
2. In einer Bratreine das Öl erhitzen, den Kartoffelteig hineingießen und glatt streichen.
3. Bei 200 Grad im vorgeheizten Backofen eine halbe Stunde backen. Gute 5 Minuten vor Ende der Garzeit die Speckstreifen auf der Oberfläche verteilen.

Reibekuchen, Puffer, Rösti …
… hält man im 50 Grad vorgeheizten Backofen warm, bis sie serviert werden. Sollten sie bereits total abgekühlt sein, wärmt man sie mit einem Teller zugedeckt in der Mikrowelle wieder auf. Man kann sie auch auf ein Backblech gebreitet im 180 Grad heißen Backofen wieder heiß und sogar knusprig kriegen.

Bratkartoffeln

Mein Gott, was wird da alles gesündigt! Kein Wunder, daß vielerorts ausgerechnet dieses Lieblingsgericht als Inbegriff für schlampige Küche gilt. Dabei gehören Bratkartoffeln zum besten, was man aus Kartoffeln machen kann! Auf alle Fälle gehört Geduld dazu und man braucht eine gute Pfanne. Am besten gelingen Bratkartoffeln in der guten alten Eisenpfanne, in der schon die Großmutter Bratkartoffeln hergestellt hat. Wir nehmen dafür eine schon gut eingebrannte Pfanne aus Titan, auf dem glatten Boden schweben die Kartoffeln geradezu. Auch eine beschichtete Pfanne mit schwerem, dicken Boden ist gut geeignet.

1. Die Kartoffeln pellen und in gleichmäßig etwa ½ cm dicke Scheiben schneiden. Am besten gleich in die Pfanne fallen lassen, in der das Bratfett bereits erhitzt ist. Sie sollte so groß sein, daß alle Scheiben nebeneinanderliegen können.

2. Bei guter Hitze auf beiden Seiten im sehr heißen Fett umwenden, damit sich die Oberfläche sofort verschließt. Dann die Hitze drosseln und auf mittlerer Stufe die Scheiben golden braten. Zwischendurch salzen und pfeffern.
3. Zwiebel, wenn gewünscht, gleich nach dem Anbraten in Ringe geschnitten hinzufügen und mitrösten. Alle anderen Würzzutaten jedoch erst gegen Ende der Bratzeit samt einem Eßlöffel Öl oder Butter in die Pfanne geben, damit sie nicht anbrennen und das Aroma nicht verfliegt.

Für 2 Personen:

300–400 g gekochte Kartoffeln vom Vortag, 1 EL Butter und 1 EL Olivenöl, Salz, Pfeffer

ZUM WÜRZEN NACH BELIEBEN:
Zwiebeln, Knoblauch, Rosmarin, Thymian, Salbei oder Majoran und 1 weiteren EL Fett oder gutes Öl

Brät man größere Mengen, muß man ständig am Herd stehen und mit dem Bratkartoffelwender den Pfanneninhalt immer wieder umschaufeln. Ein Vorteil dabei: Man braucht weniger lange zum Braten, denn die Hitze kann höher geschaltet werden, weil die Kartoffelscheiben oder -stücke nur kurze Zeit Kontakt mit dem heißen Pfannenboden bekommen. Nachteil dabei: Die Kartoffeln werden nie ganz knusprig, es entstehen nur einzelne Krüstchen. Schneidet man aber die Kartoffeln in sehr feine Scheiben oder Würfel, und das geht mit rohen oder gekochten am besten, braucht man vielleicht etwas mehr Fett, es entstehen aber auch mehr und schönere Krusten, die ja das Beste an Bratkartoffeln sind. Ob sie gelungen sind, kann man deshalb hören: Sie rascheln dann regelrecht.

Maluns

Eine Spezialität aus Graubünden, dort isst man dazu gedünstete Apfelschnitze und gemischtes Backobst oder Apfelmus, aber man reicht sie auch als Beilage zu saucigem Fleisch (Ragouts oder Gulaschs). In Bayern schätzt man diese goldenen, knusprigen Kartoffelflocken ebenfalls, dort liebt man sie zu Sauerkraut oder serviert dazu einfach einen Salat.

Für 4 Personen:

1 kg gekochte Kartoffeln, ca. 300–350 g Mehl, 100 g Butter, Salz

1. Die Kartoffeln sollten bereits am Vortag gekocht sein, besser sogar noch zwei Tage alt, damit sie wirklich gut abgebunden haben. Pellen und auf der Röstiraffel in Späne hobeln. Mit so viel Mehl mischen, bis sie völlig trocken wirken – je mehliger

die Kartoffeln sind und je länger sie abbinden konnten, desto weniger Mehl ist nötig.

2. Eine große Eisenpfanne mit etwa der Hälfte der Butter ausstreichen. Die Kartoffelspäne darin bei nicht zu starker Hitze unter geduldigem Rühren rösten, bis sie wie goldene Flöckchen glänzen. Zwischendurch salzen.
3. Die restliche Butter haselnußbraun werden lassen, über die Maluns gießen, gut mischen und unverzüglich servieren.

Gefüllte Kartoffelrosette

Ein bildschönes Gericht – mit einem Salat eine kleine, schnell zubereitete Mahlzeit für den Single oder höchstens zwei Personen:

Für 1 – 2 Personen:

3–4 größere Kartoffeln, 2 EL Öl oder Schmalz, 100 g gekochter Schinken in Scheiben, 50 g würziger Schnittkäse (Bergkäse, Beaufort, Comté oder Cantal), nach Belieben Kräuter (Schnittlauch, Frühlingszwiebeln oder Petersilie)

1. Die Kartoffeln schälen, dann auf dem Gurkenhobel in akkurat gleich starke Scheiben schneiden. In einer Pfanne zu einem Rund von etwa 10 cm Durchmesser ausbreiten, dabei die einzelnen Scheiben jeweils zur Hälfte übereinanderlappen lassen. Langsam braten, bis die Unterseite sanft gebräunt ist.
2. Erst dann den zerzupften Schinken sowie den gewürfelten oder in dünne Scheiben gehobelten Käse darauf verteilen. Darauf achten, daß rundum der Rand sauber und frei bleibt.
3. Jetzt alles mit einer zweiten Kartoffelrosette abdecken. Am Saum, wo die Kartoffelscheiben nunmehr aufeinanderliegen, verbinden sie sich dank ihrer Stärke, die in der Brathitze austritt. Deshalb kann man das Ding mit einem kühnen Schwung der Pfanne wenden und es dann auch auf der anderen Seite bräunen lassen.

Kartoffelpudding mit Hackfleischsauce

Für 4 Personen:

4 Eigelbe, 75 g Butter, 400 g warme, frisch gekochte Kartoffeln, 100 g Semmelbrösel, 0,1 l Sahne, 100 g frisch geriebener Parmesan, Salz, Pfeffer, Muskat, Delikateßpaprika, 4 Eiweiß, Butter und Brösel für die Form

1. Die Eigelbe mit der Butter hell und dick schlagen. Die noch warmen, aber nicht mehr heißen Kartoffeln durch die Presse hindurchdrücken. Semmelbrösel mit der Sahne anfeuchten und mit dem Käse zufügen. Rasch gründlich mischen. Mit Salz, Pfeffer, Muskat und Paprika kräftig würzen. Steifgeschlagenes Eiweiß unterziehen.
2. Die Masse in einer dick ausgebutterten und mit Bröseln ausgestreuten Form im Wasserbad eine gute Stunde garen.

Dazu schmeckt vorzüglich eine
Hackfleischsauce: 250 Gramm Hackfleisch mit einer feingehackten Zwiebel und Knoblauchzehe in heißem Öl krümelig braten. 1 bis 2 Eßlöffel Tomatenkonzentrat oder Tomatenpüree zufügen und mitrösten. Eine fein geriebene Möhre und eventuell noch eine feingehackte Selleriestange mitdünsten. Mit einem Viertelliter Rotwein ablöschen. Eine halbe Stunde durchkochen und mit Salz, Pfeffer und Oregano kräftig würzen. Mit Brühe auf die gewünschte Konsistenz verdünnen. Viel gehackte Petersilie oder Schnittlauch einrühren.

Kohl

Gefüllter Blumenkohl auf Kartoffelpüree

Für 4 – 6 Personen:

1 Blumenkohl, Salz, 1 Zitrone
PÜREE:
1 kg Kartoffeln, ¼ l Milch, 2 EL Butter, Muskat, getrockneter Majoran

1. Den Blumenkohl im ganzen in Salzwasser 5 bis 8 Minuten vorkochen. Zitronensaft zufügen, damit er schön weiß bleibt.
2. Die Kartoffeln weichkochen. Durch die Presse in einen Topf drücken, in dem bereits die Milch erhitzt wurde. Butter zufügen, mit Salz, Pfeffer, Muskat und zerriebenem Majoran

FÜLLUNG:
500 g Hackfleisch, 1 Brötchen, 1 Zwiebel, 2 EL Butter, 1 Bund Petersilie, 1 Ei, 1–2 EL Sojasauce, Salz, Pfeffer, 1 kg Tomaten

BECHAMELSAUCE:
1 Zwiebel, 1 EL Butter, 1 gestrichener EL Mehl, ¼ l Milch, ⅛ l Blumenkohlkochwasser, 1 TL gekörnte Hühnerbrühe, 100 g geriebener Bergkäse, Pfeffer, Muskat, Cayennepfeffer

würzen. Das Püree mit dem Holzlöffel glattschlagen. In einer flachen, feuerfesten Form verteilen.

3. Für die Füllung das Hackfleisch in eine Schüssel füllen, das eingeweichte, gut ausgedrückte Brötchen zufügen, die in Butter gedünstete Zwiebel, feingehackte Petersilie, das Ei und die Gewürze. Alles gut mischen und abschmecken.
4. Diese Füllung vom Strunk her zwischen die Verästelungen des Blumenkohls stopfen. Den gefüllten Kohl auf das Püreebett setzen. Übriggebliebene Füllung zu Bällchen formen und rund um den Blumenkohl anordnen.
5. Tomaten häuten, halbieren, entkernen und über die Fleischbällchen rund um den Blumenkohl setzen.
6. Die Form für insgesamt 45 Minuten in den auf 200 Grad vorgeheizten Backofen schieben. Erst nach einer halben Stunde die Sauce über den Blumenkohl gießen.
7. Für die Béchamelsauce die Zwiebel fein würfeln, in der heißen Butter andünsten, mit Mehl bestäuben und durchschwitzen. Milch und Blumenkohlwasser angießen. Die Gewürze zufügen Etwa 20 Minuten köcheln, bis die Sauce schön dick und cremig ist. Den Käse unterrühren und darin schmelzen. Die Sauce kräftig abschmecken.
8. Den überbackenen Blumenkohl direkt in der Form zu Tisch bringen. Dazu paßt eine große Schüssel mit grünem Salat!

Überbackener Blumenkohl

Für 4 – 6 Personen:

1 schöner großer Blumenkohl, 500 g Brokkoli, Salz, 500 vollreife Tomaten (möglichst Eiertomaten mit mürbem festem Fleisch), 60 g Butter, 1 große Zwiebel, 100 g gekochter Schinken (Reste, Abschnitte), 200 g süße Sahne, 1 gehäufter TL Speisestärke, weißer Pfeffer, Muskatnuß und Cayennepfeffer, 50 g geriebener Emmentaler, 1 gehäufter EL frisch geriebener Parmigiano Reggiano

1. Blumenkohl und Brokkoli putzen, in Röschen zerteilen und nacheinander in sprudelnd kochendem Salzwasser blanchieren. (Den Blumenkohl, damit er schön hell bleibt, zuerst!) Danach sogleich in Eiswasser abschrecken. Gut abtropfen lassen.
2. Tomaten auf einer Schaumkelle ins kochende Brokkoliwasser tauchen, dann abkühlen, häuten, vierteln und entkernen.
3. Die Hälfte der Butter zerlassen und die gehackte Zwiebel darin glasig dünsten. Kleingeschnittenen Schinken zugeben. Sahne und Speisestärke verquirlen und zugießen. Aufkochen lassen und würzig abschmecken.

4. Eine flache, feuerfeste Form mit Butter ausstreichen. Blumenkohl, Brokkoli und Tomaten darin hübsch anordnen. Alles mit der Sauce übergießen, mit Käse bestreuen und schließlich die restliche Butter in kleinen Flöckchen darauf verteilen.
5. Den Auflauf bei 220 Grad gute 20 Minuten lang backen, bis alles brodelt.

Dazu passen Pellkartoffeln oder einfach nur Brot, außerdem ein erfrischender Salat. Als Getränk eignet sich Wein wie auch Bier!

Rotkohl oder Blaukraut

Man kann es bereits am Vortag zubereiten. Es schmeckt, wie Sauerkraut, besonders gut, »wenn es wieder aufgewärmt«. Ansetzen sollte man es sogar noch einen Tag früher:

Für 6 Personen:

1 Rotkohlkopf von ca. 1,5 kg, 1 Apfel, Saft ½ Zitrone, knapp ¼ l kräftiger Rotwein, 2 zerdrückte Gewürznelken, 3 TL Zucker, 2 EL Gänseschmalz, 2 EL Sherry-, guter Rotwein- oder Balsamico-Essig, Salz, Pfeffer aus der Mühle, 1 Stückchen Macis (Muskatblüte), 4 Pimentkörner

1. Den Rotkohlkopf von welken, faulen und beschädigten Außenblättern befreien. Auch den Strunk vierteln und diese harten Mittelstücke so abschneiden daß die Blätter gerade noch zusammenhalten.
2. Dann die Viertel auf dem Gemüsehobel in feine Streifen hobeln, zu dicke Blattrippen dabei herauslesen.
3. Apfel vierteln, vom Kerngehäuse befreien und mitsamt der Schale mittelfein raspeln.
4. Rotkraut mit Apfel, Rotwein, Zitronensaft und den zerdrückten Nelken kräftig mit den Händen durchkneten schließlich zugedeckt über Nacht marinieren.
5. Anderntags den Zucker im Gänseschmalz in einem großen Topf sanft karamelisieren, bevor mit Essig abgelöscht wird.
6. Erst wenn dieser nahezu völlig verdampft ist, das Rotkraut mitsamt seiner Marinade zufügen. Salzen, pfeffern und mit im Mörser zerstoßenem Macis und Piment würzen.
7. Zugedeckt ganz leise köcheln lassen, und zwar knapp 1 Stunde lang.

Bayrisch' Kraut

Schmeckt am besten im Sommer, mit dem ersten jungen Weißkraut! Und ist dann die perfekte Begleitung zum Schweinsbraten.

Für 4 Personen:

1,5 kg Weißkraut, 2–3 Zwiebeln (je nach Größe), 3 Stückchen Würfelzucker, 3 EL Wasser, 2 EL Weinessig, 2 EL Schweineschmalz, 50 g luftgetrockneter Speck in dünnen Scheiben, 1 TL Kümmel, 1 Glas trockener Weißwein

1. Welke und beschädigte Außenblätter des Krauts abbrechen und wegwerfen. Den Kohlkopf halbieren, in fingerbreite Streifen schneiden, dicke Blattrippen dabei entfernen oder ganz flach schneiden. Die Zwiebeln fein würfeln.
2. Würfelzucker in etwas Wasser auflösen und zum blonden Karamel kochen. Mit Essig ablöschen. Sobald er eingekocht ist, das Schmalz zufügen und den winzig klein gewürfelten Speck darin angehen lassen.
3. Den gehackten oder zerdrückten Kümmel sowie die Zwiebeln zufügen. Kurz andünsten und schließlich den Kohl untermischen.
4. Sobald alles gut vermischt ist, mit Weißwein ablöschen und ca. 20 Minuten im offenen Topf leise dünsten, dabei immer wieder rühren, damit auch obenliegendes Kraut mit dem Topfboden innigen Kontakt bekommt.

Wirsing

So mögen wir Wirsing am liebsten, blanchiert, damit er seine schöne Farbe behält und dann nur ganz kurz gedünstet.

Für 4 Personen:

1 Wirsingkopf (ca. 1 kg), Salz, 2 EL Butter, 1 Zwiebel, 3–4 hauchdünne Scheiben durchwachsener Speck, Pfeffer, Muskat

1. Den Wirsing vierteln, quer in Streifen schneiden, dabei den dicken Strunk herauslösen. Wirsingstreifen für einige Minuten in reichlich Salzwasser werden, abgießen und sofort eiskalt abschrecken. So läßt sich Wirsing schon am Morgen vorbereiten und ist dann am Abend im Handumdrehen fertig.
2. In der heißen Butter die feingehackte Zwiebel andünsten, dabei die feingewürfelten Speckscheiben zufügen und sanft anziehen lassen. Den vorbereiteten Wirsing unterrühren.
3. Salzen, pfeffern, mit Muskat würzen und zugedeckt einige Minuten schmurgeln lassen.

Gefüllter Wirsing

Für 4 – 6 Personen:

1 mittelgroßer Wirsingkopf, Salz, 1 altbackenes Brötchen, 4 EL Sahne, 1 dicke Zwiebel, 2 Knoblauchzehen, 2 EL Butter, 1 Bund Petersilie, 150 g gekochter Schinken, 350 g gemischtes Hackfleisch, 2 Eier, je ½ TL schwarze Pfeffer- und Pimentkörner, 1 Stück Macis, 1 kleine getrocknete Chilischote, Muskat, Butter für die Form

1. Den Wirsing entblättern. Bei den großen schönen Blättern den Strunk herausschneiden. Alle Blätter für 1 Minute in kochendes Salzwasser geben und in eiskaltem Wasser abschrecken. Die großen Blätter für die Hülle beiseite legen. Die kleineren Herzblätter sehr fein hacken.
2. Für die Füllung das Brötchen in kleine Würfel schneiden und mit der Sahne tränken. Zwiebel und Knoblauch feingehackt mit Fett weichdünsten, die feingehackte Petersilie unterrühren.
3. Abgekühlt mit dem gekochten Schinken (samt Fettrand!) und dem eingeweichten Brötchen im Mixer fein pürieren. Diese Masse mit dem Hackfleisch, dem gehackten Wirsing und den zwei Eigelben gründlich mischen. Mit im Mörser fein zerstoßenen Gewürzen und mit Salz sehr kräftig abschmecken. Zum Schluß die zwei Eiweiße steifschlagen und unterheben.
4. Eine dick ausgebutterte Pudding- oder hohe, schmale Auflaufform mit den blanchierten, gesalzenen und mit Muskat bestreuten Wirsingblättern auslegen. Die Farce einfüllen, die Blätter darüber zusammenschlagen. Butterflöckchen obenauf setzen. Den Pudding im Wasserbad etwa eine Stunde pochieren.

Dazu schmeckt eine
Zitronensauce: Dafür einen Viertelliter Kalbsfond mit dem Saft und der abgeriebenen Schale einer unbehandelten Zitrone etwas einkochen. Mit einem Achtelliter Sahne, in die ein Eigelb gequirlt wurde, legieren. Darauf achten, daß die Sauce dann noch einmal aufwallt, aber auf keinen Fall richtig ins Kochen gerät, damit das Eigelb bindet und nicht gerinnt. Mit Salz, einer Prise Zucker und Pfeffer abschmecken. Wer es mag, fügt noch 2 gehäufte Eßlöffel winzig kleiner Kapern hinzu.

Wirsingtaschen mit Rehfüllung

Ein sehr eindrucksvolles Gästeessen! Und so praktisch, weil die fertigen Wirsingtaschen vor dem Aufbacken ruhig einen halben Tag in den Kühlschrank gestellt werden können.

Für 4 – 6 Personen:

---

60 g Butter, 1 EL Mehl, ¼ l Milch, 300 g schieres Rehfleisch (aus der Schulter oder Keule, 2 Eier, 1 gehäufter TL Wildgewürz (gemischt aus Salz, Pfeffer, Lorbeerblatt, Wacholder, Piment, Koriander, Nelke, Zimt, Thymian, Rosmarin – alles miteinander im Mörser fein zerstoßen), 12 schöne, zarte Wirsingblätter

---

1. In einem großzügigen Eßlöffel Butter das Mehl anschwitzen, mit Milch aufgießen und in einer halben Stunde zu einer dicken Sauce einkochen. Abkühlen lassen.
2. Rehfleisch zweimal durch der Wolf (feinste Scheibe) drehen. Mit der Sauce binden. Eier trennen, die Eigelb einschlagen. Würzen. Eiweiß zu Schnee schlagen und unterheben.
3. Wirsingblätter vorbereiten: Von einem zarten Frühlings- oder Sommerwirsing zwölf schöne Blätter abnehmen. Falls sie sehr dicke Blattrippen haben, diese an der Rückseite der Blätter flach abschneiden (sie bleiben sonst hart), ohne die Blätter zu versehren.
4. Die Blätter in sprudelnd kochendem Salzwasser 2 Minuten blanchieren, dann gleich in eisgekühltem Wasser abschrecken; so bleibt die schöne Farbe erhalten, und die Vitamine werden stabilisiert.
5. Auf die eine Blatthälfte jeweils eine Portion Füllmasse häufen, die andere Blatthälfte locker darüberschlagen. Mit der dickeren Seite nach unten auf ein gebuttertes Backblech oder in eine größere Auflaufform setzen.
6. Auf jedes Paket zwei Butterflöckchen legen. In das auf 180 Grad vorgeheizte Ofenrohr schieben und in 20 bis 25 Minuten gar backen, dabei die Blätter ab und zu mit etwas Butter aus der Form beträufeln. Sollten sie zu dunkel werden, mit Alufolie abdecken.
7. Dazu reicht man eine kräftig abgeschmeckte, mit etwas Sahne aufgeschlagene Tomatensauce, gewürzt mit Kerbel oder Estragon. Oder Sellerie-Kartoffelpüree (Rezept Seite 411).

Natürlich reicht man zu diesem edlen Gericht auch einen entsprechend großen Wein: einen kräftigen Bordeaux oder Barolo.

Gedämpfte Wirsingpäckchen mit Pilzsauce

Für 4 Personen:

1 mittelgroßer Wirsingkohlkopf (ca. 1 kg), Salz, 250 g ausgelöstes Hähnchen- oder Putenfleisch, 250 g gekochte Kartoffeln (vom Vortag), 2 Frühlingszwiebeln, 1 Knoblauchzehe, 200 g Champignons, 1 Ei, Pfeffer, Muskat,

SAUCE:
1 Schalotte oder 1 Zwiebel, 1 EL Butter, 1 kleine Kartoffel, 2 EL Crème fraîche, Worcestershire Sauce, Cayennepfeffer oder Chilipulver

1. Die äußeren, unschönen Blätter des Kohlkopfes ablösen und wegwerfen. Die schönen, inneren Blätter abtrennen und in reichlich kochendem, sehr stark gesalzenem Wasser etwa zwei Minuten blanchieren. Viel Salz ist hier wichtig, weil in der kurzen Blanchierzeit sonst die Blätter nicht genügend Salz aufnehmen können!
2. Mindestens 12 bis 15 Blätter sollten es sein, so viel, wie man Päckchen packen möchte. Mit einer Schaumkelle herausfischen und mit kaltem Wasser abschrecken.
3. Das gelbe Herz des Wirsings in feine Streifen schneiden, ebenfalls ins kochende Wasser werfen und nach zwei Minuten abgießen, eiskalt abschrecken.
4. Die dicken Blattrippen der ganzen Blätter herausschneiden. Die Wirsingstreifen mit einem großen Messer hacken.
5. Für die Füllung das Geflügelfleisch mit einem scharfen Messer zuerst in dünne Scheiben, diese in Streifen schneiden, schließlich quer zu winzig kleinen Würfeln teilen.
6. Auf keinen Fall sollte man das zarte Geflügelfleisch mit dem elektrischen Zerhacker zerkleinern, sonst wird die Struktur des Fleischs zerstört, dadurch Füllung zu weich und ist nach dem Dämpfen wattig, behält keinen Biss.
7. Die Frühlingszwiebeln in feine Ringe schneiden, die Knoblauchzehe schälen und durch die Presse hineindrücken. Die Kartoffeln reiben oder mit einer Gabel zerdrücken. Die Champignons putzen und im elektrischen Zerhacker oder von Hand fein hacken. Die Hälfte davon in einer Schüssel mit dem Geflügelfleisch, einem Drittel des feingehackten Wirsings und dem Ei mischen. (Die andere Hälfte für die Sauce beiseite legen.)
8. Diese Farce mit Salz, Pfeffer und reichlich Muskat würzig abschmecken.
9. Die Wirsingblätter auf einem Tisch nebeneinanderbreiten, damit sie ein wenig abtrocknen, eventuell mit ein wenig Salz, Pfeffer und Muskat würzen. Jeweils einen guten Eßlöffel Füllung in ein Wirsingblatt wickeln, so, daß nirgendwo etwas herausquellen kann. Die Päckchen aufrollen, mit der

Nahtstelle nach unten setzen, damit sie in Form bleiben oder sie – wie Krautwickel – mit einem Bindfaden zuschnüren.

10. Die Päckchen nebeneinander auf ein Dämpfsieb betten, über zweifingerhoch Wasser in einen ausreichend großen Topf stellen und zugedeckt etwa 10 Minuten dämpfen. Die Wirsingpäckchen sind gar, wenn sie auf Fingerdruck leichten Widerstand bieten.
11. Für die Sauce die Schalotte oder Zwiebel fein würfeln und in der heißen Butter andünsten. Die restlichen gehackten Champignons zufügen, die rohe Kartoffel schälen und feingehackt oder feingerieben zufügen.
12. Die Wirsingpäckchen warm stellen; etwa einem Viertelliter vom Dämpfsud abmessen und in den Saucentopf gießen. Die Crème fraîche zufügen, alles zehn Minuten leise köcheln, bis Zwiebeln, Pilze und Kartoffelstückchen wirklich weich sind. Salzen und pfeffern. Die Sauce schließlich mit dem Pürierstab aufmixen, mit Worcestershire Sauce und Cayennepfeffer oder Chilipulver abschmecken.
13. Den restlichen Wirsing in etwas Butter schwenken, mit Pfeffer und Muskat würzen. Salz wird nicht nötig sein, wenn das Blanchierwasser ausreichend gesalzen war. Die Wirsingpäckchen auf einer Platte anrichten. Die Pilzsauce und das Wirsinggemüse getrennt dazu servieren. Außerdem schmecken dazu in Petersilienbutter geschwenkte Pellkartoffeln.

Statt mit Mehl kann man eine Sauce mit einer roh mitgekochten Kartoffel binden: einfach auf der feinen Reibe zermusen und in die Sauce rühren – schmeckt einfach besser als mit Mehl gebunden!

Spitzkohlstrudel

Für 4 – 6 Personen:

STRUDELTEIG:
200 g Mehl, ½ TL Salz, 1 EL Öl oder weiche Butter, knapp ⅛ l lauwarmes Wasser

FÜLLUNG:
500 g Spitzkohl (oder Weißkraut), Salz, 200 g gekochter Schinken, 1 große Zwiebel, 1 TL Zucker, 1 TL Delikateßpaprika, Pfeffer und Muskat, 200 g saure Sahne

1. Für den Strudelteig das Mehl in eine Schüssel füllen. Eine Vertiefung in die Mitte drücken, dorthinein Salz und Öl geben. Das lauwarme Wasser langsam hinzugießen. Dabei mit dem Holzlöffel rühren. Erst wenn alles lose vermischt ist, mit den Händen gründlich kneten.
2. In Folie gehüllt an einem warmen Ort mindestens eine halbe Stunde ruhen lassen. Danach nochmals kräftig durcharbeiten.
3. Zu einer Kugel formen und in die Mitte eines großen, mit Mehl bestäubten Tuches legen, das auf der Arbeitsfläche

ausgebreitet ist. Den Teig nur wenig mit Mehl bestreuen, mit dem Nudelholz etwas flach rollen.

4. Jetzt kann das Ausziehen beginnen: Zunächst das Teigstück freihändig in der Luft nach allen Seiten dehnen und ziehen, dann auf die Tuchfläche legen und mit dem Handrücken darunterfahren. Vorsichtig dehnen, darauf achten, daß der Teig nirgendwo reißt.
5. Die gesamte Teigfläche muß jetzt so dünn sein, daß das Muster des Küchentuchs darunter klar und mit allen Farben deutlich zu sehen ist. Dickere Ränder rundum einfach abschneiden.
6. Für die Füllung das Kraut in Streifen schneiden, den dicken Strunk vorher entfernen. Kräftig salzen, mit der Hand tüchtig durchkneten und kurz ziehen lassen. (Steht nur feststrukturierter Weißkohl zur Verfügung, muß man ihn sehr viel feiner schneiden, kräftiger durchkneten und länger ziehen lassen!).
7. Inzwischen vom Schinken den Fettrand abschneiden, würfeln und sanft bei mittlerer Hitze auslassen. Bis auf zwei Eßlöffel das Fett in ein Schälchen abgießen, im verbliebenen Fett die feingehackte Zwiebel weich dünsten. Mit Zucker und Paprika überpudern und unter Rühren karamelisieren.
8. Das Kraut zufügen und 5 Minuten mitdünsten (Weißkraut braucht mindestens 15 bis 20 Minuten!), dabei rühren und wenden, damit es überall vom Fett benetzt wird. Mit Pfeffer und Muskat würzen, auskühlen lassen.
9. Den ausgezogenen Teig mit dem aufgefangenen Schinkenfett einpinseln. Die Füllung darauf verteilen, an einer Längsseite jedoch einen Rand lassen. Die saure Sahne auf dem Kraut verstreichen. Den Strudel schließlich mit dem Tuch anheben und aufrollen.
10. In einen mit Speckfett ausgepinselten Bräter setzen, Naht nach unten und die Seiten eingeschlagen. Mit etwas Fleischbrühe begießen und im vorgeheizten Backofen bei 200 Grad knapp 30 Minuten garen, bis der Strudel golden glänzt. Dabei immer wieder mit Brühe oder mit dem inzwischen ausgetretenen Saft begießen.

Gedämpfte Kohlröllchen

Am besten sind dafür die zarten Blätter vom Spitzkohl, aber auch vom jungen Sommerwirsing geeignet. Als Füllung eignet sich eine Farce aus gehacktem Hähnchen- oder Garnelenfleisch, natürlich kann man auch ganze Garnelen darin einwickeln – nachdem man sie zuvor würzig mariniert hat. Die Blätter sollten zuvor blanchiert sein, damit sie sich gut formen lassen und ihre Farbe behalten. Von der Füllung wird jeweils ein Teelöffel in ein Blatt gewickelt. Die Päckchen werden schließlich über Dampf etwa 4 bis 5 Minuten lang gegart. Zum Aus-der-Hand-Essen beziehungsweise beim Stehempfang auf einer Platte anrichten und mit Eßstäbchen servieren.
Für die Füllungen hier drei Ideen:

Farce aus Hähnchenfleisch

4 Tonku-Pilze,
1 EL chinesische Morcheln,
250 g Hähnchenbrust,
1 TL Speisestärke,
1 EL Sojasauce, 1 TL Sesamöl,
2 Frühlingszwiebeln,
Basilikumblätter

Die Pilze mit kochendem Wasser überbrühen, bis sie bedeckt sind, ½ Stunde einweichen. Das Fleisch klein würfeln, mit Stärke, Sojasauce und Sesamöl sowie feingeschnittenen Frühlingszwiebeln, Kräutern und den ohne die Stiele fein gewürfelten Tonku-Pilzen mischen. Kräftig abschmecken.

Farce aus Garnelenfleisch

200 g rohe ausgelöste Garnelenschwänze, 1 TL Speisestärke, 2 EL Sojasauce, 1 EL Sesamöl, 1 EL Sherry, eine Prise Zucker, 1 Möhre, 1 kleiner Zucchino, 1 Knoblauchzehe, 1 Scheibe Ingwerwurzel (ca. 2 cm dick), 1 Schalotte, 1 Frühlingszwiebel, Salz, Pfeffer

Die Garnelen entdärmen, in Stücke schneiden, mit Stärke einreiben, dann mit Sojasauce, Sesamöl, Sherry und Zucker mischen.
Möhre schälen, zusammen mit dem Zucchino zuerst längs auf dem Gurkenhobel in dünne Scheiben schneiden, dann in dünne Streifen, diese quer in feine Würfel schneiden. Mit dem durch die Presse gedrückten Knoblauch unter das Garnelenfleisch mischen, ebenso den feingewürfelten Ingwer, Schalotte und Frühlingszwiebel. Alles mit Salz und Pfeffer würzen.

Japanisches Rührei

Dafür vier frische Eier verquirlen, mit Sojasauce, geriebenem Ingwer und einer Prise Zucker würzen. reichlich Koriandergrün und/oder chinesischen Schnittlauch unterrühren.
In einer beschichteten Pfanne in wenig Sesamöl sanft stocken lassen. Das Rührei darf später, wenn es in Blätter gewickelt ist, nur noch ganz behutsam über Dampf erwärmt werden, sonst wird es hart.

Sauerkraut (Grundrezept)

Sauerkraut haben wir erst bei unseren Recherchen für unser Elsaßbuch so richtig lieben gelernt – schneeweiß war es dort, duftig, von ausgeprägter Säure und herzhaftem Biß. Das hatte nicht nur mit der Qualität des Krauts zu tun – die tatsächlich fabelhaft ist. Es wird dort immer noch in kleinen, handwerklich arbeitenden Betrieben produziert; der Kohl, den umsichtige Bauern nur wenig düngen, wächst dort in Böden und unter Bedingungen, die dafür besonders gut geeignet sind. Was wir an Kraut essen, besorgen wir uns deshalb immer dort. Aber wir haben im Elsaß auch gelernt, worauf es beim Sauerkrautkochen ankommt: Das Kraut muß stets von Flüssigkeit bedeckt sein, damit es nicht oxidiert, sondern frisch und schön weiß bleibt.

Für 4 – 6 Personen:

1 große Zwiebel, 3–4 Knoblauchzehen, 1–2 Äpfel (je nach Größe und Geschmack), 2–3 EL Olivenöl, 1/4 l Riesling, 1 kg Sauerkraut, Salz, 2 Lorbeerblätter, je 1 TL weiße Pfefferkörner, Piment- und Wacholderbeeren

1. Zwiebel, Knoblauch und Äpfel schälen, würfeln und im heißen Öl andünsten. Mit Wein ablöschen.
2. Das Kraut, wenn nötig (also nur wenn es sehr sauer ist), kurz in heißem Wasser waschen, abtropfen lassen, sorgfältig auseinanderzupfen und obenauf betten, die Gewürze dazwischen verteilen.
3. Den Wein zufügen und so viel Wasser angießen, daß das Kraut vollkommen bedeckt ist. Auf kleinstem Feuer eine Stunde leise köcheln.
4. Zum Anrichten das Kraut abtropfen lassen.

Leider geht hierzulande der Trend zum jungen Kraut, das besonders mild schmeckt, weil es noch nicht voll durchgegoren ist. Dann allerdings ist auch die Zellstruktur noch nicht so herrlich knackig und das Kraut schmeckt noch nicht herzhaft genug. Vielleicht helfen energische Verbraucherproteste, daß die Sauerkrautproduzenten sich wieder der ursprünglichen Qualitäten voll ausgereiften Sauerkrauts besinnen!

Sauerkraut-Tips:
Sie sollten immer versuchen, frisches Kraut zu kaufen! Nur darin stecken die guten Inhaltstoffe, die Sauerkraut so wertvoll machen! Bei vielen Metzgern, in Reformhäusern und in Naturkostläden wird es während der Saison, also im Herbst und Winter, häufig lose, aus dem großen Eimer angeboten, oft bereits portionsweise in Plastikbeutel abgepackt. Dieses Kraut ist meist frisch aus der Fabrik und nicht durch Pasteurisieren haltbar gemacht.
Kraut aus der Dose oder aus dem Glas ist immer pasteurisiert und im allgemeinen sogar bereits zubereitet, also ein Fertiggericht, dessen Geschmack Sie kaum mehr beeinflussen können. Kann an frischem Kraut nicht gemessen werden.
Welches Fett Sie verwenden, bleibt ganz Ihrem eigenen Geschmack überlassen: Im Elsaß schätzt man beispielsweise Schmalz, vorzugsweise Gänseschmalz mit seinem intensiven, charakteristischen Aroma. Auch Butterschmalz, Butter oder ein neutrales Öl sind neben dem immer geeigneten Olivenöl (nur extra vergine!) selbstverständlich bestens geeignet.
Die fruchtige Säure, die ein mitgekochter Apfel liefert, läßt sich auch mit anderen Früchten zufügen: Ananas paßt in der Tat sehr gut zum Kraut, allerdings sollte es sich natürlich um frische Ananas handeln und nicht um die süßen Stücke aus der Dose!
Besonders schön im Herbst: Weintrauben, die man zum Schluss, für etwa zehn Minuten mitdünsten läßt. Trauben mit großen Kernen sollte man zuvor halbieren, dann lassen sich die Kerne mühelos mit der Messerspitze herausheben.
Sauerkraut sollte man überhaupt nicht oder so wenig wie möglich waschen, es werden nämlich immer auch Vitamine herausgelöst. Nur ganz kurz abbrausen, wenn es zum Beispiel zu salzig wirken oder zu sauer sein sollte.
Das Kraut immer sorgfältig auseinanderzupfen, bevor man es in den Topf breitet, damit es die Gewürze besser aufnehmen kann.

Was alles zum Sauerkraut paßt

Blut- und Leberwurst. Die frischen Würste werden in heißem Wasser erwärmt und auf einem Bett von Sauerkraut angerichtet. Dazu gibt es Pellkartoffeln oder Kartoffelpüree und Senf.

Fisch: zum Beispiel Hecht, Lachs, Zander oder Kabeljau. Den ganzen Fisch ins Kraut betten und vorsichtig garziehen lassen. Fischfilet entweder würfeln oder in Scheiben geschnitten obenauf betten und nur ganz kurz garen, damit das empfindliche Fleisch saftig bleibt. Dazu passen Salzkartoffeln.
Geflügel: gebratene oder gegrillte Hähnchenteile, Entenstücke, ganze gebratene Wachtel, Täubchen, Rebhuhn oder Fasan. Besonders gut als Beilage: Kartoffelpüree.
Kasseler oder geräucherte Rippchen. Man kann das Fleisch im Kraut erwärmen – einfach für die letzte halbe Stunde zwischen das Kraut packen. In Scheiben geschnitten schließlich auf dem Kraut anrichten. Dazu: kroß geröstete Bratkartoffeln.

Gepökelte Rinderbrust auf Sauerkraut

Dafür muß man den Metzger etwa eine Woche vor dem geplanten Essen bitten, ein schönes Stück Rinderbrust zu pökeln. Es wird dann mit Wurzelwerk und Gewürzen mit Wasser bedeckt wie Suppenfleisch langsam gargekocht und in dünne Scheiben aufgeschnitten zum Sauerkraut serviert. Die Brühe schmeckt kräftig und gehaltvoll, man ißt sie mit einer beliebigen Einlage, mit Grießklößchen, Flädle oder Suppennudeln. Zur gepökelten Rinderbrust, die man in dünne Scheiben aufgeschnitten auf einem Sauerkrautbett angerichtet serviert, schmeckt ein sahniges Kartoffelpüree. Und wenn man von allen drei Bestandteilen gleich die doppelte Portion zubereitet, so hat man gleich die Basis für ein ganz besonders köstliches »Resteessen« – siehe das nächste Rezept. Zunächst aber braucht man:

Für 4 – 6 Personen:

2 kg gepökelte Rinderbrust, 2–3 Markknochen, je 1 Möhre, Lauchstange und Petersilienwurzel, ¼ Sellerieknolle, 1 Zwiebel, 3 Knoblauchzehen, je 1 TL Pfefferkörner und Pimentbeeren, 2–3 Lorbeerblätter, 1 TL Salz, eventuell 1 Tomate, 1 Portion Sauerkraut nach dem Grundrezept

1. Das Fleisch und die Knochen in einen großen Suppentopf betten (Das Mark auslösen und wässern!).
2. Das Gemüse putzen, wenn nötig schälen, in grobe Stücke schneiden und ebenfalls in den Topf streuen.
3. Zwiebel ungeschält halbieren, Schnittflächen auf einem Stück Alufolie auf heißer Herdplatte dunkelbraun rösten, bis sie duften. Mit den inzwischen ebenfalls geschälten Knoblauchzehen und der zerdrückten Tomate in den Topf füllen.

4. Mit Wasser auffüllen, bis alles bedeckt ist. Zunächst ohne Deckel zum Kochen bringen, erst dann die Hitze herunterschalten, den Deckel auflegen und das Fleisch nunmehr 2 ½ Stunden leise garziehen lassen.
5. Das Fleisch in dünne Scheiben schneiden, auf einem Bett von Sauerkraut auf einer großen, vorgewärmten Platte anrichten.

Tip: Das Mark in Brühe garen, in Scheiben geschnitten auf geröstetem Graubrot genießen.

Sauerkraut-Auflauf mit Pökelbrust

Für 4 – 6 Personen:

1 Portion Sauerkraut nach dem Grundrezept, ca. 500 g gekochtes, gepökeltes Rindfleisch, 1 Portion Kartoffelpüree (Rezept Seite 409), Butter zum Ausstreichen der Auflaufform und für Flöckchen

1. Das Sauerkraut abtropfen lassen und in einer mit Butter ausgestrichenen Form verteilen.
2. Das Fleisch in 2 cm große Würfel schneiden und auf dem Kraut verteilen.
3. Schließlich alles mit Kartoffelpüree bedecken. Butterflöckchen auf der Oberfläche verteilen. Die Form in den 180 Grad heißen Ofen schieben und den Auflauf ½ Stunde backen, bis die Kartoffelschicht goldbraun geworden ist und der Auflauf darunter brodelt.
4. Dazu paßt, sozusagen als Erfrischung, ein Endiviensalat.

Gefüllte Kartoffelklöße

Natürlich kann man zwischen Kraut und Kartoffeldecke auch anderes Fleisch verpacken, zum Beispiel gewürfeltes Kassler, kalter Braten, Schinken- oder Salamistreifen, Blut- oder Leberwurst.

Reste, die für eine weitere Mahlzeit zu wenig sind, mögen Hausfrauen im allgemeinen nicht. In Kartoffelklößen versteckt macht übriggebliebenes Sauerkraut immer noch eine gute Figur. Als Beilage oder auch, zusammen mit einem Salat, als ganze Mahlzeit. Die Basis für rohe Klöße läßt sich aus der Tüte anrühren; in vielen Metzgereien kann man die Masse für rohe Kartoffelklöße auch fix und fertig im Vakuumbeutel kaufen. Das Rezept zum Selbermachen steht auf Seite 405.

Aus der Teigmasse tennisballgroße Knödel formen, wobei jeweils 1 Eßlöffel Sauerkraut, eventuell sogar mit winzigen Speck-, Schinken-, Wurst- oder Fleischwürfelchen vermischt, in die Mitte gepackt wird. Klöße in Salzwasser sanft garziehen lassen.

Sauerkraut im Blätterteigmantel mit Blutwurst

Für 4 Personen:

4 Platten tiefgekühlter Blätterteig, Mehl für die Arbeitsfläche, 250 g gekochtes Sauerkraut (Grundrezept), 1 Apfel, Salz, Pfeffer, Majoran, 2 frische Blutwürste (möglichst ohne Grieben), 1 Eigelb, 2 EL Milch

1. Teigplatten nebeneinanderlegen und etwas antauen lassen. Auf bemehlter Arbeitsfläche jeweils eine Platte dünn ausrollen.
2. Das Kraut gut abtropfen, jeweils in die Mitte jeder Teigplatte als Bett anordnen. Salzen, pfeffern und mit etwas Majoran würzen.
3. Blutwürste jeweils längs halbieren und auf das Krautbett setzen. Den Apfel schälen, vierteln, vom Kerngehäuse befreien, in dünne Scheiben schneiden. Jeweils die Blutwurst damit abdecken. Ebenfalls salzen, pfeffern und mit Majoran bestreuen.
4. Den Teig darüber zusammenschlagen und rundum fest zukniffen. Die länglichen Pakete auf ein mit Backpapier belegtes Blech setzen. Eigelb mit Milch verquirlen und die Oberfläche damit einpinseln.
5. Bei 220 Grad etwa 25 bis 30 Minuten backen, bis die Päckchen goldgelb geworden sind. Dazu schmecken verschiedene Salate und Bratkartoffeln.

Eine hübsche Idee für die Party: die Päckchen sehr klein halten, so daß man sie mit zwei Bissen bequem aus der Hand verspeisen kann.

Salat aus rohem Sauerkraut

Für 4 Personen:

500 g Sauerkraut, 2 EL Gänseschmalz, 1 Apfel, 1 TL scharfer Senf, 2 EL milder Kräuteressig, 1 EL Sherryessig, 2 EL Sonnenblumenöl, Salz, Pfeffer, 2–3 EL Sahne, Schnittlauch

1. Das Sauerkraut in heißem Wasser kurz waschen, dabei auseinanderzupfen. Im heißen Schmalz nur zwei Minuten wenden und dünsten.
2. Den Apfel schälen, vom Kerngehäuse befreien und in kleine Würfel schneiden. Mit der Marinade mischen, die aus Senf, Essig, Öl, Salz, Pfeffer und Sahne angerührt wurde. Das Sauerkraut damit gut vermischen. Großzügig Schnittlauchröllchen darüberstreuen.

AUSSERDEM:
Eine Mischung aus bunten Salatblättern zum Anrichten, hauchdünne Scheiben von geräucherter Gänsebrust, in Gänseschmalz gegarter Gänsemagen (siehe Tip)

3. Den Sauerkrautsalat auf Vorspeisentellern mit den möglichst bunten Salatblättern anrichten. Mit Gänsebrustscheiben und dünnen Scheiben von Gänsemagen (siehe unten) dekorieren.

Tip: In Frankreich kann man gegarte, in Schmalz konservierte Gänse- und Entenmägen im Feinkostgeschäft fix und fertig kaufen. Schade, daß man bei uns für solche Innereien wenig Sinn hat. In der Lebensmittelabteilung von großen Kaufhäusern oder in Geflügelfachgeschäften lassen sich jedoch frische Gänse- oder Entenmägen durchaus finden. Sie werden zunächst mit Wurzelwerk in Wasser fast weich gekocht, etwa zwei Stunden lang, dann in Gänseschmalz noch eine weitere halbe Stunde fertig gegart. Unter der geschlossenen Schmalzschicht halten sich die Mägen im Kühlschrank lange frisch. Man kann sie einzeln entnehmen, muß nur stets darauf achten, daß die restlichen Mägen danach wieder luftdicht von Schmalz bedeckt werden. Übrigens kann man gekochte Gänse- oder Entenmägen auch als Ragout servieren oder warm zum Sauerkraut reichen. Das schmeckt köstlich, macht nicht viel Arbeit und ist nicht teuer!

Sauerkrautplatte auf Elsässer Art – Choucroute garni

Für 6 – 8 Personen:

je ca. 800–1000 g gepökelter Schweinebauch und Speck, gepökeltes, geräuchertes Kassler (ohne Knochen), 6 Straßburger Würstchen (Knack), 6 Saucisse de Montbéliard

1. Schweinebauch und Speck müssen ungefähr 1 Stunde in Wasser auf kleinem Feuer gegart werden, bevor man sie zusammen mit dem Kasseler im Sauerkraut vergräbt und alles miteinander etwa ½ bis 1 Stunde mitköcheln läßt. Für die letzten 15 Minuten dürfen auch die Würste in den Sauerkrauttopf. Fleisch und Würste geben dem Kraut ein herzhaftes Aroma.
2. Zum Servieren braucht man eine gewaltige, große Platte, auf der ein Bett von Kraut ausgebreitet wird. Schweinebauch, Speck und Kassler werden in 1 cm starke Scheiben aufgeschnitten und darauf angerichtet. Die Würste werden darum herum drapiert.
3. Dazu gibt es Salzkartoffeln, Baguette und, natürlich!, scharfen, also Dijon-Senf.

Sauerkraut-Quiche

Wunderbar als Imbiß, als Häppchen zum Glas Wein oder als leichtes Abendessen.

Für eine Kuchenform von 26 cm Durchmesser:

MÜRBTEIG:
250 g Mehl, ½ TL Salz, 100 g Butter, 1 Ei, Butter für die Form

BELAG:
100 g durchwachsener Speck in dünnen Scheiben, ½ Portion Sauerkraut nach dem Grundrezept zubereitet, 2 Eier, 150 g Crème fraîche, je 2–3 Pfeffer- und Pimentbeeren

1. Den Teig rasch mit kühlen Händen zusammenkneten, in Folie gehüllt eine halbe Stunde kalt stellen. Dann dünn ausrollen und eine mit Butter ausgefettete Springform auskleiden.
2. Den Speck fein würfeln und in einer Pfanne sanft auslassen. Unter das gut ausgedrückte und abgetropfte Kraut mischen.
3. Eier und Crème fraîche verquirlen. Pfeffer und Piment im Mörser fein zerstoßen und unterrühren. Das Sauerkraut mit einem großen Messer fein schneiden und schließlich untermischen.
4. Diesen Belag auf dem Teigboden verteilen und glattstreichen. Bei 220 Grad im vorgeheizten Backofen (starke Unterhitze!) etwa 40 bis 50 Minuten backen, bis der Teigboden knusprig und der Belag gestockt ist.

Fasan auf Sauerkraut

Für 6 Personen:

2 junge Fasane, Salz, Pfeffer, 4 Thymianzweige, 100 g Butter, je 300 g blaue und weiße Trauben, 1 Portion Sauerkraut nach dem Grundrezept, ca. ⅛ Geflügel- oder Kalbsfond

1. Die Fasanen mit Küchenpapier auswischen, innen und außen mit Salz und Pfeffer einreiben, die Thymianzweige in den Bauch stecken, die Vögel auf der Seite liegend in eine Bratenform setzen, mit etwa 50 Gramm heißer Butter übergießen.
2. Im 250 Grad heißen Ofen zunächst zehn Minuten braten. Dann auf die andere Seite drehen, den Ofen auf 150 Grad herunterschalten. Die Fasane weitere 30 Minuten in der nachlassenden Hitze braten. Schließlich auf den Rücken drehen und noch etwa 10 bis 15 Minuten braten. Immer wieder mit der Bratbutter beschöpfen.
3. Die Trauben abzupfen, halbieren und entkernen. Rund um die Fasanen in die Bratenform streuen und im Bratensatz wenden.
4. Das Sauerkraut abtropfen und auf einer großen Platte anrichten, die Fasanen in Portionsstücke schneiden und darauf anrichten. Die Trauben daneben dekorativ verteilen.

5. Den Bratensatz mit dem Fond loskochen, mit der Butter aufschlagen oder aufmixen und abschmecken. Getrennt in einer Sauciere dazu reichen. Auch hierzu paßt wunderbar ein cremiges Kartoffelpüree, natürlich selbstgemacht.

Entenkeule auf Sauerkraut

Für 4 Personen:

4 Entenkeulen, Salz, Pfeffer, 700 g Kartoffeln, 500 g Sauerkraut, 2 EL Enten- oder Gänseschmalz, 2 Knoblauchzehen, 2 Wacholderbeeren, ½ TL Pfefferkörner, 1 Lorbeerblatt, ca. ¼ l Weißwein, 1 Prise Zucker

1. Die Entenkeulen mit Salz und Pfeffer einreiben, Hautseite nach oben auf ein Blech legen.
2. Die Kartoffeln schälen, vierteln und um die Keulen auf das Blech verteilen. Mit Salz und Pfeffer bestreuen. In den 220 Grad heißen Ofen schieben und etwa 60 Minuten braten. Dabei ab und zu die Kartoffeln wenden, damit sie rundum bräunen.
3. Das Kraut in einer Schüssel mit kaltem Wasser waschen und gut abtropfen lassen – nicht darin liegen lassen, sonst wird es fad.
4. In wenig Schmalz den grob gehackten Knoblauch andünsten, das Kraut sowie die Gewürze zufügen. Den Wein angießen, salzen und zugedeckt sanft etwa 45 Minuten leise köcheln.
5. Das Kraut mit einer Prise Zucker abschmecken, die kroß gebratenen Entenkeulen darauf anrichten und zusammen mit den knusprigen Bratkartoffeln servieren.

Mediterrane Gemüse

Auberginenröllchen mit Mozzarella

Vergessen Sie bitte die Sache mit dem Einsalzen, die immer wieder in Rezepten empfohlen wird, und bereiten Sie Auberginen auf unsere Art zu. So saugen Auberginen kaum Öl auf, behalten ihren Eigengeschmack und machen überhaupt keine Mühe!

Für 4 Personen:

2 mittelgroße Auberginen, Olivenöl, Salz, Pfeffer, 200 g Tomatenpüree, 200 g Mozzarella, Basilikum

1. Auberginen mit der Schale längs in knapp 1 cm dicke Scheiben schneiden, damit die Scheiben gleichmäßig werden, am besten auf der Aufschnittmaschine.
2. Die Scheiben auf beiden Seiten mit Olivenöl einpinseln, nebeneinander auf ein Backblech breiten und zunächst 10 Minuten bei 200 Grad im vorgeheizten Backofen vorbraten. Erst jetzt übrigens salzen und pfeffern.
3. Die Scheiben füllen und zu Röllchen wickeln: zuerst einen Klecks Tomatenpüree auf das untere Ende der Scheibe setzen, je einen Würfel Mozzarella darauf betten und ein Basilikumblatt. Zu Röllchen aufwickeln und nebeneinander in eine feuerfeste Form setzen.
4. Das kann man alles vorbereiten und muß die Röllchen nur noch vor dem Servieren im heißen Ofen überbacken, bis sie wieder gut durchwärmt sind und der Käse geschmolzen ist.

Tip: Wer das Tomatenpüree selber machen will:
Zwiebeln fein hacken und in etwas Olivenöl andünsten. Zerdrückten Knoblauch und die Hälfte der abgezupften Blättchen eines stattlichen Basilikumstraußes hinzufügen. Dosentomaten samt ihrem Saft zu den Zwiebeln geben, mit einer Gabel zerdrücken und schließlich einkochen, bis eine dicke, duftende Sauce entstanden ist. Mit Salz und Pfeffer abschmecken, erst jetzt das restliche Basilikum unterrühren.

Cordon bleu von der Aubergine

Pfiffig und wohlschmeckend – ein wunderbar leichtes Sommeressen.

Für 4 – 6 Personen:

2 Auberginen, Olivenöl, Salz und Pfeffer, 2 Eier, je 4–5 dünne Scheiben Bergkäse und gekochter Schinken, , Mehl und Brösel zum Panieren, Öl zum Fritieren

1. Die Auberginen am Stiel kappen, dann längs auf der Aufschnittmaschine in 3 mm starke Scheiben schneiden – die seitlichen Scheiben für ein anderes Gericht vorsehen (z. B. braten und mit Joghurtdip servieren), die inneren, jeweils etwa gleich großen Scheiben verwenden: pro Person zwei. Mit Öl einpinseln, salzen und pfeffern.
2. Die Eier in einer flachen Schale verquirlen, dabei salzen und pfeffern. Die Auberginenscheiben auf einer Seite jeweils mit verquirltem Ei einpinseln. Je eine Käse- und Schinkenscheibe auflegen, mit der zweiten Auberginenscheibe abdecken – sie sollten jetzt die Füllung verbergen und rundum gut zusammenhaften.
3. In Mehl wenden, durch das verquirlte Ei ziehen und schließlich mit Bröseln panieren. Schwimmend in heißem Öl golden ausbacken.
4. Die Schnitzel schräg aufschneiden und auf einem Bett von bunten Salatblättern anrichten, die mit einer leichten Vinaigrette angemacht sind.

Parmigiana di melanzane – Auberginenauflauf

Das Gericht hat seinen Namen vom Parmesan, dem König der Käse: Die Mischung aus geriebenem Käse und Semmelbröseln nennt man in Italien *parmigiana*, und weil man damit alles, was zum Überbacken in den Ofen kommt, vor zuviel Hitze schützt, ist dies der Begriff für Gratin geworden. Dieses Prinzip der Parmigiana kann man natürlich auch auf andere Gemüse anwenden, und so auch Zucchini, Spargel, Mangold, Paprikaschoten, Kartoffeln, Lauch und junge dicke Bohnen oder auch eine Mischung davon zu einem ähnlichen Auflauf verarbeiten.

Eine Parmigiana kann man heiß aus dem Ofen servieren, doch ist sie, gerade im Sommer, auch kalt ein vorzügliches Essen!

1. Auberginen mit der Schale in etwa 1 cm dicke Scheiben schneiden – ganz nach Belieben quer oder längs, das kommt darauf an, wie Sie Ihre Parmigiana schichten wollen: Soll sie dachziegelartig gelegt werden, sind runde Scheiben praktischer, gibt man einfache Lagen in eine große Rechteckform, eignen sie sich längs geschnitten besser.
2. Die Scheiben auf beiden Seiten mit Olivenöl einpinseln, nebeneinander auf ein Backblech breiten und zunächst zehn Minuten bei 200 Grad im vorgeheizten Backofen vorbraten. Erst jetzt übrigens salzen und pfeffern.
3. In der Zwischenzeit die Zwiebeln fein hacken und in etwas Olivenöl andünsten. Wenn sie glasig sind, die zerdrückten Knoblauchzehen und die abgezupften Blättchen eines stattlichen Basilikumstraußes hinzufügen. Die Dosentomaten samt ihrem Saft zu den Zwiebeln geben, mit einer Gabel zerdrücken und schließlich so lange einkochen, bis eine dicke Sauce entstanden ist. Mit Salz und Pfeffer abschmecken.
4. Eine irdene, feuerfeste Form mit Öl einstreichen. Die gebratenen Auberginenscheiben mit der Tomatensauce im Wechsel einfüllen, stets jeweils auf die Auberginenscheiben zunächst eine Schicht Parmesan reiben und eine Lage dünn aufgeschnittener Mozzarellascheiben plazieren. Wie gesagt: nach Dachziegelart oder in Ebenen einschichten.
5. Oberste Schicht ist in jedem Fall Tomatensauce, die mit einer Mischung aus Käse und Semmelbröseln bestreut wird und schließlich mit Olivenöl beträufelt – das ist wichtig, damit der Käse bräunt und nicht verbrennt.
6. Den Auflauf bei 200 Grad je nach Höhe der Form 30 bis 40 Minuten backen, bis alles brodelt.

Für 4 – 6 Personen:

1 kg Auberginen, ca. 1/8 l erstklassiges Olivenöl, Salz, Pfeffer, 2 Zwiebeln, einige Knoblauchzehen, 1 großer Strauß Basilikum, 1 Dose Tomaten (850 g), Salz, Pfeffer, 200 g Parmigiano Reggiano, 400 g Mozzarella (möglichst der echte aus Büffelmilch), 50 g Semmelbrösel

Als Beilage frisches Weißbrot und ein Salat aus halbierten Fleischtomaten. Und als Getränk junger Rotwein, am besten sprudelnder Lambrusco. Aber passen Sie auf: Nicht etwa den speziell für Deutschland hergestellten süßen Billigwein, sondern einen guten, knochentrockenen Lambrusco di Sorbara. Stellen Sie etwas Aceto balsamico (Balsam-Essig) auf den Tisch – es schmeckt sehr gut, wenn man sich einige Tropfen über die Parmigiana träufelt.

Großer Gemüsegratin

So bereitet man in Südfrankreich – mehr im westlichen Languedoc als in der Provence – aus dem dort reichlich gedeihenden sonnentrunkenen Gemüse ein köstliches sommerliches Hauptgericht.

Für 4 – 5 Personen:

3 Auberginen, 3–4 Zucchini, 3 Paprikaschoten, 3 Zwiebeln, 3 große Fleischtomaten, 1/8 l kaltgepreßtes Olivenöl (huile vierge extra aus der Provence – des kräftigen, eindeutigen Aromas wegen), Salz, Pfeffer, ca. 50–100 g Semmelbrösel, 6 Knoblauchzehen, 2 Bund Petersilie

1. Auberginen und Zucchini mit der Schale in Scheiben schneiden. Paprika entkernen und vierteln, Zwiebeln in ½ cm dicke Scheiben schneiden.
2. Die Tomaten überbrühen, abziehen und ebenfalls in Scheiben schneiden, diesmal 1 cm dick.
3. Eine große Auflaufform mit Öl auspinseln. Die Gemüsescheiben möglichst aufrecht, nach Sorten und Farben abwechselnd in die Form stellen, dabei gut aneinanderdrücken, weil sie im Backofen noch zusammensinken.
4. Mit einer Mischung aus Semmelbröseln (wer die Kruste liebt, wird sie besonders dick machen!), den durchgepreßten Knoblauchzehen und feinstgehackter Petersilie bedecken und mit reichlich Olivenöl beträufeln.
5. Im 220 Grad heißen Ofen (mittlere Schiene) etwa 30 Minuten lang backen, bis die Bröselschicht dunkelgolden und knusprig ist und das Gemüse brodelt.

Tip: Aufrecht sollen die Gemüseteile beim Großen Gratin in der Form stehen! Dann mischen sich die beim Überbacken austretenden Säfte zu einer einzigartigen Geschmacksorgie. In rechteckigen Formen legt man Reihen, in runden eine Art Strahlenkranz.
Dazu Stangenweißbrot und Salat reichen, eventuell etwas Hartwurst nach französischer Art. Und einen leichten Rotwein, jung und kühl zu trinken.

Ratatouille

Für 4 Personen:

Je 1 gelbe, grüne und rote Paprikaschote, 1 Aubergine, 1 Zucchini, 4 Stengel Bleichsellerie, 1 Zwiebel, 2–4 Knoblauchzehen, 4 EL Olivenöl, Salz, Pfeffer, eventuell etwas Brühe, Basilikum

Mehr als nur eine Beilage, vielmehr ein ganzes Essen, das den Duft des Sommers in sich birgt.

1. Die Paprikaschoten halbieren, ihre Kerne herausstreifen. Die Hälften mit einem Kartoffelschäler schälen, so daß die feste Haut dünn weggeschnitten wird. Das Paprikafleisch in knapp 1 cm große, sehr starke Würfel schneiden.
2. Aubergine, Zucchini und die Selleriestangen in genauso große Würfel schneiden. Zwiebel und Knoblauch sehr fein hacken.

3. In einer großen, tiefen Pfanne das Öl stark erhitzen. Zuerst die Auberginenwürfel darin anbraten; sie sollen richtig appetitlich braun sein, bevor die anderen Gemüse hinzukommen.
4. Die Zwiebeln und den Knoblauch jedoch schon nach wenigen Minuten zufügen, damit sie weich werden können; dann Zucchini, Sellerie und zum Schluß nur noch ganz kurz die Paprikawürfel.
5. Sollten die Gemüse nicht genügend Saft abgeben, mit einem Schuß Brühe oder, besser noch, Fond benetzen. Aber niemals so viel, daß das Gemüse darin schwimmt – es soll nur feucht wirken. Mit Salz und Pfeffer würzen und verschwenderisch mit zerzupftem Basilikum bestreuen.

Caponata

So liebt man Auberginen in Sizilien. Schmeckt frisch aus der Pfanne, also heiß, wunderbar, aber auch kalt, als Vorspeise, zum Beispiel an einem heißen Spätsommertag. Auch ideal: mit frisch gekochter Pasta vermischt.

Für 4 – 6 Personen:

2 mittelgroße Auberginen, 3 EL Olivenöl, Salz, Pfeffer, 1 große weiße Zwiebel, 4–5 Knoblauchzehen, 2–3 EL Pinienkerne, 3–4 festfleischige, reife Tomaten, 2 TL Oregano, 2 EL Zucker, 3–4 EL Rotweinessig, Basilikum

1. Die Auberginen in nicht zu kleine Würfel schneiden: etwa 3 cm Kantenlänge. Im heißen Öl in einer großen Pfanne langsam, aber geduldig braten, bis die Würfel rundherum schön gebräunt sind und innen gar. Salzen, pfeffern und beiseite stellen.
2. In derselben Pfanne die in feine Ringe gehobelte oder nicht zu fein gewürfelte Zwiebel andünsten, den grob gehackten Knoblauch zufügen und langsam schmurgeln, bis die Zwiebel weich ist. Die Pinienkerne zufügen.
3. Inzwischen die Tomaten überbrühen, häuten, entkernen, würfeln, zu den Zwiebeln geben und schmelzen lassen. Alles mit Salz und Pfeffer würzen, zwischen den Handflächen zerriebenen Oregano unterrühren.
4. Schließlich auch die Auberginenwürfel untermischen.
5. Die Gemüse jetzt an den Rand der Pfanne schieben, in der Mitte eine freie Fläche schaffen und die Hitze verstärken. In

der leeren Mitte den Zucker schmelzen und richtig karamelisieren lassen. Bevor er zu dunkel wird, mit Essig ablöschen.
6. Alles gründlich mischen und vom Feuer nehmen. Etwas durchziehen lassen, bevor serviert wird. Erst dann das feingeschnittene Basilikum darüberstreuen.

Gefüllte Gemüse

Jedermann weiß, daß in einer Hackfleischfüllung das eingeweichte Brötchen keineswegs aus Sparsamkeit versteckt ist, sondern daß es vielmehr eine wesentliche, nämlich lockernde Rolle spielt. Ohne das Brötchen würde der Fleischteig zum Betonklotz. Die gleiche Funktion kann aber auch Reis übernehmen. Was zudem den Vorteil hat, daß die Füllung noch mehr an Volumen gewinnt und daß zudem die gesamte Flüssigkeit, auch die der Hülle, vollständig aufgesogen wird. Am besten wird der Reis roh – allenfalls kurz angekocht – unter die Farce gemischt. Wobei es wichtig ist, daß für ausreichend Feuchtigkeit gesorgt wird, mit der sich die Reiskörner vollsaugen können. Es ist aber auch möglich, bereits gekochten Reis unter die Füllung zu heben. Jedoch nur, wenn die gefüllten Gemüse in kurzer Zeit gar sind, wie zum Beispiel Tomaten. Andernfalls zerkochen die Reiskörner zu unappetitlichem Brei.

Gefüllte Schmorpaprika

Für 4 Personen (man rechnet pro Person je nach Größe der Schoten ein bis zwei Stück):

6–8 gleich große Paprikaschoten in verschiedenen Farben, 1 große Zwiebel, 2 Knoblauchzehen, 2 EL Butter, 1 Bund Petersilie,

Sollte man immer für möglichst viele Gäste machen, damit man mit der Paprikafarbe abwechseln kann: Rot, Gelb und das klassische Grün.

1. Den Paprikaschoten knapp unterhalb des Stiels quer einen Deckel abschneiden. Alle Kerne herausstreifen, die Schoten auswaschen und umgestülpt abtropfen lassen.
2. Für die Füllung die fein gehackte Zwiebel mit dem Knoblauch in 2 Eßlöffel Butter weich dünsten. Zum Schluß die feingehackte Petersilie untermischen.

3. Etwas abgekühlt zu dem Hackfleisch geben. Zusammen mit Ei, Eigelb, Reis und allen Gewürzen zu einem geschmeidigen Teig vermengen. Sehr kräftig abschmecken!
4. In die vorbereiteten Schoten füllen; die Deckel wieder aufsetzen. Die Schoten nebeneinander in einen passenden Topf setzen. Brühe angießen. Zugedeckt auf kleiner Flamme etwa 40 Minuten gar schmoren. Die Schoten herausnehmen und warm stellen. Den Sud mit der Sahne zu eine sämigen Sauce kochen und um die Schoten herumgießen.

500 g gemischtes Hackfleisch, 1 großes Ei, 1 Eigelb, 200 g Langkornreis, Salz, Pfeffer, 2 EL Worcestershire Sauce, 1 EL Sojasauce, 2 EL Sherry, eine Prise Zucker, 1 TL Delikateßpaprika, 1 EL Senf (mittelscharf), 1/4 l Gemüsebrühe, 1/4 l Sahne,

Gefüllte Zucchini

Für 4 Personen:

Für ein Hauptgericht am besten Zucchini von mittlerer Größe nehmen, so daß jeder mit zwei Hälften angenehm gesättigt wird.

4 Zucchini, 1 Zwiebel, 1 Knoblauchzehe, 2 EL Öl, 400 g Kalbfleisch (bereits vom Metzger durch den Wolf drehen lassen), 1 altbackenes Brötchen, 1 Ei, 2 EL Crème fraîche, Salz, Pfeffer, 1 TL Oregano, 2 EL geriebener Käse (Parmesan), 1 Bund frisches Basilikum (notfalls glatte Petersilie), Öl für die Form, nach Belieben geriebenen Käse zum Bestreuen

1. Die Zucchini längs halbieren. Mit einem Kugelbohrer oder scharfkantigen Löffel das Fleisch herauskratzen, aber rundum einen intakten Rand lassen. Zucchinifleisch, wie die Zwiebel und den Knoblauch, sehr fein hacken, im heißen Öl weich dünsten, aber nicht bräunen.
2. Etwas abgekühlt mit dem Kalbfleisch, dem eingeweichten, gut ausgedrückten Brötchen, dem Ei und der Crème fraîche mischen. Die Farce recht kräftig würzen!
3. Füllung in die ausgehöhlten Zucchini verteilen, dabei schön häufeln. Nebeneinander in eine gefettete Form setzen. Im zunächst 250 Grad heißen Ofen etwa 30 Minuten in dem nach kurzer Zeit austretenden Saft schmoren – allerdings bereits nach der halben Zeit die Temperatur auf 180 Grad herunterschalten.

Wer mag, bestreut die Zucchini etwa 10 Minuten, bevor sie gar sind, mit geriebenem Käse.

Gefüllte Zucchini mit Kartoffeln

Für 4 Personen:

200 g Kartoffeln, 4 EL Öl, Salz, Pfeffer, 2 Knoblauchzehen, 100 g gekochter Schinken in dicken Scheiben, 4 feste Tomaten, 1 Handvoll Rucola, 75 g Käse in dicken Scheiben, 6–8 kleine runde oder längliche Zucchini

AUSSERDEM:
4 große Fleischtomaten, 2 Knoblauchzehen, 4 EL Olivenöl

Große Zucchini quer in Stücke schneiden, aushöhlen, an einer Seite einen dünnen Boden lassen, und füllen.

1. Kartoffeln in winzig kleine Würfel schneiden (etwa wie Linsen). In 2 Eßlöffeln heißem Öl, in einer beschichteten Pfanne, ganz langsam golden braten, dabei salzen und pfeffern. Ganz zum Schluß den Knoblauch durch die Presse dazudrücken.
2. Den Schinken ebenfalls klein würfeln. Die Tomaten häuten, entkernen und etwas größer würfeln. Den Rucola hacken. Alles in die Pfanne geben und miteinander mischen. Salzen, pfeffern und einige Minuten ziehen lassen. Erst ganz zum Schluß den gewürfelten Käse untermischen, der langsam schmelzen soll.
3. Den Zucchini oben eine Kappe abschneiden und sie mit einem Löffel aushöhlen. Die Zucchini innen mit Salz und Pfeffer würzen und füllen. (Längliche Zucchini halbiert man am besten längs und höhlt sie entsprechend aus.)
4. Die gefüllten Zucchini nebeneinander in eine feuerfeste Form setzen und mit Öl beträufeln.
5. Die Tomaten häuten, mitsamt Kernen grob zerschneiden und in die Bratenform verteilen. Den zerdrückten Knoblauch zufügen, salzen und pfeffern.
6. Im 250 Grad heißen Ofen etwa 30 bis 40 Minuten schmoren. Die Tomaten aus der Form mitsamt dem Schmorsaft im Mixer pürieren, dabei das restliche Olivenöl zufügen. Die nunmehr cremige Sauce getrennt zu den geschmorten Zucchini servieren.

Gefüllte Auberginen

In der Türkei hat dieses Gericht einen schönen Namen: »Der Imam fällt in Ohnmacht«.

1. Den Auberginen die Stielansätze wegschneiden. Mit dem Kartoffelschäler längs einen 1 cm breiten Streifen der violetten Schale abschneiden. Einen ebenso breiten Streifen Schale stehen lassen, dann wieder einen Streifen wegschneiden. Und so weiter, bis die Auberginen rundherum gestreift sind.

2. Einen Keil herausschneiden, das Fleisch herauskratzen, ohne die Schale zu verletzen. Die solchermaßen vorbereiteten Auberginen in der Pfanne im heißen Öl rundherum anbraten, dann beiseite stellen.
3. Im Bratfett die kleingehackten Zwiebeln mit dem Auberginenfleisch (auch dies feingehackt) weich dünsten. Den Reis zufügen, einige Minuten mitdünsten. Eine halbe Tasse Wasser angießen. Köcheln, bis das Wasser verdunstet ist.
4. Etwas abgekühlt unter das Hackfleisch mischen. Die Farce sehr kräftig würzen. Eine der beiden gehäuteten Tomaten entkernen und kleingeschnitten zusammen mit der gehackten Petersilie zum Schluß unter den Fleischteig rühren.
5. Diese Füllung in die Auberginen stopfen und die Früchte so eng nebeneinander, wie möglich, in eine gefettete Form setzen. Die zweite Tomate in dünne Scheiben schneiden und damit die Füllung abdecken. Knapp eine Tasse Wasser angießen. Etwas Öl über das Gemüse träufeln. Im auf 180 Grad vorgeheizten Ofen etwa 50 Minuten schmoren.

Für 4 – 6 Personen:

4 mittelgroße Auberginen, ca. 3 EL Olivenöl, 2 Zwiebeln, ½ Tasse roher Reis (Langkorn), 250 g durchgedrehtes Lammfleisch (Rinder- oder Schweinehack), Salz, Pfeffer, 1 TL Delikateßpaprika, 1 TL gemahlener Kreuzkümmel, 2 große Fleischtomaten, 1 Bund Petersilie, Butter für die Form

Die gefüllten Auberginen schmecken übrigens auch kalt – in der Türkei ißt man sie am liebsten gerade eben noch lauwarm.

Gedünsteter Fenchel

Die Zubereitung ist denkbar simpel – aber das Ergebnis köstlich!

Für 4 Personen:

4 schöne, knackige und unversehrte Fenchelknollen ohne braune Flecken, Salz, 1 Zitrone (Saft), Pfeffer aus der Mühle, Olivenöl extra vergine, frisch geriebener Parmesan

1. Die Fenchelknollen putzen – je schöner und frischer die Knolle, desto weniger Arbeit und Abfall gibt es. Quer durch den Wurzelansatz und die Spitzen vierteln. Das Grün beiseite legen.
2. Reichlich kräftig gesalzenes Wasser zum Kochen bringen und die Fenchelknollen darin fast weich kochen – das dauert ungefähr 20 Minuten; stechen Sie aber schon nach 15 Minuten einmal mit dem Messer hinein, wenn sie besonders zart und frisch sind, können sie schneller gar sein, ältere und bei höheren Temperaturen (wie bei uns übrigens im Sommer) gewachsene brauchen eher etwas länger.
3. Herausheben, in eine feuerfeste Form setzen, mit einigen Löffeln Kochsud, Zitronensaft und Olivenöl beträufeln und aus der Mühle pfeffern.
4. Vor dem Servieren mit Käse bestreuen und kurz im

Ofen überbacken, bis der Käse schmilzt. Mit dem zurückbehaltenen, gehackten Fenchelgrün bestreuen.

Möhren und Rüben

Rote-Bete-Rotkohl mit Petersilien-Croûtons

Für 4 Personen:

Jeweils ca. 300 g Rote Bete, Rotkohl und Äpfel (z. B. Sorte Boskoop), 1 Zwiebel, 2 Knoblauchzehen, 2 EL Schweine- oder Gänseschmalz, 1 Nelke, 1 TL Zucker, Salz, Pfeffer, 4–5 Pimentkörner, 4 EL Weißwein, 2 EL Zitronensaft, 2 EL Balsamico-Essig, 1 Prise Cayennepfeffer, 3 Schreiben Kastenweißbrot, 2 EL Butter, 1 Bund Petersilie (glattblättrig)

Passt gut zu Wildgerichten oder zur gebratenen Martinsgans. Auch zur Ente ein Gedicht!

1. Geschälte Rote Bete, Rotkohl und Äpfel auf dem Gemüseschneider in feine Streifen hobeln. Mit der feingehackten Zwiebel und dem Knoblauch im heißen Schmalz andünsten. Die Nelke und Pimentkörner zufügen. Mit Salz und Pfeffer würzen. Wein, Zitrone sowie Balsamico-Essig angießen. Zugedeckt auf kleinem Feuer ½ Stunde ziehen lassen, bis das Gemüse weich ist, aber durchaus noch Biß hat.
2. Inzwischen das Weißbrot in zentimetergroße Würfel schneiden. In der Butter kroß und braun rösten. Zum Schluß die sehr fein gehackte Petersilie daruntermischen, nicht mehr braten.
3. Die Petersilien-Croûtons erst unmittelbar vor dem Servieren auf das Gemüse streuen, damit sie schön knusprig bleiben.

Rote Bete mit Orangenduft

Eine geniale Rezeptidee von Eckart Witzigmann. Wir lieben dieses Gemüse zum Rehrücken.

1. Die Roten Rüben weich kochen, schälen und vierteln.
2. Die Butter mit der Marmelade erhitzen und cremig einkochen. Die Rote-Bete-Viertel darin wenden, dabei immer wieder umrühren, etwa 15 Minuten lang auf mildem Feuer, bis sie dick davon überzogen sind.
3. Feingeschnittene Minzeblättchen untermischen und heiß servieren.

Für 4 – 6 Personen:

500 g junge Rote Bete, Salz, 2 EL Butter, 3 EL Orangenmarmelade, Minze

Rote-Bete-Kartoffelpuffer

Sie sehen bildschön aus und sind eine originelle Abwechslung: knusprige Puffer aus geraffelten Kartoffeln, die mit Roter Bete vermischt sind. Man kann zusätzlich eine Zwiebel für den kräftigeren Geschmack mitreiben. Und gewürzt wird kräftig mit einer Mischung aus Piment, Pfefferkörnern, Chili und Salz, die im Mörser pulverfein zerrieben werden.

1. Kartoffeln und Rote Bete für die Puffer auf der feinen Reibe raffeln, mit Zitronensaft und Eiern durchmischen.
2. Die Gewürze im Möser fein zerreiben, den Pufferteig damit würzen.
3. In einer Pfanne Öl oder Schmalz erhitzen, eine kleine Kelle Pufferteig darin zu einem handtellergroßen Puffer ausstreichen und langsam auf beiden Seiten knusprig backen. Diese Puffer schmecken am allerbesten frisch aus der Pfanne.
4. Für den Kräuterschmand die Zutaten miteinander glattrühren und abschmecken.

Dazu lieben wir den folgenden Rübensalat.

Für 4 Personen:

PUFFER:
1 kg Kartoffeln, 300 g Rote Bete, eventuell 1 Zwiebel, 1 EL Zitronensaft, 2 Eier, je ½ TL Pimentkörner, Pfefferkörner und Salz, 1 Stück Macis (oder ½ TL pulverisierte Muskatblüte), 1–2 getrocknete kleine Chilis, Öl oder Schmalz zum Backen

KRÄUTERSCHMAND:
200 g Frischkäse, 2 El saure Sahne oder Buttermilch, Salz, Pfeffer, 1EL Zitronensaft, 1 Tasse fein gehackte Kräuterblätter

Rübensalat in zwei Farben

1. In zwei Schüsseln jeweils eine Marinade anrühren: für die helle Marinade drei Eßlöffel Essig mit Salz und Pfeffer ver-

Für 4 Personen:

5 El Apfelessig, 5 El Olivenöl, Salz, Pfeffer, 1 EL Apfelbalsam, 1 TL Honig, je 300 g Weiße und Rote Rübchen, Schnittlauch und frische Minze

rühren, drei Esslöffel Öl mit einem Schneebesen unterschlagen. Für die dunkle Marinade die beiden übrigen Löffel Essig mit Balsamessig, Salz und Pfeffer und schließlich dem restlichen Öl aufschlagen.

2. Die weißen und roten Rüben getrennt raffeln und mit der jeweiligen Marinade anmachen.

Getränk: Zu diesem einfachen, fixen kleinen Essen paßt ein kühles Pils wunderbar!

Gelee von Roter Bete mit Meerrettichschaum

Nach Belieben mit einem Löffel Lachskaviar, auch mit einem Scheibchen Gravad Lachs oder einem Stück Matjes dekorieren.

In einem Cocktailglas serviert eine elegante Vorspeise, zu einem festlichen Anlaß eventuell sogar mit Gravad Lachs und seinem Kaviar gekrönt – eine Vorspeise, die sich fabelhaft vorbereiten läßt! Zum Servieren bekommt jede Portion ein Häubchen aus Sauerrahm, Crème fraîche und Meerrettich, aufgelockert mit etwas steifgeschlagener Sahne. Das sieht entzückend aus und ist in einem sommerlich leichten Menü ein schöner Auftakt.

Für 4 Personen:

¼ l kräftiger Hühnerfond (selbstgemacht oder Glas), 1 Knoblauchzehe, je ¼ TL Kümmel, Korianderbeeren, Pfefferkörner, 1 Chilischote, Salz, Zucker, 250 g Rote Bete, 1 El Zitronensaft, 2 TL Balsamessig, 1 Blatt Gelatine

MEERRETTICHHÄUBCHEN: 100 g saure Sahne, 2 EL Crème fraîche, 2 EL geriebener Meerrettich (frisch oder aus dem Glas), Zitronensaft, Salz, Pfeffer, Cayennepfeffer, 1 Blatt Gelatine, ⅛ l süße Sahne

1. Die Hühnerbrühe mit den Gewürzen (Knoblauch, Kümmel, Korianderbeeren, Pfeffer und Chili) 10 Minuten leise köcheln, mit Salz und Zucker würzen.
2. Die Roten Beten schälen und in zentimeterkleine Würfel schneiden. Den Sud durch ein Sieb filtern. Die Roten-Bete-Würfel darin in 10 Minuten weich köcheln.
3. Die Gelatine in kaltem Wasser einweichen. Vom Sud 200 Milliliter abmessen, nochmals sehr kräftig abschmecken (im erstarrten Zustand geht eine Menge Würze verloren!), mit Zitronensaft und der Hälfte des Balsamicos feinsäuerlich würzen und schließlich die ausgedrückte Gelatine darin auflösen.
4. Die gekochten Rote-Bete-Würfel mit etwas Balsamico vermischen und in hübschen Portionsgläsern verteilen. Mit dem Sud bedecken, über Nacht im Kühlschrank erstarren lassen. Dafür am besten auf ein Tablett stellen, die Gläser unbedingt

mit Klarsichtfolie zudecken, damit das Gelee keine fremden Geschmäcker annimmt.

5. Für das Meerrettichhäubchen saure Sahne und Crème fraîche mit Meerrettich, Zitronensaft, Salz, Pfeffer und Cayennepfeffer würzen. Die eingeweichte und in einem Löffel Milch oder saurer Sahne geschmolzene Gelatine unterrühren.
6. Zum Schluß die steifgeschlagene Sahne unterziehen. Über das inzwischen fest gewordene Gelee verteilen und zum Erstarren wieder in den Kühlschrank stellen.

Zur eleganten Vorspeise gehört natürlich auch ein eleganter Begleiter, eine Riesling Spätlese etwa, natürlich trocken, zum Beispiel aus der Pfalz, wo man als sogenanntes Großes Gewächs üppige Weine von erstklassigen Lagen findet, die genügend runden Schmelz bieten, um mit der Süße der Roten Bete zurechtzukommen.

Gratin mit Roter Bete

Ein origineller Auflauf, der sich bequem vorbereiten läßt. Man kann dasselbe auch mit weißen Rübchen zubereiten, oder mit beiden Sorten gemischt.

Für 6 Personen:

1 kg Kartoffeln, 600 g Rote Bete, 2 große Zwiebeln, Butter für die Form und für Flöckchen, Salz, Pfeffer, Muskat, Cayennepfeffer, 250 g Gorgonzola oder Roquefort, ¼ l Sahne, ½ l Milch

1. Rote Bete, Kartoffeln und Zwiebeln schälen, in gleich starke Scheiben hobeln und abwechselnd in eine dick ausgebutterte Gratinform schichten, dabei salzen, pfeffern, mit Cayennepfeffer und Muskat würzen und Würfel von Gorgonzola oder Roquefort dazwischen verteilen.
2. Sahne und Milch aufkochen, über das Gemüse gießen, sie sollte gerade eben knapp unter der Oberfläche stehen.
3. Großzügig Butterflöckchen auf der Oberfläche verteilen. Den Auflauf bei 220 Grad eine Stunde backen, bis alles brodelt und das Gemüse weich ist.

Getränk: ein Rotwein, etwa eine Lemberger Spätlese aus Württemberg, die dem erdigen Aroma des Gemüses Widerpart bieten kann, oder eine Cuvée (wie man eine Komposition aus verschiedenen Rebsorten nennt) aus Österreich, wo man gern Lemberger (der dort Blaufränkisch heißt) mit Zweigelt mischt, eventuell sogar noch Blauburgunder und Cabernet Sauvignon zufügt. Das Ergebnis sind gehaltvolle Weine von tiefroter Farbe, die rund und üppig sein können, aber dank eines Rückgrats aus Gerbstoff nicht weich sind.

Möhrengemüse

Für 4 Personen:

500 g Möhren, 2 EL Butter, Salz, Pfeffer, Cayennepfeffer, ca. ⅛ l Brühe, geriebener Käse, Kerbel

1. Die Möhren schälen und in dünne Scheiben hobeln. In der heißen Butter sanft andünsten, salzen, pfeffern und mit einer Prise Cayennepfeffer würzen.
2. Die Brühe angießen und zugedeckt 5 bis 10 Minuten dünsten. Vor dem Servieren mit etwas frisch geriebenem Käse und mit reichlich gehacktem Kerbel bestreuen.

Würzige gelbe Rübchen

Für 4 – 6 Personen:

600 g junge Möhren, 1 Zwiebel, 2 EL Butter, 1 TL gelbe Senfkörner, 8 Pfeffer-, 3 Pimentbeeren, ½ TL Salz, Zucker, Zwiebelgrün, Koriandergrün (oder andere Kräuter)

1. Möhren schälen und etwa zentimetergroß würfen. In der heißen Butter andünsten, dabei die fein gewürfelte Zwiebel mitdünsten.
2. Senf, Pfeffer und Piment mit Salz und Zucker im Mörser zerreiben und unter die Möhren rühren. Zugedeckt 10 Minuten dünsten, bis die Würfel weich sind. Die Hitze so regulieren, daß möglichst wenig Wasser angegossen werden muß, um zu verhindern, daß sie ansetzen. Sie sollen weitgehend im eigenen Saft garen.
3. Kurz vor dem Servieren erst die feingeschnittenen Kräuter unterrühren.

Schwarzwurzeln nature

Sehr gut schmeckt zu Schwarzwurzeln auch wie zu Spargel eine Sauce Hollandaise (Rezept siehe Seite 711): schließlich werden die Schwarzwurzeln auch mit dem Beinamen »Spargel für arme Leute« verunglimpft.

Es gibt zwei Möglichkeiten, Schwarzwurzeln zu kochen: erstens in der Schale, sorgfältig gewaschen und gebürstet, zweitens geschabt oder geschält, dann sofort in gesäuertes Wasser gelegt. In jedem Fall wird das Kochwasser gesäuert und gesalzen, zu den geschälten Wurzeln gibt man gerne noch einen Löffel Mehl ins Kochwasser, das ebenfalls für eine schöne weiße Farbe sorgt. In ihrer Schale gekochte Wurzeln schreckt man nach dem Kochen kurz ab und kann sie, wenn sie frisch sind, leicht aus ihrer Haut lösen. Bei älteren muß man mit dem Messer nachhelfen. Sie dürfen dann auch nicht ganz weich gekocht werden, weil sie sonst zerfallen.

Für 4 Personen:

500 g Schwarzwurzeln, Essig und Salz fürs Kochwasser, 50 g Butter, Salz, Pfeffer, Petersilie

1. Schwarzwurzeln fast weich kochen. Die geschälten Stangen in 3 bis 4 cm lange Stücke schneiden.
2. Die Butter in einer Pfanne zerlassen, die Schwarzwurzeln darin schwenken und würzen. Mit gehackter Petersilie bestreut zu gekochtem Rindfleisch servieren.

Schwarzwurzelsalat mit Ei

Für 4 Personen:

500 g Schwarzwurzeln, Salz und Essig fürs Kochwasser, 3 Eier, 1 Gewürzgurke, 1 Bund Petersilie (eventuell auch etwas Kerbel), 1 EL Senf, 3 EL Weißweinessig, 4 EL Olivenöl, Salz, Pfeffer, Cayennepfeffer oder Tabasco

1. Die Schwarzwurzeln bißfest, die Eier hart kochen.
2. Abgeschreckte Eier und Gewürzgurke würfeln, Petersilie und/oder Kerbel hacken.
3. Aus den übrigen Zutaten eine angenehm geschärfte Marinade anrühren. Eier, Gurken und Kräuter untermischen.
4. Schwarzwurzeln in etwa 4 cm lange Stücke schneiden und noch warm mit der Marinade umwenden.

Lauwarm mit frisch aufgebackenem Weißbrot als appetitanregende Vorspeise servieren. Dazu trockener Weißwein oder Rosé.

Asienduftender Schwarzwurzelsalat mit Avocado

Für 4 Personen:

500 g Schwarzwurzeln, Essig und Salz fürs Kochwasser, 1 kleine oder ½ große, gut reife, cremige Avocado, 1 Zitrone, 2 Chilischoten,

1. Die Schwarzwurzeln in 15 bis 20 Minuten gerade noch bißfest kochen.
2. Währenddessen das Avocadofleisch aus der Schale drücken, fein würfeln und mit dem Zitronensaft beträufelt durchziehen lassen.

1 Zitrone, 2 Chilischoten, 2 Knoblauchzehen, 8 Pimentkörner, 2 TL ungereinigtes Meersalz, 2 EL Fischsauce, 2 EL Sojasauce, 1 TL Sesamöl, 1 Bund Koriandergrün (gehackt ca. 2 gehäufte EL)

Zu gegrillten, gebratenen oder gekochten Würsten, mit Sauerteigbrot und einem zischenden Pils!

3. Chilischoten entkernen und hacken, Knoblauchzehen durch die Presse drücken, Pimentkörner zusammen mit dem Meersalz im Mörser zerstoßen. Zur Avocado geben, mit Fisch- und Sojasauce sowie dem Sesamöl verrühren, wobei sich die Avocadowürfel ein wenig auflösen und die Sauce binden.
4. Die Schwarzwurzeln noch heiß in etwa 3 cm lange Stücke schneiden, in der Sauce umwenden und abkühlen lassen.
5. Mit gehacktem Koriandergrün bestreut servieren und am Tisch noch einmal umwenden.

Schwarzwurzelsalat mit Kapern

Für 4 Personen:

500 g Schwarzwurzeln, Salz und Essig fürs Kochwasser, 3 EL Balsamico-Essig, Salz, 2 hoch gehäufte EL Dijon-Senf, 3 EL gutes Olivenöl extra vergine, 2 TL grüne Pfefferbeeren, 3 TL Kapern (Nonpareilles), 3 Schalotten oder 1 Zwiebel, 1 EL gehackte Petersilie

1. Die Schwarzwurzeln im ganzen gute 20 Minuten kochen, in Stücke geschnitten entsprechend kürzer.
2. Etwa 3 cm lange Stücke schneiden und sofort mit der inzwischen fertiggestellten Sauce anmachen.
3. Für die Sauce den Balsamico mit Salz und Senf verrühren, dann langsam das Öl zugeben und unterschlagen, damit eine cremige Bindung entsteht.
4. Pfefferbeeren und Kapern hacken, ebenso Schalotten oder die Zwiebel. An die Sauce geben, heiße Schwarzwurzeln damit umwenden und abkühlen lassen, immer wieder durchmischen.
5. Vor dem Servieren mit der gehackten Petersilie mischen.

Schmeckt köstlich zu gekochter Kalbs- oder gepökelter Rinderzunge. Dazu passt Kartoffelpüree und ein kräftiger Weißwein (Chardonnay, Pinot bianco oder grigio).

Schwarzwurzel-Gratin

Für 4 Personen:

750 g Schwarzwurzeln, Salz und Essig fürs Kochwasser, ¼ l süße Sahne, 1 EL Instant-Saucenbinder, Salz, weißer Pfeffer, Cayenne, frisch geriebene Muskatnuß, eventuell etwas Macis (Muskatblüte),

1. Schwarzwurzeln in gesäuertem Salzwasser in etwa 15 Minuten nicht ganz weich kochen.
2. Unterdessen die Sahne aufkochen und mit dem Saucenbinder leicht sämig binden. Mit Salz, Pfeffer, Cayennepfeffer, Muskat, Macis und Zitronenschale (Frucht vorher heiß abwaschen) würzen.

3. Eine Auflaufform mit etwas Butter ausreiben.
4. Die abgetropften, in etwa 3 cm lange Stücke geschnittenen Schwarzwurzeln darin verteilen. Mit der Sahnesauce begießen, den Käse darüberstreuen und mit Butterflöckchen belegen.
5. Im heißen Ofen (220 Grad, Umluft 200 Grad) etwa 15 Minuten überbacken, bis die Sauce brodelt und die Oberfläche bräunt und Blasen wirft.

Mit Salat oder zu Schnitzeln servieren. Dazu paßt ein leichter, junger Rotwein – Beaujolais, Dole (Schweiz) oder ein leicht prickelnder Barbera aus dem Piemont.

1 Hauch abgeriebene Zitronenschale, 60 g Butter, 200 g frisch geriebener Emmentaler oder Gruyère

Statt Saucenbinder auch 1 EL Mehl mit etwas Butter verkneten und einrühren. Oder aus 40 g Butter, 1 gehäuftem EL Mehl und 1/8 l Milch eine dicke Weiße Sauce kochen. Oder eine Béchamelsauce bereiten (50 g Butter, 1 EL Mehl, 1/8 l Milch, 1/8 l Sahne). Nach Belieben Schwarzwurzeln mit Schinkenstreifen belegen, bevor Käse daraufgestreut wird.

Spargel

Weißer Spargel auf klassische Art, mit Schinken und drei Saucen

Ob man gekochten Beinschinken (vom heute handelsüblich gewordenen Preß- oder Vorderschinken wollen wir nicht sprechen!) oder würzigen und nach Tannenrauch duftenden Schwarzwälder Schinken nimmt, den eher milden, luftgetrockneten westfälischen Rohschinken, kerniges Schwarzgeräuchertes aus Niederbayern oder saftigen, gekochten Knochenschinken aus Parma, San Daniele oder aus Spanien, ist eine Frage des persönlichen Geschmacks, des Angebots, der Region. Warum nicht eine Mischung von allen verfügbaren Sorten, damit sich die Gäste ihren Favoriten selbst heraussuchen können?
Spanische Schinken genießen bei uns noch längst nicht die Wertschätzung, die ihnen eigentlich zukommt. Am bekanntesten sind der Serrano und der Jabugo. Am besten jedoch, und daher auch am teuersten, ist der Iberico de Bellota, vorzugsweise die mit »extra« gekennzeichnete Qualität, von den schwarzen, halbwilden Schweinen – daher wird dieser Schinken manchmal auch un-

Für 4 – 6 Personen:

4 kg Spargel, 1 TL Salz, 1 TL Zucker, 1 EL Butter

SAUCE MOUSSELINE:
1 EL Weißweinessig, Pfeffer aus der Mühle, Salz, 3 Eier, 200 g frische Süßrahmbutter, Muskat, Cayenne

SAUCE MAYONNAISE:
2 Eigelbe, 1 TL scharfer (französischer) Dijon-Senf, 1–2 EL Zitronensaft, ca. 1/4 l Öl, Pfeffer aus der Mühle, Salz

ter dem Begriff »Pata Negra« angeboten, was freilich keine ausreichende Herkunftsbezeichnung ist.

SAUCE VINAIGRETTE: 4 EL Weißweinessig, 1 EL scharfer Senf, Salz, Pfeffer, 6 EL Öl, 3–4 EL gehackte frische Kräuter (Kerbel, Petersilie, Estragon und Schnittlauch)

1. Den Spargel großzügig schälen, zu Portionen bündeln und in einen Topf legen, besser noch stellen – Spitzen nach oben. Die liegenden Spargeln mit Wasser bedecken, die stehenden Spargeln brauchen nur zur Hälfte im Wasser zu stehen.
2. Salz, Zucker und Butter zufügen. Den Spargel je nach Frische zwischen 10 und 20 Minuten kochen, bis die Stangen gerade eben weich werden. Den Spargel dann gut abtropfen, zusätzlich sogar in einem Tuch abtrocknen – so nimmt er die Saucen besser an – und sofort servieren.
3. Für die *Sauce Mousseline* den Essig mit reichlich Pfeffer und etwas Salz würzen, die Eigelbe zufügen und mit dem Handrührer oder Schneebesen im heißen Wasserbad oder einem schweren, gut leitenden Topf auf mittlerem Feuer erhitzen und gleichzeitig zu einer hellen, dicken Creme schlagen. Stückchenweise die Butter zufügen. Die Sauce mit Muskat und Cayennepfeffer abschmecken. Zum Schluß die steifgeschlagenen Eiweiße unterziehen und in der heißen Sauce unter Rühren gar werden lassen.
4. Für die *Mayonnaise* die Eigelbe, Senf und Zitronensaft mit dem Handrührer oder im Mixer auf langsamer Stufe hell und dick schlagen, langsam das Öl hinzufließen lassen. Die Mayonnaise schließlich schön säuerlich abschmecken.
5. Für die *Vinaigrette* alle Zutaten mit dem Schneebesen cremig rühren, zum Schluß erst die sehr fein gehackten Kräuter zufügen.

Für die Mousseline unbedingt Süßrahmbutter nehmen. Sauerrahmbutter fleckt leicht aus. Wichtig für den Wohlgeschmack der letzten beiden Saucen ist natürlich die Beschaffenheit und Qualität des Öls – je nach Geschmack neutrales Sonnenblumenöl, ein nussig duftendes Erdnußöl oder ein mildes Olivenöl. Allerdings: Es sollte in jedem Fall kaltgepreßt sein.

Tip: Im Mixer gelingt die Bindung erheblich besser, in diesem Fall gleichzeitig alle Zutaten einfüllen und mit hoher Geschwindigkeit zu einer grünen Creme aufschlagen.

Spargel in seiner Sauce

So schmecken Spargel herrlich spargelig, die Sauce aus den pürierten Spargelstücken ist leichter als die herkömmliche Hollandaise oder Mousseline:

Die Spargel sorgfältig schälen. Vom weißen Spargel die Schalen mit Wasser bedeckt mit etwas Salz, Zucker und einem Löffel Butter eine halbe Stunde auskochen. Den Sud durch ein Sieb filtern, die Schalen gut ausdrücken. Vom Spargel die unteren 3, 4 cm abschneiden. Im Sud weich kochen.
Mit einer Schaumkelle herausheben und in den Mixer füllen. Vom Sud etwa 200 Milliliter abmessen, aufkochen und zusammen mit den Kräutern sowie der restlichen eiskalten Butter zu den Spargelstücken geben und zu einer cremigen Sauce mixen. Erneut gut abschmecken.
Erst jetzt den Spargel knapp bißfest kochen. In Serviette gehüllt zu Tisch bringen, die Sauce getrennt dazu reichen, dazu entweder kleine Pellkartoffeln oder hauchdünne Eierpfannkuchen.

Für 4 – 6 Personen:

4 kg Spargel (nach Belieben auch gemischt in den Farben Grün und Weiß), Salz, etwas Zucker, 100 g Butter, Muskat, 1 Händchen voll Kräuter (Kerbel, Petersilie, Liebstöckel, Estragon) je einige Tropfen Worcestershire Sauce und Balsamessig

Lila Spargel mit Zitrone und Olivenöl

Das ist Spargelgenuß pur und gerade für den lila Spargel, der ja noch viel intensiver, gemüsiger schmeckt als der grüne oder gar der weiße, ist das einfachste, zugleich auch das allerbeste Rezept: Den Spargel sorgfältig schälen, in Salzwasser bißfest kochen und sofort, frisch aus dem Topf, auf Vorspeisentellern servieren. Jeder Gast träufelt sich dann nach Belieben Zitronensaft und duftendes, würziges Olivenöl darüber.

Grüner Spargel mit Ei überbacken

Gekochte Spargelstangen in eine ausgebutterte, feuerfeste Form betten. Mit Butterflöckchen besetzen, ein Ei daraufsetzen. Bei 180 Grad im vorgeheizten Ofen 10 Minuten backen, bis das Eigelb gestockt ist.

Grüner Spargel mit Parmesan

Frisch gekochter grüner Spargel auf Tellern anrichten, die Spitzen mit haselnußbrauner Butter begießen und schließlich großzügig jungen Parmesan darüberreiben.

Weißer Spargel mit Hühnerfrikassee

Ein richtiges, gut gemästetes Suppenhuhn gibt dem Ragout erst den richtigen Geschmack, weil es einfach kräftiger ist und kernigeres Fleisch hat als ein Brathähnchen oder eine Poularde. Allerdings sollte es nicht aus der Legebatterie stammen, sondern möglichst von einem Bauern, bei dem es zum Eierlegen hat herumspringen und -flattern dürfen …

Für 4 – 6 Personen:

1 schönes, frisches Suppenhuhn, 1 gelbe Rübe, 1 Porreestange, 1/4 Sellerie, 1 Zwiebel, Salz, 2 Lorbeerblätter, 1 TL Pfefferkörner, 1 Flasche Riesling, 1 l Wasser, 1 EL Mehl, 2 EL Butter

AUSSERDEM:
2 – 3 kg frischer weißer Stangenspargel, Salz, 1 TL Zucker, 50 g EL Butter, 1 Bund frischer Dill

1. Das Huhn zusammen mit dem grob zerkleinerten Suppengemüse und den Gewürzen in einen passenden Topf setzen, Wein und Wasser angießen und langsam ohne Deckel zum Kochen bringen. Erst wenn sich der zunächst an der Oberfläche gebildete Schaum gelegt hat, den Deckel aufsetzen und das Huhn auf sanftem Feuer etwa 1 Stunde ziehen lassen.
2. Das Fleisch von den Knochen lösen und auf einem Teller zugedeckt beiseite stellen. Haut und Knochen zurück in den Topf geben und weitere 2 bis 3 Stunden auskochen.
3. Für die Sauce Mehl in der Butter golden dünsten, mit einem guten halben Liter Brühe auffüllen und 20 Minuten köcheln.
4. Die Sauce abschmecken und das inzwischen in Würfel geschnittene Hühnerfleisch darin erwärmen.
5. Spargel wie gewohnt sorgfältig schälen, in Salzwasser, das mit Zucker und einem Löffel Butter gewürzt ist, bißfest kochen.
6. Abtropfen und auf einem Küchentuch trocknen, ein klein wenig ausdampfen, aber nicht kalt werden lassen.
7. Auf tiefer Platte anrichten, mit der restlichen flüssigen Butter übergießen und mit reichlich gehacktem Dill bestreuen.

Dazu schmecken hausgemachte Bandnudeln aus einem üppigen Nudelteig: Mit etwa zehn Eiern auf ein Kilo Mehl bekommen die Nudeln einen kernigen Biß und eine leuchtende Farbe.

Spinat

Blattspinat (Grundrezept)

Spinat wird bei uns bereits so gepflückt, daß man in der Küche kaum mehr Arbeit hat: Die Blätter einfach direkt oberhalb des Stiels abgeknipst. So braucht man nichts zu verlesen, keine Stiele mehr zu entfernen – die Blätter werden einfach mehrmals gewaschen, bis aller Sand entfernt ist. Und dann werden sie sofort blanchiert: in einem großen Topf in viel Salzwasser. Die Blätter müssen nur zusammenfallen, dann werden sie unverzüglich abgegossen beziehungsweise mit einer großen Siebkelle harausgeschöpft (das verbliebene Kochwasser nützt man für die nächste Portion) und in Eiswasser abgekühlt. Das stabilisiert, wie immer beim Gemüse, Farbe und Vitamine. Die Blätter werden dann herausgefischt, immer ein Händchen voll als Portion, und behutsam ausgedrückt, dabei werden kleine Buletten geformt, die auch noch eine Hülle aus einem schönen Spinatblatt bekommen. Diese Buletten werden eingefroren, und so haben wir den ganzen Winter über fabelhaften, bereits fix und fertig vorbereiteten Spinat. Serviert wird er dann zum Beispiel so:

Für 4 Personen:

**4–8 Spinatbällchen,
2 EL Olivenöl, Salz, Pfeffer,
2–4 Knoblauchzehen,
1 Chilischote, Muskat**

1. Die Spinatbällchen bei Zimmertemperatur auftauen lassen. In einer Pfanne im heißen Öl auf beiden Seiten schön kroß braten. Dabei mit Salz (sparsam), Pfeffer und reichlich Muskat würzen.
2. Den sehr fein gewürfelten oder gehobelten Knoblauch erst gegen Ende zufügen, weil er so leicht verbrennt.
3. Chili entweder zerkrümelt (falls er getrocknet ist) oder fein gewürfelt darüberstreuen.

Spinatbällchen als Beilage oder als Vorspeise servieren.

Spinatpudding mit Morchelsauce

Am besten im Frühjahr, wenn es frische Morcheln gibt. Leider sind sie selten geworden und sehr teuer. Aber vielleicht finden Sie selbst welche – dann haben Sie ein klassisches Schlemmergericht!

Für 4 Personen:

PUDDING:
6 Brötchen (Semmeln) vom Vortag, 1/4 l Milch, 750 g Spinat, Salz, Pfeffer, Muskat, eventuell einen Hauch Cayennepfeffer und Piment, 5 Eier, Butter und Semmelbrösel für die Form

SAUCE:
ca. 25 g getrocknete (oder 500 g frische) Morcheln, 1/8 l Milch (entfällt bei frischen Morcheln), 1 Zwiebel, 30 g Butter, 200 g süße Sahne, Salz, Pfeffer, eventuell etwas Zitronensaft, 2 EL gehackte Petersilie (möglichst glattblättrige)

Unbedingt eine gläserne oder irdene Pudding- oder Guglhupfform nehmen, keine aus Aluminium, weil der Pudding sich wegen der darin enthaltenen Zwiebeln schwarz verfärbt!

1. Die Brötchen in Scheiben schneiden und mit der heißen Milch übergießen. Etwa ½ Stunde einweichen, dabei ab und zu umwenden, aber nicht zu stark drücken – die Masse soll so locker wie möglich bleiben.
2. Den Spinat verlesen, entstielen, gründlich waschen und in sprudelnd kochendem Salzwasser zusammenfallen lassen. Sofort in Eiswasser abschrecken. Gut ausdrücken, dann mit einem großen Messer fein hacken.
3. Den Spinat unter die Brötchen mischen. Dazu die Semmeln nicht auspressen, die übriggebliebene Milch mitverwenden! Kräftig mit reichlich Salz, Pfeffer und Muskat, sowie Cayennepfeffer und Piment würzen.
4. Eier trennen, die Eigelb unter die Spinatmasse arbeiten. Die Eiweiß mit einer Prise Salz in einer weiten Schüssel auf kleinster Stufe des Handrührgerätes oder der Küchenmaschine zu stabilem, jedoch geschmeidigem, auf keinen Fall griesigem Schnee schlagen. Diesen partienweise vorsichtig unter die Spinat-Brot-Masse heben.
5. Eine geeignete Puddingform gründlich mit Butter ausstreichen und mit Semmelbröseln ausstreuen. Bis zum oberen Ende der Rippen mit der Masse füllen, muss ein etwa 2 bis 3 cm breiter Rand bleiben, weil der Pudding ja aufgeht! Die Form mit ihrem Deckel verschließen oder mit Alufolie abdecken und mit einem kräftigen Gummiband (Einmachring) rundum dicht fixieren.
6. Die Form in einen ausreichend großen Topf stellen und mit kochendheißem Wasser bis zu der Höhe aufgießen, die der Pudding in der Form erreicht. Topf zudecken und auf kleine Hitze stellen – das Wasserbad darf nie ins Kochen geraten. Wenn der Pudding zu heiß wird, geht zu stark in die Höhe, wird zäh und bekommt scheußliche Löcher. Die Garzeit beträgt etwa 75 Minuten.
7. Für die Sauce getrocknete Morcheln wiederholt gründlichst in lauwarmem Wasser waschen, dann mit heißer Milch

übergießen und wenigstens 1 Stunde aufquellen lassen – eventuell sogar über Nacht. Oder in den Mikrowellenherd stellen und, mit Klarsichtfolie gut abgedeckt, in einer Minute auf der höchsten Stufe erhitzen und weich werden lassen.

8. Die eingeweichten Morcheln zurechtschneiden, dann nochmals in der verbliebenen, während des Einweichens nicht aufgesogenen Milch spülen. Herausnehmen und abtropfen. Die übrige Milch vorsichtig abgießen und durch ein feines Tuch seihen, um alle möglicherweise noch vorhandenen Sandspuren herauszufiltern. Frische Morcheln nur putzen, rasch waschen, sofort abtropfen, trocknen und kleinschneiden.
9. Zwiebel in feinste Würfel schneiden, in der Butter auf mildester Hitze glasig dünsten. Morcheln zugeben und etwa 10 Minuten bei jetzt mittlerer Hitze dünsten, bis sie trocken werden. Die Sahne (ebenso durchgeseihte Einweichmilch) angießen, etwas einkochen und würzen. Wenn die Sauce dicklich zu werden beginnt, die Petersilie einrühren. Abschmecken.
10. Den Pudding auf eine tiefe, vorgewärmte Platte stürzen: dafür einen passenden Teller auf die Form legen, sie rasch kopfüber stürzen und nun vorsichtig abheben – jetzt zeigt sich, ob sie genügend gründlich gefettet und ausgebröselt war! Die Sauce teils darüber, teils um den Pudding gießen. Den Rest der Sauce in einer Sauciere getrennt dazu reichen.

Die Milch gibt den getrockneten Pilzen ein wenig ihres natürlichen Fettgehalts wieder und hebt ihren Geschmack.

Getränk: Kräftiger, trockener Weißwein, etwa aus Burgund, aus Baden oder Franken.

Toskanischer Spinatpudding – Sformato di spinaci

Dieser Pudding ist zarter, duftiger als der aus dem vorhergehenden Rezept – mal eine hübsche Abwechslung.

Für eine Pudding- oder Guglhupfform von 1,3 Liter Inhalt:

2 EL Butter, 1 Zwiebel, 1 gehäufter EL Mehl, ¼ l Milch, Salz, Pfeffer, Lorbeerblatt, 1 kg geputzter Spinat (blanchiert und aus-

1. Zunächst eine Béchamelsauce zubereiten: In der heißen Butter die feingehackte Zwiebel andünsten, mit Mehl bestäuben und gut verrühren. Die Milch angießen, salzen, pfeffern und das Lorbeerblatt zufügen. Etwa 30 Minuten leise köcheln, bis die Sauce dick genug ist. Durch ein Sieb streichen.

gedrückt gewogen; das sind ca. 1400 g roh), 4 Eigelbe, 125 g frisch geriebener Parmesan, 125 g Fontinakäse oder Mozzarella, Muskatnuß, Butter zum Ausstreichen der Form, Semmelbrösel zum Ausstreuen

Den Spinatpudding zusammen mit einem Cibreo, einem Ragout aus Hühnerlebern (Seite 690), als ganzes Essen zu Tisch bringen.

2. Den blanchierten Spinat mit einem scharfen Messer fein schneiden. Mit den Eigelben, der Béchamelsauce, dem geriebenen Käse sowie dem in Würfel geschnittenen Fontina- oder Mozzarellakäse mischen.
3. Mit Salz (Vorsicht: der Käse ist schon salzig!), Pfeffer und reichlich frisch geriebener Muskatnuß würzen.
4. Diese Masse in eine gebutterte, mit Semmelbröseln ausgestreute Form füllen. 40 Minuten im Wasserbad garen, und zwar entweder in einem ausreichend großen Topf oder im 200 Grad heißen Backofen.
5. Den Spinatpudding auf eine Platte stürzen und als Gemüsebeilage servieren.

Spinat-Laubfrösche

Ein richtiges Frühlingsessen. Weil man die schönen großen Blätter des ersten Freilandspinats dafür braucht. Später im Jahr nimmt man junge Mangoldblätter, auch Blätter vom Kohlrabi, wenn sie zart und frisch sind, oder von Roter Bete.

Für 4 Personen:

1 altbackenes Brötchen, 400 g durchgedrehtes Schweinefleisch, 1 Zwiebel, 3 EL Butter, 1 Bund Petersilie, 1 Ei, Salz, Pfeffer, Muskat, etwa 30 schöne Spinatblätter, ca. ¼ l Fleischbrühe

1. Das Brötchen in Wasser einweichen. Gut ausgedrückt mit dem Fleisch, der gehackten, in 1 Eßlöffel Butter weich gedünsteten Zwiebel, feingehackter Petersilie und Ei zu einer geschmeidigen Farce verarbeiten. Salzen, pfeffern und mit Muskat würzen.
2. Die Spinatblätter (ohne Stiele) eine Minute in heißes, nicht kochendes Wasser legen, damit sie weich werden. Jeweils einen Löffel Farce in ein Blatt packen, diese Päckchen dicht nebeneinander in eine Bratenform setzen, mit heißer Butter beträufeln und salzen.
3. Im Backofen (bei 180 Grad) oder auf dem Herd braten, dabei ab und zu mit etwas Brühe begießen.
4. Sobald sich die Laubfrösche bei Fingerdruck fest anfühlen, sind sie gar. Sie werden entweder nur mit Salat gereicht oder mit einer hellen Sauce, die mit Spinatwasser gekocht wurde und mit Zitronensaft und viel Muskat abgeschmeckt ist.

Dazu gibt es Salzkartoffeln und badischen Gutedel.

Mangold im Schinkenhemd

Würzig und herzhaft und trotzdem sanft – eine wunderbare, ganz einfache Vorspeise! Schmeckt übrigens auch mit anderen Gemüsen, zum Beispiel Fenchel, Lauch oder Spinat etc.

Für 6 Personen:

1,2 kg Mangold, Salz, 12 Scheiben gekochter Schinken, 12 hauchdünne Scheiben Bergkäse, Delikateßpaprika, 1/4 l Brühe, Pfeffer, Muskat

1. Mangold putzen, die Stiele herausschneiden (eventuell für ein anderes Rezept vorsehen). Blätter in Salzwasser blanchieren. Sie sollen sich angenehm weich beißen lassen. Abgießen, kalt abschrecken und sanft ausdrücken. Dabei gleich in Portionen teilen.
2. Schinkenscheiben ausbreiten, jeweils eine Käsescheibe auflegen und mit Paprika würzen, die Mangoldportionen darauf verteilen und würzen, vor allem mit reichlich Muskat! Aufwickeln und vom Schinken umhüllte Päckchen daraus formen.
3. Die Päckchen nebeneinander in eine feuerfeste Form setzen. Mit Brühe benetzen und vor dem Servieren für ca. 10 Minuten im 200 Grad heißen Ofen erhitzen.
4. Man kann die Päckchen einfach so, zum Beispiel mit Kartoffelpüree, als kleine Mahlzeit servieren. Innerhalb eines Menüs richten wir sie gern mit Klecksen von Tomataise (Rezept Seite 720) und Kräuteröl (Seite 711) an.

Kasseler Strünkchen

Daß man mit Kopf-, Endivien- oder Romanasalat auch kochen kann, ist unserem deutschen kulinarischen Bewußtsein fast entschwunden. Dabei schmecken gedünstete Salatherzen köstlich – in Spanien bereitet man die sogenannten *cogollos* (sehr festfleischige Herzen mit dicken Strünken) in Olivenöl mit Knoblauch und Chili zu, in Frankreich viertelt man die gelben Herzen von normalem Kopfsalat und dünstet sie mit Zwiebeln, Schinken und Erbsen in Butter, in Italien dünstet oder schmort man, grillt sogar Endivien, Catalogna und Radicchio. Unter dem Namen Kasseler Strünkchen oder Bindesalat kam noch vor 100 Jahren auch in Deutschland Salat zum Kochen auf den Markt, der heute ohne weiteres von Romanasalat ersetzt werden kann.

Wir haben dieses alte Rezept wieder ausgegraben, als uns in unserem Garten die Salatköpfe zu schießen begannen – in jedem Sommer dasselbe: Erst regnet es andauernd und ist kalt, man wartet vergeblich auf schöne Salatköpfe. Und plötzlich wird es warm, und man kann gar nicht alles aufessen, was wächst. Jetzt bereiten wir stets dieses Gemüse, wenn die Spitzen von normalem Kopfsalat aufbrechen oder die kleinen Salate, deren Samen wir uns aus Frankreich, Spanien und Italien mitbringen, zu schießen beginnen.

Für 4 Personen:

2 Salatherzen oder 4 Köpfe, die gerade zu schießen beginnen, Salz, 1 weiße Zwiebel oder 4 Frühlingszwiebeln, 40 g Butter, Pfeffer, Cayennepfeffer, Zitronenschale, nach Belieben ein Schuß Weißwein

1. Die Herzen von den äußeren grünen und harten oder lappigen Blättern befreien. Herzen vierteln, ausschießende Köpfe nur halbieren.
2. In sprudelnd kochendem Salzwasser blanchieren, damit die Blätter zusammenfallen. Sofort eiskalt abschrecken.
3. Zwiebel oder das Weiße der Frühlingszwiebel hacken und in der Butter in einem passenden Topf oder einer Pfanne andünsten. Die Salatstrünkchen mit der Schnittfläche nach unten einlegen und mitdünsten, dabei salzen, mutig aus der Mühle pfeffern, nach Belieben mit Cayennepfeffer schärfen und mit etwas abgeriebener Zitronenschale parfümieren.
4. Nach Belieben mit etwas Wein angießen, um das Gericht abzurunden. Die Salatstrünkchen immer wieder mit der Flüssigkeit übergießen.

Schmeckt gut zu gekochtem Rindfleisch, allen Braten und Geflügel.

Gießt man mit einem sehr säurehaltigen Wein (z. B. Riesling) an, so färben sich die Salatblätter grau, was natürlich nicht sehr einladend aussieht. Deshalb entweder einen säurearmen Wein – etwa aus Süditalien, Südspanien – nehmen oder erst im letzten Augenblick vor dem Servieren einen Schuß deutsche Auslese zufügen, um eine frischfruchtige Note einzubringen.

Nach Belieben mit Schnittlauch, Petersilie, Kerbel oder Estragon bestreuen.

Tomaten, Gurken und Kürbis

Gefüllte Tomaten – mit Spinat

Für 4 Personen eine Beilage oder eine hübsche Vorspeise:

500 g Blattspinat, Salz, 2–3 Knoblauchzehen, 2 EL Olivenöl, 4 gleich große Tomaten, Pfeffer

1. Spinat verlesen, dicke Stiele abknipsen, die Blätter mehrmals gründlich waschen und in reichlich kochendes Salzwasser werfen.
2. Nach 1 Minute abgießen, in kaltem Wasser abschrecken und gut ausdrücken.
3. Knoblauch würfeln, in heißem Öl andünsten, die auseinandergezupften Spinatblätter zufügen, mit Salz und Pfeffer würzen, einige Minuten dünsten.
4. Tomaten oben einen Deckel abschneiden, mit einem Löffel die Kerne herausschaben, die Tomaten kopfüber auf einem Sieb abtropfen lassen.
5. Die Tomaten innen salzen und pfeffern. Den Spinat in vier Portionen teilen und in die Tomaten häufen. So schmecken die Tomaten warm, aber auch kalt.

– mit Käsesoufflé

Für 6 Personen eine Vorspeise, für 3 – 4 Personen ein Hauptgericht:

12 reife, aber feste Tomaten, Salz, 40 g Butter, 20 g Mehl, 1 Glas Milch, Salz, Pfeffer, Muskat, 2 Eier, 75 g geriebener Käse, Butter für die Form

1. Den Tomaten an der Stielseite einen Deckel abschneiden, mit einem Löffel aushöhlen. Die Tomaten innen salzen und mit der Öffnung nach unten abtropfen lassen.
2. Für die Soufflémasse die Butter erhitzen, das Mehl darin andünsten, ohne zu bräunen. Die Milch zufügen und eine Viertelstunde leise köcheln. Mit Salz, Pfeffer und Muskat würzen. Die Eigelbe in die Masse rühren, erhitzen, aber auf keinen Fall ins Kochen geraten lassen, damit sie nicht gerinnen. Schließlich den Käse unterrühren und schmelzen.

3. Die Masse ein wenig abkühlen lassen, bevor das steifgeschlagene Eiweiß untergehoben wird. In die vorbereiteten Tomaten füllen und nebeneinander in eine feuerfeste, mit Butter ausgestrichene Form setzen.
4. Im auf 200 Grad vorgeheizten Backofen 30 Minuten backen. Für die letzten 5 Minuten den Ofen abschalten.

– mit Ratatouille

Für 4 – 6 Personen eine Beilage oder eine Vorspeise:

1 Aubergine, 1 Zwiebel, 3–4 Knoblauchzehen, 1 rote und 1 grüne Paprikaschote, 1 Zucchino, 2–3 EL Olivenöl, Salz, Pfeffer, 1 große Fleischtomate, zum Füllen: 6 gleich große, schöne Tomaten

1. Alle Gemüse in möglichst exakte Würfel von knapp 1 cm schneiden. Im heißen Olivenöl in einer großen Pfanne braten. Mit den Auberginen beginnen, erst wenn diese knusprig braun geworden sind, die anderen Gemüse zufügen. Salzen, pfeffern. Zum Schluß die gehäutete, entkernte und gewürfelte Tomate zufügen und alles miteinander einige Minuten schmoren.
2. Die Tomaten mit dem fertigen Gemüse füllen – kalt oder warm servieren.

– mit asienwürzigem Hühnerfleisch

Vorspeise für 4 Personen, Hauptgericht für 2 Personen:

150 g Hühnerbrustfleisch, ½ TL Speisestärke, 1 Knoblauchzehe, 1 cm Ingwerwurzel, 1 grüne Chilischote, 1 kleiner Zucchino, 1 EL neutrales Öl, 1 TL chinesisches Sesamöl, Salz, Pfeffer, Zucker, 1 TL Sojasauce, 4–6 Tomaten zum Füllen

1. Das Fleisch zentimeterklein würfeln, mit der Stärke einreiben und marinieren.
2. Knoblauch, Ingwer, Chili und Zucchino winzigklein würfeln.
3. Fleisch im heißen Öl (beide Sorten mischen) unter Rühren anbraten, Knoblauch, Ingwer, Chili und Zucchini zufügen und mitbraten. Mit Salz, Pfeffer, Zucker und Sojasauce würzen.
4. Tomaten mit dem asienwürzigen Hühnerfleisch füllen und sofort mit warmer Füllung oder auch kalt servieren.

– mit Reis und Schinken

Ein schnelles, kleines Abendessen. Oder eine Vorspeise in einem Menü mit einem leichten Hauptgang, zum Beispiel Fisch. Besonders praktisch: Man kann alles fix und fertig zubereiten. Und wenn die Gäste beginnen sich zu Tisch zu setzen, wird schnell die fertige Form in den Ofen geschoben.

Für 4 Personen:

8 mittelgroße, reife Fleischtomaten, 3 Tassen gekochter Reis, 100 g gekochter Schinken in dünnen Scheiben, eine Tasse aufgetaute Tiefkühlerbsen, 100 g Crème fraîche, Salz, Pfeffer, ½ TL Delikateßpaprika, gehackter Kerbel, Butter, Semmelbrösel und geriebener Käse zum Bestreuen

1. Die Tomaten waschen, rund um den Blütenansatz eine Öffnung schneiden. Durch diese alle Kerne herausschaben. Die Tomaten kopfüber auf einem Gitter abtropfen lassen, bis die weiteren Vorbereitungen erledigt sind.
2. Den Reis mit dem fein gewürfelten Schinken, den aufgetauten Erbsen und Crème fraîche vermischen. Kräftig würzen, die Petersilie oder den Kerbel einrühren.
3. In die Tomaten füllen. Nebeneinander in eine gefettete, möglichst genau bemessene Form setzen. Mit Semmelbröseln, Käse und Butterflöckchen bestreuen.
4. Im 180 Grad heißen Ofen ca. 15 Minuten backen, bis die Tomaten gerade eben weich sind und die Füllung heiß ist.

Gurken

Salat- und Gärtnergurken dürfen Sie auf keinen Fall mit Gemüsegurken in einen Topf werfen: Man kann die einen nicht durch die anderen ersetzen. Die Salat- und die kleineren Gärtnergurken etwa sind tatsächlich eher für Salat geeignet. Sie schwitzen beim Schmoren fast alle Flüssigkeit aus, übrig bleibt ein unangenehm wabbeliges Gewebe. Und während man Salatgurken mit ihren Kernen verwenden kann, müssen Freiland- beziehungsweise Gemüsegurken fast immer entkernt werden: also die Gurken längs halbieren und mit einem Teelöffel die Kerne samt dem wäßrigen Fruchtmark herausschaben.

Salatgurken dürfen noch nicht voll ausgewachsen sein, also rundum grün, kein gelblicher Schimmer auf der Unterseite darf beginnende Reife anzeigen. Während Glashausware gleichmäßig jung und grün angeboten wird und auch die dickeren Gurken

kaum ausgeprägte Fehler aufweisen, sollte man bei Freilandgurken schmalere Exemplare vorziehen, weil dann die Kerne mit der sie umgebenden glasig-wässrigen Masse noch kaum ausgebildet sind. Freilandgurken stets auf Bitterkeit überprüfen!
Gemüsegurken werden bei uns vor allem für Schmorgurken angebaut. In den südlichen Ländern, wo die zartschaligen Schlangengurken im Sommer bei der trockenen Hitze austrocknen und bitter würden, verwendet man auch sie zum Salat. Allerdings erntet man sie, wenn sie jung sind. Machen Sie einmal den Versuch, mit diesen Gurken einen Salat zuzubereiten: Eine zarte Bitterkeit, ein nußartiges Aroma und die feste Struktur der Gurken werden Sie begeistern.

Italienischer Gurkensalat

Vorspeise für 4, Beilage für 8 Personen:

3 kleine Gemüsegurken zu je ca. 200 g, Salz, Pfeffer aus der Mühle, 100 g entkernte schwarze Oliven, 1 Bund frisches Basilikum, 1 – 4 Knoblauchzehen nach Geschmack, 2 EL Rotweinessig (6 % Säure), 4 EL Olivenöl extra vergine

1. Gurken in etwa 2 cm große Würfel schneiden (geschält und entkernt natürlich) und mit Salz bestreuen.
2. Nach einer halben Stunde das Wasser abgießen.
3. Gurkenwürfel mit Pfeffer aus der Mühle würzen, mit Oliven, grob gehacktem Basilikum und fein gewürfelten Knoblauchzehe(n) vermischen, schließlich mit wenig Essig und reichlich Olivenöl umwenden und sofort servieren.

Variante: Statt mit Basilikum mit Pfefferminze, römischer Minze oder frischem Oregano (ganze Blätter) würzen. Für wenig vegetarisch ausgerichtete Gäste gewürfelten gekochten Schinken oder Brathuhn untermischen.

Französischer Gurkensalat

Vorspeise für 4, Beilage für 8 Personen:

3 kleine Gemüsegurken zu je ca. 200 g, Salz, Pfeffer aus der Mühle, 2 EL Rotweinessig, 2 gehäufte EL scharfer

1. Die Gurken behandeln wie im vorstehenden Rezept.
2. Die Sauce getrennt anrühren mit Rotweinessig und Senf. Die Knoblauchzehen durch die Presse hineindrücken.
3. Cremig aufschlagen mit Olivenöl und über die ebenmäßig auf einer Platte angerichteten Gurkenscheiben gießen.

Varianten: Nach Belieben auch noch mit einer oder zwei gehackten Fleischtomaten bestreuen. Würzen mit Basilikum oder Estragon. Oder alle Zutaten für die Sauce mit etwas frischer Fenchelknolle oder Stangensellerie im Mixer aufschlagen!

Dijon-Senf, 2 Knoblauchzehen, 5 EL aromatisches Olivenöl extra vergine aus der Provence

Normannischer Gurkensalat

Vorspeise für 4, Beilage für 8 Personen:

3 kleine Gemüsegurken zu je ca. 200 g oder 1 Salatgurke, Salz, Pfeffer aus der Mühle, 3 EL Apfelessig, 1 EL Honig (vorzugsweise Apfelblütenhonig), 5 EL Crème fraîche

1. Gemüsegurken behandeln wie im Rezept Italienischer Gurkensalat (siehe oben), Salatgurke so schälen, daß immer wieder Schalenstreifen stehenbleiben – das sieht hübsch aus; in dünne Scheiben hobeln.
2. Dressing aus Pfeffer, Essig, Honig und Crème fraîche rühren, und darübergießen. Gut mischen und bald servieren.

Variante: Mit Thymianblüten, Pimpinelle, Kerbel, Zitronenmelisse oder Minze würzen. Schmeckt sowohl zu gebratenem Fisch wie auch zu hellem Fleisch.

Dänischer Gurkensalat

Beilage für 4 Personen:

1 Salatgurke, 3 EL milder Wein- oder Obstessig, 1 bis 2 EL Zucker nach Geschmack, 1 gute Prise Salz, Pfeffer aus der Mühle, 1 großes oder 2 normale Bund Dill

1. Hierzu schneidet man die Gurke mit der Schale in hauchdünne Scheiben und wendet sie in Essig und Zucker.
2. Nach 10 Minuten wird mäßig gesalzen. Nach einer halben Stunde hat die Gurke dann viel Flüssigkeit abgegeben, doch wird diese nun nicht weggeschüttet.
3. Pfeffern und vor dem Servieren eine riesige Portion frisch gehackten Dill untermischen.

Variante: Mit gemahlenem Koriander würzen. Eventuell auch etwas Öl hinzufügen – aber nötig ist das nicht, denn Essig und Zucker geben eine pikante Süße, die bestens zu Schweinebraten oder zu Buletten paßt.

Gurkengemüse

Wir lieben dieses fruchtige, knackig-zarte Gemüse, allerdings nicht in der Version, die man in Berliner Restaurants an der Havel bekommt, wo es als berlinische Spezialität gilt: Glasig-weiche, an manchen Stellen geradezu matschige, dann aber doch wieder nicht richtig gare Stücke, die in einer weißen, mehligen Sauce schwimmen. Unser Gurkengemüse schmeckt köstlich!

Für 4 Personen:

2 schön reife, gelbe Gemüsegurken (1 kg), 50 g Butter oder 3 EL Olivenöl extra, Salz, Pfeffer, 4 EL gehackte Kräuter (Dill, Schnittlauch, Estragon, Kerbel oder Basilikum), Pfeffer aus der Mühle, 1 Messerspitze Cayennepfeffer

1. Die Gurken schälen, halbieren und entkernen, dann quer in Streifen oder in gleichmäßige Würfel schneiden. Falls die Gurken sehr reif und fest, womöglich sogar etwas bitter sind, empfiehlt es sich, sie in Salzwasser zu blanchieren. Eiskalt abschrecken und abtropfen lassen – sind sie noch grün und zart, so erübrigt sich das.
2. Die Gurkenstücke nur in Butter (oder Olivenöl) schwenken, dabei salzen und pfeffern. Zudecken, etwa 15 (zarte Gurken) bis 45 Minuten (feste Gemüsegurken) ganz leise im eigenen Saft schmurgeln lassen. Erst dann mit Kräutern würzen und mit einer Spur Cayennepfeffer leicht scharf abschmecken.
3. Das Gurkengemüse schmeckt köstlich zu allen Braten, zu Steaks und Schnitzeln, ist aber auch ein erfrischender Begleiter zu gebratenem wie gekochtem oder gedämpftem Fisch.

Varianten: Ein paar Spritzer von gutem Essig oder Weißwein angießen und diesen verkochen lassen. Mit einem kräftigen Fond (Geflügel, Kalb, Fisch, Wild – je nachdem, wozu das Gemüse serviert wird) eine konsistentere Sauce herstellen.
Oder: zum Schluß mit süßer Sahne oder Crème fraîche (nur bei Verwendung von Butter) anreichern, dann auch mit gehackten Schalotten oder Knoblauch aromatisieren, bei Verwendung von Olivenöl lieber mit Tomaten-, Kartoffel- oder Olivenpüree binden.

Gurkenpüree

Hierzu brauchen Sie unbedingt ganz feste, sehr reife Gemüsegurken, sonst wird die Sache leicht unangenehm glasig und vor allem wäßrig!

1. Gurken schälen, entkernen und in winzigkleine Würfel schneiden oder einfach in der Küchenmaschine oder auf dem Hobel raspeln. Die Kartoffeln grob würfeln.
2. In einer Kasserolle 40 Gramm Butter zerlassen, die Gurken darin andünsten, bis sie trocken zu werden beginnen. Dann die Kartoffelstücke zufügen, mit der Brühe aufgießen, würzen und zudecken. Auf großer Flamme heftig kochen – die Flüssigkeit soll dabei einkochen, bis nur noch ein kleiner Rest vorhanden ist, der das Anbrennen verhindert. Eventuell immer wieder etwas Brühe nachgießen.
3. Nach 15 bis 20 Minuten durch ein feines Sieb treiben. Glattrühren und unter ständigem Rühren (Vorsicht: es spritzt!) wieder erwärmen, eventuell etwas einkochen.
4. Mit der restlichen Butter und Crème fraîche aufschlagen. Abschmecken.
5. Mit Kerbel bestreut servieren. Paßt zu allen Braten, besonders zu Lamm.

Für 4 Personen:

2 große, feste Gurken (ca. 1,5 kg = 750 g Fruchtfleisch, geschält, ohne Kerne), 350 g mehligkochende Kartoffeln (geschält gewogen), 80 g Butter, ¼ l kräftige Fleischbrühe, Salz, Pfeffer, etwas gemahlener Piment, 2 EL Crème fraîche, ein Kerbelsträußchen

Ungarisches Kürbisgemüse

1. Die Zwiebel und Knoblauchzehen schälen und fein würfeln. Im heißen Schmalz in einem ausreichend großen Topf andünsten.
2. Das Kürbisfleisch auf der Gemüsereibe nicht zu fein raffeln. Zu den Zwiebeln geben und einige Minuten mitdünsten.
3. Das Paprikapulver darüberstäuben, sorgfältig untermischen, so daß das gesamte Gemüse davon rötlich eingefärbt ist. Mit Zucker, Salz und Pfeffer würzen. Schließlich mit Essig ablöschen.
4. Die Brühe angießen. Das Gemüse jetzt zugedeckt auf kleinem Feuer 10 bis 20 Minuten dünsten, bis es weich ist, aber noch Biß hat.
5. Gehackten Dill unterrühren und nach Belieben mit Rosenpaprika nachschärfen.

Für 4 Personen:

1 große Zwiebel, 2–3 Knoblauchzehen, 2 EL Schweineschmalz, ca. 1 kg Kürbisfleisch, 1–2 EL milder Delikateßpaprika, 1 TL Zucker, Salz, Pfeffer, 3 EL Essig, ca. ¼ l Fleisch- oder Geflügelbrühe, Dill, Rosenpaprika (scharf)

Kürbisgemüse schmeckt zu allem Kurzgebratenem: Steaks, Koteletts, Schnitzel oder Würsten.

Kürbis im Kürbis

Es handelt sich nicht einfach um die in einen ausgehöhlten Kürbis eingefüllte Suppe, sondern um eine gehaltvollere Sache, geradezu ein Eintopf, der sehr verblüffend ist.

Für 8 – 10 Personen:

1 großer Hokkaido-Kürbis, 1 TL Salz, 10 Pfefferbeeren, 2 Pimenkörner, 1/2 TL Senfkörner, 1 Stück Macis (Muskatblüte), 1 getrocknete Chilischote oder 1 Msp Cayennepfeffer, 1 Kastenweißbrot vom Vortag, 300 g Fontinakäse in dünnen Scheiben, 1/4 l Sahne, Petersilie

Dem Kürbis eine Kappe abschneiden. Mit einem Löffel die Kerne und sämtliche Fasern herausholen, das Fleisch intakt lassen. Alle Gewürze im Mörser zu feinem Pulver zerreiben, mit einem Teil davon den Kürbis ausstreuen.
Das Brot in dünne Scheiben schneiden, auf einem Blech ausbreiten und im 200 Grad heißen Ofen rösten. Den Käse auf der Maschine ebenfalls in dünne Scheiben schneiden. Brot und Käse abwechselnd in den Kürbis schichten, immer wieder einen Hauch Gewürzmischung darüber streuen. Auch die Petersilie, sehr fein gehackt, dazwischenstreuen.
Sobald der Kürbis gefüllt ist, alles mit Sahne tränken. Den Deckel wieder aufsetzen. Damit er nicht kippen kann, den Kürbis auf ein Bett aus grobem Salz setzen oder auf einen Sockel von zerknüllter Alufolie betten. Für 2 Stunden ins 200 Grad heiße Backrohr stellen. Jetzt den Deckel heben, den Kürbisinhalt mit einer Gabel gründlich verrühren. Vorsichtig, damit die Schale kein Loch bekommt und die »Suppenschüssel« unversehrt bleibt.

Steirische Kürbiscremesuppe

Für 4 – 6 Personen:

800 g Kürbisfleisch (ohne Schale und Kerne gewogen), 1 Zwiebel, 2 Knoblauchzehen, 2 EL Butter, 1/2 l Brühe, 1/2 TL Kümmel, 1 TL getrockneter Majoran, Salz, Pfeffer, 200 g Sauerrahm, 1 Bund Schnittlauch, Kürbiskernöl

Man nimmt dafür eigentlich den gelbfleischigen steirischen Kürbis, aus dessen Kernen man das wundervolle, dunkle, nußduftende Kürbiskernöl gewinnt, aber natürlich können Sie auch den festfleischigen Muskatkürbis verwenden oder den dünnschaligen Hokkaidokürbis.

1. Das Kürbisfleisch würfeln, mit gehackter Zwiebel und durchgepreßtem Knoblauch in der heißen Butter andünsten. Mit Brühe auffüllen, Kümmel, Majoran, Salz und Pfeffer zufügen. Zugedeckt eine halbe Stunde weich köcheln.

2. Den Rahm angießen und aufkochen. Schließlich alles mit dem Mixstab pürieren, weitere 2 Minuten leise köcheln und noch einmal abschmecken.
3. Vor dem Servieren noch einmal aufmixen, damit die Suppe schön luftig wird. Feine Ringe von Frühlingszwiebelgrün auf die Oberfläche streuen, mit Kürbiskernöl beträufeln, eventuell sogar Tupfen von Crème fraîche setzen und mit einer Gabel dekorative Schleifen ziehen.

Kürbisgemüse mit Kalbsleberschnitten

Für 4 Personen:

600 g Kürbisfleisch, 2 EL neutrales Öl, 1 Zwiebel, 1 TL gehackter Knoblauch, 1–2 rote Chilischoten, Salz, Pfeffer, Zucker, 2 EL Apfelessig, Dill

KALBSLEBERSCHNITTEN: 4 schöne, mindestens 2 cm dicke Scheiben Kalbsleber, Mehl zum Wenden, Pfeffer, 3 EL Öl, 1 TL Sesamöl, 2 getrocknete Chilischoten, 4 am Vortag gekochte Kartoffeln

1. Das Kürbisfleisch auf der groben Reibe raffeln. Im heißen Öl rasch unter Rühren etwa 5 Minuten anbraten, dabei unermüdlich in Bewegung halten.
2. Die feingewürfelte Zwiebel und den Knoblauch zufügen, und die Chilis mit oder ohne Kerne (darin steckt die meiste Schärfe) feingewürfelt zufügen, sofort auch salzen und pfeffern und mit Zucker würzen, schließlich den Essig angießen.
3. Zugedeckt 5 Minuten durchziehen lassen. Zum Schluß feingeschnittenen Dill unterrühren.
4. Die Kalbsleberschnitten von Häuten und Sehnen säubern, dann in Mehl wenden, alles überschüssige Mehl abschütteln.
5. In reichlich Öl schwimmend, das mit Sesamöl und Chilis gewürzt ist, auf beiden Seiten nicht länger als jeweils 1 Minute kräftig braten. Herausheben und zum Nachziehen auf einen vorgewärmten Teller legen.
6. Im verbliebenen Bratfett die in Scheiben geschnittenen Kartoffeln langsam goldbraun rösten.
   Die Leberschnitten auf Tellern anrichten, mit Kürbisgemüse und den goldenen Kartoffelscheiben sofort servieren.

Zwiebel, Lauch und Knoblauch

Zwiebeln vom Blech

Dazu paßt ein großkrumiges Weiß- oder Fladenbrot und ein voller, nicht ganz trockener oder wenigstens säurearmer Weißwein, zum Beispiel aus Sizilien.

Für 10 Personen:

10 möglichst große, weiße oder rote Zwiebeln, etwa 1/8 l Olivenöl, Salz, 2–3 EL Pinienkerne, 2–3 EL in Marsala eingeweichte Rosinen, Pfeffer

Ein Super-Partyessen, weil es recht ungewöhnlich ist, jedem schmeckt und nur wenig Arbeit macht. In Sizilien kann man die süß-aromatischen roten Zwiebeln auf Märkten zum Aus-der-Hand-Essen kaufen.

1. Die nur von den trockenen Schalen befreiten Zwiebeln ganz dicht nebeneinander in eine feuerfeste Bratenform setzen. Gleichmäßig mit Olivenöl übergießen und salzen.
2. Die Form in den 180 Grad heißen Ofen stellen. Nach etwa ½ Stunde die Pinienkerne und tropfnassen Rosinen zwischen die Zwiebeln streuen und beherzt pfeffern.
3. Für eine weitere Stunde in den Ofen schieben, die Hitze jedoch auf 140 Grad herunterschalten.

Die Zwiebeln können ruhig noch bis zu 2 Stunden im ausgeschalteten Ofen bleiben. Sie sollen schmelzend zart werden, so daß man sie mit dem Löffel essen oder aufs Brot streichen kann. Besonders gut zu Ciabatta oder Puglieser Brot aus Hartweizen. Leider geht bei den roten Zwiebeln die schöne Farbe verloren.

Gefüllte Zwiebeln

Für 4 Personen:

FÜLLUNG:
250 g gepökelter, aber ungeräucherter (!) Schweinebauch, 250 g Brät für grobe Bratwurst, 250 g gekochter Reis, 1 Bund Petersilie, 2 Schalotten, 4–6 Knoblauchzehen, 4 EL Öl, Salz, Pfeffer, 1 Ei, 3 EL Semmelbrösel

1. Den Schweinebauch durch den Fleischwolf drehen, mit dem Brät und Reis mischen. Die feingehackte Petersilie, Schalotten und Knoblauch in einem Eßlöffel Öl andünsten. Etwas ausgekühlt mit dem Ei und den Gewürzen unter den Fleischteig mischen. Sehr würzig abschmecken.
2. Die geschälten Zwiebeln aushöhlen. Einen intakten Rand von ein bis zwei Zwiebelhäuten stehenlassen. Das ausgelöste Zwiebelfleisch feingehackt unter die Farce mischen.

3. Die Masse in die Gemüse verteilen, diese in eine feuerfeste Form setzen. Mit Semmelbröseln bestreuen und mit Öl beträufeln. Etwa 40 bis 60 Minuten bei 200 Grad schmoren, bis alles brutzelt und gar geworden ist.

AUSSERDEM:
6 Gemüsezwiebeln zum Füllen

Zwiebeln mit thaiwürziger Füllung

Passen als Beilage zu gebratenem oder gebackenem Fisch oder zu gekochtem Fleisch. Oder sind, mit einem Salat, eine ganze kleine Mahlzeit, die sich überdies gut vorbereiten läßt.

Für 4 Personen:

4 große Gemüsezwiebeln, ca. 250g Champignons, 1 Zitrone, ½ Dose Kokossahne, 1 kleines Bund Thaibasilikum, 1 Stengel Zitronengras, 2–3 Knoblauchzehen, 1 TL rote Currypaste, 125 g gekochter Reis, Salz, Pfeffer

1. Zwiebeln schälen. das obere Viertel quer als Kappe abschneiden, mit einem spitzen Messer die inneren Zwiebelhüllen kreuz und quer einschneiden, dabei jedoch die zwei äußeren Schalen unversehrt lassen. Das Innere herauslösen und fein hacken.
2. Die Champignons waschen, putzen und klein schneiden. In Zitronensaft wenden, damit sie nicht dunkel anlaufen.
3. Die Schale eines Zitronenviertels abreiben. Mit der Kokossahne verrühren. Basilikumblätter von den Stielen zupfen. Den hellen Teil des Zitronengrases in haarfeine Scheibchen schneiden. Die Knoblauchzehen schälen und fein würfeln.
4. Das Zwiebelinnere mit den vorbereiteten Zutaten, Currypaste und Reis vermischen. Mit Salz und Pfeffer abschmecken. In die Zwiebeln füllen und diese in eine feuerfeste Form setzen. Etwas Wasser angießen und die Zwiebeln bei 220 Grad etwa 40 Minuten backen.

Zwiebeln mit Lamm-Spinat-Füllung

Für 4 Personen:

4 große Gemüsezwiebeln, 250 g schieres Lammfleisch (etwas durchwachsen, aber nicht zu fett), 2–4 Knoblauchzehen, 2 EL Öl, 1 Südweinglas Rotwein, nach Belieben ein Schuß Aceto balsamico, 250 g Blattspinat, Salz, 3 EL geriebener Parmesan, Pfeffer, 8 Anchovisfilets

1. Zwiebeln vorbereiten, wie im Rezept mit thaiwürziger Füllung angegeben. Zwiebelinneres hacken.
2. Das Lammfleisch fein schnetzeln, mit den Zwiebeln und geachtelten Knoblauchzehen in heißem Öl kroß braten. Mit Rotwein ablöschen, fast vollkommen verkochen lassen. Nach Belieben mit dem würzigen Essig aromatisieren, abkühlen lassen.
3. Spinat waschen und in kochendem Salzwasser zusammenfallen lassen. Abschrecken, abtropfen lassen und gut ausdrücken. Dann locker verzupfen, mit Parmesankäse, Pfeffer und dem Lammfleisch vermischen.
4. In die Zwiebeln füllen und diese in eine feuerfeste Form setzen. Füllung kreuzförmig mit Anchovisfilets belegen. Form lose mit Alufolie abdecken, im 200 Grad heißen Ofen etwa 45 Minuten backen.

Tip: Anstelle von Spinat den würzigeren Mangold oder Rote-Rüben-Blätter nehmen.

Lauchgemüse mit Äpfeln und Sonnenblumenkernen

Für 4 Personen:

500 g möglichst gleich starke Lauchstangen, ca. 500 g Äpfel (zum Beispiel Jonathan oder Ingrid Marie), 3 EL Butter, Salz, Pfeffer, 1 Prise gemahlener Pfeffer, 1 Prise gemahlener Kreuzkümmel, ca. ⅛ l Hühner- oder Gemüsebrühe, 3 EL Sonnenblumenkerne

Schmeckt zu jeglichem kurzgebratenen Fleisch, also Schnitzel oder Koteletts. Dazu paßt außerdem ein Kartoffelpüree, das wir in diesem Fall gern mit reichlich Schnittlauch vermischen.

1. Lauch sorgfältig putzen, beschädigte oder gar welke Blätter entfernen, die Stangen aufschlitzen und gründlich auswaschen. Schließlich schräg in schmale Scheiben schneiden.
2. Die Äpfel schälen, vierteln, vom Kerngehäuse befreien und längs in dünne Spalten aufschneiden. Lauch und Apfelstücke in 2 Eßlöffel Butter andünsten, etwas salzen, pfeffern und mit Kreuzkümmel bestäuben. Mit Brühe ablöschen und ohne Deckel einige Minuten köcheln.

3. Inzwischen in einem kleinen Pfännchen in der restlichen Butter die Sonnenblumenkerne anrösten und über das Gemüse streuen.

Lauchgratin

Wer Lauch (Porree) als ganze Stange gratinieren will, wie man das in der Schweiz gerne macht, braucht eine rechteckige Form, die groß genug ist, die Stangen aufzunehmen. Außerdem benötigt man jungen, zarten Sommerlauch. Den kräftigeren, festeren Winterlauch schneidet man lieber in Scheiben, weil das zarte Innere schneller gar ist als die festen Außenhäute. Möglichst exakt und sehr schräg – so sehen die Scheiben hübscher aus. Und dann spielt es keine Rolle, ob die Gratinform rund oder oval ist. Wichtig nur: Die Lauchscheiben müssen so dicht liegen, daß nicht zu viel Sauce dazwischenläuft.
Lauchgratin paßt zu allen Braten, zu Schmorbraten und Wild, besonders gut übrigens auch zu gekochtem Rindfleisch.

Für 4 – 6 Personen:

1,5 kg nicht zu dicke Lauch- (Porree-)stangen, Salz, ca. 1/4 l Milch, 1 gehäufter EL Speisestärke, 1 Tasse Kalbsfond oder konzentrierte Brühe, 100 g Crème fraîche, Muskatnuß, Pfeffer, abgeriebene Zitronenschale, 1 Prise Cayennepfeffer, 1 Spritzer Worcestershire Sauce, Butter für die Auflaufform, 125 g frisch geriebener Emmentaler

1. Den Lauch putzen: das harte, faserige oder welke Grün abschneiden, die Stangen, sollen sie im ganzen verwendet werden, auf die Maße der Form zurechtstutzen. In diesem Falle auch längs aufschlitzen jedoch nur auf einer Seite bis in die Mitte einschneiden, damit man ihre einzelnen Blätter aufbiegen und auswaschen kann. Stangen, die in schräge Ringe geschnitten werden, kann man danach waschen.
2. Lauch blanchieren. Ganze Stangen 10 Minuten in sprudelnd kochendem Salzwasser vorgaren, abtropfen und in Eiswasser abkühlen. Bei Ringen genügen 4 bis 5 Minuten. Durchs Blanchieren verliert sich die Schärfe, doch bleibt die grüne Farbe besser erhalten und die Vitamine werden stabilisiert. Sehr gut abtropfen lassen oder auf Küchenpapier trocknen.
3. Die Milch zum Kochen bringen. Speisestärke mit der Brühe glattquirlen und zugießen. Einige Minuten kochen lassen, bis die Sauce dicklich wird, schließlich die Crème fraîche einrühren. Die Sauce mit Salz, Pfeffer, reichlich Muskat, Zitronenschale, einer ordentlichen Prise Cayennepfeffer und Worcestershire Sauce kräftig abschmecken.

4. Eine feuerfeste Form ausfetten und den Lauch einlegen – die Stangen wieder in Form bringen und dicht an dicht und Kopf bei Fuß einordnen, Ringe gleichmäßig in der Form verteilen. Die Sauce darübergießen und schließlich alles mit geriebenem Käse bestreuen.
5. Den Lauch bei 220 Grad auf der oberen Schiene 25 Minuten überbacken, bis der Käse geschmolzen ist und alles brodelt.

Gegrillte Knoblauchknollen

Schmeckt köstlich zu Steaks, auf gerösteten Brotscheiben und zu gegrilltem Fisch. Der »Duft« ist erstaunlich wenig nachhaltig!

Es klingt verrückt, aber es schmeckt einfach wahnsinnig gut! Wenn wir grillen – egal, ob Fisch, Fleisch oder Gemüse –, dann kommen im Sommer stets ein paar frisch aus dem Garten geholte Knollen darauf!

Jungen, noch feuchten Knoblauch so lange auf den Grill legen, bis die äußeren Häute eingetrocknet und fast völlig verbrannt sind und Blasen werfen. Das weiche, pastengleiche Innere kann man nun leicht herauspressen oder -schaben.

Pilze

Wir lieben Pilze und sammeln sie leidenschaftlich gerne. Aber dürfen wir den kulinarischen Wert dieser, poetisch ausgedrückt, »Früchte des Waldes« unterstreichen? In einer Zeit, in der in den Bayerischen Wald ganze Omnibusladungen von Pilzsammlern gekarrt werden, in der im Südschwarzwald absolute Sammelverbote erlassen werden mußten? Wir finden: ja! Denn wir denken doch, daß Sie sich an die gesetzlichen Beschränkungen halten und nur die Pilze mitnehmen, die Sie auch kennen und mit Vergnügen verwerten.

Pilze sind, schon die alten Griechen wußten das, sehr wetterwendisch. Einst waren sie dem Donnergott Zeus geweiht – und das war gar nicht schlecht beobachtet: Nach einer heißen Zeit und einem Gewitterregen sprießen sie am besten. Der Boden muß warm und feucht sein, wenn sie in Mengen auftauchen sollen. Aber nicht in jedem Jahr spielt das Wetter mit – Pilze sind eine Laune der Natur.

Wie verschiedene Gemüsesorten eine unterschiedliche Behandlung verlangen, so sollten auch Pilze auf verschiedene Weise zubereitet werden, um jeweils ihre vollen Tugenden zu entwickeln. Besonders würzig, eben pfeffrig, schmecken *Pfifferlinge* oder Reherl, mancherorts wegen ihrer Farbe auch Eierschwämme genannt. Schon eine geringe Menge dieser köstlichen Pilze reicht aus, um eine Sauce zu einem besonderen Genuß werden zu lassen oder ein Rührei zu parfümieren. Die kleinen, noch festen, gerundeten Exemplare schmecken besser als die großen, feuchten, trichterförmigen Gebilde, die man häufig aus den osteuropäischen Ländern importiert.

Die Pilze werden sauber geputzt und in Butter, einem Gemisch aus Butter und Olivenöl oder purem Olivenöl angebraten, zusammen mit fein gehackter Schalotte, nach Belieben auch mit ein wenig Knoblauch, der sich sehr gut mit dem Aroma fast aller Pilze verträgt. Nach einigen Minuten gibt man dann die Gewürze, also Salz, gehackte Petersilie oder andere Kräuter, einen Schuß Weißwein, Vermouth, Sherry, Marsala oder Portwein dazu, nach Belieben auch ein wenig Sahne. Fertig. Das Ganze dauert nicht länger als zehn Minuten! Auch *frische Morcheln* bereiten wir so zu, am liebsten ohne Sahne!

Wenn die Pilze keine Feuchtigkeit mehr abgeben, sind sie meistens schon gar – längere Brat- oder Kochzeit macht sie nur zäh und schwer verdaulich. Pilze leiden ja sehr unter dem Ruf, kein leichtes Gericht zu sein. Was nur daher kommt, daß man sie viel zu lange kocht. Dabei gerinnen die Eiweißstoffe, an welchen die Pilze ja reich sind, und können kaum mehr aufgeschlossen werden. Andererseits kann man Pfifferlinge, Steinpilze, Champignons und natürlich weiße Trüffeln roh verspeisen und wird keine Beschwerden haben, wenn man über einen normal funktionierenden Magen verfügt.

Niemals sollte man Pilze waschen, wenn es irgend zu vermeiden ist. Erscheint es unumgänglich (vor allem Morcheln, Pfifferlinge und Herbsttrompeten können sehr sandig sein), sie nur rasch

abbrausen und sofort wieder gut trocknen (Küchenpapier). Denn Pilze nehmen sehr schnell Wasser an, werden schleimig und lassen sich dann längst nicht mehr so gut zubereiten! Vorsichtiges Entfernen von aller Erde schon beim Sammeln ist von Vorteil, auch sollten Sie bereits im Wald alle wurmigen Stellen abschneiden. Zu Hause wird dann noch einmal nachkontrolliert, werden auch die harten Teile der Stiele, eine eventuell schleimige Haut und die Röhren von größeren Pilzen entfernt. Dies gilt für *Steinpilze* wie für alle anderen Röhrlinge – also *Maronen, Birkenpilze, Rotkappen, Ziegenlippen.*
Bei der Zubereitung sollten Sie stets dem Feuchtigkeitsgehalt der Pilze besondere Aufmerksamkeit schenken: Hat es geregnet, als sie schon heraußen waren, dann schneiden Sie die Pilze klein und braten Sie sie zunächst ohne Fett unbedeckt in einer Pfanne, bis kaum noch Wasser heraustritt. Dann erst Olivenöl oder Butter zufügen, würzen und den Deckel auflegen, damit noch ein klein wenig Saft für die Sauce entsteht.
Auch gut: Ganze Hüte einfach in einer beschichteten Pfanne braten, wobei es sich empfiehlt, die Pilze vorher in Mehl zu wenden und danach gut abzuklopfen, damit auf der einen Seite so wenig Mehl wie nur eben möglich an den Pilzen haftet, das wenige Mehl aber verhindert, daß die Hüte an der Pfanne festbraten.
Oder, wie üblich, die Pilze in Scheibchen schneiden und mit feingehackter Zwiebel in einem Topf andünsten. Sind sie schön trocken, recht bald den Deckel auflegen, damit die Pilze etwas Saft ziehen und sich eine Sauce bilden kann. Würzen mit Salz, Pfeffer, eventuell etwas Knoblauch, nach Belieben einem Hauch Muskatnuß oder Katzenminze und mit viel Petersilie, die zu allen Pilzarten paßt. Zum Schluß erst rührt man die Sahne ein und läßt sie noch einmal aufwallen und sich mit der Pilzsauce verbinden.
Reizker, Schirmpilze und *Täublinge* dagegen schmecken uns besser, wenn sie ganz trocken gebraten werden. Auch sie dünn mehlieren, dann in Butter oder Olivenöl braten. Vorsicht: Schirmpilze brauchen eine unglaubliche Menge davon, schmecken aber um so köstlicher.
In den Gegenden, wo es keine Pferde mehr gibt, sind die *Wiesenchampignons* rar geworden. Ein Jammer, denn sie haben doch ein viel besseres Aroma als ihre gezüchteten Nachkommen. Schon ein Champignon kann ein Ragout oder einen Eintopf total verändern. Und wenn man einmal Wiesenchampignons »satt« gegessen hat, wird man das sein Leben lang nicht vergessen.

Totentrompeten nennen wir nicht so – das ist uns zu unfreundlich für diesen köstlichen, stark unterschätzten Pilz: *Herbsttrompeten* klingt doch viel freundlicher! In Frankreich – wo man für diese Pilze genausoviel bezahlt wie für Steinpilze – ist man von *trompettes de la mort* zu *trompettes des Maures* übergegangen. Dieser schwarze, trompetenförmige Pilz schmeckt herrlich würzig und ist einer der besten Vorräte für den Winter. Denn er trocknet ausgezeichnet und teilt schon in kleinen Dosen seine herzhaft-erdige Würze mit. Ansonsten wie Pfifferlinge zubereiten, am besten mit Sahne.
Köstlich – aber nur für Kenner als Sammelpilz zu empfehlen, weil er so leicht mit dem giftigen Pantherpilz verwechselt werden kann – schmeckt der frühsommerliche *Perlpilz:* Zart und fast sahnig, am besten mit Schalotten in Sahnesauce. Ebenso junge *Schopftintlinge,* die man manchmal bis in den November hinein unter Bäumen, auf verdichtetem Neubaugelände, selbst auf gepflegten Rasenflächen finden kann.
Selten leider entdeckt man die *Krause Glucke,* einen schwammförmigen Pilz, der im Alter zum Zähwerden neigt, der kurz gedünstet – und dann nach Belieben zur Suppe aufgegossen – einer der köstlichsten Pilze überhaupt ist.
Pilze sind längst nicht so verderblich, wie immer wieder behauptet wird. Wenn Sie Pilzreste einen Tag im Kühlschrank aufheben wollen, so können Sie dies ohne jede Gefahr tun. Die Angst vor Vergiftungen stammt schließlich aus einer Zeit, in der man nur Eisentöpfe und keinen Kühlschrank zur Verfügung hatte. In Edelstahl- oder emaillierten Töpfen und Plastikbehältern besteht keine Gefahr, wenn Sie die Pilze sofort nach dem Abkühlen in den Kühlschrank stellen. Freilich, Pilze verderben rasch, weil sie ein zartes Gewebe haben, viel Wasser enthalten und, wie schon gesagt, viel Eiweiß, das ja bekanntlich rasch verdirbt. Aber einen Fisch läßt man ja auch nicht einen Tag im Warmen liegen!

Pilze einfrieren

Das geht prima! Halten Sie sich jedoch nicht an das, was in den meisten Pilzbüchern steht (es gibt rühmliche Ausnahmen). Fast immer wird nämlich vorgeschrieben, die Pilze vor dem Einfrieren zu blanchieren. Das ist ein Fehler, denn dabei gehen die wertvollen Eiweißstoffe (als riesige Schaummassen), Mineralien und Spurenelemente verloren. Deshalb die Pilzsorten, die für Ragouts, also zur Dünsten und Kochen, geeignet sind, stets putzen, blättrig schneiden und in der trockenen Pfanne zusammenfallen lassen, bis alles Wasser herausgebraten ist. Abkühlen lassen, verpacken und ganz normal einfrieren – so nehmen die Pilze auch am wenigsten Platz weg. Sind die Pilze ganz trocken und festfleischig, können Sie sie sehr gut auch roh einfrieren, vorzugsweise schon fertig geschnitten und portioniert. Schöne kleine Exemplare kann man sogar ganz lassen. Reste von Pilzgerichten können Sie ebenso nach dem Abkühlen bedenkenlos einfrieren – sie sollten aber relativ schnell gegessen werden, weil das für die Zubereitung verwendete Fett nach einiger Zeit geschmackliche Veränderungen erleidet. Man kann rohe Mischpilze auch durch den Fleischwolf drehen und ohne weitere Zugabe dicklich einkochen. Dieses Konzentrat hält sich ausgezeichnet, paßt auch für Mischpilze und kann in großen Plastikdosen oder im Eiswürfelbehälter eingefroren werden. Mit solchen Würfeln kann man Saucen, Suppen, Eintöpfe und Fonds würzen.

Pilze trocknen

Am besten eignen sich hierzu die Röhrlinge. Nur makellose Pilze werden geputzt, von den schwammigen Röhren befreit und in Scheiben geschnitten. Diese kann man entweder auf einer Schnur aufziehen und an einem luftigen, trockenen und schattigen Ort trocknen. Oder man legt sie auf ein Blech und trocknet sie im Ofen bei geöffneter Tür und der niedrigsten Einstellung des Herdes (nur südlich der Alpen kann man die Pilze in der Sonne trocknen – hierzulande ist sie nicht stark genug und die Luft ist zu feucht). Ebenso werden gereinigte Totentrompeten getrocknet, auch andere Pilzsorten, wenn man sie nur zum Würzen eines Fonds oder einer Brühe, nicht aber zum Essen verwenden will – sehr gut zum Beispiel Morcheln oder der sonst wertlose *Habichtspilz*. Wichtig: die Pilze vor dem Trocknen nicht waschen, sonst können sie zu faulen beginnen!

Steinpilze mit Röstkartoffeln

Für 4 Personen:

800–1000 g Steinpilze, 4–6 Knoblauchzehen, 50 g Butter, Petersilie, Salz, Pfeffer

RÖSTKARTOFFELN:
1 kg frisch gekochte Kartoffeln, 100 g Butter, Salz, Pfeffer

1. Die Pilze sorgfältig putzen, dicke Schwämme und wurmige Stellen wegschneiden. Die Pilze möglichst nicht waschen, weil sie sonst Wasser aufsaugen – in jedem Falle nur kurz abbrausen und gleich abtrocknen. In Scheiben schneiden.
2. In trockene, große Pfanne breiten, auf starkem Feuer so lange ohne Fett braten, bis alles ausgetretene Wasser verkocht ist.
3. Inzwischen den Knoblauch schälen und winzig klein würfeln. Erst über die Pilze streuen, wenn die Pfanne wieder trocken ist; jetzt auch die Butter und die gehackte Petersilie zufügen, salzen und pfeffern. Gründlich durchschwenken, bis alle Pilze von Butter überzogen glänzen.
4. Zum Rösten müssen die Kartoffeln wirklich frisch gekocht sein: Noch heiß pellen, in einer großen Pfanne mit der Bratschaufel zerdrücken, dabei flöckchenweise die Butter zufügen. Salzen, pfeffern und langsam unter gelegentlichem Wenden und Drehen golden und kroß braten.
5. Steinpilze und Kartoffeln mischen und heiß servieren.

Tip: Auf diese Weise kann man auch Mischpilze, Maronen, Rotkappen, sogar Reizker oder Champignons zubereiten.

Dazu paßt gut gekräuterter Salat und Bier oder lebendiger trockener Weißwein, z. B. ein Riesling Kabinett vom Juliusspital in Würzburg.

Steinpilz im Kastanienblatt

1. Den Steinpilz sauber wischen, jedoch den Schwamm nicht wegschneiden. Den Hut mit Öl einpinseln, mit dem Schwamm nach oben auf ein Bett von Kastanienblättern legen, großzügig mit Öl beträufeln und salzen.

Pro Person:

1 makellos schöner, mindestens 10 cm großer Steinpilzhut, Olivenöl, Salz, Edelkastanienblätter

2. Die Blätter so zusammenfalten, daß der Steinpilz völlig davon umhüllt ist. In Topf oder feuerfeste Form betten, mit einem Deckel verschließen und für 30 bis 50 Minuten (je nach Größe!) in den 250 Grad heißen Backofen stellen.
3. Im Topf auf den Tisch bringen und erst am Tisch den Deckel abheben – so daß ein betörender Duft entströmt.

Den Steinpilzhut aus den Blättern packen und mit allem Saft, der sich in Blättern und Topf gesammelt hat, übergießen. Nur ein köstliches, saugfähiges Weißbrot dazu reichen. Und einen großen, vollen Weißwein: Meursault, Montrachet oder auch einen Elsässer Tokai oder Riesling Grand Cru.

Dieses Rezept haben wir von Alain Ducasse aus dem Louis XV in Monaco mitgenommen: so einfach, daß es genial ist!

Pfifferlinge mit Petersilie

Für 4 Personen:

1 kg frische Pfifferlinge, 1 Zwiebel, 40 g Butter, 1 Bund glattblättrige Petersilie, Salz, Pfeffer

1. Die Pfifferlinge putzen. Kleine Exemplare ganz lassen, größere halbieren oder sogar vierteln.
2. In einer großen Pfanne auf mittlerem Feuer die feingeschnittene Zwiebel in der Hälfte der heißen Butter weich dünsten, nicht bräunen. Die Hälfte der feingehackten Petersilie zufügen und kurz mitdünsten. Erst jetzt die Pilze zufügen.
3. Einige Minuten unter ständigem Wenden dünsten, salzen und pfeffern. Die restliche Petersilie und Butter ganz zum Schluß zufügen und unterschwenken.

Auf diese Weise zubereitet, lassen sich die Pfifferlinge vielfältig weiterverwenden – zum Beispiel in einem Omelett. Oder mit ¼ Liter süßer Sahne oder Crème fraîche angereichert als Beilage zu Semmelknödeln. Oder mit einem Schuß trockenem Vermouth Noilly Prat abgelöscht zu Fisch. Oder mit einem guten Schuß Portwein oder Madeira angegossen zu Fleisch jeglicher Art. Man kann sie in Olivenöl dünsten, zusätzlich mit etwas Knoblauch würzen, statt Petersilie Basilikum oder Kerbel nehmen, mit Chili schärfen und mit Ingwer aromatisieren.

Der Phantasie sind kaum Grenzen gesetzt, und statt Pfifferlingen können Sie nach diesem Grundrezept alle Arten von Pilzen verarbeiten.

Frische gefüllte Morcheln

In manchen Jahren, wenn der Wettergott uns gnädig ist, finden wir Morcheln in den umliegenden Wäldern und mitunter sogar auch mal in unserem eigenen Garten. Ein Frühlingsritual ist bei uns der Spinatpudding mit Morchelsauce (Rezept Seite 470), unser traditionelles Karfreitagsessen. Leider gibt es nicht in jedem Jahr Morcheln, so dass wir oft auf getrocknete zurückgreifen müssen.

Eine sahnemächtige Sache – aber wenn man daran spart, wird die Farce fest und die Sauce matt –, deshalb an der Beilage sparen: Salz- oder Pellkartoffeln und dazu einen trockenen Riesling, vorzugsweise aus der badischen Ortenau trinken.

Für 4 Personen:

300 g Hähnchenfleisch, 1 Ei, 0,4 l süße Sahne, Salz, Macis, ca. 20 makellos schöne, frische Morcheln, 2 Schalotten, 2 EL Butter, 1 Schuß Weißwein, 1 Eigelb, nach Belieben noch 250 g grüne Spargelspitzen

1. Das gut gekühlte Fleisch mit dem Ei im Mixer fein pürieren, nach und nach 0,2 Liter Sahne zufügen und mitmixen. Mit Salz und Macis würzen. Diese Farce mit Hilfe des Spritzbeutels in die sorgfältig geputzten Morcheln füllen.
2. Für die Sauce die feingeschnittenen Schalotten in der Butter andünsten. Die Morcheln zufügen und drei Minuten mitdünsten. Mit Wein ablöschen. Wenn er verkocht ist, die restliche Sahne angießen. Die Morcheln herausfischen und warm stellen.
3. Die Sahne etwas einkochen und dann mit dem Eigelb aufschlagen und durchmixen.
4. Die gefüllten Morcheln auf einem Spiegel von Sauce anrichten, mit den bißfest in Salzwasser gegarten Spargelspitzen hübsch garnieren.

Austernpilze vom Rost

An sich sind wir keine Fans von Austernpilzen, deren Fleischbeschaffenheit oft auf der Grenze zwischen wäßrig, schwammig und zäh anzusiedeln ist. Auf diese Weise zubereitet, finden wir sie aber gar nicht schlecht.

Für 4 Personen:

800 g möglichst größere Austernpilze, frisch gemahlener Pfeffer, einige Zweige Rosmarin, ein paar Knoblauchzehen, Chilischoten, bestes Olivenöl, 2 Zitronen, Salz

1. Die Pilze putzen, von den Stielen und harten Ansätzen befreien. Mit viel Pfeffer, Rosmarin, den halbierten Knoblauchzehen und Chilischoten in reichlich Olivenöl einlegen, 2 Stunden marinieren.

2. Abgetropft auf den heißen Grill legen, während des Grillens mit Hilfe eines Rosmarinzweiges immer wieder einölen. Nicht zu lange grillen – das Innere soll eher nur erwärmt, die Ränder dürfen nicht hart werden oder gar verbrennen.
3. Zum Verspeisen mit Zitronensaft beträufeln und mit Salz bestreuen.

Mischpilz-Ragout mit Semmelknödel

Hierin findet alles Verwendung, was die Pilzsuche erbracht hat. Die Semmelknödel kann man übrigens auch auf Vorrat zubereiten – im Tiefkühler liegen sie dann jeweils parat.

Für 4 – 6 Personen:

PILZRAGOUT:
ca. 1 kg Pilze, 1 bis 2 Zwiebeln (nach Größe), 2 bis 3 Knoblauchzehen (nach Geschmack), 2 EL Butter, Salz, Pfeffer, 200 g süße Sahne, 1 Bund Petersilie, Zitronensaft

SEMMELKNÖDEL:
4 bis 6 (250 g) altbackene Semmeln (vom Vortag), 1/10 bis 1/8 l Milch, 75 g Butter, 3 Eier, 1 Bund Petersilie, Salz, Pfeffer, Muskat

1. Die Pilze putzen und kleinschneiden. Zwiebeln und Knoblauch fein würfeln.
2. Butter in einer großen Pfanne erhitzen. Zuerst die Zwiebel und den Knoblauch darin andünsten, dann die Pilze zufügen und so lange dünsten, bis etwa die Hälfte der ausgetretenen Flüssigkeit verkocht ist.
3. Salzen und pfeffern. Die Sahne angießen und schließlich die feingehackte Petersilie unterrühren. Mit einem Spritzer Zitronensaft abschmecken.
4. Für die Knödel die Semmeln in gleichmäßige kleine Würfel schneiden. Ein Drittel davon in einer Schüssel mit der warmen Milch beträufeln und einweichen. Den Rest in der heißen Butter langsam golden rösten.
5. Eingeweichtes Brot, geröstete Würfel und Eier miteinander mischen, gehackte Petersilie zufügen, die Masse mit Salz, Pfeffer und Muskat würzen.
6. Mit angefeuchteten Händen tennisballgroße Knödel daraus formen. In leise siedendem Salzwasser 20 bis 25 Minuten sanft garziehen lassen. Garprobe: ein Holzstäbchen, das Sie hineinstechen, sollte sich überall gleichmäßig warm anfühlen.
7. Das Pilzragout in tiefen Tellern anrichten, jeweils einen Knödel in die Mitte setzen.

Steinpilz-Paste

Dafür nimmt man ältere oder durch Regen schwammige, ruhig auch nicht ganz madenfreie Steinpilze, die kein schönes Ragout mehr ergeben, aber dafür besonders geschmackvoll sind. Die Paste wird nach Art der toskanischen Crostini auf geröstete Brotscheiben gestrichen, als Häppchen zum Aperitif. Sie ist, vermischt mit heißen Spaghetti, eine herrlich pilzduftende Sauce oder würzt löffelweise Suppen und Saucen.

Für 1 – 2 Vorratsgläser:

300 – 400 g Steinpilze, 1 große Zwiebel, 3 – 4 Knoblauchzehen, 2 EL Butter oder Olivenöl, 1 – 2 Tomaten, einige Petersilien-, Salbei- und/oder Thymianzweige, Salz, Pfeffer, 4 – 5 EL Olivenöl

1. Pilze putzen und kleinschneiden. Zwiebel und Knoblauch hacken. Im heißen Fett andünsten. Geschälte und zerdrückte Tomaten zufügen, ebenso die Kräuterzweige. Sparsam salzen und pfeffern. Zugedeckt eine gut Stunde leise köcheln.
2. Sud abgießen und als Pilzfond für Sauce verwenden. Kräuterstiele entfernen. Die restlichen festen Bestandteile im Mixer zu einer feinen Paste mixen, dabei das Öl hinzufließen lassen.
3. Es entsteht eine cremige Paste. Mit Salz und Pfeffer abschmecken. In Schraubgläser füllen.

Tip: Mindestens ½ Stunde bei 90 Grad stabilisieren!

In den Schraubgläsern hält sich die Paste jedoch nur wenige Tage frisch. Zwei, drei Wochen hält sie sich, wenn man die Paste mit Olivenöl bedeckt und so von Luftkontakt abhält. Monatelang, wenn man sie im Schnellkochtopf sterilisiert oder im Tiefkühlschrank.

Steinpilz-Salat

Die kleinsten Steinpilze, wenn sie absolut makellos sind, ihre Schwämme kaum sichtbar und die Stiele blütenweiß, genießt man am besten roh. Das nussige Steinpilzaroma wird dann durch nichts verdeckt.

Für 2 Personen:

2 – 4 kleine, feste Steinpilze, 2 EL allerbestes Olivenöl, Salz, Pfeffer, 1 – 2 EL Zitronensaft, gehackte Petersilie

1. Die Steinpilze auf einem feinen Hobel – am besten dem Trüffelhobel – in hauchdünne Blättchen schneiden. Dekorativ auf zwei Vorspeisentellern verteilen.
2. Mit Öl beträufeln, salzen, pfeffern und mit Zitronensaft besprenkeln. Dann feinst gehackte Petersilie darüberstreuen.
3. Fünf Minuten marinieren lassen und mit Andacht, knusprigem Weißbrot und einem großen Weißwein (Burgunder) genießen.

AUFLÄUFE

Gibt es Schöneres, als mit Freunden hungrig und erwartungsvoll am Tisch zu sitzen, und endlich stellt die Hausherrin die große Form mit einem ofenheißen, duftenden Auflauf in die Mitte der Tafel? Jetzt strahlen die Gesichter, der Löffel gräbt sich durch die hier brodelnde, dort käseknusprige Kruste in die weichen Nudelblätter der Lasagne, in die Moussaka, die Parmentière ... Wein wird nachgeschenkt, die Gläser kreisen, die Stimmung steigt, der Traum vom Schlaraffenland scheint wahr zu werden und die Zeit wenigstens für einen Moment stillzustehen ...
In allen Regionen Deutschlands, Italiens, Frankreichs, Spaniens, ganz Europas kennt man solche Gerichte, die eigentlich wenig hermachen, die nicht besonders schwierig zuzubereiten sind, die aber dennoch aus der Mode gekommen sind, weil sie nur dann gut werden, wenn sie langsam bei milder Hitze ihrer Vollendung entgegenbacken. Wir sind ungeduldig geworden, Schnellgerichte sind angesagt, lange Zubereitungszeiten müssen in unseren Lebensrhythmus oft erst umständlich eingebaut werden.
Aber es lohnt sich schon, sich darüber ein paar Gedanken zu machen! Wir wissen alle, daß das gemeinsame Tafeln viel mehr ist als ein Sichsattessen, viel mehr als die Versorgung des Körpers mit den notwendigen Kalorien. Aber wie selten handeln wir nach dieser Erkenntnis! Die gemeinsam verbrachte Zeit beim Essen, das Erleben des Genusses in gemeinsamer Runde schafft und festigt Freundschaften, bindet unsere Gäste ein in eine Erlebniswelt, die sich aus atavistischen Erinnerungen an urzeitliche Essensriten in der Realität wie in der Phantasie abspielt, die unendlich lang erhalten bleiben kann und Erinnerungen zeitigt, die unverletzbar weiterleben. In diesem Sinne vermag die in den traditionsreichen Aufläufen ganz buchstäblich gespeicherte Wärme vielleicht die Kälte unserer Fastfood-orientierten Gegenwart zu brechen.

Parmentière

Antoine Parmentier, jener Mann, der in Frankreich die Kartoffel populär zu machen versuchte, hat diesen Auflauf erfunden. Er wollte damit zeigen, wie leicht man mit der Kartoffel ein nahrhaftes Essen zustande bringt, um mit wenig Fleisch die Familie in angenehmer Weise zu sättigen. Das ursprünglich

Hachis parmentier genannte Gericht hat sich aber verselbständigt: Aus einem Restegericht für Arme wurde eine feine Speise, die aller Aufmerksamkeit der Köchin wert ist, die im übrigen darin ihre Phantasie spielen lassen kann. Deshalb der moderne, eigenständige Name »Parmentière«.

Für 4 – 6 Personen:

2 Zwiebeln, 60 g Butter, 400 g Fleisch, 2 EL Tomatenmark, 2 EL gehackte Petersilie, wenn vorhanden: ein paar kleingeschnittene Pilze und Oliven, Salz und Pfeffer, 1 Spritzer Worcestershire Sauce, 1 kg Kartoffelpüree (Rezept Seite 409), 30 g geriebener Bergkäse (Gruyère oder Parmesan)

1. Zwiebel fein würfeln und in 2 Eßlöffeln Butter glasig-gelb dünsten, nicht anrösten. Das winzig kleingeschnittene Fleisch untermischen, Tomatenmark, Petersilie sowie die möglicherweise vorhandenen Pilze und Oliven unterrühren. Alles salzen, pfeffern und mit einem Spritzer Worcestershire Sauce würzen.
2. Eine feuerfeste Form mit Butter ausfetten. Die Hälfte des Kartoffelpürees einfüllen, darauf die Fleischmasse verteilen. Mit dem restlichen Püree abdecken. Die Oberfläche mit einer Gabel glattstreichen – die Zinken dürfen ruhig Spuren hinterlassen, in denen sich später die darauf verteilte Butter sammeln kann.
3. Schließlich geriebenen Käse sowie restliche Butter in kleinen Flöckchen auf der Oberfläche verteilen. Den Auflauf für 45 Minuten in den 180 bis 200 Grad heißen Ofen schieben, bis alles brodelt und eine einladende Kruste entstanden ist.

Welche Fleischart Sie hierzu nehmen, bleibt Ihnen völlig frei überlassen – es eignen sich alle Reste, gegartes oder rohes Fleisch (das Sie dann am Anfang nur kurz anbraten). Man kann sich mit einer Sorte begnügen, kann aber auch mischen und besonders raffinierte Füllragouts herstellen: zum Beispiel Huhn mit Rindfleisch und Pökelzunge oder Pute, Niere und Schinken; auch Wild mit hellen Innereien. Stimmen Sie dann die Gewürze jeweils gut auf die verwendeten Fleischsorten ab.

Dazu gehört unbedingt ein frischer Blattsalat der Saison. Als Getränk paßt ein trockener Weißwein oder Rosé – falls man ein dunkles Fleisch verwendet hat, auch ein Rotwein. Selbst Bier oder Cidre (natürlich ebenfalls ein trockener) passen ganz ausgezeichnet.

Moussaka

Dieser Auflauf ist weltberühmt geworden, stammt ursprünglich aus Griechenland bzw. der Türkei und existiert in unendlich vielen individuellen Ausführungen – »das« Rezept gibt es nicht! So beginnt's schon beim Lammfleisch: Während die einen vorschreiben, es habe gehackt zu sein, begnügen sich die anderen mit Würfelchen vom fertigen Braten. Soll es jeder halten, wie er mag!

Für 4 – 6 Personen:

500 g Lammfleisch (Schulter oder Keule, nicht allzu fett), 500 g Auberginen, ca. 1/8 l Olivenöl, 3 große Fleischtomaten, 3 Zwiebeln, 3 – 12 Knoblauchzehen (je nach persönlichem Geschmack), reichlich Olivenöl (natürlich kaltgepreßt), 2 EL Tomatenmark, Salz, Pfeffer, 1 TL Zucker oder Honig, 1 Messerspitze gemahlener Zimt, 2 TL gerebelter Oregano, 1 TL gerebelter Thymian, 1 größeres Bund Petersilie (gehackt), eventuell einige Salbeiblätter

GUSS:
200 g Joghurt, 100 g Crème fraîche, 150 g saure Sahne, 3 Eier, Salz, Pfeffer, ein Hauch Muskatnuß nach Belieben sowie eventuell etwas abgeriebene Zitronenschale

1. Das Lammfleisch entweder durch den Fleischwolf drehen (grobe Scheibe) oder in feine Würfelchen von höchstens ½ cm Kantenlänge schneiden. Auf keinen Fall im Zerhacker zerkleinern, denn dadurch würden die Fleischfasern so stark zerstört, daß das Fleisch später keinen Biß mehr besitzt.
2. Auberginen mit der Schale in etwa 1 cm dicke Scheiben schneiden. Beidseitig mit Olivenöl einpinseln und zunächst auf einem Backblech ausgebreitet im 200 Grad vorgeheizten Backofen 10 Minuten braten.
3. Inzwischen die Tomaten überbrühen, häuten und in Stücke schneiden, dabei den harten Strunk entfernen, das weiche Fruchtfleisch mit seinen Kernen aber ruhig dabeilassen.
4. Zwiebeln fein würfeln. Knoblauchzehen schälen, besonders große halbieren.
5. In einer Pfanne zwei Eßlöffel Öl erhitzen, das Fleisch darin anrösten, dabei ständig umrühren und bei starker Hitze arbeiten, damit es kein Wasser zieht. Will es gerade beginnen braun zu werden, die Zwiebeln und Knoblauchzehen hinzufügen. Unter weiterem Rühren ebenfalls anbraten. Erst jetzt die Tomaten sowie das Tomatenmark einrühren.
6. Mit Salz, Pfeffer, Zucker oder Honig, Zimt sowie Oregano, Thymian, gehackter Petersilie und Salbei kräftig würzen. Köcheln, bis sich alles zu einer dicken, duftenden Sauce verbunden hat.
7. Eine feuerfeste Form mit Öl einpinseln, zuerst eine Schicht Auberginenscheiben, dann Fleischsauce einfüllen, immer lagenweise, bis alles aufgebraucht ist.
8. Zum Schluß aus den angegebenen Zutaten den Guß bereiten und darüber verteilen. Den Auflauf im 200 Grad heißen Ofen etwa 1 Stunde backen.
9. Dazu braucht man nicht mehr als frisches Weißbrot mit schöner Kruste sowie einen Salat (Kopf- oder Eichblattsalat. Auch Gurken- oder Tomatensalat mit viel Zwiebeln ist denkbar).

Würzen Sie kräftig, eher mehr als Ihrem Gefühl nach nötig ist, denn die Gemüse »fressen« die Würze geradezu. Und haben Sie auch keine Angst vor Zucker (Honig) und Zimt – das schmeckt später nicht getrennt durch. sondern hebt den Geschmack in allgemeiner Weise.

In gutsortierten Geschäften (Lebensmittelabteilungen von Kaufhäusern und in Gastarbeiterläden) gibt auch bei uns den sehr fetten, wundervoll cremigen *griechischen Joghurt* zu kaufen. Dann brauchen Sie nicht unseren normalen Joghurt mit Crème fraîche und saurer Sahne zu mischen, sondern verwenden einfach ausschließlich die entsprechende Menge griechischen Joghurts.

Nudelauflauf mit Brokkoli und Geflügelfleisch

Wunderbar geeignet, wenn man eine große Schar hungriger Gäste bewirten möchte: Alles läßt sich prima vorbereiten und wird lediglich noch rechtzeitig in den Ofen geschoben.

Für 8 – 10 Personen:

750 g Tagliatelle oder Pappardelle (sehr breite Bandnudeln), Salz, 1 kg Brokkoli, 750 g Hähnchen- oder Putenfleisch, 1 EL Speisestärke, ½ Eiweiß, 2 Zwiebeln, 2 dicke Möhren, 4 EL Öl, Pfeffer, 2 EL Sojasauce, 400 g geriebener Käse (Emmentaler), 500 g Sahnequark, ½ l süße Sahne, 4 Eier, Muskatnuß, 1 Döschen gemahlener Safran, Butter für das Blech und zum Belegen

1. Die Nudeln in Salzwasser nicht ganz gar kochen, abgießen, kurz unter heißem Wasser abbrausen und abtropfen lassen.
2. Den Brokkoli putzen, in Röschen teilen, die zartesten Stiele in Streifen schneiden. Beides in Salzwasser kurz blanchieren, dann eiskalt abschrecken, damit Farbe und Vitamine erhalten bleiben.
3. Das Fleisch schnetzeln. Stärke und das Eiweiß mit einer Gabel aufschlagen, die Fleischstreifen darin wenden und etwas ziehen lassen.
4. Inzwischen die Zwiebeln und Möhren in feine Ringe beziehungsweise Streifen schneiden.
5. In einer tiefen Pfanne das Öl rauchend-heiß werden lassen. Zunächst das Fleisch darin auf stärkster Flamme rasch anbraten, salzen und pfeffern. Herausnehmen. Nun die Zwiebeln und Möhren im verbliebenen Fett (eventuell ein wenig frisches Öl hinzufügen) 1 Minute braten, ebenfalls salzen und pfeffern. Fleisch zurückgeben, alles mischen und mit Sojasauce würzen.
6. Auf einem gebutterten Blech oder in einer großen Auflaufform eine Schicht Nudeln verteilen. Darauf Käse, Brokkoli und Fleisch geben, dann wieder Nudeln, erneut Käse, Brokkoli, Fleischwürfel, schließlich die letzten Nudeln. Diese möglichst so anordnen, daß ein schönes Linienmuster auf der Oberfläche entsteht.
7. Quark, Sahne und Eier verrühren, mit Muskat, Salz, Pfeffer und dem in etwas kochendem Wasser aufgelösten Safran würzen. Über den Auflauf gießen, dabei am Blech oder an der Form rütteln, damit die Flüssigkeit auch überall hingelangt.
8. Die Oberfläche mit Butterflöckchen belegen. Auflauf bei 180 Grad etwa 45 Minuten backen, bis die Nudeln dunkelgoldene Spitzen zeigen und der Auflauf richtig brodelt.

Kartoffelauflauf mit Zucchini und Schinken

Für 6 – 8 Personen:

2 kg mehlige Kartoffeln, 4 große Gemüsezwiebeln, 1 kg Zucchini, 500 g gekochter Schinken in 3 mm dicken Scheiben, 2 EL Olivenöl zum Ölen des Blechs, Salz, Pfeffer, Muskat, Thymian, ½ l Sahne, ½ l Milch, 3 EL Olivenöl zum Beträufeln

Die Kartoffeln nicht freihändig mit dem Messer, sondern unbedingt mit einem Gemüse- oder Gurkenhobel in Scheiben schneiden. Ungleichmäßig dicke Scheiben können nun mal nicht gleichmäßig garen. Dasselbe gilt natürlich auch für die Zwiebeln. Außerdem macht das erheblich weniger Mühe. Beim Zwiebelhobeln darauf achten: quer zum Wurzelende schneiden!

1. Kartoffeln schälen, in dünne Scheiben, die Zwiebeln in ebenso feine Ringe und die Zucchini in ½ cm dicke Scheiben hobeln (letztere haben eine kürzere Garzeit als die anderen beiden Gemüsesorten, müssen deshalb etwas dicker sein!). Den Schinken würfeln.
2. Ein tiefes Backblech oder eine große Auflaufform mit Öl auspinseln. Zuunterst eine Schicht Kartoffeln mit Zwiebelringen und Schinkenwürfeln darauf breiten. Salzen, pfeffern, mit Muskat und Thymian würzen. Dann den Rest darauf anordnen, so daß eine schön abwechslungsreiche, zugleich auch ordentlich aussehende Oberfläche entsteht.
3. Sahne und Milch verquirlen, ebenfalls mit Salz, Pfeffer und Thymian würzen, gleichmäßig über alles gießen – die Flüssigkeit soll die Oberfläche gerade eben erreichen. Zum Schluß alles mit Olivenöl beträufeln.
4. Für 1 Stunde in den 180 bis 200 Grad heißen Ofen schieben, bis die Sahnemilch aufgesogen und die Oberfläche braun gebacken ist. Die Kartoffeln müssen sich jetzt widerstandslos mit einer Gabel oder einem Messer durchstechen lasen.

Hackfleischauflauf mit Blumenkohl, Tomaten und Käse

Für 4 – 6 Personen:

1 altbackenes Brötchen, ½ l Milch, 1 Ei, 500 g Hackfleisch, 1 Zwiebel, 4 Knoblauchzehen, 3 EL Butter, Salz, Pfeffer, Worcestershire Sauce, Sojasauce, 1 EL Senf, 1 Blumenkohl, 500 g Fleischtomaten, 1 EL Mehl, ⅛ l Sahne, 200 g geriebener Emmentaler oder Gruyère

1. Die Brötchen in Scheiben schneiden und mit knapp ⅛ Liter kochender Milch beträufeln. Wenn sie gut eingeweicht sind, gut ausdrücken und mit dem Ei zum Hackfleisch geben.
2. Zwiebeln und Knoblauchzehen fein würfeln und in etwas Butter weichdünsten. Etwas abgekühlt ebenfalls zum Hackfleisch geben. Schließlich alles zu einem geschmeidigen Teig mischen, dabei mit Salz, Pfeffer, Worcestershire- und Sojasauce kräftig würzen.

3. Den Blumenkohl in Röschen teilen und in Salzwasser nur knapp gar kochen. Die Tomaten auf einer Schaumkelle ins kochende Blumenkohlwasser tauchen, dann abkühlen, häuten, in Viertel schneiden und dabei entkernen.
4. Das Mehl in zwei Löffeln Butter andünsten mit der restlichen Milch und Sahne ablöschen, in einer halben Stunde zu einer recht dicken Sauce einkochen. Zum Schluß auch den geriebenen Käse einrühren und schmelzen.
5. Eine Auflaufform dick mit Butter ausstreichen. Den Hackfleischteig darin verteilen, die Blumenkohlröschen eindrücken und dazwischen die Tomatenviertel verteilen. Die dicke Käsesauce schön gleichmäßig über die Zutaten ziehen.
6. Im 180 Grad heißen Ofen etwa 45 Minuten backen, bis alles brodelt und die Oberfläche schön braun geworden ist.

Soll der Auflauf für mehr Gäste reichen, bekommt er eine Decke aus Kartoffelpüree. Das Püree sehr kräftig mit Pfeffer schärfen und mit Muskat würzen, auf der Käsecreme glattstreichen und mit Butterflöckchen belegen. Falls es beim Backen zu stark bräunt, schnell mit Folie abdecken!

Gratiniertes Zwiebelfleisch

Hervorragend ist hierfür zu verwerten: ausgekochtes Suppenfleisch, auch solches, das Sie vollkommen zerfieseln müssen, um es von den wenig schönen Fettadern zu befreien – man erkennt die einzelnen Fasern ja zum Schluß nicht mehr.

Für 4 Personen:

Wenigstens 300, besser 400 g gekochtes Rindfleisch oder übriggebliebener Braten, 6 große, milde Zwiebeln (vorzugsweise die weißen Sommerzwiebeln), 50 g Butter, 1 Schuß Weißwein, 4 EL süße Sahne, Salz, Pfeffer, ein kleiner Schuß Aceto balsamico (der Balsam-Essig aus Modena), ca. 50 g frisch geriebener Parmesan, ein wenig Pfefferminze oder Petersilie

1. Das Fleisch in Scheiben schneiden beziehungsweise mit einem großen Messer, so gut es geht, zerkleinern.
2. Drei Zwiebeln in Scheiben hobeln und in der Hälfte der Butter langsam braun rösten. Die übrigen Zwiebeln in feine Würfel schneiden und in der restlichen Butter zugedeckt auf milder Hitze weich dünsten. Ab und zu einen Schuß Weißwein zugießen, damit nichts ansetzt. Zum Schluß die Sahne zufügen und schließlich alles im Mixer oder mit dem Pürierstab pürieren. Mit Salz und Pfeffer, vor allem aber mit einem einem guten Schuß Balsamico abschmecken und mit den gehackten Kräutern vermischen.
3. Eine feuerfeste Form ausfetten. Das Fleisch abwechselnd mit den gerösteten Zwiebeln einfüllen. Mit Balsamico beträufeln und mit einem Hauch Käse würzen. Mit der Zwiebelsauce überziehen. Bei 220 Grad etwa 15 Minuten lang gratinieren.

Als Beilage einfach Baguette und Salat. Und zu trinken: ein kräftiger Rotwein.

Tip: Haben Sie gekochte weiße Bohnen (auch aus der Dose) zur Hand, so geben Sie auf das Fleisch (vor der Zwiebelsauce) eine Lage dieser Bohnen. Mit Kürbiskernöl und Bohnenkraut gewürzt, ergibt das eine neue interessante Variante.

Yorkshire-Pudding mit Roastbeef

Diese englische Nationalspeise kann entweder in einer großen Bratenreine zubereitet werden, die man einfach unter den Rost schiebt, auf dem das Roastbeef gebraten wird. Oder Sie nehmen eine Spezialform, mit Portions-Vertiefungen (im Schwabenland als Pfitzauf-Form bekannt, aber auch in anderen Regionen vertraut, zum Beispiel als Pförtchenform usw). Der unvergleichliche Geschmack entsteht durch die herabtropfenden Fleischsäfte, die den Yorkshire-Pudding tränken.

Für 4 – 6 Personen:

4 EL Schweineschmalz, 4 Eier, Salz, 200 g Mehl, ½ l Milch, ca. 1,5 kg Rinderlende (Roastbeef) am Stück (Fettschicht kreuzweise eingeschnitten), Pfeffer, 2 EL Olivenöl

1. Eine feuerfeste Form dick mit Schweineschmalz ausstreichen und in den 250 Grad heißen Ofen stellen, bis das Fett fast zu rauchen beginnt.
2. Unterdessen die Eier, 1 Teelöffel Salz, Mehl und Milch zu einem dickflüssigen Pfannkuchenteig verrühren. In die heiße Auflaufform gießen und die sofort wieder in den heißen Ofen, und zwar auf den Boden, stellen.
3. Darüber, auf einem Bratrost, das gesalzene, gepfefferte und mit Öl einmassierte Fleisch plazieren, so, daß ausbratendes Fett und Saft in den Pudding tropfen.
4. Zunächst beides bei 250 Grad 15 Minuten ungestört im Ofen belassen. Dann auf 180 Grad herunterschalten. Nach 20 Minuten das Fleisch herausholen. in Alufolie packen und unter einer vorgewärmten Schüssel mindestens weitere 15 Minuten ruhen lassen. Für den Pudding die Hitze wieder auf 250 Grad stellen, noch 15 Minuten backen, bis er hoch aufgegangen und goldbraun ist. In der Form auf den Tisch bringen, das Fleisch auf vorgewärmter Platte dünn aufgeschnitten servieren.

Dazu paßt am besten eine Meerrettichsauce, außerdem grünes Gemüse (Spinat, Brokkoli, Erbsen) und Salat. Und zum Trinken gibt es einen blumigen, duftigen Rioja.

Übrigens: Yorkshirepudding ist auch ohne Braten, einfach mit einem Salat, ein fabelhaftes Essen, das nicht viel Mühe macht!

Versteckte Gemüse

Die Auswahl der Gemüsesorten richtet sich natürlich nach Jahreszeit und Angebot. Blattgemüse eignen sich besonders gut, weil sie nur kurz blanchiert und nicht lange vorgekocht werden müssen. Nehmen Sie eine Sorte oder mischen Sie, wie hier.

Für 4 – 6 Personen:

2 mittelstarke Lauchstangen, 2 schlanke Chicoréekolben, 2 Radicchioköpfe, 1 kleine Endivie, 1 Bund Frühlingszwiebeln, Salz, 10–12 große Scheiben gekochter Schinken, 4 EL Butter, 1 Zwiebel oder 3 Schalotten, 2 EL Mehl, ½ l Milch, ¼ l Sahne, 200 g frisch geriebener Käse (Emmentaler), Pfeffer, Muskatnuß, 1 Prise Zucker, 1 Prise Cayennepfeffer, 1 Spritzer Worcestershire Sauce, 1 EL Zitronensaft

Dazu passen Pell- oder Salzkartoffeln oder Reis und Salate der Saison. Als Getränk ein säurebetonter Weißwein (Riesling, Silvaner).

1. Gemüse putzen: Dem Lauch die unschönen äußeren Blätter und das Dunkelgrüne kappen, Stangen längs aufschlitzen und zwischen den Blattschichten gründlich waschen. Chicorée und Radicchio waschen, letzteren, falls die Köpfe sehr rund sind, halbieren. Endivie durch den Strunk halbieren, doch sollen die Blätter zusammenhalten. Sorgfältig auswaschen. Frühlingszwiebeln putzen, Blattspitzen entfernen.
2. Alle Gemüse einzeln in Salzwasser aufwallen lassen, gleich in Eiswasser abschrecken. Gut abtropfen, jedes Stück (Zwiebeln zu mehreren gebündelt) in eine Schinkenscheibe einwickeln und nebeneinander in eine flache, gebutterte Form betten.
3. Währenddessen in der restlichen Butter die gehackte Zwiebel (Schalotten) andünsten, mit dem Mehl bestäuben und durchschwitzen. Milch angießen, glattrühren und 20 Minuten köcheln, bis die Sauce dicklich-cremig ist.
4. Die Sauce durch ein Sieb streichen, Sahne hinzufügen, noch einmal aufkochen, dann neben dem Herd den Käse einrühren und sehr würzig abschmecken. Über das Gemüse gießen. Bei 180 Grad etwa 45 Minuten im Backrohr backen, bis alles brodelt und appetitlich braun geworden ist.

Nudelrolle mit Spinat

1. Den Teig dünn ausrollen, auf ein Küchentuch breiten, mit Eiweiß einpinseln und mit Schinkenscheiben belegen.
2. Den Spinat in kochendem Salzwasser 1 Minute zusammenfallen lassen, dann eiskalt abschrecken und

Für 6 Personen:

400 g Nudelteig (Rezept Seite 231), 1 Eiweiß, 400 g gekochter Schinken in dünnen Scheiben, 750 g Spinat, Salz, 2 EL Butter, 1 Zwiebel, 2 Knoblauchzehen, Pfeffer, Muskat, 150 g Quark, 2 Eigelbe, Cayennepfeffer

BÉCHAMELSAUCE:
1 EL Mehl, 2 EL Butter, ca. 3/8 l Milch, Zitronenschale, 150 g geriebener Bergkäse

Das Mehl für die Béchamelsauce im Schinkenfett andünsten – schmeckt super!

schließlich gut ausdrücken. In der Butter fein gewürfelte Zwiebel und Knoblauch andünsten, den Spinat zufügen und damit vermischen. Mit Salz, Pfeffer und Muskat würzen und auf dem Schinkenbett verteilen. Quark mit Eigelb glattrühren, salzen, pfeffern, mit Cayennepfeffer abschmecken und auf dem Spinat verteilen.

3. Das Tuch von der Längsseite anheben und die Teigplatte vorsichtig so aufrollen, daß sie schließlich vom Tuch eingehüllt ist. Das Tuch an den Seiten zubinden. Die Rolle in einen großen Topf mit kochendem Wasser setzen und 20 Minuten garziehen lassen.
4. Für die Béchamelsauce das Mehl in der Butter andünsten, mit Milch ablöschen und dicklich einkochen. Mit Salz, Pfeffer, Muskat und Zitronenschale würzen.
5. Zum Servieren die Rolle auspacken, in fingerdicke Scheiben schneiden und nebeneinander in eine feuerfeste Form setzen. Die Sauce darübergießen, Käse darüberstreuen und im 200 Grad heißen Ofen 15 bis 20 Minuten überbacken.

Gemüsegratin mit Maccaroni

Wir verwenden dafür eine flache, ovale Gratinform, wie man sie in Frankreich bevorzugt. So ist die Oberfläche größer, die Käsekruste, die ja als das Beste an einem solchen Auflauf gilt, bekommt mehr Fläche und damit mehr Gewicht. Übrigens sind natürlich statt Maccaroni auch alle andere Nudelformen geeignet.

Für 4 – 6 Personen:

1 kleiner Wirsingkopf, 3 dicke Möhren, 1 Staude Bleichsellerie, Salz, 500 g Maccaroni, 400 g gekochter Schinken in halbzentimeterdicken Scheiben, 1/4 l kräftige Brühe, 2 Eigelb, 200 g Crème fraîche, 300 g geriebener Käse, Butterflöckchen

1. Den Wirsing putzen, halbieren, dicke Strunkstücke herausschneiden, die zarten Blätter quer in feine Streifen schneiden.
2. Die Möhren mit dem Sparmesser schälen, in feine Streifen hobeln.
3. Den Bleichsellerie putzen, falls nötig, Fäden entfernen, die Stengel quer in feine Scheibchen schneiden. Die Blätter hacken.
4. Zuerst die Wirsingstreifen in einem Sieb oder Blanchierkorb in reichlich kochendes Salzwasser tauchen. Nach

1 Minute die Möhrenstreifen zufügen. Und nach 2 Minuten die Selleriescheibchen.
5. Das Gemüse herausheben, abtropfen und in Eiswasser abkühlen. So bleibt die leuchtende Farbe erhalten, außerdem werden die Vitamine und Inhaltsstoffe stabilisiert.
6. Jetzt kann man im selben Wasser die Nudeln garkochen, abgießen, kurz abbrausen und abtropfen, mit einem Eßlöffel Olivenöl vermischen, damit sie nicht zusammenkleben.
7. Den Schinken vom Fettrand befreien, den Rest klein würfeln.
8. Brühe, Eier, Crème fraîche miteinander verquirlen, mit Salz, Pfeffer und Muskat würzen.
9. Das Gemüse mit den Schinkenwürfeln mischen, dabei mit Salz, Pfeffer und einem Hauch Cayennepfeffer würzen.
10. Ein Drittel der Nudeln auf dem Boden einer flachen Form verteilen, das vorbereitete Gemüse und den Schinken mit dem zweiten Drittel mischen und darauf ausbreiten, mit dem letzten Nudeldrittel bedecken. Jeweils etwas Käse dazwischenstreuen.
11. Zum Schluß die verquirlte Saucenflüssigkeit darübergießen. Restlichen Käse auf der Oberfläche gleichmäßig verteilen, alles mit Butterflöckchen besetzen.
12. Das Gratin im 200 Grad heißen Backofen etwa 20 bis 30 Minuten backen, bis die Oberfläche goldbraun geworden ist und der Auflauf brodelt.

Schön sind auch gehackte Kräuter, die man verschwenderisch dazwischenstreut, vor allem Basilikum; zur kalten Jahreszeit tut's auch glattblättrige Petersilie.

Variante: **Eine *Nudeltorte* wird daraus, wenn man die Nudeln für den Boden so sorgfältig in eine Spring- oder eine andere runde Form schichtet, daß sie eine geschlossene Fläche bilden, dann füllt man die mit Gemüse vermischten Nudeln ein und deckt die Oberfläche wieder mit ebenso akkurat gelegten Nudeln ab. Die Saucenflüssigkeit wird in diesem Fall mit zwei weiteren Eiern verquirlt (Achtung: dann muß man die Gewürze stärker dosieren!), schließlich läßt man die Nudeltorte diesmal bei 180 Grad eine gute halbe Stunde backen, bis die Eier auch im Innern abgebunden haben. Jetzt läßt sich der Auflauf aus der Form lösen und behält seine Form als Nudeltorte. Das sieht spektakulär aus und schmeckt vorzüglich!**

Lasagne

Ein Paradegericht der italienischen Hausfrauenküche. Wie überhaupt ja Aufläufe aus dem Repertoire der Hausfrauen stammen, die berühmt dafür sind, aus nichts noch ein köstliches Essen zaubern zu können – eine Fähigkeit, die berühmte Köche nicht unbedingt beherrschen oder als besonders wichtig erachten. Zunächst braucht man dazu Nudelblätter: Man kann sie fertig kaufen – besser ist es, sie selber zu machen. Das Rezept für Nudelteig auf Seite 231.

Für 6 – 8 Personen:

1 Portion Nudelteig oder 500 g Nudelblätter

FÜLLUNG:
10 – 25 g getrocknete Steinpilze, 1 große Zwiebel, 2 EL Olivenöl, 500 g Hackfleisch (ganz nach Belieben: vom Rind oder mit Schweinefleisch gemischt), 3–4 Knoblauchzehen, 2–3 Selleriestengel, 1 große Dose geschälte Tomaten oder passiertes Tomatenfleisch, 1–2 EL Tomatenmark aus der Tube, 1 TL Oregano, 1 Lorbeerblatt, 1 getrocknete Chilischote, Salz, Pfeffer, glatte Petersilie, Rotwein

1. Den Nudelteig nach Anweisung herstellen. Mit der Nudelmaschine dünne Teigbänder drehen, diese in Rechtecke zuschneiden. Wer fertigen Nudelteig kauft, der bereits dünn ausgerollt ist, braucht ihn nur noch in rechteckige Blätter zu schneiden.
2. Die fertigen Nudelblätter in reichlich Salzwasser nur 1 Minute vorkochen, kalt abschrecken und zwischen feuchten Tüchern aufbewahren, bis die übrigen Vorbereitungen erledigt sind.
3. Wenn man die Nudelblätter mehrmals durch die auf engste Einstellung gestellten Walzen dreht, sie also hauchdünn sind, kann man sich dieses etwas mühsame Vorkochen sparen.
   Auf keinen Fall kann man bei fertig gekauften Nudelblättern darauf verzichten, selbst, wenn das auf der Packung versprochen wird: Die immer zu dicken Teigflecken werden sonst pappig und matschig!
4. Für die Füllung zunächst die Pilze mit so viel kochendem Wasser überbrühen, daß sie gerade bedeckt sind, ½ Stunde einweichen.
5. Zwiebel schälen, fein würfeln und in einem großen, flachen Topf im heißen Olivenöl andünsten. Die Pilze fein hacken und mitdünsten. Hackfleisch zufügen, jetzt die Hitze verstärken, das Fleisch so lange braten, bis es krümelig geworden ist.
6. Die Knoblauchzehen durch die Presse hinzufügen. Sellerie fein würfeln und ebenfalls unterrühren.
7. Tomatenfleisch beziehungsweise Tomaten samt Saft sowie das Tomatenmark in den Topf geben. Mit Oregano würzen. Lorbeerblatt und Chilischote zufügen, salzen und pfeffern.
8. Zum Schluß die Petersilienblättchen abzupfen und beiseite legen. Die Stiele bündeln und in der Hackfleischsauce mitkochen.
9. Sie soll auf mildem Feuer ungefähr eine halbe Stunde vor sich hin köcheln. Falls sie dabei zu trocken zu

werden droht, immer wieder einen Schuß Rotwein unterrühren.

10. Inzwischen eine Béchamelsauce zubereiten: Die Butter erhitzen, feingeriebene Zwiebel darin andünsten – unbedingt die Zwiebeln direkt in den Topf reiben, damit sie nicht an der Luft oxidieren kann! –, wenn vorhanden auch winzig kleingewürfeltes Schinkenfett mitdünsten.
11. Das Mehl anschwitzen und schließlich mit Milch ablöschen. Ein Lorbeerblatt zufügen.
12. Die Sauce auf mildem Feuer etwa 20 Minuten köcheln, bis sie schön dick geworden ist. Mit Salz, Pfeffer, Muskat und einem Hauch Cayennepfeffer sowie einem Spritzer Worcestershire Sauce kräftig abschmecken – das Lorbeerblatt wieder entfernen. Zwei Esslöffel geriebenen Parmesan einrühren.
13. Eine rechteckige flache Auflaufform mit Olivenöl auspinseln. Den Boden mit einer Schicht vorgekochter Nudelplatten (oder der frisch gewalzten Nudelblätter, die man nicht vorkochen muss) auslegen. Mit einer dünnen Hackfleischschicht bedecken, mit etwas Béchamel bestreichen und wieder mit Nudeln abdecken und so fortfahren, bis alles aufgebraucht ist.
14. Die Oberfläche mit etwas Bechamel bestreichen, mit Käse bestreuen, mit Butterflöckchen besetzen oder mit Olivenöl beträufeln.
15. Lasagne jetzt in den Ofen schieben, bei 200 Grad eine gute halbe Stunde backen – mit gekauften Nudelblättern, die meist etwas dicker sind, braucht sie etwa 45 bis 50 Minuten.
16. Zur Lasagne gehört ein Salat und ein frischer, fruchtiger, nicht zu schwerer Rotwein.

BECHAMELSAUCE:
2 EL Butter, 1 kleine geriebene Zwiebel, wenn vorhanden etwas Schinkenfett, 1 EL Mehl, ½ l Milch, 1 Lorbeerblatt, Salz, Pfeffer, Muskatnuß, Cayennepfeffer, 1 Spritzer Worcestershire Sauce, 150 g geriebener Parmesan, Butterflöckchen

Die Lasagne macht viel Mühe, daran läßt sich nichts deuteln – aber es ist ein wunderbares Festessen, auch für eine große Runde, denn ob man eine Form oder mehrere in den Ofen schiebt, das bedeutet wahrlich nicht viel mehr Arbeit! Übrigens kann man den Auflauf sehr gut wieder aufwärmen: einfach bei nicht zu starker Hitze (ca. 170 Grad) im Ofen erwärmen, bis der Auflauf wieder brodelt. Eine frische Tomatensauce dazu – und niemand kommt auf die Idee, daß es sich hier um Resteverwertung handelt.

Spinat-Lasagne

Die leichtere Variante, die man auch ganz und gar vegetarisch halten kann, wenn man den gekochten Schinken, den wir hier dazwischenpacken, einfach wegläßt.

Für 6 – 8 Personen:

1 Portion Nudelteig,
1 Portion Béchamelsauce
(wie im vorigen Rezept)

SPINAT-RICOTTA-FÜLLUNG:
1 kg Spinat, Salz,
500 g Ricotta oder
Magerquark, Pfeffer,
Muskat, Cayennepfeffer,
250 g gekochter Schinken

1. Teig und Bechamelsauce wie beschrieben zubereiten.
2. Für die Spinatfüllung den Spinat verlesen, mehrmals gründlich in immer wieder frischem Wasser waschen. Dann in einem großen Topf in Salzwasser einmal aufwallen lassen, abgießen und in kaltem Wasser abkühlen. Dieses Blanchieren stabilisiert die Vitamine, tötet Keime und hält die schöne grüne Farbe frisch. Den Spinat ausdrücken, grob hacken, mit Ricotta mischen, dabei mit Salz, Pfeffer, reichlich Muskat und einer kräftigen Prise Cayennepfeffer mutig abschmecken – Ricotta (oder Magerquark) schluckt viel Gewürz!
3. Die Lasagneform wieder mit etwas Béchamel ausstreichen, darüber Nudelblätter legen, diese mit Füllung bedecken. Darauf gekochten Schinken in Streifen oder Flecken verteilen. Wieder Béchamel, Nudelflecken etc. – bis alles aufgebraucht ist. Auch hier die oberste Schicht Béchamel, die erst nach gut 5 bis 10 Minuten im Rohr mit geriebenem Käse sowie mit Butterflöckchen bedeckt wird.
4. Ebenfalls 15 bis 20 Minuten im 200 Grad heißen Rohr backen, bis alles brodelt.

Getränk: Zur klassischen Lasagne (die mit Hackfleischsugo) paßt ein Chianti Classico; zur leichteren Spinatlasagne mit der säuerlichen Ricotta besser ein zarter Wein, etwa ein Valpolicella oder ein Weißwein, und zwar eine Vernacchia di San Gimignano oder ein Verdicchio dei Castelli di Jesi. Man könnte aber auch durchaus einen herzhaften Silvaner aus Deutschland dazu trinken.

Kartoffelauflauf mit Hackfleisch

Das gehört zu Martinas Lieblingsgerichten der Kindheit: »Unten Fleisch, oben Kartoffeln« hieß das in ihrer Familie, und es war das Gericht, das man sich zum Geburtstag wünschte!

Für 4 – 6 Personen:

PÜREE:
1 kg Kartoffeln, Salz, 1/4 l Milch, Muskat, Pfeffer, 2 EL Butter

HACKFLEISCHRAGOUT:
1 große Zwiebel, 2 EL Olivenöl, 2–3 Knoblauchzehen, 500 g Rinderhack, 2 Thymianzweige, 1 Rosmarinzweig, 100 g passiertes Tomatenfleisch (selbstgemacht oder fertig gekauft), Salz, Pfeffer, 1 Glas Rotwein, 1 Bund Petersilie

AUSSERDEM:
Butter für die Form und für Flöckchen

1. Die Kartoffeln schälen, in Salzwasser weich kochen, angießen und etwas ausdampfen lassen. Die Milch angießen und aufkochen, mit dem Kartoffelstampfer zu einem glatten Püree zerstampfen. Mit dem Schneebesen die Butter unterrühren, dabei das Püree mit Salz, Pfeffer und Muskat abschmecken.
2. Für das Ragout die Zwiebel fein würfeln und in einem flachen Topf im heißen Öl weichdünsten, ohne zu bräunen. Den Knoblauch durch die Presse hinzufügen. Schließlich das Hackfleisch in die Pfanne geben und auf nunmehr heftiger Flamme braten, bis es krümelig wird. Dabei ständig rühren, damit alle Fleischkrümel rösten. Thymian und Rosmarin mit rösten, das Fleisch mit Salz und Pfeffer würzen.
3. Das Tomatenpüree angießen, auch den Wein. Schmurgeln lassen, bis sich alles zu einer duftenden, homogenen Sauce verbunden hat. Kräftig abschmecken! Zum Schluß die feingehackte Petersilie einrühren.
4. Eine Auflaufform mit Butter ausstreichen, das Rinderragout einfüllen. Darüber das Kartoffelpüree verteilen und glattstreichen. Die Oberfläche mit Butterflöckchen besetzen.
5. Im auf 200 Grad vorgeheizten Backrohr etwa 20 bis 30 Minuten backen, bis alles durch und durch brodelt.

FISCH & MEERESFRÜCHTE

Fisch, so hat die Wissenschaft im letzten Jahrhundert herausgefunden, gehört zu den gesündesten Lebensmitteln. Aber nur in Inselreichen (Japan – dessen Einwohner daher, vor dem Siegeszug des amerikanischen Fastfood, die höchste Lebenserwartung der Welt hatten!) oder Ländern mit viel Küsten war es in der Vergangenheit möglich, die Bevölkerung mit wirklich ausreichenden Mengen von Fisch zu versorgen. Deutschland mit nur relativ kurzer Nord- und Ostseeküste war da immer benachteiligt. Nicht von ungefähr wurden im Mittelalter um die Heringsfänge Kriege geführt …

Mit dem Aufkommen der modernen Kühl- und Gefriertechnik verbesserte sich die Versorgung, der Fischkonsum der Deutschen stieg kontinuierlich, immer mehr Menschen ernährten sich, trotz Fast Food und Fertiggerichten, vielfältiger und gesünder. Aber die Meere litten zunehmend unter Überfischung, die Rohware wurde immer teurer, Fisch wurde immer rarer – ein Teufelskreis. Wie gut, daß genau im richtigen Moment Zuchtmethoden entwickelt und perfektioniert wurden, inzwischen ein die ganze Welt umspannendes Netz verschiedener Arten von Aquakultur die weiterhin steigende Nachfrage befriedigt. Heute kommt der Lachs – jeder weiß, daß Wildlachs im Nordatlantik kaum mehr gefangen wird – nahezu ausschließlich aus Zuchtanlagen in Norwegen, Irland und Schottland, nur Alaska liefert noch Pazifik-Wildlachse. In Italien oder Griechenland werden Branzino (Wolfsbarsch), Orata (Goldbrasse) und andere Brassenarten gezüchtet, in Frankreich (unter anderem) Steinbutt, in Vietnam Welse und an vielen Küsten der Welt (Peru, Chile, Thailand, Malaysia, Bangladesch) die unterschiedlichsten Garnelenarten. Immer wieder geraten sie wegen zu hoher Belastung mit Hormonen und Antibiotika in die Presse, aber im Gegenzug werden auch die Kontrollen lückenloser und feiner, auch die Verbindungen zwischen Züchtern und Vermarktern enger, so daß sie ihre Ansprüche besser aufeinander abstimmen können. Von den Abnehmern selbst überwachte Zuchtbetriebe, Gütesiegel und Bionormen sorgen für mehr Durchsichtigkeit und Reinheit als die oft korrupte Kontrolle staatlicher Behörden. Wir meinen, in dieser Hinsicht daher eher hoffnungsfroh in die Zukunft blicken zu können.

Ohne die Zuchterfolge wären die Märkte längst zusammengebrochen. Und ohne die Frisch- und Tiefkühlware etwa aus dem Südatlantik, Westafrika, dem Indischen Ozean und dem

Pazifik wären die Preise noch viel stärker gestiegen. Fisch ist dennoch im Verhältnis zu anderen Lebensmitteln in den letzten Jahrzehnten teurer geworden, erstklassige Ware für den Privatkunden selten (das meiste geht an die Spitzengastronomie) und einige Arten sind fast unerschwinglich. Trotzdem kann man mehr Frische, mehr unterschiedliche Fischarten und bessere Qualität finden (auch bei den nicht als »edel« bezeichneten Fischarten), als je zuvor, und auch die heimische Zucht (Forellen, Karpfen, Saibling) sowie die Wildfänge (Felchen, Renke, Maräne, Flußbarsch) liefern zunehmende Erträge einwandfreier Beschaffenheit: Aus kaum einem anderen Lebensmittel lassen sich so vielseitig leichte und zugleich schmackhafte Gerichte zubereiten. Fisch und Meeresfrüchte sind die Lieblinge der Gourmets von heute!

Süßwasserfische

Aal mit Salbei

Die kroß gebratenen Aalstücke als Vorspeise oder kleinen Zwischengang auf Salatblättern angerichtet auftragen. Dazu nur Brot oder ein seidiges Kartoffelpüree servieren. Als Getränk ein rassiger Riesling.

Es macht zwar etwas Arbeit, die Blätter einzeln mit Küchenzwirn um die Aalstücke festzuschnüren, aber es schmeckt köstlich, sieht gut aus und da man alles fix und fertig vorbereiten kann und die Aalstücke dann nur noch in die Pfanne geben muß, sollte man sich die kleine Mühe ruhig mal für Gäste machen!

Für 4 Personen:

2 Aale (jeweils etwa 600 g, vom Fischhändler ausgenommen und gehäutet), Salz, Pfeffer, 1 gute Handvoll Salbeiblätter, 2 EL geschmacksneutrales oder Olivenöl

1. Den Aal in Stücke von etwa 6 cm schneiden. Salzen und pfeffern.
2. Mit den Salbeiblättern umwickeln, die mit Küchenfaden festgebunden werden.
3. Die Aalstücke in einer großen Pfanne im heißen Öl langsam braten, wobei das eigene Fett herausbraten soll – oder auf dem Grill knusprig werden lassen. Die Stücke auf Küchenpapier gründlich abtupfen.

MARINADE:
1/10 l Sojasauce, 1/10 l Mirin (japanischer süßer Kochwein) oder leicht süßer Sherry (Amontillado), 1 TL feingeriebener Ingwer, 1 EL Sesamöl, 1/2 TL Sichimi togarashi (japanische Gewürzmischung), Saft 1/2 Limone

Variante: Nach Belieben kann man den Aal zuvor auf japanische Art marinieren, dann vorzugsweise auf den Grill legen und nicht in der Pfanne braten. Während des Grillens häufig wenden und immer wieder mit der Marinade bestreichen.

1. Alle Zutaten für die Marinade leise etwa 10 Minuten köcheln lassen. Abkühlen.
2. Die Aalstücke zunächst in einer flachen Schale oder, besser noch, in einem kleinen Plastikbeutel mit der Marinade übergießen. Mindestens 2 Stunden im Kühlschrank marinieren.
3. Weiter wie angegeben verfahren.

Aal grün

Hauptgericht für 4 Personen:

1 kg frischer (»grüner«) Aal, 2 große Bund Dill (es sollten etwa 100 g sein!), 1 Bund Suppengrün (Möhre, Sellerie, Lauch, Petersilie), 1 Zwiebel, 50 g Butter, 2 Lorbeerblätter, 1 gehäufter TL Pfefferkörner, Salz, 1/4 l säurereicher, trockener Weißwein, 100 g Sahne, 2 Eigelbe

Wir servieren dazu, ebenfalls ganz klassisch und sauber ohne Mätzchen, aber mit besten Zutaten zubereitet, in zerlassener Butter geschwenkte Pellkartöffelchen und Gurkensalat. Und begleiten das durchaus sättigende Gericht mit einer säurebetonten, erfrischenden, die Zunge klärenden, trockenen Riesling-Spätlese von Wilhelm Haag aus Brauneberg an der Mosel.

Eine klassische Zubereitung, köstlich und nicht schwierig – aber durch die Schlamperei in schlechten Gasthäusern, elende Mehlschwitzen und in letzter Zeit als vorfabriziertes Industriegericht in Verruf gekommen. Unser gradliniges Rezept begeistert unsere Freunde immer wieder!

1. Den Aal schon vom Händler häuten und ausnehmen lassen. In etwa 4 cm lange Stücke schneiden.
2. Vom Dill gefiederte Blättchen abzupfen und beiseite stellen. Die Stengel mit dem Suppengrün und der Zwiebel würfeln.
3. Die Butter in einem Topf zerlassen, die gewürfelten Gemüse hineingeben und leicht anschwitzen, aber auf keinen Fall Farbe nehmen lassen. Lorbeerblätter, Pfeffer und Salz zufügen, mit Weißwein und 1/4 Liter Wasser angießen. 20 Minuten köcheln lassen.
4. Die Aalstücke einlegen und 20 Minuten ziehen lassen, ohne sie zu kochen. Dann herausheben und warm stellen.
5. Den Kochsud durch ein Sieb abgießen und wieder aufsetzen.
6. Die Sahne mit den Eigelben verquirlen und den Sud damit zu einer Sauce abbinden – kräftig schlagend erhitzen, aber nicht mehr kochen lassen. Abschmecken.
7. Dillblättchen ein wenig hacken und zusammen mit den Aalstücken einige Minuten in der heißen Sauce ziehen lassen.

Aal in Rotwein – Matelote

Ein kräftiges Hauptgericht für 4 Personen:

1 kg frischer Aal, 2 Zwiebeln, 1 Möhre, 2 Stangen Sellerie, 3 Knoblauchzehen, 4 EL Olivenöl, 1 Kräuterstrauß (2 oder 3 Zweiglein Thymian, ein paar Lorbeerblätter, 1 Zweig Rosmarin, einige Petersilienstengel), 3 EL Tomatenmark, ½ l kräftiger Rotwein, Salz, Pfeffer

1. Den Aal schon vom Händler ausnehmen und häuten lassen. In etwa 4 cm lange Stücke schneiden.
2. Zwiebeln, Möhre, Sellerie und Knoblauch würfeln.
3. Olivenöl in einem Topf erhitzen, die gewürfelten Gemüse sowie die Kräuter und Blätter darin leicht anrösten. Wenn alles eine leichte Farbe bekommen hat, die Aalstücke zugeben und ebenfalls anbraten. Dann das Tomatenmark zufügen, mit Wein auffüllen, salzen und mit sehr viel Pfeffer schärfen.
4. 20 Minuten leise köcheln lassen, den Deckel aber nicht auflegen, damit etwas Flüssigkeit verdampfen kann und die Sauce konzentrierter wird.
5. Nach Belieben vor dem Servieren die Kräuterzweige herausfischen.

Kocht der Rotwein nicht genügend ein oder will man die Sauce sämiger, so hebt man nach der angegebenen Garzeit die Aalstücke heraus und bindet die Sauce mit Mehlbutter (30 Gramm Butter mit 1 Eßlöffel Mehl verkneten; nur 1 Minute durchkochen lassen, sonst kommt der Mehlgeschmack wieder hervor). Nach Belieben auch mit kleingehackten Cornichons und Kapern würzen.

Dazu gibt's Bandnudeln, eventuell einen grünen Salat und natürlich einen kräftigen Rotwein, wie man ihn auch zum Kochen benutzt hat: Châteauneuf-du-Pape oder Côtes-du-Rhône.

Elsässer Matelote von Flussfischen

Im Elsaß bereitet und begleitet man das Gericht natürlich mit Weißwein und nimmt nicht nur Aal, sondern eine ganze Mischung verschiedener Fische:

Für 6 Personen:

ca. 2,5 kg Flußfische, z. B.: 1 kleiner Aal (ca. 800 g), je 1 Stück Zander und Hecht (je ca. 500 g), 1 Schleie (ca. 400 g), 1 Forelle (300 g), Salz, Pfeffer

1. Die Fische vorbereiten: Aal häuten, die anderen Fische, wenn es der Händler nicht bereits erledigt hat, schuppen, mit einer Schere die Flossen abschneiden, alle Fische in Portionsstücke schneiden.
2. Die Köpfe für den Sud verwenden. Dafür außerdem das Gemüse putzen und grob zerkleinern, mit Gewürzen und Wein in einen Topf füllen, so viel Wasser angießen, bis alles gut

FISCHSUD:
Je 1 Möhre, Lauch, Zwiebel, Selleriestengel und Knoblauchzehe, 1 Lorbeerblatt, 2 Thymianzweige, 1 Estragonstengel, ½ l Riesling

SAUCE:
2 Schalotten, 2 EL Butter, 1 gehäufter EL Mehl, ¼ l Sahne, Salz, Pfeffer, Muskatnuß, Zitronensaft, 2 Eigelbe

bedeckt ist. Ohne Deckel etwa 30 bis 45 Minuten kochen, schließlich durch ein Sieb filtern. Es sollte jetzt etwa noch ein halber Liter Sud übrig sein.

3. Für die Sauce in ausreichend großem Topf die feingewürfelten Schalotten in der Butter andünsten, mit Mehl bestäuben und einige Minuten durchkochen, aber nicht bräunen.
4. Den Fischsud angießen, aufkochen und nacheinander – je nach Garzeit – die mit Salz und Pfeffer gewürzten Fischstücke in den Sud legen; (die Aalstücke zuvor mit Salz abreiben, um die Schleimschicht zu entfernen). Als erstes kommen die Aalstücke, dann Schleie, Zander, Hecht und zum Schluß die Forellenstücke. Auf sanftem Feuer insgesamt etwa 15 Minuten ziehen lassen.
5. Die Fischstücke schließlich wieder herausheben und in einer großen Schüssel warm stellen.
6. Die Sahne in den Sud gießen und auf nunmehr heftigem Feuer rasch etwas einkochen. Die Sauce mit Salz, Pfeffer, Muskat und Zitronensaft kräftig würzen.
7. Die Eigelbe mit etwas Sauce verquirlen und einrühren, die Sauce heiß und dicklich werden lassen, aber auf keinen Fall noch einmal kochen, damit sie nicht gerinnt. Endgültig abschmecken und über die Fischstücke gießen.
8. Zur Matelote schmecken am besten hausgemachte Nudeln oder Spätzle (Rezepte Seite 231 und 232) und natürlich ein kraftvoller Riesling Grand Cru!

Pouchouse
Burgunder Flußfischtopf

Ein Eintopf aus fetten Fischen, wie Aal, Karpfen oder Schleie, und mageren, wie Hecht, Zander oder Barsch. Mit einem einfachen Weißwein angesetzt und mit reichlich Knoblauch. eine kräftige, herzhafte und dennoch leichte Mahlzeit.

1. Die Fisch vorbereiten: Die mageren Fische quer durch die Rückengräte zu Koteletts schneiden, fette Fische, wie Aal

und Karpfen, filetieren und eventuell zusammenrollen, damit sie nicht austrocknen.
2. Einen ausreichend großen Topf mit Salz ausstreuen, Pfeffer zufügen, die quer halbierten Knoblauchknollen, Schnittfläche nach oben, nebeneinander hineinsetzen.
3. Den Thymianstrauß dazwischenbetten. Darauf die Fische verteilen und schließlich alles mit Wein bedecken. Rasch, auf starkem Feuer, zum Kochen bringen.
4. Inzwischen Mehl und Butter verkneten. Sobald der Wein heftig kocht, die Mehlbutter einschwenken. Am Topf rütteln, bis sich alles gut mischt, jetzt auf kleinem Feuer leise 20 Minuten köcheln.
5. Die Fischstücke in einer Terrine anrichten, die Sauce noch einmal brodelnd aufkochen, abschmecken und durch ein Sieb über den Fisch gießen. Mit Knoblauchcroûtons servieren.

Für 4 – 6 Personen:

insgesamt ca. 1,5 kg Fisch (in Portionsstücken), 2 gestrichene EL grobes Meersalz, 1 gehäufter TL grob geschroteter Pfeffer, 4 ganze Knoblauchknollen, 1 Thymianstrauß, ½ l Weißwein (Aligoté), 1 gehäufter EL Mehl, 30 g Butter

Räucheraal auf Kartoffelsuppe

Übrigens ist es ein Mißverständnis, wenn es heißt, die kleinen Aale seien besser und zarter als ausgewachsene große. Je größer, also älter und fetter der Fisch, desto saftiger kommt er aus dem Rauch und um so kräftiger ist sein Geschmack!

Vorspeise für 8, Hauptgericht für 3 – 4 Personen:

2 Möhren, ½ Sellerieknolle, das Weiße einer Lauchstange, 1 großes Bund Petersilie, 2 Zwiebeln, 60 g Butter, 1 kg mehligkochende Kartoffeln, 2 Lorbeerblätter, 2 Nelken, viel Majoran, Salz, Pfeffer, 1 ¼ l Fleischbrühe, 1 mittelgroßer oder 2 kleine Räucheraale

1. Möhren, Sellerie, Lauch, die Stengel der Petersilie (Blätter abzupfen und zugedeckt beiseite stellen) und die Zwiebeln hacken. In einem großen Topf die Butter zerlassen und das Gemüse darin unter öfterem Umrühren andünsten.
2. Währenddessen die Kartoffeln schälen. Mit Lorbeerblättern, Nelken, Majoran, Salz und Pfeffer zu dem Gemüse geben. Mit Fleischbrühe aufgießen und zugedeckt eine halbe Stunde kochen lassen.
3. Aal(e) häuten, das Fleisch ablösen und in mundgerechte Stücke teilen. Petersilienblätter hacken.
4. Petersilie in die Suppe rühren, dabei die Kartoffeln ein wenig, aber nicht vollkommen zerdrücken. Abschmecken und in Suppentellern verteilen.
5. Die Aalstücke darauf anrichten und sofort servieren.

Dazu gibt's geröstetes Graubrot, daß man sich mit Knoblauch abreiben kann, und einen fruchtigen Weißwein (Pfälzer Riesling), für Liebhaber auch einen Korn …

Gebackener Karpfen

Wer eine elektrische Friteuse besitzt, die geruchlos und geräuscharm alles von selbst erledigt, wird diese Zubereitungsart zu schätzen wissen – wenn man für vier Personen Karpfen bäckt, muß man in zwei Partien arbeiten und kann die erste bereits verspeisen, während die zweite das heiße Ölbad nimmt.
Hier zwei ganz verschiedene Ausbackteige – der eine dick und sättigend, wie in Franken geradezu klassisch, der andere leicht und knusprig, wie ihn die Asiaten lieben.

Für 4 Personen:

1 schöner Karpfen von 1,5 kg, Salz, Pfeffer, Fett/Öl/Schmalz zum Ausbacken, Zitronenschnitze

FRÄNKISCHER AUSBACKTEIG:
175 g Mehl, ¼ l Bier, 2 Eier, Salz,

ASIATISCHER AUSBACKTEIG:
85 g Mehl, 85 g Kartoffelstärke, 15 g Backpulver, ¼ l eiskaltes Wasser, 1 EL Öl, Salz

1. Zunächst den Ausbackteig anrühren – beide Varianten sollten Zeit zum Quellen haben, damit sich der Kleber entwickeln kann: Für den fränkischen Teig Mehl mit Bier anrühren, die Eier trennen und die Eigelbe mit etwas Salz in den Teig schlagen. Kurz vor Verwendung die Eiweiße zu halbsteifem Schnee schlagen und vorsichtig unterziehen. Für den asiatischen Teig einfach alle Zutaten verquirlen.
2. Den Karpfen schon vom Händler schuppen und ausnehmen, eventuell auch gleich in die entsprechenden Stücke schneiden lassen: Längs halbieren, dann quer in etwa drei Zentimeter breite Scheiben schneiden. Wer empfindlich ist, sollte vorher die Hauptgräten entfernen – das Essvergnügen gewinnt dadurch.
3. Das Fett auf 180 Grad erhitzen – falls Sie im normalen Topf ausbacken: an einem hineingehaltenen hölzernen Kochlöffelstiel bilden sich viele kleine Bläschen.
4. Die Fischstücke salzen, pfeffern, mit einer Gabel durch den Teig ziehen und 6 bis 8 Minuten fritieren. Herausheben und auf Küchenpapier entfetten, mit ein wenig Salz bestreuen und mit Zitronenschnitzen umlegt servieren.

Es ist eine Frage des persönlichen Geschmacks, welches Fett man zum Ausbacken nimmt. Unproblematisch ist natürlich ein spezielles Brat- und Ausbackfett (Plattenfett) oder geschmacksneutrales Öl. Kenner ziehen jedoch fruchtiges Olivenöl, aromatisches Butterschmalz oder würziges Schweineschmalz vor.

Zum gebackenen Karpfen gehören unbedingt zwei oder drei verschiedene Salate, die natürlich selbst gemacht werden. Hier ein Angebot, das Ihnen eine persönliche Auswahl erlauben soll:
Kartoffelsalat aus festkochenden Kartoffeln vom Vortag, angemacht mit viel gehackten Zwiebeln, etwas heißer Brühe, Salz, Pfeffer, Weißweinessig und kaltgepreßtem Rapsöl. Mit reichlich Schnittlauch auch einen farblichen Akzent setzen!

Rote-Bete-Salat aus frisch gekochten Knollen in dünnen Scheiben, angemacht mit ziemlich viel Zitronensaft, einem Schuß-Rotweinessig, Salz, Pfeffer, gemahlenem Piment, etwas Zimt und Nelken, einigen Lorbeerblättern und weißen Zwiebelringen sowie Walnuß- oder Haselnußöl.
Selleriesalat aus frisch gekochter Knolle in Scheibchen, angemacht mit Estragonessig, Salz, Pfeffer, Senf und Olivenöl. Wunderbar auch die Variante aus dem rohen Knollensellerie, fein geraspelt.
Gurkensalat aus geschälter, dünn gehobelter Gurke mit Dill, Zitronensaft, Salz, Pfeffer, Joghurt und etwas steirischem Kürbiskernöl.
Möhrensalat aus roh geraspelten Möhren, angemacht mit Zitronensaft, Salz, Pfeffer, gehackter Petersilie und Olivenöl.
Weißkrautsalat aus roh in feine Streifen geschnittenem Kraut, weichgestampft mit Salz, dann gewürzt mit Pfeffer und Kümmel, umgewendet mit einer leichten Mayonnaise.
Kopf- oder Endiviensalat, angemacht mit einer Essig-Öl-Vinaigrette, wenig Knob- und viel Schnittlauch.
Tomatensalat aus in nicht zu dünne Scheiben geschnittenen Tomaten und einer Essig-Senf-Knoblauch-Olivenöl-Vinaigrette und viel frischem Basilikum.
Dazu gibt es Bier oder einen herzhaften, trockenen Weißwein (Riesling oder Silvaner aus Franken).

Karpfenpaprikasch

Für 4 Personen:

1 Karpfen von 1,2 – 1,5 kg, 500 g grüne Paprikaschoten, 300 g Zwiebeln, 3 große Knoblauchzehen, 40 g Schweineschmalz oder ein anderes Fett, 1 gehäufter EL Paprika edelsüß, 1 TL Delikateßpaprika scharf, 1 Glas kräftiger, trockener Rotwein, Salz, Pfeffer, 200 g saure Sahne, 1 kleines Bund Petersilie

Wildkarpfen hat man früher das ganze Jahr über gefangen – also auch zur Zeit der in Ungarn heimischen (und heute vorwiegend in Holland produzierten) Paprikaschoten. Dieses Paprikasch – übrigens der Begriff für ein mit Sahne gebundenes Gulasch – ist nämlich ein spätsommerliches Gericht aus der ungarischen Küche. Doch werden Zuchtkarpfen heute mehr im Winter bis über Ostern angeboten – auch eine gute Zeit für das deftige Paprikasch, denn dann kommen vorzügliche Paprika aus Südspanien zu uns.

1. Den Karpfen vom Händler ausnehmen und durch das Rückgrat halbieren lassen. Kopf mitnehmen.

Charakteristisch für die ungarische Küche ist die Verwendung von Schweineschmalz, was dem Gericht eine besondere Note verleiht. Wer den ausgeprägten Geschmack nicht mag oder ein gesünderes Fett will, weicht auf Butterschmalz, Olivenöl oder ein Pflanzenöl aus.

Als Beilage servieren Sie körnigen Reis, Tarhonya (Eiergraupen), gedämpfte oder Salzkartoffeln. Und als Getränk einen kräftigen Rotwein, mit dem man auch gekocht hat – vorzugsweise ein Blaufränkisch aus dem Burgenland.

2. Karpfen waschen, die beiden Hälften in 4 bis 5 cm große Stücke schneiden – genau wie für ein Fleischgulasch.
3. Paprikaschoten halbieren, entkernen und in gut ½ cm breite Streifen schneiden.
4. Zwiebeln schälen und in Scheiben hobeln, Knoblauch hacken.
5. In einem breiten, recht großen Topf das Schmalz zerlassen und die Zwiebeln zufügen. Bei milder Hitze dünsten. Wenn sie glasig zu werden beginnen, den Knoblauch und die Paprikastreifen zufügen. Werden diese weich, mit den beiden Paprikapulversorten anstäuben, langsam etwas dünsten, damit sich der Geschmack entwickelt – aber Vorsicht, das Paprikapulver darf nicht anrösten, sonst wird es bitter.
6. Die Fischstücke zufügen, mit dem Wein ablöschen, salzen und pfeffern. Deckel auflegen und die Fischstücke unter öfterem Rütteln am Topf, damit sie nicht anbacken und sich immer wieder mit der Flüssigkeit vermischen, etwa 10 Minuten schmoren. Dann die Sahne unterrühren, abschmecken und bei ausgeschaltetem Herd nochmals einige Minuten ziehen lassen.
7. Petersilie hacken und zum Schluß einrühren. Dann sofort servieren.

Gebratene Weißfische

Sie können hierzu alle Fische nehmen, die man gerne unter dem Begriff »Weißfische« zusammenfaßt, die alle zur Familie der Karpfen gehören – Ukelei, Güster, Rotfeder, Aitel oder Döbel, Plötze, Elritze oder, am besten eignen sich, finden wir: große Brachsen. Alle schmecken gut, werden aber weniger geschätzt, weil sie so viele Gräten haben: Der Kenner kann sie also billig kaufen, und bereitet er sie auf die angegebene Art zu, mit Genuß verspeisen, weil durch das lange Braten die kleineren Gräten knusprig werden und mitgegessen werden können, und die großen lassen sich leicht heraussammeln. Obendrein ist das Rezept auch organisatorisch für viele Gäste gut zu bewältigen.

1. Fische vom Händler schuppen und ausnehmen lassen. Zu Hause waschen und quer in 2 bis 3 cm breite Scheiben (Kote-

letts) schneiden. Mit Senf, Salz, Pfeffer und zwei Eßlöffeln Öl in einer Schüssel gut umwenden und 2 Stunden marinieren lassen.
2. Das restliche Öl in einer großen Pfanne erhitzen und die Fischstücke darin bei mittlerer Hitze langsam braun und knusprig braten – keine Angst, sie trocknen nicht aus, auch wenn Sie die Fischstücke insgesamt eine halben Stunde braten. Wenn nicht alle Stücke zusammen in der Pfanne Platz haben, in zwei Partien braten.
3. Heiß, mit im letzten Augenblick gehackter Petersilie bestreut servieren.

Für 6 Personen:

2 – 2,5 kg Weißfische, 6 EL mittelscharfer oder scharfer Delikateß-Senf, Salz, Pfeffer, 6 EL Sonnenblumenöl, 1 Bund Petersilie

Dazu gibt es frisch gekochte, mit viel gehackter Petersilie, einem Schuß Sahne und etwas von dem Kochwasser umgewendete Salzkartoffeln, die fast vollständig zerdrückt beziehungsweise zerfallen sind. Weiterhin ein Kopfsalat mit gemischten Kräutern und ein Möhrengemüse – dafür 1 Kilo Möhren raspeln und in 40 Gramm Butter mit Salz, Pfeffer und einer Prise Kreuzkümmel in 10 Minuten zugedeckt gar dünsten. Als Getränk servieren Sie nach Belieben Bier oder Weißwein.

Gut paßt ein Kranz kümmelduftendes Möhrengemüse

Forellen

Bei den meisten der in den Teichen gemästeten und in den Geschäften angebotenen Fischen handelt es sich um Regenbogenforellen, die ihren Namen von der silbrig schimmernden, in den Farben des Regenbogens irisierenden Haut verdanken. Da sie ja schneller wachsen, werden sie den heimischen Bachforellen vorgezogen – außerdem muß der Teichwirt beide Arten getrennt halten (was mehr Aufwand und größere Teichanlagen bedeutet). Die anspruchsvollere, klareres Wasser und besseres Futter verlangende Bachforelle, mit den rot und orange leuchtenden Pünktchen auf dem grünlich-schwarzen Rücken und am ebenfalls silbernen Bauch, schwimmt in Schuberts Lied noch frei im Bach, kommt aber inzwischen längst ebenfalls aus Teichen. Der Name »Bachforelle« deutet nämlich nicht auf die Herkunft des Tieres hin, sondern ist der korrekte Gattungsbegriff. Etwas verwirrend, wenn eine Bachforelle im Teich gezogen wird …

Bei den »Lachsforellen« handelt es sich im übrigen nicht um eine Fischart, sondern ganz allgemein um Forellen mit rosafarbenem Fleisch. Das können Meerforellen sein, die im Salzwasser gehalten werden, Seeforellen aus unseren Süßwasserseen, aber auch Bachforellen oder Regenbogenforellen.
Regenbogenforellen können, bekommen sie ein Futter ohne Farbstoff (Karotin) oder Anteil von Krebsschalen, ein fast weißes Fleisch haben. Wildlebende finden jedoch immer irgendwelche Krebstiere und Asseln als Nahrung, so daß sich ihr Fleisch fast immer mehr oder weniger rosa oder sogar orange-rötlich färbt. Am leichtesten lassen sie sich durch Mast mit dem entsprechenden Futter färben. Gerade für sie gilt aber, wie der Gesetzgeber meint, die Bezeichnung »Lachsforelle« als irreführend – und ihm schwebt vor, daß sie eigentlich »lachsfarbene Regenbogenforellen« heißen müßten. Weil es nun aber meist Regenbogenforellen sind, die als Lachsforellen angeboten werden, wollen die Erzeuger (vor allem die dänischen), gerne den begehrten, aufwertenden Begriff »Lachsforelle« auch für ihre im krebstierreichen Meer billig erzeugten Regenbogenforellen verwenden dürfen. Das übliche Anliegen vieler Massenproduzenten, um den Verbraucher hinters Licht zu führen ... Denn was bisher gesetzmäßig als Lachsforelle bezeichnet werden darf, muß ja tatsächlich von ausgezeichneter Qualität sein: Die schweren, jahrealten, herrlich rosa- oder lachsfarbenen Seeforellen schmecken am besten!
Natürlich schmecken Fische ganz frisch am besten. Allerdings: Soeben gefangene und geschlagene Fische platzen beim Sieden auf, sie zerfallen fast – es ist also kein Fehler des Koches, sondern vielmehr der Beweis für ein wirklich frisch erlegtes Tier, wenn Sie im Gasthaus am Forellenbach eine wild aufgesprungene und wenig ansehnliche Forelle serviert bekommen. Dieses frische, nicht ausgeruhte Fleisch hat einen unvergleichlichen Biß: saftig, aber fest, ohne zäh oder auch nur im mindesten trocken zu sein, wenn man den Fisch nicht übergart!
Will man eine Forelle nach Art der Müllerin zubereiten, muß man sie daher wenigstens eine Stunde vor dem Braten geschlachtet haben, denn sonst biegt sie sich in der Pfanne auf und kann nicht gleichmäßig garen.
Eine frisch getötete Forelle können Sie ausgenommen ohne weiteres drei Tage im Kühlschrank aufbewahren, am besten in Klarsicht- und zusätzlich Alufolie verpackt, an der kältesten Stelle.

Für eine längere Aufbewahrung empfiehlt sich das Einfrieren – bis zu drei Monate ist kein Qualitätsverlust zu verspüren, dann allerdings beginnt das empfindliche Fischfett sich trotz der schützenden Kälte zu verändern und es kommt ein tranig-muffiger Geschmack auf. Bei größeren, fetteren Tieren ist das früher spürbar als bei den kleinen, mageren Portionsforellen. Länger als sechs Monate sollte man gute Forellen nicht aufbewahren.
Tiefgekühlte Forellen vor der Zubereitung im Kühlschrank so langsam wie möglich auftauen lassen. Und länger eingefrorene nicht einfach »blau« zubereiten, was jeden geschmacklichen Fehler aufdeckt, sondern lieber braten oder in einer würzigen Sauce servieren. Forellen sind eben empfindlich und ganz frisch am besten, wenn sie eben noch so munter wie in Schuberts Lied waren …

Forelle blau

Für 4 Personen:

4 Portionsforellen (um 350 g)

SUD:
2 Zwiebeln, 2 Möhren, 1 Lauchstange, ⅛ Sellerieknolle (oder 1 Stengel Staudensellerie), einige Petersilienstengel, ½ l trockener Weißwein, 1 Schuß guter Weißweinessig, 50 g Salz, 1 gehäufter TL Pfefferkörner, 4 Pimentkörner, 2 Lorbeerblätter

1. In einem Fischkoch- oder anderen länglichen Topf den Sud mit den angegebenen Zutaten (die Gemüse geputzt und in etwa 4 cm lange Stücke geschnitten bzw. die Zwiebeln geviertelt) aufsetzen. Diesen Sud wenigstens 20 Minuten kochen lassen, ehe die Forellen eingelegt werden.
2. Die Forelle ausnehmen und auswaschen, dabei aber den auf der Außenhaut sitzenden Schleim nicht zerstören, denn er sorgt für die Blaufärbung.
3. Ganz frische Forellen nur etwa 8 Minuten, schon länger geschlachtete Tiere 10 Minuten ziehen lassen. Auf einer Platte anrichten und mit etwas Gemüse aus dem Sud umlegen.

Beilage: Junge Pell- oder Petersilienkartoffeln und haselnußbraune Butter und unbedingt ein grüner Salat. Wir lieben dazu besonders Butterkartoffeln (Seite 405).

Forelle Müllerin

Die gründlich gereinigten und sorgfältig getrockneten Forellen werden inwendig gesalzen und mit etwas Zitronensaft beträufelt. Dann wendet man sie in Mehl, schüttelt sie, am Schwanz gepackt, kräftig hin und her, um alles überflüssige Mehl wieder zu entfernen. Jetzt werden sie in einer recht großen Pfanne (damit alle austretende Flüssigkeit verdampfen kann) in schäumender Butter (niemals in einem anderen Fett!) von beiden Seiten sechs bis sieben Minuten goldbraun braten. Wichtig: Die Hitze darf niemals so stark werden, daß die Butter verbrennt! Forellen auf vorgewärmten Tellern oder einer Platte anrichten, das Bratfett aus der Pfanne abgießen und nun ein schönes Stück frischer Butter in der Pfanne zerlassen, jetzt jedoch haselnußbraun werden lassen, bis sie duftet. Über die Forellen gießen, die in der aufschäumenden Butter serviert werden müssen. Dazu gibt's Salzkartoffeln und eine große Schüssel Kopfsalat. Und als Getränk darf es ein kräftiger Riesling sein, aus der Südpfalz oder sogar aus dem Elsaß.

Forelle in Folie

Die perfekte Art des Garens, ohne Geruchsbelästigung, ohne lästige Spülerei, fast ohne das sonst immer vorhandene Risiko, den Fisch zu übergaren …

Pro Person:

1 Forelle von etwa 350 g, 20 g Butter, Salz, Pfeffer, 2 Stengel Petersilie, Dost (Oregano), Estragon, Basilikum oder Kerbel, Butter für die Alufolie

1. Gleich zu Beginn den Ofen auf 220 Grad vorheizen.
2. Die Forellen auswaschen, aber die Schleimschicht auf der Haut nicht zerstören. Vorsichtig abtrocknen. Ein paar Butterstückchen in den Bauch legen, salzen, pfeffern und die Kräuterstengel hineinlegen.
3. Ein ausreichend großes Blatt Alufolie abreißen und mit zimmerwarmer Butter einstreichen – das geht am besten mit den Fingerspitzen. Die Forelle darauflegen und das Paket verschließen: Die beiden Längsseiten hochnehmen und mehrmals über der Mitte der Forelle einkniffen, dann die Enden mehrmals einkniffen und hochbiegen.

4. Auf den Rost legen und auf der mittleren Schiene in den vorgeheizten Ofen schieben. Rechnen Sie 18 bis 20 Minuten.
5. Die Pakete auf einer mit einer Serviette belegten Platte anrichten und erst am Tisch öffnen.

Dazu gibt es Pell-, Dampf-, Salz- oder die auf Seite 405 beschriebenen Butterkartoffeln und ein mit frischen Kräutern gewürzter grüner Salat. Und wir trinken dazu einen frischen, aber gehaltvollen, kräftigen Riesling, etwa einen Smaragd aus der Wachau aus Österreich, eine trockene Spätlese aus Pfalz oder Rheingau.

Gedünstete Forellen à la chinoise

Für 2 – 4 Personen:

2 große frische Forellen (je 400 g), 3 Frühlingszwiebeln, 1 Stück Ingwer (etwa 3 cm), 1 Knoblauchzehe, 4 EL Öl, 2 EL trockener Sherry, 2 EL Sojasauce, 1 TL Zucker, 1/4 TL schwarzer Pfeffer aus der Mühle, Salz, 1/2 TL Speisestärke, 1 TL Essig oder Zitronensaft, 1 TL Sesamöl

1. Die Forellen innen und außen gut waschen, mit einem schweren Küchenmesser (oder dem chinesischen Küchenbeil) schräg die Köpfe abtrennen. Fische längs, entlang der Rückengräte, halbieren. Die großen Bauchgräten auslösen. Herausstehende Gräten entfernen.
2. Frühlingszwiebeln waschen und putzen, Ingwer und Knoblauch schälen. Zwei Frühlingszwiebeln in 5 cm lange, feine Streifen schneiden. Ingwer und Knoblauch hacken. Im heißen Öl in einer Pfanne anrösten. Die Fischhälften – Hautseite nach unten – in die Pfanne legen. Etwa 20 Sekunden braten, dann mit dem Sherry ablöschen. Sojasauce, Zucker, Pfeffer und Salz zufügen.
   Die Hitze herunterschalten, Deckel auflegen. Die Fischstücke 10 Minuten dünsten, dabei ab und zu an der Pfanne rütteln.
3. Stärke, Essig und Sesamöl verquirlen, über den Fisch gießen, die Fischstücke darin umdrehen und noch für 1 Minute in der Pfanne lassen, dabei die Pfanne schwenken, so daß die Flüssigkeit überall hinkommt.
4. Die dritte Frühlingszwiebel klein hacken, über die Fischstücke streuen. Diese nochmals in der Sauce wenden und auf einer heißen Platte unverzüglich auftragen.

Für 2 Personen:

400 g ausgelöstes Zanderfilet, 1 Knoblauchzehe, 1 Stück Ingwer (etwa 1 cm), 2 Frühlingszwiebeln, 2 rote Chilischoten, 1 EL Sojasauce, 1 EL trockener Sherry, 1 TL Sesamöl, ½ TL Zucker, Salz, schwarzer Pfeffer aus der Mühle, evtl. Koriandergrün zum Garnieren

Statt Zander können Sie auch jedes andere Fischfilet verwenden. Noch pikanter wird das Gericht, wenn Sie einen Teelöffel schwarze Bohnen aus der Dose (falls Sie getrocknete verwenden, diese zuvor einweichen) darüber streuen. Dann jedoch nicht zusätzlich salzen.

Gedämpftes Zanderfilet mit Frühlingszwiebeln

1. Die Filetstücke waschen, mit Küchenpapier gut trocken tupfen. Auf einem flachen, feuerfesten Teller verteilen.
2. Knoblauch und Ingwer schälen, die Frühlingszwiebeln und Chilischoten waschen und putzen. Eine Frühlingszwiebel mit dem Knoblauch und Ingwer fein hacken, eine Chilischote in feine Ringe schneiden und alles über den Fisch streuen. Die zweite Frühlingszwiebel und Chilischote längs halbieren, dann quer in 4 cm lange Streifchen schneiden. Dekorativ um und auf die Fischfilets streuen.
3. Die restlichen Zutaten mit den Gewürzen verquirlen, gleichmäßig über den Fisch gießen.
4. Den Teller auf einem Siebeinsatz oder auf umgedrehten Tassen in einen ausreichend großen, etwa zwei Finger hoch mit Wasser gefüllten Topf stellen. Den Fisch zugedeckt im heißen Dampf 5 Minuten garen. Nach Belieben noch mit etwas Koriandergrün bestreuen.

Asienwürzig gedämpfter Hecht mit schwarzen Bohnen

So wie hier der Hecht lassen sich auch Portionsfische zubereiten. Das Grundprinzip ist ganz einfach: Die Fische werden an ihrer dicksten Stelle mit einem scharfen Messer eingeschnitten, damit die Gewürze und die Hitze besser eindringen können. Man bettet dann die Fische auf eine Platte, die man mit Sesamöl einpinselt – nicht nur wegen seines Dufts, es verhindert auch, daß der Fisch daran festklebt. Schließlich verteilt man die Gewürze und Würzflüssigkeiten auf dem Fisch und läßt ihn nun über heißem Dampf garen. Dabei wird der Wok mit einem Deckel verschlossen, damit der Dampf zirkulieren kann. Je nach Größe der Platte stellt man sie entweder direkt in den Wok – dabei muß gewährleistet sein, daß sie nicht kippt und daß rundum genügend Platz bleibt, damit Dampf aufsteigen kann. Oft wird es gut sein, die Platte oder den Teller auf einen Rost zu setzen, der für Stabilität sorgt und dafür, daß genügend Raum für das Wasser zur Dampferzeugung bleibt.

Für 4 – 6 Personen:

1 Hecht von ca. 1 kg, EL Sesamöl, 1 walnußgroßes Stück Ingwer, 2 Knoblauchzehen, 1 frische rote Chilischote, 2–3 Frühlingszwiebeln, 1 EL fermentierte schwarze Bohnen, 1 EL Sojasauce, 2 EL Sherry, ½ TL Zucker, Salz, Pfeffer, 1 EL neutrales Öl, Koriandergrün

1. Den Fisch innen und außen gründlich waschen. Mit einem scharfen Messer entlang der dicksten Stelle jeweils schräg mehrmals knapp ½ Zentimeter tief einschneiden, dabei die Schnitte parallel nebeneinandersetzen. Den Fisch auf eine feuerfeste Platte betten, die zuvor mit Sesamöl eingepinselt wurde.
2. Den Ingwer schälen, die Schalenstücke in den Fischbauch legen. Die Hälfte des Ingwerstücks in feinste Streifen schneiden und auf dem Fisch verteilen, dabei auch in die Einschnitte drücken; die andere Hälfte hacken und ebenfalls in den Bauch streuen.
3. Auch den Knoblauch in feine Streifchen schneiden, ebenso die Chilischote – diese zuvor entkernen.
4. Die Ingwer-, Knoblauch- und Chilistreifen möglichst dekorativ auf dem Fisch anordnen.
5. Die Frühlingszwiebeln in feine Ringe schneiden und ebenfalls über dem Fisch verteilen.
6. Die schwarzen Bohnen in einem Eßlöffel heißem Wasser einweichen, grob zerdrücken und mit Sojasauce, Sherry, Zucker, neutralem Öl und restlichem Sesamöl verrühren. Über den Fisch verteilen.
7. Alles zum Schluß noch salzen und pfeffern.
8. Die Platte in den zwei Finger hoch mit Wasser gefüllten Wok oder den länglichen Fischkochtopf setzen, so daß das Wasser auf jeden Fall die Platte nicht erreicht. Den Deckel aufsetzen, im nun aufsteigenden und dann zirkulierenden Dampf etwa 12 bis 15 Minuten garen. Der Fisch ist gar, wenn er auf Fingerdruck ganz zart nachgibt, etwa wie zimmerwarme Butter.
9. Die Platte aus dem Wok nehmen. Den Fisch großzügig mit zerzupften Korianderblättchen bestreuen und sofort servieren.

Froschschenkel mit Petersilie

Die Franzosen wissen schon, was gut ist: saftige, fleischige Froschschenkel, zart und herrlich nach Petersilie und Knoblauch duftend! Leider hat man bei uns Schwierigkeiten, sie zu kaufen. Es gibt sie am ehesten dort, wo Gastronomen einkaufen.

Für 2 Personen:

400 g erstklassige Froschschenkel, Salz, Pfeffer, Mehl zum Bestäuben, 1 EL Traubenkernöl, 50 g Butter, 2–4 Knoblauchzehen, reichlich Petersilie

1. Die Froschschenkel mit Küchenpapier sauber und trockentupfen. Salzen, pfeffern, hauchzart mit Mehl überpudern. In einer Pfanne das Öl mit 2 Eßlöffeln Butter erhitzen, die Froschschenkel zufügen und rasch golden braten.
2. Nach etwa vier Minuten die restliche Butter, durchgepreßten Knoblauch und reichlich fein gehackte Petersilie zufügen. Einmal aufrauschen lassen, gut mischen und heiß servieren. Mit den Fingern essen und einen kräftigen Chardonnay dazu trinken!

Nordmeerfische

Seeteufel, auch Anglerfisch genannt, französisch Lotte, ist bei vielen Fischfreunden so beliebt, weil sein Fleisch nicht von Gräten durchzogen ist. Löst man es von der knorpeligen Mittelgräte, bekommt man schieres, angenehm festes Fleisch, das problemlos auch von ungeschickten Menschen zu essen ist. Allerdings neigt es zu Trockenheit, wenn man es zu heiß oder zu lange gart. Vorsicht ist also geboten: entweder scharf anbraten und dann bei sanfter Temperatur nachziehen lassen oder ganz langsam auf milder Hitze garen.

Seeteufel in würziger Sauce
Lotte à l'américaine

Dieses Rezept trägt der feinen Würze des Fleisches volle Rechnung. Es lohnt sich nicht, das Gericht in kleinerer Menge zuzubereiten, weil sonst die Sauce nicht gut gelingt. Man rechnet relativ wenig Fisch, weil das Fleisch des Seeteufels gut sättigt und die Sauce auch nicht eben leicht ist …

Für 4 Personen:

Etwa 800 g Seeteufel am Stück – es sollen gute 600 g übrigbleiben, 1 große Zwiebel oder 5 Schalotten, 3 Fleischtomaten, 3 Knoblauchzehen, 1 kleines Bund glatte Petersilie, 3 EL Olivenöl, Salz, Pfeffer, 1 Lorbeerblatt, 1 ordentliche Prise Thymian, 3 EL Cognac oder Weinbrand, 1 Glas (1/8 l) sehr kräftiger, trockener Weißwein (siehe Anmerkung zu den Getränken), 150 g Butter, 1 Spritzer Zitronensaft, Cayennepfeffer

Wenn Sie keine glattblättrige Petersilie bekommen, nehmen Sie normale krause und fügen ein kleines Sellerieblatt und etwas Liebstöckel hinzu, um eine ausgeprägtere Würze zu erreichen.

1. Die Seeteufelfilets sorgfältig von der gallertigen Mittelgräte schneiden und von allen Häuten und Sehnen befreien – vielleicht macht Ihnen das schon Ihr Fischhändler, wenn Sie ihn drum bitten. Im allgemeinen aber wird man zu Hause »nacharbeiten« müssen. Schließlich die Filets in etwa 2 cm große Würfel schneiden.
2. Zwiebel oder Schalotten fein würfeln. Die Tomaten überbrühen, unter kaltem Wasser abschrecken, häuten, entkernen und das Fruchtfleisch ebenfalls in Würfelchen schneiden. Knoblauchzehen schälen, die Petersilie fein hacken.
3. Das Öl in einem Brattopf (Sauteuse) erhitzen, bis es deutliche Schlieren zieht und fast zu rauchen beginnt. Die Fischwürfel darin auf allen Seiten hellgolden braten – wenn nicht alle Würfel auf dem Topfboden Platz haben, in zwei Partien braten, damit sie auf keinen Fall Wasser ziehen. Dabei salzen und pfeffern. Nach dem Braten die Würfel mit dem Schaumlöffel herausheben und beiseite stellen.
4. In demselben Bratöl nun die Zwiebeln oder Schalotten hellgelb dünsten. Tomatenwürfel zufügen, die Knoblauchzehen durch die Presse hineindrücken. Lorbeerblatt, Thymian und die Hälfte der Petersilie zufügen. Durchmischen, auf starker Flamme kurz einkochen lassen, bis alle Flüssigkeit verdampft ist.
5. Fischstücke wieder zurück in den Topf geben, den Cognac (Weinbrand) angießen und anzünden. Wenn die Flamme am Erlöschen ist, auch den Wein zufügen. Hitze herunterschalten und alles noch etwa 6 Minuten unbedeckt kochen lassen, so daß sich die Flüssigkeit reduziert.
6. Die Fischstücke erneut herausnehmen und in der Schüssel, in der sie serviert werden sollen, zugedeckt warm stellen. Die Sauce durch ein feines Sieb passieren und neben dem

Dazu gibt es Reis und einen unbedingt vollen, kräftigen und körperreichen, dennoch eleganten und möglichst einige Jahre alten Weißwein. Am besten ein Burgunder oder eine deutsche Spätlese trocken – entweder ein Riesling aus dem Rheingau oder von der Nahe, ein Weißburgunder aus Franken oder vom Kaiserstuhl. Diesen Wein auch zum Kochen verwenden!

Herd mit der Butter, die in kleinen Flöckchen zugegeben wird, schaumig-cremig aufschlagen. Am besten geht das mit dem Pürierstab.

7. Sauce mit Salz, Pfeffer, Zitronensaft und Cayennepfeffer abschmecken – sie soll eine spürbare Schärfe bekommen und eine zarte, sie leichter machende Säure.
8. Über die Fischstücke gießen, alles noch ein wenig durchmischen und mit der restlichen Petersilie bestreut servieren.

Seeteufel in frischer Tomatensauce

Der Witz dieser Zubereitung liegt in der frischen Tomatensauce, die gleichzeitig süß und säuerlich-fruchtig sein muß, nichts von der dicken Karamelschwere fertiger Tomatensaucen haben darf. Wer mag, püriert und schlägt die Sauce mit dem Mixstab oder im Mixer ganz fein auf. Das macht sie zart und duftig!

Für 4 Personen:

750 g Seeteufel (ohne Kopf, gehäutet), 1 Zwiebel, 6 Knoblauchzehen, 1 kg Fleischtomaten, 1 Bund Petersilie, 3 EL Olivenöl, Salz, Pfeffer, 1 Glas ($^1/_{10}$ l) kräftiger Rotwein, etwas abgeriebene Zitronenschale, Cayennepfeffer

1. Seeteufel in knapp 3 cm große Würfel schneiden.
2. Zwiebel und Knoblauch hacken, Tomaten überbrühen, häuten, entkernen und das Fruchtfleisch in Würfelchen schneiden, Petersilie kleinschneiden.
3. Öl in einem Brattopf oder im Wok erhitzen. Die Fischwürfel darin auf allen Seiten hellgolden braten – eventuell in mehreren Partien, damit sie kein Wasser ziehen. Dabei salzen und pfeffern. Herausheben, abtropfen und zugedeckt beiseite stellen.
4. Jetzt Zwiebeln und Knoblauch anschwitzen, Tomaten und die Hälfte der Petersilie zufügen, würzen. Kurz auf größter Hitze einkochen, bis die von den Tomaten abgegebene Flüssigkeit verdampft ist. Fischstücke daraufgeben, den Wein angießen. Hitze herunterschalten und alles noch einige Minuten kochen lassen, damit sich die Aromen verbinden und der Alkohol verfliegt.
5. Sauce noch einmal mit Salz, Pfeffer, Zitronenschale und Cayennepfeffer abschmecken, eventuell fein mixen und mit der restlichen Petersilie bestreuen.

Wir sehen diese Zubereitung als ein Zwischengericht und essen dann nur Weißbrot dazu. Serviert man es als Hauptgericht, dann kann man Nudeln, Kartoffeln oder Reis dazu reichen. In jedem Falle paßt ein kräftiger Rotwein – etwa ein voller, kräftiger und körperreicher Rotwein –, etwa ein guter Barbera aus Piemont, ein Rioja, eine Chianti Classico Riserva oder ein im Barrique gereifter Spätburgunder aus Baden. Denn: warum soll man zu Fisch immer nur Weißwein trinken?

Knurrhahn aus dem Rohr

Der Knurrhahn, den man nicht selten tiefgekühlt kaufen kann, ist ein bei uns unterschätzter Fisch – in Britannien und Italien liebt man ihn dagegen sehr, weil er auf Hitze so wenig empfindlich reagiert. Dieses Rezept haben wir in Ligurien entdeckt – aber die in unseren Läden angebotenen Fische stammen aus Atlantik oder Nordsee.

Für 2 Personen:

1 Knurrhahn von wenigstens 600 g, Salz, Pfeffer, 1 unbehandelte Zitrone, 1 Sträußchen Thymian, 4 El Olivenöl extra, 1 Zweig Rosmarin, 2 Lorbeerblätter, 8 Knoblauchzehen, 2 große, reife Fleischtomaten, 50 g schwarze Oliven, 1 TL Oregano, 1 Glas (1/10 l) trockener Weißwein, 1 EL gehackte Petersilie

1. Ofen auf 180 Grad vorheizen.
2. Knurrhahn auswaschen, innen und außen salzen und pfeffern und in den Bauch die geviertelte Zitrone und zwei Thymianzweiglein packen.
3. Zwei Eßlöffel Öl in einem Bräter oder einer ofenfesten Pfanne verteilen. Den restlichen Thymian hineinlegen, ebenso Rosmarin und die Lorbeerblätter.
4. Knoblauchzehen schälen und halbieren, Tomaten brühen, häuten, entkernen und kleinschneiden, Oliven entkernen. Alles ebenfalls zufügen, den Fisch mit dem Bauch nach unten darauflegen und mit Oregano bestreuen. Wein seitlich angießen, den Fisch mit dem restlichen Öl beträufeln. In den heißen Ofen schieben und etwa eine halbe Stunde backen. Währenddessen häufig mit der immer aromatischer werdenden Sauce beschöpfen.
5. Petersilie 5 Minuten vor Ende der Garzeit in die Sauce rühren.

Als Beilage genügt hier Brot, ein großporiges Italienerbrot oder Baguette.

Dazu serviert man einen trockenen Weißwein – zum Beispiel aus Ligurien, von Sizilien oder Sardinien.

Hering »in carpione«

Für 4 Personen:

8 ganz frische, nicht zu große grüne Heringe, 2–3 EL Mehl, 20 g Butter, 2 EL Olivenöl, ein paar Thymianzweiglein und ein Dutzend Salbeiblättchen (ersatzweise je 1 gehäufter EL getrocknete Kräuter), $1/10$ l Weißweinessig, $1/5$ l trockener Weißwein, Salz, je 1 TL Pfefferkörner und Wacholderbeeren, 3 Lorbeerblätter, 4 Knoblauchzehen, 1 große Zwiebel, 1 Bund glattblättrige Petersilie, 1 Stange Staudensellerie, nach Belieben ein oder zwei rote Peperoncini (Chilischoten)

Das Rezept stammt ursprünglich aus der Poebene, wo man an den Seen Piemonts und der Lombardei die dort heimischen felchen- und forellenartigen Fische auf diese Weise zubereitet. Die Verwandtschaft zu unserem klassischen Brathering ist nicht zu übersehen, weshalb wir uns erlauben, das klassische Rezept mit Hering abzuwandeln. Man kann an Stelle von Weißweinessig und Weißwein auch Rotweinessig und Rotwein nehmen, was wesentlich voller, kräftiger schmeckt – die durchgezogenen Fische sehen dann allerdings weniger schön aus. Und schließlich: In Piemont nimmt man gerne einen süßen, aromatischen Wein, etwa Moscato d'Asti, was die Sache typisch süßsauer macht und ebenfalls köstlich schmeckt!

1. Die Heringe gründlich auswaschen, Schwanz und Flossen abschneiden. Wer mag, kann auch den Kopf entfernen.
2. Fische in Mehl wenden, überschüssiges Mehl abklopfen.
3. In einer großen Pfanne Butter und Olivenöl erhitzen. Die Kräuter zugeben, gleich danach die Fische einlegen und bei mittlerer Hitze auf jeder Seite etwa 4 bis 5 Minuten braten. Vom Feuer nehmen und in eine passende Platte mit hohem Rand (zum Beispiel auch eine Auflaufform) legen. Darauf achten, daß möglichst viel von den Kräutern, andererseits möglichst wenig von dem Bratfett mit in die Form gelangt.
4. Essig mit dem Wein aufkochen, sehr kräftig salzen. Die Körner und Lorbeerblätter zufügen und 10 bis 15 Minuten kräftig durchkochen lassen.
5. In der Zwischenzeit Knoblauch, Zwiebel, Petersilie und Sellerie fein hacken, Peperoncini entkernen und in Streifchen schneiden. Alles mischen und über die Fische streuen.
6. Den kochendheißen Sud samt den Gewürzen über die Fische und das Würzgemüse gießen. Abkühlen lassen und wenigstens 2, besser 3 Tage an kühlem Ort durchziehen lassen.

Dazu reichen wir frisches, eventuell getoastetes Weißbrot und Butter oder Bratkartoffeln und, je nach Farbe des Essig-Wein-Suds, einen trockenen Weißwein (Lugana – aus der Lombardei) oder leichten Rotwein (Valpolicella, Bardolino). Es paßt natürlich auch ein Bier.

Süß-sauer eingelegte Heringsfilets

Eine Zubereitungsart, die auch mit Forellen ein pfiffiges Ergebnis liefert.

Als Vorspeise für 8, als Mittelpunkt eines kalten Abendbrots für 4 Personen:

4 schöne, unbedingt ganz frische Heringe zu je etwa 350 g, Zucker, Pfeffer, Salz, 1/4 l Branntwein- oder Weißweinessig, je 12 Wacholderbeeren, Koriander- und Pimentkörner, 4 Lorbeerblätter, 1 EL Senfkörner, 1 gute Prise Kümmel, 1 Knoblauchzehe, 2 Zwiebeln, 2 große Bund Dill

Dazu paßt dunkles Vollkornbrot oder Pumpernickel mit Butter, Aquavit und/oder Bier (Pilsener).

1. Die Heringsfilets auslösen. Dazu die Heringe am Bauch aufschneiden, die Flossen mit entfernen, Kopf abtrennen, Heringe aufklappen und mit dem Daumennagel mehrmals fest, aber mit Gefühl von vorne nach hinten fahren. Die Mittelgräte mit allen anhängenden Seitengräten abziehen. Schwanz und Rückenflossen abschneiden.
2. Die zusammenhängenden Heringsfilets, fachmännisch, aber etwas unelegant »Lappen« genannt, nebeneinander auslegen, mit ein wenig Zucker bestreuen, pfeffern und mit reichlich Salz bedecken. Übereinanderlegen, fest in Folie packen und für 2 Tage in den Kühlschrank legen und durchziehen lassen.
3. Essig mit derselben Menge Wasser und allen Gewürzen sowie der geviertelten Knoblauchzehe aufkochen und abkühlen lassen.
4. Fischfilets auspacken und waschen. Zwiebeln in Ringe hobeln, Dill abzupfen. Alles lagenweise in eine passende Form legen. Mit dem abgekühlten Sud übergießen und wenigstens 3 Tage durchziehen lassen.

In Rotwein marinierte Heringsfilets

Als kleine Vorspeise für 8, sonst für 4 Personen:

4 schöne große Salzheringe oder Matjes, 1/2 l kräftiger, trockener Rotwein, 3 EL alter Rotwein- oder Sherry-Essig, 1 gute Prise Zucker und eine kleine Prise Salz, 1 Zweig Rosmarin, 3 Zweiglein

1. Die Heringe sorgfältig entgräten – dazu wie für die rohen Heringe oben angegeben verfahren. Die Filets trennen und schräg in etwa 2 cm breite Streifen schneiden.
2. Wein mit Essig und Gewürzen einschließlich Schalen aufkochen.
3. Zwiebeln in Scheiben hobeln, Petersilie grob hacken und beides mit den Fischstücken vermischen. In ein Glas schichten und die Salzheringe mit dem heißen, die Matjes

Thymian, 4 Lorbeerblätter, je 1 gestrichener EL schwarze und weiße Pfefferkörner, Piment- und Wacholderbeeren, 1 Stückchen Zimt, 3 Gewürznelken, die Schale von jeweils ¼ unbehandelter Zitrone und Orange, 2 große Zwiebeln, 1 Bund Petersilie

allerdings mit dem abgekühlten Würzwein übergießen. Abkühlen und 3 Tage durchziehen lassen.

Schmeckt gut mit Grau-, Knäcke- oder Vollkornbrot mit Butter, prima aber auch mit Pellkartoffeln und Gurkensalat.
Als Getränk ein milder, eventuell sogar halbtrockener Weißwein oder Bier, vorzugsweise ein malzig-süßliches, dunkles Voll- oder Bockbier.

Hering mit Gurken-Kartoffelgemüse

Gurkengemüse ist zu Süßwasserfisch (Spreehecht, Havelzander) eine geradezu klassische Angelegenheit. Zu Hering kennt man es aber merkwürdigerweise nicht. Dabei passen die beiden bestens zusammen!

Für 4 Personen:

1 kg frische (grüne) Heringe, Salz, Pfeffer, 2–3 EL Mehl, 2 EL Öl, 2 EL Butter

GURKEN-KARTOFFEL-GEMÜSE:
750 g Gemüsegurken (mit Kernen und Schale gewogen), 500 g Kartoffeln, 1 Zwiebel, 2 Knoblauchzehen, 40 g Butter, Salz, Pfeffer, 1 Hauch Cayennepfeffer, 2 Bund Dill

1. Zunächst das Gemüse aufsetzen: Gurken schälen und entkernen, in größere Würfel oder dicke Streifen schneiden. Kartoffeln schälen und in etwas kleinere Stücke schneiden, damit sie in der gleichen Zeit gar werden. Zwiebeln und Knoblauch recht fein hacken.
2. Butter in einem Topf zerlassen, die Zwiebeln darin anschwitzen. Knoblauch zufügen, etwas dünsten, dann Gurken und Kartoffeln einfüllen. Salzen, sehr ausgiebig aus der Mühle pfeffern, mit Cayennepfeffer schärfen und umwenden, damit sich alle Zutaten gleichmäßig mit der Butter überziehen. Eine Tasse Wasser angießen, Deckel auflegen und in gut 15 Minuten gar kochen. Dabei sollen die Kartoffeln ruhig etwas Stärke abgeben und die Flüssigkeit leicht binden.
3. Unterdessen die Heringe waschen, innen und außen salzen und pfeffern, im Mehl wenden.
4. Die Heringe nun hintereinander in einer Pfanne braten oder in zwei beschichteten Pfannen arbeiten. Dazu jeweils eine Mischung aus Öl und Butter erhitzen, aber nicht verbrennen lassen. Die Fische darin auf beiden Seiten knusprig braten – insgesamt mit etwa 6 bis 8 Minuten rechnen.
5. Dill hacken und an das Gurkengemüse geben, abschmecken.
6. Die Heringe auf dem Gemüse servieren.

Dazu trinken wir Bier oder einen trockenen, aber wenig Säure enthaltenden Weißwein – etwa einen Silvaner aus Rheinhessen, grünen Veltliner aus dem österreichischen Weinviertel, Chasselas aus der Schweiz oder ein Gutedel aus Baden.

Lachs

Lachs oder Salm? Bei Salm denkt man man gleich an hochherrschaftliche Tafelfreuden und den guten alten Vater Rhein. Dort aber gibt's erst seit wenigen Jahren wieder vereinzelte Lachse. Das Wort Salm wird jedoch in der großen Gastronomie weiterhin mit Vorliebe verwendet: Es klingt so edel! Dabei war Lachs einst in allen Städten entlang des Rheins vom Dienstpersonal gefürchtet, bis es dann doch irgendwann erreichte, daß man ihm nicht öfter als zweimal die Woche Lachs auftischen durfte ... In der Nachkriegszeit avancierte der dann rar gewordene Fisch zur gefragten und also teuren Delikatesse. Und heute kommen fast ausschließlich Zuchtlachse bei uns auf den Tisch, aus Norwegen, Irland, Schottland und Kanada. Zumal um die Weihnachtszeit, wenn wildlebende Lachse ohnehin nicht zur Verfügung stehen. Seit Lachs rund um den Erdball gezüchtet wird, kann man ihn sehr preiswert überall kaufen. Wer auf Bio- und Ökosiegel achtet, bekommt auch anständige Qualität. Trotzdem sollte man den Farmlachs mit Wildlachs nicht vergleichen. Beim Einkauf müssen Sie auf Ihren Händler vertrauen, denn geschmackliche Qualität läßt sich von außen kaum erkennen – allerdings sollte das Fleisch fest wirken. Frische dagegen kann man genau sehen: Augen und Flossenränder müssen glänzen!

Lachs im Kräuterbett mit Riesling-Sabayon

Ein prachtvolles Gericht für eine große Gästerunde.

1. Den Lachs auswaschen, die Kiemen herauslösen, falls sie nicht ganz hellrosa sein sollten. Sorgfältig trocknen, innen und außen salzen und pfeffern, innen mit Cayennepfeffer und gemahlenem Piment (je nach Wunsch zart bis kräftig!) würzen. Von der Butter 40 Gramm in kleinen Stückchen im Bauch verteilen.

Für 8 – 10 Personen:

1 schöner frischer Lachs (küchenfertig) von etwa 2,5 kg, Salz, Pfeffer, Cayennepfeffer, Piment, 125 g Butter, 2 Bund Frühlingszwiebeln, 2 Bund Petersilie, 4 Bund Dill, 1 ½ Flaschen Riesling

RIESLING-SABAYON: 3 Eigelbe, eventuell 1 Prise Zucker, 1 guter Spritzer Sojasauce, Salz

Natürlich ist es letzten Endes eine Geschmackssache, welchen Wein man zum Lachs trinkt. Während die einen behaupten, ein säurereicher Wein wäre der beste Begleiter, schwören andere auf einen säureärmeren, geschmacklich fülligeren Wein. Aber: Kräftige Säure muß zu diesem fettreichen, vollaromatischen Fisch durch einen voluminösen Körper und eventuell eine rundende Süße gemildert werden; zu geringe Säure läßt den Fisch schwer und mächtig erscheinen. Unsere Empfehlung: ein erstklassiger, nicht vollkommen trockener Rheingauer, ein Charta-Wein.

Dazu gibt es Salz- oder Pellkartoffeln, möglichst auch ein grünes Gemüse – etwa Erbsen, grüne Bohnen oder Brokkoli.

2. Ofen auf 175 Grad vorheizen.
3. Die Frühlingszwiebeln putzen und in Ringe schneiden. Die anderen Kräuter waschen, die Blätter abzupfen, alles fein hacken. Die Hälfte der Zwiebeln mit den Kräutern mischen.
4. Ein Drittel der Kräutermischung in den Bauch des Lachses füllen.
5. Mit 40 Gramm Butter eine große, feuerfeste, dem Lachs angemessene Form ausstreichen. Das zweite Drittel der Kräuter hineinstreuen und die Stiele hineinlegen (möglichst zusammengebunden, damit man sie nachher leicht herausnehmen kann). Den Lachs darauflegen und eine Flasche Riesling darübergießen. Die restliche Butter – nur etwa 10 Gramm übrig behalten – in kleinen Flöckchen auf dem Lachs verteilen.
6. Lachs auf der mittleren Schiene in den Ofen schieben. 10 Minuten unbedeckt backen (Gas: Stufe 2).
7. Mit Sud und der geschmolzenen Butter beschöpfen und mit einem Blatt Alufolie abdecken. Nach etwa 5 Minuten den Ofen ausschalten den Lachs in weiteren 25 Minuten gar ziehen lassen. Zwischendurch beschöpfen.
8. Unterdessen die übrigen Frühlingszwiebeln in der zurückbehaltenen Butter andünsten. Die halbe Flasche Riesling angießen, aufkochen und in 10 Minuten heftigen Kochens auf die Hälfte reduzieren.
9. Den fertigen Lachs herausnehmen, auf eine vorgewärmte Platte umbetten und zugedeckt warm stellen. Den Weinsud des Fisches mitsamt den Kräutern in den Zwiebelwein geben, alles im Mixer pürieren.
10. Für den Sabayon die Eigelbe schnell schaumig schlagen und das Kräuter-Wein-Gemisch nach und nach einziehen. Auf guter Hitze dicklich abrühren. Mit Zucker, einem guten Spritzer Sojasauce und Salz abschmecken.
11. Nach Belieben durch ein feines Sieb passieren, in jedem Fall die zurückbehaltenen Kräuter hinzufügen und einen Teil der Sauce über den Lachs ziehen; den Rest getrennt in einer vorgewärmten Sauciere reichen.

Lachsschnitte auf Spinat mit Anis-Hollandaise

Quer durch den Rücken geschnittene Scheiben bleiben natürlich eher saftig als Schnitten aus dem Filet – wie alles am Knochen respektive an den Gräten gegarte Fleisch.

Für 4 Personen:

4 Lachsscheiben oder -schnitzel, Salz, Pfeffer, Cayenne, 2 EL geschmacksneutrales Öl

GEMÜSE:
500 g Spinat, Salz, 2 EL Butter, Pfeffer

ANIS-HOLLANDAISE:
1 EL Zitronensaft, 3 Eigelbe, 100 g Butter (vorzugsweise Süßrahmbutter), Salz, Pfeffer, ½ TL Anissamen

1. Zuerst das Gemüse vorbereiten: Spinat putzen, waschen, in sprudelnd kochendem Salzwasser zusammenfallen lassen, dann in eiskaltem Wasser abkühlen. Abtropfen und auspressen – diese Arbeit kann bereits mehrere Stunden vor der Zubereitung erledigt werden.
2. Für die Sauce den Zitronensaft mit 3 Eßlöffel Wasser und Eigelbe aufschlagen – entweder im Wasserbad oder bei milder Hitze in gußeisernem Topf. Die Butter nach und nach in eiskalten Stückchen zufügen und die Sauce dick und seidig schlagen.
3. Salz, Pfeffer und Anis im Mörser zu einem feinen Pulver zerstoßen und die Sauce damit abschmecken.
4. Lachsscheiben oder -schnitzel salzen, pfeffern und cayennisieren und in sehr heißem Öl in beschichteter Pfanne jeweils nur eine halbe Minute anbraten. Dann die Pfanne vom Herd nehmen und Lachs auf beiden Seiten weiterbraten – jeweils 4 Minuten die Lachsscheiben, jeweils 2 Minuten die Schnitzel.
5. Die Spinatblätter unterdessen wieder locker auseinanderzupfen und in der Butter erwärmen. Würzen.
6. Spinat auf vorgewärmten Tellern anrichten, die Lachsstücke darauflegen und mit der Sauce übergießen.

Dazu kann man natürlich noch Kartoffeln oder Brot servieren. Und es passt ein voller, kräftiger, trockener Weißwein – Chardonnay oder Grauburgunder.

Gebeizter Lachs

1. Den Lachs – idealerweise das Schwanzende und vom Fischhändler bereits vorbereitet: die Innengräte herausgelöst und sauber zugeschnitten. Falls er dazu keine Zeit hatte: mit stabilem, scharfem Messer vom Rückgrat her bis zur Bauchseite

Für 8 – 10 Portionen:

800 – 1000 g frischer Lachs am Stück (am besten ein Endstück, mit Haut), 3 EL Pfefferkörner (ganz nach Geschmack weiße oder schwarze, man kann auch eine Mischung nehmen), 1 gestrichener EL Salz, 1 gehäufter EL Zucker

durchschneiden, dabei möglichst knapp an der Rückengräte entlang schneiden. Dasselbe auch auf der anderen Seite tun.

2. Die beiden Lachshälften nunmehr mit der Hautseite nach unten auf die Arbeitsfläche breiten. Mit der Fingerspitze gegen den Strich von vorn nach hinten fahren, um womöglich noch im Fleisch steckende Innengräten aufzuspüren – diese dann mit einer Pinzette herauszupfen. Schließlich mit dem Messer die fetten Randstücke rund um die Flossen wegschneiden, so daß die Lachshälften schön glatt und gerade pariert sind.
3. Die Fleischseiten der Lachshälften gleichmäßig mit Salz und Zucker bestreuen und schließlich mit den im Mörser grob zerstoßenen Pfefferkörnern regelrecht panieren.
4. Jetzt die beiden Hälften mit ihrer Innenseite aufeinanderlegen, in eine Plastiktüte packen und so verschließen, daß nichts herauslaufen kann. Mindestens 12 Stunden, besser bis zu 2 Tagen im Kühlschrank marinieren, beziehungsweise beizen. Immer wieder die Tüte umwenden, damit die Lake, die sich nunmehr im Beutel gebildet hat, die Fischstücke rundum erreichen und benetzen kann.
5. Schließlich ist der Lachs ausreichend gebeizt und kann serviert werden: Dafür zunächst die Lake wegkippen, die Fischstücke sorgfältig abtrocknen und schließlich häuten.
6. Das geht am einfachsten, indem man die Fischseiten mit der Haut nach unten auf die Arbeitsfläche breitet, dann mit einem scharfen Messer oberhalb der Schwanzflosse einkerben und mit beherztem Schnitt das Fischfleisch von der Haut schneiden.
7. Zum Servieren die Lachsseiten entweder quer in knapp zentimeterschmale Streifen schneiden. Oder, wie man das manchmal auch mit Räucherlachs tut, sehr schräg in dünne große Scheiben schneiden.

Die Lachsscheiben auf gebutterten Pumpernickeltalern oder auf knusprigen Kartoffelpüfferchen (Seite 425) als elegantes Häppchen zum Champagner reichen, auf einem bunten Salat aus allen möglichen Blättern als feine Vorspeise reichen oder zusammen mit Béchamelkartoffeln (Seite 415) als Abendessen servieren.

Heilbuttschnitte auf frischem Erbsenpüree mit Pfifferlingen

Am besten eignen sich hierzu vier Zentimeter dicke hufeisenförmige »Koteletts«, die quer zur Rückengräte geschnitten sind.

Für 4 Personen:

4 je etwa 200 g schwere Heilbuttkoteletts, Salz, Pfeffer, 1 EL Olivenöl

ERBSENPÜREE:
500 g frische oder tiefgekühlte Erbsen, 3 Schalotten oder Frühlingszwiebeln, 50 g Butter, Salz, Pfeffer, 1 Hauch Cayennepfeffer und Muskatnuß, 250 g frische Pfifferlinge, 1 Knoblauchzehe, 8–10 Blättchen Pfefferminze, 3 EL Crème fraîche oder süße Sahne

1. Mit dem Erbsenpüree beginnen: Erbsen auslösen (palen) oder auftauen lassen. Schalotten oder Frühlingszwiebeln fein würfeln.
2. Zwei Löffel Butter zerlassen und die Schalotten darin anschwitzen. Erbsen zugeben, mit Salz, Pfeffer, Cayennepfeffer und Muskat würzen. Zudecken und im eigenen Saft ganz sanft gar ziehen lassen.
3. Pfifferlinge putzen und gegebenenfalls kleinschneiden. Knoblauch hacken. Beides zusammen in der restlichen Butter in einer Pfanne andünsten. Ebenfalls salzen und pfeffern, auf mäßiger Hitze so lange bräteln, bis sie zu rösten beginnen – der Knoblauch darf aber nicht anbrennen!
4. Für die Fischscheiben eine große beschichtete Pfanne auf größtmöglicher Hitze heiß werden lassen.
5. Den Fisch salzen, pfeffern und mit ganz wenig Öl einpinseln. In die heiße Pfanne legen und 1 Minute scharf braten. Umwenden und die zweite Seite ebenfalls scharf braten – notfalls einige Tropfen Olivenöl zufügen.
   Dann die Pfanne vom Feuer nehmen und den Fisch neben dem Herd noch 5 Minuten nachziehen lassen – auf diese Art kann man verhindern, daß das empfindliche Fleisch trocken wird.
6. Die Minzeblättchen in feine Streifen schneiden und die Hälfte davon zu den Pfifferlingen geben.
7. Die Erbsen mit dem Mixstab pürieren, dabei die Crème fraîche beziehungsweise Sahne einarbeiten. Abschmecken.
8. Das Erbsenpüree auf einer vorgewärmten Platte oder Tellern anrichten und die Heilbuttschnitten daraufbetten. Die Pfifferlinge dekorativ darauf verteilen.
   Mit den restlichen Minzestreifchen bestreuen.

Dazu reichen Sie in Butter gebratene Weißbrotscheiben oder Baguette und einen gehaltvollen trockenen Weißwein aus Frankreich – Sauvignon (Bordeaux, Pouilly Fumé oder Sancerre) oder Chardonnay (Chablis, Pouilly Fuissé, Macon oder Jura).

Mediterraner Heilbutt im Päckchen

Jeder bekommt sein eigenes Päckchen, das er auf seinem Teller öffnet und dann von dem herrlichen Duft umgeben ist, der ihm entströmt. Und, was noch schön an diesem Rezept ist: Es läßt sich nach Lust, Laune und Vorräten immer wieder abwandeln, zum Beispiel auch auf thailändische Art, mit Currypaste gewürzt, mit Ingwer, Galgant und Thaibasilikum …

Für 4 Personen:

4 Heilbuttschnitten, Salz, Pfeffer, 3 EL Olivenöl, 2 frische Tomaten, 2–3 getrocknete Tomaten, 4 EL schwarze Oliven, 2 Knoblauchzehen, Kräuter (Basilikum, Petersilie oder Estragon)

1. Vier Blatt Alufolie bereitlegen, groß genug, um die Fische mitsamt Belag einzuhüllen. Die Fischstücke rundum salzen und aus der Mühle pfeffern. Mit Öl einreiben und jeweils auf ein Stück Alufolie in die Mitte setzen.
2. Die Tomaten überbrühen, häuten, entkernen und in Würfel schneiden. Die getrockneten Tomaten mit kochendem Wasser überbrühen und einweichen. Danach würfeln. Die Oliven entsteinen, dabei halbieren. Knoblauch sehr fein würfeln und die Kräuter in Streifen schneiden.
3. Diese würzenden Zutaten gerecht auf den Fischstücken verteilen. Päckchen verschließen: dafür die Folie hochnehmen und über der Füllung sehr lose zusammenfalten – das heißt, es muß noch freier Luftraum über dem Fischstück sein.
4. Die Päckchen an allen Seiten gut zusammenkniffen, damit nichts auslaufen und kein Dampf entweichen kann.
5. Dann bei 200 Grad im vorgeheizten Ofen etwa 8 bis 10 Minuten backen, bis das Fischfleisch weiß und saftig aussieht.
6. Die Päckchen zu Tisch bringen, wo jeder sein Päckchen selber auspackt. Dazu Weißbrot zum Auftunken des köstlichen Safts.

Gegrillte Makrele

Eine Abwandlung des in den Münchner Biergärten so beliebten Steckerlfischs – ideal fürs Gartenfest.

1. Die Makrelen seitlich schräg vier- bis fünfmal einschneiden.
2. Alle Zutaten für die Pökelmischung in den Mixer geben und

durchmixen – es muß nicht alles haarfein zerkleinert sein, es soll aber doch eine vernünftige Mischung entstehen.

3. Makrelen damit einreiben und abwechselnd mit Dillzweigen in ein passendes Gefäß betten oder in einen Folienbeutel schichten. Verschließen und wenigstens 24, besser 48 Stunden in den Kühlschrank legen.
4. Die Makrelen herausnehmen, abtropfen lassen und auf einen geölten Grillrost legen, ohne die Gewürze zu entfernen.
5. Über Holzkohlenfeuer bei nicht zu großer Hitze langsam grillen, ab und zu wenden.

Noch stilechter wäre es, die etwas angetrockneten Makrelen auf Stöcke zu spießen und diese schräg in den Boden zu stecken, so daß die Fische sich dicht neben die offene Flamme eines Feuers neigen. Man muß sie natürlich immer wieder drehen und wenden!

Für 8 Personen:

8 schöne Makrelen zu je etwa 350 g, 2 Bund Dill, Öl für den Grillrost

PÖKELMISCHUNG:
80 g Salz, 30 g Zucker, 100 g Senfkörner, 4 Lorbeerblätter, je 1 gehäufter TL getrockneter Thymian, Rosmarin und Oregano, je 2 gehäufte TL Pfeffer und Piment, 1 flach gehäufter TL Wacholderbeeren

Wir genießen die Makrelen mit Brezeln oder Brot, Bier, Apfelwein (Pomme brut) oder trockenem Weißwein.

Knuspriges Rotbarschfilet

Rotbarsch gilt bei uns als Massenware – vollkommen zu Unrecht. Das kommt daher, daß dieser Fisch aus dem Nordatlantik hauptsächlich von Hochseefischern angelandet wird und dafür, um die Transportkapazitäten auszuschöpfen, gleich auf dem Schiff filetiert und/oder eingefroren wird. Bis die Filets zum Kunden kommen, dauert es oft länger, als ihnen guttut. In den letzten Jahren allerdings wurde das Angebot wesentlich verbessert: Die Spitzenware wird nach Mitteleuropa eingeflogen. Natürlich kostet dieser Flugfisch mehr, aber es lohnt sich! Man kann dann nämlich verstehen, daß dieser ausgezeichnete Fisch in Frankreich, Norwegen und Britannien – wo er auch von der Küstenfischern gefangen wird – der begehrten Rascasse (Drachenkopf) aus dem Mittelmeer an die Seite gestellt wird!
Wenn Sie einen ganzen Rotbarsch mit klaren, nach außen gewölbten Augen bekommen können, lassen Sie ihn vom Fischhändler filetieren. Oder bereiten Sie sie auf chinesische Weise zu wie den Red Snapper (Seite 573).

1. Die Rotbarschfilets mit dem Saft der halben Zitrone beträufeln, dann 10 Minuten ruhen lassen.

Für 2 Personen:

2 Rotbarschfilets zu je 180 bis 200 g, 1 Zitrone, Salz, 45 g Butter, 1 EL Olivenöl, 1 Gläschen trockener Weißwein

Beilage: Dazu gibt es ein cremiges Kartoffelpüree, in das winzigklein geschnittene Würfelchen von Stangensellerie gemischt wurden.
Getränk: Ganz klassisch, einen kräftigen Riesling aus Rheinhessen, dem Rheingau oder von der Nahe. Wer es ausgefallener mag, ist mit einem jungen, leicht gekühlten Rotwein, etwa aus der Champagne, dem Beaujolais oder Norditalien, bestens bedient.

2. Abtupfen und salzen, aber nicht mehlen.
3. 15 Gramm Butter und das Olivenöl zusammen in einer beschichteten (das ist unumgänglich, sonst wird Ihnen der Fisch auf diese Weise nicht gelingen!) Pfanne kräftig erhitzen.
   Ehe diese aromatische Mischung zu rauchen beginnt, die Rotbarschfilets einlegen und auf beiden Seiten richtig braun braten, so daß schöne Röststellen zu sehen sind. Man muß einerseits die Struktur der Fischfilets noch erkennen, an manchen Stellen aber muß das ausgetretene Eiweiß zu schönen, etwas Blasen werfenden Röstflecken gebraten sein.
4. Inzwischen zwei Teller vorwärmen, so daß die fertig gebratenen Filets gleich daraufgelegt werden können. Mit Alufolie, besser weiteren, ebenfalls vorgewärmten Tellern, warm halten, während die Sauce rasch gekocht wird.
5. Dafür den Bratensatz der Pfanne mit dem Saft der zweiten Zitronenhälfte verrühren, den Weißwein angießen, alles auf die Menge eines Eßlöffels einkochen und mit der restlichen, frischen Butter weißlich-durchsichtig aufschlagen.
6. Die Sauce über die noch krossen Fischfilets gießen.

Im Ofen gebratener Kabeljau auf Champignons

Kabeljau wird bei uns oft nur als Filet angeboten – wenn Sie einmal einen ganzen Fisch bekommen, versuchen Sie dieses Rezept. In Frankreich bereitet man auf diese Weise gerne den Colin (Köhler) zu, der bei uns Seelachs heißt, aber viel zu selten zu finden ist (weil man daraus Lachsersatz produziert).

Für 5 – 6 Personen:

1 Zwiebel oder 3 Schalotten, 70 g Butter, 500 g frische Champignons, Salz, Pfeffer, 1/10 l trockener Weißwein, 1 Stück Kabeljau (ohne Kopf) von ca. 1,25 kg, 6 Knoblauchzehen, 1 Bund glattblättrige Petersilie, 2 bis 3 EL Semmelbrösel

1. Den Backofen auf 200 Grad vorheizen.
2. Zwiebel oder Schalotten fein würfeln. 20 Gramm Butter in einer Bratenform verteilen und die Zwiebeln hineinstreuen. In den Ofen schieben und die Zwiebeln andünsten – ab und zu mit dem Kochlöffel durchrühren.
3. Inzwischen die Champignons putzen und in Scheiben schneiden oder vierteln bzw. kleinere Köpfe nur halbieren.

4. Kabeljau waschen, alle Flossen und den Schwanz abschneiden, die Bauchhöhle säubern. Mit Küchenpapier trocknen, innen und außen salzen und pfeffern.
5. Die Champignons auf die Zwiebeln streuen, salzen, pfeffern, etwas durchmischen und den Weißwein darübergießen. Den Kabeljau daraufbetten und mit 30 Gramm Butter in kleinen Flöckchen belegen. Ein Blatt Alufolie locker auflegen, in den Ofen schieben und den Fisch 12 bis 15 Minuten braten.
6. Die Knoblauchzehen schälen und durch die Presse drücken. Petersilie waschen, trocken schütteln, Blätter abzupfen und fein hacken – mit scharfem Messer oder in der Moulinette.
7. Die restliche Butter schmelzen. Semmelbrösel, Butter, Knoblauch und Petersilie vermischen, pfeffern und salzen.
8. Diese Mischung auf dem Kabeljau verteilen und gut festdrücken – ein Teil wird abrutschen, aber das kommt den Champignons zugute. Den Ofen auf 220 Grad hochschalten und den Fisch wieder hineinschieben, dieses Mal ohne Alufolie, und in weiteren 10 Minuten knusprig überbacken.
9. In der Form servieren oder auf eine vorgewärmte Platte umbetten. In jedem Fall vorher die Champignons noch einmal mit dem Saft vermischen.

Dazu passen Salzkartoffeln und grüner Salat oder eine Auswahl verschiedener Salate – etwa Kartoffel-, Kraut-, Möhren-, Gurken-, Rettich- und Kopfsalat – und ein kräftiger trockener Weißwein (Ruländer, Weißburgunder, Riesling) oder Rosé. Und sogar ein guter Apfelwein schmeckt hervorragend dazu!

Kabeljau-Confit auf roter Bete

Für 6 Personen:

800 g Kabeljaufilet,
1/4 l Olivenöl, je 3 Thymian- und Rosmarinzweige,
3–4 Knoblauchzehen,
grobes Salz, Pfeffer

SALAT VON ROTER BETE:
2–3 Rote-Bete-Knollen – je nach Größe, 3 EL milder, aromatischer Essig,
1 TL Honig, 2 Pimentkörner,
6 Pfefferbeeren, Salz, Pfeffer

Dafür muß man sogenannte Kabeljau-Loins, also die dicken Stücke vom Rückenfilet, kaufen. Sie sind gleichmäßig dick und können so gleichmäßig garen.

1. Das Fischfilet in Portionsstücke teilen und in einen Topf betten, der sie gerade eben aufnimmt. Das Öl angießen, es sollte die Stücke knapp bedecken. Die Kräuterstiele und gehackten Knoblauch hinzufügen. Auf ganz mildem Feuer das Öl nicht mehr als 40 Grad heiß werden lassen und den Fisch so eine halbe Stunde ziehen lassen.
2. Inzwischen die rote Bete kochen, abschrecken, pellen, sie auf der Aufschnittmaschine oder dem Gurkenhobel in akkurate,

AUSSERDEM:
Zitrone und Kerbel oder Schnittlauch

dünne Scheiben hobeln. Mit einer Marinade übergießen, für die Essig, Honig, zerdrückte Piment- und Pfefferbeeren aufgekocht wurden, kräftig mit Salz würzen.

3. Zum Servieren die Rote-Bete-Scheiben dachziegelartig auf Tellern anordnen. Den Kabeljau zerpflücken und darauf betten.
4. Für eine Sauce vom Öl, in dem der Fisch gegart wurde, etwa die Hälfte mit Zitronensaft cremig rühren und gleichmäßig über alles träufeln. Mit Kräutern dekorieren.

Schellfisch mit Senfsauce

Das war einst ein einfaches Essen für den kleinen Bürger des »Milljöhs«. Heute können wir es getrost zu den Luxusgerichten rechnen: Seit Schellfisch immer seltener wird, begehrt man ihn um so mehr. Am allerbesten schmeckt natürlich ganz frischer Angelschellfisch – das heißt, er wurde mit der Angel von Küstenfischern gefangen (zumindest sollte es so sein) und nicht mit vielen Kameraden gemeinsam mit einem riesigen Netz aus den Tiefen des Meeres geholt. Sein Fleisch wurde also gar nicht gequetscht und sollte eine fast unglaubliche Delikatesse sein, wenn man ihn im Sud nur so sanft gart, daß sein empfindliches Fleisch saftig bleibt und auf der Zunge zergeht. Das ist dann eines unserer absoluten Lieblingsgerichte!
Man kann fast das gleiche Ergebnis mit Kabeljau oder Seelachs erreichen. Aber eben nur fast!

Für 4 – 6 Personen:

1 ganzer Schellfisch (ca. 1 kg ohne, 1,5 kg mit Kopf), Salz, 2 große Zwiebeln, 2 Bund Suppengrün (Lauch, Möhre, Sellerie und Petersilie), 2 Lorbeerblätter, 8 Wacholderbeeren, 8 Pimentkörner, 1 TL Senfkörner, 1 EL schwarze Pfefferkörner, 1 getrocknete rote Chilischote

SENFSAUCE:
¼ l süße Sahne, 100 g Delikateßsenf (mittelscharf), 1 Hauch Cayennepfeffer, 1 Schuß Worcestershire Sauce, 2 Eigelbe

1. Den Fisch vom Händler küchenfertig machen lassen. In einen passenden Topf (Fischkochtopf) legen, mit kaltem Wasser gerade eben bedecken. Wenn Sie nämlich kein gutes Augenmaß haben, ist das die beste Möglichkeit, die richtige Wassermenge abzumessen; es wäre schade, wenn der Fisch nach dem Einlegen in den heißen Sud zu weit herausschaut und dann nicht gleichmäßig gart.
2. Pro Liter Wasser 1 Eßlöffel Salz hinzufügen. Die Gemüse putzen und klein schneiden und mit den Gewürzen zugeben. Den Fisch nun aber wieder herausnehmen!

3. Den Sud jetzt zum Kochen bringen und wenigstens 20 Minuten durchkochen, es können auch 40 Minuten werden.
4. Den Fisch in den kochenden Sud gleiten lassen, die Elektroplatte aber kleinstellen, über Gas eine Asbestscheibe verwenden: Der Sud sollte nicht mehr heißer als 80 bis 85 Grad werden, denn nur dann bleibt der Fisch wirklich zart.
5. Währenddessen die Sahne mit Senf, Cayennepfeffer und Würzsaucen vermischen und die Eigelbe unterrühren. Kurz vor dem Servieren ein bis zwei Suppenkellen von dem Fischsud unter Rühren angießen. Auf schwachem Feuer dicklich abschlagen.
6. Den fertigen Fisch herausheben und mit dem Gemüse umlegt am Tisch servieren. Die Senfsauce getrennt dazu reichen.

Dazu gehören für uns Salzkartoffeln, es kann aber auch gut mal Kartoffelpüree sein. Und ein erfrischender grüner Salat sowie ein knackiger Weißwein – vom fränkischen Silvaner bis zum Moselriesling geht alles, was frisch und nicht zu üppig ist …

Es kann sehr eindrucksvoll aussehen, wenn Sie das Kartoffelpüree als Kranz auf eine Platte spritzen und überbacken, dann den Fisch in die Mitte legen und mit der Sauce übergießen.

Wenn Ihnen die Senfsauce zu mild ist, fügen Sie noch einen kleinen Teelöffel englisches Senfpulver hinzu. Oder Sie würzen mit Dijon-Senf.

Schellfisch in Selleriesauce

Schellfisch, dessen Qualität leider immer noch unterschätzt wird, sollten Sie immer im Sud garen – sein zartes Fleisch bleibt dann schön saftig. Aber, auch wenn er dann gerne »Kochfisch« genannt wird, darf er nie ins wallende Kochen geraten, sondern darf nur leise sieden!

Für 4 Personen:

1 Bund Suppengrün (Möhre, Petersilie mit Wurzel, Lauch und Sellerie), 2 Zwiebeln, 1 Sellerieknolle, Salz, 1 EL Pfefferkörner, 3 Lorbeerblätter, 3 EL Weinessig, 1 schöner Angelschellfisch ohne Kopf – ca. 800 – 1000 g schwer, 50 g Butter

1. Suppengrün putzen und kleinschneiden. Zwiebeln und Sellerie schälen und ebenfalls kleinschneiden. In einem passenden Topf, vorzugsweise einem Fischkochtopf, mit reichlich Wasser (so viel, daß der Fisch, der später eingelegt wird, vollkommen bedeckt ist) aufsetzen und reichlich Salz, den Pfeffer und die Lorbeerblätter zufügen. Gut 20 Minuten durchkochen lassen.
2. Jetzt erst den Essig zugeben – macht man das gleich zu Beginn, wird der Sellerie nicht geschmeidig-weich, sondern behält einen Biß.

Dazu servieren wir Salzkartoffeln, die mit ein paar feingehackten Sellerie- oder Petersilienblättchen gewürzt sind. Und trockenen, aber möglichst würzigen Weißwein – wer's leicht liebt, nimmt Müller-Thurgau (heute oft, wenn er ganz trocken und nicht so fruchtig ausgebaut ist, Rivaner genannt, um seine besondere Qualität zu betonen), Scheurebe oder Kerner, wer einen ausgeprägten Geschmack mag, Morio-Muskat oder Traminer.

3. Fisch waschen und Bauchhöhle säubern (vor allem, wenn der Fischhändler das nicht gemacht hat, die schwarze Haut mit scharfkantigem Teelöffel oder Messerrücken herausschaben). Schwanz und Flossen abschneiden, den Fisch schuppen, falls das noch nicht passiert ist. In den kräftig wallenden Sud einlegen, die Hitze herunterschalten und den Deckel aufsetzen. Den Fisch etwa 12 bis 15 Minuten ziehen lassen.
4. Selleriestücke und einen Teil der Zwiebeln herausfischen und mit etwas Sud im Mixer pürieren, so daß eine cremige Sauce entsteht. Durch ein Sieb treiben, abschmecken und mit der Butter aufschlagen – am besten wieder im Mixer oder mit dem Pürierstab.
5. Fisch aus dem Sud heben und auf einer vorgewärmten Platte umlegt mit den restlichen Zwiebeln und den bunten Möhrenstücken zu Tisch bringen. Die Sauce getrennt servieren.

Rotzungenfilets in brauner Butter

Ein einfaches und unproblematisches Hauptgericht. Ersatzweise können Sie Schollenfilets nehmen, sehr gut geeignet auch die Filets freilich wesentlich teureren Filets von Seezunge oder Steinbutt.

Für 4 Personen:

8 kleine oder 4 große Rotzungenfilets, ½ Zitrone, 1 Zwiebel, 1 Bund Petersilie, 3 gehäufte EL Kapern, Salz, Pfeffer, 1–2 EL Mehl, 60 g Butter, 2 EL Sherry-Essig

1. Die Filets mit Zitronensaft beträufeln und ein paar Minuten ziehen lassen.
2. Inzwischen die Zwiebel würfeln, die Petersilie und die Kapern grob hacken. Vier Teller vorwärmen.
3. Zwei Eßlöffel Butter in passender Pfanne schmelzen und haselnußbraun werden lassen.
4. Die Filets salzen, pfeffern, in Mehl wenden und abklopfen. In die aufrauschende Butter legen und auf jeder Seite knapp 2 Minuten braten. Herausnehmen, auf die vorgewärmten Teller legen und abdecken.
5. Hitze auf höchste Stufe schalten. Die restliche Butter in die Pfanne geben und richtig braun werden lassen. Jedoch bevor sie verbrennt, Zwiebeln, Kapern und Petersilie hineingeben und damit etwas abkühlen. Noch 30 Sekunden

durchrühren, dann vom Feuer ziehen und mit dem Essig angießen – Vorsicht, spritzt und zischt gewaltig, der unverzüglich eindampfende Essig sticht außerdem kräftig in der Nase. Sofort gleichmäßig über den Fischfilets verteilen.

Getränk: ein kräftiger, trockener Weißwein aus Frankreich, vorzugsweise Burgunder oder Bordeaux, von der Rhône oder der Loire.

Dazu gehört für uns ein saftiger, mit Kräutern und Zwiebel angemachter Kartoffelsalat, möglichst aus frisch gekochten, noch lauwarmen Kartoffeln in einer Olivenöl-Sauce mit Zitronensaft und Sherry-Essig.

Steinbutt und Seezunge

Die beiden Paradefische der klassischen Kochkunst! Der Steinbutt wird auch »König der Tafel« genannt – mit Recht! Sie sollten ihn vorzugsweise im ganzen zubereiten, weil er dann viel besser schmeckt und obendrein die Präsentation einem festlichen Anlaß alle Ehre macht. Dagegen eignen sich Seezungenfilets prächtig für Tellergerichte. Lassen Sie sich, wenn Sie ganze Fische küchenfertig kaufen, stets die Gräten mitgeben, denn ein Fond aus Seezunge oder Steinbutt ist immer eine feine Sache und man kann ihn in kleinen Portionsbehältern (Eiswürfelschalen!) gut auf Vorrat einfrieren.
Die qualitativ besten Plattfische kommen aus Nordsee und Ärmelkanal. Man erkennt sie an dem glatten, weißen Bauch, weil sie auf feinstem Sand leben.

Gedünsteter Steinbutt

Den Spezialtopf für solcherlei Zubereitungen, die sogenannte Turbotière, einen großen Topf in Form eines Steinbutts, wird man nur selten im Haushalt haben – in Restaurantküchen war es früher ein wichtiger Gegenstand. Heute leider nicht mehr, denn man ist auch dort dazu übergegangen, diesen wundervollen Fisch lieber filetiert zu servieren. Dabei kann man einen Steinbutt (bis zu ca. 3 Kilo) in jeder Küche sehr gut im ganzen zubereiten: in einem tiefen Backblech oder in der Fettpfanne. Dann wird der Fisch eben nicht auf dem Herd, sondern im Ofen gedünstet.

Für 6 Personen:

1 schöner Steinbutt von 1,5 – 2 kg, 1 Zitrone, 6 Schalotten (oder 2 Zwiebeln), 1 Knoblauchzehe, 1 Möhre, ½ Fenchelknolle, 1 Bund Petersilie, 75 g Butter, je ⅛ l trockener weißer Vermouth und trockener Weißwein oder Champagner brut, Salz, Pfeffer, 2 Lorbeerblätter, etwas Zitronenschale, 500 g aromatische Tomaten (aus Süditalien, Israel, Spanien oder von den Kanarischen Inseln)

1. Den Steinbutt gründlich waschen, Kiemen und Flossen entfernen. Vor allem die Bauchhöhle gründlich reinigen und mit Zitronensaft ausreiben. Die Haut daranlassen.
2. Den Ofen auf 200 Grad vorheizen (Gas: Stufe 3).
3. Schalotten oder Zwiebeln, Knoblauch, Möhre, Fenchel und Petersilie (ein paar schöne Blättchen abzupfen und aufbewahren) fein hacken.
4. Mit 40 Gramm Butter eine Turbotière oder das Backblech ausreiben. Die gemischten, kleingeschnittenen Gemüse hineinstreuen, Vermouth und Wein angießen, salzen und pfeffern, Lorbeerblätter und Zitronenschale hinzufügen. Zudecken, in den Ofen schieben und 10 Minuten dünsten.
5. Den Steinbutt außen und innen salzen und pfeffern. Mit der dunklen Seite nach oben auf die Gemüse legen und die restliche Butter in kleinen Flöckchen darauf verteilen. Wieder abdecken und für 20 Minuten in den Ofen schieben.
6. Die Tomaten überbrühen, abschrecken, häuten, aufschneiden und entkernen, auch den harten Stielansatz entfernen. Das Fruchtfleisch würfeln.
7. Den Steinbutt aus dem Ofen holen (die Hitze abschalten). Auf eine vorgewärmte Platte heben und zugedeckt warm halten oder, falls Sie keine passende Platte haben, im Topf oder auf dem Blech lassen, und später einfach darin beziehungsweise darauf servieren.
8. Alle Gemüse mit dem buttrigen Sud in den Mixer geben. Zu einem Püree mixen, durch ein Sieb streichen und zusammen mit den Tomatenwürfeln wieder aufkochen. Würzig abschmecken und mit dem Stabmixer (oder wieder im Mixer) schaumig aufschlagen. Schließlich die zurückgelegte Petersilie fein hacken und untermischen.

Dazu gibt es Salz- oder Dampfkartoffeln und einen vollen Weißwein, etwa einen Kaiserstühler Ruländer aus dem Holzfass (Barrique).

Seezungenfilets im Blätterteig

Wenn Sie frische Seezungen kaufen, lassen Sie sich die Filets vom Fischhändler ablösen, aber Kopf und Gräten für eine kleine Sauce mitgeben, die Sie ganz zum Schluß unter die Rote Bete rühren.

Für 2 Personen:

1 schöne Seezunge oder 4 Filets, ½ Zitrone, Salz, Pfeffer, Mehl, 25 g Butter

GEMÜSE:
100 g Champignons, 1 unbehandelte Zitrone (Saft und Schale), Salz, Pfeffer, 40 g Butter, 1 Stange Lauch, 1 Rote Bete, frisch geriebene Muskatnuß, 1 Bund Petersilie

AUSSERDEM:
4 Blätter tiefgekühlter Blätterteig, 10 g Butter, 1 Eigelb, 1 EL Sahne, grobes Salz, 1 Prise Dillsamen oder Kümmel

1. Seezungenfilets waschen, abtrocknen und mit etwas Zitronensaft beträufeln.
2. Die Champignons putzen, waschen und in feine Scheibchen schneiden. Mit etwas Zitronensaft beträufeln und umwenden. Salzen, pfeffern und in 20 Gramm Butter kurz weich dünsten. Beiseite stellen.
3. Lauch waschen, schräg in ½ cm dicke Scheiben schneiden und diese in sprudelnd kochendem Salzwasser 1 Minute blanchieren. Eiskalt abschrecken, abtropfen und beiseite stellen.
4. Rote Bete schälen und in streichholzfeine Streifen schneiden. Diese in 20 Gramm Butter andünsten, nach etwa 10 Minuten etwas Zitronensaft hinzufügen, salzen, pfeffern, mit Muskatnuß und abgeriebener Zitronenschale würzen und abkühlen lassen. Petersilie waschen und fein hacken.
5. Den Blätterteig auftauen lassen. Auf gebutterte Alufolie legen und mit einer Gabel mehrmals einstechen. Die Oberfläche mit einer Mischung aus Eigelb und Sahne einstreichen, mit Salz und Dillsamen oder Kümmel bestreuen. Bei 200 Grad (Gas Stufe 3) eine gute Viertelstunde backen, bis die Oberfläche fast verbrannt wirkt.
6. Inzwischen die Seezungenfilets salzen, pfeffern, in Mehl wenden und in der Butter auf beiden Seiten golden braten.
7. Rote Bete in der Mikrowelle auf höchster Stufe in 1 Minute erhitzen. Die Champignons und Lauchstreifen vermischen und ebenfalls in der Mikrowelle in einer Minute auf höchster Stufe erhitzen.
8. Unterdessen die Rote Bete auf zwei vorgewärmte Teller verteilen und je eine Blätterteigplatte darauflegen. Mit der Hälfte der Champignon-Lauch-Masse bedecken, die Seezungenfilets darauflegen, mit Champignons bestreichen und die beiden übrigen Teigplatten darüber legen. Mit Petersilie umstreuen und unverzüglich servieren.

Wer kein Mikrowellengerät besitzt, erwärmt die Gemüse im Topf – das dauert natürlich länger und man muß aufpassen, daß nichts anbrennt. Als Zwischengericht, brauchen die Seezungenfilets keine Beilage. Als Hauptgericht, sollten sie von Nudeln oder Kartoffeln begleitet werden. Dazu trinken wir einen gradlinigen Weißburgunder, am liebsten als Spätlese oder aus dem Barrique.

Röllchen von Seezunge und Lachsforelle

Für 4 Personen:

4 kleinere oder 2 größere Seezungen, 1 Lachsforelle von 800 g Lebendgewicht, Salz, Pfeffer, 1 Paket tiefgekühlter Blattspinat (aufgetaut 300 g – ohne Sahne), 60 g Butter, Muskatnuß, 2 Zwiebeln, ½ l trockener Weißwein, ⅛ l Fischfond (aus den Seezungengräten gekocht oder fertig gekauft), 150 g Crème fraîche

1. Seezungen und Forelle vom Händler filetieren lassen, eventuell die Seezungengräten mit nach Hause nehmen, um (mit etwas Zwiebel, Wurzelwerk, Wein und Gewürzen) einen kleinen Fond daraus zu kochen. Die Filets der Lachsforelle in Größe der Seezungenfilets zuschneiden.
2. Den Ofen auf 200 Grad vorwärmen (Gas: Stufe 3).
3. Seezungenfilets auf eine saubere Unterlage legen, salzen und pfeffern. Den Spinat gleichmäßig darauf verteilen, ebenfalls salzen und pfeffern, mit 20 Gramm Butterflöckchen belegen und mit Muskatnuß würzen. Die Forellenfilets darauflegen, dann die einzelnen Pakete zu Röllchen aufwickeln.
4. Zwiebeln hacken und mit 40 Gramm Butter, Weißwein und Fischfond in einer passenden Form in den Ofen schieben. 10 Minuten erhitzen und leicht einkochen lassen.
5. Die Röllchen in den Sud legen, mit Alufolie abdecken und in den Ofen schieben, der jetzt ausgeschaltet wird.
   In 10 Minuten fast gar ziehen lassen, dann die Flüssigkeit in ein Schälchen abgießen und die Röllchen zugedeckt wieder in den Ofen stellen, dessen Türe nicht geschlossen wird, so daß der zarte Fisch kaum mehr weitergart.
6. Den Kochsud mit der Crème fraîche aufmixen, würzig abschmecken. Seezungenröllchen in der Form servieren, mit der Sauce übergossen.

Die Form zum Servieren, falls kein spezielles Gestell vorhanden ist, auf eine Platte stellen, die mit einer Serviette oder einem Küchentuch ausgelegt wurde.
Um die Röllchen zwei oder drei verschiedene Gemüse anrichten, möglichst bunte Farben wählen – etwa Blumenkohl und grüne Bohnen, Lauch und kurz gedünstetes Rotkraut, Möhrenscheiben und Frühlingszwiebeln.
Dazu trinken wir gern einen frischen, aber wuchtigen Riesling aus dem Elsaß oder einen kräftigen Grünen Veltliner aus Österreich.

Seezunge in Vermouth

Eine sehr praktische Zubereitungsart, die sich sogar für eine größere Personenzahl eignet, weil man alles auf einem tiefen Blech in den Ofen schieben kann. Da Seezungenfilets allerdings nicht billig sind, hier trotzdem das Rezept für zwei Personen als Hauptgericht.

Für 2 Personen:

4 Seezungenfilets, Salz, 2 Frühlingszwiebeln mit Grün, 1 Möhre, ein ebenso großes Stück Knollensellerie, 100 g frische Champignons, ½ Zitrone, 40 g Butter, 1 kleines Weinglas (1/10 l) trockener weißer Vermouth, Pfeffer, 100 g Crème fraîche

1. Die Filets mit der breiten Klinge eines schweren Messers etwas klopfen, damit die Fasern zerstört werden und sich die Filets beim Garen nicht aufbiegen. Mit ein wenig Salz bestreuen und kurz ruhen lassen.
2. Frühlingszwiebeln zweiteilen – das Weiße hacken, das Grüne in Ringe schneiden; getrennt bereitstellen. Möhre und Sellerie in streichholzgroße Stäbchen schneiden. Champignons putzen und in Scheibchen schneiden und mit Zitronensaft beträufeln.
3. Ofen auf 200 Grad vorheizen. Die Butter in Stückchen in einem Bräter verteilen und diesen in den Ofen schieben. Wenn die Butter zerlaufen ist, die Gemüse einstreuen, vermischen und unbedeckt in den Ofen schieben. Etwas andünsten. Teller vorwärmen.
4. Den Vermouth angießen, pfeffern und salzen. Wenn der Vermouth zu kochen beginnt, die Seezungenfilets einlegen und mit einem Blatt Alufolie abdecken. Hitze ausschalten und die Seezungenfilets für 10 bis 12 Minuten in den Ofen schieben.
5. Die Filets auf den Tellern hübsch anrichten und das Gemüse daraufhäufen. Mit Folie abgedeckt warm halten (aber nicht mehr in den Ofen stellen).
6. Die Flüssigkeit etwas einkochen, die Crème fraîche untermischen und abschmecken. Ganz zum Schluß das Zwiebelgrün darin erwärmen. Über die Seezungenfilets gießen.

Dazu paßt Reis und ein kräftiger Weißwein.

Gedämpfte Seezunge mit Lilienknospen

Lilienknospen gibt es getrocknet im Asienladen – sie werden eingeweicht, entfalten sich dann in ihre ursprüngliche Blütenblätterform und entwickeln einen typischen, sehr würzigen Geschmack, den sie dann auch dem Fisch mitteilen. Das Rezept zur Abwechslung auch mit anderen Fischen ausprobieren, zum Beispiel mit Rotbarsch, aber auch mit Süßwasserfischen, wie Forelle.

Für 2 Personen:

10 g getrocknete Lilienknospen, 5 Tonku-Pilze, 1 große Seezunge (vom Fischhändler küchenfertig vorbereiten lassen), 2 Frühlingszwiebeln, 1 Stück Ingwer (etwa 2 cm), 1 Knoblauchzehe, 1 EL eingelegte schwarze Bohnen, 2 EL Sojasauce, 1 EL Sesamöl, 1 EL trockener Sherry, Salz, ½ EL Zucker

1. Die Lilienknospen und die Tonku-Pilze mit kochendem Wasser übergießen und 30 Minuten einweichen. Dann die Lilienknospen halbieren. Den Tonku-Pilzen die Stiele herausschneiden, ihre Hüte in schmale Streifen teilen.
2. Den Fisch innen gründlich auswaschen und mit Küchenpapier trocken tupfen. Auf eine feuerfeste Platte legen.
3. Frühlingszwiebeln putzen und schräg in feine Ringe schneiden. Ingwer und Knoblauch schälen, sehr fein hacken. Die Lilienknospen, Tonku-Streifen, abgespülten Bohnen, Frühlingszwiebeln, Ingwer und Knoblauch dekorativ auf und um den Fisch legen. Sojasauce, Sesamöl und Sherry verquirlen, darübergießen, salzen und zuckern.
4. Die Fischplatte auf einen Siebeinsatz oder auf zwei umgedrehte Tassen in einen ausreichend großen Topf stellen, der zuvor etwa zweifingerbreit mit Wasser gefüllt wurde. Den Fisch zugedeckt etwa 10 Minuten dämpfen. Sofort auf derselben Platte zu Tisch bringen.

Chinesisches Fischfilet mit Sojasprossen

Für 2 Personen:

300 g Fischfilet, z. B. Kabeljau, 4 EL trockener Sherry, Salz, 1 ½ TL Speisestärke, 400 g frische Sojasprossen, 1 Knoblauchzehe, 1 Stück Ingwer (etwa 2 cm),

1. Das Fischfilet in etwa 2 cm schmale Streifen schneiden. 2 Eßlöffel Sherry mit Salz und 1 Teelöffel Stärke verrühren und darübergießen, 30 Minuten lang im Kühlschrank ziehen lassen.
2. Inzwischen die Sojasprossen waschen und abtropfen lassen. Knoblauch und Ingwer schälen, Frühlingszwiebeln waschen und putzen. Eine Frühlingszwiebel mit dem Knoblauch und

Ingwer fein zerhacken, die zweite Zwiebel längs halbieren und in 2 cm lange Streifen schneiden.

3. Das Öl in einer Pfanne stark erhitzen, die Sojasprossen 1 Minute lang darin schwenken, nach ½ Minute die größeren Frühlingszwiebelstücke hinzufügen. Alles mit der Schaumkelle herausheben und auf einem Teller beiseite stellen.
4. In demselben Öl Knoblauch, Ingwer und gehackte Frühlingszwiebel anrösten. Dann die trockengetupften Fischstreifen hinzufügen und unter Schwenken der Pfanne rasch anbraten.
5. Die in der Schüssel verbliebene Marinade mit dem restlichen Sherry, Sesamöl, ½ Teelöffel Stärke, Hühnerbrühe und Sojasauce verquirlen, über den Fisch gießen. Sofort das beiseite gestellte Gemüse wieder hinzufügen und vorsichtig untermischen. Frisch gemahlenen Pfeffer darüberstreuen und auf einer vorgewärmten Platte servieren.

2 Frühlingszwiebeln, 4 EL Öl, 1 TL Sesamöl, 6 EL Hühnerbrühe, 1 TL Sojasauce, schwarzer Pfeffer aus der Mühle

Die Sojasprossen müssen im rauchend heißen Öl geschwenkt werden. Dabei erhalten sie ein ganz eigenes Aroma, den sogenannten Hitzegeschmack, den sie auch dann nicht verlieren, wenn sie anschließend wieder abkühlen.

Fischfilet im asiatischen Omelettmantel

Für 2 Personen:

300 g Fischfilet, 2 EL Sherry, 2 TL Sesamöl, 1 TL Sojasauce, 1 Stück Ingwer (etwa 1 cm), 1 Stückchen grüne Chilischote, 4 Eier, Salz, Pfeffer aus der Mühle, 1 Frühlingszwiebel, 1 EL Öl

1. Das Fischfilet in schmale Streifen schneiden und auf einem feuerfesten Teller ausbreiten. Mit Sherry, 1 Teelöffel Sesamöl und Sojasauce beträufeln.
2. Ingwer schälen und mit der Chilischote fein hacken, über den Fisch streuen. In einem Topf auf einer umgedrehten Tasse über einer Handbreit Wasser zugedeckt 5 Minuten dämpfen.
3. Inzwischen Eier verquirlen, salzen und pfeffern. Frühlingszwiebel putzen, sehr klein würfeln und unterrühren.
4. Das Öl und übrige Sesamöl in einer beschichteten Pfanne erhitzen. Die Eier hineingießen, vorsichtig an der Unterseite stocken lassen. Wenn diese fest, das Omelett an der Oberseite gerade eben noch cremig ist, den gedämpften Fisch auf eine Omeletthälfte verteilen, die andere Hälfte darüberklappen. Alles mit dem Fischsud vom Dämpfteller beträufeln und noch kurz ziehen lassen.

Reste eines Fischgerichts lassen sich hervorragend auf die hier beschriebene Art einhüllen. Den Fisch zuvor im Dampf kurz erwärmen, niemals kalt auf das Omelett geben – er muß sonst zu lange in der Pfanne bleiben und wird dann trocken.

Fischfilet mit chinesischem Gemüse

Für 2 Personen:

300 g Fischfilet, 3 TL Speisestärke, 1 EL Eiweiß, 3 EL trockener Sherry, Salz, 4 Tongku-Pilze, 150 g Zuckerschoten, 75 g Bambussprossen, 2 Stangen Staudensellerie, 4 Wasserkastanien (aus der Dose), 1 Stück Ingwer (etwa 2 cm), 1 Knoblauchzehe, 1 Frühlingszwiebel, 4 EL Öl, 2 EL helle Sojasauce, 6 EL Hühnerbrühe, 1 TL Sesamöl, Zucker, schwarzer Pfeffer aus der Mühle, Koriandergrün zum Garnieren

1. Fischfilet quer in zentimeterdicke Scheiben schneiden und wiederum quer halbieren oder je nach Größe auch dritteln.
2. Mit dem Eiweiß und 1 Eßlöffel Sherry 2 Teelöffel Stärke glattrühren, salzen. Die Fischstücke darin wenden, bis sie rundum von der Masse überzogen sind. Für 20 Minuten abgedeckt in den Kühlschrank stellen.
3. Die Tongku-Pilze mit wenig kochendem Wasser übergießen, für 30 Minuten einweichen.
4. Zuckerschoten waschen und putzen. Bambussprossen abtropfen lassen und in dünne Scheibchen schneiden, die nicht größer sein sollen als die Fischstücke. Staudensellerie waschen, putzen und mit Wasserkastanien quer in feine Scheiben teilen.
5. Die Tongku-Pilze in einem Sieb abtropfen lassen, das Einweichwasser für die Sauce aufheben. Die Tongku-Pilzstiele entfernen, nur die Hüte in Streifen schneiden. Ingwer und Knoblauchzehe schälen, Frühlingszwiebel putzen. Ingwer, Knoblauch und Zwiebel fein hacken.
6. In einer Pfanne oder im Wok 2 Eßlöffel Öl erhitzen, Knoblauch, Ingwer und Frühlingszwiebel darin unter Rühren anbraten, die Zuckerschoten hinzufügen und unter Rühren 1 Minute braten, dabei salzen, damit sie ihre schöne Farbe behalten. Bambussprossen, Staudensellerie und Wasserkastanien hinzufügen. Alles zusammen für weitere 2 Minuten braten. Auf eine Platte kippen und warm stellen.
7. Das restliche Öl in der Pfanne erhitzen. Die Fischstücke hineingeben und gleichmäßig auf dem Pfannenboden verteilen. Die Pfanne dabei rütteln, damit das Öl als Polster unter die Fischstücke gelangt und diese nicht festkleben. Auf keinen Fall zuviel rühren, weil die Fischstücke sonst zerfallen.
8. Nun den übrigen Sherry, Sojasauce, Brühe, 1 Teelöffel Speisestärke und Sesamöl mit 3 Eßlöffel Einweichwasser von den Pilzen und etwas Zucker, Salz und Pfeffer in einem Schälchen verquirlen. Über den Fisch gießen und aufkochen. Das beiseite gestellte Gemüse zurück in die Pfanne geben, alles vorsichtig mischen und nochmals kurz aufkochen. Danach sofort mit Korianderblättchen bestreut servieren.

Mittelmeer- und Tropenfische

Gegrillte Goldbrasse

Für 4 Personen:

2 Goldbrassen zu je etwa 400 g, 100 g ungarischer Paprikaspeck, italienischer Lardo colonnatese oder das Fett von einem luftgetrockneten Schinken am Stück (auf keinen Fall geräucherten Speck nehmen!), Salz, Pfeffer, Paprika, Cayennepfeffer, 8 Zweiglein Rosmarin (jeweils etwa 20 cm lang), 4 EL Olivenöl

Goldbrassen, einst die teuersten, weil seltene Fische, werden inzwischen gezüchtet. Vor allem in den Teichen der Pomündung und auf Sizilien hat man sich darauf spezialisiert. So gehören sie längst zum Standard unserer Fischgeschäfte.

1. Die Brassen vom Händler vorbereiten und schuppen lassen. Zu Hause nochmals sorgfältig auswaschen und die Kiemen herausnehmen.
2. Speck in schmale, etwa 5 cm lange Streifen schneiden, in einer Mischung aus den angegebenen Gewürzen wenden und die Brassen damit durch den Rücken spicken. Dabei jeweils nur durch ein Filet stechen, schräg von vorne nach hinten.
3. Rosmarinzweige in jeweils vier Stücke brechen und die Brassen hiermit ebenfalls spicken, diesmal aber von hinten schräg nach vorne, so daß sich die Zweige mit den Speckstreifen kreuzen.
4. Die Fische mit Olivenöl einreiben und auf den geölten Grill legen. Bei nicht zu großer Hitze grillen, ab und zu wenden.

Eine genaue Zeit für das Grillen läßt sich nicht angeben, weil es doch sehr auf die Hitze und den Abstand ankommt. Lieber etwas weniger heiß und dafür länger grillen, das bekommt gerade den empfindlichen Fischen immer gut!

Dazu braucht man nur etwas Weißbrot und einen gut gekühlten, trockenen Weißwein, vorzugsweise aus Sizilien: einen Corvo Colomba Platino, einen Regaleali Nozze d'Oro oder einen Rapitalà.

Dorade auf Kartoffelbett

Ein fabelhaftes Essen, wenn man eine größere Runde zu bewirten hat: Der Fisch gelingt im heißen Backrohr einfach umwerfend saftig.

Für 6 Personen:

1 Dorade (Meerbarsch) von ca. 2 kg, 1 kg Kartoffeln, 1 TL Salz, Pfeffer, Knoblauchknolle, ⅛ l Olivenöl, Salbeiblätter, Thymian, Rosmarin, ca. ½ l Weißwein

1. Den ausgenommenen Fisch gründlich schuppen und waschen.
2. Die Kartoffeln schälen, in halbzentimeter dicke Scheiben schneiden und in einer ausreichend großen Bratenreine verteilen. Salzen, pfeffern, die Knoblauchzehen ungeschält dazwischen verteilen, alles mit 3 Eßlöffeln Olivenöl vermischen. Auch die Kräuter zwischen die Kartoffeln verteilen. Bei 220 Grad im vorgeheizten Ofen etwa 20 Minuten vorbacken.
3. Inzwischen den Fisch innen und außen salzen und pfeffern, auf das Kartoffelbett setzen und mit dem restlichen Öl beträufeln. Für weitere 25 bis 30 Minuten ins Rohr schieben. Nach zehn Minuten den Wein angießen. Den Fisch in seiner Form zu Tisch bringen, dort tranchieren und anrichten:
4. jeweils einige Kartoffelscheiben auf den Teller setzen, ein Stück vom Fischfilet darauf betten und mit Schmorsud beträufeln.

Die Knoblauchzehen gerecht auf die Gäste verteilen.

Goldbrasse im Folienpaket mit Steinpilzen

Die Verbindung Fisch und Steinpilze mag verblüffen, schmeckt aber köstlich und ist durchaus harmonisch. Das Rezept stammt von Franca Franceschini vom Ristorante »Romano« in Viareggio.

Für 2 Personen:

1 schöne Goldbrasse (Daurade royale, Orata) von ca. 800 g, Salz, 3 EL Olivenöl, 100 g Steinpilze oder Steinchampignons, 3 Knoblauchzehen, 2 EL gehackte Petersilie

1. Den Fisch innen und außen gut waschen. Innen salzen.
2. Ausreichendes Stück Alufolie einölen, darauf die in Scheiben geschnittenen Pilze ausbreiten, salzen und mit Öl beträufeln. Gehackten Knoblauch und Petersilie darauf verteilen.
3. Den Fisch auf dieses Bett legen. Folie darüber verschließen.
4. Das Paket in den auf 180 Grad vorgeheizten Ofen legen, den Fisch auf diese Weise etwa 25 Minuten garen.
5. Im verschlossenen Paket zu Tisch bringen, den Fisch erst dort tranchieren und auf zwei Teller verteilen.

Dazu trinken wir eine Bianchetta Genovese, eine nur in der Region um Genua angebaute Rebsorte mit leichtem Bittermandelton, vorzugsweise von Bisson in Chiavari.

Wer dazu kein Weißbrot essen mag, legt unter die Pilze in Scheiben geschnittene, gekochte Kartoffeln in das Folienpaket. Sie saugen einen Teil der Säfte in sich auf, lassen sich dann herrlich zerdrücken und mit dem restlichen Saft vermischen.

Meerbarben mit Zucchini

Hierfür brauchen Sie frische und ausgenommene, nicht die im allgemeinen mit ihren Innereien eingefrorenen Meerbarben. Lassen Sie sich die Fische von Ihrem Fischhändler schuppen – das geht ihm vermutlich leichter von der Hand, und Sie brauchen so die wild abspringenden Schuppen nicht von den Küchenfliesen sammeln … Vorzugsweise als Vorspeise zu servieren. Zubereitungszeit etwa 30 Minuten – wenn man die Zucchinischeiben so akkurat wie Schuppen legen will.

Für 4 Personen:

4–6 schöne, rosa Meerbarben (200 g), 2 junge, schmale Zucchini, Salz, Pfeffer, 3 EL Olivenöl extra vergine, 2 Knoblauchzehen, 1 Rosmarinzweig, ½ Glas (5 EL) trockener Weißwein, 12 Basilikumblättchen

1. Die Meerbarben sorgfältig waschen, die Bauchhöhle von allen Innereien befreien, die Kiemen herausnehmen.
2. Die Zucchini in Scheibchen hobeln.
3. Den Backofen auf 200 Grad vorheizen.
4. Fische abtrocknen, leicht salzen, kräftig pfeffern und mit ganz wenig Olivenöl einpinseln. In eine ofenfeste Pfanne (ohne Plastikgriff!) oder einen passenden Bräter legen. Mit den Zucchinischeiben schuppenartig belegen – die Scheiben sollen sich jeweils etwa zur Hälfte überlappen. Mit dem restlichen Olivenöl übergießen.
5. Knoblauchzehen schälen, längs vierteln und neben den Fischen verteilen. Die Rosmarinnadeln abzupfen und ebenfalls neben die Fische ins Öl streuen. In den Ofen schieben.
6. Nach 3 Minuten mit dem Weißwein übergießen, wieder einschieben. Immer wieder, etwa jede Minute, mit dem Sud beschöpfen.
7. Basilikum in Streifen schneiden.
8. Nach insgesamt etwa 15 Minuten die Fische aus dem Ofen holen, mit dem Basilikum bestreuen und sofort zu Tisch bringen.

Wenn Sie Zucchiniblüten bekommen können oder welche im Garten haben, so geben Sie in das Öl noch einige feingehackte Blüten – über den Fisch gestreut sehen sie hübsch aus und schmecken überaus köstlich.

Die Fische bleiben relativ lange im Ofen, weil sie durch die Zucchinischeiben vor der direkten Hitzeeinwirkung geschützt sind und die Pfanne kalt eingeschoben wurde. Sie können die Fische auch zunächst auf dem Herd anbraten und dann unter den Grill schieben – dann brauchen sie nur acht Minuten.

Dazu servieren wir nur Brot und einen kräftigen, trockenen Weißwein – etwa einen Gavi aus Piemont, Sauvignon, Ribolla oder Chardonnay aus dem Friaul.

Rotbarben in der Salzkruste

Fisch in Salzkruste – auch Goldbrasse und Wolfsbarsch eignen sich hierfür bestens – ist in den letzten Jahren ein Renner geworden. Gewiß nicht zu Unrecht, denn es ist eine im Restaurant spektakuläre und kulinarisch erstklassige Zubereitungsart. Allerdings auch eine verschwenderische, denn das Salz kann man nur wenige Male verwenden. Manche Köche rühren das Salz mit Eiweiß zu einem Teig an – das ist vollkommen unnötig, denn wenn Sie ungereinigtes, also graues Meersalz (vorzugsweise aus der Bretagne oder vom Mittelmeer) nehmen, so bäckt dies ohnehin zu einer harten Kruste zusammen, die sich mit einem Messerknauf sauber aufschlagen und dann leicht abheben läßt.

Da die Rotbarben ausgeprägt jodig nach Meer schmecken, sind sie nicht jedermanns Sache: Setzen Sie dieses Gericht nur Gästen vor, von denen Sie wissen, daß sie diese Aromen mögen und die auch nichts gegen die vielen Gräten haben. Und bitten Sie Ihren Fischhändler, die Fische zwar zu schuppen und die Flossen abzuschneiden, lassen Sie sie aber nicht ausnehmen: Liebhaber essen die Innereien mit, denn die Meerbarbe besitzt keine Galle und gilt als die »Schnepfe des Meeres«.

Rechnen Sie zwei größere Fische zwischen 200 und 250 Gramm pro Person oder 3 kleinere zu 150 bis 180 Gramm – aus dem Atlantik und aus der Zucht kommen im allgemeinen die größeren, aus dem Mittelmeer die kleineren, würzigeren.

Ungereinigtes Meersalz finden Sie in guten Feinkostgeschäften oder im Reformhaus. Es hat große, unregelmäßig geformte, graue Kristalle – sie kleben beim Backen zu einer festen, aber dennoch leicht aufzubrechenden Kruste zusammen. Da noch alle Komponenten des Meerwassers enthalten sind, schmecken sie intensiv nach Jod und Tang – eben nach frischem Meer. Normales Steinsalz dagegen besitzt keinen eigenen Geschmack und die kleinen, rieselfähig gemachten Kristalle backen einerseits durch die aufsteigende Feuchtigkeit steinhart zusammen, bleiben aber, wo diese nicht ausreicht, streufähig: Beim Aufbrechen der Kruste setzen sich Salzkristalle an den Fischen ab und die schmecken dann ungeheuer bis ungenießbar salzig. Die groben Kristalle des Meersalzes dagegen lassen sich vollständig entfernen und hinterlassen nur das erwünschte Meeresaroma.

1. Die Meerbarben vorbereiten, falls dies der Händler noch nicht getan hat (siehe oben).
2. Backofen auf 220 Grad (Umluftherd 200 Grad) vorheizen.
3. Aromaten/Kräuter/Blätter/Blumen waschen, trocken schütteln und auf einem Backblech ausbreiten. Die Fische daraufbetten, jeweils ein wenig Abstand, 1 cm genügt, dazwischenlassen. Mit dem Salz in einer etwa zwei Zentimeter dicken Schicht überstreuen.
4. Je nach Größe für 12 bis 20 Minuten in heißen Ofen schieben.
5. Auf dem Backblech zu Tisch bringen (großes Tranchierbrett darunterstellen) und erst vor den Augen der Gäste die Kruste zertrümmern und abheben.

Als Begleitung Brot und ein nicht zu leichter, säurehaltiger, geschmackvoller Wein – etwa eine schön trockene Riesling-Spätlese von Mosel-Saar-Ruwer, aus Frankreich ein Chablis, Sancerre oder anderer Sauvignon von der Loire.

Für 4 Personen:

Meerbarben wie angegeben, etwa 250 g verschiedene frische Kräuter (ganze Zweige von Rosmarin, Thymian, Salbei und Lorbeer, heimische Gartenkräuter wie Petersilie, Kerbel, Estragon, Basilikum, aber auch Blattgemüse wie Spinat, wilde Gewächse wie Brenn- oder Taubnesseln, Wiesenblumen oder Algen von Ihrem Fischhändler), 2 – 3 kg Meersalz

Die Bouillabaisse der Fischersfrau

Dies ist eines jener Gerichte, für die einerseits Hunderte von Rezepten existieren, weil jede Hausfrau und jeder Fischer seine eigenen Vorstellungen hat, andererseits aber auch eine Zubereitung, die im Laufe der Zeit von Nachahmern, Kochbuchautoren, Journalisten und Köchen bis zur Unkenntlichkeit verändert, »verbessert« und meist leider auch verschlimmert wurden. Ursprünglich war die Bouillabaisse die Suppe, die sich die Fischer zur Stärkung zubereiteten, wenn sie morgens von der nächtlichen Ausfahrt an Land zurückkehrten. In »Forelle blau und schwarze Trüffeln« von Joseph Wechsberg (Hugendubel Verlag) ist das wunderbar und unnachahmlich beschrieben: Eine einfache Sache, die nicht viel Küchentechnik erforderte, nur absolut frische Fische. »Aber was kriegt man da nicht alles angeboten«, empört sich Nanou, die Fischersfrau aus Morgiou, die wir für unser Provence-Buch besuchten. Diese angeblich feine Version, wo alle Fische bereits entgrätet in der Suppe schwimmen. »Zuerst kochen sie eine Suppe aus den Gräten – sie nennen das Fond ...«, entsetzt sich Nanou kopfschüttelnd, »und dann kommen die Filets hinein, die natürlich nie so schmecken, wie sie sollen.« Denn von den Gräten gelöst, können die Fische nicht die richtige Konsistenz bewahren.

Das Schwierigste bei der Zubereitung einer Bouillabaisse, sagt Nanou, ist die Beschaffung der Fische. Bouillabaisse-Fische müssen ganz frisch sein – nur dann behalten die festfleischigen Felsenfische ihre unglaublich Saftigkeit bei knackigem Biß. Man findet sie fast ausschließlich am Mittelmeer, kann sie nur selten auch bei uns über italienische, spanische oder französische Händler bekommen. Roter und Schwarzer Drachenkopf (Rascasse rouge/noire, Scorfano rosso/nero, Cabracho/Rascacio), Knurrhahn (Grondin, Galinella) und Congeraal (Congre) findet man öfters, die verschiedenen Arten von Petermännchen (Vives), Sternguckern (Uranoscopes, Pesce prete, Ratas), Papageienfischen (Vieilles) und anderen, wegen ihrer vielen Gräten wenig begehrten, daher billigen, den Transport kaum lohnenden und in der deutschen Sprache ohnehin namenlosen Felsenfischen ist es fast unmöglich. Sie kann man eigentlich nur tiefgekühlt in Gastarbeiterläden finden. Das Zeitraubendste ist das Putzen und Ausnehmen. Gekocht ist die Suppe dann in exakt 20 Minuten. Und zwar so:

Für 4 – 6 Personen:

2 Zwiebeln, 4 Knoblauchzehen, 2 Tomaten, das Weiße einer dicken Lauchstange, 4 mittelgroße Kartoffeln, 3–4 EL Olivenöl, 2 Döschen Safran, Salz, Pfeffer, 1 kg gemischte Mittelmeer- und Felsenfische (siehe unten), 3 l Wasser

ROUILLE:
1 Eigelb, 1 TL scharfer Senf, ½ TL Cayennepfeffer, 1 TL Salz, ⅛ – ⅕ l Olivenöl vierge extra aus der Provence

1. Zwiebeln und Knoblauchzehen fein hacken. Tomaten mit kochendem Wasser überbrühen, häuten, entkernen und würfeln. Lauch in Ringe schneiden, Kartoffeln schälen und längs vierteln.
2. Das Olivenöl in einen ausreichend großen Topf gießen. Die vorbereiteten Gemüse einschichten und den Safran darüberstreuen, salzen und pfeffern. Darauf die Fische betten. Mit Wasser auffüllen, bis alles gerade eben bedeckt ist.
3. Erst jetzt den Topf aufs starke Feuer setzen. Wer kein Gas hat, muß die Elektroplatte so stark wie möglich vorheizen, weil sonst das Aufkochen zu lange dauert! Vom Augenblick des Aufsetzens an läuft nämlich die Kochzeit: Nach genau 20 Minuten hat die Suppe fertig zu sein!
4. Während die Bouillabaisse zum Kochen gebracht wird, die dazugehörige Sauce zubereiten – entweder Aioli, die berühmte Knoblauchmayonnaise (siehe Seite 718), die heute in vielen Restaurants üblicherweise dazu serviert wird, oder die klassische Rouille: Das Eigelb, Senf, Cayennepfeffer

und Salz mit dem Handrührer dick und cremig schlagen. Erst dann nach und nach langsam das Öl zufügen. Ständig rühren, bis eine dicke, glänzende Mayonnaise entstanden ist.
5. Baguettescheiben rösten (oder auch dünne Scheiben von altbackenem Baguette schneiden). Jeder Gast bestreicht so viele Brotscheiben mit Rouille, wie er mag, legt sie in seinen Suppenteller und gießt mit der dampfendheißen Fischsuppe auf. Dazu trinkt man natürlich einen gleichzeitig rosenduftenden und zartbitteren provenzalischen Rosé.

Leider liefern die heute üblichen Ceran-Felder nicht immer die benötigte schnelle Hitze (es sei denn, Sie haben einen ganz neuen Herd mit Induktion und Booster, den man auf Superpower schalten kann) – dann müssen Sie wahrscheinlich Zeit zugeben, bis die Suppe einmal kräftig aufwallt. Dann vom Feuer nehmen und noch ein paar Minuten nachziehen lassen: *Bouille* heißt »aufkochen«, *baisse* meint »die Hitze senken« … und genauso soll die Suppe auch gekocht werden.

Toskanischer Fischtopf – Cacciucco

Diesen berühmten Fischtopf haben wir in der Toskana lange vergeblich in guter Qualität gesucht – es wird in den meisten Trattorien furchtbar geschlampt! Aber schließlich sind wir doch fündig geworden: bei unserem Freund Minuccio, dessen Rezept wir natürlich sofort aufgeschrieben und in unser Repertoire aufgenommen haben.

Für 6 Personen:

3 kg verschiedene Meeresfische (zum Beispiel: Tintenfische und Sepia, Seeaal, kleine qanze Fische, wie Rascasse, Merlan, Brassen; Krustentiere, wie Garnelen, Scampi, Krabben, Vongole, Herzmuscheln usw.), ¼ l Olivenöl, ca. 5–6 Knoblauchzehen, 1–2 trockener Weißwein, 1 große Dose geschälte Tomaten (800 g), 1 Zwiebel, 2 Selleriestengel, 1 Möhre, 1 Bund Petersilie, 1 Zitrone, Pfeffer, Salz

1. Die Fische, Schalen- und Krustentiere vorbereiten: gründlich waschen und ausnehmen; kleine Fische ganz lassen, größere in Portionsstücke teilen – aber nicht filetieren, dies geschieht erst nach dem Garen, weil sie so saftiger bleiben, Muscheln entbarten, entsanden usw.
2. In einem großen Topf den Boden zentimeterhoch mit Olivenöl bedecken. Drei bis vier unzerteilte Knoblauchzehen darin anrösten und die Chilischoten mit angehen lassen.
3. Die geputzten, von Augen und Innenknochen befreiten Tintenfische zufügen. Nach ein paar Minuten mit einem Schuß

Wein ablöschen. Schließlich die Tomaten samt Saft zufügen. Zugedeckt leise 30 Minuten köcheln.

4. Inzwischen in einem zweiten, möglichst weiten Topf wieder eine Portion Öl erhitzen. Sehr fein gehackte Zwiebel, Knoblauch, Sellerie, Möhre und Petersilie darin andünsten. Mit dem Zitronensaft ablöschen.
5. Die Fischstücke zufügen und auf mildem Feuer sehr behutsam garen. Dabei nicht heftig kochen oder rühren, damit die Fische nicht zerfallen. Salzen und pfeffern.
6. Die Fischstücke herausfischen, ihr Fleisch von den Gräten pflücken. Die Mini-Fischchen dürfen ganz bleiben.
7. Die ausgelösten Gräten zurück in den Topf geben. Mit einem gut bemessenen Glas Weißwein bedecken und einen Schuß Wasser, wenn vorhanden auch Fischfond, angießen. Zugedeckt etwa 20 Minuten köcheln.
8. Durch ein feines Sieb filtern und erneut in den Topf füllen. In diesem Sud die Muscheln zugedeckt einige Minuten garen.
9. Tintenfische aus dem ersten Topf fischen, in Streifen oder schmale Stücke schneiden und zu den Muscheln geben. Ihren Kochsud ebenfalls durch ein Sieb streichen und zufügen.
10. Schließlich die Fischstücke behutsam darin erwärmen. Die Suppe abschmecken: Sie muß würzig sein, darf aber durch ihre Schärfe das Aroma der Fische nicht überdecken. In tiefen Tellern servieren.

Zu diesem Gericht gehören unbedingt in Knoblauchöl geröstete Croûtons, die etwas von der Suppe aufsaugen sollen, dabei aber nicht matschig werden dürfen! Und natürlich trinkt man einen toskanischen Weißwein dazu – Montecarlo oder Vernacchia di San Gimignano.

Naselli lessati – kleine gesottene Seehechte

Für 2 Personen:

1–1,5 kg kleine Seehechte, 2 l Wasser, 70 g Meersalz, 10 Lorbeerblätter, 1 TL Pfefferkörner

ZITRONENSAUCE:
1 Tasse Zitronensaft, Salz, Pfeffer, 1 Tasse Olivenöl, glattblättrige Petersilie

Am besten schmecken die schlanken, silbergrauen Fische mit der stumpfen Nase, wenn sie nicht mehr als 200 Gramm wiegen – in Ligurien heißen sie dann *naselli* – der große Fisch heißt *merluzzo*. Als Portion rechnet man drei bis vier Fische; weil sie so gut schmecken und sehr leicht und bekömmlich sind, schafft man auch fünf…

1. Die Fische sorgfältig waschen, die schwarze Haut im Bauchraum weitgehend entfernen.

2. In einem ausreichend großen Topf das Wasser erhitzen. Sobald es aufwallt, das Salz, die Lorbeerblätter und die Pfefferkörner zufügen. 5 Minuten köcheln, bevor die Fische behutsam hineingleiten dürfen.
3. Neben dem Feuer etwa 5 bis 8 Minuten ziehen lassen, bis sie gar sind. Man erkennt das daran, daß die seidenpapierdünne Haut aufzuplatzen beginnt.
4. Unterdessen für die Sauce Zitronensaft, Salz, Pfeffer, Öl und Petersilienblätter mit dem Mixstab oder im Mixer zu einer cremigen Emulsion aufschlagen.

Dazu braucht man nicht mehr als frisches Weißbrot, eventuell noch einen grünen Salat. Als Getränk paßt jeder trockene Weißwein, wir lieben dazu einen Cinque Terre.

Moscardini mit Kartoffeln

Eine Vorspeise aus Ligurien, am besten mit den ganz kleinen Polypen, Oktopus oder eben – wie in Italien – Moscardini genannt.

Für 4 Personen:

500 g Polipi oder Moscardini, Salz, 500 g festkochende Kartoffeln, 1 Zwiebel, 3 Knoblauchzehen, 1 kleines Bund Petersilie (möglichst glattblättrige!), 3 EL Olivenöl extra, 1 kleine getrocknete Chilischote, 1/8 l Fischfond (ersatzweise Wasser), 100 g kleine dunkle Oliven (vorzugsweise Taggiasca aus Ligurien oder die schwarzen aus Nizza), 1 Schuß trockener Weißwein, Pfeffer

1. Tintenfische waschen, nur bei richtig großen, kiloschweren Exemplaren ist es nötig, sie mehrmals fest auf die Arbeitsfläche zu schlagen, damit sie mürbe werden. In kochendes Salzwasser werfen und zugedeckt ohne nochmals zu kochen kleine Moscardini 10 Minuten, größere Polipi eine halbe Stunde garziehen lassen.
2. Unterdessen die Kartoffeln schälen und in Stücke schneiden, Zwiebel und Knoblauch hacken, die Petersilienblätter von den Stengeln zupfen und diese ebenfalls fein hacken, die Blätter beiseite stellen.
3. Olivenöl in einem Topf erhitzen, Zwiebeln darin anschwitzen. Knoblauch, Petersilienstengel, Kartoffeln und Chilischote zufügen, mit Fischfond (oder Wasser) angießen und die Kartoffeln zugedeckt weich kochen.
4. Polipi aus dem Sud heben, abtropfen und in mundgerechte Stücke schneiden – Moscardini ganz lassen. Zu den Kartoffeln geben. Oliven und die ganzen Petersilienblätter zufügen und erwärmen, mit einem Schuß Weißwein, Salz und Pfeffer abschmecken.

Tip: Nach Belieben auch mit etwas Zitronensaft »erfrischen«.

Dazu gibt es Weißbrot (Baguette) und einen weichen, aber trockenen Weißwein (Cinque Terre, Vermentino oder Pigato aus Ligurien).

Zackenbarsch mit Tapenade

Zackenbarsch findet man öfters tiefgekühlt. Man kann nach diesem Rezept auch alle Arten von Barschen und Brassen gut zubereiten.

Für 2 Personen:

1 Zackenbarsch von 500 – 600 g, 1 Zwiebel, 3 Knoblauchzehen, 1 guter Schuss trockener Weißwein, Sherry oder Marsala, Salz, Pfeffer, 3 EL Tapenade oder Püree von schwarzen Oliven, etwas Petersilie (oder andere Kräuter)

1. Den Fisch waschen – Vorsicht vor den gefährlich spitzen Gräten, die aus den Flossen ragen, der Fisch trägt seinen Namen nicht umsonst!
2. Zwiebel und Knoblauch hacken und auf eine passende Platte oder einen Teller verteilen, welche in einen Topf passen – besonders praktisch ist ein Wok, weil man dorthinein recht großes Geschirr stellen und gut wieder herausheben kann. Mit dem Wein angießen.
3. Fisch salzen und pfeffern, mit der Tapenade einreiben und mit Petersilie bestreuen. Auf das vorbereitete Bett legen und in den Topf stellen.
4. Auf dessen Boden eine Tasse Wasser gießen, zudecken und den Fisch auf lebhaftem Feuer 8 bis 10 Minuten dämpfen.

Zu diesem katalanischen Rezept passen Brot, Salz- oder Pellkartoffeln und Salat und ein trockener Weißwein, zum Beispiel aus dem Penedés.

Tapenade ist das französisch-katalanische Püree von schwarzen Oliven, gewürzt mit Kräutern und Anchovis – also kräftiger im Geschmack als das einfache italienische Püree von schwarzen Oliven. Dieses also nach Belieben zusätzlich mit Sardellenpaste, Thymian, Rosmarin und Bergbohnenkraut würzen.

Fritierte Sardellen

Für 4 Personen:

1 kg möglichst ganz frische Sardellen, Salz, Pfeffer, Mehl zum Wenden, ein großes Bund frischer Salbei, Olivenöl zum Fritieren, einige Zitronenschnitze, Petersilie zum Garnieren

Sardellen kosten nicht viel Geld, schmecken aber köstlich, wenn sie wirklich frisch sind – wir greifen, wenn wir sie einmal beim Fischhändler entdecken, immer zu!

1. Sardellen vom Fischhändler ausnehmen lassen – macht er das nicht, ist es nicht schlimm, es ist zwar langwierig aber nicht schwierig: Einfach aufschlitzen und mit dem Daumen

die Innereien herausdrücken, dann auswaschen und die Schuppen abwischen.
2. Für den Teig die Zutaten rasch zusammenrühren – alle Zutaten sollen so kalt wie möglich sein, Sie können sogar ein paar Eiswürfel zufügen: je kälter der Teig, desto knuspriger später die Hülle.
3. Die Fische salzen und pfeffern, in Mehl wenden, alles überflüssige Mehl abklopfen. Salbeiblätter abzupfen und ebenfalls durch den Teig ziehen.
4. Alles im heißen Öl – an einem hineingetauchten Kochlöffelstiel müssen Bläschen aufsteigen – golden fritieren. Mit Salz bestreuen.
5. Mit Zitronenschnitzen und Petersilienblättchen umlegt servieren, und zwar Fische und Salbeiblätter gemischt auf einer Platte aufgehäuft. Ein hübscher Happen zum Aus-der-Hand-Essen!

TEIG:
3 Eigelbe, 100 g Mehl, 1/8 l Wasser

Jeder beträufelt sich seine Fische mit etwas Zitronensaft. Dazu gibt's, um das Glück voll werden zu lassen, frisch geröstetes Brot und einen trockenen Weißwein.

Fritierte Meeresfrüchte – fritura mista

Die Mischung ist nicht festgelegt. Ideal wären kleine, lange Fischchen, kleine Meerbarben, kleine Seezünglein, winzige Kalmare und Sepiolini, Moscardini, kleine Scampi oder Felsengarnelen, Venusmuscheln in der Schale, evtl. auch kleine Miesmuscheln. Oder Sie nehmen die übliche Mischung, die es frisch oder tiefgekühlt zu kaufen gibt. Aber bitte nur erstklassige Ware, in der nicht die Hälfte aus Tintenfischringen besteht!

Für 4 Personen:

750 g Fritura mista, 3 – 4 EL gesiebtes Mehl, etwa 1/2 l Olivenöl extra vergine

1. Die ganze Mischung waschen, vollkommen abtropfen lassen, auf einem Küchentuch trockenschütteln. Auf einen großen Teller mit gesiebtem Mehl geben und rütteln, bis sich alle Seiten dünn mit Mehl überzogen haben. In ein trockenes Sieb schütten und rütteln, bis alles überflüssige Mehl weggerieselt ist.
2. Sofort in eine große Pfanne geben, in der mindestens einen Fingerbreit hoch ganz heißes Olivenöl steht. Es muß mächtig

Ganz heiß mit Zitronenhälften, frisch gerösteten Weißbrotscheiben und einer durch Chilischoten (Peperoncini) grün gefärbte, leicht geschärfte Knoblauchmayonnaise servieren.

aufrauschen! Unter häufigem Wenden 2 bis 3 Minuten fritieren.

3. Herausheben, abtropfen lassen und auf Küchenpapier sorgfältig entfetten.

Scharfe grüne Knoblauchmayonnaise:
Fünf bis sechs große, junge Knoblauchzehen schälen und zwei große, saftige, nicht zu scharfe, grüne Chilischoten entkernen und die Zwischenwände herauslösen. Zusammen mit einer guten Prise Salz, einem ganzen Ei und 1/5 Liter Olivenöl extra vergine in den Mixer (Küchenmaschine) geben und so lange durchmixen, bis eine grasgrüne Masse entstanden ist

Sardinen mit Knoblauch, Oliven und Rosmarin

Für 4 Personen:

6 Knoblauchzehen, 12 schwarze Oliven, 1 Zweig Rosmarin, 3 EL Olivenöl, 750 g Sardinen, Salz, Pfeffer aus der Mühle, 2 Zitronen

Dazu gibt es einen trockenen Weißwein und frisch aufgebackenes Weißbrot oder geröstete Brotscheiben, die sich jeder mit Knoblauch abreiben und mit Olivenöl beträufeln kann.

1. Knoblauchzehen schälen und längs halbieren. Oliven aufschneiden und entkernen. Rosmarinnadeln vom Zweig streifen.
2. Einen Eßlöffel Olivenöl in beschichteter Pfanne erhitzen und gewaschene und gut getrocknete Sardinen auf allen Seiten anbraten – nicht zu heiß, aber doch so, daß alles golden wird.
3. Herausnehmen und das Öl abgießen. Wieder einen Eßlöffel Öl in die Pfanne geben und nun Knoblauch, Oliven und Rosmarinnadeln darin unter ständigem Wenden ein wenig anbräteln.
4. Die Sardinen wieder zugeben, salzen, pfeffern, alles heiß werden lassen. Mit etwas Zitronensaft beträufeln, mit dem letzten Löffel frischem Olivenöl übergießen und mit Zitronenschnitzen umlegt sofort servieren.

Gefüllte Sardinen

Ein Rezept aus Sizilien, wo die Einflüsse der arabischen Küche spürbar sind. Die Kombination Fisch und Rosinen mag verblüffen, aber wir finden sie sehr gelungen.

Für 4 Personen:

1 kg frische Sardinen, 2 EL Rosinen, 2 EL Weißwein, 2 EL Pinienkerne, 3–4 Knoblauchzehen, 100 g Semmelbrösel, 5 Anchovis, 3–4 Stengel glatte Petersilie, Salz, Pfeffer, Zitronensaft, 3 EL Olivenöl, 1 gute Handvoll frische Lorbeerblätter

1. Die Sardinen gründlich waschen, vom Rücken her aufschneiden und die Rückengräte auslösen.
2. Für die Füllung die Rosinen in Wein einweichen, Pinienkerne, gehackten Knoblauch und die Hälfte der Semmelbrösel zufügen.
3. Anchovis fein hacken, ebenso die Petersilienblätter und unter die Bröselmasse mischen. Salzen, pfeffern, mit Zitronensaft und einem Löffel Olivenöl geschmeidig rühren.
4. Jeweils einen kleinen Löffel davon in die Sardellen füllen, diese dicht an dicht in eine mit Öl ausgestrichene, feuerfeste Form schichten, ab und zu ein Lorbeerblatt dazwischenbetten.
5. Zum Schluß die restlichen Semmelbrösel darüberstreuen und mit Olivenöl beträufeln.
6. Im 220 Grad heißen Ofen etwa 15 bis 20 Minuten backen, bis es in der Auflaufform brodelt und die Sardinen gar sind.

Hierzu paßt am besten Weißbrot, eventuell ein bunter, gemischter Salat. Und ein kräftiger Weißwein aus Sizilien, etwa ein Corvo, Regaleali oder Settesoli.

Sardinen in Tomatensauce

Eine im Sommer besonders angenehme Vorspeise. Das provenzalische Gericht läßt sich gut vorbereiten – den Sardinen tut es sogar gut, wenn sie ordentlich in der aromatischen Sauce durchziehen können.

Für 4 Personen:

12 Sardinen, Salz, Pfeffer, 12 schöne Basilikumblätter, Mehl, 1/8 l Olivenöl

TOMATENSAUCE:
4 sehr reife Fleischtomaten, 1 Zwiebel, 4 Knoblauchzehen, 6 EL aromatisches Olivenöl extra vergine, Salz, Pfeffer, 1 Zitrone, 1 Thymianzweig, 1 kleine Handvoll Basilikum

1. Mit der Sauce beginnen: Dafür Tomaten, Zwiebel und Knoblauchzehe grob zerkleinern und in 3 Eßlöffel Öl andünsten. Würzen, den Zitronensaft und die Kräuter zufügen. Alles etwa eine halbe Stunde auf kleiner Flamme köcheln lassen, dann durch ein Sieb streichen.
2. Sardinen ausnehmen und den Bauch mit Küchenpapier auswischen. Salzen und pfeffern, in jeden Bauch ein Basilikumblatt legen, die Fische im Mehl wenden und im

Sie können die Sardinen einfach so und zimmerwarm servieren. Man kann sie aber auch im Kühlschrank ganz kalt werden lassen, auf Salatblättern anrichten, erneut mit der Sauce überziehen und mit Zitronenspalten umlegt servieren. Dazu gibt's Weißbrot und einen kräftigen Rosé aus der Provence.

heißen, aber nicht rauchenden Olivenöl langsam braten – sie müssen dabei fast schwimmen, aber mehr im Öl gekocht als ausgebacken werden. Auf einer Platte anrichten.

3. Die Sauce mit dem Pürierstab aufschlagen, dabei das restliche Öl zufügen und abschmecken. Über die Sardinen gießen und abkühlen lassen.

Wolfsbarsch nach Art der Camargue – loup au fenouil

Das Rezept eignet sich auch für Seehecht, Gold- oder Zahnbrasse (werden manchmal als *Orata* bzw. *Daurade* oder *Dentice* bzw. *Denté* auch tiefgekühlt angeboten), sogar für Süßwasserfische, wie Zander oder Lachs.

Für 3 – 4 Personen:

1 Wolfsbarsch von etwa 800 g, Salz, Pfeffer, 2 EL Olivenöl, 1 Bund oder 1 Tüte getrockneter Fenchel

1. Den Ofen auf 160 Grad vorheizen.
2. Den Fisch säubern, auswaschen und gründlich abtrocknen. Innen und außen mit Salz und Pfeffer einreiben, dann mit Olivenöl einmassieren.
3. Fenchel auf ein Backblech verteilen, den Fisch darauflegen und in den Ofen schieben – etwa 20 Minuten backen, ab und zu mit Öl bepinseln.
4. Nach dem Backen den Fenchel vorsichtig anzünden und den Fisch brennend servieren!

Man nimmt hierfür am besten getrocknete Fenchelstengel – manchmal in Feinkostgeschäften zu bekommen; ab und zu findet man sie mit Laub auch an alternativen Kräuterständen. Ersatz: Von frischen Fenchelknollen die Stielansätze und das Laub abschneiden und trocknen. Wer einen Garten hat, kann *Gewürzfenchel* selber anbauen oder Gemüsefenchel ausschießen lassen und erzielt so dieses erstklassige Gewürz, das sich auch vorzüglich zum Grillen eignet. Ideal, wenn man sich die überall im Mittelmeerraum an Hainen und Wegrändern wildwachsenden Stengel aus seinem Urlaub mitbringt – hält sich jahrelang.

Als Beilage paßt dazu Ratatouille, das provenzalische Mischgemüse aus Auberginen, Zwiebeln, Paprika, Zucchini und Tomaten, alles mit viel Knoblauch und Basilikum in Olivenöl weich geschmort – siehe Seite 452. Als Getränk ein erfrischender Weißwein aus der Provence, *Cassis, Bandol blanc, Listel* oder auch ein *Vin de sable* (Sandwein aus der Camargue.)

Red Snapper, gedämpft auf kantonesische Art

Den exotischen Red Snapper importiert man jetzt immer mehr vor allem aus dem pazifischen Raum – er schmeckt sehr gut, sein Fleisch ist zart, und obendrein sieht er schön aus. Lassen Sie ihn vom Fischhändler kochfertig vorbereiten. Ersatzweise nehmen Sie einen Wolfsbarsch (*loup de mer*, *branzino* oder *spigola*).
Für dieses Rezept benötigen Sie einen Wok oder einen großen Fischkochtopf, in den eine längliche Platte paßt. In einem Wok kann sie eventuell auf den Seitenwänden ruhen, aber im allgemeinen wird es nötig sein, die Platte auf einen Rost zu setzen, der für Stabilität und dafür sorgt, daß genügend Raum für das Zirkulieren des Dampfes bleibt.

Für 4 Personen:

1 schöner Red Snapper von 800 g, 1 EL Sesamöl, 30 g frischer Ingwer, 6 Knoblauchzehen, 1 frische rote Chilischote, 2–3 Frühlingszwiebeln, 2 EL fermentierte schwarze Bohnen, 3 EL Sojasauce, 2 EL Sherry, ½ TL Zucker, 1 EL neutrales Öl, Salz, Pfeffer, Koriandergrün

1. Den Fisch innen und außen gründlich waschen. Mit einem scharfen Messer auf beiden Seiten jeweils schräg mehrmals knapp ½ Zentimeter tief einschneiden.
2. Eine passende Platte mit Sesamöl einpinseln und den Fisch darauflegen – Kopf und Schwanz dürfen ruhig etwas überstehen.
3. Ingwer, Knoblauch und Chilischote in feine Streifen, Frühlingszwiebel in Ringe schneiden und alles dekorativ auf dem Fisch verteilen.
4. Die schwarzen Bohnen in einem Eßlöffel heißem Wasser einweichen, grob zerdrücken, mit Sojasauce, Sherry, Zucker, neutralem Öl und dem restlichen Sesamöl verrühren und über den Snapper gießen, vorsichtig salzen und pfeffern.
5. Die Platte in den zweifingerhoch mit Wasser gefüllten Wok setzen. Deckel auflegen, möglichst rasch auf stärkster Stufe erhitzen und das Wasser zum Kochen bringen. Ab dann etwa 12 Minuten Garzeit rechnen – der Fisch muß an seiner dicksten Stelle auf Fingerdruck leicht nachgeben.
6. Den Fisch mit zerzupften Korianderblättchen bestreuen und sofort servieren.

Als Beilage natürlich Reis. Als Getränk grüner oder Jasmintee, ein fruchtiger Weißwein – etwa trockener Traminer oder Scheurebe.

Gedämpfte Meerbrasse mit Chinaduft

Jeglichen Portionsfisch kann man auf diese Weise zubereiten, auch Plattfische, wie Seezunge, Rotzunge, Scholle oder Babysteinbutt – die Garzeiten verändern sich mit Dicke des Fischs. Als Faustregel kann man rechnen: pro Zentimeter Stärke 2 bis 3 Minuten Dämpfzeit.

Für 2 – 3 Personen:

3 Tonku-Pilze, 1 Tomate, 1 frische Meerbrasse (etwa 750 g), 1 Frühlingszwiebel, 1 Stück Ingwer (etwa 3 cm), 2 kleine rote Chilischoten, Pfeffer aus der Mühle, Salz, ½ TL Zucker, 1 EL Sojasauce, 1 TL Sesamöl, 3 EL Hühnerbrühe

1. Tonku-Pilze mit wenig kochendem Wasser überbrühen und 20 Minuten einweichen. Die Tomate rasch in das kochende Wasser tauchen und häuten, entkernen und in zentimetergroße Würfel schneiden.
2. Den Fisch innen und außen waschen, eventuell auf beiden Seiten mit einem scharfen Messer an der dicksten Stelle parallele Schnitte setzen.
3. Die eingeweichten Pilze entstielen, Hüte in feine Streifen schneiden. Die Frühlingszwiebel putzen, Ingwer schälen und beides ebenfalls in feine Streifen teilen. Eine Chilischote entkernen und winzig klein würfeln.
4. Den Fisch auf eine feuerfeste Servierplatte legen, die genau in einen Topf paßt. Ingwer, Pilze, Frühlingszwiebelstreifen, Tomatenwürfel, Chiliwürfel dekorativ auf dem Fisch verteilen.
5. Den Fisch pfeffern, salzen, mit Zucker bestreuen. Sojasauce, Sesamöl und Hühnerbrühe darüber träufeln. Die Platte auf eine umgestülpte Untertasse in einen 2 cm hoch mit Wasser gefüllten Topf setzen. Den Fisch zugedeckt etwa 12 Minuten dämpfen. Sofort auf der Platte auftragen.

Sollte eigentlich unnötig sein, extra zu sagen: Der Fisch muß hierfür natürlich absolut frisch sein, leuchtende, glänzende Augen und feuerrote Kiemen haben!

Stockfisch

Im ganzen Mittelmeerraum ist Stockfisch beliebt. In der Toskana, vor allem im Innern, dort, wo das Meer noch weit ist, gehört er heute noch zu den begehrten Spezialitaten, obwohl die moderne Kühltechnik dafür sorgt, daß immer frischer Fisch auf den Markt gelangt. Längst ist Stockfisch nicht mehr Notbehelf wie früher, als man das Einsalzen und Trocknen als einfachste Konservierungsmethode kannte. Man liebt den typischen, speziellen Geschmack, das Parfüm des Salzes, das unnachahmlich ist. Vorausgesetzt natürlich, daß es sich um erstklassige Qualität handelt: Der getrocknete Fisch muß weiß wirken, darf allenfalls ins Grau spielen, auf keinen Fall aber gelblich scheinen. In guten Fisch- oder Feinkostgeschäften erledigt man in Italien und Spanien bereits vor dem Verkauf die Arbeit des Wässerns. In marmornen Becken liegen dann die Fische nach unterschiedlichen Qualitäten sortiert und nach verschiedenen Einweichzeiten getrennt. Bei uns ist es nicht ganz einfach, überhaupt Stockfisch zu finden. Am ehesten wird man noch in den Spezialgeschäften erfolgreich sein, in denen sich unsere Gastarbeiter versorgen. Wie das Gericht nachher schmecken wird, hängt freilich ganz entscheidend vom Wässern ab – so lange wie nur möglich! Und in fließendem oder täglich gewechseltem Wasser.

Übrigens unterscheiden wir Stockfisch vom Klippfisch: Ersterer wird nach dem Einsalzen auf Stöcke gespießt oder aufgehängt, letzterer auf den Klippen liegend getrocknet.

Roher Stockfischsalat mit Avocado

Für dieses Rezept müssen Sie rechtzeitig einkaufen und planen, denn den Stockfisch sollten Sie mindestens zwei, besser drei Tage lang wässern, und die Avocados müssen gut reif sein!

Für 4 Personen:

500 g erstklassiger, weißer Stockfisch, 2 vollreife Avocados, 2 saftige Zitronen, 4 aromatische, fast süße Tomaten (vorzugsweise von den Kanarischen Inseln), 2 EL Olivenöl, Salz, Pfeffer, Cayennepfeffer nach Belieben, 1 großes Bund Schnittlauch

1. Stockfisch abwaschen und möglichst lange in immer wieder erneuertem kaltem Wasser liegen lassen, wobei das Salz herausgezogen und gleichzeitig das Fleisch weich wird. Den entsalzten zarten Fisch häuten und entgräten, das Fleisch in die einzelnen »Schalen« zerpflücken.
2. Avocados halbieren und den Stein entfernen. Oberfläche mit Zitronensaft abreiben, damit das Fleisch nicht dunkel anläuft.
3. Zitronen auspressen und das Fischfleisch mit dem Saft umwenden und ein paar Minuten marinieren lassen.
4. Die recht hartschaligen Tomaten überbrühen, abschrecken, häuten, achteln und entkernen. Mit Olivenöl, Salz, Pfeffer und Cayennepfeffer unter den Fisch mischen, abschmecken.
5. Unmittelbar vor dem Servieren den Schnittlauch in feinste Röllchen schneiden und mit dem Stockfisch vermischen. Auf die Avocadohälften häufen und anrichten.

Dazu ein körnerhaltiges, geröstetes Brot servieren und ein zartbitteres Bier (Pils) oder einen charaktervollen Weißwein aus Italien, etwa Pinot Grigio oder Tocai aus dem Friaul.

Für 6 Personen:

Stockfisch mit Tomaten

1 kg gut gewässerter Stockfisch, Mehl zum Wenden, Olivenöl zum Braten, 6 Knoblauchzehen, 1 Bund Petersilie, 1 große Dose Tomaten (800 g), Salz, Pfeffer

Von einem kräftigen Chianti Classico begleiten lassen. Freilich kann man auch einen Weißwein mit ausgeprägtem Geschmack (zum Beispiel einen toskanischen Chardonnay aus dem Barrique) dazu trinken.

1. Den Stockfisch wie zuvor beschrieben wässern, säubern und in Stücke schneiden. Diese in Mehl wenden.
2. In reichlich Olivenöl rundum golden braten, dabei ein paar Knoblauchstücke mitrösten. Die knusprigen Fischstücke schließlich auf Küchenpapier abtropfen.
3. Für die Sauce den restlichen Knoblauch mit der feingehackten Petersilie in 3 Eßlöffeln Olivenöl andünsten.
4. Die Tomaten samt Saft durch die Gemüsemühle hinzupassieren. Salzen und pfeffern.
5. Zum Schluß die Fischstücke zufügen und noch ein paar Minuten darin simmern lassen.

Mit Brot oder gerösteten Polentascheiben servieren.

Für 4 Personen:

Stockfisch vom Grill

1 kg gut gewässerter Stockfisch, 3–4 Knoblauchzehen, 2 Bund glattblättrige Petersilie, 2–3 getrocknete Chilischoten, Olivenöl

Dazu gibt es Weißbrot und einen einfachen, frischen Chianti Classico.

1. Den gut gewässerten und geputzten Stockfisch in mundgerechte Stücke schneiden.
2. Abwechselnd mit feingehacktem Knoblauch und Petersilie und zerkrümelten Chilis in eine passende Schüssel schichten.
3. Mit Olivenöl bedecken. Bei Zimmertemperatur nun mindestens vier Stunden, besser noch über Nacht ziehen lassen.
4. Zum Servieren auf dem Rost beidseitig grillen oder auch in der Pfanne golden braten. Mit etwas Würzmarinade beträufelt beträufeln.

Oktopus mit Kartoffeln & weißen Bohnen

Das Lieblings-Sommeressen der Ligurer. Am besten schmecken natürlich die ganz jungen, frischen Borlotti. Viele meinen, man müsse Oktopus endlos lange kochen, damit er weich wird. Das sind wahrscheinlich dieselben, die glauben, man müsse den armen Tintenfisch heftig schlagen, um ihn mürbe zu machen. Beides ist absolut falsch. Wunderbar zart ist der Oktopus, wenn man ihn im Gegenteil nicht zu lange kocht. Beziehungsweise überhaupt nicht kocht, sondern nur unterhalb des Siedepunkts sanft ziehen läßt.

Für 6 Personen:

1 mittelgroßer Oktopus (ca. 600 g), Salz, 2 Lorbeerblätter, ½ TL Pfefferkörner, 300 g junge Kartoffeln, 200 g junge Bohnenkerne, 3–4 Knoblauchzehen, glatte Petersilie, grobes Meersalz, Pfeffer, Zitronensaft, Zitronenschale, Olivenöl

1. Den Oktopus in aufwallendes Salzwasser gleiten lassen, Lorbeerblätter zufügen, 5 Minuten leise wallend ziehen lassen, dann den Topf vom Feuer ziehen, den Oktopus in der langsam nachlassenden Hitze abkühlen lassen.
2. Inzwischen die Kartoffeln gar kochen. Die Bohnenkerne mit den geschälten Knoblauchzehen und Salbeiblättern sanft weich köcheln.
3. Zum Servieren die Kartoffeln noch warm pellen und in Scheiben schneiden, die abgetropften Bohnenkerne und den in Stücke geschnittenen Oktopus, feingehackte Petersilie in eine Schüssel füllen. Mit grobem Salz bestreuen, reichlich Zitronensaft und abgeriebene Zitronenschale zufügen und mit Olivenöl umwenden. Behutsam mischen.
4. In einer großen Schüssel auf den Tisch stellen oder auf Salat- und Raukeblättern anrichten.

Krustentiere

Garnelen mit gefülltem Shisoblatt

Die beliebtesten unter den Krustentieren auf zweierlei Art: einmal als chinesisch inspirierte Farce in ein japanisches, würziges Blatt gepackt, und, sozusagen als Garnitur, ganze Garnelen, einfach rasch pfannengerührt und asiatisch parfümiert. Eine Vorspeise, die sich bestens vorbereiten und dann vor dem Servieren schnell fertigstellen läßt – sich also auch in einem großen Menü für viele Gäste eignet.

Für 6 Personen:

12 Shisoblätter (siehe Seite 35), 9 große Garnelenschwänze, ½ TL Speisestärke, 2 EL neutrales Öl, 1 EL Sesamöl, Salz, Pfeffer, 2 EL Sherry, 1 EL Sojasauce, Korianderblätter

GARNELENFARCE:
3 Tonku-Pilze, 300 g rohe Garnelenschwänze, 50 g grüner, fetter Speck, ½ TL Salz, Pfeffer, 1 TL Zucker, 1 TL Speisestärke, 1 TL Sesamöl, 1 Frühlingszwiebel

1. Für die Farce die Pilze mit kochendem Wasser überbrühen, einweichen, schließlich den Stiel entfernen, die Hüte klein würfeln. Die Garnelenschwänze aus ihrer Schale lösen, entdärmen. Den Speck klein schneiden.
2. Pilze, Garnelen, Speck und Gewürze im elektrischen Zerhacker kurz mixen, dabei nicht richtig pürieren – es sollen noch Stückchen in der Farce spürbar sein.
3. Erst dann ganz rasch – nicht im Mixer, sondern am besten mit einem Kochlöffel – die in feine Ringe geschnittene Frühlingszwiebel untermischen.
4. Diese Farce in die Shisoblätter packen: Dafür zunächst mit einem scharfen Messer oder, besser noch, mit einer Schere den Stiel vorsichtig herausschneiden – das Blatt ist so dünn, daß es leicht einreißt. Um den dabei entstehenden Schlitz zu schließen, die beiden Teile übereinanderlegen. Auf diese Stelle jeweils einen Löffel Farce setzen, die Seiten darüberschlagen, das Blatt aufrollen, so daß die Blattspitze den Verschluß bildet.
5. Die Päckchen mit Folie zugedeckt kalt stellen, bis serviert werden soll.
6. Die großen Garnelenschwänze aus der Schale pellen und entdärmen, sie dabei längs halbieren. Mit Stärke einreiben und zugedeckt ebenfalls kalt stellen.
7. Die gefüllten Shisoblätter nebeinander auf eine mit Sesamöl eingepinselte Unterlage in ein Dämpfkörbchen setzen und 5 bis 8 Minuten im zirkulierenden Dampf garen.
8. Im Wok beide Ölsorten rauchend heiß werden lassen, die Garnelen darin rasch und unter ständigem Rühren 1 Minute braten, bis sie ihre rohe Farbe verloren haben. Salzen, pfeffern, mit Sherry und Sojasauce ablöschen. Einmal aufkochen, vom Feuer ziehen und erst jetzt zerzupfte Korianderblättchen darüberstreuen.
9. Jeweils zwei Shisopäckchen auf einem Teller anrichten, drei Garnelenhälften daneben setzen und mit etwas Saft aus dem Wok beträufeln.

Trinken Sie dazu einen aromatisch-fruchtigen deutschen Weißwein mit kräftiger Säure – vorzugsweise eine Riesling Spätlese von Mosel-Saar-Ruwer, aus dem Rheingau, von der Nahe, aus Rheinhessen oder der Pfalz. Trocken paßt natürlich immer, nach Belieben darf es, bei ausreichend hoher Säure, aber in diesem Fall auch ein halbtrockener Wein sein.

Statt der seltenen Shisoblätter kann man natürlich auch alle möglichen anderen Blätter zum Einpacken verwenden: Je nach Jahreszeit zum Beispiel *Basilikum* (das große, salatblättrige ist am besten geeignet), *Spinat* (mit dem stabilen, festen Winterspinat geht es besser als mit zarter Treibhausware), *Mangold* (in diesem

Fall die Stiele schräg in Streifen schneiden und zusammen mit den Garnelenhälften pfannenrühren – so wird aus der Vorspeise ein ganzes Hauptgericht), zarter *Sommerwirsing*, der noch mild und angenehm zurückhaltend im Geschmack ist, die Blätter von *Kohlrabi*, *Roter Bete* oder eines *festen Kopfsalats*. Die Blätter mit fester Struktur sollten zuvor blanchiert werden, also für eine Minute in kochendes Wasser geworfen und anschließend eiskalt abgeschreckt. Bei den zarteren Spinat- oder Salatblättern genügt es, sie nur kurz in heißes Wasser zu tauchen, damit sie ihre Sprödigkeit verlieren und sich besser wickeln lassen, ohne zu brechen.

Riesengarnelen in grünem Curry

Die asiatischen Zutaten bekommen Sie in der Asienabteilung gut sortierter Kaufhäuser oder in speziellen Asia-Läden.

1. Schalotte, Knoblauch, Ingwer und Galgant im heißen Öl anrösten, die entkernten Chilischoten zufügen und dann alles im Zerhacker fast zu Mus zerkleinern.
2. Den unteren, fleischigen Teil des Zitronengrases sowie die Zitronenblätter in hauchfeine Scheibchen bzw. Streifen schneiden – die Zitronenblätter dazu erst zu einer festen Rolle aufrollen. Die Garnelen aus den Schalen lösen und den auf dem Rücken verlaufenden Darm abziehen.
3. Kokosmilch bereitstellen – Block nach Angabe in Wasser aufkochen und auflösen.
4. Öl im Wok erhitzen, die Würzpaste aus dem Zerhacker darin kurz anschwitzen. Die grüne Currypaste einrühren und nach und nach die Kokosmilch zufügen. So lange unter Rühren köcheln, bis sich alles zu einer dicken, angenehmen Sauce verbunden hat.
5. Garnelen zufügen und 4 bis 5 Minuten ziehen lassen. Zitronengras und Zitronenblatt zufügen. Mit Fischsauce, Limettensaft, Salz, und Zucker abschmecken.
6. Zum Schluß verschwenderisch frische Kräuter einrühren.

Für 4 Personen:

2 Schalotten, 4 Knoblauchzehen, 1 daumengroßes Stück frischer Ingwer, 1 fingerkuppengroßes Stück Galgant (Laoswurzel), 1 EL Öl, 3 grüne Chilischoten, 2 Stengel Zitronengras, 2 Kaffirzitronenblätter, 400 g große rohe Garnelen (Tiger-Prawns), ¼ l Kokosmilch (Konserve – ungesüßt! – oder Block), 2 EL Öl, 2 EL grüne Currypaste, 2 EL Fischsauce (Nam Plaa, Nuoc Mam), 1 Limette, Salz, Zucker, Thai-Basilikum, Koriandergrün

Dazu servieren Sie thailändischen Duftreis, Tee, Wasser, Bier oder einen fruchtig-frischen Weißwein.

Marinierte Riesengarnelen auf karibische Art

Eine herrlich erfrischende Vorspeise aus rohen Garnelen, allerdings in Zitronensaft mariniert, »kalt gekocht«, wie man in der Karibik sagt. Hierfür sind natürlich makellos saubere rohe Garnelen nötig, die, wenn sie gefroren waren, keine Eiskristalle um sich haben dürfen!

Für 4 Personen:

500 g roh eingefrorene Garnelen (Tiger-Prawns), Salz, 2 Limetten oder Zitronen, 4 Schalotten, 2 Knoblauchzehen, 2 vollreife Fleischtomaten, 1 Handvoll Koriandergrün (Cilantro), 2 rote Chilischoten, 1 EL weißer Rum, 1 El Kokoslikör (Batida de Coco), Pfeffer, Pimentpulver, Cayennepfeffer, 2 EL geschmacksneutrales Öl

1. Die Garnelen in ein Sieb legen und mit kochendem Salzwasser übergießen, um alle Keime auf der Oberfläche abzutöten. Auftauen und dabei stets abtropfen lassen.
2. Die Limetten oder Zitronen auspressen.
3. Die Garnelenschwänze aus den Schalen lösen, die Därme abziehen und die Schwänze in Scheiben schneiden. Dafür flach auf das Arbeitsbrett legen, eine Hand obenauf legen und mit einem langen, scharfen Messer waagerecht dreimal durchteilen. Diese Scheiben auf einer Platte auslegen und mit dem Limettensaft beträufeln. Einige Minuten ziehen lassen.
4. Inzwischen Schalotten und Knoblauch in hauchfeine Scheiben schneiden oder hobeln. Tomaten schälen, entkernen und würfeln. Korianderblätter hacken. Chilischoten entkernen und ebenfalls hacken.
5. Limettensaft von den Garnelen in ein Schälchen gießen, mit Rum und Kokoslikör vermischen, würzen und mit dem Öl aufschlagen.
6. Schalotten, Knoblauch, Tomaten, Koriander und Chili gleichmäßig über die Garnelen verteilen und mit Sauce überziehen. Vor dem Servieren noch 15 Minuten in den Kühlschrank stellen.

Dazu gibt es Brot oder auch Maisküchlein (Tacos), die man fertig kaufen kann, Bier oder einen fruchtigen Weißwein (Moselriesling).

Krebse mit Dill im Zitronensud

Krebse sind nicht eben billig – vorbei die Zeiten, als man Krebse aus dem Oderbruch in Berlin für 30 Pfennig das Dutzend kaufen konnte … wie noch in den 20er Jahren! Am besten schmecken die europäischen *Edelkrebse*, die leider seltener zu haben sind als die türkischen Krebse. Die kleineren, hartschaligen, wesentlich preiswerteren Krebse, die man in den letzten Jahren immer häufiger findet, sind die aus Amerika stammenden, inzwischen auch in Europa heimisch gewordenen Signalkrebse, die weniger empfehlenswert sind. Köstlich dagegen – und außerordentlich fleischig! – die aus Australien importierten Yabbies.

Für 2 Personen:

4 Schalotten oder 1 große Zwiebel, 4 Knoblauchzehen, 6–8 Bund (150 g) Dill, 8 EL Olivenöl, 1 Flasche trockener Weißwein, 2 große, milde Zitronen, Salz, Pfeffer, 1 kg Krebse

1. Schalotten und Knoblauchzehen fein hacken. Von den Dillstengeln die Blättchen zupfen und beiseite legen. Die Dillstengel zu einem Bündel zusammenschnüren.
2. Zwei Eßlöffel Olivenöl in großem Topf erhitzen. Zwiebeln, Knoblauch und Dillstengel zufügen und anschwitzen. Mit Weißwein und Saft einer Zitrone ablöschen und ½ l Wasser zufügen. Salzen, pfeffern und 10 Minuten kochen lassen.
3. Die Krebse partienweise, immer nur drei Stück auf einmal, in den auf stärkster Stufe sprudelnd kochenden Sud werfen – nur wenn er wirklich kocht, sind sie schnell tot! Jeweils wieder herausheben, wenn der Sud erneut zu kochen beginnt. Erst wenn die letzte Partie wieder aufkocht, die schon getöteten Krebse wieder zufügen. Hitze abschalten. Beim erneuten Aufkochen den Topf vom Feuer ziehen und die Krebse noch etwa 8 Minuten ziehen lassen.
4. Dillstengel herausfischen, Krebse in einer Terrine anrichten und ein wenig Sud darangießen. Den restlichen Sud abseihen, die Dillblättchen (ganz oder gehackt) darin zusammenfallen lassen und getrennt in einer Terrine servieren – man trinkt den Sud schlückchenweise während des Essens.
5. Das restliche Olivenöl mit dem Saft der zweiten Zitrone in einem schmalen Mixbecher zu einer cremigen Emulsion aufschlagen, mit Salz und Pfeffer würzen. Als Dip-Sauce zu den Krebsen servieren.

Dazu gibt es Mayonnaise (siehe Seite 717) und Mengen von Baguette oder Landbrot, das dünn mit Butter bestrichen und dick mit Schnittlauch bestreut wurde. Als Getränk empfehlen wir einen kräftigen Weißwein – Pouilly Fuissé, Macon, Hermitage, Burgunder, im kleinen Holzfaß (Barrique) ausgebauter Weiß- oder Grauburgunder aus Deutschland – zum Beispiel von Paul Fürst aus Bürgstadt oder Karl Johner aus Bischoffingen am Kaiserstuhl.

Leider gibt es bei uns nur sehr selten die großen, dickschaligen, milden, aber sehr fruchtig schmeckenden *Zitronen* aus Amalfi. Auch in Griechenland und Spanien werden sie angebaut, sind jedoch typischerweise für den hiesigen Markt zu teuer. Dabei schmecken sie viel fruchtiger und milder, geben außerdem Unmengen von Saft und sind deshalb eigentlich viel preiswerter!

Geröstete Garnelen – gambas alla plancha

Die großen spanischen Garnelen, Gambas genannt, schmecken auf diese Art zubereitet überaus köstlich, sind aber nicht billig … Die *plancha* ist eine geniale Erfindung der Spanier – sozusagen eine Pfanne ohne Begrenzung, also nur eine Edelstahl- oder Eisenplatte, die von unten per Gas befeuert wird. Man gibt etwas Öl darauf, verteilt es mit einer Kuchenpalette ganz dünn und beginnt bei großer Hitze zu braten. Mit der Palette werden alle Zutaten herumgewirbelt, immer wieder auf die seitlichen, nicht direkt dem Feuer ausgesetzten und daher nicht so heißen Flächen, damit nichts anbrennen kann. Zum Schluß löst man meist den Bratensatz mit etwas Wasser oder Wein und schaufelt alles mit der Palette auf den Teller.
Man kann sich auf zweierlei Art behelfen: Manche Herd- bzw. Grillhersteller bieten eine gußeiserne Plancha an, auf der nach dem angegebenen Prinzip gegart werden kann – leider ist das Gußeisen teuer und nicht so perfekt wie Edelstahl oder eine schlichte Eisenplatte. Wer einen pfiffigen Schlosser kennt, kann ihn vielleicht überreden, ihm eine solche Platte extra zuzuschneiden, die er dann auf seinem Grill oder mit einem Gaskocher beheizt. Für Experimentierer ein weites Feld …

Vorspeise für 4 Personen:

12 frische oder tiefgekühlte Gambas oder 8 mittelgroße asiatische Garnelenschwänze (Tiger-Prawns – unbedingt roh), 2 bis 4 Knoblauchzehen, 1 Zwiebel, 1 – 6 Chilischoten (je nach Geschmack und Schärfe), 1 kleines Bund Petersilie, 3 El Olivenöl, Salz, 1 Spritzer trockener Weißwein oder heller Sherry (Manzanilla oder Fino dry), 1 TL Butter

1. Gambas oder Garnelen waschen und gegebenenfalls auftauen lassen. In der Schale vom Rücken her aufschneiden – dabei fast, aber nicht ganz durchschneiden. Den am Rücken verlaufenden Darm herausziehen.
2. Knoblauchzehen schälen und in Scheibchen schneiden; Zwiebel schälen, halbieren und in Ringe schneiden; Chilischoten aufschlitzen, entkernen und in Ringe schneiden; Petersilie waschen, trocken schleudern und hacken.
3. Olivenöl in einer Pfanne oder auf einer Plancha (siehe Anmerkung) aus Blech oder Gußeisen erhitzen. Die Garnelen darauflegen und salzen. Wenn sie auf beiden Seiten Röstflecken bekommen und sich aus den Schalen gebogen haben, die Gewürze darüber streuen und ebenfalls mitrösten.
4. Zum Schluß mit einem Spritzer Weißwein oder Sherry aromatisieren und damit den Röstfond lösen. Als letztes

noch ganz wenig Butter darauf schmelzen – das hebt den Geschmack. Dieser wird beim Servieren mit einer Kuchenpalette samt den Würzzutaten über den Garnelen verteilt.

Dazu gibt's krosses Weißbrot oder Toast und einen trockenen Weißwein.

Geben Sie, wenn zu bekommen, auch ein paar Stengel frisches, nur abgezupftes *Koriandergrün* an die Garnelen – das schmeckt unglaublich aromatisch und harmonisch! Einst eine Rarität, die man sich allerdings selbst aus Koriandersamen leicht ziehen kann, findet man ihn heute immer häufiger an Kräuterständen auf dem Markt oder in Asia-Läden. Manchmal heißt er, wie in Spanien und Lateinamerika, Cilantro, manchmal Chinapetersilie, weil das Koriandergrün dort so universell eingesetzt wird wie Petersilie bei uns.

Garnelen im Rucolabett

Für 4 Personen:

400 g gekochte Garnelen oder Tiefseekrabben, 3 EL Zitronensaft, Salz, Pfeffer, 3 EL Olivenöl, glatte Petersilie, 200 g Rucola

1. Die Garnelen unter fließendem Wasser abbrausen, sehr gründlich abtropfen lassen. Besser noch zusätzlich auf einer dicken Lage Küchenpapier abtrocknen.
2. Aus Zitronensaft, Salz, Pfeffer und Öl eine Marinade rühren, die Garnelen damit anmachen. Dabei mit reichlich fein gehackter Petersilie vermischen.
3. Eine Platte mit Rucolablättern auslegen, die Garnelen darauf anrichten.

Tip: Wenn man gekochte Garnelen aus dem Tiefkühlvorrat richtig behandelt, können sie tadellos schmecken: die gefrorenen Garnelen in einer Schüssel mit kochendem Wasser überbrühen. Eine Minute ziehen lassen, dann durch ein Sieb abgießen und mit kaltem Wasser gut abbrausen. Schließlich zugedeckt in einer Schüssel im Kühlschrank eine Stunde ruhen und endgültig auftauen lassen. Jeglicher schlechter Geruch ist so garantiert entfernt und die Garnelen schmecken meeresfrisch!

Hummer à la chinoise

Für 2 – 4 Personen (je nachdem, wie viele Gerichte es außerdem noch gibt):

1 frischer Hummer von ca. 800 g, 1 EL schwarze, fermentierte Bohnen (aus dem Asienshop), 1 Schalotte, 3 Knoblauchzehen, 2 cm Ingwer, 2 Frühlingszwiebeln, 2–3 EL neutrales Öl, 1 EL Sesamöl, 2 getrocknete Chilischoten, 2 EL Reiswein oder Sherry, 1 EL Sojasauce, 1 Tasse Hühnerbrühe, Koriandergrün

Natürlich muß man hier mit den Händen zupacken und die Hummerstücke regelrecht auslutschen – also kein Gericht für Leute, denen solchermaßen animalische Manieren zuwider sind.

So mögen wir Hummer am allerliebsten, er schmeckt umwerfend und macht auf diese Weise am wenigsten Mühe:

1. Den Hummer kopfüber in kochendes Wasser tauchen, um ihn zu töten. Ihn dann mit einem Küchenbeil längs halbieren und quer in Portionsstücke hacken.
2. Die schwarzen Bohnen mit wenig kochendem Wasser bedecken und einweichen.
3. Schalotte, Knoblauch, Ingwer und das Weiße der Frühlingszwiebeln fein würfeln. Das Grün in zentimeterbreite Stücke schneiden.
4. Im Wok neutrales und Sesamöl erhitzen, die Hummerstücke darin rasch pfannenrühren, bis sich die Schale rot gefärbt hat. Schalotten, Ingwer, Knoblauch und Frühlingszwiebeln darüberstreuen.
5. Weiterhin auf starkem Feuer, unter Rühren braten, die zerkrümelten Chilis und die schwarzen Bohnen zufügen.
6. Schließlich Sojasauce, Sherry und Brühe angießen. Aufkochen, alles noch einmal durcheinanderwirbeln, mit Korianderblättern und Zwiebelgrün bestreut servieren.

Hummer im Gemüsesud

Das Gericht steht und fällt natürlich mit der Qualität der Hummer – da unsere europäischen Exemplare (Bretagne) selten und sehr teuer geworden sind, sollten Sie auf Maine-Hummer zurückgreifen, und zwar pro Person einen Hummer von einem knappen Pfund rechnen – für die festliche Tafel oder ein Essen für Verliebte … Übrigens: Hummer schmecken im Sommer am besten: zu Weihnachten sind sie ausgezehrt und mager!

1. Hummer waschen, einen großen Topf mit wenigstens drei Litern Wasser aufsetzen. Petersilienblätter abzupfen,

die Stengel mit Lorbeerblättern, die Wacholderbeeren und Pfefferkörner ins Wasser werfen.

2. Wenn das Wasser kocht, pro Liter Wasser 25 Gramm Meersalz hineingeben. Die Hummer hineinwerfen. Das Wasser noch einmal aufwallen lassen, dann den Topf vom Feuer nehmen und 8 bis 10 Minuten ziehen lassen.
3. Inzwischen die Gemüse putzen und hübsch kleinschneiden – Zwiebeln achteln, Möhren in Streifen hobeln, Lauch schräg in Ringe, Sellerie in Scheibchen schneiden.
4. In der Butter anschwitzen, dann eine Kelle Wasser und eine Kelle vom Kochsud der Hummer darangeben und das Gemüse in wenigen Minuten bißfest kochen.
5. Vom Zucchino rundum die Schale in Streifen abhobeln, die Kirschtomaten nach Belieben häuten, sodann halbieren oder vierteln.
6. Die Hummer knacken, Fleisch auslösen und in eine Schüssel betten, Zucchinistreifen und Tomatenviertel danebenlegen und die Gemüse zufügen, so viel kochendheiße Brühe angießen, daß alles nur knapp bedeckt ist. Petersilie darüberstreuen und noch ein paar Minuten nachziehen lassen.

Für 4 Personen:

2 Portionshummer, 1 Bund Petersilie, 2 Lorbeerblätter, 2 Wacholderbeeren, 1 EL weiße Pfefferkörner, Meersalz, 1 Zwiebel, 2 Möhren, 1 Lauchstange, 2 Stangen Staudensellerie, 20 g Butter, 1 Zucchino, 8 Kirschtomaten

Wir essen dazu am liebsten Kartoffelrösti und trinken einen Riesling Smaragd aus der Wachau.

Languste mit Safran-Mayonnaise

Die Languste genauso zubereiten wie die Hummer im vorstehenden Rezept, aber nach dem erneuten Aufkochen im zugedeckten Topf abkühlen lassen: Langusten schmecken kalt – das heißt: eher zimmerwarm, um 20 Grad – wesentlich delikater als heiß.

1. Languste kochen, wie angegeben, abgekühlt herausnehmen und nach Belieben auslösen – einfach den Schwanz aus der Schale brechen und in Scheiben schneiden. Mit dem Körper hübsch auf einer Platte anrichten, auch die dickeren Beine und die Fühler dazulegen, mit Petersilienblättern garnieren.
2. Für die Mayonnaise 1 Eßlöffel Olivenöl mit 1 Eßlöffel Wasser in einem Töpfchen erhitzen und den Safran darin auflösen. Abkühlen. Im Mixer Senf, Eigelb und ganzes Ei aufmixen, dann das Öl unterschlagen, schließlich würzen und die Safranlösung während des Mixens zugießen.

Für 2 Personen:

1 schöne Languste von wenigstens 800 g oder 2 Schwänze à 250 g, 1 Bund Petersilie, 2 Lorbeerblätter, 2 Wacholderbeeren, Meersalz, 1 EL weiße Pfefferkörner, 1 Zwiebel, 1 Möhre, 1 kleine Lauchstange, 2 Stangen Sellerie

MAYONNAISE:
1/8 l mildes Olivenöl (Ligurien), 1 Tütchen Safran (Pulver oder Fäden), 1 TL Senf, 1 Eigelb, 1 ganzes Ei, Salz, Pfeffer, 1 EL Zitronensaft, Cayennepfeffer

Dazu gibt's Weißbrot und einen kräftigen Weißwein – Chardonnay oder Sauvignon.

Tip: Wer den Körper nicht auszuzeln und die köstlichen weichen Gerinnsel des in der Languste enthaltenen Eiweißes, die sich unter dem Panzer abgesetzt haben, nicht bei Tisch essen will, schabt sie heraus und gibt sie ebenfalls an die Mayonnaise.

Schaltiere

Muscheltopf mit gebundenem Sud

Im Sommer bis zum ausgehenden Winter kommen die besten Muscheln von der Nordseeküste, und zwar aus Holland. Ansonsten kaufen Sie Muscheln aus Spanien – die großen aus Galicien – oder Frankreich – die kleinen, wundervoll aromatischen Bouchots aus dem Languedoc.

Für 4 Personen als Vorspeise und für 2 Personen als Hauptgericht:

1,5 kg schöne, frische Miesmuscheln, 1 großes Bund Suppengrün (Lauch, Möhre, Petersilie, Sellerie), 2 Zwiebeln, 3 Bund Dill, 50 g Butter, 1 Glas trockener Weißwein, 1 TL Fenchelsamen, 1 Schnapsgläschen (2 cl) Pernod oder Pastis, 1 Stück Orangenschale (von unbehandelter Orange oder Pomeranze = Bitterorange), 1 EL Zitronensaft, Pfeffer, Cayennepfeffer, Salz, 1 knapper EL Mehl

1. Die Muscheln sorgfältig waschen, bürsten, die geöffneten wegwerfen. Die herausschauenden Bärte abreißen.
2. Suppengrün und Zwiebeln putzen und würfeln. Vom Dill die Blätter abzupfen und für später angefeuchtet beiseite legen, die Stiele fein hacken.
3. Eine Schüssel, in der die Muscheln später auch serviert werden, in den Backofen stellen und bei 150 Grad vorwärmen oder mit kochendheißem Wasser anwärmen.
4. 25 Gramm Butter in einem großen Topf zerlassen und die gewürfelten Gemüse und gehackten Dillstengel darin andünsten. Ehe sie zu rösten beginnen, mit dem Wein angießen, die Muscheln in den Topf geben und den Deckel auflegen. Erhitzen, bis sich die Muscheln geöffnet haben und der Sud heftig kocht.
5. Jetzt die Muscheln mit einem Schaumlöffel herausheben und in einer vorgewärmten Schüssel zugedeckt beiseite stellen. Sollten die Muscheln nicht genügend Wasser abgegeben haben – ¼ Liter Flüssigkeit muß es mindestens sein –, mit Wasser oder Wein auffüllen.

6. Fenchelsamen, Pastis, Orangenschale, Zitronensaft und Gewürze zugeben und etwa 3 Minuten ganz heftig einkochen. Die zurückgelegten Dillblättchen hacken.
7. Die Sauce mit einem Klümpchen aus mit der restlichen Butter verknetetem Mehl binden – einfach einrühren und kurz aufkochen lassen. Abschmecken und den Dill untermischen, dann die Muscheln samt Schalen zugeben und noch einmal aufwärmen. Durchmischen und in die Schüssel füllen.

Tip: Dazu gibt's nur Brot und einen trockenen Weißwein.

Für die reichliche Sauce einen Suppenlöffel neben den Teller legen. Man ißt die Muscheln selbst allerdings mit der Hand, klemmt sich zwischen eine saubergelutschte Doppelschale immer eine Muschel und kann sie so mit dieser »Zange« bequem zum Munde führen. Weil die Hände aber ganz schön saucig werden, Fingerschalen mit warmem Wasser und Zitronenschnitz bereitstellen.

Miesmuscheln in Portwein

Für diese Vorspeise braucht man weißen, trockenen Portwein – der normale Tawny Port wäre zu kräftig. Ersatzweise kann man leichten trockenen Sherry (Manzanilla) nehmen.

Für 4 Personen:

1 Zwiebel, 1 Bund Suppengrün (Lauch, Möhre, Sellerie, Petersilie), 2 Knoblauchzehen, 2 Tomaten, 3 EL Olivenöl, 1,5 kg Miesmuscheln, Salz, Pfeffer, 1 kleine getrocknete Chilischote, 1/4 l trockener weißer Portwein

1. Zwiebel, Suppengemüse und Knoblauch fein hacken. Tomaten überbrühen und pellen, die Kerne auslösen, das Fruchtfleisch ebenfalls hacken.
2. Olivenöl in großem Topf erhitzen, Zwiebel und Suppengrün darin anschwitzen, aber nicht rösten. Nach etwa 5 Minuten Knoblauch zufügen, nach weiteren 2 Minuten die Tomaten.
3. Unterdessen die Muscheln waschen, bürsten und die Fäden abziehen. Nur die fest geschlossenen Muscheln verwenden.
4. Wenn die Tomaten ihre Flüssigkeit ausgeschwitzt haben, salzen, pfeffern, Chilischote zufügen und den Portwein angießen. Beim ersten Aufkochen Muscheln zugeben, Deckel auflegen und die Muscheln sich öffnen lassen – das dauert nur zwei bis drei Minuten, dann sind die Muscheln gut und auch noch schön zart. Kocht man sie länger, werden sie klein und hart. Immer wieder am Topf rütteln, damit die Muscheln durchgeschüttelt werden.

Dazu gibt es Weißbrot, frisch aufgebacken oder getoastet und mit frischem Knoblauch abgerieben, sowie weißen Port oder einen kräftigen Weißwein (Chardonnay, Grauburgunder).

Miesmuscheln überbacken

Für 4 Personen:

1 Zwiebel, 1 Bund Suppengrün (Lauch, Möhre, Sellerie, Petersilie), 2 Knoblauchzehen, 2 Tomaten, 4 EL Olivenöl, 1,5 kg Miesmuscheln, Salz, Pfeffer, 1/4 l trockener Weißwein, 1 kleine getrocknete Chilischote, 3 Stangen Bleich- oder Staudensellerie, 2 EL Senf, 8 EL Semmelbrösel

Die Muscheln vor dem Beträufeln mit Olivenöl mit etwas geriebenem Ziegenkäse bestreuen. Dazu gibt es Weißbrot und einen jungen, trockener Weißwein.

Diese Art der gratinierten Muscheln haben wir in Ligurien kennengelernt. Meist ißt man sie als Vorspeise, im Sommer aber auch als kleines Hauptgericht.
Die Muscheln kochen und zubereiten, wie im Rezept Muscheln mit Portwein angegeben – statt Portwein mit einfachem trockenem Weißwein angießen –, nur 2 Eßlöffel Öl zum Dünsten verwenden. Die Muscheln dann abkühlen lassen, bis man sie anfassen kann. Von den Muscheln dann jeweils eine Schale abbrechen, die Füllung über die Muschel in die verbleibende Schalenhälfte häufen.

1. Sellerie ganz fein hacken, mit Senf und Semmelbröseln vermischen und in die Muscheln füllen.
2. Die Muscheln nebeneinander in eine feuerfeste Form setzen, zunächst mit dem Kochsud, dann mit dem restlichen Olivenöl beträufeln.
3. Für 3 bis 4 Minuten unter den heißen Grill oder für 10 bis 12 Minuten in den auf 220 Grad vorgeheizten Backofen schieben.

Venusmuscheln mit Stangensellerie

Im Mündungsgebiet des Po und in den Lagunen von Chioggia und Venedig werden die besten Venusmuscheln, italienisch *vongole*, gezogen. Die Feinschmecker ganz Italiens – und zunehmend auch Deutschlands – lieben sie heiß! Inzwischen gibt es sie Gott sei Dank bei guten Fischhändlern und Lieferanten italienischer Restaurants.
Vongole schmecken vorzüglich im Gegensatz zu »in salsa«, nämlich einer Tomatensauce, »in bianco«, also mit etwas gehackter Zwiebel, Knoblauch und Petersilie in Olivenöl gedünstet, gesalzen, gepfeffert und mit Weißwein angegossen, eventuell mit einer Chilischote geschärft. So zubereitet, mischt man sie auch gerne unter Spaghetti.

1. Muscheln sorgfältigst waschen – lassen Sie sie ruhig einmal 1 Stunde in Wasser liegen, in das Sie eine ganze Handvoll Salz geworfen haben –, dann entsanden sie sich mit Freude.
2. In einem ausreichend großen Topf Olivenöl erhitzen, die gewürfelte Möhre mit der gehackten Zwiebel darin glasig schwitzen. Dann erst die Knoblauchzehen (nur geviertelt) zufügen. Kurz anziehen lassen, die Muscheln hineingeben und sich öffnen lassen – dazu den Deckel auflegen.
3. Vongole herausheben und den Sud, der sich gebildet hat, kräftig einkochen. Durch ein feines Sieb passieren, dabei die zurückbleibenden Gemüse fest auspressen. Sud fünf Minuten stehen lassen, dann vorsichtig abgießen, so daß der gesamte eventuell noch vorhandene Sand auf dem Gefäßboden zurückbleibt.
4. Die Zutaten der Marinade in den Sud geben, alles mit dem Stabmixer oder dem Schneebesen aufschlagen, bis eine cremige Sauce entstanden ist.
5. Die lauwarmen Vongole mit den in feine Scheibchen geschnittenen Selleriestangen und abgezupfter Petersilie in einer Schüssel mit der Marinade umwenden. Vor dem Servieren noch einige Minuten durchziehen lassen.

Für 4 Personen:

1 – 1 ½ kg frische Vongole, 2 EL Olivenöl, 1 Möhre, 1 Zwiebel, 2 Knoblauchzehen, 4 Stengel Bleichsellerie, 1 kleines Bund Blattpetersilie

MARINADE:
1 Glas trockener Weißwein, 2 EL Weißweinessig, 6 EL Olivenöl, frisch gemahlener Pfeffer, Salz

Dazu gibt's Weißbrot und einen Weißwein aus Venetien – es passt sogar ein Prosecco.

Roh marinierte Jakobsmuscheln

Wenn man sie wirklich frisch und in der Schale bekommt, sind Jakobsmuscheln einfach phantastisch! Zugegeben: Das Putzen und Auslösen macht ein wenig Arbeit. Zum Öffnen die Muschel mit der gewölbten Seite nach unten in die linke Hand nehmen, mit einem kleinen Messer zwischen die Schalen fahren und an der flachen Schale entlang schneiden. Dadurch wird der Muskel abgelöst, die Muscheln öffnet sich und man kann die Nuß nunmehr auch von der gewölbten Schale schneiden. Jetzt aus dem sie umgebenden Innereienstrang lösen. Falls vorhanden, den orangefarbenen Corail vorsichtig abtrennen und aufbewahren. Die weiße Nuß sorgfältig waschen und gut abtrocknen, bis zum Essen kalt stellen.

Für 4 – 6 Personen:

12–18 Jakobsmuscheln, je 1 TL sehr feingehackter oder -geriebener Ingwer, Knoblauch und Chili, 2 EL Sojasauce, 2 EL Brühe, 1 TL geröstetes Sesamöl (Asienladen), ½ TL Zucker, eine Prise Salz, 2–3 reife Tomaten, etwas Zitronensaft, Koriandergrün

1. Die Jakobsmuscheln wie beschrieben putzen und auslösen.
2. Ingwer, Knoblauch und Chili mit Sojasauce, Brühe, Sesamöl und Zucker sowie einer kleinen Prise Salz verrühren.
3. Die Jakobsmuscheln darin wenden und zehn Minuten ziehen lassen.
4. Die Tomaten häuten, in ½ cm dünne Scheiben schneiden und auf Vorspeisentellern als Kreis in der Mitte anrichten.
5. Die Jakobsmuscheln ebenfalls quer in dünne Scheiben schneiden und dekorativ darauf anordnen.
6. Die restliche Marinade mit Zitronensaft verrühren und ganz zum Schluß über alles träufeln. Schließlich mit zerzupften Korianderblättchen schmücken.

GEFLÜGEL

An keinem Produkt läßt sich besser der Abgrund zwischen Anspruch und Realität, die Abhängigkeit des Qualitätsbewußtseins der Deutschen vom Preis demonstrieren.
Einst war das zarte Hähnchen oder die fette Poularde eine teure, edle Speise für die obere Klasse. Die Bauern selbst begnügten sich mit dem Auskochen alter Legehühner, verkauften die Eier. Für Arbeiter und Tagelöhner war ein Suppenhuhn einmal im Jahr das allerhöchste der Gefühle.
Nach dem Zweiten Weltkrieg kam die Wende: In Amerika hatte man Verfahren entwickelt, in großem Maßstab Hähnchen im Schnellmastverfahren zu produzieren – Intensivhaltung, ohne Rücksicht auf die Bedürfnisse der Tiere an Raum und Ernährung. Artgerechte Haltung war ein Fremdwort, es kam nur darauf an, daß die Tiere in möglichst wenig Zeit möglichst viel Fleischzuwachs hatten, Bewegung war dafür schädlich. Daß das Fleisch eine wäßrige Konsistenz hatte und nicht schmeckte, war dem deutschen Verbraucher egal. Anders als in Frankreich, Spanien oder Italien kannte ja auch der größte Teil der Bevölkerung kein gutes Hähnchen, und im Vergleich mit dem zähen Fleisch der ausgelegten Hennen schienen dem deutschen Kunden die im Schnellverfahren hergestellten Hähnchen (auch mäßiger Qualität) schon fast wie eine Offenbarung.
Es schmeckten die ersten Hähnchen (oder Broiler) sogar unangenehm nach Fisch, weil man als Eiweißkomponente billiges Fischmehl zufütterte. Nachdem man es durch Soja-Eiweiß ersetzt hatte, wurde das besser, aber das Hähnchenfleisch der Großmästereien blieb wabbelig und schwabbelig bis heute … Nur ein kleiner Teil der Verbraucher verlangte eben die Qualität eines französischen Hähnchens oder einer spanischen Maispoularde. Für die meisten kam es nur auf den Preis an – zeitweise kostete ein Kilo Hähnchen weniger als ein Euro! –, über den Wert, den man einkaufte, machte man sich keine Gedanken. Und es kam, wie es kommen mußte: Ein Skandal nach dem anderen, die Mästereien arbeiteten mit Hormonen und Antibiotika, daß es nur so gen Himmel stank. Der sich getäuscht fühlende Verbraucher wich auf Putenfleisch aus, kam aber vom Regen in die Traufe, denn diese Tiere wurden nicht besser gehalten.
Eigentlich hätte nun ein radikales Umdenken kommen müssen, eine Hinwendung zu artgerecht und sorgfältig erzeugtem Geflügel. Dieses ist als Nahrungsmittel ebenso wertvoll wie bekömmlich, schmeckt gut und ist in der Küche vielfältig zu gebrauchen.

Aber nur eine kleine Minderheit von aufgeklärten Kunden kaufte zunächst, was ein paar Züchter nun anzubieten begannen: wirklich gutes Geflügel, mit Körnern gefüttert, mit Auslauf auf die Wiese – freilich nicht mit dem Anspruch auf 10 Quadratmeter Platz, wie das berühmte »Poulet der Bresse«. Inzwischen gibt es jedoch in allen Gegenden Deutschlands kleine Betriebe, die ausgezeichnete Hähnchen und Poularden anbieten, die sich nicht hinter den französischen oder italienischen Erzeugnissen zu verstecken brauchen. Natürlich haben sie ihren Preis, kosten gutes Geld. »Beste Qualität zu niedrigem Preis«, wie die großen Supermärkte und Discounter immer wieder frech behaupten, gibt es nicht; denn es ist unmöglich, Qualität billig zu erzeugen und anzubieten. Es sollte endlich beim Verbraucher die Erkenntnis wachsen, daß er damit nur an der Nase herumgeführt wird, daß der Handel ihn zum Kauf verführt und dabei bewußt preiswert mit billig verwechselt. Ein gutes Produkt hat einen Wert – es kann deshalb nur preiswert sein, wenn es eben nicht billig ist.

Schmorhuhn im Topf

Ein spektakuläres Gericht, das gewaltig Eindruck macht, wenn Sie es zu Tisch bringen. Man benötigt eine feuerfeste Terrine dafür – besonders hübsch: die klassische mit den Löwenköpfen, die Lyoner Suppenterrine. Natürlich nicht, wie in Boutiquen häufig angeboten, im Kleinformat, sondern als Suppentopf für die ganze Familie.

Für 4 Personen:

1 große Poularde (ca. 1500 g), Salz, Pfeffer, 1 Glas Cognac, jeweils 200 bis 250 g Möhren, Knollensellerie, Kohlrabi Schalotten, Champignons (geputzt gewogen), 50 g Butter, Zucker, Cayennepfeffer, 1 Bund Petersilie, 1 Zweig Thymian, 1 Paket Blätterteig (tiefgekühlt, 300 g), 1 Ei

1. Die Poularde bratfertig herrichten, innen und außen salzen und pfeffern. Den Cognac in den Bauch gießen und das Geflügel drehen und wenden, damit sich die Flüssigkeit gut verteilt. Einige Zeit marinieren lassen.
2. Unterdessen die Gemüse waschen, putzen und zuschneiden. Darauf achten, daß Schalotten und Champignons alle etwa gleich groß sind. Auch Möhren, Sellerie und Kohlrabi in Würfel oder Stifte gleicher Größe ausstechen oder zuschnitzen.
3. In einem Topf in gut 30 Gramm Butter die Gemüse sanft auf milder Hitze andünsten; sofort salzen, pfeffern und mit einer

Dressieren nennt es der Küchenfachmann, wenn er Geflügel in Form bindet: Dafür einen meterlangen Faden nehmen, ihn zunächst quer um den vorderen Teil des Huhns schlingen, dabei die Flügel fest an den Körper drücken, dann kreuzweise über dem Rücken zu den Beinen ziehen und auch diese zusammenschnüren. So kann nichts abstehen und dadurch verbrennen oder vorzeitig gar werden.

Man sollte unbedingt in der Deckelmitte mit einem kleinen Ausstecher ein Loch herausdrehen, den sogenannten Kamin, durch den die beim Backen entstehenden Dämpfe abziehen. Das ist wichtig, denn sonst würde der Teigdeckel nicht knusprig. Und: Das Eigelb zum Einpinseln immer mit etwas Wasser oder Milch verquirlen; nimmt man es pur, so wird die Kruste leicht zu dunkel.

Prise Zucker und Cayennepfeffer würzen. Herausnehmen und beiseite stellen.

4. In demselben Topf schließlich die zusammengebundene (dressierte) Poularde rundum zart bräunen.
5. Die goldbraun angebratene Poularde in die Terrine legen, das Gemüse darum herum verteilen. Petersilie und den Thymianzweig hinzufügen, Butterflöckchen darauf verteilen.
6. Inzwischen die Blätterteigplatten auftauen, übereinanderlegen und auf bemehlter Unterlage ausrollen, bis die Platte einen um etwa 10 cm größeren Durchmesser hat, als die Öffnung der Terrine mißt; sauber ausschneiden, die Reste für die Verzierung verwenden.
7. Das Ei trennen, mit Eiweiß den Terrinenrand einstreichen und etwas antrocknen lassen. Den Teigdeckel über die Terrine breiten und rundum auf diesem Rand gut festdrücken.
8. Die Teigoberfläche mit den Teigresten verzieren und mit verquirltem Eigelb bestreichen. Die Terrine schließlich in den auf 180 Grad vorgeheizten Ofen schieben. Nach etwa 50 Minuten hat sich die Oberfläche hochgewölbt und dunkelbraun gefärbt, und im Innern sind Huhn und Gemüse gar.

Der Teigdeckel ist die Beilage. Außerdem braucht man etwas Weißbrot zum Auftunken des herrlichen Saftes! Und als Getränk: leichter Rotwein, etwa ein Württemberger Trollinger oder ein fruchtiger Beaujolais.

Poularde mit Wirsing und Apfelgemüse

1. Die Poularde in acht Portionsstücke schneiden, dabei die Haut abziehen. Flügelspitzen und Rückgrat herausschneiden.
2. Aus diesen Parüren (so der Fachausdruck für die sogenannten Abfälle) zusammen mit dem Suppengrün und den Gewürzen, reichlich mit Wasser bedeckt, einen recht kräftigen Fond kochen. Das kann gut bereits am Vortag geschehen. Die Poulardenstücke können bis zum eigentlichen Kochen in einer bedeckten Schüssel im Kühlschrank warten.
3. Die Poulardenstücke in einem flachen weiten Topf in heißer

Butter auf allen Seiten golden anbraten. Salzen und pfeffern. Dann die geschälten, geviertelten und vom Kerngehäuse befreiten Äpfel drum herumlegen.
4. Den Wirsing vierteln, den dicken Strunk herausschneiden, Viertel quer in Streifen von 2 cm schneiden. In Salzwasser eine Minute blanchieren, dann eiskalt abschrecken – wegen der schönen Farbe. Ebenfalls in den Topf füllen.
5. Den durch ein Sieb gefilterten Fond (ca. ein Viertelliter) und die Sahne angießen. Die Pinienkerne hineinstreuen. Zugedeckt alles ca. 25 Minuten schmoren. Vor dem Servieren die Sauce nochmals abschmecken.

Für 4 Personen:

1 gut gemästete Poularde von ca. 1500 g, 1 Suppengrün aus 1 kleinen Möhre, Lauchstange, 2 Selleriestangen und einigen Petersilienstengeln, 1 TL Pfefferkörner, 1 Lorbeerblatt, 2 EL Butter, 4 Äpfel (wie zum Beispiel Jonagold), 1 kleiner Wirsingkopf, Salz, ¼ l Sahne, 2 EL Pinienkerne

Dazu passen Salzkartoffeln oder Bandnudeln, die kurz in Butter geschwenkt sind.

Hühnerfrikassee mit Gurken

Für 4 – 6 Personen:

1 möglichst fette Poularde, 1 großes oder 3 kleine Bund Suppengrün, 1 Zwiebel, 1–2 Lorbeerblätter, 1 TL Pfefferkörner, etwas Thymian, Salz, ¼ l trockener Weißwein, 250 g Crème fraîche, 1 große, möglichst dicke Gemüsegurke, 1 EL Zitronensaft, 2 TL gehackter Dill

1. Poularde ohne die Innereien mit Wasser bedeckt aufsetzen und ganz langsam zum Kochen bringen. Das Suppengrün, Zwiebel und Gewürze zufügen, recht kräftig salzen. Deckel auflegen und alles etwa 1 Stunde leise vor sich hin ziehen lassen – auf keinen Fall kochen, denn sonst wird das Poulardenfleisch fest und faserig. Poularde herausheben, häuten und das Brustfleisch von den Knochen lösen. Mit etwas Kochbrühe bedeckt warm halten.
2. Den Rest zurück in den Topf geben, nach einer weiteren halben Stunde das Fleisch der Keulen auslösen.
3. Haut und Knochen wieder in den Topf füllen, Weißwein zufügen und alles eine weitere Stunde langsam ausziehen lassen.
4. Dann einen Viertelliter dieses konzentrierten Fonds abmessen, durch ein Sieb filtern und mit der Crème fraîche erneut kurz einkochen. Sauce abschmecken.
5. In der Zwischenzeit die Gurke schälen und entkernen. Aus dem Fruchtfleisch mit einem geeigneten Löffel (am besten Kartoffelbohrer) Kugeln ausstechen (Reste für Tsatsiki, Salat oder ähnliches verwenden). Diese in leicht mit Zitronensaft gesäuertem Salzwasser 2 bis 3 Minuten knackig gar kochen. Abgießen.

Fette Poularden schmecken einfach besser als magere – und das Fett, das herauskocht und sich auf der Brühe (als Grundlage für eine Suppe geeignet) absetzt, können Sie noch prächtig für Bratkartoffeln oder Eierkuchen verwenden!

6. Das Fleisch aus dem Sud heben und in Scheiben schneiden, sodann mit den Gurkenkugeln in die leichte Sahnesauce geben und umschwenken. Reichlich Dill unterrühren und noch einmal abschmecken.

Dazu paßt Reis, am schönsten als Rand angerichtet, in den das Ragout eingefüllt wird. Als Getränk einen trockenen, nicht parfümierten Weißwein dazu reichen, ideal z.B. ein Silvaner oder Riesling aus dem Elsaß oder Weine von der Loire (Muscadet, Blanc de Blancs oder sogar Sancerre).

Knoblauchhähnchen

Für 4 Personen:

1 schönes Masthähnchen oder Poularde, 40 g Butterschmalz oder geklärte Butter, 2 große Knoblauchknollen, ⅛ l konzentrierte Hühner- oder Kalbsbrühe, ca. 250 g Erbsenschoten, 250 g junge Möhren, Salz, Pfeffer, Zitronensaft

1. Huhn in acht Teile schneiden und im Schmalz sanft bräunen. Hitze zurückschalten, die geschälten Knoblauchzehen und Brühe zufügen. 30 Minuten leise garen.
2. Inzwischen Erbsenschoten und Möhren vorbereiten und zu rautenförmigen Stückchen schneiden. In Salzwasser blanchieren und eiskalt abschrecken. Abtropfen, die Möhrenrauten zum Huhn geben und noch 15 Minuten mitziehen lassen.
3. Die Erbsenschoten erst ganz zum Schluß zufügen. Dabei auch salzen, pfeffern und mit Zitronensaft abschmecken.

Dazu schmecken neue Kartoffeln und reichhaltig gekräuterter Salat sowie ein vollmundiger Riesling.

Chinesisches Bettlerhuhn

Das Huhn wird in Lehm gepackt und in der Feuerglut gegart – der Bettler wird sich seinen Braten hoffentlich auf redliche Weise erworben haben … Für uns ist es nicht sehr einfach, alle nötigen Zutaten und Utensilien zu bekommen. Wenn man mal von der schönen, anständig aufgezogenen Poularde absieht. Den Lehm, der die Hülle bildet, gibt's im Bastelgeschäft – am Kaiserstuhl braucht man nur in einen Weinberg zu fahren. Jedenfalls lohnt die Mühe, denn das eingepackte Huhn entwickelt in seinem aromadichten Mantel einen wunderbaren Geschmack. Außerdem sieht es einfach umwerfend aus, wenn man den braunen Lehmklotz am Tisch aufklopft und das duftende Tier zum Vorschein kommt.

Für 4 – 6 Personen:

6 Tonku-Pilze, 1 Poularde von etwa 1,2 kg, 6 Frühlingszwiebeln, 1 Stück Ingwer von 6 cm, 3 Stengel Koriandergrün, 1 TL Szechuanpfeffer, 2 Nelken, 1 TL ausgelöste Kardamomsamen, 5 EL Sojasauce, ½ TL Salz, 2 TL Zucker, 100 g Schweinefilet, 100 g Bambussprossen aus Glas oder Dose, 2 Zwiebeln, 3–4 EL Öl, 2 EL trockener Sherry, ⅛ l Hühnerbrühe, 1 EL Fünf-Gewürz-Pulver, 1 EL Sesamöl, Zeitungspapier, etwa 3 kg Lehm oder Ton

1. Die Pilze mit kochendem Wasser überbrühen und 30 Minuten einweichen.
2. Die Poularde innen und außen sorgfältig waschen und mit Küchenpapier trockentupfen. Frühlingszwiebeln putzen, Ingwer schälen. Beides hacken (1 Eßlöffel Ingwer beiseite stellen) und mit Korianderblättchen, Szechuanpfeffer, Nelken, Kardamom, 3 Eßlöffel Sojasauce, Salz und 1 Teelöffel Zucker vermischen. Das Huhn damit rundum dick einreiben, in einer Schüssel 3 Stunden ziehen lassen, dabei ab und zu wenden und die Würze einmassieren.
3. Für die Füllung das Schweinefilet und die Bambussprossen in feinste Streifen schneiden. Von den Tongku-Pilzen die Stiele entfernen, die Hüte ebenfalls in Streifen teilen. Zwiebeln schälen und fein hacken.
4. Das Öl in einer Pfanne erhitzen, den beiseite gestellten Ingwer mit den Zwiebeln darin anbraten. Schweinefleisch, Tonku-Pilze und Bambussprossen hinzufügen. 1 Minute braten.
5. Sherry, die übrige Sojasauce, 1 Teelöffel Zucker, Brühe, Fünf-Gewürz-Pulver und Sesamöl verquirlen und angießen. Bei starker Hitze so lange kochen, bis fast alle Flüssigkeit verdampft ist.
6. Diese Mischung in das Huhn füllen. Die Öffnung mit Holzstäbchen feststecken. Das Huhn dick in Zeitungspapier packen.
7. Den Elektro-Ofen auf 250 Grad vorheizen.
8. Ein Backblech mit kaltem Wasser abspülen. Darauf eine rund 2 cm hohe Lehmschicht, die etwa der Größe der Poularde entspricht, auslegen und glätten. Das Poularden-Paket darauf setzen und mit dem restlichen Lehm einhüllen. Die Oberfläche mit nassen Händen glattstreichen, damit keine Risse entstehen. Das Blech in den heißen Ofen schieben. Das Huhn etwa 2 Stunden backen (Gas: Stufe 5), dann die Hitze auf 125 Grad herunterschalten (Gas: niedrigste Stufe). Das Huhn noch weitere 2 Stunden im Ofen lassen.

Das Lehmhuhn auf dem Backblech zu Tisch bringen, die Lehmhülle aufschlagen: mit einem Hammer die Schale vorsichtig aufklopfen, bis oben ein ausreichend großes Loch entstanden ist. Nun die Schicht Zeitungspapier kreuzweise aufschneiden und hochbiegen. Das Huhn herausheben und auf eine Platte setzen und sich am Aaah und Oohh der Gäste weiden ...

Gedämpfte Hühnerkeulen mit Bambus

Für 2 – 4 Personen:

6 Tonku-Pilze, 4 Hühnerkeulen, Salz, schwarzer Pfeffer aus der Mühle, 75 g Bambussprossen aus Dose oder Glas, 1 Knoblauchzehe, 1 Stück Ingwer (etwa 2 cm), 2 Frühlingszwiebeln, 2 EL helle Sojasauce, 2 EL trockener Sherry, ½ TL Speisestärke, 1 TL Zucker, 1 TL Sesamöl

1. Die Pilze mit kochendem Wasser überbrühen und 30 Minuten einweichen. Anschließend die Stiele herausschneiden.
2. Die Hühnerkeulen quer zum Knochen in Stücke von 3 cm Länge zerhacken, diese nebeneinander auf einen feuerfesten Teller legen, salzen und pfeffern.
3. Bambussprossen abtropfen lassen, in dünne Scheiben schneiden. Knoblauch und Ingwer schälen und fein hacken. Eine Frühlingszwiebel putzen und ebenfalls hacken. Alles über die Hühnerteile streuen.
4. Sojasauce, Sherry, Stärke und Zucker verquirlen, über die Zutaten gießen. Zum Schluß alles mit Sesamöl beträufeln.
5. Den Teller auf einem Siebeinsatz oder Untersatz in einen ausreichend großen Topf stellen, der zweifingerhoch mit Wasser gefüllt ist. Die Hühnerkeulen darin zugedeckt 40 bis 45 Minuten dämpfen.
6. Die zweite Frühlingszwiebel sehr fein schneiden und vor dem Servieren darüberstreuen.

Die arabische Zigarre mit Hähnchenbrust

Sieht hinreißend aus und macht jeden Gast neugierig! Arabisch ist die Hülle, der Teig, den man bei arabischen Gastarbeitern in Frankreich als *pâte á brick* fertig kaufen kann, zigarrengleich die Form. Sie läßt sich aber auch durch Reispapierblätter (siehe Seite 39) ersetzen, die man in jedem Asienshop bekommt.

Für 4 Personen:

250 g ausgelöste Hähnchenbrust, 1 TL Stärke, 2 EL Sojasauce, 1 TL Sesamöl, 1 Eiweiß, 2 mittelgroße Zucchini, 2 Fleischtomaten, 1 Basilikumstrauß, 4 arabische Teigblätter, einige stabile Schnittlauchstengel, 2–3 EL neutrales Öl, 1/8 l Hühnerbrühe, 1 EL Fischsauce, Salz, Pfeffer, 1 Prise Zucker

1. Das Fleisch zentimetergroß würfeln, mit Stärke, einem Löffel Sojasauce, Sesamöl und mit zwei Teelöffeln Eiweiß vermengen, eine halbe Stunde marinieren.
2. Die Zucchini längs in streichholzfeine Streifen hobeln. Die inneren, weißen Streifen quer winzig klein würfeln und unter das Fleisch mischen. Die äußeren, grünen Streifen fein gewürfelt beiseite stellen.
3. Die Tomaten brühen, häuten, entkernen, ihr Fleisch klein würfeln. Das Basilikum fein schneiden – die Hälfte zum Fleisch geben, die andere Hälfte zu den Tomaten.
4. Die Teigblätter nebeneinander auf der Arbeitsfläche ausbreiten. Die Füllung, länglich geformt, jeweils auf einem Drittel der Fläche anordnen. Das Teigblatt aufrollen, an beiden Seiten mit Schnittlauch oder Küchenzwirn (bei zu schwachem Schnittlauch empfiehlt sich beides!) wie ein Knallbonbon verschnüren.
5. In einer großen Pfanne das Öl erhitzen. Die Knallbonbons darin sanft rundum goldbraun braten – warm stellen.
6. Die Zucchini und Tomaten in die Pfanne geben, die Brühe angießen, aufkochen. Mit Fischsauce, Sojasauce, Salz, Pfeffer und Zucker abschmecken.
7. Das Gemüse auf kleinen Tellern verteilen, die Zigarren daraufbetten und sofort servieren.

Dazu paßt ausgezeichnet ein aromatischer, trockener Traminer, aber auch ein erstklassiger Rotwein, der jedoch unbedingt noch jung und frisch sein muß – zum Beispiel ein deutscher Spätburgunder aus gesundem Lesegut oder ein Blaufränkisch aus Österreich.

Chinesisches Hähnchenfleisch in Zitronensauce

Für 2 – 4 Personen:

300 g Hähnchenbrustfilet, 1 EL Eiweiß, 2 TL Speisestärke, Salz, 1 EL Sherry, 1 EL helle Sojasauce, 1 Stück Ingwer (etwa 2 cm), 2 Frühlingszwiebeln, 2 EL Ananassaft, 2 EL Sojasauce, Saft ½ Zitrone, 1 TL Sesamöl, 1 TL Zucker, Pfeffer, 4 EL Öl, 2 EL geschälte Mandeln, 3 Scheiben frische Ananas, etwas Koriandergrün oder Petersilie

1. Fleisch in ½ cm dünne Scheiben schneiden. Mit Eiweiß, 1 Teelöffel Stärke, Salz, Sherry und der hellen Sojasauce vermengen. 30 Minuten kalt stellen.
2. Ingwer schälen, fein hacken. Frühlingszwiebeln putzen, klein schneiden.
3. Ananassaft, Sojasauce, Zitronensaft, 1 Teelöffel Stärke, Sesamöl, Salz, Zucker und Pfeffer verquirlen.
4. Im heißen Öl die Mandeln 1 Minute braten. In ein Sieb schütten, das Öl auffangen und zurück in die Pfanne geben. Fleisch darin rasch unter Rühren braten. Ingwer und Zwiebeln hinzufügen.
5. Ananas in kleine Stücke schneiden, in die Pfanne geben, 1 Minute braten
6. Würzsauce angießen, aufkochen. Die Mandeln hinzufügen. Alles sorgsam bei starker Hitze mischen. Mit Koriander bestreut auftragen.

Hühnercurry in gelber Sauce

Für 2 – 4 Personen:

WÜRZPASTE:
12 getrocknete rote Chilischoten, je 1 Stück frischer Gelbwurz und Ingwer von 2 cm Länge, 4 Macadamia- oder 6 Cashewnüsse, 1 große Zwiebel, 2 Knoblauchzehen, 1 schöne Poularde (ca. 1,5 kg), 4 EL Öl, 1 Stengel Zitronengras, Salz, Pfeffer, 1 Dose Kokossahne, Saft einer Limette

1. Die Chilis mit kochendem Wasser überbrühen und eine halbe Stunde einweichen. Mit Gelbwurz (Kurkuma), Ingwer, Nüssen und Zwiebel im Mixer pürieren, dabei so viel Einweichflüssigkeit zufügen, daß eine Paste entsteht.
2. Das Huhn in zehn mundgerechte Stücke schneiden: dafür zunächst halbieren, die Schenkel abtrennen und in Ober- und Unterschenkel teilen, die Flügel abschneiden und das Bruststück einmal längs und einmal quer durchtrennen.
3. Das Öl im Wok oder in einer tiefen Pfanne erhitzen. Die Würzpaste darin anrösten. Die Hühnerstücke zufügen und langsam anbraten, dabei immer wieder drehen, bis sie rundum von Würzpaste überzogen sind.
4. Zitronengras sehr fein schneiden und in die Sauce geben. Mit Salz und Pfeffer würzen und mit Kokossahne auffüllen.
5. Etwa 20 bis 25 Minuten leise im offenen Topf köcheln,

dabei immer wieder umrühren, damit nichts ansetzt und die Kokossahne nicht ausflockt.

6. Zum Schluß die Sauce mit Limettensaft schön säuerlich abschmecken.

Mit Backpflaumen gefüllter Gänsebraten Berliner Art

Erst in den 50er Jahren dieses Jahrhunderts entwickelte sich unsere heute so selbstverständlich erscheinende Ernährungslage des Überflusses – kaum zu glauben, daß bis dahin fettes Fleisch mehr galt als mageres, Schweinefleisch teurer war als Rindfleisch und Speckseiten begehrter als ein Filet! Und der Inbegriff des himmlischen Bratens, weil triefend vor Fett, das war der Gänsebraten! Mut dazu, einmal im Jahr, zu Martini oder zu Weihnachten, kann man sich die Sünde leisten!
Gänse waren früher relativ billiger als heute, denn sie versorgten sich ja weitgehend selbst – Gänseliesel, also ihre Hüterin zu sein, war zwar das Erbärmlichste, was es gab, aber die Gänse fanden in der noch nicht intensiv genutzten Felderwirtschaft immer was zu futtern. Im Spätsommer und Herbst konnten sie ihrer sprichwörtlichen Unersättlichkeit nachgehen: Sie wurden auf die Felder getrieben und verschlangen die beim Getreideschneiden und -binden reichlich verlorengegangenen Körner. Heute lassen moderne Mähdrescher auf den Feldern nichts mehr zurück.
Wenn die Gänse endlich fett waren, also im Spätherbst bis in den frühen Winter hinein, wurden sie geschlachtet (bevor sie etwas kosteten, weil man sie nun hätte füttern müssen!). Die pommerschen Gänse waren, neben den polnischen, seit langem im ganzen Reich berühmt. Am begehrtesten aber waren sie in Berlin – glücklich die Berliner mit Verwandtschaft in Pommern!

1. Aus der Gans das innenliegende Fett (Flomen) herausklauben. Ein walnußgroßes Stück davon auslassen und eine gehackte Zwiebel darin andünsten. Den Rest fürs Gänseschmalz (siehe Seite 604) verwenden.

Für 2 – 4 Personen:

1 schöne, fette Gans mit Innereien von etwa 4 kg (evtl. 1 Gänseklein extra), 3 Zwiebeln, 250 g Backpflaumen, etwas Tee, 2 Schuß Rum, 2–3 Äpfel, 50 g Mandelblättchen, Salz, Pfeffer, 1 Prise Zucker, 2–4 EL Semmelbrösel, 2 Bund Suppengrün, 1 Schuß Essig

2. Herz und Leber der Gans klein schneiden – nicht durchdrehen, sonst werden sie matschig.
3. Die Backpflaumen mit heißem Tee übergießen und quellen lassen, etwas Rum zufügen. Dann entkernen und abwiegen. Ebensoviel Äpfel in Schnitze schneiden. Die angebratenen Zwiebeln, Innereien und Obst mischen, Mandeln zufügen, kräftig würzen und mit so viel Semmelbröseln vermengen, daß die Masse eine schöne Bindung hat.
4. Gans innen und außen salzen und pfeffern, füllen und verschließen. Unter Schenkeln und Flügeln mehrfach einstechen, damit das Fett beim Braten gut herauslaufen kann.
5. Den Boden eines passenden Bräters mit dem grob gehackten Suppengrün und den beiden restlichen, in Scheiben gehobelten Zwiebeln bedecken. Etwas Wasser angießen, das restliche Gänseklein einlegen und die Gans darauf betten.
6. In den 230 bis 250 Grad heißen Ofen schieben, nach einer halben Stunde auf 130 Grad zurückschalten. Das ausbratende Fett ab und zu abschöpfen (für das Schmalz aufheben), den Vogel immer wieder fleißig begießen und darauf achten, daß stets etwas Wasser, das immer mehr zum Bratensaft wird, im Bräter ist und das Gemüse keinesfalls anbrennt.
7. Nach 1 ½ Stunden den Vogel noch einmal salzen und nach Belieben mit Semmelbröseln bestreuen. Bratzeit insgesamt: 4 bis 5 Stunden.
8. Für die Sauce alle Flüssigkeit aus dem Bräter abgießen, das Fett davon abschöpfen, das Wurzelgemüse mitsamt dem Bratensaft pürieren (Stab oder Mixer), durch ein feines Sieb streichen, mit einem Schuß Essig abrunden, bei Bedarf noch leicht salzen und pfeffern.

Die Weihnachtsgans

Dreieinhalb bis fünf Kilogramm sollte eine rechte Weihnachtsgans auf die Waage bringen. Ein Leichtgewicht, das wesentlich unter drei Kilogramm wiegt, liefert weder den rechten Biß, noch eine gut ausgeprägte, fleischige Brust, noch genügend vom köstlichen Gänseschmalz. Vor allem aber ist dann das Fleisch selbst mager, nicht von ausreichend Fett durchzogen, nicht marmoriert: Es wird beim Braten trocken und zäh, anstatt schön saftig zu bleiben.

Um einen solcherart gewichtigen Braten auch vertilgen zu können, sollte man sich zu sechst zu Tisch begeben. Für kleinere Runden wären Gänseteile angesagt: Man kann die Brust und Keulen extra kaufen – sie werden im Prinzip wie der Gänsebraten selbst zubereitet, haben jedoch ihrem geringeren Gewicht gemäß eine entsprechend kürzere Garzeit. Oder, falls die ganze Gans nicht doch bezwungen wird, kann man mit dem restlichen Fleisch verfahren, wie für Ente auf Seite 608 beschrieben.

Eine frische, nicht länger als drei oder vier Tage vor dem Fest geschlachtete Gans ist natürlich optimal – sie muß freilich vorbestellt werden: entweder beim Geflügelhändler, bei einem Metzger oder, falls Sie eine Adresse haben, bei einem Gänsemäster. Denken Sie aber frühzeitig daran, bestellen Sie bei einem kleinen Mäster schon im Frühsommer, auch beim Händler spätestens Anfang November – wenn der Züchter nämlich nicht genügend Tiere hat, kann er auf Ihre Bestellung schon im Sommer nicht mehr reagieren, und auch ein Händler hat, je weiter das Jahr fortschreitet, immer weniger Möglichkeiten, wirklich gute Ware zu besorgen. Zumal bereits zu Martini, also am 11. November, ein »Gänsetag« ist!

Wer eine gefrorene Gans verarbeitet, sollte auch sie möglichst frühzeitig besorgen, denn erfahrungsgemäß hat man kurz vor Weihnachten nicht mehr die optimale Auswahl. Denken Sie weiterhin daran, daß sie genügend Zeit hat, um langsam aufzutauen: je langsamer, desto schonender. Bei Außentemperaturen zwischen 4 und 10 Grad kann das bequem auf dem Balkon geschehen (damit der Kühlschrank nicht blockiert wird) und dauert etwa zwei Tage. Sollte draußen Frost herrschen, muß das Auftauen natürlich an einem möglichst kühlen Ort im Haus vor sich gehen.

Für 6 Personen:

1 schöne, fette Gans von etwa 4 kg, Salz, frisch gemahlener Pfeffer, 4 ordentliche Prisen Beifuß, 2 gute Prisen getrockneter Majoran, 4 säuerliche Kochäpfel (z. B. Boskoop), 3 Lauchstangen, 1 Bund glatte Petersilie, 1 große Zwiebel, 2 Knoblauchzehen, 1 Möhre, 1/4 Sellerieknolle, ca. 1/2 l Wasser

SCHMALZ:
1 Apfel, 1 Zwiebel, 2 Knoblauchzehen, Salz, Pfeffer

Die Gans wird vorbereitet:

Als erstes werden die Fettpolster am hinteren Ende der Bauchhöhle, die sogenannten Flomen, herausgelöst. Daraus bereiten wir das köstliche Gänseschmalz zu.

Dann werden die Flügelspitzen abgetrennt und später zusammen mit dem Hals und den Innereien (außer der Leber) sowie der vom Fleisch befreiten Karkasse (wie das Knochengerüst in der Fachsprache der Köche heißt) und reichlich Wurzelwerk zu einer kräftigen Brühe ausgekocht – so hat man gleich eine Vorspeise für den zweiten Weihnachtsfeiertag.

Die gerösteten Zwiebeln und Äpfel, die im Sieb aufgefangen werden, schmecken übrigens am besten noch warm, auf frischem Bauernbrot!

Das Gänseschmalz:

1. Die Flomen grob zerkleinern und mit dem blättrig geschnittenen Apfel, der in feine Ringe gehobelten Zwiebel und den gehackten Knoblauchzehen aufsetzen.
2. Auf milder Hitze etwa 1 Stunde lang sanft köcheln. Salzen, pfeffern und durch ein Sieb in ein Vorratstöpfchen gießen.

Der Braten:

1. Den Backofen auf 160 Grad vorheizen.
2. Die vorbereitete Gans innen und außen mit Salz, Pfeffer sowie je der Hälfte von Beifuß und Majoran einreiben.
3. Die Äpfel vierteln, vom Kerngehäuse befreien. Zwei der Lauchstangen putzen und in Ringe schneiden.
4. Äpfel und Lauch in einer Schüssel mischen, dabei salzen, pfeffern und mit den restlichen getrockneten Kräutern sowie den abgezupften Petersilienblättern würzen.
5. Diese Mischung in die Bauchhöhle der Gans stopfen, die Öffnung zunähen oder mit Zahnstochern zustecken. Die Flügel unter dem Rücken verschränken, mit einem großen Stück Küchenzwirn die Gans dressieren, das heißt Flügel und Schenkel so an den Körper schnüren, daß nirgendwo etwas absteht und möglicherweise verbrennen kann. Die Haut mit einer Gabel überall dort einstechen, wo man eine dicke Fettschicht darunter vermuten kann – so kann das Fett besser ausbraten, und die Haut wird schön knusprig.
6. Die dritte Lauchstange, die Zwiebel, Knoblauchzehen, Möhre, Sellerie und Petersilienstengel waschen, kleinschneiden und vermischen. Auf die tiefe Fettpfanne des Backofens streuen.
7. Den Vogel mit der Brust nach oben daraufsetzen und die Gans mit dem kochendheißen Wasser überbrühen. In den vorgeheizten Ofen schieben, die Temperatur jetzt auf 150 Grad herunterschalten und den Vogel 4 Stunden darin lassen. Dabei braucht man sich eigentlich überhaupt nicht um den Braten zu kümmern, Begießen oder Umdrehen ist nicht nötig. Nur ab und zu überprüfen, daß genügend Wasser in der Fettpfanne ist, damit das Gemüse nicht anbrennt.

8. Nach Ablauf der 4 Stunden die Gans auf den Rost setzen, diesen auf ein Blech stellen. Die Gans jetzt mit stark gesalzenem Wasser einpinseln und zurück in den ausgeschalteten Ofen schieben, bis die Sauce fertig ist und serviert werden kann.
9. Für die Sauce den Bratensaft durch ein Sieb in einen Topf mit Ausgießschnauze schütten, das Wurzelgemüse im Sieb gut ausdrücken. Den Saft 1 Minute stehen lassen, damit sich das Fett an der Oberfläche sammelt und man es vorsichtig in eine Schüssel abgießen kann.
10. Den klaren Saft auf starkem Feuer sprudelnd einkochen. Dabei verbindet sich das restliche Fett mit dem Bratensaft wie zu einer Emulsion und ergibt eine leicht gebundene Sauce.

Das in der Schüssel gesammelte Fett zum Gänseschmalz schütten. Zur Gans gibt's Rotkohl (siehe Seite 433) oder Rosenkohl, nur in Salzwasser blanchiert und dann in Gänseschmalz mit dem nötigen Salz und Pfeffer knackig gedünstet, weiterhin Kartoffelknödel (siehe Seite 408) oder Kartoffeln. Und einen mittelkräftigen Rotwein – zum Beispiel eine Trollinger Spätlese trocken von Drautz-Able in Heilbronn.

Gefüllter Gänsehals auf Bohnensauce

Macht ein wenig Mühe, schon bei der Beschaffung des Halses – ist aber ein originelles und köstliches Essen, das bei Gästen Eindruck macht! Wir servieren es Weihnachten gern als Vorspeise.

Für 4 Personen:

1 möglichst intakter Gänsehals mit seiner Haut, 150 g Kalbfleisch, 150 g Geflügelfleisch, (Gans, Huhn oder Pute), Salz, 1 Bund Suppengrün, Pfeffer, 1 Stengel Bleichsellerie, 1 Möhre, 1 Bund Petersilie, 1 Zwiebel, 2 Knoblauchzehen, 4 EL Olivenöl, 75 g frisch geriebener Parmesan, 1 Eigelb, Muskat, ca. ½ l Hühnerbrühe, Petersilie oder Pimpinelle

SAUCE:
300 g gekochte weiße Bohnen, 1 Tomate, 2 EL Butter, Salz, Muskatblüte (Macis), Cayennepfeffer

1. Die Haut des Gänsehalses vorsichtig lockern und abziehen, sie darf dabei nicht verletzt werden. Auswaschen und an einem Ende mit Küchenzwirn fest zubinden, damit eine Art Wursthülle entsteht.
2. Den Hals selbst, mit gesalzenem Wasser bedeckt, zusammen mit etwas Suppengrün 1 Stunde köcheln. Das Fleisch ablösen und abkühlen lassen.
3. Gänsefleisch, Kalb- und Geflügelfleisch durch den Wolf drehen, sparsam salzen und pfeffern. Zugedeckt kalt stellen.
4. Das geputzte Gemüse, Petersilie, Zwiebel und Knoblauch fein hacken und im heißen Öl langsam weichdünsten, aber auf keinen Fall bräunen. Gut durchkühlen. Schließlich mit dem durchgedrehten Fleisch, dem geriebenen Käse und dem Eigelb im Mixer fein pürieren.
5. Diese weiche Farce mit Salz, Pfeffer und Muskat abschmecken. In den vorbereiteten Gänsehals füllen, ihn oben ebenfalls zubinden.

Tipp: Der gefüllte Gänsehals läßt sich im kalten Zustand schöner aufschneiden – wer eine Mikrowelle hat, wärmt die fertig angerichtete Portion rasch darin auf. Wer sich ohne behelfen muß, taucht die Scheiben auf einer Schaumkelle kurz in heißen Sud, um sie rasch zu erhitzen. Dann unbedingt darauf achten, daß die Sauce richtig heiß ist.

6. Die Rolle in der Gänsebrühe (vom Halskochen) – die wenn nötig mit etwas Hühnerbrühe gestreckt wird, damit die Rolle bedeckt bleibt – etwa 1 Stunde sanft pochieren, auf keinen Fall aber kochen. Im Sud abkühlen lassen.
7. Für die Sauce die heißen, gekochten Bohnen mit der zerdrückten Tomate im Mixer fein zerkleinern. Durch ein Sieb streichen und, wenn nötig, bis zur gewünschten Konsistenz verdünnen. Die Butter mit dem Schneebesen oder Mixstab unterrühren, die Sauce kräftig abschmecken.
8. Zum Servieren den gefüllten Gänsehals kalt in etwa fingerdicke Scheiben schneiden, und auf einem Saucenspiegel anrichten. In der Mikrowelle erwärmen, mit einigen Kräuterblättchen schmücken und sogleich servieren.

Hierzu servieren wir frisch geröstetes Weißbrot (Ciabatta) und einen kräftigen, vollen Weißburgunder, Chardonnay oder Grauburgunder, der im Barrique ausgebaut wurde.

Gebratene Ente mit Ofenkartoffeln

Auf die ausgezeichnete Qualität der Ente sollten Sie Ihr Hauptaugenmerk richten: Unbedingt rechtzeitig bei einem Geflügelproduzenten oder guten Händler bestellen! Leider werden auch die Enten heute zu schnell mit Kraftfutter gemästet und zu früh geschlachtet. Dann haben sie ein weiches, mageres Fleisch und keinen kernigen Geschmack. Gute Enten müssen Auslauf haben, damit sich die Muskeln richtig ausbilden können und sie nicht nur das vorgegebene Futter, sondern auch Gräser, Würmer, Käfer, Schnecken usw. fressen können. Sie sollen auch kein gemahlenes Kraftfutter mit Sojaschrot und anderen stark eiweißhaltigen und daher das Muskelfleisch schnell aufbauenden Komponenten bekommen, sondern ausschließlich Körner, Weizen und Mais. Dafür müssen sie in freier Natur auch die Steinchen finden können, die in ihrem Magen auf die Körner wirken wie Mühlsteine, sie unter der Arbeit der Magenmuskeln regelrecht zu Brei vermahlen. Und sie müssen ein Alter erreichen, in dem sie Fett ins Muskelgewebe einbauen – nur fettes Fleisch schmeckt wirklich gut! Solche Enten, wenigstens 12, besser 15 Wochen alt, sind fast doppelt so schwer und kosten natürlich erheblich mehr, als die billigen 9-Wochen-Enten – umgerechnet auf den Preis des eßbaren Anteils sind sie dennoch günstiger. Und ein echter Genuß! Und: Sie bedürfen natürlich auch einer längeren Garzeit als die kleineren, schnell gemästeten Enten von 1,8 bis höchstens 2 Kilogramm!

Für 4 Personen:

1 schöne Ente von etwa 3 kg, Salz, Pfeffer, 2 Zwiebeln, 500 g Möhren, 1 Bund Salbei, ca. 1 l Geflügel- oder Fleischbrühe, 1 kg Kartoffeln

1. Den Ofen auf 250 Grad vorheizen.
2. Die Flügelspitzen der Ente abschneiden, zusammen mit dem Hals und den Innereien für den Suppentopf beiseite legen.
3. Die Ente innen und außen mit Salz und Pfeffer einreiben. Die feingewürfelten Zwiebeln und eine ebenso kleingehackte Möhre zusammen mit einigen Salbeiblättern in den Entenbauch stecken. Die Öffnung mit einem Zahnstocher verschließen.
4. Die Ente zunächst mit der Brust nach oben auf den Rost über die Fettpfanne in den 250 Grad vorgeheizten Backofen schieben. Die Fettpfanne mit Brühe füllen. Die Ente zunächst 30 Minuten anbraten.
5. Dann die Ofenhitze auf 180 Grad herunterschalten. Die Ente auf den Bauch drehen und weitere 45 Minuten braten.
6. Inzwischen Kartoffeln und restliche Möhren schälen, in mundgerechte Stücke schneiden.
7. Die gesamte Flüssigkeit aus der Fettpfanne in einen Topf abgießen. In der Fettpfanne stattdessen die vorbereiteten Kartoffeln und Möhren verteilen. Salzen, pfeffern und Salbeiblätter dazwischenstreuen. Mit ca. ¾ Liter Wasser knapp bedecken. Die Ente wieder auf den Rücken drehen und über der Fettpfanne in den Ofen schieben.
8. Beides weitere 1 ½ Stunden braten, dabei immer wieder mit der Flüssigkeit aus der Fettpfanne begießen – und darauf achten, daß auch die Gemüsestücke benetzt werden. Zum Schluß jedoch wird kaum mehr Flüssigkeit vorhanden sein, weil alles aufgesogen und verdampft ist.
9. 10 Minuten, bevor gegessen werden soll, die Oberhitze im Ofen verstärken oder, wenn vorhanden, den Grill einschalten. Die Ente mit Salzwasser einpinseln und noch einmal scharfer Hitze aussetzen, damit die Haut schön kroß und knusprig wird.
10. Für die Sauce den zu Beginn abgegossenen Bratenjus so gut wie möglich entfetten – zuerst vorsichtig abgießen,

Getränk: Ein kraftvoller Bordeaux, etwa ein Pichon-Longueville, Comtesse de Lalande aus Paulliac/Médoc/Bordeaux. Kein billiger, aber ein seinen Preis durchaus werter Wein, frisch und fruchtig, nach Gewürzen und Waldbeeren duftend, gehaltvoll und mit dem kräftigen Röstgeschmack der Ente prächtig harmonierend.

eventuell mit Hilfe einer sogenannten »Fett/Mager«-Terrine. Ein dünner Fettfilm schadet jedoch nicht, hilft später, die Sauce zu binden.

11. Die Flüssigkeit auf mittlerem Feuer etwas einkochen. Aus der Fettpfanne zwei Kartoffelstückchen zufügen. Mit dem Mixstab fein pürieren. Vor dem Servieren noch mal aufmixen, damit die Sauce Stand erhält.
12. Die Ente schließlich auf einer Platte anrichten, Kartoffeln und Möhren drum herum verteilen und zusammen mit der Sauce zu Tisch bringen.

Salat von gehackter Entenbrust

Die ausgelösten fleischigen Brüste von Barbarie-Enten aus Frankreich kann man inzwischen in allen guten Geschäften auch bei uns kaufen. Sie werden vakuumverpackt angeboten und sind deshalb immer verfügbar. Hier eine Idee für eine Art Salat daraus, erfrischend durch Zitronensaft und Fischsauce, knackig durch Kräuter und Frühlingszwiebel. Typisch ist außerdem ein gewisser »Biß«, dessen Ursache man nicht gleich ergründet: Der Salat ist gewürzt mit einer Art »Reisgrieß« aus trocken gerösteten rohen Reiskörnern, die im Mörser dann zerkleinert werden. Eine Zutat, die in thailändischen Salaten sehr wichtig ist, weil dadurch eine Körnigkeit entsteht, die als Kontrast hochwillkommen ist. Der Reisgrieß hält sich übrigens gut in einem dicht verschlossenen Behältnis, kann also auf Vorrat produziert werden.
Die Haut der Entenbrust wird abgelöst und knusprig ausgebraten. Man verspeist sie wie Crackers zu diesem Salat, den man am besten auf Thai-Art genießt: Man packt sich bissenweise ein bißchen gehackte Ente in ein Salatblatt, fügt ein paar Kräuterblättchen hinzu, eventuell auch ein Gurkenscheibchen, rollt alles zusammen und ißt das ganze aus der Hand. Unbedingt eine Platte mit Salatblättern und Kräutern dazu reichen!

Die Portion genügt für vier Personen als Vorspeise, ist ein ganzes Essen für zwei an einem Sommertag, wenn man den Magen nicht mit einem großen Menü belasten will:

1. Den Reis im trockenen Wok, ohne jedes Fett, so lange rösten, bis er duftet und schwach golden geworden ist. Abgekühlt im Mörser zerkleinern.
2. Die Haut der Entenbrüste mitsamt dem Fett vorsichtig ablösen. Die Hautseite mit einem scharfen Messer zuerst längs, dann quer mit sehr eng gesetzten, parallelen Schnitten einritzen, so daß ein gleichmäßiges Muster entsteht. Im heißen Wok langsam golden braten, wobei das Fett völlig ausbraten und die Haut knusprig werden soll.
3. Das Fleisch mit einem großen Messer in winzig kleine Würfelchen schneiden, es ist sehr wichtig, daß das Fleisch geschnitten und nicht gehackt oder durch den Wolf gedreht wird, damit die Struktur des Fleisches erhalten bleibt – aber die Würfel sollten trotzdem so klein wie möglich sein. Mit der Stärke kräftig durchmischen.
4. Knoblauch, Ingwer und Chilis ebenso winzig würfeln. Zitronengras oder Duftverbene in feine Streifen, Schalotten und Frühlingszwiebeln in schmale Ringe schneiden. Eine kleine Handvoll Blätter von den angegebenen Kräuterstengeln zupfen. Die übrigen mit dem in Blätter geteilten Salat auf einer Platte anrichten.
5. In 3 Eßlöffeln heißem Entenfett, gewürzt mit wenig Sesamöl, das Fleisch unter Rühren braten, dabei sofort Ingwer, Knoblauch und Zitronengras zufügen, salzen, pfeffern und mit einer Prise Zucker würzen.
6. Schließlich Chilis, Schalotten und Frühlingszwiebeln zufügen, alles kräftig im Wok herumwirbeln.
7. Sobald das Fleisch seine rohe Farbe verloren hat, Brühe, Sherry, Fisch- und Sojasauce sowie Zitronensaft seitlich angießen. Herumwirbeln, einmal aufkochen und sofort vom Feuer ziehen.
8. Frische Kräuter nur zerzupft untermischen, die gehackte Entenbrust auf einem Bett von Salatblättern anrichten und sofort zu Tisch bringen.

Tip: Für das nur in Asienläden zu beschaffende asiatische Zitronengras gibt es, das haben wir zufällig entdeckt, einen europäischen, ursprünglich aus Südamerika importierten Ersatz: Fast genau denselben Duft und Geschmack hat ein mehrjähriger Busch mit Namen Eisenkraut oder *Duftverbene (Lippia citriodora)*. In Frankreich liebt man diese *verveine* als Tee, vor allem

Für 2 – 4 Personen:

2 EL Reiskörner, 2 ausgelöste Entenbrüste, 1 TL Speisestärke, 3 Knoblauchzehen, 1 Scheibe Ingwer von ca. 2 cm Stärke, 1 rote und 1 grüne Chilischote, 1 Stengel Zitronengras oder einige Duftverbenenblätter (Eisenkraut), 3 bis 4 Schalotten (je nach Größe), 3 bis 4 Frühlingszwiebeln, 1 TL Sesamöl, Salz, Pfeffer, Zucker, 2 EL Brühe, 2 EL Sherry, 2 EL Fischsauce, 1 EL Sojasauce, Saft von ½ Zitrone,

AUSSERDEM:
reichlich Koriandergrün, Minze, Thai-Basilikum, Zitronenmelisse, 1 schöner fester Kopfsalat

zur Verdauungsförderung nach einem mächtigen Essen. In Italien deutet die Bezeichnung *limoncina* schon auf den intensiven Zitronengeschmack hin. Die Stöcke sind, wie Thymian oder Rosmarin, mehrjährig, zum Überwintern darf man sie aber nicht frostiger Kälte aussetzen, sondern muß sie hereinnehmen.

Lackierte Ente auf Linsensprossen

Eine glänzende Idee: Ente auf vietnamesische Art! Sieht eindrucksvoll aus und schmeckt auch so… Aber: Sie müssen unbedingt schon am Vortag mit der Vorbereitung beginnen. Die Ente soll nämlich von der Marinade gut durchdrungen werden.

Für 2 – 3 Personen:

1 küchenfertige Ente von knapp 2 kg

MARINADE:
1 TL Fünfgewürzpulver, 3 EL Sherry, 1/8 l Sojasauce, 2 EL Honig, je 1 TL gehackter Ingwer und Knoblauch

LINSENSPROSSEN:
2 Handvoll Sprossen, 1 kleine rote Paprikaschote, 1 EL Sesamöl, 1 EL neutrales Öl, 1 halbzentimeterstarke Ingwerscheibe, 1 Knoblauchzehe, 1 EL Brühe, 1 EL Sojasauce, 1 EL Sherry, 1 gute Prise Zucker

1. Für die Marinade alle genannten Zutaten zusammen aufkochen. Abkühlen lassen.
2. Einen Teil davon in den Entenbauch gießen, die Ente in einen Plastikbeutel packen, die restliche Marinade darübergießen, drehen und wenden, damit alles davon erreicht wird. Über Nacht im Kühlschrank marinieren.
3. Sprossen spülen und abtropfen. Paprikaschote mit einem Sparschäler dünn schälen, entkernen, das Fleisch in winzige Würfel schneiden. Ingwer und Knoblauch fein würfeln.
4. Die Ente aus dem Beutel nehmen, gründlich abtropfen lassen und auf den Rost über der Fettpfanne legen, die fingerhoch mit Wasser gefüllt ist. In den 250 Grad heißen Ofen schieben, jedoch bereits nach 15 bis 20 Minuten, wenn die Haut zu brutzeln beginnt, auf 150 Grad herunterschalten.
5. Nach einer Stunde den in der Fettpfanne gesammelten Saft in ein Töpfchen gießen, zusammen mit der Marinade rasch um mehr als die Hälfte, geradezu siruppartig, einkochen. Die Ente nochmals damit einpinseln und für weitere 10 Minuten in den Ofen schieben, die Hitze auf stärkste Stufe stellen oder, besser noch, den Grill hinzuschalten.
6. Für das Sprossengemüse die beiden Ölsorten im Wok erhitzen. Ingwer und Knoblauch rasch andünsten, die Linsensprossen zufügen. Mit Brühe, Sherry, Sojasauce, Salz, Pfeffer und Zucker würzen. Alles energisch herumwirbeln lassen. Zum Schluß die Paprikawürfel untermischen.

7. Das Brustfleisch der Ente auslösen, schräg in Scheiben schneiden, Keule ebenfalls abtrennen und mit den Linsensprossen hübsch anrichten.

Zu diesem würzigen Gericht paßt Reis und ein duftiger Wein, zum Beispiel ein trockener Muskateller, ein leichter Traminer oder eine Scheurebe. Oder ein junger roter Bordeaux!

Linsenkeime sind eine ebenso hübsche wie knackige Zutat in Vorspeisensalaten. Man läßt möglichst kleine Berglinsen aus Le Puy (Frankreich, Zentralmassiv) keimen wie andere Hülsenfrüchte, Samen oder Getreide. Dabei schließen sich die Inhaltsstoffe auf, Enzyme wandeln die Kohlenhydrate um und machen sie leichter verdaulich, die Spurenelemente bleiben erhalten, die Vitamine werden vervielfacht.
Zum Keimen ist kein spezieller Apparat nötig: Das kann in einem normalen, oben mit Gaze zugebundenen Einmachglas passieren. Die Samen werden zunächst ein paar Stunden eingeweicht, dann abgegossen und täglich zweimal mit frischem Wasser durchgespült. Wichtig ist, daß sie immer gründlich abtropfen, damit sie nicht schimmeln!

Gebratenes Täubchen

Für uns immer etwas Besonderes! Wir lieben Täubchen über alles, es kommt auf den Tisch, wenn wir etwas zu feiern haben und uns etwas Superfeines gönnen wollen, und zwar so:

Für 2 Personen:

2 Täubchen, Salz, Pfeffer, 2 EL Butter, 4 Stengel glatte Petersilie, 2 Rosmarin- oder Thymianzweige, 1 Handvoll Knoblauchzehen, 2–3 EL Olivenöl

1. Die Täubchen innen und außen mit Salz und Pfeffer einreiben. Jeweils ein Stück Butter sowie zwei Petersilienzweige in den Bauch stecken.
2. Die Vögel nebeneinander in eine Bratenreine setzen. die Kräuter danebenlegen, die ungeschälten Knoblauchzehen ebenfalls. Alles mit Olivenöl beträufeln.
3. In den 270 Grad heißen Ofen schieben, wo die Vögel alsbald zu brutzeln beginnen. In den ersten 15 Minuten zweimal umdrehen, damit sie gleichmäßig überall von der Hitze erreicht werden.
4. Die Temperatur dann auf 100 Grad herunterschalten, die Tauben nunmehr noch weitere 30 bis 40 Minuten in der nachlassenden Hitze zunächst ziehen, dann ruhen lassen.

Dazu gibt es weiße Bohnenkerne und geröstetes Weißbrot, auf denen man die Knoblauchzehen aus der Reine zerdrücken kann. Und einen großen Rotwein – einen Spätburgunder etwa vom Weingut Fürst in Bürgstadt.

Gefüllte Täubchen

Wer Angst hat, die Gäste könnten von einem Täubchen nicht satt werden, sorgt mit einer Füllung für mehr Volumen. Etwas von der Füllung auf dem Brustfleisch, unter der Haut, schützt das zarte Fleisch vor zuviel Hitze – die jetzt allerdings anders geführt werden muß, weil ja schließlich auch die Füllung bis ins Innerste gar werden soll.

Für 4 Personen:

4 junge, küchenfertige Täubchen, Salz, Pfeffer, 3 Semmeln vom Vortag, 2 Eier, 2 Zwiebeln, 100 g Butter, Petersilie mit Wurzel, 1 gelbe Rübe, 1 Porreestange, ca. ¼ l kräftige Fleischbrühe

1. Die Täubchen innen und außen mit Salz und Pfeffer einreiben.
2. Für die Füllung die Semmeln in dünne Scheiben schneiden, mit den Eiern, einer feingehackten, in einem Löffel Butter weichgedünsteten Zwiebel, gehackter Petersilie und der gehackten Täubchenleber mischen und etwas ziehen lassen und gut abschmecken.
3. In den Bauch der Täubchen sowie unter die Brusthaut schieben, dabei darauf achten, daß sie nicht eingerissen wird.
4. Die gefüllten Täubchen in eine Bratenreine setzen, auf ein Bett von gehackten Innereien (Hals, Flügelspitzen, Mägen, Herz etc) und kleingeschnittenem Wurzelgemüse. Mit heißer Butter übergießen.
5. Im 250 Grad heißen Ofen zunächst eine halbe Stunde braten, dabei die Täubchen zweimal umdrehen, zum Schluß soll die Brustseite wieder nach oben zeigen.
6. Erst jetzt die Brühe angießen und damit den Bratensaft loskochen.
7. Dann die Temperatur auf 120 Grad herunterschalten, die Täubchen weitere 30 Minuten braten.
8. Zum Servieren die Täubchen auf eine Platte setzen, den Bratjus durch ein Sieb gießen, Hälse, Magen und Herzen

zu den Täubchen auf die Platte geben. Den Jus getrennt dazu reichen. Außerdem passen dazu verschiedene Salate.

Toskanischer Putenbraten in Milch

Für 6 Personen:

1,5 kg Putenrollbraten, Salz, Pfeffer, 5 EL Olivenöl, 2 Salbeizweige (oder wenigstens 12 Blätter), 2 oder 3 Rosmarinzweige, 1 Schuß trockener Weißwein, etwa 3/4 l Milch

Ein verblüffendes Rezept aus der Toskana, das wir bei einer alten Bäurin entdeckt haben.

1. Den Braten rundum mit Salz und Pfeffer einreiben. In einem passenden Bräter im heißen Öl rundum anrösten. Salbeiblätter und Rosmarinzweige zugeben, mit Wein ablöschen und mit der Milch auffüllen.
2. Ohne Deckel bei milder Hitze 2 Stunden köcheln lassen. Nach etwa der halben Zeit den Braten umdrehen.
3. In dünne Scheiben geschnitten servieren, die Sauce ungesiebt dazu reichen. Wen es stört, daß sie grießelig geworden ist, weil die Milch zusammen mit dem Wein ausgeflockt ist, kann sie mit dem Mixstab wieder glatt aufschlagen.

Dazu gibt es Kartoffelpüree oder Bandnudeln und einen trockenen Weißwein (Bianco della Lega oder Galestro aus der Toskana) oder einen leichten Rotwein (Chianti classico).

Wachteln in Salbei

Für 4 Personen:

8 bratfertige Wachteln, Salz, Pfeffer, 16 schöne große Salbeiblätter, 150 g luftgetrockneter Bauchspeck, 4 weiße Zwiebeln, 1 gutes Glas kräftiger trockener Rotwein

Während es bei uns Mode geworden ist, Wachteln augelöst und dann blutig gebraten zu servieren, liebt man in Italien mehr die vollkommen durchgegarten, ganzen Vögel: Am Knochen gegart, bleibt das Fleisch saftiger und gewinnt an Geschmack, sagt Giovanni Cappelli, unser Freund in Panzano. Er hat recht!

1. Wachteln innen und außen salzen und pfeffern, mit den Salbeiblättern belegen und diese mit Zwirn festbinden.
2. Den Speck fein würfeln und in einem passenden Bräter anrösten. Die Wachteln im ausgetretenen Fett rundum anbraten.

Dazu passen toskanische Kartoffeln (Rezept auf Seite 422) und grüne Bohnen, mit viel Knoblauch und Petersilie in Öl geschwenkt. Und natürlich trinkt man einen toskanischen Wein dazu, etwa einen ausschließlich aus Sangiovese-Trauben gekelterten Wein aus dem Chianti-Gebiet, der im Barrique reifen durfte.

3. Die geviertelten Zwiebeln zufügen und ein wenig Farbe annehmen lassen. Schließlich mit Rotwein angießen und zugedeckt ein paar Minuten durchschmoren lassen. Sauce abschmecken, nach Belieben entfetten.

Perlhuhn mit Rosmarinduft

Viel zu selten findet man bei uns das in Italien so beliebte Perlhuhn, das einen ausgeprägteren Geschmack und ein festeres Fleisch hat, als normale Hühner. Vielleicht tiefgekühlt in einem italienischen Supermarkt!

Für 4 – 6 Personen:

1 Perlhuhn (ca. 1400 g), 3 EL Olivenöl, 3–4 Rosmarinzweige, 2 Knoblauchzehen, 1 Zwiebel, Salz, Pfeffer, ca. 1/4 l Rotwein, 2 EL Butter

1. Das Huhn in acht Portionsstücke teilen: Zuerst längs des Rückgrats und des Brustbeins halbieren, die Schenkel abtrennen und im Gelenk in Ober- und Unterschenkel teilen, schließlich die Flügel schräg zur Brust abschneiden.
2. Die Stücke in einem Bräter im heißen Öl rundum golden anbraten, dabei die Rosmarinzweige zufügen und die geschälten, unzerteilten Knoblauchzehen sowie die grob gehackte Zwiebel daneben streuen.
3. Erst wenn die Stücke überall Farbe angenommen haben, salzen, pfeffern und mit Rotwein ablöschen. Das Perlhuhn nunmehr zugedeckt etwa 15 Minuten sanft schmoren.
4. Zuerst die Bruststücke herausheben und warm stellen, nach weiteren 10 Minuten auch die Keulen. Die Rosmarinzweige aus dem Topf fischen und wegwerfen.
5. Zum Schluß die eiskalte Butter mit einem Pürierstab unter den Bratenfond mixen, dabei auch Knoblauch und Zwiebel fein zerkleinern – oder alles im Mixer zu einer cremigen Sauce pürieren.

Dazu paßt gut Polenta (siehe Seite 307) und ein kräftiger Rotwein, zum Beispiel ein Brunello di Montalcino.

FLEISCH

Jeden Tag eine ordentliche Portion Fleisch! Das war jahrhundertelang der Traum der Menschheit. Bis man erkannte, daß Fleisch zwar ein Stück Lebenskraft enthält, im Übermaß aber nicht gesund, sondern krank und gar nicht glücklich macht. Gesunde Mischkost lautet derzeit die Devise.

Mit zunehmender Zivilisation und Entfremdung der Menschen von der Nahrungsmittelerzeugung kamen in den letzten Jahren immer mehr Einwände gegen den Verzehr von Fleisch. Eine neue Welle des Vegetarismus schwappte über das Land, getragen natürlich von den unterschiedlichsten Skandalen – der Verwertung von Fleischabfällen im Tierfutter und den entsetzlichen Folgen (BSE), der zügellosen Behandlung der Masttiere mit Hormonen und Antibiotika. Manchmal beschlich den Zeitungsleser sogar das Gefühl, er könne gar nichts mehr gefahrlos zu sich nehmen. Doch ob der Mensch wirklich zum Vegetarier geschaffen ist, wagen wir angesichts manch bleicher Gestalt schon zu bezweifeln.

Immer mehr Menschen verweigerten sich jedenfalls dem täglichen Konsum von Fleisch – die Absätze gingen zurück und die Erzeuger mußten sich Gedanken machen. Die Bundesministerin für Verbraucherschutz, Ernährung und Landwirtschaft, Renate Künast, forderte »Klasse statt Masse«, die Verbraucher behaupteten, es gerne zu hören, eine Trendwende schien sich anzubahnen. Aber kaum waren die Skandale aus den Schlagzeilen, kehrte die Masse der Verbraucher zu ihren eingefahrenen Verhaltensweisen zurück und kaufte keineswegs Klasse, sondern schauten wieder nur noch nach dem Preis. Qualität wird ihnen freilich in der Werbung von Handel und Verbänden dauernd vorgegaukelt.

Aber ein kleiner Teil der Erzeuger und der Verbraucher, Menschen, die gerne gut essen und auf ihre Gesundheit achten, haben sich für Qualität entschieden. Die zu definieren fällt schwer, und die gültigen Profile der Produktionsvorschriften, der Handelsklassenverordnungen sowie die Vermarktungsstrukturen behindern sogar ihre Herausbildung. So versuchen noch zu viele Erzeuger mit falschen, auf Massenproduktion ausgerichteten Rassen eine Qualität zu erzeugen, die jedoch nur mit anderen, individuelleren Standortbedingungen angepaßten (oft alten, fast ausgestorbenen) Rassen optimal möglich ist. Und das Fleisch ordentlich gemästeter Tiere wird noch viel zu häufig durch falsche Verwertung (zu frisch zerlegt, zu wenig abgehangen, vakuumiert statt an der Luft gereift, unprofessionell zerlegt) geradezu vernichtet.

Wir selbst haben nie viel Fleisch gegessen, verwenden in unserer oft asiatisch geprägten Küche eher die kleinen Mengen, die beispielsweise im Wok genügen, um einem Gericht Wohlgeschmack zu verleihen. Aber wir leugnen gewiß nicht, daß eine schöne Bistecca Fiorentina – also ein blutig gebratenes Rinder- oder Ochsenkotelett –, eine reichlich geknofelte, herrlich rosa Lammkeule, eine zartes Kalbsschnitzelchen, ein knuspriger Zicklein- oder ein röscher Schweinsbraten der Himmel auf Erden sein können. Und wenn es um Innereien geht, dann gelingt es uns nur selten, uns zurückzuhalten – für uns sind sie, von jungen Tieren stammend, das, als was sie auf vielen französischen Speisekarten bezeichnet werden: »Das Beste vom ...«

Kalb

Schnitzelchen – Scaloppine

Dies ist eines der typischen und wichtigsten Rezepte der italienischen Küche: schnell, praktisch, vielseitig abzuwandeln. Es sind die berühmten Magentratzerl nach der Pasta, an der man sich zuvor satt gegessen hat. Das I-Tüpfelchen also, das Gustostückerl, der pure Genuß. Wir lieben die Schnitzelchen aber auch, weil sie überaus praktisch sind, jeder sie mag und weil sie schnell auf dem Tisch sind, wenn plötzlich Besuch kommt. Denn wenn unser Metzger mal wieder ein Milchkalb geschlachtet hat (leider viel zu selten!) kommt gleich eine Portion in den Tiefkühler: Schnitzelchen aus der Nuß, Oberschale oder aus dem Rücken schneiden, einzeln auf Klarsichtfolie einfrieren, dann in eine große Tüte stecken, aus der man sie leicht in der gewünschten Menge entnehmen kann.

Das Grundrezept: Man nimmt mehr oder weniger kleine Schnitzelchen, im allgemeinen 50 bis 80 Gramm. Lieber ißt man zwei kleine als ein großes – tatsächlich lassen sie sich besser und schneller braten, ziehen auch weniger leicht Wasser,

weil das beim Braten austretende Wasser schneller abziehen und verdampfen kann und nicht unter dem Fleisch hängen bleibt und dieses aufweicht.
Immer wird das Fleisch geklopft – man kauft ohnehin schon dünne Scheiben, oft nur einen halben, höchstens einen Zentimeter dick. Aber nach dem vorsichtigen, niemals gewaltsamen Klopfen sind die Scheibchen nur noch halb so dünn. Durch das Klopfen wird die Struktur der Muskelfasern aufgebrochen und das Fleisch wellt sich beim Braten weniger, gart also auch gleichmäßig. Dies ist der wichtigste Effekt bei der ganzen Sache! Schlagen Sie niemals mit der gerippten Seite des Fleischklopfers oder gar einem Steaker, der die Fasern zerstört und aufreißt – es tritt dann beim Braten nur Saft aus. Sie können auch mit dem Küchenbeil oder einer schweren Messerklinge das Fleisch leicht schlagen, eventuell sogar einfach mit dem Ballen der Handwurzel klopfen.
Jetzt wird das Fleisch gesalzen und aus der Mühle gepfeffert – dann aber muß es sofort zubereitet werden, wenn es warten muß, zieht das Salz Wasser und das Fleisch wird zäh.
Sofort anschließend wird es gemehlt. Entweder in einem Teller mit gesiebtem Mehl wenden oder mit Mehl bestäuben und auf einer mit Mehl bestreuten Fläche hin- und herreiben, wie es die Köche tun.
Das Mehlen ist wichtig, denn dann bleibt das Fleisch nicht an der Pfanne hängen, es entsteht eine Kruste und die kleine, kurze Sauce bekommt schon eine Bindungsgrundlage. Andererseits kann die Mehlschicht auch schmierig werden, wenn die Hitze zum Braten nicht ausreichend ist oder mit Flüssigkeit abgelöscht wird: Was übrigens deutsche Zungen als Fehler empfinden, italienische aber als angenehm werten.
Gebraten wird in Butter (die mit einem kleinen Zusatz von Öl stärker als üblich erhitzt werden kann), in Olivenöl, Rindermark oder Schinkenfett. Man nimmt eher wenig, damit die Sauce nicht zu mächtig wird. Oder: In einer größeren Menge Fett braten, dieses Fett bis auf den Bratenfond abgießen, für die geschmackliche Abrundung der Sauce das unbedingt notwendige Fett erst im letzten Moment frisch zugeben – es bewahrt dann seinen reinen Geschmack.
Die fertig gebratenen Schnitzelchen auf eine vorgewärmte Platte legen und warm halten, bis die Sauce fertig ist.
Die Zutaten hierfür sollten stets vorbereitet sein und griffbereit

neben dem Herd stehen, damit das Fertigmachen schnell geht. Im Grund sind selten mehr als eine oder zwei Minuten nötig, wenn man konzentriert arbeitet.

Scaloppine
– al marsala (mit Marsala)

Die Zutaten gelten jeweils für 4 Personen:

8 kleine Kalbsschnitzelchen zu je 50 – 80 g, Salz, Pfeffer, Mehl, 4 EL Olivenöl, 1 gutes Weinglas trockener oder fast trockener Marsala

1. Kalbsschnitzelchen vorbereiten, wie angegeben. In Olivenöl braten.
2. Nach dem Herausnehmen den Bratenfond mit einem ordentlichen Schuß Marsala ablöschen. Einkochen, würzen mit Salz und Pfeffer, über das Fleisch gießen.

Als Beilage Kartoffelpüree oder gedämpfte Kartoffeln sowie ein würziges Gemüse, etwa gratinierter Fenchel, mit Käse überbackener Spinat oder Auberginenauflauf. Als Getränk ein trockener, aber voller Weißwein, etwa aus Sizilien – Corvo oder Bianco d'Alcamo. Oder ein eleganter, nicht zu schwerer, säurebetonter Rotwein aus Norditalien, etwa ein Barbera aus dem Oltrepò oder dem Piemont.

– al limone (mit Zitrone)

1–2 Zitronen, 2 EL Petersilie, 8 Kalbsschnitzelchen zu je 50–80 g, Salz, Pfeffer, Mehl, 40–50 g Butter oder Olivenöl

1. Eine Zitrone filetieren. Dazu bis auf das Fruchtfleisch schälen und die Zitronenschnitze mit einem kleinen Messer aus den Kammern schneiden. Den dabei auslaufenden und aus dem Rest herausgepreßten Saft auf einem Teller auffangen – die Menge auf gut 2 Eßlöffel auffüllen, die Schnitze darin liegen lassen.
2. Etwas Petersilie, möglichst glattblättrige, in feine Streifchen schneiden – 2 Eßlöffel voll genügen.
3. Schnitzelchen vorbereiten und in ganz wenig Butter oder Olivenöl – ganz nach Geschmack – braten, wie angegeben. Herausnehmen, warm stellen.
4. Bratfett abgießen, die Zitronenschnitze mit dem Zitronensaft hineingeben, alles kurz aufwallen lassen. Mit 30 Gramm

Butter oder 2 Eßlöffeln frischem Olivenöl durchkochen, die Petersilie hineingeben und aufbrausen lassen. Abschmecken und sofort über die Schnitzelchen gießen.

Als Beilage nur Weißbrot oder ein grünes Gemüse (Erbsen, Brokkoli, Spinat, grüner Spargel), das im gleichen Fett gedünstet wurde, wie die Schnitzelchen. Dazu benötigen wir einen etwas säurebetonteren Weißwein, zum Beispiel Verdicchio dei Castelli di Jesi aus den Marken.

– ai peperoni (mit Gemüsepaprika)

Dünsten Sie mit den Paprikastreifen etwas jungen Knoblauch mit, in Scheibchen geschnitten, und geben Sie ganz zum Schluß ein paar Basilikumblättchen an die Gemüsegarnitur.

40 g Schweineschmalz oder ausgelassenes Schinkenfett, je 1 rote, gelbe und grüne Paprikaschote, 8 Kalbs- oder Schweineschnitzelchen zu je 50 – 80 g, Salz, Pfeffer, Mehl, 1 Schuß trockener Weißwein oder Fleischbrühe, etwas Cayennepfeffer

1. Bei Bedarf das Schinkenfett würfeln und auslassen. Die Paprikaschoten von Kernen, Zwischenwänden und Stielen befreien, dann in möglichst feine, nur etwa 4 cm lange Streifchen schneiden. Nach Belieben vor dem Kleinschneiden schälen – einfach mit einem scharfen Messer oder einem guten Sparschäler von den rohen Früchten eine dünne Schicht abschneiden. Das klingt nach mehr Arbeit, als es wirklich ist, lohnt sich aber, weil es die Paprika leichter verdaulich macht und das Gericht auch hübscher aussieht und angenehmer zu essen ist, wenn nicht die abgelösten Häute in der Sauce schwimmen.
2. Schnitzelchen vorbereiten und braten, wie angegeben. Im Fett die Paprikastreifchen rasch anbraten, dann den Wein angießen. Ein wenig einkochen, bis die entstehende Sauce sämig wird. Nachwürzen und auf eine heiße Platte geben, die Schnitzelchen darauf anrichten und mit der beim Ruhen ausgetretenen Sauce übergießen.

Als Beilage nur Weißbrot und Salat. Als Getränk paßt ein eleganter Rotwein, etwa ein junger Chianti oder ein erfrischender Rosé, etwa ein Lagrein Kretzer.

– ai capperi (mit Kapern)

1 Frühlingszwiebel, 4 EL feine Kapern, 1 Sardellenfilet in Öl, 8 Kalbsschnitzelchen zu je 50 – 80 g, Salz, Pfeffer, Mehl, 4 EL Olivenöl, 1 Schuß trockener Weißwein

1. Die Frühlingszwiebel samt den grünen Stengeln fein hacken; Kapern abtropfen und, wenn sie groß sind, ebenfalls hacken; auch das Sardellenfilet ganz klein schneiden.
2. Schnitzelchen vorbereiten und in der Hälfte des Öls braten wie angegeben. Herausheben und warm halten.
3. Bratöl abgießen, neues Öl im Fond erwärmen und Zwiebeln, Kapern und Sardellenfilet darin anschwitzen. Mit Weißwein ablöschen und nachwürzen. Sofort servieren!

Dazu paßt ein saftiger Risotto mit Gemüsen und ein kräftiger, trockener Weißwein.

– ai pomodori (mit Tomaten)

Wenn Sie es gerne ein wenig süß-säuerlich und aromatisch lieben, dann würzen Sie die Tomaten noch mit einem guten Schuß Balsamico-Essig.

4 vollreife Fleisch- oder 8 ebenso reife Eiertomaten, 1 Frühlingszwiebel, 2 Knoblauchzehen, 1 Bund Basilikum, 8 Kalbsschnitzelchen zu je 50 – 80 g, Salz, Pfeffer, Mehl, 4 bis 6 EL Olivenöl

1. Tomaten heiß überbrühen, häuten, halbieren, entkernen und in kleine Würfel hacken, die ruhig unregelmäßig sein dürfen – dann schmelzen die ganz kleinen vollkommen und binden die Sauce, während die größeren mit ein wenig Biß erhalten bleiben. Frühlingszwiebel, diesmal nur das Weiße, hacken, ebenso die Knoblauchzehen in winzige Würfelchen schneiden. Basilikum waschen und größere Blätter in Streifen schneiden.
2. Schnitzelchen vorbereiten und in 2 Eßlöffel Olivenöl golden braten. Herausnehmen und warm stellen.
3. Das restliche Öl abgießen und 2 Eßlöffel neues Olivenöl in der Pfanne erhitzen. Die Frühlingszwiebeln darin andünsten. Wenn sie glasig sind, die Tomaten und den Knoblauch zufügen.
4. Kurz durchkochen, abschmecken und das Basilikum zufügen. Nur eben zusammenfallen und seinen Duft entwickeln lassen.
5. Diese Sauce auf eine vorgewärmte Platte geben. Die Schnitzelchen darauf anrichten, unverzüglich servieren.

Dazu Reis oder Bandnudeln servieren und einen duftigen Rotwein, etwa Marzemino oder Teroldego Rotaliano aus dem Trentino.

– alle cipolline (mit Zwiebelchen)

Verfügt der Weißwein nicht über ausreichend Säure, schmecken Sie die Zwiebeln mit etwas Zitronensaft ab!

2 Bund Frühlingszwiebeln, 8 Kalbsschnitzelchen zu je 50 – 80 g, Salz, Pfeffer, Mehl, 4 EL Olivenöl, 1 gute Prise Oregano, 2 frische Lorbeerblätter, 1 Glas trockener Weißwein

1. Zwiebeln putzen, ganz lassen oder in Ringe schneiden.
2. Schnitzelchen vorbereiten und in 2 Eßlöffeln Olivenöl wie angegeben braten. Warm stellen, das Öl abgießen, neues Öl in die Pfanne geben.
3. Die Zwiebeln darin bei milder Hitze schmelzen, dabei den Bratensatz lösen, Oregano und Lorbeerblätter mitköcheln. Schließlich den Wein angießen und alles auf größter Flamme kochen, bis eine dickliche Sauce entstanden ist.
4. Lorbeerblätter entfernen und die Zwiebeln nachwürzen. Auf eine vorgewärmte Platte geben und die Schnitzelchen darauf anrichten.

Gekochte Kartoffeln oder Kartoffelpüree paßt dazu, als Getränk ein trockener, etwas säurebetonter Weißwein, etwa Pinot grigio oder Tocai aus dem friulanischen Collio-Gebiet.

– al aglio (mit Knoblauch)

2 Knollen möglichst frischer, junger Knoblauch, 1 kleines Bund frischer Salbei (ersatzweise 1 EL getrockneter), 4 Kalbs- oder Schweineschnitzelchen zu je 50 – 80 g, Salz, Pfeffer, etwas Cayennepfeffer bzw. Chilipulver, Mehl, 6 EL Olivenöl, 1 Glas Wein – nach Geschmack weiß oder rot)

1. Knoblauchzehen sorgfältig auslösen, Salbeiblätter waschen und trocknen.
2. Die Schnitzelchen vorbereiten, wie angegeben, aber zusätzlich mit Cayennepfeffer würzen. In 2 Eßlöffeln Olivenöl braten, wie beschrieben.
3. Herausnehmen und die Knoblauchzehen in neuem Öl in derselben Pfanne bei milder Hitze andünsten – sie sollen nur leicht Farbe annehmen, dürfen nicht karamelisieren und dabei womöglich bitter werden. Den Salbei mitbraten.
4. Schließlich mit dem Wein ablöschen und wieder fast ganz verkochen lassen – dabei imprägnieren sich die Knoblauchzehen und bekommen bei Verwendung von Rotwein eine dunkle Farbe. Abschmecken und an die Schnitzelchen geben.

Dazu gibt's Weißbrot und einen möglichst etwas bitteren Blattsalat (etwa Catalogna oder Radicchio) sowie je nach dem zum Kochen verwendeten Wein einen trockenen Weiß- oder Rotwein.

– al acciughe (mit Sardellen)

1 Zweig frischer Rosmarin (ersatzweise 1 EL getrockneter), 6 schwarze Oliven, 1 kleine Dose Sardellen- oder Anchovisfilets in Öl, 2 TL Kapern, je 1 Knoblauchzehe und Chilischote (wer's kräftiger gewürzt mag, nimmt die doppelte oder dreifache Menge), 8 kleine Kalbs- oder Truthahnschnitzelchen zu je 50 – 80 g, Salz, Pfeffer, Mehl, 4 EL Olivenöl, 1 Glas trockener Weißwein

1. Rosmarinnadeln vom Zweig streifen; Oliven entkernen und das Fruchtfleisch hacken; Anchovisfilets auf Küchenpapier entölen und hacken; Kapern kleinschneiden, wenn sie groß sind; Knoblauchzehe schälen und zerdrücken; Chilischote entkernen und hacken.
2. Schnitzelchen präparieren und in 2 Eßlöffeln Öl braten, wie beschrieben. Herausheben, warm stellen, das Öl abgießen.
3. In neuem Öl die vorbereiteten Zutaten andünsten. Sowie sie zu braten beginnen, mit dem Wein ablöschen. Diesen bei starker Hitze verkochen lassen, bis eine Art Brei, also eine sehr dicke Sauce, entstanden ist.
4. Auf die Schnitzelchen geben und diese mit Zitronenschnitzen umlegt servieren.

Mit Weißbrot, eventuell auch Pellkartoffeln zu Tisch bringen und einen trockenen Weißwein vorsehen, zum Beispiel Orvieto, Torgiano bianco oder Est!Est!!Est!!!

– al finocchio (mit Fenchel)

1 große oder 2 kleinere Fenchelknollen, 2 Knoblauchzehen, Saft von ½ Orange und 1 Zitrone, etwas abgeriebene Zitronenschale (wenn unbehandelte vorhanden), ½ TL Fenchelsamen oder eine Prise Anis (kann durch einen Schuß Pastis ersetzt werden), 1 kleines Glas trockener Weißwein, 3 – 4 Stengel Blattpetersilie oder ein paar Sellerieblätter, 8 Kalbs- oder Geflügelschnitzelchen zu je 50 – 80 g, Salz, Pfeffer, Mehl, 4 EL Olivenöl

1. Fenchel putzen und in dünne Scheibchen hobeln oder schneiden. Das zarte Grün aufbewahren. Knoblauchzehen schälen und fein hacken. Orange und Zitrone auspressen, Schale abreiben. Petersilien- oder Sellerieblätter waschen und in Streifchen schneiden.
2. Schnitzelchen vorbereiten und in 2 Eßlöffeln Öl braten, wie oben beschrieben. Hühnerschnitzelchen besonders vorsichtig braten, damit sie nicht trocken werden. Warm stellen.
3. Das übrige Öl abgießen, neues Öl in die Pfanne geben und die vorbereiteten Fenchelschnitze mit dem Knoblauch zart andünsten – sie dürfen keine Farbe nehmen!
4. Wenn alles glasig ist, Orangen- und Zitronensaft zufügen, würzen und ein wenig einkochen. Kurz bevor alle Flüssigkeit verdampft ist, den Weißwein zufügen und ebenfalls ein wenig verkochen lassen.
5. In eine Schüssel geben, die Schnitzelchen darauf anrichten, mit dem Fenchelgrün sowie den vorbereiteten Blättern bestreuen und sofort servieren.

Als Beilage Risotto oder nur in Öl geschwenkte Nudeln, dazu einen würzigen Weißwein oder Rosé trinken – zum Beispiel ein Castel del Monte aus Apulien.

8 Kalbsschnitzelchen zu 50 – 80 g, Salz, Pfeffer, Mehl, 2 ganze Eier, 6 EL Semmelbrösel, 2 EL Parmesan (frisch geriebener Parmigiano Reggiano oder auch Grana Padano), 100 g Butterschmalz oder geschmacksneutrales Öl zum Braten, 1 – 2 Zitronen zur Garnitur und zum Beträufeln

Dazu gibt es Safran-Risotto auf Mailänder Art (Rezept Seite 272) und einen nicht zu leichten Weißwein, etwa Franciacorta Pinot Chardonnay, oder Rotwein, etwa Franciacorta rosso, die beide nicht weit von Mailand wachsen.

– alla milanese (auf Mailänder Art)

Dieses Gericht unterscheidet sich in der Zubereitungsart ein wenig von den vorhergehenden, denn die Schnitzelchen werden paniert und ausgebacken. Die Mailänder haben diese Zubereitung perfektioniert – und die Österreicher für ihr Wiener Schnitzel übernommen (siehe diese: Seite 625 ff).

1. Die Schnitzelchen klopfen, wie beschrieben, salzen, pfeffern und in Mehl wenden. Dann durch die mit einer Gabel verquirlten Eier ziehen und in den Semmelbröseln wenden, die mit dem Käse vermischt wurden.
2. Unterdessen wurde das Schmalz oder Öl in einer Pfanne erhitzt. Darin die Schnitzelchen braten beziehungsweise ausbacken, bis sie schön golden sind.
3. Auf Küchenpapier entfetten, knusprig-heiß servieren, umlegt mit saftigen Zitronenschnitzen.

Saltimbocca alla romana – Schnitzelchen auf römische Art

In den Mund sollen sie springen, die kleinen Schnitzelchen aus Rom – eine typische Zubereitung der bürgerlichen Kochkunst: einfach, praktisch, schnell und gut!

Für 4 Personen:

8 kleine Kalbsschnitzelchen zu je ca. 60 g, 4 dünne Scheiben luftgetrockneter Schinken (Parma), 16 frische Salbeiblätter, 50 g Butter, Salz, Pfeffer, ein Schuß trockener Weißwein oder Marsala

1. Die Oberseite der Schnitzelchen mit jeweils einer halben Schinkenscheibe belegen, darauf ein Salbeiblatt.
   Mit einem kleinen Fleischspießchen aus Holz oder einem Zahnstocher feststecken, so daß die Schinkenscheibe und das Salbeiblatt beim Braten nicht verrutschen können.
   Dabei auch jeweils ein Salbeiblatt auf der Unterseite des Fleisches fixieren.
2. In einer möglichst beschichteten Pfanne die Hälfte der Butter schmelzen und aufschäumen lassen. Die Schnitzelchen mit der Schinkenseite nach unten einlegen und bei starker Hitze in etwa 3 Minuten kroß werden lassen.

Leicht salzen und pfeffern, vorsichtig wenden, und diese Seite etwa 2 Minuten kräftig braten.

3. Die Schnitzelchen herausnehmen und auf einer vorgewärmten Platte anrichten. Den Bratenfond mit einem Schuß Wein ablöschen, kurz aufbrausen lassen, dann die restliche Butter zugeben, eiskalt und in kleinen Flöckchen. Unter ständigem Schwenken der Pfanne schmelzen und sich innig mit der Sauce verbinden lassen. Abschmecken und über die Schnitzelchen gießen. Unverzüglich servieren.

Dazu passen frische grüne Erbsen und ein trockener Weißwein aus dem Latium, der Umgebung Roms – etwa Frascati, Marino, Colli Albani oder Velletri.

Wiener Schnitzel

Es wird Zeit für die Ehrenrettung einer zugrunde gerichteten Delikatesse! Seine dünne, goldbraune Kruste muß so trocken sein, sagt man in Wien, daß man sich darauf setzen könnte, ohne befürchten zu müssen, ein Fettfleck würde anschließend die Hose zieren …

Als knusprige Hülle sollte sie sich über dem Fleisch wölben, darf auf keinen Fall daran kleben. Sie ist perfekt, wenn sich eine Messerklinge bequem dazwischenschieben läßt. Sie verbirgt, von ihr geschützt und daher saftig zart gehalten, ein behutsam flachgeklopftes Schnitzel, aus erstklassigem Kalbfleisch, am liebsten aus der Nuß oder dem Frikandeau geschnitten, dem besten Stück der Oberschale. Sparsam gesalzen, vorsichtig gepfeffert, mutig mit einer Spur Muskat gewürzt – was übrigens Kalbfleisch immer guttut. Natürlich gibt es keine irgendwie geartete Sauce dazu, sondern nichts weiter als einen Zitronenschnitz und, eventuell, Petersilie – die, sekundenlang im heißen Fett gebacken, ebenfalls knusprig ist. Nie darf ein Wiener Schnitzel aus einem anderen als Kalbfleisch sein, sonst ist's Betrug. Ein paniertes Schweine-, Puten- oder Irgendwasschnitzel darf allenfalls das Attribut »Wiener Art« tragen.

Als man ein Restaurant noch lobte, weil die Schnitzel »so groß« waren, »daß sie über den Tellerrand hingen«, kam es mehr auf den Umfang der Portionen an als auf ihren Geschmack. Es konnte sogar durchaus sein, daß sich unter einem dicken Bröselpanzer flechsiges Fleisch versteckte, das obendrein in seiner aromaschützenden Hülle den unangenehmen Geruch des nicht mehr Taufrischen verstärkt entwickeln konnte. Wahrlich kein Vergnügen! Für diesbezüglich schlechte Erfahrungen machte man statt des Wirts die Panierung verantworlich und zog schließlich, um sicherzugehen, das nackte, unverhüllte »Naturschnitzel« vor, mit und ohne Rahm-, Jäger- oder Champignonsauce. Das Wiener Schnitzel wurde unterdessen zum Inbegriff nicht nur langweiliger, sondern auch zweifelhafter Gasthausküche. Ein Los, das ein präzise und korrekt zubereitetes Wiener Schnitzel wahrlich nicht verdient hat!

Übrigens: Die Heimat des Wiener Schnitzels liegt, entgegen anderslautenden Vermutungen, nicht in Wien! Vielmehr stammt es aus der Lombardei; seine Urmutter ist die »costoletta alla milanese«, das Kotelett auf Mailänder Art, dem in seiner Heimat durchaus kein besseres Geschick widerfuhr: Es ist ebenfalls zum ungeliebten Gasthausklassiker herabgesunken. Feldmarschall Radetzky, der 1848 nach Oberitalien geschickt wurde, um die Revolution gegen den Habsburger-Kaiser niederzuschlagen, soll das Rezept nach Wien gebracht haben. Dort hatte man statt des Koteletts eben ein Schnitzel zur Hand gehabt.

Ideal für ein Wiener Schnitzel sind entweder bleistiftdicke Doppelscheiben aus der Kalbsnuß, die an der einen Längsseite noch zusammenhängen (jeweils etwa 120 bis 150 Gramm schwer), sogenannte Schmetterlingsschnitzel, oder ebenso dünne Scheiben aus der Oberschale, der Nuß beziehungsweise dem Frikandeau. Auch gut: Schmetterlingsscheiben aus dem Rücken.

Für 4 Personen:

4 Kalbsschnitzel, Salz, frisch gemahlener Pfeffer, frisch geriebene Muskatnuss, 2 gehäufte EL Mehl, 2 Eier, ca. 100 g Semmelbrösel (Paniermehl), reichlich Schweine- oder Butterschmalz (auch eine Mischung davon) zum Ausbacken

1. Zunächst das Fleisch entsprechend seiner Textur klopfen: Zartes Fleisch mit der glatten Seite eines Fleischklopfers oder mit der flachen Klinge eines breitschneidigen Messers vorsichtig flachklopfen – die Scheiben sollten dann etwa vier Millimeter dünn sein. Sollte das Fleisch mehr elastisch als mürbe sein, energischer klopfen, bis sich die Fasern entspannen – sie dürfen jedoch nicht zerstört werden.
2. Falls der Metzger ihn nicht bereits sorgfältig entfernt hat, den Hautrand rundum mit einem spitzen Messer einritzen, damit sich die Schnitzel in der Hitze nicht wölben.
3. Das Fleisch erst unmittelbar vor dem Zubereiten salzen, pfeffern und mit Muskat würzen.
4. Drei Teller bereitstellen: einen für das Mehl, einen anderen für die verquirlten Eier und den dritten für die Semmelbrösel.

5. Das Fett zweifingerhoch in einer großen Pfanne erhitzen.
6. Erst wenn es heiß ist, die Schnitzel zuerst in Mehl wenden; alles Überschüssige abschütteln, dann im Ei drehen und zuletzt in die Brösel legen und wenden, bis sie überall davon überzogen sind. Die Brösel vorsichtig andrücken, damit sie besser haften.
7. Das Schnitzel sofort ins heiße Fett legen, das nunmehr aufrauschen soll. Nur so viele Schnitzel auf einmal hineinlegen, wie bequem nebeneinanderschwimmen können.
8. Öfter an der Pfanne rütteln und dadurch die Schnitzel so bewegen, daß immer wieder heißes Fett über die Oberfläche schwappen kann – das ist wichtig, damit die Panierung aufgehen und sich über dem Fleisch wölben kann. *Soufflieren* nennt das der Fachmann.
9. Nach 1 Minute sollte die Unterseite golden gebräunt sein, dann das Schnitzel wenden und auch die andere Seite unter Rütteln bräunen.

Wenn nötig, die Schnitzel im 100 Grad heißen Ofen wenige Minuten warm halten, dafür jedoch auf keinen Fall übereinanderlegen, weil sonst die Kruste aufweicht.

Semmelbrösel kann man übrigens ganz leicht selber machen: trockenes, übriggebliebenes Weißbrot, nach Belieben natürlich auch Graubrot oder Vollkornbrot, im Mixer, in der guten alten Semmelbröselreibe von der Großmutter oder mit Hilfe eines Nudelholzes auf einem Backblech zerkleinern. Dabei mit Klarsichtfolie zudecken, damit die Brösel nicht in der Gegend herumfliegen.

Servieren: Mit einem Zitronenschnitz servieren und, wie oben beschrieben, noch Gusto und gebackene Petersilie. Außerdem passen dazu verschiedene Salate, zum Beispiel Kraut-, Gurken-Kartoffelsalat und Salat aus roter Bete.

Cordon bleu

Dieser Küchenklassiker verdankt seinen Namen wahrscheinlich jener legendären Kochschule in Paris, in der schon Generationen von höheren Töchtern in die Geheimnisse der großen Küche eingeführt wurden, hat also nichts mit Frankreichs König Heinrich III. zu tun, der das »Blaue Band« als Orden vom Heiligen Geist (St. Esprit) gestiftet hat.

Für 4 Personen:

8 sehr dünne Kalbsschnitzel, sanft geklopft, 4 Scheiben Emmentaler oder Gruyèrekäse, 4 Scheiben gekochter Schinken, Salz, Pfeffer, 2 gehäufte EL Mehl, 2 Eier, ca. 100 g Semmelbrösel, Schmalz zum Backen

1. Vier Schnitzel jeweils mit einer Käse- und Schinkenscheibe belegen, mit den anderen vier Schnitzeln abdecken. Rundum die Ränder etwas einschneiden. Das Fleisch salzen und pfeffern.
2. Zuerst in Mehl, dann in verquirltem Ei und schließlich

in den Bröseln wenden. Besonders darauf achten, daß die Panierung am Rand dicht genug ist, damit kein weicher Käse auslaufen kann.

3. In heißem Fett schwimmend golden ausbacken. Auf Küchenpapier abtropfen.

Kalbfleischragout

Für 4 Personen:

800 g Kalbfleisch vom Hals oder aus der Wade, 2 EL Butterschmalz, 3 große Zwiebeln, 1 gehäufter EL Delikateßpaprika, Salz, Pfeffer, 1 Glas Weißwein, 1 Bouquet garni (Kräutersträußchen aus einigen Petersilienstengeln, 1 Thymianzweig, 1 Lorbeerblatt und 1 Stück Lauch), etwa ½ l Fleischbrühe, 1 Becher Sahne (200 g), frischer Kerbel

Wer die Sauce sämig mag, fischt die Fleischwürfel heraus, mixt die Sauce mit dem Pürierstab auf und läßt das Fleisch darin wieder sanft warm werden.

1. Das Fleisch in 3 cm große Würfel schneiden. Im heißen Butterschmalz rundum schön kroß anbraten. Dann die feingeschnittenen Zwiebeln hinzufügen und bei nunmehr etwas reduzierter Hitze mitdünsten. Salzen, pfeffern. Wenn die Zwiebeln schon etwas weich geworden sind, mit Paprika überstäuben. Gründlich durchmischen. Wenn alles rot leuchtet, Schluck für Schluck den Wein angießen.
2. Das Kräutersträußchen obenauf legen und mit Fleischbrühe auffüllen. Das Ragout bei ganz milder Hitze zugedeckt eine gute Stunde schmoren. Gegen Ende der Garzeit die Sahne angießen. Das Ragout jetzt ohne Deckel köcheln, damit die Sauce dicklich einkochen kann.
3. Das fertige Ragout nochmals abschmecken und mit reichlich grob gehackten Kerbelblättchen bestreuen.

Dazu passen hausgemachte Nudeln, Kartoffelpüree oder Polentaschnitten (Rezept Seite 307).

Blanquette de veau

Ein Familiengericht aus Burgund, das nur noch die Großmütter zuzubereiten verstehen. Dabei ist es so einfach: Eine Mischung aus dreierlei verschiedenen Stücken vom Kalb sorgt dafür, daß die Würfel unterschiedlichen Biß und Schmelz haben. Man braucht dafür Brustspitzen (ihr Knorpel gibt der Sauce Stand!), Brustfleisch und ein schön durchwachsenes Stück vom Hals oder aus der Schulter. Im Gegensatz zum Ragout wird das Fleisch für eine Blanquette nicht angebraten.

Für 4 – 6 Personen:

je ca. 500 g Kalbfleisch (wie zuvor beschrieben), 3/4 l Fleischbrühe oder Wasser, 1 Zwiebel, 3 Möhren, je 2 Thymian- und Petersilienzweige, 1 dünne Lauchstange, 5 Lorbeerblätter, 1 gehäufter TL Mehl, 2 EL Butter, 100 g Sahne, 2 Eigelb, Zitronensaft, Salz, Pfeffer

1. Das Fleisch in große Würfel (etwa fünf Zentimeter Kantenlänge!) schneiden und in einen Topf betten. Mit Brühe bedecken und langsam zum Kochen bringen (wer Wasser nimmt, muß jetzt salzen und pfeffern!).
2. Die feingewürfelte Zwiebel, die Möhre in größeren Würfeln zufügen. Thymian, Petersilie und Lauch zum Strauß zusammenbinden und zufügen. Die Lorbeerblätter einlegen. Zugedeckt sanft etwa 1 bis 1 1/2 Stunden simmern lassen, bis das Fleisch zart und weich ist.
3. Den Kräuterstrauß entfernen. Mehl und Butter zu einem Kügelchen verkneten. Diese sogenannte *beurre manié* in den Sud rühren und 2 Minuten leise köcheln, bis die Mehlbutter bindet.
4. Eine Tasse davon abnehmen, mit Sahne und Eigelb verquirlen und damit nunmehr die endgültige Bindung geben. Nicht mehr kochen, weil sonst das Eigelb gerinnt. Nochmals mit Zitrone, Salz und Pfeffer abschmecken.

Dazu passen Bandnudeln, am besten hausgemacht, oder Spätzle (Seite 233).

Gefüllte Kalbsröllchen

Für 6 Personen:

2 EL getrocknete Steinpilze, 2–3 Scheiben Weißbrot, 1 große Zwiebel, 2–3 Knoblauchzehen, 2 EL Butter, 100 g Hackfleisch (vom Kalb, Lamm oder Schwein), Petersilie, 50 g geriebener Parmesan, 1 Ei, Salz, Pfeffer, Majoran, Muskat, 6 dünne Kalbsschnitzel, 2 EL Olivenöl,

Manchmal, wenn wir unsere Gäste noch nicht kennen und nicht so recht wissen, was sie essen mögen, servieren wir Gerichte wie dieses: Damit kann man nichts falsch machen, und es hebt sich trotzdem von langweiliger Einheitskost ab!

1. Steinpilze zerkrümeln, zusammen mit dem Brot in wenig heißem Wasser einweichen. Zwiebel und Knoblauch fein würfeln. In heißer Butter weich dünsten, ohne zu bräunen. Die Hälfte davon für die Sauce herausnehmen.
2. Das Hackfleisch statt dessen zufügen und mitbraten. Schließlich Pilze und Brot, Hackfleisch mit Zwiebel,

Kalbsschnitzel, 2 EL Olivenöl, 1/8 l Weißwein, 1/8 l frische Tomatensauce oder passiertes Tomatenfleisch (Packung), 3–4 EL Sahne

Hierzu gibt es bei uns Kartoffelpüree (Rezept Seite 409 ff), grünen Salat und einen nicht zu kräftigen Rotwein – zum Beispiel einen Merlot aus Venetien.

Petersilie, Parmesan und Ei zu einer Farce mischen. Mit Salz, Pfeffer, Majoran und Muskat kräftig würzen.

3. Die Schnitzel auf der Arbeitsfläche ausbreiten und dünn klopfen. Salzen, pfeffern. Die Füllung darauf verteilen, die Schnitzel aufrollen, dabei die Seiten sorgfältig einschlagen, damit nichts herausquellen kann.
4. Die Röllchen zuschnüren. In heißem Öl rundum kräftig anbraten, beiseite gestellte Zwiebeln zufügen, Wein, Tomatensauce und Sahne angießen. 20 Minuten sanft schmoren. Auf einer Platte anrichten, die Sauce mit dem Pürierstab aufmixen oder durch ein Sieb streichen.

Gefüllte Kalbsbrust

So wurde ein – erfreulich – billiges Fleischstück zum begehrten edlen Partybuffetmittelpunkt.

Für 8 – 10 Personen:

1 schönes Stück Kalbsbrust ohne Knochen, ca. 2–3 kg (vom Metzger eine Tasche hineinschneiden lassen), Salz, Pfeffer, Delikateßpaprika, 2 EL Öl

FÜLLUNG:
3 altbackene Brötchen, ca. 1/8 l Milch, 2 Möhren, 3 Stengel Bleichsellerie, 2–3 Artischocken (je nach Größe), Zitronensaft, 1 rote Paprikaschote, 1 mittelgroße Zucchini, 1 weiße Zwiebel, 2 Knoblauchzehen, 2 EL Butter, 3 Eier

AUSSERDEM:
2 Bund Suppengrün, 1 große Zwiebel, 4 EL Öl, 1/8 l Brühe

1. Die Kalbsbrust innen und außen mit einer Mischung aus Salz, Pfeffer, Paprika und Öl einmassieren.
2. Für die Füllung die Brötchen in zentimetergroße Würfel schneiden. In einer Schüssel sehr vorsichtig mit der kochendheißen Milch benetzen. Nicht alles auf einmal hineinschütten – die Füllung darf auf keinen Fall zu feucht und somit matschig werden. Etwas einweichen lassen.
3. Inzwischen die Möhren erst in streichholzfeine Julienne, dann in winzige Würfel schneiden. Selleriestengel in dünne Scheibchen. Die geputzten Artischockenherzen in feine Scheiben oder kleine Würfel schneiden – sofort in Zitronensaft wenden, damit sie nicht braun werden. Paprika millimeterklein würfeln. Zucchini wie die Möhren zuschneiden.
4. Zwiebel und Knoblauch fein hacken. In der heißen Butter andünsten, aber auf keinen Fall bräunen. Die Möhren zufügen und so lange mitdünsten, bis sie fast gar sind. Sofort salzen, damit sie ihre schöne Farbe behalten.
5. Die übrigen Gemüse zum Schluß kurz mitschwenken, allerdings nicht die Zucchiniwürfel – sie würden sich in der Pfanne durch die Säure der zitronierten Artischocken unschön verfärben.

6. Alle Gemüse, die eingeweichten Brötchen und Eier mischen, salzen und pfeffern. Diese Füllung in die gewürzte Kalbsbrust stopfen – dann mit Küchenzwirn zunähen oder mit Zahnstochern zustecken.
7. Den Braten in eine passende Reine setzen. Das gewürfelte Suppengrün und die feingehackte Zwiebel darum herum streuen. Alles mit Öl begießen und zunächst für 20 Minuten in den ca. 250 Grad heißen Ofen schieben. Dann auf 180 Grad herunterschalten.
8. Mit Brühe begießen. Den Braten noch weitere 90 Minuten braten, dabei immer wieder begießen und beschöpfen, damit er schön saftig bleibt. Die gefüllte Kalbsbrust schließlich im ausgeschalteten Ofen noch weitere 15 bis 20 Minuten ruhen lassen, damit sich die Säfte im Inneren sammeln können und die Füllung die fürs Aufschneiden nötige Festigkeit bekommt.

Ideal zum Aufschneiden ist ein elektrisches Messer, mit dem man die Scheiben wesentlich dünner halten kann, als ein normales Messer das erlaubt.

Servieren: Die Kalbsbrust warm als sommerlichen Sonntagsbraten auftischen. Dafür Bratensaft entfetten, durchpassieren und gut abschmecken. Man kann Kalbsbrust aber auch gut kalt essen, zum Beispiel beim Picknick oder fürs Buffet beim Sommerfest vorsehen. Dann paßt dazu eine leichte Joghurtsauce mit Kräutern, kurz vor dem Servieren angerührt.

Kalbsvögerl oder gefüllte Kalbsschnitzel

Für 4 Personen:

FÜLLUNG:
1 Zwiebel, 150 g Champignons, 2 EL Butter, 1 Bund Petersilie, 150 g durch die feine Scheibe gedrehtes Kalbfleisch, Salz, Pfeffer, Muskat und Macis (Muskatblüte) 1 Eigelb, 2 EL Crème fraîche

1. Zuerst die Füllung zubereiten: Die feingehackte Zwiebel mit den ebenfalls gehackten Pilzen in der heißen Butter weich dünsten, ohne zu bräunen. Sobald aller Saft verkocht ist, die gehackte Petersilie untermischen. Abkühlen lassen.
2. Das Kalbfleisch unter diese Masse mischen, gründlich Eigelb und Crème fraîche einarbeiten. Sehr kräftig abschmecken.
3. Diese Farce auf die dünn geklopften Schnitzel verteilen. Diese aufrollen, dabei an den Seiten umschlagen, damit

4 gleichmäßig große, schön dünn und flach geklopfte Kalbsschnitzel aus dem Frikandeau oder der dicken Schulter, 2 EL Butter, 2 EL Öl, 1 Zwiebel, Salz, ca. 1/8 l Kalbsfond oder kräftige Brühe, 100 g Crème fraîche, Zitronenschale und Zitronensaft zum Abschmecken

Am besten passen dazu Kartoffelschnee, der die Sauce gut aufnimmt, und ein zartes Möhrengemüse.

nichts von der Füllung herausquellen kann. Mit einem Zahnstocher zustecken oder mit Küchenzwirn umwickeln und zu kleinen Päckchen schnüren.

4. In einem flachen Schmortopf in einer Mischung aus Butter und Öl rundum anbraten, dabei salzen.
5. Die feingehackte Zwiebel drumherumstreuen und bei nunmehr reduzierter Hitze leise anschmurgeln. Den Fond angießen. 20 Minuten schmoren, wobei der Deckel nur schräg aufgelegt sein sollte, damit etwas Flüssigkeit verdampfen kann.
6. Die Kalbsrouladen auf einer Platte warm stellen. Die Crème fraîche in den Topf gießen, aufkochen, mit dem Mixstab schaumig aufschlagen. Mit Zitronenschale und -saft abschmecken. Über die Kalbsrouladen gießen, heiß servieren.

Königsberger Klopse

Eines (der ungezählten) Lieblingsessen von Martina.
Was hat man dieses wundervolle Gericht verhunzt! Tatsächlich glauben viele Menschen, Königsberger Klopse seien bleiche, betonharte Kugeln, die in einer glibbrigen, weißen Sauce schwimmen ... So jedenfalls sehen sie meist in miesen Gasthäusern aus, so werden sie den armen Patienten in Krankenhäusern serviert und so ähnlich findet man sie in der Tiefkühltruhe ... Dabei können sie so herrlich schmecken! Duftig zart, locker und würzig, die mit Eigelb gebundene Sauce mit Zitronenschale und den besten Kapern gewürzt, die man kaufen kann: jenen stecknadelkopfkleinen Nonpareilles, die man bei uns nur in erstklassigen Delikatessengeschäften kaufen kann. Wir bringen sie immer aus Frankreich mit – dort herrscht die beste Kapernkultur. Oder aus Mallorca, wo uns, wenn wir Glück haben, der Kapernbauer erlaubt, eine Portion zu pflücken ...
Die Klopse werden übrigens in tiefen Tellern serviert, und teils mit dem Löffel, teils mit der Gabel verspeist; in diesem Fall ist es übrigens ausdrücklich erlaubt, die Kartoffeln in der Sauce zu zerdrücken!

Für 4 Personen:

1 altbackenes, entrindetes Brötchen (75 g), 3–4 EL Sahne, 1 Sardelle (Anchovis), 1 große Zwiebel, 2 EL Butter, 1 Bund Petersilie, 300 g Kalbfleisch (Schulter oder Nuss), 250 g Schweineschulter, Salz, Pfeffer, 1 TL Pastetengewürz (Spice Islands), eine Prise Cayennepfeffer, etwas abgeriebene Zitronenschale, Muskat, 1 Ei

SUD:
1 Zwiebel, 1 Lauchstange, 1 Möhre, 1 Lorbeerblatt, 1 l Fleischbrühe, ¼ l Sahne, 3 Eigelbe, 3–4 EL winzige Kapern, Zitronensaft

1. Das Brötchen würfeln, mit Sahne beträufeln und einweichen.
2. Die feingehackte Zwiebel in der Butter weich dünsten. Abgekühlt mit dem Brötchen mischen und zusammen mit den beiden Fleischsorten durch den Wolf drehen, dabei auch die Petersilienblättchen (die Stengel für den Sud beiseite legen) und die entgrätete Sardelle mitlaufen lassen.
3. Die Masse mit den angegebenen Gewürzen sehr kräftig abschmecken.
4. Inzwischen das Wurzelgemüse für den Sud kleinhacken, in der Fleischbrühe mit dem Lorbeerblatt und den Petersilienstengeln etwa 10 Minuten auskochen.
5. Aus dem Fleischteig höchstens tischtennisballgroße Klopse daraus formen, in der leise siedenden Brühe etwa 15 bis 20 Minuten garziehen lassen, auf keinen Fall kochen, weil sonst die Klopse hart werden.
6. Die Klopse mit einer Schaumkelle herausheben und warm stellen. Die Brühe durch ein Sieb filtern, rasch, auf starker Flamme jetzt um gut die Hälfte einkochen. Inzwischen die Eigelbe mit der Sahne verquirlen. In den Sud rühren, der jetzt höchstens noch ⅜ Liter messen sollte. Unter ständigem Rühren erneut erhitzen und dabei andicken lassen. Wobei der Sud nicht ins Kochen geraten sollte, weil sonst die Eier ausflocken und nicht mehr binden können.
7. Die Sauce kräftig abschmecken, mit Zitronensaft nach Gusto würzen, reichlich Kapern einrühren. Die Klopse in dieser Sauce erwärmen. Dazu schmecken am besten Salzkartoffeln!

Kalbsbraten

Wenn man einen guten Metzger hat, der einem Fleisch von glücklichen Tieren liefern kann, braucht man überhaupt keine großartigen Spielereien, um einen anständigen Braten auf den Tisch zu bringen. Immer ein großes Stück nehmen, denn kalt schmeckt ein solcher Braten noch mal so gut. Und man hat sogleich eine Vorspeise für den nächsten Tag!

Für 6 – 8 Personen:

2 kg Kalbsbraten (z. B. von der Schulter oder aus der Keule), Pfeffer, 3–4 EL Olivenöl, 3–4 Lorbeerblätter, Thymian und Rosmarin, Chilischoten, Salz, 1 dickes Bund Supengrün (1 dünne Lauchstange, 1 Möhre, 1 Zwiebel, 2 Selleriestangen) 1/2 l Weißwein

1. Das Fleisch mit grob geschrotetem Pfeffer und Olivenöl rundum einreiben. Mit Lorbeer, den Kräutern und den zerkrümelten Chilischoten in eine Plastiktüte packen und einen Tag lang marinieren.
2. Den Braten in eine Bratenreine setzen und erst jetzt salzen! In den auf 270 Grad vorgeheizten Backofen schieben – wenn er Heißluft hat, diese einschalten – volle Pulle vorheizen!
3. Den Braten hineinschieben und etwa 20 Minuten scharf anbraten. Er sollte jetzt richtig gebräunt aussehen, tut er das nicht, ist er noch blaß, noch weitere 5 oder sogar 10 Minuten auf voller Hitze bleiben. Dann das gewürfelte Gemüse daneben verteilen und kurz mitrösten.
4. Erst dann den Wein angießen, die Hitze auf 100 Grad herunterschalten und den Braten für weitere 2 Stunden im Ofen mehr ziehen als braten lassen. Falls zuviel Flüssigkeit verdampft, mit etwas Wasser benetzen. Noch 20 Minuten im ausgeschalteten Ofen ruhen lassen.
5. Den Bratenfond durch ein Sieb abgießen, das Gemüse gut ausdrücken, und in einem Töpfchen auf dem Herd aufkochen. Aufkochen und zum Schluß einen guten Schuß Olivenöl untermixen. Die Sauce abschmecken. In einer Sauciere getrennt zum Braten servieren. Diesen in dünne Scheiben aufschneiden und auf einer vorgewärmten Platte anrichten.

Tip: Man kann auch alles Gemüse mit Bratenfond im Mixer glatt pürieren, so entsteht eine dicke Sauce, die man nach Geschmack mit Kalbsfond oder Brühe auf die gewünschte Konsistenz verdünnen kann. Was übrig bleibt – es ist eine ziemliche Portion –, einfrieren und beim nächsten Braten unter die frische Bratensauce mischen – so entsteht eine Art immerwährender Sauce, die bei jedem Fall intensiver, duftender und würziger wird.

Rind

Bistecca fiorentina – toskanisches T-Bone-Steak

Es ist ein sattes Stück Fleisch, ein Kotelett quer durch die Rückenhälfte eines Ochsen geschnitten, mit dem Filet an der Innenseite – also das, was die Franzosen Côte de Bœuf und die Amerikaner T-Bone-Steak nennen. Hierzulande leider nur selten in der perfekten Qualität zu bekommen wie in Italien: Es muß das Fleisch eines erwachsenen, drei Jahre alten Ochsen sein, der kerniges, würziges, gleichmäßig von Fett durchwachsenes Fleisch hat ausbilden können. Natürlich geduldig ausgereift und abgelagert – was man an der dunkelroten, ins Bräunliche spielenden Farbe erkennt. Solches Fleisch ist butterzart und zergeht auf der Zunge! In der Toskana wird es über Holzkohlenglut gegrillt: über der direkten Glut auf jeder Seite jeweils eine bis zwei Minuten, bis sich eine schöne Kruste gebildet hat; und dann muß es dort, wo nur noch milde Hitze herrscht, mindestens 5 bis 10 Minuten nachziehen, damit sich die Säfte im Fleisch gleichmäßig verteilen. Als Todsünde gilt, ein solches Fleisch durchzubraten, bis kaum mehr Saft enthalten ist!
Wenn wir in die Toskana kommen, essen wir diese Bistecca meist gleich am ersten Tag. Und am letzten noch einmal! Zu Hause gibt es sie nur im Sommer, wenn man draußen grillen kann. Zusammen mit Brot und eigenen, hocharomatischen Tomaten.
Es ist nicht nötig, das Fleisch zu marinieren, wenn man erstklassige Qualität bekommen hat. War es allerdings vakuumverpackt, stammt von einem jüngeren Tier und ist nicht so gut mit Fett marmoriert, so lohnt sich eine Zufuhr von Aromen und Fett durch das Marinieren.

Für 2 Personen:

1 dickes Ochsenkotelett von etwa 1 kg

MARINADE:
6 EL Olivenöl, grob geschroteter Pfeffer, 3–4 Knoblauchzehen, 2 Rosmarinzweige, ½ TL getrockneter Oregano

AUSSERDEM:
1 Zitrone, 100 g Rucola, 2 italienische, noch halbgrüne Fleischtomaten, Pfeffer, Salz

1. Für die Marinade Öl mit Pfeffer, feingewürfeltem oder durch die Presse gedrücktem Knoblauch, Rosmarin und Oregano vermischen. Das Fleisch sollte überall von Öl überzogen sein, damit es vor Luft geschützt ist. In der Marinade einen Tag lang baden.

2. Das Fleisch so grillen, daß sich eine schöne braune Kruste bildet – das dauert je nach Intensität der Gluthitze zwischen 2 und 3 Minuten pro Seite. Das Fleisch dann jedoch unbedingt 10 Minuten neben der Glut in der Wärme nachziehen lassen, bevor es angeschnitten wird. Nur so können sich die Spannungen beruhigen, und es läuft nur wenig Saft heraus.
3. Zum Servieren das T-Bone-Steak mit einem sehr scharfen Messer quer zum Knochen in etwa 1 cm starke Scheiben schneiden und mit dem Knochen wieder in seine ursprüngliche Form zusammensetzen.

Getränk: Ein voller, kräftiger nobler Tafelwein aus der Toskana, ein Sammarco, Sangioveto, Brunesco, Grosso Sanese oder Tignanello.

Mit Zitronenachteln auf einem Bett von Rucolablättern anrichten, die nicht mit einer Marinade versehen sein müssen – der Fleischsaft genügt! Außerdem gehört dazu krumiges toskanisches Weißbrot zum Aufwischen des Fleischsafts.

Rosa gebratene Rinderlende auf Apfelcreme

Wir mögen viel lieber ein Steak für uns beide, also eine dicke Scheibe, die anschließend dünn aufgeschnitten wird, als für jeden ein dünnes Portionssteak. Das Fleisch bleibt so saftiger, behält einfach besser seinen Eigengeschmack.

Für 2 Personen:

1 doppelt dickes Steak aus der Rinderlende (ca. 400–500 g), 2 EL Öl, Salz, Pfeffer

APFELCREME:
1 Schalotte, 2 aromatische Äpfel (zum Beispiel Berlepsch), 3 EL Butter, 1/8 l Weißwein, 1/2 TL gemahlener Koriander, 2 EL Crème double

1. Das sorgfältig parierte (von Fett, Häuten und Sehnen befreite) Fleisch auf beiden Seiten im rauchend heißen Öl kräftig anbraten. Dabei auf jeden Fall einen Spritzschutz über die Pfanne legen, sonst wird der Herd von einem Fettfilm überzogen.
2. Jeweils die gebratene Seite salzen und pfeffern. Das Fleisch in Alufolie wickeln und zwischen zwei Tellern zum Nachziehen für mindestens 10 Minuten beiseite stellen.
3. Unterdessen das Bratfett aus der Pfanne wegschütten. Die feingeschnittene Schalotte und die beiden geschälten, gewürfelten Äpfel in derselben Pfanne in 1 Eßlöffel Butter andünsten.
4. Mit dem Weißwein ablöschen. Einige Minuten zugedeckt weich köcheln. Dabei mit Salz, Pfeffer und Koriander

würzen. Alles mit dem Mixer oder mit dem Pürierstab mit der restlichen Butter und der Crème double aufschlagen und zu einer cremigen Sauce mixen. Den in der Folie gesammelten Fleischsaft ebenfalls untermixen.

5. Das Fleisch schräg in dünne Scheiben schneiden. Mit der Sauce servieren.

Dazu schmecken köstlich kleine runde Röstkartöffelchen.

Kaltes Roastbeef mit Kräutersauce

Einfach der Inbegriff von Sommerküche, weil hier herzhafter Geschmack (vom gebratenen Fleisch) und säuerliche Frische (durch die leichte, gekräuterte Joghurtsauce) in idealer Weise kombiniert sind. Wir mögen nun mal das gebratene Fleisch am allerliebsten kalt. Und welches eignet sich besser dafür als ein perfekt gebratenes, also noch blutiges Roastbeef? Hier die geradezu idiotensichere Art, wie man das perfekt hinkriegt:

Für 6 Personen:

1,5 kg bestens abgehangenes Roastbeef mit Fettschwarte (bitten Sie den Metzger um ein Stück aus der flachen Lende, nicht aus der Hochrippe, das läßt sich schöner aufschneiden!), Pfeffer aus der Mühle, 2–3 EL Olivenöl, Salz und Öl zum Braten

KRÄUTERSAUCE:
1 Becher Joghurt, 1 Becher saure Sahne, 1 EL Olivenöl, 2–3 Zitronensaft, Salz, Pfeffer, 1 Spur Rosenpaprika, 1 EL Worcestershire Sauce, 1 TL Sojasauce, 2 bis 3 EL feingeschnittener Dill

1. Bitten Sie den Metzger, die Fettschicht kreuzweise einzuschneiden. Dann das Fleisch rundum mit Pfeffer und Olivenöl einmassieren. Fest eingewickelt bis zum nächsten Tag im Kühlschrank ziehen lassen.
2. In einer möglichst genau bemessenen Pfanne das Bratöl sehr heiß werden lassen, in den bereits auf 250 Grad vorgeheizten Backofen.
3. Dahinein das Fleisch betten, gut mit Salz eingerieben mit der Fettseite nach oben und in den heißen Backofen schieben. Nach etwa 10 Minuten, wenn das Fleisch richtig brutzelt, die Hitze auf 100 Grad herunterschalten. Das Roastbeef noch 60 Minuten in der nachlassenden Hitze durchziehen lassen.
4. Schließlich den Ofen ganz ausschalten und das Fleisch bei leicht geöffneter Ofentür noch weitere 15 bis 20 Minuten ausruhen lassen, bevor man es außerhalb des Ofens dann endgültig auskühlen läßt. Das Fleisch ist durch und durch rosa, wenn es auf Fingerdruck federnd nachgibt.
5. Für die Sauce die Zutaten mit einem Schneebesen glatt rühren. Die Kräuter erst kurz vor dem Servieren untermischen, damit sie ihre schöne Farbe behalten.

Das Roastbeef auf der Aufschnittmaschine in dünne Scheiben schneiden – am besten geht das, wenn es einen Tag hat im Kühlschrank ausruhen dürfen, Dann werden die Scheiben gleichmäßig dünn.

Rinderfilet

Das edelste Teil vom Rind ist teuer und begehrt. Da dieser Rückenmuskel nicht dauernd beansprucht wird, ist er auch bei älteren Tieren zart und sogar geschmackvoller als von jungen. Am besten schmeckt das Filet von einem Ochsen, vorzugsweise einem Weide-Mastochsen, also einem kastrierten Bullen, der langsamer wächst und so mehr geschmacksgebendes und zartmachendes Fett im Fleisch einlagert als andere Tiere – selten, gesucht und teuer. Gute Filets von dunklem, braunrotem Fleisch mit etwas gelblichem Fett liefern unsere Milchkühe, während die Filets von Jungbullen oder Baby-Beef zwar zart sind und hellrot mit leuchtendweißem Fett das Auge locken, aber längst nicht so gut schmecken. Versuchen Sie lieber Fleisch von einer Färse, also einem weiblichen Jungrind, zu bekommen – es ist besser von Fettadern durchzogen als das eines Baby-Beefs.

In den letzten Jahren, vor allem nach BSE, sind Sie vielleicht verunsichert, was das Rindfleisch angeht. Natürlich können Sie ohne Gefahr unser normales Rindfleisch aus guter Fleischvieh-Haltung sowie auch Deutsches Angus- oder Galloway-Rind genießen. Erstklassiges Fleisch kommt leider selten aus Italien (Chiana aus der Toskana oder Fassone aus Piemont), häufig aus Frankreich (Charolais). Die Namen bezeichnen jeweils die Rasse. Gutes Filet wird, teils gefroren, teils vakuumverpackt und mehr oder weniger perfekt gereift, aus den USA und Argentinien importiert. Da könnten Sie nun wiederum Angst vor Hormonbehandlung haben – seien Sie beruhigt: Spitzenqualität stammt nicht von solchen Tieren, die nur für billige Massenproduktion mit Hormonen turbo-gemästet werden.

Rinderfilet im Wirsingkleid und im Teigmantel

Ein staatlicher Braten, der jede Festtafel ziert!

Für 6 – 8 Personen:

1 Herzstück vom Rinderfilet von etwa 1,5 kg, Salz, Pfeffer, 75 g Butter, 2 EL Öl, 2 Zwiebeln, 500 g frische Champignons, 2 Bund Petersilie, Saft von 1 Zitrone, 6 bis 10 schöne Wirsingblätter, 1 Paket Strudelteig, oder selbst gemacht, Rezept Seite 303, 3 EL Milch oder süße Sahne

1. Das von Fett und Sehnen befreite Filetstück, auch Châteaubriand genannt, kräftig würzen und einreiben. In einer Mischung aus 25 Gramm Butter und dem Öl rundum scharf anbraten. Herausnehmen, die restliche Butter in die Pfanne geben und schmelzen lassen.
2. Unterdessen die Zwiebeln fein würfeln. Die Champignons putzen und mit der Petersilie ebenfalls hacken. Alles zusammen in der aufschäumenden Butter weich dünsten, dabei alle Flüssigkeit verdampfen lassen. Zum Schluß mit dem Zitronensaft beträufeln und auch ihn vollkommen einkochen.
3. Den Backofen auf 150 Grad vorheizen.
4. Die Wirsingblätter in sprudelnd kochendem Salzwasser blanchieren und eiskalt abschrecken. Abtrocknen und auf einem Tuch ausbreiten, so daß sie sich überlappen und sozusagen ein großes Blatt ergeben, in das das Fleisch eingewickelt werden kann.
5. Zunächst jedoch die Blätter mit der Champignonmasse bestreichen, dann das Fleisch darauf legen und sorgfältig in die Wirsingblätter hüllen.
6. Das Wirsingpaket auf das ausgebreitete Strudelblatt legen und nun hierin einhüllen. Mit Milch oder Sahne bestreichen und im vorgeheizten Ofen (Gas: Stufe 1) 45 Minuten backen.

Wir trinken dazu einen runden, vollen Burgunder von der Côte de Nuits.

Zu diesem geradezu weihnachtlichen Braten servieren wir ein Mittelding zwischen Sauce und *Püree aus Möhren* – diese (rechnen Sie 750 Gramm bis 1 Kilo) in dünne Scheiben schneiden, in 50 Gramm Butter mit etwas Fleischbrühe, Salz, Pfeffer und Kreuzkümmel in einer guten halben Stunde zugedeckt ganz weich dünsten. Nötigenfalls zwischendurch etwas Fleischbrühe hinzufügen. Zum Schluß noch einen ordentlichen Schuß süße Sahne angießen und alles im Mixer pürieren. Gehackte frische Kerbelblättchen untermischen.

Schnelles »Gulasch« aus Rinderfiletspitzen

Für 4 Personen:

800 g pariertes Rinderfilet (aus der billigeren Spitze), Salz, Pfeffer, 40 g Butter, 1 EL Olivenöl, 4 EL Sherry (vorzugsweise trockener Oloroso), 200 g Crème fraîche

GEMÜSE:
500 g Rosenkohl, 250 g Möhren, 250 g Champignons, 6 Frühlingszwiebeln, Salz, 60 g Butter, Pfeffer, 1 Bund Petersilie, Estragon oder Kerbel

1. Das Fleisch in Würfel von etwa 3 cm Kantenlänge schneiden, kräftig salzen und pfeffern und in einer Mischung aus Butter und Öl scharf anbraten. Dabei immer wieder wenden, damit das Fleisch kein Wasser zieht, sondern richtig brät und saftig bleibt. Schließlich die Pfanne vom Feuer nehmen und das Fleisch zugedeckt noch 10 bis 15 Minuten ziehen lassen.
2. In der Zwischenzeit die Gemüse putzen und waschen: Rosenkohl ganz lassen, Möhren längs vierteln, dann quer in etwa 4 cm lange Stücke schneiden, Champignons halbieren, Frühlingszwiebeln mit dem hellen Grün ebenfalls in etwa 4 cm lange Abschnitte teilen.
3. Rosenkohl in Salzwasser kurz blanchieren, bis er knackig-gar ist, eiskalt abschrecken. Möhren in der Butter andünsten.
4. Wenn sie weich zu werden beginnen, die Champignons und die Zwiebeln zugeben und unbedeckt 10 Minuten weiterdünsten.
5. Nun den Rosenkohl hinzufügen, nachsalzen, pfeffern, den Deckel auflegen und weitere 10 Minuten ziehen lassen. Zum Schluß die Kräuter hacken und unter das Gemüse mischen.
6. Das Fleisch aus der Pfanne nehmen und den Bratensatz mit Sherry ablöschen. Die Crème fraîche dazugeben, alles etwas einkochen, bis die Sauce eine schöne Konsistenz hat.
7. Fleisch und Gemüse hinzufügen, nur noch einmal aufkochen lassen. Abschmecken.

Als Wein paßt ein charaktervoller kräftiger Rotwein (Bordeaux, Rioja, Vino Nobile di Montepulciano).

Dazu schmeckt ein sahniges Kartoffelpüree.

Gulasch

Vor Jahrhunderten war das *Gulyas*, was »Fleisch des Rinderhirten« bedeutet, einmal das ungarische Nationalgericht. Um die Mitte des 19. Jahrhunderts entdeckten es die Österreicher und machten daraus ihre eigene Speise: das *Wiener Saftgulasch*. Dieses wird nun seinerseits von den Ungarn heute heiß geliebt und häufiger gegessen als das heimatliche Vorbild, das im übrigen richtig *Pörkölt* heißt oder, wenn es mit Sahne bereitet wird, *Paprikas*. Bestellt man in Ungarn *Gulyas*, bekommt man kein Gulasch, sondern das, was man bei uns unter einer *Gulaschsuppe* versteht. Alles klar?

Das klassische Gulasch, für das das Fleisch zuerst angebraten wird, weil es dann am kräftigsten schmeckt und besonders saftig bleibt, kann natürlich in vielerlei Varianten zubereitet werden, worüber sich Ungarn, Wiener Köche und Genießer immer wieder stundenlang mit mehr oder weniger Witz und Temperament streiten können. Ein paar Dinge aber sind doch elementar und unabänderlich:

Das Fleisch:

Während man in Ungarn im Pörkölt auch Schweine- oder Hammelfleisch verwendet, besteht das ursprüngliche wie das Wiener Saftgulasch unbedingt aus Rindfleisch. Und zwar nicht aus den mageren, wertvollen Teilen (Roastbeef, Filet), sondern aus durchwachsenen Stücken. Am besten eignen sich Schulter, Hals und vor allem die Wade – diese Partien sind nämlich durchzogen von Sehnen und Knorpel, die besonders reich an gelierenden Bestandteilen sind. Diese machen das Fleisch zart und die Sauce schön füllig. Die Flechsen also in der Küche auf keinen Fall wegschneiden, wer sie nicht mag, schneidet sie auf dem Teller weg und legt sie auf dem Rand ab – das ist durchaus gestattet.

Damit die Fleischstücke gleichmäßig garen, müssen sie in gleichgroße Stücke geschnitten werden – in Würfel von 3 bis 5 cm Kantenlänge.

Das Fett:

Man findet zwar verschiedene Angaben, manchmal wird Butter oder Öl empfohlen. Ein richtiges Gulasch muß aber zwingend in Schweineschmalz zubereitet werden, denn nur dann ergibt sich der charakteristische Geschmack.

Die Zwiebeln:

Oft wird ein Verhältnis von 1 zu 1 für Fleisch und Zwiebeln empfohlen – uns erscheint das zu hoch, das Gulasch wird dann ein wenig süßlich. Wir nehmen 700 bis 800 Gramm Zwiebeln auf 1 Kilogramm Fleisch – das ist die richtige Portion für ein Gulasch für 4 bis 5 Personen, je nach Appetit.

Der Paprika:
Er ist die Seele des Gulaschs, deshalb ist seine Qualität von größter Bedeutung. Kaufen Sie vorzugsweise ungarischen Paprika, der ist für Gulasch am besten geeignet. Es gibt drei Sorten: den milden Delikateßpaprika, den würzigen Edelsüßpaprika und den scharfen Rosenpaprika. Welchen Sie verwenden, ob Sie die verschiedenen Sorten mischen oder, wie es häufig gemacht wird, zum Anbraten einen Delikateß- und zum Abschmecken den Rosenpaprika nehmen, bleibt Ihrem Geschmack überlaßen. Wichtig aber ist: Paprika nie richtig im heißen Fett braten, denn dann verbrennt der darin enthaltene Zucker und karamelisiert, der Paprika wird braun und bitter.

Das Anbraten:

Für 6 Personen:

1,5 kg durchwachsenes Rindfleisch, gut abgehangen (möglichst von der Wade), ca. 1 kg Zwiebeln, 100–120 g Schweineschmalz, 40–50 g Paprika (milden Delikateß-, würzigen Edelsüß- oder scharfen Rosenpaprika, nach Belieben auch gemischt), eventuell ein Schuß Essig, 2–6 Knoblauchzehen, 1 gute Prise Majoran, nach Belieben 1 Messerspitze Kümmel, Salz, ¼ bis ½ l Wasser oder Rotwein

1. Während man in Deutschland und Frankreich traditionellerweise mit dem Anbraten des Fleisches beginnt, verfährt man beim ungarischen Gulasch anders: Das Fett in einem schweren, möglichst (guß)eisernen Topf zerlassen und erhitzen, dannkommen zunächst die Zwiebeln hinein, und erst, wenn diese bei mittlerer Hitze goldbraun zu werden beginnen, fügt man das Fleisch hinzu. Es brätelt jetzt, schmurgelt fast, wird nicht kräftig angeröstet. Aber dieses Verfahren erfordert einige Übung, damit es gelingt.
2. Wir braten lieber scharf an: Das Schmalz erhitzen, bis es zu rauchen beginnt. Nun eine Partie der Fleischstücke hineingeben – Vorsicht, es kann spritzen. Nicht mehr Fleisch zufügen, als auf dem Topfboden liegen kann – berühren sich die Fleischstücke oder liegen gar übereinander, dann ziehen sie Wasser und werden zäh. Die Fleischstücke werden zunächst am Topfboden ankleben – das macht nichts! Nicht loslösen, sondern 1 bis 2 Minuten braten und anrösten lassen, dann hat sich die Bratfläche geschlossen und die Stücke lösen sich von selbst. Die Fleischstücke rundum gleichmäßig leicht braun braten, dann herausheben und die zweite Partie Fleisch braten, eventuell etwas neues Schmalz zugeben.
3. Jetzt die Hitze etwas kleiner schalten, die Zwiebeln zufügen und andünsten, sie sollen golden werden, aber nicht verbrennen.
4. Dann wird »papriziert«: 40 bis 50 Gramm Paprika sollten es schon sein, damit das Gulasch seine wahre Seele bekommt! Nach Geschmack kann man zuvor noch mit einem kleinen

Schuß Essig ablöschen. Weiterhin würzt man mit zwei zerdrückten Knoblauchzehen, einer schönen Prise Majoran, einer guten Löffelspitze gehacktem Kümmel und dem nötigen Salz.

5. Schließlich kommt das Fleisch, diesmal alles, wieder in den Topf. Einen Löffel Tomatenmark unterrühren sowie mit einem ordentlichen Schuß Wasser oder kräftigen, trockenen Rotwein ablöschen – die Flüssigkeit soll höchstens bis zur halben Höhe des Fleisches stehen. Da die Hitze noch immer recht groß ist, dürfte die Flüssigkeit schon nach wenigen Minuten verkocht sein. Deshalb erneut mit Wasser oder Wein angießen, damit nichts anröstet oder verbrennt.
6. Inzwischen muß die Hitze zurückgegangen sein, man legt den Deckel auf und läßt das Gulasch in etwa 1 1/2 bis 2 Stunden leise vor sich hin schmoren, ohne es dabei richtig ins Kochen geraten zu lassen. Dann müssen die Zwiebeln sich sozusagen aufgelöst und die Sauce gebunden haben.
7. Trotz der milden Hitze und des geschlossenen Topfes verdampft dabei weiterhin Flüssigkeit. Deshalb gießt man erneut so viel Wasser an, daß das Fleisch gerade eben bedeckt ist und läßt es noch ein Viertelstündchen leise durchkochen. Dabei mischen sich alle Aromen, man schmeckt noch einmal ab und serviert das Fleisch in seinem Saft: Obenauf muß sich nun das rotbraun gefärbte Fett absetzen, darunter steht die konzentrierte Sauce …

Das Gulasch ißt man entweder wie in einem österreichischen Beisl aus dem Suppenteller mit dem Löffel zu einem Stück Brot. Oder zusammen mit Semmelknödeln, Nudeln, Spätzle oder Salzkartoffeln sowie einem grünen Salat.

Varianten: Entfettet man den Saft und fügt einen ordentlichen Schuß saure Sahne hinzu, bekommt man ein Karlsbader Gulasch. Kocht man im Saft Kartoffeln, Tomaten und Paprikaschoten mit, gibt's ein Kesselgulasch.
Szegediner Gulasch hingegen bereitet man mit Schweinefleisch, Speck, Sauerkraut und Sauerrahm.

Getränk: Die würzigen Weine von der Rhône passen vielleicht am besten, weil in ihnen sich die Düfte von Zimt und Nelken, Pfeffer und Paprika, Vanille und dunklen Waldbeeren, ja Trüffeln, feuchter Erde, Eiche und dem so hocherwünschten Teer vereinigen.

Höchst empfehlenswert daher die besonders anspruchsvollen, extraktreichen, ziemlich seltenen und daher auch recht teuren Weine der genau bestimmten, seit langem berühmten Anbaugebiete von Châteauneuf-du-Pape, Gigondas, Hermitage, Côte Rôtie oder die einfacher aufgebauten und weniger teuren, allgemeinen Weine der Côtes-du-Rhône oder die spezielleren Weine bestimmter Orte, die Côtes-du-Rhône Villages AC (Appellation Contrôlée), die man im Großen und Ganzen ebenfalls recht preiswert bekommt.

Aber natürlich sind auch Cabernet-Weine zum Gulasch vorzüglich, aus dem Bordeaux sowie aus fast allen Ländern der Welt – beste Kreszenzen kommen aus Norditalien, der Toskana, Südafrika, Kalifornien, Australien und Neuseeland.

Am elegantesten wohl die Weine des Médoc (Bordeaux), klar und mit ausgeprägtem-Charakter, den Aromen von Waldfrüchten. Sie sollten allerdings noch etwas jugendliche Frische und Säure besitzen, damit sie dem Paprika Widerpart leisten können.

Bœuf bourguignon

Das wohl berühmteste Gericht der burgundischen Küche. Es steht und fällt natürlich mit dem verwendeten Rotwein – wenn er zu sauer ist, verstärkt sich das in der Sauce! Er sollte also nicht zu einfach sein … Ebenso wichtig ist das richtige Fleisch: Es darf auf keinen Fall zu mager sein, Sehnen und Fett halten es beim Schmoren saftig. Ideal sind Wade oder Schulternaht mit ihrer schönen Gallertschicht in der Mitte. (Siehe auch die Tips zum Gulasch.)

Für 6 Personen:

1,2 kg abgehangenes, möglichst durchwachsenes Rindfleisch, 4 EL Öl, 2 Möhren, 3 Zwiebeln, 3 Knoblauchzehen, 1 gehäufter EL Mehl, 1 Flasche Rotwein, 1 Kräuterstrauß (Thymian, Petersilie, Lorbeer, Lauch), Salz, Pfeffer, 100 g durchwachsener Speck in Scheiben, 200 g Perlzwiebeln, 300 g Champignons,

1. Das Fleisch in große Würfel schneiden. In einem Schmortopf im heißen Öl langsam von allen Seiten schön kroß anbraten. Am besten portionsweise, damit sie nicht ins Schwitzen kommen.
2. Schließlich feingewürfelte Möhren, Zwiebeln und Knoblauch zufügen, bei nunmehr reduzierter Hitze mitschwitzen. Alles mit Mehl bestäuben und anrösten. Mit Wein auffüllen, den Kräuterstrauß einlegen, salzen und pfeffern. Mit einem Deckel verschlossen den Topf für 2 1/2 Stunden in den 180 Grad heißen Ofen stellen. Natürlich kann man das Ragout auch auf kleinster Flamme auf dem Herd garen, muß dabei jedoch sehr genau die Hitze regulieren und so gering wie möglich halten, damit das Fleisch nicht durch zu starkes Kochen hart wird.
3. Den Speck in feine Streifen schneiden und in einem flachen Topf bei sanfter Hitze auslassen. Die geschälten Perlzwiebeln und die geputzten, halbierten oder geviertelten Pilze zufügen, salzen und pfeffern. Auf ganz kleinem Feuer, im eigenen Saft, zugedeckt eine knappe Stunde schmoren.
4. Pilze und Zwiebelchen zum Fleisch in den Schmortopf füllen und alles miteinander weitere 10 Minuten schmurgeln lassen.

Pfeffer-Potthast

Die guten bäuerlichen Rezepte haben es im Laufe der Zeit besonders schwer gehabt, ihre Originalität zu bewahren: Die städtischen Lebensformen und städtischen Essen hatten so starke

Anziehungskraft, daß bald alles Ländliche dumpf erschien. Man »motzte« die einfachen Speisen oft auf, gestaltete sie überreich und verfälschte sie damit. Der Potthast, von »Hast« = Ragout und »Pott« = Topf, ist so ein Gericht, das zwar mit Pfeffer und kleinen Gewürzen Schärfe und Aroma bekommen darf, aber auf keinen Fall durch zuviel Gemüse, Gewürzgurken und Kapern, wie es üblich geworden ist. Das nur leicht modernisierte Originalrezept der berühmten westfälischen Köchin Henriette Davidis beweist es!

Dazu gibt es flockige, fast zerfallende Salzkartoffeln. Den Potthast ißt man aus Suppentellern, ein Beistellteller mit grünem Salat dazu wird sicherlich jedem gefallen. Und das Getränk? Dortmunder Bier! Ein volles Export schmeckt hierzu besser als ein bitteres Pils.

Für 6 Personen:

2 kg Querrippe (vom Rind), 2 kg Zwiebeln, 2 EL Salz, 2 gehäufte TL Pfefferkörner (weiß oder schwarz), 1 TL Pimentkörner, 6 Lorbeerblätter, 1 Stück Muskatblüte, 1–2 unbehandelte Zitronen

1. Die Querrippe schon vom Metzger in etwa handtellergroße Stücke hauen lassen. In einem großen Topf, mit Wasser gut bedeckt, ganz langsam zum Kochen bringen.
2. Die gehackten Zwiebeln, Salz und Gewürze zugeben und alles 2 Stunden leise vor sich hin köcheln lassen. Die Sauce wird durch die Zwiebeln glasig und leicht gebunden.
3. Nach Belieben die letzte 1/2 Stunde noch die Zitronen in Scheiben mitkochen (Kerne sorgfältig entfernen).

Schmorbraten auf böhmische Art

In der böhmisch-wienerischen Küche wurde Fleisch schon immer lieber gekocht oder geschmort, selten gebraten. Zum Schmoren nimmt man nicht nur, wie bei uns, die langfaserigen und gallertigen Teile (Schulter, Hüfte, Brustfleisch), sondern auch die edleren Stücke wie den Rostbraten. Das Prinzip ist stets gleich: Auf den Boden des Topfes kommt eine Lage Rückenspeck, darauf das vorbereitete sowie angebratene Fleisch, drumherum Würzgemüse, Kräuter, Gewürze. Man gießt Wein und Brühe zu, schiebt das Ganze bei milder Hitze für lange Zeit in die Backröhre. Was dabei herauskam, schmeckte nicht nur gut, sondern hatte ganz spezielle Vorteile: Einmal entstand ein stattlicher Braten, zu dem nur ein Teil der Sauce gegessen wurde. Die Bratenreste aber konnten mit einem weiteren Teil der Sauce als Ragout gereicht werden, der allerletzte Rest gab noch eine dicke Sauce zu Nudeln oder Knödeln. Ein großartiges Prinzip des Wirtschaftens, das man sich unbedingt zunutze machen sollte!

Für 4 – 6 Personen:

1–1,2 kg magere Rinderbrust (1,5 kg mit Knochen), Salz, Pfeffer, 40 g Schweine- oder Butterschmalz, 1 Bund Suppengrün, 2 Zwiebeln, 1 große Scheibe fetter Rückenspeck (grün, also ungeräuchert), 2 Fleischtomaten, 3 große Prisen Thymian, 2 Lorbeerblätter, 1 TL schwarze Pfefferkörner, ½ l trockener Weißwein, 1 guter Schuß Madeira (der nicht zu süß sein darf, sonst halb Madeira, halb Portwein nehmen)

Dazu serviert man Kartoffel-, Grieß-, Semmel- oder Serviettenknödel sowie einen grünen Salat und trinkt einen frischen Vetliner oder einen leichteren Roten.

1. Das Fleisch rundum salzen und pfeffern, beides fest einmassieren. In Schmalz in einem Bratentopf oder Bräter auf allen Seiten kräftig anbraten.
2. Herausnehmen und das gehackte Wurzelwerk und die Zwiebeln im selben Topf ebenfalls anrösten.
3. An den Rand schieben und in der Mitte des Topfes oder Bräters den Speck ausbreiten. Den Braten darauflegen. Halbierte oder geviertelte Tomaten und die Würzen zufügen und alles unbedeckt in den Ofen schieben.
4. Bei 180 Grad 1 Stunde schmorbraten, dabei immer wieder kleine Mengen des Weißweins angießen, damit das Gemüse nicht verbrennt.
5. Dann den Rest Wein und Madeira zufügen, den Deckel auflegen oder den Bräter mit Alufolie abdecken und das Fleisch bei 150 Grad in 2 bis 3 Stunden fertig schmoren.
6. Für die Sauce die Schmorflüssigkeit durch ein feines Sieb gießen, den Speck entfernen und die Gemüse ebenfalls durchs Sieb streichen. Abschmecken, die Sauce aber nicht binden. Wer mag, kann höchstens einen Schuß Sahne hinzufügen.
7. Das Fleisch zum Servieren auf ein Tranchierbrett legen, erst am Tisch aufschneiden – in nicht zu dünne Scheiben.

Sehr gut schmeckt auf diese Weise zubereitet auch die Schulternaht und die Rose – beide Stücke sind allerdings teuer. Billiger: Von der flachen Brust ein größeres Stück nehmen, salzen und pfeffern, es nach Belieben auch mit Senf bestreichen und mit Zwiebel und Petersilie bestreuen, dann einrollen und zu einer Riesenroulade binden.

Schweineschmalz war in früheren Zeiten eindeutig das bevorzugt verwendete Fett im österreichischen Raum. Es macht die Speisen herzhaft und charaktervoll, doch ist es heute nicht mehr so beliebt und auch weniger empfehlenswert wegen der ohnehin hohen Zufuhr an Cholesterin. Geschmacklich paßt es zum Schmorbraten bestimmt bestens. Butterschmalz ist sanfter, und ein pflanzliches Fett wäre gesünder. So bleibt es also Ihrer Entscheidung überlassen, welches Sie wählen.

Leider wird dieser fette ***Grüne Rückenspeck*** bei uns nur mehr selten in Geschäften frisch zum Aufschneiden angeboten: Die heutigen Schweine haben keinen richtigen Rückenspeck mehr, sondern nur noch eine halbzentimeterdünne, weiche Schicht! Das einst bis zu sechs Zentimeter dicke, kernige Fett schnitt man früher nicht quer zur Schwarte, sondern parallel – und das gab dann riesige Fladen, in welche man die empfindlicheren Bratenstücke einwickelte, um sie saftig zu halten. Bekommen Sie bei Ihrem Metzger auch auf Anfrage keine großen Speckscheiben, so nehmen Sie mehrere kleine, quer geschnittene Scheiben aus der Brust. Auf keinen Fall geräucherten Speck verwenden!

Stracotto al Chianti – toskanischer Rinderschmorbraten

Übersetzt heißt der Begriff »extra lang gekocht«, und genau darum handelt es sich bei dieser Zubereitung auch: Das Rindfleisch wird tatsächlich nicht, wie man das bei uns im allgemeinen tut, im Backofen geschmort, sondern vielmehr im offenen Topf auf dem Herd mehr gekocht, als gebraten. Trotzdem gerät das Fleisch zart und mürbe.

Für 6 – 8 Personen:

30 g getrocknete Steinpilze, 2 kg Rindfleisch aus der Schulter (z. B. Schulternaht – möglichst von einem Ochsen, wenigstens von einer Färse), 3 EL Olivenöl, 50 g Butter, Salz, Pfeffer, 1 dicke Möhre, 1 Lauchstange, 2 Zwiebeln, 3–4 Knoblauchzehen, 3–4 Selleriestengel, Salz, Pfeffer, 2 Flaschen Rotwein (Chianti)

1. Die Steinpilze mit ¼ Liter kochendem Wasser überbrühen und ½ Stunde einweichen.
2. Das Fleisch sollte eine kompakte Form haben – andernfalls mit Küchenzwirn in Form binden. In einem ausreichend großen Bräter – er sollte das Fleisch gerade eben gut aufnehmen – Öl und Butter erhitzen, das Fleisch darin von allen Seiten sehr kräftig anbraten, dabei salzen und pfeffern.
3. Inzwischen das Gemüse putzen, würfeln und schließlich rund um das Fleisch streuen und kurz mitbraten. Mit dem Rotwein ablöschen. Sobald dieser aufkocht, die Hitze so regulieren, daß sich der Sud leise bewegt und milden Dampf entwickelt.
4. Das Fleisch auf diese Weise ohne Deckel etwa 3 Stunden leise ziehen lassen. Nach der halben Zeit den Braten wenden.
5. Sollte dabei zuviel Flüssigkeit verdampfen, immer wieder einen Schuß Wasser zufügen. Die Sauce sollte allerdings dick eingekocht wirken und darf nicht zu flüssig sein.

6. Das Fleisch darin etwa 3 Stunden schmoren, alle halbe Stunde umwenden. Danach herausheben und warm stellen. Die Sauce auf ihre gewünschte Konsistenz und Menge einkochen. Durch eine Gemüsemühle passieren und mit einem Mixstab aufschlagen.
7. Zum Servieren den Braten in knapp fingerdicke Scheiben schneiden und mit der Sauce übergießen

Das ist tatsächlich eine antiquiert anmutende, klassische Garmethode. Sie können allerdings den Bräter auch mit einem Deckel verschließen und die Hitze so weit herunterschalten, daß die Flüssigkeit nur eben leise siedet. Die Sauce bleibt dann aber dünn und muß nachher eingekocht werden. Auch wenn Sie den Bräter in den 140 bis höchstens 180 Grad heißen Backofen stellen, wird die Sauce nicht so herrlich dick… Klassische Küche macht halt mehr Arbeit, das ganze Haus riecht danach, aber es schmeckt, als ob die Oma selbst noch einmal gekocht hätte…

Wie immer kann man hierzu einfach frisches Brot reichen. Gut schmeckt jedoch auch Polenta oder Kartoffelpüree. Und dazu trinkt man natürlich eine kräftige Chianti Classico riserva.

Burgunderbraten

Ein richtiger Festtagsbraten. Er kann nicht nur, er *sollte* sogar bereits am Vortag zubereitet werden. Dann haben die Gewürze ausreichend Zeit, das Fleisch zu durchdringen.
Bestellen Sie beim Metzger ein schönes Bratenstück vom Rind – das heißt lieber vom Ochsen, wenn er hat, oder wenigstens von einer Färse – das ist ein junge Kuh, deren Fleisch im allgemeinen fetter ist als von einem Bullen, besser marmoriert und deshalb saftiger. Bitten Sie den Metzger um ein Stück aus der Hüfte, vom Schwanzstück, aus der Unterschale; besonders gut ist auch die Schulternaht geeignet, die zwar etwas längere Fasern hat, dafür dank der innenliegenden Gallertschicht aber schön saftig wird. Oder die schön rund geformte Nuß.
Es schadet übrigens gar nichts, einen viel zu großen Braten zuzubereiten, auch wenn nur wenige Gäste am Tisch sitzen. Kalt, auf der Aufschnittmaschine in dünne Scheiben geschnitten, schmeckt der Schmorbraten nicht weniger köstlich als warm. Als Aufschnitt zum Abendbrot, etwa mit einer Remouladensauce, mit Sahne-

meerrettich oder mit Preiselbeeren, mit Gewürzgurken oder auch mit vielen Kräutern als Salat haben Sie anschließend noch eine Menge Möglichkeiten, daraus etwas zu zaubern.

Für 6 Personen:

2 kg Rinderschmorbraten, (siehe oben), Salz, Pfeffer, 3 EL Schmalz oder Öl, 150 g durchwachsener Speck in dicken Scheiben, 2 Zwiebeln, 1 Möhre, 1 Lauchstange, 1/4 Sellerieknolle, 2–3 Knoblauchzehen, 2 EL Tomatenmark, je 2–3 Thymian- und Rosmarinzweiglein, 2 Lorbeerblätter, je 1/2 TL Pfefferkörner, Piment- und Wacholderbeeren, 2 Nelken, 1 Sternanis, 1 Stück Ingwerwurzel, 1 Flasche Rotwein (z. B. kräftiger Spätburgunder aus Baden), 2 EL Butter

1. Das Fleisch, wenn nötig, mit einem starken Faden in Form binden und rundum mit Salz und Pfeffer einreiben.
2. In einem Bräter das Schmalz oder Öl erhitzen, das Fleischstück darin langsam – aber kräftig! – auf allen Seiten anbraten.
3. Unterdessen den Speck in feine Würfel schneiden. Das rundum braun geröstete Fleisch herausheben und auf eine Platte legen. Statt dessen die Speckwürfel in den Schmortopf geben und ebenfalls braten, dabei schön kroß werden lassen.
4. Inzwischen Zwiebel, Möhre, Lauch und Sellerie putzen, schälen, und schließlich in Würfel schneiden. Das Gemüse zum Speck in den Schmortopf streuen. Auch die geschälten Knoblauchzehen grob hacken und zufügen. Mit dem Kochlöffel den auf dem Topfboden angesetzten Fleischsaft losschaben, damit er sich in der aus dem Gemüse austretenden Flüssigkeit zu lösen beginnt.
5. Wenn das Gemüse rundum angebraten ist, das Tomatenmark unterrühren und einige Minuten mitrösten. Es muß am Boden des Topfes zu karamelisieren beginnen, damit es einen intensiven Geschmack gewinnt.
6. Schließlich das Gemüse beiseite schieben, das Fleisch in den Topf betten, die Kräuterzweige danebenlegen, die Gewürze zufügen und mit dem ausgetretenen Fleischsaft sowie dem Rotwein auffüllen. Den kalten Rotwein aber nicht über das Fleisch gießen, sondern seitlich hineinschütten, weil das Fleisch sonst durch den Temperaturunterschied einen Schock bekommen würde.
7. Den Schmorfond zum Kochen bringen, den Topf dann mit einem Deckel verschließen und in den auf 160 Grad vorgeheizten Backofen stellen.
8. Nach einer halben Stunde auf 130 Grad herunterschalten. Den Braten ab und zu umwenden, damit er immer wieder von allen Seiten vom Schmorsud umgeben ist. Nach insgesamt 2 1/2 Stunden (150 Minuten) ist der Schmorbraten gar.
9. Den fertigen Braten auf einer Platte beiseite stellen, um die Sauce zuzubereiten. Dazu den Schmorsud zusammen mit dem Wurzelgemüse auf dem Herd rasch aufkochen

und alles am Boden des Topfes und an den Seitenwänden Angesetzte mit dem Kochlöffel abkratzen und darin auflösen. Eventuell schon jetzt noch etwas einkochen – auch müssen die Gemüse ganz weich sein.

10. Nun den gesamten Topfinhalt durch eine Gemüsemühle oder durch ein Sieb passieren. Zurück in eine Kasserolle gießen und alles miteinander köcheln, bis die Sauce die gewünschte Konsistenz erreicht hat. Die Sauce schließlich abschmecken und mit den zwei Eßlöffeln Butter aufmixen, die eiskalt in kleinen Flöckchen zugegeben wird.
11. Den Braten in 1 cm dünne Scheiben schneiden und dachziegelartig auf einer vorgewärmten Platte anrichten. Mit ein paar Feldsalat-Rosetten verzieren. Die Sauce getrennt dazu reichen.

Dazu passen Nudeln – zur Feier des Tages vielleicht sogar hausgemacht – oder Spätzle. Und gedünsteter Lauch, Rotkohl oder Wirsing.

Von Tafelspitz und Ochsenbrust

Es scheint, daß in deutschen Gasthäusern alles gekochte Rindfleisch einfach Tafelspitz genannt wird, weil das eben eine schöne, prestigeträchtige und an die üppige k. & k. Monarchie erinnernde Bezeichnung ist …

Dort freilich meint »Tafelspitz« sehr präzise ein ganz bestimmtes Stück Fleisch – nämlich die Spitze, die eigentlich zum Roastbeef gehört, aber in der Keule verbleibt, wenn man diese vom Rumpf trennt. Jeder kann sich vorstellen: So viele edle Tafelspitze, wie angeboten werden, kann es gar nicht geben.

Gekochtes Rindfleisch erfreut sich allergrößter Beliebtheit – vor allem Männer entscheiden sich gerne für das kernige Fleisch, das nicht zu fett ist und doch Kraft gibt.

Statt vom *gekochten Fleisch* wäre es besser, vom *gesottenen* zu reden: Denn das Fleisch darf niemals sprudelnd kochen, sondern nur ganz sanft gar ziehen. Siedfleisch ist denn auch der noch vor wenigen Jahren übliche Oberbegriff, der leider verdrängt wurde.

Zum Sieden eignet sich am besten Ochsenfleisch. Das ist am schönsten marmoriert, wie man sagt, um das mehr oder weniger ausgeprägte, elfenbeinfarbene Geäder der Fetteinlagerungen zu beschreiben. Was man in alten Kochbüchern als beste Qualität

sehen kann, gibt es heute leider nicht mehr. Man halte sich deshalb vorzugsweise an Weidemastochsen, die es ab und zu, vor allem im Herbst, zu kaufen gibt.
Ansonsten ist gegen ein Fleisch von älteren Rindern, von Milchkühen, nichts einzuwenden, wenn diese gut im Futter standen – das Fleisch soll von gelben Fettadern durchzogen sein. Es ist gehaltvoll und wohlschmeckend, allerdings etwas fester in der Struktur als das von jungen weiblichen Rindern, den Färsen. Deren Fleisch ist mit weißlich-elfenbeinernen Fetteinlagerungen marmoriert und stets etwas heller als das leuchtendrote, magere Fleisch von Jungmastbullen. Dies ist indes als Siedfleisch gar nicht zu empfehlen, weil es trocken wird und fade schmeckt. Denn, das ist eine Grundregel, nur was fett ist, schmeckt gut und bleibt saftig.
Deshalb werden auch die das Fleisch umgebenden Flachsen, Sehnen und Fettpartien nicht vor dem Kochen weggeschnitten, sie geben Geschmack und gelatinösen Saft an Fleisch und Brühe ab. Jeder kann es sich auf dem Teller entfernen, wenn er dieses »Gezadder«, das von guten Tieren köstlich kernig und geschmackvoller als jedes Fleisch ist, nicht mag.
Wichtig: In den meisten unserer Metzgereien dürfen nur Filet und Roastbeef lange genug, also zwei bis drei Wochen, abhängen und reifen, nicht jedoch die weniger teuren Stücke, schon gar nicht das sogenannte Suppenfleisch – das verkauft man vielmehr meist schon in der ersten Woche nach dem Schlachten. Dann ist das Fleisch noch nicht ausgereift, es kann gar nicht zart werden, muß zäh und faserig bleiben! Bitten Sie deshalb Ihren Metzger, entweder Ihren Tafelspitz abhängen zu lassen – oder lassen Sie ihn sich vakuumverpacken und wenigstens so zwei bis drei Wochen nachreifen: Der Tafelspitz schmeckt um so besser, je mürber das Fleisch geworden ist.
Die Österreicher, noch mehr die Wiener, haben das gesottene Fleisch zu höchster Vollendung geführt. Meissl & Schadn, ein legendäres, auf Rindfleisch spezialisiertes Restaurant im Vorkriegswien, hatte 42 verschiedene gekochte Rindfleischgerichte auf der Karte. Und beim heute berühmtesten Rindfleisch-Gastronomen Wiens, Plachutta, gibt es immer noch an die zwölf. Und bei uns? Da kennt man als »Siedfleische«: die Ochsenbrust (die freilich fast immer eine Rinderbrust ist), mancherorts auch Brustkern genannt, und eben das, was man den Tafelspitz nennt, aber oft doch keiner ist.

Gut paßt Meerrettich zum Siedfleisch – als Sauce, als sogenannter Semmelkren, wie ihn die Österreicher lieben, oder roh darüber geraspelt. Auch Salz- oder Gewürzgurken und süßsauer eingelegte Kürbisse, Kirschen oder Zwetschgen schmecken dazu ausgezeichnet. In Wien muß es unter anderem eine Eier-Schnittlauch-Sauce sein. Im Frühling paßt die kräuterwürzige Frankfurter Grüne Sauce (eine Auswahl von passenden Saucen ab Seite 718).

Tafelspitz

Ein ganzer Tafelspitz wiegt etwa 3 bis 3,5 kg und ist natürlich für eine normale Familie mit vier bis sechs Personen zuviel. Trotzdem sollte man nie ein kleineres Stück als von etwa 2 kg nehmen, denn nur so, dazu weitgehend umhüllt von Häuten, Fettschichten und Sehnen, bleibt das Fleisch nach dem Kochen wirklich saftig und wird schmelzend zart. Und was übrigbleibt ist später die Basis für einen wunderbaren Salat und/oder für eine Sülze, die sich noch tagelang hält.

Für 4 – 6 Personen:

einige schöne Markknochen, 1 Stück Tafelspitz von mindestens 2 kg, je ca. 300 g Möhren, Sellerie und Lauch, 1 Bund Petersilie, 4 Lorbeerblätter, je 1 EL Pfeffer- und Pimentkörner, 2 große Zwiebeln, 1 EL Salz,

1. Die Markknochen in den Kühlschrank legen, damit das Mark fest wird. Dann das Mark aus den Knochen drücken und in eine Schüssel mit kaltem Wasser legen. Möglichst 1 Tag in den Kühlschrank zurückstellen und wässern, damit es schön weiß wird. Ab und zu das Wasser wechseln.
2. Mit ausgehöhlten Knochen einen großen Suppentopf auslegen. Das Fleischstück obenauf betten – so wird verhindert, daß Fleisch mit dem heißen Topfboden in Kontakt kommt.
3. Das Gemüse putzen und waschen, unzerteilt oder nur grob zerkleinert rund um das Fleisch in den Suppentopf füllen.

Tip: Jetzt kann man gleich einen Teil für die Suppeneinlage beiseite tun: Sellerie und Möhren längs auf dem Gemüsehobel in feine Streifen, den hellgrünen und weißen Teil vom Lauch quer von Hand in ebenso schmale Ringe schneiden. In Salzwasser etwa 2 Minuten knackig gar kochen, dann sogleich eiskalt abschrecken, damit sie ihre leuchtende Farbe behalten.

4. Die Petersilienblätter abzupfen und für später beiseite legen, die Stiele in den Topf geben. Ebenso die Lorbeerblätter und die Gewürze.
5. Die ungeschälten Zwiebeln halbieren, mit ihrer Schnittfläche nach unten auf die mit Alufolie abgedeckte, sehr heiße Herdplatte setzen und fast schwarz anrösten, bevor sie ebenfalls in den Suppentopf wandern – sie geben der Brühe Geschmack und Farbe.
6. Alles nun mit kaltem (!) Wasser gut bedecken und salzen. Ohne Deckel zum Kochen bringen, den Schaum, der sich dabei an der Oberfläche bildet nicht abschöpfen, er wird ohnehin nach einigen Minuten verschwunden sein. Es handelt sich dabei um ausgeflocktes Eiweiß, das dann auf den Topfboden sinkt und dort dafür sorgt, daß die Brühe schön klar bleibt. Allerdings gelingt das nur, wenn das Wasser die gesamte Garzeit über niemals wallend kocht, sondern nur leise siedet.
7. Sobald der Schaum nicht mehr sichtbar ist, den Topfdeckel auflegen und das Fleisch von nun an $2^1/_2$ bis 3 Stunden lang gar ziehen lassen.
8. Das Fleisch quer zur Faser in 5 mm starke Scheiben schneiden, dachziegelartig auf einer vorgewärmten Platte anrichten (damit's hübsch aussieht, den kleinen Fettrand nach oben) und mit etwas Brühe benetzen.

Als Auftakt zum Tafelspitz gibt es natürlich die köstliche Brühe. Dafür das Mark in zentimetergroße Würfel schneiden, auf eine Schaumkelle betten und nur sekundenkurz in die siedende Brühe tauchen. Zusammen mit den Gemüsestreifen in Suppentellern verteilen, mit der abgeschmeckten, kochendheißen Brühe auffüllen. Gehackte Petersilie darüberstreuen und unverzüglich zu Tisch bringen.

Dazu passen ganz kleine, neue Kartöffelchen, die gut gebürstet und in ihrer Schale gekocht wurden, Blattspinat oder Wirsinggemüse und eine Saucc nach Wahl.

Buletten (Grundrezept)

Für 4 – 6 Personen:

1 altbackenes Brötchen, ca. 1/8 l Wasser, Milch oder Sahne, 1 Zwiebel, 2 Knoblauch-

Ob auf bayerisch Fleischpfanzl, schwäbisch Fleischküchle, berlinisch Frikadellen oder österreichisch faschierte Laiberl – wir lieben sie sehr und es gibt sie bei uns oft und gern. Mal als handtellergroße Küchle, dann wieder als Mini-Kugeln, die man mit einem Zahnstocher aufpickt und als Häppchen zum Glas Wein genießt. Sie schmecken bei uns übrigens nahezu jedesmal anders,

zehen, 2 EL Butter, 1 Bund Petersilie, 500 g Rinderhackfleisch, Salz, Pfeffer, 1 TL scharfer Senf, 1 Ei, 1 EL Kapern, ½ TL Paprika, 2 EL Butter und 2 EL Öl zum Braten

weil an Kräutern hineinkommt, was gerade da ist oder Saison hat – interessant zum Beispiel auch mit viel fein gehacktem, blanchiertem Borretsch! In jedem Fall gehört reichlich eingeweichtes Brot oder Brötchen hinein, um den Fleischteig aufzulockern!

1. Das Brötchen in heißem Wasser, Milch oder Sahne einweichen.
2. Inzwischen die feingehackte Zwiebel mit dem durchgepreßten Knoblauch in der Butter weichdünsten. Die gehackte Petersilie untermischen und abkühlen.
3. Mit dem Fleisch, dem gut ausgedrückten Brötchen, sowie den übrigen Zutaten gründlich mischen. (Die Kapern dafür fein hacken – wer keine Kapern mag, läßt sie ganz einfach weg!) Den Fleischteig sehr würzig abschmecken.
4. Flache Küchlein daraus formen. In einem Gemisch aus Öl (weil es sich gut erhitzen läßt) und Butter (für den Geschmack) auf beiden Seiten schön braun und knusprig braten.

Variationen: die verschiedensten frischen oder getrockneten Kräuter einarbeiten, auf chinesische Art mit gehacktem Ingwer, Chili und Sojasauce würzen.

Kaninchen

Gefüllter Kaninchenrücken

Läßt sich prima vorbereiten und auch wunderbar kalt servieren – dann ist der gefüllte Kaninchenrücken dünn aufgeschnitten ein hübscher Glanzpunkt auf einem kalten Buffet.

1. Den Kaninchenrücken entbeinen, auf der Arbeitsfläche so ausbreiten, daß die Innenseite nach oben schaut; die Bauchlappen nicht wegschneiden! Das Fleisch mit Salz, Pfeffer und feingehackten Rosmarinnadeln würzen.
2. Die Eier verquirlen, ebenfalls salzen und pfeffern. In einer beschichteten Pfanne, in wenig Öl hauchdünne Pfannkuchen

daraus backen. Auf der Kaninchenfläche ausbreiten. Blanchierte Bohnen daraufbetten.
3. Den Kaninchenrücken zu einer Rolle wickeln, die Bauchlappen als Hülle nehmen, darauf achten – falls, man ihn nicht mehr hat, den Kaninchenrücken in ein Schweinenetz packen.
4. Die Rolle gut verschnüren. Zunächst im heißen Öl kräftig und geduldig rundum anbraten, mit Wein ablöschen und schließlich den Fond angießen. Zugedeckt auf mildem Feuer etwa 20 bis 25 Minuten sanft schmurgeln lassen.
5. Zum Warmessen den Rücken in gut fingerdicke Scheiben schneiden und die Sauce mit Butter aufmixen; zum Kaltessen den Braten auf der Aufschnittmaschine in dünne Scheiben schneiden, den Bratenjus mit Olivenöl aufmixen.

Für 4 Personen:

1 Kaninchenrücken, Salz, Pfeffer, Rosmarinnadeln, 2 Eier, 2 EL Olivenöl, 1 Handvoll grüne Bohnen, 1 Gläschen Weißwein, knapp $^{1}/_{4}$ l Kalbs- oder Kaninchenfond

Geschmortes Kaninchen – coniglio in umido

»In umido« heißt »in Feuchtigkeit« – es entsteht also um das Fleisch herum keine richtige Sauce, sondern nur ein dick eingekochter Saft. Köstlich und charakteristisch für die italienische Hausfrauenküche, die auf diese Weise jegliches Fleisch (und auch Fisch!) zu verarbeiten weiß. Ebenso typisch das Zerteilen des Kaninchens mit den Knochen. Dadurch entsteht ein wunderbarer Saft, das Fleisch schmeckt besser und bleibt zarter. Man liest die Knochen erst auf dem Teller heraus.

1. Das Kaninchen samt Knochen in Stücke von etwa 60 Gramm hauen. In einem passenden Bräter oder Schmortopf im heißen Öl rasch rundum braun rösten. Dabei partienweise anbraten, damit alle Fleischstücke ständig Kontakt mit dem heißen Boden haben, das Fleisch also nicht Wasser ziehen und zäh werden lassen.
2. Wenn alle Fleischstücke angebraten sind, die geschälten Knoblauchzehen und die Kräuter zugeben und kurz angehen lassen. Den Wein angießen und fast verkochen lassen. Dann die geschälten und grob zerschnittenen Tomaten

Für 6 Personen:

1 Kaninchen von etwa 2 kg, 4 EL Olivenöl, 6 Knoblauchzehen, je 1 Rosmarin-, Thymian- und Salbeizweig, 3 Lorbeerblätter, $^{1}/_{4}$ l trockener Weißwein, 2 große reife Fleischtomaten, Salz, Pfeffer, 1 TL Fenchelsamen

Dazu passen Gnocchi (Rezept Seite 420), die mit Salbeiblättern in Butter aufgebraten wurden. Und als Getränk ein eleganter, mittelkräftiger Rotwein (etwa Cabernet oder Merlot aus Venetien oder dem Trentino, Refosco aus dem Friaul, Dolcetto oder Barbera aus Piemont).

zugeben. Würzen und unter häufigem Umwenden so lange offen bräteln lassen, bis fast die gesamte Flüssigkeit verdampft ist und die Tomaten sich beinahe aufgelöst haben.

3. Erst dann den Deckel auflegen und das Ganze bei milder Hitze in etwa einer halben Stunde fertig schmoren. Ab und zu mal nachsehen, damit nichts anbrennt, nötigenfalls schluckweise etwas Wein angießen.

Kaninchen mit Kaffee

Ein traditionelles Familienrezept das wir in der armen Alpenregion unterhalb des Monte Rosa im Norden Italiens gefunden haben: Man nahm zum Schmoren des Kaninchens den übriggeblieben Morgenkaffee, weil man einfach nichts anderes hatte! Und es stellte sich heraus, daß der Kaffee einem ausgewachsenen Kaninchen den etwas aufdringlichen Geschmack nahm. Das Kaninchen wird also geschmort wie üblich, statt mit Wein allein jedoch auch mit Espresso abgelöscht – ganz ohne Wein allerdings schmeckt das Gericht etwas fad, es fehlt ihm der Biß.

Für 4 – 6 Personen:

1 kleines Kaninchen (ca. 1,8 kg), 6 EL Butter, 2 EL Olivenöl, Salz, Pfeffer, 2 Rosmarinzweige, 2 Selleriestengel, 2 Möhren, 1 Zwiebel, 2 Tassen Espresso, 2 Glas trockener Weißwein, etwas Wasser, Petersilie

Dazu gibt es Weißbrot und einen kräftigen Rotwein aus der Region, zum Beispiel einen Ghemme oder Gattinara.

1. Das Kaninchen in Portionsstücke schneiden und in einem Gemisch aus zwei Eßlöffeln Butter und Öl rundum anbraten, dabei salzen, pfeffern und die Rosmarinzweige daneben legen.
2. Das Gemüse putzen und klein schneiden, um das Fleisch herum in den Topf streuen und mitrösten.
3. Erst wenn alles schön Farbe genommen hat, zunächst mit Wein ablöschen, dann mit dem Espresso angießen.
4. Das Kaninchen zugedeckt etwa 50 Minuten schmoren. Die Rückenstücke, die schneller gar sind, zuerst herausfischen.
5. Schließlich den Bratenfond durch eine Gemüsemühle streichen und mit der restlichen Butter aufmixen. Über die Kaninchenstücke gießen und mit Petersilie bestreut servieren.

Toskana-Kaninchen mit Puffbohnenpüree

Ein Klassiker, immer wieder köstlich!

Für 4 – 6 Personen:

1 Kaninchen von 1200 – 1500 g, 1 TL Salz, Pfeffer, 3 unbehandelte Zitronen, 5 EL Olivenöl, 3–6 Knoblauchzehen, 3 Rosmarinzweige, 3 Thymianzweige, 500 g Schalotten oder junge Zwiebeln, 500 g Kirschtomaten, ¼ l trockener Weißwein

PUFFBOHNENPÜREE:
1 kg Puffbohnen (Dicke Bohnen), Salz, 1 große Zwiebel, 2 EL Olivenöl, Gemüsebrühe, Pfeffer, 30 g Butter, etwas abgeriebene Zitronenschale, Cayennepfeffer

1. Das Kaninchen in streichholzschachtelgroße Stücke hauen. Nebeneinander in eine tiefe Bratenpfanne legen. Mit dem Saft einer Zitrone einreiben, salzen, pfeffern, großzügig mit Öl beträufeln. Den Knoblauch, grob gehackt, Rosmarin und Thymianzweige. dazwischen verteilen.
2. Die restliche Zitronen in Segmente schneiden und mit den geschälten Schalotten sowie gehäuteten Tomaten in der Form verteilen. In den heißen Backofen schieben und zunächst kräftig anbraten. Erst wenn alles brutzelt, den Wein angießen, die Hitze nunmehr auf 120 Grad herunterschalten und das Kaninchen etwa eine Stunde sanft schmurgeln lassen. Am besten in der Form auftragen.
3. Dazu paßt ein Püree von Puffbohnen: diese dafür zunächst aus der dicken Hülle lösen. Die Kerne in kochendes Salzwasser werfen, nach 1 Minute abgießen, abschrecken und schließlich von der ledrigen Haut befreien.
4. Die feingewürfelte Zwiebel in Öl andünsten, die Bohnenkerne zufügen und mit einigen Spritzern Brühe benetzen. Dabei mit Salz und Pfeffer würzen. Zugedeckt etwa 8 bis 10 Minuten garkochen.
5. Im Mixer pürieren, dabei die kalte Butter in Flöckchen zufügen und das Püree eventuell mit einem Schuß Brühe auf die gewünschte Konsistenz bringen. Mit Zitronenschale und Cayennepfeffer abschmecken und zum Kaninchen reichen.

Rosmarinkaninchen mit Zitrone

Wenn er nett ist und Zeit hat, zerlegt vielleicht der Händler das Kaninchen für Sie. Falls nicht – es ist nicht weiter schwierig: Nieren und Leber herauslösen und auf einem Teller zugedeckt beiseite stellen. Die Vorderläufe an der Schulter abtrennen, ebenso die Keulen im Gelenk vom Körper schneiden.

Jeweils wiederum im Gelenk durchtrennen, so daß portionsgerechte, kleine Stücke entstehen. Den Rücken in zwei oder drei Stücke teilen, die Bauchlappen um das zarte Rückenfleisch wickeln und mit Küchenzwirn festbinden – so bleibt es vor zuviel Hitze geschützt und trocknet nicht so leicht aus.

Für 4 Personen:

1 mittelgroßes Kaninchen (ca. 1,8 kg), 4 EL Olivenöl, 1 junge Knoblauchknolle, Salz, Pfeffer, einige frische Rosmarin-, Thymian- und Salbeizweige, je 1 Glas Weißwein und Fleischbrühe, 2 Zitronen

1. Die Kaninchenstücke in einem großen, breiten Topf oder in einer entsprechend tiefen Pfanne im heißen Öl auf mittlerem Feuer langsam auf allen Seiten schön golden braten.
2. Dann die geschälten Knoblauchzehen drumherum streuen und ebenfalls golden werden lassen.
3. Salzen, pfeffern, die Kräuterzweige dazwischenlegen, mit Wein und Brühe ablöschen.
4. Die beiden Zitronen filetieren: zuerst wie einen Apfel schälen, dabei die weiße Innenhaut ebenfalls abschneiden. Dann mit einem kleinen, scharfen Messer die freiliegenden Filets aus den einzelnen Häuten schneiden. Über einer Schüssel arbeiten, damit der herabtropfende Saft aufgefangen wird.
5. Zitronensaft zum Kaninchen geben. Auf kleinstem Feuer zugedeckt etwa eine halbe Stunde ganz leise schmurgeln lassen. Die Rückenstücke jedoch bereits nach 10 Minuten herausheben und auf einem Teller zugedeckt beiseite stellen – sie trocknen nur aus, wenn man sie länger im Topf beläßt.
6. Nieren und Leber putzen, rasch in einem Löffel heißem Öl anbraten, salzen und pfeffern. Und am besten gleich – als Stärkung während des Kochens – verspeisen; sie schmecken köstlich und sind eine so winzige Portion, daß man kein schlechtes Gewissen haben muß, wenn man sie den Gästen vorenthält. Wer sich das nicht traut, gibt sie zum Schluß an das Ragout …
7. Zum Schluß sollten die Kaninchenstücke golden und durch und durch saftig sein, der Bratenjus so konzentriert, daß er das Fleisch dick überzieht. Dann werden auch die Rückenstücke wieder eingelegt.
8. Im letzten Moment die Zitronenfilets untermischen, alles auf einer vorgewärmten Platte anrichten.

Beilage: Einfach nur Weißbrot oder duftende Toskanakartoffeln (Seite 422).

Getränk: Vorzugsweise einen ganz trockenen, aber etwas nach Kräutern und Macchia duftenden, aromatischen, möglichst säurearmen und fülligen Weißwein aus südlichen Gefilden, etwa einen Weißwein aus der Toskana, aus Umbrien oder Latium, aus Sardinien, Spanien oder der Provence. Von hier darf's auch ein Rosé sein, wenn er nur frisch-fruchtig, trocken und etwas spritzig ist. Oder ein Spätburgunder Weißherbst, der kellerkühl am besten schmeckt. Schließlich paßt auch ein leichter, eleganter, ebenfalls kühl zu trinkender Rotwein – Trollinger aus Württemberg, deutscher Spätburgunder überhaupt, Vernatsch aus Südtirol, Beaujolais aus Frankreich, Bardolino oder Valpolicella aus Italien.

Lamm

Griechische Lammkeule

Eigentlich handelt es sich hier nicht um ein Rezept oder eine Zubereitungsart, sondern um eine Philosophie: Wie erreicht man die totale, zugleich harmonische Durchdringung von Tier (Lamm) und Pflanze (Knoblauch)? Antwort: Indem man mit Kennerschaft, Präzision und Vorsicht spickt!
Grundvoraussetzung dazu: Eine schöne Lammkeule, zart und mit etwas Fett. Vorsichtig von zu fetten Partien befreit, das Fleisch nirgendwo angeschnitten.
Nehmen Sie sodann nach Geschmack und Muße 15 bis 30 frische, geschälte Knoblauchzehen. Jetzt suchen Sie an der Lammkeule die passenden Stellen, um die Zehen einzuschieben: Mit den Fingerspitzen die Muskelstränge abtasten und nur zwischen zwei Strängen, dort, wo sie von Haut oder Sehnen geschützt sind, mit einem spitzen Messer vorsichtig einstechen und die Zehen hineinstecken. Wenn Sie perfekt arbeiten, stechen Sie nie ins Fleisch selbst, so daß beim Braten kein wertvoller Saft auslaufen wird.

Für 6 Personen:

1 Lammkeule (ca. 1,4 kg), 3–4 Knoblauchknollen, Salz, Pfeffer, je 1 Handvoll Rosmarin- und Salbeizweige und Lorbeerblätter, 4 EL Olivenöl

1. Die Zubereitung selbst ist jetzt ganz einfach: Die behutsam und sorgfältig gespickte Keule mit Salz und Pfeffer einreiben und auf ein Rosmarin-Salbei-Lorbeer-Bett legen (in einem Bräter oder direkt auf der Fettpfanne) und mit Öl begießen.

2. In den auf stärkste Hitze vorgeheizten Ofen schieben (250 bis 300 Grad!), nach 15 Minuten Hitze auf 100 Grad herunterschalten und die Keule noch etwa 2 Stunden in der zunächst nachlassenden, dann niedrigen Hitze langsam ziehen lassen.
3. Vor dem Anschneiden das Fleisch noch etwa 10 Minuten unter Alufolie auf dem Schneidebrett ausruhen lassen.

Zum griechischen Lamm passen geschmorte Gemüse oder eine Riesenschüssel bunt gemischter Salat.

Für 4 – 6 Personen:

1 Lammkeule (vom Metzger quer zum Knochen in dicke Scheiben sägen lassen), 3–4 EL Öl, Salz, Pfeffer, 8 Tomaten, ca. 100 g altbackenes Weißbrot, 6 Knoblauchzehen, 1 dicker Bund Petersilie, 3 EL Olivenöl

In diesem Falle stellen wir die Form ofenheiß auf den Tisch – das sieht schön aus und schmeckt prima. Dazu paßt Vino Nobile di Montepulciano, ein Médoc-Wein oder ein Rioja.

Osso buco von der Lammkeule mit Tomaten

1. Die Lammscheiben mit einem Fleischklopfer (glatte Seite!) flach klopfen, in einer großen Pfanne im heißen Öl langsam, aber geduldig kräftig auf beiden Seiten anbraten, dabei salzen und pfeffern.
2. Die Tomaten quer halbieren. Das Brot, die geschälten Knoblauchzehen und die Petersilie im Mixer fein hacken, dabei das Öl zufügen, außerdem salzen und pfeffern. Diese Masse auf der Oberfläche der aufgeschnittenen Tomaten verteilen.
3. Die Lammscheiben in einer feuerfesten Form verteilen, die Tomatenhälften mit ihren grünen Häubchen dazwischensetzen. Die Form für etwa 20 bis 25 Minuten in den auf 220 Grad vorgeheizten Backofen schieben.

Lammkeule mit Kokossauce

1. Zuerst die Sauce herstellen: Zerkleinerte Schalotten im Öl anrösten, Chilis hinzubröseln und die Erdnüsse mitrösten. Sojabohnen mitsamt ihrer Flüssigkeit, Zucker und Zitronensaft zufügen. 15 Minuten köcheln, mixen und abschmecken.
2. Die Lammkeule mit einem Teil dieser Sauce rundum einreiben und eine Stunde, ruhig länger marinieren. Schließlich in

einen großen Bräter setzen und im auf stärkste Hitze (mindestens 250, besser 270 Grad) vorgeheizten Backofen zunächst etwa 15 bis 20 Minuten scharf anbraten.

3. Wenn sie zu brutzeln beginnt, mit einem Schuß Wasser oder Brühe ablöschen. Den Backofen auf 100 Grad herunterschalten, die Keule etwa 1 1/2, ruhig sogar 2 Stunden ziehen lassen.
4. Den Bratensatz mit einer Tasse Wasser loskochen und mit der restlichen vorbereiteten Sauce mischen. Die Sauce einkochen, wenn das nötig ist, oder mit einem Schuß Brühe, auf die gewünschte Konsistenz bringen, gut abschmecken und mit dem Mixstab aufschlagen.
5. Die Keule in dünne Scheiben aufschneiden. Die Sauce getrennt dazu reichen.

Dazu passen kleine neue Kartöffelchen und Gemüse der Saison.

Für 8 Personen:

1 Lammkeule (ca. 2 kg), 3 EL Öl

KOKOSSAUCE:
4 Schalotten, 1 EL Öl, 2 getrocknete Chilis, 2 gehäufte EL Erdnüsse, 2 gehäufte EL gelbe, fermentierte Sojabohnen (Glas), 1 EL Zucker, 2 El Zitronensaft, 200 ml Kokossahne

Ofenlamm

Am liebsten bereiten wir dieses Gericht in Italien oder Spanien zu, wo man noch weiß, was Lämmer sind: Dann rechnen wir pro Person eine ganze Schulter oder eine halbe Keule, wobei wir nicht verhehlen wollen, daß wir die Schulter viel lieber mögen, als die Keule. Voraussetzung natürlich, daß die Lämmer so klein und zart sind, wie man sie bei uns niemals bekommen kann. Wir finden das fast tragisch, freuen uns aber deshalb um so mehr auf Mallorca oder Sizilien!

Für 8 – 10 Personen:

2 Lammschultern à ca. 1 kg oder 1 Keule (ca. 1,8 kg), Salz, Pfeffer, 1 Handvoll Knoblauchzehen, Rosmarin, Thymian, Salbei, 1 Tasse Olivenöl

1. Das Fleisch mit Salz und Pfeffer einreiben. Mit einem spitzen Messer entlang der Muskeln kleine Einschnitte machen, dorthinein die Knoblauchzehen schieben.
2. Die Schultern oder die Keule auf ein Bratenblech betten, die Kräuter drum herum streuen. Alles mit Öl einreiben.
3. Bei 250 Grad zunächst 20 bis 30 Minuten anbraten, bis die Fleischstücke richtig brutzeln. Mit Weißwein begießen, den Ofen auf 100 Grad herunterschalten, die Fleischstücke jedoch noch eine weitere Stunde sanft nachziehen lassen.

Dazu Weißbrot bereitstellen, eventuell auch Öl- oder Toskana-Kartoffeln und grüne Bohnen dazu reichen. Und einen gehaltvollen Rotwein: Cabernet Sauvignon paßt immer zu Lamm!

Geschmorte Lammschulter mit Waldpilzen

Damit man die Sauce schön auftunken kann, gibt's kleine Semmelknödelchen dazu, luftig und locker. Davon sollte man übrigens unbedingt immer mehr machen, als man als Beilage braucht, was übrigbleibt, wird anderntags als Salat serviert.

Für 6 Personen:

1 Lammschulter (ca. 1,2 kg), Salz, Pfeffer, 3 EL Olivenöl, 2 Zwiebeln, 2 Möhren, 1 Stück Sellerie, 1 Kräuterstrauß (Thymian, Rosmarin), 1 Flasche Rotwein (Spätburgunder, Chianti, Beaujolais), 6 Pimentbeeren, 6 Wacholderbeeren, 1–2 getrocknete Chilischoten, 500 g gemischte Waldpilze, 2 EL Butter, Petersilie, 1 EL Orangenmarmelade

1. Die Lammschulter in den Gelenken in drei Portionsstücke teilen, damit sie besser in den Topf passen, mit Salz und Pfeffer einreiben, schließlich in einem großen Bratentopf im heißen Öl anbraten. Das klein gewürfelte Wurzelwerk zufügen.
2. Den Kräuterstrauß in den Topf legen, mit Wein angießen und die Gewürze zufügen. Aufkochen, dann auf kleinstem Feuer leise 2 Stunden schmurgeln lassen, bis das Fleisch zart ist. Die Stücke herausnehmen und etwas abkühlen lassen.
3. Das Fleisch von den Knochen lösen und in mundgerechte Stücke schneiden.
4. Den Bratenfond mitsamt dem Gemüse im Mixer pürieren. Man kann diese aromatische, aber dicke Sauce durch ein Sieb streichen oder aber auch lassen, wie sie ist.
5. Die Pilze putzen, in Scheibchen schneiden, ohne Fett im Bratentopf zunächst ihr Wasser verlieren lassen, dann erst die Bratensauce zufügen. Die Butter einschwenken, auch die gehackte Petersilie. Mit einem Löffel Orangenmarmelade abschmecken.

Man kann die Sauce noch etwas Rahm verrühren, das macht sie milder. Ein Löffelchen Chilipüree gibt ihr Pfiff. Und etwas Tomatenpüree verleiht ihr eine kräftigere Farbe.

Gebratene Lammschulter auf Kartoffeln

Ein wunderbar einfaches Rezept, mit dem man viel Wirkung erzielen kann:

1. Die Schulterstücke mit Olivenöl, Salz und Pfeffer einreiben.
2. Die Kartoffeln schälen, längs in Scheiben oder Viertel schneiden und in einer Bratenreine verteilen, dabei ebenfalls mit Olivenöl, Salz und Pfeffer würzen.

3. Die Zwiebeln schälen, in dicke Scheiben schneiden und zusammen mit dem Knoblauch auf dem Kartoffelbett verteilen. Die Lammstücke auf dieses Bett setzen. In den zunächst auf 250 Grad vorgeheizten Ofen schieben.
4. Nach 1/2 Stunde die Temperatur auf 100 Grad herunterschalten, das Fleisch bei nunmehr nachlassender Hitze noch eine weitere Stunde ziehen lassen.
5. Das Fleisch von den Knochen lösen, in Scheiben schneiden und auf den Kartoffeln auf einer vorgewärmten Platte anrichten.

Für 6 – 8 Personen:

1 große oder 2 kleinere Lammschultern – vom Metzger bereits in je drei Stücke geteilt: Blatt, Fuß und Mittelknochen, Olivenöl, Salz und Pfeffer, ca. 1 kg Kartoffeln, 3 Zwiebeln, 3–5 Knoblauchzehen, Rosmarin, Thymian,

Toskanisches Lammragout

Dafür braucht man gut durchwachsene Stücke vom Lamm, ideal ist der Hals (am besten vom Metzger längs halbieren lassen) und/oder die Häxle, auch die Schulter läßt sich gut dafür verwenden. Am besten verarbeitet man die Stücke im ganzen, mitsamt den Sehnen und Flachsen – sie geben der Sauce Kraft und Geschmack. Vor dem Servieren muß man dann das Fleisch auslösen und in mundgerechte Würfel schneiden. Dabei werden alle Sehnen und Flachsen entfernt.

1. Die Steinpilze mit 1/4 Liter kochendem Wasser überbrühen und 1/2 Stunde einweichen.
2. Die Lammteile, wenn nötig, auf Topfgröße zuschneiden. In einem ausreichend großen Bräter das Öl erhitzen, die Fleischstücke darin von allen Seiten sehr kräftig und sehr geduldig anbraten, dabei salzen und pfeffern.
3. Inzwischen das Gemüse putzen, sehr klein würfeln und schließlich rund um das Fleisch streuen und kurz mitbraten. Auch die Steinpilze zufügen, eventell klein hacken. Mit dem Rotwein und Einweichflüssigkeit ablöschen. Sobald dieser aufkocht, die Hitze so regulieren, daß sich der Sud leise bewegt und milden Dampf entwickelt.
4. Den Topf in den auf 160 Grad vorgeheizten Backofen stellen, das Lamm auf diese Weise ohne Deckel etwa 3 Stunden leise ziehen lassen. Nach der halben Zeit die Stücke wenden. Sollte dabei zuviel Flüssigkeit verdampfen, immer wieder einen

Für 6 – 8 Personen:

2 EL getrocknete Steinpilze, 2 kg Lamm mit Knochen, 3 EL Olivenöl, Salz, Pfeffer, 1 dicke Möhre, 1 Lauchstange, 2 Zwiebeln, 3–4 Knoblauchzehen, 3–4 Selleriestengel, Salz, Pfeffer, 2 Flaschen Rotwein (Chianti)

Schuß Wasser zufügen. Die Sauce sollte dabei ruhig gut einkochen und darf nicht zu flüssig sein.

5. Die Fleischstücke herausheben, sobald das Fleisch zart ist und sich leicht vom Knochen löst. Etwas abkühlen lassen, bis man es gut anfassen kann. Alle unschönen Partien entfernen, das Fleisch in gulaschgroße Würfel schneiden.
6. Unterdessen die Sauce, wenn noch nötig, auf ihre gewünschte Konsistenz und Menge einkochen. Durch eine Gemüsemühle passieren und schließlich mit einem Mixstab aufschlagen, dabei ein, 2 Eßlöffel frisches Olivenöl zur Bindung und für den Geschmack untermixen. Die Sauce abschmecken und die Fleischwürfel darin erwärmen.

Tip: Statt eine Gemüsebeilage dazu vorzusehen, ist es besser, Gemüse vorzubereiten, das zum Schluß ins Ragout gerührt wird. Da eignen sich Blumenkohl- und/oder Brokkoliröschen, bißfest blanchiert und mit Salz, Muskat und Pfeffer gewürzt. Oder gewürfelte, im eigenen Saft gedünstete Möhren, weiße Rübchen oder Sellerie. Auch eine Mischung davon.

Man kann zum Lammragout einfach frisches Brot reichen. Gut schmeckt auch Polenta oder Kartoffelpüree, immer gut ist natürlich hausgemachte Pasta oder schwäbische Spätzle! Und dazu trinkt man eine kräftige Chianti Classico riserva.

Lamm-Pie

Für 4 – 6 Personen:

PASTETENTEIG:
225 g Mehl, 1 gute Prise Salz, 110 g Butter oder Schweineschmalz, ein paar Tropfen Zitronensaft, 1 EL eiskaltes Wasser, Mehl zum Ausrollen, Eiweiß zum Ankleben, verquirltes Eigelb zum Bepinseln

Verstehen Sie dieses Rezept als Anregung für eigene Abwandlungen: Auf diese Weise lassen sich tausenderlei Arten von Schüsselpasteten backen – so heißen Pies auf deutsch.

1. Aus Mehl, Salz, Butter oder Schmalz, Zitronensaft und Wasser rasch einen Mürbteig kneten – damit der Teig nicht klebt, mit kühlen Händen, diese eventuell dazu unter kaltes Wasser halten. Zu einer Kugel geformt und in Folie verpackt mindestens eine halbe Stunde, besser über Nacht, kalt stellen.
2. Das Fleisch in bissengroße Würfel schneiden, im heißen

Öl auf allen Seiten kräftig anbraten, am besten partienweise, damit es kein Wasser zieht – es würde sonst zäh.

3. Zwiebeln und Knoblauch fein hacken und zwischen die Fleischwürfel auf den Topfboden streuen, auf nunmehr kleinerem Feuer so lange dünsten, bis die Zwiebeln weich sind.
4. Die Möhren mit dem Sparschäler schälen, in Scheiben hobeln, zum Fleisch geben und zugedeckt zehn Minuten mitdünsten – dabei sollte so viel Saft entstehen, daß sich eine weitere Flüssigkeitszugabe zum Schmoren erübrigt.
5. Jetzt den Bleichsellerie in dünnen Scheiben und die Erbsen (aufgetaut) unterrühren, alles salzen, pfeffern, mit Thymian und Chilipulver kräftig würzen. Noch 15 Minuten schmurgeln lassen, bevor endlich der Wein angegossen wird. Mit Worcestershire und Sojasauce abschmecken.
6. Das Ragout in eine feuerfeste Form füllen – sie kann rund, oval oder eckig sein, flach oder auch schüsselartig.
7. Den Teig für den Deckel auf der bemehlten Arbeitsfläche dünn ausrollen, er sollte im Durchmesser 10 cm größer sein als die Schüssel. In der Mitte ein kleines Loch ausstechen, den Kamin, durch den der Dampf entweichen kann.
8. Den Schüsselrand außen mit Eiweiß einpinseln, den Teigdeckel auflegen und rundum festdrücken. Für etwa 35 bis 40 Minuten in den 200 Grad heißen Ofen stellen, bis der Teigdeckel goldbraun glänzt.

FÜLLUNG:
500 g Lammfleisch (aus der Schulter oder Keule), 3 EL Olivenöl, 1 große Zwiebel, 2 Knoblauchzehen, 3 große Möhren (gut 300 g), 5 Stengel Bleichsellerie (etwa 300 g), 150 g Palerbsen (tiefgekühlte), Salz, Pfeffer, Thymian, Chilipulver, 1 Glas Rotwein, 2 TL Worcestershire Sauce, 1 EL Sojasauce

Statt des salzigen Mürbeteigs Blätterteig verwenden, den Sie tiefgekühlt fertig kaufen können.

Beilage:
Blattsalat mit Vinaigrette und Kräutern.
Getränk:
Derselbe trockene (!) Rotwein, der auch zum Kochen verwendet wurde.

Prättigauer Schafverdämpf

Ein plastischer Name für ein klares, einfaches Essen. Man nimmt dafür die Brustrippchen vom Lamm, die so lange sanft geschmort werden, bis sich das Fleisch von selbst vom Knochen löst.

1. Die ledrige Haut, die auf den Rippchen sitzt, entfernen. Die Rippchen in einem großen, flachen Bratentopf im heißen Öl langsam und kräftig schön dunkelbraun braten. Immer wieder drehen und wenden. Erst wenn alle Stücke knusprig braun geworden sind, salzen und pfeffern.

Dazu trinkt Johny Ehrat aus Klosters, von dem wir dieses Bündner Rezept bekommen haben, einen Malanser Blauburgunder.

Für 4 – 6 Personen:

1,2 kg Lammrippchen (man kann natürlich auch Schweinerippchen nach diesem Rezept zubereiten), 3 EL Öl, Salz, Pfeffer,

2 dl Rotwein, 5 dl Lammfond oder konzentrierte Fleischbrühe, eine mit 1 Lorbeerblatt und 2 Nelken gespickte Zwiebel, 4 kleine Möhren, 8 kleine Kartoffeln, 2 schlanke Lauchstangen, 1 junge Sellerieknolle, 1 kleiner Wirsing

2. Den Wein angießen, rasch einkochen. Erst dann den Lammfond zufügen und die gespickte Zwiebel. Zugedeckt auf mildem Feuer leise köcheln.
3. Die Gemüse putzen, hübsch zuschneiden und in den Topf füllen. Eine weitere halbe Stunde köcheln, bis alle Gemüse weich sind.

Steirisches Majoranschöpsernes

»Schöpsernes« heißt das Hammelfleisch in Österreich – das Frikassee wird mit älterem Fleisch natürlich eine deftige Sache! Zarter und für unsere heutigen Gaumen angenehmer schmeckt der Eintopf, wenn Sie Lammfleisch nehmen.

Für 6 Personen:

1 größere Lammschulter oder Lammkeule (ca. 1,8 – 2 kg Fleisch), Salz, 4 Knoblauchzehen, 2 Lorbeerblätter, je 1 TL Thymian, Pfeffer- und Pimentkörner, 2 gehäufte TL getrockneter Majoran, je etwa 250 g Lauch, Sellerie, Möhren und Zwiebeln, 1 großes Bund Petersilie, 1 kg Kartoffeln, 1 – 2 EL vorzüglicher Weinessig, 100 g frischer Meerrettich, reichlich frischer Majoran

1. Das Fleisch auslösen und roh in große Würfel von mindestens etwa 4 bis 6 cm Kantenlänge schneiden. Mit einem Liter Wasser und Salz aufsetzen, die Gewürze zufügen und langsam zum Kochen bringen.
2. Lauch, Sellerie, Möhren und Zwiebeln putzen – die Abschnitte mit zum Fleisch geben, die schönen Teile in Streifen schneiden und beiseite legen (Möhren und Sellerie eventuell mit etwas Zitronensaft beträufeln, damit sie nicht anlaufen). Petersilienblätter von den Stengeln zupfen, die Stengel mitkochen.
3. Wenn das Fleisch einmal aufgewallt ist, die Hitze herunterschalten und alles eine knappe Stunde leise simmern lassen – das Fleisch bekommt auf diese Art, als »eingemachtes Fleisch« gegart, eine recht feste Konsistenz.
4. Jetzt das Fleisch herausnehmen und den Kochsud durchseihen.
5. Die Kartoffeln schälen und mit dem in exakte Streifen oder Würfel geschnittenen Wurzelwerk sowie dem Fleisch in den Suppentopf füllen. Mit der durchgeseihten Brühe auffüllen und auf milder Hitze sehr behutsam eine weitere halbe Stunde köcheln, bis Kartoffeln und Gemüse weich sind.
6. Fleisch, Gemüse und Kartoffeln auf einer großen, vorgewärmten Platte anrichten. Mit den gehackten Petersilien-

blättern – wenn vorhanden, auch frischen Majoranblättchen – bestreuen. Den Sud mit Essig würzen, abschmecken und darübergießen. Alles mit frisch gerissenem (geriebenem) Meerrettich überstreuen.

Dazu trinken wir einen steirischen Weißwein (Sauvignon, Weißburgunder oder Morillon, wie der Chardonnay hier heißt) oder einen mächtigen Burgenländer Roten.

Fritierte Lammrippchen

Dafür werden fleischige Schweine-, noch besser: Lammrippchen in mundgerechte Stücke geschnitten, mariniert und schließlich im Öl schwimmend knusprig gebacken. Reichlich fritierte Knoblauchflocken geben Biß und Duft!

Für 4 Personen:

500 g Lammrippchen,
2 EL Fischsauce, 1 TL Zucker

AUSSERDEM:
Öl zum Fritieren,
Koriandergrün, rote Chili

1. Die Rippchen zerlegen, jedes Stück quer in mundgerechte Bissen hacken. Fischsauce und Zucker mischen, die Rippchen damit in einen Beutel füllen, alle Luft herausdrücken und den Beutel gut verschließen. 1 Stunde oder länger ziehen lassen.
2. Vor dem Servieren die Stücke gut abtrocknen, in heißem Öl schwimmend knusprig backen. Auf Küchenpapier gut abtropfen.
3. Die Rippchen mit Koriandergrün und feinen Chilistreifen dekorieren.

Dazu paßt

Chili-Jam: Auch herrlich zum Nachwürzen bei Tisch, zum Braten im Wok – eine schnelle, wunderbar komplexe Würze für Fleisch, Fisch und Gemüse.

Für 1 Glas mit ca. 200 g Inhalt:

1 TL Shrimppaste,
1 EL Öl, 10 Knoblauchzehen,
10 Thaischalotten (von europäischen Schalotten die Hälfte), 10 rote Chilis (frisch oder getrocknet),
1 walnußgroßes Stück Galgant, 1 EL Fischsauce,
1 EL Palmzucker,
1 EL Tamarindenwasser (oder Zitronensaft)

1. Shrimppaste im heißen Öl anrösten, geschälten, grob gehackten Knoblauch, Schalotten, Chilis und Galgant zufügen.
2. Mit den Würzflüssigkeiten ablöschen und etwa 10 Minuten schmurgeln.
2. Alles im Mixer pürieren.

Schwein

Spanferkelkeule

Wohl dem, der einen guten Metzger hat, der einem Fleisch von glücklichen Tieren liefern kann. Dann bedarf es überhaupt keiner großartigen Mühe, um einen anständigen Braten auf den Tisch zu bringen. Immer ein großes Stück nehmen, denn kalt schmeckt ein solcher Braten noch mal so gut.

Für 6 – 8 Personen:

1 Spanferkelkeule (ca. 2 kg), Salz, Pfeffer, 2–3 große Zwiebeln, 3–4 Knoblauchzehen, 1 Möhre, 2 Selleriestangen, je 2 Rosmarin- und Thymianzweige, 1–2 Chilischoten, 1 TL Pimentbeeren, 1 Nelke, 1 Flasche Weißwein, 2 EL Essig (möglichst ein milder, aromatischer, z. B. Apfelessig)

1. Die Schwarte der Keule mit einem scharfen Messer kreuzweise einritzen, dabei die Schnitte möglichst eng beieinander und genau parallel setzen, so daß ein hübsches, akkurates Würfelmuster entsteht. Die Schwarte kann dadurch ihr Fett schön ausbraten und herrlich knusprig werden.
2. Die Oberfläche mit Salz und Pfeffer einreiben. Die Keule in einen großen Bräter setzen und im auf stärkste Hitze vorgeheizten Backofen zunächst etwa 30 Minuten scharf anbraten.
3. Sobald sie zu brutzeln beginnt, die Zwiebeln und den Knoblauch grob gehackt rundum streuen und kurz mitrösten, außerdem die gewürfelte Möhre und Selleriestange. Schließlich mit Wein ablöschen. Die Kräuter zufügen, auch die Gewürze.
4. Den Backofen jetzt auf 150 Grad herunterschalten, die Keule nunmehr etwa 2 bis 3 Stunden sanft braten lassen. Dabei immer wieder mit Bratenjus begießen. Sollte er zu sehr einkochen, immer wieder einen Schuß Wasser zufügen.
5. Den gesamten Inhalt der Bratenform schließlich für die Sauce durch ein feines Sieb gießen, die Keule zurück in den ausgeschalteten Ofen stellen.
6. Die Sauce einkochen, wenn das nötig ist, oder mit einem Schuß Brühe, auf die gewünschte Konsistenz bringen, gut abschmecken und mit einem Stück Butter aufmixen, bis sie glänzt.
7. Die Keule auf einer großen Platte oder, besser noch, auf dem Tranchierbrett zu Tisch bringen und dort in dünne Scheiben aufschneiden. Die Sauce getrennt dazu reichen.

Besonders knusprig wird die Schwarte, wenn man sie zum Ende der Bratzeit hin mit Essig einpinselt.

Gepökelte Schweineschulter mit Apfelkartoffeln

Für 6 Personen:

1,5 kg Schweineschulter (beim Metzger rechtzeitig bestellen: gepökelt, angeräuchert und zum Rollbraten verschnürt), 2 EL Schweineschmalz, 1 kg festkochende Kartoffeln, 750 g kochfeste Äpfel (zum Beispiel Golden Delicious oder Boskoop), 250 g Zwiebeln, 1 Bund Salbei, ½ l Fleischbrühe, Salz, Pfeffer, 1 Bund glatte Petersilie

1. Den Schweinebraten zunächst rundum im heißen Schmalz anbraten. Am besten in einer Bratenform, die geräumig genug ist, später auch die Kartoffeln und die Äpfel aufzunehmen.
2. Wenn das Fleisch überall appetitlich braun geworden ist, herausnehmen, zugedeckt beiseite stellen. Statt dessen nun die geschälten, geviertelten oder, falls es kleine Exemplare sind, nur halbierten Kartoffeln in der Form verteilen.
3. Geschälte, geviertelte und vom Kerngehäuse befreite Äpfel und die Zwiebeln (ebenfalls geschält und geviertelt oder sogar geachtelt) zufügen. Die abgezupften Salbeiblättchen mit dazwischenstreuen. Alles im heißen Schmalz wenden und zart anbräunen, salzen und pfeffern.
4. Schließlich in der Mitte das Gemüse etwas beiseite schieben und Platz für den Schweinebraten schaffen. Ihn dort hinein setzen. Mit Brühe übergießen. Form für etwa 75 Minuten in den auf 170 Grad vorgeheizten Ofen schieben.
5. Jetzt müßten Kartoffeln und Zwiebeln weich und der Braten schön zart sein. Fein geschnittene Petersilie darüberstreuen.
6. Den Braten von seiner Schnur befreien und in dünne Scheiben aufschneiden. Das Apfel-Kartoffel-Gemüse auf einer tiefen Platte anrichten. Die Fleischscheiben dachziegelartig angeordnet danebensetzen. Mit dem Saft aus der Bratenform übergießen und dann zu Tisch bringen.

Man kann dieses Essen ganz bequem auch im Römertopf zubereiten. In diesem Fall das Fleisch in einer Pfanne vorbräunen. Dann zusammen mit den Äpfeln und Kartoffeln in die Tonform schichten und garen.

Schweinekotelett mit Apfelgemüse und Frühlingszwiebeln

1. Die Koteletts salzen und pfeffern. Auf beiden Seiten in einer Mischung aus einem Eßlöffel Öl und einem Eßlöffel Butter

Für 2 Personen:

2 Schweinekoteletts, Salz und Pfeffer, 2 EL Öl, 2 EL Butter, 2 Äpfel (zum Beispiel Goldparmäne oder Cox Orange), Muskat, Zucker, 1 Bund Frühlingszwiebeln

scharf anbraten. Herausnehmen und auf einem Teller unter Alufolie zum Nachziehen beiseite stellen.

2. In der Pfanne das restliche Fett erhitzen. Die in Scheiben geschnittenen Äpfel (zuvor geschält und mit einem Ausstecher vom Kerngehäuse befreit) sanft, aber nicht zu kurz braten, dabei salzen, pfeffern, mit reichlich frisch geriebener Muskatnuß geradezu einpudern und mit einer Prise Zucker würzen.
3. Erst wenn die Äpfel beginnen, goldgelbe Stellen zu zeigen, die schräg in Stücke geschnittenen Frühlingszwiebeln zufügen und kurz mitschwenken.
4. Koteletts auf Tellern anrichten, den gesammelten Saft zu den Äpfeln gießen, einmal aufkochen und das Gemüse auf den Koteletts verteilen.

Chinesisches Zwiebelfleisch

Für 4 Personen:

25 g getrocknete chinesische Morcheln (Wolkenohrpilze oder Mu-err), 4 rote (oder weiße) Zwiebeln, 250 g Schweinefleisch (Schnitzel), 1 TL Speisestärke, je 125 g Bambussprossen, Sojakeime, 1 Porreestange, 1–2 frische Chilischoten, 3 EL Erdnußöl, 1 EL Sesamöl, Salz, Pfeffer, je 1 EL fein gewürfelter Ingwer und Knoblauch, 3 EL Sojasauce, 2 EL Sherry Amontillado, 1 Prise Zucker

Das gleiche Rezept läßt sich auch mit anderen Fleischsorten zubereiten. Probieren Sie es mit Hühnerfleisch, Rinderlende, Kalbfleisch oder Lamm.

1. Die Pilze mit kochendem Wasser übergießen und 15 Minuten quellen lassen. Zwiebeln schälen und durch den Wurzelansatz achteln (also in Spalten teilen).
2. Fleisch in feine Streifen schneiden, mit Stärke überpudern und gut durchmischen.
3. Bambussprossen in Scheibchen schneiden. Sojasprossen waschen. Porree in schräge Scheiben schneiden. Chilischoten ganz lassen oder entkernen und klein schneiden. Alle Zutaten bereitstellen.
4. Beide Ölsorten im Wok oder einer Pfanne stark erhitzen. Das Fleisch rasch unter Rühren braten, sofort salzen und pfeffern, die Hälfte der Chiliwürfel, des Ingwers und des Knoblauchs darüberstreuen, einmal umherwirbeln lassen und alles gleich wieder herausnehmen.
5. Die Zwiebeln in den Wok geben und unter ständigem Rühren eine Minute auf starkem Feuer glasig braten. Die vorbereiteten Zutaten dazufügen (Pilze abgetropft) und alles nochmals 1 Minute braten. Ständig auf größter Hitze, immerzu rühren!
6. Sojasauce, Sherry angießen, mit Zucker würzen. Alles wieder ganz heiß werden lassen. Falls die Sauce zu wenig erscheint, mit einem Schuß Wasser ablöschen. Sofort servieren.

Schlesisches Himmelreich

Wer hier an Süßes denkt, liegt gründlich schief – und hat doch recht: In erster Linie handelt es sich um Rauchfleisch mit Hefeklössen, aber dazu kommt Backobst. Ein wärmendes Essen für kühle Tage!

Für 4 Personen:

600–800 g Rauchfleisch oder geräucherter, unbedingt magerer Bauchspeck, 1 Zwiebel, 2 Lorbeerblätter, ein paar Piment- und ordentlich Pfefferkörner

BACKOBST:
300 g gemischtes Backobst, 1–2 EL Zucker nach Geschmack, 1 Zitrone (Saft und etwas dünn abgeschnittene Schale), 1–2 EL Saucenbinder

HEFEKLÖSSE:
500 g Mehl, 1 Würfel frische Hefe (40 g), ¼ l Milch, 1 EL Zucker, 1 gute Prise Salz, etwas frisch geriebene Muskatnuss, 50–80 g Butter

1. Das Rauchfleisch oder den Bauchspeck in kaltem Wasser aufsetzen und langsam zum Kochen bringen.
2. Die geschälte und geachtelte Zwiebel, die Piment- und Pfefferkörner zufügen und das Fleisch, ohne daß es einmal ins Kochen gerät, in 2 bis 3 Stunden weich und zart garen.
3. Das Backobst waschen, ebenfalls mit kaltem Wasser gut bedeckt aufsetzen und nach Belieben zuckern. Auf jeden Fall mit Zitronensaft säuern und mit Zitronenschale würzen.
4. Sobald das Obst weich ist, Sauce mit Saucenbinder sämig machen – aber nicht zu dick!
5. Während die erwähnten Zutaten köcheln, den Hefeteig ansetzen: Mehl in eine Schüssel sieben und eine Mulde hineindrücken. Die Milch auf den Herd setzen, lauwarm werden lassen, dann neben dem Herd die Hefe darin auflösen und den Zucker einrühren. In die Mehlmulde gießen, mit etwas Mehl vermischen, mit einem Tuch zudecken, an einen warmen Ort stellen und 20 Minuten gehen lassen.
6. Die übrigen Zutaten an den Teig geben und alles mit dem Mehl zu einem glatten, geschmeidigen Teig verkneten. Erneut 20 Minuten zugedeckt gehen lassen.
7. Den Teig wieder durcharbeiten und zwei- oder dreimal abschlagen (fest auf das Backbrett oder auf die Arbeitsfläche werfen), damit er feinporig wird.
8. Runde Klöße von etwa 4 cm Durchmesser formen, auf ein bemehltes Brett legen und noch einmal mit einem Tuch abgedeckt gehen lassen.
9. In einen möglichst breiten, flachen Topf etwa 2 cm hoch Wasser geben, salzen, und zum Kochen bringen. Die fertig gegangenen Klöße einlegen. Deckel auf den Topf und die Klöße 5 Minuten bei leichtem Sieden ziehen und aufgehen lassen. Wenden, weitere 5 Minuten ziehen lassen.
10. Die ganz frischen Klöße, das Backobst und das in mittelstarke Scheiben geschnittene Fleisch getrennt auftragen.

Man kann weniger Butter in den Teig geben und dafür die Klöße mit zerlassener Butter oder mit in brauner Butter gerösteten Semmelbröseln reichen.

Dazu paßt ein halbtrockener Weißwein, zum Beispiel, eine Riesling Spätlese vom Rheingau.

Saures Schweinefleisch

Für 6 Personen:

ein schönes (mageres) Stück Schweinefleisch (Nuß, Oberschale) ca. 1,5 kg, 4 Möhren, ½ Sellerieknolle, 2 Stangen Porree, 2 Zwiebeln, Salz, ½ l trockener, säurebetonter Weißwein und ein Schuß Weißweinessig, 2 Lorbeerblätter, 2 Zweiglein Thymian, 1 Bund Petersilie, 1 TL Pfefferkörner ½ TL Fenchelsamen

Elegante Variante: Nur die Hälfte des Gemüses zu Anfang aufsetzen. Die zweite Hälfte in feine Streifchen schneiden und diese nur die letzten 5 Minuten in dem säuerlichen Sud mitkochen, aus dem die Aromagemüse vorher entfernt wurden.

Gesottenes Schweinefleisch, in seiner Brühe serviert, dazu Salzkartoffeln und reichlich frisch geriebenen – gerissenen, wie man in Bayern sagt – Meerrettich, das ist ein sehr bekömmliches und erstaunliches leichtes Essen. Das Gemüse bleibt übrigens trotz der langen Garzeit fest und behält Biß, weil die Säure des Suds verhindert, daß es zu weich wird.

1. Das Fleisch von allen Sehnen, Häuten und Fett-Teilen befreien. Alles Gemüse putzen und möglichst akkurat klein schneiden: Möhren in ca. 1 cm dicke Scheiben, Sellerie in 1 cm große Würfel, Lauch (Porree) in 1 cm dicke Abschnitte, Zwiebeln vierteln und nochmals jeweils halbieren.
2. Alle Gemüse in Salzwasser in 15 Minuten bißfest kochen, dann den Wein und guten Essig darangeben. Das Fleisch einlegen, die Gewürze zufügen und nun das Fleisch in 45 Minuten leise köchelnd gar ziehen lassen – mit Deckel auf kleiner Stufe.
3. Mit Brot und Senf sowie kleinen Essiggürkchen servieren.

Dazu paßt Weißbier am besten.

Gekräuterter Schweinebraten vom Grill

Wir haben die Idee in Italien kennengelernt und gefunden, daß auf diese Weise zubereitet das Fleisch einfach viel zarter und saftiger gerät, als wir das sonst kennen. Der Metzger soll Ihnen von einem etwa 2 bis 3 Kilogramm schweren Kotelettstrang den Knochen auslösen, den sich anschließenden Bauchlappen jedoch unbedingt daranlassen. Dieses durchwachsene Stück (der Metzger verkauft es normalerweise als Schweinebauch) wird für unseren Grillbraten um das magere Kotelettfleisch gewickelt und hält es beim Grillen schön saftig. Übrigens: Die Fettschicht unter der Schwarte soll der Metzger ebenfalls belassen, und nicht, wie üblich, gänzlich wegschneiden.

Kalt, auf der Aufschnittmaschine in dünne Scheiben geschnitten schmeckt der Grillbraten am nächsten Tag noch einmal so gut. Es macht also nichts, wenn etwas übrigbleibt. Im Gegenteil: Hier sind »Reste« ausdrücklich erwünscht.

Das Vorbereiten:

Das Bratenstück auf den Rücken legen, die Innenseite also nach oben. Gleichmäßig mit Salz und Pfeffer bestreuen. Die Kräuter dick darauf verteilen. Den Bauchlappen um das magere Fleisch wickeln, den Braten mit festem Küchenzwirn zusammenschnüren, damit er seine Form behält. Falls Sie nur den ausgelösten Rückenbraten bekommen, ohne das Bauchstück, bitten Sie Ihren Metzger um große Scheiben Rückenspecks, mit denen Sie das Fleischstück einwickeln können!

Falls Sie nur normalen Küchenzwirn haben, der so dünn ist, daß er später über dem Grill gleich verbrennt, doppelt oder sogar dreifach nehmen. Er muß auf alle Fälle so lange halten, bis das Eiweiß des Bratenstücks geronnen ist und die Rolle von selbst zusammenhält.

Für 8 – 12 Personen:

2 kg Schweinekotelett am Stück, ohne Knochen, jedoch mit dem Bauchlappen, 2 EL grobes Salz, Pfeffer, 2 Handvoll Kräuter: Lorbeerblätter, Thymian, Rosmarin, Majoran, Petersilie, 4–8 Knoblauchzehen (oder noch mehr, ganz nach Geschmack), ca. 1/4 l trockener Weißwein

Das Grillen:

Die Holzkohle muß vollkommen durchgeglüht sein, damit sie ausreichend starke Hitze abstrahlt. Das Bratenstück auf den eingeölten Rost betten.

Wer einen Schwenkgrill hat, muß jetzt nur noch darauf achten, daß zunächst der Braten ausreichend weit von der Glut entfernt ist und der Rost in Bewegung gehalten wird. Das Fleischstück alle 20 Minuten drehen.

Wer auf einem fest installierten Grill arbeitet, ist mehr beschäftigt: Er muß den Braten alle fünf bis zehn Minuten wenden, damit die Hitze fast ebenso gleichmäßig auf das Fleisch einwirkt wie beim Schwenken. Immer wenn die Nahtstelle nach oben zeigt, etwas Weißwein hineingießen. Dorthinein kann der Wein versickern und tropft nicht in die Glut.

Man kann natürlich das Fleisch auch auf einen Spieß stecken, der von einem Motor gedreht wird, dann hat man gar keine Arbeit. Aber natürlich läuft dann etwas Saft aus. Praktisch wäre ein Grill mit Korb, in dem das Fleisch eingeklemmt werden kann, aber diese Art ist in Deutschland selten zu finden – Sie müßten sich so ein Gerät aus Australien, Südafrika oder Südamerika mitbringen.

Nach gut $2^1/_2$ Stunden ist der Braten gar. Vor dem Anschneiden noch etwa 10 Minuten unter Folie ruhen lassen. Die Scheiben nicht zu dick schneiden.
Dazu gibt es frisches Brot, eine Riesenschüssel Salat und eine würzige, ganz leichte Kräutersauce, die im Mixer blitzschnell zubereitet ist:

4 EL Senf, 4 Tassen gemischte Kräuter (Petersilie, Basilikum, Liebstöckel, Bohnenkraut, Dill, Estragon etc.), 0,2 l Öl (nach Geschmack neutrales Sonnenblumenöl oder aromatisches Olivenöl), 6 Knoblauchzehen, Salz, Pfeffer, Zitronensaft

Kräutersauce mit Senf:
Senf und Kräuter im Mixer pürieren, dabei in langsamem Strahl das Öl hinzufließen lassen. Zwischendurch die Knoblauchzehen zufügen. Sobald die Sauce hellgrün leuchtet und eine cremig-dicke Konsistenz erreicht hat, mit Salz, Pfeffer und Zitronensaft abschmecken.

Thaiduftendes Schweinefleisch

Für 6 – 8 Personen:

ca. 1 kg Schweineschulter oder -bauch, 1 Zwiebel, 3 Knoblauchzehen, 2 cm Ingwerwurzel, 1 daumengroßes Stück Orangenschale (ungespritzt), 2–3 getrocknete Chilis, ⅛ l Sojasauce, 4 EL Thai-Fischsauce, je 1 TL Pfeffer- und Pimentkörner, 1–2 Stück Sternanis, ½ TL Zucker

CHILI-VINAIGRETTE: rote und grüne Chilis – Menge nach Geschmack, ein Händchen voll Korianderblätter, Thaibasilikum, 2 Frühlingszwiebeln, 3 EL Fischsauce, 2 EL Zitronensaft, 2 EL Kochsud, ½ TL Zucker, 1 EL Sesamöl, 1 EL neutrales Öl

Man sollte es schon am Tag vorher zubereitet haben – dann läßt sich das Fleisch besser so dünn wie nötig aufschneiden und außerdem hat man, bevor die Gäste kommen, keine Arbeit mehr damit.

1. Das Fleisch in einen Topf geben, den das Stück möglichst eben ausfüllt. Zwiebel, Knoblauch, Ingwer schälen, grob zerkleinern und mit den übrigen Gewürzen und Flüssigkeiten zufügen.
2. Mit Wasser eben bedecken und langsam zum Kochen bringen. Sobald der zunächst an der Oberfläche entstandene Schaum wieder verschwunden ist, auf nunmehr kleinster Flamme zugedeckt etwa 2 Stunden leise ziehen lassen. Im Sud abkühlen. Dann herausnehmen, fest in Folie wickeln und kalt stellen.
3. Erst am nächsten Tag das Fleisch auf der Aufschnittmaschine in dünne Scheiben schneiden und dachziegelartig auf einer Platte oder auf Vorspeisentellern anrichten.
4. Für die Chili-Vinaigrette frische Chilis sehr fein würfeln und die Kräuter von den Stielen zupfen. Mit Fischsauce, Zitronensaft, Kochsud und Zucker anrühren, mit beiden Ölsorten mischen und über dem Fleisch verteilen.

Tip: Den Kochsud durch ein Sieb filtern und beim nächsten Mal als Basis nehmen. Er hält sich im Kühlschrank ein, zwei Wochen (dank der antibakteriellen Wirkung von Ingwer und Knoblauch) und läßt sich natürlich für eine längere Zeit einfrieren.

Zicklein

Zicklein

Lange Zeit hat man Zicklein, also das Fleisch junger Ziegen, bei uns nirgends bekommen. In den Ländern rund ums Mittelmeer war es stets ein begehrter Braten, vor allem zu Ostern! Aber bei uns verzog man eher das Gesicht, wenn es mal angeboten wurde. Dabei ist es doch ein wunderbar zartes und außerodentlich wohlschmeckendes Fleisch!
So verwundert es nicht, daß sich kaum jemand mit der Zubereitung von Zicklein (oder wie man auch sagt: Kitz) befaßt – versuchen Sie einmal, in einem Kochbuch ein Rezept für dieses vor Lamm, Schwein und Rind wohl älteste Haustier zu finden!
Hinzu kommt, daß es Zicklein bei uns nur noch selten gibt – je reicher das Land wurde, desto weniger nötig war es, auch die kargsten Winkel zu bewirtschaften. Die Ziege ist schließlich ein genügsames Tier, deshalb rund ums Mittelmeer und anderen trockenen Regionen zu Hause. Bei uns hat man die korrekte Zubereitung, die unsere Altvordern entwickelt hatten, einfach vergessen. Auch die richtige Art der Zubereitung. Denn das junge, noch nicht gefestigte Zickleinfleisch muß man anders behandeln. Gart man Kitz zum Beispiel bei milder Hitze, wie das beim Lamm angeraten ist, gerät sein Fleisch durchaus nicht besonders gut, es wird schwammig und zugleich ein wenig zäh.
Eckart Witzigmann und in der Folge seine Schüler und andere Gourmet-Köche brachten das zarte Milch-Zicklein wieder auf die feine Tafel. Inzwischen findet man es ab und zu wieder beim Metzger – auf dem Münchner Viktualienmarkt beispielsweise,

allerdings zu phantastischen Preisen. Billiger kann man es bei alternativen Landwirten erstehen, die sich wieder vermehrt um Ziegen kümmern, nachdem Ziegenkäse zu einem begehrten und gutbezahlten Artikel geworden ist. Ein paar Zicklein sind dann im Frühjahr immer übrig – ihre kurze Saison dauert nur von Ostern bis Anfang Juni. Die männlichen Zicklein stehen dann im allgemeinen recht billig zum Verkauf; denn ausgewachsene Böcke, die übrigens tatsächlich infernalisch stinken, braucht man ja nur wenige, da sie für die Milchproduktion nicht taugen. Es lohnt sich daher, auf Bauernmärkten Umschau zu halten und sein Zicklein direkt vom Erzeuger zu erwerben.

Die jungen Tiere, die nur Muttermilch gesaugt haben, Milchkitz genannt, kann man kurzbraten, also gerade eben rosa an den Knochen servieren. Haben die Tiere dagegen schon auf der Weide gestanden, hat das Fleisch eine feste Struktur bekommen und muß bei starker Hitze vollkommen durchgebraten werden. Es schmeckt dann auch kerniger! Keine Angst, daß das Fleisch dabei zu trocken wird: Die vielen Anteile von Gallertstoffen in den reichlich vorhandenen Sehnen, die allerdings beim richtigen Garen schmelzend-weich werden, und die im Muskelfleisch enthaltene Gelatine machen das Fleisch zart und saftig. Außerdem entsteht durch sie eine unvergleichlich knusprige, himmlisch wohlschmeckende Kruste, die das Fleisch selbst bestens vor dem Austrocknen schützt. Daher wird das Kitzfleisch zum Braten oder Grillen auf keinen Fall pariert, Sehnen und Häute bleiben immer daran. Nur wenn es geschmort oder gebacken wird, entfernt man diese Partien und verwendet sie zur Sauce.

Das Zicklein Stück für Stück

Wir bekommen jedes Jahr ein oder zwei Zicklein, immer das ganze Tier. Es wird dann gleich in die einzelnen Teile zerlegt und in Folie luftdicht verpackt eingefroren:

Der Rücken: Er reicht gerade eben für zwei Personen, und wird im ganzen gebraten. Das Auslösen der Filets ist Blödsinn, das Fleisch ließe sich dann zwar kurzbraten, aber es schmeckt dann längst nicht so gut wie am Knochen gegart. Der Rücken wird mit Salz, Pfeffer und Olivenöl eingerieben und dann zunächst eine halbe Stunde bei stärkster Hitze gebraten, dann darf er im ausgeschalteten Ofen bei geschlossener Tür weitere 20 Minuten nachziehen.

Die Rippen: Im Restaurant kocht man daraus den Saucenfond. Wir finden jedoch, es ist der beste Zickleinbraten überhaupt: Sie sind großartig, wenn man sie mit einer Geflügelschere vom Rücken abtrennt und dann bei wenigstens 220 Grad, besser 240 Grad, eine knappe Stunde im Ofen brät. Ab und zu umwenden, gegen Ende der Bratzeit mit Weißwein oder Salzwasser übergießen. Die einzelnen Rippen dann auseinanderschneiden und abnagen!

Die Keulen: Auch sie werden im Backofen bei höchster Temperatur gebraten. Die Keulen vom Milchkitz eine halbe Stunde, von einem größeren Kitz 45 Minuten. Ab und zu umwenden. Danach in beiden Fällen den Backofen ausschalten und die Keulen eine weitere halbe Stunde bei leicht geöffneter Tür nachziehen lassen. Eine Keule reicht für zwei bis vier Personen – je nach Größe; außerdem kommt es natürlich darauf an, ob und wie viele Vorspeisen man serviert.

Die Schultern: Wie Keulen braten, obwohl sie dünner sind. Bei geschlossener Ofentüre nachziehen lassen. Gut geeignet zum Schmoren – dafür 2 ½ Stunden rechnen. Eine Schulter reicht für eine bis zwei Personen.

Der Hals: Der Zickleinhals ist äußerst muskulös, die Tiere messen ihre Kräfte ja spielerisch durch Kopfstöße. Er wird noch eine halbe Stunde länger als Keulen und Schultern gebraten, muß bei geschlossener Türe nachziehen. Hervorragend geeignet zum Schmoren – braucht dabei auch 2 ½ Stunden. Für eine bis zwei Personen – das Verspeisen ist allerdings ein ziemliches Gefiesel, denn man muß das Fleisch mit einem spitzen Messer geduldig von den Wirbeln schneiden: etwas für Liebhaber!

Die Innereien: Keine andere Leber schmeckt so gut wie die vom Zicklein, die erfreulicherweise auch besonders groß ausfällt. In Scheiben schneiden, leicht in Mehl wenden und nur 1 Minute pro Seite bei scharfer Hitze in Öl oder Butterschmalz braten, dann salzen und pfeffern und bei milder Hitze nachziehen lassen. Gut mit gebratenem Salbei!

Nieren, Herz, Hirn und Bries sind zwar klein, schmecken aber ebenfalls köstlich – in Spitzenrestaurants bereitet man daraus eine einzige Portion, alles kurz gebraten, und nennt es »Das Beste vom Zicklein«. Nur selten sind leider auch die *animelle* dabei, das sorgfältig aus der Haut gelöste Rückenmark. Den Bratfond mit etwas Aceto balsamico ablöschen!

Das Blut: Es ist eine unglaubliche Delikatesse – Sie sollten alles daransetzen, es vom Metzger zu bekommen, der es natürlich sofort nach dem Schlachten ordnungsgemäß abrühren muß, damit es nicht gerinnt. Gut würzen mit Salz, Pfeffer, Piment, Chili und fein gewürfelter, mit etwas Knoblauch gedünsteter Zwiebel. In eine Form füllen und im Wasserbad bei 120 Grad im Ofen langsam stocken lassen. Abgekühlt in Scheiben schneiden und diese in Olivenöl mit Knoblauch und Thymian oder Salbei aufbraten – ein Gedicht! Wir machen auch mit Weißbrot und Milch gebundene Blutwurst in karibischer Art daraus, gewürzt mit Frühlingszwiebel, Knoblauch, Piment und Koriandergrün – beim Untermischen muß man vorsichtig und langsam arbeiten (nie im Mixer oder in der Küchenmaschine!), damit die Masse nicht gerinnt. Und nicht zu lange im leise siedenden Wasser ziehen lassen, sonst wird die Wurst hart; man muß sie herausnehmen, solange die Masse noch weich ist und zum Abkühlen sofort in kaltes Wasser legen, damit sie nicht nachgart. (Siehe das genaue Rezept Seite 683).

Gebratene Zickleinkeule mit Bärlauch und Spargel

Spargel und Bärlauch, beide zu den Liliengewächsen zählend, vertragen sich hervorragend miteinander und bilden den kraftvollen Widerpart zum zarten Milchkitz. Größter Luxus, wenn Sie das ganze mit einer anderen Köstlichkeit krönen, ein paar Morcheln!

Für 4 Personen:

1 Milchkitzkeule von ca. 1 kg, Salz, Pfeffer aus der Mühle, 3 EL Olivenöl extra vergine, je 2 Zweiglein Thymian und Rosmarin, 50 g Butter, 1 kg Spargel, 250 g Bärlauchblätter (s. Anmerkung)

1. Die Keule mit Salz, Pfeffer und 1 Eßlöffel Olivenöl einreiben und 15 Minuten ruhen lassen.
2. Den Backofen auf höchste Stufe vorheizen.
3. Das restliche Öl in einen Bräter gießen, Thymian- und Rosmarinzweige nebeneinander hineinlegen, die Keule daraufbetten, in den Ofen schieben und auf jeder Seite 15 Minuten braten. Zwischendurch immer wieder etwas Wasser angießen, damit die Kräuter nicht verbrennen. Der Braten muß nicht beschöpft werden.

4. Keule aus dem Bräter nehmen. Auf einer feuerfesten Platte wieder in den jetzt ausgeschalteten, einen guten Spalt breit geöffneten Backofen schieben, um sie eine halbe Stunde nachziehen zu lassen. Dabei ab und zu umdrehen. Jetzt hat man genug Zeit für Sauce und Beilagen.
5. Den Spargel schälen und in Salzwasser knackig-gar kochen.
6. Das Öl aus dem Bräter abgießen und 30 Gramm Butter darin aufschäumen lassen. Den kleingeschnittenen Bärlauch zufügen und zusammenfallen lassen. Mit etwas Wasser und dem beim Ruhen aus der Keule getretenen Saft angießen. Abschmecken, zum Schluß die restliche Butter einschwenken.
7. Fleisch in dünnen Scheiben von der Keule schneiden, auf vorgewärmten Tellern mit dem Spargel anrichten, mit dem Bärlauchgemüse bedecken und mit der noch einmal abgeschmeckten klaren Sauce umgießen.

Dazu schmeckt ein guter deutscher Silvaner oder Weißburgunder, am besten eine Spätlese trocken.

Bärlauch wächst in feuchten Auwäldern – man erschnuppert ihn am charakteristischen Knoblauchduft, der an warmen Tagen auch dem ahnungslosesten Spaziergänger oder Autofahrer seine Präsenz signalisiert. Die lanzettförmigen Blätter sehen zwar ähnlich wie die giftigen Maiglöckchen aus, können aber wegen des Duftes und der feineren Struktur kaum verwechselt werden. Die ebenfalls würzigen Sternchen der Blüten erinnern an Lilien. Man sammelt Bärlauchblätter von Ende März bis in den Juni hinein – je zarter und kleiner, desto besser schmecken sie. Immer häufiger kann man ihn auch kaufen – er wird für Handel und Gastronomie absurderweise aus Frankreich importiert.

Zicklein-Ragout

Natürlich kann man Zicklein nach fast jedem Ragout- oder Gulaschrezept zubereiten – auch das Fleisch nicht ganz so junger Tiere eignet sich bestens dazu. Aber man sollte aufmerksam sein und das Gericht nicht durch zu viele Komponenten überwürzen; Zicklein gewinnt, wenn es eindeutig abgeschmeckt wird!

Für 4 Personen:

2 Zickleinschultern, 4 EL Olivenöl extra, 12 große Knoblauchzehen, 1 Zwiebel, 1 kg reife Fleischtomaten, 2 Zweige Rosmarin oder 1 Bund Basilikum, Salz, Pfeffer aus der Mühle

1. Das Fleisch sorgsam auslösen und in etwa 3 cm große, möglichst gleichmäßige Stücke schneiden. Sehnen und Häute nicht entfernen!

2. Olivenöl in einem Schmortopf erhitzen, die Fleischstücke darin auf allen Seiten kräftig anrösten.
3. Die ungeschälten Knoblauchzehen, die geputzte und geviertelte Zwiebel zugeben und anbraten. Dann die geschälten, entkernten und kleingeschnittenen Tomaten sowie den Rosmarin oder die Hälfte des Basilikums (auf jeden Fall die Stiele selbst) zugeben.
4. Salzen, pfeffern und 2 Stunden zugedeckt leise schmoren lassen. Ab und zu nachschauen und nötigenfalls ein wenig Wein oder Wasser nachgießen, damit nichts anbrennt.
5. Knoblauch aus den Schalen drücken und die Sauce mit diesem Knoblauchmark zusätzlich binden. Abschmecken und das restliche Basilikum zerzupft unterrühren.

Beilage: Die ersten neuen Kartoffeln. Und als Getränk einen duftigen Weißwein – zum Beispiel Sancerre oder ein Sauvignon Blanc aus dem Friaul oder der Steiermark.

In Barolo geschmorte Zickleinschultern

Für 4 Personen:

2 Zickleinschultern mit Abschnitten und Knochen, eventuell auch der Nacken, 4 EL Olivenöl oder Butterschmalz, 2 Zwiebeln, 4 Knoblauchzehen, 1 Bund Suppengrün (Möhre, Porree, Sellerieknolle, Petersilie), 1 Rosmarinzweig, 2 Lorbeerblätter, 6 Wacholderbeeren, 1 gehäufter EL schwarze Pfefferkörner, 1 Flasche (0,75 l) Barolo – ersatzweise ein einfacherer Nebbiolo, Salz

Eines der klassischen Gerichte der Piemonteser Küche – in jedem Restaurant ein wenig anders gewürzt.

1. Die Schulter parieren, alle abgeschnittenen Teile aufheben.
2. Auf dem Herd in einem Bräter das Öl (Butterschmalz) erhitzen. Schultern, Knochen, Nacken und alle Abschnitte darin kräftig auf allen Seiten anrösten.
3. Die Würzgemüse grob hacken und samt den Gewürzen in den Bräter geben, ebenfalls etwas bräunen lassen.
4. Mit dem Wein seitlich angießen, zum Kochen bringen. Das Fleisch salzen.
5. Nach dem Aufkochen des Weins: Entweder die Hitze herunterschalten, den Topf zudecken und das Fleisch in 2 1/2 Stunden leise gar schmoren, dabei niemals kochen lassen. Oder den Bräter zudecken und ebenso lange in den 160 Grad heißen Ofen schieben.
6. Falls der Topf nicht gut schließt, ab und zu nachschauen, ob genügend Flüssigkeit da ist, gegebenenfalls etwas Wein nachgießen.
7. Zur Fertigstellung der Sauce die Fleischstücke herausheben und warm halten, die Flüssigkeit samt Gemüse durch ein Sieb passieren. Die Sauce soll jetzt leicht gebunden sein durch die

Beilage: Bandnudeln oder Salzkartoffeln, grünes Gemüse oder Salat. Getränk: natürlich ein kräftiger Barolo.

Die Sauce mit einer Handvoll getrockneten Steinpilzen noch würziger machen.

Gelatine und das Gemüse – falls man sie dicker wünscht, mit etwas Mehlbutter oder Speisestärke aufschlagen.

Ausgebackenes Zicklein

In Bayern eine beliebte, traditionelle Zubereitungsart des Osterkitzes. Man reicht dann gerne eine Mayonnaise dazu, die mit viel frischem Schnittlauch, Kerbel und Brunnenkresse angereichert ist. Um sie leichter zu machen, das Öl mit ganzen Eiern aufschlagen, nicht nur die Eigelbe verwenden.

Für 2 – 3 Personen:

1 Zickleinkeule, Salz, Pfeffer aus der Mühle, 3 EL Mehl, 2 Eier, 3 EL Bier, ca. 5 EL Semmelbrösel, Butterschmalz zum Ausbacken

1. Das Fleisch der Zickleinkeule auslösen und in etwa 2 cm dicke Scheiben schneiden. Salzen und pfeffern.
2. Erst ohne Druck in Mehl wenden (überschüssiges Mehl abklopfen), dann in den mit Bier verquirlten Eiern und zuletzt in Semmelbröseln. Die Panierung sollte gleichmäßig sein, aber nicht dick. Überschüssige Brösel abschütteln.
3. Im mäßig heißen Butterschmalz in der Pfanne oder in der Friteuse schwimmend ausbacken – hält man einen Kochlöffel in das Schmalz, sollen gerade eben erkennbar kleine Bläschen aufsteigen – dann hat es die richtige Temperatur. Auf jeder Seite etwa 5 Minuten backen.

Als Beilage gibt es Kartoffelsalat und zusätzlich die erwähnte Kräutermayonnaise.

Zickleinsalat

Für 2 Personen:

200 – 250 g Zickleinbraten, einige Stengel Petersilie, Kerbel und/oder Estragon, 3 kleine Cornichons, 2 Frühlingszwiebeln, 1 EL Kapern, Salz, Pfeffer, 1 EL Zitronensaft, 1 TL Balsamico-Essig, 3 EL Olivenöl

Wunderbare Vorspeise, zu der ein kräftiger Weißwein und eine knusprige Baguette paßt.
Wenn etwas Fleisch vom Zickleinbraten übrigbleibt, ist dies kein Fehler – wie so häufig schmeckt der kalte Braten mindestens genauso gut wie der frische!

1. Fleisch von den Knochen lösen und in kleine Stücke schneiden.
2. Kräuter, Cornichons und Frühlingszwiebeln mit ihrem Grün fein hacken.
3. Alle Zutaten miteinander vermischen.

Nach Belieben eine kleine, entkernte Chilischote hineinschnippeln und Koriandergrün verwenden!

Innereien

Frische Blut- und Leberwürste mit glasierten Apfelschnitzen

Gut paßt dazu ein sahniges Kartoffelpüree – oder, wenn die Zeit dafür nicht reicht, herzhaftes Bauernbrot.

Ein schnelles Essen, das im Handumdrehen auf dem Tisch steht, wenn man beim Metzger die frischen Würste bekommen hat.

Für 2 Personen:

Je 2 Blut- und Leberwürste (frisch vom Metzger), 2 EL Schweineschmalz, 2 Zwiebeln, 2 Äpfel (zum Beispiel Boskoop oder Golden Delicious), 1 EL Calvados, schwarzer Pfeffer, Salz, 1 TL Zucker

1. Die Blut- und Leberwürste im heißen Schmalz rundum anbraten. In der Pfanne beiseite schieben, die in Achtel geschnittenen Zwiebeln schön anbraten, dabei ständig wenden, damit sie überall goldene Spitzen kriegen.
2. Die Äpfel schälen, vom Kerngehäuse befreien und ebenfalls achteln. Zu den Zwiebeln geben und mitbraten. Salzen, pfeffern und mit Calvados beträufeln. Die Apfelstücke mit dem Zucker bestreuen, so lange unter stetem Wenden braten, bis sie überall appetitlich braun aussehen.
3. Die Äpfel mit den Würsten anrichten.

Blutwurstpäckchen mit Sauerkraut und Äpfeln

Läßt sich prima vorbereiten!

Für 6 Personen:

ca. 800 g frisches Sauerkraut, 1 Zwiebel, 2–3 Knoblauchzehen, 1–2 EL Gänseschmalz, 2 Wacholderbeeren, 1 TL Pfefferkörner, 1–2 Lorbeerblätter, ½ l guter Apfelsaft oder Apfelwein, Salz, 3 schöne säuerliche Äpfel

1. Das Sauerkraut zerzupfen, dann mit der sehr fein gewürfelten Zwiebel und dem zerdrückten Knoblauch im heißen Schmalz andünsten. Die Gewürze zufügen (wer sie nachher nicht einzeln herausfischen will, füllt sie in ein Teesieb). Mit Apfelsaft knapp bedecken, salzen und leise etwa 20 Minuten köcheln lassen.
2. Die Äpfel schälen, vierteln und das Kerngehäuse entfernen. Die Viertel in Spalten schneiden, diese in der heißen Butter vorsichtig braten, sie dürfen nicht zerfallen. Dabei mit Salz,

Pfeffer und einer Prise Zucker würzen. Die Blutwurst in Scheiben schneiden.
3. Die Brickblätter ausbreiten, jeweils ein Bett von Sauerkraut in die Mitte setzen, darauf Blutwurstscheiben verteilen, diese mit Apfelscheiben zudecken und eine Schicht Sauerkraut obenauf. Den Brickteig über dieser Füllung zusammenklappen. Die Päckchen auch an der Seite gut verschließen. Auf ein Backblech setzen und bei 200 Grad etwa 15 bis 20 Minuten backen.
4. Die Päckchen auf vorgewärmten Tellern anrichten. Entweder mit Kartoffelpüree als Hauptgericht servieren. Oder mit Kräuteröl und Tomataise (Seite 720) garniert als Zwischengericht.

(Rubinette, Boskoop, Berlepsch), 2 EL Butter, Pfeffer aus der Mühle, 1 Prise brauner Rohrzucker, 300 g Blutwurst, 6 Brickblätter (oder Frühlingsrollenhüllen)

Selbstgemachte Blutwurst

In allen Ecken der Welt bereitet man Blutwurst zu. Bei uns ist sie mit Speckwürfeln eine fette Angelegenheit. In den französisch geprägten Inseln Westindiens nimmt man zum Lockern eingeweichtes Weißbrot – das macht sie leichter und bekömmlicher. Dazu tragen freilich auch reichlich Gewürze bei – zum folgenden Grundrezept wurden wir auf Martinique angeregt: Sonntags, wenn alles zum Strand fährt, kochen Händler auf vielen Parkplätzen Blutwurst! Das frische Blut wird mit unglaublichen Mengen von ungeheuer scharfen Chilischoten, Piment, Frühlingszwiebeln und Koriandergrün vermischt, per Hand mit eingeweichten Brötchen vermengt, in gereinigte Därme gefüllt, abgebunden und an Ort und Stelle gesotten. Frisch aus dem Kessel ein nicht zu überbietender Genuß, ein unvergeßlicher Schmaus …
Das nötige Schweineblut zu bekommen, ist keine Schwierigkeit: Sie müssen es nur rechtzeitig beim Metzger bestellen und ihm ein verschließbares Glas geben, in das er das schon abgerührte Blut füllen kann. Noch besser übrigens: Zickleinblut.

1. Die Brötchen dünn aufschneiden und in Sahne einweichen.
2. Zwiebel und Knoblauchzehen würfeln, Chilis entkernen und kleinschneiden. In Butter oder Schweineschmalz weich dünsten.

Für 4 Personen:

½ l frisches, abgerührtes Schweineblut, 3 Brötchen, 100 g süße Sahne, 4 Frühlingszwiebeln oder 1 große weiße Zwiebel, 6 Knoblauchzehen, 4 Chilischoten (rot und grün gemischt), 20 g Butter oder Schweineschmalz, 1 Handvoll Korianderblätter

WÜRZMISCHUNG:
12 Pimentkörner, 2 Nelken, 1 daumengroßes Stück Macisblüte, 1 frisches Lorbeerblatt, 1 EL schwarzer Pfeffer, 1 flacher EL Salz

3. Die Zutaten für die Würzmischung in einem Mörser fein zerstampfen.
4. Blut, Brötchen, angedünstete Gemüse, Würzmischung und nach Geschmack Korianderblätter in eine Schüssel geben und mit den Händen durcharbeiten. Dabei innig vermengen. Oder bei kleinster Geschwindigkeit in der Küchenmaschine vermischen. Auf keinen Fall mit hoher Geschwindigkeit mixen: Das Blut könnte abbinden und die Masse zäh werden.
5. Die Masse in gebutterte Förmchen oder Folienschläuche abfüllen und eine halbe Stunde in etwa 80 Grad heißes, auf keinen Fall kochendes Wasser (dann würden Blasen entstehen und die Wurst sehr fest und trocken werden) legen.
6. Entweder gleich mit Brot, Reis oder Salzkartoffeln verspeisen oder für eine der unten angegebenen Verwendungen vorsehen: In diesem Fall sofort in eiskaltem Wasser abschrecken, damit die Wurst nicht nachgart und hart wird. Über Nacht im Kühlschrank nachziehen lassen.

Wir garen die Blutwurst in Folienschläuchen, das ist praktisch, man bekommt schöne Scheiben und kann die Wurst darin im Kühlschrank gut eine Woche aufheben: mit dem Haushaltsschweißgerät etwa sieben Zentimeter breite Folientüten herstellen. Durch einen Trichter mit der Blutwurstmasse füllen. Schlauch verschließen – dazu auf das untere Ende stellen und unmittelbar über der Wurstmasse mit Küchenschnur zubinden.

Gebratene Blutwurst: Je vier Äpfel und Zwiebeln in 80 Gramm Butter mit etwas Zucker, Knoblauch, Salz und Pfeffer braten. Die Wurst in gut 1 cm dicke Scheiben schneiden und die letzten 5 Minuten mitbraten. Mit chinesischem Schnittlauch bestreut servieren. Geht natürlich auch mit gekaufter Blutwurst!

Blutwurstsalat: Wurst in dünne Scheiben schneiden und mit viel Zwiebelringen, Chilischoten, Bohnenkraut, Salz, Pfeffer, Rotweinessig und etwas Olivenöl anmachen.

Kurpfälzische Leberknödel

Für 4 Personen:

je 300 g Schweineleber und Schweinemett, 1 altbackenes Brötchen, 100 g durchwachsener Speck, 1 große Zwiebel, 2 El Schweineschmalz, 2 große Eier, Salz, Pfeffer, Majoran und frisch geriebene Muskatnuß

Dazu gehört unbedingt ein herzhaftes Sauerkraut und am liebsten noch eine ordentliche Portion Kartoffelpüree. Und natürlich ein trockener, aber fruchtiger Riesling.

Sie haben nichts zu tun mit bayerischen Leberknödeln, die immer in einer Brühe schwimmend serviert werden. Hier schmecken die Leberknödel nach Leber und duften nach Majoran.

1. Leber, Mett und das in Wasser eingeweichte und gut ausgedrückte Brötchen durch den Fleischwolf drehen. Bitte nie im Mixer pürieren – das ergibt keine schöne Konsistenz!
2. Den gewürfelten Speck mit der feingehackten Zwiebel im Schmalz zunächst andünsten, bevor auch sie durch den Wolf gedreht werden.
3. Diesen Teig mit den Eiern vermengen und sehr kräftig würzen. Etwa 1/2 Stunde kalt stellen und quellen lassen. Falls der Teig zu weich ist, mit Semmelbröseln binden.
4. Mit nassen Händen tennisballgroße Knödel formen und in Salzwasser oder Fleischbrühe 15 Minuten gar ziehen lassen.

Kalbshirn mit Artischocken

Die einen schwärmen davon, die anderen ekeln sich davor – Hirn taugt vielleicht nicht für zarte Gemüter. Aber sein sanfter Schmelz, sein nussiges Aroma, das makellose Weiß: ein edles Teil, das unserer Meinung nach eine aufmerksamere Behandlung, mehr Delikatesse verdient, als ihm beim hierzulande üblichen Ausbacken widerfährt!

Für 4 Personen:

2 makellose Kalbshirne, 1 große bretonische Artischocke, 3 Zitronen, 3 Stengel französischer Estragon, Salz, je 1 TL grüner und rosa Pfeffer (luftgetrocknet, aus dem Glas), 2 Schalotten, 4 El besonders mildes Olivenöl extra vergine aus Ligurien

1. Die Hirne sorgfältig putzen und in eiskaltem Wasser mehrere Stunden weiß werden lassen. Zwischendurch das Wasser mehrmals wechseln.
2. Artischocke sorgfältig schälen und auf Gurkenhobel dünn aufschneiden – Scheibchen gleich in etwas mit Zitronensaft gesäuertes Wasser fallen lassen, damit sie hell bleiben.
3. Die Hirne vorsichtig in ihre natürlichen Hälften halbieren. Diese in 1 Liter heißem Wasser mit dem Saft einer halben Zitrone, den Estragonstengeln (vorher einige Blättchen ab-

zupfen) und einem gehäuften Eßlöffel Salz bei milder Hitze 15 Minuten ziehen lassen.

4. Unterdessen in dem Saft der dritten Zitrone mit der doppelten Menge Wasser und etwas Salz die Artischockenscheiben in 2 bis 3 Minuten knackig-gar kochen. Den dabei entstehenden überaus würzigen Sud noch heiß über die luft- bzw. gefriergetrockneten (lyophilisierten) Pfefferkörner und die feingehackten Schalotten gießen.
5. Die Hirnhälften vorsichtig aus dem Kochsud heben und mit der Innenseite nach unten in Suppenteller setzen. Die Artischockenscheiben darum verteilen, mit dem Artischockensud begießen, mit ein paar Estragonblättchen und einigen dünnen Zitronenschalenstreifchen bestreuen. Mit frischem Olivenöl beträufeln und lauwarm servieren.

Dazu reichen Sie entweder nur frisches, warmes Weißbrot oder Salzkartoffeln. Und als Wein einen säurebetonten, fruchtig-frischen Riesling Kabinett von der Saar, der Ruwer oder der Mosel.

Lauwarmer Kalbskopf mit Thai-Vinaigrette

Die deutschen Metzger verkaufen den Kalbskopf nicht gerne so, wie wir ihn haben wollen: Ausgelöst, schön pariert und appetitlich weiß gebrüht, zu einer ebenmäßigen Rolle zusammengebunden, wie das in Frankreich gang und gäbe ist. Denn einerseits können sie ihn wegen seines hohen Gehaltes an Gelatine gut für Würste und Sülzen gebrauchen, andererseits kostet das Herrichten viel Arbeit, die hierzulande höchstens von Kennern, gewiß und offensichtlich aber nicht von einer rentablen Kundschaft gebührend honoriert wird. Wenn man also überhaupt einmal einen Kopf ausgelöst bekommt, dann meistens mit allem Schladder und Geäder, mangelhaft geschabt, einfach unappetitlich. Und das wird dann von bayerischen Wirten ungerührt versteckt, nämlich paniert und ausgebacken. Klar, daß man damit nur den härtesten Kern der Liebhaber halten, keine neuen gewinnen kann!
Zu unserem Rezept: Nach dem Auslösen (wenn Sie ihn lieb drum bitten, macht es Ihnen auch Ihr Metzger vielleicht doch einmal!) und Parieren (dem Entfernen aller nicht fleischigen oder gelatinös-gallertigen Partien, das Sie selbst vornehmen sollten) wiegt ein halber Kalbskopf noch etwa 800 Gramm.

Das reicht dann gut als Hauptgericht für vier, als Vorspeise sogar für acht Personen.

Wir kaufen immer die Maske (so nennt das der Metzger) eines ganzen Kopfs, binden beide Hälften jeweils zu einer Rolle, kochen sie gemeinsam und frieren einen Teil davon ein. Man hat am meisten davon, wenn man die für eine Gästerunde benötigte Menge in einer hübschen, zum Beispiel halbrunden Terrinenform abkühlen läßt – so hat man eine appetitlich und dekorativ geformte Rolle, die man später zum Servieren in elegante Scheiben schneiden kann. Eingefrorenen Kalbskopf langsam im Kühlschrank auftauen! Dann kann man ihn gut auf der Maschine aufschneiden.

Für 6 Personen:

1 halber (oder ganzer) Kalbskopf, 2 große Bund Suppengrün (Möhren, Lauch, Sellerie, Petersilie mit Wurzel), 2 Zwiebeln, 1 junge Knoblauchknolle (!), je 1 EL Pfeffer- und Pimentkörner, 1 gehäufter TL Wacholderbeeren, 2 Würzzitronenblätter, 1 Scheibe Ingwer, einige getrocknete Chilischoten, 3 Stengel Zitronengras, 2 Sternanis

THAI-VINAIGRETTE: 2 Frühlingszwiebeln, 2 EL Sojasauce, 2 EL Fischsauce, 3 Limonen oder Zitronen, noch 1 Knoblauchknolle und 4 Würzzitronenblätter (Kaffir, Makrut)

1. Die Kalbskopfrolle mit den kleingeschnittenen Gemüsen und den Gewürzen in einen Kochtopf geben, mit Wasser bedecken, aufsetzen und in etwa 1 1/2 Stunden gar, aber nicht schladdrig-weich, sondern kernig kochen. Im Sud abkühlen lassen, dann erst herausheben. Bis zum Gebrauch in den Kühlschrank legen und richtig fest werden lassen, so daß er beim Aufschneiden nicht auseinanderfällt.
2. Den Kalbskopf in gleichmäßige, gut 2 cm dicke Scheiben schneiden. In Suppenteller verteilen. Abdecken.
3. Den durchs Abkühlen erstarrten Kochsud erwärmen, damit er wieder flüssig wird. Mit in Ringe geschnittenen Frühlingszwiebeln, Soja- und Fischsauce, Limonen- oder Zitronensaft, der quer in dünne Scheiben geschnittenen Knoblauchknolle und Zitronenblättern würzen. Mit Klarsichtfolie abdecken.
4. Unmittelbar vor dem Essen jeweils einen Teller mit Kalbskopf in die Mikrowelle stellen und diesen auf höchster Stufe in etwa 45 Sekunden lauwarm werden lassen – dabei knackt's in der Schwarte ganz erheblich, was Sie aber nicht zu stören braucht.
5. Gleich nach dem Herausnehmen mit Sauce und den Würzzutaten begießen.
6. Mit Messer und Gabel sowie Löffel für den Sud servieren.

Zu dieser auch von unseren Freunden immer wieder begehrten Köstlichkeit, die wir entweder als Vorspeise zu einem großen Menü, noch lieber aber zu einem ausführlichen Brunch servieren, essen wir Bauernbrot und trinken ein frisch gezapftes Alpirsbacher Pils, an Festtagen auch gern einen duftigen Champagne Blanc de Blancs brut von Jacquesson.

Kalbsniere in ihrem eigenen Fett

Für dieses Gericht kommen Sie nicht umhin, den Metzger Ihres Vertrauens zu bitten, sich für Ihren Wunsch nach einer ganzen Niere am Rande der gesetzlichen Bestimmungen zu engagieren: Er muß die ganze Niere mit dem Fett herauslösen und den Fleischbeschauer überreden, sie nicht aufzuschneiden.

Für 2 Personen:

1 Milchkalbsniere in ihrem Fettmantel, Salz, Pfeffer aus der Mühle

1. Die ganze Niere in ihrem eigenen Fett ohne weitere Zugaben auf einer feuerfesten Platte in den auf 250 Grad vorgeheizten Ofen (Umluft nur 230 Grad) schieben. Das Fett brät teilweise heraus, die Oberfläche wird schön kroß.
2. Nach 20 Minuten den Ofen ausschalten, die Niere aber noch weitere 20 Minuten darin nachziehen lassen. Dann herausnehmen, mit einem Blatt Alufolie abdecken – nicht einwickeln, sonst geht die Kroßheit wieder verloren! – und noch weitere 10 Minuten ruhen lassen.
3. Die Niere hauchdünn aufschneiden und auf vorgewärmten Tellern anrichten.
4. Jeder salzt und pfeffert sich die Scheiben am Tisch selbst.

Hierzu schmeckt ein Kartoffelsalat (siehe Seiten 164 bis 177) und ein voller, kräftiger badischer Grauburgunder aus dem Barrique.

Kalbsnierchen auf Salat von grünen Bohnen

Beim Einkaufen der Nierchen darauf achten, daß sie von einem jungen Kalb stammen. Sie sollen frisch sein – man erkennt das daran, daß sie feucht glänzen, nirgends eingetrocknet wirken. Die dünne Haut, die sie umspannt, wird vor dem Verarbeiten abgezogen, die inneren weißen Sehnen und Stränge werden herausgeschnitten. Die Nieren schließlich in 5 mm dünne Scheiben schneiden. So vorbereitet können sie bis zum Essen ein paar Stunden mit Folie zugedeckt im Kühlschrank warten. Kurz vor dem Servieren sind sie dann im Handumdrehn gebraten. Sie werden warm zusammen mit dem Bohnensalat angerichtet.

Für 4 Personen:

KALBSNIEREN:
2 Kalbsnieren, 2 EL Olivenöl, 2–4 Knoblauchzehen, 1 Bund Petersilie, Salz, Pfeffer, 1 Schuß Balsamico-Essig

BOHNENSALAT:
300 g feine grüne Bohnen, Salz, einige Stengel Bohnenkraut, 1 Schalotte, 1 TL Dijon-Senf, 2 EL Zitronensaft, Pfeffer, 4 EL Olivenöl

1. Die sorgfältig geputzten Nieren portionsweise in einer großen Pfanne im heißen Öl rasch anbraten – dabei darauf achten, daß die Scheiben nebeneinander und nicht übereinander liegen und überall Kontakt mit dem Pfannenboden haben, der sehr heiß sein muß – nur so braten die Scheiben und ziehen kein Wasser, was sie im übrigen unweigerlich ledrig werden ließe. Deswegen auch erst nach dem Braten salzen!
2. Sobald alle Scheiben gebräunt sind, herausheben und beiseite stellen. Salzen und pfeffern.
3. Die Hitze unter der Pfanne reduzieren, die feingehackten oder durch die Presse gedrückten Knoblauchzehen darin andünsten, die feingehackte Petersilie untermischen.
4. Die Nieren wieder zufügen, alles mischen, eventuell noch einmal salzen und pfeffern und schließlich mit Balsamico-Essig (oder einem anderen aromatischen Essig) abschmecken.
5. Die Bohnen putzen – meist wird es nur nötig sein, die Spitze und den Stielansatz abzuknipsen – und in reichlich kochendem, stark gesalzenem Wasser nur so lange garen, daß sie noch ziemlich bißfest sind (je nach Alter und Dicke dauert das zwischen 3 und 5 Minuten). Dabei ein, zwei Bohnenkrautstengel mitkochen lassen, die den Bohnen ihren Duft mitteilen – Bohnen schmecken so einfach noch bohniger!
6. Die Bohnen abgießen, nicht abschrecken, wenn sofort serviert werden kann, weil der Salat lauwarm einfach am besten schmeckt. Allerdings: Wenn die Bohnen noch eine Weile warten müssen, sollte man sie mit eiskaltem Wasser abschrecken, um Farbe und Vitamine zu stabilieren. Außerdem färben sich die Bohnen schnell grau, wenn man sie warm in der Salatmarinade vermischt stehen läßt.
7. Von den restlichen Bohnenkrautstengeln die Blättchen abzupfen. Die Schalotte ganz fein würfeln.
   Zitronensaft, Senf, Salz, Pfeffer und Öl verquirlen, Bohnenkraut und Schalotten zufügen und die vollkommen abgetropften Bohnen darin wenden.
8. Zum Servieren jeweils Salat und Nieren hübsch auf Vorspeisentellern anrichten und mit frischem Weißbrot zu Tisch bringen.

Venezianische Kalbsleber

Für 4 Personen:

500 g Schalotten (möglichst lilafarbene, ersatzweise weiße Zwiebeln), 400 g Kalbsleber, 40 g Butter, 300 g (1 Paket) junge Erbsen (tiefgekühlt), 1/10 l kräftiger Rotwein, Salz, Pfeffer, Kerbel

Dazu einen Kräftigen Rotwein aus Venetien reichen (Cabernet oder Merlot aus der Breganze oder den Colli Euganei) und krumiges Brot zum Aufwischen der Sauce.

1. Schalotten schälen, gegebenenfalls Zwiebeln noch vierteln oder achteln.
2. Kalbsleber in schmale Streifen schneiden, in der heißen Butter in weitem Topf oder Pfanne anbraten. Möglichst portionsweise arbeiten, damit die Leberstreifen alle Bodenkontakt haben und braten, also richtig rösten können und kein Wasser ziehen. Erst, wenn sie Bratspuren zeigen, salzen und pfeffern, herausheben und beiseite stellen.
3. Die Schalotten in die Pfanne geben und unter häufigem Umwenden anschwitzen und Wasser abgeben lassen. Dabei fast gar dünsten. Mit Rotwein ablöschen, die Erbsen zufügen und alles erwärmen, abschmecken.
4. Erst zum Schluß wieder die Leber mitsamt dem ausgetretenen Saft zufügen. Mit frisch gehacktem Kerbel vermischen und sofort servieren.

Cibrèo – toskanisches Ragout aus Hühnerlebern mit Salbei

Ein etwas in Vergessenheit geratenes, in den letzten Jahren wieder beliebter gewordenes Gericht. Es soll einst eine Lieblingspeise der Feinschmeckerin Catarina de' Medici gewesen sein. Damals gehörten in das Ragout neben den Lebern auch die Nieren des Huhns, Hoden und Hahnenkämme. Man kann den Cibrèo mit einem Stück Brot reichen. Genießer servieren dazu einen Spinatpudding (siehe Seite 470)!

Für 4 – 6 Personen:

700 g schöne Hühnerlebern, 1 große Zwiebel, 1 Handvoll Salbeiblätter, 2 EL Butter, 2 EL Olivenöl, 1 EL Mehl, 1 Glas trockener Weißwein, ½ Glas Vin Santo, Salz, Pfeffer, 1 Chilischote, 2 Eigelbe, Saft 1 Zitrone

1. Die Lebern sehr sorgsam putzen, alle Häutchen und Sehnen entfernen, und in ihre natürlichen Hälften teilen.
2. Die Zwiebel fein hacken. Salbeiblätter von den Stielen zupfen. Beides in einem Topf im heißen Gemisch aus Butter und Olivenöl andünsten. Die Lebern zufügen und die Hitze erhöhen, damit sie rundum bräunen.

3. Mit Mehl bestäuben. Weißwein und Vin Santo angießen. Salzen, pfeffern und die Chilischote zufügen. Einige Minuten leise köcheln. Die Lebern sollen gar, aber innen noch zart rosa sein.
4. Zum Schluß die mit dem Zitronensaft verquirlten Eigelbe einrühren. Das Ganze vorsichtig erhitzen und dicklich werden lassen. Sofort servieren – den Cibreo auf keinen Fall warten lassen!

WILD & WILDGEFLÜGEL

Wir haben das Glück, im Schwarzwald zu wohnen, wo Reh und Wildschwein häufig geschossen werden. Letzteres lieben wir nicht so sehr (den Geschmack von einem rauschigen Eber, den die Höflichkeit einmal gebot zu verspeisen, werden wir wohl im ganzen Leben nicht mehr los…), Reh bereiten wir sehr gerne zu: nicht zu lange abgehangen, nicht mürbe mit Hautgout, sondern eher frisch und saftig. Viel zu selten leider gibt es Hasen mit ihrem eigenwilligen, kräftigen Geschmack – die moderne Landwirtschaft mit schnellen Traktoren, Balkenmähern und Mähdreschern hat ihnen kaum Chancen gelassen, die veränderten und schnellen Fruchtfolgen vernichten ihre Lieblingsnahrung in genau dem Augenblick, in dem sie sie brauchen.

Leider sind die Lebensräume für Wildgeflügel in noch stärkerem Maße eingeschränkt worden. Durch die Flurbereinigungen wurden Hecken und Feldraine beseitigt, die Unterschlupf sicherten, Herbizide vernichten die »Unkräuter«, deren Samen ihre Nahrung sind. Was man normalerweise an Fasanen oder Rebhühnern kaufen kann, wurde auf Farmen in Volieren gezogen und schmeckt so wenig wild wie die Damhirsche aus Gehegen. Nur manchmal bekommen wir von Freunden aus dem Badischen einen wirklich wilden Fasan geschenkt – ein Festessen!

Wild kann man natürlich auch tiefgekühlt kaufen: Aus Südamerika, Neuseeland und Osteuropa kommen große Mengen davon zu recht günstigem Preis in die Truhen des Handels. Nicht alles ist gut, was dort liegt, denn die Einfuhr ganzer gefrorener Tiere, die dann hier aufgetaut, zerlegt und abgepackt werden, ist der Qualität nicht eben förderlich. Achten Sie daher darauf, ob auf der Verpackung angegeben ist, daß diese Verarbeitungsstufe bereits im Ursprungsland am frischen Tier erfolgt ist – das ist wenigstens eine gewisse Garantie für die bakterielle Unbedenklichkeit des Fleisches!

Wild, so wird immer wieder gefordert, solle unbedingt ganz durchgebraten werden. Wir können uns den Argumenten aus Aspekten der gesundheitlichen Sicherheit nicht verschließen – aber aus kulinarischer Sicht werden wir unsere bisherigen Gewohnheiten deswegen nicht ändern. Das können wir uns leisten, weil wir genau wissen, woher das Wild stammt, das auf unserem Tisch landet. Beim anonymen Fleisch aus dem Wild aus der Tiefkühltruhe wären wir indes auch vorsichtig!

Rehrückenbraten

Den Rehrücken rechtzeitig bestellen, damit der Wildhändler ihn besorgen kann und Zeit hat, ihn küchenfertig vorzubereiten!

Für 6 Personen:

1 schöner Rehrücken von ca. 1,5 – 1,8 kg, Salz, je ½ TL Wacholder-, Piment- und Pfefferkörner, 100 g Butter, 1 EL Johannisbeergelee

FÜR DEN SAUCENFOND: ca. 500 g Rehknochen oder Ragoutstücke, 2 EL Öl, 1 – 2 Bund Suppengrün (je nach Format), 1 Zwiebel, 2 EL Tomatenmark oder 2 Tomaten, 6 Wacholderbeeren, 1 TL Pfefferkörner, 2–3 Lorbeerblätter, 1 Gewürznelke, 1 kleine Chilischote, 1 Flasche guter Rotwein

Rehrücken parieren

1. Mit einem kleinen, scharfen Messer am Rückgrat entlang auf beiden Seiten die Filetstreifen sauber ablösen – das Messer möglichst steil und beweglich wie einen Bleistift halten.
2. Jetzt vom Rückgrat her die auf dem Fleisch sitzenden Häute entfernen – dazu mit dem Messer ganz flach und nur mit der Spitze unter der Haut entlangschneiden.
3. Über den Rippenknochen alle Sehnen und nicht zum Filet gehörigen Teile abschneiden.
4. Mit der Geflügelschere die Rippenknochen stutzen, damit sie nur etwa 1 cm über das Fleisch heraustehen.
5. Mit der Geflügelschere die Dornen des Rückgrats so tief wie möglich abtrennen.

Fond kochen:

Parüren nennt man in der Fachsprache die beim Säubern des Rehrückens angefallenen »Abfälle« oder Abschnitte wie Haut, Sehnen etc. Der Begriff leitet sich ab von »parer«, schmücken. Es gibt typischerweise kein angenehm klingendes deutsches Wort dafür: Während die Franzosen ihren Rehbraten für die Tafel schmücken, produzieren wir ewig armen Deutschen Abfälle …

1. Für den Fond die Knochen und die Parüren in einem flachen, großen Topf im heißen Öl gründlich anrösten. Das kann gut und gerne eine halbe Stunde dauern.
2. Dann das gewürfelte Suppengrün und die gehackte Zwiebel zufügen. Die Gewürze und das Tomatenmark unterrühren. Alles kräftig mitrösten, bevor mit dem Wein abgelöscht wird.
3. Ohne Deckel auf mittlerem Feuer einkochen, bis kaum mehr Flüssigkeit im Topf ist. Mit Wasser bedecken und nun erneut einkochen, diesmal sollte etwa ¼ Liter konzentrierte Flüssigkeit übrigbleiben.
4. Durch ein Sieb filtern und kalt stellen.

Fleisch braten:

1. Den vorbereiteten Rücken mit einer Mischung aus Salz und im Mörser zerstoßenen Gewürzkörnern einreiben.
2. In eine passende Bratenpfanne setzen, mit etwa 40 Gramm heißer Butter übergießen. In den auf 250 bis 300 Grad vorgeheizten Backofen (was immer Ihr Backofen hergibt!) schieben.
3. Sobald der Braten schön braun ist, den Ofen ausschalten und die Türe einen guten Spalt öffnen (Kochlöffel dazwischenklemmen), so daß die Hitze rasch abziehen kann. Den Rehrücken jetzt unbedingt eine viertel bis halbe Stunde im Ofen lassen. So kann die langsam nachlassende Hitze behutsam einwirken, der Braten wird durch und durch rosa aber dennoch gar werden.

Braten Sie den Rehrücken etwa 15 Minuten, falls Sie ihn rosa mögen, und 25 Minuten, wenn Sie ihn lieber durchgebraten haben wollen. Rosa heißt aber nicht blutig! Die Ruhezeit im zunächst heißen, dann warmen Ofen gehört nicht zur Bratzeit!

Sauce herstellen:

1. Den Fond aufkochen, das Johannisbeergelee unterrühren und darin auflösen.
2. Dann mit dem Mixstab die Sauce aufschlagen, dabei die restliche, eiskalte Butter in Stückchen zufügen, bis sie cremig gebunden ist. Abschmecken, nicht mehr kochen lassen.

Tip: Wer partout kein Wild mag, bereitet nach genau demselben Rezept ein ganzes Rinderfilet zu. Verwenden Sie für die Sauce Kalbsfond oder Rinderfond, den Sie mit Kalbs- oder Rinderknochen ebenso ansetzen, wie oben beschrieben.

Das ist bei uns traditionell der Braten des ersten Weihnachtsfeiertages. Bereitet man alles gut vor, macht der Rehrücken nämlich herrlich wenig Arbeit! Den Saucenfond haben wir immer vorbereitet im Tiefkühler, den Rehrücken, fertig pariert, auch – meist stammt er von einem im Herbst geschossenen Jungreh (Schmaltier). Dazu gibt es Sellerie-Kartoffel-Püree (Rezept Seite 411), Wirsing (Rezept Seite 434), Rotweinäpfel (Rezept Seite 697) und einen mächtigen deutschen Spätburgunder von Johner, Heger, Salwey, Reinhold Schneider, Huber, Ewald Kopp (alle Baden), Dautel oder Drautz-Able (Württemberg), Paul Fürst (Franken), Ökonomierat Rebholz (Pfalz), vom Deutzer Hof oder Meyer-Näkel (Nahe).

Rotweinäpfel

4 kleine Äpfel von möglichst gleicher Größe (zum Beispiel Cox Orange), 1 Lorbeerblatt, je 1 TL Piment- und Pfefferkörner, 1–2 Gewürznelken, 1 Stück Zimtstange, 1–2 EL Zucker, ca. ¼–½ l kräftiger Rotwein

1. Die Äpfel schälen, dabei unzerteilt lassen. Nur den Blütenansatz herausschneiden, die Stiele aber dranlassen.
2. Mit den Gewürzen und Zucker in einen möglichst kleinen Topf setzen, mit Rotwein bedecken. Auf milder Hitze zugedeckt sanft etwa 10 Minuten ziehen lassen.
3. Die Äpfel herausnehmen, den Sud auf etwa 4 Eßlöffel siruppartiger Flüssigkeit einkochen. Die Äpfel damit überziehen.

Das Fasanen-Menü

Für vier Personen genügen zwei schöne, ausgewachsene, aber junge Fasane. Die Fasane werden bei uns immer sorgfältig zerlegt, denn wir verarbeiten die einzelnen Partien stets getrennt. Brät man nämlich einen Fasan im ganzen, so werden die Brüste unweigerlich hart und trocken, ehe die Schenkel gar sind. Man müßte auf jeden Fall die Brüste mit Speckscheiben abdecken (bardieren), aber dann schmeckt alles nach Speck, und die Haut über den Brüsten bleibt bleich und weich. Unsere Methode hingegen führt zu hervorragenden, den verschiedenen Teilen gerecht werdenden Ergebnissen: Die Brüste abheben für einen kleinen, eleganten Salat, die Schenkel abschneiden für das Hauptgericht und die übrigbleibenden Gerippe auskochen zu einem aromatischen Süppchen.

Fasanen-Süppchen

Für 4 Personen:

2 Fasanengerippe, 3 EL Öl, 20 g Butter, 1 Zwiebel, 1 Möhre, ¼ Sellerieknolle, das Grüne einer Lauchstange, ein paar Petersilienstengel, 2 Zweiglein Thymian, 1 Zweig Rosmarin, einige Salbeiblättchen, 2 Lorbeerblätter, 6 Wacholderbeeren, 1 EL schwarze Pfefferkörner, 1 zerdrückte Knoblauchzehe, Salz, ¼ l trockener, sehr fülliger Rotwein (vorzugsweise aus einem südlichen Weinbaugebiet), 1 l Wasser, 1 Gläschen Madeira, Portwein oder Cognac nach Geschmack

1. Die Fasanengerippe grob zerhacken. In einem ausreichend großen, möglichst breiten Topf die Stücke bei größter Hitze im Öl anrösten, bis sie richtig braun sind.
2. Hitze drosseln, die Butter hinzufügen. Nun die geachtelte Zwiebel anrösten. Die übrigen Gemüse putzen, grob zerschneiden und dazugeben, die Gewürze ebenfalls.
3. Wenn der Eindruck entsteht, daß alles kurz vor dem

Dazu frisch getoastete, salzige Brioche oder Bauernbrot reichen, nach Belieben einen Portwein dazu trinken.

Verbrennen ist, den Wein und das Wasser hinzufügen, alles wieder aufwallen lassen und eine volle Stunde unbedeckt vor sich hin köcheln lassen.

4. Durchseihen, mit Madeira, Port oder Cognac abschmecken, nachwürzen.

Für 4 Personen:

Salat mit Fasanenbrust

1 kleine Endivie, 1 Radicchio, 100 g grüne Böhnchen, ¼ Salatgurke, 1 vollreife Fleischtomate, 4 zarte Frühlingszwiebeln, 1 Bund Kerbel, 3 EL Olivenöl, 4 Fasanenbrüste, Salz, Pfeffer

VINAIGRETTE:
1 EL Balsamico-Essig, 1 EL Zitronensaft, 5 EL Haselnuß-, Walnuß- oder gutes Olivenöl, 1 TL Dijon-Senf, Salz, Pfeffer

Auch hierzu gibt es, wie zur Suppe, Brioche oder Bauernbrot, sowie einen leichten Rotwein (Beaujolais, Trollinger) oder einen kräftigen Weißwein (Riesling, weißer Burgunder).

1. Alle Blätter und Gemüse waschen und putzen: Die Blätter in mundgerechte Stücke zerschneiden, die Böhnchen blanchieren und abschrecken, die Gurke schälen und fein hobeln, die Tomate überbrühen, pellen und entkernen, die Zwiebeln samt Grün in schmale Scheibchen schneiden, die Kerbelblättchen abzupfen.
2. Das Öl erhitzen, die Fasanenbrüste darin auf beiden Seiten rasch braun braten – pro Seite nur 1 Minute braten!
3. Dann salzen und pfeffern und die Brüste in der zugedeckten Pfanne neben dem Herd noch 15 Minuten ziehen und nachgaren lassen. Erst dann schräg in dünne Scheiben schneiden.
4. Aus den angegebenen Zutaten eine Vinaigrette rühren. Die Blätter und Gemüse dann umwenden und auf Tellern hübsch anrichten.
5. Die Fasanenbrüste fächerartig darauflegen und mit der restlichen Vinaigrette beträufeln. Mit Kerbelblättchen bestreuen und sofort servieren.

Fasanenschenkel auf Maronenpüree

Für 4 Personen:

FÜR DAS PÜREE:
750 g Eßkastanien (Maroni), ¼ l Milch, 200 g süße Sahne, Salz, Pfeffer

1. Für das Püree die Kastanien kreuzweise einschneiden und in den heißen Ofen legen. Nach etwa 20 Minuten sollten sie aufgesprungen sein, so daß man die äußere Schale und die innere Haut entfernen kann.
2. Die geschälten Kastanien mit Milch und Sahne aufsetzen und zugedeckt leise köcheln lassen, bis sie weich sind. Schließlich mit dem Mixstab fein pürieren und würzen.

3. Die Fasanenschenkel in einer Mischung aus Öl und Butter in einer dicken, erstklassigen, die Hitze gut leitenden und speichernden Pfanne scharf braten. Dann erst salzen und mit einer Mischung aus den im Mörser zerstampften Gewürzen bestreuen.
4. Nach 4 bis 5 Minuten auf größter Hitze die Pfanne neben den Herd stellen und die Schenkel noch 15 Minuten zugedeckt nachziehen lassen.
5. Das Püree auf vorgewärmte Teller geben, die Schenkel darauf betten.

FÜR DIE SCHENKEL:
4 Fasanenschenkel, 2 EL Olivenöl, 2 EL Butter, Salz, 1 TL Pfefferkörner, 1 TL Pimentkörner, ½ TL Wacholderbeeren

Als Beilage gibt's frisch gekochten oder gedämpften und in Butter geschwenkten Rosenkohl und ein mit viel Zwiebeln in einer leichten Vinaigrette (aus Estragonessig und Olivenöl) angemachten Feldsalat.
Als Getränk wird dazu ein edler Burgunder Lagenwein perfekt sein.

Geschmorter Fasan auf Sahneäpfeln

Daß heute Fasane nicht mehr in ihrem Federkleid angeboten werden, ist nicht weiter schlimm – wer weiß schon noch, wie man so ein Tier rupft! Aber daß die Füße abgeschnitten sind, macht die Beurteilung seiner Qualität schwierig: An ihnen läßt sich das Alter des Vogels ablesen – jung sollte der Fasan natürlich sein, wenn man sich schon die Mühe macht. Kaufen Sie deshalb nur bei einem Geflügelhändler, dem Sie vertrauen können!

Für 4 Personen:

1 küchenfertiger junger Fasan, 6–7 schwarze Pfefferkörner, Salz, 3 Wacholderbeeren und 3 Pimentkörner, 1 TL Thymianblättchen (auch getrocknet), 4 EL Calvados, 2 Knoblauchzehen, 100 g Schalotten, 4 säuerliche Äpfel (zum Beispiel Cox Orange oder Ingrid Marie), Petersilie, 200 g Crème fraîche

1. Den Fasan innen und außen mit einer Mischung aus Salz und im Mörser zerstoßenen Gewürzkörnern einreiben. (Falls Sie keinen Mörser haben, die Beeren einfach auf der Arbeitsplatte mit dem Nudelholz überrollen und zermahlen).
2. Den Calvados in den Vogel gießen, ihn drehen und wenden, damit die Flüssigkeit überall hingelangt. Einen geviertelten Apfel mit ein paar Petersilienstengeln in den Bauch stopfen.
3. Den Fasan mit Küchenzwirn zusammenbinden, so daß

er ein handliches Paket abgibt. In eine feuerfeste Form, für die Sie einen Deckel haben, oder in einen gewässerten Römertopf setzen.

4. Die geschälten Knoblauchzehen, Schalotten und die ungeschälten, aber geviertelten und vom Kerngehäuse befreiten Äpfel darum herum streuen. Alles salzen und zum Schluß mit der Crème fraîche begießen.
5. Schmortopf verschließen. In den kalten Ofen stellen. Den Fasan so bei 200 Grad (Gas Stufe 3) 2 Stunden garen. Dann ist er durch und durch zart und saftig. Gleich im Topf zu Tisch bringen.
6. Dazu schmeckt Weißbrot, mit dem man die herrliche Sahnesauce auftunken kann. Oder auch ein cremiger Kartoffelbrei.

SAUCEN

Für den großen, stilbildenden Koch um die Wende vom 19. zum 20. Jahrhundert, Auguste Escoffier, war das Kapitel Saucen in seinem Standardwerk von überragender Bedeutung – die wahre Meisterschaft eines Koches kulminierte im Geschick und der Fähigkeit, exquisite Saucen voller Konzentration herstellen zu können. Es wurde ausgekocht und reduziert, angebraten und ausgepreßt, alles zu Essenzen konzentriert und in tausenderlei Zusammenstellungen kombiniert.

Für eine intelligente, schnelle Küche sind die Fonds und konzentrierten Fleischbrühen selbstverständlich ein wichtiges Hilfsmittel. Ihre Herstellung haben wir skizziert, ihr Gebrauch wird in vielen Rezepten in diesem Buches empfohlen, weil man damit Zeit im entscheidenden Augenblick spart und Geschmack gewinnt. Sich von ihnen einen Vorrat anzulegen, am besten in kleinen Portionen im Tiefkühler, ist gewiß kein Fehler.

Aber die Zeiten haben sich geändert: Heute schätzen wir solche Saucenkunst nur noch für einige wenige Spezialgerichte, lieben jedoch im allgemeinen eher die kleinen, bei der Zubereitung des Gerichtes selbst entstehenden Saucen, die voller Eleganz den Gaumen entzücken, aber den Magen nicht mehr belasten. Der Schlachtruf des großen und gewichtigen Fernand Point: »du beurre, du beurre, du beurre!« klingt uns eher als Drohung denn als Genußversprechen.

Deshalb machen wir uns lieber die moderne Technik zunutze und schäumen mit Hilfe des Mixstabs den klaren Braten- oder leichten Schmorfond mit einer bescheidenen, den Geschmack aber viel wirkungsvoller hebenden Menge von Butter oder Sahne auf: Durch die in feinen Bläschen in die Sauce inkorporierte Luft ergibt sich eine größere Oberfläche der Materie und also ein intensiverer Geschmack. Die richtige Technik in der Küche ist keineswegs Schnickschnack, sondern hilft einerseits Kalorien und Zeit zu sparen, und ermöglicht andererseits größeren Genuß. Solche neuartigen Saucen finden Sie also nicht mehr im Saucen-Kapitel, sondern bei den entsprechenden Gerichten selbst.

Die Herstellung mancher Klassiker, etwa der Béarnaise oder Hollandaise, die einst Geschick, Kraft und Geduld erforderten, ist durch unsere ausgeklügelte Küchentechnik so einfach geworden, daß jedes Kind sie perfekt und im Handumdrehen zubereiten kann. Um so erstaunlicher, daß die Industrie es schafft, die Kunden für ihre Fertigprodukte mit der falschen Aussage zu gewinnen, die Herstellung des überaus wohlschmeckenden

Originals wäre schwieriger als das ernüchternde Ergebnis ihrer Tütenmischung. In der exquisiter Saucenkunst kann heute jeder Meisterschaft erwerben …

Fonds, Grundsaucen und Pasten

Fonds – Basis guter Saucen

Vor einiger Zeit wollten wir beim Metzger einen Kalbsfuß kaufen, um ihn neben den Schmorbraten zu legen, damit die Sauce dadurch kräftiger würde. Nein, den müßten wir vorbestellen. Ob dann wenigstens andere, normale Kalbsknochen da wären? Nein, auch nicht, denn man könne sie nicht mehr verkaufen, höchstens zufällig ein, zwei Portionen pro Woche. Deshalb tue man sie nur her, wenn sie jemand vorbestelle … Ja, vor zehn Jahren sei das ganz anders gewesen, da habe man mindestens 20 kg pro Woche verkauft und vor 20 Jahren hätte es eine solche Nachfrage gegeben, daß man Kalbsknochen überhaupt nur an zwei Tagen der Woche hätte bekommen können. Was ist da inzwischen passiert? »Die Leut' kochen halt keine richtigen Saucen mehr!« Und nach einem Seufzer ergänzte die Metzgersfrau die Erklärung ihres Mannes mit der bitteren Feststellung: »Die rühren nur noch ihre Packerl an!«
Das war der Auftakt einer längeren Unterhaltung, in der uns klar wurde, was einstmals bürgerliches Qualitätsbewußtsein, was bürgerlicher Anspruch bedeutete: Alles wurde im Haus gemacht, war hausgemacht! Da gab es keine Fertigsauce, die mit Wasser angerührt und dann über den Braten geschüttet wurde. Schließlich entstand eine gute Sauce während des Bratens doch nahezu von selbst, wenn man nur Gemüse neben das Fleisch legte, mit Wein, Bier, Brühe oder Wasser begoß und dafür sorgte, daß die Sauce auch nach was schmeckte: mit ein paar Kalbsknochen (beim

Schweinebraten taten es auch die weniger feinen Schweineknochen, eine Pfote oder ein Ringelschwänzchen), die besonders gelatinös sind und deshalb der Sauce »Stand« gaben. Die Knochen wurden mitgebraten, bräunten dabei und gaben – nach dem Umwenden – der Sauce zusätzlich Farbe. Oder sie wurden vorher auf dem Herd in einem gußeisernen Bräter geröstet, damit guter Geschmack und eine schöne braune Tönung entstand.

Knochen kamen nicht nur an die klassische klare Bratensauce, sie spielten auch bei Rahmsaucen eine Rolle, bräunten einst sogar im gulaschartigen Ragout. Des Geschmackes wegen, natürlich, aber auch, weil die Standfestigkeit einer Sauce ganz wesentlich vom Gelatinegehalt abhängt: Je mehr Gelatine darin gelöst ist – man kann das an der »Klebrigkeit einer Sauce bemerken -, desto besser verbindet sie sich mit Butter oder Sahne und desto weniger dieser kalorienträchtigen Zutaten benötigt man, um eine stabile Bindung zu erzielen.

Die Landgasthöfe, in denen man noch, wie früher üblich, zum Kalbs- oder Schweinebraten den echten, klaren, konzentrierten Bratensaft bekommt, sind rar geworden. Meist hat man ihn verlängert, mit einem Industrieprodukt gebunden und oft abenteuerlich gewürzt – sollte es nur mit würzflüssigem Knoblauch oder gefriergetrocknetem Estragon sein, so hat man Glück gehabt ... Braten und Saucen passen in den seltensten Fällen mehr wirklich zueinander. Wie soll solch ein Essen, das selber keine Seele mehr hat, des Menschen Leib und Seele zusammenhalten?

Dabei würde es die heutige Technik den Herstellern von Fertigsaucen durchaus erlauben, den öden Einheitsgeschmack weitgehend zu vermeiden. Und sie könnten auch auf die aufdringlichen und uniformierenden Zugaben von Aromastoffen mühelos verzichten (die zwar naturidentisch heißen, weil sie in der Natur vorkommen können, tatsächlich aber in den allermeisten Fällen synthetisch hergestellt werden, weil das viel billiger ist, als sie aus natürlichen und erstklassigen Produkten zu extrahieren). Aber: Das würde freilich ein wenig mehr Geld kosten. Und das wiederum wollen viele Leute, selbst wenn sie von sich behaupten, große Saucenfreunde zu sein, in Wirklichkeit aber nichts als Saucenmuffel sind, nicht bezahlen.

Verantwortlich für die schlechte Qualität unserer Fertigsaucen sind also eher die Verbraucher selbst, nicht die Hersteller. Man kann ihnen nur vorwerfen, daß sie nichts für die kleine, anspruchsvolle Minderheit tut, um den Anhängern der echten bürgerlichen Küche, ein Spitzenprodukt anzubieten, das dann ruhig mehr kosten dürfte. Auch die Tiefkühlindustrie hätte hierzu beste Möglichkeiten, denn selbstverständlich könnte sie ebenso herstellen, was wir zu Hause machen: Knochen und Fleischreste mit Gemüse ansetzen und mit Wein und Wasser prächtige Saucenfonds kochen. In Portionen abgepackt, könnten sie immer greifbar in der Tiefkühltruhe liegen. Bislang gibt es lediglich Fonds in Gläsern: Kalbs-, Geflügel-, Wild- und Fischfond. Allerdings handelt es sich hier eher um stark eingekochte Bouillon, ein richtiger Fond ist wesentlich dichter, gelatinöser und bindet besser – diese Fertigfonds, sie schmecken recht natürlich und nicht schlecht, müssen aber vor der von uns angegebenen Verwendung noch einmal um die Hälfte oder zwei Drittel eingekocht werden. Wenn es mal schnell gehen soll – und das ist ja der größte Vorteil von Fonds im Vorrat! –, sind sie ungeeignet. Wir kochen deshalb zwei bis drei Mal im Jahr soviel Fonds, wie wir brauchen und frieren ihn portionsweise ein.

Grundrezepte für Fonds

Es ist eigentlich unsinnig, beim Kochen eines Fonds genaue Mengenangaben zu machen – zu sehr kommt es darauf an, was gerade an Grundmaterial zur Verfügung steht. Als Richtmaß für ca. einen halben Liter konzentrierten Fond gelten folgende Mengen: ca. 3 Pfund Fleisch und Knochen oder Fischgräten und -köpfe, dazu wenigstens 500 Gramm gemischte Wurzelgemüse.

Hühnerfond

Wir nehmen dazu auch vom Fleisch befreite Hühnergerippe und -reste. Eventuell entsteht der erste Fondansatz beim Kochen eines Huhns für ein Frikassee: Haut, Knochen und Gerippe werden mit dem ohnehin im Sud befindlichen Suppengemüse plus zusätzlicher Zwiebel, Knoblauch und Gewürzen weiter ausgekocht, abgegossen und schließlich zu einer konzentrierten Flüssigkeit

eingedampft. Oder man nimmt ein ganzes Suppenhuhn, kauft vielleicht noch ein paar Geflügelteile dazu (Flügelspitzen, Hälse) und setzt alles wie folgt auf:
Die Hühnerstücke in einem breiten Topf auf dem Herd nur ganz leicht in Hühnerfett anrösten. Zwiebel, Möhre, Sellerie, Porree und Petersilie, möglichst mit etwas Wurzel, kleingeschnitten zugeben, mit Lorbeerblatt, weißen Pfefferkörnern, Thymian und Muskatnuß oder Muskatblüte würzen. Ehe die Zutaten zu bräunen beginnen, mit wenigstens einer halben Flasche trockenem Weißwein angießen.
Bei kräftiger Hitze ohne Deckel stark einkochen lassen, bis fast alle Flüssigkeit verkocht ist. Dann mit Wasser bedecken und bei weniger starker Hitze langsam einkochen lassen, bis nur noch ein viertel bis ein halber Liter Flüssigkeit übrig ist, die etwas dicklich sein sollte. Erneut mit Wasser auffüllen und in vier bis sechs Stunden leise köchelnd um die Hälfte einkochen – am besten noch etwas durchgedrehtes rohes Fleisch zufügen und durch das daraus gezogene Eiweiß vollkommen klar werden lassen. Abseihen und versorgen.

Lichtbrauner Kalbsfond

Kalbsknochen und Fleischabschnitte (z.B. von Bratenfleisch, von der Brust, Schulter, Hals oder Haxe) werden zusammen mit Gemüse in etwas Öl auf dem Herd rundum goldbraun angebraten und dann mit trockenem Weißwein abgelöscht. Ist dieser fast verkocht, gießen wir mit Wasser auf, bis alles gut bedeckt ist und lassen dann unbedeckt einkochen, bis kaum mehr Flüssigkeit im Topf ist. Dies wird zwei Mal wiederholt, bis beim Reduzieren des dritten Aufgusses der Sud konzentriert genug ist.
Oder wir schieben Knochen- und Fleischreste im Bräter in den auf 220 Grad vorgeheizten Ofen und lassen sie bräunen. Dann im Ofen mit Wein, später zwei Mal mit Wasser aufgießen und weiter verfahren, wie oben – auch im Backofen kocht die Flüssigkeit ein, am besten und schnellsten im Umluft- oder Heißluftherd.
Als Würze dienen Suppengemüse (Möhren, Sellerie, Lauch, Petersilienwurzel und -stengel, Zwiebel), eventuell ein paar Knoblauchzehen, unbedingt Lorbeerblatt und Thymian sowie Pfeffer.

Wichtig: Bei Fonds stets auf Salz verzichten, denn durch das Einkochen könnte die Konzentration zu stark werden und das Gericht, zu dem der Fond später gebraucht wird, versalzen. Abschmecken kann man dann schließlich immer noch.

Dunkelbrauner Saucenfond

Ihn bereiten wir im Prinzip wie den lichtbraunen, doch entsteht er entweder aus Ochsenschwanz und Rindfleischabschnitten (von Bratenstücken) oder aus Wildknochen und Wildabfällen, oder aus Lammknochen und Lammfleisch. Und zwar jeweils mit einem Kalbsfuß oder Kalbsknochen und Kalbsabschnitten, damit die Sauce einen guten Stand bekommt. Beides lassen wir wie oben beschrieben anbraten, nur etwas stärker, und löschen dann mit kräftigem Rotwein ab. Die Grundwürze entspricht ebenfalls obiger, doch kommen, je nach Fleischart, noch stärkere Gewürze hinzu: So schmeckt Wildfond besonders gut mit mehr Lorbeerblättern, ein paar Wacholderbeeren und auch Pimentkörnern, eventuell sogar etwas Zimt. Ein Rinderfond gewinnt mit etwas Kreuzkümmel, weiterhin paßt Sternanis, ein paar Käpselchen Kardamom, ein wenig Ingwer und Zitronengras oder Zitronenschale. Alle dunklen Fonds können durch die Beigabe von Pilzen (Champignons, Pilzabfälle, getrocknete Steinpilze, Tonku- bzw. Shiitakepilze) noch schmackhafter werden. Ebenfalls erst den dritten Aufguß als Fond verwenden.

Fischfond

Wird genau wie heller Saucenfond bereitet, doch wird er wesentlich weniger lang gekocht: Er würde sonst trüb, und die Gelatine bliebe nicht angenehm klebrig, sondern würde unangenehm schleimig. Natürlich besorgen wir uns zu den mit dem eigenen Fisch gekauften Abschnitten ein paar Abfälle (Köpfe und Gräten) von Plattfischen (am besten von Seezunge oder Steinbutt) hinzu. Abgelöscht wird mit trockenem Weißwein oder einem guten Schuß weißem Wermut (vorzugsweise Noilly Prat). Zusätzlich würzen mit ein paar Fenchelkörnern und etwas Zitronenschale! Wenn der Wein verkocht ist, alles gerade eben mit Wasser bedecken und nur etwa 30 Minuten einkochen lassen. Erst durch ein Sieb abgießen, danach auch noch durch ein feines Tuch seihen.
Muschelfond oder ein Fond von Krustentieren (Garnelen, Krabben, Scampi, Langusten, Hummer) wird ähnlich zubereitet, im

Alle Fonds sorgfältig entfetten, dann einige Stunden stehen lassen und die klare Flüssigkeit von den Trubstoffen, die sich unten abgesetzt haben, vorsichtig abgießen.

Gegensatz zum Fischfond werden aber die Schalen hier zunächst in Butter oder Öl angeröstet, um die Geschmacksstoffe und Farbe zu lösen. Und es empfiehlt sich immer, beim anschließenden Auskochen ein paar Gräten und Köpfe von weißfleischigen Fischen als Basis zu nehmen.

Fonds einfrieren

Fonds werden durch die enthaltene Gelatine fest, sobald sie abkühlen. Diesen Tatbestand kann man sich fürs Einfrieren zu Nutze machen: den Fonds etwa drei Zentimeter hoch in einer flachen, weiten Schale erstarren lassen, dann in Würfel schneiden, die sich jetzt bequem, nebeneinander auf einem Tablett einfrieren lassen. Die gefrorenen Würfel dann in Beuteln luft- und aromadicht verpacken – so kann man bequem entnehmen, was man für eine Sauce braucht. Zum Beispiel: Ein großer Eiswürfel genügt für ein schnelles Schnitzel, ⅕ Liter für die Sauce für sechs bis acht Personen.

Der Fond wird zur Sauce

Man gibt den Fond einfach in die Pfanne, in der Fleisch oder Fisch gebraten wurde, in den Topf, in dem es schmort, in den Bräter, aus dem man es gerade genommen hat, und löst damit den Bratensatz. Alles noch kurz aufkochen, würzen und die Sauce klar lassen oder binden. Das kann – dank der im Fond enthaltenen Gelatine – sehr rasch und leicht vonstatten gehen: Ein wenig eiskalte Butter einschwenken oder einrühren, schon ist alles fertig und kann serviert werden! Oder etwas Sahne oder Crème fraîche einrühren. Eventuell zusätzlich mit etwas Saucenbinder, Mehlbutter (einen Eßlöffel Butter und einen Eßlöffel Mehl verkneten, nur kurz einrühren und aufkochen) oder, besser noch, mit einer frisch gekochten Kartoffel andicken.

Kokosmilch und Kokossahne

Es handelt sich hier nicht um jene Flüssigkeit, die deutlich hörbar in der Kokosnuß schwappt, wenn man sie schüttelt. Das ist das Kokoswasser, das übrigens gekühlt wunderbar erfrischend schmeckt.

Kokosmilch läßt sich nicht frisch aufbewahren, sie verdirbt schneller als frische Sahne. Man kann sie aber prima portionsweise in Joghurtbechern einfrieren.

Kokosmilch muß man herstellen. Aus frisch geraspelter Kokosnuß, nicht aus getrockneten Flocken – die geben nicht mehr viel her. Es ist keine Milch oder Sahne zum Aufgießen nötig, um eine samtene Flüssigkeit zu erhalten, Wasser genügt und beeinträchtigt nicht den Kokosgeschmack.

Für *Kokosmilch* rechnet man auf etwa 250 Gramm frisch geriebene Flocken ebensoviel Wasser, also ¼ Liter. Kochend über die Kokosraspel gießen, ziehen lassen und wenn die Milch abgekühlt ist, durch ein mit einem Tuch ausgelegtes Sieb filtern. Mit Hilfe des Tuches fest ausdrücken. Ein zweiter Aufguß ergibt immer noch eine dünne Kokosmilch, die man für Suppen verwenden kann.

Kokossahne läßt sich abschöpfen, wenn man die Kokosmilch eine Weile stehen läßt. Sie setzt sich wie echte Sahne oben ab, weil sie leichter ist.

Wer keine Kokosnuß findet, kann auch Kokosmilch aus der Dose nehmen, (darauf achten, daß sie *ungesüßt* ist!) oder dehydrierte Kokosmilch, die man als vakuumverpackten Block in Delikateß- oder Asienläden kaufen kann.

Kokosmilch ist auch gut für würzige Currys, exotische Drinks oder interessante Desserts.

Currypasten

Sie spielen in den verschiedensten Ländern Südostasiens eine große Rolle, vor allem in Thailand. Es ist eine feste, aber streichfähige Paste, hergestellt aus fein pürierten Kräutern, Gewürzen und Würzgemüsen wie Zwiebel, Knoblauch und Chilis. Früher zerkleinerte und mischte man alles im großen steinernen Mörser. Heute ist er natürlich längst vom Mixer oder elektrischen Zerhacker abgelöst. Und damit ist eine solche Würzpaste auch tatsächlich schnell hergestellt. Am besten gleich auf Vorrat, denn nur ein Löffel davon an das eben angebratene Fleisch, aufgefüllt mit etwas Brühe, gewürzt mit Fischsauce, Zitronensaft oder einem Schuß Reiswein, und es steht im Handumdrehen ein köstliches Ragout, ein würziger Curry auf dem Tisch. Die Menge des folgenden Rezepts reicht zum Beispiel für etwa zehn verschiedene Currygerichte. Die Pasten halten sich in einem Schraubglas verschlossen im Kühlschrank monatelang.

Rote Currypaste

10 große getrocknete oder 12 mittelgroße frische rote Chilischoten, 1 EL Koriandersamen, 1 TL Kreuzkümmel, 10 schwarze Pfefferkörner, 1 Stück Zimtstange, ½ Muskatblüte (Macis), 2 Schalotten, 6 Knoblauchzehen, 2 Stengel Zitronengras, 1 Stück Ingwer (ca. 3–4 cm), 1 TL Garnelenpaste (aus dem Asienladen) oder Sardellenpaste, ½ TL Salz

1. Die entkernten Chilis zehn Minuten in warmem Wasser einweichen.
2. Die Gewürze in einer trockenen Pfanne rösten, bis sie duften. Dann mit den übrigen Zutaten im Mixer fein pürieren. Dabei auch die Chilis mitmixen – falls die Paste zu fest wirkt, mit etwas Chilieinweichwasser verdünnen, bis sie streichfähig ist.

Variante: Grüne beziehungsweise gelbe Currypaste wird genauso hergestellt: Statt der roten Chilis nimmt man grüne oder gelbe – die immer frisch angeboten werden.

Paprika-Sirup

Kann man immer im Vorrat haben, dieser duftende, leuchtend rote (oder aus gelben Paprikas gelbe) aromatische Sirup gibt allen Salatkreationen einen originellen Duft und ein hübsches Aussehen: Man kleckst Spuren davon über fein aufgeschnittenes Fleisch oder auf den Tellerrand – sozusagen eine wohlschmekkende Dekoration! Hält sich übrigens monatelang. Praktisch, wenn man den Sirup in ein verschließbares Fläschchen mit dünner Spitztülle füllt: Damit kann man den Sirup auf den Teller spritzen und dekorative Linien ziehen.

1. Paprika entkernen, klein schneiden und mit dem Wasser im Mixer fein pürieren. Alles durch ein Tuch filtern, den

gewonnenen Saft in einen Topf füllen. Salz, Pfeffer, Zucker und Essig zufügen und so lange köcheln, bis ein dickflüssiger, duftender, leuchtendroter Sirup entstanden ist.
2. In eine verschließbare Flasche füllen – gut ist, wenn diese einen Dosierverschluß hat. So läßt sich mit dem Sirup besser arbeiten. Man tropft einige Tropfen auf Gemüse, auf gebratenes oder gekochtes Fleisch oder verziert damit Teller.

Für ca. ¼ Liter:

500 g rote oder gelbe Paprikaschoten, 4 EL Wasser, Salz, Pfeffer, 1 gehäufter EL brauner Zucker, 1–2 EL Weinessig

Kräuteröl

Genauso lassen sich mit diesem leuchtendgrünen, duftenden Öl bildschöne Effekte erzielen. Die Kräuter dafür sollten unbedingt vorher in kochendes Wasser getaucht und dann eiskalt abgeschreckt werden – so behält das Öl seine schöne Farbe. Man rechnet eine Tasse voll Kräuterblätter (am besten Basilikum, aber natürlich geht auch Petersilie, Kerbel oder eine Mischung) auf eineinhalb Tassen Öl. In jedem Fall etwas Salz mitmixen, ein paar Körnchen nur genügen! Das ist nicht nur gut für den Geschmack, sondern auch für den Erhalt der Farbe.

Spezialsaucen

Sauce Hollandaise

1. Essig, Salz und Wasser in einen dickwandigen Topf bis auf 1 Eßlöffel Flüssigkeit einkochen.
2. Die Eigelbe unter ständigem Schlagen mit dem Schneebesen zufügen und so lange rühren, bis sie hell und dick werden. Dabei so viel Hitze zuführen, daß die Eigelbe heiß werden, aber nicht gerinnen.
3. Stückchenweise die Butter darunterschlagen. Die fertige

Für 4 – 6 Personen:

1 EL Weißweinessig, Salz, 2 EL Wasser, 2 Eigelbe, 200 g Butter, Pfeffer, Zitronensaft zum Abschmecken

Sauce ist leuchtendgelb, ganz cremig und zart. Mit Salz, Pfeffer und viel Zitronensaft abschmecken.

Für 4 – 6 Personen:

Béchamel-Sauce

2 EL Butter, 50 g Fett vom gekochten Schinken, 1 kleine Zwiebel, 1 Knoblauchzehe, 2 EL Mehl, ½ l Milch, 1 Bund Petersilie, 1 TL schwarze Pfefferkörner, 1 Stück Zitronenschale, Salz, 1 Eigelb, 2 gehäufte EL Crème fraîche, Muskatnuß, Zitronensaft und Worcestershire Sauce

1. In der heißen Butter das Schinkenfett auslassen. Feingewürfelte Zwiebel und die Knoblauchzehe andünsten. Mit Mehl überstäuben und gründlich durchschwitzen. Milch angießen.
2. Die Petersilienstengel (Blätter beiseite tun), Pfefferkörner und Zitronenschale zufügen. Etwa eine halbe Stunde zugedeckt köcheln. Nur sparsam salzen. Die Sauce schließlich durch ein Sieb passieren. Das Eigelb mit der Sahne verquirlen, die Sauce damit binden. Mit Muskat, Zitrone und Worcestershire Sauce kräftig abschmecken. Die Sauce sollte angenehm dickflüssig sein.

Für 4 – 6 Personen:

Steinpilz-Rotwein-Sauce

25 g getrocknete Steinpilze, 50 g geräucherter Speck, 20–30 g würziges Fett (Schweineschmalz, Butter oder Olivenöl), 1 Zwiebel, 1 Knoblauchzehe, ½ Flasche (0,35 l) trockener, voller, aber nicht zu gerbsäurehaltiger Rotwein (bevorzugt einer von der Rhône oder aus Venetien), ¹⁄₁₀ l kräftiger Kalbsfond (ersatzweise geht auch Sahne), 1 großes Bund Petersilie, Salz, Pfeffer, Zucker

Diese Sauce paßt auch prima zu frischen Pilzen – Steinpilzen, Maronen oder gemischten Pilzen.

1. Die Steinpilze in einer Schüssel mit Wasser bedecken und für 2 Minuten in den Mikrowellenherd (höchste Stufe) stellen. Oder mit kochendem Wasser überbrühen und 1 Stunde ziehen lassen. Dann den Sud durch ein Tuch abseihen und auffangen. Die eingeweichten Steinpilze dann mit einem großen Messer fein hacken.
2. Den Speck in kleinste Würfel schneiden und in einer Kasserolle auslassen, das aromagebende Fett zufügen. Zwiebel und Knoblauchzehe fein würfeln und darin glasig werden lassen.
3. Die Steinpilze zugeben. Wenn alles trocken zu werden und zu rösten beginnt, mit Rotwein und Kalbsfond ablöschen. Die Petersilienblätter von ihren Stengeln zupfen, beiseite legen, die Stengel bündeln und in der Sauce auskochen.
4. Wenn diese auf die Hälfte reduziert ist, Petersilienstengel wieder herausnehmen, mit Salz und Pfeffer sowie einer Prise Zucker abschmecken. Die Sauce muß durch den kräftigen Kalbsfond jetzt eine etwas sirupartige Konsistenz bekommen

haben. Wenn nicht, noch weiter einkochen – oder, um die Bindung zu erleichtern, einen Schuß süßer Sahne zufügen.
5. Zum Schluß die grobgehackte Petersilie zufügen, alles im Mixer so fein wie möglich pürieren.

Selleriesauce

Eine wunderbare Ergänzung zu Hackfleischgerichten und auch zu Krautrouladen mit Rehfüllung.

Für 4 – 6 Personen:

300 g Knollensellerie (geputzt gewogen), 100 g mehligkochende Kartoffeln (geschält gewogen), Salz, 200 g süße Sahne, 1 Eigelb, Pfeffer

1. Sellerie und Kartoffeln nach dem Putzen und Schälen abwiegen. In kleine Stücke schneiden, in einen Topf geben, gerade eben mit Wasser bedecken, salzen und völlig gar kochen – das geht auch im Schnellkochtopf sehr gut.
2. Das Gemüse herausheben (die Kochflüssigkeit aber noch nicht weggießen), durch die Kartoffelpresse drücken, mit Sahne verrühren und mit dem Eigelb vermischen.
3. Zu einer Creme aufschlagen und vom Kochwasser gerade so viel zufügen, daß eine Sauce angenehmer Konsistenz entsteht. Abschmecken.

Tip: Je mehliger die Kartoffeln, desto seidiger wird die Sauce! Man kann zusätzlich mit Sellerieblättern würzen, auch mit Rosmarin, Thymian oder gar Lavendel aromatisieren. Witzig: mit Pastis (Pernod) oder Ouzo abschmecken!

Kalte Sardellen-Oliven-Sauce

3 Sardellenfilets (Anchovis – aus der Dose, möglichst in Olivenöl eingelegt), das Weiße von 6 Frühlingszwiebeln, 2 gehäufte EL Kapern (voller Aroma – sie dürfen in diesem Fall ruhig groß sein), 4 EL kaltgepreßtes Olivenöl extra, 2 saftige Zitronen, 15–20 schwarze Oliven, 12–20 Blätter Basilikum, Pfeffer aus der Mühle

Überaus vielseitig: kann man als Spaghettisauce ebenso verwenden, wie als herzhaften Dip zu Buletten, zu kräftig abgeschmeckten Aufläufen, zu gekochtem oder gebratenem Fisch.

1. Sardellenfilets mit Zwiebeln, Kapern, Olivenöl und Zitronensaft im Mixer oder mit dem Pürierstab zu einer glatten Sauce verarbeiten – eventuell einen Schuß Wasser zufügen.

2. Olivenfleisch in kleinen Schnitzelchen vom Kern schneiden, in die Sauce geben. Basilikum ganz oder in Streifen geschnitten hinzufügen, Pfeffer hineinmahlen und durchmixen.

Paprikacreme

Schmeckt am mildesten und süßesten mit den dickfleischigen, gelben Paprika aus Italien. Intensiver mit roten Schoten. Grüne sind nicht geeignet, weil sie zu wäßrig sind und zudem keine schöne Farbe geben. Eine wunderbare Sauce zu kaltem Braten, zu Gemüseaufläufen, zu Pies und allem Gegrilltem.

Für 4 – 6 Personen:

500 g vollreife, gelbe oder rote Paprikaschoten,
4 EL Olivenöl,
1 große Zwiebel,
2 Knoblauchzehen,
2 EL Zitronensaft,
Salz und Pfeffer

1. Die Paprikaschoten in den 240 Grad heißen Ofen auf den Rost legen (Auffangschale darunter, damit der Saft, der evtl. austreten kann, falls die Schoten platzen, nicht in den Ofen tropft) und backen, bis die Haut Blasen wirft – etwa 20 Minuten.
2. Dann mit einem feuchten Tuch bedeckt 10 Minuten abkühlen lassen, so daß man sie gerade anfassen kann, ohne sich die Finger zu verbrennen. Läßt man sie dagegen ganz abkühlen, verliert das Fruchtfleisch seine gelatinöse Bindungsfähigkeit.
3. Inzwischen im Öl die gehackte Zwiebel bei milder Hitze weich dünsten, aber auf keinen Fall Farbe annehmen lassen. Schließlich den durch die Presse gedrückten Knoblauch hinzufügen und sanft mitziehen lassen.
4. Die Paprikaschoten also abhäuten. Stielansätze und weißliche Zwischenwände mit den Kernen entfernen. Das Fruchtfleisch mit den Zwiebeln (samt Öl und Saft) in den Mixer geben, Zitronensaft zufügen und alles zu einer glatten Creme mixen. Eventuell etwas Wasser (auch Fleisch- oder Gemüsebrühe) zufügen, damit eine schöne Konsistenz entsteht. Oder alles mit dem Pürierstab zu einer glatten Creme mixen. Zum Schluß abschmecken.

Wer's schärfer liebt, fügt eine Prise Cayennepfeffer zu. Mit mehr Zitronensaft oder auch mit Balsamico (Balsam-Essig) abschmecken. Oder milder zubereiten, indem Sie die Creme mit Sahne anreichern und mit Butter aufschlagen.

Österreichische Paradeiser-Creme

Paßt zu Brotpudding, Buchweizengrütze, zu Nudeln und Eiern. Deshalb ruhig stets diese relativ große Menge zubereiten. Klassischerweise wird diese Sauce in der österreichischen Küche mit Mehlschwitze angesetzt. Wir finden, daß sie nach unserem Rezept, also ohne Mehlschwitze, besser schmeckt und eine angenehmere Konsistenz hat. Unser Freund Werner Schneyder sieht das anders – de gustibus non est disputandum!

Für 4 – 6 Personen:

1 Zwiebel, 40 g Butter, 2 kg Paradeiser (Tomaten, sehr süß und reif!), 1–2 EL Zucker, Salz, Pfeffer, scharfer und süßer Paprika, ¼ l süße Sahne, einige Kerbelblättchen

1. Zwiebel hacken und in der Butter glasig werden lassen. Tomaten vierteln und zufügen, reichlich würzen und den Deckel auflegen, bis die Früchte Flüssigkeit ausschwitzen.
2. Danach den Deckel abnehmen und alles so lange einkochen, bis die Masse dicklich wird. Durch ein feines Sieb treiben und nochmals einkochen, bis ein dicker Brei entstanden ist.
3. Sahne zufügen und die Sauce damit erneut einkochen, bis die gewünschte Konsistenz erreicht ist. Abschmecken, mit Kerbelblättchen bestreuen.

Sie können zusätzlich mit der Zwiebel gemischtes Suppengrün und Knoblauch andünsten.

Honigsauce mit Walnüssen

Man liebt sie im Piemont zum gekochten Rindfleisch.

Für 4 – 6 Personen:

100 g Walnußkerne, 250 g Honig, 1 EL Essig, 1 EL Senfpulver

1. Die Nüsse mit einem Messer nicht zu fein hacken. Den Honig vorsichtig im Wasserbad (oder in der Mikrowelle) erwärmen, damit er ganz dünnflüssig wird. Die gehackten Nüsse, den Essig und das Senfpulver unterrühren.
2. Die Sauce mindestens einen halben Tag durchziehen lassen, besser noch länger, weil das Senfpulver sein wahres Aroma erst nach einigen Stunden entfaltet.

Bagna cauda – Piemonteser Knoblauchsauce

Eigentlich heißt *bagna cauda* nichts anderes als »warme Sauce«. Gemeint ist aber ein ganzes Gericht: Alle möglichen Gemüse, wenn möglich roh, meist natürlich gekocht, stehen dann auf einer großen Platte auf dem Tisch. Jeder Gast bekommt ein kleines Schüsselchen mit Sauce, die auf einem Stövchen die ganze Mahlzeit über leise köchelt. Man nimmt sich vom Gemüse, was man mag, und würzt Bissen für Bissen mit der knoblauchduftenden, gehaltvollen Sauce. Ein fröhliches und geselliges Essen, für das man sich vor allem an einem kalten Wintertag gern in großer Runde um einen Tisch versammelt. Die Sauce schmeckt aber auch gut über gekochten Kartoffeln oder zu Siedfleisch.

Für 6 – 8 Personen:

20 Knoblauchzehen,
½ l Olivenöl,
20 Sardellenfilets

1. Die geschälten Knoblauchzehen im Öl 1 gute Stunde leise simmern lassen, bis sie schmelzen – sie sollen dabei hell bleiben, dürfen nicht bräunen!
2. Die Sardellenfilets zufügen, nach wenigen Minuten bereits alles mit dem Mixstab fein pürieren – fertig.

Pfeffersauce

Eine umwerfend würzige, aromatische Sauce, die jedem kurzgebratenen Stück Fleisch eine neue Dimension geben kann. Man nimmt dann jeweils zum Angießen die Brühe oder den Fond des Fleisches, das man dazu servieren will. Also Wild-, Lamm-, Kalbs- oder Geflügelfond, aber auch Fisch- oder Gemüsefond – wenn man die Sauce zum Beispiel zu gebratenem Karpfen oder zu gedünstetem Lauch servieren möchte! Ein Tip für eine schnelle, fabelhafte Beilage: Übriggebliebene Pellkartoffeln in dieser Sauce erwärmen. Schmecken umwerfend und können sogar mit einem Salat eine ganze Mahlzeit sein!

1. Die Pfefferkörner im Mörser zerstoßen und in einem Topf in der aufschäumenden Butter dünsten. Es entwickelt sich dabei

ein betörender herrlicher Duft. Schließlich die gewürfelte Zwiebel zufügen und so lange dünsten, bis sie weich ist.
2. Portwein beziehungsweise Madeira angießen, einköcheln. Mit Brühe auffüllen und erneut einköcheln, schließlich die Sahne zufügen und zur gewünschten Konsistenz köcheln.
3. Die Sauce mit Salz würzen und im Mixer fein pürieren. Wer nicht gern auf Pfefferkornstückchen beißt, passiert die Sauce durch ein Sieb. Pfeffer-Freaks werden jedoch gerade dies besonders genießen!

Für 4 Personen:

1 EL schwarze oder weiße Pfefferkörner, EL Butter, 1 Zwiebel, 1/8 l Madeira oder Portwein, 1/8 l Brühe, 200 g Sahne, Salz

Dips und kalte Saucen

Mayonnaise

Wer einmal selbstgemachte Mayonnaise probiert hat, müßte für das Fertigprodukt verloren sein, so viel besser schmeckt es, wenn die gelbe Sauce frisch aufgeschlagen wird, mit einem guten, aromatischen Öl. Je nach Gusto nimmt man ein intensiveres Olivenöl aus der Toskana, aus Spanien oder Griechenland oder lieber ein mildes, süßes aus Ligurien. Wer den Olivengeschmack nicht schätzt, nimmt ein kaltgepreßtes, sanftes Sonnenblumen- oder Erdnußöl mit neutralerem Geschmack.

1. Für die Mayonnaise die Eigelbe in eine Rührschüssel geben, Senf, Zitronensaft und Zucker zufügen.
2. Mit dem Schneebesen schaumig schlagen, dabei in dünnem Strahl das Olivenöl hinzufließen lassen. So lange mit lockerem Handgelenk schlagen, bis alles Öl eingearbeitet und eine helle Creme entstanden ist.
3. Mayonnaise mit Salz und Pfeffer abschmecken. Frischkäse unter- und glattrühren sowie reichlich fein gehackte Kräuter.

Tip: Damit die Mayonnaise gut binden kann, müssen alle Zutaten gleiche, am besten Zimmertemperatur haben. Sollte

Für 4 – 6 Personen:

MAYONNAISE: 2 Eigelbe, 1 TL Senf, 2 EL Zitronensaft, 1 Prise Zucker, ca. 1/4 l Öl (neutral oder herzhaftes Olivenöl – aber auf jeden Fall ein erstklassiges, kaltgepreßtes), Cayennepfeffer, Worcestershire Sauce, Balsamico-Essig, nach Belieben 2 EL Frischkäse sowie Kräuter: Estragon, Dill, Kerbel, Schnittlauch oder Petersilie

beim Aufsschlagen die Sauce grießelig wirken, sich das Öl sogar absetzen, sind Temperaturunterschiede schuld. Das läßt sich manchmal leicht beheben, indem man einen Löffel heißes Wasser unterschlägt. »Nimmt« die Mayonnaise immer noch nicht, dann einfach mit einem frischen Eigelb noch mal von vorn beginnen und die mißglückte Sauce nach und nach unterschlagen. Die Mayonnaise hält sich in einem Schraubglas im Kühlschrank ein paar Tage, aber am besten schmeckt sie natürlich frisch.

Aioli

Für 6 Personen:

3 Knoblauchzehen, 1 Eigelb, 1 TL scharfer Senf, 1/8 l Öl, Salz, Pfeffer, einige Tropfen Weißweinessig, 1 Prise Zucker, 3–4 EL kalte Hühnerbrühe

Natürlich läßt sich das auch mühelos von Hand aufschlagen, in einer weiten Schüssel mit dem Schneebesen und locker aus dem Handgelenk!

Die wundervolle knoblauchträchtige Variante!

1. Knoblauch durch die Presse drücken, mit Eigelb und Senf verrühren.
2. Mit dem Pürierstab aufschlagen, dabei langsam das Öl hinzufließen lassen, bis eine dicke gelbe Creme entstanden ist.
3. Mit Salz, Pfeffer, Essig und Zucker würzen. So viel Brühe untermixen, bis die gewünschte Konsistenz erreicht ist.

Schnittlauchsauce zu Tafelspitz

Die beste Sauce zu frisch gekochtem, in dünne Scheiben aufgeschnittenem Tafelspitz.

Für 4 – 6 Personen:

3 hartgekochte Eier, 3 EL Crème fraîche, 5 EL saure Sahne, 2 Bund Schnittlauch, 1 EL Essig (je nach Geschmack), 1 Prise Salz, Pfeffer aus der Mühle

1. Die Eier dreimal durch den Eierschneider drücken:
   Erst in Scheiben schneiden, zusammenhalten und um eine Viertelumdrehung weiterdrehen. Wieder durchdrücken, mit der hohlen Hand auffangen. Nun vorsichtig aufrecht in den Schneider stellen und nochmals durchdrücken – so haben Sie auf schnelle und bequeme Weise die benötigten Würfelchen.
2. Mit Crème fraîche, saurer Sahne und Schnittlauchröllchen vermischen, eventuell mit Essig zusätzlich säuern und mit Salz und Pfeffer abschmecken.

Frankfurter Grüne Sauce

Es gibt für diese klassische Frankfurter Spezialität (original frankfurterisch Grie' Sooß ausgesprochen) fast ebenso viele Rezepte wie Haushalte. Ob Goethe, der alte Frankfurter, sie wirklich so geliebt hat, wie man in Frankfurt gern behauptet, wird immer wieder bezweifelt. Fest steht indes, daß verschiedene Kräuter hineingehören. Zu Goethes Zeiten werden es Petersilie, Borretsch, Pimpinelle, Estragon (oder Dragant, wie man damals sagte), Schnittlauch, das Frühlingskraut Kerbel und natürlich Liebstöckel und Sauerampfer gewesen sein. Heute dürfen ruhig noch Dill, Zitronenmelisse und, warum nicht?, auch das welsche Basilikum hinzugenommen werden. Sieben verschiedene Kräuter sollten es jedenfalls mindestens sein. Wer mag und hat, packt einfach noch einige mehr dazu. In Frankfurt und Umgebung kann man die fertige Kräutermischung im Paket kaufen, sie wird täglich frisch von den Gärtnereien zusammengestellt und auf dem Markt wie in Supermärkten angeboten. In allen anderen Regionen muß man den Kräuterstrauß selber zusammenstellen: je ein handelsüblicher Kräuterbund pro Sorte ergibt etwa die nötige Menge.
Ob man die Sauce mit saurer Sahne, Crème fraîche, mit Quark oder Joghurt oder lieber hauptsächlich mit Mayonnaise zubereitet, ist Geschmackssache. Wir mögen sie am liebsten so:

Für 4 Personen:

1 dicker Kräuterstrauß oder 1 Paket »Grüne Sauce«, 2 Eier, 1 Eigelb, 1 EL scharfer Senf, ca. $1/8$ l mildes Olivenöl (aus Ligurien), Salz, Pfeffer, 1–2 EL Zitronensaft oder Estragonessig, 100 g Crème fraîche, 1 Becher Joghurt

1. Die Kräuter verlesen, Stiele entfernen, die Blätter waschen und abtropfen. Mit einem großen Messer sehr fein schneiden. Breite Blätter dafür zuerst längs in Streifen schneiden, dann quer nochmals fein aufschneiden.
2. Die ganzen Eier in gut 10 Minuten hart kochen, abschrecken, pellen und mit dem Eierschneider würfeln (siehe Rezept Schnittlauchsauce zu Tafelspitz, vorige Seite).
3. Das Eigelb mit dem Senf im Mixer oder von Hand mit dem Schneebesen dick und hell schlagen, dabei das Öl hinzufließen lassen. Sobald die Mayonnaise dick und cremig ist, salzen, pfeffern und mit Zitronensaft würzen.
4. Geschnittene Kräuter, gewürfelte Eier, Mayonnaise, Crème fraîche und Joghurt miteinander verrühren und noch einmal abschmecken.

Diese Sauce schmeckt übrigens auch herrlich und ganz einfach pur zu jungen Pellkartoffeln, zu Geflügel oder gekochtem Fisch. Sie sollte möglichst frisch gegessen werden, am selben Tag, weil die Kräuter an der Luft oxydieren, braun und bitter werden

Tip: Natürlich kann man die Kräuter praktischerweise zusammen mit den übrigen Zutaten allesamt in den Mixer werfen und erhält so eine fabelhafte Sauce. Trotzdem sollte man aber auch einmal die Handmethode ausprobieren: Alle Kräuter sorgsam von Hand so fein wie möglich geschnitten, nicht gehackt, weil so die Zellstruktur zerstört wird und der Saft ausläuft – das ergibt eine völlig andere Konsistenz, einen ganz anderen Geschmack, eine ganz neue Sauce …

Tomataise

Eine wundervoll duftende cremige Sauce, die mit ihrem schönen tomatenrot auch als Dekoration auf dem Teller gut wirkt. Sie wird wie Mayonnaise aufgeschlagen, daher der Name. Statt des Eigelbes zu Beginn nimmt man eine Tasse Tomatensauce oder frisches Tomatenpüree (bestens geeignet unser Tomatenpüree Seite 739!). Im Mixer aufmixen, dabei vier bis fünf Eßlöffel Olivenöl hinzugeben, bis eine dicke, hellrote, cremige Sauce entstanden ist. Mit Balsamico, Salz, Pfeffer und nach Belieben mit Cayennepfeffer abschmecken.

Rohe mexikanische Tomatensauce

Für 4 Personen:

6 vollreife Tomaten, 2 grüne Tomaten, 3 Knoblauchzehen, 1 Zwiebel, 2 EL Öl, 1 TL gemahlener Koriander, ½ TL (oder auch nur eine Messerspitze!) Chilipulver, Salz, Koriandergrün oder Estragon (ein paar Blättchen)

Paßt zu gegrilltem Fleisch oder Fisch sowie als einfache Mahlzeit zu Tortillas, normalen Pfannkuchen, auch zu salzigen Waffeln oder Kartoffelpuffern.

1. Reife Tomaten überbrühen, abschrecken und enthäuten. Aufschneiden und entkernen, harten Stielansatz herausschneiden.
2. Das Fruchtfleisch im Mörser zerstampfen oder im Mixer zermusen. Grüne Tomaten ganz fein hacken, ebenso Zwiebel und Knoblauch. Mit Öl und Gewürzen vermischen und eine halbe Stunde durchziehen lassen.

3. Dann erst mit dem roten Püree vermischen, noch einmal abschmecken und mit den abgezupften Koriander- oder Estragonblättchen bestreuen.

Nehmen Sie hierzu die ganz normalen runden Tomaten, die allerdings ein festes und süßes Fruchtfleisch haben sollten (Typ: kanarisch, israelisch, spanisch, bulgarisch oder rumänisch).

Französischer Tomaten-Dip

Für 4 – 6 Personen:

2 EL Tomatenmark, 2 EL Dijon-Senf, 4 EL Olivenöl, 1 feinstgehackte Zwiebel, 1 in winzige Würfelchen geschnittene Gewürzgurke (Cornichon), 1 EL kleine Kapern (Nonpareilles), 1 EL gehackte Petersilie, Salz, Pfeffer, 1 kleiner Schuss Weinessig

Schmeckt zu kaltem Fleisch, besonders zu Rinderbraten, Roastbeef oder allen Arten von Wild, zu Kurzgebratenem, Steaks, auch zu Wiener Würstchen.

Alle Zutaten in einer kleinen Schüssel vermischen und würzig abschmecken. Durchziehen lassen.

Philippinische Tomatensauce

Für 4 – 6 Personen:

1 Tasse Tomatenketchup, 1 Tasse frische, geriebene Ananas, ½ Tasse Reiswein, 1–2 EL Sojasauce, je 1 EL winzig fein gehackte Ingwerwurzel, Frühlingszwiebel und Knoblauch, 1 gehäufter EL gehacktes Thaibasilikum (oder kleingeschnittene Minze)

Zu Fleischspießchen (Saté), zu Frühlingsröllchen. Aber auch wunderbar zu Fleischfondue oder zu Steaks.

1. Alle Zutaten bis auf die Kräuter erhitzen. Einige Minuten kochen lassen. Sobald die Sauce glasig wirkt, abkühlen lassen.
2. Lauwarm mit dem Basilikum oder der Minze verrühren.

Ananas-Relish

Für 6 Personen:

1 reife, also duftende Ananas; je 1–2 EL feingewürfelter Ingwer und Knoblauch, je 1 EL feingehackte rote und grüne Chilischote, 1 Tasse frische Kräuter (Thaibasilikum und Koriandergrün), 2 Stengel Bleich-

Eine erfrischende Sache, die besonders gut zum kroß gebratenen Fleisch schmeckt: Dafür wird frische Ananas fein gewürfelt – für Moritz mal wieder Gelegenheit, zu zeigen, wie man dem stacheligen Ding, das jetzt Saison hat, zu Leibe rückt – mit Schalotten, Ingwer, Knoblauch, Chili und Thaikräutern vermischt. Schmeckt umwerfend gut! Und bitte: Unbedingt frische und säurereiche, niemals die zu süße Dosenananas verwenden!

sellerie, 2 Schalotten oder Frühlingszwiebeln, 1 Zitrone, 1 TL Zucker, Pfeffer aus der Mühle, 2 EL Thai-Fischsauce, 1 TL chinesisches Sesamöl, 1 EL Olivenöl

1. Die Ananas schälen: Dafür zunächst den Schopf abschneiden und die Frucht unten kappen, damit sie stehen kann. Mit einem scharfen Messer die stachelige Schale nicht zu geizig abschneiden.
2. Dann die schwarz bewimperten Augen herausschneiden, dafür am besten rund um die Frucht einen schrägen keilförmigen Schnitt ziehen, der die Augen jeweils erfaßt. Die Frucht ist dann anschließend rillenförmig eingekerbt und die Augen sind entfernt. – Nur Mut, nach einigem Üben gelingt das mühelos!
3. Die Frucht längs vierteln, den harten Strunk in der Mitte herausschneiden. Das Fruchtfleisch selbst jetzt klein, höchstens zentimetergroß, würfeln.
4. Mit den übrigen Zutaten mischen – die Kräuter dafür grob hacken, Stangensellerie und Zwiebeln jedoch fein würfeln oder in dünne Scheibchen beziehungsweise Ringe schneiden. Den Ananas-Relish ein Stündchen durchziehen lassen.

Zesten ist Küchenchinesisch und bedeutet nichts weiter als die ganz feinen Streifchen, die man aus der Schale von Zitrusfrüchten schneidet, an denen jedoch kein Fitzelchen der inneren, weißen und wattigen Haut haften darf. Mit dem Küchenmesser ist das eine diffizile Arbeit. Deshalb gibt es ein spezielles Messer für diesen Zweck, den sogenannten *Zestenschneider* oder *-reißer*. Damit geht das kinderleicht. Er sieht aus, als ob die Klinge in der Mitte abgebrochen wäre und hat vorn, an der »Bruchkante«, fünf winzige, scharfkantige, runde Ösen. Damit schrappt man an der Orangenschale entlang und erhält feine Streifchen der äußersten Schalenschicht. Dort sitzen nämlich die meisten ätherischen Öle, die man als Gewürz verwenden möchte.

Hoisin-Orangensauce

Hoisinsauce ist eine Würzsauce aus der chinesischen Küche, die man aber auch anderswo in Asien schätzt und die klassischerweise zur Pekingente gehört. Sie ist dunkelbraun, dickflüssig und von süßlich-würzigem Geschmack. Man kauft sie fertig, in Flaschen oder Dosen. Aus letzterer sollte man sie nach dem Öffnen in ein Glas- oder Porzellangefäß umfüllen. Die Hoisinsauce hält sich gut verschlossen im Kühlschrank einige Monate. Man nimmt sie pur als Tischwürze oder verwendet sie in der Küche als Basis für Saucen und als Gewürz für Pfannengerührtes, vor allem Gemüse und dunkles Fleisch. Unverzichtbar ist sie als Begleitung für vietnamesische Glücksrollen (siehe Seite 37).

1 unbehandelte Orange, 2 EL Hoisinsauce, ⅛ l Hühnerbrühe, 1 EL Sojasauce, 1 TL Sesamöl, Pfeffer, Cayennepfeffer

1. Von der Orangenschale entweder mit Hilfe des Zestenschneiders (siehe links oben) oder mit einem Messer feine Streifen schneiden.
2. Eine Orangenhälfte auspressen. Orangensaft, Hoisinsauce, Sojasauce und Sesamöl aufkochen. Die Orangenzesten zufügen, mit Pfeffer und Cayennepfeffer abschmecken.
3. Die Sauce mit Zimmertemperatur servieren.

Sesamsauce

Sie ist blitzschnell hergestellt: Einfach mit etwas Wasser, Knoblauch und Kräutern mixen. Dabei entsteht eine glatte, cremige Emulsion, die hervorragend zu gegrilltem Fisch oder Fleisch schmeckt.

Für 1 Portion:

150 g Tahin, 4 Knoblauchzehen, Saft von 1 ½ Zitronen, 1 EL Fischsauce, 1 Handvoll Koriandergrün, 1 TL Sojasauce, 2 große, saftige, grüne Chilischoten, 2 große, völlig reife Fleischtomaten

1. Alle Zutaten zusammen in den Mixer geben und pürieren. Knoblauch geschält, Korianderblätter abgezupft, Chili nach Belieben entkernt, Tomaten gehäutet und entkernt.
2. Die Sauce gut abschmecken, bitte nicht längere Zeit stehen lassen.

Tahin ist eine Creme aus pürierten Sesamsamen, die vor allem im Vorderen Orient verwendet wird, in der Türkei und im Libanon. Spielt aber auch in Indonesien und in Indien eine Rolle. Der sahnig-nussige Geschmack paßt vor allem zu Gemüse.

Soja-Dip mit Sesam

Für 4 Personen:

6 EL Sojasauce, 1 EL Sesamöl, 2 EL Erdnußbutter, 2 EL trockener Sherry (Fino), 1–2 Knoblauchzehen, 1 EL Öl, 2 EL Sesam

1. Sojasauce, Sesamöl, Erdnußbutter und Sherry verrühren.
2. Knoblauch schälen, sehr fein hacken und im heißen Öl andünsten. Sesam hinzufügen und goldbraun rösten. Mit angerührter Mischung aufgießen, aufkochen lassen.
3. Gut gekühlt servieren.

Ingwer-Dip

Für 4 Personen:

1 Stückchen Ingwerwurzel (etwa 2 cm), 1 Knoblauchzehe, 1 Frühlingszwiebel, 2 EL Sojasauce, 1 EL trockener Sherry (Fino), 1 TL Hühner- oder Schweineschmalz, ½ TL Sesamöl, evtl. etwas Chilisauce oder Chilischote

1. Ingwer und Knoblauch schälen, Frühlingszwiebel putzen. Alles sehr fein hacken und mit allen weiteren Zutaten verrühren.
2. Nach Belieben mit etwas Chilisauce oder feingeschnittener frischer Chilischote pikant schärfen.

Scharfer Senf-Dip

Für 4 Personen:

1 EL Essig, 1 EL trockener Sherry (Fino), 1 gehäufter EL Senfpulver, Salz

1. Den Essig mit Sherry und 6 Eßlöffeln Wasser aufkochen, dann langsam, unter ständigem Rühren in ein Schüsselchen mit dem Senfpulver schütten.
2. So lange weiterrühren, bis die Mischung glatt und klümpchenfrei ist. Mit Salz abschmecken.

Frische Chilisauce

Für 4 Personen:

3 – 4 frische Chilischoten, 2 Frühlingszwiebeln, 6 EL Öl, 1 TL Sesamöl, 6 EL Sojasauce, 2 EL trockener Sherry (Fino)

1. Die Chilischote abspülen und sorgfältig von den Kernen befreien, den Stiel entfernen. Die Frühlingszwiebel waschen, putzen und grob in Stücke schneiden.
2. Mit den restlichen Zutaten im Mixer zu einer glatten Sauce verarbeiten.

Chinesische Pflaumensauce

Für 4 Personen:

4 – 5 reife Zwetschgen oder Pflaumen, 2 Knoblauchzehen, 1 Stück Ingwerwurzel (etwa 2 cm), 2 Frühlingszwiebeln, 1 EL Öl, 4 EL Hoisinsauce, 4 EL Austernsauce, 3 EL Sojasauce, 3 EL trockener Sherry (Fino), 2 EL gelbe Bohnenpaste, 1 EL Zucker, 1 EL Reisessig, getrocknete Mandarinenschale, 1 Stückchen Sternanis, ¼ l Hühnerbrühe, 1 EL Sesamöl

Besonders gut zu gegrilltem oder gebratenem Fleisch, zugleich die wichtigste Sauce für Peking- und Kantonente.

1. Knoblauch und Ingwer schälen. Frühlingszwiebeln waschen und putzen. Alles fein hacken und im heißen Öl andünsten, ohne Farbe annehmen zu lassen. Restliche Zutaten hinzufügen, alles aufkochen und bei milder Hitze dicklich einkochen.
2. Die Mandarinenschale herausfischen, die Sauce abkühlen lassen. Sie wird kalt, beziehungsweise mit Zimmertemperatur serviert.

Tip: Die Pflaumensauce hält sich im Kühlschrank, in einem Twist-off-Glas gut verschlossen, bis zu einem halben Jahr.

Bayerische Weißwurstsenfsauce

Paßt zum Beispiel zu kaltem Schweinebraten, kann aber auch die Basis für einen Kartoffelsalat sein:

Für 4 – 6 Personen:

100 g süßer Weißwurstsenf, 2 Knoblauchzehen, 2 EL Kapern, je 1 EL fein gewürfelte rote und grüne Chilischote, 1 Sellerieblatt, 4 Stengel glattblättrige Petersilie, Salz, Pfeffer, 3–4 EL Zitronensaft, etwas abgeriebene Zitronenschale

1. Den Senf mit folgenden Zutaten verrühren: fein gewürfeltem Knoblauch, gehackten Kapern, Chiliwürfeln, in feine Streifen geschnittenen Sellerie- und Petersilienblättern.
2. Die Senfmischung mit Salz, Pfeffer, Zitronensaft und etwas abgeriebener Zitronenschale würzen.
3. Die Bayerische Sauce getrennt zum kalten Braten reichen. Oder frisch gekochte Kartoffeln damit zum Salat anmachen.

Thaiwürzige Senfsauce

Paßt vorzüglich zu Würsten aller Art. Zum Beispiel zu Wiener Würstchen oder zu heißer Lyoner.

Für 4 – 6 Personen:

100 g Delikatesssenf, 2 EL asiatische Fischsauce, 1 El Sojasauce, 1 EL chinesisches Sesamöl, je 1 TL fein gewürfelte rote Chilischote, Knoblauch und Ingerwurzel, 3 Kaffirzitronenblätter, 2 Stengel Thai-Basilikum, 1 Stengel Zitronengras

1. Den Senf mit den angegebenen Zutaten verrühren. Chili, Knoblauch und Ingwer sollten tatsächlich winzig klein gewürfelt sein. Zitronenblatt, Zitronengras und Basilikum haarfein geschnitten.
2. Die Senfsauce sehr würzig abschmecken!

Senfmayonnaise

Paßt wunderbar zu jeglicher Art von *crudités* – Möhre, Sellerie, Weißkraut, Gurke – zu harten Eiern, zu kaltem Braten, zum Fleischfondue und so weiter.

Für 4 – 6 Personen:

2 Eigelbe, 2 EL Delikatesssenf, ca. 1/4 l Öl (in jedem Fall ein gutes, kaltgepresstes), Zitronensaft, Salz, Pfeffer, Cayennepfeffer, Worcestershire Sauce, 1 Prise Zucker

1. Eigelbe und Senf in den Mixer füllen und auf hoher Geschwindigkeit schlagen, dabei langsam das Öl hinzufließen lassen, bis die richtige Konsistenz erreicht ist.
2. Die Mayonnaise mit Zitronensaft, Salz, Pfeffer, Cayennepfeffer, Worcestershire Sauce und einer Zuckerprise würzen.

In einem gut verschlossenen Glas hält sie sich im Kühlschrank eine Woche frisch.

Tip: Die Mayonnaise wird leichter, wenn man zum Schluß einen Löffel Quark oder Joghurt unterrührt. Oder wenn man statt des Eigelbs ein ganzes Ei, also auch das Eiweiß, verwendet.

Senfvinaigrette

Für 4 – 6 Personen:

4 Knoblauchzehen, 2 EL gehäufte EL Dijon-Senf, 2 EL Essig, Salz, Pfeffer, 3 EL Olivenöl

Besonders gut zu Tomaten oder feingeschnittenem Endiviensalat.

Knoblauch schälen und durch die Presse drücken. Mit Senf, Essig, Salz, Pfeffer und Olivenöl glattrühren.

Englische Senfsauce

Für 4 – 6 Personen:

4 EL englisches Senfpulver, ca. 1 EL Essig, 3 EL Weißwein, 2 EL Crème fraîche, Salz, ½ TL Zucker, einige Dillzweige

Die ausgeprägte Schärfe vom englischen Senfmehl paßt wunderbar zu kaltem Wild, zum Beispiel zum übriggebliebenen Rehrücken vom Weihnachtstag. Auch zu Roastbeef oder kaltem Hühnerfleisch. Gibt kleinen Mundhäppchen pikante Würze, wenn man sie vor dem Belegen damit bestreicht. Wichtig: Die Sauce entwickelt ihr Aroma erst nach einigen Stunden Reifezeit. Man sollte sie daher unbedingt schon am Morgen oder vielleicht sogar bereits am Vortag zubereiten, damit sie genügend Zeit hat, durchzuziehen.

1. Das Senfpulver mit Essig, Wein und Crème fraîche zu einer Paste glattrühren. Mit Salz und Zucker abschmecken.
2. Die Dillblättchen unmittelbar vor dem Servieren von den Stielen zupfen und feingehackt unter die Sauce rühren.

Grobe Senfvinaigrette

Paßt gut zu Räucherlachs oder geräucherter Forelle, vor allem, wenn sie als feine Vorspeisen auf bunten Salatblättern angerichtet werden sollen.

Für 4 – 6 Personen:

3 EL grober Senf (Moutarde de Meaux), 1 EL Essig, 2 EL Brühe, 2 EL gutes Salatöl, Salz, Pfeffer, 1 Prise Zucker, Dillzweige

1. Senf, Essig, Brühe und Öl miteinander glattrühren. Mit Salz, Pfeffer und Zucker würzen.
2. Die Dillblättchen abzupfen, grobhacken und unter die Marinade rühren.

Cumberland-Sauce

Die klassische Sauce zu kaltem Wild, Pasteten oder Roastbeef:

Für 4 – 6 Personen:

2 Orangen, 4 cl Madeira oder Portwein, 2 EL geriebener Meerrettich (möglichst frisch gerieben, notfalls aus dem Glas), 4–5 EL Johannisbeergelee, 1 EL englisches Senfpulver oder scharfer Dijon-Senf, Pfeffer aus der Mühle

1. Von einer Orange die Schalen hauchdünn abschälen oder mit einem Zestenreißer kurz ablösen.
2. Die Orangenstreifen in einem Sieb (siehe Seite 722) in leise kochendes Wasser halten, um alle Bitterstoffe und mögliches Wachs von der Schale zu lösen. Gut abtropfen lassen.
3. Die Orangen auspressen, ihren Saft mit Madeira oder Portwein mischen.
4. Das Johannisbeergelee im Wasserbad auflösen, Meerrettich, Senfpulver oder Senf sowie die Orangenzesten einrühren.
5. Die Sauce mit Pfeffer abschmecken. Abkühlen lassen, damit sie dank des sich wieder verfestigenden Johannisbeergelees eine dickflüssige Konsistenz bekommt. Die Sauce soll dann würzig, dabei leicht süß schmecken.

EINMACHEN

Die Minderheit, die heute noch auf dem Land lebt und einen Garten hat, wird darauf nicht verzichten können und wollen – für die große Mehrheit der Städter (die ja auch nicht immer über den notwendigen Stauraum verfügen) ist dieses Kapitel daher von geringerem Wert. Denn was man im Laden kauft, ist oft zu teuer für eine Weiterverarbeitung und vielleicht auch schon so lange unterwegs, daß es nur noch bedingt für eine Spitzenkonserve geeignet ist. Aber man kann ja allenthalben Gemüse frisch beim Gärtner kaufen oder Obst selber pflücken, wenn man sich seine Konfitüre selbst einkochen oder seine Gurken milchsauer einlegen will. Wir finden, daß diese eigenen Vorräte zu den besonderen Schätzen unseres Haushalts gehören: Weil sie nichts mit den glatten, im Grunde eigentlich ziemlich belanglosen Massenprodukten der Industrie zu tun haben. Wie gut eine Konfitüre schmecken kann, welche Dichte ein selbst eingekochtes Tomatenpüree besitzt, wie aromatisch selbst eingelegte Salzgurken sind, das kann niemand ermessen, der nur die gängige Marktware kennt. Und die Befriedigung, die sich einstellt, wenn man stundenlang fleißig war und einen ansehnlichen Vorrat geschaffen hat, der einem die Winterzeit versüßt oder erleichtert, kann auch nur nachempfinden, wer das einmal mitgemacht hat.

Jeder, der sich zum ersten Mal auf diesem Gebiet versucht, wird Rückschläge erleben. Einmachen und Einlegen sind Arbeiten, die man erst mit zunehmender Erfahrung so richtig beherrscht – es ist wie beim Weinmachen oder beim Schnapsbrennen: Die Theorie mag noch so stimmen, man muß erst ein Händchen dafür entwickeln, seine Sinne schärfen und schulen, damit man genau weiß, was wann zu tun ist. Denn die Produkte sind niemals gleich, ändern ihre Beschaffenheit von Jahr zu Jahr, ja von Tag zu Tag: Eine Konfitüre aus Erdbeeren, die nach drei heißen Sonnentagen geerntet wurden, braucht weniger lange zu kochen, um die richtige Konsistenz zu erreichen, als eine aus Früchten, die nach einer Gewitternacht mit Wolkenbruch gepflückt wurden. Und obendrein schmeckt sie natürlich besser!

Konfitüren

Grundrezept Konfitüre

Niemals verwenden wir Geliermittel – also Gelierzucker oder flüssiges Pektin beim Marmeladekochen –, wir mögen weder die Farbe (die Marmelade wird immer etwas milchig) noch den Geschmack, am wenigsten die uns immer allzu feste Konsistenz. In unseren Augen muß Marmelade oder Konfitüre stets eher flüssig als stichfest sein, denn am allerliebsten rühren wir sie in den Joghurt, essen sie seltener auf dem Frühstücksbrötchen.
Das Grundprinzip ist folgendes: Die Früchte werden gewaschen, wenn nötig zerkleinert und schließlich mit soviel Zucker, wie der Hälfte ihres Gewichts entspricht, verrührt und über Nach kalt gestellt. Der Saft, der sich nun gebildet hat, wird anderntags in einen Kupferkessel gegossen und um die Hälfte eingekocht. Der Kupferkessel ist übrigens keine nostalgische Marotte, sondern wichtig: In Kesseln aus Kupfer oder Messing behalten die Früchte ihre schöne Farbe, selbst bei längerer Kochzeit. In Frankreich kann man solche Kessel in jedem guten Haushaltsgeschäft kaufen. Bei uns muß man auf Flohmärkten nach Ihnen Ausschau halten. Schließlich kommen die Fruchtstücke wieder hinzu sowie die Hälfte deren Gewichts an Zucker. Jetzt wird alles so lange gekocht, bis die Gelierprobe die richtige Konsistenz signalisiert: etwas Konfitüre auf ein Metalltellerchen geben, kalt stellen – so kann die Menge rasch abkühlen, und man sieht, ob sie ausreichend fest geworden ist.
Sie wird in kleine, in der Spülmaschine sterilisierte Gläser gefüllt. Klein sind die Gläser deshalb, weil man so sichergehen kann, daß geöffnete Gläser nicht zu lange herumstehen. Einmal geöffnet gehören sie in den Kühlschrank, weil die Zuckermenge im Prinzip nicht ausreicht, um absolute Haltbarkeit zu garantieren.
Beeren, die zu entrebbeln ja viel Mühe macht, werden zu Zeiten, in denen keine Muße dazu besteht, entsaftet und zu Gelee verarbeitet. Nach demselben Rezept wie das →

Je nach Obstsorte wird die Konfitüre vor dem Abfüllen noch mit Schuß gewürzt: Kirschkonfitüre mit Amaretto, Aprikosenkonfitüre mit Marillenschnaps, etc. … Auch geben wir manchmal ein paar Kräuterblättchen hinein – Melisse, Minze oder Basilikum. Oder auch Mandeln, junge Haselnüsse, Walnußkerne.

Apfelgelee

Hierfür mischen Sie vorzugsweise aromatische und säuerliche Sorten, auch vollreife und noch nicht ganz ausgereifte Exemplare. Eine absolut ideale Zusammenstellung: sechs Teile reife Gravensteiner (z.B. 3 Kilogramm) auf einen Teil (500 Gramm) noch nicht genußreife, harte Boskoop. Erstere bringen das Aroma, letztere Säure und das für perfektes Gelieren nötige Pektin. Die Äpfel waschen, vierteln oder (besser, aber mühsamer) achteln und im Dampfentsafter nach Anleitung entsaften. Den Saft abkühlen und einen Tag so stehenlassen. Abmessen und mit dem gleichen Quantum Zucker ungefähr eine Viertelstunde einkochen. Gelierprobe machen (einen Löffel Gelee auf einen kühlschrankkalten Teller geben – erstarrt es rasch, ist das Gelee fertig; bleibt es flüssig, weiterhin einkochen lassen). Sofort – noch kochendheiß – in saubere (am besten in der Spülmaschine gespülte) Twist-off-Gläser abfüllen, nach Belieben mit einem winzigen Schuß Apfelbrand beträufeln, verschließen, umgedreht langsam (mit einem Handtuch überdeckt) abkühlen lassen.
Das Gelee kann man über das Apfelaroma hinaus parfümieren – etwa mit Zitronensaft, dem Saft oder der Schale einer Limette, Vanille, frischer Minze, Zitronenmelisse oder auch mit Thymianblüten. Jeweils nur die letzte Minute mitkochen. Und schließlich kann man ein Viertel des Zuckers durch Honig ersetzen. Nehmen Sie nur Honig, bitte das Gelee überlang kochen, bis es fest wird – oder Sie müssen Geliermittel zufügen.

Aprikosenkonfitüre

Sie ist nicht nur ein Vergnügen auf der Frühstückssemmel, man braucht sie auch sonst häufig in der Küche, als Füllung für Pfannkuchen, für Desserts, beim Backen. Wenn Aprikosen im Sommer reichlich und preiswert zu haben sind, sollte man unbedingt einen Vorrat davon einkochen.
Am besten und vielseitigsten läßt sich Konfitüre einsetzen, wenn sie nach der klassischen Großmuttermethode, mit ganz normalem Haushalts- oder Einmachzucker, zubereitet ist. Zusätze

von Geliermittel oder Gelierzucker sind bei Aprikosen nicht nötig. Nach dem folgenden Rezept – nach dem man auch aus allen anderen Früchten Konfitüre kochen kann – benötigt man erheblich weniger Zucker als gewohnt, weil die Fruchtmenge zunächst durch Einkochen reduziert und dadurch konzentriert wird. Die Konfitüre schmeckt dann intensiver und viel fruchtiger.

Für ca. 8 Gläser à 250 Gramm:

2,5 kg reife Aprikosen, 1,6 kg Zucker, Saft einer Zitrone

1. Die entsteinten Aprikosen in Stücke schneiden – es müßten jetzt etwa 2,2 Kilogramm schieres Fruchtfleisch sein. Mit dem Zucker in einer großen Schüssel mischen. Zugedeckt über Nacht kühlstellen und Saft ziehen lassen.
2. Anderntags alles durch ein Sieb schütten, den Saft zunächst um knapp die Hälfte einkochen. Erst jetzt die Früchte selbst und den Zitronensaft zufügen und alles noch insgesamt 4 bis 6 Minuten kochen, bis die Gelierprobe die gewünschte Konsistenz ergibt. Dazu ein wenig Konfitüre auf einen kühlschrankkalten Teller geben: Nach wenigen Sekundem muß sie leicht fest werden und dicke Schlieren ziehen.
3. In heiß ausgespülte, peinlich saubere Gläser füllen und sofort, am besten mit Schraubdeckel, verschließen.

Gut eignen sich Gläser für Baby-Kost, die nicht so groß sind, wie die üblichen Marmelade-Twist-off-Gläser. Am besten werden sie vor Gebrauch in der Spülmaschine gewaschen und so steril gemacht, außerdem sind sie dann schon schön vorgewärmt.

Grüne Tomatenkonfitüre mit Vanille und Zimt

Für 4 – 5 Gläser à 250 Gramm:

1 kg grüne Tomaten, 800 g Zucker, 1 Vanilleschote, 1 Zimtstange

1. Die Tomaten in dünne Scheiben schneiden, dabei allen Saft und die Kerne auffangen.
2. Mit dem Zucker vermischen und über Nacht kühl stehen, damit die Tomaten Saft ziehen können. Diesen am anderen Tag in den Marmeladekessel abgießen. Zunächst etwa zehn Minuten einkochen, dann erst die Tomatenscheiben und die Gewürze zufügen.
3. Die Marmelade nun noch etwa 20 bis 25 Minuten kochen, bis die Gelierprobe die richtige Festigkeit ergibt: dafür einen Löffel abnehmen und rasch abkühlen (im Kühlschrank). Sobald die Marmelade die richtige Konsistenz erreicht hat, in makellos saubere Gläser füllen und sofort verschließen.

Saures

Einmachtips

An Eingemachten wird nur allzu oft mit sträflichem Leichtsinn gesündigt! Und dann wundert man sich, wenn die Sachen schnell verderben. Dabei hat man ja selbst dafür sorgt, daß vielerlei Bakterien Schaden anrichten – deshalb: Mit hölzernem Besteck nur hantieren, wenn man es vorher sterilisiert (in kochendes Wasser getaucht) hat. Auch niemals mit der Gabel, mit der man gerade ißt, in das Glas gehen. Am besten ist sauberer Edelstahl (rostfrei) oder Silberbesteck!

Feuergurken

In China liebt man diese Gurken zum Aperitif, wie man etwa in Spanien Oliven genießt. Man bedient sich mit den Fingern und schleckt die köstliche Flüssigkeit ab. Der Rest des Suds kann übrigens gut für Salate (mit Reis, Nudeln oder auch Kartoffeln) aufgebraucht werden.

Für 4 kleine Einmachgläser (500 Gramm):

2 kg frische Einlegegurken (wie für Salzgurken), Salz

SUD:
Je 1 TL Kreuzkümmel, Kardamom (Körner aus den Samenkapseln ausgelöst) und Szechuanpfeffer, je 1 TL Koriandersamen und weißer Pfeffer, ebenfalls 1 TL gemahlener Kurkuma (Gelbwurz), 2–6 kleine rote Chilischoten, 6 EL Zucker, je 1/4 l Wasser und Essig

1. Die Gurken waschen, gründlich bürsten und ungeschält in Keile schneiden – dazu immer wieder ein Stückchen drehen und eine Spitze abschneiden. Kerne nicht entfernen.
2. Gurkenstücke mit Salz bestreut 24 Stunden an einem kühlen Ort ziehen lassen. Abwaschen und gut abtropfen lassen.
3. Für den Sud Kreuzkümmel, Kardamom und Szechuanpfeffer in einer heißen Pfanne ohne weitere Zugabe rösten, bis ein intensiver Duft entströmt. Mit Koriander und Pfeffer im Mörser fein zerstoßen.
4. Schließlich diese Gewürze mit Kurkuma und den entkernten, in Ringe geschnittenen kleinen Chilis, Zucker, Wasser und Essig aufsetzen. Kurz durchkochen und heiß über die Gurken gießen. 24 Stunden durchziehen lassen.

Salzgurken

Für ein Glas von 2 bis 2 ½ Litern Inhalt (kann auch Steingut sein):

1,5 kg schlanke, nicht zu große Gewürzgurken, einige frische Weinblätter, 2 rote Zwiebeln, 8 Zehen Knoblauch, 2 Stücke frischer Meerrettich (etwa 1 cm dicke Scheiben), 2 Dilldolden mit fast reifen Samenkörnchen, 1 EL Pfefferkörner, 1 Handvoll Salz

1. Das Glas, in dem aber niemals Fetthaltiges aufbewahrt wurde (das ist wichtig!), sauber auswaschen, kalt ausspülen.
2. Gurken sorgfältig waschen, am besten bürsten. Größere Gurken, die schon eine wäßrige, mit Kernansätzen ausgebildete Mitte haben, mehrmals einstechen; das verhindert das Hohlwerden der Gurken – bei kleinen, noch durch und durch festen Gürkchen ist dies nicht nötig. Weinblätter waschen und noch naß eine Lage in das nur abgetropfte (nicht abgetrocknete!) Glas einlegen.
3. Eine Schicht Gurken so dicht wie möglich senkrecht hineinstellen. Die geschälten, halbierten Zwiebeln, Knoblauchzehen und geschälten Meerrettich sowie die Dilldolden auflegen, hierauf die zweite Lage Gurken stellen, wobei so wenig Zwischenräume wie nur möglich bleiben sollten.
4. Gurken mit Wasser vollkommen bedecken – bis 2 cm unter den Rand des Glases auffüllen. Pfefferkörner einstreuen und Salz über die Gurken rieseln lassen. Mit den restlichen Weinblättern abdecken und mit einem Kieselstein beschweren.
5. Zunächst 2 Tage offen stehenlassen, dann mit Frischhaltefolie bespannen, jedoch ein paar Löcher hineinstechen, damit die bei der nun einsetzenden Milchsäuregärung entstehenden Gase entweichen können.
6. Das Glas eher warm stellen, wenn die Gurken schon nach 10 Tagen, eher kühl, wenn sie erst nach drei Wochen fertig sein sollen. Im Prinzip gilt: Je langsamer die Gärung vor sich geht, desto besser werden die Gurken im Geschmack.
7. Im Verlauf dieser Zeit ist die Flüssigkeit trüb geworden, und auf der Oberfläche haben sich Blasen gebildet. Falls ein dicker weißer Schleier entsteht, so wird er abgeschöpft.
8. Die Gurken dann kühl stellen und nach und nach aufessen.
9. Sollen sie für den Winter haltbar gemacht werden, so gießt man die Flüssigkeit durch ein Tuch und kocht sie auf. Ein spezielles Konservierungsmittel für Gurken (Gurkendoktor, Gurkenfest, Gurkenhilfe) gemäß Packungsaufschrift abmessen und auflösen. Die Gurken mit der heißen Flüssigkeit übergießen, Gefäß verschließen und abkühlen lassen.

Wichtig: Peinlichste Sauberkeit bei der Arbeit – vor allem Fett schadet der Haltbarkeit, auch wenn nur Spuren vorhanden sein sollten. Und die Flüssigkeit muß immer über den Gurken stehen, sonst fangen sie an zu faulen.

Tip: Wenn Sie keinen Kieselstein haben, nehmen Sie ein zur Hälfte gefülltes Glas Wasser, um die Gurken zu beschweren. Oder ein passendes Stück Porzellan. Auf keinen Fall Metall oder Kalkstein (Marmor), denn die entstehende Säure greift diese Materialien an, und der Geschmack verändert sich nachhaltig.

Bewährt hat sich, zunächst das benötigte Wasser abzumessen – dazu wie angegeben über die Gurken im Glas gießen –, dann aber wieder in einen Topf abzugießen und aufzukochen. Eine Tasse Wasser hinzufügen (weil beim Aufkochen etwas verlorengeht) und salzen. Und zwar 50 Gramm Salz/Liter Wasser, wenn relativ wenig Wasser zur Verfügung steht, die Gurken also eng aneinander eingeschichtet sind. Das scheint viel und macht die Lösung zwar sehr salzig, ist aber nötig: Die vielen Gurken enthalten ja viel Wasser, welches das Salz an sich zieht und den Salzgehalt des Wassers damit stark mindert. 35 Gramm Salz/Liter Wasser reichen aus, wenn viel Wasser genommen werden muß, weil die Gurken locker und kreuz und quer im Glas liegen (man hat ja nicht immer die genau passende Menge, um das Glas ganz dicht zu füllen). Diese Lösung abkühlen lassen und erst dann auf die Gurken zurück gießen.

Hier noch einige Varianten des Grundrezepts:

– Mit *blauem Basilikum* – ergibt eine lila Wolke im Glas! Und einen unglaublich animalischen Duft und Geschmack, vor allem die Sorte *Ararat* in der Kombination mit Knoblauch und Zwiebel.

– Mit *lila Shiso* – das färbt ebenso schräg und gibt seinen herben und doch warmen Geschmack an die Gurken weiter. Dazu Knoblauch, Zwiebel, Pfeffer, Chili und grüne Korianderbeeren.

– Viel junge weiße Zwiebeln, Knoblauch, Zitronengras, Ingwer, einige fast reife Dilldolden, jeweils etwas Thai-Basilikum und grüne Korianderbeeren und fünf ganze (!) Schoten Madame Jeannette (Habanero oder Martinique-Chili). Höllisch scharf, aber von einer unendlichen Aromenfülle! Wahrscheinlich dank der antibakteriellen Wirkung von Ingwer und Chili halten sich diese Gurken ausgezeichnet – es geht also doch ohne Konservierungsmittel und Aufkochen der Würzflüssigkeit!

Kosher Dill Pickles

Zutaten für 6 500-Gramm-Einweckgläser

3 kg schöne, feste Einlegegurken von etwa 10 – 12 cm Länge, 12 Scheiben von großen Zwiebeln – etwa 1 cm dick geschnitten, 60 g Dillsamen (unbedingt als Gewürz kaufen, nicht aus Saatguttüten – Samen könnten sonst evtl. mit Chemikalien behandelt sein!), 12 Stengel frischer Dill, 12–18 Knoblauchzehen (große!), 30 g grob gestoßene Chilischoten, 60 schwarze Pfefferkörner, 18 mittelgroße Weinblätter, 1 l Essig, 1 l Wasser, 125 g Salz

Gläser, die ungefähr 500 Gramm Gurken aufnehmen sollen, fassen ¾ bis 1 Liter Flüssigkeit – Sie benötigen also möglicherweise etwas mehr Sud, den Sie entsprechend dem angegebenen Verhältnis zubereiten.

In Amerika kann man überall gute Gurken kaufen: Die Juden haben ein Rezept mit in die Staaten gebracht. Und weil die jüdische Küche die wohl natürlichste und nach den strengsten Gesetzen der Welt arbeitende ist, kann man von der Qualität dieser inzwischen von der Lebensmittelindustrie produzierten Gurken nur schwärmen. Hier ein Haushaltsrezept – zum Einlegen für den Winter.

1. Gurken gründlich waschen und auf zuvor sterilisierte (Spülmaschine!) Einmachgläser verteilen. In jedes Glas 2 Zwiebelscheiben, 10 Gramm Dillsamen, 2 Dillstengel, 2 Knoblauchzehen (bzw. mehr, je nach Geschmack), 1 Messerspitze geschrotete Chilischote, etwa 10 Pfefferkörner und 3 Weinblätter geben.
2. Essig, Wasser und Salz zusammen aufkochen und sofort über die Gurken gießen, die vollkommen von der Flüssigkeit bedeckt sein müssen. Die Flüssigkeit soll andererseits nicht höher als bis 2,5 cm unter den Rand reichen.
3. Gläser verschließen und 8 bis 14 Tage bei Küchentemperatur stehenlassen.

Essigzwiebeln

Schmecken gut zu Grillfleisch, Fondue, Würsten und passen wunderbar auf den italienischen Vorspeisenteller.

1 kg kleine, flache Zwiebelchen aus Italien (*Cipolline*, Grillzwiebeln) oder normale Haushaltszwiebeln, 3 Lorbeerblätter, 2 Gewürznelken, 12 Wacholderbeeren, einige frische Scheibchen Ingwer, je ca. 1 TL Pfeffer- und Korianderkörner, 1 Prise Kreuzkümmel, ½ l guter Rotweinessig (6–7% Säure), Salz, 2 EL Honig

1. Zwiebelchen schälen – das geht am einfachsten, wenn man sie mit kochendem Wasser überbrüht, eine Minute ziehen läßt und dann eiskalt abschreckt. Die kleinen Zwiebeln ganz lassen, normale Zwiebeln vierteln. Mit den angegebenen Gewürzen in ein passendes Glas schichten.
2. Rotweinessig mit gleicher Menge Wasser aufkochen und mit 2 Eßlöffeln Salz (nach Belieben weniger) salzen. Heiß über die Zwiebeln gießen.
3. Am nächsten Tag abgießen, den Sud mit Honig noch einmal aufkochen, wieder heiß über die Zwiebeln gießen und alles verschlossen mindestens 2 Monate ziehen lassen.

Zwiebel-Confit

Ausgezeichnet zu kaltem, gekochtem Lamm und Huhn!

Für 6 Twist-off-Gläser (à 250 Gramm):

1 kg Zwiebelringe, 6 EL Öl (vorzugsweise Olivenöl), 200 g Rosinen, 2–3 Zitronen, 3 EL Zucker, Salz, frisch gemahlener Pfeffer, nach Belieben eine kleine Prise Zimt

1. Zwiebelringe in Öl bei milder Hitze unter häufigem Rühren weich und glasig werden lassen, auf keinen Fall bräunen.
2. Dann die Rosinen, den Saft von zwei Zitronen, den Zucker, etwas Salz und sehr viel frisch gemahlenen Pfeffer zufügen. Zudecken und so lange bei guter Hitze schmoren, bis die Zwiebeln fast zerfallen sind.
3. Dabei soll die Hitze so stark sein, daß der Zucker gerade eben ganz leicht zu karamelisieren beginnt.
4. Der Deckel darf nicht ganz dicht schließen, damit etwas Dampf entweichen kann und die Zwiebeln nicht richtiggehend kochen; eventuell Deckel ein bißchen schräg auflegen.
5. Zum Schluß dann noch mal mit Salz, Pfeffer, Zitronensaft und (wenn's beliebt) einer kleinen Prise Zimt abschmecken.
6. In ein Glas füllen und fest verschließen – wenn eine geschlossene Ölschicht darüber steht, hält sich das Confit im Kühlschrank 3 Wochen. Will man es länger aufbewahren: In Weckgläser füllen und kurz sterilisieren.

Knoblauchzehen in Olivenöl

Es kommt darauf an, wie gerne Sie Knoblauch essen: Sie können nur ein paar Zehen in einem winzigen Twist-off-Glas einlegen oder einen ganzen Topf voll auf Vorrat füllen. Ich rate Ihnen: Machen Sie erst einmal einen Versuch, damit Sie die Ihnen angenehme Zusammenstellung der Würzzutaten bestimmen können.

Zutaten:

Möglichst junge, natürlich frische, aber große Knoblauchzehen, Salz, kleine Chilischoten, Rosmarinnadeln am Zweig, Pfefferkörner, gutes Olivenöl (extra vergine)

1. Knoblauchzehen schälen und in sprudelnd kochendes Salzwasser (25 Gramm Salz auf 1 Liter Wasser) werfen.
2. Nach 1 Minute abgießen und die Knoblauchzehen unter fließendem kaltem Wasser abschrecken. Abtropfen lassen und auf Küchenpapier oder einem sauberen, fusselfreien Tuch sehr gründlich abtrocknen – es darf kein Tröpfchen Wasser mehr daran sein!

3. Abwechselnd mit Chilischoten, Rosmarin und Pfeffer in passende Gläser schichten und mit Öl bedecken.
4. Verschließen und mindestens 2 Monate durchziehen lassen. Nicht zu kalt stellen, sonst kristallisiert das Olivenöl – und solches muß es unbedingt sein, denn alle anderen Öle können recht schnell ranzig werden.

Wer den Knoblauch lieber mit Säure mag, kocht die Zehen 3 Minuten in Essig- oder Zitronenwasser.

Die Würzung ist dem persönlichen Geschmack überlassen – Sie können von allem mehr oder weniger dosieren, auch Lorbeer oder Fenchelsamen hinzufügen. Rosmarin gegen Thymian austauschen usw. Nur: Sauber und keimfrei sollten alle Zutaten sein. Sind Sie sich nicht sicher, so schieben Sie alles für 2 Minuten in den 230 Grad heißen Ofen, ehe Sie es einlegen.

Gemischtes Salzgemüse

Es handelt sich um eine ideale Zubereitung, die jeder Gartenbesitzer schätzen wird, wenn es im Herbst heißt, die Gemüse zu ernten und für den Winter zu sichern. Besonders Suppen gewinnen mit dem konservierten Grün, aber auch Fonds und Saucen.

Zutaten für 5 Gläser à 250 Gramm:

Je 500 Gramm Lauch (Porree) und Möhren, Petersilienwurzeln mit -stengeln, Sellerieknolle mit -blättern und -stengeln, reife Tomaten und Salz

1. Alle Gemüse putzen, waschen und schließlich durch den Fleischwolf drehen.
2. In einer großen Schüssel mit Salz mischen und richtig durchziehen lassen; mehrmals durchrühren.
3. Nach 2 Tagen in Schraubgläser abfüllen. Hält, kühl und dunkel gelagert, mindestens 1 Jahr.

Tomatenessenz und Tomatenpüree

Im Herbst, wenn die Tomaten in unserem Garten in Massen reif werden, wir alle Würzgemüse und – natürlich im Gewächshaus – das Basilikum in ganzen Sträußen ernten können, dann machen wir diesen doppelten Tomatenvorrat, der uns das restliche Jahr über die Küchenarbeit sehr erleichtert und immer wieder für Überraschungen sorgt. Dabei ist alles ganz einfach!

Für ca. 2,5 Liter Essenz und ca. 1 Kilogramm Püree:

5 kg reife (auch überreife) Tomaten, 1 ganze Knoblauchknolle, 2 große Zwiebeln, 1–2 Bund Basilikum, 2 Chilischoten, 1 EL Pfefferkörner, Salz

1. Die Stielansätze aus den Tomaten herausschneiden, die Tomaten selbst grob zerschneiden oder zerdrücken und in einen ausreichend großen Topf füllen. Geschälte Knoblauchzehen dazu, ebenso die geviertelten Zwiebeln, das Basilikum und die Chilischoten.
2. Pfefferkörner und Salz zufügen. Zugedeckt alles etwa 2 Stunden leise köcheln lassen.
3. Über Nacht stehen lassen, damit sich der klare Saft absetzt, die sogenannte *Tomatenessenz*. Diese behutsam in einen Topf abgießen. Den gesamten Rest der ausgekochten Tomaten und Gemüse in ein mit einem Tuch ausgelegtes Sieb schütten und sehr geduldig abtropfen lassen – und zu der Essenz geben.
4. Diese klare Flüssigkeit schließlich aufkochen, heiß in sorgfältig ausgespülte Flaschen füllen und sofort mit einem Gummistopfen verschließen.
5. Was im Sieb aufgefangen wurde, wird anschließend durch ein Sieb passiert. Das so gewonnene *Tomatenpüree* ist herrlich intensiv und würzig. Man nimmt es als Basis für Tomatensuppen oder -saucen, als Belag für die Pizza (statt Pizzaiola) oder einfach löffelweise zum Würzen.

Hierfür kann man auch, wenn man keinen Garten hat und billig einkaufen will, überreife Tomaten verwenden. Wichtig ist nur: faule Stellen großzügig herausschneiden!

Die auf diese Weise steril abgefüllte Essenz ist nunmehr monatelang haltbar. Zum Servieren braucht man sie nur wieder zu erwärmen, in Suppentassen anzurichten und mit frischen Kräutern bestreut zu servieren, zum Beispiel mit Basilikum, Rauke, mit grünem Koriander oder mit Kerbel. Oder mit Käseklößchen als Einlage.
Am praktischsten wird das Püree eingefroren, in Portionsbechern unterschiedlicher Größe, so daß man stets die erforderliche Menge zur Hand hat.

Tomatenwürzsauce

Sie steht bei uns immer im Schraubglas verschlossen im Kühlschrank, ein Löffel davon an eine Sauce – und schon hat sie mehr

Würze und Pep. Oder ein paar Eßlöffel vermischt mit heißen Spaghetti – schon steht ein gutes Essen auf dem Tisch.

Für 4 Gläser
à 500 Gramm:

1 Sellerieknolle, 1 Lauchstange, 3–5 Möhren (je nach Größe), 2 große Zwiebeln, 4–5 Knoblauchzehen, 3 EL Öl, 2 kg Tomaten, je 1 TL schwarze und weiße Pfefferkörner, ½ TL Piment, 1–2 Lorbeerblätter, 1 Bund Petersilie, 1 EL Salz

1. Sellerie, Lauch, Möhren, Zwiebeln und Knoblauch putzen, waschen und klein würfeln. In einem großen, breiten Topf im heißen Öl andünsten, ohne zu bräunen.
2. Die grob zerschnittenen Tomaten zufügen, ebenso die Gewürze, Petersilie und Salz.
3. Langsam, auf milder Hitze, zum Kochen bringen, damit genügend Flüssigkeit austritt und nichts ansetzt. Zugedeckt schließlich eine gute Stunde weich kochen.
4. Alles zunächst in einem Sieb gut abtropfen (als Saft oder Suppe verwenden), damit das Püree nachher nicht zu flüssig ist. Die Gemüsemasse durch die Gemüsemühle passieren, kräftig abschmecken und in Gläser füllen und sterilisieren.

Sterilisieren kann man am einfachsten in der mit Wasser gefüllten Fettpfanne des Backofens: bei 220 Grad etwa 40 bis 50 Minuten, bis Bläschen heftig emporsteigen. Dann im ausgeschalteten Ofen abkühlen.

Tomatenketchup

Für 8 Gläser
à 250 Gramm:

1 kg Zwiebeln, 1 Knoblauchknolle, 2 kg Tomaten, 2–4 Chilischoten (nach Geschmack), je 1 TL Pfeffer- und Pimentkörner, 1 Gewürznelke, 1 EL Senfpulver, ¼ l Weinessig, 500 g Zucker

1. Zwiebeln und Knoblauch würfeln, Tomaten grob zerschneiden, mit den Chilischoten in einen Topf füllen. Pfeffer, Piment und Nelke zufügen.
2. Zugedeckt etwa 1½ Stunden kochen. Durch die Gemüsemühle passieren und zurück in den Topf füllen.
3. Senfpulver, Essig und Zucker zufügen und auf mittlerem Feuer etwa eine halbe Stunde dicklich einkochen.
4. Das Ketchup kochendheiß in Gläser füllen und sofort verschließen. Es hält sich so monatelang. Das angebrochene Glas allerdings muß im Kühlschrank aufbewahrt und rasch aufgebraucht werden.

Grünes Tomatenconfit

Das Nachreifen von grünen Tomaten klappt eigentlich nie so richtig, höchstens unter idealen Bedingungen. Deshalb lieber aus den letzten Tomaten ein grünes Chutney kochen (Geliermittel ist absolut überflüssig, wie übrigens bei allen anderen Konfitüren auch!), etwas einkochen. Als Grillsauce verwenden, zu Pasteten und gekochtem Schinken reichen. Und noch eins: Keine Angst in diesem Fall vor Solanin, das wird beim Kochen teilweise zerstört (zumal wir ja länger kochen als mit Gelierzucker, der schon nach vier Minuten Kochzeit ein fertiges Ergebnis bringt). Außerdem ißt man schließlich von solch einem Chutney nur absolut ungefährliche, kleine Portionen. Wie jede Konfitüre gelingt auch ein Chutney am besten im Kupfertopf, der hilft, die Farbe zu erhalten.

Für 4 – 5 Gläser von 200 Gramm:

1 kg grüne Tomaten, 500 g Zucker, 1 große Zwiebel, 4–5 Knoblauchzehen, 1 Zitrone, Pfeffer, 1–4 scharfe Chilis (vom Habanero oder Thai-Chili weniger als von den milderen Serano oder Jalapeno), 1/8 l Essig

Grüne Tomaten grob zerkleinern, mit Zucker vermischen und aufkochen. Auch die fein gewürfelten Zwiebeln und Knoblauch zufügen, ebenso Zitronensaft und klein geschnittene Chilis. Schließlich den Essig zufügen und so lange einkochen (etwa 10 Minuten), bis die Gelierprobe die richtige Konsistenz anzeigt. *Gelierprobe:* Ein Löffel der Masse auf einem gekühlten Metallteller kalt stellen. Nach 2 Minuten sollte eine Straße bleiben, wenn man mit dem Finger durchfährt. Eventuell so lange den Topf vom Feuer ziehen.

Süß-sauer eingelegte Cocktailtomaten

Für 4 Gläser à 250 Gramm:

ca. 1 kg kleine, feste, jedoch reife Cocktailtomaten, 1 EL schwarze Pfefferkörner, Dill- oder Basilikumzweige, ca. 1/4 l Weinessig, 1/8 l Wasser, 1 TL Salz, 100 g Zucker

1. Die Tomaten mit einem Tuch abwischen, nicht waschen, den Stiel entfernen. Die Früchte in kleine Marmeladengläser schichten, dabei die Pfefferkörner dazwischenstreuen und die Kräuter hineinpacken.
2. Essig, Wasser, Salz und Zucker aufkochen und heiß über die Tomaten gießen. Gläser sofort mit ihrem Schraubdeckel verschließen. Mit einem Tuch bedeckt langsam abkühlen lassen.

Gelbes Tomaten-Chutney mit Möhren

Für ca. 4 Gläser
à 250 Gramm:

1 Zwiebel, 2 Knoblauchzehen, 500 g Möhren, 1 kg gelbe Tomaten, 1 EL schwarze Pfefferbeeren, 1 TL Salz, ¼ l Essig, 200 g Zucker

1. Zwiebeln, Knoblauch und Möhren schälen und klein würfeln. Bei den Möhren besonders akkurat arbeiten und exakte halbzentimeterkleine Würfel schneiden.
2. Tomaten häuten, grob zerschneiden und mitsamt Kernen und den vorbereiteten Zwiebeln in einen Topf füllen. Pfeffer, Salz, Essig und Zucker zugeben.
3. Ohne Deckel insgesamt eine knappe Stunde köcheln. Heiß in Gläser füllen und gut verschließen.

Rotes Tomaten-Chutney

Für 4 Gläser
à 250 Gramm:

2 Zwiebeln, 4–6 Knoblauchzehen, 4–6 frische rote Chilischoten, 1 kg Tomaten, 1 Zitrone, 1 TL Salz, ½ TL Chilipulver, ¼ l Essig, 200 g Zucker

1. Zwiebeln, Knoblauch, Chilis und Tomaten zerschneiden und in einen Topf füllen.
2. Die Zitrone dünn schälen, möglichst so, daß nichts von der weißen Innenhaut daran haftet und die Schale am Stück bleibt – so kann man sie nach dem Kochen wieder herausfischen. Zusammen mit den Gewürzen zu den Tomaten geben.
3. Etwa 1 Stunde leise köcheln lassen, dann durch die Gemüsemühle oder ein Sieb passieren und zurück in den Topf schütten.
4. Essig und Zucker zufügen und nunmehr weitere 30 Minuten leise köcheln, bis das Chutney die richtige Konsistenz erreicht hat.
5. Kochendheiß in Gläser füllen, damit das Chutney steril ist und sich monatelang hält.

Kim-Chi

Das ist eine Art Sauerkraut, die Nationalspeise der Koreaner: mit Chili und Ingwer milchsauer vergorener Weiß- oder Chinakohl. Er darf bei keiner Mahlzeit fehlen, sein durchdringender Duft ist allüberall, und der scharf-säuerliche Geschmack paßt, so meinen jedenfalls die Koreaner, immer und zu jeder Speise. Im frühen Herbst, sobald das Kraut (China- und Weißkohl oder Wirsing) geerntet ist, wird es in ländlichen Haushalten in gewaltigen Mengen in riesigen Tontöpfen (wie hier das Sauerkraut in seinen charakteristischen Standen) eingelegt. Jede Familie hat da ihr ureigenes, eifersüchtig gehütetes Rezept. Städter kaufen Kim-chi auf dem Markt. Im Kühlschrank hält sich ein Familienvorrat mehrere Wochen frisch. Auch weißer Rettich, frische Salatgurken, weiße und rote Rüben lassen sich auf diese Weise konservieren und sind als Abwechslung willkommen

Dieser Kohl hat einen eigenen Reiz und lohnt ein wenig Mühe. Solange es draußen kühl ist, kann man den Steinguttopf auf dem Balkon aufbewahren, wo sich Kim-Chi wochenlang frisch hält. Bei Temperaturen oberhalb von 12 Grad allerdings sollte man den Topf besser in den Kühlschrank stellen. Hier die Zutatenmenge für eine vergleichsweise kleine Portion zum Probieren. Wer das Ergebnis mag, bereitet dann einen großen Topf voll

1 großer Chinakohlkopf (ca. 1 kg), 1 Handvoll Salz, Cayennepfeffer, 2 Bund Frühlingszwiebeln, 3–4 frische rote Chilischoten, 6–8 Knoblauchzehen, 2 walnußgroße Stücke Ingwer, 1/4 l Wasser, nach Belieben auch noch 2 Sardellen

1. Den Kohlkopf in einzelne Blätter zerlegen, diese waschen und gründlich, am besten zwischen Küchentüchern, abtrocknen. In zigarettenschachtelgroße Stücke schneiden, dabei die harten Strünke entfernen.
2. Die Blattstücke in einen Steingut-, Steinzeug- oder Keramiktopf schichten, dabei jede Schicht großzügig mit Salz sowie mit einer Spur Cayennepfeffer bestreuen. Zuerst mit Klarsichtfolie, dann mit stabiler Alufolie, schließlich einem möglichst exakt passenden Deckel zudecken, diesen mit einer Konservendose oder einem Stein beschweren. Den Kohl etwa eine Woche zum Reifen kalt stellen.
3. Dann die Blätter unter fließendem Wasser abspülen und alles Salz entfernen.
4. Frühlingszwiebeln und entkernte Chilis in schmale Ringe schneiden, Knoblauch und Ingwer fein würfeln.

5. Die gut abgetropften Kohlstücke in den peinlich sauber ausgespülten Topf schichten, Frühlingszwiebeln, Chilis, Knoblauch und Ingwer jeweils dazwischenstreuen.
6. Etwas Wasser darübergießen – eventuell die Sardellen vorher mit dem Wasser mixen.
7. Erneut gut zudecken und eine weitere Woche reifen lassen.

Liköre und Säfte

Äpfel

Wenn es die Natur gut gemeint und uns mit einer reichen Apfelernte beschenkt hat, beginnen für uns Gartenbesitzer die Probleme: Wohin nun mit dem Segen?
Ein Teil wird zum Essen eingelagert: möglichst kühl und nicht zu trocken. Eventuell die Äpfel einige Tage im Keller auslegen und sich an die Raumtemperatur und -atmosphäre gewöhnen lassen. Dann jeweils 1 bis 2 Kilogramm in Plastiktüten abfüllen und in diese ein paar Luftlöcher stechen. So können die Äpfel atmen, liegen jedoch in einer von ihnen selbst angefeuchteten und mit CO^2 (Kohlendyoxid) angereicherten Atmosphäre, in der sie kaum verschrumpeln und lange frisch bleiben.
Ein weiterer Teil wird an Verwandte, Kollegen und Freunde verschenkt – für die gelten dann natürlich alle unsere Tips auch!
Weniger schöne Exemplare – auch die heruntergefallenen und in Körbe, Säcke oder Kisten gelesenen Früchte – werden weiterverarbeitet: zu Gelee, Likör oder Saft (Süßmost), Wein (Most) oder Essig. Einiges geht in kleinerem Maßstab, anderes nur mit spezieller Ausrüstung. Will man Äpfel gleich roh für Saft und/oder zum Vergären zu Apfelwein pressen, braucht man eine Mühle und eine Presse, die nicht billig sind. In vielen ländlichen Gegenden kann man Obst bei Bauern oder in kleinen Keltern (privat oder Gemeindeeigentum) pressen lassen. Im übrigen aber auch frischen Saft kaufen, wenn man keine eigenen Bäume besitzt. Dann braucht man noch Gärbehälter, Gärspund, Ab-

füllhahn und anderes mehr. Doch bereitet die Kelterung größtes Vergnügen, und wenn das Ergebnis schmeckt (was nicht weiter schwierig ist, auf jeden Fall viel leichter gelingt als bei »richtigem« Wein), verfügt man über einen hervorragenden und durstlöschenden Haustrunk.
Aber hier die Zubereitungen, die nur nach einer ganz normalen Haushaltsküche verlangen (siehe auch Apfelgelee auf Seite 732):

Apfellikör

Nach einem Rezept von Roger Souvereyns, Besitzer des hervorragenden Restaurants und wunderschönen Hotels Scholteshof bei Hasselt, Belgien, wo man erstklassige Äpfel anbaut und variantenreich verwendet:

1. 4 Kilogramm Äpfel mit 4 Litern Wasser aufsetzen und 48 Stunden (2 volle Tage) leise vor sich hin kochen lassen. Flüssigkeit abseihen und abmessen.
2. Auf 1 Liter Flüssigkeit 500 Gramm Zucker geben, aufkochen und auflösen. Abkühlen lassen.
3. Ein Eiweiß unterrühren und alles langsam wieder erhitzen, bis das Eiweiß schaumig ausgeflockt ist. Durch ein Tuch seihen – die Flüssigkeit ist jetzt klar. Wenn nicht, diesen Vorgang wiederholen.
4. Auf jeden Liter dieser Flüssigkeit ¼ Liter hochprozentigen Apfelbrand (oder ½ Liter 38-%igen Brand) zufügen, umrühren und auf Flaschen ziehen.

Apfelsaft

Entweder im Dampfentsafter (mit 10 bis 50 Gramm Zucker je kg Früchte, ganz nach Süße der Sorte und persönlichem Geschmack) nach Angaben des Herstellers entsaften und abfüllen – geben Sie etwas Zitronensaft (oder Ascorbinsäure oder ein Tütchen Einkochhilfe) hinzu, dann behält der Saft eine schöne helle Farbe.

Oder kleinere Mengen roh in der Küchenmaschine oder auch im Fleischwolf mit Entsaftervorsatz entsaften. Größere Mengen aber pressen, wie für Wein beschrieben. Einige Zeit stehenlassen, bis die gröberen Partikel nach unten abgesunken sind. Den Saft dann randvoll in Flaschen füllen, diese offen in einen Einkochtopf mit Siebeinsatz stellen. Deckel auf den Topf geben und 1 Stunde kochen lassen, bis aus dem Apfelsaft alle Verunreinigungen als Schaum über den Flaschenhals gekocht sind. Jetzt erst die handelsüblichen Gummikappen aufsetzen (wer ganz auf Nummer Sicher gehen will, spült sie zuvor mit Apfelbrand aus), die Flaschen abkühlen lassen und außen säubern.

Apfelwein

Die Herstellung lohnt sich erst ab etwa 25 Litern, besser jedoch in größeren Mengen. Sie brauchen dazu eine Mühle zum Zerkleinern der sorgfältig gewaschenen und von faulen Stellen befreiten Äpfel. Dann wird diese Masse in eine mit Preßtüchern ausgelegte Presse gefüllt und ausgepreßt. Durch ein Sieb (verzinkt oder aus Plastik) ablaufen lassen und in einen Glasballon oder ein Faß (Holz oder Plastik) füllen. Einen Gärspund aufsetzen (im Fachgeschäft erhältlich), der den Saft absolut dicht vom verfärbenden Sauerstoff sowie den Verderben bringen den Essig–bakterien der Luft abschließt, und vergären lassen. Dazu mit Reinzuchthefe (Weinhefe aus dem Fachgeschäft) eine kontrollierte, rasche Gärung einleiten, die jede Bildung von Fusel-Alkohol ausschließt. Im allgemeinen enthält der Saft aus verschiedenen Gartenäpfeln genügend Schwefel, um nicht zu oxydieren oder gar zu verderben. Wollen Sie sichergehen, können Sie zusätzlich schwefeln. Nach der Gärung die Hefe setzen lassen. Dann entweder rasch aus dem Gärbehälter genießen oder in Flaschen abfüllen. Für besonders klaren Wein vorher vom Satz abziehen und erneut ruhen lassen. Die nötigen Geräte und Zutaten für die verschiedenen Arbeitsgänge gibt es in guten Haushaltsgeschäften und im Kellereibedarf. Oder zu bestellen bei Paul Arauner KG, Postfach 349, 8721 Kitzingen 1. Dort bekommen Sie auch eine detaillierte Anleitung zur Herstellung von Apfelwein.

Apfelessig

Hierzu bereiten Sie zunächst Apfelwein, der dann mit Hilfe von Essigbakterien zu Essig umgewandelt wird. Diese Essigbakterien kommen in der Natur vor, doch arbeiten sie in »normalen« Wohngegenden nur selten so sauber und rasch, wie man das wünscht. Man behilft sich deshalb mit einer Essigmutter, die es ebenfalls in Geschäften für Kellereibedarf, gelegentlich auch in Apotheken zu kaufen gibt. Apfelessig ist milder als Weinessig und fördert die Fettverbrennung, senkt die Blutfettwerte und hilft beim Abnehmen.

Man kann unter idealen Bedingungen – das sind hier natürlich ländliche – aus frisch gepreßtem Apfelsaft Essig bereiten: In einen Ballon gießen, der nur zur Hälfte gefüllt sein darf. Mit einer Lage Küchenpapier bedecken (mit Gummibändchen befestigen) und offen zu Wein vergären und in 3 bis 4 Monaten in Essig umwandeln lassen. Eine Gelinggarantie gibt es hier nicht, doch kann so gewonnener Essig besonders mild und aromatisch sein.

Man genießt den kaliumreichen Apfelessig, verrührt mit einem Löffel Honig, als Morgentrunk. Oder verwendet ihn wie andere Essigsorten in Salaten.

Holundersekt

Holundersekt enthält Alkohol, ist deshalb also kein Getränk für Kinder!

Für 15 Sektflaschen:

12 mittelgroße Holunderblütendolden, 12 l Wasser, 1/4 l Weißwein- oder Apfelessig, 600 g – 1 kg Zucker, 1 in Scheiben geschnittene Zitrone

Verführerisches Getränk, mit dem unnachahmlichen Duft zarter Holunderblüten. Es lohnt die kleine Mühe wirklich. Wichtig dabei: Man muß sich exakt an die angegebenen Mengen halten. Und den Sekt in Sektflaschen abfüllen. Sie halten als einzige dem bei der Gärung entstehenden Druck stand. Bier- oder Weinflaschen können explodieren, und dann war alles umsonst! Die Flaschen müssen mit stabilem Korken verschlossen sein, den man obendrein mit Blumendraht oder Schnur festbinden sollte.

1. Alles in einen großen Glas- oder Steinguttopf füllen und umrühren. Mit einem Tuch zugedeckt 3 bis 8 Tage lang bei Zimmertemperatur stehenlassen, dabei immer wieder umrühren. Die Standzeit ergibt sich durch die Witterung: Nicht

nur die Temperatur ist entscheidend, sondern auch Luftdruck, Feuchtigkeit und die Aktivität der Hefen, die den Zucker in Alkohol umwandeln. Bei gewittriger Schwüle geht es schnell, bei klarem Hochdruckwetter dauert es länger. Auf jeden Fall muß die Gärung stark eingesetzt haben, Blasen und Schaum müssen sich gebildet haben, ein Teil des Zuckers in Alkohol umgewandelt worden sein.

2. Durch ein Sieb filtern, in Flaschen füllen. Wenn sie luftdicht verschlossen sind, noch so lange bei Zimmertemperatur stehen lassen, bis Bläschen emporsteigen, sobald man an die Flaschen klopft. Dann im kühlen Keller lagern.

Verwenden Sie 1 Kilogramm Zucker, so wird der Sekt nach dem Vergären noch süß sein, weil unter dem entstehenden Druck die Gärung stoppt. Nehmen Sie nur 600 Gramm Zucker, so wird der Sekt durchgären und trocken. Wollen Sie ihn halbsüß, müssen Sie je nach Geschmack zwischen diesen Mengen dosieren.

Hollerlikör

Für ca. 1,5 Liter:

1 l Holundersaft (im Dampfentsafter ohne Zucker entsaftet), 300 g Zucker, 1 Tütchen Vanillezucker, 1 Zimtstange, 1/4 l Rum

1. Saft, Zucker, Vanillezucker und Zimt eine Viertelstunde leise köcheln. Abkühlen lassen, schließlich den Rum zufügen.
2. In Flaschen hält sich der Likör mehrere Monate – sofern er nicht zuvor ausgetrunken wird.

Zitronenlikör

Zur Zeit ein beliebtes Modegetränk – keine Bar in Italien, die nicht Zitronenlikör anbietet, kaum eine Trattoria, wo man nicht ein Gläschen als Digestif serviert. Ein guter Zitronenlikör ist auch tatsächlich unwiderstehlich mit seinem betörenden, bittersüßen Zitrusduft. Man kann ihn mühelos selber herstellen, vorausgesetzt, daß man wirklich frische Zitronen bekommt. Gut ist übrigens auch Zedrat geeignet, jene männerfaustgroße Zitronensorte, die vorwiegend an der amalfitanischen Küste angebaut wird. Ihre dicke Schale verwendet man zum Kandieren (Zitronat), sie ist besonders aromatisch. Reiner Alkohol ist übrigens hierzulande erschreckend teuer geworden. In der Apotheke bezahlt man für einen Liter über 30 Euro. In Italien kann man ihn in jedem Supermarkt kaufen, für ein Drittel dieser Summe!

Für etwa 2 Liter:

7 frisch geerntete Zitronen, 1 l reiner Alkohol (90 %), 1 kg Zucker, 1 l Wasser

1. Die Zitronen so schälen, daß nichts, aber auch wirklich nicht das kleinste Fleckchen vom Weiß der wattigen Innenseite daran bleibt. Die Schalen in ein Gefäß füllen, mit dem Alkohol bedecken. Gut verschlossen eine Woche lang mazerieren lassen. Sie geben im Verlauf dieser Zeit sämtliche Farbe und allen Duft an den Alkohol ab.
2. Den Zucker im Wasser auflösen und in 5 Minuten zu Sirup kochen. Den zitronenduftenden Alkohol damit verdünnen.
3. Den Zitronenlikör 2 Wochen kühl stellen und reifen lassen, bevor man ihn in hübsche Fläschchen abfüllt und verschenkt oder selber trinkt.

Wichtig: Der Likör verliert an Duft, wenn er die Flasche nicht mehr vollständig ausfüllt, also mit zuviel Luft in Kontakt kommt. Deshalb in kleine Fläschchen abfüllen und diese rasch leeren.

KÄSE

Im klassischen Menü gehört vor das Dessert der Käsegang, »Käse schließt den Magen«, heißt es. Und er tut noch mehr: Er fördert mit seinen Enzymen die Verdauung, regt die Magensäfte an, ihre Arbeit zu verrichten und alles, was sich dort befindet, aufzuschließen und für den Körper verwertbar zu machen. Deshalb ist es diätetisch richtig und absolut empfehlenswert, seine Mahlzeit mit Käse zu beschließen (keine Angst: Das Dessert kommt noch und hat eine ebenfalls segensreiche Wirkung!) – und sei es nur ein kleines Stückchen. Man betrachte sich nur die Menschen in Italien oder Frankreich, wo zu einem Menü noch immer der Käse am Ende gehört: Sie sind allesamt schlank, dick sind nur diejenigen, vor allem Kinder, die sich dem modernen Fast Food hingeben …

Allerdings, eine Einschränkung sei angemerkt: Diese enzymatische Wirkung bringt in voller Wirkung natürlich nur Naturkäse aus Rohmilch, dessen Bakterien nicht durch Erhitzen abgetötet wurden, der ziemlich einseitig keimfrei ist. Man muß eigens darauf achten und möglichst bei einem darauf spezialisierten Händler einkaufen – er wird sich freuen und sein Angebot besonders sorgfältig pflegen, wenn er merkt, daß seine Kundschaft das zu schätzen weiß. Und er wird mit Vergnügen die Käse auf ihrem geschmacklichen Höhepunkt anzubieten, die Weichkäse cremig und durchgereift, die Schnittkäse in den unterschiedlichen Altersstufen von jung und weich bis zu gelagert und fest, womöglich sogar mit den begehrten Salztränen in seinen Löchern.

Gelagert wird Käse am besten in Papier oder ein Tuch gewickelt im Käsefach. Man kann das Papier oder Tuch leicht anfeuchten, damit der Käse nicht austrocknet. Und sollte sich nach einigen Tagen trotzdem die Schnittfläche verfärbt haben oder eingetrocknet sein, dann wird sie einfach abgeschnitten. Der Käse reift – zwar langsam – aber auch im Kühlfach weiter, er ist ein lebendiges Produkt. Und für eine Käseplatte darf er natürlich nicht unmittelbar vor dem Servieren aus dem Kühlschrank genommen werden, sondern sollte die Gelegenheit haben, einige Stunden bei Zimmertemperatur seinen vollen Wohlgeschmack zu entwickeln.

Käse kalt

Obatzda – angemachter Camembert

Eine bayerische Spezialität, für die es etwa genauso viele Rezepte gibt wie Wirtshäuser und Hausfrauen in Bayern zusammengenommen. Jeder schwört natürlich auf seine Version. Wir beispielsweise auf diese:

Für 2 – 4 Personen – je nach Hunger:

1 mittelgroße Zwiebel, 3 Stengel Petersilie, 250 g deutscher Camembert (er muss unbedingt reif sein, das heißt: auf Fingerdruck nachgeben), 100 g weiche Butter, Paprikapulver (Delikatess), Salz, Pfeffer, 2–3 EL Bier

1. Die Zwiebel sehr akkurat und winzigklein schneiden – eventuell mit der Mandoline bzw. dem Gemüsehobel, auch die Petersilienblätter fein hacken.
2. Alle Zutaten mit einer Gabel zerdrücken und dabei gründlich mischen. Sehr würzig abschmecken – so soll der Obatzde zum Beispiel deutlich von Paprika gefärbt sein, was nur mit einer gehörigen Prise Paprikapulver möglich ist. Wer mag, würzt obendrein mit Kümmel – natürlich mit dem ganzen Samen.

Man ißt den Obatzd'n stilgerecht mit bayerischen Brez'n (notfalls gehen auch schwäbische Brezeln) oder mit kräftigem Bauernbrot. Man streicht sich so viel auf das Brotende, wie man jeweils abbeißen kann, und bestreicht nicht die gesamte Fläche auf einmal. Weil man auf diese Weise mehr Obatzd'n essen kann und nicht soviel Brot zu sich nimmt! Dazu trinkt man natürlich Bier, niemals Wein – und wenn doch, dann einen Terlaner aus Südtirol.

Frischkäsekugel mit Haselnussblättchen

Für 6 Personen – zum Naschen:

100 g mit Paprika gefüllte, grüne Oliven, 2 Knoblauchzehen, 300 g Frischkäse, Salz, Pfeffer, Muskat, ca. 50 g Haselnußblättchen

Hübsch auf einem Partybüfett. Man kann sie auch zu Crackern reichen, mit denen man sich kleine Portionen abschabt. Zum Beispiel beim Fernsehen.

1. Oliven grob hacken, Knoblauchzehen durch Presse drücken.
2. Mit dem Frischkäse vermischen, salzen, pfeffern und mit Muskat würzen.

3. Die Masse zu einer Kugel formen und in den Haselnußblättchen wälzen, bis sie davon gleichmäßig überzogen ist. Nun mindestens für 1 Stunde kalt stellen, damit die Kugel ihre Form besser behält.

Sellerie-Käse-Creme

Für 4 Personen:

3 Stengel Bleichsellerie, 125 g Gorgonzola oder anderer cremiger Blauschimmelkäse, 125 g frisch geriebener Pecorino, 4 EL saure Sahne (10 % Fett), Salz, Pfeffer, 1 Prise gemahlener Kreuzkümmel

Variante zu den bekannten Bleichselleriestangen, die – mit Roquefortcreme gefüllt – schon in den sechziger Jahren ein beliebter Partyhit waren. Hier wird alles zusammen gemischt und auf möglichst noch lauwarmem, selbstgebackenem Nußbrot verspeist.

1. Selleriestengel sehr fein hacken. Mit den beiden Käsesorten und der sauren Sahne verrühren.
2. Die Creme mit Salz, Pfeffer und nach Belieben Kreuzkümmel abschmecken.

Kräuterkäse

Für 4 – 6 Personen:

150 g griechischer Schafskäse, 150 g Schichtkäse, 150 g Butter, 2 Schalotten, 2 Knoblauchzehen, 2 EL Kapern, je ein Bund glatte Petersilie und Basilikum, je ein EL Dijon-Senf und süßer Senf, Salz, Pfeffer

Schmeckt gut zu knusprigem, frisch aufgebackenem Baguette oder zu Sesamfladenbrot. Dazu ein Glas junger Rotwein, den man am besten leicht gekühlt serviert – und schon hat einen kleinen Imbiß für Gäste, die »nicht viel Umstände« wollen.

1. Alle Zutaten im Mixer zu einer glatten Creme mixen. Kräftig würzen.
2. Mit viel frischen Kräutern hübsch anrichten.

Die Käsecreme hält sich im Kühlschrank ein paar Tage. Vor dem Servieren aber rechtzeitig herausnehmen und bei Zimmertemperatur entwickeln lassen. Dann ist die Konsistenz angenehm cremig und der Geschmack würzig.

Liptauer

Eigentlich gehört osteuropäischer Brimsen, ein fester Frischkäse, hinein, der selbst in Österreich nicht überall leicht zu bekommen ist. Deshalb nimmt man statt dessen dort meist einen gut abgelagerten, trockenen Topfen. Wir müssen uns mit normalem Magerquark behelfen, den man zwei Tage lang abtropfen lassen sollte.

Für 4 – 6 Personen:

200 g Frischkäse, 250 g gründlich abgetropften Magerquark, 200 g Butter, 1 Zwiebel, 1–2 Knoblauchzehen, 1 El Delikateßpaprika, 1 TL Kümmel, 1 TL Senf, Pfeffer, Kräuter nach Geschmack

1. Das beste ist: alles zugleich in den Mixer füllen und fein pürieren – dann entsteht eine gleichmäßige, streichfähige Paste.
2. Kalt stellen und fest werden lassen.

Der Liptauer schmeckt gut auf frisch geröstetem Bauernbrot, zur Brezen oder sogar zu heißen Pellkartoffeln!

Eingelegter Ziegen- oder Schafskäse

Praktisch zum Einschichten sind rechteckige Einmachgläser aus Frankreich, weil man dann mit wenig Öl auskommt. Ansonsten die Käschen so dicht wie möglich ins Glas packen.

In allen Delikatessen- und Käsegeschäften stehen sie herum, die Gläser mit eingelegtem Käse. Aber leider verwenden die meisten ein schlechtes, billiges Öl, vor allem hierzulande: Mit einem erstklassigen Olivenöl schmecken die Käschen viel besser – also selbst einlegen!

Für ein Glas von 1 Liter Inhalt:

Je nach Größe 12 bis 20 kleine, nicht mehr cremige, aber noch junge Ziegen- oder Schafskäschen, 6 Knoblauchzehen, 1 handvoll schwarze Oliven, 2 – 5 getrocknete rote Chilischoten (je nach Vorliebe für Schärfe), 1 EL schwarze Pfefferkörner, 3 Thymianzweige, 3 Rosmarinzweige, 3 Lorbeerblätter, knapp ½ l Olivenöl extra vergine

1. Die Ziegenkäse in ein passendes Glas schichten. Die übrigen Zutaten und Gewürze möglichst gleichmäßig dazwischen verteilen.
2. Zum Schluß mit dem Öl auffüllen. Mindestens 2 Tage, besser eine ganze Woche oder einen Monat durchziehen lassen.

Am besten mit warmem Weißbrot, einem knackigen Landwein – weiß, rot oder rosé –, halbreifen Tomaten, weiteren schwarzen Oliven und reichlich von dem Öl, in dem sie eingelegt waren … Terrassenträume.

Hausgemachter Frischkäse (Grundrezept)

Eine Idee, sie wir den Griechen abgeguckt haben: Sie lassen ihren Joghurt ewig lang abtropfen und erzielen dadurch eine cremige, dichte Sache, die sie meist mit Honig süß essen. Das schmeckt gut, aber man kann noch viel mehr damit anstellen, hier ein paar Beispiele:

3 Gläser à 500 g Vollmilchjoghurt

1. Den Joghurt in ein mit Küchenpapier ausgelegtes Sieb füllen.
2. Mindestens 3, besser 4 Tage im Kühlschrank abtropfen lassen.
3. Die Molke, die dabei abtropft, auffangen – sie schmeckt herrlich erfrischend.

Frischkäsepralinen

Man kann sie als Vorspeise, aber auch als Käsegang servieren. Sie sind wunderbar im Biergarten, beim Picknick …

Für ca. 30 Stück:

Frischkäse, wie oben beschrieben, je 2 gehäufte EL Delikateßpaprika, grob geschroteter Pfeffer, Kümmel, gemahlene Pistazienkerne, Schnittlauchröllchen

1. Aus dem Frischkäse zwischen angefeuchteten Handflächen walnußgroße Bällchen formen. Die Bällchen in Paprika, Pfeffer, Kümmel, in zerkrümelten Pistazien oder in Schnittlauchröllchen wälzen, bis sie rundum davon überzogen sind.
2. Das geht am einfachsten, indem man das Gewürz auf einen Teller streut, die Bällchen daraufsetzt und durch Rütteln am Teller darin herumrollen läßt, bis sie rundum überzogen sind.
3. In kleine Pralinenpapiermanschetten setzen und hübsch auf einer Platte anrichten.

Gruyère-Röllchen

Für ca. 25 Stücke:

5–6 sehr dünn aufgeschnittene Scheiben Gruyère (Greyerzer oder ein anderer Bergkäse), ½ Portion hausgemachter Frischkäse, 2 El Pistazienkerne

1. Die Käsescheiben entrinden.
2. Den Frischkäse würzen, mit den Pistazienkernen mischen und gleichmäßig, etwa 5 mm dick, auf den Käsescheiben verstreichen. Dabei einen Rand lassen.
3. Die Scheiben aufrollen und im Kühlschrank einige Stunden fest werden lassen.
4. Mit einem scharfen Messer in zweifingerdicke Scheiben schneiden.
5. Mit der Schnittfläche nach oben in Pralinenmanschettchen setzen.

Bündner-Fleisch-Röllchen mit Käsefüllung

Für ca. 20 Stücke:

10 Scheiben Bündner Fleisch, ½ Portion hausgemachter Frischkäse, Schnittlauch

1. Die Bündner-Fleisch-Scheiben ausbreiten.
2. Den Frischkäse mit Schnittlauchröllchen vermischen.
3. Jede Scheibe halbfingerdick mit Frischkäse bestreichen und aufrollen.
4. Quer in zweifingerdicke Stücke schneiden. Mit der Schnittfläche nach oben in Pralinenförmchen setzen.

Munster mit jungen Zwiebeln

Zusammen mit Pell- oder Bratkartoffeln ein wunderbares ganzes Essen!

Für 6 – 8 Personen:

1 ganzer Munsterkäse (500 g), absolut auf dem Höhepunkt der Reife, 2 –3 junge Zwiebeln (mit Grün), Pfeffer aus der Mühle, Balsamico, Kürbiskernöl

Eigentlich ein ganzer Imbiß, aber auch ein hübscher Käsegang in einem Menü. Natürlich braucht man einen Rohmilchkäse dafür, der gut durchgereift ist, keinen festen Kern mehr hat.

1. Den Käse von der Rinde befreien und in Segmente schneiden. Zwiebeln in Ringe hobeln und darauf verteilen, auch das Grün fein schneiden und über den Käse streuen.
2. Mit Pfeffer würzen, mit Balsamessig und Kürbiskernöl beträufeln. Kurz ziehen lassen und bald servieren.

Käse warm

Käse im Brotkästchen

Eine bestechende Idee, wertvolle Kägereste zu einem Gericht zu verarbeiten. Es wird garantiert kein Gast dieses hübsche Gericht als Resteverwertung erkennen!

Für 4 Personen:

1 frisches Stangenweißbrot, etwas Butter, verschiedene Käse (siehe Anmerkung), Pfeffer, Cayennepfeffer

AUSSERDEM:
verschiedene bunte Salatblätter (Radicchio, Chicorée, Frisée, Lollo rosso, Batavia, Kopf- und Feldsalat, Löwenzahn, Eichblatt, Romana; oder eine Mischung aus jungen Blättern: *mesclun*), 1 geriebene Schalotte, 2 EL Weißweinessig, Salz, Pfeffer, 1 TL scharfer Senf, 3 EL Olivenöl, Kräuter nach Belieben

1. Brotkästchen vorbereiten: Ein Baguettebrot in etwa 3 cm dicke Scheiben aufschneiden. Mit einem spitzen, scharfen Messer die Krume rundum einschneiden, dabei einen knapp 1 cm breiten Rand stehen lassen. Nicht bis ganz auf den Boden durchschneiden. Die lockere Krume vorsichtig herausholen, so daß ein Boden stehenbleibt und der Käse beim Überbacken nicht auslaufen kann. Rechnen Sie vier Scheiben vom Baguette pro Person als kleinen Imbiß.
2. Die Brotscheiben in etwas Butter in einer Pfanne auf der intakten Seite golden, auf der ausgehöhlten Seite nur blaß anrösten. Mit der Höhlung nach oben dicht nebeneinander auf ein Backblech (Backpapier!) legen. Den Käse hineinfüllen, nach Belieben noch mit grob gemahlenem Pfeffer und Cayennepfeffer würzen.
3. Etwa 10 Minuten bei 250 Grad im Ofen backen, bis der Käse geschmolzen ist und in seinem Kästchen brodelt. Sofort auf Teller setzen, auf denen bereits der mit den angegebenen Zutaten angemachte Salat angerichtet ist.

Anmerkung: Sie können auch verschiedene Käsesorten mischen – geeignet sind vor allem fettere Sorten: Roquefort, Gorgonzola, andere Blaukäse, Brie, ebenso Camembert, Munster, Knoblauchkäse, Ziegenkäse. Köstlich auch die verschiedenen Schnittkäse aus aller Welt. Grundregel: Je härter die Käse, desto kleiner würfelt man ihn.

Brotkästchen mit der Küchenpalette vom Backpapier heben. Schnell arbeiten, damit der Käse heiß auf den Tisch kommt!

Als Getränk passt dazu ein halbtrockener Rheingauer oder Mosel-Riesling.

Käseklößchen mit Salbeibutter

Für 4 Personen:

5 Graubrotscheiben, 5 Weißbrotscheiben, ca. 1/8 l Milch, 4 Eier, 1 EL Hartweizengrieß, 50 g luftgetrockneter Speck in dünnen Scheiben, je 1 gehäufter EL winzig gewürfelte Zwiebel, Lauch, Möhre, Sellerie, Salz, Pfeffer, 1 Bund Petersilie, 2 EL frisch geriebener Parmesan, Gemüsebrühe zum Garziehen (ersatzweise Fleischbrühe oder Wasser), 50 g Butter, 20 Salbeiblätter

1. Die Brotscheiben in kleine Würfel schneiden, mit der Milch beträufeln und etwas einweichen, dann die Eier und den Grieß untermischen.
2. Den Speck in einem Pfännchen auslassen, die Gemüsewürfel kurz mitdünsten, sparsam salzen und mutig pfeffern. Zusammen mit der feingehackten Petersilie und dem Parmesan unter den Knödelteig arbeiten. Noch einmal mit Salz und Pfeffer abschmecken.
3. Eine Stunde ausquellen lassen. Mit angefeuchteten Händen tischtennisballkleine Knödel formen. In der Gemüsebrühe garziehen lassen.
4. In einer Pfanne die Butter zerlassen. Die Salbeiblätter darin vorsichtig anrösten, dann die abgetropften, aber noch heißen Käseklößchen darin schwenken.

Vorzüglich schmeckt dazu ein eleganter Rotwein, etwa ein Valpolicella, und ein kleiner Salat, z. B. aus kunterbunt gemischten Kräutern.

Man kann die Klößchen auch in der Suppe servieren.

Schafskäse im Wantanblatt

Für 6 – 8 Personen:

300 g Schafskäse (griechischen!), 1 dicker Strauß Kräuter (Petersilie, Basilikum oder Dill), Pfeffer, 1–2 Chilischoten,1–2 Knoblauchzehen, 12 Wantanhüllen, Salz, 1 Eiweiß

PAPRIKABUTTER:
75 g Butter, 1 gehäufter EL milder, würziger Rosenpaprika, Salz

Mal was anderes als die übliche Käseplatte!

1. Den Käse in eine Marinade aus sehr fein gehackten Kräutern, Pfeffer, Chili, Knoblauch und Olivenol einlegen.
2. Schließlich zentimetergroß würfeln und drei bis vier solcher Würfel in Wantanhüllen packen. Diese zu Dreiecken formen und gut zukleben, damit sie auch haften, die Ränder mit Eiweiß einpinseln.
3. Über Dampf ca. 8 Minuten garen.
4. Vor dem Servieren die Teigtaschen in kochendheißes Wasser tauchen und auf Tellern anrichten.
5. Die Butter schmelzen, das Paprikapulver einrühren, salzen. Rund um die Käseecken träufeln.

Tropfen vom grünem Basilikumöl und eingekochtem Balsamessig dazwischen verteilen

Schafskäse mit Kräutern im Mantel

Dafür braucht man Brickteig, auch türkischer Yufka- oder Börekteig oder chinesiche Frühlingsrollenhüllen sind geeignet.

Für 6 Personen:

6 Brickteig- oder Frühlingsrollenhüllen, 200 g Schafskäse, 1 Handvoll Kräuter, 2 Knoblauchzehen, Pfeffer, 1–2 grüne Chilischoten,4–5 EL Olivenöl, Salatblätter und Salatmarinade zum Anrichten

1. Die Teigblätter nebeneinander auf der Arbeitsfläche ausbreiten. Käse grob zerkrümeln und darauf verteilen.
2. Kräuter mit Knoblauch, Pfeffer, Chilis und der Hälfte des Öls im Mixer pürieren und die Krümel damit würzen. Die Teigblätter darüber zusammenschlagen, zu einem Drei- oder Viereck formen.
3. Die Päckchen auf ein mit Backpapier belegtes Blech setzen. Mit Öl einpinseln. Bei 220 Grad im vorgeheizten Backofen 15 Minuten knusprig backen.
4. Auf Tellern anrichten und mit einem kleinen, feinsäuerlich abgeschmecktem Salat dekorieren.

Münsterkäse-Kartoffeln

Eine reichhaltige Blitzmahlzeit: Wer bereits gekochte Kartoffeln im Haus hat und guten Münsterkäse, kann in kürzester Zeit ein herzhaftes Essen servieren. Wir haben fast immer den herrlich stinkenden Münster und gekochte Kartoffeln im Haus!

Für 6 Personen:

Etwa 1 kg gekochte Kartoffeln vom Vortag, 3 EL Butter, ⅛ l Fleischbrühe, 1 kleines Glas trockener, aber vollmundiger Weißwein (Gewürztraminer!), Pfeffer, Salz, 1 Münsterkäse (300 g), Kümmel (ungemahlen)

1. Gepellte Kartoffeln in gut 3 cm große Würfel schneiden. In eine dick ausgebutterte feuerfeste Form füllen. Brühe und den Wein angießen. Alles salzen und pfeffern.
2. Münsterkäse in Scheiben schneiden und darauf verteilen. Die restliche Butter in Flöckchen dazwischenstreuen. Schließlich nach Geschmack mit Kümmel würzen.
3. Im 225 Grad heißen Ofen (Gas Stufe 4) etwa 15 bis 20 Minuten backen, bis der Käse schön zerlaufen ist und die Kartoffeln goldene Spitzen zeigen.

Tip: Wir ziehen in unserem Garten auch Kümmel. Es ist eine zweijährige Pflanze, und bevor die Samen reif werden, also noch grün sind, pflücken wir uns für diese Gelegenheit eine gute Portion und frieren sie in einer Dose ein. Mit dem Löffel holen wir uns bei Bedarf eine Portion heraus, die rasch auftaut und dann so köstlich schmeckt, wie frisch gepflückt. Allerdings müssen die Samen sofort verbraucht werden, sonst färben sie sich bald schwarz.
Im übrigen nicht unseren Kümmel (französisch *carvi*) mit dem aus Nordafrika stammenden Kreuzkümmel (französisch *cumin*) verwechseln – die Aromen sind doch recht verschieden, wenn auch optisch kaum ein Unterschied besteht: Die Kreuzkümmelsamen sind nur etwas größer.

Dazu eine Schüssel mit grünem oder gemischten Salat und ein Glas kräftigen Elsässer Gewürztraminer, was will man mehr?

Flambierter Münsterkäse

Als Abschluß einer deftigen Mahlzeit in großer Runde kommt dieser brennende Käse auf den Tisch – da kann niemand widerstehen! Auch eine tolle Partyidee.

Für etwa 12 Personen:

1 ganzer, reifer, aber noch nicht fließender Münsterkäse, 0,2 l Marc vom Gewürztraminer oder Tokai d'Alsace, Kümmel

1. Den Käse rechtzeitig aus dem Kühlschrank holen, auf eine feuerfeste Platte legen und Zimmertemperatur annehmen lassen.
2. Den Marc in einer Suppenkelle über der Herdflamme oder einem Camping- oder Spiritusbrenner erhitzen, bis die Flamme hineinschlägt. Das riecht schon gut.
3. Die brennende Flüssigkeit langsam über den Käse gießen – sie muß weiterbrennen. Der Käse wird dadurch erwärmt, platzt auf, das schmelzend-zarte Innere läuft heraus, und es machen sich kräftige Düfte breit …

Dazu gibt es Kümmel, den sich jeder selbst über seine Portion streut, Weißbrot und Gewürztraminer oder Marc de Gewürztraminer.

Fonduta

Dies ist eine Spezialität aus dem Piemont, sozusagen die italienische Antwort auf die Schweizer Fondue, die uns eigentlich zu mächtig ist. Die Fonduta ist eleganter, vor allem kann man mit der saucenartigen Speise mehr anfangen – sie ist eine kulinarische Basis für vielerlei Leckereien!

Für 4 Personen:

150 g Fontinakäse (aus dem Piemont), ¼ l Milch, 40 g Butter, 3 Eigelbe, weißer Pfeffer aus der Mühle

1. Käse in Stücke schneiden und in Milch langsam schmelzen. Dabei geduldig mit einem hölzernen Rührlöffel umrühren.
2. Wenn keine Klümpchen mehr spürbar sind, etwas von der Käsecreme abnehmen, mit den Eigelben und der mittlerweile zimmerwarmen Butter verquirlen. Langsam in die Käsecreme rühren und gründlich mischen. Sie muß jetzt seidig glänzen.
3. Mit Pfeffer (weißem, wegen der Farbe!) würzen. Nicht salzen, der Käse ist salzig genug!

Man serviert die Fonduta häufig auf kroß gebratenen Polentastücken, frisch gekochten, dampfenden Kartoffeln, geröstetem Weißbrot, sogar über einer Scheibe Gänsestopfleber oder auch einem schönen Filetsteak. Im Winter, wenn man in Piemont die begehrten weißen Trüffeln findet, gibt man sie mit einem speziellen kleinen Hobel, der sehr präzise arbeitet und hauchfein einzustellen ist, roh darüber. Das schmeckt herrlich, ist sündhaft teuer und wird von einem Barolo begleitet. Ganz gut schmeckt es aber auch schon, wenn man kleine, feste Steinpilze oder Egerlinge darüberhobelt, ebenfalls hauchdünn und roh.

Mit Käse überbackene Toasts …

Es muß ja kein Toast Hawaii sein – aber sonst ist fast alles erlaubt: Überbackene Toasts sind die idealen Resteverwerter!

Zunächst das Brot rösten – im Toaster. Dann die entsprechenden Zutaten daraufpacken, würzen, mit Käse belegen und im Backofen, unter dem Grill oder einem speziellen Toaster überbacken. Bei uns ein Standardgericht, wenn wir mal zu lange am Schreibtisch gesessen und keine Lust mehr haben, viel zu kochen:

… als Tomatentoast

1. Weiß- oder Graubrot rösten, mit einer Knoblauchzehe abreiben und mit etwas Olivenöl beträufeln.
2. Eine Scheibe gekochten Schinken drauflegen, wenn gerade einer vorhanden ist.
3. Mit Tomatenscheiben belegen, eventuell noch ein paar Zwiebelringe.
4. Basilikumblättchen darauf verteilen, würzen, mit Käse belegen – das kann Gouda oder Emmentaler, Allgäuer Bergkäse oder Taleggio, Mozzarella oder Brie sein.
5. Unter den Grill, bis alles gut durchgewärmt ist, der Käse Blasen wirft und braune Stellen bekommt.

Für 2 Toasts:

2 Scheiben Brot, 1 Knoblauchzehe, 2 EL Olivenöl, 2 Scheiben gekochter Schinken, 2 Tomaten, 1 Zwiebel, etwas Basilikum, Pfeffer, Salz, 50 – 100 g Käse

… als Pitta-Toast mit Lamm

1. Pro Person ein halbes Pitta-Brot aufschneiden, die Schnittflächen unter dem Grill oder in der Pfanne leicht anrösten. Mit Knoblauch tüchtig abreiben und mit einigen Tropfen vom besten Olivenöl beträufeln.
2. Ein scharf angebratenes Lammkotelett, beidseitig gesalzen und gepfeffert, auf die untere Scheibe legen. Frische Basilikumblätter obenauf legen. Mit dünnen Scheiben Knoblauchkäse (Gaperon aus Frankreich) besetzen und mit einem Klecks Tomatenpüree schmücken.
3. Unter dem Grill zerfließen lassen und bräunen.
Zum Aus-der-Hand-Essen mit der anderen Brothälfte bedecken.

Pitta-Brot gibt's beim Türken oder Griechen zu kaufen.

Für 2 Toasts:

1 Pitta-Brot, 1 Knoblauchzehe, 2 EL Olivenöl, 2 Lammkoteletts, Salz, Pfeffer, Basilikum, 150 g Käse (z. B. Gaperon)

... als Roquefort-Toast mit Rehmedaillons

Ein eleganter Toast, für den man natürlich extra einkaufen muß – zum Beispiel bestens geeignet nach dem Theater, wenn die Freunde noch einen Sprung mit hereinschauen.

Für 4 Toasts:

4 Scheiben Weißbrot, 4 dicke Rehmedaillons, 30 g Butterschmalz, Salz, Pfeffer, Cayennepfeffer, 2 sehr reife Birnen, 200 g Roquefort, Kerbelblättchen (oder Petersilie)

1. Von einer dicken Scheibe frischem Kastenweißbrot schräg die Ecken abschneiden. Das Brot toasten.
2. Drei 1 cm dünne Scheiben aus dem ausgelösten Rehrücken (Rehmedaillons) rasch in heißem Butterschmalz auf beiden Seiten braten, salzen, pfeffern, mit Cayennepfeffer überhauchen. Auf die Toastscheibe betten. Mit Bratensatz beträufeln.
3. Von einer geschälten Birne längs drei bis vier Spalten herausschneiden, auf die Rehmedaillons setzen. Roquefortscheiben obenauf legen, kurz unter dem Grill zerfließen lassen. Mit Kerbelblättchen geschmückt sofort servieren.

... als Walliser Toast

Wunderbare Häppchen, blitzschnell gemacht, selbst wenn man kaum was »Richtiges« im Haus vorrätig hat.

Für 4 Toasts:

4 Toastbrotscheiben, Butter, Bier, Senfpulver, Käse, Paprika

1. Für vier Personen vier Toastbrotscheiben toasten, buttern und auf eine feuerfeste Platte setzen.
2. Ein Achtelliter Bier mit ½ Teelöffel Senfpulver knapp um die Hälfte einkochen. 50 Gramm Käse reiben, in die Sauce einrühren und darin schmelzen. Mit Paprika würzen. Auf die Toastscheiben gießen, die davon völlig überzogen sein sollen. Zunächst nur zwei Scheiben im 250 Grad heißen Ofen oder unter den heißen Grillschlangen glasieren, also schmelzen, und dabei eine appetitlich goldene Farbe annehmen lassen.
3. Die Walliser Toasts in Rhomben, kleine Dreiecke oder einfache Häppchen schneiden. Warm, also sofort, servieren, bevor der Käse hart wird. Während die erste Portion verspeist wird, die nächste in den Ofen geben.

Goldene Käse-Ecken mit Spinat

Ein kleiner Imbiß oder ein fabelhafter Happen zum Aperitif.

Für 6 Personen:

500 g Spinat oder Mangoldblätter, Salz, 250 g gewürfelter Käse (z. B. Mozzarella, man kann auch Bergkäse nehmen), Pfeffer, Muskat, 12 Toastbrotscheiben, ca. 1/4 l Milch, 2 Eier, 1 Schuß Sojasauce, Butter zum Braten

1. Den Spinat oder die Mangoldblätter sorgfältig verlesen und putzen, Stiele abknipsen. Die Blätter mehrmals gründlich waschen und schließlich in Salzwasser zusammenfallen lassen. Eiskalt blanchieren und sehr gut ausdrücken. Dann mit einem scharfen Messer gut hacken.
2. Den Käse klein würfeln und mit dem Spinat mischen, dabei mit Salz, Pfeffer und reichlich Muskat würzen.
3. Die Toastscheiben in der Milch tränken, die mit den Eiern gut verquirlt und mit Salz, Pfeffer und Sojasauce gewürzt wurde.
4. Jeweils 2 Eßlöffel der Spinat-Käse-Mischung auf einer Brotscheibe verteilen, rundum einen kleinen Rand lassen. Mit einer zweiten Brotscheibe abdecken, dabei rundum gut aneinanderdrücken, damit die Scheiben aneinanderhaften.
5. In heißer Butter langsam auf beiden Seiten goldbraun braten. In Dreiecke schneiden und als Häppchen zum Aperitif servieren.

Käsefrittata mit Kräutern

Für 2 Personen:

4 Eier, 75 g geriebener Hartkäse, Salz, Pfeffer, ein Hauch Cayennepfeffer, 1 Bund Kräuter (glatte Petersilie, Basilikum, Rucola oder Schnittlauch), Butter

1. Die Eier verquirlen, den Käse unterrühren, mit Salz, Pfeffer und Cayennepfeffer abschmecken.
2. Die Kräuter feinhacken und unterrühren.
3. In einer beschichteten Pfanne die Butter erhitzen. Die Eiermasse hineingießen und sanft auf der einen Seite bräunen lassen; wenn die Oberseite gestockt ist, die Frittata mit Hilfe eines Topfdeckels wenden und auch auf der anderen Seite behutsam bräunen.

Rote-Bete-Gnocchi mit Gorgonzolasauce

So kann man Rote Bete auch denen schmackhaft machen, die sonst nur wenig damit anfangen können. Zusammen mit dem schmelzenden Gorgonzola und den fruchtigen Tomaten bekommt der erdige Geschmack der Roten Bete eine ganz neue Dimension.

Für 6 Personen:

300 g Rote Bete, Salz, 2 Eier, 400 g Mehl, ca. 3/8 l Milch, 2 EL Butter

GORGONZOLASAUCE:
200 g Gorgonzola, ca. 1/8 l Sahne, knapp 1/8 l Milch, Pfeffer

AUSSERDEM:
3 Fleischtomaten, Salz, Pfeffer, je einige Tropfen Olivenöl und Balsamico-Essig

1. Die Rote Bete weich kochen, pellen und würfeln. Nur kurz auskühlen lassen, dann im Mixer fein pürieren, dabei salzen.
2. Die Eier zufügen, das Mehl und so viel Milch einarbeiten, daß eine Art zäher Spätzleteig entsteht.
3. Diesen mit Hilfe einer Spätzlepresse oder einem Spätzlesieb in kochendes Wasser geben. An der Oberfläche schwimmende Gnocchi sind gar. Die Gnocchi mit einer Schaumkelle aus dem Wasser heben, in heißem Wasser schwenken – dafür sollte neben dem Kochtopf eine große Schüssel mit heißem Wasser stehen. Die Gnocchi abtropfen lassen.
4. Für die Gorgonzolasauce den Käse in der heißen Sahne auflösen, langsam einmal aufkochen und mit soviel Milch verdünnen, bis die Sauce die richtige Konsistenz hat. Die Sauce nicht mehr kochen, damit sich das Fett nicht absetzt. Sie braucht übrigens nicht gesalzen zu werden – der Käse ist salzig genug, dafür darf man mutig pfeffern! Wer mag, schärft mit einem Hauch Cayennepfeffer.
5. Die Tomaten überbrühen, häuten, entkernen und in möglichst exakte Würfel schneiden. Mit Salz, Pfeffer, Öl und Balsamico würzen.
6. Zum Servieren die Butter in einer Pfanne schmelzen, die Gnocchi darin schwenken, bis sie wieder heiß sind. In tiefen Tellern anrichten, mit der heißen Sauce übergießen.
7. Die Tomatenwürfel dekorativ darüberstreuen, die Teller sofort servieren.

Hierzu paßt ideal ein eleganter Valpollicella!

Käsecroissants

Pro Person:

1 halbfertig gebackener Croissant (zum Selberbacken, gibt's in der Frischetheke im Supermarkt), 1 nicht zu dünne Scheibe guter Bergkäse, nach Belieben gekochter Schinken, Tomatenscheiben oder einfach ein Löffel Senf oder Chilisauce

Ein sehr witziger Imbiss, wenn man mal gar keine Zeit zum Kochen hat!

1. Das Croissant aufschneiden, mit einer genau zugeschnittenen Käsescheibe belegen – nach Gusto Schinken und/oder Tomaten darunterlegen oder die Hälften innen mit Senf oder Chilisauce bestreichen.
2. Das Croissant im 200 Grad heißen Backofen 10 Minuten backen, bis es knusprig ist und der Käse innen geschmolzen.
3. Entweder aus der Hand genießen oder mit einem kleinen Salat als Imbiß reichen.

Bunter Salat mit gegrilltem Ziegenkäse

1. Einen buntgemischten Blattsalat zubereiten, mit Radicchio, Chicorée, Feldsalat, Frisée und Endivie. Mit einer Vinaigrette aus Essig, Olivenöl, feingewürfelter Schalotte, scharfem Senf, Salz und Pfeffer anmachen. Auf Vorspeisentellern portionsweise dekorativ anrichten.
2. Kleine Ziegenkäse quer in zweifingerdicke Scheiben schneiden, pro Person zwei Scheiben rechnen. Diese unter dem Grill rösten, bis der Käse zu laufen beginnt und Blasen bildet. Auf die Salatteller verteilen und sofort servieren, damit der Käse noch warm ist, wenn er auf den Tisch gelangt.

Überbackener Gaperon auf Salat

Der knoblauchwürzige Käse aus Südfrankreich schmeckt am besten, wenn man ihn im heißen Ofen schmelzen läßt. Als Erfrischung gehört ein säuerlich angemachter Salat dazu.

Für 6 Personen:

1 Kopfsalat, 3 Handvoll gemischte Kräuter, Salz, Pfeffer, 1 TL Senf, 4 EL milder Essig, 4 EL erstklassiges Olivenöl, 1 Gaperonkäse

1. Salat in Blätter teilen, waschen und gut abtropfen. Mit abgezupften Kräuterblättern mischen, die man fein schneiden sollte, wenn sie sehr groß und fest sind.
2. Aus Salz, Pfeffer, Senf, Essig und Öl eine Marinade rühren. Blätter damit anmachen.
3. Den Käse wie eine Torte oder, besser, eine Eisbombe in Segmente schneiden. Jeweils auf Tellern anrichten und für einige Augenblicke entweder in die Mikrowelle oder in den heißen Ofen stellen, bis der Käse schmilzt.
4. Sofort die Salatblätter rundum anordnen und rasch servieren, solange der Käse noch heiß ist.

Preßknödel auf frischem Kraut

Eine Tiroler Spezialität, die immer wieder anders aussieht und auch schmeckt, je nach Lust und Laune der Köchin, und vor allem, je nach Vorrat. Das Orginalrezept sieht beispielsweise Graukäs' vor, eine auch in Österreich seltene, höchstens in Tirol gebräuchliche Art von Sauermilchkäse aus Magermilch. Man kann aber auch Bergkäse nehmen oder eine Mischung aus Käseresten.

Üblicherweise serviert man Preßknödel in einer Suppe, einer kräftigen, klaren Brühe. Sie schmecken aber auch auf lauwarmem Krautsalat oder im Sauerkraut.

Für 6 Personen:

200 g Knödelbrot (altbackene Semmeln in dünnen Scheiben), ca. 1/10 l lauwarme Milch, 250 g gekochte Kartoffeln, 2 Eier, 2 EL Mehl, 150 g geriebener Bergkäse, Salz, Pfeffer, Muskat, Liebstöckel, Öl zum Braten

FÜR DAS KRAUT:
1 Weißkrautkopf von 1 – 1,5 kg, 75 g Butter, 1/8 l trockener Weißwein, Salz, Pfeffer, 1 Bund Basilikum

1. Das Knödelbrot mit Milch anfeuchten und durchziehen lassen.
2. Die Kartoffeln reiben, mit den Eiern, Mehl und Käse vermischen. Die Masse mit Salz, Pfeffer, Muskat und feingeschnittenem Liebstöckel würzen. Flache Küchlein (Buletten) formen, in heißem Öl (neutrales Pflanzenöl), auf beiden Seiten schön knusprig braten.
3. Das Weißkraut fein hobeln, in heißer Butter andünsten, mit Wein benetzen, salzen und pfeffern. Nur kurz köcheln, es muß unbedingt Biß behalten! Fein geschnittenes Basilikum unterrühren.

DESSERTS

Auf den krönenden Abschluß eines Menüs will wohl niemand freiwillig verzichten! Das Dessert, so sagen viele, ist das, woran sich die Gäste noch am längsten erinnern werden. Deshalb sollte es besonders großartig ausfallen. Aber, so meinen wir, die besten Desserts sind diejenigen, mit denen man viel Eindruck schinden kann bei möglichst geringem Aufwand. Ideal sind solche Nachspeisen, die man schon bequem im Voraus zubereiten kann, am Vorabend oder am Vormittag, um sich dann in Ruhe und ohne Ablenkung dem restlichen Menü zu widmen. Im Sommer bieten sich natürlich die Früchte an, die unser Garten liefert, und die sich, weil von bester Qualität, ja geradezu selbst genug sind.

Erdbeeren zum Beispiel verströmen, wenn sie frisch gepflückt, sonnenwarm und duftend in die Küche kommen, einen derart verführerischen Duft, daß man eigentlich nichts weiter dazu braucht. Vielleicht ein wenig flüssige Sahne und ein bißchen Zucker und Zitronen- oder Orangensaft. Oder Himbeeren: Wir lieben sie in, wie wir es nennen, »ihrer Sauce«. Dafür sortieren wir die Früchte schon beim Pflücken. Die weniger schönen Beeren werden mit etwas Zucker gemixt und durch ein Sieb passiert, denn Himbeerkernchen stören den Genuß. Und unmittelbar vor dem Servieren werden die schönen Beeren mit dieser Himbeersauce übergossen; dazu eventuell noch ein Klecks frische, sahnige Crème fraîche – und jeder ist beglückt.

Was der Garten an Früchten im Überfluß liefert, wird zu Püree verarbeitet und eingefroren. So haben wir auch zu weniger üppigen Zeiten stets die Zutaten für ein Dessert zur Hand, das aufwendig wirkt, aber in Wirklichkeit im Handumdrehn zubereitet ist. Dann sitzt die Kugel Joghurteis in einem See aus dreierlei Fruchtsaucen, die farblich einen hübschen Kontrast bilden und geschmacklich eine verführerische Ergänzung sind.

Wir lieben Kompotts – allerdings: frisch gekocht, nicht aus dem Einmachglas! Je aromatischer die Früchte, desto weniger muss man mit ihnen anstellen. Aber etwas Schärfe, sei es Pfeffer oder Chili, tut ihnen eigentlich immer gut. Und schließlich lieben wir Eiscreme, natürlich auch selbstgemacht …

Cremes

Vanillepudding in klassischer Art

Da gibt es eine heillose Begriffsverwirrung: Eigentlich versteht man unter einem Pudding eine Speise, die in einer Form im Wasserbad gegart wurde. Das folgende klassische Dessert heißt Flammeri – seit jedoch die Dessertindustrie die Sache in die Hand genommen hat, ist nichts mehr so wie es war: seitdem wird der Pudding, beziehungsweise Flammeri ohnehin nur noch aus der Tüte angerührt (ohne Kochen!). Aber das richtige Rezept sollte nicht total in Vergessenheit geraten!

Für 4 – 6 Personen:

40 g Butter, 40 g Mehl, ¼ l Milch, 1 gehäufter TL Vanillezucker, 1 Prise Salz, 3 Eier, 2 EL Zucker, Butter und Zucker für die Förmchen

1. Die Butter zerlassen, Mehl einrühren, Milch zugießen und abbrennen, also so lange auf dem Feuer rühren, bis sich der Kloß vom Topfboden löst.
2. Neben dem Herd nacheinander den Vanillezucker, Salz und die drei Eigelbe zurühren. Etwas abkühlen lassen. Eiweiß mit Zucker zu Schnee schlagen, vorsichtig unterheben.
3. Portionsförmchen mit Butter ausstreichen, mit etwas Zucker ausstreuen und die Puddingmasse einfüllen. Die Förmchen in einen Bräter stellen, mit heißem Wasser aufgießen bis sie nur noch zentimeterhoch herausschauen. Etwa 40 Minuten lang bei 150 Grad im Backofen stocken und aufgehen lassen.
4. Garprobe machen: Die eingestochene Spicknadel muß blank wieder herauskommen.
5. Die fertigen Puddings auf vorgewärmte Teller stürzen und mit Himbeersauce servieren.

Himbeersauce: 300 Gramm tiefgekühlte Himbeeren mit 50 Gramm Zucker aufkochen, durch ein Sieb passieren, mit etwas Himbeerwasser parfümieren.

Grüne Teecreme auf Mango

Zur japanischen Teezeremonie gehört ein spezieller Tee, hergestellt aus einem puderfeinen, leuchtend grünen Pulver, von eigentümlichem, dichtem Aroma, *matcha* genannt. Dieser Tee wird nicht einfach gebrüht, sondern mit einem kunstvoll gearbeiteten, hölzernen Schneebesen schaumig aufgeschlagen. Da das Pulver nicht abgefiltert wird, legt es sich auf die Zunge und wirkt sehr anregend. Wir machen daraus eine Bavaroise, deren herben Geschmack wir besonders lieben und der sich hervorragend mit dem Schmelz der süßen Mango verbindet.

Für 4 – 6 Personen:

5 Eigelbe, 150 g Zucker, 3 gehäufte TL grünes Teepulver , 300 g Wasser, 6 Blatt Gelatine, 4 Eiweiße, 200 g Sahne, 1 reife Mango, 2 EL Pistazien

1. Die Eigelbe im Wasserbad mit 100 Gramm Zucker mit dem Schneebesen oder Handrührer schaumig schlagen, dabei soll sie heiß und dick werden. Auf keinen Fall ins Kochen geraten lassen – weil sonst die Creme gerinnt.
2. Das Teepulver mit dem Schneebesen ins eben aufkochende Wasser quirlen. Heiß zur Eiercreme gießen, unter geduldigem Schlagen alles miteinander einmal aufwallen lassen.
3. Sofort vom Feuer ziehen, die eingeweichte, abgetropfte Gelatine darin auflösen. Die mit dem restlichen Zucker steif geschlagenen Eiweiße unter die heiße Flüssigkeit heben, erneut ins heiße Wasserbad oder auf den Herd stellen und unter ständigem Schlagen erhitzen, bis es dampft.
4. Nunmehr im kalten Wasserbad abkühlen lassen, dabei weiterhin schlagen.
5. Wenn die Creme soweit fest geworden ist, dass »Straßen« bleiben, wenn man sie durchrührt, die steifgeschlagene Sahne unterziehen und endgültig erstarren lassen.
6. Zum Servieren Nocken abstechen, mit Mangospalten anrichten und mit zerkrümelten Pistazien bestreuen.

Seit einigen Jahren gibt es in japanischen Restaurants eine Eiscreme mit grünem Tee. Leider nimmt man aber im allgemeinen ein Fertig-Vanille-Eis minderer Qualität, unter das einfach grünes Teepulver gemischt wird – das ergibt keine wahre Delikatesse. Man sollte dann lieber Eier abschlagen, ein klein wenig Sahne mit dem Teepulver aufkochen und schaumig schlagen, einrühren und abkühlen lassen, dann mit Schlagsahne vermischen und in der Eismaschine oder im Gefrierer fest werden lassen.

Dazu paßt ein dichter, etwas oder sogar sehr süßer, dennoch säurebetonter Wein. Ideal ein Eiswein von Mosel oder Nahe – natürlich Riesling. Auch gut aber eine Auslese vom Weiß- oder Grauburgunder aus Franken oder Rheinhessen.

Vanille- und Schokocreme auf ihren Saucen

Für 6 Personen:

VANILLECREME:
¼ l Milch, ½ Vanillestange, 3 EL Zucker, 3 Eigelbe, 4 Blatt Gelatine, ⅛ l Sahne

SCHOKOCREME:
¼ l Milch, 50 g Zartbitter-Schokolade, ½ Vanillestange, 3 EL Zucker, 3 Eigelbe, 2 Blatt Gelatine, ⅛ l Sahne

SCHOKOSAUCE:
50 g zartbittere Schokolade, ¼ l Milch, 2 Eigelbe, 1 EL Zucker, ½ Tütchen Vanillezucker

VANILLESAUCE:
¼ l Milch, 3 EL Zucker, ½ Vanillestange, 2 Eigelbe

1. ***Vanillecreme:*** Die Milch mit der längs aufgeschlitzten Vanilleschote aufkochen, etwas ziehen lassen. Das Vanillemark schließlich herauskratzen und in die Milch rühren.
2. Inzwischen Zucker und Eigelbe zu einer dicken, fast weißen Creme schlagen. Die heiße Milch zufügen, ständig rühren und zurück in den Topf füllen.
3. Auf dem Herd langsam einmal aufwallen, auf keinen Fall richtig kochen lassen – sonst gerinnt das Eigelb. Die eingeweichte, gut ausgedrückte Gelatine unter die heiße Creme rühren, darauf achten, daß sie wirklich aufgelöst ist.
4. Die Creme in eine kalte Schüssel füllen und kalt stellen, bis sie zu gelieren beginnt. Erst wenn sich am Rand eine etwa 2 cm fast feste Schicht gebildet hat, die Creme mit dem Schneebesen noch einmal aufschlagen und vorsichtig die steifgeschlagene Sahne unterziehen.
5. Zum endgültigen Festwerden wieder in den Kühlschrank stellen.
6. ***Schokocreme:*** wird genauso zubereitet wie Vanillecreme. Einziger Unterschied: In die heiße Milch zunächst die zerbröckelte Schokolade geben und behutsam auflösen.
7. ***Schokosauce:*** Die Schokolade in der heißen Milch auflösen. Die Eigelbe mit Zucker und Vanillezucker dick schlagen, die kochendheiße Schokomilch zufügen und bei mittlerer Hitze unter ständigem Schlagen einmal aufwallen und andicken lassen. In eine kalte Schüssel umfüllen und unter Rühren etwas abkühlen lassen, bis die Sauce stabil ist.
8. Die ***Vanillesauce*** wird auf die gleiche Weise zubereitet.
9. Zum Anrichten mit einem Suppenlöffel oder einem Eisportionierer Nocken oder Kugeln von den beiden Cremes abstechen und nebeneinander auf große Dessertteller setzen.
10. Um die Vanillekugel Schokosauce gießen, um die Schokokugel etwas von der weißen Vanillesauce.

Der besondere Dekorationstrick: Sie haben zwei Saucen in kontrastierenden Farben – eine gießen Sie als Spiegel in den Teller. Mit der zweiten ziehen Sie einen oder sogar mehrere Ringe darauf. Mit einem Stäbchen oder der Messerspitze die Saucenringe verbinden oder nach rechts und links kleine Schwünge drehen – fertig ist das schönste Ornament.

Crème caramel

Für 6 Personen:

½ l Milch, 100 g Zucker, ½ Vanillestange, 2 ganze Eier, 4 Eigelbe, Mandelöl für die Förmchen

1. Die Milch mit 50 g Zucker aufkochen, die Vanillestange darin ziehen lassen. Das Mark schließlich herauskratzen und in die Milch rühren.
2. Die ganzen Eier und die Eigelbe miteinander verquirlen und durch ein Sieb streichen, um die Hagelstränge aufzufangen. Die Eier unter die Milch rühren.
3. Den restlichen Zucker mit 2 Eßlöffeln Wasser in einem Töpfchen zu dunklem Karamel kochen – nur Mut, er soll von tiefdunklem Gold sein, dann schmeckt er besonders gut.
4. Mit Mandelöl ausgepinselte Souffléförmchen oder Tassen mit dem Karamel ausschwenken, so daß er auf jeden Fall etwa 3 mm hoch am Boden steht, aber auch die Seiten leicht überzieht.
5. Die Eiermilch einfüllen. Die Förmchen in einem Wasserbad in den 135 Grad heißen Ofen stellen. Die Creme caramel etwa 60 Minuten stocken lassen. Dann kann das Wasserbad niemals ins Kochen geraten – sonst bekommt die Creme häßliche Bläschen! Gar ist sie, sobald sie auf Fingerdruck elastisch nachgibt.
6. Abkühlen lassen. Am besten erst am nächsten Tag servieren. Dann hat sich der Karamel zu einem leuchtend goldenen Sirup gelöst.

Wasserbad: Lieber einen Bräter nehmen als die Fettpfanne, damit das kochend heiß angegossene Wasser auch hoch genug steht!

Dazu einen Moscato d' Asti servieren – ebenso süß wie eiskalt!

Orangenflan

Für 6 Personen:

½ l Milch, 80 g Zucker, hauchdünn abgeschnittene Schale einer unbehandelten Orange, 2 ganze Eier, 4 Eigelbe, Mandelöl für die Förmchen, 4 Orangen, 4 EL Orangenlikör, etwas Zucker

1. Die Milch mit 50 Gramm Zucker aufkochen, die Orangenschale darin ziehen lassen.
2. Die Eier und Eigelbe miteinander verquirlen und durch ein Sieb streichen, um die Hagelstränge aufzufangen. Die Eier unter die etwas abgekühlte Orangenmilch rühren.
3. Souffléförmchen oder Tassen mit Mandelöl auspinseln, die Eiermilch (Orangenschale entfernen) einfüllen. Wie im Rezept für Crème caramel im Backofen stocken lassen.

4. Zum Servieren können Sie die Creme aus ihren Förmchen stürzen. Mit einem Kranz von filetierten Orangenspalten umlegen, die kurz in Orangenlikör mit etwas Zucker mariniert wurden.

Wir lieben dazu einen Südwein mit viel Alkohol: einen alten Banyuls (aus dem Languedoc/Südfrankreich).

Himmelsspeck

Ein ungewöhnlich mächtiges, aber unwiderstehliches Dessert aus Spanien. Ursprünglich stammt es aus Regionen, wo Wein angebaut wird. Denn früher wurde Wein – vielerorts übrigens auch heute noch – mit Eiweiß geklärt. Dabei fielen natürlich jede Menge Eigelbe an. Und aus ihnen besteht vorwiegend diese Creme.

Für 4 – 6 Personen:

100 g Zucker, 4 EL Wasser, 6 Eigelbe, die Zesten von einer unbehandelten Zitrone – oder abgeriebene Zitronenschale, 4 EL Sherry, Mandelöl für die Förmchen

1. Zunächst aus Zucker und Wasser einen hellen Karamel kochen. Etwas abgekühlt unter die Eigelbe rühren.
2. Von der Zitrone die Zesten schneiden (siehe rechts). Die Eiermasse mit Zitronenschale und Sherry würzen. Die Masse glatt, aber nicht schaumig rühren. Quirlt man sie zu stark, bekommt sie später Blasen und wird nicht so geschmeidig wie ein erstklassiger, ganz fetter Speck!
3. In mit Öl ausgepinselte Förmchen verteilen. In ein Wasserbad stellen. Im 140 Grad heißen Ofen etwa 50 Minuten gar ziehen lassen.

Panna cotta

Je weniger Gelatine man für dieses Dessert nimmt, desto besser! Denn auf die Konsistenz kommt es hier an. Je niedriger die Förmchen, desto weniger »Stütze« braucht das Dessert. An warmen Tagen wird mehr Gelatine nötig sein, als im kalten Winter.

Für 4 – 6 Personen:

½ l Sahne, 75 g Zucker, 1 Zimtstange, 2 Blatt Gelatine

1. Die Sahne aufkochen, den Zucker darin auflösen, die Zimtstange darin ziehen lassen. Dann herausfischen und entfernen.

Am besten sind kleine Timbale-(also Becher-)förmchen aus Edelstahl. Sie sind unempfindlich gegen Fruchtsäure, bleiben immer schön, verfärben sich nicht und auch nicht die Creme. Und: Es läßt sich alles besser herauslösen als aus Porzellanförmchen.

2. Inzwischen die Gelatine in kaltem Wasser einweichen. Schließlich in der noch warmen Sahne auflösen. In Portionsförmchen verteilen und im Kühlschrank fest werden lassen.
3. Zum Servieren mit einem in heißem Wasser vorgewärmten Messer rundum vom Rand lösen, aus den Förmchen stürzen und auf Vorspeisentellern anrichten. Mit Kompott oder mit einer Fruchtsauce servieren.

Mandelgelee

Für die Mandelsulz gilt das gleiche wie für die Panna cotta – je weniger Gelatine, desto besser!

Das war noch vor einem Jahrhundert das wahrscheinlich beliebteste Dessert der Deutschen. Seit dem Mittelalter, als die Kreuzfahrer die Mandeln – und damit auch das Marzipan – nach Deutschland gebracht haben, war es ein fürstlicher, weil sündhaft teurer Nachtisch. Die Mandelsulz kam im Laufe der Zeit bei reichen Bürgern auf den Tisch, im Zeitalter der Kolonialwaren avancierte sie zum Sonntagsessen aller Bevölkerungsschichten, wurde dann vom Fertigpudding verdrängt.

Für 6 Personen:

250 g Mandeln, 150 g Zucker, je ⅓ l Milch und süße Sahne, 3–4 Blatt weiße Gelatine, etwas Vanillezucker oder Rosenwasser nach Geschmack

1. Mandeln mit kochendem Wasser überbrühen, eine Minute stehenlassen. Kalt abbrausen und die Mandeln aus den braunen Schalen schnippen.
2. Die Mandeln zusammen mit dem Zucker mehrmals durch den Fleischwolf drehen oder im Zerhacker zu einer Paste zerkleinern.
3. Mit Milch und Sahne vermischen, erhitzen, aber nicht kochen lassen.
4. Gelatine nach Anleitung einweichen, ausdrücken und in der heißen Flüssigkeit auflösen. Diese parfümieren und durch ein Tuch in eine schöne, kalt ausgespülte Form gießen. Die Rückstände gut ausdrücken.
5. Das Gelee abkühlen lassen, in den Kühlschrank stellen und nach dem Festwerden stürzen.

Dazu schmecken Himbeeren oder Himbeerpüree und ein deutscher, ebenso süßer wie säurebetonter Eiswein. Man kann, liebt man die Sulz recht süß, sie auch mit Rohmarzipan (400 Gramm) zubereiten.

Mousse au chocolat

Schokoladenschaumspeise – so nennt die deutsche Fachsprache dieses köstliche Dessert in umständlicher, kaum Lust erweckender Art. Dabei gehört Mousse au chocolat gewiß zu den köstlichsten aller Desserts – vorausgesetzt, man nimmt die beste Schokolade, die man bekommen kann! Entweder eine bittere Kuvertüre oder eine gute bittere oder spezielle Küchenschokolade – diese sollte wenigstens 75 Prozent Kakaoanteile haben! So etwas findet man Gott sei Dank nicht mehr nur in der Schweiz oder in Frankreich, sondern in zunehmendem Maße auch bei uns. Besonders gut ist die exzellente französische *Valrhona (Noir Gastronomie)*, die es in gut sortierten Kaufhäusern und Confiserien zu kaufen gibt.

Man kann die Schokoladenmasse ganz nach Belieben würzen: mit einem Schuß Cognac, Rum oder Sherry; mit Orangenlikör oder Rosenwasser; mit Vanille oder Zimt; ganz exotisch mit Ingwer oder Orangenblütenessenz. Allerdings: Je besser die Schokolade ist, die man dafür verwendet, desto weniger zusätzliches Parfum wird nötig sein.

Für 4 – 6 Personen:

200 g bittere Schokolade oder Kuvertüre, ⅛ l Sahne, 2 Eigelbe, 4 Eiweiße, 2 EL Zucker

1. Die Schokolade in Stücke brechen, entweder in der Mikrowelle (90 Sekunden auf stärkster Stufe) oder im Wasserbad sanft schmelzen.
2. Die Sahne erwärmen, über die Schokolade gießen und beides miteinander glattrühren.
3. Eigelbe mit Schneebesen in die Schokoladencreme rühren.
4. Eiweiße steifschlagen, zuletzt Zucker zufügen und unterschlagen. Diesen Schnee in zwei Portionen unter die abgekühlte Schokomasse heben. Dabei schön gleichmäßig vermischen, damit nirgends weiße Eischnee-Inseln sichtbar bleiben.
5. Die Creme in eine Glasschüssel oder in Portionsschälchen füllen und mindestens 6 Stunden, besser sogar über Nacht kalt stellen.

Dazu paßt eine Trockenbeerenauslese oder ein Ausbruch (Essenz) vom Neusiedler See. Oder süßer Port oder Cream Sherry.

Schokoladentüte mit Nougatfüllung

Ein aufwendiges Dessert aus der klassischen Wiener Patisserie.

Für 4 Personen:

100 g Kuvertüre, 2 Eigelbe, 50 g Zucker, 50 g Nougat, 3 EL Kirschwasser, 20 g Schokoraspel

1. Zuerst die Schokoladentüten herstellen: Die Kuvertüre behutsam schmelzen, bis sie richtig flüssig geworden ist. Aus Pergamentpapier vier kleine Tüten anfertigen, die flüssige Schokolade einfüllen, die Tüten schwenken, damit sie über-

all von Schokolade überzogen sind. Mit der Öffnung nach unten über einem Blech abstellen und abtropfen sowie eine Stunde lang fest werden lassen.

2. Für die Nougatfüllung die Eigelbe im heißen Wasserbad dick und hell schlagen, dabei den Zucker einarbeiten. Den Nougat stückchenweise zufügen, ebenso das Kirschwasser hinein gießen. So lange im Wasserbad schlagen, bis der Nougat geschmolzen ist und sich mit der Eiermasse verbunden hat. Abkühlen lassen, dann steifgeschlagene Sahne und Schokostreusel unterziehen.
3. Diese Masse in die Schokotüten füllen, mit der Spitze nach unten über Nacht im Gefrierer fest werden lassen.
4. Zum Servieren das Papier ablösen, auf einer Fruchtsauce (zum Beispiel aus Himbeeren, Erdbeeren) und halbsteif geschlagener Sahne anrichten.

Venezianische Amarettocreme

Diese Variante des klassischen venezianischen Tiramisu schmeckt uns noch viel besser!

Für 4 Personen:

3 Eigelbe, 3 EL Zucker, 3 EL Amaretto (Mandellikör), 250 g Mascarpone, 150 g Amaretti (kleine Mandelkekse)

1. Die Eigelbe in der Küchenmaschine zu einer dicken, hellen Creme schlagen, dabei den Zucker hinzurieseln lassen.
2. Erst wenn keine Zuckerkristalle mehr knirschen, ist die Creme lange genug gerührt, dann den Amaretto zufügen. Und zu guter Letzt den Mascarpone einarbeiten.
3. Eine Glasschüssel mit Amaretti auslegen. Die Hälfte der Creme darüber verteilen, mit Amaretti bedecken und die restliche Creme darauf geben. Die Oberfläche schließlich mit den restlichen Amaretti dekorieren.
4. Die Creme etwa 1 bis 2 Stunden durchziehen lassen, nicht länger, damit die Amaretti noch knusprig wirken.

Dazu paßt Rosolio – ein rosenfarbener Rosenlikör aus Venetien.

Mango-Bavaroise

Nach diesem Grundrezept lassen sich natürlich auch mit allen anderen Früchten die herrlichsten Cremes bereiten. Einfach jeweils ungefähr 200 Gramm süßes Fruchtpüree unter die Crememasse rühren.

Für 4 – 6 Personen:

½ l Milch, 4 Eigelbe, 150 g Zucker, 6 Blatt Gelatine, 1 große reife Mango (ergibt geputzt ca. 200 g Fruchtfleisch), Zitronensaft, ¼ l süße Sahne, 1 Tütchen Vanillezucker

1. Die Milch aufkochen. Inzwischen in einer Rührschüssel die Eigelbe mit dem Zucker dick und hell schlagen, so lange, bis sich der Zucker aufgelöst hat.
2. Dann die kochendheiße Milch zugießen, dabei ständig weiterschlagen. Zurück in den Topf gießen. Nun auf mittlerem Feuer unter weiterem Schlagen erhitzen, bis die Creme dick wird, beginnt Blasen zu werfen, aber noch nicht kocht, weil sie dann gerinnen würde. Um sie sofort abzukühlen, den Topf in kaltes Wasser stellen. In der noch heißen Creme gleich die zuvor eingeweichte Gelatine auflösen. Kalt stellen.
3. Unterdessen die Mango mit dem Kartoffelschäler dünn abschälen. Das Fruchtfleisch parallel zum Stein abschneiden. Mit etwas Zitronensaft im Mixer fein pürieren. Unter die mittlerweile abgekühlte Creme rühren.
4. Etwa 2 Stunden zum Festwerden in den Kühlschrank stellen. Sobald Straßen sichtbar bleiben, wenn man mit einer Gabel hindurchfährt, die mit der Vanille steif geschlagene Sahne behutsam unterziehen.

Tip: Besonders prächtig sieht die Mango-Bavaroise aus, wenn man sie in einer hübschen Puddingform fest werden läßt und vor dem Servieren auf eine Platte stürzt. Damit sie sich leicht aus der Form löst, sekundenschnell in heißes Wasser tauchen, den Rand rundum mit einem spitzen Messer loslösen – so kommt sie garantiert wohlbehalten aus der Form. Die Mango-Bavaroise auf eine Platte setzen und vor dem Servieren mit gemischten Beeren umkränzen.

Es heißt ja immer wieder, zu Mango dürfe man keinen Alkohol trinken. Nun ja, mag sein, daß Hochprozentiges Probleme machen kann. Trinkt man zu diesem Dessert jedoch ein Gläschen Moscato d'Asti oder einen Champagner, so wird man keinen Schaden nehmen – im Gegenteil!

Ingwer-Crème-Brulée

Das Kultdessert, diesmal mit betörend asiatischem Duft!

Für 6 Personen:

¼ l Sahne, ¼ l Milch, 4 Eigelbe, 1ganzes Ei, 75 g Zucker, 1 walnussgroßes Stück Ingwer, brauner Zucker zum Karamelisieren

1. Sahne und Milch aufkochen und vom Herd nehmen. Die Ingwerwurzel schälen, fein zerkleinern und 10 Minuten darin ziehen lassen
2. Eigelbe, Ei und Zucker in einer kleinen Schüssel verquirlen. Unter die heiße Sahnemilch rühren.
3. Nunmehr unter stetem Rühren erhitzen, bis die Eier binden (bei ca. 75 Grad), auf keinen Fall kochen, weil sonst die Eier gerinnen. Durch ein Spitzsieb in flache, feuerfeste Portionsförmchen oder in eine große Pie-Form füllen.
4. Im Wasserbad im Backofen bei 130 Grad etwa 60 Minuten pochieren. Abkühlen lassen und bis zum Servieren kalt stellen.
5. Vor dem Servieren mit Zucker bestreuen und mit dem Bunsenbrenner erhitzen, bis die Zuckerschicht glatt und schön glänzend wird.

Man kann die Eiercreme ganz nach Belieben würzen, klassisch ist Vanille, beliebt auch Zitronenschale, originell ist Zitronengras.

Eis

Kokoseis

Einfacher kann man kaum Eis herstellen – und ein besseres gibt es nicht! Dazu schmecken Fruchtsaucen oder, noch schöner, ein Obstsalat aus den verschiedensten exotischen Früchten.

Für 4 – 6 Personen:

⅛ l Wasser, 125 g Zucker, ½ l dicke Kokossahne (siehe Seite 709):

1. Aus Wasser und Zucker einen leichten Sirup kochen. Abkühlen lassen.
2. Den kalten Sirup mit der Kokossahne verrühren und in der Eismaschine (Sorbetière) oder im Tiefkühler (siehe Tip beim folgenden Rezept) gefrieren lassen.

Basilikumeiscreme

Für 4 – 6 Personen:

¼ l Sahne, 1 Bund Basilikum, 3 Eigelbe, 3 EL Zucker, 1 Prise Salz

Das mag eigenartig klingen, aber es schmeckt umwerfend gut. Außerdem sieht das lindgrüne Eis verblüffend aus. Es schmeckt herrlich zu frischen Früchten: zum Beispiel zu einem Salat aus Aprikosen oder Pfirsichen.

1. Die Sahne mit dem gewaschenen Basilikum in den Mixer füllen und so lange mixen, bis die Blätter absolut aufgelöst sind. Die Sahne durch ein Sieb streichen und aufkochen, sofort vom Feuer ziehen, nicht lange wallen lassen.
2. Eigelbe und Zucker in einem dickwandigen Topf auf mittlerem Feuer dick und cremig schlagen, die heiße Basilikumsahne zufügen und unter ständigem Rühren erneut erhitzen, bis die Masse dick wird – aber auf keinen Fall richtig kochen lassen, weil sie dann gerinnt.
3. Abkühlen lassen, in der Eismaschine gefrieren.

Wer keine Eismaschine hat, füllt diese Masse in eine Metallschüssel – die besser leitet, also die Kälte aufnimmt, als eine Porzellan- oder Plastikschüssel. Darin läßt man die Masse im Gefrierfach etwa 2 Stunden fest werden. Sie muß dann zwischendurch kräftig mit dem Schneebesen aufgeschlagen werden, damit alle Eiskristalle, die sich darin gebildet haben, zertrümmert werden. Nach weiteren 2 Stunden erneut durchschlagen und servieren.

Chili-Eiscreme

Klingt, zugegeben, verrückt. Aber es schmeckt verblüffend gut!

Für 6 – 8 Personen:

¼ l Sahne, ¼ l Milch, 200 g Zucker, 5 Eigelbe, je 1 EL winzig fein gewürfelte grüne und rote Chilis, Erdbeersauce, Melisse- oder Minzeblättchen

1. Sahne und Milch aufkochen, den Zucker darin auflösen. Etwas abkühlen lassen.
2. Die gründlich verquirlten Eigelbe einrühren. Die Masse erneut erhitzen, einmal aufwallen, aber nicht kochen lassen. Die Chiliwürfel einrühren.
3. Die Masse kalt stellen, anschließend in der Sorbetière gefrieren.
4. Zum Servieren mit einem Eislöffel Kugeln formen und auf Desserttellern oder in Dessertgläsern anrichten.
5. Mit Erdbeersauce garnieren und mit Minzeblättern schmücken.

Joghurteis

Für 6 Personen:

100 g Zucker, Saft einer Zitrone, 250 g Naturjoghurt

1. Zucker und Zitronensaft aufkochen und wieder abkühlen lassen. Unter den Joghurt rühren und kalt stellen.
2. Eine halbe Stunde bevor serviert werden soll, den Joghurt in die Eismaschine füllen und zu cremigem Eis rühren lassen.

Semifreddo di torrone

Ein unglaublich einfaches, köstliches Dessert, das immer gelingt und alle begeistert!

Der Torrone wurde, so heißt es, 1441 in Cremona von zwei Edelleuten erfunden, die ihr Geschäft nahe des *torre*, des berühmten Turms, hatten – daher der Name. Das weiße Konfekt, tatsächlich wohl arabischen Ursprungs, ist in Piemont seit Jahrhunderten beliebt. Es ist eine Masse aus Haselnüssen, Zucker und Eiweiß (die originale, teurere, heute seltenere Version) oder Gelatine (die billigere, heute übliche Variante). Man kann an seiner Stelle auch den berühmteren Nougat de Montélimar nehmen, in dem statt Piemonteser Haselnüssen Mandeln verwendet werden.

Für 6 – 8 Personen:

250 g Torrone, 600 g Sahne

1. Torrone im Mixer zerkleinern. Die Sahne steif schlagen und behutsam damit mischen.
2. In eine mit Klarsichtfolie ausgelegte Kastenform füllen und im Gefrierschrank fest werden lassen.
3. Zum Servieren stürzen, die Folie abziehen. Das Eis in fingerdicke Scheiben schneiden und auf Desserttellern anrichten.

Dazu sollten Sie unbedingt einen blütenduftenden Moscato d'Asti trinken.

Tip: Mit geschmolzener Schokolade kreuz und quer Linien darüberträufeln und mit Puderzucker bestäuben.

Tomaten-Granité

Eine vielleicht überraschende, sicher aber erfrischende Unterbrechung eines sommerlichen Menüs.

Für 4 – 6 Personen:

1 Paket passierte Tomaten (500 g), 3–4 Zweige Zitronenthymian (oder normaler Thymian und ein Stück hauchdünn abgeschnittene Zitronenschale), 2 Knoblauchzehen, Salz, Pfeffer, 2 EL Olivenöl

1. Alle Zutaten im Mixer glatt pürieren und abschmecken. In Eiswürfelschalen füllen und gefrieren lassen.
2. Vor dem Servieren die Eiswürfel aus der Schale lösen und im elektrischen Zerhacker oder im Mixer rasch pürieren.
3. In Gläser füllen und als Erfrischung servieren.

Tomaten-Sorbet mit Wodka

Für 4 – 6 Personen:

50 g Zucker, 0, 1 l Wasser, 1 Paket passierte Tomaten (500 g), Wodka zum Auffüllen

1. Zucker und Wasser aufkochen, bis der Zucker gelöst ist, und wieder abkühlen lassen.
2. Unter die passierten Tomaten mischen und in der Sorbetière gefrieren lassen.
3. Zum Servieren mit einem Löffel oder Eisschaber Nocken abstechen und in Dessertschalen anrichten. Bei Tisch einen Schuss Wodka darübergießen.

Dieses Sorbet, das nicht nur als Zwischengericht, sondern ebenso als Dessert gereicht werden kann, läßt sich übrigens ebenfalls leicht ohne Eismaschine nach der im vorigen Rezept beschriebenen Eiswürfelmethode zubereiten.

Vanille-Eis

Natürlich kann man Vanilleeis fertig kaufen. Es ist jedoch nie mit selbstgemachtem zu vergleichen!

Für 6 Personen:

5 Eigelbe, 120 g Zucker, 1/4 l Milch, 1 Vanillestange, 1/4 l Sahne

1. Eigelbe mit dem Handrührer zu einer dicken Creme schlagen, dabei den Zucker zufügen. So lange rühren, bis der Zucker aufgelöst und die Creme fast weiß geworden ist.
2. Inzwischen die Milch aufkochen. Die Vanillestange darin einweichen, schließlich aufschlitzen, ihr Mark herauskratzen und in die heiße Milch rühren. Zur Eigelbcreme gießen.
3. Die Masse zurück in den Topf schütten und auf mildem

Feuer unter ständigem Rühren erhitzen und einmal aufwallen lassen, damit die Eigelbe binden, jedoch nicht ins Kochen geraten lassen, weil sie sonst gerinnen und ausflocken.
4. Abkühlen lassen, die flüssige Sahne unterrühren, die Masse in der Eismaschine unter Rühren gefrieren.

Wer keine Eismaschine hat, hält sich lieber an das folgende Rezept – so wird das Eis ebenfalls herrlich luftig und cremig:

Vanilleparfait

Für 4 – 6 Personen:

4 Eigelbe, 100 g Puderzucker, 2 Tütchen Vanillezucker, 0,2 l Sahne

Zum Parfait wie zum Vanilleeis passen Fruchtsaucen jeder Art – auch mehrere auf einmal: In großen Klecksen nebeneinander auf den Dessertteller setzen, in die Mitte die Scheibe Vanilleparfait oder die Eiskugel plazieren und mit geriebenen Pistazien bestreuen.

1. Die Eigelbe mit dem Puder- und dem Vanillezucker im Wasserbad so lange schlagen, bis die Masse heiß, sehr dick und hell geworden ist
2. Den Topf mit der Masse in eine Schüssel mit Eiswasser stellen und so lange schlagen, bis sie wieder kalt ist.
3. Die steifgeschlagene Sahne unterziehen. In eine Kastenform füllen und gefrieren.
4. Zum Servieren stürzen, in Scheiben schneiden und servieren.

Halbgefrorenes aus weißer Schokolade mit Blutorangensalat

Für 4 Personen:

FÜR DAS EIS:
2 Eier, 30 g Zucker, 150 g weiße Kuvertüre, 200 g Sahne, eine Prise Salz

1. ***Für das Eis*** die Eier trennen. Eigelb und 20 Gramm Zucker mit dem Handrührer dick und schaumig schlagen.
2. Unterdessen die Schokolade in Stücke bröckeln und in 100 Gramm Sahne auflösen. Dafür zunächst nur zwei Drittel in die aufkochende Sahne geben und auf mildem Feuer schmelzen. Sobald sie flüssig geworden ist, den Topf vom Feuer ziehen und die restliche Schokolade zufügen.
3. Wenn sie vollkommen geschmolzen ist, unter die Eigelbcreme rühren. Etwas abkühlen lassen.
4. Die Eiweiße und die Sahne getrennt steif schlagen – zum Eischnee eine kleine Prise Salz, an beide Massen einen Teelöffel Zucker (jeweils 5 Gramm) geben, damit sie fester werden.

5. Unter die abgekühlte Eigelb-Schokolade-Masse den steifgeschlagenen Eischnee und die geschlagene Sahne ziehen.
6. In eine mit Klarsichtfolie ausgelegte Kasten- oder Puddingform füllen – damit läßt sich das Eisparfait leichter aus der Form lösen. Im Gefrierfach mindestens sechs Stunden, besser eine Nacht lang fest werden lassen.
7. ***Für den Salat*** die Schale einer Orange mit einem Kartoffelschälmesser hauchdünn abschneiden, in haarfeine Streifchen schneiden – Zesten nennt sie der Fachmann.
8. In einem kleinen Topf den Zucker mit Rotwein sowie Orangenlikör aufkochen, die Zesten zufügen. Einige Minuten köcheln, bis die Flüssigkeit sirupartig wird.
9. Inzwischen für die Orangenfilets die Schale mit einem Messer bis auf das Fleisch abschneiden. Die einzelnen Orangenschnitze mit dem Messer aus den sie jeweils umgebenden Häuten lösen.
10. Orangenfilets in eine Schüssel füllen, mit dem abgekühlten Rotweinsud übergießen. Etwas durchziehen lassen.
11. Zum Servieren kurz heißes Wasser über die Unterseite der Eis-Form laufen lassen, das Eis stürzen. Die Folie abziehen.
12. Quer in Scheiben oder entsprechende Portionsstücke schneiden und auf gekühlten Tellern anrichten. Orangensalat daneben setzen und alles mit gehackten Pistazien überstreuen.

BLUTORANGENSALAT:
2–4 Blutorangen, 1 EL Zucker, 1 Gläschen Grand Marnier oder Cointreau, 1/8 l Rotwein, Pistazienkerne

Mohn-Marzipan-Parfait

Für 6 Personen:

150 g frisch gemahlener Mohn, 1/4 l Milch, 2 EL Orangenlikör, 100 g Marzipanrohmasse, 1 Zimtstange, 150 g Zucker, 5 Eigelbe, 1/4 l Sahne

1. Den Mohn in der Milch aufkochen, die mit dem Likör vermischte Marzipanrohmasse unterrühren, die Zimtstange einlegen und ein Drittel des Zuckers zufügen. Eine Viertelstunde quellen lassen. Anschließend die Zimtstange entfernen.
2. Inzwischen Eigelbe mit restlichem Zucker heiß und zu einer dicken, hellen Creme schlagen. Die Mohn-Marzipan-Masse unterrühren und abkühlen lassen. Dann erst die steifgeschlagene Sahne unterziehen.
3. Die Masse in eine mit Folie ausgeschlagene Form füllen und über Nacht im Gefrierfach fest werden lassen.
4. Zum Servieren aus der Form stürzen, in 1 cm dicke Scheiben schneiden und auf Dessertellern anrichten.

Dazu paßt etwas Fruchtiges, zum Beispiel Aprikosensauce oder Himbeermark.

Kompotte und Salate

Feigen in Cognac-Sahne

Für 4 Personen:

12 vollreife, vorzugsweise blaue Feigen, 3 EL Zucker, 5–6 EL Cognac, 250 g Crème fraîche, einige Minze- oder Melissenblättchen

Man kann natürlich Cognac zu diesen Feigen trinken, oder einen Brandy. Besser paßt aber ein süßer Cream Sherry oder auch ein Vin Santo aus der Toskana, Picolit aus Friaul, Torcolato aus Breganze, ein edler Sauternes oder ein fünfbuttiger Tokayer.

Ein Nachtisch, wie man ihn sich als Gastgeber nur wünschen kann: Er macht bei Tisch großen Eindruck und in der Küche kaum Arbeit!

1. Die Früchte mit Küchenpapier sauber wischen. Den Stiel kappen, die Feigen an dieser Stelle kreuzweise einschneiden.
2. Nebeneinander in eine flache, feuerfeste Form setzen, mit Zucker bestreuen und mit Cognac beträufeln.
3. Für 20 Minuten in den 180 Grad heißen Backofen oder, besser noch, 6 Minuten in die Mikrowelle (stärkste Stufe) stellen. Den dabei in der Form gesammelten Saft abgießen, mit der Crème fraîche verquirlen und zurück über die Feigen gießen.
4. Bis zum Servieren kalt stellen. Wer das Dessert lieber tellerweise anrichtet, stellt beides getrennt kalt. Die Sauce wird dann als Spiegel auf Tellern verteilt, bevor man die Feigen obenauf bettet. Mit Minze- oder Melisseblättchen verzieren.

Apfelquark mit Rumrosinen

Für 4 Personen:

APFELKOMPOTT:
4 EL Rosinen, 4 EL Rum, 4 Äpfel (zum Beispiel Elstar), Zitronensaft, 1 Stück Zitronenschale, 2 EL Zucker, ⅛ l Weißwein

QUARKCREME:
250 g Quark, 2 EL Zucker, Saft und abgeriebene Schale einer Zitrone, ⅛ l Sahne

1. Zunächst die Rosinen mit Rum beträufelt (am besten ist hier weißer!), einige Stunden einweichen.
2. Für das Apfelkompott die Äpfel schälen, vierteln, vom Kerngehäuse befreien, quer in Scheiben schneiden und sofort in Zitronensaft legen, damit sie hell bleiben.
3. Den mit Zitronenschale und Zucker gewürzten Wein aufkochen. Die Apfelscheibchen darin 5 Minuten pochieren. Im Sud abkühlen lassen.
4. Für die Quarkcreme den Quark mit dem abgegossenen Apfelsud glatt rühren und nach Geschmack zuckern,

mit Zitronensaft und -schale würzen. Apfelstückchen, die Rumrosinen und die gut steifgeschlagene Sahne unterziehen.

Nicht mehr stehenlassen, sondern lieber gleich servieren, sonst setzt sich Molke an der Oberfläche ab!

Apfelmus

Weil man Apfelmus fix und fertig im Glas kaufen kann, weiß kaum einer mehr, wie köstlich und, vor allem, wie unendlich verschieden es schmecken kann. Auch Farbe, Geruch und Konsistenz ändern sich, je nachdem, welche Apfelsorte man dafür verwendet. Herrlich duftende Gravensteiner zum Beispiel verleihen auch einem aus ihnen gekochten Mus ein charakteristisches Parfum. Weil sie dazu neigen, sich an der Luft rasch zu verfärben, muß man den Äpfeln unverzüglich Zitronensaft hinzufügen, sonst wird das Apfelmus dunkelbraun. Appetitlich hell, sogar ganz ohne Zitronenzusatz, bleibt dagegen das Mus aus aromatischen Berlepsch. Trotzdem: Ein paar Tropfen zusätzlicher Säure tun dem Mus eigentlich immer gut – nicht nur wegen der Farbe.
Apfelmus ist schnell gekocht und auch die Vorarbeiten machen nicht viel Mühe: Die Äpfel brauchen weder geschält zu werden, noch sollte man ihr Kerngehäuse entfernen. Darin sitzen nämlich die Stoffe, die das Apfelmus schön samtig machen, ihm seine gewünschte Konsistenz verleihen. Lediglich Blütenansatz und Stiel werden herausgeschnitten. Die geviertelten Äpfel schließlich mit etwas Zucker – sehr reife Äpfel brauchen weniger als betont säuerliche – und Zitronensaft in einen Topf füllen. Am besten ist übrigens ein Schnellkochtopf geeignet, in dem die Äpfel auf der Schonstufe bereits in 5 bis 6 Minuten weich gekocht sind. Sie werden dann noch heiß durch ein Sieb passiert. Am wenigsten Mühe macht das mit einer sogenannten »Flotten Lotte«, einer Gemüsemühle. Das Apfelmus abkühlen lassen und zum Dessert oder zu einem Kuchen weiterverarbeiten.

Größere Mengen kann man natürlich einfrieren In Gefrierboxen oder auch in stabilen Gefrierbeuteln. Wer mit Platz in der Kühltruhe geizen muß, füllte den Segen in Einmachgläser und sterilisiert sie. Je nach Menge in der Mikrowelle, im Schnellkochtopf oder im Backofen.

Neunthauser Apfelspeise

Das ist unser ganz persönliches Lieblingsdessert im Herbst. Ein Hausrezept, das bei uns bereits in der dritten Generation geliebt wird – denn es wurde schon bei Moritz' Großmutter serviert. Am allerliebsten mögen wir das frisch gekochte Mus von Berlepsch-Äpfeln, deren Aroma besonders gut mit der Sahne und den Schokoladenraspeln zusammengeht.

Für 4 – 6 Personen:

1 kg Äpfel (wenn keine Berlepsch zur Verfügung sind, kann man auch andere aromatische Äpfel nehmen, wie Landsberger, Boskoop, Cox Orange), 150 g Zucker, Saft von ½ Zitrone, etwa 100 g Mandelblättchen, ¼ l Sahne, 2 Tütchen Vanillezucker, 75 g Zartbitter-Schokolade

Der Schoko-Raspel-Trick:
Die Flöckchen lassen sich gut mit einem Sparschäler von der hochkant gehaltenen Schokoladentafel schaben. Man kann sie auch auf dem Gurkenhobel abhobeln. Dafür sollte die Schokolade gekühlt sein, sonst verschmiert sie in der Wärme der Hand zu leicht.

1. Die gewaschenen Äpfel von Blütenansatz und Stiel befreien, ansonsten aber mit Schale und Kerngehäuse, lediglich grob zerschnitten, in einen Topf füllen, 75 Gramm Zucker darüber streuen, mit Zitronensaft beträufeln.
2. Auf mildem Feuer zugedeckt etwa 20 bis 25 Minuten sanft köcheln, bis die Äpfel weich sind. Anschließend durch ein Sieb oder die Gemüsemühle passieren, in eine Servierschüssel füllen und abkühlen lassen.
3. Restlichen Zucker in einer Pfanne schmelzen, Mandelblättchen zufügen und darin anrösten, bis sie rundum von einem kräftigen, goldbraunen Karamel überzogen sind. Aufpassen, dass sich der Karamel nicht zu dunkel färbt, sonst schmeckt er bitter. Und das geht rasch, ist eine Frage von Sekunden.
4. Den Mandelkaramel auf dem Apfelmus verteilen. Die Schüssel mit Klarsichtfolie abgedeckt in den Kühlschrank stellen.
5. Bevor serviert werden soll, die Sahne mit dem Vanillezucker steif schlagen. Wolkig über die Mandelschicht häufen. Und dick mit der in Flöckchen gehobelten Schokolade bestreuen.

Die Flotte Lotte fürs feine Mus: Die Gemüsemühle mag ein altmodischer Gegenstand sein, in unserem Haushalt ist sie nicht wegzudenken und wird für alles mögliche immer wieder gebraucht. Denn sie ist nicht nur praktisch fürs Apfelmus, sondern für jede Art von Obst- oder Gemüsepüree. Zum Beispiel das geliebte Möhren-Kartoffel-Püree (Seite 415), das sich ohne Gemüsemühle gar nicht herstellen läßt! Für sie hat sich der Name »Flotte Lotte« eingebürgert, weil sie unter dieser Bezeichnung ursprünglich auf den Markt gebracht wurde. Inzwischen wird sie von verschiedenen Herstellern angeboten. Leider sind sie nicht allesamt gleich gut tauglich. Aufpassen muß man vor allem darauf, daß die Löcher des meist austauschbaren Siebs wirklich klein genug sind, um Spelzen aufzufangen – Faustregel: Die Kernchen von Himbeeren dürfen nicht hindurch gelangen, dann ist das Sieb auch für Äpfel geeignet. Auch darf zwischen Siebeinsatz und dem Gerät selber kein Schlitz offen bleiben, durch den ebenfalls Spelzen hindurchschlüpfen und im Mus landen könnten. Weiterhin sollte das Sieb beim Drehen der Kurbel nicht wackeln wie der Kopf eines Kasperles und mittels einer Gummiauflage rutschfest und geräuschlos aufliegen. Und schließlich sollte der Siebtrichter so auf eine Schüssel oder einen Topf zu setzen sein, daß er über dem Mus schwebt und nicht tief darin versinkt – die Auflagebügel sollten also möglichst weit unten und nicht nur gegenüber dem Haltegriff angebracht sein. Das Passiersieb, das wir seit vielen Jahren verwenden, stammt aus Frankreich, und ist von der Firma Moulinex. Es gibt auch in Italien ähnlich praktische Modelle. Die Geräte von deutschen Ingenieuren und den an sie glaubenden Herstellern haben aber leider mindestens einen, meistens sogar alle der oben beschriebenen Fehler.

Äpfel in Rotwein

Eine Variation zu den beliebten Birnen in Rotwein (Rezept Seite 793) – übrigens nicht nur als Dessert, sondern auch mal als Beilage zu Wild eine ebenso hübsche wie delikate Idee.

Für 4 –6 Personen:

½ l Rotwein, 100 g Zucker, die Schale 1 Zitrone am Stück, 2 Nelken, 1 Stück Zimtstange, 1 El Pfefferkörner, 1 Lorbeerblatt, 6 möglichst gleich große Äpfel (zum Beispiel Ontario oder Golden Delicious)

1. Aus Rotwein, Zucker, Zitronenschale und Gewürzen zugedeckt 15 Minuten lang einen Sud kochen.
2. Äpfel schälen, dabei den Stiel dran lassen (das sieht hübscher aus), den Blütenansatz jedoch keilförmig herausschneiden.
3. Die Äpfel hineinsetzen – sie sollten jetzt gerade eben vom Sud bedeckt sein, also einen entsprechenden Topf wählen. Zugedeckt 20 bis 25 Minuten ziehen, nicht kochen lassen, bis die Äpfel weich sind.
   Im Sud abkühlen lassen und kühlschrankkalt servieren.

Weißweinäpfel auf Sahnewolke

Für 6 Personen:

6 gleich große Äpfel (zum Beispiel Ontario oder Jonagold), ½ l Weißwein, 1 Vanillestange, 150 g Zucker, Saft und abgeschnittene Schale 1 Zitrone, 200 g Aprikosenkonfitüre oder Apfelgelee, ¼ l süße Sahne, 2 EL Calvados

1. Die geschälten Äpfel mit Stiel, aber ohne Blütenansatz (wie in dem Rezept für Äpfel in Rotwein beschrieben), in einem Sud aus Weißwein, dem ausgeschabten Mark der Vanillestange, 130 Gramm Zucker, Zitronensaft und -schale pochieren. In dem Sud abkühlen lassen.
2. Vor dem Servieren den Sud um zwei Drittel der Menge einkochen. Die Aprikosenkonfitüre oder das Apfelgelee darin auflösen. Die pochierten Äpfel wieder und wieder in dieser Glasur wenden, etwas antrocknen lassen und damit einpinseln. So lange, bis sie ringsum dick davon überzogen sind.
3. Die Weißweinäpfel nun auf eine Wolke von halbsteif geschlagener Sahne setzen, die mit 2 Eßlöffeln Aprikosenglasur gesüßt und mit Calvados parfümiert wurde.

Kaloriensparers Bratapfel aus der Mikrowelle

Übrigens auch für Singles gut geeignet – so kann man sich auch mal ganz allein mit dem Duft von Bratäpfeln verwöhnen. Man würde ja sonst wohl kaum das Backrohr für einen einsamen Bratapfel anwerfen.

Pro Person:

1 süßer Apfel (zum Beispiel Landsberger, Cox Orange, Ingrid Marie oder Goldparmäne)

1. Man muß dem Apfelfleisch die Möglichkeit geben, sich auszudehnen. Deshalb ritzt man den Apfel rund um seinen Bauch, an der dicksten Stelle also, ein.
2. Auf Tellerchen in die Mikrowelle stellen. Nach 2 bis 3 Minuten auf stärkster Stufe hebt sich die obere Hälfte millimeterweit.
3. Innen ist jetzt der Apfel so weich wie Mus, von außen wirkt er noch nahezu unversehrt.
4. Wer absolut keine Kalorien sparen will, ißt dazu mit Vanillezucker parfümierte Crème double.

Äpfel im karamelisierten Mantel

Für 4 Personen:

1 Ei, 1 Tasse Mehl, 2 säuerliche Äpfel, Öl zum Fritieren, 150 g Zucker, 1 EL Essig, Öl zum Einfetten

1. Für den Ausbackteig Ei, Mehl und ½ Tasse Wasser mit dem Schneebesen glatt rühren. Zugedeckt 30 Minuten im Kühlschrank quellen lassen.
2. Die Äpfel schälen, mit einem Ausstecher das Kerngehäuse entfernen und die Früchte quer in zentimeterdicke Scheiben schneiden.
3. Das Öl zum Fritieren erhitzen. Jede Apfelscheibe durch den Ausbackteig ziehen, danach schwimmend im heißen Öl blaßgolden ausbacken. Auf Küchenpapier gut abtropfen lassen.
4. Unterdessen in einem Töpfchen den Zucker mit Essig und etwa einen Achtelliter Wasser zu einem goldenen Sirup einkochen. Er hat die richtige Konsistenz erreicht, wenn ein Tropfen davon in eiskaltem Wasser rasch zu Boden fällt.
5. Die ausgebackenen Apfelstücke jeweils hineintauchen und nebeneinander auf eine eingeölte Platte setzen. Mit kaltem Wasser übergießen, damit der Zucker fest wird. Schnell zu Tisch bringen, solange die Apfelstücke im Kern noch warm sind.

Die Äpfel erhalten eine dezent nussige Note, wenn Sie das Fritierfett mit 1 bis 2 Teelöffel chinesischem Sesamöl aromatisieren.

Seidenäpfel mit dreierlei Fruchtsaucen

Ein Rezept, das wir aus Burgund mitgebracht haben. Es stammt von einem der größten Köche, bei denen wir nicht nur haben essen, sondern auch photographieren dürfen: Michel Troigros. Ein Essen in seinem eleganten Restaurant in Roanne ist weiß Gott eine Reise wert, wie der Michelin empfiehlt.

Für 6 Personen:

6 kleine Äpfel (Elstar oder Royal Gala), 30 g Butter, je 6 Zesten von Orange und Zitrone, 12 Himbeeren, 3 Vanillestangen, ¼ l Wasser, 125 g Zucker (zum Sirup gekocht)

1. Äpfel schälen, Kerngehäuse ausstechen, mit Butter, Orangen- und Zitronenzesten und Himbeeren füllen. Mit den halbierten Vanillestangen, Butter und Sirup in einen Beutel packen und vakuumieren.
2. Im Wasserbad 8 Stunden bei 85 Grad pochieren. Abkühlen lassen.
3. Mit verschiedenen Fruchtsaucen servieren: Himbeer-, Cassis-, Mango- oder Aprikosensauce. Dafür außer den Himbee-

ren, die am besten schmecken, wenn man sie roh mit soviel Zucker wie nötig püriert und anschließend durch ein Sieb streicht, das Obst mit Zucker aufkochen, pürieren und ebenfalls passieren.

4. Zum Servieren drei Saucenkleckse auf Tellern verteilen, sie ineinanderfließen lassen, indem man am Teller rüttelt. Zusätzlich kann man mit einem Löffel nachhelfen, indem man zwischen den einzelnen Saucen entlangfährt und Bahnen zieht. In die Mitte jeweils einen gut gekühlten Apfel setzen sowie eine Kugel Joghurteis (Seite 782).

Obstsalat in der Melone

Gerade bei Obstsalat kommt es auch auf die Präsentation an. Füllen Sie die Mischung in eine säuberlich ausgehöhlte Melone – es darf auf einem Partybuffet ruhig auch eine riesige Wassermelone sein!

Für 4 Personen:

1 reife Honig- oder Netzmelone, 1/8 Wassermelone, 100 g frische Litschis, 1 kleine Ananas, 1 kleine Papaya, 1 Mango, 1 Banane, 2 EL Zitronensaft, 2 EL Cream Sherry, Minze zum Garnieren

1. Honig- oder Netzmelone quer halbieren. Mit einem Löffel alle Kerne herausschaben und mit einem scharfkantigen Rundlöffel das Fruchtfleisch in Kugeln ausstechen, ebenso von der Wassermelone große und kleine Kugeln abstechen.
2. Inzwischen die Litschis schälen und vom Stein ablösen. Die Ananas schälen und ihr Fleisch längs in schmale Spalten schneiden. Papaya schälen und längs halbieren, die schwarzen Kerne mit einem Teelöffel herauslösen und das Fruchtfleisch in schmale Schnitze teilen.
3. Mango schälen und das Fruchtfleisch vom Kern abschneiden. Die geschälte Banane längs teilen. Nach Belieben vom Obst mit einer Ausstechform kleine Blättchen ausschneiden oder alles in mundgerechte Stücke teilen.
4. Alles Obst in einer Schüssel vorsichtig mischen, mit Zitronensaft und Sherry beträufeln und für 30 Minuten kalt stellen.
5. Die Früchte in die ausgehöhlte Melone füllen, mit Minze garnieren. Eiskalt auftragen.

Sektgelee mit Beeren

Ein witziges Dessert, das wir gerne servieren, wenn es richtig heiß ist. Und jeder fragt sich, wie die Perlen ins Gelee geraten sind – die Idee haben wir von Albert Bouley vom Waldhorn in Ravensburg.

Für 6 Personen:

20 cl Läuterzucker, 12 cl Cointreau oder Grand Marnier, 4 cl Bacardi (weißer Rum), 4 cl Cognac, 8 Blatt weiße Gelatine, 400 g frische gemischte Beeren (z. B. Walderdbeeren, rote und schwarze Johannisbeeren, Himbeeren, Blaubeeren), 1 l (= 1 ⅓ Flaschen) sehr trockener Sekt (wir nehmen gern unseren Pomme-Secco, den schäumenden Apfelwein, oder auch den Pomme-Pure, den prickelnden Apfelsaft) oder Champagner (vorzugsweise Blanc de Blancs)

1. Zucker kochen (siehe Tip) und abmessen. Mit Likör und Bränden mischen, leicht erwärmen und die kurz in kaltem Wasser eingeweichte, vollkommen ausgedrückte Gelatine vorsichtig darin auflösen. Abkühlen und dabei fast, aber eben noch nicht ganz erstarren lassen.
2. Die Beeren verlesen, waschen, trocknen und in sechs Schalen oder tiefe Teller verteilen.
3. Das inzwischen zäh laufende Gelee darübergießen.
4. Eiskalten Sekt (Champagner) sehr langsam und vorsichtig einfließen lassen. Gießt man zu schnell, schäumt es mächtig und die Blasen treten aus dem Gelee aus, was natürlich auch passiert, wenn es noch nicht fest genug ist – man sollte diese Prozedur üben, bevor man Gäste damit überraschen will.
5. Das Gelee jetzt im Kühlschrank völlig erstarren lassen. Es wird dabei aber nicht schnittfest, sondern muß geschmeidig vom Löffel laufen. Nur so kommen die köstlichen Aromen voll zur Geltung!

Tip: Läuterzucker aus ½ Liter Wasser und 500 Gramm Zucker kochen – den Rest in einer Flasche im Kühlschrank aufheben. Für gute Desserts und geschmeidiges Eis unerläßlich, weshalb man immer welchen zur Hand haben sollte.

Hierzu gibt es zunächst einmal das, was von der zweiten Flasche Sekt oder Champagner noch übrig ist. Und dann machen wir eine neue auf!

Birnen in Rotwein

Ein wunderbares Dessert für ein winterliches Essen – es eignen sich jene Birnen besonders gut dazu, die zum Rohessen noch zu fest sind. Leider kann man ja nie wirklich reife Birnen kaufen, mit schmelzendem, saftigem Fruchtfleisch …

Für 4 Personen:

1 Flasche (0,7 l) kräftiger, aber fruchtiger Rotwein (etwa ein Blaufränkisch aus Österreich – in Württemberg Lemberger genannt), 150 g Zucker, 1 Stange Zimt, 2 Gewürznelken, 1 TL schwarze Pfefferkörner, je 2 Orangen- und Zitronenscheiben, 4 reife Birnen

1. Alle Zutaten für den Sud aufsetzen und eine Viertelstunde kochen lassen. Wer Angst hat, daß der Geschmack von Orange und Zitrone (unbehandelt oder mit kochendem Wasser gebrüht) zu stark hervortritt, der fügt diese Scheiben erst nach dem ersten Kochen mit den Birnen hinzu.
2. Die Birnen schälen, aber den Stiel daranlassen. In den Sud legen, der sie nun vollkommen bedecken sollte, und eine Viertelstunde leise siedend weich köcheln.
3. Vom Herd nehmen und abkühlen lassen. Wer die Sauce als zu dünn empfindet, kann die Birnen herausnehmen und den Sud um die Hälfte einkochen, durch ein Sieb seihen.
4. Birnen in diesem Sud servieren.

Tip: Dazu Crème fraîche reichen, die man sich nach Gusto in den sirupartigen Sud rührt. Außerdem paßt dazu der Rotwein, den man zu Kochen verwendet hat. Es darf auch ein Schnäpschen, Williams oder Cognac, sein.

Pochierte Weißwein-Birnen auf Kiwisauce

Steinharte Birnen werden im Kochsud nicht zart. Sie lieber ein paar Tage bei Zimmertemperatur nachreifen lassen, falls sie nicht ganz ausgereift sind.

Für 6 Personen:

6 schöne, möglichst gleich große Birnen (z. B. Williams-Birnen oder Alexander Lukas), 3–4 EL Zucker, 1 EL schwarze Pfefferkörner, 1 Lorbeerblatt, ½ Gewürznelke, 1 kleine trockene Chilischote, ½ l Weißwein, ein Stück Zitronenschale, 3 reife, große Kiwis, 30 g Zucker, 2 EL Zitronensaft

1. Birnen schälen, dabei jedoch unbedingt den Stiel dran lassen. Birnen längs halbieren, sodann mit einem Kugelausstecher das Kerngchäuse herausholen. (Am hübschesten ist es, wenn man beim Halbieren auch den Stiel in zwei Hälften teilt!)
2. Aus Zucker, Gewürzen und Wein mit Zitronenschale einen Sud kochen. Einen Topf dafür wählen, der die Birnen gerade eben nebeneinanderliegend aufnehmen kann, damit man nicht zuviel Flüssigkeit braucht. Die Birnen einsetzen. Mit so viel Wasser auffüllen, daß die Birnen herausschauen.
3. Zugedeckt 10 bis 15 Minuten pochieren. Im Sud abkühlen lassen. Wer sich vor allzu intensiven Geschmäckern fürchtet, fischt jetzt Chili und Nelke heraus oder filtert sogar den Sud durch ein Sieb.

4. Für die Sauce geschälte Kiwis mit Zucker und Zitronensaft zerdrücken, anschließend durch ein Sieb streichen und mit etwas Birnensud auf die gewünschte Konsistenz verdünnen.

Den Birnensaft mit Mineralwasser auffüllen und auf Eis als Getränk servieren. Recht kräftig mit Zitronensaft abschmecken – ein herrlicher Sommerdrink!

Anrichten: Einen Spiegel von grüner, dünnflüssiger Kiwisauce auf einen Teller setzen. Jeweils zwei Birnenhälften so darauf betten, daß die Stiele in die entgegengesetzte Richtung schauen. Wer mag, kann an den Stiel noch ein kleines Minzeblatt heften. Hübsch ist auch ein gezielt gesetzter Klecks Himbeersauce, den man zu einer dekorativen Schliere über die Birnenhälften verziehen kann.

Zwetschgen auf Ingwerschaum

Die saftigen frühen Pflaumen eignen sich für dieses Gericht weniger, sie fallen im Pochiersud leicht zusammen. Spätreifende, feste Früchte halten besser Form und Inhalt.

Für 4 Personen:

500 g festfleischige Zwetschgen, 100 g geschälte Mandeln, 2 EL Zucker, ¼ l Weißwein, 1 Stückchen Stangenzimt, ½ Gewürznelke, 1 Lorbeerblatt, 1 Stück Zitronenschale, Minzeblätter zum Dekorieren

INGWERSCHAUM:
1 Stück kandierter Ingwer (ca. 3 cm), 3 Eigelbe, 2–3 EL Zucker

1. Die Zwetschgen entsteinen, statt des Steins eine geschälte Mandel hineintun. Die Zwetschgen wieder zusammendrücken. Den Zucker in einem flachen, weiten Topf schmelzen, den Wein zufügen, ebenso die Gewürze.
2. Zugedeckt 15 Minuten köcheln. Die Zwetschgen nebeneinander in diesen Sud setzen. Zugedeckt etwa 10 Minuten auf ganz kleinem Feuer ziehen lassen.
3. Den Sud durch ein Sieb abgießen, in einem kleinen Topf um die Hälfte eindampfen, dabei den feingehackten Ingwer mitköcheln.
4. Währenddessen in einer Rührschussel die Eigelbe mit dem Zucker dick und hell schlagen. Erst wenn sich der Zucker aufgelöst hat, den heißen Sud nach und nach zufügen.
5. Alles zurück in den Topf schütten und auf mittlerem Feuer unter ständigem Schlagen mit dem Handrührer zu einer dicken, hellen Creme rühren. Einmal aufwallen, aber auf keinen Fall kochen lassen, weil sonst das Eigelb gerinnt.

Anrichten: Den Ingwerschaum als kleinen Spiegel auf einen mit Puderzucker bestäubten Teller geben. Die Zwetschgen in der Mitte anrichten. Mit Minzeblättern attraktiv dekorieren.

Quarkmousse mit Rhabarberkompott

Wenn sonst der Garten noch nicht viel bietet, kann man sich wenigstens am Rhabarber bedienen. Als Kompott lieben wir ihn besonders zu cremig-luftigen Quarkspeisen, die (wie alle unsere Lieblingsdesserts) den Vorteil hat, dass sie kaum Arbeit macht!

Für 4 Personen:

500 g Magerquark,
1 EL süße Sahne,
1 Vanillestange, 2 Eiweiße,
1 EL Puderzucker

RHABARBERKOMPOTT:
ca. 1 kg Rhabarber,
60 g Zucker,
Schale einer halben Zitrone,
1 Lorbeerblatt

1. Den Quark mit der Sahne glattrühren. Die Vanilleschote aufschlitzen, mit einem spitzen Messer das Mark aus einer Hälfte kratzen und in den Quark rühren.
2. Die Eiweiße mit einem Löffel Puderzucker langsam cremig steifschlagen und gleichmäßig unter den Quark ziehen. Die Masse in ein mit einem Tuch ausgelegtes Sieb füllen. Im Kühlschrank über Nacht abtropfen lassen.
3. Für das Kompott den Rhabarber putzen, wenn nötig die Fäden abziehen. Die Stangen schräg in nicht zu große Stücke gleicher Größe schneiden. Mit dem Zucker vermischen und zunächst einmal 1, 2 Stunden lang Saft ziehen lassen.
4. Den Rhabarber aufkochen, Zitronenschale, Lorbeerblatt und Rest der Vanillestange zufügen. Zugedeckt auf kleinem Feuer ein paar Minuten dünsten, bis die Stücke weich sind, aber noch nicht zerfallen. Dabei muss man höllisch aufpassen: Zarter Rhabarber ist bereits nach 3 Minuten gar, robuster Gartenrhabarber kann gut 10 Minuten benötigen. Deshalb ist es sehr wichtig, dabeizustehen und immer wieder zu überprüfen, wie weit der Rhabarber gediehen ist!
5. Die Rhabarberstücke mit einer Schaumkelle herausheben und beiseitestellen. Den Sud ohne Deckel rasch um die Hälfte einkochen.
6. Die Gewürze herausfischen. Die Vanillestange aufschlitzen, das Mark herauskratzen und in den Sud rühren. Zitronenschale und Lorbeerblatt wegwerfen. Den Rhabarber wieder zufügen. Das Kompott abkühlen lassen.
7. Zum Servieren die Quarkspeise auf eine große Platte stürzen, das Tuch abziehen, das jetzt ein Muster auf der Oberfläche hinterläßt. Das Kompott drumherum anrichten oder getrennt dazu in einer Schüssel reichen.

Rote Beerencreme mit schwarzer Sauce

Im Sommer, wenn im Garten die Beeren reifen, wird eine schöne Portion jeweils zu Püree verarbeitet – das steht dann fix und fertig in der Tiefkühltruhe bereit. Und wenn Gäste kommen, brauchen nur zweierlei Sorten – möglichst in kontrastierenden Farben – aufgetaut zu werden, aus einer ist im Handumdrehn die Creme gemacht, die andere dient als Sauce. So wird man für die Mühe, die man im Sommer hatte, entschädigt …

Für 6 Personen:

CREME:
500 g rote Johannisbeeren, (Himbeeren, Erdbeeren), 3–4 El Zucker, 4 Blatt Gelatine, ¼ l süße Sahne, 1 Tütchen Vanillezucker

SAUCE:
50 g schwarze Johannisbeeren, (Heidelbeeren oder Brombeeren), ⅛ l Wasser oder Rotwein, 50 g Zucker, abgeriebene Zitronenschale

AUSSERDEM:
2 EL Crème fraîche, Minzeblätter

1. ***Für die Creme*** die Beeren waschen, von den Rispen oder Stielen streifen und mit dem Zucker vermischt aufkochen. (Himbeeren und Erdbeeren werden roh mit dem Zucker vermischt und im Mixer püriert!)
2. In jedem Fall das Püree durch ein Sieb passieren, um alle Kernchen aufzufangen.
3. In das noch heiße Fruchtmark die in kaltem Wasser eingeweichte, gut ausgedrückte Gelatine rühren und darin auflösen. (Bei den kalten Beeren wird die Gelatine in etwas Zuckersirup aufgelöst und vorsichtig in das Fruchtpüree gerührt).
4. Sobald die Gelatine zu erstarren beginnt, die Sahne steif schlagen, dabei mit Vanillezucker würzen und unter das Fruchtmark ziehen. Im Kühlschrank endgültig fest werden lassen.
5. ***Für die Sauce*** die gewaschenen Beeren entstielen, mit Wasser oder Wein und Zucker vermischt aufkochen und mit Zitronenschale würzen. Durch ein Sieb streichen, falls nötig mit etwas Wasser auf die gewünschte Konsistenz verdünnen. Ebenfalls abkühlen lassen.
6. Zum Servieren auf Desserttellern jeweils einen Saucenspiegel verteilen, darauf rundum Kleckse von glattgerührter Crème fraîche setzen, diese mit einem Stäbchen zu Schlieren verziehen.
7. Von der Johannisbeercreme jeweils Nocken abstechen und in der Tellermitte hübsch anrichten. Mit Minzeblättchen dekorieren.

Man rechnet pro Person etwa 150 Gramm Erdbeeren, die natürlich um so besser schmecken, je reifer sie sind. Die Früchte auf keinen Fall im Wasser liegen lassen, dort verlieren sie Aroma – am besten unter fließenden Wasser in einem Sieb abbrausen. gut abtropfen lassen, dann entstielen, vierteln oder in Scheiben schneiden. Mit etwas Zucker bestreuen – je nach Süße der Früchte genügt ein halber bis ganzer Teelöffel pro Portion. Und: Puderzucker löst sich besser auf, als Kristallzucker.

Erdbeeren mit grünem Pfeffer

Klingt verrückt, und galt mal in den schrägen sechziger Jahren als besonders verwegen – damals hatte man allerdings nur in Lake konservierten grünen Pfeffer, der scheußlich schmeckte. Mit frischem grünem Pfeffer ist es aber wirklich eine umwerfend delikate Sache! Man bekommt ihn in guten Gemüsegeschäften und in Asienläden, die allwöchentlich mit frischen Kräutern und Gewürzen aus Asien beliefert werden.
Es braucht dafür im Grunde kein festes Rezept: Die grünen Beeren von ihrer Rispe streifen, mit geviertelten Erdbeeren mischen, zuckern, mit etwas Zitronensaft beträufeln und, falls Sie ungespritzte Zitronen haben, auch mit Zitronenschale bestreuen. Und mit einem Klecks halbsteif geschlagener Sahne gekrönt servieren.

Pfirsiche in Prosecco

Ein erfrischendes, sommerliches, federleichtes Dessert

Für 4 – 6 Personen:

6–8 festfleischige, aber reife Pfirsiche (lieber gelbe als hellfleischige!), 100g Zucker, ½ l Prosecco, frische Himbeeren, Zitronensaft, 3 Blatt Gelatine

AMARETTOSAUCE:
6–8 kleine Amaretti, ¼ l Sahne, Zitronensaft

1. Die Pfirsiche halbieren und entsteinen, nebeneinander in eine Form betten, mit Zucker bestreuen und mit Prosecco beträufeln. Eine Stunde marinieren, dann für etwa 20 Minuten in den auf 180 Grad vorgeheizten Ofen schieben. Abkühlen lassen, die Haut abziehen.
2. Die Hälften jetzt in Spalten schneiden. Portionsförmchen damit auslegen, Himbeeren dazwischen verteilen.
3. Den Sud abschmecken, vor allem mit Säure für Erfrischung sorgen. ½ Liter abmessen und die eingeweichte Gelatine darin auflösen und die Förmchen damit auffüllen. Über Nacht fest werden lassen. Den restlichen Sud sirupartig einkochen.
4. Für die Sauce die Kekse zerkrümeln und mit der Sahne aufkochen. Mit Zitrone abschmecken und abkühlen.
5. Zum Servieren mit einem spitzen Messer rundum lösen und aus den Förmchen stürzen. Auf einem Klecks von Amarettosauce anrichten und mit Pfirsichsudklecksen dekorieren.

BACKEN

Beim Backen, so heißt es immer wieder, muss man äußerst akkurat abwiegen und die Rezeptanleitung Schritt für Schritt peinlich genau befolgen. Das ist nicht jedermanns Sache, deshalb kann man die Menschheit in zwei Lager teilen: die Bäcker und die Köche – diejenigen, die mit der Küche absolut nichts am Hut habe, lassen wir mal außen vor. Tatsächlich kann man in den Suppen-& Saucentöpfen hemmungsloser experimentieren als in der Teigschüssel, aber mit zunehmender Erfahrung dürfen auch die Bäcker ruhig mal freihändig die Zutaten für ihren Lieblingskuchen in die Küchenmaschine werfen – solange die Proportionen stimmen, kommt allemal etwas Gutes dabei heraus.
Uns sind beim Backen immer wieder die oft merkwürdig ungeraden Mengenangaben in den klassischen Rezepturen aufgefallen: Warum dürfen es für den Kuchen nur 180 Gramm Mandeln, sollen es aber 210 Gramm Mohn sein? Kommt es hier tatsächlich auf zehn bis zwanzig Gramm an? Bis wir beim wiederholten Ausprobieren feststellten, daß es absolut keinen gravierenden oder gar verändernden Einfluß auf das Ergebnis hat. Und so haben wir im Laufe der Zeit bei so manchem Standard- und Lieblingsrezept die Angaben verändert, das Rezept modifiziert und weiterentwickelt. Unseren Mohnkuchen (Seite 821), in dem kein Stäubchen Mehl vorkommt, haben wir so ausgetüftelt und halten ihn, bei aller Bescheidenheit, für den besten der Welt. (Und er funktioniert sogar, wie wir zu unserer Verblüffung von unserer Freundin Inga hörten, wenn man den Mohn ungemahlen verwendet …) Auch unsere Version der Schokoladentorte (Seite 820) oder unsere Vanillekipferl (Seite 837) empfinden wir als perfekt. Diese Rezepte haben noch eins gemein: Es sind allesamt keine komplizierten Kreationen, an denen man stundenlang herumbasteln muß. Sie sind schnell gemacht, frei nach unserem Motto: Viel Genuß mit möglichst wenig Aufwand!

Kuchen

Tips rund ums Backen

Das Vorbereiten der Backform:
Wer kein Backpapier nimmt, muß die Form gründlich einfetten. Für Gugelhupf oder andere komplizierte Formen ist Backpapier ohnehin ungeeignet. In diesem Fall nimmt man am besten einen Pinsel, mit dem man die weiche Butter gleichmäßig in allen Ecken und Rundungen auftragen kann.
Noch besser löst sich der gebackene Kuchen, wenn man die Form nach dem Einfetten mit Mehl, Bröseln oder Zucker ausstreut: einfach ein bis zwei Eßlöffel davon einfüllen, dann die Form drehen und wenden, bis sie innen überall von einem feinen Film überzogen ist. Überschüssige Brösel wieder auskippen.

Der Tortenring:
Für alle, die gern und viel backen, ist statt der Springform ein stufenlos verstellbarer Tortenring zu empfehlen. Er erspart die Anschaffung mehrerer Formen mit unterschiedlichem Durchmesser, weil man ihn bis zu stattlichen Umfängen von 40 Zentimetern und mehr ausdehnen kann. Er wird einfach auf das Blech gesetzt und mit dem Teig gefüllt. Bei flüssigen Teigen, die möglicherweise auslaufen können, bekommt der Tortenring einen Boden aus doppelt gelegter extrastarker Alufolie.

Das Blindbacken:
In den modernen Backöfen mit extrastarker Unterhitze (Intensivbacken) fast überflüssig. Bei manchen Kuchen ist es jedoch einfach nötig, weil ein feuchter Belag den Boden unnötig durchweichen würde. Man bäckt in solchen Fällen den Boden zunächst einmal halb gar, bis er genügend Festigkeit hat, um die Füllung zu tragen. Üblicherweise ist das eine komplizierte Sache: Die Springform wird mit dem Mürbeteig ausgeschlagen. Damit der Teig in Form bleibt, beschwert man ihn mit einer dicken Lage Hülsenfrüchte (immer Backpapier dazwischenlegen, damit die

Hülsenfrüchte nicht in den Teig eingebacken werden). Einfacher geht' so: Nur den Springformboden mit Teig belegen, mit einer Gabel ein paarmal einstechen (damit er schön flach bleibt). 20 Minuten backen. Inzwischen auch den Springformrand mit Teig ausschlagen. Um den vorgebackenen Teigboden setzen – nachdem er etwas abgekühlt ist. Und den Kuchen dann wie gewohnt fertigstellen und backen.

Die Stäbchenprobe:
Sie zeigt, ob ein Kuchen gar ist. Ein Holzstäbchen an der dicksten Stelle in den Teig stechen, sofort an die Lippen halten. Wenn das Stäbchen überall gleichmäßig warm ist, dürfte der Kuchen gar sein. Ein weiteres Indiz: Nirgendwo darf mehr Teig am Stäbchen haften, es muß glatt und sauber sein.

Der Kuchentransport:
Den Kuchen aus dem Ofen holen und zunächst zwei Minuten abkühlen lassen, bevor man ihn aus der Form löst. Sonst ist er noch nicht stabil genug und kann leicht zerbrechen. Zum endgültigen Abkühlen auf ein Kuchengitter transportieren, damit überall genügend Luft an ihn herankommt. Dafür ist ein sogenannter Tortenheber, aus Kunststoff oder dünnem Metall, besonders praktisch. (Gibt's für wenig Geld in Haushaltsgeschäften.)

Biskuit für Tortenböden:
Einen hohen Biskuitboden in gleich starke Scheiben zu schneiden, damit man daraus prächtige Torten bauen kann, ist ganz einfach – mit einem kleinen Trick:
Rundum mit einem Messer die Stärke markieren, dabei ein wenig einritzen. In diese Rille rund um den Kuchen einen dünnen Faden (am besten stabilen Küchenzwirn) legen. Vorn kreuzen und mit Nachdruck zusammenziehen. Den Tortenboden mit Hilfe eines Tortenhebers abnehmen, damit er nicht auseinanderbricht. Wer sich immer noch nicht traut, kann einen speziellen Tortenbodenschneider kaufen.

Kuchen und Teige im Tiefkühlvorrat:
Nur in großen Familien oder dort, wo genügend Gäste dafür sorgen, wird ein Kuchen auch wirklich sofort aufgegessen. Meist steht die Hälfte noch auf dem Frühstückstisch, und viele gute Stücke erleben es nicht mehr, in ihrer besten Form verspeist

zu werden – schade drum! In Zukunft verpacken Sie in solchen Fällen gleich – am besten noch warm – alles, was Sie bestimmt nicht sofort verzehren. Und zwar in Stücke oder Portionen geteilt und in extrastarke Aluminiumfolie verpackt. So können Sie die jeweils benötigte Menge bequem entnehmen und auftauen. Wichtig: Die Kuchenstücke müssen absolut luftdicht verpackt sein. Sonst trocknen sie aus.
Ideal zum Einfrieren geeignet sind alle Kuchen aus Hefeteig, Mürbeteig, Knetteig oder Biskuit. Ungeeignet dagegen sind Baiserkuchen oder solche aus Makronenteig – sie werden beim Auftauen weich.
Auch Teige kann man gut einfrieren. Vor allem solche, die ohnehin vor dem Verarbeiten eine Zeitlang ruhen sollten. Zum Beispiel Mürbe- und Hefeteig und alle Arten von Blätterteig. Allerdings: Es lohnt nur bei kleinen Mengen – weil größere Portionen so lange brauchen, bis sie auftauen, daß man sie gleich frisch zubereiten kann – oder wenn der Kuchenteig mit Belag fertig in seiner Backform eingefroren wird. Dann nämlich braucht man ihn wirklich nur noch in den Ofen zu schieben und entsprechend länger zu backen. Wichtig in jedem Fall: Kuchen oder Teig nicht zu lange in der Kälte lassen. Höchstens vier bis sechs Monate.

Aprikosentarte

Eine Tarte nach französischer Tradition, unwiderstehlich, gut vorzubereiten und vielseitig wandelbar: Der Mürbteig dafür aus viel Butter, reichlich Zucker und wenig Mehl ist rasch geknetet. Er muß dann allerdings in einem Gefrierbeutel eine halbe Stunde ruhen, damit sich der Kleber im Mehl entwickeln kann, der Teig nachher elastisch ist und der Kuchen später schön mürbe.

Für eine Form von 28 – 30 cm Durchmesser:

SÜSSER MÜRBTEIG:
250 g Mehl, 150 Butter, 100 g Zucker, 1 Prise Salz, 1 Eigelb, eventuell einige Tropfen lauwarmes Wasser

BELAG:
50 g Mandeln, 100 g Zucker, 1,2 kg reife, duftende Aprikosen, 60 g Butter, 100 g Aprikosenkonfitüre

1. Das Mehl auf die Arbeitsfläche häufen, die Butter in Würfel schneiden und darauf verteilen. Den Zucker darüber schütten, die Prise Salz und das Eigelb in die Mitte setzen. Mit möglichst kühlen Händen alles rasch zu einem festen Teig kneten. Nicht zu lange bearbeiten, weil sonst die Butter schmilzt und der Teig zu weich wird.

2. Den Teig zu einer Kugel formen, in einen Gefrierbeutel füllen und eine halbe Stunde lang kalt stellen. Bitte nicht auf diesen Schritt verzichten, der Teig bleibt sonst klebrig, wird nicht knusprig und mürbe!
3. In der Zwischenzeit die Mandeln zusammen mit 30 Gramm Zucker im elektrischen Zerhacker pulverisieren.
4. Die Springform dick mit Butter ausstreichen, 2 Eßlöffel Zucker hineinstreuen, die Form drehen und wenden, bis der Butterfilm überall von Zucker überzogen ist. Das hilft, ihn knusprig zu erhalten, weil diese Schicht überschüssigen Saft, den die Früchte von sich geben, aufnehmen kann. Überschüssigen Zucker aus der Form kippen.
5. Zum Teigauswellen den Gefrierbeutel aufschlitzen und als Fläche auslegen, so spart man sich das Bemehlen der Arbeitsfläche und kann anschließend damit den Teigboden mühelos in die Form transportieren. Den Teig dünn ausrollen, mit Hilfe der Folie über die Form heben und stürzen, die Folie abziehen, den Teig überall, vor allem den Rand hinauf, gut festdrücken. Das Mandelzuckergemisch darauf gleichmäßig verteilen.
6. Die Aprikosen halbieren, Rundung nach oben dicht an dicht von außen nach innen auf dem Boden anordnen. Mit Zucker und Butterflöckchen bestreuen.
7. Bei guter Hitze, etwa bei 225 Grad, etwa 40 Minuten backen! Der Kuchen darf dabei am Rand richtig dunkel werden, dann schmeckt er gut nach Karamel!
8. Die Früchte noch lauwarm mit Aprikosenkonfitüre überziehen, die mit 1 Eßlöffel Zucker und 1 Eßlöffel Wasser 1 Minute lang aufgekocht wurde. Dadurch glänzt der Kuchen schön, außerdem schmeckt er noch aprikosiger!

Französische Apfeltarte

1. Die Blätterteigplatten nebeneinanderliegend auftauen lassen. Dann vier der fünf Platten dünn mit Butter bestreichen, aufeinanderstapeln und die unbestrichene Platte obenauf packen.
2. Die Teigplatten zu einem dünnen Teigboden ausrollen.

Auf ein mit kaltem Wasser abgespültes Backblech legen und rundum einen kleinen Rand hochkniffen.

3. Die Äpfel vierteln, schälen, vom Kerngehäuse befreien. Viertel längs in gleich dünne Scheiben schneiden. Sofort in Zitronensaft wenden, damit sie schön hell bleiben.
4. Die Scheibchen dachziegelartig auf dem Blätterteigboden anordnen. Mit Butterflöckchen besetzen und Zucker darüberstreuen. Mandelblättchen gleichmäßig über allem verteilen.
5. Das Blech in den 250 Grad (Gas: Stufe 5) heißen Ofen schieben. Die Tarte 35 bis 40 Minuten backen, bis die Kanten der Apfelscheiben dunkelbraun sind.
6. Die Aprikosenkonfitüre mit 1 Eßlöffel Wasser glatt rühren und (am besten in der Mikrowelle) kurz aufkochen. Mit einem Pinsel auf die Oberfläche der Apfeltarte auftragen, bis sie appetitlich glänzt.

Für einen Kuchen von 28 – 30 cm Durchmesser:

1 Paket tiefgekühlter Blätterteig, 100 g Butter, 6 – 7 möglichst gleich große Äpfel (zum Beispiel Golden Delicious oder Goldparmäne), Zitronensaft, 75 g Zucker, 40 g Mandelblättchen, 4 EL Aprikosenkonfitüre

Apfeltorte mit Mandelguß

1. Aus dem Mehl mit der festen Butter, dem Salz sowie den Eigelben rasch einen Mürbeteig kneten, zu einer Kugel gerollt, in Folie gewickelt, gut eine halbe Stunde kalt stellen.
2. Inzwischen die Äpfel schälen, vierteln, Kerngehäuse entfernen. Viertel in Scheiben schneiden und mit dem Saft einer Zitrone, Vanillezucker und Rum in einer Schüssel mischen.
3. Die Eigelbe mit der Hälfte des Zuckers mit dem Handrührer zu einer weißen, dicken Creme rühren. Erst dann nach und nach die geschälten, gemahlenen Mandeln untermischen. Und zum Schluß die mit dem restlichen Zucker sehr steif geschlagenen Eiweiße unterziehen.
4. Die eingefettete Springform mit dem dünn ausgerollten Teig ausschlagen, dabei den Rand hochziehen. Äpfel darauf verteilen. Die Mandelcreme darüber glatt streichen.
5. Bei 175 Grad (Gas: Stufe 2) etwa 70 Minuten backen.

Für eine Springform von 26 – 28 cm Durchmesser:

BUTTERTEIG:
280 g Mehl, 200 g Butter, eine Prise Salz, 1 Eigelbe

FÜLLUNG:
750 g Äpfel, Saft 1 Zitrone, 1 EL Vanillezucker, 4 EL Rum, 4 Eigelbe, 8 EL Zucker, 140 g Mandeln, 5 Eiweiße

AUSSERDEM:
Butter zum Einfetten

Schweizer Apfeltorte

Für eine Springform von 22 cm Durchmesser:

MÜRBTEIG:
200 g Mehl, 100 g Butter, 50 g Zucker, 1 kleines Ei

FÜLLUNG:
600 g Äpfel (zum Beispiel Schweizer Glockenapfel, Landsberger Rosenapfel oder Gravensteiner), Zitronensaft, 2 Eier, 2 EL Honig, 3 EL Zucker, je ½ TL Zimt und gemahlener Piment, 125 g geriebene Haselnüsse, 2 Eigelbe, 2 EL Sahne

1. Den Teig rasch zusammenkneten und eine halbe Stunde ruhen lassen. Dann auf Backpapier dünn ausrollen und zunächst auf dem Boden des 200 Grad heißen Ofens wie im Tip (Seite 802) beschrieben fünfzehn Minuten vorbacken.
2. Für die Füllung die Äpfel vierteln, schälen, vom Kerngehäuse befreien und mit Zitronensaft hell halten. 250 Gramm davon fein reiben und großzügig mit Zitronensaft verrühren, damit das Mus nicht zu dunkel wird.
3. Die Eier mit Honig, Zucker und den Gewürzen dick und schaumig schlagen. Das Apfelmus und die geriebenen Haselnüsse unterrühren. Diese Masse in die vorbereitete Form füllen. Die Apfelviertel, Rundung nach oben, dicht aneinander obenauf setzen und jeweils mit Eigelb bepinseln, das mit etwas Sahne glattgerührt wurde.
4. Den Kuchen bei 200 Grad (Gas: Stufe 3) ungefähr 40 Minuten backen.

Schwäbischer Apfelkuchen

Für eine Springform von 26 – 28 cm Durchmesser:

MÜRBTEIG:
200 g Mehl, 100 g Butter, 60 g Zucker, 1 kleines Ei, 1 Prise Salz

BELAG:
750 g säuerliche Äpfel (zum Beispiel Jakob Lebel – eine alte Kuchenapfelsorte, die leider rar geworden ist – oder Boskoop), Zitronensaft, 75 g zerlassene Butter, 50 g Mandelstifte, 50 g in 2 EL Rum eingeweichte Rosinen, 50 g Zucker zum Bestreuen

1. Aus den angegebenen Zutaten einen Mürbeteig herstellen und ihn ruhen lassen.
2. Den Teigboden, wie im Tip beschrieben (Seite 802), vorbacken und in die Springform einsetzen.
3. Auf dem vorgebackenen Tortenboden die je nach Größe geviertelten oder nur halbierten Äpfel anordnen, die dank Zitronensaft rundum schön hell geblieben sind und fächerartig eingeschnitten werden, damit sie gleichmäßig garen.
4. Nacheinander mit der flüssigen Butter bestreichen, mit Zucker, Rosinen und Mandelstiften bestreuen.
5. Den Apfelkuchen bei 200 Grad (Gas Stufe 3) etwa 50 Minuten backen, bis er schön goldbraun geworden ist. Dabei dürfen die Apfelseiten ruhig ein wenig angebrannt wirken – das fördert das Aroma! Dazu gibt es frisch geschlagene, mit Vanille gewürzte Sahne.

Tip: Der *Apfelteiler* ist ein Gerät, das jeden Apfel in sechs oder zwölf exakte, gleich große Stücke schneidet und dabei gleichzeitig das Kerngehäuse säuberlich freilegt. Damit ist der Belag für den Apfelkuchen rasch geschnitten – nur schälen müssen Sie die Stücke einzeln noch mit der Hand

Versunkener Apfelkuchen

Läßt sich auch mit allen möglichen anderen Früchten machen, Birnen, Trauben, Bananenstücken …

Für eine Springform von 24 cm Durchmesser:

RÜHRTEIG:
200 g Butter, 200 g Zucker, 3 Eier, 200 g Mehl, ½ TL Backpulver, 1 Tütchen Vanillezucker, 1 Zitrone, Butter und Semmelbrösel für die Form

FÜLLUNG:
600 g säuerliche Äpfel (zum Beispiel Gravensteiner oder Boskoop), 3 EL Zucker, 2 EL Sonnenblumenkerne

1. Zimmerwarme Butter mit Zucker so lange schaumig rühren, bis sich der Zucker aufgelöst hat. Nach und nach Eier zufügen. Dabei fleißig mit dem Handrührer oder in der Küchenmaschine rühren, bis eine schaumige Creme entstanden ist.
2. Erst jetzt Mehl und Backpulver ganz schnell untermischen, dabei gleich mit Vanillezucker sowie abgeriebener Zitronenschale würzen.
3. Die Springform mit Butter ausstreichen und einbröseln. Den Rührteig einfüllen und mit dem Gummischaber glattstreichen. Die inzwischen geschälten und halbierten oder – je nach Größe – auch geviertelten Äpfel dicht und in hübschem Muster hineinsetzen.
4. Gleichmäßig Zucker darüberstreuen, die Sonnenblumenkerne dazwischen verteilen. Den Kuchen bei 200 Grad (Gas Stufe 3) etwa 1 Stunde backen.

Tip: Die Äpfel müssen im krumig lockeren Teig sitzen, dann ist der Rührteig gut gelungen. Damit er das wird, muss man – der Name sagt es – rühren, rühren, rühren. Im Zeitalter der Küchenmaschine oder des Handrührers ist das ja längst nicht mehr mühsam. Aber es kostet weiterhin Zeit. Wer glaubt, mit der Maschine geht es schneller, irrt: durch das Rühren wird Luft in den Teig gearbeitet, die den Kuchen duftig machen soll – und dies läßt sich nun mal leider nicht beschleunigen

Apfelkuchen mit Rahmguß

Für eine Springform von 26 cm Durchmesser:

MÜRBTEIG:
200 g Mehl, 100 g Butter, 60 g Zucker, 1 kleines Ei, 1 Prise Salz

FÜLLUNG:
750 g festkochende Äpfel (zum Beispiel Golden Delicious, Jonagold oder Idared), Saft 1 Zitrone, 200 g Crème fraîche, 2 Eier, 75 g Zucker, gerieben Zitronenschale, 3 EL Mandelstifte

1. Aus den angegebenen Zutaten einen festen Mürbeteig kneten, in Folie verpackt für eine halbe Stunde in den Kühlschrank legen und schließlich wie im Tip (Seite 802) beschrieben vorbacken und in die Springform einsetzen.
2. Die Äpfel halbieren, große Früchte sogar vierteln, schälen, von den Kerngehäusen befreien. Schnittflächen mit Zitronensaft schön hell halten. Die Apfelstücke, Rundung nach oben, möglichst akkurat in die Form setzen.
3. Die restlichen Zutaten mit dem Schneebesen verquirlen und darübergießen. Zum Schluß die Mandelstifte auf der Oberfläche verteilen. Den Kuchen bei 200 Grad 50 bis 60 Minuten backen.

Apfel-Baiser-Torte

Für eine Springform von 24 cm Durchmesser:

MÜRBTEIG:
125 g Mehl, 75 g Butter, 20 g Zucker, 1 Eigelb

FÜLLUNG:
125 g Zucker, 3 Eiweiße, 125 g gemahlene Mandeln, 500 g grob geraspelte Äpfel (gleichgültig welche Sorte – allerdings behalten Golden Delicious die schöne Farbe), 1 Prise Zimt, abgeriebene Schale und Saft einer Zitrone

1. Aus den angegebenen Zutaten rasch einen festen Mürbeteig kneten, ruhen lassen, und schließlich wie im Tip (Seite 802) beschrieben, den Boden vorbacken und in die Springform einsetzen.
2. Für die Füllung die Eiweiße in einer großen Schüssel mit dem Handrührer oder in der Küchenmaschine auf der langsamen oder mittleren Stufe zu festem Schnee schlagen (je langsamer, desto stabiler wird der Schnee), dabei den Zucker erst dann hinzurieseln lassen, wenn das Eiklar bereits weiß wirkt.
3. Unter den cremig-festen Schnee die gemahlenen Mandeln sowie die mit Zitronensaft beträufelten und mit Zimt und Zitronenschale gewürzten Apfelraspel heben. Sofort in die vorbereitete Springform füllen und glattstreichen.
4. Bei 200 Grad ca. 40 Minuten backen, so dass die Füllung gar, die Oberfläche jedoch noch nicht zu dunkel geworden ist. Unbedingt Stäbchenprobe machen!
5. Falls nötig, Kuchen noch ein paar Minuten im Ofen lassen, dabei jedoch die Oberfläche der Torte mit Alufolie abdecken.

Rosas Apfelkuchen

Einer unserer liebsten Dessertkuchen. Kennengelernt haben wir ihn bei der alten Köchin Rosa in der Trattoria Montagliari unseres Freundes Minuccio Cappelli in Panzano. Seither haben wir das Rezept bei verschiedensten Gelegenheiten weitergegeben. Wir haben ihn im Fernsehen vorgeführt, bei unseren Kochkursen zubereitet. Immer sind alle begeistert, weil dieser Kuchen kaum Arbeit macht, aber unglaublich gut schmeckt. Am besten ist er lauwarm, besonders gut paßt dazu Vanille- oder Zimteis!

Für 6 Personen (eine geschlossene Back- oder Pie-Form von 24 cm Durchmesser):

5 große Äpfel (ca. 800 g), Zitronensaft, 2 Eier, 100 g Zucker, 1 Tütchen Vanillezucker, 100 g flüssige Butter, 100 g Mehl, 1 gestrichener TL Backpulver, 1/10 l Milch, Butter und Mehl für die Form, Puderzucker zum Bestäuben

1. Die Äpfel schälen, vierteln, entkernen und in Scheibchen schneiden. Sofort mit Zitronensaft beträufeln, damit sie sich nicht verfärben.
2. Alle übrigen Zutaten in einer Schüssel miteinander verrühren. Die Apfelscheiben untermischen.
3. Diese sehr dickflüssige Masse in die gebutterte, mit Mehlausgestreute Springform gießen. Etwa 55 bis 60 Minuten bei 200 Grad backen, bis der Kuchen golden und durchgebacken ist.
4. Der Kuchen schmeckt am besten noch lauwarm und mit Puderzucker bestäubt.

Martinas Apfelkuchen

Ein fabelhaftes Grundrezept, für das man sämtliches Obst der Saison verwenden kann!

Für eine Springform von 26 cm Durchmesser:

SÜSSER MÜRBTEIG:
250 g Mehl, 125 g Butter, 100 g Zucker, 1 Prise Salz, 1 kleines Ei

BELAG:
75 g Mandeln (Walnüsse oder Haselnüsse), 2 EL Zucker, ca. 6–8 Äpfel (Elstar, Boskop, Golden Delicious), 1 Zitrone, 50 g Butter, 2 EL Zucker

1. Aus Mehl, weicher Butter, Zucker, der Prise Salz und dem Ei rasch einen Mürbteig kneten. Zu einer Kugel formen und in eine Plastiktüte gehüllt (damit er nicht austrocknet) eine halbe Stunde kalt stellen.
2. Dann die Tüte aufschlitzen, den Teig darauf ausrollen. Mit Hilfe dieser Unterlage läßt sich der Teig jetzt mühelos in die Form bugsieren, die natürlich sorgfältig ausgebuttert sein sollte.
3. Mandeln (oder Nüsse) mit dem Zucker im Mixer zerkleinern und auf dem Tortenboden verteilen.

4. Die Äpfel schälen, vierteln, in Zitronensaft wenden, damit sie sich nicht verfärben. Jedes Viertel nochmals längs halbieren und jedes dieser Stücke ebenfalls längs in der Mitte einritzen.
5. Diese Apfelstücke auf dem Tortenboden akkurat anordnen, so daß sie alle in dieselbe Richtung gewölbt sind. Mit Butterflöckchen besetzen, mit Zucker und Zitronenschale bestreuen. Bei 200 Grad etwa 35 Minuten backen, bis der Teig schön kusprig ist und die Äpfel appetitlich gebräunt sind.

Gestürzter Apfelkuchen – Tarte Tatin

Für eine geschlossene Backform von 22 – 24 cm Durchmesser:

TEIG:
150 g Mehl, 100 g Butter, 2 EL Zucker, 1 Prise Salz, 1 Eigelb

FÜLLUNG:
4 möglichst gleich große Äpfel (etwa Boskoop oder auch Golden Delicious), Zitronensaft, 2 EL Apfelbrand, 4 EL Rosinen, 100 g Butter, 100 g Zucker

1. Den Teig rasch zusammenkneten und ca. eine halbe Stunde im Kühlschrank ruhen lassen.
2. Inzwischen die Äpfel schälen, vierteln und vom Kerngehäuse befreien. In Zitronensaft wenden, wegen der schöneren Farbe. Die Rosinen in Apfelbrand einweichen.
3. Die Butter in der Backform auf der Herdplatte aufschäumen lassen. Sie sollte aus Metall und nicht aus Keramik sein, eher noch aus feuerfestem Glas, das die Herdplattenhitze unbeschadet verträgt.
4. Zucker darin karamelisieren. Wenn er schön braun geworden ist, Apfelviertel dicht an dicht in die Form setzen, mit der Rundung nach unten – denn diese Seite wird ja die Oberfläche der Tarte sein. Dabei die Rosinen so dazwischen verteilen, daß sie – später ebenfalls an der Oberfläche – hübsch aussehen. Den Teig nun knapp ½ cm dünn ausrollen und als Deckel über die Äpfel in die Form breiten, dabei rundum einschlagen, so daß der Teig die Äpfel regelrecht umfaßt.
5. Die Form in den 200 Grad (Gas: Stufe 3) heißen Ofen stellen. Die Tarte Tatin etwa 50 Minuten backen, bis der Teigboden schön dunkelbraun und gar ist.
6. Etwas auskühlen lassen, danach eine passende Platte auf die Form legen, die Tarte kopfüber stürzen; jetzt sitzt der Teig unten, wie es sich gehört, und die herrlich buttrigen, karamelisierten Äpfel obenauf.
7. Am besten schmeckt die Tarte Tatin, wenn sie lauwarm serviert und gegessen wird. Obenauf einen Klecks frische Crème fraîche setzen.

Statt einer geschlossenen Back- oder Gratinform kann man auch eine Bratpfanne mit feurfestem Griff nehmen.

Tante Maries Apfelkuchen

Ein umwerfend köstlicher Kuchen, der sich auch gut eignet, als Blechkuchen gebacken und dann in Schnittchen aufgeteilt zu werden.

Für eine Springform von 28 cm Durchmesser oder für ein normales Backblech:

HEFETEIG:
300 g Mehl, ½ Würfel (20 g) Hefe, 70 g Zucker, ⅛ l lauwarme Milch, 1 Ei, 75 g weiche Butter

BELAG:
ca. 750 g beliebige in Scheiben geschnittene Äpfel, 75 g Zucker, ½ TL Zimt, ⅛ l Sahne, 40 g Mandelblättchen

1. Mehl in weite Rührschüssel häufen. In die Mitte eine Vertiefung drücken. Dort die mit 1 Eßlöffel Zucker und Milch aufgelöste Hefe hineingießen und mit etwas Mehl vom Rand vermischen.
2. Diesen Vorteig unter einem Tuch an einem warmen Ort etwa eine halbe Stunde gehen lassen. Dann den restlichen Zucker und das Ei zufügen. Einen festen Teig daraus kneten.
3. Die weiche Butter erst ganz zum Schluß einarbeiten. Den Teig noch einmal zugedeckt gehen lassen. Und schließlich ein letztes Mal energisch durchwalken.
4. Gut die Hälfte dieses Teigs so dünn wie möglich ausrollen und eine gefettete Springform damit ausschlagen. In Scheiben geschnittene Äpfel darauf verteilen. Mit der Hälfte des Zuckers sowie der Hälfte der Mandelblättchen bestreuen.
5. Den restlichen Teig ebenso dünn ausrollen und als Deckel darüber breiten. Am Rand beide Teigstücke fest zusammendrücken, so daß der Kuchen ringsherum gut geschlossen ist und nichts von der Füllung herausquellen kann.
6. Oberfläche mit restlichem Zucker und übrigen Mandelblättchen bestreuen. Mit knapp der Hälfte der Sahne begießen.
7. Im 200 Grad (Gas: Stufe 3) heißen Ofen rund 40 Minuten backen, dabei nach und nach auch die restliche Sahne auf der Oberfläche verteilen. Immer erst dann nachgießen, wenn eine Portion vom Teig aufgenommen ist.

Gedeckter Apfelkuchen

Für eine Springform von 20 cm Durchmesser:

MÜRBTEIG:
250 g Mehl, 125 g Butter, 75 g Zucker, 1 kleines Ei, etwas abgeriebene Zitronenschale

1. Aus den Zutaten rasch einen Mürbteig kneten. Zu einer Kugel geformt, in Folie gehüllt, etwa eine halbe Stunde im Kühlschrank ruhen lassen.

FÜLLUNG:
500 g Äpfel (zum Beispiel Elstar, Rubinette, Boskoop), Zitronensaft, 3 EL Butter, 75 g Zucker, ½ TL Zimt, 2 cl Calvados, 50 g Rosinen, 30 g Pinienkerne, 1 Eigelb, 2 EL Sahne

2. Unterdessen die Äpfel vierteln, von dem Kerngehäuse befreien, schälen und in dünne Scheiben schneiden. Mit Zitronensaft mischen, damit sie hell bleiben. In der heißen Butter schwenken, dabei mit Zucker und Zimt würzen. Im Calvados eingeweichte Rosinen zufügen, ebenso die Pinienkerne.
3. Zwei Drittel des Teigs ausrollen und eine eingefettete Form damit ausschlagen. Die Füllung darauf verteilen. Aus dem restlichen Teig Streifen radeln und gitterförmig auflegen. Mit Eigelb einpinseln, das mit Sahne glattgerührt wurde.
4. Den gedeckten Apfelkuchen bei 225 Grad (Gas: Stufe 4) etwa 40 Minuten backen.

Apfel-Biskuit-Torte

Für eine Springform von 22 cm Durchmesser:

BISKUITTEIG:
2 Eigelbe, 60 g Zucker, 1 EL lauwarmes Wasser, 60 g Mehl, 3 Eiweiße, Butter und Zucker für die Form

APFELCREME:
1 kg aromatisch süße Äpfel (zum Beispiel der Red oder Stark Delicious, Summerred, Jonagold, Golden Delicious, Morgenduft), 220 g Zucker, 1 Zitrone, 5 Blatt weiße Gelatine, 4 Eigelbe, ½ l Milch, 1 Vanilleschote

ÜBERZUG:
2 Äpfel, Zitronensaft, ¼ l Weißwein, 3 EL Zucker, 3 Blatt Gelatine

1. Für den Teig die Eigelbe mit dem Handrührer weiß und dick schlagen, dabei den Zucker hinzurieseln lassen. Erst aufhören zu schlagen, wenn der Zucker völlig gelöst ist.
2. Sollten sich die Eigelbe nicht gut verbinden, womöglich sogar ausflocken, 1 Eßlöffel lauwarmes Wasser zufügen.
3. Das Mehl locker darübersieben. Mit sparsamen Bewegungen rasch unterziehen. Sofort etwa ein Drittel des steif geschlagenen Eischnees untermischen.
4. Erst wenn er die Teigmasse aufgelockert hat, den restlichen Schnee unterheben. In eine ausgebutterte und ausgezuckerte Form füllen. 30 Minuten bei 180 Grad hellbraun backen. Aus der Form lösen und kopfüber gestürzt auf einem Kuchengitter auskühlen lassen.
5. Für die Apfelcreme die nur grob zerschnittenen Äpfel mit 4 Eßlöffel Zucker, etwas Zitronensaft und 1 Stück Zitronenschale zu Mus kochen. Durch ein Sieb oder die Gemüsemühle passieren. Im noch heißen Mus die eingeweichte Gelatine auflösen. Kalt stellen, bis das Mus zu gelieren beginnt.
6. Inzwischen die Eigelbe dick und hell schlagen. Dabei nach und nach den restlichen Zucker zufügen. Wenn er vollkommen aufgelöst ist, die kochendheiße Milch, in die das ausgekratzte Mark der Vanilleschote gerührt wurde, hin-

zugießen. Alles zurück in den Topf schütten und auf mittlerem Feuer (weniger Geübte nehmen lieber ein Wasserbad) unter ständigem Schlagen erhitzen. Einmal aufwallen lassen, bis es blubbert, aber auf keinen Fall richtig kochen, weil sonst das Eigelb ausflockt und seine Bindungsfähigkeit verliert.

7. Nun abkühlen lassen. Damit das nicht so lange dauert, zuerst in eine kalte Schüssel umfüllen. Diese in das mit eiskaltem Wasser gefüllte Spülbecken stellen. Immer mal wieder umrühren, damit die Creme keine Haut kriegt.
8. Die kalte Creme mit dem gerade fest werdenden Apfelmus gründlich mischen.
9. Den inzwischen fertig gebackenen und ausgekühlten Biskuitboden mit der Unterseite nach oben in die Springform setzen. Die vorbereitete Apfelcreme einfüllen und glatt streichen. Endgültig im Kühlschrank fest werden lassen.
10. Für die Garnitur die beiden Äpfel schälen, mit einem Kernausstecher das Gehäuse ausbohren. Die Äpfel möglichst ordentlich in sehr dünne Scheiben schneiden. Diese sofort in einen Sud aus Wein, Zitronensaft und Zucker geben, damit sie sich nicht verfärben. 2 Minuten behutsam pochieren, bis die Apfelscheiben schmelzend zart, aber unbedingt noch fest in der Struktur sind.
11. Abtropfen lassen und rundum als Kranz möglichst in Dachziegelform auf die Tortenoberfläche setzen.
12. Die eingeweichte Gelatine im Sud auflösen. Wenn dieser abgekühlt ist, gleichmäßig auf die Torte gießen, so daß er sie wie ein transparenter Film vollkommen überzieht. Kalt stellen, bis auch der Überzug richtig schnittfest geworden ist.

Rhabarberkuchen

1. Butter bei Zimmertemperatur weich werden lassen. In der Zwischenzeit Form vorbereiten und Rhabarber putzen.
2. Weiche Butter in Küchenmaschine oder mit Handrührer zur hellen, weißen Creme schlagen, dabei langsam den Zucker hinzurieseln lassen und nacheinander die Eier zufügen. Wenn

Für eine Springform von 24 cm Durchmesser:

RÜHRTEIG:
150 g Butter, 150 g Zucker, 3 Eier, abgeriebene Zitronenschale, 2 EL Orangenlikör, 1 Prise Salz, 1 Tütchen Vanillezucker, 150 g Mehl, 50 g Stärke, 2 TL Backpulver

BELAG:
1 kg Rhabarber, 50 g Zucker, Puderzucker zum Bestäuben.

Am besten schmeckt der Kuchen noch eben lauwarm, zum starken Kaffe, der ruhig mit einem Klecks Schlagsahne gekrönt sein darf!

alles sich zu einer sahnigen, dicken Creme verbunden hat, mit Zitronenschale, Salz und Vanillezucker würzen.

3. Mehl, Stärke und Backpulver hinzusieben, rasch einarbeiten.
4. Jetzt sollten sowohl die Form vorbereitet sein: mit Butter ausgestrichen und mit Mehl ausgestäubt, wie auch der Rhabarber geputzt, gefädelt und in Stücke von 5 cm Länge geschnitten.
5. Die Teigmasse in die Form füllen. Die Rhabarberstücke dicht an dicht nebeneinander hineinstecken, senkrecht von oben nach unten.
6. Den Kuchen bei 180 Grad eine Stunde backen.
   Um festzustellen, ob der Kuchen gar ist, die Stäbchenprobe machen: ein Holzstäbchen an der dicksten Teigstelle senkrecht hineinstechen. Es muss absolut trocken wieder zum Vorschein kommen und sich warm an der Lippe anfühlen.
7. Den Kuchen zunächst mindestens 2, besser sogar 5 Minuten in der Form auskühlen lassen. Erst dann den Rand abnehmen und endgültig auskühlen lassen. Unbedingt einen Tortenheber verwenden, um ihn vom Springformboden auf die Tortenplatte zu transportieren. Vor dem Servieren mit Puderzucker bestäuben.

Schiacciata – flacher Obstkuchen

»Flachgedrückt« bedeutet die Übersetzung, (skiatscháta ausgesprochen), und genau das ist dieser Kuchen aus der Toskana auch: Ein flach ausgerollter Hefeteig, dicht mit Früchten der Saison belegt – im Sommer mit Kirschen, Heidel- Him- oder Brombeeren, im Herbst am liebsten mit den würzigen, winzigen blauen Weinbeeren, aus denen der duftende Chianti gepresst wird – und rasch bei guter Hitze gebacken. Schmeckt natürlich am besten frisch aus dem Ofen, noch warm …

Für ein rundes Blech von ca. 30 cm Durchmesser:

HEFETEIG:
300 g Mehl, ½ Würfel Hefe, ⅛ l Milch, 1 EL Zucker, 1 Ei, 1 Prise Salz,

BELAG:
ca. 750 g kleine blaue Weinbeeren, 3–4 EL Zucker

1. Das Mehl in eine Schüssel schütten. In die Mitte eine Vertiefung drücken, dorthinein die in Milch aufgelöste Hefe gießen, mit etwas Zucker und Mehl vom Rand vermischen. Zugedeckt 15 Minuten gehen lassen, bis dieser Vorteig aufgegangen ist und »brodelt«.

2. Die restlichen Zutaten zufügen, mit den Knethaken der Küchenmaschine einen geschmeidigen Teig kneten. Zu einer Kugel geformt zugedeckt an einem warmen Ort eine halbe Stunde gehen lassen, bis der Teig sich etwa verdoppelt hat.
3. Den Teig noch einmal durchwalken und zentimeterdünn ausrollen. Das Blech mit Butter einfetten und mit dem Teig auslegen.
4. Die Beeren von den Stielen zupfen und auf dem Teigboden verteilen. Mit Zucker bestreuen und mit Butterflöckchen besetzen.
5. Im 220 Grad heißen Ofen etwa 35 bis 40 Minuten backen, bis der Boden schön braun geworden ist.

AUSSERDEM:
Butter für die Form und für die Flöckchen obenauf

Dazu kann man Kaffee trinken, noch besser einen nicht zu süßen Vin Santo aus der Toskana.

Traubenkuchen mit Walnußöl

Es handelt sich hier um eine Pfälzer Spezialität: Früher wuchsen entlang der Landstraßen überall Walnußbäume. Aber im Ersten Weltkrieg wurden sie rigoros abgeholzt, weil man ihr Holz für Gewehrschäfte brauchte. Seither hat es sich nicht mehr eingebürgert, Hefeteig mit Walnussöl anstelle von Butter herzustellen.
Sie können den Kuchen in einer Springform backen, traditionell ist aber ein großes Ofenblech. Die Pfälzer Bauersfrauen buken solche Kuchen ganz rasch bei stärkster Hitze im Steinbackofen – bevor die Brote hineingeschoben wurden. Der Teig geht dann blitzschnell auf, wird außen knusprig und bleibt innen saftig. Und die Oberfläche mit den Trauben karamelisiert: ein Gedicht!

Für ein Backblech:

500 g Mehl, 1/8 l Milch, 1 Würfel Hefe (etwa 40 g), 80 g Zucker, 1 Ei, 1/8 l Walnußöl, 1 Prise Salz, 1 kg ganze Weinbeeren, 250 g Crème fraîche, 50–100 g Zucker nach Geschmack, 1 Handvoll geriebene oder gestiftelte Mandeln nach Belieben.

1. Das Mehl in eine Schüssel sieben und in der Mitte eine Mulde freimachen. Milch erwärmen, die Hefe darin auflösen. In die Hefemulde gießen und mit einer Gabel zu einem noch recht flüssigen Vorteig machen.
2. Den Ofen so heiß wie möglich vorheizen.
3. Den Vorteig 20 Minuten stehenlassen, dann – unter Hinzufügen der übrigen Zutaten – einen geschmeidigen Teig kneten. Gut zugedeckt noch mal gehen lassen. Einmal fest abschlagen, damit er schön feinporig wird.

4. Ein Backblech mit Walnußöl einstreichen und den Hefeteig darauf dünn, allerhöchstens ½ cm dick, ausrollen.
5. Die gründlich gewaschenen, abgetropften und abgezupften Weinbeeren darauf dicht an dicht verteilen. Mit der Hälfte der Crème fraîche in kleinen Flöckchen besetzen und auf der mittleren oder unteren Schiene in den Ofen schieben.
6. Eine genaue Backzeit läßt sich nicht angeben, die variiert von Herd zu Herd sehr stark nach Leistung – deshalb den Kuchen ständig kontrollieren! Nach etwa 5 Minuten das Blech umdrehen, so daß die vordere Partie nun nach hinten kommt.
7. Den fertigen Kuchen ein wenig abkühlen lassen, aber noch bevor er lauwarm ist, die restliche Crème fraîche glatt darauf verstreichen – sie soll ein wenig anschmelzen.
8. Nach Geschmack und Belieben sodann mit Zucker und Mandeln bestreuen.

Natürlich können Sie zu diesem Kuchen Kaffee oder Tee trinken. Aber ein Winzer empfiehlt garantiert Wein, und zwar seinen eigenen und nicht vom schlechtesten: Eine Beerenauslese, schon ein wenig gereift, darf es in diesem Fall durchaus sein!

Mandelbiskuit mit Erdbeercreme

FÜR DEN BISKUITTEIG:
3 Eiweiße, Salz, 2 EL Zucker, 3 Eigelbe, 2 EL Puderzucker, etwas abgeriebene Zitronenschale, 1 Messerspitze gemahlene Vanille (oder ½ TL Vanillezucker), 75 g geschälte, geriebene Mandeln, 1 EL Speisestärke

1. Weil das Eiweiß am empfindlichsten ist und auf keinen Fall mit Eigelb oder Fett in Berührung geraten darf, wird es als erstes steif geschlagen. Dabei eine Prise Salz zufügen und den Zucker hinzurieseln lassen.
2. Danach kann man mit denselben Schlägern in zweiter Schüssel die Eigelbe mit dem Puderzucker zu einer dicken, weißen Creme rühren; mit Zitronenschale und Vanille würzen.
3. Geriebene Mandeln und Stärke mischen, die Hälfte davon auf die Eigelbcreme streuen, die andere Hälfte behutsam unter den Eischnee mischen, der dadurch etwas Stabilität bekommt.
4. Ein Drittel des Eischnees rasch in die Eigelbcreme einarbeiten, restlichen Eischnee nur sehr locker und lose unterziehen.
5. Diese empfindliche Masse auf ein mit Backpapier belegtes Blech geben, auf eine Fläche von 22 x 25 cm verstreichen.
6. Sofort auf der mittleren Schiene in den auf 180 Grad vorgeheizten Backofen schieben und in etwa acht bis zehn Minuten hellbraun backen.

7. Die Biskuitplatte auf ein feuchtes Küchentuch stürzen. Das Papier vorsichtig abziehen – falls dies nicht schadlos geschieht und der Kuchen am Papier haften bleibt, mit kaltem Wasser einpinseln, damit sich überall der Teig davon löst. Teigplatte nun mit Hilfe des Küchentuchs aufrollen: einfach an der Breitseite anheben – notfalls mit der Hand nachhelfen. Es ist wichtig, daß man dies jetzt tut, weil im heißen Zustand der Teig noch elastisch ist und sich formen läßt, ohne zu brechen. Die Biskuitrolle abkühlen lassen.
8. Für die Füllung 200 Gramm geputzte Erdbeeren (die schönsten Beeren für die Garnitur heraussuchen: in Scheiben schneiden, mit etwas Zucker und etwas Zitronensaft würzen und zugedeckt marinieren) mit einem Löffel Zucker im Mixer pürieren, mit Zitronensaft abschmecken.
9. Gelatine in kaltem Wasser einweichen, dann schmelzen. Das geht am einfachsten in der Mikrowelle: 30 Sekunden bei 600 Watt; wer keine Mikrowelle hat, stellt das Schüsselchen mit ausgedrückter Gelatine ins heiße Wasserbad, bis sie geschmolzen ist. Zunächst mit kleiner Portion des Erdbeerpürees, dann auch mit der Restmenge verrühren. 1, 2 Stunden kalt stellen, bis die Gelatine fest zu werden beginnt.
10. Erst dann die Sahne mit dem restlichen Zucker steif schlagen und gleichmäßig unterziehen.
11. Die Teigroulade vorsichtig aufrollen und die Hälfte der Erdbeercreme auf der Teigplatte verstreichen. Wieder vorsichtig zusammenrollen und dick mit Puderzucker bestreuen. Im Kühlschrank vollkommen fest werden lassen.
12. Die restliche Creme in kleine Förmchen verteilen und ebenfalls zum Festwerden kalt stellen.
13. Zum Servieren die Rolle in Stücke schneiden und auf Desserttellern anrichten. Creme aus Förmchen lösen und danebensetzen.
14. Mit dem Erdbeersalat dekorieren. Falls vorhanden, den Teller mit Melisse- oder Minzeblättchen schmücken.

FÜR DIE ERDBEERCREME:
500 g Erdbeeren,
3 EL Zucker, Zitronensaft,
2 Blatt Gelatine, 1/8 l Sahne

FÜRS ANRICHTEN:
Puderzucker zum Bestäuben,
Melisse- oder Minzeblättchen
zum Dekorieren

Grüngelber Zitronenkuchen

Ein köstlicher Dessertkuchen, dem man gar nicht anmerkt, wie überaus üppig und gehaltvoll er ist, weil er dank seiner erfrischenden Säure so leicht und duftig wirkt. Ganz wichtig ist übrigens, daß man mit taufrischen Eiern arbeitet (sie geben die schönere Konsistenz) und wirklich Süßrahmbutter verwendet – die bei uns üblichere Sauerrahmbutter flockt in Verbindung mit soviel Säure aus.

Für eine runde Springform von 26 cm Durchmesser:

MÜRBTEIG:
250 g Mehl, 150 g Butter, 75 g Zucker, 1 Prise Salz, 1 Eigelb

BELAG:
3 taufrische Eier, 100 g Zucker, 2 Zitronen, 150 g Süßrahmbutter, 100 g gemahlene Mandeln

GARNITUR:
2 Zitronen, 2 Limetten, 150 g Zucker, 200 ml Wasser

1. Für den Teig das Mehl auf die Arbeitsfläche häufen. Die Butter in Flöckchen schneiden und darauf verteilen, den Zucker darüberstreuen, die Prise Salz nicht vergessen und schließlich das Eigelb in die Mitte setzen.
2. Rasch mit kühlen Händen zu einem festen Teig verarbeiten. Auf keinen Fall mehr Mehl zufügen, als angegeben. Wenn der Teig zu weich wird (liegt an zuviel Wärme) kalt stellen, bis er wieder fest geworden ist. In jedem Fall den Teig in Folie gehüllt eine halbe Stunde ruhen lassen, bevor er verarbeitet wird.
3. Den Teig schließlich auf der mit Mehl bestäubten Arbeitsfläche messerrückendünn ausrollen, eine mit Butter ausgestrichene Springform damit auskleiden, darauf achten, daß der Boden nirgendwo reißt – denn die Füllung ist so flüssig, daß sie sofort auslaufen würde.
4. Den Boden mit einem exakt zugeschnittenen Blatt Pergament auslegen, darauf Hülsenfrüchte (Bohnen, Erbsen oder Linsen) zum Beschweren schütten – die Form in den 220 Grad vorgeheizten Backofen stellen, den Teigboden zehn Minuten vorbacken.
5. Die Hülsenfrüchte herausnehmen, das Pergamentpapier entfernen.
6. Für den Belag Eier, Zucker, Saft und abgeriebene Schale der Zitronen gründlich verquirlen. Die geschmolzene und wieder abgekühlte, aber flüssige Butter sowie die Mandeln unterrühren. In die Form auf den vorgebackenen Boden füllen.
7. Den Kuchen bei 220 Grad eine halbe Stunde backen.
8. In der Zwischenzeit die Zitronen und Limetten für die Garnitur heiß abbürsten. Dann auf der elektrischen Auf-

schnittmaschine in exakte, sehr dünne Scheiben schneiden. Die Endstücke herauslesen, Kerne aus den übrigen Scheiben entfernen.

9. Einen Sirup aus Zucker und Wasser kochen, die schönen, etwa gleich großen Scheiben darin etwa 10 Minuten köcheln, dann neben dem Herd weitere 20 Minuten ziehen lassen.
10. Kandierte Zitronen- und Limettenscheiben abwechselnd von außen nach innen auf die Oberfläche des Zitronenkuchens setzen – so, daß sie ein hübsches Muster ergeben.
11. Den Zitronensirup noch dicker einkochen und schließlich die Kuchenoberfläche damit einpinseln, damit sie schön glänzt.

Die Zitronen- und Limettenscheiben sind zwar sehr dekorativ, machen aber auch ganz schön Mühe – man kann den Kuchen auch getrost ohne diesen Schmuck servieren. Er schmeckt auch so köstlich!

Walnußtorte

Für eine Springform von 26 cm Durchmesser:

MÜRBTEIG:
350 g Mehl, 250 g Butter, 200 g Zucker, 1 Prise Salz, 1 Ei.

NUSSFÜLLUNG:
200 g Zucker, 300 g Walnüsse, 100 g süße Sahne, 3 EL Honig.

AUSSERDEM:
Butter und Mehl für Form, 1 Eigelb und 2 EL süße Sahne zum Bestreichen

1. Den Teig rasch zusammenkneten, zu einer Kugel geformt und in Folie gepackt 30 Minuten kalt stellen.
2. Für die Füllung Zucker zu goldenem Karamel schmelzen, die grobgehackten Nüsse zufügen und mitrösten. Zum Schluß mit der Sahne ablöschen und den Honig einrühren. Alles gut mischen und etwas abkühlen lassen.
3. Die gebutterte und mit Mehl ausgestreute Form mit zwei Dritteln Teig dünn ausschlagen. Die Nußmasse einfüllen. Den restlichen Teig ebenfalls dünn ausrollen, die Torte damit abdecken. An den Rändern gut festdrücken. Aus den Teigresten Sternchen ausstechen und die Oberfläche damit verzieren. Mit Eiersahne einpinseln.
4. Die Nußtorte im 200 Grad heißen Ofen etwa 40 Minuten backen.

Am liebsten bäckt man in Baden diese Torte zu Weihnachten – aber da man in dieser Zeit ohnehin zu viel ißt, gibt es diese Kalorienbombe bei uns erst im Januar!

Schokoladentorte

Unsere Version der Sachertorte. Kein Stäubchen Mehl ist hierin zu finden, die Torte ist duftig und saftig zugleich. Und, das Besondere daran: Sie wird täglich besser und schmeckt zwei Wochen nach ihrer Fertigstellung noch erlesener als am ersten Tag. Übrigens schmeckt der Kuchen auch ohne Füllung – dann allerdings bleibt er nicht so lange saftig!

Für eine Springform von 24 cm Durchmesser:

6 Eigelbe, 150 g Puderzucker, 1 Tütchen Vanillezucker, 150 g weiche Butter, 200 g Bitterschokolade, 70 g Mandeln, 6 Eiweiße, 100 g Zucker

AUSSERDEM:
Butter für die Form, 200 g Aprikosenkonfitüre, 200 g Zucker, 1/8 l Wasser, 150 g Kuvertüre zum Überziehen

1. Das Eigelb mit dem Handrührer dick und hell schlagen, dabei Puderzucker und Vanillezucker zufügen. Schließlich die weiche Butter unterschlagen. Die Schokolade sanft schmelzen – entweder im Wasserbad oder auf der warmen Herdplatte; praktisch ist auch die Mikrowelle: fünfminutenweise auf stärkster Stufe, jedesmal erneut prüfen, ob die Schokolade nicht bereits weich genug ist. Langsam in die hellschaumige Creme rühren.
2. Die feingeriebenen Mandeln auf die Oberfläche streuen. Die Eiweiß schließlich mit dem Zucker sehr steif schlagen und obenauf setzen. Mit Gummischaber behutsam mischen.
3. Sofort in eine Form füllen, deren Boden mit einem exakt zugeschnittenen Blatt Backpapier ausgelegt und deren Rand mit Butter ausgestrichen ist.
4. Im 170 Grad vorgeheizten Ofen (Ober- und Unterhitze – bei Heißluft nicht mehr als 155 Grad!) zunächst 12 bis 15 Minuten »an«-backen, dabei jedoch die Ofentür einen Spalt weit offen halten. Den Ofen dann schließen und den Kuchen eine Stunde langsam zu Ende backen. Er ist gar, wenn er sanftem Fingerdruck Widerstand bietet. Eine Stäbchenprobe zur Sicherheit ist immer ratsam.
5. Ein Kuchengitter auf die Form legen, diese stürzen, aber nicht abnehmen. Den Kuchen etwa 20 Minuten abkühlen, dann wieder in Normalstellung drehen und endgültig auskühlen lassen. Auf diese Weise bleibt der Kuchen schöner in Form.
6. Den kalten Kuchen wieder auf den Kopf drehen (also auf das Gitter), die Form abheben, das Papier vom Boden abziehen – das geht übrigens ganz leicht, wenn man es sehr vorsichtig ein wenig anfeuchtet.
7. Den Kuchen mit einem Faden oder großen Messer quer in zwei Hälften schneiden. Jede Hälfte mit leicht erwärmter

Aprikosenkonfitüre (Mikrowelle: höchste Stufe 90 Sekunden) bestreichen.

8. Für den Schokoladenguß Zucker und Wasser auf starkem Feuer 5 Minuten kräftig einkochen. Diesen Sirup so weit auskühlen lassen, daß man ihn gut anfassen kann. Die Schokolade hineinbröckeln und zu einem glatten Guß verrühren. Er hat die richtige Konsistenz, wenn er einen Kochlöffel dick überzieht. Der Guß darf übrigens auf keinen Fall zu warm werden, weil er sonst nicht glänzt, sondern stumpf bleibt.
9. Den Schokoladenguß auf die Tortenmitte gießen, mit einer Palette sofort glatt streichen, auch rundum den Rand mit Guß bestreichen. Die Glasur über Nacht fest und trocken werden lassen.

Damit die Schokolade auf keinen Fall zu heiß wird: Zuerst eine Hälfte auf mildem Feuer schmelzen, dann vom Herd ziehen, Rest zufügen

Dazu reicht man duftige Schlagsahne und natürlich einen extrastarken Kaffee.

Mohnkuchen

Unser Lieblingskuchen – wir haben so lange daran herumgetüftelt, daß er in unsren Augen perfekt ist: duftig, luftig und locker, dabei herrlich saftig und vor allem nicht zu süß. Er paßt sogar zum Glas Wein!

Für eine Springform von 24 cm Durchmesser:

200 g weiche Butter, 5 Eigelbe, 50 g Puderzucker, 1 EL Rum, 1 EL Orangenlikör, abgeriebene Schale einer halben unbehandelten Zitrone, 200 g Walnüsse oder Mandeln, 200 g Mohn, 5 Eiweiß, 130 g Zucker, Puderzucker zum Bestäuben

1. Die Butter mit Eigelben und Puderzucker zu einer dicken, weißen Creme schlagen. Erst dann Rum, Orangenlikör und Zitronenschale zufügen und noch so lange rühren, bis die Creme glänzt und steif ist. Die geriebenen Nüsse und den gemahlenen Mohn unterrühren. Zum Schluß den mit Zucker steifgeschlagenen Eischnee unterziehen.
2. Die Masse sofort in eine ausgefettete Form füllen. Im auf 170 Grad vorgeheizten Backofen (Heißluft nicht mehr als 155 Grad) eine gute Stunde backen. (Stäbchenprobe!)
3. Aus der Form lösen, auf ein Kuchengitter gestürzt auskühlen lassen. Dann den Kuchen auf eine Kuchenplatte setzen, die Oberfläche dick mit Puderzucker einstäuben.

Serviert wird die Mohntorte mit Schlagsahne. Sie schmeckt am besten, wenn sie richtig durchgezogen ist also erst am nächsten Tag.

So schlägt man Eiweiß zu steifem Schnee

Zweierlei ist ganz besonders wichtig, damit der Eischnee die richtige Konsistenz bekommt: Der Schaumschläger muß Geduld beweisen, denn es dauert schon eine Weile, bis der Schnee die entsprechende Beschaffenheit hat. Und: Die Rührschüssel muß groß genug sein. Eiweiß braucht Platz, um sich zu festem Schnee aufzuplustern. Ob Sie mit Küchenmaschine oder elektrischem Handrührer arbeiten: stets eine kleine Stufe benutzen, allenfalls eine mittlere. Die stärkste Stufe erst ganz zum Schluß für die letzten paar Minuten einsetzen, um dem Eischnee mehr Stabilität zu geben. Wer gleich zu Anfang hochtourig schlägt, kriegt unter Umständen das Eiweiß nie richtig steif. Eine Prise Salz kann man zu Beginn zufügen, den nötigen Zucker erst dann langsam hinzurieseln lassen, wenn der Schnee beginnt, fest zu werden. Nie zuviel auf einmal, sonst kann der Schnee die Luft nicht halten und fällt rasch wieder in sich zusammen. Den Eischnee niemals stehen lassen, sondern immer sofort weiterverarbeiten.

Punschtorte

Für eine Springform von 24 cm Durchmesser:

6 Eier, 200 g geschälte, geriebene Mandeln, 200 g Zucker, 2 EL Rum, 1 TL Curaçao, 1 Prise Salz, 30 g Stärke, 3 g Backpulver (½ TL), 100 g flüssige Butter

PUNSCHFÜLLUNG: 0,1 l Rum, ⅛ l Wasser, 100 g Zucker, Saft und Schale von ½ unbehandelten Zitrone, 1 EL gehacktes Orangeat, 2 EL Aprikosenkonfitüre

Sie ist sehr saftig, schmelzend, zart und natürlich ein hochgeistiges Vergnügen. Den Biskuitboden sollte man bereits am Vortag backen, damit er genügend Festigkeit bekommt.

1. Für den Mandelbiskuit zwei ganze Eier und vier Eigelbe mit der Küchenmaschine dick und hell schlagen. Mandeln und 100 Gramm Zucker mischen, unter die Eiercreme rühren, dabei Rum, Curaçao, Salz, Stärke und Backpulver zufügen, Eiweiß mit dem restlichen Zucker sehr steif schlagen und zusammen mit der lauwarmen, flüssigen Butter unterziehen.
2. Die Masse in eine mit Backpapier ausgelegte Form füllen, im auf 180 Grad vorgeheizten Ofen etwa 25 Minuten blond backen. Auf ein Gitter gestürzt auskühlen – das Papier im warmen Zustand abziehen.
3. Die Torte quer in drei Böden schneiden – wobei der obere und untere Boden etwa 2 cm stark sein soll.
4. Für die Punschfüllung den etwas dickeren mittleren Boden in Würfel von etwa 2 bis 3 cm Kantenlänge schneiden.
   In einer flachen Schale verteilen und mit etwas Rum tränken.

Den restlichen Rum dann in den aus Wasser, Zucker, Zitronensaft und Zitronenschale gekochten Sirup gießen. Orangeat und die Konfitüre unterrühren. Die Biskuitwürfel mit dieser Mischung bedecken und ziehen lassen.

5. Einen der beiden anderen Böden mit Aprikosenkonfitüre bestreichen und, die glatte Seite nach unten, in einen Tortenring setzen. Die getränkten Biskuitwürfel darauf verteilen. Mit dem zweiten Tortenboden abdecken. Mit einem Brett beschwert über Nacht stehen lassen. Den Ring abheben, die Torte umdrehen. Die Oberfläche und den Rand mit der restlichen Aprikosenkonfitüre einstreichen.
6. Für den Guß Puderzucker mit Rum glatt rühren. 2 Eßlöffel davon abnehmen. Rest mit Speisefarbe rosa einfärben. Die Torte mit dem Guß überziehen.
7. Den restlichen weißen Guß in eine kleine Papiertüte füllen, damit kreuz und quer Linien auf der Oberfläche ziehen. Mit den kandierten Kirschen verzieren.

GUSS:
200 g Puderzucker, 3 EL Rum, etwas rote Speisefarbe

AUSSERDEM:
Etwa 200 g Aprikosenkonfitüre, kandierte Kirschen

Wie man aus einer Torte 15 Stücke schneidet: In einer deutschen Konditorei wird eine Torte in 12 Stücke geteilt. In Österreich liebt man's zierlich, schneidet 15 Stücke daraus. Wie? Lassen Sie Ihre Gäste mal rätseln! Die Lösung: Zuerst wird ein Tortenstück aus dem Rund geschnitten. Dann die Torte vierteln. Die oberen zwei Viertel in je 4, die unteren in je 3 Stücke teilen. Mit dem herausgeschnittenen sind es dann genau 15 Tortenstücke.

Linzertorte

Neben der Sachertorte ist sie sicher das berühmteste unter den Prachtstücken österreichischer Mehlspeisenkunst. Die Linzer Kochkunst war schon im 18. Jahrhundert hochberühmt. Die *Linzer Torte* findet sich erstmals in dem »Salzburgischen Koch-Buch«, das im Jahr 1719 erschien. In seinen vorderöstereichischen Zeiten ist die Linzertorte auch in Baden heimisch geworden. Bis heute hat das Rezept natürlich eine Menge Veränderungen erlebt. Es gibt die mürbteigähnliche Variante, die geknetet wird, und die gerührte mit vielen Eiern. In jedem Fall ist die Linzertorte wunderbar für den Vorrat geeignet. Sie schmeckt um so besser, je länger sie hat durchziehen dürfen. Frisch sollte sie ohnehin nicht verspeist werden, sie muß vielmehr unbedingt zunächst einige Tage in einer Blechdose oder in Plastikfolie verpackt durchziehen, um mürbe zu werden.

1. Butter und Eigelbe dick und schaumig rühren, dabei Zitronensaft und -schale sowie die Gewürze zufügen. Mandeln,

Für eine Springform von 26 cm Durchmesser:

250 g Butter, 4 Eigelbe, Saft und abgeriebene Schale einer halben unbehandelten Zitrone, je ½ TL gemahlene Nelke und Zimt, ca. 250 g geriebene Mandeln, 250 g Zucker, 250 g Mehl, 200 g Himbeer-, rote Johannisbeerkonfitüre oder Hagebuttenmark

AUSSERDEM:
1 Ei zum Bestreichen, 50 g grob gehackte Pistazien

Zucker und Mehl mischen und rasch unter die Buttercreme arbeiten, bis ein geschmeidiger Mürbeteig entsteht.

2. Zwei Drittel davon 2 cm dick in der mit Backpapier ausgelegten Form verteilen. Mit der Konfitüre dick einstreichen, jedoch rundum einen fingerbreiten Rand lassen.
3. Aus dem restlichen Teig haselnußgroße Kugeln formen, zunächst rundum einen Rand setzen, übrige in hübschem Muster auf der Oberfläche verteilen. Mit verquirltem Ei einpinseln. Gehackte Pistazien darüber streuen.
4. Die Linzertorte im 175 Grad heißen Backofen etwa eine Stunde hellbraun backen.

Tip: Man kann die Torte auch auf dem Backblech backen – dann ist alles noch einfacher: Zwei Drittel des Teigs auf dem Blech ausrollen, mit Marmelade bestreichen. Aus dem restlichen Teig schmale Streifen schneiden und als Gitter darauf anordnen.

Variation: Linzer Schnitten

Passen wunderbar auf die Kaffetafel, sind hübsche Petit Fours und sogar prima auf dem bunten Teller zum Advent. Der Teig läßt sich übrigens ebenfalls in einer Springform zur Linzertorte backen – sie gerät damit mürber und noch krumiger.

Für 1 Backblech, ergibt ca. 50 Stück:

50 g zartbittere Schokolade, 150 g Haselnüsse, 150 g Butter, 150 g Puderzucker, 1 Ei, 1 Messerspitze Nelkenpulver, ½ TL Zimtpulver, ein Hauch Muskat, ½ TL Vanille-Extrakt, 1 Prise Salz, abgeriebene Schale einer Zitrone, 2 Gläschen Kirschwasser, 250 g Mehl, 1 gestrichener TL Backpulver, 1 gehäufter EL Kakaopulver, 200 g Himbeerkonfitüre

1. Die Schokolade in Stücke brechen und in der Mikrowelle (stärkste Stufe/5 Minuten) oder im Wasserbad schmelzen. Die Haselnüsse auf einem Blech verteilen, bei 180 Grad 8 Minuten rösten, dann im Zerhacker zu nicht ganz feinem Pulver mixen.
2. Unterdessen Butter und Zucker in einer Schüssel mit den Fingern zu Bröseln mischen, zerkleinerte Nüsse zufügen, ebenso das Ei und alle Gewürze, einschließlich der Prise Salz und der Zitronenschale. Jetzt einen Holzlöffel nehmen und alles mischen, dabei die Masse mit Kirschwasser benetzen.
3. Mehl, Backpulver und Kakao durch ein Sieb hinzufügen, dann wieder mit den Händen rasch zu einem Teig kneten. Zu einer Kugel formen und eine Stunde kalt stellen. Auf bemehlter Arbeitsfläche ca. 2 mm dünn ausrollen.

Mit etwa der Hälfte dieser Teigplatte ein mit Backpapier belegtes Blech auslegen. Diesen Boden gleichmäßig mit Himbeerkonfitüre bestreichen.

4. Aus dem restlichen Teig Sterne ausstechen und gleichmäßig auf der himbeerbestrichenen Teigfläche so verteilen, daß die Zacken immer ineinandergreifen, aber dazwischen die Konfitüre herausschauen lassen. Je nach Jahreszeit kann man natürlich auch Herzen oder Streifen nehmen.
5. Bei 200 Grad etwa 15 Minuten backen. Auskühlen lassen, erst dann in Dreiecke schneiden. Am besten geht das mit einem Sägemässer.

Die Schnitten in gut schließenden Blechdosen aufbewahren.

Dazu paßt eine Beerenauslese aus dem Burgenland oder ein Tokayer, eine sogenannte Essenzia oder ein Ausbruch.

Käsekuchen

Immer geht der Käsekuchen im Ofen wunderbar auf, präsentiert sich prachtvoll und hochgewölbt in seinem Mürbteigrand. Und kaum steht er eine Weile, sinkt er wieder kraftlos in sich zusammen. Um das zu verhindern, gibt es einen Trick: den Kuchen bei milder Hitze backen, damit die Eier die Quarkmasse sanft stabilisieren können. Und: Den Kuchen nach der halben Backzeit aus dem Ofen holen, mit einem spitzen Messer vorsichtig zwischen Teigrand und Füllung entlangfahren, den Kuchen fünf Minuten abkühlen lassen, bevor man ihn endgültig fertigbäckt. Diese Prozedur am besten noch einmal wiederholen.

Für eine Springform von 24 cm Durchmesser:

TEIG:
300 g Mehl, 100 g Zucker, 200 g Butter, 1 Ei, 1 Tütchen Vanillezucker, abgeriebene Schale ½ unbehandelten Zitrone

FÜLLUNG:
500 g gründlich abgetropfter Schichtkäse, 100 g Puderzucker, 7 Eier, 200 g Crème fraîche, 1 EL Stärke, 1 EL Mehl, abgeriebene Schale und Saft einer halben unbehandelten Zitrone, 1 Tütchen Vanillezucker, 75 g Rosinen, in 4 EL Rum eingeweicht, 50 g Zucker, 1 Prise Salz

1. Für den Teig Zutaten rasch zusammenkneten. Zur Rolle geformt, in Folie gepackt eine halbe Stunde kühl, aber nicht kalt stellen.
2. Teig auf Arbeitsfläche ausrollen – nur wenig Mehl für Arbeitsfläche nehmen, wer auf einer Stein- (Marmor-, Granit-) fläche arbeitet, kann sich Mehl ohnehin sparen – daran klebt der ziemlich fette Teig gar nicht erst fest.
3. Boden der Form mit Backpapier auslegen, den Rand fetten und so ansetzen, daß das Papier nach außen gelangt, von ihm festgeklemmt ist und nur den Boden bedeckt. Die Form mit

Teig ausschlagen, den Teig am Rand der Form gut festdrücken.

4. Für die Füllung Schichtkäse mit Puderzucker und Eigelben glatt mixen. Crème fraîche, Zitronenschale und -saft, Vanillezucker und Rum (von Rumrosinen) verquirlen und unterrühren.
5. Die Eiweiße mit dem Zucker zu cremigsteifer Salbe schlagen, Salzprise zu Beginn nicht vergessen! Unter die Masse heben, dabei auch die Rosinen untermischen. In die vorbereitete Form füllen.
6. Den Kuchen zunächst im auf 220 Grad vorgeheizten Backofen (auf dem Boden oder bei Unterhitze) 10 Minuten anbacken, dann auf 160 Grad herunterschalten und den Kuchen in etwa 60 Minuten fertigbacken.

Der Käsekuchen schmeckt am besten frisch, wenn er gerade noch eben lauwarm ist.

Hefeteig (Grundrezept)

Vor ihm haben viele einen Heidenrespekt, dabei kann man eigentlich kaum etwas falsch damit machen. Und er ist so unendlich vielseitig. Das Grundrezept ist völlig neutral, man kann den Teig also süß wie salzig verarbeiten:

Zutaten:

500 g Mehl, 1 EL Zucker, 1 Würfel Hefe (42 g), ⅜ l Milch, 3 Eier, 1 Prise Salz, 120 g Butter

1. Mehl in eine tiefe Schüssel häufen. Zucker mit zerbröckelter Hefe und ⅛ Liter lauwarmer Milch verquirlen. In eine Mulde in der Mitte gießen und mit etwas Mehl vom Rand zu einem Brei mischen. Zugedeckt an warmem Ort eine halbe Stunde gehen lassen, bis der Vorteig sich verdoppelt hat und Blasen zeigt.
2. Die restliche Milch mit den Eiern, Salz und dem zerlassenen Bett verquirlen und in die Mehlschüssel rühren. Am besten mit den Knethaken des Handrührgerätes oder mit der Küchenmaschine arbeiten.
3. So lange schlagen, bis der Teig glatt und seidig wirkt, Blasen wirft und sich gut vom Schüsselrand löst. Wieder an einem warmen Ort unter einem Tuch gehen lassen, bis sich die Menge verdoppelt hat.

4. Wer Zeit hat, kann den Teig schon am Vortag ansetzen; dann braucht man keinen Vorteig, sondern verrührt alle Zutaten sofort mit den Knethaken des Handrührgeräts zu einem geschmeidigen Teig und stellt ihn in einer Plastiktüte oder einem dicht verschlossenen und ausreichend großen Behälter (der Teig braucht Platz, um aufzugehen!) oder in geräumiger Plastiktüte bis zum nächsten Tag in den Kühlschrank.
5. Dann den Teig noch einmal kräftig auf der bemehlten Arbeitsfläche durchwalken und nach Rezept verarbeiten. Zum Beispiel zu:

Marzipanbuchteln

Für etwa 40 Stück:

1 Portion Hefeteig nach dem Grundrezept (siehe Seite 826)

FÜLLUNG:
50 g Rosinen, 2 EL Rum, 75 g Rohmarzipan, 2 EL Puderzucker, 50 g grobgehackte Mandeln

AUSSERDEM:
50 g Butter für die Form, Puderzucker zum Bestäuben

1. Den Hefeteig nach dem Grundrezept auf kaltem oder warmem Weg gehen lassen.
2. Inzwischen die Rosinen in Rum einweichen. Anschließend abtropfen lassen. Den Rum auffangen und mit dem Marzipan verkneten, auch den Puderzucker, die Mandeln und die Rosinen untermischen.
3. Vom Hefeteig mit einem Eßlöffel walnußgroße Stücke abstechen, auf der Arbeitsfläche mit der Handfläche etwas flachdrücken, jeweils einen kleinen Teelöffel Füllung in die Mitte setzen. Den Teig darüber zusammenschlagen und gut zudrücken. Dann zu einer Kugel formen.
4. Die Butter in einer ofenfesten flachen Form zerlassen. Die Buchteln darin wenden und nebeneinander hineinsetzen. Zugedeckt eine halbe Stunde gehen lassen. Schließlich im auf 200 Grad vorgeheizten Ofen etwa 25 Minuten backen, bis die Buchteln goldbraun geworden sind.

Mit Puderzucker bestreuen und am besten noch warm verspeisen. Zum Beispiel mit einer Fruchtsauce oder einfach pur zum Kaffee.

Mohnbuchteln

1. Hefeteig nach Grundrezept zubereiten und gehen lassen.
2. Den feingemahlenen Mohn mit der kochendheißen Milch überbrühen und quellen lassen, dabei Honig und Zimt unterrühren.

Für etwa 40 Stück:

1 Portion Hefeteig nach dem Grundrezept (siehe Seite 826)

FÜLLUNG:
250 g Mohn, 1/8 l Milch, 3 EL Honig, etwas Zimt

AUSSERDEM:
EL Butter, 2 EL Zucker für die Pfanne, Puderzucker

3. Vom Teig tischtennisballgroße Häppchen nehmen, jeweils flach drücken, einen Teelöffel Füllung in die Mitte setzen. Teig wieder darüber zusammenschlagen und gut zudrücken.
4. Die Buchteln zur Kugel formen und nebeneinander in eine flache Ofenform setzen, in der bereits das Fett geschmolzen ist, sorgsam darin wenden, damit sie sich nach dem Backen gut voneinander lösen.
5. Im vorgeheizten Rohr 30 Minuten backen. Noch heiß mit Puderzucker bestreuen.

Dukatennudeln

Sie schmecken am besten noch warm, mit Vanillesauce (Rezept auf Seite 334) oder einer Weinschaumsauce (Seite 328).

Für etwa 40 Stück:

1 Portion Hefeteig nach dem Grundrezept, 150 g Zwetschgenmus zum Füllen, 75 g Butter

1. Teig nach dem Grundrezept zubereiten und gehen lassen.
2. Mit einem Teelöffel kleine Stückchen abstechen, mit einem Klecks Zwetschgenmus füllen und wieder gut verschließen, damit nichts ausläuft.
3. Gefüllte Teigstücke in der geschmolzenen Butter umwenden und dicht nebeneinander in eine feuerfeste Form schichten.
4. Bei 220 Grad im vorgeheizten Backofen 20 Minuten backen.

Nusskipferln

Für etwa 35 Gebäckstücke:

1 Rezept Hefeteig (siehe Seite 826)

FÜLLUNG:
250 g Haselnüsse, 200 g Honig, abgeriebene Schale 1 unbehandelten Zitrone, etwa 1/8 l Sahne, 1 EL Semmelbrösel, Zimt

1. Den Teig wie beschrieben zubereiten und gehen lassen.
2. Inzwischen für die Füllung die Haselnüsse in der trockenen Pfanne so lange rösten, bis sie duften, dabei immer wieder rütteln und schütteln, damit sie gleichmäßig bräunen. Im Zerhacker fein zerkleinern. Honig, Zitronenschale und Sahne zufügen. Semmelbrösel und den Zimt unterrühren.
3. Den Teig auf der bemehlten Arbeitsfläche dünn ausrollen, spitzwinklige Dreiecke herausschneiden. Auf der breiten Seite jeweils 1 Eßlöffel Nußfüllung verteilen. Von dort her den Teig aufrollen, die spitze Ecke mit Eiweiß festkleben.

4. Die Hörnchen (Kipferln) auf ein mit Backpapier belegtes Blech setzen, mit Eigelb einpinseln, das mit Sahne verquirlt wurde, und im vorgeheizten Backofen bei 220 Grad etwa 25 Minuten goldbraun backen.

AUSSERDEM:
1 Ei, 2 EL Sahne

Brioche

Die zarteste Versuchung, seit man weiß, Hefeteig zu backen: eine üppige Angelegenheit, mit vielen Eiern, reichlich Butter, unwiderstehlich für Süßes, wie Marmeladen, aber auch für salzige Leckerbissen, mit Gänseleber, guter Kalbsleberwurst oder herzhaftem Schmalz. Die typische Briocheform, ein runder Kuchen in einer gewellten Form gebacken, mit einem Kugelkopf in der Mitte, läßt sich als kleines Portionsküchlein aber auch aus der ganzen Teigmenge herstellen. Die Förmchen oder Form bekommt man in jedem guten Haushaltsgeschäft. Natürlich ist auch eine in der Kastenform gebackene Brioche stilecht, vor allem, wenn man Gänseleber dazu reicht.

Für 6 Personen:

BRIOCHE-TEIG:
500 g Mehl, 1 EL Zucker, 1 Würfel Hefe (42 g), knapp 0,2 l Milch, 3 Eier, 1 Prise Salz, 200 g Butter

1. Das Mehl in eine tiefe Schüssel häufen. Zucker mit der zerbröckelten Hefe und ⅛ l lauwarmer Milch verquirlen. In eine Mulde in der Mitte gießen und mit etwas Mehl vom Rand zu einem Brei mischen. Zugedeckt an einem warmen Ort eine halbe Stunde gehen lassen, bis der Vorteig sich verdoppelt hat und Blasen zeigt.
2. Die restliche Milch mit den Eiern und Salz verquirlen und in die Mehlschüssel gießen, die weiche, zimmerwarme Butter flöckchenweise zufügen. Mit den Knethaken des Handrührgerätes oder mit der Küchenmaschine alles zu einem weichen Teig verarbeiten.
3. So lange schlagen, bis der Teig glatt und seidig wirkt, Blasen wirft und sich gut vom Schüsselrand löst. Wieder an einem warmen Ort unter einem Tuch gehen lassen, bis sich die Menge verdoppelt hat.
4. Wer Zeit hat, kann den Teig schon am Vortag ansetzen. Am besten stellt man ihn dann in einem großen Plastikbeutel oder einem dicht verschlossenen und ausreichend großen Behälter (der Teig braucht Platz, um aufzugehen!) oder in einer geräumigen Plastiktüte bis zum nächsten Tag in den Kühlschrank.

5. Vor dem Verarbeiten schließlich den Teig noch einmal kräftig auf der bemehlten Arbeitsfläche durchwalken und dann weiter nach Rezept verfahren. Nach Belieben kleine Portionsbrioche, eine große Brioche oder eine Brioche in einer Kastenform herstellen.
6. Die Oberfläche jeweils mit Sahne einpinseln, je nach Größe der Form bei 200 Grad zwischen 20 Minuten und einer knappen Stunde backen, bis der Kuchen aufgegangen und schön gebräunt ist.

Mandelschnitten

TEIG:
120 g Butter, 150 g Zucker, 3 Eigelbe, abgeriebene Schale 1 Zitrone, 3 EL Amaretto, 200 g geriebene Mandeln, 1 TL Backpulver, 2 EL Mehl, 2 Eiweiß, 1 Prise Salz

AUSSERDEM:
Butter für die Form, 2 gehäufte EL Mandelblättchen

Die Schnitten schmecken am besten ganz frisch, noch lauwarm. Dazu eine Vanillesauce, ein Obstsalat oder eine frische Fruchtsauce.

1. Butter dick und schaumig schlagen, dabei die Hälfte des Zuckers langsam hinzurieseln lassen und schließlich nach und nach die Eigelbe. Die dicke, salbenähnliche Masse mit Zitronenschale und Amaretto würzen. Schließlich die Mandeln, das mit dem Backpulver vermischte Mehl untermischen. Und zum Schluss das mit dem restlichen Zucker steifgeschlagene Eiweiß (Salzprise beim Schlagen nicht vergessen!) unterziehen.
2. Diesen Teig in eine dick mit Butter ausgestrichene und mit Mandelblättchen ausgestreute kleine rechteckige Form füllen – so, daß er etwa zweifingerhoch drinsteht. Bei 170 Grad auf der untersten Schiene im vorgeheizten Backofen etwa eine halbe Stunde backen.
3. Kurz auskühlen lassen, dann auf ein Gitter stürzen. In Quadrate oder Rauten schneiden.

Quarkschnitten mit Früchten

Zarte Früchte werden auf den frisch gebackenen Kuchen aufgelegt, zum Beispiel Himbeeren: Sie werden dicht an dicht nebeneinander obenauf gesetzt und dann mit Puderzucker bestäubt.

Festfleischiges Obst wird besser mitgebacken: dafür zum Beispiel Aprikosen, Birnen oder Pfirsiche in Schnitze schneiden und zuunterst auf das Blech drapieren, die Quarkmasse obenauf und nach dem Backen in Stücke schneiden.

Für ein Backblech oder eine Springform (26 cm Durchmesser):

200 g Butter, 200 g Zucker, 8 Eier, 200 g gut abgetropfter Magerquark, 200 g geriebene Haselnüsse oder Mandeln, ca. 500 g Früchte (Himbeeren, Aprikosen, Birnen etc.) Puderzucker

1. Butter und 100 Gramm Zucker schaumig rühren, die Eigelbe nacheinander einarbeiten. Den Quark und die Nüsse unterrühren und zum Schluß die mit dem restlichen Zucker steif geschlagenen Eiweiß unterziehen.
2. Diese Masse auf mit Backpapier ausgelegtes Blech streichen. Allerdings: Feste Früchte häuten, entsteinen, halbieren oder sogar in Stücke schneiden und zuvor auf dem Papier verteilen!
3. Bei 150 Grad 20 bis 25 Minuten backen. (In der Springform etwa eine Stunde.)
4. Auf den warmen Boden die Himbeeren dicht an dicht nebeneinandersetzen. Mit Puderzucker bestäuben und gleich zum Kaffee oder Espresso servieren.

Konfekt und Plätzchen

Panforte Senese – Sieneser Honigkuchen

Ähnlich wie unser Lebkuchen ist dies eine Süßigkeit mit tieferer Bedeutung. Die Gewürze, die im Panforte stecken, sind Sinnbild für die Würze des Lebens. Zucker und Honig stehen für seine Süße, die getrockneten Früchte für Saft und Kraft, die wiederum ein langes Leben verheißen. Ursprünglich war der Panforte wie eine Hostie nur den hohen kirchlichen Würdenträgern vorbehalten. Aber schon seit dem frühen 18. Jahrhundert dürfen sich auch Laien daran erfreuen.

Früher schenkte man ihn seinen Freunden zu Weihnachten. Weil der mit Mandeln, Kanditen und Honig gespickte Konfekt-Kuchen sich problemlos monatelang hält, konnte man den Panforte in alle Welt schicken und so den Ruf Sienas weitertragen. Heute gibt es ihn rund ums Jahr, und er wird auch anderswo hergestellt.

Wenn man sich die Arbeit schon macht, sollte man gleich eine größere Portion in Angriff nehmen. In hübschen Span- oder Blechschachteln verpackt ist der Panforte ein nettes Geschenk.

Für ein großes Backblech:

500 g Honig, 165 g Zucker, 500 g gewürfelte, kandierte Melone, 750 gewürfeltes Orangeat, 750 g abgezogene Mandeln, 400 g Haselnüsse, ½ TL schwarzer Pfeffer, 1 Tütchen Vanillezucker, ½ TL gemahlener Zimt, 125 g Mehl, große, rechteckige Backoblaten

1. In großem Topf Honig mit Zucker vollständig auflösen.
2. Inzwischen in trockener Pfanne klein gewürfelte Kanditen mit den nur sehr grob oder gar nicht zerkleinerten Mandeln erhitzen. Zum Honig geben, wenn dieser 3 Minuten lang sprudelnd gekocht hat, und alles sorgfältig vermischen.
3. Nach weiteren 2 Minuten die mittlerweile grobgehackten und ebenfalls in trockener Pfanne angerösteten Nüsse, die Gewürze sowie das Mehl unterrühren. Sobald alles gründlich vermischt und verrührt ist, den Topf vom Feuer ziehen.
4. Die Masse auf dem mit Backoblaten dicht ausgelegten Backblech gleichmäßig verstreichen. Mit Oblaten ebenso dicht bedecken. Bei 200 Grad im vorgeheizten Ofen etwa fünf bis acht Minuten backen.
5. Auskühlen lassen. In Würfel, Schnitten oder Rhomben teilen. In Zellophan verpackt in gut schließenden Dosen aufbewahren.

Gefüllte Walnußhörnchen

Für etwa 36 Stück:

TEIG:
120 g Butter, 4 Eigelbe, 30 g Zucker, 1 Prise Salz, ¼ l Milch, 30 g Hefe, 500 g Mehl

FÜLLUNG:
250 g Walnußkerne, 100 g Honig, 1 EL Vanillezucker, je 20 g Zitronat und Orangeat, 100 g Crème fraîche, 20 g Butter, 2 EL Semmelbrösel

1. Zimmerwarme Butter mit Eigelb dick- und hellschaumig schlagen. Nach und nach Zucker und das Salz hinzufügen.
2. Unterdessen die Milch erwärmen, bis sie lauwarm ist. Hefe hineinbröseln, darin auflösen.
3. Hefemilch an die Eimasse gießen und alles zu einer gut bindenden Creme rühren. Zum Schluß das Mehl einarbeiten und die Masse zu einem glatten, geschmeidigen Teig kneten und schlagen. An einem warmen Ort, mit einem Tuch zugedeckt, eine viertel bis eine halbe Stunde gehen lassen.
4. Inzwischen für die Füllung Nüsse, Honig, Vanillezucker, Zitronat und Orangeat im Mixer zerkleinern und vermischen. Crème fraîche hinzufügen. In der Butter die Semmelbrösel braun rösten und zum Schluß unter die Nußmasse mengen.
5. Den Teig auf einer bemehlten Arbeitsfläche mit ebenfalls bemehlter Rolle dünn ausrollen. Quadrate von etwa 8 cm Kantenlänge ausschneiden.

6. Auf jedes Quadrat ein Häufchen Fülle setzen, die Teigflecken jeweils von einer Ecke her aufrollen und die letzte Ecke fest andrücken, die Enden ein wenig zusammendrücken und das Ganze hufeisenförmig biegen.
7. Das Backblech mit einem Blatt Backpapier belegen, mit Mehl bestäuben und die Beugel darauflegen. Mit einer Mischung aus Ei und Sahne bestreichen und bei 175 Grad (Gas: Stufe 2) etwa 25 Minuten backen.

AUSSERDEM:
Mehl zum Ausrollen, 1 Ei und 2 EL süße Sahne zum Bestreichen

Glasierte Walnüsse

Werden als Knabberei zwischendurch gerne gegessen – wenn man Lust auf etwas Süßes hat. Sind mit Marzipan gefüllt ein köstliches Konfekt.

200 g ausgelöste Walnußkerne, 100 g Zucker, Öl zum Fritieren

1. Walnüsse mit kochendem Wasser übergießen und einige Minuten quellen lassen, abgießen und zwischen sauberen Küchentüchern abtrocknen. Dabei kräftig rubbeln, um möglichst viel von der dünnen dunkelbraunen Haut zu entfernen.
2. Die Nüsse in eine Schüssel geben, mit dem Zucker bestreuen und gut schütteln, damit die Glasur später gleichmäßig gerät. Ausgebreitet über Nacht trocknen lassen.
3. Am nächsten Tag das Öl zum Fritieren erhitzen. Nüsse darin ausbacken, dabei ständig bewegen, damit sie sich rundum golden färben und nicht anbrennen. Mit einer Schaumkelle herausheben und auf Küchenpapier abtropfen lassen.

Cantucci – toskanisches Mandelgebäck

Für 40 – 60 Stück:

4 Eier, 500 g Zucker, 500 g Mehl, 1 Prise Salz, ½ TL Backpulver, 250 g Mandeln

Ein zweimal gebackenes Gebäck, das wunderbar knusprig ist, köstlich zu Vin Santo schmeckt und sich lange hält.

1. Die Eier mit der Küchenmaschine dick und schaumig rühren, dabei den Zucker hinzurieseln lassen. In die homogene

Masse das Mehl rasch einarbeiten, dabei die Salzprise und das Backpulver nicht vergessen.
2. Die Mandeln grob hacken und unter den Teig mischen.
3. Mit bemehlten Händen den Teig zu langen Strängen formen, die den Durchmesser von ca. 3 cm haben. Die Rollen etwas flachdrücken. Auf ein mit Backpapier ausgelegtes Blech setzen und im 150 Grad heißen Backofen in etwa acht Minuten blaß und hell backen.
4. Die Rollen etwas auskühlen lassen und schräg in gut zentimeterdicke Scheiben schneiden. Diese auf Backpapier ausbreiten und erneut in den Ofen schieben und bei nunmehr 180 Grad backen, bis die Oberfläche sanft gebräunt ist.
5. Auskühlen lassen und frisch essen oder in einer dicht schließenden Blechschachtel aufbewahren.

Früchtebrot

Für 2 Laibe:

FÜLLUNG:
je 250 g Backpflaumen, Trockenaprikosen und getrocknete Birnen, 200 g entsteinte Datteln, je 100 g Walnüsse und Haselnüsse, je 50 g Zitronat und Orangeat, je 100 g Zucker und Rosinen, 1 TL gemahlener Zimt, je 1 Prise Anis, Nelken und Salz, 6 EL Kirschwasser.

HEFETEIG:
500 g Mehl, 40 g Hefe, 50 g Zucker, 50 g Butter und ca. ¼ l Milch

Früchtebrot essen wir gerne in der Adventszeit zum nachmittäglichen Kaffee. Leider schmeckt dazu eine mit Vanille parfümierte und sehr steif geschlagene Sahne unwiderstehlich gut!

1. Die Trockenfrüchte mit reichlich lauwarmem Wasser bedeckt über Nacht einweichen. Dann abgießen, abtropfen und klein schneiden.
2. In einer großen Schüssel mit Nüssen, Zitronat und Orangeat, jeweils grob gehackt, Zucker, Rosinen und Gewürze mischen – dabei mit dem Kirschwasser befeuchten. Eine halbe Stunde durchziehen lassen.
3. Inzwischen den Hefeteig zubereiten und so lange durchschlagen, bis er nicht mehr klebt. Eine Stunde gehen lassen.
4. Dann die Hälfte davon unter die Früchtemischung arbeiten.
5. Die andere Hälfte auf der bemehlten Arbeitsfläche dünn ausrollen. Aus der Früchtemasse zwei längliche Laibe formen. Diese einzeln in den Teig einhüllen, dabei darauf achten, daß die Nahtstelle auf die Unterseite gelangt.
6. Die Laibe auf ein eingefettetes Blech setzen und unter einem Tuch zwei Stunden gehen lassen.
7. Erst dann mit lauwarmem Wasser einpinseln und bei 180 Grad etwa 80 bis 90 Minuten backen.
8. Noch heiß mit Milch einpinseln, damit sie schön glänzen.

Weihnachtsplätzchen

Jedes Jahr stöhnen wir wieder: Gewiß, unsere Küchenmaschinen erleichtern uns die Arbeit erheblich – aber Zeit kostet das Ganze doch. Und vor Weihnachten hat man immer so viel anderes zu tun. Trotzdem sind wir noch nie in die Tropen geflogen und haben nicht gebacken … Weihnachten wollen wir zu Hause sein, und Plätzchen gehören nun mal dazu!
Die Mengenangaben entsprechen unseren Vorstellungen von recht kleinen, angenehm zu essenden Plätzchen – wer große macht, muß diese nicht nur länger backen, sondern bekommt auch weniger Einzelstücke!
Die Backzeiten: Betrachten Sie die Angaben als Hinweise, denn die wirkliche Temperatur schwankt von Ofen zu Ofen. Außerdem spielt die Dichtigkeit der Tür eine große Rolle. Bewährt hat sich immer wieder ein alter Trick: Die Bleche nach der halben Backzeit umdrehen, so daß die Plätzchen, die zuerst vorne waren, nun hinten schneller fertig backen, während die von hinten jetzt vorne sind und nicht zu leicht verbrennen. Achten Sie dabei stets auf den Bräunungsgrad Ihrer Plätzchen, und kürzen Sie die Backzeit unter Umständen ab. Wer mit Umluft/Heißluft bäckt, stellt eine um 20 Grad niedrigere als die angegebene Temperatur ein.
Traditionellerweise bewahrt man Plätzchen und Konfekt in Blechdosen auf – sie sind am wenigsten empfindlich gegen Feuchtigkeit und ein Austrocknen. Aber Kartons gehen auch, man kann sogar mit Alufolie einen Luftaustausch vermeiden.
Sind die Plätzchen zu trocken und zu hart, ein paar Apfelschnitze hineinlegen. Sind sie zu feucht, einige Zeit geöffnet in einem warmen Raum stehenlassen.

Springerle

Sie kommen als erstes dran, sie müssen am längsten liegen, bis sie zart und mürbe werden. Es ist nämlich keineswegs richtig, dass Springerle immer steinhart und krümelig sind!

Für ca. 50 Stück:

250 g Mehl, 2 Eier, 250 g Zucker, ½ TL Hirschhornsalz

Vor allem das Mehlsieben ist wirklich wichtig für das Gelingen jeglicher feinen Bäckerei: Dadurch gelangt Luft ins Mehl und auch in den Teig. So wird Mürbes – kein Witz! – mürber, Duftiges duftiger, Lockeres lockerer!

1. Das Mehl unbedingt schon am Vorabend in einer Schüssel auf der Heizung stellen, damit es schön trocken wird, und dann durchsieben.
2. Die Eier mit dem Zucker in der Rührschüssel der Küchenmaschine 1 Stunde lang auf mittlerer Geschwindigkeit rühren lassen oder wenigstens so lange, bis der Zucker tatsächlich aufgelöst ist und nicht mehr knirscht.
3. Erst dann das Mehl hinzuschütten und rasch einarbeiten, dabei das Hirschhornsalz zufügen.
4. Diesen Teig zugedeckt 2 Stunden ruhen lassen.
5. Anschließend messerrückendick ausrollen. Flecken in Modelgröße ausschneiden, in mit dick mit Mehl ausgestaubten Model drücken.
6. Auf Backblechen, die mit Backpapier ausgelegt und mit Anis bestreut sind, über Nacht kühl, aber nicht kalt stellen.
7. Die Springerle bei 170 Grad 10 Minuten backen. Sie sollen absolut weiß bleiben.

Mandelkränzchen

Für ca. 50 Stück:

50 g Butter, 250 g Zucker, 2 Eier, ½ TL Hirschhornsalz, 60 g gemahlene Mandeln, 360 g Mehl, 1 gehäufter Teelöffel Zimt

AUSSERDEM: 250 g Puderzucker, 1 Eiweiß, Speisefarbe

1. Butter und Zucker so lange rühren, bis die Masse dick und schaumig ist, die Eier zufügen und rühren, bis sie sich vollkommen mit der Buttercreme verbunden haben.
2. Hirschhornsalz, Mandeln, Mehl und Zimt einarbeiten. Diesen geschmeidigen Teig eine halbe Stunde kalt stellen.
3. Erst dann auf Alufolie dünn ausrollen, die genau auf Backblechgröße zugeschnitten ist. In großem Abstand Ringe ausstechen – die kleinen Plätzchen aus der Mitte herausheben und zwischen die Ringe setzen.
4. Die Bleche 24 Stunden lang kühl stehenlassen, bevor sie für 15 bis 20 Minuten bei 180 Grad in den Ofen kommen. Die Plätzchen hellbraun backen.
5. Nach dem Auskühlen mit rosa und weißem Zuckerguss bestreichen: Dafür den Puderzucker mit dem Eiweiß glattrühren, die Hälfte davon mit Speisefarbe (rosa) einfärben.

Vanillekipferl

Für ca. 75 Stück:

300 g Mehl, 80 g Zucker, 1 Tütchen Vanillezucker, 150 g geschälte, geriebene Mandeln, 250 g weiche Butter

AUSSERDEM:
200 g Puderzucker, 1 Vanilleschote

Das ist kein Druckfehler: Hier kommt kein Ei in den Teig. Deshalb sind die Kipferl so unwahrscheinlich knusprig.

1. Alles zu einem geschmeidigen Teig kneten. Zu Rollen formen, die einen Zwei-Euro-Stück großen Durchmesser haben. Kalt stellen, bis der Teig wieder fest geworden ist.
2. Scheiben abschneiden, Hörnchen formen.
3. Bei 170 Grad (Umluft) etwa 18 bis 20 Minuten backen.
4. Noch heiß in Vanillezucker wälzen: Dafür Puderzucker und das ausgeschabte Vanillemark (oder pulverisierte Vanille) zusammenmixen.

Butter-S

Für ca. 50 Stück:

250 g Butter, 375 g Mehl, 125 g Zucker, 5 Eigelbe, abgeriebene Zitronenschale von einer Zitrone.

AUSSERDEM:
Eigelb zum Bestreichen, Hagelzucker zum Bestreuen

1. Weiche Butter mit Mehl, Zucker, Eigelbe und Zitronenschale zu einem Mürbteig kneten.
2. Rollen aus dem Teig formen, mit ca. 5 cm Durchmesser. Mindestens eine halbe Stunde kalt stellen.
3. Jeweils 1 cm dicke Scheiben abschneiden, daraus S formen und auf mit Backpapier belegte Bleche setzen. Erneut kalt stellen.
4. Bei 200 Grad ca. 12 bis 13 Minuten backen.

Husarenkrapfen

Für ca. 50 Stück:

225 g Butter, 100 g Zucker, 3 Eigelbe, 100 g gemahlene, geschälte Mandeln, 240 g Mehl, Johannisbeer- oder Himbeermarmelade

1. Zimmerwarme Butter mit Zucker und den Eigelben eine Viertelstunde schaumig rühren (Küchenmaschine), Mehl und Mandeln einarbeiten. Eine halbe Stunde kalt stellen.
2. Kirschgroße Kugeln formen, auf das mit Papier belegte Blech setzen. Ein Loch in die Mitte drücken.
3. Bei 180 Grad ganz hell backen. Marmelade einfüllen. Trocknen lassen, bevor Krapfen in Blechdosen geschichtet werden.

Zimtsterne

Für ca. 50 Stück:

3 Eiweiße, 350 g Zucker, abgeriebene Schale von einer Zitrone, 1 gehäufter EL Zimt, ½ TL gemahlene Nelken, 380 g gemahlene Mandeln

1. Eiweiß steif schlagen, den Zucker zufügen und weitere 10 Minuten mit dem Handrührer oder in der Küchenmaschine schlagen. Von dieser Masse 6 Eßlöffel beiseite stellen.
2. Unter den Rest Gewürze (Zitronenschale, Zimt und Nelken) sowie Mandeln heben. Wenn die Masse zu klebrig ist, mehr Zucker und Mandeln (jeweils gleiche Menge) untermischen.
3. Auf einer mit Zucker bestreuten Arbeitsfläche gut einen Zentimeter dick ausrollen, Sterne ausstechen (das Förmchen immer wieder in Zucker tauchen, damit es nicht so klebt).
4. Die Sterne mit dem beiseite gestellten Guß bestreichen. Auf Backpapier setzen. Bei 150 Grad etwa 12 Minuten backen – die Sterne sollen weiß bleiben. Sie sind gar, wenn sie sich vom Papier lösen lassen.

Cedernbrot

Für ca. 50 Stück:

2 Eiweiße, 250 g Zucker, 1 Zitrone (Saft und Schale), 250 g geschälte, gemahlene Mandeln

1. Eiweiß zu Schnee schlagen, den Zucker zufügen und weitere 10 Minuten schlagen, dabei langsam die abgeriebene Zitronenschale und den Saft zufügen.
2. Von dieser Masse drei Eßlöffel mit Klarsichtfolie bedeckt in einem Schälchen beiseitestellen.
3. Unter den Rest die gemahlenen Mandeln heben. Auf gezuckerter Fläche knapp zentimeterdünn ausrollen.
4. Monde oder Rechtecke ausstechen. mit dem aufbewahrten Eiweiß bestreichen. Bei schwacher Hitze (150 Grad) ganz hell backen.

Gefüllte Haselnussmakronen

Für ca. 50 Stück:

2 Eier, 280 g Zucker, 280 g Haselnüsse, je ½ TL Zimt und Nelken

1. Eier und Zucker in der Küchenmaschine auf höchster Stufe 5 Minuten schlagen, die gemahlenen Nüsse und die Gewürze untermischen.

2. Auf einer gezuckerten Arbeitsfläche 5 mm dick ausrollen, zweieurostückgroße Kreise ausstechen. Oder mit einem Teelöffel kleine Häufchen direkt aufs Backpapier setzen. Bei 150 Grad ca. 15 bis 16 Minuten backen.
3. Für die Füllung Butter mit einem Eigelb dick und cremig schlagen, dabei den Puderzucker einarbeiten. Schließlich die geschmolzene Schokolade untermischen.
4. Die Füllung zwischen zwei Makronen streichen und diese zusammensetzen.

AUSSERDEM:
50 g Butter, 1 Eigelb, 3 EL Puderzucker, 50 g Schokolade

Eine hübsche Dekoration: geschmolzene Schokolade in einen kleinen Plastikbeutel füllen, eine winziges Loch in eine Ecke schneiden und mit dieser Spritztüte sehr rasch über die Plätzchen hin- und herziehen.

Schokoladenmakronen

1. Mandelstifte, geriebene Schokolade, Kakao und Zimt in einer Schüssel mischen.
2. Eiweiß in Metallschüssel steif schlagen, Zucker zufügen und weitere fünf Minuten schlagen, in ein Wasserbad stellen, und weiterschlagen, bis die Masse zäh und warm geworden ist. Die Mischung mit der geriebenen Schokolade untermischen.
3. Häufchen davon auf Backpapier setzen. Bei 150 Grad etwa 15 Minuten mehr trocknen als backen.

Für ca. 50 Stück:

125 g gestiftelte Mandeln, 125 g geriebene bittere Schokolade, 2 EL Kakaopulver, ½ TL Zimt, 2 Eiweiß, 125 g Zucker

Einfache Mousse au Chocolat – Canache

1. Die Sahne erhitzen, aber nicht kochen lassen. Die Schokolade hineinbröckeln und darin auflösen. Abkühlen und – wenigstens 8 Stunden, am besten über Nacht – im Kühlschrank fest werden lassen.
2. Unmittelbar vor dem Servieren mit dem elektrischen Handrührer zu einer luftigen Creme aufschlagen.

Für 4 Personen:

200 g frische süße Sahne, 100 g bittere Schokolade

Am besten schmeckt die Mousse au Chocolat, wenn man sie mit einer vorzüglichen bitteren Schokolade zubereitet. (Mindestens 70 % Kakaoanteile, besser noch mehr.) Aber auch mit einer zartbitteren oder Milchschokolade gelingt sie gut. Mit weißer Schokolade wird sie dagegen nicht richtig fest.

Kakaotrüffel

Für 50 Stück:

125 g bestes Kakaopulver, 250 g Puderzucker, 75 g weiche Butter , 100 g süße Sahne, Kakaopulver, Puderzucker mit Zimt oder Schokostreusel

1. Alles miteinander im Mixer zu einer festen, aber geschmeidigen Masse rühren.
2. Masse kalt stellen. Mit Teelöffel kleine Portionen abstechen und zwischen kalten (!) Händen zu murmelgroßen Kugeln formen – Hände wiederholt unter kaltem Wasser abkühlen, Trüffel dürfen nicht zu warm und dadurch zu weich werden.
3. Die Trüffel in Kakaopulver oder in Puderzucker, der mit Zimt vermischt ist, oder in Schokostreuseln wälzen.
4. In Konfekthütchen setzen und kalt, am besten im Kühlschrank, aufbewahren.
5. Vor dem Servieren jedoch Zimmertemperatur annehmen lassen, weil dann die Trüffel am besten ihr Aroma entwickeln.

Varianten:
Für *Rumtrüffel* von der Sahne zuvor zwei Eßlöffel abnehmen, dafür mit zwei Eßlöffeln Rum (vorzugsweise reinem Jamaica-Rum, der ein starkes Aroma besitzt) parfümieren.
Für *Honigtrüffel* einen übervollen Eßlöffel Honig einarbeiten, dafür ebenfalls zwei Eßlöffel Sahne weglassen.
Für *Sahnetrüffel* die gesamte Sahnemenge durch 150 Gramm Crème double ersetzen – das ist eine doppelt dicke süße Sahne. Wer es mag, kann auch die säuerliche Crème fraîche nehmen, allerdings halten diese Trüffeln ihren angenehmen Geschmack nur kurz.

Selbstgemachtes Marzipan

250 g geschälte Mandeln, 250 g Puderzucker, 1–2 EL Rosenwasser

1. Die Mandeln portionsweise mit dem Zucker im elektrischen Zerhacker so lange mixen, dabei tropfenweise Rosenwasser zufügen, bis eine geschmeidige Masse entstanden ist.
   Dann weiterverabeiten, wie es Ihnen Spaß macht:
2. Für *Marzipankartoffeln* kleine Kugeln formen, diese in Kakaopulver wälzen.
3. Für *Konfekt* das Marzipan mit Cognac verkneten, ausrollen, in Quadrate oder Rauten schneiden. In Schokolade tauchen, auf

Gittern trocknen lassen, mit einer Stricknadel Verzierungen anbringen oder jeweils eine geschälte Mandel, Pistazie oder geröstete Haselnuß in den noch feuchten Guß setzen.

Brot

Vom krumigen Weißbrot bis zum herzhaften Vollkornbrot

Bei uns in Deutschland rühmt man sich, Hunderterlei von Brotsorten zu kennen – und doch ist es gar nicht so einfach, wirklich gutes Brot zu finden. Lange Zeit flüsterte man sich die Adressen von Bäckern, die ihren Teig selber ansetzten und nicht einfach das Pulver aus der Fabriktüte anrühren, als Geheimtip zu, und war gerne bereit, lange Strecken zu fahren, wenn man einen solchen Bäcker einmal gefunden hatte. Gottlob ist das inzwischen besser geworden – vielleicht hat ja der Lebensmittelchemiker Udo Pollmer recht, den wir mal in unserer Fernsehsendung zum Thema Brot als Gast hatten: Wer ihm zuhörte, dem konnte der Bissen Brot, den er beim beliebigen Bäcker gekauft hat, im Halse steckenbleiben. Unglaublich, was alles an Zusatzstoffen im Brot sein kann! Denn, so Pollmer, leider hat der Gesetzgeber es bislang versäumt, zu definieren, was Brot eigentlich ist, und so dürfen alle möglichen Zutaten drinstecken, die eigentlich im Brot nichts zu suchen haben. Zusätze, die nicht dem Wohlgeschmack, sondern der besseren Haltbarkeit und der schnelleren (und billigeren) Verarbeitung dienen. »Etwa 98 Prozent aller Backbetriebe«, so zitiert Pollmer Rainer Wettig, den Geschäftsführer des Backmittelinstituts in Bonn, »nutzen die Produktpalette der Backmittelhersteller«. Das heißt, sie verwenden nichts anderes als Backmischungen, wie sie auch die Hausfrau aus dem Supermarkt kennt. Wohl dem, der sein eigenes Brot bäckt. Das ist übrigens viel weniger schwierig, als man denkt. Wir backen, wann immer wir dazu Zeit haben, unser Brot selbst. Es gibt nichts Schöneres als den Duft nach frischgebackenem Brot im Haus. Und dann den noch warmen Laib anschneiden, frische Butter drauf und ein paar Körnchen Salz …

Grundsätzliches zum Brotbacken

Wichtig ist zunächst, daß alle Zutaten möglichst die gleiche Temperatur haben. Die Bakterien, die den Teig auflockern, benötigen Wärme, mögen keine Zugluft. Deshalb also: Fenster und Türen zu und die Zutaten schon mal alle bereitstellen …
Eine schöne Kruste bekommen Brot oder Brötchen, wenn man sie etwa zehn Minuten vor Backzeitende aus dem Ofen holt, eine halbe Stunde lang abkühlen läßt und erst dann fertigbäckt.
Und schließlich: immer nach der halben Backzeit ein Glas Wasser auf dem Ofenboden verzischen lassen – im sich dann entwickelnden Dampf kann die Krume sich besser ausbilden.

Die Mehltypen und ihre Bedeutung

Das übliche Haushaltsmehl wird bei uns aus sogenanntem Weichweizen hergestellt und trägt die Bezeichnung Type 405. Es ist das weiße, vollkommen ausgemahlene Mehl, bei dem alle Bestandteile der Randschichten herausgesiebt worden sind. Zum Brot- oder Brötchenbacken verwendet man jedoch lieber ein etwas weniger stark ausgemahlenes Mehl, Type 550. Es ist weniger ausgesiebt, das heißt, es wurden ein wenig mehr Inhaltsstoffe aus dem äußeren Getreidekorn belassen
Die Typenbezeichnung gibt im übrigen in Milligramm den Gehalt an Mineralstoffen an, die pro Kilogramm noch im Mehl stecken. Man wiegt dafür die Asche, die übrigbleibt, wenn man

das Mehl verbrennt. Vom Mehl der Type 405 oder Type 550 hat man also 0,4 bis ca. 0,55 Gramm Asche gewogen, bei Vollkornroggenmehl (Type 1300) können es bis zu 1,3 Gramm sein. Mehl aus Hartweizen, der von Natur aus über mehr Inhalts-, das heißt Mineralstoffe, verfügt, erreicht erheblich höhere Werte: zwischen 0,7 bis 1,4 Gramm. Wer also damit sein Brot bäckt, erzielt ein Vollwertbrot ganz besonderer Güte, denn es ist hell und locker in der Krume. Daß es obendrein noch länger saftig und frisch bleibt als ein gewöhnliches helles Brot, liegt an der besonderen Fähigkeit von Hartweizen, Wasser aufzunehmen und zu speichern, sowie an seinem besseren Kleber. Traditionellerweise bäckt man in Süditalien, vor allem in Apulien und auf Sizilien, vielerorts auch in der Toskana Brot aus Hartweizenmehl – es ist daher besonders krumig, sehr saftig, bleibt länger frisch und es verfügt über bessere Nährwerte als normales Weißbrot. Hartweizenmehl ist bei uns selten, man kann es manchmal in guten Fachgeschäften, in italienischen Spezialläden und in guten Mühlen kaufen. Meist wird jedoch Hartweizengrieß angeboten, der sich sehr gut zum Nudelmachen eignet, fürs Brotbacken jedoch ein wenig zu grob ist.

Elsässer Brötchen oder Baguette

Für 2 Baguettes und 12 Brötchen:

1 kg Mehl, 1 Würfel Hefe, ca. ½ l lauwarmes Wasser, 1 TL Zucker, 1 EL Salz

1. Das Mehl in die Rührschüssel der Küchenmaschine füllen. Die Hefe zerbröckeln, in einer Tasse Wasser auflösen, dabei den Honig unterrühren – er hilft der Hefe bei der Arbeit! Zum Mehl gießen und mit etwas Mehl vermischen. Zudecken und etwa eine halbe Stunde gehen lassen.
2. Nach dieser Zeit haben die Hefebakterien ihre Arbeit begonnen, der Vorteig hat sein Volumen verdoppelt, er wirft Blasen und sieht aus, als ob er brodelt.
3. Jetzt das Salz zufügen, die Maschine einschalten, und bei laufendem Knetarm langsam, in stetem, aber dünnem Strahl das Wasser angießen. Auf keinen Fall die gesamte Wassermenge auf einmal, denn wieviel genau nötig ist, hängt von den unterschiedlichsten Dingen ab: von der Mehlbeschaffenheit, vom Klima, von der Luftfeuchtigkeit etc.

Hefeteig verträgt es wunderbar, schon am Vortag hergestellt zu werden: In der Kälte kann er ebenso gut gehen, braucht dafür jedoch natürlich länger. Wichtig ist, daß der Teig dabei nicht austrocknet. Man schützt ihn davor, indem man ihn entweder in einer ausreichend großen Schüssel mit Folie oder einem feuchten Tuch abdeckt. Übrigens hält sich so der Teig sogar ein paar Tage. Wer ihn noch länger aufbewahren will, steckt ihn – in einen Gefrierbeutel aus Plastik verpackt – einfach ins Gefrierfach. Oder man packt den ganzen Teig in eine große Plastiktüte. Am nächsten Tag muß der Teig zunächst wieder Zimmertemperatur annehmen, bevor man ihn verarbeiten kann.

4. Der Teig ist fertig, wenn er sich glatt vom Schüsselrand löst und weich, nicht mehr klebrig wirkt. Hat man zuviel Wasser darangeschüttet, läßt sich der Teig wieder retten, indem man löffelweise Mehl zufügt. Einem zu trockenen Teig gibt man noch etwas Wasser hinzu.
5. Jetzt muß der Teig 1 Stunde gehen. Dafür die Rührschüssel mit ihrem Deckel verschließen oder ein feuchtes Küchentuch darüberbreiten.
6. Den Teig dann zunächst von Hand auf der Arbeitsfläche noch einmal durchwalken. Schließlich die gewünschten Brote oder Brötchen formen. Auf ein bemehltes Backblech setzen, die Baguette drei- bis viermal schräg einritzen, die Brötchen kreuzweise an der Oberfläche einschneiden, damit sie schön aufbrechen können. Noch einmal, mit einem Tuch zugedeckt, eine halbe Stunde gehen lassen
7. Im auf 220 Grad vorgeheizten Backofen die Baguette 35 Minuten backen, die Brötchen sind bereits nach 20 Minuten fertig.

Sizilianisches Weißbrot

Es ist krumiger, dichter als das Elsässer Brot – es wird ganz genauso gemacht, man braucht jedoch statt des normalen Weizenmehls Hartweizenmehl und dieses wiederum braucht etwas mehr Wasser.

Für 3 Laibe:

1 kg Hartweizenmehl, 1 Würfel Hefe, 1 TL Zucker, ca. ¾ l lauwarmes Wasser, Honig, 1 EL Salz

1. Das Mehl in die Schüssel der Küchenmaschine füllen. Die Hefe mit dem Honig in einer Tasse Wasser auflösen und in das Mehl gießen, dabei mit etwas Mehl zu einem Brei verrühren und zugedeckt eine halbe Stunde gehen lassen.
2. Das Salz zufügen, die Maschine einschalten und nach und nach das Wasser zufügen. Nicht zuviel auf einmal, damit der Teig seine richtige Beschaffenheit bekommt.
3. Der Teig ist fertig, wenn er sich glatt vom Schüsselrand und vom Rührhaken löst. Zugedeckt eine Stunde gehen lassen.
4. Den Teig mit den Händen auf der Arbeitsfläche durch-

arbeiten. Schließlich drei Brotlaibe formen und auf ein Backblech setzen, schräg einritzen und unter einem Tuch eine halbe Stunde gehen lassen.

5. Bei 220 Grad insgesamt 15 Minuten backen. Nach 10 Minuten eine Tasse Wasser auf den Ofenboden schütten. 10 Minuten vor dem Ende der Backzeit das Brot herausnehmen, eine halbe Stunde abkühlen lassen; dann erst fertigbacken.

Körnerbrot

Herrlich saftiges, dunkles Vollkornbrot, dessen viele Körner den Zähnen ordentlich zu tun geben. Es bleibt lange frisch. Das Rezept funktioniert nur, wenn Sie eine Getreidemühle besitzen – viele Haushaltsküchenmaschinen verfügen über die nötigen Zusätze.

Für eine große Kastenform (2 Liter Inhalt):

700 g Weizen, 500 g Roggen, ca. 1 l Wasser, 1 Päckchen Sauerteig (150 g) oder 3 EL fertiger Sauerteig, 1 Würfel Hefe, 1 EL Honig, 1 ½ EL Salz, Butter für die Form, Haferflocken zum Ausstreuen der Form

1. 200 Gramm Weizenkörner in einer Schüssel mit lauwarmem Wasser großzügig bedecken und über Nacht einweichen. Die Hälfte des übrigen Weizens in der Getreidemühle schroten, die andere Hälfte sehr fein mahlen
2. Auch die Hälfte des Roggens schroten, die andere Hälfte sehr fein mahlen
3. Für den Grundansatz je 125 Gramm geschroteten und feingemahlenen Roggen und Weizen mit einem halben Liter lauwarmen Wassers und dem Sauerteig verrühren. Zugedeckt über Nacht an einem warmen Ort stehenlassen.
4. Am anderen Tag jeweils den restlichen Roggen- und Weizenschrot, den restlichen feingemahlenen Roggen und Weizen sowie die Hefe mit einem halben Liter lauwarmen Wassers verrühren und zum Grundansatz geben. Mit der Küchenmaschine zu einem Teig verarbeiten, dabei die eingeweichten ganzen Körner sowie Honig und Salz zufügen
5. Diesen sehr weichen Teig in eine gebutterte und mit Haferflocken ausgestreute Kastenform füllen und mit einem Tuch zugedeckt in die Nähe der oder sogar auf die Heizung stellen und mindestens 3 Stunden lang gehen lassen.
6. Das Brot im 220 Grad vorgeheizten Backofen 90 Minuten lang backen.

Wichtig: Auch dieses Brot wird in zwei Etappen gebacken: Nach einer Stunde aus der Form stürzen und eine halbe Stunde abkühlen lassen. Dann auf dem Rost erneut in den Ofen schieben und eine weitere halbe Stunde backen, damit es eine schöne Kruste bekommt und wirklich gut durchgebacken ist. Und keine Angst: Wenn der Ofen während der Backpause durchgeheizt wird, kostet das nur wenig zusätzliche Energie. Außerdem können Sie natürlich die Zeit nutzen und inzwischen einen Auflauf oder ein anderes Gericht darin garen.

Tip: Wer einmal dieses Brot mit dem fertig gekauften Sauerteig aus dem Reformhaus angesetzt hat, hat für die nächsten Brote den Sauerteig bereits fix und fertig parat: vom Teig drei Eßlöffel abnehmen und in einem Schraubglas in den Kühlschrank stellen. Dort hält sich der Sauerteig ein bis zwei Wochen. Wer bis dahin nicht wieder gebacken hat, sollte wieder zum gekauften Sauerteig greifen. Ansonsten läßt sich jedesmal aufs neue die nötige Portion abnehmen und dadurch immer wieder mit neuem Leben erfüllen.

Dinkel-Vollkornbrot

Dinkel ist ein uralte Weizenart, die lange vergessen war, inzwischen wieder mehr, vor allem von Biobauern, angebaut wird. Es ergibt ein krumiges, mittelbraunes Brot, das wunderbar kräftig schmeckt.

Für eine große Kastenform von ca. 2 Liter Inhalt oder 2 kleinere Formen:

1 kg Dinkelvollkornmehl, 1 Würfel Hefe, 900 ml lauwarmes Wasser, 1 EL Honig oder Zucker, 1 gehäufter EL Salz

1. Mehl in die Rührschüssel der Küchenmaschine schütten. Die Hefe in einer Tasse Wasser auflösen, dabei den Honig oder Zucker unterrühren. Zum Mehl gießen, mit etwas Mehl zu einem Brei rühren. Zugedeckt eine halbe Stunde gehen lassen.
2. Die Maschine einschalten, langsam das restliche Wasser und das Salz zufügen. Der Teig ist fertig, wenn er sich vom Schüsselrand löst. Will man ihn in einer Kastenform backen, darf er weicher sein als üblich – das ergibt dann ein besonders grobporiges Brot.
3. Hat man indessen vor, Brotlaibe frei zu formen oder in Körbchen gehen zu lassen, muß er fester sein.
4. Für ein Kastenbrot den Teig gleich in die gebutterte, mit Mehl ausgestreute Form füllen, und zugedeckt 2 bis 3 Stunden gehen lassen.
5. Für frei oder im Körbchen geformte Brote den Teig zunächst mit den Händen auf der Arbeitsfläche durchwalken, dabei so viel Mehl untermischen, wie nötig ist, damit er nicht klebt. In die dick mit Mehl ausgestreuten Körbchen füllen oder zu Laiben geformt auf ein Blech setzen und ebenfalls 2 bis 3 Stunden gehen lassen.
6. Die in den Körbchen geformten Brote erst jetzt auf das Backblech stürzen.

7. Gebacken wird im 180 Grad heißen Backofen. Zunächst eine Stunde – auch hier nach einer halben Stunde eine Tasse Wasser am Ofenboden verdampfen lassen. Dann das Kastenbrot aus der Form stürzen, beide Brotarten für eine halbe Stunde aus dem Ofen holen und abkühlen lassen. Danach für eine weitere halbe Stunde in den Ofen schieben, damit das Brot gut durchgebacken wird.

Ob Brot gar ist, kann man hören – mit der Faust von unten gegen das Brot klopfen, es muß sich hohl anhören, wenn es durchgebacken ist.

Roggenvollkornbrot

Dafür muß man sich ein paar Tage Zeit nehmen: Gut Ding' will Weile haben … und es lohnt sich: Es ist ein herrliches, würziges, dunkles Brot.

Für 2 – 3 Laibe:

1 Tasse Roggenschrot, 1 TL Honig, 1 TL gemahlener Kümmel, 1 TL Molke oder Sauerkrautsaft, 1900 g Roggen, 4 gehäufte TL Salz, Gewürze nach Geschmack, zum Beispiel: je 1 TL Kümmel, Fenchelsamen, Koriander, je 2–3 EL Sonnenblumen-, Hasel- oder Walnusskerne

1. Zunächst muß der Sauerteig hergestellt werden, und zwar drei bis vier Tage vor dem Backen: Roggenschrot, Honig, Kümmel und Molke mit etwas lauwarmem Wasser zu einem weichen Brei rühren. In ein dickes Tuch gehüllt zwei bis drei Tage an einem sehr warmen Ort gehen lassen, bis dieser *Grundansatz* ganz locker ist und angenehm säuerlich riecht.
2. Dann: 600 Gramm feingemahlenen Roggen mit ¾ Liter warmem Wasser (30 Grad) und dem Grundansatz verrühren. Mit Klarsichtfolie abdecken, unter einem dicken Tuch an einem warmen Ort 2 bis 4 Stunden gehen lassen.
3. Anschließend 500 Gramm feingemahlenen Roggen mit ½ Liter heißem Wasser verrühren und unter den gegangenen Teig arbeiten. Erneut zudecken und warm stellen. Diesmal 8 Stunden gehen lassen. Von diesem sogenannten *Vollsauerteig* fürs nächste Mal ein Marmeladenglas voll abnehmen. Er hält sich im Kühlschrank 4 bis 6 Wochen und dient beim nächsten Mal wieder als *Grundansatz*.
4. Jetzt erst kann man mit dem eigentlichen Brotteig beginnen: 800 Gramm Roggen nicht ganz fein mahlen (nach Belieben auch zur Hälfte grob schroten oder einen Teil der Körner ganz lassen, einweichen und zum Teig geben), mit 200 Gramm lauwarmem Wasser und den Gewürzen zum Vollsauerteig geben, 10 Minuten durchkneten und schließlich zugedeckt 2 Stunden gehen lassen.

Nicht vergessen: bevor der Teig gebacken wird, eine Portion von ca. 3 Eßlöffeln fürs nächste Mal abnehmen!

5. Den Teig dann noch einmal durcharbeiten. Zwei bis drei Laibe formen und ein letztes Mal, diesmal 1 Stunde, gehen lassen.
6. Auf bemehlte Backbleche setzen, im 250 Grad heißen Ofen zunächst eine halbe Stunde, dann bei 180 Grad weitere 60 bis 90 Minuten backen.

Feigenbrot

Man kann es gut schon auf Vorrat backen, denn die Früchte halten das Brot schön lange saftig. Wer es mehrere Wochen aufbewahren will, sollte es dann allerdings in Alufolie verpackt einfrieren.

Für 3 – 4 Laibe:

300 g getrocknete Feigen, 200 g getrocknete Aprikosen, 100 g Rosinen, 150 g Mandeln, 150 g Haselnüsse, 750 g Haushaltsmehl (Type 405), 250 g Vollkornmehl (auch Dinkelmehl Type 1050), 1 Würfel Hefe (42 g), 1 TL Zucker, ½ TL Salz, abgeriebene Zitronenschale

1. Feigen, Aprikosen und Rosinen in einer Schüssel mit 1 ¼ Liter heißem Wasser bedecken und über Nacht einweichen. Dann die Flüssigkeit durch ein Sieb abgießen, es sollte etwa ein ¾ Liter übrig sein. Die Früchte grob würfeln, mit Rosinen mischen.
2. Beide Mehlsorten in die Rührschüssel der Küchenmaschine füllen. Die Hefe in einer Tasse mit einem Schuß lauwarmer Einweichflüssigkeit auflösen, den Zucker zufügen und mit Schwung hinzugießen. Dabei vermischt sich die Flüssigkeit mit etwas Mehl, diese Mischung zugedeckt 10 Minuten ruhen lassen. Damit werden die Hefepilze geweckt und zur Arbeit angetrieben.
3. Jetzt das Salz zufügen, die Maschine einschalten und auf mittlerer Geschwindigkeit laufen lassen, dabei langsam so viel der restlichen Einweichflüssigkeit hinzufließen lassen, bis ein angenehmer Teig entstanden ist, der sich glatt vom Schüsselrand löst. Den Teig mit bemehlten Händen aus der Rührschüssel nehmen, kurz durchwalken und zugedeckt etwa 2 bis 3 Stunden gehen lassen.
4. In der Zwischenzeit die Mandeln in kochendes Wasser werfen, abgießen, abkühlen und häuten. Die Haselnüsse auf ein Blech breiten und im 200 Grad heißen Ofen etwa fünf Minuten rösten, bis sie duften. In ein Tuch schütten,

kräftig rubbeln, dabei die Haut entfernen. Mandel- und Haselnußkerne grob hacken und unter die eingeweichten Früchte mischen.

5. Den Teig, der sich nunmehr verdreifacht hat, auf der Arbeitsfläche ausbreiten, die Früchtemischung darauf verteilen und gründlich einarbeiten. Vier Laibe daraus formen, auf dem bemehlten Backblech zugedeckt erneut gehen lassen, etwa 1 Stunde, bevor die Brote bei zunächst 200 Grad in den Ofen kommen. Nach einer Viertelstunde mit Wasser einpinseln, die Temperatur auf 160 Grad herunterschalten. Die Feigenbrote nunmehr eine weitere Stunde backen. Sie müssen sich dumpf anhören, wenn man auf die Unterseite klopft, dann sind sie gar.

Feigenbrot schmeckt zur Gänseleber, aber auch zur Käseplatte. Und ist wundervoll, dick gebuttert, zum Adventstee!

Auskühlen lassen. Erst nach dem endgültigen Abkühlen in Plastikbeutel oder Alufolie packen.

Unsere ideale Küche

Wir haben beide, zunächst unabhängig voneinander, später gemeinsam, eine ganze Reihe von Küchen eingerichtet – Versuchsküchen für Redaktionen, Studioküchen fürs Fernsehen und nicht zuletzt Küchen, in denen wir selbst kochen, sowohl für uns privat wie für unsere beruflichen Zwecke. So konnten wir im Laufe der Jahre überdurchschnittlich viele Erfahrungen sammeln und immer genauer herausfinden, was zweckmäßig ist, noch praktischere Lösungen entdecken, Erfahrungen umsetzen, auch Fehler beseitigen. Inzwischen wissen wir ziemlich genau, was in einer Küche unbedingt notwendig, was nützlich, was angenehm und was Schnickschnack ist, auf den man jederzeit verzichten kann.
Unsere Ideal-Küche haben wir uns bereits vor fast 20 Jahren vom Schreiner bauen lassen, weil die Hersteller sich damals weitaus weniger als heute um die Bedürfnisse der Verbraucher scherten. Wir finden allerdings, daß die großen Häuser noch immer viel zu wenig auf die unterschiedlichen Bedürfnisse ihrer Kunden einzugehen verstehen, und raten deshalb allen, die etwas Besonderes wollen, einen freien Küchenplaner zu Rate zu ziehen. Die verstehen es nämlich, Komponenten verschiedener Hersteller zusammenzufügen und so dann doch kreative und sehr individuelle Lösungen zu finden.
Unsere Kücheneinrichtung – die auf einer einfachen Rahmenkonstruktion beruht und nach einem Umzug nur jeweils eine neu am Grundriß orientierte Arbeitsplatte benötigt – hat uns im Laufe der Jahre in verschiedene Wohnungen begleitet. Sie wurde stets lediglich den Notwendigkeiten angepaßt und hat sich jedes Mal als überaus praktisch erwiesen. Nicht zu verstehen, warum niemand eine solche Küche industriell anfertigt, um sie im großen Stil anzubieten ... Dabei wäre es so einfach, die wichtigsten und herausragenden Vorteilpunkte in die Praxis umzusetzen!

Die Küchenmöbel

In den meisten Küchen muß man mit Raum geizen, deshalb haben unsere Unterschränke keinen platzvergeudenden Sockel –

der unterste »Fachboden« ist einfach der Fußboden. Dort stehen vorne schwere Töpfe und hinten Gegenstände, die man seltener braucht. Halbbreite Zwischenböden sowohl in Ober- wie Unterschränken bieten Platz für kleinere Dinge und nutzen die ganze Höhe besser aus. Und alle Schränke haben Schiebetüren – nie stehen also Türen offen, an denen man sich stoßen könnte, außerdem können keine Scharniere ausleiern. Die Klempner, die nach jedem Umzug die Anschlüsse installierten, waren jedes Mal von unserer simplen Lösung begeistert – und dem Platz, den sie zum Arbeiten und wir zum Stauen haben!

Was sehr häufig gebraucht wird, steht bei uns in offenen Regalen, auf einen Blick erkenn- und greifbar.

Schubladen haben statt Griffen über ihre ganze Breite Stangen, über die man Handtücher, Geschirrtücher und Topflappen hängen kann.

Warmtönige, abgeblendete Leuchtstoffröhren unter den Hängeschränken und entlang der Regale sorgen über sämtlichen Arbeitsflächen für angenehmes Licht.

Alles, was wir je beim Kochen an Gerätschaften brauchen, von den Schöpfkellen über dem Herd, den Sieben über dem Spülbecken bis zum Knoblauchhobel über der Arbeitsfläche, hängt an S-Haken an verchromten Rohrleisten, die rundum, unterhalb der Oberschränke und Regale, die Wand entlang verlaufen. Was hinter den Kochfeldern hängt, wird durch eine herunterziehbare Alufolie vor Fettspritzern geschützt – die Folie wird abgerissen, wenn sie sehr verschmutzt ist, wieder aufgerollt, wenn alles glimpflich abging.

Wir haben zwei unterschiedliche Arbeitshöhen: Für alle Vorbereitungs- und Zurüstarbeiten ist sie 15 Zentimeter höher als Herd und Spüle. Möglich wurde das ganz einfach, indem wir eine Schubladenreihe auf die normale, uns zu niedrige Arbeitshöhe gesetzt haben. Direkt unterhalb des Schneide- und Arbeitsbretts ist die Schublade für Messer reserviert, die so überaus praktisch in Griffweite liegen. Weitere Messer hängen an einer Magnetleiste oder stecken im Messerblock.

Das Arbeitsbrett aus Plastik, wie man es noch in Metzgereien benutzt und wie sie für die Gastronomie von den Behörden vorgeschrieben sind, haben wir inzwischen wieder entfernt und statt dessen dicke, schwere Holzbretter zuschneiden lassen. Schließlich ist sogar wissenschaftlich nachgewiesen, daß Holz dank seiner antibakteriellen Wirkung hygienischer ist als das tote Plastikmaterial, in dessen selbst kleinen Einschnitten sich die Bakterien munter vermehren können. Schöner ist Holz sowieso! Statt unserer früheren Arbeitsflächen aus Marmor sind wir heute eher vom Granit angetan, der absolut unempfindlich ist – im Gegensatz zum Marmor, der immer sorgfältiger Pflege bedurfte, und kleinste Spritzer von Säure wie Zitrone oder Wein ebenso übelnahm wie Hitze. Allerdings ist auch Granit hart und kalt und schon so manches Glas ging auf ihm zu Bruch. Heute gibt es – neben schönen und praktischen Hartholzflächen – verschiedene Kombinationen von High-Tech-Materialien, die uns für die Küche weitaus geeigneter scheinen; allerdings sind sie teilweise erschreckend teuer.

Sehr viel billiger kommt davon, wer ein einigermaßen geschickter Heimwerker ist: In den großen Baumärkten kann man heute unter einer Vielzahl von Materialien auswählen, um sich eine individuelle Küche zu bauen – unserer Meinung nach sind solche Menschen beneidenswert, weil sie sich mit etwas Phantasie Praktischeres bauen können, als sich selbst wohlhabende Leute mit ihrem Geld kaufen können …

Kühlschränke, Abfalleimer, Spülbecken

Vieles ist ja durchaus besser geworden in den deutschen Küchen. Vor allem wurde ihnen in den letzten Jahren wieder großzügigerer Raum zubemessen, gute Küchen haben sogar Platz für ein Kühlzentrum amerikanischer Generosität. Deshalb braucht man zum Beispiel nicht mehr über fehlende Speisekammern zu lamentieren – trotz unwilliger Architekten, die solche neben der Küche ein-fach nicht einplanen. Wir haben das Glück, direkt neben der Küche einen Keller zu haben, kühl und mit hoher Luftfeuchtigkeit bestens geeignet, Gemüse und Obst aufzubewahren. Wer darüber nicht verfügt, braucht dennoch nicht zu verzweifeln, denn mittlerweile haben wenigstens die Kühlmöbelproduzenten etwas mehr Phantasie entwickelt. Man kann sich sogar in eine normale Küche vom Spezialisten problemlos eine richtige Kühlkammer einbauen lassen, die nicht größer ist als ein Besenschrank. Und damit ist man jede Sorge los, kann jede Menge Getränke und frische Lebensmittel kühlen – sogar wenn ein großes Fest ins Haus steht.

Die gestiegenen Ansprüche im Bereich Müllsortierung haben die Hersteller entsprechender Gerätschaften zu neuen Ideen beflügelt. Besonders praktisch finden wir den in die Spüle integrierten Entsorgungsschacht für Bio- beziehungsweise Kompostabfälle, die ja schließlich vorwiegend in diesem Bereich anfallen. Und seit der Einwurfschacht aus Edelstahl ist, läßt er sich auch leichter sauberhalten und sieht ordentlich aus.
Apropos Spüle: »Sie brauchen ja nur ein Becken«, reden Kücheneinrichter ihren Kunden ein, »Sie haben ja die Spülmaschine.« Weil man ja im Zeitalter der Tiefkühltruhe und Fertigkost kein Gemüse mehr putzt oder Salat wäscht, oder wie …? Wie oft wäscht man gerade Salat oder hat ein Gemüse blanchiert und muß eben schnell mal etwas abspülen! Wenigstens zwei Becken sind für eine Küche, in der richtig gekocht wird, das Minimum, gut ist noch ein zusätzliches, kleineres Becken, zum Abgießen.
Als sehr sinnvoll hat sich der Einhandmischer mit Schwenkhahn und Brause, den man an einem Schlauch herausziehen kann, erwiesen – das erleichtert das Füllen von schweren Töpfen (und Blumenvasen) sowie das Reinigen und Abbrausen von Backblech, Grillrost usw.

Der Herd

Wer kochen will, braucht einen Herd sowie einen Backofen. Was früher meist in einem Stück geliefert wurde, kommt heute praktischerweise in zwei oder mehreren Teilen. Tatsächlich ist es angenehmer, wenn der Backofen nicht unter dem Kochfeld liegt, damit man sich nicht bücken muß, um den Braten zu begießen und nicht immer auf dem Boden herumkriechen muß, um ihn zu putzen. Aber Achtung, zu hoch sollte er auch wieder nicht eingebaut werden: Wenn man auf einen Hocker steigen muß, um die Weihnachtsgans von oben zu betrachten, stimmt was nicht! Und einen Backwagen braucht man nur, wenn der Ofen doch tief eingerichtet werden muß.

Der Backofen. Überbreite ist nützlich, wenn man öfter große Braten oder auch schon mal zwei Enten zugleich braten will. Wichtiger als die Breite von mehr als den üblichen 60 cm ist jedoch die Hitze, die sich im Herd erzielen lässt. Was früher

selbstverständlich war, nämlich 300 Grad Höchsttemperatur, wurde mittlerweile von fast allen Herstellern wieder abgeschafft, aus Kostengründen. Dabei ist das Anbraten bei starker Strahlungshitze einfach elementar, um einen zarten und saftigen Braten zu bekommen.
Wichtig auch die Isolierung: In vielen älteren Herden herrscht allenfalls im rückwärtigen Raum die Temperatur, die der Schalter anzeigt, weil die Tür so schlecht isoliert ist, daß nach vorn die Hitze nachläßt. So sind dann die Weihnachtsplätzchen an der Türseite noch blaß, während sie hinten auf dem Blech bereits bedenklich bräunen. Die gute Isolierung kann man an der schweren Tür, an dicken Dichtungen erkennen – natürlich auch am Preis!
Fabelhaft und unverzichtbar finden wir unseren Backstein – ein Schamottestein, den der Hersteller zum Herd mitliefert: Er wird mit einer Heizschlange aufgeheizt und bietet dann etwa den Effekt eines Steinbackofens. Pizza ist darauf in zwei Minuten gar, Brot bekommt eine bessere Krume und Kruste.
Leider bietet nur Gaggenau dieses geniale Zubehör mit Heizschlange an. Es haben zwar andere Herdproduzenten nachgezogen, doch bei Miele zum Beispiel ist der Stein glasiert, die Poren des Schamottesteins sind also verschlossen, und der gewünschte Effekt ist nicht mehr zu erzielen. Aber man kann sich behelfen: Besorgen Sie sich beim Ofensetzer eine Schamotteplatte passender Größe. Dieser Stein sollte gerade eben auf dem Ofenboden liegen können, ihn ausfüllen, aber rundum einen schmalen Rand lassen, damit die Luft zirkulieren kann. Sollte der Boden Ihres Backofens absolut platt sein, also keine Rillen aufweisen, müssen Sie diesen Stein auf einen Rost betten, ansonsten einfach auf den Boden legen und den Backofen auf voller Hitze vorheizen. Etwa eine Stunde; und wenn Sie können, schalten Sie auf Intensiv- oder auf zusätzliche Unterhitze. Wenn der Stein auf maximaler Stufe aufgeheizt wurde, dann klappt das mit der Pizza – Sie werden vom Ergebnis begeistert sein!

Die Kochmulde. Sie ist heutzutage zu einer glänzenden Fläche mutiert, unter der die Kochstellen rot aufleuchten, wenn man sie einschaltet. Die alten Masseplatten haben ausgedient. Aber während sie, wenn sie rot glühten (was inzwischen die Thermostaten der Automatikplatten verhinderten), geradezu irrsinnig einheizen konnten, bleibt es beim Ceranfeld ein großes Geheimnis,

wieviel Power tatsächlich geliefert wird – das verraten nicht einmal die begleitenden Papiere …
Wir arbeiten in unserer Berufs-, also Fernseh- und Arbeitsküche, auf einem Ceranfeld mit unterschiedlich starken, das bedeutet: schnell aufheizenden Halogenkochstellen. Aber keine davon, es sind fünf, liefert die Kraft, die nötig ist, um im Wok genügend Hitze zu erzeugen. Denn die Halogenlichter schalten sich sofort aus, wenn irgendein Takt oder ein Thermostat ihnen signalisiert, daß die höchste Temperatur erreicht ist. Das Dumme ist nur: Die ist zum Chinesischkochen mit dem Wok noch lange nicht ausreichend! Die ganze Herdmulde ist zwar zum Aufwärmen, langsamen Braten, sanften Dünsten und zarten Schmoren gut geeignet, praktisch sauberzuhalten und unglaublich sicher, aber unbrauchbar, wenn man schnelle und anhaltend starke Hitze braucht. Leider konnten wir das nicht wissen, als wir das Ding aussuchten, denn Haushaltsgeräte kauft man ja praktisch wie die Katze im Sack – wie soll man sie zuvor ausprobieren?
Andauerndes Ärgernis sind uns die Bedienungsfelder mit Antipp-Funktion bei den neueren Geräten. Offensichtlich glauben die Hersteller bzw. ihre Ingenieure, man habe beim Kochen immer saubere und trockene Finger – sind sie nur leicht fettig, kann man nichts mehr ein- und ausschalten. Und wagt man, mit einem Lappen das Fett wegzuwischen, bringt man leicht die ganze Elektronik durcheinander oder haut unversehens die Kindersicherung rein, so daß nun endgültig nichts mehr geht, bis man den erlösenden Gedanken faßt, sich die Bedienungsanleitung noch einmal zu Gemüte zu führen, sich ein Fläschchen Wein nimmt und seine Gäste für zwei Stunden vergißt …

Wokbrenner I. Weil wir so gern und häufig asiatisch kochen, haben wir uns natürlich sofort jenen speziellen Wok-Brenner gekauft, den eine renommierte Gerätefirma auf den Markt brachte. Leider handelt es sich um eine teure Fehlinvestition: Statt daß die Flamme gebündelt wird und so die stärkste Hitze sich am Topfboden konzentriert, erhitzt sie als Ring die Wokwände. Und so herrscht im Zentrum des Woks eher laues Klima, dafür verbrennt alles, was sich eigentlich in den milderen Zonen am Rand von der extremen Erhitzung am Boden ausruhen und entspannen soll. Wir haben versucht, dem Hersteller klarzumachen, worauf es beim Arbeiten mit dem Wok ankommt. Aber wir konnten die Herren leider nicht überzeugen. Man habe chinesischen

Köchen diesen Brenner vorgeführt und nur Positives gehört, sagten sie abwehrend. Daß ein Chinese sich lieber die Zunge abbisse, als das vorgeführte Gerät zu kritisieren und damit sein Gegenüber das Gesicht verlieren zu lassen, wußten sie nicht.

Induktion. Gottlob haben wir Ersatz gefunden: Wir benutzen zum Kochen mit dem Wok ein Induktionsfeld. In unserer privaten Küche ein starkes eingebautes Ceranfeld mit Booster-Funktion, auf dem man fabelhaft kochen kann. In der Fernseh-Küche ein kleineres, mobiles, nicht viel größer als ein Telephonbuch. Es stört nicht weiter neben der normalen Herdmulde, und man kann es auch mit nach draußen nehmen. Es bietet 1500 Watt – wir wären allerdings froh, wenn es die Hälfte mehr an Power hätte.

Die Induktion ist eine fabelhafte Technik, der sicher die Zukunft gehört, weil sie die direkte Verfügbarkeit von Gas mit der genauen Dosierungsmöglichkeit der Elektroplatte in sich vereint. Statt die mittels Heizschlangen oder Licht (Halogen) produzierte Hitze durch Kontakt des Topfes mit der Hitzequelle zu übertragen, versetzt man mit Hilfe von rasch wechselnden Magnetfeldern die magnetischen Teilchen in eisernen Topfwänden in Schwingung, welche dadurch ihrerseits Reibungswärme erzeugen. Es wird also nicht zuerst die Herdplatte erhitzt, die dann wiederum den Topf erwärmt, sondern direkt im Topf die Wärme erzeugt. Das funktioniert, wie gesagt, nur mit magnetischem Material, also mit Eisentöpfen. Es bleibt in diesem Fall das Ceranfeld kalt und erwärmt sich allenfalls durch den heißen Topf. Das klingt wie Hexerei, ist aber überaus praktisch, weil keine überschüssige Energie erzeugt und wieder vergeudet wird; es bleibt die Küche sozusagen kalt, obwohl es in den Töpfen brodelt. Viele Gastronomen haben diese Technik längst für sich entdeckt und schätzen gelernt – vorbei die Zeiten, wo die armen Köche bei Temperaturen um 50 Grad schwitzen mußten.

Für den Normalhaushalt werden inzwischen, wie gesagt, ausgezeichnete und starke Induktionsfelder zum Einbauen angeboten. Wir haben uns für drei nebeneinanderliegende Kochmulden von Miele entschieden, weil diese unseren Bedürfnissen am besten entsprachen. Allerdings vermißten wir vernünftige Abdeckplatten für die Kochfelder, die man ja schließlich nicht alle gleichzeitig benutzt – als wir nachfragten, gab uns der Kundendienst den erstaunlichen Tip, wir sollten uns doch mal bei Tchibo um-

schauen. Eine merkwürdige Auffassung von Kundendienst! Bei Tchibo gab's nichts, also ließen wir uns von einem Handwerker zwei genau in die Umrahmung passende Holzbretter anfertigen, die nun als Ablage oder Arbeitsbrett auf den Kochfeldern wervolle Dienste leisten – mit so einfachen Dingen könnte man seine Kunden zufriedenstellen, liebe Leute von Miele!
Daneben gibt es auch Kochfelder mit herkömmlichen Hitzequellen, mit Induktionstechnik kombiniert. Diese Mix-Geräte erlauben auch ein Kochen mit nicht eisernen Töpfen – man will ja vielleicht nicht seine teuer erworbenen Kupfer- und Edelstahltöpfe aus der Küche verbannen oder nur noch als Dekoration herumstehen haben. Aber, so finden wir, nur bei den Induktionsfeldern (wir haben das von Miele) ist die Energie wirklich ausreichend, bei den anderen Hitzequellen schalten die Thermostaten zu früh ab (siehe oben), sind die Ankochzeiten viel zu lang. Deutsche Hersteller halten ja bereits sechs Minuten für eine sensationell kurze Zeit, um einen Liter Wasser zum Kochen zu bringen – Chinesen lachen darüber, schaffen sie dies doch mit einem ihrer infernalisch fauchenden Wokbrenner in einer Minute!

Wokbrenner II. Anderthalb Minuten braucht für diese Leistung ein mobiler, obendrein noch formschöner Brenner eines jungen Münchner Erfinders, dessen zunächst nur für draußen zugelassenen Protoptyp wir im letzten Sommer ausprobieren konnten. Mit sensationellem Erfolg: unter großem Applaus von Kochkursteilnehmern und Freunden, denn Martina gelang es in wenigen Minuten und wenigen Arbeitsgängen (weil man darauf mit einem ebenso riesigen wie billigen chinesischen Eisenblechwok arbeiten kann) für 10 bis 20 Leute ein mehrgängiges chinesisches Menü mit original »Hitzegeschmack« zuzubereiten! Ein wirklich irres Ding, das zwar nicht ganz billig, für häufiger wokende Gastgeber aber einfach fabelhaft ist. Wir haben in Europa noch kein ähnlich leistungsfähiges und funktionales Gerät (die Zentrierung der Hitze auf den Unterteil des Woks und die »Kühlhaltung« der Wände ist ebenso raffiniert wie ansehnlich und einfach gelöst) gesehen. Inzwischen kann man das in verschiedenen Details verbesserte Teil bestellen – mehr darüber finden Sie unter www.wokbrenner.com.

Die Dunstabzugshaube

Die handelsüblichen Modelle brauchen viel Platz, machen einen Heidenlärm, der ziemlich nervt, wenn man länger in der Küche zu tun hat – und nützen tun sie leider trotzdem nicht viel ... Wir haben daher zusammen mit einem Schlosser unsere Abzugshaube selber konstruiert: Es ist ein kräftiger Abzug, der deshalb taugt, weil das Gebläse sonst in Werkstätten verwendet wird, wo es viel leisten muß, und der sich an einem Schwenkarm dorthin ziehen läßt, wo er gerade gebraucht wird. Der Schirm, der den Wrasen bündeln und dem Saugrohr zuführen soll, ist aus Edelstahl, also leicht zu reinigen, eine integrierte Halogenlampe beleuchtet den Herd zusätzlich. Simpel, praktisch, gut! Und der Abzug sieht auch noch sehr schick und High-Tech-mäßig aus.

Die Geschirrspülmaschine

Nie konnten wir verstehen, warum ein Haushaltsgerät weit über eine Stunde benötigt, wofür eine Profispülmaschine zwei Minuten braucht! Ja, antworteten da die Hersteller, weil im Haushalt andere Bedürfnisse herrschen, da müssen nicht nur Teller, sondern auch Töpfe, womöglich mit Bratensatz, und Schüsseln mit angetrockneten Essensresten sauber werden. Aber warum, so fragten wir uns dann, bieten die Haushaltsmaschinen dann nicht wenigstens die Möglichkeit, beispielsweise ein spezielles Gläserprogramm zu wählen, das die Gläser – ähnlich wie eine Profimaschine – in wenigen Minuten sauber spült? Statt dessen erfindet unermüdlicher Ingenieursgeist Spülmaschinen, in die man sein wertvolles Besteck liebevoll wie in eine Schublade einsortieren soll, was mehr Zeit kostet, als wenn man es rasch per Hand abwäscht – was ohnehin anzuraten ist, weil Silber in der Spülmaschine seinen schönen blauen Glanz verliert ... Auch Pfannen und Töpfe werden bei uns grundsätzlich nicht in der Maschine, sondern von Hand gespült. Denn wenn sie wirklich zum Kochen, nicht nur zum Wärmen benutzt worden sind, bekommt keine Maschine sie sauber!
Inzwischen haben wir und viele andere Unzufriedene wohl genug gefragt: Die besten Hersteller bieten jetzt Maschinen mit

geradezu idealen Programmen an. Wenn auch noch die Einordnungsmöglichkeiten nicht ganz unseren Vorstellungen entsprechen, so kann man doch mit speziellen Programmen Zeit und Energie sparen und je nach Verschmutzungsgrad und Empfindlichkeit der Materialien so spülen, wie man es sich vorstellt. Bravo, die Herren Ingenieure, daß Sie endlich begriffen haben! Was allerdings immer noch Probleme macht, sind die Gläser. Der lästige »Spülfehler«, nämlich ein muffiger Geschmack, der sich am leichtesten in den wertvollsten Gläsern (Sommelier von Riedel, aus denen der Wein nun mal am besten schmeckt!) einnistet, macht immer wieder zu schaffen. Und auch das Abtropfen und der Glanz können ab und zu gar nicht wunschgemäß perfekt ausfallen. Vor allem dann nicht, wenn man etwa in der Nacht nicht noch warten will, bis der Spülgang fertig ist, um die Tür gleich zu öffnen, was die Gläser schont und das Verdunsten des Wassers beschleunigt. Eine gute Erfindung scheint uns immerhin der »Calgonit Protector«, eine Art Stein, den man in die Innenseite des unteren Spülkorbs hängt und der vor Glaskorrosion schützen und den Glanz bewahren soll.

Die Mikrowelle

Puristen rümpfen darüber die Nase, vermutlich, weil sie nicht wissen, wie man ein solches Gerät durchaus sinnvoll einsetzen kann. Wir benutzen die Mikrowelle gern für ganz bestimmte Handgriffe während der Vorbereitungsarbeiten, und möchten nicht darauf verzichten. Allerdings nie zum Zubereiten von Speisen, denn richtig kochen kann man damit selbstverständlich nicht. Aber man kann beispielsweise:
– fein gewürfelte Zwiebeln für den Hackfleischteig in einem Schälchen, mit Butterflöckchen bedeckt, sanft weichdünsten – geruchlos, spurlos, konkurrenzlos schnell; und obendrein ist das Schüsselchen bequem in der Spülmaschine zu reinigen.
– Schokolade so behutsam schmelzen, wie es kaum ein Wasserbad schafft, ohne daß man wie ein Haftelmacher aufpassen muß.
– Milch in Sekundenschnelle erwärmen – für den Hefeteig, um Semmeln einzuweichen, um etwas anzurühren. Oder um den kalt gewordenen Kaffee wieder zu erhitzen.
– Sülze oder Kalbskopf, die sich kühlschrankkalt viel besser

und schöner aufschneiden lassen, zum Servieren gerade eben lauwarm werden lassen …
– Und so weiter und so fort, wie bei einzelnen Rezepten beschrieben. Eine wirklich segensreiche Erfindung, wenn man den Platz in der Küche hat und sie zu nutzen weiß!

Das Handwerkszeug

Wer arbeitet, braucht anständiges Werkzeug – das gilt in der Küche ebenso wie überall sonst, wo Späne fliegen. Auch wenn man nicht beruflich kocht, sollte das Werkzeug von professioneller Solidität sein.
Anständige Messer sind das Wichtigste, mit Klingen aus allerbestem Stahl, die man mühelos viele Jahre lang immer wieder nachschleifen kann. Wir haben früher unsere Messer regelmäßig im Fachhandel für Metzgerbedarf schleifen lassen und uns zwischendurch natürlich eines Wetzstahls bedient. Heute findet man kaum noch solche Spezialisten, und so haben wir uns eine in Deutschland von der Firma Graef vertriebene amerikanische Erfindung angeschafft, den Diamant-Messerschärfer Chef's Choice CC 120. Das ist ein sensationelles Gerät, für alle klassischen Messer, sowohl zum Grundschärfen als auch zum Nachschärfen – alles ein Kinderspiel!
Unsere »normalen« Messer zum Gemüseputzen, Fischfiletieren, Zuschneiden, Ausbeinen, Aufschneiden etc. kommen aus Deutschland, Frankreich, der Schweiz und aus Italien. Außerdem verwenden wir natürlich Spezialmesser für vielerlei Aufgaben: Sparschäler, Spargelmesser, Tortenschneider, TK-Messer, Brotmesser, Wiegemesser, Apfelteiler, Buntmesser, Zestenreißer, Kugelausstecher etc.
Ganz wichtig sind uns die japanischen Messer mit ihrer geschmiedeten Klinge – sie werden auf einem Stein nachgeschliffen. Zum präzisen Schneiden von Fisch, Fleisch und Gemüse sind sie unübertrefflich gut, liegen auch zum Kräuterschneiden bzw. -hacken hervorragend in der Hand. Allerdings haben diese Messer ihren Preis: Sind Haiku-Messer noch erschwinglich (bis 100 Euro), so muß man für die fabelhaften Kasumi bis weit über 200 Euro anlegen.
Das genaue Gegenteil ist das einfache chinesische Küchenbeil: Billig und universell einzusetzen, wenn man sich einmal daran

gewöhnt hat. Je nach Haltung kann man damit grob zerteilen oder ganz feine Arbeiten machen, es eignet sich zum Filetieren von Fischen wie zum Zerlegen von Geflügel, zum Aufschneiden von Gemüse und Fleisch wie zum Schälen und zum Hacken. Und schließlich kann man das Schneidgut damit auch glänzend aufnehmen und transportieren. Verschiedene beilartige Messer gibt es auch in Thailand, wo man auf den lokalen Märkten ordentlich verarbeitete Messer (teilweise aus Bronze!) für weniger als zwei Euro kaufen kann.

Gerne arbeiten wir auch mit dem immer scharfen Keramikmesser, das zum präzisen Kleinschneiden bestens geeignet ist, nur leider schon beim Orangenschälen abbricht und einen Fall auf den Fußboden nicht überlebt. Leider auch teuer!

Es lohnt sich übrigens, auf Flohmärkten Umschau zu halten! Wir haben einige herrliche alte Metzger- und andere Messer für billiges Geld gefunden, die man in dieser Qualität – Damaszener Stahl! – heute zwar wieder kaufen, aber kaum bezahlen kann. Freilich rosten sie schnell und müssen peinlichst sauber gehalten und gepflegt werden. Beim Tranchieren eines Bratens oder präzisen Aufschneiden einer Lachsseite kann kaum ein neues Messer sie übertreffen!

Eine Art von neuen Messern aber hat es uns jetzt doch besonders angetan, die Chroma-Serie Type 301, designed von F. A. Porsche. Die Messer sind herrlich scharf und bequem im Umgang. Sie haben einen vollkommen anders geformten, hinten breit und flach werdenden Griff, liegen deshalb auch ganz anders in der Hand als die üblichen Griffe. Dadurch, so haben wir festgestellt, nehmen weniger geübte Menschen die Griffe so in die Hand, daß sie automatisch die Klinge richtig halten, also in der genauen Verlängerung des Unterarmes und nicht schräg dazu. Es fällt allen plötzlich das korrekte Schneiden viel leichter, weil sie nicht verkanten und endlich die Klinge so führen können, wie das die Profis tun. Die Messer haben daher auch bei unseren Kochschülern viel Zustimmung erfahren. Ein nur von Banausen als Nachteil zu empfindendes Detail: Diese Messer dürfen nicht in einem elektrischen Apparat (auch nicht unserem Wundergerät) nachgeschärft werden, sondern man muß dies auf einem speziellen, besonders feinkörnigen Schleifstein tun – eine geradezu rituelle Beschäftigung für einen besinnlichen Abend, zu dem man sich ein oder auch zwei Gläser vorzüglichen Weines gönnen sollte …

Mandoline. Dieses klassische Küchengerät der Profis kann man als eine Art Spezialmesser ansehen. Es ist ein leider ziemlich teures, dafür aber äußerst vielseitiges und vollendetes, robustes Gerät: Gurken- oder Gemüsehobel, Rösti-Raffel und Julienne-schneider. Als Julienne bezeichnet man streichholzfeine Streifen, die in der feinen Küche häufig Verwendung finden. Weil sie ganz korrekt mit absolut glatten Kanten geschnitten sind, haben sie andere Kocheigenschaften als auf der Rohkostreibe geschnittenes Gemüse: Es bleibt knackiger und laugt weniger aus.
Da eine richtige Mandoline weit über 100 Euro kostet, sucht man natürlich einen Ersatz, der den Anforderungen im Haushalt gerecht wird. Die meisten auf dem Jahrmarkt ausgeschrienen Wundergeräte bewähren sich nicht. Wir haben gefunden, daß der *Gemüsehobel* von Gabriel Streicher, Denkingen/Schwäbische Alb (GSD) mit Julienne- und Fritten-Einsatz sowie der Möglichkeit, dicke und dünne Scheiben zu hobeln, am besten funktioniert. Man bekommt ihn im guten Fachhandel für um die 20 Euro.
Für Rösti dagegen verwenden wir ein Schweizer Gerät, die *Rösti-Raffel* von Waefa – aus Holz mit verstellbaren, wirklich scharfen Messern. Dient ebenfalls als Gurkenhobel.
Ein weiteres wichtiges Schneidegerät, auf das wir nicht verzichten können, ist der *Eierschneider*. Wir brauchen ihn nicht, um Eier in Scheiben zu schneiden und damit Speisen zu dekorieren – was wir übrigens ziemlich überflüssig finden –, sondern um die Eier für Salate zu würfeln: Sie werden einmal quer, dann einmal längs durchgeschnitten und schon purzeln exakte Würfel heraus.
Die *Aufschnittmaschine* ist uns unersetzlich – nicht nur für Brot, Wurst und Schinken, sondern auch für Gemüse. Zum Beispiel lassen sich die sonst recht widerspenstigen und tückischen Auberginen damit problemlos in absolut gleich dünne Scheiben schneiden, die dann auch gleichmäßig gar werden und nicht am dünnen Ende schon verbrennen, während das dicke noch roh ist. Das gilt auch für Zucchini, Rote Bete, Knollensellerie, Kürbis usw. Und wenn man für mehrere Personen Wurstsalat macht, hobeln wir damit nicht nur rasch die Wurst, sondern auch gleich die Zwiebel in hauchdünne Scheiben.
Das geht natürlich nur mit einer neuen Maschine mit Edelstahlscheibe, die nicht rostet. Unser Gerät der Firma Graef arbeitet mit geradezu profihafter Präzision. Es gibt verschiedene Modelle – je teurer, desto leistungsfähiger und exakter arbeiten sie.

Nur für Würste und Schinken jeder Art – auch für eine enorme Mortadella oder einen ganzen entbeinten Rohschinken – ist der Rolls Royce unter den Aufschnittmaschinen gedacht, eine Berkel aus Mailand. Wir haben das Glück, in Italien ein wunderbar restauriertes Modell aus den 30er Jahren gefunden zu haben, ehe diese Maschinen zum Kult und damit fast unerschwinglich teuer wurden. Es gibt sie, wie neu aus alten Teilen zusammengebaut, bei Manufactum. Besonders luftgetrocknete Würste und edle, lang gereifte und daher härtere Schinken sowie Bündner Fleisch schneidet sie in unübertrefflicher Perfektion hauchdünn.

Töpfe und Pfannen

Da kommen nur die schweren, soliden Modelle in Frage, aus Kupfer, Edelstahl, starkem emailliertem Eisenblech oder Gußeisen. Die kosten erheblich mehr als die bauchigen, geschwungenen Haushaltszierden mit liebevollem Blümchenschmuck – dafür halten sie auch ein Leben lang. Hitzebeständige Griffe erlauben, sie auch im Backrohr zu verwenden. Gut schließende Deckel schonen nicht nur die Nerven, weil sie nicht klappern, sondern auch das Budget, weil weniger Energie verlorengeht. Und außerdem bleiben Vitamine und Aromen erhalten.

Eines unserer wichtigsten Küchenutensilien ist der halbkugelige Wok, das universale chinesische Gargerät – halb Topf, halb Pfanne. Wer Gas hat, kann mit dem billigen, originalen Eisenwok aus China (gibt's in allen Asien-Läden) auskommen. Auf dem Ceranfeld und mit Induktion hingegen ist der schwere emaillierte Wok von Silit unschlagbar. Er ist nicht billig, aber seinen Preis mehr als wert!

Woks aus Edelstahl geben nicht ausreichend gut die Hitze ab, die aus Gußeisen leiten dagegen zu gut, sind unbrauchbar, weil dadurch auch die Wände zu stark erhitzt werden, so daß das Gargut sich dort nicht entspannen kann – auch wenn diese Geräte immer häufiger empfohlen werden: Finger weg davon, wenn Sie damit richtig pfannenrühren, wir sagen: woken wollen! Sie sind nur zum Warmhalten auf dem Tisch zu gebrauchen …

Bei den Pfannen gehen unsere Meinungen nicht immer zusammen: Während die eine auf emailliertes Eisen und auf Silverstone beschichtete Pfannen schwört, zieht der andere Guß- und gehämmertes Eisen, Titanverbindungen und gehärtetes Aluminium vor. Individuelle Präferenzen müssen möglich sein …

Die Küchenmaschine

Es gibt Leute, die es schick finden, sie zu schmähen und es für meisterhaft halten oder romantisch, wenn ihre Küche ohne schnöde Technik auskommt. Eine selten dämliche Einschränkung! Wer auf diese Errungenschaft unserer Zeit verzichtet, nimmt sich grandiose Möglichkeiten und neue Dimensionen des Geschmacks.

Zum Beispiel erlauben ein guter *Mixer* oder eine *Kompakt-Universal-Küchenmaschine* vollkommen neue Saucen, deren Bindung weder mit Butter oder Mehl erzielt wird, sondern ihre Konsistenz püriertem Gemüse oder einer durch hohe Geschwindigkeit erzielten Emulsion verdanken. Solche Saucen könnte so elegant, so federleicht und so einfach auch der größte Koch auf herkömmliche Weise nicht herstellen ... Natürlich läßt sich nicht alles mit einem Mixer besser, leichter und schneller bewerkstelligen. Man muß den Mixer und seine Fähigkeiten kennenlernen, um herauszufinden, wann er der guten alten Handarbeit überlegen ist. Wenn er es ist, eröffnen sich einfach neue Welten!

War es einst eine arbeitsintensive Kunst, feine Farcen herzustellen, so genügt heute das Umdrehen eines Schalters, um aus den eisgekühlten Zutaten eine perfekte, seidenglatte Masse zu machen, die man nur noch in den seltensten Fällen hingebungsvoll durch ein Sieb streichen muß. Eine köstliche Mayonnaise entsteht aus erstklassigen Zutaten in Sekundenschnelle – es gibt keine Rechtfertigung mehr für den Kauf der undefinierbaren Produkte der Industrie!

Zum Schlagen oder letztmaligen Aufmixen einer Sauce vor dem Servieren nehmen wir allerdings immer häufiger den wahrhaft handlichen und daher praktischeren *Stabmixer*. Dieses Gerät hat in den letzten Jahren eine enorme Entwicklung durchgemacht, und so wurde aus den primitiven Propellern ein ausgeklügeltes Messersystem, das die Zutaten perfekt herumwirbelt, püriert oder aufschäumt, ganz wie man es will. Verschieden große Mixbecher als Zusatzgeräte und ein starker Motor erlauben wunderbar schnell und einfach kleine Saucen herzustellen, Pürees oder Emulsionen zu mixen.

Nudelteig, Hefe- oder Briocheteig bedürfen keines Aufwandes mehr, wenn man eine gute *Küchenmaschine* mit kräftigem *Rührwerk* besitzt. Und Eischnee wird plötzlich ohne Forderung nach engelsgleicher Geduld zu einer wirklich stabilen und feine Teige und Cremes treibenden Masse.

Das *Schnitzelwerk* zum Scheibeln, Raffeln oder Reiben verwenden wir weniger oft – nämlich nur, wenn wir Kartofelpuffer machen wollen, viele Gäste haben und der Einsatz des normalen Gemüsehobels (siehe oben) oder einer Raffel sich nicht lohnt. Also für rohe Gemüsesalate (Rohkost ist schon ein besonders abstoßendes Wort für einen Genießer!), zum Einlegen von Kohl oder Einmachen von Schnippelbohnen.

Dabei konnten wir feststellen, daß die schnell rotierenden Messer und Raffeln keineswegs so glatt und sauber schneiden, wie gut geschärfte Handgeräte – es ergibt immer eine gewisse Quetschung und Zertrümmerung von Zellen, die dann zu einem etwas matschigen Eindruck, zu weniger bißfesten und angenehm zu verspeisenden Scheiben, Streifen oder Spänen führen.

Nicht zuletzt auf unsere Anregung hin hat die Firma Bosch/Siemens eine Scheibe für exakte feine Streifen, Julienne genannt, entwickelt, die präziser schneidet. Andere Hersteller folgten nach.

Die *Entsafter* ist uns unverzichtbar – im Sommer und Herbst für frischen Apfel-, Möhren-, Gurken-, Tomaten- und Rote-Beete-Saft, im Winter vor allem für Ananassaft. Leider gibt es noch kein zufriedenstellendes Verfahren, um auch im Spätwinter einen guten, reinen Saft von rohen Äpfeln zu gewinnen – wenn sie weich werden, wird der Saft unangenehm musig.

Die *Zitruspresse:* Für Orangensaft – wir lieben die säurereichen Blutorangen aus Sizilien – ist in den lichtarmen Monaten das elektrisch betriebene Gerät bei uns fast täglich in Gebrauch. Für Zitronensaft zum Würzen und für Salate verwenden wir hingegen lieber den hölzernen, scharf gerippten Stempel von Twergi/Alessi. Vorher die Zitronen auf der Arbeitsfläche unter kräftigem Druck rollen, um die Zellstruktur aufzubrechen. Und ein Sieb verwenden (aus geschmacksneutralem und säurebeständigem Edelstahl!), wenn die Früchte Kerne haben.

Elektrischer Reiskocher

Ja, das gibt es! Klingt verrückt und scheint überflüssig, ist es aber keineswegs. Denn mit dem gar nicht teuren Gerät, das wohl jede japanische Hausfrau besitzt, gelingt der Reis immer perfekt, ohne daß man sich darum kümmern muß. Da wir ja oft asiatisch essen, ist es für uns ein wirklich nützliches Ding: Steht immer betriebsbereit in der Ecke neben dem Herd.

Elektrische Friteuse
Wir besitzen sie, gebrauchen sie aber praktisch nie. Pommes frites oder Wiener Schnitzel machen wir lieber in der Pfanne – da sieht man wenigstens, was vor sich geht! Und man braucht nicht so viel Öl. Oder wir nehmen den Wok zum Fritieren, in dem man ebenfalls mit einer geringen Menge Öl auskommt, um Happen oder Zucchiniblüten schwimmend auszubacken.

Der Grill
Wir gestehen es: Wir grillen gerne, aber nur draußen. Im Haus ist die Sache, trotz eines guten Abzugs, doch immer mit Geruchsbelästigung verbunden, so daß wir unser Steak oder die Côte de Bœuf bei schlechtem Wetter doch lieber in der Pfanne oder im Rohr braten.
Aber natürlich feuern wir im Sommer mit Vergnügen draußen mit Holzkohle, bereiten herrlich saftigen Braten über einem Schwenkgrill simpelster Bauart aus einem Hobbymarkt. Für Würste, Steaks und Gemüse haben wir uns ein Gerät von unserem ingeniösen Schmied bauen lassen, dessen Rost mittels eines ausgedienten Wagenhebers stufenlos zu verstellen ist: Den großen Edelstahlrost mit dicken Stäben – nur die machen auf dem Grillgut schöne Streifen, die dünnen Stäbchen der billigen Grillroste versagen schmählich – haben wir in einem Designer-Shop gekauft, eine untergeschobene Schublade nimmt die Asche auf, mehrere Schieber erlauben eine genaue Führung des Zugs.
Auf den Küchengrill können wir eine *plancha* (also ein »Bratbrett«, eine glatte heiße Fläche zum Bratgrillen) aus Gußeisen betten, die wir aber selten benutzen, auch wegen des immer entstehenden reichlichen Rauchs. Was wir uns lange erträumten, nämlich eine handliche Plancha aus Edelstahl für die sommerliche Küche draußen, hat uns ein Freund gefertigt: Eine einen ganzen Zentimeter starke Platte von 35 x 45 cm, in die außen herum eine breite Rinne gefräst wurde, damit Fett oder austretende Bratensäfte nicht in die Glut laufen können: Sensationell!

Die Nudelmaschine
Unübertrefflich das einfach konstruierte, aber schwere, massiv gearbeitete Gerät mit Handkurbel zum Auswellen des Teiges zwischen glatten Walzen und zum Schneiden von schmalen und breiten Bandnudeln. Gibt es von verschiedenen Firmen im Haushaltswarengeschäft. Nehmen Sie eine möglichst aus Metall

hergestellte Maschine – Leichtgeräte aus Plastik arbeiten nicht so exakt und gehen schneller kaputt. Dabei sollte solch eine Maschine eine Anschaffung fürs Leben sein ... Nützlich ist ein Motor, der die Walzen antreibt, ein einfaches Gerät, das man aufsetzt und schon hat man beide Hände frei!
Natürlich muß man den Teig für die Nudeln selbst kneten. Vor einigen Jahren haben wir uns verführen lassen, eine vollautomatisch arbeitende Nudelmaschine zu kaufen, in die man oben Mehl, Eier, eventuell Wasser und Salz einfüllt und unten fertige Nudeln in beliebiger Form herauskommen. Diese haben uns nun aber gar nicht gefallen, sie waren zu weich und viel zu dick. Da haben wir dann den Teig härter gehalten, was der Maschine aber nicht bekam: Der Haltering für die Matrize brach. Da verschenkten wir die Maschine an eine Familie mit vielen Kindern, deren Ansprüche an die Feinheit der Nudeln noch nicht so ausgeprägt war. Seither kneten wir unseren Nudelteig wieder von Hand und empfinden diese Arbeit dank routinemäßiger Erfahrung gar nicht mehr als mühsam.

Die Sorbetière

Zunächst hatten wir so ein kleines Gerät ohne eigene Kühlung, das man mit der entsprechenden Masse füllt und dann in den Tiefkühler stellt – reicht aus, wenn man ab und zu mal für wenige Personen ein Fruchteis machen will. Wir haben dann aber bald ein Halb-Profi-Gerät mit eigenem Kühlaggregat erworben, denn für unsere manchmal vielen Gäste gibt es nichts Schöneres, als reichlich Fruchteis aus den frischen Gartenfrüchten zu genießen. Im Sommer werden sie gleich nach der Ernte einfach püriert, bei Bedarf dann mit Zuckersirup (den wir auf Vorrat im Eisschrank haben) vermischt und inzwischen zu fast jeder Tageszeit zu Eis verarbeitet. Und wir profitieren im Winter davon, daß im Sommer von Erd- und Johannis-, Stachel- und Himbeeren, Cassis, Pfirsichen und Aprikosen Fruchtmark bereitet und eingefroren wurde. Mit weniger Arbeit kann man kein köstlicheres Dessert auftischen!

Verschiedene Kleingeräte

Nicht unbedingt notwendig, aber sehr praktisch sind diverse Kleingeräte, die teilweise von Versanddiensten angeboten werden, teilweise nur in Spezialgeschäften oder im Ausland zu bekommen sind: Aus China haben wir uns eine Kartoffel- oder

Gemüsebürste in Ringform mitgebracht, die verblüffend effektiv arbeitet. Aus Piemont stammt der *Trüffelhobel* aus Olivenholz, der stufenlos in hundertstel Millimetern verstellbar ist und mit dem wir auch kleine Steinpilze oder feste Champignons roh über einen warmen Salat hobeln. In Japan haben wir eine ungeheuer scharfzahnige *Reibe* für Wasabi entdeckt, die natürlich unserem Meerrettich ebenso effektiv zu Leibe rückt. Phantastisch sind unsere neuen Reiben und Raffeln, in allen Stärken, von fein bis grob. Zuerst kamen sie von Microplane aus Amerika, inzwischen gibt es ganz ähnliche Modelle auch bei uns von Lurchi. Ihr Prinzip stammt aus der Holzverarbeitungsindustrie, sie wurden für die Küche fortentwickelt und sind einfach unübertroffen, um Zitronenschale abzureiben, Schokolade zu raffeln, Ingwer zu zermusen oder Rettich zu zerkleinern, natürlich auch gut für Parmesan. Trotzdem möchten wir unsere Käsereibe von Alessi nicht missen: der schöne Kasten aus Kirschholz mit der großen Edelstahlreibe darauf – das ist nicht nur praktisch, sondern auch ein ästhetisches Vergnügen! Das gilt auch für unsere ebenso farbenfrohe wie zuverlässige *Pfeffermühle* vom selben Hersteller (natürlich mit einem erstklassigen Peugeot-Mahlwerk). In der Küche haben wir noch eine ganze Reihe von Mühlen für die unterschiedlichen Pfeffersorten, aber auch *Mörser* aus Stein (für trockene asiatische Currymischungen) und Porzellan (besser geeignet für alle möglichen feuchten Mischungen – etwa einen Pesto) und Messing (für Safranfäden).

Unsere *Gemüsemühle* haben wir in Italien gekauft – sie faßt dreimal mehr als alle deutschen Designermühlen aus Edelstahl von deutschen Herstellern und funktioniert erheblich besser.

Und schließlich können wir kaum an einem guten Küchengeschäft vorbeigehen, ohne mal wieder ein *Sieb* zu kaufen: groß oder klein, grob oder fein, rund oder spitz, aus gelöchertem Metall oder Edelstahlfäden … Wir scheinen auf diesem Gebiet einem Sammeltick zu erliegen! Ebenso wie bei alten *Küchenmaschinen* zum Drehen, die unsere Fernsehküche zieren, aber kaum eine praktische Verwendung mehr finden.

Vorratswirtschaft

Das *Tiefkühlen* ist für Gartenbesitzer gewiß die wichtigste Errungenschaft in der Küchentechnik des letzten Jahrhunderts. Alles, was in den Sommermonaten reichlich anfällt, kann man sich so weitaus besser in den Winter retten als mit den klassischen Methoden des Einlegens, Einmachens, Dörrens oder Einsalzens. Was man aus dem eigenen Garten taufrisch erntet und sogleich verarbeitet, hat in der Qualität nichts mit dem zu tun, was man als Tiefkühlprodukt fertig kaufen kann. Gemüse, zum richtigen Zeitpunkt – also jung und zart! – geerntet und schonend per Hand geputzt, verlesen und richtig vorbehandelt (kleingeschnitten, blanchiert und abgeschreckt, vorgegart oder roh belassen), ist dann von frischem auch von einem Kenner kaum oder gar nicht zu unterscheiden. Natürlich läßt sich nicht alles gut einfrieren – vor allem sehr wasserreiche Gemüse mit dünnen Zellwänden, etwa Gurken oder Tomaten, verlieren ihre Konsistenz und schmecken dann nicht mehr. Aber Spinat und Mangold, grüne und Dicke Bohnen, noch nicht ganz ausgereifte Bohnenkerne und Erbsen, Himbeeren und Tomatenpüree kann man auf diese Weise wunderbar aufheben. Wir werden nie vergessen, wie Eckart Witzigmann, als er einmal zur Besprechung eines seiner Bücher, dessen Redaktion wir besorgten, bei uns im Februar zu Besuch war, verblüfft eine sommerliche Gemüsesuppe probierte und kaum glauben wollte, daß die Zutaten weitgehend aus dem Tiefkühler kamen.

Wir haben insgesamt drei Geräte, nicht nur für die reichlich anfallenden Gartenfrüchte, sondern auch für Brot und Gebäck, Fisch (Forellen aus dem heimischen Bach – diese lagern aber nur für kurze Zeit, denn schon nach wenigen Wochen beginnt das empfindliche Fett sich zu verändern), Garnelen (die auch wir gefroren kaufen, natürlich roh gefrostet) sowie Wild, Geflügel und Fleisch. Anders wäre weder eine kontinuierliche noch eine gastfreundliche Versorgung auf dem Lande, wo man obendrein stets in größeren Mengen einkauft – Schweineviertel, Kotelettstränge, halbe und ganze Zicklein, Lämmer oder Rehe –, möglich. Ein unschätzbarer Vorrat, der freilich sorgfältig beobachtet und gepflegt sein will.

Eines der wichtigsten Utensilien dazu ist der Vakuumierer. Leider haben wir noch nicht das ultimative Gerät für den Haushalt gefunden: Die üblichen Beutelvakuumierer sind zu schwach,

saugen die Plastiktüten vor dem Verschweißen nicht vollkommen leer – es entsteht kein wirkliches Vakuum. Und die Profigeräte, die auch mit einer starken, verletzungssicheren und also jeglicher Gefahr des Gefrierbrandes vorbeugenden Folie arbeiten, sind zu groß und viel zu teuer. Dazwischen gibt es eine riesige Lücke, in die sich bis jetzt nur kleine Hersteller mit umständlichen und keineswegs befriedigenden Systemen gewagt haben. Die einfache und gute Lösung für einen vernünftigen Preis scheint noch nicht gefunden.
Wer wie wir einen Garten hat, wird einen Teil des überreichen Segens gerne einlegen oder *einmachen* – Säfte, Konfitüren, allerlei Gemüsekonserven gehören zu unseren Hausschätzen. Letztere aber nur noch dann, wenn auch der Geschmack bzw. die Verwendung das Produkt zu einer Freude machen, also das Grundprodukt eine Veränderung erfährt – zum Beispiel Salzgurken (milchsauer vergoren), Gewürz-, Senf- oder Pfeffergurken. Möhren, Erbsen, Bohnen oder die Obstkonserven früherer Zeiten haben bei uns keine Chance mehr.
Für Saft und Gelees brauchen wir den *Dampfentsafter*, ein ideales Instrument: Man muß die Früchte nur waschen, nicht von den Stielen zupfen oder putzen, und die Ausbeute ist gut. Für Gelee kochen wir den Saft dann noch einmal in einem Messingkessel kurz ein, fügen etwa 80 Prozent der Menge an Zucker (Einmachzucker – niemals Gelierzucker!) hinzu, eventuell auch etwas Zitronensaft, und füllen nach der Gelierprobe ab. Der *Messing-* oder *Kupferkessel* ist beim Marmeladekochen tatsächlich ein unabdingbares Teil, denn nur in Messing oder Kupfer bleiben die Farben der Konfitüren oder Marmeladen leuchtend erhalten – und Cornichons werden schön grün. In letzterem Fall darf man dann allerdings nie mit Zucker arbeiten, sondern muß reine Essiggürkchen französischer Art machen, sonst gibt es einen befremdlichen Geschmack. Wir haben unsere Messingkessel in verschiedenen Größen auf dem Flohmarkt erstanden – die mit Henkeln versehenen Töpfe sehen ja außerdem schön aus. Wer mit Gas kocht, hat es dann leicht, denn die Böden sind nie so plan, daß man mit einer Automatikplatte auf dem Ceranfeld gut zurechtkommen könnte. Man kann sich aber auf jeden Fall mit einem Campinggaskocher behelfen. Wir haben für einen großen, in Frankreich (wo man selbstverständlich nur Früchte mit Zucker einkocht und die geschmacklich so fraglichen Gelierhilfen nicht verwendet) erstandenen Kupferkessel eine

absolut ideale Kochstelle: den für seinen eigentlichen Zweck ungeeigneten Wokbrenner I (siehe diesen). Die Pflege von Messing- oder Kupferkesseln ist übrigens einfacher, als man denkt – ganz ohne Politur: Mit einer Mischung aus Essig und Salz abwaschen, dann strahlen die Kessel wieder zum Schmuck Ihrer Küche!

Register

C

H

I

J

K

N

O

T

U